無錫文庫

第三輯

國山周氏世譜（一）

鳳凰出版傳媒集團
鳳凰出版社

ISBN 978-7-5506-0798-9

9 787550 607989 >

圖書在版編目（CIP）數據

國山周氏世譜 / 周志靖等纂修. -- 南京 : 鳳凰出版社, 2011.8
（無錫文庫. 第3輯）
ISBN 978-7-5506-0798-9

Ⅰ. ①國… Ⅱ. ①周… Ⅲ. ①氏族譜系－無錫市 Ⅳ. ①K820.9

中國版本圖書館CIP數據核字(2011)第173331號

責任編輯　王　劍
裝幀設計　姜　嵩
出版發行　鳳凰出版傳媒集團
鳳凰出版社(原江蘇古籍出版社)
南京市中央路165號　郵編 210009
發行部電話 025—83223462
集團網址　鳳凰出版傳媒網　http://www.ppm.cn
印　　刷　無錫市證券印刷有限公司
無錫市揚名高新技術産業園B區75號　郵編 214024
開　　本　889×1194毫米　1/16
印　　張　70
版　　次　2011年8月第1版　2011年8月第1次印刷
標準書號　ISBN 978-7-5506-0798-9
定　　價　910.00圓(全二册)
(本書凡印裝錯誤可向承印廠調換,電話:0510—85435666)

無錫文庫編輯委員會

主　編

王立人

副主編

須　儉　姜小青

編　委（按姓氏筆畫排列）

王進雄　王賡唐　卞惠興　全　勤　吳　迪　沙無垢
金其楨　夏剛草　倪培翔　徐小躍　徐志鈞　浦學坤
陳文源　過旭明　過耀華　許墨林　張志清　程勉中
湯可可　蔡家彬　劉桂秋　錢建中　錢菲菲　顧文璧

執行編委

王華寶　王　劍　薛　飛　陳紅彦　林世田　謝冬榮
徐憶農　陈　立

編務人員

顧志堅　李躍光

無錫文庫學術顧問

（按姓氏筆畫排列）

朱玉麒　朱維錚　江慶柏　李文海
沈衛榮　武秀成　金良年　胡福明
莫礪鋒　徐中玉　陳熙中　許倬雲
張仲禮　張廷銀　彭　林　程章燦
馮　遠　馮其庸　楊天石　趙生群
劉玉才　錢　遜　錢中文　錢文忠

總　序

七千年文明史，三千年建城史，江南名城無錫，襟長江依太湖，自古以來就是魚米之鄉，禮儀之邦。無錫文化自泰伯南奔以來，騰蛟起鳳，尚德崇文，在數千年的傳承發展中，教化常持，經世務實，人杰輩出，大家林立，文藻絢麗，錯彩鏤金。舍南舍北皆春水，欲與湖山作主人，數千年的人文傳統，賦予了風光秀美的無錫以獨特的文化魅力，鑄就了城市剛柔相濟、秀逸清麗的文化品格。

無錫是中國吴文化的發源地。早在商代晚期，周太王古公亶父的長子泰伯三讓王位，携其弟仲雍奔吴，定居無錫梅里，建『勾吴國』，『端委以治周禮』，施以禮儀教化；興修水利，授以農桑，不數年而『民人殷富』。泰伯帶來的中原文化與無錫本地土著文明相結合，吴文化以及作爲其重要組成部分的無錫文化就此發端。晋室南渡，北方人群大量南遷，帶來了中原的文化技術，促進了無錫農業、水利、手工業和商業的發展，中原文明再度與吴文化進行融合互滲。在本土文化與异地文化的碰撞和交融中，不斷推動着無錫這座城市的文明進步。

無錫歷史文化『追歷七千餘載歲月滌蕩，遂經四大轉折而成其廣大深厚：泰伯西來，吴文化成焉；永嘉南渡，江左文脉振焉；宋室波遷，江南文風始焉；歐風東漸，錫邑占風氣之先，民族工商文化始焉。數百代鄉彦賢達智慧與創造累積，文獻足徵，無慮百千』（《錫山先哲叢刊》重版弁言）。無錫文化以兼容并蓄多樣化的形態不斷發展。

崇文尚教，以教促文。北宋嘉祐三年（一〇五八），無錫始設縣學；北宋政和元年（一一一一），理學傳人楊時在無錫創建東林書院，此後無錫出現了喻樗、尤袤、李祥、蔣重珍等一批知名的教育家。至明代，顧憲成、高攀龍等在東林書院講學，此後又有許多書院相繼而起。古代無錫對教育的重視，促進了『崇文』和『尚教』的風氣，也造就了大量的人才。自隋朝開創科舉取士到清末廢除科舉，無錫共出了五名狀元、三名榜眼、六名探花和三名傳臚，并有五百四十名進士，一千二百多名舉人；『一榜九進士』、『六科三解元』，自古傳爲佳話。近代以來，經濟的繁榮進一步帶動了教育的興盛。無錫籍國學大師錢穆曾說：『晚清以下，群呼教育救國，無錫一縣最先起。』此後無錫的實業家紛紛出資興辦文化教育事業。教育的繁興，在極大程度上促進了無錫的文化發展，出現了空前的文化人才崛起的高峰。

文脉綿延，後出轉强。歷來『文化』的概念有廣義和狹義之分，這裏的『文脉』之『文』，用的是狹義的概念，即指經史、文學、藝術等人類所創造的精神財富的總和。在無錫的歷史文化傳統中，自古及今，悠悠文脉，如瓜瓞之綿綿。必須指出的是，從文化發生學的角度來看，早期中華文化的中心是在黄河流域的中原地區，無錫在宋元以前，雖有像顧愷之、李紳、尤袤、蔣捷、倪瓚等一批人文英才，但在整體上，無錫的文氣是自明清以迄近現代達到巔峰。在整個江南地區文教昌明和無錫經濟繁盛、教育勃興的大背景下，無錫地區在經史、文學、繪畫、音樂等諸多領域中，建樹卓越，俊才雲蒸，真正呈現出『人文之盛，冠於南國；碩彦輩出，著述繁富』的局面。

求實務本、重工崇商。無錫自古爲江南富庶之地、魚米之鄉。明代東林講學者將士商并列爲『本行』，講求經世致用；近代早期維新的思想家、實踐家薛福成提出『黜浮靡，崇實學』，大力倡揚『工商爲先，耕戰植其基，工商擴其用』的觀念，這些都成了近代以來無錫人求實務本、重工崇商的重要的思想根源；兼以明清時期，封建自然經濟解體，資本主義開始萌芽，無錫經濟日趨繁盛。鴉片戰争以後，上海開埠，由於商品經濟的發展和商業資本積累的增加，逐步形成了一個以上海爲中心的，北接江陰、靖江，西連蘇州、無錫、常州的經濟區域。有布、米、絲、錢『四大碼頭』的無錫，被譽爲『小上海』。到了十九世紀末、二十世紀初，無錫許多有識之士積極引進西方生産技術，大力興辦工廠，形成了近代六大資本系統，無錫成了近代中國民族工商業的發祥地和蘇南經濟中心。經濟的繁盛，不僅爲無錫文化的不斷發展提供了堅實的物質基礎，而且也形成了無錫文化的主流形態之一的，具有鮮明特色和豐富内涵的『工商文化』。

文化源長，文獻宏大。在歷史上，無錫有過兩次較大規模的文化整理。一八九九年，《常州先哲遺書》是包涵無錫在内的第一次區域性文化整理集成。一九三一年，《錫山先哲叢刊》是無錫真正意義上從城市角度進行的一次文化整理。當時，國家積貧積弱，社會動蕩離亂，身處亂世的有識之士高擎文化的旗幟，以縱覽千古的魄力和毅力致力於城市文化傳統的繼承與弘揚，爲無錫地方人文教育提供了文化楷模，對增强無錫崇文興教氛圍發揮了重要的作用，爲無錫躋身江南名城提供了文化動力，其意義至今爲後人感念。

滄桑巨變，天上人間。經過近一個世紀的奮鬥探索，特别是改革開放三十多年來的迅猛發展，中華民族强勢崛起。國運昌隆，盛世修典。中共無錫市委、市政府高度重視地方傳統文化的整理弘揚工作。自二〇〇七年提出『建設文明無錫，打造文化名城』以來，無錫全面深入開展歷史文化遺産的挖掘、清理、保護和修復工作，傳承弘揚優秀傳統文化，彰顯城市人文歷史底藴，掀起歷史文化名城建設新高潮。此後，市委、市政府在《無錫市文化大發展大繁榮行動綱要》中明確要求全面整理出版地方歷史文獻，市委、市政府在《關於深化文化體制改革加快文化强市建設的决定》中再次明確要求編纂《無錫文庫》，正式啓動迄今爲止無錫地區規模最大、綜合性鄉邦文獻集成的修編工作。爲確保《無錫文庫》的編纂工作順利進行，市委、市政府專門成立了『無錫文庫工作委員會』，由市委宣傳部牽頭，設立了『無錫文庫編輯委員會』，計劃用三年時間完成編纂出版工作。《無錫文庫》的編纂，將以嶄新的學術角度和現代學科框架對城市歷史文化進行全面梳理和弘揚，站在時代的高度，充分展示城市深厚的歷史底藴，彰顯先賢哲人的智慧創造，解讀無錫文化的獨特個性，提煉升華無錫的人文精神，光前裕後，古爲今用，以文化人，由人化文，以史爲鑒，開啓未來。

《無錫文庫》的編纂出版必將發揮重要的文化功能：首先是搶救文獻。無錫自古即有豐富的地方文獻，無論經史子集，都有重要著作流傳於世。然而無錫近代歷經戰亂，一些重要典籍已毁佚，僅有書名存留；還有一些珍貴的明清地方史籍，也以孤本存世，處於若存若亡之間。由於各種原因，一些代表無錫文化的典籍保存於國内外各大圖書館中，在無錫不易見到。從清末到民國期間，在文化上有不少重要成果，而這部分書籍因長期被忽視而處於毁佚的邊緣。《無錫文庫》的編纂就是爲了搶救文獻，保存文脉。其次是古籍整理。無錫先賢留下的載籍很多，但現存書籍，版本雜亂，良莠不齊，整體而言没有經過系統編排梳理，使用不便。《無錫文庫》的編纂，就是從版本目録學的角度加以梳理，每書皆撰提要，鈎玄指要，便於閱讀使用。第三是服務大衆。《無錫文庫》所收皆爲地方古史遺文，是研究無錫歷史沿革和文化傳承的必讀書目。《無錫文庫》的編纂出版，使這些書籍的使用更加便捷和廣泛，對無錫的文化建設、城市規劃、古迹保護、名勝開發都具有很高的學術價值和實用價值。

歷史唯物主義觀是《無錫文庫》編纂出版工作的重要指導思想。《無錫文庫》是一部具有社會主義新時代特點的典籍集成，編纂理念和選編觀念更加科學，注重學術性、實用性和經典性相結合，并且儘量收入古籍版本研究的新成果，廣泛收集流散在國内外的珍貴典籍。編纂工作中，始終堅持『尊重歷史、尊重科學、尊重規律、尊重專家』的原則，堅持『雙百』方針，對傳統文化中重要的不同學派、不同觀點的資料兼收并蓄，力求客觀、完整和全面。當然，《無錫文庫》不可能包羅萬象，而以文史哲爲主要内容，兼顧其他類别著述，整體呈現出無錫歷史文化的發展脉絡。强化編纂工作的學術規範，提倡實事求是的良好學風，對文庫的整體規模、體例框架、所收書目、版式裝幀等進行反復論證，反復比較，多方聽取意見，慎之又慎，力争使《無錫文庫》成爲一部真正代表無錫文化的綜合性鄉邦文獻集成。

編纂出版《無錫文庫》的盛舉，得到了海内外衆多著名的文史專家、學者教授的熱烈響應。許倬雲、馮其庸、楊天石、李文海、徐中玉、馮遠、胡福明等無錫籍文化名人和劉玉才、程章燦、江慶柏、張廷銀、金良年等專家學者應邀擔任《無錫文庫》的學術顧問，他們扎實的學術功底、嚴謹的治學風範、卓越的學術見識，爲《無錫文庫》提供了有力的支撑。

千年吴地文明，百年工商繁華，賦予無錫人聰慧和靈秀，創造了具有獨特品質的城市文化和城市精神。當我們手捧先哲留下的珍貴文化遺産，不僅滿懷感恩、敬畏之心，更涌動着不負前賢、勵志圖新的激情，去努力創造城市文化嶄新的輝煌，讓無錫文化大發展大繁榮的春天更加姹紫嫣紅、繽紛燦爛！

無錫文庫編輯委員會

二〇一一年一月

凡例

一、《文庫》所收爲無錫籍作家的著述和與無錫相關的歷代文獻，分爲《官修舊志》、《地方史料專著》、《年譜家乘》、《無錫文存》和《近現代名家名著存目》五輯。

二、無錫地域範圍以現行行政轄區爲準。《文庫》立足無錫市區，兼顧江陰、宜興，適當選收江陰、宜興具有代表性的著作。

三、《文庫》所收著作，以史料價值高、使用價值大爲原則，適當兼顧其版本價值。

四、《文庫》主要采用影印方式出版，《近現代名家名著存目》收入作家小傳和主要著述目録。

五、《文庫》所收著作，其編纂年代下限爲一九四九年；《近現代名家名著存目》則不受此限。

六、《文庫》所收著作，原書如有蠹損、殘缺、漫漶不清處，原則上以相同版本予以換頁、補頁，使全書清晰、整齊。

七、《文庫》對所收每種圖書，均撰寫提要，置於每種書扉頁之背面；每册均新編頁碼，自爲起訖。

八、《文庫》編制書名索引和著者索引，以方便讀者使用。

第三輯編輯説明

本輯為《無錫文庫》之第三輯《年譜家乘》，收録無錫（含江陰、宜興）歷代名人年譜以及部分著姓望族家譜。

年譜是史籍中一種人物傳記體裁。但和一般的傳記有所不同，一般的傳記主要紀傳主的生平大要，而年譜則是以譜主爲中心，以年月爲經緯，比較全面細緻地叙述譜主一生事迹。所謂『叙一人之道德、學問、事業，纖悉無遺而系以年月者，謂之年譜』（朱士嘉《中國歷代名人年譜序》）。家譜是一種以表譜形式記載一個以血緣關係爲主體的家族世系繁衍及其重要人物事迹的圖書體裁，主要包含譜序、題辭、恩榮、凡例、像贊、世系、傳記、宗規、家訓、祠墓、義田、藝文等内容。

它們都屬於史籍中較爲特殊的體裁，過去由於歷史研究中理論的誤導，不重視或忽視人的主體性，對名人與望族的研究相對來説顯得薄弱。隨着思想禁錮的打破以及地方史研究的逐步深入，纔慢慢爲學界所重視，並成爲熱點。今天我們将此列爲專門研究对象，着眼點是它的社會意義，具體一些説，就是某一望族在它所處的社會制度下，對政治、經濟、文化、社會生活諸方面所發生的正負影響，又從某一望族的興衰過程透視其社會歷史的宏觀背景。同時望族的研究離不開個體研究，離不開對名人和精英在歷史發展中所處的地位和發揮的作用、功過善惡給予合乎歷史真實的評價。無論是群體或個體研究，其結果都對現實生活有借鑒的作用。

無錫，地靈人傑，截至二〇一一年，産生於此的百餘名科學院、工程院、社科院院士（學部委員）已使它成爲名副其實的『院士之鄉』、『人才高地』，無錫的人文之厚，正源自這片熱土千百年來所湧現出的衆多風流人物與著姓望族。本輯首次較全面地彙編了這些名人的年譜和部分著姓望族家譜共約一百三十種，爲學界研究提供參考。需要説明的是，考慮到文獻資料的完整性、實用性、稀見性，個別年譜家乘會突破一九四九年的年代下限；而當代編寫出版的無錫歷代名人年譜，坊間易得，不在此次收録之列；另有十一種年譜因已分别附録在《無錫文庫》第二、三、四輯的相關書内，也就不再重復收入，它們是：《梁溪先生年譜》（譜主李綱，李綸編）收入第四輯之《梁溪先生文集》，《修敬公年譜》（譜主秦旭）、《端敏公年譜》（譜主秦金）、《從川公年譜》（譜主秦瀚）、《海翁公年譜》（譜主秦德藻）收入第三輯之《錫山秦氏宗譜》，《盛顒年譜》（譜主盛顒）收入第三輯之《勾吴盛氏宗譜》，《顧端文公年譜》（譜主顧憲成）收入第四輯之《顧端文公遺書》，《師竹廬自述》（譜主竇鎮）收入第二輯之《師竹廬隨筆》，《孝侯公年譜》（譜主周處）、《簡惠公年譜》（譜主周葵）、《少宰公年譜》（譜主周家楣）收入第三輯之《國山周氏世譜》。

本輯排列順序，先年譜後家乘，無錫、江陰、宜興各自分編。年譜依譜主歷史年代爲序，全文收録。家乘依姓氏筆畫爲序，視其文獻價值，全文收録或選擇收録，選擇收録者，在提要中加以説明。

目録

國山周氏世譜（一）

（民國）周志靖等 纂修

《國山周氏世譜》六十卷首一卷末一卷，周志靖等纂修，一九一五年立本堂木活字本。

周志靖，字立可，又字笠舸，宜興人，周家楣之侄。同治十二年（一八七三）舉人，曾任刑部貴州司主事、金華知府等職。負責主纂宜興最後一部官修舊志《［光宣］宜荊續志》。

國山周氏先祖賓，一名庭實，字子序，號廣平，世居宜興國山。始遷祖宗磨，字啟宗，號國陽，又號北川，明洪武間遷本邑雲靄。子五，文俊爲周家濱分祖，文傑爲宋瀆分祖，文乾爲行健分祖，文元無傳，文亨爲雲靄分祖。國山周氏於劉宋孝建、唐貞元、宋紹興、明洪武、清康熙、乾隆（二次）、嘉慶、道光、光緒年間皆有修譜，此民國譜爲第十一修。卷首序，卷一誥敕等，卷二至卷三十世系圖表，卷三十一至卷三十五廟祀志、先德録、祖功録、簪纓志等，卷三十六至卷四十五傳，卷四十六至卷六十像贊、祖迹考、祖制録、祠宇記、丘隴記、手澤録（周處《風土記》）、著作録、殉難録、節孝録、金石考、藝文輯、祥異考、補遺、跋等，卷末領譜字號。譜載宋張九成、周葵，清梁國治、李鴻章及民國馮國璋序文。

周處、周葵、周家楣等名人皆出此族，該譜卷三十五即爲分別記載三人一生事迹的《孝侯公年譜》、《簡惠公年譜》、《少宰公年譜》。

本書據一九一五年本影印卷首、卷一、卷三十一至卷六十、卷末。

（朱　剛）

民國四年重訂

國山周氏世譜

編崑字號
給十七代孫
祠增收執

宋舍人余中題

孝友世澤

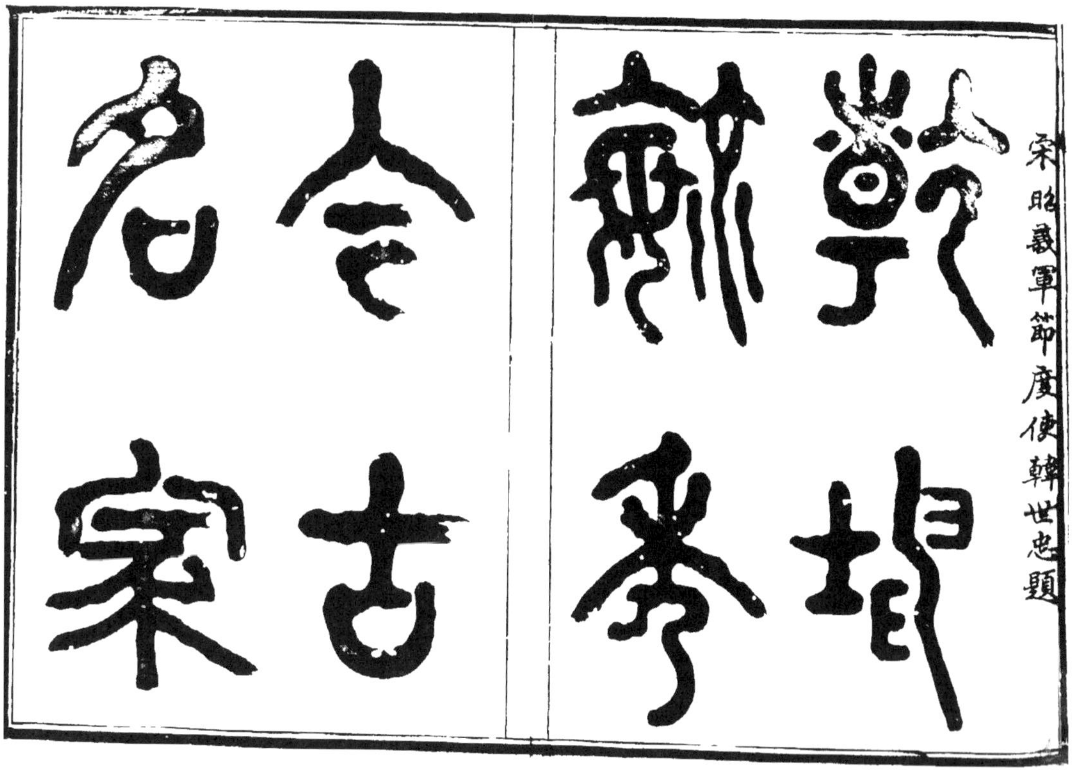

國山周氏譜序

禮大傳人道親親也親親故尊祖尊祖故敬宗敬宗故收族以至庶民安財用足百志成莫不繇此先王平治天下之要道也自三代之衰禮崩樂壞人皆廢古忘本骨肉之恩薄渙然無所統紀一本之親儕於行路六朝以降重

氏族唐太宗丞命高士
廉撰氏族志宜其有報
本追遠之思矣然所重者
惟官閥門第疏遠單寒
有屏之而不與列者故舉

崔必曰澤底舉盧必曰
罔頭舉李必曰土门非此
者不與於敬宗收族之誼
庸有當乎遭世喪亂中
更播越戴際會風雲或

屈辱輿隸昭穆近支丞
覿面不能相識此尤事之
絕可痛者仁人孝子所為
亟亟於敘支系脩譜牒也
宜興周氏東漢廣平太

守賓之裔為江東右族
世篤忠義賓子魴吳鄱
陽太守魴子處謚孝侯
事具晉書自斯以降族
益繁衍孝侯子玘起義

兵定江南晉惠帝為周
氏特置義興郡即今宜
興也中經王敦蘇峻之亂
族屬死數千人數傳至齊
都督山圖以功名顯江左

四

後有司諫日知拾遺息
璣在唐初以直諫稱而
監察御史子諒以劾牛
仙客竄死名尤著宋孝
宗時知樞密院葵為時

名相謚簡惠事詳宋史
簡惠之裔入元多隱居不
仕元季有名紹先者集
宗族起兵殺賊、屠周氏
所居死千人盡忠義奮發

五

周氏家法於也有明一朝
擢巍科膺顯仕者後先
相望清咸同間則吏部
侍郎家楣贈內閣學士
諱金章政績為最著倂

郎尹京兆時兩值水災
籌振全活不可數計國
史有傳京師有專祠閣
學歷皖三領大郡多惠
政後統戎東練軍以勞

六

卒於軍次津人至今稱
頌不去口國瑋繼室閻學
公女也於周氏世德知之
綦詳周氏脩家乘屬為
弁言竊惟世之亂也其

機先見於比閭族黨之間
耰鋤之末觴豆之微深識
者每於此覘世運之隆替
固未有人人知敬宗收族之
誼而天下不平不治者也

七

者世亂粗定周氏遂晏晏
為譜牒計將以興一族仁
孝之心是天下雖未盡治
而周氏則已治矣使人人
皆如周氏天下固無患其

不治矣事固有發端至微
而收效甚遠者請於斯篇
驗之是爲序
中華民國四年十月宣武
上將軍督理江蘇軍務
陸軍上將勳一位一等文
虎嘉禾章馮國璋拜序

八

國山周氏世譜序
曩與客言人才之振興
由於山川之鍾毓因及吴
中山水人物客曰宜興多
山余曰然晉之有周孝侯
明有盧忠肅堵文忠而
今有周小棠也小棠由
翰林起家時以儀部郎
負天下望旋受
先皇帝特達之知擢

一

任京卿逾年
命尹京兆總理各國事
務與余共職任遇事飛
郵簡相謀議批郤導
竅審機宜叶如析縈

二

絲棼中條理無值中外
交涉事端紛棘危疑
震撼聞者變色動容
頼曰無恐有小棠在必
能綏定而鎮攝之世首

善地方興除教養蠶
輔灾荒拯濟極循咸
曰京尹蘇小棠來之見
也乙卯夏小棠奉諱
歸里而其從父戴五

三

以道員來直隸戴五先
任吾皖池州府屢權大
郡並攝廬守余棨樟
也夙聞其盡心民事卓
著循聲抵直後僑以

籌振治河殫心擘畫
有用必效晤輒詢小棠
居里何為知其讀禮
之暇汲汲以建復學校
書院葺孝侯廟及本

四

族諸祠立義莊脩縣
志輯宗譜為務今與
其族長老諸父昆弟
諸子輩脩輯國山周
氏新舊世譜既成而屬

書丐余一言弁其端裁
再面伸其請余得讀
其累次譜序知周氏
為宜興望族自孝侯
父子以來代有名臣昭

五

著史冊迨入
國朝詩書燕翼科甲
蟬聯詞垣諫列論思
朝端直指巡方勤勞畺
宇龔黃循吏鄭孔經

師後先輝映接踵濟
美宜裁五小宗之纘承
先澤樹立當世而凡族
姓之官內外遊庠序居
里閈者各脩其德無墜

六

先緒固可知也蓋孝友
之遺澤孔長而陽羨
山水之靈秀所鍾未有
艾矣夫譜牒之作所以聯
尊祖敬宗收族之誼而

江左諸郡邑自歷咸
豐庚申之變脩輯視
昔爲倍難而揆之情事
亦視昔爲倍亟余於同
治癸亥十月偕師克復

七

蘇州次年旬略宜荊目
覩閭里彫庠之狀遐瞻
銅官玉女之勝梅封禪
之碑文訪周侯之古寺
撫今思昔神往情傷

今閒小棠里居百廢具舉幾復舊觀而於宗譜亦聿觀厥成焉顧小棠推親親之誼以仁民今

八

天子嚮用方殷國山之雲行出而爲霖雨徧天下矣爰書此以爲序

大清辛巳七月既望

賜進士出身 太子太傅文華殿大學士欽差北洋大臣直隸總督一等肅毅伯加騎都尉世職合肥李鴻章拜譔并書

九

國山周氏世譜序

周氏在漢初絳侯勃條侯
亞夫胥以翊戴勛膺茅土
望在沛其子孫多望他郡
縣三國時廣平太守賓政

成居國山再傳至晉平西
將軍孝侯處吕忠孝卓
冠古今遂望陽羨侯長子
贈輔國將軍玘三定江南
詔改陽羨為義興郡旌其
伐義興緣周氏得名周氏
望應今且千數百載歲乙
酉余奉
命督學江蘇得周生袞系出侯
四十八代孫宗廕後為詢其

先世事心嚮往者久之今春
生族弟莳銓選入
都纖書來呈其新脩宗譜以
問序予夙重周氏之為世
望也樂綜其源委爲按譜

纂於侯十代孫齊黃門山圖
斷自廣平太守始而書侯忠
孝綦詳著望也後裔續脩則
有唐拾遺息珖宋大學士葵
明初國子生叔賫是皆揚

序三

祖烈篤前庥以譜國山全脈
者也至宗㢊繼元季難洪武
間始遷雲霤一意種德期
無忝義興周氏望而子孫
果振々繩々稱鼎盛我

朝若壬申若丙寅則亦兩修舊
牒矣越今幾四十年重脩
茲譜例自始遷祖上溯廣平
仍其朔至始遷而下分列為
周家浜為宋瀆雲霤提其

序四

總彙晰其支派燦然若網在
綱正訛補缺不漏不繁噫觀
斯譜者可以知周氏矣蓋忠
孝為天地立心祖宗心天地
心子孫即心祖宗心以綿世

望也固當然吾覧史傳載
古今奇偉人或數傳或數
十傳輒英聲澌泯詎積累
未深抑繩武容未盡善也
周氏自晉以来若齊黄門山
序五
圖结陣死戰山岳為摧殆不
啻提五千兵殉六陌唐御史
諒殫牛僊客宋樞密奇望斥
牛僧孺大學士葵初任御史
兩月言事至三十章視執

簡劾權彤氣節亦復不減
至於绩茂黄洳風標獬豸
者為前朝總河愚
國朝侍御李琬率多運際其
隆身名俱泰而要其心侯
序六
之心為天地立心千古一轍
則夫念爾祖振厥绪於弗
衰豈必律以築壇拜斗策
馬賦詩之偉蹟哉盡乎子
盡乎臣雖融洩遊階迴翔

朝守於忠孝㠯愧于俟乎㠯
愧生逢
聖治遐㠯録忠崇孝風勵訖四
海其偕諸族彥出家學以
驤騰仕路將鐘鼎勳名之
衍千百載望者又寧可量
乎義興緣周氏得名以視
他郡縣何如也
賜進士及第
經筵講官太子少保戶部尚

序七

書協辦大學士教習
庶吉士加三級梁國
治拜譔
旹
大清乾隆歲次癸卯穀旦

序八

十二世山圖輯譜引

予侍中書在告維舟義興歷覽善卷諸勝越國山周袍塢會季叔周君領白衣隊拒魏遷里爲善卷主人因出家牒示予閱

孝侯行略慨然有忠義之感遂爲引

國山古峙鎮周氏譜卜壤始自參軍賓繼以郡守魴爰及孝侯處英概尤非常斬蛟並射虎武力兼文章少不護細行壯甫能自强州府旌高誼從善名其鄉孝行貫白日忠烈嚴秋霜精誠徹後裔三驤武維揚平叛且撫饑賊靖民安康陽表名義興義兵功攸彰列侯並貴顯僱雖旌族亡

勞謙有終吉季子善發藏於今十二世彼蒼遐發祥積善允有慶百世應其昌

宋孝建三年金紫光祿大夫顔延之撰

二十五世息瑰修譜序 佚

唐貞元中公敦請平章常公袞國子司業張公籍纂修家乘二公各有序文今佚

四十二世奕修譜序 其一

夫所謂舊家巨族者非以其姓氏相傳之盛蓋有文獻足徵可爲不朽者焉以予觀於宜之周氏始肇於周漸蕃於漢雄長於吳晉平西將軍尤顯著者其盛也一門五侯歷傳至我皇宋子孫猶昌以熾聯纓結綬項背不絕歷代之名公鉅卿宗工碩儒學士大夫咸願爲之紀述讚誦歌詠揄揚以傳久遠而其播之瓴翰揭之載籍刻之琬琰勒之金石者盈溢不可勝數耿耿乎照耀千載是其庶幾不朽非徒姓氏之盛矣　立義公以明經擢諫垣正色立朝有孝侯風概尋爲公門下士一日出其手編示予乃族之譜

系也命予序之予誠願以周氏之所謂不朽者稱於天下而且知先生之雅意有在也遂不敢辭而爲之序宋建炎二祀歲在戊申秋九月望日吏部侍郎通議大夫門生晉陵霍端友拜書

葵修譜序 其二

國必有史而後世紀以昭，家必有乘而後宗傳以著。其事特重也，是以家乘所載，爲之溯其本支，序其昭穆，詳其諱號，誌其卒葬，錄其子女，别其婚姻出處，顯晦文章德行，莫不備載，以便稽考。凡抱箕裘之志者，未嘗一日忘先世也。周之先由參軍子，序徙居國山，越三傳，孝侯傑出，父子皆侯，而忠孝之門，始熾然明盛矣。懼王敦之難，不絶如縷，至十二世季寂仕齊而爲黃門，二十五世良玉仕唐而爲拾遺，及我朝參知政事、歷殿中侍御、惟心公爲侯四十世孫，文行之士，代作代述，周氏益著乎以忤柄臣議，家居十有五載，不問户外事。惟心公乃以家乘屬序，雅季寂舊冊並良玉廟績、更續新編，如孝侯之忠烈振古聲馳，及其繼起之賢，裔比翼乎，故藥爲犧道而不啻自口出，殆於乎評定忠義之夙，拖磁芥有合也。與宋紹興二十四年二月寅弟張九成拜撰

葵修譜序 其三

余閲譜多矣，未有若周族之最盛；閲譜之文多矣，未有若此帙之最奇。其山川之靈秀，獨鍾於周氏，而宇宙之精英盡萃於周氏之譜歟！因撫卷而咨嗟，良久，客有促膝問曰：天有私乎哉？周自孝侯以來，其間精忠大節，固揭日月而爲昭，卽岩棲谷處者，罔不積善培德，以祈天鑒。譬之於木，其植本固，則其枝葉自繁，周之本栽培灌溉者深矣，根本固，故發而爲繁葩茂葉，挺而爲秀幹奇柯，傲雪凌霜，歲寒不變，自與春花秋落、朝榮夕萎者不同，天有私乎哉？中庸曰：天之生物，必因其材而篤焉。客聞而歎服。周君誌余之言而不以爲辱，金國戴昊謹撰

葵自序

葵疏樊忤上故右史便道之里檢家藏各籍閱冊牒十一卷出十二世祖手冊凡以上人物世系井井條悉而獨詳於三世祖　孝侯蓋從善除害仗節致身忠激飛霜孝烈皎日即秦越人且心躍而口咤況爲其後者忍聽其遺逸不傳傳且不悉哉侯子四以國難斬祀者三獨季幼未請纓明哲保身而子孫日繁越八世而有黃門祖歷十一世而有司諫祖又三世而有拾遺祖自拾遺至葵又十七世矣自此世數漸遐文獻漸替脫譜無續將恐憾於無徵于是次其世數撮其行略俾爲後人稽考之資云宋紹興二十年四十二世孫葵謹序

五十一世叔寶修譜序　其一

余見故家舊族諸友問其先世則懵然不知嗚呼此譜學不講之故也且豺獺皆知報本人靈於萬物者不知祖宗之所由令支派之所由來親疏之所以別昭穆之所以序是豺獺之不如也周氏譜牒歷千百年而不朽如視諸掌其子孫之賢可知矣余嘉其克終先志僭爲引元魯齋許衡題

叔贇修譜序 其二

謂天而不可憑乎禍淫福謙捷若影響謂天而必可憑乎胡忠臣遭慘陷而奸佞享榮膴耶予讀晉孝侯傳其家世種德非一日矣孝侯挺生而奮發改勵勇除民害既而辭榮養母有疾願以身代其孝義何如至其立朝大節報國精忠尤昭若日星者乃一旦遭權彤之計委骨遐荒公固含笑解脫而天之報公爲何如也予未嘗不歎息流涕而慷慨不平之氣毛髮爲竪至有上蒼報施不公之譬及寓荆溪以事至蒲水而其裔孫東皐出家牒示予反覆披閱乃俯而思曰彼蒼之深意固非恒情所能測也周氏世德

獨眷於天而欲以千古完節獨付於公故予之蛟虎以彰其義復予之彤駿以顯其忠又世衍其澤綿綿延延千載不替非天之陰厚而黙相之能若是歟乃知事久後定而天之眷德萬古不爽也一時之榮悴烏得爲憑哉東皐諱叔贇子序公之五十一世孫也懼兵燹之餘枝葉凋零乃續先人遺蹟輯以爲譜更紀平西公事狀於首使後人得想像而興焉因筆余之言以爲序明洪武十五年壬戌二月上澣之吉河南布政司使吳興徐賁撰

叔贇修譜序 其三

義興國山周氏出晉平西將軍孝侯裔侯祖子序卜居國山沿侯爲三世出新平守歷勳平西將軍竟殉於節侯子四以忌被族者三獨季子碩恬退自全收侯衣冠瘞國山之谷鄉人因名周袍塢而後裔遂世廬於山麓侯之孫鑒列祖履轍勒石戒子世爲耕農故出其後者多隱不仕十二世則有黄門侍郎季寂之手冊二十五世則有拾遺臣玉之碑續四十二世則有簡惠之譜牒其間人物世系名位行實歷歷可傳諸後者皆簡惠之筆陣所詒也嗣後歷世愈遠世次易潰四十三世以下五十世以上則有東皐

者爲之次其世數列其行號以續簡惠公之業余閱黄門之家乘手冊知周之遡流窮源閱拾遺之建廟碑續知周之培植芳聲閱簡惠之譜牒張本知周之厚德中興閱東皐之歷代世誼知周之椒聊蕃碩知周氏者余爲周氏續序者余誠不能黙黙遂爲之記明洪武丙子禮部左侍郎儲可求頓首拜撰

康熙壬申雲鵠第十世夢桂修譜序　其一

予宜宰也閱宜志知宜興初名義興以周烏程玘三起義兵晉以是名旌之而玘固孝侯處之家子也居是邑邑以人名則周氏偉哉自晉迄今其家亦古矣夫孝侯知者共敬予既以宰執奉行國祀春秋祭侯廟必親往壬申十月侯子孫以譜問序予不違其請而與之序者亦所以致乎昔尊侯之意抑予尊侯而勉其子孫也勉如侯忠勉如侯孝方孝侯之死晉豈意後人復昌而五侯繼焉及五侯同難周氏不絕如縷而唐宋間復產偉人元明之際子孫變

護侯塚抗賊赤族矣僅存而播遷者復科第簪纓蕃育至今何興廢之數數其已廢而復興者儻亦有故歟忠孝天地之大德也陵谷數十年而變風雲倏忽而幻日月更度而薄蝕雨露霜雪寒暑分四時而有至有不至若冥冥漠漠無形無聲之忠孝人身造之人身載之亘萬古而與天地之正氣爲俱爲臣死忠爲子死孝其氣鬱結蜿蜒磅礴而蓄發必不可滅沒也周氏忠孝之裔也天實助之爾其昌也固宜吾願周氏子孫心孝侯之心並心昔日子孫死孝侯之心無隕家聲不辱乃祖天道眷德吾其爲周氏勉且決之也明予意者序不以頌而以規

賜進士出身文林郎知宜興縣事東莞文超靈挺叔甫撰

夢桂修譜序　其二

古之世家皆有譜凡夫仁孝感發動其本原之思非譜不備故莫不以譜爲兢兢周氏宜之望族也譜周氏者始自孝侯之祖子序蓋以公仕吳居宜始也閱三世而爲孝侯孝侯俎豆於宜千餘年如新而國山周氏乃其後裔侯衣冠墓在焉其後賊發侯塚子孫抵護聚族而藏則子孫之念公豈有既歟閱其譜牒凡四修始以黃門司士次之太傅又次之而迄於太學更十八朝越五十世歷千百年其間英傑繼起猶歟偉焉迨太傅之八世孫國陽子序之五十世孫也當是時遭家族初淪枝葉未茂子然從雲鶴而

居焉督課耕讀家業駸駸以盛及八世貴有司空其後科甲踵接上紹國山之傳而周氏復盛於宜至今英俊卓卓正未艾也予與灣芹兄忝在年末其長君型高梟集昆季所同輯家乘更擴前人之未備眷帖彙彙傳記悉登其文章之富洋洋乎大觀郵寄稿示予懇予序予何能序然觀周氏譜而嘆孝侯之澤久而愈芳也爰直敘其所以爲文以弁其首

賜進士出身翰林院編修丁卯科順天鄉試主考官揚人

鶴芝田撰

乾隆丙寅雲霧十二世惟楨修譜序

粤自元黄既判，運會遷流，其間憂盛扶衰，俾三綱五常不至癈墜泯没者，賴有忠孝節義之人耳。是人而際其盛，則功崇業廣，作元祀而銘鼎彝；値其衰，則抗志孤行，迴狂瀾而儆聾瞶。國有是人斯免空虛，家有是人乃稱望族，不特口碑載之當時，抑且國史傳之奕世，固非綿綿瓜瓞、赫赫簪纓所得較其重輕也。予閲周氏家乘，其望於宜荆也，蓋千五百有餘年矣。自廣平太守賓定居國山，二世魴下髮載義，弱魏强吳，紀於三國志吳書；三世處除三害，師二陸，純孝格天，精忠殉節；四世玘三起義兵，扶危靖亂；五世筵

單車奔命，大義滅親，俱紀於晉書；十二世山圖白衣衛國，多顯武原，紀於南史齊書；二十四世子諒抗奸鋤佞，殺身成仁；二十八世奇望伸正黜邪，定國大計，俱紀於新唐書；四十二世葵運際多艱，始終一節，頻遭降貶，寵辱不驚，紀於宋史，而紫陽綱目定千古是非，亦大書詳書，深嘉樂與，迄今猶炳若日星者也。至若四世碩先幾免禍，保祀詒謀；四十七世紹先徽昂孝義，舉宗殉難；五十世宗㒞避地隱身，承先裕後，是又碩德雄才，隱遯淪落，雖未揄揚於太史，而必不可澌盡泯滅者也。夫忠孝節義之門，天地之所助，鬼神之所福。雲霧周氏特國山一支耳，十五傳則生齒逾千，列膠庠者逾百，登甲科、位清要者亦世有其人，源遠則流長，本深而末茂，自然之應也。抑予猶有所未慊者，周氏之望於義興，以忠孝節義，不徒以族富貴顯也。自國陽公遷居雲霧，今已五百年矣，雖賢臣正士、孝子貞婦代不乏人，曾未有磊落英偉、光昭史冊如孝侯、簡惠其人者，是亦周之子孫所宜念厥祖而慨然奮興也歟。予與義興周子宸鏞爲執友者垂二十年，頗悉其家世。今秋其嗣霈持家乘問序于予，爰即其祖功宗德以勉其族人，是爲序。

乾隆丙寅季秋穀旦，戸部尚書今任侍郎安州陳德華撰

嘉慶丁丑修譜序

歲壬申余奉
命視學江左俗愿而謹政茂以醇士大夫咸飭倫紀重氏族於敦宗睦族之道尤兢兢不敢失墜或問於余三吳爲人文藪故其民任肅淯周其教易施與余謂
國家太平於今百七十年
聖天子以孝治天下教民睦也教民順也君子篤於親則民興於仁親親故尊祖尊祖故敬宗敬宗故收族非民族有盛衰風草之應自然異也荆溪周生曦暨弟有聲爲余癸酉選拔士今年夏持所輯增脩家譜乞余爲序余讀而

善之蓋自十一世而上仍前會稽梁文莊公所序本末之攺易自高曾而下則明昭穆奠系世不茂不誣信後來之佳譜已今夫譜系之作豈徒處文致飾爲觀美之藉云爾哉必將信今傳後爲祖宗所留貽爲子孫所法守周氏自西晉以來代有偉人炳著史冊由明迄今位司空秉風紀者功業勲名卓卓可見使其漫詡先業專事浮華豈不足以誇示鄉邦光昭簡冊而乃屏去夸浮端本善則惟兢兢於同宗合族之道以仰副
朝廷立愛立敬之意嗚呼何其盛也抑又聞之若考作室既底法惟期厥子之肯堂若作梓材既勤樸斲惟其塗丹雘祖宗櫛沐而創之子孫黽勉以繩之則砥行立名無忝厥祖是子孫之責也生其勉乎哉毋忘先澤毋怠後昆敬宗尊祖不在於他在克追配前人而已於其來請爰贅數言以爲譜序之首

嘉慶二十有二年歲次丁丑仲夏

賜進士出身前翰林院編脩禮部侍郎提督江蘇學政今任兵部侍郎提督軍務兼都察院右副都御史河南巡撫長白文幹拜撰

道光丙午修譜序

史所以傳信也史不信則是非淆不足以垂後世譜所以傳信也譜不信則世系紊不足以示子孫若夫本信史爲信譜而千百年源流秩如吾於陽羨周氏之譜見之矣陽羨譜世族許氏武及荆始以孝友列後漢書其後代有偉人昭垂史册者斷推國山望之周蓋自關内侯魴截髮破曹著名吳志篤生孝侯純孝精忠爭光日月其子烏程侯玘三起義兵特旌以義興郡其孫筵畢車定難均載在晉書後裔若黃門之山圖紀之齊書御史之諒司諫之竒望均紀之新唐書參知政事諡簡惠之奕紀之宋史文學經

國山周氏世譜　卷首　原序　十五　立本堂

濟後先相望以此而輝煌家乘宜其譜之信而有徵也抑聞之天地之靈秀鍾於山川山川之靈秀鍾於人而聖賢豪傑生焉若孝侯者固陽羨山水清淑之氣以鍾毓焉者也然而氣數有亨必有屯高岸爲谷深谷爲陵猶不能無變遷古今來功宗碩輔旋乾轉坤名炳旂常不數傳而式微矣零落殆盡矣豈享大名者不必有賢子孫耶孝侯之後五侯貴顯遭敦峻之難舉族殲焉幸而一子僅存明哲保宗卒之椒聊蕃衍盈升盈掬食舊德服先疇簪纓接踵名臣輩出何天之獨厚於孝侯哉豈非純孝精忠之未食其報閟而不發其磅礴鬱積之氣歷數百年而必產一英賢以承先而啟後歟國山譜孝侯之一支也始遷祖曰國陽公卜居雲霧距孝侯四十八世矣其子析爲三雲霧外曰周家濱曰宋瀆而譜則合修之明季司空鼎續懋河渠國朝御史季琬風清臺閣其他仕宦相繼辛卯秋余主試京闈得周生蔭南江左名士也於其來謁詢知爲孝侯裔而簡惠公之後也述其祖宗之豐功偉烈予不禁心向往之今歲續修譜牒郵譜稿來乞余序余閱其世系訖始孝侯之祖父以迄今茲珠聯繩貫有條不紊因答生書謂公侯之子孫必復其始以孝侯之磊落軒天地爲其子孫者豈僅以讀書工文取科第爲畢乃事哉必卓然思所以不

國山周氏世譜　卷首　原序　十六　立本堂

朽以踵武黃門御史參政司空諸公之克篤前烈則不徒爲信譜之光榮且可彪炳乎信史矣生等勉乎哉即書之以爲序時道光二十六年歲次丙午季秋穀旦

賜進士出身

文淵閣大學士兵部尚書今任四川總督仍管巡撫事辛卯科順天鄉試正考官前翰林院編脩覺羅寶興拜撰

凡例

一吾族自 廣平公始枰國山十二世季寂公倡輯宗譜
迄 國朝蟾一公纂訂雲鶴支譜皆顏曰國山周氏今
敬遵舊式曰國山周氏世譜其一世祖則斷自 廣平
公始

一第一世至五十世原譜其纂輯自季寂公始厥後捨遺
公繼之簡惠公續之東皋公又續之玆悉照舊編次譜
口旁註原編舊編圖表字樣以便檢查

一五十世國陽公徙居雲鶴爲始遷一世祖另卷敘起圖
表前題曰始遷雲鶴繼常世系譜口亦旁註始遷圖表

字以標明之

一國陽公五子四支元公一傳無嗣三行健公今止數人
惟長房析居周家濱次房析居宋瀆幼房定居雲鶴是
爲三大分今譜中標明三分而行健公亦另卷以次列
宋瀆分後

一四十九世已上各支其內寅舊譜內但稽遠祖今於凡
註幾傳無嗣者概從東皋公原本補載以便綜考

一四十九世已上有遷徙隔省郡縣及本邑他處者考据
確實方於本名下註明遷居某地不敢混增支派

一昌陽公後十數傳止十數丁力不能自爲譜推國陽公
友愛之誼合附於後

一周家濱分遜求公一房今止一丁且從釋雲鶴分西渚
公一房五傳無嗣難以並列皆另敘附本分後

一先列圖後列表表如圖式一世至五世橫列之五世至
九世亦然九世至十三世推之百世準此

一始祖二世祖三世祖稱公此外皆名名單行大書下雙
行小書先書某子次書字書號書諡名字號有改易者
兩書之書履歷事實凡無傳而或文行一節可嘉者附
書表中有傳不贅末註有傳等字其人見在者雖有善
行不書惟婦人苦節合例力不能請旌人雖見在特附

記示奬

一世表中於生卒葬必詳書生年卒年書時王甲子葬書
地名詳及山向同壙者于配下書合葬某處分葬各書
葬同一處者於配下書俱葬或書祔葬祖塋者書祔
葬其生卒葬無考者書闕

一書年其在八十已上者書壽登六十已上者書壽五十
已上者書享年五十已下書年二十已內書早世十五
歲已內書殤不表不滿八歲者不書

一配高書有繼室則書原配殁書配生書娶配之高曾祖
考有爵秩必書然止及本支如某姑姊某姪女不書無

爵秩而族塋名字可考者悉書之於壻亦然以再醮來者書納自我再醮有子女書書曾娶被出者於某氏下書出或門戶不相當始合不以正則書以某氏爲室

一書子女於配後另行高書有幾子次低書子名依次排列子後另行高書女數長次連書次行低書一字以醒眉目

一子出嗣者於本生名下註明嗣伯叔某圖中本生系下不書其以從子爲嗣者高書嗣子於子名下仍註明某兄弟第幾子以便查核

一側室受恩綸者亦高書否則低一字無子女不書若守

節無過年滿五十以上者無子亦附

一子有出嗣他姓及從釋道者但於本生名下註明不列表其圖亦註明出繼從釋字樣其子孫願歸宗者於本身祇書名書字不書履歷生卒其子若孫照式悉書

一婦女守節撫孤者必詳書其孀居及旌表年分不得從略

一祠革者本名下止書某人出註明祠革但革其身不及後嗣故仍立表

一早世待嗣者始列圖表若無嗣止列圖不列表殤則例不承繼列圖不表

一全譜分卷二十先　誥敕諡議奏疏次敘圖表再列傳文片碑銘記贊詩歌皆附焉婦之賢節者附傳於後

以上各條或本前譜或參他氏譜皆折衷禮律以嶄當於義理間有損益族議僉同其未備者猶賴後人之踵事云

凡例續增

一壽文例不入譜然族中果有大壽　朝廷亦加　恩典故壽臻九袠八袠者表中例得書壽登所有壽言自宜採入降此不準

一前譜娶配分別而書生書娶歿書配以爲例然天立厥

配詩因言嬪京之摯仲也即今日壽文中必稱德配某孺人亦俱稱生者也今故合爲一例不分存歿

一譜體例率由舊章不敢妄易但前譜圖表各歸各分業已參大同譜而爲分譜矣茲更參各分譜而爲房譜世系圖表各從支祖以便檢閱

一世譜第一頁有宋昭義軍節度使韓世忠題云乾坤毓秀今古名家八大字舍人余中題譜云孝侯世澤四大字以屢次翻刻恐其失眞故不載乃前譜何至竟刪却其文茲特補入

一查承嗣一節乾隆以前祇有專嗣至嘉道間修譜始準

兼祧兩房今因兵燹之後絕房甚多通融參酌一子準
承繼三處除嗣三處外尚有應立房分祇註兼祧兩字
以便日後子孫繁衍便可派嗣
一查舊譜原編二十卷續編十六卷計共三十六卷今前
後統修釐爲四十八卷均遵前式未嘗改易惟增入殉
難著作二編忠義昭著文章富有悉足爲家乘光族議
僉同並非擅增條例也
一吾族宗譜由來已久卽入　國朝屢經纂輯未聞有截
修近代遙接前支者故自一世至某某世珠聯繩貫一
氣呵成方爲全書今斷自六十世脩起凡六十世以上

國山周氏世譜　卷首　凡例　五　立本堂

前譜俱已登載悉仍其舊不復翻刻詳見在也圖省費
也聞鄰近大族已有行此法者族議以爲便而從之于
是以新接舊續而增之其卷數直接前卷合新舊譜爲
一部名之曰國山周氏世譜續舊
此嘉慶丁丑道光丙午修譜之例也後人倘有省費
接修者切須從十三世修起蟬聯而下不可截修致
有隔斷之病是爲至要
凡例再增　乙卯統修增訂
一此次修譜本議接修因會譜未齊勢難統續仍議普修
未免耗費撰諸梧棬之義對越之思譜爲吾祖吾宗姓

氏所留貽謀所在詎可稍存玩忽現經公議各配木匣
珍藏查照舊章每閱三年由族長定期弔驗一次如有
遺失照章責懲並於散譜時先行通告俾咸警省
一前譜舊編續編共分四十八卷茲以閣學公少宰公事
業著作當世共稱公議應援簡惠公總河公有舉必登
之例詳晰登載爲家乘光卷帙較多定爲六十卷仍宗
前式每卷各以類從
一查各前譜均分爲舊編續編茲宗前式自廣平公起至
四十九世止爲舊編世系從廣平公起推自國陽公起
爲續編世系從國陽公起推仍於圖表及各門類中逐

國山周氏世譜　卷首　凡例　六　立本堂

一分別註明俾開卷瞭然無虞蒙混
一前譜蒐輯宏富體例精嚴現屆重修凡前譜所已登者
隻句單辭並行登載不敢稍略惟事實既增門類較多
未容膠柱茲謹逐加釐訂分別移併補列俾正續銜接
界劃分明期於先人用意悉相符合
一於舊纓志中增入科名學校著作錄中增入閨秀集蓋
箕裘之紹弓冶無殊江漢之詩輶軒並錄自應參一時
之沿革爲分類之採登庶文獻足徵英材橥起用揚先
緒兼勵將來族議僉同非敢標異
一舊例壽序至八袠九袠始准登列現登少宰公五旬壽

序未免於前例牴牾公議以少宰公勛業冠時有功宗祊特從創格嗣後倘有繼起仍可援照餘仍照前不得濫登

查此次修譜如閣學公少宰公勳績應登江南通志餘如鄉賢名宦文苑義行等類應登郡志縣志洒省志郡志累修未成縣志亦未續修無從查註非敢從略又恩綸內誥勅一門除前譜所登外未增一人而世表中所登封贈則未可枚舉緣遭改革已請封而未領誥軸者竟居全數既不能再登綸音又未便概從删削因核實登載俾免闕遺合附聲明

國山周氏世譜　卷首　凡例　七　立本堂

國山周氏世譜卷首

歷代纂修世譜攷

宋孝建三年十二世黃門公諱山圖字季寂倡纂國山世譜顏光祿爲之引

唐貞元中二十五世拾遺公諱息琨字夏玉纂修世譜常平章袞張少司成籍序序佚

宋紹興二十年四十二世簡惠公諱奕字立翰重修序四一豐少蒙宰擒友撰 一張九成撰 一戴昊撰 一簡惠公自序

明洪武二十五年五十一世東皋公諱叔寶字君美重修序三一許衡撰 一徐方伯實撰 一饒少宗伯可求撰

國朝康熙三十一年壬申雲譎第十世蟾一公諱夔桂重纂序二一邑侯文超靈撰 一楊太史大鶴撰

乾隆十一年丙寅十二世𩏂齋公諱惟楨字謙貞重修陳大司徒德華序

乾隆四十八年癸卯十一世西輔公諱左輿道伸公諱宸掛增修十三世補堂公諱儀袞字梓琦硯銘公諱彥校訂梁大學士國治序

嘉慶二十二年丁丑十一世行簡公諱賡輔續修十三世春浦公諱肴字南閩監修潔庵公諱星垣字摯徽藕塘公諱迪字綺渭校訂

江蘇學政文幹序

國山周氏世譜　卷首　歷代纂修考　一　立本堂

道光二十六年丙午十三世如松公諱惟星 明夫公諱庸彥 續修十四世樾禾公諱茂信 監修十四世榮祿公諱秉鈞字君衡 蔚齋公諱葆龢字武卿 總纂大學士覺羅寶興序

光緒七年辛巳十四世聚昌公諱庚全 重修十五世桐崖公諱鳳飛字幽青 閣學公諱金章字裁五 監修十六世蘭舟公諱湛霖字志莪 少宰公諱家楣字雲丹 總纂大學士太子太傅一等肅毅伯李鴻章序

國山周氏世譜 卷首 歷代纂修者 二 立本堂

國山周氏世譜重脩總目

十六世孫棟材 十七世孫志培同校

監十五世孫聽聲 十七世孫志靖總纂

脩十六世孫維祚 十七世孫學源協纂

十六世孫家謨 十八世孫承軒參訂

第一卷上

恩綸

詔命

賜諡文

賜額文

賜祭文

諭旨

第一卷下

恩綸

誥敕

第二卷

國山大宗祖暨各支祖世系圖表

第三卷

雲龗始遷祖暨各分祖世系圖表第一世至五世

第四卷上

國山周氏世譜 重修 總目 一 立本堂

國山周氏世譜 重修 總目 二 立本堂

國山周氏世譜 重修 總目 三 立本堂

第二十五卷上
雲霽分安甫公派下三房四五房世系圖表 九世至十六世
第二十五卷中
雲霽分安甫公派下六房世系圖表 九世至十七世
第二十五卷下
雲霽分安甫公派下七房世系圖表 九世至十七世
第二十六卷
雲霽分四房松坡公派下世系圖表 九世至十七世
第二十七卷上
雲霽分六房各房祖世系圖表 五世至九世

第二十七卷下
雲霽分六房西園公派世系圖表 九世至十八世
第二十八卷上
雲霽分六房近園公派世系圖表 九世至十八世
第二十八卷中
雲霽分六房怡南公派世系圖表 九世至十七世
第二十八卷下
雲霽分六房繼橋公派世系圖表 九世至十世
第二十九卷
西渚公分世系圖表 五世至九世

第三十卷
昌陽公分世系圖表 一世至十七世
第三十一卷上
廟祀志、 湛霖 志靖
祀典
名宦
鄉賢
忠義
孝悌
第三十一卷下

廟祀志 湛霖 承軒
專廟
專祠
第三十二卷上
先德錄 湛霖 學源
史鑑
國史專傳
第三十二卷下
先德錄 鳳飛 家讀
志書

國山周氏世譜　重修　總目　八　立本堂

國山周氏世譜　重修　總目　九　立本堂

國山周氏世譜　重修　總由　卋　立本堂

國山周氏世譜卷一上目錄

國山周氏世譜　恩綸　卷一上　詔命目錄　賜謚賜廟額目錄　一　立本堂

諭旨 續編

八世鼎任浙江布政使司左布政使兼按察司副使
督理七省漕務　敕諭
鼎任總理河道提督軍務工部右侍郎兼都察院右
僉都御史　敕諭
鼎任總河任內長山塞決奉　旨加級並賞銀兩
紵絲
鼎辭加級並賞銀兩紵絲奉　旨不必固辭
鼎告退奉　旨安心視事
鼎兩疏告退奉　旨即出料理

鼎三疏告退奉　旨吏部知道吏部議覆奉
旨准回籍調理
十五世金章督辦畿東團練積勞病故追贈內閣學
士　賜祭一壇蔭一子入監讀書
十六世家楣助賑　傳旨嘉獎
家楣助賑奉　旨交部從優議敘
家楣奉　旨賞假毋庸開缺
家楣生平政績奉　旨宣付史館立傳 附順天府尹奏請宣付史館立傳疏
十六世家鋤及嫂潘氏妹歸吳氏殉難　賜建專祠

十七世志靖以刑部主事兼襲雲騎尉世職　敕
書

國山周氏世譜卷一上

恩綸

詔命 附錄

二世魴賜爵關內侯

奉

天承運

皇帝詔曰朕不堪多難端賴人才如升堂而聞簫韶庶還風俗之厚若人國而望喬木因知朝廷之尊既得其人當縻以秩爾鄱陽太守周魴言垂當世名配前修誘敵設奇禦魏兵而制勝下奚載義厲忠心於有成譎然俊偉之聲卓爾靖共之操茲封爾爲關內侯呂望推賢起佐文王之治周公已老留爲孺子之師欽哉

黃龍元年八月十五日下

二世魴妻谷氏賜藥米

皇帝詔曰處母年老加以遠人朕甚憐念給其醫藥酒米賜以終年

元康　年　月　日下

三世處任御史中丞授建威將軍

奉

天承運

皇帝勅曰朕自纘緒以來數年之間賴公卿同心夾輔中外晏然間者氏戎作逆聚衆梁山雖非百年大難之端亦爲一時治平之擾朕甚憾之迺田禽固利於執言帥師尤寄於長子爾御史中丞卿周處抱文兼武制敵設奇運籌有決勝之謀整旅有折馘之勇其授爾建威將軍隸梁王肜夏侯駿節制速討平之欽哉

元康六年十月初八日下

四世玘任吳興太守烏程侯進爵義興郡公

奉

天承運

皇帝制曰人臣馳驅以鼓勇不辭汗馬之勞大君封建以

報功豈吝分茅之錫蓋德懋懋官功懋懋賞書有懿訓

國有典章不可棄也爾吳興太守烏程侯前領威武將

軍事周玘強毅素著風烈夙聞擊斬石冰追殺陳敏討

錢璯而九州畏威振饑民而三吳懷惠忠肝激於義氣

果銳克以沈幾功勞洵出偉矣賚予豈宜薄乎茲以陽

羨國山臨津永世平陵義鄉六縣置爲義興郡特進爾

爵爲公以彰勳德礪山帶河載在盟府爾其守之欽哉

永嘉四年八月日下

十二世山圖任平昌太守進職黃門郎領羽林西廂

直衛

奉

天承運

皇帝詔曰朕自膺洪祚以握乾符順輿情而登大寶固承

天命之攸屬實賴臣力之共襄爾平昌太守周山圖才

堪任重知復超羣勇力既冠乎軍前謀猷實出乎帝簡

其進職爲黃門郎領羽林西廂直衛卿尚一爾心力克

宣輔弼之忱作朕股肱毋弛禁闥之任欽哉

建元二年三月十一日下

四十二世棻任兵部侍郎侍講學士特授參知政事兼樞密院正使

奉

天承運

皇帝詔曰朕自嗣服以來夙夜不遑志雖切於恢復而將帥不協師遂潰於符離思爾兵部侍郎侍講學士卿周棻不可輕舉之言實老成却顧之慮洵爲帝賚允簡天心茲欲付託以論思兼畀重寄於東府其授爾爲參知政事兼樞密院正使爾其協心佐贊非堯舜之道不陳殫力燮調以社稷之安爲悦益懋啟沃之猷尤冀仰承之效欽哉

隆興元年六月初六日下

恩綸

賜謚文舊編

處奉

勅謚孝議

祠部尚書準太常博士議曰前御史中丞周處履德清方才量高廣歷守四郡敷政安人入司百僚貞節不撓在戎致身見危授命此忠臣之茂績實烈士之遠勲謹按謚法執德不回策謚曰孝奉

勅依議欽遵

建武元年十一月日下

玘奉

勅謚忠烈議

太常卿議曰故義興郡公周玘三起義兵屢平劇冦持已能清潔無私治民而威惠兼茂大勳克著於生前令聞宜光於身後臣攷謚法廉方公正英果非常乞謚忠烈奉

勅依議欽遵

太興三年四月　　日下

葵奉

勅謚簡惠議

太常卿議曰故資政殿大學士周葵端方直諒持重老成初矢節於西臺旋竭忱於東府屢司大郡人謳召伯之歌同典賓興士切蘇公之慕至如薦賢自代尤稱憂國奉公一生之大節可嘉百世之榮名宜錫臣按謚法正直無邪寬裕不苛宜謚簡惠

湻熙二年三月　　日議

葵奉

勅謚簡惠又議

太常卿議曰故資政殿大學士致仕贈正奉大夫周葵柱石老臣圭璋碩、望歷事三朝公忠勤慎不黨不阿在政府則持國大體却一時小就之功名居臺垣則抗論交章措百年奠安之宗社未嘗隨眾附會可不謂正乎未嘗諛主依回可不謂直乎至於出典外郡牧愛斯民利興弊革皆仰體

聖朝休養至意應變之才尤爲明敏當塗平江諸政蹟全活者眾一心爲國薦賢拔士號稱得人皆不事刻急補苴目前深計長久治安之烈也可不謂寬乎裕乎按謚法正直無邪曰簡寬裕不苛曰惠宜謚曰簡惠

奉

勅依議欽遵

湻熙四年十月初四日下

恩綸

賜廟額文 書編

勅賜孝侯廟額牒文

常州宜興縣奉

行宮禮部狀準都省批下兩浙運司奏：據常州申宜興縣城東南有周孝侯廟侯蓋晉平西將軍名處實陽羨人忠義勇烈超冠一時其折節除害見危致命與夫執德不回之實載在晉史揚於廟碑垂七百年昭然可攷至今陰功異蹟庇護甚厚雖祈禳疫癘請禱雨暘威靈感格應若影響宣和間方臘嘯聚其徒傳皋欲侵邑境即見金甲神人擁兵而出曰我平西將軍也皋遂神馳魄散狼狽竄伏就擒于郡城昨者虜冦獗猖所至殘破毘陵諸邑惟此地獨保無虞潰兵叛將如張琪等睥睨亦久或壓境而不敢入或入境而不敢肆悉謂嘗見將軍衣甲冑執戈矛旌旄亘天震讋營壘眾皆投戈屈膝之不暇英靈狀迹類非一事父老相傳咸有證驗乞賜廟額等因本司尋委簽書鎮江軍節度判官朱亮功躬親到縣詢究上項靈應事迹據狀詳覆委實祈禱必應陰靈威烈保明詣實本司再委催促綱員官李淵躬自去縣覆行按

實據凋申報委實祈禱無不感格有功於民保明詣
實本司保明詣實報部本部尋行下太常寺勘會去
後今據本寺狀來兩浙運司保奏到常州宜興縣凋
孝侯廟威靈感格乞賜廟額伏望
朝廷詳酌允行奉
勅恩賜英烈廟額牒至準
勅故牒
紹興七年五月　日觀文殿大學士左通奉大夫
孟　押
參知政事張　行
尚書右僕射同中書門下事
陳　行

恩綸

賜祭文 續編

雲霧十五世金章　諭賜祭文
光緒十二年　月　日
皇帝致祭軍營病故二品大臣直隸候補道周金章之靈
曰鞠躬盡瘁臣子之芳蹤賜卹報勤國家之盛典爾
周金章性行純良才能稱職方冀遐齡忽聞長逝朕
用悼焉特頒祭葬以慰幽魂嗚呼寵錫黃壚庶沐匪
躬之報名垂青史事昭不朽之榮爾如有知尚克歆
享

恩綸

諭旨續編

八世鼎任浙江布政使司左布政使兼按察司副使

督理七省漕務　勅諭

奉

天承運

皇帝勅諭浙江布政使司左布政使兼按察司副使周鼎今特命爾駐劄淮安督理七省漕務兼巡視河道分管廬鳳淮揚四府錢糧禁革奸弊務要區畫詳明處置周密其各總船隻到淮之日尤要逐一親行查驗催督開

發毋得躧襲舊弊縱容運官盧捏抵塞以致前後參差遲誤糧運所屬有司衙所官員并運官旗軍人等有敢貪殘害人怠玩廢事者輕則量情懲治重則申呈漕運衙門叅提處治其南北河道但係漕運經行去處亦屬爾巡視查攷督仍聽總督漕運及總理河道衙門節制不許別項巡歷遠事叅謁以致妨廢政務爾受茲委任須廉謹自持盡心綜理務俾糧運無滯國計有裨斯稱任使如或因循怠忽罪有所歸爾其勉之慎之故勅

天啟七年十二月十三日下

鼎任總理河道提督軍務工部右侍郎兼都察院右

僉都御史　勅諭

奉

天承運

皇帝勅諭工部右侍郎兼都察院右僉都御史周鼎今特命爾前去總理河道提督軍務駐劄濟甯州督率原設管河管洪管泉管閘郎中員外郎主事及各該三司軍衛有司掌印管河兵備守巡等官將各該地方新舊漕河并淮揚蘇松常鎮浙江等處河道及河南山東等處上源着實用心往來經理遇有淤淺衝決堤岸卑薄應

該挐築挑濬去處務要先事豫圖免致梗塞并查先年工部題覆事宜一一着實舉行合用人夫照常於河道項下附近有司軍衛衙門調取應用其各省直歲修河工錢糧悉聽通融計處動支所屬大小官員果能盡心河務功績昭著者奬薦擢用敢有不服調度怠玩誤事及權要勢豪之家侵占阻截并違例盜決河防應挐問者徑自挐問應參奏者指名參奏其餘開載未盡及河道要緊事宜悉聽爾便宜處置其有干漕運撫按衙門事體督同計處重大者奏請定奪其江北山東河南等處各該巡撫官悉聽爾節制藩臬有司等官有所舉刺

與各該撫按衙門相同俱凖正薦如有仍前沿襲玩忽
不遵者不時參奏治罪每年終將修理過河道人夫錢
糧照例備細造冊畫圖貼說奏繳其南直隸淮揚潁州
徐州山東曹濮臨清沂州河南睢陳北直隸大名天津
各該地方軍務聽爾督理各該兵備道悉聽節制務要
防護運道永保無虞如遇盜賊生發即便督同各該廵
撫嚴督該地官兵上緊緝勦毋致延蔓若兵備各官縱
寇貽患者參奏處治爾爲重臣受兹委託須殫心竭慮
輸忠効勞俾河道安流糧運無誤斯稱委任如或處
置乖方以致誤事責有所歸爾其欽承之毋忽故諭
崇禎八年十月　　日下

鼎總河任内長山塞决奉　旨加級並賞銀兩紵絲
崇禎十年四月十四日奉
聖旨道長山塞决效勞各官周鼎著加一級仍賞銀三千
兩紵絲二表裏欽此

鼎辭加級並賞銀兩紵絲奉　旨不必固辭

崇禎十一年五月初一日奉

聖旨周鼎塞決著勞敘賚已有成命著卽祗受不必固辭該部知道欽此

鼎告退奉　旨安心視事

崇禎十二年九月十八日奉

聖旨卿總河著勞運事攸賴著安心卽出視事不必因人言求斥該部知道欽此

鼎兩疏告退奉　旨即出料理

崇禎十二年十一月初六日奉

聖旨新運伊始河務方殷卿還遵旨即出料理不必又有別陳該部知道欽此

鼎三疏告退

崇禎十二年十一月二十三日奉

聖旨吏部知道欽此

吏部謝　覆前疏該臣等看得河道關乎漕運最重務也總河臣周鼎拮据有年頗稱諳練乃以老病懇請至再至三臣部細加訪問本官年力不甚衰邁疾病未免侵尋河干雖日盡瘁舟中強半臥理其懇切乞休實有真情似非得已不然漕運告竣河伯宴然非有艱難可避之事廼于後何苦為不情之呻吟也應准回籍調理等因本年十二月十三日奉

聖旨周鼎准回籍調理仍料理候代員缺着即會推欽此

十五世金章督辦畿東團練積勞病故追贈内閣學士

賜祭一壇蔭一子入監讀書

光緒十二年　月　日大學士直隸總督李鴻章

奏已故奏派督辦畿東團練直隸候補道周金章在差病故請照軍營積勞病故例從優賜卹一摺奉

旨該部議奏旋經議復請照道員軍營積勞病故例從優賜卹追贈内閣學士賜祭一壇蔭一子入監讀書期滿後以州判用奉

旨著照所請欽此

十六世家楣助賑　傳旨嘉奬

光緒九年九月二十九日奉

上諭陳士杰奏官紳籌賑出力等語本年山東利津等處猝遭水患災區甚廣饑民待賑孔殷經順天府府尹周家楣代籌賑銀三千兩並各官紳先後由上海籌解銀七萬六千兩棉衣一萬件東省災黎藉資接濟周家楣不分畛域廣爲勸募得以集成巨欵直隸候補道盛宣懷等設法勸捐不遺餘力揀選知縣潘民表等分赴利津齊東齊河等處覈實散放均屬心存利濟見義勇爲著傳旨嘉奬以昭激勸欽此

家楣助賑　交部從優議敘

光緒十二年二月二十四日奉

上諭陳士杰奏江浙各官紳捐貲助賑已歷三年爲數甚鉅懇恩獎勵一摺前因山東黄水爲災民情困苦節經周家楣等代籌賑銀派委揀選知縣潘民表等分投散放並廣爲勸募江浙閩粤各紳商多方籌措實屬勇於爲善歷久不渝深堪嘉尚通政使周家楣等均著交部從優議敘欽此

家楣奉　旨賞假毋庸開缺

光緒十二年三月二十九日内閣奉

上諭署吏部左侍郎通政使周家楣奏病難速痊懇請開缺一摺周家楣著再賞假一個月毋庸開缺欽此

家楣生平政績　宣付史館立傳

順天府府尹奏請　宣付史館立傳疏

奏爲已故署侍郎通政使前府尹臣政蹟卓著請
旨宣付史館立傳恭摺會陳仰祈　聖鑒事竊據前
太僕寺少卿鍾佩賢等聯名公呈已故署吏部左侍
郎通政使司通政使前順天府府尹臣周家楣政蹟
懇請具奏前來臣等查該故署侍郎籍隸江蘇宜興
縣由咸豐己未翰林庶吉士改官禮曹洊陞卿貳其
心存利濟見義勇爲曾棠　恩旨嘉奬生平志節久
在　聖明洞鑒之中原無待臣下贅陳臣等所不能

已於言者該故署侍郎於光緒四年補授順天府府
尹講求察吏安民之要倡修順天府府志整頓金臺
書院旋以母憂去官光緒八年復拜府尹之　命如
修府學置樂器加練捕盜營兵以捕劇盜倡設候質
所官車局以恤牽連而便行旅至於育嬰義學種桑
施粥給孤義塚功德林普濟堂等處善舉不憚煩瑣
百廢俱舉又舉辦近畿教養事宜在任五年釐然畢
舉然此猶有地方之責者所當爲也其最不可及者
畿東水利自怡賢親王興修以後屢議重修未果
該故署侍郎輒慨然以籌款自任與臣李鴻章商定

援以工代賑之義及時興辦厥工告竣臣李鴻章奏
稱其公忠體　國纘美賢王似非溢美而該故署侍
郎猶欲然自視謂僅能於平水之年聊資捍禦及本
年復遭水患果如所言其任事之勇與料事之明有
如此光緒九年順屬因雨水成災偏及二十四州縣
仰棠　恩施發　帑截漕並棠　皇太后節省是年
中秋進奉銀兩發賑該故署侍郎上體　聖慈下求
民隱以誠懇之意感動天下官紳合力集捐以資賑
濟得以無策不施有施必速災後數十百萬窮黎藉
免流離失所厥功甚偉當工賑喫緊之時尚在總理

各國事務衙門行走兼署戶部侍郎正值公事煩重
而籌辦工賑無論鉅細必躬親料理山東黃水爲災
倡議籌款協賑年來江西浙江江蘇廣東廣西屢見
偏災紳民助賑率賴其提倡以集事本年三月山左
黃流復溢該故署侍郎已在病中猶汲汲以籌賑爲
已任彌留之際以助賑付託僚友曾無一語及私然
則該故侍郎之志在保全民命培養　國家元氣以
仰副　皇太后　皇上視民如傷之意者固天下所
共見共聞而不忍淹沒也臣畢道遠等與之同官共
事有年知之甚悉臣薛福辰昔任通永道時遇有緊

要事件胥賴裁成見聞最確用敢據情臚陳合無仰
懇　天恩俯准將該故署侍郎政績　宣付國史館
立傳俾垂不朽而勵將來出自逾格鴻慈謹會同大
學士直隸總督李鴻章合詞恭摺具陳伏乞　皇太
后　皇上聖鑒訓示謹　奏

光緒十二年十二月十五日內閣奉
上諭畢道遠奏臚陳已故府尹政績請宣付史館一摺已
故通政使周家楣兩任順天府府尹遇事整頓善政頗
多辦理災賑尤能多方籌措不遺餘力實惠及民所有
周家楣生平政績著准其宣付史館立傳欽此

十六世家鋤及嫂潘氏妹歸吳氏殉難　賜建專祠

同治三年十二月十六日奉
上諭給事中王憲成奏訪聞江蘇各屬陣亡殉難紳民婦
女請分別旌䘏建祠等語咸豐十年十一年間逆匪竄
擾江蘇吳江震澤華亭金山各縣地方該處紳民婦女
或力竭捐軀或從容自盡均屬深明大義節烈可風該
給事中籍隸江蘇見聞較確所有吳江震澤陣亡殉難
之附貢生馬經等七十一名口暨華亭金山陣亡之附
貢生浙江候補巡檢楊師程等五十八員名著該部查
明除業經得有䘏典外均著照例分別旌䘏其宜興縣
監生周家鋤及其嫂周潘氏妹吳周氏死節尤慘業經
前任督辦團練大臣龐鍾璐奏請旌䘏並准其于宜興
縣地方自行建立專祠以彰忠節欽此

十七世志靖以刑部主事兼襲雲騎尉世職

敕書

奉

天承運

皇帝制曰朕維尙德崇功國家之大典輸忠盡職臣子之常經古聖帝明王戡亂以武致治以文朕欽承往緒甄進賢能特設文武勳階以彰激勸受茲任者必義以立身仁以撫眾智以審微防奸禦侮機無暇時能此則榮及前人福延後嗣而身家永康矣敬之無怠爾刑部貴州司學習主事周志靖繼父周家錫原係監生因在籍力戰陣亡從優賞給雲騎尉與爾兼襲後再襲壹次

勅命

光緒伍年柒月拾玖日

之寶

國山周氏世譜卷一下目錄

恩綸

誥命 舊編

四十一世璞以子葵秩贈兵部侍郎左中大夫暨配王氏贈泰國夫人

誥命 續編

雲孫第六世秀以孫鼎秩贈通奉大夫浙江布政使司左布政使暨妻俞氏贈夫人

秀以孫鼎秩改贈中大夫南京太僕寺卿暨妻俞氏改贈淑人

秀以孫鼎秩加贈資政大夫總理河道提督軍務工部尚書兼都察院右副都御史暨妻俞氏改贈夫人

七世重智以子鼎秩贈文林郎山西平陽府推官暨妻陳氏贈孺人

重智以子鼎秩贈承德郎兵部武選清吏司主事暨妻許氏陳氏贈安人

重智以子鼎秩加贈奉直大夫兵部職方清吏司員外郎暨妻許氏陳氏加贈宜人

重智以子鼎秩加贈通奉大夫浙江布政使司左布

政使暨妻許氏陳氏加贈夫人
重智以子鼎秩改贈中大夫南京太僕寺卿暨妻許
氏陳氏改贈淑人
重智以孫鼎秩加贈資政大夫總理河道提督軍務
工部尚書兼都察院右副都御史暨妻許氏陳氏
改贈夫人
八世鼎任山西平陽府推官授文林郎暨妻蔣氏封
安人
鼎任兵部職方清吏司員外郎授奉直大夫暨妻蔣
氏封宜人

鼎任浙江布政使司左布政使授通奉大夫暨妻蔣
氏封夫人
鼎任南京太僕寺卿授中大夫暨妻蔣氏改封淑人
鼎任總理河道提督軍務工部尚書兼都察院右副
都御史授資政大夫暨妻蔣氏加贈夫人
鼎以子伯瑞秩晉階光祿大夫太子太保暨妻蔣氏
加贈一品夫人
鼎以子季琬秩封儒林郎浙江道監察御史加一級
暨妻蔣氏妾吳氏贈安人
九世伯瑞任南京戶部福建清吏司主事授協正庶

尹奉直大夫暨妻吳氏封宜人
九世季琬任浙江道監察御史加一級授儒林郎暨
妻儲氏封安人
十世世賢以子宸鏞秩贈文林郎江南通州如皋縣
教諭加二級暨妻蔣氏贈孺人
十一世長源以子豊秩敕贈修職郎福建泉州同安縣
灌口縣丞暨妻徐氏贈八品孺人
十二世宥以子袞秩敕贈修職郎江蘇海州直隸州
訓導暨妻路氏贈八品孺人
十二世京以孫之冕秩贈文林郎安徽寧國府太平

縣知縣暨妻任氏贈七品孺人
京以曾孫金章秩贈通奉大夫鹽運使銜安徽廬州
府知府加四級暨妻任氏贈夫人
十二世翰以子荇秩敕贈修職郎浙江黃巖場鹽大
使暨妻湯氏贈八品孺人
十二世雲以子有聲秩贈修職郎江蘇鎮江府丹陽
縣訓導暨妻丁氏封八品孺人
十三世睿以子曦秩敕贈修職郎江蘇通州泰興縣
訓導暨妻路氏潘氏贈八品孺人
十三世淦以子之冕秩贈修職郎安徽池州府訓導

暨妻潘氏封八品太孺人
淦以子之晃秩贈文林郎安徽甯國府太平縣知縣
加三級暨妻潘氏封太孺人
淦以孫金章秩贈奉政大夫同知升銜安徽候補知
縣暨妻潘氏贈宜人
淦以孫金章秩贈通奉大夫鹽運使銜安徽廬州府
知府加四級暨妻潘氏贈夫人
淦以孫金章秩贈中議大夫鹽運使銜道員用安徽
鳳陽府知府暨妻潘氏贈淑人
十三世汝礪以曾孫家楣秩誥贈榮祿大夫太僕寺

少卿加五級暨妻顧氏贈一品夫人
汝礪以曾孫家楣秩贈資政大夫大理寺少卿加三
級暨妻顧氏贈夫人
汝礪以曾孫家楣秩贈通奉大夫順天府府尹加一
級暨妻顧氏贈夫人
十四世之晃任安徽甯國府太平縣知縣授文林郎
暨妻吳氏吳封贈孺人
十四世之誥以子金章秩贈奉政大夫同知升銜安
徽候補知縣暨妻朱氏徐氏贈宜人
之誥以子金章秩贈通奉大夫鹽運使銜安徽廬州

府知府加四級暨妻朱氏徐氏贈夫人
之誥以子金章秩贈中議大夫鹽運使銜安徽鳳陽
府知府暨妻朱氏徐氏贈淑人
十四世秉鈞以子蔭南秩貤封修職郎海州直隸州
學正暨妻儲氏贈八品孺人
秉鈞以孫家楣秩晉贈承德郎翰林院庶吉士加二
級暨妻儲氏贈安人
秉鈞以孫家楣秩貤贈中憲大夫禮部主事加四級
暨妻儲氏贈恭人
秉鈞以孫家楣秩晉贈中憲大夫候補四品京堂禮

部郎中暨妻儲氏贈恭人
秉鈞以孫家楣秩誥贈榮祿大夫太僕寺少卿加五
級暨妻儲氏贈一品夫人
秉鈞以孫家楣秩誥贈資政大夫大理寺少卿加三
級暨妻儲氏贈夫人
秉鈞以孫家楣秩贈通奉大夫順天府府尹加一級
暨妻儲氏贈夫人
十四世鉦以孫安仁秩貤贈徵仕郎內閣中書崇明
縣教諭暨妻萬氏贈孺人
十五世森樑以姪家楣秩貤贈中憲大夫候補四品

京堂禮部郎中加二級暨妻陸氏贈恭人
森標以孫志靖襲職貤贈武德佐騎尉暨妻陸氏贈
宜人
十五世徵以子恩爵秩贈徵仕郎國子監學正加一
級暨妻湯氏封孺人
徵以子恩爵秩貤贈奉政大夫升用同知分省候補
知縣暨妻湯氏貤贈宜人
十五世蔭南任海州直隸州學正授修職郎
蔭南以子家楣秩贈承德郎翰林院庶吉士加二級
暨妻潘氏封安人

蔭南以子家楣秩誥贈中憲大夫禮部主事加四級
暨妻潘氏封恭人
蔭南以子家楣秩誥贈中憲大夫禮部郎中加二級
暨妻潘氏封恭人
蔭南以子家楣秩誥贈榮祿大夫太僕寺少卿加五
級暨妻潘氏封一品夫人
蔭南以子家楣秩誥贈資政大夫大理寺少卿加三
級暨妻潘氏封夫人
蔭南以子家楣秩贈通奉大夫順天府府尹加一級
暨妻潘氏封夫人

十五世鳳飛以子安仁秩封徵仕郎內閣中書銜江
蘇崇明縣教諭暨妻湯氏贈孺人朱氏封孺人
十五世以藩以子維新秩封奉政大夫同知銜候選
通判暨妻楊氏封宜人
十五世金章授中議大夫鹽運使銜道員用安徽鳳
陽府知府暨妻朱氏封淑人
十六世湛霖以子葆頤秩贈奉政大夫同知升銜候
選知縣暨妻儲氏贈宜人
十六世家楣官二品頂戴三品銜加三級太僕寺少
卿誥授榮祿大夫暨妻潘氏夏氏贈一品夫人夏

氏封一品夫人
十六世家欒以子志靖秩贈朝議大夫刑部主事加
三級暨妻史氏封恭人
十六世家錫以嗣子志靖秩贈朝議大夫刑部主事
加三級暨妻徐氏贈恭人
家錫以嗣子志靖襲職誥贈武德騎尉暨妻徐氏贈
宜人
十六世維新授奉政大夫同知銜候選通判暨妻路
氏封宜人
十七世志匡以堂弟志靖秩貤贈奉直大夫刑部主

事加一級曁妻陸氏贈宜人

國山周氏世譜卷一下

恩綸

誥命 舊編

四十一世豫以子葵秩贈兵部侍郎左中大夫曁配

王氏贈秦國夫人

奉

天承運

皇帝制曰朕維臣之比主有孚要於無他而國之體士永錫及於爾類惟崇親之念俾斯報主之情篤爾故朝奉郎致仕賜緋魚袋周豫乃兵部侍郎左中大夫葵之父德積厥躬才優於政誕生令子爲朕弼臣爾故孺人王氏相夫教子宜國宜家子享榮名親宜褒錫特贈豫爲兵部侍郎左中大夫王氏爲秦國夫人眘茲靡鹽之忱用示推恩之典冥漠有知尚其欣慰欽哉

隆興元年二月十一日下

恩綸

誥命 積翔

雲翔第六世秀以孫鼎洪贈通奉大夫浙江布政使司左布政使暨妻俞氏贈夫人

奉

天承運

皇帝制曰舌用柔而不敝恕可身行錐處鈍而常完謙從天福積基既厚累葉宜昌爾周秀廼浙江布政使司左布政使仍管兵部職方清吏司員外郎事周鼎之祖父口三緘而致慎有執雌持下之風鼎一命而爲僂無足高氣揚之習量睛較雨銜泌之樂境常寛化國熙臺文酒之生涯自足守詩書以訓孫子邉滕含飴教忠孝而學聖賢貽謀式穀用光宰木沛以延綸是用贈爾爲通奉大夫浙江左布政使色煥泉壚之下traditional有靈碑祥生華表之前家傳至德

制曰有穀詒孫固本先人之徳莫京昌後亦由士女之贅邇慶重闈貤封王母爾俞氏廼浙江布政使司左布政使仍管兵部職方清吏司員外郎事周鼎之祖母儀型淑令矩範端莊沃盥授巾有謹事姑之節停機斷織無忘訓子之風周姜令範可儀燕詒垂慶李密陳情欲義烏哺銜悲瑜敢鳳占慶乃流於孫子祥開麟定勲巳著於王朝是用贈爾爲夫人載崇燕畀之儀永享綿延之祉

崇禎元年三月　日下

秀以孫鼎秩改贈中大夫南京太僕寺卿暨妻俞氏

改贈淑人

奉

天承運

皇帝制曰人才之生本原可溯譬汗血降精于天房千里流奇于渥水其出也非偶其來也必遠爾累贈通奉大夫浙江布政使司左布政使周秀迺南京太僕寺卿鼎之祖父銜祕藏修朴誠自許詩書娛志退讓可風翼子未覩厥功詒孫克振其業爲予岡伯績在舊都問龍媒于初生咨惟驥德昉靈源而致祭式爾駿功俯仰百年之間顯晦有數挹注再傳之後施報無私用改贈爾爲中大夫錫之誥命於戲石穴之藏愈久繁纓之錫彌新在家以慰前修在國以勸後烈惟爾不昧其克祗承

制曰人之植德勤於遺蔭蔭滋及於累葉則報愈隆于本根閨門之內尙禮亦然爾累贈夫人俞氏乃南京太僕寺卿周鼎之祖母女儀夙著婦道孔嘉隱約之風御窮無怨幽貞之度好逑有聞上克承乎其先下克開乎其後於是祥鍾麟定譽起龍媒大業昭於文孫美報榮及祖妣天道之陰騭不爽王家之錫命彌崇是用改贈爾爲淑人名德聿顯饋享用加昭于彤章風彼女士

國山周氏世譜　誥命　卷一下　秀贈太僕寺卿妻俞氏贈淑人　一　立本堂

崇禎九年三月　日下

國山周氏世譜　誥命　卷一下　秀贈太僕寺卿妻俞氏贈淑人　二　立本堂

秀以孫鼎秩加贈資政大夫總理河道提督軍務工部尙書兼都察院右副都御史暨妻俞氏改贈夫人

奉

天承運

皇帝制曰飲水有源祭先河而後海服官無斁燕翼子以詒孫爾累贈中大夫南京太僕寺卿周秀廼總理河道提督軍務工部尙書兼都察院右副都御史鼎之祖父中心則古下志持謙石隱藏修步淵明之菊徑曠懷尋槳續宏景之松風惟佑啟于蘭枝克勵勤於漕務宏需

典冊美報遺徽茲贈爾爲資政大夫總理河道提督軍務工部尙書兼都察院右副都御史乂水土于地平五行有二沛麟驚于天錫再命斯三

制曰作楫無憂水利乃生金粟含飴有自穀富宜表河山爾累贈淑人俞氏乃總理河道提督軍務工部尙書兼都察院右副都御史周鼎之祖母儀秉柔嘉度嫻貞靜勤斯無怨偕遊擊壤之天貽厥有成克肇錫圭之烈原夫堤完璧馬河無變于江淮賴茲夢入石麟運不愆於歲月是用加贈爾爲夫人坤章而順滋蘭茂葉於方來水清且漣佩玉流聲於既往

崇禎十二年九月　日下

七世重智以子鼎秩贈文林郎山西平陽府推官暨
妻陳氏贈孺人

奉
天承運
皇帝勅曰賜虞化國不殺爲祥駟馬興門好生貽慶肆舉
祥刑之賞深惟積善之徵爾周重智乃山西平陽府推
官鼎之父博愛居仁好施扶義家庭稱孝友之實德閭
里推淡泊之高風哲士象賢理聲稱最是用贈爾爲文
林郎山西平陽府推官祗服寵綸之錫用增馬鬣之光
勅曰罔極之報恩重篤生資事之誠情先立愛乃念靡依

之孝用伸錫類之恩爾陳氏乃山西平陽府推官周鼎
之母執饋宜家和丸式子賢良對制平允服官宏敷烏
烏之慈不藉著膺之譽有嘉最績永念前休是用贈爾
爲孺人祗膺綸綍之榮用慰梧檟之慕
萬曆四十五年三月　日下

重智以子鼎秩贈承德郎兵部武選清吏司主事暨
妻許氏陳氏贈安人

奉
天承運
皇帝勅曰士有服義惰仁沈輝剗采者矣而一經敢後持
三尺之平襄五兵之詰功足多焉以子逮父宜亟襃揚
爾贈文林郎山西平陽府推官周重智乃兵部武選清
吏司主事鼎之父平心無競機事不攖孝篤于親身肩
力無不竭和浹于物德熏人無不懷善行于陰恤孤拯
厄慶餘于積身隱嗣興聽余經文緯武之英佩爾秉埜

師賢之訓戒司望重式報義方是用贈爾爲承德郎兵
部武選清吏司主事揚禰廟之煇彰裕昆之報
勅曰燕詒敢後原資正始之襄鳳詔疏榮宜軫前徽之典
以父及母敷慶有章何論先後乎爾許氏乃兵部武選
清吏司主事周鼎之前母淑慎爲儀柔嘉維則恪修孝
養開堂上之歡顏肅穆宜家邕閨中之和氣方啟承傳
之嗣倏捐堂背之慈昔怨春暉降年弗永今看湛露錫
慶彌新茲用贈爾爲安人之賁宜榮蘭膺永耀
勅曰因心惟孝情原切于自生懋賞教忠典亦隆於並錫
劍行符女師教襄文治卒啟忠賢爲國宜猷者乎爾贈

孺人陳氏乃兵部武選清吏司主事周鼎之母柔嘉無逸孝敬有彝共以承尊筲筵無怠勤以操梱機杼宜勞撫子于孩提毛裏不殊異體安舅于末疾湯藥罔懈躬親渥洼實產神駒丹穴今看翙鳳北堂之徽早背杯棬之慕日深何以紓悲惟有惻册是用贈爾為安人申選命於天賁坤貞於地

泰昌元年月　日下

重智以子鼎秩加贈奉直大夫兵部職方清吏司員外郎暨妻許氏陳氏加贈宜人

奉

天承運

皇帝制曰里閈媄修之士殖德於身豈必責償造物然善積者慶遠澤厚者流長始信身炊必享而履信助順之言不誣也爾贈承德郎兵部武選清吏司主事周重智迺兵部職方清吏司員外郎鼎之父賦性真醕立心敦厚循蘭陔而致養獨襄大事于慎終念棣萼而友于更字比兒子若保護夷急病好施埒壑貫囊集木藉茅悄素自甘疏水陰行厥德獨全其天惟餘詩書為垂世之金籝肆啟後嗣應植庭之槐蔭是用加贈爾為奉直大夫兵部職方清吏司員外郎賁幽壚以不夜若力穡之有秋

制曰天之厚報懿德也豈必懷燕徵祥哉聖善流慈濬源自遠嗣徽音之有子不可謂非懿德之詒也爾贈安人許氏迺兵部職方清吏司員外郎周鼎之前母稟質醕明為儀淑慎自諧旦鴈宜家承協乎好逑時警晨雞相室雅稱其健秉備茲內美弗享修齡嚴霜賈于中閨萱英遽折遺轂光乎內則藁問猶馨是用加贈爾為宜人

重智以子鼎秩加贈通奉大夫浙江布政使司左布
政使暨妻許氏陳氏加贈夫人

奉
天承運
皇帝制曰溯本源於水木無蓄不宣降雲雨于山川有基
必洩天篤長祥之發家開式穀之詒骨冷黃泉恩流白
日爾累贈奉直大夫兵部職方清吏司員外郎周重智
乃浙江布政使司左布政使鼎之父機忘牽鑿械絕漢
槔孝篤天親甘旨倍虔于獨給請推同氣撫摩靡間于
遺孤力襄俺夕之襄支牀不起蓉解友生之急傾橐何
辭甘九食以終年夢亦安于疏水把一編而娛樂日自
得于孿書不知世外風波惟茂庭前槐蔭遺芳未泯至
德可師是用贈爾為通奉大夫浙江布政使司左布政
使原上之枝易謝野曠霜寒山頭之柏長青天高日永
制曰報親罔極南陔之養難循鞠我同懷北堂之蘐易萎
霜華永悼風木多愁爾累贈宜人許氏廼浙江布政使
司左布政使周鼎之前母蕙性早成蘭芬共式協鳳占
而儷德敬著齊眉厘雞鳴而夙興瘁甘胼手拮据米鹽
之淩雜井井厨中程課臧獲之紛拏條條閫內著天不
弔青鬢長辭若華早折于當年玉樹基榮于此日是用

特疏夏省之榮永作夜臺之耀
制曰嶽興雲而雨降淵涵潤而珠輝喆嗣挺生必毓祥于
慈母然毓其祥而弗及食其報此蓼莪之所由銜恤也
爾贈安人陳氏廼兵部職方清吏司員外郎周鼎之母
儲儀華胄儷美德門居閫戒否于嘻嘻主饋有光之衎
衎溫清晨昏之節毋先意以迎甑爨藥餌之供非手調
不進愛式均于鳩飼教彌篤于熊丸美厥靈根宜爾遐
福乃身勞而弗享翳德盛而可傳是用加贈爾為宜人
慈訓宜昭于紫綍淑靈欣慰乎元壚

天啟七年三月　日下

重智以子鼎秩改贈中大夫南京太僕寺卿暨妻許氏陳氏改贈淑人

奉

天承運

皇帝制曰士人修善于身發祥于後其生而被榮施者什一歿而享追養者什九故君子撫手澤而廢書朝廷念岵瞻而推命每有蕃錫賁及鬒封爾累贈通奉大夫浙江布政使司左布政使周重智迺南京太僕寺卿周鼎之父韞玉未沽束帛自賁孝友之性無斁存亡疏水之風不廢弦誦爾無多求于物天乃厚錫之休爰有後賢起爲僕正溯冀羣之逸足知屈産之英靈用改贈爾爲中大夫南京太僕寺卿錫之誥命夫乘鶡之章與言有轂伯冏之命垂戒非人匪再世之明馨孰申錫于駢祉欽哉

制曰爲人母而享其子之追養後人之子即所生之子也況已實有子而人爲之撫視前人之子猶所生之子慈愛無間于彼此孝思何斁于後先予爾累贈夫人許氏乃南京太僕寺卿周鼎之前母秀鍾林下德茂閨中叶鳳占而于歸厘鷄鳴而相儆亦既抱子痛其無年譬彼春華則亦成實豈槩永蘗不可見贍茲用改贈爾爲淑

加贈爾爲夫人永煥彤篇之色長留婺宿之光

制曰貢米致痛于生前樹憐難靜設祭追號于膝下芝蕤多華養歎萬鍾恩榮三錫爾累贈宜人陳氏迺浙江布政使司左布政使周鼎之母性安荊布勤服縞綦身瘁常甘家貧漸給嫜憐覷齒手烹飪以見精心翕歎難支躬湯藥而無倦色鞠前孤于在襁課諸子以遺經成我旬宣允資聖善是用加贈爾爲夫人黃絹之貞碑不朽白楊之雅氣常新

崇禎元年三月　日下

人紛綸荷鳳閣之章髣髴來鸞臺之珮榮光賁于宿草
零露及于下泉

制曰關雎之化宼罝之材所由肇也故朝廷嘉懋績于天
閑而閨門溯內美于地類予之贊冊報其徽音爾累贈
夫人陳氏迺南京太僕寺卿周鼎之母抱德含貞秉儀
婉婉敦慈儉以相室致孝敬以承尊撫孤無間于裏毛
課子克大其弓笴爾乃徽華己遡儀法滋章顧此雲錦
之歲輦爰愈瀛洼之産德雖雕軒文駟不逮于身前而
芝簡泥封何靳于地下是用改贈爾爲淑人執器而悲
莫解栝棬之隱痛望圖而拜式申機杼之餘思幽以薦
此懿綸明以著于女史
崇禎九年三月　日下

重智以子鼎秩加贈資政大夫總理河道提督軍務
工部尚書兼都察院右副都御史暨妻許氏陳氏
改贈夫人
奉
天承運
皇帝制曰冬官職在庀材本歸杞梓水部勞兼荒度源出
岷嶓爾累贈中大夫南京太僕寺卿周重智迺總理河
道提督軍務兼都察院右副都御史鼎之父行履惟謹
言服皆儒敢弓笴于塞淵國賁雲錦訓禮詩而平土家
錫絲綸郎今秩峻于司空皆爾謀垂于裕後茲加贈爾
爲資政大夫總理河道提督軍務兼都察院右副都御
史如爾子官遺風未遠在陰恒和于鶴皐淒木無煩同
野升華于馬鬣

制曰位晉司平奠流行于坎止班聯元武彰慈誨于咸亨
爾累贈淑人許氏迺總理河道提督軍務工部尚書兼
都察院右副都御史周鼎之前母躬修荻訓德備蘭儀
食苦和丸懋孕作舟之業養廉却鮓清傳如水之心郎
今九列之榮誥爾三遷之教茲加贈爾爲夫人河水湯
湯照佩珈于抑玉雲華旦旦煇錫袞于夜臺

制曰漕糧四百萬輸輓命于司空河水三千餘疏導通于

枚實爾累贈淑人陳氏乃總理河道提督軍務工部尚
書兼都察院右副都御史周鼎之母淑慎介儀愛勞素
著在洲叶詠流慶斯男排泗注江源歸有母念機絲于
織月夢兆熊祥期碣石以康圭思承駿烈茲加贈爾為
夫人白露中央而宛在紫雲下逮以如存
崇禎十二年九月　日下

八世鼎任山西平陽府推官授文林郎暨妻蔣氏封
孺人
奉
天承運
皇帝勅曰朱綸佐政丹筆議刑允屬上僚希當盛選乃眷
中孚之彥式宏作解之仁化被參虛才為國寶爾山西
平陽府推官周鼎文章飾治愷悌宜人起賢良方正之
科佐廉察澄清之務布寬條于密網施妙解于繁纒左
右絕舞文之奸遠邇洞畏知之志剡書交上笄課特優
茲特授爾階文林郎錫之勅命芝檢牙籤特示賜書之
異唐都晉野咸觀行縣之榮爾尚益慎承圖勉襄成業
致于咸中之慶用為受則之符欽哉
勅曰緼祠示儉惟信妻賢芻爨服勤實資內順是皆循良
之芳躅用垂伉儷之令名爾山西平陽府推官周鼎之
妻蔣氏淑慎為儀柔貞配德左右共無方之養夙夜贊
匪懈之勤治績既彰壺儀可錄是用封爾為孺人祇服
維新之命方來洊至之恩
萬歷四十五年三月二十七日下

鼎任兵部武選清吏司主事授承德郎暨妻蔣氏封

安人

奉

天承運

皇帝勅曰文武並用久長之術其來尚矣武選之任銓敘

世職以開諸弁向用之路其選甚高且桑土綢繆實資

參佐不輕畀也爾兵部武選清吏司主事周鼎高閎偉

器亮節端人秀擢春闈平持郡理精心審究嚴天直部

單辭雅意哀矜保赤恩沾雨造名高三尺召掌七兵而

爾素志請纓才堪游刃九塞情實計已洞在目中百年

經營行且策之掌上庶可折衝樽俎行將績著彌綸茲

以覃恩授爾階承德郎錫之勅命夫古稱司武之任重

于文昌朕方以文飾武以武止戈何所觎焉四郊多壘

韜鈐之士時方倚重爾尚為國擇人以需登壇之用余

實嘉賴之

勅曰人臣服官戎曹最重謂係國樂樞安危所寄也乃有

操䇲樞于家者在内政修否與國政相成焉爾兵部武

選清吏司主事周鼎之妻封孺人蔣氏德比珩璜規在

圖史勤中饋而蘋藻是潔鶴髮顏開襄下帷而荼苦是

甘鵬騫志遂爾夫昔司郡理佐贊在五章出入之間今

職詰戎翼宣在六師張弛之際方倚中襄之助用疏從

爵之榮茲特加封爾為安人祗佩六珈用襄四德

泰昌元年　月　日下

鼎任兵部職方清吏司員外郎授奉直大夫暨妻蔣
氏封宜人

奉
天承運
皇帝制曰司戎大夫夙稱華選矧郊關多事戎兵克詰時
乎夘猷共念以佐大司馬之威非吏幹有稱者不輕畀
也爾兵部職方清吏司員外郎周鼎雄才雅操卓識和
衷自擢對于臨軒即司平于望郡讞庭日麗濟明斷以
慈祥按部風清佐激揚于貞肅乃以治最簡之西曹而
爾籌策素嫻課程中的簡司馬材官以各當定武功爵
秩以有差拔材齊魯之鄉騏驥長鳴而待馭投醪幽冀
之地貔貅超距而歌仁帷幄咸藉著籌封疆時賀戰勝
是用覃恩授爾階奉直大夫錫之誥命方今武服戒嚴
士氣漸服獻馘獻琛時時繼見而鴟張驚伏者尚未殄
也爾其益奮請纓期滅此而朝食朕且終賴之矣爾有
特擢
制曰司武之臣最爲繁重且不遑啟處遑問梱言然而靜
閫操籥與戎幄運籌事相同而勞交濟故疏榮及之爾
兵部職方清吏司員外郎周鼎之妻封安人蔣氏安貞
協德齊媚嗣徽盡志盡物以事舅姑必敬必戒而承夫

子當其宜勞鞠育時懷子負我戴之恩迨乎躬際顯榮
毋忘荼苦齊甘之日真可儷儀于素絨亦且同味于元
昭維此芳規宜彰令聞是用封爾爲宜人式顯河山之
度彌象風火之貞
天啟七年三月　日下

鼎任浙江布政使司左布政使授通奉大夫暨妻蔣
氏封夫人
奉
天承運
皇帝制曰職方攬王會之圖邊籌掌上邦政資元樞之晝
衡折樽中承天克協三階分陝先咨四岳成勞是念疏
寵宜崇爾浙江布政使司左布政使周鼎胸富經綸手
把斗杓李署抗風棱之法益見青天棘闈掄日觀之材
闞知紫氣舉從吏等簡擢樞曹翼贊五兵韜畧縱橫武
庫經營三殿綢繆壯麗宸居遠當錦之攻國忽見旄頭
晝出界廟堂之發縱遂令鴈塞秋平比者六傅從天三
靈踐阼督司控護掖門之王氣沈沈職在千掫神策之
劍光奕奕勞宜酧閫望在屏垣是用授爾階通奉大夫
錫之誥命於戲圻父勤施于帷幄制勝宜猷制藩遙控
于旬宣承流翼化勉爾郎星之職佇看卿月之輝欽哉
制曰特達挺鴻漸之儀星纏啟曜婉娩著雞鳴之相發宿
呈祥爰沛廷綸用彰闈則爾浙江布政使司左布政使
周鼎之妻累贈宜人蔣氏姬姜世範鍾郝家風毓秀謈
年少女應東方之位齊眉髦士相夫播南國之詩事君
子而時望刀環同心淵靜奉尊嫜而親操井碓協德貞

恒纘纑而佐讀多艱詎辭黽手解佩而親賢是勖不盡
蛾眉惟爾淑慎令儀助我貞廉虔佐是用封爾爲夫人
疏天恩之寵渥下賁鸞書表坤順之幽閒永光鳳閣
崇禎元年三月 日下

鼎任南京太僕寺卿授中大夫暨妻蔣氏改封淑人

奉

天承運

皇帝制曰嗇侯坰牧歸美無私衛公騋牝淵休淵塞故問

國之富數馬以對非藉精白承休之士孰覩雲錦成羣之績爾南京太僕寺卿周鼎器識宏深才資恢傑司李卓有休聲職方益著風猷追保障功高首薦而轉漕績著大府中外之敭歷愈久軍國之窾要彌嫺睠滁陽有

內廐係

高皇帝之路車惟僕臣需正士爲予舊都之爽憲而爾簡

自藩司克勤厥職大宛之驌驦五花麗日渥洼之騄駬六轡追風茲以攷績改授爾階中大夫錫之誥命於戲僕臣正厥后克正僕臣諛厥后自聖古之誓御其重如此爾尚慎厥身修弼予一人克紹先烈惟爾之休

制曰夫官于朝婦命于室古之制也今吾卿士躬秉塞淵之德而家人女貞克相內治則從爵而貴禮亦宜之爾南京太僕寺卿周鼎之妻累贈夫人蔣氏貞靜爲儀幽閒可則齋盛濯漑則云學于先姑井臼織紝則云以事夫子處豐彌約丹華弗御既貴不驕賓祭必虔庀治寢門之業奉揚素風雍容環珮之規流輝卿月是用改封爾爲淑人益勉覩旦之勤用襄晝日之錫

崇禎九年三月 日下

鼎任總理河道提督軍務工部尚書兼都察院右副
都御史授資政大夫曁妻蔣氏加贈夫人·

奉
天承運
皇帝制曰疇若予采五正旁命虞廷記攻厥工六卿附參
周禮兼詰戎而平土攝治水以阜財爾總理河道提督
軍務工部尚書兼都察院右副都御史周鼎才猷峻懋
識度淵沈授齊魯以揆文先之奮武濟豐鎬而數馬繼
乃班夔濟川期在得人資與水利平土克行無事爰飭
金錢爾乃大旱求霖泰山應禱輓運而呼庚不作帆接

江大築堤而瓠子無歌岸連淮地茲授爾階資政大夫
錫之誥命於戲漕二百萬而今倍漢法蕭何歲四十萬
而昔增唐徵劉晏毋忘顯命丕底遠猷欽哉
制曰克勤克儉先自宜家采藻采蘋通之化國爾總理河
道提督軍務工部尚書兼都察院右副都御史周鼎之
妻累封淑人蔣氏河洲叶吉井臼明貞大順積于舅姑
同心相厥夫子績宜中外不忘靏月瞻星勞著梯航期
杜桃花洗璧茲加贈爾爲夫人式好音于江漢嘉庸服
于絲綸

崇禎十二年九月　日下

鼎以子伯瑞秩晉階光祿大夫太子太保曁妻蔣氏
加贈一品夫人

奉
天承運
皇帝制曰朕誕命維新興懷耆舊盱衡時務無若詰戎阜
財治平水土爲大邁禹功而歎明德操舜緩而奏南風
觀夫疇采之象賢益思勞臣之鴻伐珪璋宜賚琬琰用
光爾原任工部尚書周鼎廼南京戶部福建清吏司主
事伯瑞之父貞操介石柱砥中流獻賦螭頭藥榜啟喬
雲之瑞明刑李署肺石回黍谷之春濟試曹郎山薊之

妖氛欻塞提衡文鑑齊魯之諸生在門肆藩臬之廻翔
輩金湯而洗兵甲晉豐鎬之圉牧蕃騄駬而庶驌驦夔
作帝命納言北斗用司喉舌傅爲濟川舟楫泰階不頁
司空爾乃焦心以鼓赤甲鞠躬而稟素繇河水三千餘
濬挑可歌于瓠子漕糈四百萬運輸無病于呼庚懋著
平成之勳何來謠諑之姤大節如山以獨峙清畏人知
寸心纖芥而不淄昭回帝簡固已功高社稷瞻八柱之
擎天即今賁邇邱園儼九英之在雒宜生肯構贊是籌
圖茲用覃恩晉爾階光祿大夫太子太保錫之誥命於
戲蕭何之關中無匱劉晏之江淮綽然追爾疇昔之勞

能使西北儲精通如流水庶幾蕭劉之烈尚未艾也朕
將敷求舊之典暫推新賁之綸冀爾嘉猷祗承休命
制曰家有嚴君必垂慈範江河善下因積氣以產蛟螭萱
草忘憂樹北堂而悲蘿露孝思睠懷於將母新寵無負
于許臣爾累贈夫人蔣氏乃工部尚書周鼎之妻南京
戶部主事伯瑞之母揚芬名閥儷美高閎河山表度德
凝坤順之全蘋藻致虔操著婦工之大用克相爾夫子
以宣力于皇家鈴索自持中外弗辭其悴丹華能賁始
終靡懈其恭乃卿月僅留環珮之憚而童烏未逮饔飧
之養瞻鳴雞之軋軋音息靜琴憶良縞之垂垂人同視

夜匪藉懸章曷酬錫類是用覃恩加贈爾爲一品夫人
錫之誥命楓宸之寵渥維新元扃永耀楸樹之悲憂勿
再形管長春
崇禎十七年正月　日下

鼎以子季琬秩　封儒林郎浙江道監察御史加一
級暨妻蔣氏妾吳氏　贈安人
奉
天承運
皇帝制曰資父事君臣子篤匪躬之誼作忠以孝國家宏
錫類之恩爾周鼎迺浙江道監察御史季琬之父善積
于身祥開厥後教子著義方之訓傳家裕堂構之遺茲
以覃恩封爾爲儒林郎浙江道監察御史加一級錫之
誥命於戲殊榮必逮于所親寵命用光夫有子尚宏佑
啟永底忠勤

制曰奉職在公嘉敎勞之有自推恩將母宜錫典之攸隆
爾浙江道監察御史周季琬之嫡母累封夫人蔣氏壼
範宜家淑慎克昭其令德母儀詒穀恩勤無間于所生
茲以覃恩贈爾爲安人於戲象服是宜流光榮于奕葉
龍章寵賁承休譽于重泉
制曰忠以孝成臣子篤顯揚之志母從子貴朝廷宏不匱
之恩爾浙江道監察御史周季琬之生母吳氏柔協女
貞勤襄內治克紹承筐之媺彌殷晝荻之勞茲以覃恩
封爾爲安人於戲彰淑德于不瑕垂芳彤管膺寵命之
有赫永賁芝函

誥命

順治十四年三月初十日下

之寶

九世伯瑞任南京戸部福建清吏司主事授協正庶

尹奉直大夫暨妻吳氏封宜人

奉

天承運

皇帝制曰朕稽古名父之子蔚然爲國名臣若唐李文饒宋范忠宣其最著矣彼用世之略聞之庭訓已早故服官而游刃以解所謂官聲振其家聲匪偶然也爾南京戸部福建清吏司主事周伯瑞標格端凝才華敏贍孝侯遺武乎蛟血超宗文翩其鳳毛英年賓序幾拔赤幟以登壇壯筵地胄祗抱丹心而報國玉府之鉉絲悉理

金錢之脂潤無需皷可投鞭無俟牙籌屑算操同止水宛然氷鑑持衡聚米而知耗登梳剔無辭于勞苦轉餉以占盈縮酌劑不病于軍民因驗才臣實惟國器是用覃恩授爾階協正庶尹奉直大夫錫之誥命夫財至今日匱極矣外則天狼未射內則澤鴈頻呼養潰癰而剜肌肉朕之所痌也爾生長江南素承家學其心計必備尙奏陳紅無從眉睫朕將有顯擢欽哉

制曰自海內之甲兵未戢九邕之告糴中乾此司計鰓鰓所由忘家而忘私也然使家且匱乏而餽饟之政疇爲代之庖乎故求擧案之賢用贊持籌之效爾南京戸部

福建清吏司主事周伯瑞之妻吳氏左閫毓姿右箴選
則方筐員筥恪承雙白之歡弋鴈鳴雞勤翊五紽之節
既裁絲而展素亦葬火而佐衡爾良人晝笏以時南風
實爾淑媛效同心之陰雨也是用覃恩封爾爲宜人鸞
章式慶平六珈燕寢彌虔乎四德

崇禎十七年正月　日下

九世季琬任浙江道監察御史加一級　授儒林郎
暨妻儲氏　封安人

奉
天承運
皇帝制曰錫類推恩朝廷之大典分猷亮采臣子之常經
爾浙江道監察御史加一級周季琬植節剛方服官清
慎先讀書于中秘宏才冠吉士之班繼簡命于西臺正
色裕敢言之氣茲以覃恩授恩階爲儒林郎錫之勅命
於戲宏敷章服之榮同勵靖共之誼欽茲寵命懋乃嘉
猷
制曰恪共奉職良臣既殫厥心貞順宜家淑女爰從其貴
爾浙江道監察御史周季琬之妻儲氏含章協德令儀
夙著于閨闈黽勉同心內助相成于夙夜茲以覃恩封
爾爲安人於戲龍章載煥同襄敬戒之勤翟茀欽承益
勵柔嘉之則

勅命

順治十四年三月初十日下

之寶

十世世賢以子宸鏞秩　贈文林郎江南通州如皋縣教諭加二級暨妻蔣氏　贈孺人

奉

天承運

皇帝制曰任使需才稱職志在官之美馳驅奏効報功膺錫類之仁爾原任陝西西安府咸陽縣知縣周世賢乃江南通州如皋縣教諭加二級宸鏞之父雅飭素風長迎善氣弓冶克勤於庭訓箕裘丕裕夫家聲茲以覃恩贈爾爲文林郎江南通州如皋縣教諭加二級錫之勅命於戲肇顯揚之盛事國典非私酬燕翼之深情臣心彌厲

制曰奉職無愆懋著勤勞之績致身有自宜酬鞠育之恩爾原任陝西西安府咸陽縣知縣周世賢之妻蔣氏乃江南通州如皋縣教諭加二級周宸鏞之母淑範宜家令儀昌後早相夫而教子俾移孝以作忠茲以覃恩貽贈爾爲孺人於戲賁象服之端嚴誕膺鉅典錫龍章之渙汗永播徽音

勅命

雍正十三年九月初二日下

之寶

十世長源以子豊秩　敕贈修職郎福建泉州府同安縣灌口縣丞暨妻徐氏贈八品孺人

奉

天承運

皇帝制曰任使需才稱職志在官之美馳驅奏效報功膺錫類之仁爾生員周長源廼福建泉州府同安縣灌口縣丞周豊之父雅飭素風長迎善氣弓冶克勤於庭訓箕裘丕裕夫家聲茲以覃恩貽贈爾爲修職郎福建泉州府同安縣灌口縣丞錫之敕命於戲肇顯揚之盛事國典非私酬燕翼之深情臣心彌厲

制曰奉職無愆懋著勤勞之績致身有自宜酬鞠育之恩爾徐氏廼福建泉州府同安縣灌口縣丞周豊之母淑範宜家令儀昌後早相夫而教子俾移孝以作忠茲以覃恩貽贈爾爲八品孺人於戲賁象服之端嚴誕膺鉅典錫龍章之渙汗永播徽音

勅命

乾隆三十六年十一月二十六日

之寶

十二世青以子袞秩　敕贈修職佐郎江蘇海州直
隸州訓導暨妻路氏　贈八品孺人

奉
天承運
皇帝制曰任使需才稱職志在官之美馳驅奏效報功膺
錫類之仁爾生員周青迺江蘇海州直隸州訓導周袞
之父雅尙素風長迎善氣弓冶克勤於庭訓箕裘丕裕
夫家聲茲以覃恩貤贈爾爲修職佐郎江蘇海州直隸
州訓導錫之敕命於戲肇顯揚之盛事國典非私酬燕
翼之深情臣心彌勵

制曰奉職無愆懋著勤勞之績致身有自宜酬鞠育之恩
爾路氏迺江蘇海州直隸州訓導周袞之母淑範宜家
令儀昌後早相夫而教子俾移孝以作忠茲以覃恩貤
贈爾爲正八品孺人於戲賁象服之端嚴誕膺鉅典錫
龍章之渙汗永播徽音
敕命
嘉慶元年正月初一日
之寶

十二世京以孫之晃秩　貤文林郎安徽寧國府太
平縣知縣暨妻任氏　贈七品孺人

奉
天承運
皇帝制曰考績報循良之最用獎臣勞推恩溯積累之遺
載揚祖澤爾附貢生周京迺安徽寧國府太平縣知縣
加三級周之晃之祖父錫光有慶樹德務滋嗣清白之
芳聲澤留再世衍弓裘之令緒祜篤一堂茲以覃恩貤
贈爾爲文林郎安徽寧國府太平縣知縣加三級錫之
敕命於戲聿修念祖膺懋典而益勵新猷有穀貽孫荷

幽光而丕彰潛德
制曰冊府酬庸聿著人臣之茂績德門集慶式昭大母之
芳徽爾任氏迺安徽寧國府太平縣知縣加三級周之
晃之祖母箴誡揚芬珩璜表德職勤內助宜家久著其
賢聲澤裕後昆錫類式承乎嘉命茲以覃恩貤贈爾爲
七品孺人於戲播徽音於彤管壺範彌光膺異數於紫
泥天庥允劭
敕命
嘉慶二十四年正月初一日
之寶

京以曾孫金章秩　贈通奉大夫鹽運使銜安徽廬
州府知府加四級暨妻任氏　贈夫人
奉
天承運
皇帝制曰嘉謨垂奕葉允昭世德之求殊寵錫公朝益展
曾孫之孝祗承新渥用報曩徽爾附貢生周京廼鹽運
使銜安徽廬州府知府加四級周金章之曾祖父敦修
無斁垂教有方種德開先堂構益恢於來緒詒謀裕後
箕裘克紹於前休懿矩攸彰恩施遂逮茲以覃恩贈爾
爲通奉大夫錫之誥命於戲四世其昌久聚德星之慶

九京可作允承褒命之榮國典洊膺家風益振
制曰綏柔佐治寵既被於外僚貞順垂休恩聿推於內德
特敷惠澤用播芳徽爾任氏廼鹽運使銜安徽廬州府
知府加四級周金章之曾祖母肅雍可範令善堪模樹
慈訓於後昆爰著鍾祥之慶傳素風於奕葉式彰詒穀
之謀茲以覃恩贈爾爲夫人於戲九重錫慶洊邀丹誥
之榮四世承恩益煥朱綸之色勤宣令問用闡幽光
勅命
同治十二年十二月十五日
之寶

十二世翰以子荇秩　敕贈修職郎浙江黃巖場鹽
課大使暨妻湯氏　贈八品孺人
奉
天承運
皇帝制曰任使需才稱職志在官之美馳驅奏効報功膺
錫類之仁爾生員周翰乃浙江黃巖場鹽課大使周荇
之父雅尚素風長迎善氣弓冶克勤於庭訓箕裘丕裕
夫家聲茲以覃恩貤贈爾爲修職郎浙江黃巖場鹽課
大使錫之勅命於戲肇顯揚之盛事國典非私酬燕翼
之深情臣心彌勵

制曰奉職無愆懋著勤勞之績致身有自宜酬鞠育之恩
爾湯氏乃浙江黃巖場鹽課大使周荇之母淑範宜家
令儀昌後早相夫而教子俾移孝以作忠茲以覃恩貤
贈爾爲正八品孺人於戲賁象服之端嚴誕膺鉅典錫
龍章之渙汗永播徽音
勅命
嘉慶元年正月初一日
之寶

十三世雲以子有聲秩　贈修職郎江蘇鎮江府丹
陽縣訓導暨妻丁氏　封八品孺人
奉
天承運
皇帝制曰任使需才稱職志在官之美馳驅奏劾報功膺
錫類之仁爾生員周雲廼江蘇鎮江府丹陽縣以縣諭
銜管訓導事周有聲之父雅尙素風長迎善氣弓冶克
勤於庭訓箕裘丕裕夫家聲茲以覃恩貤贈爾爲修職
郎江蘇鎮江府丹陽縣訓導錫之勅命於戲肇顯揚之
盛事國典非私酬燕翼之深情臣心彌勵

制曰奉職無愆懋著勤勞之績致身有自宜酬鞠育之恩
爾丁氏乃江蘇鎮江府丹陽縣以教諭銜管訓導事周
有聲之母淑範宜家令儀昌後早相夫而教子俾移孝
以作忠茲以覃恩貤封爾爲八品孺人於戲賁象服之
端嚴誕膺鉅典錫龍章之渙汗用表榮施
勅命
嘉慶二十四年正月初一日
之寶

十三世膺以子曦秩　勅贈修職郎江蘇通州泰興
縣訓導暨妻路氏潘氏　贈八品孺人
奉
天承運
皇帝制曰任使需才稱職志在官之美馳驅奏劾報功膺
錫類之仁爾國學生周膺廼江蘇通州泰興縣以教諭
銜管訓導事周曦之父雅尙素風長迎善氣弓冶克勤
於庭訓箕裘丕裕夫家聲茲以覃恩貤贈爾爲修職郎
江蘇通州泰興縣訓導錫之勅命於戲肇顯揚之盛事
國典非私酬燕翼之深情臣心彌勵

制曰勵勤奏績膺寵命於朝廷渙汗敷恩闡幽光於母氏
爾路氏廼江蘇通州泰興縣以教諭銜管訓導事周曦
之前母懿儀不忒慈範彌昭諧早歲之倡隨啟後人之
昌大茲以覃恩貤贈爾爲八品孺人於戲播芳型於彤
管有命自天賁嘉寵於黃壚允綏厥福
制曰奉職無愆懋著勤勞之績致身有自宜酬鞠育之恩
爾潘氏乃江蘇通州泰興縣以教諭銜管訓導事周曦
之母淑範宜家令儀昌後早相夫而教子俾移孝以作
忠茲以覃恩貤贈爾爲八品孺人於戲賁象服之端嚴
誕膺鉅典錫龍章之渙汗永播徽音

勅命

嘉慶二十五年八月二十七日

之寶

十三世淦以子之晃秩 贈修職郎安徽池州府訓
導暨妻潘氏 封八品太孺人

奉

天承運

皇帝制曰任使需才稱職志在官之美馳驅奏効報功膺
錫類之仁爾生員周淦廼安徽池州府以教諭銜管訓
導事周之晃之父雅尙素風長迎善氣弓冶克勤於庭
訓箕裘丕裕夫家聲茲以覃恩貤贈爾爲修職郎教諭
銜池州府訓導錫之勅命於戲肇顯揚之盛事國典非
私酬燕翼之深情臣心彌勵

制曰奉職無愆懋著勤勞之績致身有自宜酬鞠育之恩
爾潘氏乃安徽池州府以教諭銜管訓導事周之晃之
母淑範宜家令儀昌後早相夫而教子俾移孝以作忠
茲以覃恩勅封爾爲八品太孺人於戲賁象服之端嚴
誕膺鉅典錫龍章之渙汗永播徽音

勅命

嘉慶元年正月初一日

之寶

淦以子之晁秩　贈文林郎安徽寧國府太平縣知
縣加三級暨妻潘氏　封太孺人
奉
天承運
皇帝制曰求治在親民之吏端重循良教忠勵資敬之忱
聿隆褒獎爾生員周淦迺安徽寧國府太平縣知縣加
三級周之晁之父醇躬敦厚垂訓端嚴業可開先式穀
乃宣猷之本澤堪啟後詒謀裕作牧之方茲以覃恩贈
爾爲文林郎安徽寧國府太平縣知縣加三級錫之勅
命於戲克承清白之風嘉茲報政用慰顯揚之志昭乃

詒謀
制曰朝廷重民社之司功推循吏臣子懔氷淵之操教本
慈幃爾潘氏迺安徽寧國府太平縣知縣加三級周之
晁之母淑慎其儀柔嘉惟則宣訓辭於朝夕不忘育子
之勤集慶澤於門閭式被自天之寵茲以覃恩封爾爲
太孺人於戲仰酬顧復之恩勉思撫字載煥絲綸之色
用慰劬勞
勅命
嘉慶二十四年正月初一日
之寶

淦以孫金章秩　贈奉政大夫同知升銜安徽候補
知縣暨妻潘氏　贈宜人
奉
天承運
皇帝制曰考績報循良之最用獎臣勞推恩溯積累之遺
載揚祖澤爾附生周淦迺同知升銜安徽候補知縣周
金章之祖父錫光有慶樹德務滋嗣清白之芳聲留澤
再世衍弓裘之令緒祜篤一堂茲以覃恩貤贈爾爲奉
政大夫錫之誥命於戲聿修念祖膺懋德而益勵新猷
有穀詒孫發幽光而丕彰潛德

制曰冊府酬庸聿著人臣之懋績德門輯慶式昭大母之
芳徽爾潘氏迺同知升銜安徽候補知縣周金章之祖
母箴誡揚芬珩璜表德職勤內助宜人久著其賢聲澤
裕後昆錫類式承乎嘉命茲以覃恩貤贈爾爲宜人於
戲播徽音於彤管壼範彌光膺異數於紫泥天庥允劭
誥命
同治五年十二月二十日
之寶

淦以孫金章秩　貤贈通奉大夫鹽運使銜安徽廬州
府知府加四級曁妻潘氏　贈夫人
奉
天承運
皇帝制曰考績報循良之最用獎臣勞推恩溯積累之遺
載揚祖澤爾附生周淦迺鹽運使銜安徽廬州府知府
加四級周金章之祖父錫光有慶樹德務滋嗣清白之
芳聲澤留再世衍弓裘之令緒祜篤一堂茲以覃恩貤
爾爲通奉大夫錫之誥命於戲聿修念祖膺懋典而勵
新猷有穀詒孫荷殊恩而彰舊德

制曰冊府酬庸聿著人臣之懋績德門輯慶式昭大母之
芳徽爾潘氏迺鹽運使銜安徽廬州府知府加四級周
金章之祖母箴誡揚芬珩璜表德職勤內助宜家久著
其賢聲澤裕後昆錫類式承乎嘉命茲以覃恩贈爾爲
夫人於戲播徽音於彤管壼範彌光膺異數於紫泥母
儀益懋
誥命
同治十二年十二月十五日
之寶

淦以孫金章秩　貤贈中議大夫鹽運使銜道員用安
徽鳳陽府知府曁妻潘氏　贈淑人
奉
天承運
皇帝制曰考績報循良之最用獎臣勞推恩溯積累之遺
載揚祖澤爾附生周淦迺鹽運使銜道員用安徽鳳陽
府知府周金章之祖父錫光有慶樹德務滋嗣清白之
芳聲澤留再世衍弓裘之令緒祜篤一堂茲以覃恩貤
爾爲中議大夫錫之誥命於戲聿修念祖膺懋典而丕
勵新猷有穀詒孫發幽光而丕彰潛德

制曰冊府酬庸聿著人臣之懋績德門輯慶式昭大母之
芳徽爾潘氏迺鹽運使銜道員用安徽鳳陽府知府周
金章之祖母箴誡揚芬珩璜表德職勤內助宜家久著
其賢聲澤裕後昆錫類式承乎嘉命茲以覃恩贈爾爲
淑人於戲播徽音於彤管壼範彌光膺異數於紫泥天
庥允劭
誥命
光緒二年七月初四日
之寶

十三世汝礪以曾孫家楣秩　誥贈榮祿大夫太僕
寺少卿加五級曁妻顧氏　贈一品夫人
奉
天承運
皇帝制曰盛代酬庸之典申錫命於五章良臣報本之榮
極推恩於四世載嘉舊德爰沛新綸爾邑庠生周汝礪
迺二品頂戴三品銜加三級太僕寺少卿周家楣之曾
祖父善以開先業能昌後一經垂裕發詩禮之菁華奕
世貽休表弓裘之矩矱欣逢慶典特賁天章茲以覃恩
贈爾爲榮祿大夫錫之誥命於戲秩崇報渥邀龍澤於

國山周氏世譜　誥命　卷一下　汝礪贈榮祿大夫　妻顧氏贈一品夫人　一　立本堂

中朝源遠流長樹風聲於來禩欽承顯命用闡幽光
制曰朝廷布榮綍之褒禮求其始彝典錫重闈之澤恩逮
所生嘉命載頒徽音益遠爾顧氏迺二品頂戴三品銜
加三級太僕寺少卿周家楣之曾祖母柔嘉維則淑慎
其儀矩法嫻明夙協宜家之化風規表著式昭啟後之
模集介福於曾孫樹芳型於累世茲以覃恩贈爾爲一
品夫人於戲龍章絢采猶傳珩瑀之聲鳳誥增華益煥
笄珈之色荷承寵渥長席鴻庥
誥命
光緒元年九月二十日

之寶

國山周氏世譜　誥命　卷一下　汝礪贈榮祿大夫　妻顧氏贈一品夫人　二　立本堂

汝礪以曾孫家楣秩　誥贈資政大夫大理寺少卿
加三級暨妻顧氏　贈夫人
奉
天承運
皇帝制曰盛代酬庸之典申錫命於五章良臣報本之榮
極推恩於四世載嘉舊德爰沛新恩爾邑庠生累贈中
憲榮祿大夫周汝礪迺二品頂戴大理寺少卿加三級
周家楣之曾祖父善以開先業能昌後一經垂教發詩
禮之菁華奕世貽休表弓裘之矩矱欣逢慶典特賁天
章茲以覃恩貤贈爾爲資政大夫錫之誥命於戲秩崇
報國渥邀寵澤於中朝源遠流長茂樹風聲於來禩欽
承顯命用闡幽光

制曰朝廷布綍綸之褒禮求其始彝典錫重闈之澤恩逮
所生嘉命載頒徽音益遠爾累贈恭人一品夫人顧氏
迺二品頂戴大理寺少卿加三級周家楣之曾祖母柔
嘉維則淑慎其儀矩法嫺明夙協宜家之化風規表著
式昭啟後之模集介福於曾孫溯芳型於累世茲以覃
恩貤贈爾爲夫人於戲龍章絢采猶傳珩瑀之聲鳳誥
增華益煥笄珈之色尙承寵渥長席鴻庥
誥命

光緒二年七月初四日
之寶

汝礪以曾孫家楣秩　貤通奉大夫順天府府尹加一級暨妻顧氏　貤夫人

奉

天承運

皇帝制曰盛代酬庸之典申錫命於五章良臣報本之榮極推恩於四世載嘉舊德爰沛新綸爾邑庠生累贈資政榮祿大夫周汝礪迺二品頂戴順天府府尹加一級周家楣之曾祖父善以開先業能昌後一經垂教發詩禮之菁華奕世貽休表弓裘之矩矱欣逢慶典特賁天章茲以覃恩貤贈爾爲通奉大夫錫之誥命於戲秩崇報渥邀寵澤於中朝源遠流長樹風聲於來禩欽承顯命用闡幽光

制曰朝廷布榮紼之褒禮求其始彝典錫重闈之澤恩逮所生嘉命載頒徽音益蒞爾累贈一品夫人顧氏迺二品頂戴順天府府尹加一級周家楣之曾祖母柔嘉維則淑慎其儀矩法嫺明夙協宜家之化風規表著式昭啟後之模集介福於曾孫溯芳型於累世茲以覃恩貤贈爾爲夫人於戲龍章煥采猶傳珩瑀之聲鳳誥增華益煥笄珈之色尙承寵渥長席鴻庥

誥命

光緒五年閏三月初三日

之寶

十四世之冕任安徽寧國府太平縣知縣授文林郎暨妻吳氏贈孺人吳氏封孺人

奉

天承運

皇帝制曰分符百里必遴出宰之才報最三年爰重懋官之典爾現任安徽寧國府太平縣知縣周之冕雅擅才能克宣慈惠撫綏有要常深疾痛在己之心懷保無窮不忘顧復斯民之責茲以覃恩授爾爲文林郎錫之勅命於戲前勞已茂用褒製錦之能來軫方遒益勵飲氷之操

制曰良臣宣力於外効厥勤勞賢媛襄職於中膺茲寵錫爾現任安徽寧國府太平縣知縣周之冕之妻吳氏終溫且惠既靜而專綦縞從夫克贊素絲之節蘋蘩主饋爰流彤管之輝茲以覃恩贈爾爲孺人於戲敬爾有官著肅雝而並美職思其內垂淑慎之遺徽

制曰在公必敬臣心每待助於閨闈齊體惟均國典必施榮於繼續爾現任安徽寧國府太平縣知縣周之冕之繼妻吳氏以順爲正無成有終柔嘉克踵乎前徽珩璜流譽慶澤用昭其嗣美翟褘增光茲以覃恩封爾爲孺人於戲如綸如綍勿忘象服之榮宜室宜家允副鸞書之錫

勅命

嘉慶二十五年八月二十七日

之寶

十四世之誥以子金章秩　贈奉政大夫同知升銜
安徽候補知縣暨妻朱徐氏　贈宜人
奉
天承運
皇帝制曰求治在親民之吏端重循良教忠勵資敬之忱
聿隆褒奬爾增生周之誥廼同知升銜安徽候補知縣
周金章之父醲躬淯厚垂訓端嚴業可開先式穀乃宜
猷之本澤堪敢後詒謀裕作牧之方茲以覃恩贈爾爲
奉政大夫錫之誥命於戲克承淸白之風嘉茲報政用
慰顯揚之志昭乃遺謨

制曰朝廷重民社之司功推循吏臣子禀冰淵之操教本
慈闈爾朱氏廼同知升銜安徽候補知縣周金章之母
淑慎其儀柔嘉維則宣訓詞於朝夕不忘育子之勤集
慶澤於門閭式被自天之寵茲以覃恩贈爾爲宜人於
戲仰酬顧復之恩勉思撫字載煥絲綸之色允賁幽潛
制曰朝廷重民社之司功推循吏臣子禀冰淵之操教本
慈闈爾徐氏廼同知升銜安徽候補知縣周金章之母
淑慎其儀柔嘉維則宣訓詞於朝夕不忘育子之勤集
慶澤於門閭式被自天之寵茲以覃恩贈爾爲宜人於
戲仰酬顧復之恩勉思撫字載煥絲綸之色允賁幽潛

誥命
同治五年十二月二十日
之寶

之誥以子金章秩　贈通奉大夫鹽運使銜安徽廬
州府知府加四級暨妻朱徐氏　贈夫人
奉
天承運
皇帝制曰求治在親民之吏端重循良教忠勵資敬之忱
聿隆褒奬爾增生周之誥廼鹽運使銜安徽廬州府知
府加四級周金章之父醇躬淸厚垂訓端嚴業可開先
式穀乃宣猷之本澤堪啟後詒謀裕作牧之方茲以覃
恩贈爾爲通奉大夫錫之誥命於戲克承淸白之風嘉
茲報政用慰顯揚之志畀以殊榮

制曰朝廷重民社之司功推循吏臣子稟冰淵之操教本
慈闈爾朱氏廼鹽運使銜安徽廬州府知府加四級周
金章之母淑慎其儀柔嘉維則宣訓詞於朝夕不忘育
子之勤集慶澤於門閭式被自天之寵茲以覃恩贈爾
爲夫人於戲仰酬顧復之恩勉思撫字載煥綵綸之色
允賁幽潛
制曰朝廷重民社之司功推循吏臣子稟冰淵之操教本
慈闈爾徐氏廼鹽運使銜安徽廬州府知府加四級周
金章之母淑慎其儀柔嘉維則宣訓詞於朝夕不忘育
子之勤集慶澤於門閭式被自天之寵茲以覃恩贈爾
夫人於戲仰酬顧復之恩勉思撫字載煥綵綸之色用
慰劬勞
誥命
同治十二年十二月十五日
之寶

之誥以子金章秩 贈中議大夫鹽運使銜安徽鳳陽府知府暨妻朱徐氏 贈淑人

奉

天承運

皇帝制曰求治在親民之吏端重循良教忠勵資敬之忱聿隆褒奬爾增生周之誥廼鹽運使銜道員用安徽鳳陽府知府周金章之父醴躬淳厚垂訓端嚴業可開先式穀乃宜猷之本澤堪啟後詒謀裕作求之方茲以覃

恩贈爾爲中議大夫錫之誥命於戲克承清白之風嘉茲報政用慰顯揚之志昭乃遺謨

制曰朝廷重民社之司功推循吏臣子稟冰淵之操教本

慈闈爾朱氏廼鹽運使銜道員用安徽鳳陽府知府周金章之母淑慎其儀柔嘉維則宜訓詞於朝夕不忘育子之勤集慶澤於門閭式被自天之寵茲以覃恩贈爾爲淑人於戲仰酬顧復之恩勉思撫字載煥絲綸之色允賁幽潛

制曰朝廷重民社之司功推循吏臣子稟冰淵之操教本

慈闈爾徐氏廼鹽運使銜道員用安徽鳳陽府知府周金章之母淑慎其儀柔嘉維則宜訓詞於朝夕不忘育子之勤集慶澤於門閭式被自天之寵茲以覃恩贈爾爲淑人於戲仰酬顧復之恩勉思撫字載煥絲綸之色用賁幽潛

誥命

光緒二年七月初四日

之寶

十四世秉鈞以子蔭南秩　貤封修職郎海州直隸
州學正暨妻儲氏　贈八品孺人

奉
天承運
皇帝制曰任使需才稱職志在官之美貤軀奏效報功膺
錫類之仁爾周秉鈞迺江蘇海州直隸州學正周蔭南
之父雅尚素風長迎善氣弓冶克勤於庭訓箕裘丕裕
夫家聲茲以覃恩貤封爾爲修職郎錫之敕命於戲肇
顯揚之盛事國典非私酬燕翼之深情臣心彌勵
制曰奉職無愆懋著勤勞之績致身有自宜酬鞠育之恩

爾儲氏迺江蘇海州直隸州學正周蔭南之母淑範宜
家令儀昌後早相夫而教子俾移孝以作忠茲以覃恩
貤贈爾爲八品孺人於戲賁象服之端嚴誕膺鉅典錫
龍章之渙汗允播徽音

敕命

道光三十年正月二十六日

之寶

秉鈞以孫家楣秩　晉貤贈承德郎翰林院庶吉士
加二級暨妻儲氏　贈安人

奉
天承運
皇帝制曰龍渥朝章錫類不遺於一命祥開家慶貤恩爰
及夫重闈爾附生前贈修職郎周秉鈞迺翰林院庶吉
士加二級今升禮部主事周家楣之祖父弓裘衍澤瓜
瓞綿庥作述相承再世式彰其祖武淵源有自一經早
裕夫孫謀茲以覃恩晉貤贈爾爲承德郎錫之敕命於
戲舊德維昭用廣顯揚之志新綸特賁允增泉壤之光

制曰禮由義起宏孝治於中闈命自天申賁榮施於大母
爾前贈八品孺人儲氏廼翰林院庶吉士加二級今升
禮部主事周家楣之祖母德懋蘭儀光生槐里珩璜作
則式垂淑慎之型苕藻流芬丕振光昌之緒茲以覃恩
晉貤贈爾爲安人於戲鸞書煥采合彤史以揚休象服
增輝荷雲章而錫慶

敕命

咸豐十一年十二月初八日

之寶

秉鈞以孫家楣秩　貤贈中憲大夫禮部主事加四
級暨妻儲氏　贈恭人
奉
天承運
皇帝制曰沛酬庸之慶典茂對皇庥敷錫類之殊榮曲成
臣孝爾周秉鈞廼禮部主事加四級周家楣之祖父箕
裘紹緒詩禮垂聲詒厥孫謀樹芳規於珂里繩其祖武
奏茂績於彤廷茲以覃恩貤贈爾爲中憲大夫錫之誥
命於戲開堂構以培基德鍾家慶沛絲綸而錫命光耀
泉台

制曰德門衍慶淵源早裕夫孫謀盛世推恩綸綍載揚夫
母範爾儲氏廼禮部主事加四級周家楣之祖母高門
毓德華閥傳芳有穀貽孫賴同心於內助自天申命表
異數於中闈茲以覃恩貤贈爾爲恭人於戲光生褕翟
常昭彤管之輝德媲珩璜允著徽章之色
勑
命
同治四年九月二十八日
之　寶

秉鈞以孫家楣秩　晉贈中憲大夫暨妻儲氏　贈
恭人
奉
天承運
皇帝制曰沛酬庸之慶典茂對皇休敷錫類之殊榮曲成
臣孝爾郡庠生周秉鈞廼候補四品京堂前禮部郎中
加二級周家楣之祖父箕裘紹緒詩禮垂聲貽厥孫謀
樹芳規於珂里繩其祖武奏茂績於彤廷茲以覃恩貤
贈爾爲中憲大夫錫之誥命於戲開堂構以培基德鍾
家慶沛絲綸而錫命光耀泉臺

制曰德門衍慶淵源早裕夫孫謀盛世推恩綸綍載揚夫
母範爾儲氏廼候補四品京堂前禮部郎中加二級周
家楣之祖母高門毓德華閥傳芳有穀貽孫賴同心於
內助自天申命表異數於中闈茲以覃恩貤贈爾爲恭
人於戲光生褕翟常昭彤管之輝德媲珩璜允著徽章
之色
誥
命
同治十一年十月初九日
之　寶

秉鈞以孫家楣秩　誥贈榮祿大夫太僕寺少卿加
五級暨妻儲氏　贈一品夫人
奉
天承運
皇帝制曰功隆賞懋式宏錫類之仁積厚光流必溯詒謀
之澤榮名上逮義問彌昭爾郡庠生累封修職郎贈承
德郎翰林院庶吉士中議大夫禮部郎中周秉鈞迺二
品頂戴三品銜加三級太僕寺少卿周家楣之祖父作
室基先開祥裕後一經代授傳家澤衍緗緗再世寖昌
匡國名高黼黻興宗兆叶麇爵階崇茲以覃恩贈爾爲
榮祿大夫錫之誥命於戲展臣懋績實承舊德之光大
父承恩丕煥新綸之采式承休渥庶慰顯揚
制曰職崇朝宁嘉丕績於良臣澤沛綸章推鴻慈於大母
重闈錫慶累世承休爾累贈孺人安人恭人儲氏迺二
品頂戴三品銜加三級太僕寺少卿周家楣之祖母軌
儀嫻習風範淑嘉主饋宜家啟再傳之令緒含飴裕後
邀三錫之榮光佑啟有原恩施宜沛茲以覃恩贈爾爲
一品夫人於戲芬規未邈尙貽昌大於方來寵賚仍加
庶保昭融於罔斁用酬母訓載荷王綸
誥命

光緒元年九月二十日
之寶

秉鈞以孫家楣秩　誥贈資政大夫大理寺少卿加
三級暨妻儲氏　贈夫人
奉
天承運
皇帝制曰恩敷有位晋顯秩於清班澤逮前人溯劬勞於
大父爾郡庠生累封修職儒林郎贈中憲榮祿大夫周
秉鈞迺二品頂戴大理寺少卿加三級周家楣之祖父
善積厥躬慶流於後業守一經之訓允裕孫謀庭開再
世之祥克彰祖武茲以覃恩贈爾爲資政大夫錫之誥
命於戲穀貽有自昭茂緒於家聲寵錫彌彰賁隆施於
泉壤

制曰朝廷廣錫類之仁恩昭晋秩臣子遂顯揚之志源溯
重闈爾累贈孺人安人恭人一品夫人儲氏迺二品頂
戴大理寺少卿加三級周家楣之祖母禮嫺內則澤裕
後昆含飴垂著夫恩勤祥綿華胄稱職夙由於壼教慶
沛新綸茲以覃恩贈爾爲夫人於戲佑啟後人丕振光
昌之緒褒嘉淑德永垂純備之儀
誥　命
光緒二年七月初四日
之　寶

秉鈞以孫家楣秩　贈通奉大夫順天府府尹加一
級暨妻儲氏　贈夫人
奉
天承運
皇帝制曰恩敷有位晋顯秩於清班澤逮前人溯劬勞於
大父爾郡庠生累贈資政榮祿大夫周秉鈞迺二品頂
戴順天府府尹加一級周家楣之祖父善積厥躬慶流
於後業守一經之訓允裕孫謀庭開再世之祥克彰祖
武茲以覃恩贈爾爲通奉大夫錫之誥命於戲穀貽有
自昭茂緒於家聲寵錫彌彰賁隆施於泉壤

制曰朝廷廣錫類之仁恩昭晋秩臣子遂顯揚之志源溯
重闈爾累贈一品夫人儲氏迺二品頂戴順天府府尹
加一級周家楣之祖母禮嫺內則澤裕後昆含飴垂著
夫恩勤祥綿華胄稱職夙由於壼教慶沛新綸茲以覃
恩贈爾爲夫人於戲佑啟後人丕振光昌之緒褒嘉淑
德永垂純備之儀
誥　命
光緒五年閏三月初三日
之　寶

十四世鉦以孫安仁秩　貤贈徵仕郎內閣中書銜
江蘇崇明縣教諭暨妻萬氏　贈孺人
奉
天承運
皇帝制曰考績報循良之最用獎臣勞推恩溯積累之遺
載揚祖澤爾生員周鉦廼內閣中書銜江蘇崇明縣教
諭周安仁之祖父錫光有慶樹德務滋闡清白之家聲
澤留再世衍弓裘之令緒祜篤一堂茲以覃恩貤贈爾
爲徵仕郎錫之敕命於戲聿修念祖膺茂典而益勵新
猷有穀貽孫發幽光而丕彰潛德

制曰冊府酬庸聿著人臣之懋績德門集慶式昭大母之
芳徽爾萬氏廼內閣中書銜江蘇崇明縣教諭周安仁
之祖母箴誡揚芬珩璜表德職勤內助宜家久著其賢
聲澤裕後昆錫類式承乎嘉命茲以覃恩貤贈爾爲孺
人於戲賁象服於彤管壼範彌光膺異數於紫泥天庥
允劭
敕　命
光緒二年二月初四日
之　寶

十五世森樑以姪家楣秩　貤贈中憲大夫暨妻陸
氏　贈恭人
奉
天承運
皇帝制曰誼篤靖共入官必資於敬功歸訓迪猶子亦教
以忠爰沛國恩用揚家訓爾周森樑廼候補四品京堂
禮部郎中加二級周家楣之胞伯父躬修士行代啟儒
風抱璞自珍克發圭璋之秀儲材足用聿彰杞梓之良
茲以覃恩貤贈爾爲中憲大夫錫之誥命於戲昭令問
於經籯書貽刻鵠佩徽章於冊府寵賁迴鸞茂典丕承

榮名益劭
制曰家有孝慈之範美以相濟而成國崇褒錫之文恩以
並推而厚爾陸氏廼候補四品京堂禮部郎中加二級
周家楣之伯母德可相夫教能啟後一堂環珮和音克
著其慈祥五夜機絲內治聿昭其柔順茲以覃恩貤贈
爾爲恭人於戲普一體之榮施鸞章賁寀表同心於訓
迪象服分光
誥　命
同治十二年二月初十日
之　寶

森樑以孫志靖襲職　貤贈武德佐騎尉妻陸氏
贈宜人
奉
天承運
皇帝制曰策勲疆圉昭大父之恩勤錫賚絲綸表皇朝之
霈澤爾周森樑迺刑部主事加四級兼雲騎尉周志靖
之本生祖父敎以持躬忠能敵愾威宣閫外家傳韜略
之書澤沛天邊國有旂常之典茲以覃恩貤贈爾爲武
德佐騎尉錫之誥命於戲我武維揚特起孫枝之秀賞
延於世益徵遺緒之長

制曰樹豐功於行陣業著聞孫錫介福於庭闈恩推大母
爾陸氏迺刑部主事加四級兼雲騎尉周志靖之本生
祖母壼儀足式令問攸昭表劍珮之家聲輝光奕世播
絲綸之國典慶衍再傳茲以覃恩貤贈爾爲宜人於戲
翟茀用光膺宏庥於天闕龍章式煥被大惠於重泉
誥　命
光緒五年閏三月初三日
之　寶

十五世徵以子恩爵秩　敕贈徵仕郎國子監學正
加一級暨妻湯氏　贈七品太孺人
奉
天承運
皇帝制曰任使需才稱職志在官之美馳驅奏効報功膺
錫類之仁爾生員周徵乃國子監學正加一級周恩爵
之父雅尙素風長迎善氣弓冶克勤於庭訓箕裘丕裕
夫家聲茲以覃恩貤贈爾爲徵仕郎錫之誥命於戲肇
顯揚之盛事國典非私酬燕翼之深情臣心彌勵
制曰奉職無愆懋著勤勞之績致身有自宜酬鞠育之恩

爾湯氏乃國子監學正加一級周恩爵之母淑愼其儀
柔嘉維則宜訓詞於早夕不忘育子之勤集慶澤於門
閭式被自天之寵茲以覃恩貤贈爾爲七品太孺人於
戲仰酬顧復之恩勉思撫字載煥絲綸之色允賁幽潛
誥　命
咸豐九年十一月二十日
之　寶

十五世徵以子恩爵秩　誥贈奉政大夫升用同知
分省補用知縣暨妻湯氏　贈宜人
奉
天承運
皇帝制曰求治在親民之吏端重循良教忠勵資敬之忱
聿隆褒獎爾生員貤贈徵仕郎國子監學正加一級周
徵廼升用同知分省補用知縣周恩爵之父禔躬淳厚
垂訓端嚴業可開先式穀乃宜猷之本澤堪啟後詒謀
裕作牧之方茲以覃恩晉贈爾爲奉政大夫錫之誥
命克承清白之風嘉茲報政用慰顯揚之志昭乃遺謨

制曰朝廷重民社之司功推循吏臣子稟冰淵之操教本
慈幃爾貤贈七品太孺人湯氏廼升用同知分省補用
知縣周恩爵之母箴誠揚芬珩璜表德職勤內助宜家
久著其賢聲澤裕後昆錫類式承乎嘉命茲以覃恩晉
貤贈爾爲宜人於戲播徽音於彤管壺範彌光膺異數
於紫泥天庥允劭
誥　命
同治五年十二月二十日
之　寶

十五世蔭南任海州直隸州學正　授修職郎
奉
天承運
皇帝制曰設學遍於諸州制同郡縣立教專於多士任在
師儒爾江蘇海州直隸州學正周蔭南端謹持躬恪勤
奉職文宗雅體不矜華縟之風謀有成規務去輕浮之
習茲以覃恩授爾爲修職郎錫之敕命於戲試乃功能
既育材之奏效嘉茲訓迪用寵命以酬庸
敕　命
咸豐二年十月十八日

之　寶

蔭南以子家楣秩　贈承德郎翰林院庶吉士加二
級暨妻潘氏　封安人
奉
天承運
皇帝制曰宣猷服采中朝抒報最之忱錫類殊恩休命示
酬庸之典爾辛卯科舉人原任江蘇海州學正周蔭南
廼翰林院庶吉士加二級今升禮部主事周家楣之父
令德踐修義方夙著詩書啟後用彰式穀之風弓冶傳
家克作教忠之則茲以覃恩贈爾爲承德郎錫之敕命
於戲篤生杞梓之材功歸庭訓丕煥絲綸之色光耀泉

臺
制曰壼致疑祥懋嘉猷於朝宁國常有惠播休命於庭闈
爾潘氏廼翰林院庶吉士加二級今升禮部主事周家
楣之母勤慎宜家賢明訓後相夫以順含內美於珩璜
鞠子有成樹長材於楨幹茲以覃恩封爾爲安人於戲
昭茲令善之聲榮施勿替食爾劬勞之報慶典攸隆
敕命
咸豐十一年十二月初八日
之寶

蔭南以子家楣秩　誥贈中憲大夫禮部主事加四
級暨妻潘氏　封恭人
奉
天承運
皇帝制曰考績疏庸特重推恩之典服官資敬聿基式穀
之功爾周蔭南廼禮部主事加四級周家楣之父世擅
清門代傳素業家風醞厚垂弓冶之良模庭訓方嚴啟
詩書之令緒茲以覃恩贈爾爲中憲大夫錫之誥命於
戲薄鸞金而示誨世澤常延錫鞶帶以加榮天休弗替
制曰官學方成讀父書而繼業愛勞交備稟母訓以揚名

爾潘氏廼禮部主事加四級周家楣之母克樹芳型允
多慈教著承筐之雅範早知率禮無愆寓徙宅之深心
果見克家有子茲以覃恩封爾爲恭人於戲彤毫洒潤
爰推顧復之恩彩翟流芳彌振賢明之譽
誥命
同治四年九月二十八日
之寶

蔭南以子家楣秩　誥贈中憲大夫禮部郎中加二級暨妻潘氏　封恭人

奉

天承運

皇帝制曰誼篤靖共入官必資於敬功歸誨迪能仕而教之忠爰沛國恩用揚庭訓爾辛卯科舉人海州直隸州學正周蔭南廼候補四品京堂前禮部郎中加二級周家楣之父躬修士行代啟儒風抱璞自珍克毓圭璋之秀析薪能荷聿彰杞梓之良玆以覃恩贈爾爲中憲大夫錫之誥命於戲貽令聞於經籯義方久著佩徽章於

冊府禮秩加優茂典丕承湛恩允荷

制曰移孝作忠懋簡勞臣之績推恩錫類式揚賢母之名載沛榮綸用宣懿範爾潘氏廼候補四品京堂前禮部郎中加二級周家楣之母早嫻典則夙著規型敬以從夫宜家事徵其順德勤於訓子備官一本於慈祥玆以覃恩封爾爲恭人於戲荷彩翟之天章徽音益暢被彤毫之仙藻惠問常流祗服寵光彌昭貞靜

誥　命

同治十一年十月初九日

之寶

蔭南以子家楣秩　誥贈榮祿大夫太僕寺少卿加五級暨妻潘氏　封一品夫人

奉

天承運

皇帝制曰華冑清資啟佑必原於嚴父令儀碩望蕃昌聿著於名門爰沛國恩用揚家訓爾原任海州直隸州學正揀選知縣辛卯科舉人累贈承德郎翰林院庶吉士中憲大夫禮部郎中周蔭南廼二品頂戴三品銜加三級太僕寺少卿周家楣之父操修純粹啟迪勤劬儒席傳珍琢就圭璋之器良材肯構蔚爲臺閣之英門祚方新寵章溶被玆以覃恩贈爾爲榮祿大夫錫之誥命於戲承家有子聿昭孝治之風有命自天用作義方之勸

式承茂獎追念德音

制曰推恩溯本爰錫慶於親闈稟訓入官並歸功於母教式頒渥典用播家聲爾累封安人恭人潘氏廼二品頂戴三品銜加三級太僕寺少卿周家楣之母順以承夫勤於課子宅能三從藉成楨幹之材織就七襄早振文章之緒徽音久著寵命宜加玆以覃恩封爾爲一品夫人於戲鴻章臺布尙伸慈孝之恩闓澤長流彌篤靖共之誼廣宣休問祗荷榮施

誥　命

光緒元年九月二十日

之　寶

蔭南以子家楣秩　誥贈資政大夫大理寺少卿加

三級暨妻潘氏　封夫人

奉

天承運

皇帝制曰委贄策名榮旣膺夫啓紱克家纘緒功必溯乎箕裘爾海州直隸州學正揀選知縣累贈儒林郎中憲榮祿大夫周蔭南迺二品頂戴大理寺少卿加三級周家楣之父道足持躬謀能裕後經傳詩禮靑緗揚奕葉之輝慶篤芝蘭丹綍煥天衢之澤前徽允懋新典宜頒茲以覃恩贈爾爲資政大夫錫之誥命於戲被章服以

增榮聿顯肯堂之緒承綠綸而無忝用昭積慶之風

制曰教敦義方慈母克襄夫嚴父榮敷閫閾君恩宜體乎子情爾累封安人恭人一品太夫人潘氏迺二品頂戴大理寺少卿加三級周家楣之母貞淑性成徽柔道協夙宜慈訓聿儲卓犖之材載布徽音用衍熾昌之緒丕昭令緒特沛溫綸茲以覃恩封爾爲夫人於戲龍章式賁壼德著美於當時象服欽承懿範益彰於來祺

誥　命

光緒二年七月初四日

之　寶

蔭南以子家楣秩　贈通奉大夫順天府府尹加一
級暨妻潘氏　封夫人
奉
天承運
皇帝制曰委贄策名榮旣膺夫簪紱克家纘緒功必溯乎
箕裘爾授修職郎海州直隸州學正累贈資政榮祿大
夫周蔭南廼二品頂戴順天府府尹加一級周家楣之
父道足持躬謀能裕後經傳詩禮貴紬揚奕葉之輝慶
篤芝蘭丹綍煥天衢之澤前徽允懋新典宜頒茲以覃
恩贈爾爲通奉大夫錫之誥命於戲被章服以增榮聿

顯肯堂之緒承絲綸而無忝彌彰式穀之猷
制曰教敦義方慈母克襄夫嚴父榮敷閫闈君恩宜體乎
子情爾累封一品夫人潘氏廼二品頂戴順天府府尹
加一級周家楣之母貞淑性成徽柔道協夙宜慈訓聿
備卓犖之材載布徽音用衍熾昌之祚丕昭令緒特沛
温綸茲以覃恩封爾爲夫人於戲龍章式賁壹德著美
於當時象服欽承懿範益彰於來禩
誥　命
光緒五年閏三月初三日
之　寶

十五世鳳飛以子安仁秩　封徵仕郎內閣中書銜
江蘇崇明縣教諭暨妻湯朱氏　贈封孺人
奉
天承運
皇帝制曰任使需才稱職志在官之美馳驅奏效報功膺
錫類之仁爾周鳳飛廼內閣中書銜江蘇崇明縣教諭
周安仁之父雅尚素風長迎善氣弓冶克勤於庭訓箕
裘丕裕夫家聲茲以覃恩封爾爲徵仕郎錫之勅命於
戲鞏顯揚之盛事國典非私酬燕翼之深情臣心彌勵
制曰奉職無愆懋著勤勞之績致身有自宜酬鞠育之恩

爾湯朱氏廼內閣中書銜江蘇崇明縣教諭周安仁之母
淑範宜家令儀昌後早相夫而教子俾移孝以作忠茲
以覃恩贈封爾孺人於戲賁象服之端嚴誕膺鉅典錫龍
章之渙汗用表榮施
勅　命
光緒二年二月初四日
之　寶

十五世以藩以子維新秩　封奉政大夫同知銜候
選通判暨妻楊氏　封宜人

奉
天承運
皇帝制曰資父事君臣子篤匪躬之誼作忠以孝國家宏
錫類之恩爾周以藩廼同知銜候選通判周維新之父
善積於身祥開厥後教子著義方之訓傳家裕忠厚之
遺兹以覃恩封爾爲奉政大夫錫之誥命於戲殊榮必
逮於所親寵命用光夫有子尚宏佑啟益勵忱恂

制曰奉職在公嘉教勞之有自推恩將母宜錫典之有隆
爾楊氏廼同知銜候選通判周維新之母壼範宜家夙
協承筐之美母儀詒穀載昭晝荻之勞兹以覃恩封爾
爲宜人於戲彰淑德於不瑕式榮象服膺寵命於有赫
益賁徽音

誥　命

光緒四年二月二十三日

之　寶

十五世金章　授中議大夫鹽運使銜道員用安徽
鳳陽府知府暨妻朱氏　封淑人

奉
天承運
皇帝制曰政先領郡虎符寄千里之權職重專城熊軾表
萬民之牧爾廼鹽運使銜道員用安徽鳳陽府知府周
金章才猷卓舉資性寬和易俗移風廣德心而登治理
飭躬率屬謹亮節以樹風聲鉅典式逢鴻章宜錫兹以
覃恩授爾爲中議大夫錫之誥命於戲登御屏而紀績
允勵素絲沛綸誥以推恩式榮華衮

制曰良臣宣力於外効厥勤勞賢媛襄職於中膺兹寵錫
爾鹽運使銜道員用安徽鳳陽府知府周金章之妻朱
氏終温且惠既靜而專綦縞從夫克贊素絲之節蘋蘩
主饋爰流彤管之輝兹以覃恩封爾爲淑人於戲敬爾
有官著肅雍而並美職思其內迪黽勉以同心

誥　命

光緒二年七月初四日

之　寶

十六世湛霖以子葆頤秩　贈奉政大夫同知升銜
候選知縣暨妻儲氏　贈宜人
奉
天承運
皇帝制曰任使需才稱職志在官之美馳驅奏効報功膺
錫類之仁爾候選訓導周湛霖乃同知升銜候選知縣
周葆頤之父雅尙素風長迎善氣弓冶克勤於庭訓箕
裘丕裕夫家聲茲以覃恩馳贈爾爲奉政大夫錫之誥
命於戲肇顯揚之盛事國典非私酬燕翼之深情臣心
彌勵

制曰奉職無愆懋著勤勞之績致身有自宜酬鞠育之恩
爾候選訓導周湛霖之妻儲氏廼同知升銜候選知縣
周葆頤之母淑範宜家令儀昌後早相夫而教子俾移
孝以作忠茲以覃恩馳贈爾爲宜人錫之誥命於戲賁
象服之端嚴誕膺鉅典錫龍章之渙汗永播徽音
誥、命
宣統元年十月初五日
之　寶

十七世家楣官二品頂戴三品銜加三級太僕寺少
卿　誥授榮祿大夫暨妻潘氏夏氏賈氏　封贈一
品夫人
奉
天承運
皇帝制曰績効前驅特設冏卿之副名崇佐馭任襄司僕
之功爾二品頂戴三品銜加三級太僕寺少卿周家楣
長才展策皇路鳴鑾簡佐卿尹之班勵志嘉其儻克
奏庶番之績秉心表其塞淵夙著賢勞宜加恩寵茲以
覃恩授爾爲榮祿大夫錫之誥命於戲分掌龍媒之廄
懋乃宏猷均頒鳳檢之音欽茲盛典

制曰職重中朝允藉公忠之佐德先內助必資淑愼之儀
載賁綵綸用光閫閾爾二品頂戴三品銜加三級太僕
寺少卿周家楣之妻潘氏閑家維則秉禮無愆黽勉同
心退食勵自公之節謀猷克贊進思抒報國之忱特沛
彝章俾膺休寵茲以覃恩授爾爲一品夫人於戲婦順
與臣共同道義貴有終國章並家乘偕煇恩施勿替式
承異渥長荷殊榮
制曰人臣報國宦績夙著於班聯女士宜家壼範無分於
先後令儀並著寵渥均頒爾二品頂戴三品銜加三級

太僕寺少卿周家楣之繼妻夏氏德媲前徽教嫺中閫
嗚瑞聲協式襄委佩之勤映玉心清克勵飲冰之操特
頒殊典用獎同心茲以覃恩贈爾爲一品夫人於戲被
以光榮用式酬夫惠問承茲休澤益懋著其柔嘉祗服
寵章褒乃遺澤
制曰人臣報國官箴夙著於班聯女士宜家壼範無殊於
先後令儀並茂寵渥均頒爾二品頂戴三品銜加三級
太僕寺少卿周家楣之繼妻賈氏德媲前徽教嫺中閫
鳴瑞聲協式襄委佩之勤映玉心清克勵飲冰之操特
頒殊典用獎同心茲以覃恩封爾爲一品夫人於戲被

以榮光用式酬夫惠問承茲休澤益懋著其柔嘉祗服
寵章勤修內則
誥　命
光緒元年九月二十日
之　寶

十六世家燮以子志靖秩　贈朝議大夫刑部主事
加三級暨妻史氏　封恭人
奉
天承運
皇帝制曰考績疏庸特重推恩之典服官資敬事推式穀
之功爾周家燮迺刑部主事加三級周志靖之本生父
世擅清門代傳素業家風醕厚垂弓冶之良模庭訓方
嚴啟詩書之令緒茲以覃恩貤贈爾爲朝議大夫錫之
誥命於戲薄鑑金而示蔭世澤常延錫鞶帶以加榮天
休弗替

制曰官學方成讀父書而繼業愛勞交備稟母訓以揚名
爾史氏迺刑部主事加三級周志靖之本生母克樹芳
型尤多慈教著承筐之雅範早知率禮無愆寓徙宅之
深心果見克家有子茲以覃恩貤封爾爲恭人於戲彤
毫灑潤爰推顧復之恩彩翟流芳彌振賢明之譽
誥　命
光緒二年七月初四日
之　寶

十六世家錫以嗣子志靖職　贈朝議大夫刑部主
事加三級暨妻徐氏　贈恭人
奉
天承運
皇帝制曰考績疏庸特重推恩之典服官資敬事推式穀
之功爾周家錫迺刑部主事加三級周志靖之父世擅
清門代傳素業家風酯厚垂弓冶之箕模庭訓方嚴啟
詩書之令緒兹以覃恩贈爾爲朝議大夫錫之誥命於
戲薄籯金而示誨世澤常延錫鞶帶以加榮天休弗替
制曰官學方成讀父書而繼業愛勞交備稟母訓以揚名
爾徐氏廼刑部主事加三級周志靖之母克樹芳型允
多慈教著承筐之雅範早知率禮無愆寓徙宅之深心
果見克家有子兹以覃恩贈爾爲恭人於戲彤毫灑潤
爰推顧復之恩彩翟流芳允荷寵綏之典
誥命
光緒二年七月初四日
之寶

家錫以嗣子志靖秩　贈奉直大夫刑部主事加一
級暨妻徐氏　贈宜人
奉
天承運
皇帝制曰考績疏庸特重推恩之典服官資敬事歸式穀
之功爾周家錫迺刑部主事加一級周志靖之父世擅
清門代傳素業家風酯厚垂弓冶之箕模庭訓方嚴啟
詩書之令緒兹以覃恩贈爾爲奉直大夫錫之誥命於
戲薄籯金而示誨世澤常延錫鞶帶以加榮天休弗替
制曰官學方成讀父書而繼業愛勞交備稟母訓以揚名
爾徐氏廼刑部主事加一級周志靖之母克樹芳型允
多慈教著承筐之雅範早知率禮無愆寓徙宅之深心
果見克家有子兹以覃恩贈爾爲宜人於戲彤毫灑潤
爰推顧復之恩彩翟流芳允荷寵綏之典
誥命
光緒四年九月二十日
之寶

家錫以嗣子志靖襲職　誥贈武德佐騎尉妻徐氏
贈宜人
奉
天承運
皇帝制曰寵綏國爵式嘉閥閱之勞蔚起門風用表庭闈
之訓爾周家錫迺刑部主事加四級兼雲騎尉周志靖
之父義方起後穀似光前積善在躬樹良型於弓冶克
家有子拓令緒於韜鈐茲以覃恩贈爾為武德佐騎尉
錫之誥命於戲錫策府之徽章洊承恩澤荷天家之庥
命允賁泉壚

制曰怙恃同恩人子勤恩以將母翹桓著績王朝錫類以
榮親爾徐氏廼刑部主事加四級兼雲騎尉周志靖之
母七誡嫻明三遷勤篤令儀不忒早流珩瑀之聲慈教
有成果見干城之器茲以覃恩贈爾為宜人於戲錫龍
章而渙采用荅劬勞被象服以承庥允光泉壤
誥　命
光緒五年閏三月初三日
之　寶

十六世維新　授奉政大夫同知銜候選通判暨妻
路氏　封宜人
奉
天承運
皇帝制曰錫類推恩朝廷之大典奉公効職臣子之常經
爾同知銜候選通判周維新賦質循良持身恪謹既服
官而奏績復報國以抒誠襄事維勤新恩宜賁茲以覃
恩授爾為奉政大夫錫之誥命於戲宏敷章服之榮用
勵靖共之誼欽茲寵命懋乃嘉猷
制曰恪恭奉職良臣既殫厥心貞順宜家淑女爰從其貴

爾路氏廼同知銜候選通判周維新之妻含章協德令
儀夙著於閨闈黽勉同心內治能成於夙夜茲以覃恩
封爾為宜人於戲龍章載煥用褒敬戒之勤翟茀欽承
益勵柔嘉之則
誥　命
光緒四年二月二十三日
之　寶

十七世志匡以堂弟志靖秩　貤贈奉直大夫刑部
主事加一級暨妻陸氏　贈宜人

奉
天承運
皇帝制曰委贄策名榮既膺夫晉秩克家纘緒光必逮乎
門閭爾周志匡迺刑部主事加一級周志靖之嫡堂兄
道足持躬情殷訓弟經傳詩禮青緗湯雁序之輝慶篤
芝蘭丹綍煥龍章之麗芳徽允懋新典宜頒茲以覃恩
貤贈爾爲奉直大夫錫之誥命於戲被章服以增榮事
顯友恭之義承綸而無忝彌彰善慶之風
制曰教化義方內則允彰夫懿範榮敷閫闈龍恩宜體乎
私情爾陸氏迺刑部主事加一級周志靖之嫂貞淑性
成徽柔道協身嫻姆訓事備卓犖之材志秉慈徽用衍
熾昌之緒丕昭淑愼特賁絲綸茲以覃恩貤贈爾爲宜
人於戲龍章式煥令儀著美於當時象服欽承名德益
彰於奕葉

誥　命

光緒四年九月二十日

之　寶

國山周氏世譜卷三十一之□目錄

祠祀志

祀典　舊編

名宦　續編

榮祿公入祀江陰縣名宦祠事實

鄉賢　舊編

□□　續編

榮祿公入祀宜興縣鄉賢祠事實

忠□　舊編

忠□　續編

孝悌　續編

國山周氏世譜卷三十一上

廟祀志

祀典

裔孫湛霖謹輯
裔孫志清、承軒增輯

謹按舊譜廟祀志祀典專祠因有舊編續編之別前後分爲二卷蓋以舊編自宜興始祖　廣平公以下至四十九世爲我義興周公譜續編自雲翔始祖　國陽公以下爲我國山周專譜也先〃輩訂具有深心此次統修合併前後爲一卷仍於每卷類目下標明舊續編舊編所稱世數祖　廣平公續編所稱世數宗　國陽公合中廣分以醒眉目且省卷帙而劫、舊譜體例仍無變更倘亦先人所黙許乎餘均倣此

裔孫承軒謹識

二世祖 諱魴

關內公崇祀江西饒州九賢祠 見清一統志

一統志饒州九賢堂在府治內明一統志九賢吳周魴等皆治郡有德政者圖像其中 見饒州府志名宦

宋寶慶三年入祀邑先賢祠 見唐鶴徵常州府志

清學政全書載明宜興縣周魴祀生一名

三世祖 諱處

孝侯公崇祀江南先賢祠位列第九 據周亮工江甯府志

周亮工江甯府志先賢祠在靑溪之東宋開慶二年制使馬光祖建自周泰伯至宋眞德秀共四十一人皆生長金陵與遊宦往來於斯者各有贊記孝侯公列第九人

上江兩縣新志靑溪先賢祠祀四十二人周孝侯名處字子隱晉平西將軍位次第九今移祀於府學忠義祠側 見祠祀考

郡鄉賢祠宜興名賢入祀者孝侯公位次第二 據陳玉璂常州府志

郡先賢祠 即今龍城書院 宜邑名賢入祀者孝侯公位列第一 據陳玉璂府志

晉建武元年贈清流亭侯追謚孝詔於墓前建祠致祭 參晉書

宋乾德元年南唐集賢學士徐鍇奉詔爲祠官奏立孝侯廟郡縣以時致祭 據徐鍇孝侯廟記 參陳玉璂府志

宋紹興七年賜孝侯廟額曰英烈以時致祭 據咸淳毘陵志 參乍志

宋寶慶三年入祀邑先賢祠 據宜興縣舊志

元順帝至元三年錫封英義春秋薦有常儀 據曹復亨修廟碑記

明洪武初詔題木主曰晉平西將軍周孝侯之神有司歲以春秋二仲上戊日致祭 據唐鶴徵府志 參邑舊志

清封渤海王總理江河春秋二仲有司致祭每祭編銀壹

兩玖分六釐四月八日孝侯公誕辰兩邑文武各官詣

致祭歲率爲常

祭儀歲春秋二仲月上戊日致祭　侯廟羊一豕一

一祝版一爵三盞一甓一鉶一籩六豆六禮三獻樂鼓

吹四月八日誕祭禮儀同

第四十二世祖諱葵

郡鄉賢祠宜邑先賢入祀者十有九人簡惠公位次第九 據陳玉璂常州府志

郡鄉賢祠宜邑先賢入祀者十有六人簡惠公位次第十 據陳玉璂常州府志

宋寶慶三年入祀邑先賢祠 據咸淳毘陵志參與內山先賢祠記

咸淳毘陵志宜興先賢祠在縣西南二里宋紹定間邑

令趙與掀建祀將樞密之奇周簡惠葵共八人且給田

以廩守祠者

名宦 書稿

二世祖諱舫

三世祖諱處

關內公崇祀江西饒州府名宦祠 見清一統志

孝侯公崇祀陝西邠州名宦祠 參陝西通志

崇祀四川成都名宦祠 參四川通志

四世祖諱玘

忠烈公崇祀浙江湖州名宦祠 參浙江通志

四十二世祖諱葵

簡惠公崇祀安徽太平府名宦祠 參安徽通志

名宦 書稿

雲鸞第八世諱鼎

尚書公在總河任內以邳州三面距河屢被水災特請於

朝改河羊山外邳城以安邳人德之具詳奏請奉　旨入

祀邳州名宦祠 據邳州志

十四世諱有聲

春農公道光初任桃源教諭督墾湖濱田千頃士民德之

道光三十年有司上其事奉　旨准入祀桃源縣名宦祠

見原傳并邑志

十五世諱蔭甫

榮祿公道光年間任海州學正光緒十六年海州士紳呈

請奏准入祀海州名宦祠

榮祿公入祀海州名宦祠事實

公呈候選教諭丁紹彝候選訓導徐佩璠候選知縣楊

學淵大挑知縣沈雲沛廩生丁乃達楊禮臣黃道傳黃

金堂增生趙錫齡楊殿魁武同濟李澤軍附生顏錫祁

苗貫之揭銑杭沈蓮呈為公舉師儒崇祀名宦以光
盛典以順輿情事竊維禋祀賢良聖代重酬庸之典
感懷教育愚氓深學道之思伊古以來文翁治蜀化式
蓉城子晦教潭變遺柏舍未有懷甄陶之舊澤不思報
享於後時者也伏念原任學正　周公品行端方學問
純粹以平西之華胄為賜蔭之名賢蜚序蜚聲饒孫玉
粒賢書魁選幟樹金臺洎道光庚戌之春履海州學正
之任韓昌黎之勤業博士垂箴胡安定之授經先生貽
式深維治化端重本原由是宣講　聖諭書懸教象
推行義路俗習禮鴻翬樂育於菁莪人懷立雪導前修
於樹蔭戶切傾風明正學而闢歧趨黜浮華而敦實行
迺復執士見之雉猶恐傷廉辭束修之羊祗知盡職張
橫渠皋比設講淡泊常甘魏文靖茶粥分霑觀摩共奮
魚縣庭上苞苴絕而嚬笑皆嚴人在鏡中法誠昭而訓
行胥肅至于上儀樂隱祀事孔明肆俎豆於宮牆藻芹
擷秀樹文章之風骨桃李成陰闡酒德則坊表攸資正
經界則市廛罔溷茂叔之沖襟月朗砭愚訂頑穎達之
精義圖開騰華蜚實乃立鵠方懷聽講而化鶴遽賦歸
來登堂尙式儀型徒嗟四壁傳家惟存清白不名一錢
感泣同聲景行彌永勉籌腋集協助喪歸棹鬱林之舟

輕惟載石弔峴山之跡淚尙留碑祗以年限之攸懸遂
致馨香之久缺眴山如故愛日常昭泮水依然宗風未
墜伏維教成而後俗懋詩美奉璋師嚴於以道尊禮隆
祭菜況值　右文於　盛世尤庸宣化於純儒含
慈棠甘敬伸葵向緬春誦夏絃之矩親炙常懷溯父韶
兄勉之遺流傳斯遠敢飾空言於譽美乞附祀典於膠
庠庶我享我將蘋蘩亦昭忠信而可儀可畏模範長切
師承矣謹開履歷事實公籲懇恩環具執結伏乞　老
師大人查核俯賜申詳籲懇援奏准其列入海州名宦
祠永遠奉祀生等不勝感激待　命之至謹呈

事實清冊

一公諱蔭南江蘇常州府宜興縣人寄籍順天府大興
縣由大興縣廩膳生中式道光辛卯　恩科舉人道
光十二年改歸原籍二十四年大挑二等二十九年選
授江蘇海州學正咸豐三年卒於任所年五十有二子
家楣原任署吏部左侍郎通政使司通政使家鋤監生
贈七品銜雲騎尉世職孫志匡監生志靖同治癸
酉科舉人刑部候補主事志程志勛監生計歿後已逾
三十年子孫無現任九卿

一公涖任以正人心培風俗為先務向章遇朔望宣講

聖諭廣訓習久成具文公切實奉行於尋常宣講外更
隨時化導遴派諸生遍詣各鄉傳集曉諭剴切纏綿使
夫孝弟忠信之心流露於不自覺圜橋觀聽感動良多
比戶聞風油然向善
一公振興儒術講求根柢以正心誠意躬行實踐爲宗
務軌五子經涂力闢二氏歧說尤於先儒呂坤呻吟語
顧炎武日知錄融會貫通隨時誨導並列所著學說及
春秋杜林左傳增解於學詳加訓詁昭若發矇至今學
者猶深誦法焉
一公教導諸生如父師之於子弟勤懇備至力與提撕

互臻砥礪有無力從師者均受之衆學二時學中館舍
皆滿鄰邑生亦聞風擔簦受業實行月課躬自校閱厘
定文體一以清眞雅正爲宗罰惰獎勤氣象一新士風
亦一變
一公以正人心先端士習隆儒術尤重師資動循禮法
多所矜式雖燕閒無跛倚雖盛暑必深衣雖急遽造次
無疾言遽色而又沖和樂易絕不以崖岸自矜而人自
嚴憚敬畏綱紀肅然諸生罔敢以私干者書斗等皆懍
懍奉公不敢稍涉欺隱所謂正已正人公殆無愧焉
一公扶持名教表率人倫事關 旌典核實詳報浮濫

悉除隨時採訪窮簷陋巷尤務加意勿任稍有隱遺劃
感興行士民用勸
一公殫勤職業如整飭祭器修明舞佾釋奠先期致齋
罔不肅恭將事選備牲幣務臻豐潔學西南有隙地夙
爲市溷公爲示期飭遷立案嚴禁且泐石以懲積玩而
儆將來一埽塵氛悉臻雍肅
一公維持學校德惠及人監石室書院羣材蔚起核發
課獎膏薪書斗等涓滴無從侵隱各義塾並加培植切
禁諸生不得干預詞訟有緣案送學者則反覆訓誡開
導之務俾悔過自新無辜株連隨時詳州摘釋同聲感

頌
一公操持廉介於義利分際辨析精嚴廉俸外稍涉非
分卽視之若涴清給廩糧無絲毫折扣力懲積習屏絕
苞苴服官四年始終如一猶復節嗇衣食沾溉族姻高
風亮節有令人誦慕不忘者
一公於咸豐三年卒於任身後蕭然無宿儲闔邑士子
以公人品端方學問純粹協籌款項爲歸葬資及畀柩
則相送涕泣者均至河干始返沿途百餘里咸設祭奠
涕共能詩者各賦輓詩成卷曰朐陽哀輓錄蓋以儒官
感人至此誠不數數覯流風餘韻垂三十年而景仰勿

一日矣
題本爲公舉崇祀名宦循例詳　題事據署江甯布政
使焉應壽詳稱准淮揚海道移據海州詳據儒學詳據
候選教諭丁紹虁等稟稱竊維禋祀賢良　聖代重
酬庸之典感懷教育愚忱深學道之思伏念原任學正
周蔭南品行端方學修純粹以平西之華胄爲陽羨之
名賢黌序蜚聲飯分玉粒賢書魁選幟樹金臺洎道光
庚戌之春履海州學正之任韓昌黎之勤業博士垂箴
胡安定之授經先生貽式深維雅化端重本原由是覃
樂育於菁莪人懷立雪導前修於樹藝戶切傾風明正

學而闢歧趨黜浮華而敦實行迺復執士見之雜猶恐
傷廉辭束修之羊祗知盡職魚懸庭上苞苴絶而嚬笑
皆嚴人在鏡中法誡昭而訓行胥肅至於士儀槃隆祀
事孔明肆俎豆於宮牆藻芹擷秀樹文章之風骨桃李
成陰闡潛德則坊表攸資正經界則市廛罔溷乃立鵠
方懷聽講而化鴟遽賦歸來登堂尙式儀型傳家惟存
清白朐山如故愛口常昭泮水依然宗風未墜伏維教
成而後俗懋詩美奉璋師嚴於以道尊禮隆祭菜絅春
誦夏絃之矩親炙常懷溯父詔兄勉之遺流傳斯遠敢
飾空言於譽美乞附祀典於膠庠開具事實冊結公懇

詳　題入祀海州學名宦祠等情到學據此該海州學
正鄭喬齡訓導張汝霖核看得已故前學正周蔭南學
本家傳行爲時矩賢書入選名高乎斬蛟射虎之鄉敎
鐸承宣世仰乎霽月光風之範集經生以環講訓督有
方述政本而成書修齊是急況乎宮牆式廓祀事加虔
郤門人暮夜之金守坐客無氈之素躬崇正學奉宋五
子以爲師聲被鄰封並督諸生而請業觀此感興遐邇
允宜報以馨香相應轉造事實清冊加具結看詳請加
轉等情到州該海州知州楊朝鐸核看得已故前任學
正周蔭南世居陽羨學本家傳選入賢書職司教鐸訓

迪悉崇實學桃李成陰觀摩端重本原藻芹擷秀忠敬
孝慈與信百行無虧聲色貨利紛華纖塵不染文與行
而並美名共實以交修輿情既洽祀典宜邀合將送和
事實冊結加具結看具文轉詳等情到道據此該署淮
揚海道郭階核看得已故海州學正周蔭南陽羨名賢
平西華胄立品學於峙嶽司教鐸於朐山闡理務究根
源不違宗旨傳家惟存清白拒染纖塵薰其德者善良
羣推師表被其澤者彥秀悉協公評此固矜式夫上林
允沐馨香之　曠典相應加具結看移送核轉等因
到司准此該署江甯布政使焉應壽核看得已故海州

學正周蔭南學紹濂溪望崇陽羨燕京寄籍方賡泮水
之詩蟾窟外香歸秉朐山之鐸勵躬修而崇正學庠序
垂型隆祀典而育人才士林向化名賢其仰至今猶切
夫謳思宦蹟尚存身後宜隆以俎豆相應加看具文同
呈結轉詳伏候　題請入祀海州學名宦祠以慰輿情
等情到臣據此該臣看得已故海州學正周蔭南陽羨
鍾靈朐山秉鐸多士賴提撕之力化式芹宮凡民興觀
感之思風移蔀屋著書立說採呂明正學之原亮節高
風重師表人倫之望既切輿情於愛戴宜崇俎豆以馨
香茲據署江寧布政使馮應壽取具事實冊結詳請具

題入祀海州學名宦祠前來臣復核無異除冊結揭
送禮部科查核外謹會同兩江總督臣曾國荃江蘇學
政臣楊頤合詞恭疏具　題伏乞　皇上聖鑒敕部
議復施行謹　題請　旨
奏摺禮部謹　奏為遵　旨議奏事禮科抄出江蘇
巡撫剛毅等題已故海州學正周蔭南請入祀海州名
宦祠一疏奉　旨該部議奏欽此欽遵到部並據該
撫將事實清冊咨送前來臣等查例開入祀名宦應確
核事蹟儻名實不能相副及僅以人品學問空言譽美
者即行指駁以昭慎重又各省舉報名宦其子孫曾任

九卿業經身故者由部核定准駁專摺具奏各等語又
光緒五年奏准入祀名宦須俟其人身歿三十年後方
准具題核辦等因在案今該撫送到事實冊內開已故
江蘇海州學正周蔭南常州府宜興縣人寄籍順天府
大興縣由廩生中式道光辛卯科舉人道光十二年改
歸原籍一十九年選授海州學正咸豐三年卒於任所
子家楣原任通政使司通政使故宦涖任以正人心培
風俗爲先務朔望宣講　聖諭廣訓切實奉行遠派
諸生遍詣各鄉傳集曉諭剴切纏綿一時觀聽者感動
良多振興儒術講求根柢以躬行實踐爲宗務軌五子

經涂力闢二氏歧說尤於先儒呂坤呻吟語顧炎武日
知錄融會貫通隨時誨導並列所著學說及春秋杜林
左傳增解於學詳加訓詁至今學者猶深誦法教導諸
生勤懇備至有無力從師者均許其來學一時學中館
舍皆滿實行月課釐定文體一以清真雅正爲宗罰惰
獎勤士風一變動循禮法多所矜式雖燕閒無跛倚雖
盛暑必深衣冲和樂易絕不以崖岸自矜而人自嚴憚
敬畏殫勤職業如整飾祭器修明舞佾釋奠先期致齋
罔不肅恭將事學西南有隙地夙爲市溷示期飭遷立
桀嚴禁監石室書院核撥課獎膏薪書斗等無從侵隱

切禁諸生不得干預詞訟有緣案送學者反覆訓誡務
俾悔過自新操持廉介於義利分際辨晰精嚴廉俸外
稍涉非分即視之若浼服官四年始終如一等語臣等
覈其事蹟係屬名實相副其身沒年分亦與奏定章程
相符謹擬准其入祀江蘇海州名宦祠恭候　命下
臣部遵奉施行所有臣等遵議緣由謹循例專摺具
奏請　旨光緒十六年十一月十八日具奏本日奉
旨依議欽此

鄉賢 舊稱

二世祖諱舫

關內公崇祀郡鄉賢祠 據陳玉基府志
崇祀邑鄉賢祠 據邑舊志

三世祖諱處

孝侯公崇祀郡鄉賢祠 據陳玉基府志
崇祀邑鄉賢祠 據邑舊志

四十二世祖諱葵

簡惠公崇祀郡鄉賢祠 據陳玉基府志
崇祀邑鄉賢祠 據邑舊志

鄉賢 續編

雲礽十五世諱蔭南

榮祿公光緒十六年奏准入祀邑鄉賢祠

榮祿公入祀宜興縣鄉賢祠事實

公呈城鄉紳士前任山東巡撫任道鎔五品銜試用訓
導李杜詩廩貢生世襲雲騎尉徐沅瑞恩貢生候選訓
導路兆麐廩貢生候選訓導徐鶴鳴恩貢生候選訓導
儲廷杰附貢生徐敬承增貢生湯大鏞候選布政司理
問徐光熙廩貢生徐鍾輝恩貢生候選直隸州州判路
方增副貢生候選復設教諭吳燮和生員徐嘉泰附貢
生任申福前任清河縣訓導蔣世琛揀選知縣儲寶琛
揀選知縣潘銘舉人沈銘石生員蔣士艮廣東候補知

縣程嗣徽直隸候補知府任期曼前任高郵州學正蔣
萼歲貢生候選訓導李庚州同銜東河候補縣丞戴京
福五品銜候選直隸州州判萬康郎選知縣朱爾臣監
生任汸拔貢生朱啟鵬監生吳文軫舉人潘紹周監生
周恩澤生員周廷弼前任崇明縣教諭周安仁生員周
家謨呈為臚陳事實請祀鄉賢事竊維嘉言懿行千秋
鑴有道之銘春礿秋嘗一代肅明禋之典將報功以崇
德先核實而循名所以澤被枌桑南國之謳思未艾香
升蘋藻東膠之俎豆皆馨曠舉特邀威名克副茲有已
故原任海州學正周蔭南陽羨名家平西華胄累傳孝

夂代習詩書秉韋氏之遺經鳳毛蔚譽進羅門之佳果
熊膽酬恩每事必詢王禹玉之奉寡嫂所生無異鄧攸
道之撫孤兒迨夫母疾旋遘子職益供不解帶以習𫎇
必嘗藥以將愛抒歌泣於仁人孝子哭也有懷動悽愴
於春露秋霜僾然若見顧葬祭欲其盡禮而顯揚亦以
慰親於是乙夜橫經丁年勵學於儒先語錄别有會心
凡海内名流爭相刮目阮瑀充佐書之選張華擅博物
之稱理與法兼杜元凱生有左癖筆隨心正柳誠懸獨
以書名開馬帳以傳經創解合關閩濂洛擁皋比以課
業從游皆杞梓鸑鳳文譽日隆德隅自飭立中而不倚
守正而不阿林世宗窮且益堅節秉松筠之勁髮敦復
老而愈辣性含薑桂之辛笑貌亦謹其防包待制方嚴
之度義利必區其界張橫渠精要之傳既而藝苑交推
賢書首薦屢赴公車之役遂膺秉鐸之司宣講綸
音稽查保甲進生徒於學舍勖以文藝後而器識先勸
石刻於宮牆俾夫鄙薄敦而頑懦立化雨既霑於百里
晨星忽隕於一。朝集成狐腋之裘始歸旅櫬賦到鵩飛
之卷遺愛胸腸他如樂善爲懷好施不倦分硯田之餘
潤蘇涸轍之哀鱗建會館則顧慍依棲置義地則感深
存没寳王孫金陳廡下古道照人范堯夫麥助舟中雅

懷拔俗居家則義方有訓萃忠貞節烈之奇入官則師
表無慚負道德文章之望凡此一言一行均堪爲表爲
坊所由三黨咸切懷思十室猶深景仰也紳等故里同
居芳徽共溯或親炙於早歲或耳熟其生平閱卅載之
星霜既符年例稽庶僚於嗣續並協新章理合開陳事
實清冊並所具各結環求師臺大人加核轉詳請准
崇祀庶幾振興儒教合泰山北斗以同瞻闡發幽光與
泮水膠庠而並永上呈
事實清冊
一故紳周蔭南字召襄號燮棠順天府大興縣人道光
十二年改歸江蘇常州府宜興縣原籍曾祖炳儒士祖
汝礪邑庠生贈榮祿大夫父秉鈞郡庠生敕封修
職郎累贈榮祿大夫代有積德以詩書世其家故紳
由順天府大興縣廩膳生中式道光十一年辛卯恩
科舉人二十四年大挑二等二十九年選授江蘇海州
學正咸豐三年卒於任所年五十有二子孫無現任九
卿
一故紳生有至性事親純孝先意承志母病躬侍湯藥
百端療治衣不解帶三月餘居喪哀毁骨立杖而後起
伯兄早逝養寡嫂終其身撫孤姪三與所生無異均𠮷

成立體父變孫之心有所營謀必殫力赴之凡里黨之處家庭敦骨肉者咸以故紳爲法其孝友有如此者

一故紳弱不好弄生平志趣務規正大從不稍涉苟簡雖燕閒無跛倚雖盛暑必深衣雖處遽造次無疾言遽色無得失之喜怒無泛濫之交游在里在京在官一以和靄接人而人自嚴憚敬畏雖同輩行親故亦視若嚴師罔敢以非禮進其風裁有如此者

一故紳六歲聞將就傅端坐沈思以求學爲何如人旣受經家屢空恒佐母執炊仍課所業無稍懈于古人用心得力之處反覆研求務窮閫奧一時名宿翕然推重

析理旣精因文見道制藝沈雄警健深切著明實闡出聖賢眞際至今學者奉爲圭臬駢體典贍風華咸推巨擘著有春秋杜林左傳增解學說變案制藝尺牘偶存行世書得柳誠懸神髓寸楮尺縑從不稍苟更得心正筆正遺意其文學有如此者

一故紳以敦行力學自課課人設帳里門歷膺延聘旣主講安徽霍山書院誘掖生徒惟恐不及每講授經義必詳明澄澈闡諜作有一字未洽必反覆斟酌求愜於心而後安一言一動必軌於禮恒以呂新吾呻吟語顧亭林日知錄令其詳釋切究體用兼資當時翕然咸慶得師至今學者猶深誦法其教導有如此者

一故紳平生以廉介自持非禮勿爲非義勿取館京師當道家課讀外無稍干涉間有請爲先容者峻拒之官海州學正日除廉俸外一無所染淸給廩糧無絲毫折扣俗健訟士子往往挾睚投訴學師以講堂作讞室故紳嚴行禁革陋俗悉除其氣節有如此者

一故紳平生淡於榮利而遇有善舉知無不爲館京師硯田所入無幾遇鄉人來京資殆不繼者恒殫力贍之復與同志創建宜荊會館咸慨依棲並置義地一區以備旅葬主講安徽霍山書院歸途遇某故員眷屬扶柩

在途用不繼迺以歲脩相贈其德惠有如此者

一故紳履海州學正任實行月課躬自校閱士子進謁勖以實學實行有稱案送學者則反覆訓誡開導之其無力從師者均受之來學一時學舍幾滿氣象一新士風亦一變學西南有隙地夙爲市溷故紳立案嚴禁且勦石宮牆以肅觀瞻時奉檄通行宣講　聖諭廣訓直解並編查保甲故紳切實奉行於朔望宣講外更隨時化導比戶聞風向善其治行有如此者

一故紳於咸豐癸丑年卒於海州學署諸生皆失聲哭貧無以歸喪各賻金爲助時江寧未復鄉試暫停諸生

公籲請撥賓興子金爲歸計迭奉駁行復籲請如以公欵無著各廩膳生願以廩糧補償始蒙照准及舉柩則相送涕泣者均至河干始返沿途百餘里弔祭相望其能詩者各賦成卷曰胸腸哀輓錄至今誦載不忘其遺愛有如此者

一故紳長子家楣咸豐辛亥。恩科舉人已未進士翰林院庶吉士累官通政使司通政使署吏部左侍郎奉

旨生平政績宣付　國史館立傳准予順天府屬地方捐建專祠原籍建坊次子家錫監生咸豐十年率團禦賊殉難奉　旨贈七品銜世襲雲騎尉列祀昭忠祠准于原籍自行建祠長女適儒士閔成父病晝夜侍側調理得疾亡次女適舉人崔望賢夫歿守節三女適監生吳文軫咸豐十年遇賊殉節四女字文童潘灝文夫歿過門守貞孫志匡監生志靖同治癸酉科舉人刑部候補主事志程志勛曾孫慶高均幼讀故紳學有本原以身率教不事姑息門庭肅然咸秉禮法孝貞節烈各著芳徽傳誦閭里至今家敎雍睦德澤彌長其貽謀有如此者

題本爲公舉崇祀鄉賢循例詳　題事據蘇州布政使黃彭年詳稱據常州府詳據宜興縣詳准儒學移據紳

士任道鎔等呈稱竊維寡言懿行予秋鑴有道之銘春豹秋嘗一代肅明禋之典將報功以崇德先核實而循名伏見已故原任滁州學正周蔭南陽羡名家平西華胄象傳孝友代習詩書秉韋氏之遺經鳳毛蔚譽進羅門之佳果熊膽酬恩每事必詢王禹玉之奉寡嫂所生無異鄧伯道之撫孤兒迨夫母疾旋遘子職益供不解帶以習勞必嘗藥以將愛浮歡泣於仁人孝子奭也有懷動悽愴於春露秋霜僾然若見顧葬祭欲其盡禮而顯揚亦以慰親於是乙夜橫經丁年厲學於儒先語錄別有會心凡海內名流爭相刮目開馬帳以傳經劇解

合關閩濂洛擁皐比以講藝從遊皆杞梓鸞凰文書日隆德隅自飭立中而不倚守正而不阿旣而藝苑交推賢書首薦屢赴公車之役遂膺秉鐸之司宣講綸音稽查保甲進生徒於學舍勗以文藝後而器識先勒石刻于宮牆俾夫鄙薄敦而頑懦立他如樂善爲懷好施不倦分硯田之餘潤蘇涸轍之哀鱗建會館則願恆依棲置義地則慼深存歿寶玉孫金陳廡下古道照人范蕘夫麥助舟中雅懷拔俗居家則義方有訓孝忠貞節烈之裔入宦則師表無慚貿道德文章之望紳等故里同居芳徽共溯或親炙於早歲或耳熟其生平閱

卅載之星霜既符年例稽應徵于似續並協新章理合
開呈事實環求詳　題請祀鄉賢等情具結呈請前來
該宜興縣教諭奚文彬核看得已故海州學正周蔭南
秉教孝友無愧師儒文學則具有本原訓課則克殫心
力名題雁塔播藝苑之聲華化敢繡堂作中流之砥柱
建會館而依棲得所奚殊廣廈萬間扶旅櫬而歸計無
從竟是清風兩袖試循名以核實宜崇德而報功理合
轉造事實清冊加具結看備文移請加轉等因到縣准
此該宜興縣知縣孫茂槿核看得本邑已故海州學正
周蔭南名重賢書化開學校孝友久欽里黨無閒人言

著作直闡精微有功聖教峻風裁罔干非禮勤訓導不
愧爲師見義勇行樂善不倦凡此徵諸事實允宜祀以
馨香理合加具結看具文轉詳等情到府據此該常州
府知府桐澤核看得宜興縣已故海州學正周蔭南品
學兼優聲名素樹訓方型俗威已足以成人施教因材
淑身即能淑世宏樂育而有光聖教勤提命而造就後
儒洵爲一時之名宿允宜百世之馨香合將送到冊結
加看具文轉詳等情到司據此該蘇州布政使黄彭年
核看得宜興縣已故海州學正周蔭南勵志貞廉持身
端謹奉慈親而盡孝湯藥躬嘗撫猶子以比兒恩勤備

至爲學而希蹤前哲華實兼賅課士則導法先儒廉隅
必飭媿高風於助麥捐金而旅櫬可歸篤鄉誼於恭桑
葺宇而同人獲庇凡兹衆美既洽輿評洵爲風化之資
宜荷馨香之報相應加看具文同冊結轉詳伏候　題
請入祀宜興縣學鄉賢祠以慰輿情等情到臣據此該
臣看得宜興縣已故海州學正周蔭南志潔行芳學優
才富名登蕊榜化洽荊山著作則文教有功遺型足式
孝友則人言無閒懿範堪欽有裨儒風氣節丰裁無不
峻行諸善舉客舍義地有必興允爲闔里之楷模宜受
鄉賢之報享兹據蘇州布政使黃彭年取具事實冊結

詳候　題請入祀宜興縣學鄉賢祠前來臣復核無異
除冊結揭送禮部科查核外謹會同兩江總督臣曾國
荃江蘇學政臣王先謙合詞恭疏具　題伏乞　皇
上聖鑒敕部議復施行謹　題請　旨
奏摺禮部謹　奏爲遵　旨議奏事禮科抄出江蘇
巡撫崧駿等題已故原任海州學正周蔭南請入祀
宜興縣學鄉賢祠一疏奉　旨該部議奏欽此欽遵
到部並據該撫將事實清冊咨送前來臣等查例開入
祀鄉賢應確覈事蹟儼名實不能相副及僅以人品學
問空言譽奬者卽行指駁以昭慎重又各省舉報鄉賢

其子孫曾任九卿業經身故者由部覈定准駁專摺具
奏各等語又光緒五年奏准入祀鄉賢須俟其人身歿
三十年後方准具題核辦等因在案今該撫送到事實
冊內開已故江蘇海州學正周蔭南道光辛卯科舉人
由大挑二等選授斯職係原任通政使司通政使周家
楣之父故紳生有至性母病躬侍湯藥衣不解帶三月
餘居喪哀毀骨立伯兄早逝撫孤姪三與所生無異六
歲將就傅時端坐沈思以求學爲何如人既受經家雖
空恒佐母執炊仍課所業無稍懈于古人用心得力之處
反覆研求務窮閫奧制藝深切著明闡由聖賢真際生

平志趣務規正大燕閒無跛倚盛暑必深衣惠遠造次
無疾言遽色以和靄接人而人自嚴憚館京師當道家
課讀外無稍干涉有請爲先容者峻拒之硯田所入無
幾遇鄉人來京貲殆不繼恒殫力贍之主講安徽霍山
書院每授經義必詳明澄澈恒以呂新吾呻吟語顧亭
林日知錄令其詳繹切究履海州學正任實行月課躬
自校閱勗士子以實學實行學西南有隙地夙爲市溷
勒石嚴禁宣講 聖諭廣訓直解並編查保甲切實
奉行咸豐癸丑卒於任著有春秋杜林左傳增解學說
變棠制藝等語臣等核其事蹟係屬名實相副其身歿

年分亦與奏定章程相符謹擬准其入祀江蘇宜興縣
鄉賢祠恭候 命下臣部遵奉施行所有臣等遵議
緣由謹循例專摺具 奏請 旨光緒十五年十一
月初六日具奏本日奉 旨依議欽此

忠義 舊編

三世祖 諱處
孝侯公崇祀邑忠義祠 見邑舊志

四世祖 諱玘
忠烈公崇祀邑忠義祠 據邑舊志

四世祖 諱札

東遷公崇祀郡忠義祠 據邑舊志

五世祖 諱勰
晉陵公崇祀郡忠義祠 據陳玉璂府志

五世祖 諱筵
都督公崇祀郡忠義祠 據陳玉璂府志
崇祀邑忠義祠 據邑舊志

五世祖 諱贊
武康公崇祀郡忠義祠 據陳玉璂府志

五世祖 諱縉
鄉都公崇祀郡忠義祠 據陳玉璂府志

四十七世祖諱紹先
繩武公崇祀邑忠義祠據邑舊志
忠義新纂
十六世諱家燮
梅生公崇祀邑忠義祠詳見殉難錄並見邑志
十六世諱家鐲
鼎生公崇祀邑忠義祠詳見殉難錄並見邑志
孝悌新纂
第十世諱昌汝
景全公道光二十八年崇祀孝悌祠見邑志

十一世諱亦魯
省齋公道光十三年崇祀孝悌祠見邑志
十二世諱翰
鶴書公道光十三年崇祀孝悌祠見邑志

國山周氏世譜卷三十一下目錄

廟祀志

專廟舊編

國山周氏世譜卷三十一下

廟祀志

專廟 舊譜

關內公廟舊在孝侯廟西廡（見宋沃彥碑記）康熙年間移建殿後屋三楹正中祀關內公積慶夫人兩塑像左祀侯配慈祐夫人木主右祀肖武公肖靈公肖義公肖勇公四木主有司歲以春秋二仲月上戊日致祭咸豐十年毀於兵同治間各支裔先後捐資陸續建脩光緒六年工竣

康熙六十一年常州督糧通判周中鐸宜令周中鋐捐資修整并懸匾額曰佑啟後人標明山陰後裔中鐸中鋐敬立今額尚存

孝侯廟在縣治東南隅北向載入地輿志舊稱周將軍廟又稱英烈廟今稱周王廟創建年月無考歷代至今建脩不一咸豐十年毀於兵僅存山門殿宇同治間兩邑令及紳士商庶并各支裔先後捐資陸續脩整光緒七年工竣

一統志周孝侯廟在宜興縣治東南祀晉周處（常州府祠廟）

江南通志周孝侯廟在荆溪縣治東南隅祀晉平西將軍周處（壇廟志）

咸淳毘陵志宜興英烈廟在縣荆溪南舊稱周將軍廟即晉平西將軍周孝公處也陸機碑云公葬於家之舊

南唐劉勲晉平西將軍廟贊亭記

裔孫之冕修廟紀畧

裔孫洪霖侯廟修建攷

清徐喈鳳周侯古祠辨

清金務山許市孝侯廟碑記

明太平周萬年太平縣孝侯行畧

專祠 舊編

簡惠公准建專祠事實

專祠 續編

陸奮飛濟甯宜興周總河專祠記

宗源瀚通州少宰公專祠記

少宰公奏准建祠事實

志靖少宰公京師故宅追祀記

夏孫桐宜興忠節祠記

原南瞻荆嶽北睇蛟川追贈清流亭侯謚曰孝南唐徐鍇嘗題其像國朝景德二年周守繹與令李若谷增繕繹爲記紹興七年賜今額

常州府志周孝侯廟在宜興縣城東南隅北向祀晉平西將軍周孝侯處宋紹興七年錫廟額曰英烈古今碑勒凡二十六座歷代及今修葺不一一記于後唐徐鍇一記于宋沃彦蕭德藻一記于明正統間趙琬至嘉慶間道人史普海募資創建前殿改立石柱兩廡寢室並加修葺（見祠廟志）

宜興縣舊志周孝侯廟祀晉平西將軍周孝侯處宋紹興七年勅賜廟額曰英烈有司歲以春秋二仲月致祭明嘉靖間改建前殿易以石柱萬士和撰記康熙間重脩餘同府志（營建壇廟志）

荆溪縣志周孝侯廟地隸荆界乾隆四十七年宜令袁知荆令馬世觀倡捐兩邑紳士暨侯之支裔重建五十五年落成江蘇督學使者沈初撰記（營建志）

南唐徐鍇義興周將軍廟記曰君字子隱義興陽羡人晉鄱陽太守魴之子少而跅弛任俠自處不護細行鄉人以爲暴焉嘗感父老之言以南山之虎長橋之蛟并已爲三害于是入山殺獸既而搏蛟浮沉三日竟斷之而出初里人以爲君之沒也室家相慶既出始知人患已之深也乃入吳尋二陸而師之學成義立以忠烈自處朞年而州府交辟嗟夫觀過知仁則向之所爲非巨惡矣吳末爲無難督及王渾平吳置酒高會謂吳人曰諸君亡國之餘得無戚乎君對曰漢室分崩三方鼎足魏滅於前吳亡於後亡國之戚豈獨一人渾有慙色荆楚之烈氣凌太原兵滅之餘折而不撓又爲廣平太守積紀滯訟決之一朝君之果也於從政乎何有母疾罷歸爲楚內史徵拜散騎常侍君曰古人辭大不辭小乃先之楚化行俗易然後從徵及居近侍多所規諷遷御

史中丞糾劾不避寵戚梁王肜違法君深文按之齊萬年反權臣惡君之强直以君討之移孝于君有死無二賊策之曰周君才兼文武若專斷而來不可當也如受制于人此成擒耳嗚呼蓋有道焉其知之矣及六陌之役梁王爲帥軍人未食肜促令進而絕其後繼君自知必敗賦詩曰去去世事已策馬觀西戎藜藿甘粱黍期之克令終言畢而戰自旦至暮斬首萬計絃絕矢盡而援不至左右勸之退君以爲鑿門而出義不旋踵遂戰沒焉夫梁王以宗戚之貴義兼邦家非不知良才爲國之所憑蓋利欲之誘深愛國之情淺也而況悠悠羣品

何足齒乎由是而言君之所發非深文矣夫姦臣之于直士其不合有三佞直不同嗜好亦異一也邪正相形才望相繼雖欲企尚不能效之撫心內愧遂成讐惡二也以小人之性度君子之心以為善人之進必來排巳三也有此三者至於反兵賢人既殞遂及于國夫剖巢破卵鳳凰不翔殺犢殞犢聖人亦逝將軍既沒此西晉之所以淪胥也二子繼德此東晉之所以光啟也君既除害鄉里稱之乂嘗著陽羨風土記則精靈所遊嚮肸有在矣錯以癸亥奉詔為祠官東禱山嶽立將軍之廟貌想先賢之高風周旋徜徉欲去不忍惟君之見危授命當官必理雖百代之王者願為臣焉郡縣既以時致祀敢即其圖像而為頌頌載第四十大卷頌贊

真西山先賢祠記曰自晉迄今周孝侯代有廟祀餘未聞尸而祝之者與同桑梓今昔豈殊沓心苟忘何過不改壯志一立何事不成是宜世有顯人若孝侯遷善之勇死節之忠卓然而百代標表者據此則晉世已有廟祀不始於南唐也裔孫儀袞謹跋

宋郡守周絳周平西將軍廟記記佚唐鶴徵府志職官表云宋景德一年有絳守

周將軍廟記碑見常情邑志

宋沃彥重修孝侯廟記曰周孝侯子隱之廟血食於陽

羨歷年幾七百歷代十有二邑人四時享之莫敢有怠則其生忠義其死威靈固亦可知矣其祠居荆溪之陰縣之東南熙寧元豐間久廢弗治榱桷牆壁敝蠹圮壞回廊門庭半委於地商旅邑人過其廟者罔不傷之元祐四年邑大夫李侯權舉元豐八年登極赦令修治丞呂袞簿吳闓尉李寬咸贊佐而成之興工自三月初至七月而畢復塑侯之考鄱陽太守魴子輔國將軍玘於兩廡藻飾繪畫除舊致新而祠宇煥然復完既竣命彥書其興修歲月而復贊侯豐功偉烈以示於後昔晉人始創侯廟陸機為記今其文尚存而跡又詳於晉史予故不復述而獨以其立身之大致與夫進退死生之節而論之且士有三戰三北而不以為怯為恥者仁以憂其親也禍藏未萌察幾而去者智以憂其身也遭難必捍見死必當者義以殉其國也又有能安其身安其親安其君保固四海而難莫得以薦者才全道備觀時以動者也此四者志雖不同而所趨在理則一後人以全而鄙其偏則為不恕執此而非於彼則為不通是以君子咸美焉嗚呼若侯者其賦才也雄其改過也果其守志也固其為學也斂其臨事也斷其莅下也慈其事上也直其御戎也武其臨難也義學乎陸而實過之所性

不同歟嗟乎侯之亡至今亦久矣其威靈在世殊有可駭者邑人沈謁夜夢侯語之曰雀汚吾耳汝爲吾拭之當賜汝一指力謁覺疑焉明日詣廟觀像事符於夢因以布巾拭之及出廟臨流濯巾徵用力絞之巾已裂而中斷矣自兹勇抗百夫雖扛鼎抃牛之士不是過也事多類此聊書一二以示後人而復爲詩俾邑人歌以祭焉（歌載藝文韻語詞）

宋胡靖晉平西將軍周孝侯廟籤記曰生爲人傑死則廟食自古英雄亦或間見至使故里之人若子弟事父兄踰八百年靈爽不忒又設教詔之方使人因禍福爲

避就而約以歸禮義誠有父兄之道而無愧于廟食者其惟周平西乎靖建炎再祀客此（闕二字）始拜侯（闕一字）於祠下越五年而廟有籤百里內外競往決疑若問答然無不曲盡其意問籤所來曰邑士周先民譔一日與周從容問之則曰靖康遏祠下嘗欲捨觀音籤未幾兵革家難相仍不復爲念歲次庚戌夢人授二籤曰聞公有喜捨意願求解釋一題寅中庚射虎一辰中壬斬蛟字畫顯明如晴日中見也寤而莫曉惟以靖康之念爲疑詰旦詣祠謝不敏請如初約使祝者求神（闕一字）不許願易道籤又不許先民平日所知惟此二籤皆不許則不

知所爲矣懼而出遇舊識道士語之故曰寅中庚辰中壬迺以十二支加臨十干余嘗收此課書自正月寅中甲至十二月丑中癸凡百有二十先民始悟（闕三字）我課此籤邪作射虎斬蛟二籤卜於神則莫不協從於是澡神滌慮研精覃思仰求神意參考課書盡加臨之（闕三字）一籤皆七言二韻每章成必敢祈而卜之可則定否則易有七易而後定者靖然後知平西寓意於周假手（闕四字）而爲教詔之方也初成之夕周夢客謝且使避諱明日偏閱則觸侯諱者三十有奇盡易之迺置於侯前（闕大字）問邑人矜其異詫其詞包羅天地人物推測陰陽鬼

神於父子宗族惟孝惟慈於君臣上下惟忠惟謹懲貪戒殺獎善而赦過溫然如慈親良傅肅然如嚴霜烈日解其惑昭若日月定其信堅若金石嗚呼休哉嚴君平成都隱君子也假卜筮進人於三綱五常之道班孟堅尊之光輝照後世矧如平西生有慷慨功名之心死有大惠於鄉邑千古相望其風采凜然有生氣者邪求其籤當知寓教詔而不止爲一時可否則侯之意得而習俗益美矣靖於宦遊客食舟車往來者因籤以知教則侯之仁厚豈直一邑哉廣之天下可也瑯琊王令以功賜地迺宅侯之邱壟旁歲時謹祀事如其後人於籤無

不神驗聞靖說請書而刻石于祠先民信畏且誠故爲
侯所藉云
宋蕭德藻重修孝侯廟記曰侯廟食本末厥既有攷不
復敍出吳興沈德遠言乾道八年夏自樞密院檢討去
國屏居家山之草堂十一月望拜守秀州命越三夕夢
謁侯廟周視壁間畫列宿天神及斬蛟射虎像寤而思
之獨宜興人廟侯耳非吾新命之地且平時足跡未嘗
至意念亦不及胡爲乎神交其間蓋已而改命守常州
十二月入對便殿郎之官道松江振風驅湖浪妻舉平
陸漫溝塍高下洶闘聲撼雲空碎舟蕩骸者相屬吾舟

亦敗恇嘗有禱焉舉室數十口常之吏卒亦百輩躍出
驚波中相與保道旁草舍幸皆無若既至常延見吏屬
從容問宜興長吳千乘侯廟壁畫略如吾夢中所見但
言廟久不繕理迺以二十萬錢授千乘俾歸新之邑人
相勸輸財力樂成不踰年輪焉奐焉益張厥靈益大厥
聲廟之復盛觀哲蓋如此方欲伐石大書適遷太府少
卿總領淮東軍馬錢糧遂不果後二年德藻故人丹丘
陳時中守常州德藻過焉因道德遠語時中曰德遠若
有待也吾常多侯幸遂書此吾爲子碑之德藻惟前事
雖似瀕神怪然忠義之氣在天地中常獨皦然於汗漫
不可測知之際向焉者應不間今古若陽燧之召火方
諸之召水端倪了不容索侯少時里居搏蛟虎如轢蟣
虱蓋世俗所書道者此在聖門猶有貶焉晉惠帝朝彷
何等時侯官中執法擊司馬彤不少貸尋隸彤爲將討
齊萬年侯豈不知彤之將逞憾也蓋自常情言之死君
命固其分死大臣怨容可自列侯以彤僭君命置我於
死地所僭者我所當死也尚何辭以寡敵衆矢殫弦絕
蹈白刃義不返顧英烈凜凜跂躉爲晉郯伯有懸三世
卿族其精爽猶足以動國人侯忠義貫幽明能感發其
類於百世之下理固應爾吾廼今有慮於二君子哉德
遠名祖時中名蒲

元汪澤民英烈廟新殿記曰英烈廟者晉平西將軍周
孝侯祠也侯累封忠惠正應王我聖元加封英義武惠
正應王王墓在宜興荆溪東南民爲立廟垂千載不廢
凡雨暘札瘥兵寇之虞禱祠應若影響歲時陳（闕一字）幣
報祀弗怠蓋虞南唐集賢學士徐鍇將命禱祠者廟像
頌宋景德二年郡守（闕一字）縡修廟刻石（闕一字）道（闕一字）守
沈德祖始作寢殿繚以周垣至大巳酉歲郡別駕汪良
臣復繕治之迄今僅（闕一字）十年棟宇摧壞瓦石漫漶里
士蔣贇請於州同知昭信趙儀表倡士民拓故址搆新

殿聳飛觀深欄楯陛甎整飭修飾王像列衛粲章有數經始於至元再元之三年春三月落成於秋七月費爲錢二萬五千緡北用不足皆出蔣氏蔣氏故閭家孝友樂善鄉黨稱之澤民自吳中代歸拜先翰林墓道山祠下肅瞻遺像緬懷高風里之耆老儼然而進請爲記惟陽羨左右湖山浩瀚奇秀人生其間必有卓犖英傑之士足以當之若王者初以勇果自奮爲父老去害廼遂折節講學爲時名士此固人所難能迨以孝移忠臨危授命攘強寇蹈白刃無毫髮顧慮心非確然有守能之乎王雖不幸遭明時以究厥施然其忠烈之氣永存穹

壤猶能禦菑捍患以福其民廟食無斁豈不誠豪傑之士哉若夫爲學從政不能以功業自見一遇患難輒隕穫失措以隳素節泯泯與草木澌盡是皆王之罪人也澤民遂述興作之由又系之詩俾歌之以侑祀事詩載第四十大卷頌贊

元胄復亭孝侯廟碑記曰帝王盛時交鬼神有道故仕者必求精誠不二之人先事而後禱自有以感於無自實以通於虛以理合氣交於神明盡敬而不祈福爲斯民立命立心也春官掌大祝之辭孟春修羣祀仲夏雩祀以祭有功祭典曰以死勤事則祀之能捍大患則祀之漢承周故祠公卿有益於民者蜀郡修文翁祠密縣留卓茂廟唐祐享功臣於廟廷仍命狄仁傑持節使吳楚狄去淫祠留夏禹泰伯季札吳員四廟而不及孝侯豈吏民未立祠宇而部使參獻闕軟抑事吳事晉爲亡國臣故略之歟南唐議禮徐鍇奉詔爲祠官集郡縣長吏行祀事即其像而爲之頌石刻今存於祠千載公是得無訐焉昔魏武孫堅世臣炎漢魏伐蜀策據吳越稱王權即帝位坐視危亡兵不襲許吳魏同罪首也司馬一統歸晉者無旐將軍諱處字子隱除害討賊立朝大節載之信史茲不多及也宋累封武惠正應王至元丁

丑有司上聞卹之典廷議特允其請命數有加錫封英義春秋薦有常儀郡國肅其壇宇戒之曰無不敬敬則誠誠無邪又曰嚴扃鑰毋央瀆介爾福將軍廟食於此猶魯人祭泰山也殿宇傾頹而廂廊敝蠹前代豐碑多卧於地下過者拜而禮之來者必有所祈貴富賤貧好善惡惡禱於神者尤繁或喜迎神以誇侈靡或衷殷父毋稱貸裝嚴以取悅於觀者經營修飾不聞先施邑人徐士滿夙積厥德喜吾道仙佛惠濟之說延名士胄者教子孫考祀典以祀神至正辛卯秋七月集鄉三老言於州長馬合謀盧僧孺暨同知張完者曰祭者報而無

祈胆將軍捍災禦患法施於民功業在吾邑舊祠浸廢將大建規模惟長者相之父母懷之衆諾不吝然施者已竭而執藝者未就士滿乃求假於鄉里鳩工度材計費千錠聿備給廩餼者三百人廣尋拓地四築垣墉廟既更新作廊廡四十八楹磐折殿宇而迴拱端門再建二祠抱翼寢室右奉王之父母左列王之諸子别立齋堂十楹求方士奉祀守贈文雲棟虹梁金碧照映千里内外來祝妥靈庀梓人餙材圬人作堵規矩繩墨之責動輒數歲何旬月之間而落成薦享惟誠格神惟德服人鑿山堙谷成之非艱而况祠宇繼復之力惟共吝於𠀋

人鬼神之敬亦簡復亭謫居是邑過濟危之橋行甃砌之路里人指其地而告之曰斯則徐德士私帑之所理也三皇袁府君廟徹而新之邑人仰其神而祝曰此非徐德士之潤色者耶予與德士同里閈知其人不淫債不連田常語同志毋積財益過三分損一爲傳重計餘悉敬神遺有德畀人爲出不利益一已告神相人神悅人感邦人頌之感思刻石舊達魯花赤也先政教禋祀化洽一方解篆而不忘其敬是年冬十二月率曹璋十四人奉書來請記噫載新寶構徐之力也風雨時若俾吾一人安居此邦者神之賜也惟神若天罔有不慶乃再拜而爲之記

明趙琬重脩晉平西將軍周公廟記曰正統七年冬常之宜興縣新脩晉平西將軍周公之廟成其明年秋縣丞鄱陽李晅以公務至京師徵琬記之且曰當時建廟有碑歷代修復有記歲月滋久文字剝缺漫不可省而廟亦日就傾圮晅深懼其廢壞不足以揭虔妥靈乃謀於知縣樂安鄒旦縣丞武林陸潤主簿襄城崔晃典史清江劉九淵各捐俸貲因舊爲新而邑之士庶感慕而信施者無間於遠邇遂命道士張惠然耆民張安萬壽惠信袁聚以佐土木之費由是衆工齊事惟月若日工告訖功殿寢門廡塗塈丹青威儀像座儼奉維謹願紀

成績垂示將來惟宜興與琬爲隣邑隣邑之大夫庶士敬公若是其至琬敢無言乎謹按公諱處字子隱世家陽羨今宜興是也公自幼勇於爲義嘗感父老之言入山射虎赴水斬蛟爲鄉里除害既而從吳郡陸機兄弟學爲文有思致嘗著默語風土記及譔集吳書以自見平身履德清方才量高出歷守四郡安人立政後爲廣漢太守以母疾罷歸未幾徵拜散騎常侍累官至御史中丞元康七年氐人齊萬年反命公討之時梁王彤爲征西大將軍都督關中諸軍事而以宿憾総公後援公

遂力戰以歿追封平西將軍謚曰孝鄉人之戴公非一日矣於是即公家原爲藏衣冠又爲立廟以祀公凡水旱疾疫有禱必應且嘗著靈異庥鄉邑宋宣和間睦冠將犯境其徒有傳舉者至長橋忽覩金甲神告曰我平西將軍也境不可犯冠遂遁去紹興七年賜廟額曰英烈未幾封忠惠侯忠惠之號既累加仁勇兼利義濟六字嘉泰初遂進爵爲公更號忠武再加赫義昭靈而更號仁勇累封英義武惠正應王廟不以名其額者因初封之號也夫公爲國討冠在戎致身見危授命其英聲茂實赫赫而不可蓋者固不繫於封號廟祀之有無

然公在家爲孝子居鄉爲義士事國爲忠臣有德於人有功於國祭法所謂以死勤事與夫能禦大菑捍大患者公皆兼之而邑之有事君子所以致力於公之祀事彌久而弗懈者又祀典所謂有其舉之而莫敢廢也豈若世俗諂祭徼福者比哉然則鄉之父兄子弟亦將視公爲鄉先達而爲臣依於忠爲子依於孝相率奮發而爲道德之歸矣故并書之以歸記若夫公之始終大節具載晉書列傳及郡志可以互見者毋多贅焉

明王逖祖重建周孝侯廟記曰振古烈丈夫者懋德懋功佐濟邦家俾奠兆民焉則生既爵祿之死尤廟食之斯固在公酬報之常也若乃隨其所產所經歷之地莫不永懷而欽崇之尤非鄉人之諂也因其平生所爲有以關繫乎人心之民彝天理而自不能已耳吾鄉先正周孝侯者以身殉國抹撥大患嘗代報其功而酬其德爰建侯廟自廟以來千有百餘年中間廢而葺葺而又廢者凡幾矣夫屢廢屢葺而人心無射者侯德無射於人故樂從事也不然力者寧非所惜財者甯非所吝顧乃脩葺數數然無憚煩也嗚呼侯德百世如見固無賴於廟然因廟而仰瞻侯像者則生氣凜凜在目不尤慊景仰之私乎茲廟之所以宜脩也邑丞盧溪李君諱廷

珏字聯璧由貢入仕下車拜侯即以爲泰山北斗悼廟之湮漫陊剝弗足妥靈力矢葺治乃於正德癸酉之十一月遴選里之能者王緯任其事而道士黃顯榮亦以勤（闕一字）與肅蔵設盟先自勞勤以率衆謂必循其序則事可成必先其易則功可進材必索其良工必較其能由三門以徂兩廡以迄于獻殿鱗次敷治秩秩就緒丹漆黝堊極當觀視凡厥所（闕一字）莫非丞之俸資民之財力蓋不踰歲而落成者夫落成不踰歲固易也抑孰知其廢尤易甚前代脩者旣嘗不乏國朝正統甲子邑丞李晅脩之後燕室則宏治癸丑住持周源濟脩之正殿

則丙辰邑令張偉脩之曾未數歲而又不能不煩今日之脩豈惟可以知當時脩者之力而益可慨土木之易於頹也雖然侯在當時折節遷善速如轉丸捐生取義甘如啖飴初非爲一廟而然也後世慕乎侯者自不能不存心于侯之廟也要當知侯亦人耳胡可徒以能脩侯廟而止哉

明萬士和重脩孝侯廟記曰吾邑周孝侯廟創自晉人蓋舉以死勤事禦災捍患之典也厥後屢脩屢圮或出於公或出於私若朱董純儒沈德遠之再新侯廟其始蓋形之夢寐間豈侯精神之感召固如此哉今道人史

普海朱明恩者止因初發一念遂不可遏然創易石柱且木植磚甃務爲堅久工鉅而力不貲至以身縶鐵索不能償所負商賈蓋久之而始完其勤如此予目擊其事感而嘆曰陽羨溪山洞壑勝甲東吳然人物之魁奇瓌瑋者上下數千年間寥寥然一孝侯而已侯少時任俠跅弛不就繩墨一旦因父老之言洗刷舊習挺身與猛跂惡獸戰於深山大澤之中搏而除之自古改過之勇其有如侯者乎及其師事二陸學問過之歷官漢判忠信明斷人心歸附入爲中丞按梁王彤不法邇侯平日所爲心地洞達無纖芥私曲蓋其氣剛勁果決不但婞婟閃縮之態不作於心即覺知思慮之用或當機而回互或應物而有遷侯一無是焉此勇者至道之效也侯之表見乎古感召人心者抑在茲歟至於臨陣死戰非侯之所難也予嘗謂人心之靈意之所動鬼神得而知之匹夫匹婦得而知之有不可掩者侯生平心事大與關雲長相類二公死後人咸傳其爲神雲長之靈遍有顯應而侯之保佑吾邑者不一而足此其事近迂然千萬人之所向慕者即神之所在也二公強直壯勇之氣鬼神知之匹夫匹婦知之語曰千人所指無疾而死聚一朝之精神於一人而曰無感召者未之有也然因

感召而尊侯則其知侯也淺因精神而得侯則其知侯也深知普海之發念不過脩侯之廟貌而我輩之發念直欲追侯之爲人彼知過而不改也改而不勇也心術之邪曲回護也與人不信而臨事不忠也持此以追侯之爲人遠矣而我輩往往自蹈此弊無勇敢直前之氣則是普海知侯之淺者以身縶鐵索期於必成我輩知侯之深者竟不能奮迅激昂以期於有成也此其志與普海何如哉嗚呼以陽羨之勝上下數千年而寥寥然惟一孝侯吾輩可以愧矣故記之以志吾感建之年月始於嘉靖庚戌畢於甲寅耆民趙果協力助之二三年

不輟亦胥海之流已

清儲欣擬脩孝侯廟記曰太史公有言曰非死者難也處死者難又曰人固有一死死或重於泰山誠哉是言也周侯子隱以忤權貴死齊萬年之難孤軍陷壁血戰報國子隱得死所矣卒以此焜燿史策綿亘廟祀彼三日不汗所得孰多而世徒稱其斬蛟射虎此一力士任耳不有捐軀摩頂之大節亦與草木同腐何言人傑哉方侯之戰六陌也提卒五千殺賊過當後援不至左右勸之退侯毅然曰是吾效節致命之秋也夫使侯爲御史中丞時自顧惜必不失意彤駿即與二豎背而時之

大臣無擠之欲其死者亦且遣二豎不遣侯遣侯不遣二豎至禍已成援已絕侯按劍一叱即必退退而以侯之威士心之固區區以求脫即必脫而免於死夫惟不可忤而忤不當擠而擠可以退而不退力能脫而不求脫而侯之大節於是乎烈矣嗟乎天道何常死生有命一時謦人徒知陷侯死爲快心耳詎念賊后司晨駭君守府無何而銅駝荆棘骨肉噬吞積骸如亂麻流血漂臼杵人誰無死不亦悲乎且張華之智焉而死裴頠之勤勞焉而死機雲之文章焉而死崇岳之富貴焉而死其死也非死惡宮闈即失身逆亂當時既肝腦塗地引頸就誅而後世復以爲不韙所謂輕於鴻毛若殺孤雛腐鼠耳周侯之死相去幾時而一命既捐九邑增重然則彤駿之於周侯得毋所陷者小而所全者大與雖然侯非數子匹也設侯不死必能挺風霜之節攝妖狐之膽辨子遹之寃消外兵之萌不幸亂作而託以兵符任之閫外亦將董率三軍諭以忠義誅始禍被連橫扶危定傾易猶反掌顧乃成都東海殘殺相尋侯士亦乾晉社隨屋人之云亡邦國殄瘁不其然哉不其然哉侯行事顛末備載舊傳故不道侯宜興人廟去縣治不百步後枕墓道右帶雉堞墓營三岡高與城際古木鬱葱然

蓋勝游也今蕪穢不治墓墮一角林木斬伐幾盡廟破壞且宿兵焉邑人過之往往垂涕又明季年有盧公九台者去侯千餘年其效節致命大與侯同而未獲廟祀某既感夫有廟而不治者又感夫必當得祀者而今尚莫之祀也某年月日某公大脩侯廟兼祀盧於廡於是命爲侯碑而并系以詞

清潘宗洛新脩孝侯廟記曰天地山川精華英特之氣其凝結蘊積於千百里間者常歷千百年而後篤生一豪傑一聖賢焉其人生稟既異其所樹立亦異聲名垂於無窮神氣久而不朽庶幾乎與天地山川同其長久

若是者何莪生之甚難故留之彌永也吾鄉爲晉義興郡幅員廣袤五百里表以荆岳環以五湖山水秀麗甲於江左雖知名之士代不乏人然千載而上千載而下必以周孝侯爲稱首斯人也其殆天地山川精華英特之氣所凝結蘊積而後篤生者歟公本名家子少壯時以膂力勇敢推萬人敵及感於父老之言而從游二陸折節讀書竟以文藻著述顯名於時變其卞莊刺虎之勇而爲子路聞過之喜嗚呼公非徒豪傑也進乎聖賢矣仕晉以後直言敢諫彈劾不避權貴血戰死綏忠貞可貫天日嗚呼公非徒豪傑也直進乎聖賢矣其祠在

墓之北蛟橋之南歲時伏臘祈晴禱雨奔走祀公者至於今不衰蓋吾鄉先達能與天地山川同其長久者必公也公之後又千餘年矣豈無弋高位享厚糈獲令終福澤遠勝於公而其歿也如草木榮華之飄風鳥獸好音之過耳生時則榮歿則已焉其生之也不難其留之也不永無惑乎其未可與公比也公祠脩葺在明成化間歷二百餘年頹敝已極邑人周之綱邵懋德莫士基等矢願更新之多方勸募衆皆踴躍工始於庚寅落成於甲午門廡堂寢規制煥赫有踰於舊請爲記其歲月於石宗洛爲鄉後進不敢不以文辭且思鄉先生歿而可以不朽者誠以其立德立功立言足爲後進矜式而非以其膂力勇敢推萬人敵也今日名家壯年之士有入廟而瞻拜公者吾願其無艷稱斬蛟射虎之事而亟誦讀其嘿語風土記穆然如事其人如聞其提命則幾乎道矣抑亦可以慰先達於九京矣是爲記

清史陸輿重脩晉平西將軍周孝侯廟記曰道莫大於忠孝典莫隆於廟祀吾邑自來賢達德行勳業顯著一時者代不乏人獨以忠孝節烈光垂青史血食千秋則惟孝侯一人侯有至性少以膂力雄於鄉忽感父老一言改行折節從二陸游卒以功名顯死王事迄於今販

夫牧豎猶嘖嘖稱斬蛟射虎之爲奇也夫斬蛟射虎何足爲侯奇特勇於遷善正色立朝惠加百姓殉節疆埸斯爲烈耳余少時閒過侯廟下瞻拜遺像肅然起敬已見其祠宇漸就頹壞愾然嘆曰安得好義之士起而新之後宦游廿年歸復過之則堂廡榱桷日益傾圮襄裹久之思所以新之而無自也壬辰之歲吾邑紳士及衆耆老公議具呈邑侯陳公公詣侯廟瞻侯之像登侯之墓爲之欷歔慨嘆因主持重脩力爲設法紳士耆老亦不遺餘力多方勸募歷三載始告成前殿重塑侯像旁列功曹判卒後宮增塑侯父母盛夫人兩廡則有侯長

子史孝子徐義士姚節婦春秋配享山門碑舍以次完整
周遭繚以圖墻煥然一新有加于舊盍諸君之任事勤
矣工既竣周子逸圖德涵潘子彥深冠英吳子晉陶玉
谿偕絲首周憲章邵丕承莫柱公道士馬世英請余一
言勒諸珉以垂後攷邑志前嘉靖間道士史晉海募建
侯廟改立石柱萬尚書文恭公爲之記稱其勞績特甚
今仍石柱之舊而木植磚甃尤加堅好諸君之勞績視
晉海奚多讓焉乃猶以三官眞武文武帝君諸堂屋缺
然未復不能無望於後人何其志願之無已也文恭又
云以陽羨之勝上下數千年寥寥然惟一孝侯記之以

志感余竊謂大司馬忠烈盧公非侯亞乎忠烈家廟平
侯祠不數武湫隘卑濕不足妥公靈而生百世之敬慕
苟得好義之士特創專祠塑其遺像與孝侯輝映後先
㡆彿益增吾邑之光文恭有知可以無千古寥寥之嘆
矣余敬慕忠烈猶之侯也因并及之是爲記
清蔣錫震擬修孝侯廟碑記曰昔平西將軍周孝侯故
宜產也仕於晉死於氐羌齊萬年之難其後壘著靈異
邑之人廟而祀之於今蓋千四百三十有一年矣相傳
侯少時有斬蛟射虎之事頗怪偉後乃折節向學今童
叟爭艷稱之而縉紳先生則必舉其行義之大者著見

於言語文字如賀循謚議潘岳奉詔作關中詩皆謂其
貞節不撓見危授命而他則略之蓋立言之體然也況
六代崎嶇危亂時其間力搤虎射命中者何限設無忠
義大節而區區鷙猛兇强不可羈制雖拔山扛鼎曾何
足云故凡毛舉碎瑣以相矜炫者細民之事也然太史
公有言非死者難也處死者實難婢妾賤人皆能感慨
而自殺或迫於不得已而義不反顧者亦時有之故曰
慷慨殺身易今欲據侯之一死而遂概其生平豈爲通
論哉余按晉書本傳侯初爲新平廣漢二郡太守又爲
楚內史俱有美政遷御史中丞按梁王不法事以此召

怨賈禍朝議命侯西征或勸以老母辭不聽其戰於六
陌也盧播解系救不至左右勸退不聽其所書積者奚
也豈偶然哉豈偶然哉夫人情於才行過人者往往爭
傳其軼事以爲喜樂如博徒賣漿吹簫屠狗之類是也
侯初以豪勇爲鄉里所患苦一旦自歸於學而功名烈
節彪炳史冊因相與追憶其少時佻達習氣并其斬蛟
射虎而稱道之也亦宜善乎沃氏之言曰其賦才也雄
其改過也果其守志也固其爲學也敏其臨事也斷其
泣下也慈而事上也直其生忠義其死威靈嗚呼近之
矣侯廟創始於晉陸平原記之自是代有所增飾前人

之序述備矣夫有功於民有勞於國禦災捍患以死勤
事者皆載在祀典然則暨暨周侯威神翕赩廟食茲土
治其庭壇恭虔享祀永永無極古之制也可不務乎
清沈初重修孝侯廟碑記曰天地有正氣古今有偉人
惟得於天者厚而植於已者深故見諸行事往往怪奇
瑰偉卒能造乎正大高明之域百世下仰其遺風猶令
人鼓舞而不倦晉平西將軍周孝侯生而雄傑奇蹟大
節雖兒童婦女能道之其歿也英靈顯鑠精氣不磨以
故大江南北所在立廟廟之在宜興者爲侯桑梓地魂
魄所依祈禱輒應邑之人祀事惟虔日久不修勢且圮

然費以億計咸逡巡焉歲壬寅宗儀儲公麟趾暨邑士
大夫請於當事議修之郡守邑令遴選邑之公正有才
器者董其事於是通邑士民及侯支裔咸踴躍捐輸鳩
工役閱五寒暑厥功告成前殿設侯像崇祀侯考鄱陽
太守廉祀侯息輔國將軍烏程侯玘自餘有功德而裨
風教者配享有差門庭欄楯齋室庖屋靡不畢具此固
邑人欽崇前哲抑亦侯之文武忠孝不泯於人心樂而
趨之不能自已者也廟始於晉陸平原王右軍碑石流
傳至今齊梁間周氏猶盛建旄擁纛者世有廟益加崇
其後一脩於唐宋及元明代有脩葺紀功豐碑林立眞

行隸篆皆一時巨手筆畢朝進爵加謚亦日隆我 朝
康熙間亦經飭治然而規模闊遠基址寥廓百年之間
漸即陵替紅薗侵堦蒼鼠竄瓦而過覽者每懷今昔之
感且南崍侯墓荒墟烟蘲守護缺如茲特竉舊址整前
規高門廈屋阿閣重堦輪奐崇宏甲於通邑春秋二仲
士官祗肅將事邑縉紳士庶莫不展敬何其盛也自古
名人志士生而爲英死而爲靈錫謚建祠用光祀典數
傳而後或祠宇傾頹訖難再振廢興之故皆豈獨在後
人蓋學有大小氣有彊弱積厚流光積薄流卑有非可
彊而致者若侯以深沈之學全剛大之氣齊光日月同

流天地豈獨邑之人所宜世世奉祀勿失者哉初奉
命視學江左凡此邦賢哲心竊向往至如侯者其英風
義烈尤足照耀千古而懦立頑廉有功名教不淺廟成
邑士大夫請記於予余幸得廁名平原右軍之末有榮
耀焉爲略舉興替之由知侯之精爽憑依久而彌著而
其邑士大夫崇德報功經營勞勤則又足徵邑之多賢
而後裔之綿延勿替矣是爲序
宋董純儒孝侯廟牆柱記曰嘉定八載歲在乙亥孟夏
旦日純儒炷香祠下遐想英風不泯邑人歸嚮有隆無
替惟牆柱舊址雖存垂五十載廢而未立喟然興念欲

任其事遂躬歷山林至於龍山有巨木焉挺然巖石之間目揆心籌適與意合叩其主無難色歸所直而得之挐於廡下幾費百工非陰有所相能若是乎將命工飭材忽夢一異人峨冠朱服頎然而長語予曰廟宇亟修巳募賢侯備而後立必遇羊猴語訖而去既覺悟神明之意尚有所待皐霜易換今九年矣此志未遂常以爲歉夏初霖雨浸淫廊廡傾圮鄱陽洪君相門名肖以丞攝令奸蠹掃除善政修舉至於神祠亦復新之始於癸未成於甲申羊猴之夢屬意於賢侯者若合符契純儒之志殆成於此日乎剏一賛之功時所當爲疇昔之夢

果不誣也不容以巽懦自沮謹涓吉旦建立於殿左是日也暘谷舒光霜飈息籟以一繩之力引百尺之木若有助者猶揭竿然觀瞻一新敬畏交作神之賜大矣因是以知有志者事固成而事之興廢信有其時自今以始修廢補敝增光潤色使祠再興格神之休又不止於旛柱而已謹盥手記其實云

南唐劉勳平西將軍廟贊亭曰建隆四年冬勳叨承朝命出宰義興將欲離京洎告辭東海舍人爰以新撰平西將軍廟贊託令創置仰舍人雄文褒將軍英烈所恨力寡不能獨成其事每輟俸餘得義營三五將首及縣鎮典押等共建造碑亭子一間自置石請守題平西正字書文命工刊勒俄而亭宇云畢貞珉乃立且將軍殺身千載之後翠琰復搆若非舍人之辭華何以補將軍移孝於君有死無二殉國亡身之令望也斯亭淸溪逼檻嘉樹環簷物景湖光煥然悅目勳非才非藝固難以盡紀其因由但直書建竪年代而巳時皇唐御宇丙寅歲壬戌月甲申日

侯廟大殿兵燹前聯匾林立其最著者朱晦翁云適爲御史氣烈風霜繼督兵機節光家國筆意古朴遒勁眞墨寶也翁覃溪方伯方綱隸書云移孝作忠把臂呼吾家父子舍生取義接踵有盧氏弟兄此前輩莫公峻明

撰句蓋侯廟與岳忠武盧忠肅兩祠相望也裔孫凝齋諱京舊有聯云鄉稱從善里表平西銅嶺尙傳英烈廟橋號斬蛟墩名射虎金陵還有讀書臺今俱毀光緒七年脩廟工竣裔孫少宰諱家楣懸匾殿中書宋李衛語曰陽羨第一人物並撰書楹聯云立廟永馨香看眼前大好溪山浩刼難磨生氣在登堂聞謦欬有世上未除蛟虎先型仰企抱慙多又書婺源齊梅麓太史彥槐所撰聯云朝有奸黨詎能成將師之功倘教仗鉞專征蛟虎猶非對手敵世無聖人不當在弟子之列誰信讀書

折節機雲曾作抗顏師

裔孫之冕脩廟記略曰孝侯廟面北門前大樹盈數抱春夏之交綠蓋四鄰鬱鬱葱葱然游人咸憩其下北爲岳武穆王廟又北爲盧忠肅公祠楹聯有把臂接踵之語洵紀實也殿中孝侯塑像赤面長髯生氣懍懍殿之兩旁祔祀殉節諸兵將及家丁兩廡祀忠孝節義四像殿後向南奉侯石刻畫像後殿中祀侯考鄱陽侯侯母積慶夫人兩塑像左祀侯配處夫人右祀侯嗣胄武公胄靈公胄義公胄勇公舊制基地卑濕今增高數尺屋宇崇閎頓改舊觀矣碑板向多在戲樓下惟右軍所書

及周天球所摹勒置院中亭內今撤亭而移其碑於殿之前軒餘碑悉移置廊廡間殿右仍增丞清侯祠祠後祀守府張公殿左祀痘神從其朔也廟後數武即侯墓凡五墩高五丈許脩周圍環以牆垣蓄養竹木前映殿閣後臨深池豈非勝境聞前明盛時墩頂蒼松翠栢密密森森一時名公鉅卿觴詠其間今墓側尚留娛晚堂三楹中有周文通書碑記極工整至其地輒低佪不勝去云夫物之廢興成敗消息盈虛莫不有定數存乎其間豈可以勉强致哉憶壬寅春日冕隨叔父行散步城隅登城眺望遠見銅峰翠色西泖清流不覺心神開爽稍東則承雲一塔插入天際轉而望西殿閣參差侯廟在焉冕謂叔父曰千年廟貌屢圮屢修今又楹桷朽折磚瓦毀缺矣奈何叔父曰汝有此志乎吾助汝行之冕曰甚善明日即當與衆共商爾叔父曰何必明日志果決即在此時爾冕曰若何叔父曰吾爲侯之子孫不能坐視顧廟非宗祠比豈可以一姓專擅當使廟中道士請於當道吾與若私相贊助則可望有成爾遂入廟見呂有年告之故有年曰異哉此事必成吾今者晨入廟念頹敗若此必有周姓者出方得修整因默禱於神今二公適至事殆必有成乎乃與之商略部署談至夜分

始散次日設酌邀請邑紳士數十人無不解囊襄事而堂叔膺九爲盡力云閱五年廟成一日遇呂有年於塗適叔父亦至有年曰吾三人皆非能成事者不解當時忽相聚半夜創興此舉今竟克觀厥成洵始願不及此叔父曰然然善後事宜不可不亟講也有年唯唯而退乾隆丁未謹識見忠義集

元尚書夾谷之奇題侯廟詩五言 長橋漲清波南山濟空翠清風孝侯祠六月薄炎熾蒼然擁喬木廊宇深以邃升堂拜遺像懍懍增壯氣緬懷絕塵姿跡弛幾自棄一念聖狂分千載仰高誼義與阻湖山從古勞撫治況當

亂離後生理多不遂連州虎爲害接浦蛟作祟故國神
所游陰相得無意我來按兹土强禦甯汝畏恐彼蛟虎
徒匿影知暫避不埋張綱輪徒攬范滂轡澄清悵何時
留詩誌予愧 見邑志
明邑令鄒旦詩 七律 將軍祠宇古城東世代綿綿受國封
片石穹碑青蘚合一堆荒塚白雲籠精誠貫日除民害
毅氣凌雲殺冦戎九載春秋酹祠下追思令德感情衷
元蹇曦詩 七絕 父老年豐不解憂爲言三害未曾休將軍
除害全忠義廟食荆溪百萬秋
明馬治詩 七絕 秋雨莓苔生古碑將軍祠宇在荆溪向來

策馬梁山去最憶淒涼五字詩
馬治迎神送神曲 四言 荆溪之水深復深銅官山高雲日
陰壁上千年斬蛟劍神光欲下時龍吟 鄉人望拜抱
神光緜管啾啾風滿堂君看一點英靈氣化得豐年時
雨暘 靈修欲歸巫未醒瓊筵香暗燭花明浮雲獨行
山雨歇空裏蕭蕭聞馬鳴 鸞聲咽咽鼓逢逢溪上吳
歈翻楚腔女郎嬌態眼如醉青天指點白雲幢 見邑志
侯廟修建攷宋儒真西山先賢祠記云自晉迄今惟周
侯實有廟亭宋沃彦重修廟碑云孝侯廟食於陽羨歷
年幾七百歷代十有二據此則廟肪於晉無疑唐元和

間後裔息瑰等重建邑令陳從諫重樹神道碑於廟宋
乾德元年南唐徐學士鍇重建并撰記記詳郡志景德
二年邑令李若谷增脩郡守周絳撰記記佚元祐四年
邑令李樵邑丞呂袤續修鄉貢進士沃彦撰記乾道九
年郡守沈祖倡捐飭邑令吳千乘續理蕭德藻撰記嘉
定十六年邑丞攝令事洪倜倡捐增繕劉宰撰記元至
大二年郡別駕汪艮星重繕至元再元之三年州司馬
趙儼倡脩汪甯澤民撰記至正十一年邑人徐士滿
募資重脩增建廊廡四十八楹齋室十楹旁建兩祠抱
翼寢室左奉侯之父母右列侯之諸子曹御史復亨撰

記明正統九年邑令鄒旦邑丞李暄捐修國子司業趙
琬撰記宏治九年邑令張偉整新正殿住持周源濟整
脩後寢正德九年邑令鍾卿密邑丞李廷珏邑人王瑋
等募脩貢士王述祖撰記嘉靖三十三年邑人趙果道
人史普海募資改建劍易石柱四十四年落成萬尚書
士和撰記萬歷十九年少冢宰徐顯卿移建英烈坊於
廟前顯卿撰記今坊柱尚在 國朝康熙五十三年邑
今陳邑人周之綱邵懋德莫士基侯裔世賢等募捐脩
治改建後寢祀侯考妣及諸子兩廡祔祀侯長子忠烈
公玘史孝子元鎮徐義士槐姚節婦金氏邑紳潘巡撫

宗洛史學政陸興撰記乾隆四十七年宜令袁知荆令
馬世觀倡捐邑紳儲麟趾潘時敏裔孫宇審等重脩江蘇
學政沈初撰記道光十六年裔孫葆鈞等募捐葺治并
集資歲脩爲經久計咸豐十年兵毀惟存正殿山門同
治五年各支裔出資脩整十二年宜令施惠荆令潘樹
辰及邑紳士并各支裔捐貲重建後寢戲樓殿中仍塑
侯像以祀光緒六年裔孫家楣創捐建復兩廡脩整殿
寢裝設丹雘煥然一新邑中各祠廟自遭兵燹皆被毁
盡惟　侯廟獨在幾經整治仍還舊觀彌仰　侯之神
靈常在歷劫弗磨矣　大十三代孫湛縣謹識

陽山孝侯廟在畔山西麓孝感墩南向倚層巒臨巨蕩即
荆溪十景中所云周侯古祠也祠旁有大士庵今廢又畔
山舊有孝侯閣康熙間移建孝感墩側增祀姚忠毅盧忠
肅名三忠閣　見邑舊志壇廟補遺　道光間又增祀王忠烈堵文忠改
名曰五忠閣
常州府志周侯古祠在宜興縣東三十里孝感墩周侯
母疾思甘草侯竭誠籲天墩產甘草故名孝感又俗名
甘草墩厥後侯盡忠死節子孫建祠焉若邑城周王廟
又其後也　見古蹟志
徐喈鳳周侯古祠辨曰昔平西將軍周孝侯墓碑誤爲

廟碑其年月事蹟舛謬處王予齋先生辨之明矣荆溪
十景題有周侯古祠蓋指甘草墩之祠而言非城東隅
廟也孝侯故居陽山之麓因母疾每夜拜斗于宅西之
墩天感其誠墩生甘草侯取煎飲母疾乃瘳遂名甘草
墩又名孝感墩墩高丈許首南向正當陽山瀆水之衝
尾北指漸低而長登山望之渾如龍浮水面夭矯欲飛
故東西兩石梁以龍眼名之侯子孫念孝感之事於墩
頂建祠歲時致祭祠旁建大士庵延僧居之爲守祠香
火久遠計乃時移世變侯子孫式微僧徒日衆祠堂忽
改爲佛殿移侯像於內屋侯支裔周應山憤之於僧力

爭不得𧦬于侯曰某將推倒佛像移侯像歸前座侯靈
其佑之遽以一身負像出輕而易舉若像自能行者僧
知之復欲移像入像重倍常數人舁之不動而周侯祠
名遂得不廢祠之左陽山在焉陰晴晰夕紫翠異觀又
有平岡側嶺逶迤起伏至浮山而萬松聳秀冬夏一色
前則澄波千頃沙鷗渚鷺時迴翔于商帆漁網間而岸
柳汀蒲亦復掩映雲霞快人心目右則水界平疇烟涵
村落而廣山嶽山隱隱若畫屏焉所以十景中列有周
侯古祠也每見詩畫家皆指城東南隅廟借墓爲山借
城外之溪爲水恐非前人命題意也予因誤作一詩故

詳考而爲之辨 見邑志

南唐李思義題侯祠詩 五古 落落大丈夫細行貽謗讟截虎斬長蛟入吳尋二陸高會氣有餘征西心不復行客想遠芳清風滿蘭菊

元僧貞石詩 七律 遺廟荒涼野水隈千年忠義獨摧横秋壯氣凌霄漢掃電英聲夾怒雷腥落雕弧搏虎後血凝霜劍斬蛟回當年不被梁彤誤竹帛難酬文武才

明任名臣周侯古祠詩 七律 仗節惟餘土一邱千年劍履此中幽西戎黎藿生前恨落日牛羊冢上愁射虎亭荒風自烈斬蛟橋在水仍流可憐祠廟渾如昔古木陰陰

集暮鳩 見邑志

裔孫湛霖謁古祠歌 七古 巍名孝感臨方塘上有祠宇位中央青松覆瓦形何古山光照檻水繞廊遺像晃旒瞻肅穆昔年廟貌今荒涼抗懷孝侯忠孝事心焉識之未嘗忘憶侯童齔稟至性母疾露禱倍恐惶地出飛泉和藥草精誠上達感穹蒼忽聞父老言三害志切袪除食不遑先赴南山射白額一矢命中弓挽强長橋惡蛟尤肆毒仗劍入山勇誰當碧溪流紅患遂絶洪波萬頃無披猖挾策入吳師二陸學成名立德備敗出任新平敷政績恩威並濟服戎羌朝廷推賢官侍御烏府生風震廟堂耿耿丹心照日月彈奸指佞斥貂璫奉詔出征平氐虜元戎十乘先啟行奮臂一呼軍士憤驅賊儼如驅羣羊深恨佞人權在手絲銜宿憾計中傷六陌鼓聲徹天地矢殫援絶死沙場至今追念捐軀日猶聞畫角吹嚴霜唐睢陽宋岳忠武接踵殉節名並彰城郭人民半遷改崇祠獨立陽山旁春秋修祀陳俎豆駿奔對越奉烝嘗揭虔弔古夕陽下登高顧盼心飛揚酹侯三爵讀侯傳一聲長嘯天蒼茫

金陵孝侯廟在城東南隅蟒蛇倉後老虎巖麓中塑侯像手執劍相傳孝侯宦寓金陵時有蛇爲害侯手斬之後人

思其德爲之立廟今毀遺址尚存

謹按廟在石觀音院側東向癸酉鄉試訪 侯遺蹟詣觀音院院僧錫恩引至廟基親識其處兹錄 祖廟諱登之以誌不忘 裔孫滋霖謹識

蘇州許市孝侯廟在北新橋下宋慶元間里人創建明末毀於兵清康熙初年金陳二姓捨基重建乾隆間毀於火里耆董五瑞張天爵等募捐重建金秀山等撰記勒石

碑記曰侯諱處字子隱事母至孝事君盡忠除害救民捐軀報國乃亘古之一人晉代之英傑也每於蘇州西北境上顯靈護國前宋慶元間里人戴德立祠享祭祈

禱降福鄉民賴之前明景泰間始置權司於此立關徵稅舊名許市舟楫停集居民益繁廟貌香火日盛白祠宇之創迄今千載其間每多興廢後至明末鼎革之時官塘要道祠宇湮没基址全無至康熙初年幸得金陳捨基重建祠宇復與香火尤爲靈應江河顯聖護國佑民有司上其事　世宗敕封渤海王總理江河兼司武邱保障一方非常顯應乾隆初年里人多方勸募廟貌重新遠近瞻仰不意於乾隆二十六年春遭回祿宮殿祠宇盡爲焦土今得里老董五瑞張天爵等及本廟住持定澈師徒告募商民多方勸善但所費浩繁而

藉此彈丸之地萬難興建故五六年來僅得工程之半幸今福緣善湊而權司公署衆善贊勸慨然施與備有木料近得董事捐施與人樂助乃能輪奐重新殿廷巍峩竟使堅厚不易之功遂以告竣前所擇乾隆二十七年三月興工至三十三年十月工畢斯役也財費甚鉅勞民甚多將來神之福佑利益亦必甚大不可使後之人無所考故作是文以記之見忠義集

按許市即滸墅其廟額云康熙十五年封渤海王而此碑稱雍正時封姑存之以俟考裔孫之晃謹識

太平縣孝侯廟在西門外二里雞星墩明孫司馬鎬創建外有額曰天醫院又稱周宣靈王廟俗傳侯能醫治疾賽詣廟虔誠禱告取爐中香灰服之即愈九月十三日爲王誕辰祭賽者以萬計

明太平諸生周萬年撰行略曰王諱處字子隱晉陽羨人也父魴孝廉歷封侯王早孤膂力絶人好騎獵縱情寡偶不修細行州里患之自知爲人所惡與南山虎長橋蛟並乃射虎斬蛟已迺改節尚義好學敦文著默語及風土記行於世按王一生精神在戰功大節在孝義學問在著作未聞其醫也抑所全者大故不以此小道掩之也至今道家皆有像而至其私祝稱之曰周宣靈

王又曰天醫使者此必有所本余特以孤陋未詳其封號所始耳想王以民瘼關心故千載下猶顯其眞身而致其妙用歟吾里峴村瑞州府同知西巖孫先生祀王于羅星墩無禱不應居士劉用章周惟善屬余捐履歷於院額一提王救世之念而神愈顯矣崇禎十六年歲次癸未上元吉日周萬年謹撰見忠義集

忠烈公祠在　侯廟西廡屋三楹宋元祐四年邑令李權創建　國朝咸豐十年燬於兵光緒六年裔孫家楣倡捐重建

宋沃彦記略曰周孝侯廟久廢葺治元祐四年邑大夫

李侯標舉元豐八年登極赦令脩治工畢後祀侯子輔國將軍於西廡見廟碑

宜興荆谿縣新志周忠烈祠祀孝侯長子烏程侯玘詳見周王廟下舊建志

光緒二十八年後裔重脩侯廟並新公神座塑公神像座上懸匾書公事實裔孫教諭安仁撰楹聯懸之座旁云三定奏奇勲移孝作忠長子象賢宜祔享九重嘉茂績爲公置郡故鄉鴻號永垂名

永清侯廟舊在　孝侯廟西廡乾隆五十二年移建殿西今被兵毁

咸淳毘陵志永清大王祠在英烈廟西廡錄異記云房州永清縣有一神祠唐穆宗時邑令之弟至其處徐夢神告曰余義興人大父即周子隱也余受帝命于均商金房四郡捕鷙獸人爲立廟俗號白虎神余恥之幸爲正其謚宣宗大中間襄州判官王士澄刻其事於石

邑舊志永清侯祠在周廟西廡唐大中時襄州判官王士澄刊其事於石以其爲孝侯孫故祔祀於廟舊建志

廟祀志

專祠舊編

關内公清學政全書載明宜興周魴祀生　名准建專祠春秋致祭祠在孝侯廟後毁

簡惠公專祠舊在　孝侯廟外東面道光十六年重修奉公神位致祭其中光緒三年裔孫鳳飛淇霖等呈請詳咨建立專祠五年七月二十日蘇撫吳咨達　禮部立案是年十月奉文準行建祠春秋二仲月自備牲牢官爲致祭六年七月裔孫家楣捐資修整關内公祠東偏耆房訓供粟主春秋二仲上戊日開祭

宜興荆谿縣新志周簡惠公祠在孝侯廟後祀宋資政殿大學士周葵光緒五年奉文建舊建志

簡惠公准建專祠事實

宜荆兩邑紳士三品銜湖南補用知府任瑛候選教諭潘承基貢生儲沅候選直隷州州判周鳳飛共六十八人聯名具呈爲循案建祠備牲請祭求核轉詳立案以光祀典事竊查成案凡鄉賢後裔另建分祠懸準官爲致祭等因功令煌煌典至隆恩至渥也茲查鄉先賢宋太傳周簡惠諱葵江左碩儒宋朝良相績留青史久垂碩輔之聲錄纂紫陽羅入名臣之傳誌譔獻於載籍省郡志臚列芳徽貽典則於鄉閭千百禩猶欽德範又查明大學士堵文忠諱允錫文士從戎儒生報國恩撥亂而反正民社胥安爰移孝以作忠君親無貳江山支半壁

俾國祚之克延氣節勵三軍歷危險而靡悴粽兕先哲
事隔兩朝行同一轍業經　前憲查明事蹟詳請　大
憲後先題準分別列祀鄉賢忠義各在案職等情深仰
止意切推崇咸謂兩哲之賢宜膺專祀用於百年之後
重溯遺型茲周裔鳳飛等各建分祠擬請官爲致祭衆
情既洽成案可循合無仰懇　憲恩博采輿情歷稽往
蹟查核分祠準建之舊案推廣　熙朝逾格之深仁俯
賜轉詳備案於每歲春秋二仲月恭備牲牢官爲致祭
用發潛而闡幽俾頑廉而懦立爲此造具兩賢事實清
冊聯名叩呈伏乞　鑒核施行兩邑共載存歿均沾再

周簡惠堵文忠其入祀鄉賢忠義原案卷已無存惟有
邑志可證另冊詳敘合併聲明謹此聯名上呈計呈事
實冊壹本宜興縣志十二頁光緒三年十月　日具
奉　邑尊施　批希候據情核轉詳咨志冊存
宜興縣詳文　爲據情詳請春秋祭祀事據在城紳董
任瑛等稟稱竊查成案凡鄉賢後裔云云伏乞轉詳再
周簡惠堵文忠其入祀鄉賢忠義原案卷已無存惟有
邑志可證合併聲明等情到縣據此卑職伏查鄉賢等
裔另建分祠歷準官爲致祭並查得卑縣宋太傅周簡
惠明大學士堵文忠二公前經　題準崇祀鄉賢忠義
在案今據該紳等以分祠業經建復稟請每歲春秋二
仲月恭備牲牢官爲致祭應請照準以維風化而洽輿清
惟是二公崇祀原案均已無存應否轉請咨　部立案
以昭核實之處伏候　憲裁據稟前情理合照造事實
清冊據情具文詳請仰祈　憲臺鑒核立案批示祇遵
計詳送事實冊一套光緒三年十一月二十三日詳奉
常州府楊　批既據逕詳仰候　各憲批示繳事實
冊存
江蘇學院林　批開仰蘇州布政司查核通詳辦理示
候　督撫部堂院批示繳冊存

撫憲吳　批開仰蘇藩司確查核議詳辦仍候　督部學部
督憲沈　批仰蘇州布政司分別查明妥議詳辦仍候
堂院批示繳冊存
撫學部院批示繳冊存
藩憲勒　批開建立　先賢分祠春秋官爲致祭自應
詳咨　大部立案周堵二公究於何時　題準崇祀鄉
賢忠義等祠案卷燬失無從查悉既有縣志可考應即
核明詳辦仰常州府飭弔縣志復核明確轉詳察辦並
即補取事實冊兩套同送以憑詳咨毋任遲延切切仍
候　各院憲批示繳

宜興縣爲照會事光緒四年三月十一日奉　府憲轉
奉　藩憲批本縣詳請鄉賢周簡惠等云云切切等因
下縣奉此查此案前據具稟業經轉詳奉批前因合行
照會爲此照會貴紳董查照希卽遵批備具縣志並補
具事實冊各四套刻日送案以憑核明轉詳幸勿稍延
須至照會者光緒四年三月十五日照會
宜荆兩邑紳士任瑛儲沆共十二人聯名具呈爲遵具志
冊請核轉詳事奉　前憲照會奉　府憲轉奉　藩憲
批本縣詳請鄉賢周簡惠等建立分祠請咨部立案春
秋官爲致祭由奉批建立　先賢分祠春秋官爲致祭

自應詳咨　大部立案周堵二公究於何時　題準崇
祀鄉賢忠義等祠案卷燬失無從查悉既有縣志可考
應卽核明詳辦仰常州府飭弔縣志覆核明確轉詳察
辦並卽補具事實冊兩套同送以憑詳咨毋任遲延切
切等因照會遵批備具縣志並補具事實冊送核轉詳
等因奉此查宜興縣舊志卷四載明鄉賢祠宋寶慶三
年建眞德秀記內有簡惠文忠二周公皆用故事以祀
等語據此則始建鄉賢祠之時卽周簡惠準行崇祀之
時無疑又查宜興縣志卷二載明忠義祠乾隆二十八
年改建下詳註祠祀人名堵文忠名列三十有三據此

則堵文忠奉　題準崇祀之年應卽在乾隆二十八年
志載詳明均可確證奉飭前因合亟備具縣志補造事
實冊叩呈伏乞鑒核施行計呈事實冊一本縣志五套
每套計一十八頁

事實清冊

一周簡惠諱葵字立義號惟心常州宜興縣人宋宣和
間進士累官兵部侍郎參知政事權知樞密院事以
資政殿大學士致仕卒贈太傅諡簡惠宋史列傳益
國公周必大撰神道碑

一宋名臣錄集內有周葵傳敘述周簡惠學問治績言

論功業甚詳且悉

一宋史及周必大碑記歷言周簡惠出知外郡卓有政
積入任侍御遇事敢言轉國子祭酒深得士心去任
日大學生黃作簡淵等列狀乞留超拜政府始終守
自治之說不將不迎不諛不許權知樞密軍國事繁
悉心裁決盡忠納誨中外乂安此臣道之大略也

一周簡惠經義宏博自鄉校移籍京師兩學傳誦其文
平生學問不泥傳註著聖傳二十篇文集三十卷奏
議五卷據宋史及名臣錄

一周簡惠孝於事親尤睦宗族當任子先孤姪據宋史

一周簡惠淡泊自甘不治家人生産功成身退優游林
下泊如也閑居累年不以世故縈心 據宋史及周必大碑記
一江南通志有傳
一常州府志有傳
一宜興縣舊志周簡惠列傳忠義縣志原板呈核計二
頁
一周簡惠入祀郡鄉賢祠又入祀郡先賢祠 據府志
一宜興縣舊志載明鄉賢祠宋寶慶三年建簡惠周公
用故事以祀宋真德秀撰記縣志原板呈核計三頁
一周簡惠向於周孝侯廟旁室設位以祀咸豐十年兵

毁今其後裔暫附關内侯祠供奉神位自備牲牢請
官致祭合併聲明
宜邑尊劉　批據送志冊候核明轉詳
宜興縣詳文　爲遵批詳送事案奉　前憲臺轉奉
前藩憲札奉　前督憲批 卑 前縣詳前經　題準崇祀
鄉賢忠義之周墙二公現已建造分祠每歲春秋請官
致祭通詳立案由奉批云云速速等因下縣奉此茲據
紳董任瑛等稟稱遵批備具縣志並補具事實清冊呈
候核轉等情到縣據此 卑職 遵查周墙二公前經入祀
鄉賢忠義之年逐一查明均有縣志可考奉飭前因理

合照造事實清冊並補具志書具文詳請仰祈　憲台
鑒核俯準詳咨立案實爲公便爲此備由呈乞照詳施
行計詳送事實冊二套縣志二本光緒五年閏三月十
八日詳奉　常州府英　批已覆加查核轉詳　藩憲
核辦矣仰即知照繳清冊志書存送
常州府詳文　爲遵批核明詳覆事案奉　前憲臺札
奉前督憲批宜興縣詳前經　題准崇祀鄉賢忠義之
周墙二公現已建造分祠每歲春秋請官致祭通詳立
案由奉批仰蘇州布政司分別查明妥議詳辦又奉
前撫憲 江蘇學院 批示又奉　前憲臺批開各等因到府奉經

卑前府札據宜興縣詳稱據紳董任瑛等稟稱遵查宜
興縣舊志云云等情到府據此卑府覆查宜興縣宋太
傅周簡惠公宋寶慶三年已祀鄉賢明大學士墙文忠
公乾隆二十八年已祀忠義均有縣志可考今該祠裔
另建分祠自應照準春秋官爲致祭以維風教而順輿
情合將送到縣志補造事實清冊核明具文詳復仰祈
憲臺鑒核俯准詳咨立案實爲公便爲此備由呈乞照
詳施行計詳送事實冊二套縣志二本奉　署布政司
薛　批已轉詳　撫憲咨　部立案矣仰飭知照繳事
實冊縣志存送

布政司詳文　爲轉詳請咨事案據宜興縣詳據城鄉
紳董任瑛等稟稱竊查成案云云合併聲明等情到縣
據此卑職伏查鄉賢等裔另建分祠應准官爲致祭並
查得卑縣宋太傅周簡惠明大學士堵文忠二公前經
　題准崇祀鄉賢忠義在案今據該紳等以分祠業經
建復稟請每歲春秋二仲恭備牲牢官爲致祭應請照
准以維風化而洽輿情惟是二公崇祀原案均已無存
應否轉請咨　部立案以昭核實之處伏候憲裁據稟
前情理合照造事實清冊據情具詳仰祈立案示遵等
情到司當查建立先賢分祠春秋官爲致祭自應詳咨

大部立案周堵二公究於何時　題准崇祀鄉賢忠
義等祠案卷燬失無從查悉既有縣志可考應即核明
詳辦即經批府飭吊縣志覆核明確補取事實清冊詳
候核轉請咨去後旋奉　各憲批司又經轉飭遵照前
批辦理在案茲據常州府詳稱奉經卑前府札據宜興
縣詳稱云云仰祈鑒核詳咨立案等情前來本署司覆
核無異相應將送到事實縣志具文轉詳伏候　憲臺
鑒核俯賜咨請　大部立案實爲公便爲此備由並冊
呈乞照詳施行計呈送縣志事實冊兩套奉　撫院吳
批已於光緒五年七月二十日咨達禮部查照立案

仰即知照繳事實冊縣志存送
江蘇巡撫咨文　爲詳咨事據署蘇州布政使薛書常
詳稱案據宜興縣詳據城鄉紳董任瑛等稟稱竊查鄉
先賢宋太傅周簡惠云云事隔兩朝行同一轍業經先
後　題准分祀鄉賢忠義職等情深仰止意切推崇伏
謂兩哲之賢宜膺專祀用於百年之後重溯遺型茲周
裔鳳飛等各建分祠擬請於每歲春秋二仲月恭備牲
牢官爲致祭用發潛而闡幽俾頑廉而懦立造具兩賢
事實情冊聯名叩呈等情到縣據此卑職伏查云云以
昭核實之處詳請示遵等情到司當即飭據常州府詳

據查明宜興縣舊志鄉賢祠云云並具志書詳請核轉
等情由府覆查宜興縣宋太傅周簡惠云云本署司覆
核無異相應將送到事實縣志具文轉詳伏候咨請
大部立案等情到本部院據此相應咨達爲此合咨
貴部請煩查照立案施行計咨送事實縣志二本
宜興縣吳　爲照會事光緒五年九月二十六日奉
府憲轉奉　藩憲札奉　撫憲批本署司詳宜興周堵
二公建造分祠春秋請官致祭一案請咨由奉批已於
光緒五年七月二十日咨達　禮部查照立案矣仰即
知照事實縣志存送等因到司奉此合就轉飭等因到

府合行到縣奉此合行照會爲此照會貴紳董希卽知
照切切須至照會者　右照會在城紳董任瑛儲沆周
湛霖等光緒五年十月初七日照會

專祠續編

尚書公專祠在濟甯祀第八世尚書公公諱鼎崇禎間任
河道駐濟甯逆賊犯境公督兵堵剿賊不爲害士民德之
具詳奏請奉　旨准建專祠工部員外郎陸奮飛撰記
陸奮飛總河部院宜興周公祠記曰嘗考本　朝事紀
而兵農爲邦國大計程其緩急實乃藉漕輓以濟兵農
者故　廟堂碩畫之臣留心漕政又豈容一日不講我

文皇建置北平有居重馭輕之勢邊儲　京運多仰
給於東南飛輓之勞亹亹然僅一衣帶天道亢露水亦
因之寬猛忽崩忽激恍若神鬼之幻是以漕無今昔而
治漕者有夷險之異焉使　宸衷惻然宵旰預廑綢繆
爰　命臺省大僚付簡書以專董理前此役者往往試
輙不效一中於江陵再中於曲周八座宵旰建牙濟上
令人逡巡裹足視爲不入之地漕之爲政迹其難易可
知　今天子深爲投璧之思容疇甚確乃畀我　大司
空在翁周老公祖特重事權星馳東向吹虀故轍拮据
將數稔矣相形勢度機宜議濬議築所在扼其要領闢

泇河則寶鑑新鑄壘長山則垂虹互截徙羊山之舊繇
障邳宿之沃壤向之洪梗則病漕洪溢則病民今始民
漕俱利耕運兩不相妨蔭　陵寢於紅雲紫霧之中億
萬斯年費半而功實倍之績底平成伊誰之力也今年
春邳之士民躬承惠澤謳思不已奏准建祠奉公以祀
日俎豆于泇河之口州刺史蘇君以泇河長山與羊山
之役皆奉公指使而效胼胝之勞實身親其成者欲出
一言以彰盛美而不能以不佞飛謬塵郎署辱公知遇
最殷願乞蕪辭以垂不朽念公之勞在一身能甦天下
之困事在一時能視百世之福　天祚昌明偉公應期

而出維嶽生申豈偶然也而以水衡著聲勳華彪炳者
明興以來先則徐武功後則劉忠宣今併公三偉人爾
沐手爲記請以壽之貞珉崇禎十有二年歲在巳卯孟
秋吉旦賜進士第奉訓大夫工部營繕司員外郎陸奮
飛撰

少宰公專祠在通州祀十六世少宰公公諱家楣光緒初
年兩任順天府尹政績昭著德惠及人紳民謳思不已呈
請直隸總督　奏准在順屬地方建立專祠嗣在通州建
祠宗源瀚撰記
宗源瀚少宰公通州專祠記曰周君小棠之喪余既從

文哭之並親弔其廬慨然有落月屋梁之悲閱十年其從子笠舫太守志靖函敘通州建祠本末而請余爲文記之余讀竟作而言曰有是哉小棠雖年僅五旬官止三品而名揚四海廟食千秋較諸生前赫赫歿則已焉者相去奚可以道里計余與小棠交好垂三十年小棠視余猶兄余亦視小棠猶弟每貽書敦勉望其幹濟時艱爲　國家柱石不意其遽至於此而食報已至於此此豈出一人之私哉夫近日專祠亦甚濫矣其以武功起家建祠者姑不具論若夫身任地方碌碌無奇節或且聲名素劣徒以與權貴相連不惜代爲請　命以帝

惠其子孫者然往往　朝旨夕俞彈章朝上因以停罷者屢矣至於小棠歿後兩子方幼笠舫亦扶櫬同歸其專祠之請皆出於順屬紳民愛戴至誠絕非有所假借　命下朝野士大夫僉以爲允且猶以不獲建祠京師爲憾嗚呼盛矣顧其澤被民生人既知之而其功在社稷人或未盡知而余則深知之方其釋褐官庶吉士郎有澂清天下之志避難居豫與見宜布天津和約痛哭至再洎改官禮曹補總署章京洊任大臣無時不以力求自強爲根本至計其後海軍漸具基礎商電各局亦以次成立小棠贊畫其間不遺餘力同光年間如天津教案台灣生番刦殺日人案皆幾開釁而卒就弭平天下皆享安全之福而不知在事者苦心焦思以一身當天下之衝其至此固非易易也餘如增傳教條約定覲見禮節議收伊犁斥回德使皆彰彰在人耳目其維繫於　國家甚大法越事起即擬妥章言諸當道至再三不聽洎離總署過會議猶侃侃力爭曾致余書備言之忠悃勃勃現於紙上使早聽其言何致大挫馬江敝屣全越而當事猶以戰而即和爲得計嗟乎焦頭爛額不如曲突徙薪前史固早言之矣小棠旋薨於位所謂以死勤事以勞定國實足當之揆諸通義其應列祀典固

多而僅僅一祠吾猶爲小棠惜矣然不獲大用於　朝廷猶得見伸於輿論閎宮庭碩近侍　觚棱風馬雲車在　帝左右椒山先生有言平生未報恩留作忠魂補余於小棠亦云祠初建於通州西大街塗墍丹艧咸如制既落成奉主先一日大雨京紳期不至笠舫堂弟志萘時襄厥事告州牧留城牧頗哂之次日甫破曉聯袂偕來述阻雨近宿五鼓即就道雨亦止天人協應祠事孔明觀者咸嘆息或泣下謂從來未有之盛額曰周京兆祠大門三楹翼以兩廊饗堂三楹東爲過廳至後七楹顏曰天畫閣紅藥當階面臨花嶼清流入畔皆俯

柳堤風景天然占一州之勝小棠京宦多年未卜一椽今棲神於此春秋享祭其香始升白叟黄童瞻拜恐後得毋顧而意怡乎諸經費由順天府撥官帑三千金餘皆紳捐歲修則以官車局大興旅店月租留備爲計至周小棠往矣蓋棺論定矣余年已髙倘復執掌風塵不能爲縣車之息而建樹亦遠遜小棠能無滋媿書以付笠舸蓋低徊不置云光緒二十三年仲春如兄上元宗源瀚記於温處道署

謹按通祠成立特爲宏敞前記已言之矣其後潘文勤師專祠亦建於左雖典禮從同而規模較狹固由

通人士追懷明德悉力經營亦由查君光泰適任東路廳主持祠事務臻美焕查以循吏稱曾受先伯父知大計卓異其于故舊如此則其平日可知矣志靖於光緒庚寅計偕始得赴祠瞻拜官紳畢至牢醴具陳通人士面告除由地方官春秋致祭外届先伯父諱忌更加一祭潔羞備物與春秋祭同以申崇報志靖敬謝隨分撰祝文留稿備用屬通紳李君錫文就近經理祠事李係故家非思染指特以舊姻且敦公誼年垂八十猶策杖躬任不少衰藉以維持至今戚之是年夏大雨順屬又罹水災通災亦甚通永道楊宗濂至祠默禱雨即止敬體遺意即令堂弟志蓀携款前往助賑復籌二百金而呈文勤師充賑于時官紳上下凡熱誠賑務者無不追念先伯父即各善紳赴鄉散賑言及先伯父亦無不交口稱頌也庚寅以後每赴祠輒信宿晝閣敬以摹刻先祖先伯父手書屏幅裝置閣中日夕瞻依如親謦欬復將建祠原案及宣付史館立傳　諭旨恭鐫兩碑樹置中庭觀瞻益肅官車局員紳至則留敘猶述當年車頭攬累情形非毅力驅除斷難同歌樂利然則先伯父加惠通人尤過於他屬而流澤爲孔長矣斯時也仰觀峻宇

俯挹清流緬先德之留貽辱此邦之歆洽未嘗不臨觴寄慨攬轡神馳竊願長侍豆籩稍申愾慕至乙未改官出都繞道謁祠留别通人士尚擬藉差間歲一至迺到浙以後執掌風塵從事簿書未獲如願庚子之變祠竟燬於兵北望涕零輾轉無策秋霜春露徒益悽愴宣統初元該州自治會動欵修復弟志荼赴通商定前堂設位供奉如舊餘爲會所無得淩越是時李君已歸道山亦無可再商詎料辛亥又逢改革自治會星散祠爲防營占據既無法律可言又無官紳過問任意毁壞所不忍言州亦改縣至上年事稍

定郎屬志恭赴通籌辦頗有沮者謂武人勢力未可理喻弟毅然向縣署力爭縣知事李杜頗能盡力商允還讓志靖與弟志程志劬合資寄交擇要修理安奉神位邵君松年惲君毓鼎等前經呈請建祠現又聯名呈請京兆給示保護嚴禁侵踐遴紳經理雇役看守根基漸固冀遂安全未幾河防局員忽與經理士紳定約强租勢將喧賓奪主弟志恭赴通查明函告當即飛致堅持改約一如自治會前式絲毫不得侵犯饗堂以支勤師祠餘屋抵補月租七元留充祭費蓋官車局久經停撤大興旅店亦被燬無存基地亦

幾被侵佔志恭又報縣立案累年爭執僅得十之一二祠宇規模尚未全復春秋祭祀亦已久停此則志靖夙夜疚心不能自已頻年坐困又不能前往躬親理料罪何可逭附誌顛末以待將來至志恭始終身任其事挽回不少殊屬可嘉合併及之乙卯六月志靖謹附註

少宰公奏准建祠事實

大學士直隸總督李鴻章奏請建祠疏曰再據大興宛平通州武清等十七州縣紳士翰林院編修徐致靖邵松年等聯名呈稱原任順天府府尹周家楣政蹟昭著德惠及人紳民謳思不已請擇地捐建專祠以伸報饗等情臣查周家楣兩任府尹察吏安民興廢舉墜地方事宜釐然畢舉光緒九年大水爲災振撫孔亟既蒙恩施截漕發帑復因官款支絀會同臣竭力設法籌勸以誠懇感動各省官紳遂得集成鉅資源源解濟俾十餘州縣垂斃窮黎咸資生活又以畿東一帶隄河年久未修力籌款項分投疏築以工代撫他如書院義學善堂凡關教養者無不毅然爲之實有功德於民前已奉旨將其政蹟宣付史館立傳欽遵在案茲據十七州縣紳士聯名呈懇皆出愛戴至誠亦與歷辦成案相

符相應仰懇天恩俯准該紳民等於順屬擇地爲該故府尹周家楣捐建專祠由地方春秋致祭以順輿情理合會同兼管順天府府尹臣畢道遠順天府府尹臣高萬鵬合詞附片具陳伏乞聖鑒訓示謹奏光緒十三年閏四月初九日奏奉硃批著照所請該部知道欽此

順天紳士請建專祠稟具呈大興宛平通州昌平州涿州霸州寶坻甯河東安武清文安永清三河房山懷柔良鄉密雲十七州縣紳士翰林院編修徐致靖邵松年戴彬元內閣中書劉家蔭查恩綏羅秉誠顧芳吏部主

事范廣衡戸部郎中馬瑜員外郎馬衡亭主事俞贊虞
魏延齡七品小京官林景賢禮部主事俞培元兵部郎
中李國璓李廷瑞主事朱樑濟呂海寰沈維誠刑部郎
中楊景孟員外郎王鵬運主事劉鴻熙邵椿年劉勳工
部郎中張端本李鼎銘員外郎吳聲振主事楊聯桂王
振聲司務沈林都察院經歷錢慶植劉廣第光祿寺署
正沈榮綬邢乃濬李廷璽俞奎文俞志祥胡尙德典簿
賈紹祺欽天監監正杜春融國子監學正朱寶瀛翰林
院侍詔鮑忠瀚鴻臚寺序班宋如璟錢禧增蘇振常山
東候補知府桑彬山東大挑知縣方學海河南嵩縣知

縣沈傳義候選知縣翁立德董志鍼劉霖周鳳標候選
通判劉壽崧候選教諭朱啟熹詹桂張昭宗晉源舉人
金思誠徐端游鳳岐曹克祇張廷鈺苗迪元徐振廷靳
作霖王鎬苑楓林葉嵩王涵郝植東徐浩王者民陳智
拔貢李祖祿魏士倫常述副貢生王憲培廩貢生李永
錫汪汝霖金汝霖劉維翰廩生陳俊附生張學齡呂恂
曹景新陳文驪方奎等呈爲原任府尹功德在人援案
籲請大公祖大人據呈會奏准建專祠以順輿情而彰
盛典事竊惟史載循良千秋競傳其姓氏民懷膏澤
百世願奉以馨香禮云有功德於民則祀之詩云蔽芾

甘棠勿翦勿伐召伯所茇是以頌垂著作之林里立欒
公之社雖在一州一邑苟有政蹟可稱靡不槩案報恩
絃歌薦食兄邦畿之表率首善之儀型乎如原任府尹
周筱堂大公祖其生平政蹟已詳紳等另呈具邀鈞鑒
惟是德政之鐫未已而蒸嘗之典缺如非所以景前徽
昭後禩而紳等感戴之私尙有未盡溯查光緒八年督
憲李曾據固安等八縣紳士劉煦等呈請爲原任府尹
李在永定河道任內遺愛請於固安縣地方捐建專祠
奏准有案 細 等合商擬查照成案請於順屬地方捐
建原任府尹周家楣專祠由地方官春秋致祭仰請大

公祖大人會同督憲據情轉奏庶仰 綵綸之寵遲共
切景行而瞻廟貌之式崇稍伸報饗爲此聯名合詞具
呈伏祈恩准施行實爲公便謹呈
通州紳士請欵建祠稟具稟五品銜候選州同廩貢生
馬鳴珂藍翎五品銜劉恩成六品頂戴郭維垣鴻臚寺
序班李鏞六品頂戴候選從九楊霖五品銜漢謄錄既
青雲中書科中書王芝祥候選兵馬司吏目李聯芳乙
酉科舉人滕致祥藍翎護軍校恩麟戸部郎中李慶延
刑部主事毛煥樞乙酉拔貢于振鏕都司職銜曹涵武
舉立常杜景山廩生梁棟宗伯棣文生楊振聲張銘拐

晉恩武樹棠呂鴻逵郭雲書倪恩培王廣運武生吳永
豐張銳李鴻儀高德祥六品銜翁慶輝七品銜沈富稟
爲大員功德在民羣黎謳思不已公請於被恩尤重地
方捐建專祠以伸報饗顧懇俯順輿情立案事竊前蒙
通州張牧邀集職等面諭捐建原任尹憲周公專祠等
因職等敬聆之下欣佩難名伏思原任尹憲周大人兩
任京兆善政實多不可枚舉業已宣付史館列入奏牘
職等無庸贅述於光緒十三年四月間經大興宛平通
州武清等十七州縣翰林院編修徐致靖邵松年等聯
名呈稱原任順天府府尹周政績昭著德惠及人請擇

地捐建專祠由地方官春秋致祭等情蒙督憲李兼憲
畢尹憲高會奏奉 硃批著照所請該部知道欽此伏
查光緒九年以來 畿輔州縣迭遭水患蒙前尹憲周
費盡心力籌捐鉅欵振撫災區均極優渥惟通州被恩
尤重各粥廠因米石加多經費不敷另給柴薪之費俾
數萬災黎咸慶更生並因車頭滋擾過甚不避嫌怨不
避權貴奏請改設官車局以除二百餘年闤闠行旅之
大害實係遺惠在民萬不心香口祝擬即遵照于通州
城內覓地捐建專祠藉伸感激之忱惟查官車局設已
數年係租用民房地勢甚屬不便現既議建周尹憲專
祠擬將官車局即附于其側就近管理在祠宇既可省
看守經費不致廢弛官車局亦省每年出租可垂永久
一舉兩便似爲妥協通共估計約需銀三千餘兩奈通
屬災歉連年民氣未復因思前尹憲周創立官車局原
係藉資民力以本地之錢辦本地之事每年辦公以外
積有盈餘今所需建祠欵項除紳民捐集不敷外擬請
於官車局餘欵項下分作三年提撥訪之輿情均皆樂
從爲此合詞稟懇如蒙恩准即擬趕緊捐金購料擇吉
開工是否有當職等不揣冒昧伏乞大公祖大人恩准
立案施行合郡均行感戴無旣上稟

順天府府尹奏聞通州建祠片曰再前府尹臣周家楣
遺愛在民據大興等州縣紳士呈請在宣武門外捐建
專祠經臣等奏奉 諭旨交禮部奏覆議駁請 飭下
順天府令該紳士等在順天府所屬地方擇地修建等
因奉 旨依議欽此行文到臣衙門當經轉飭遵照去
後茲據該紳士等在於通州城內採買民房經官紳捐
籌欵項將專祠修建完竣其修建經費旣由官紳捐籌
應免造冊報銷理合附片陳明伏乞 聖鑒訓示謹·
奏

附順天府尹保護示 爲給示保護事據原屬紳士惲毓鼎邵松年朱材濟燕恩崑宗

仁錢朱開第徐仲僕徐仁鉦劉燕桂徐仁釗李大鑒李玉棻劉燕貽李本龢白瀅郭立賢姚桐濂壽副等聯名稟稱為前尹祠宇請給示保護以頌輿情而資觀感事竊查前清已故署吏部左侍郎通政使司通政使周家楣由咸豐己未翰林庶吉士薦升卿貳歷濟時艱勳績昭著曾在順天府府尹任內先後五年整頓地方振濟災黎數十百萬普救林立未可殫述前經兼管順天府府尹畢道遠等於光緒十三年間四月初九日奏准在順屬地方捐建專祠由地方官春秋致祭嗣在通州今改通縣城內西大街擇地捐建專祠呈經前兼管順天府府尹潘祖蔭順天府府尹高萬鵬奏明由地方官春秋致祭各在案迄今時閱三十年再更兵燹基址靡時修葺祠宇幸賴保存紳等或嘗庇蔭或追懷德雨雖前徽久渺想像徒勞然讀山之碑依然墮淚拜彙公之祉尚切餘思民國奉建以來正激湯滌清以崇先賢而斷後進之際竊思周前尹仁心善政足以媲美前賢而保存祠宇尤為人心所同願本年四月間通縣知事李仕以周前尹功德在民曾派警暫代照料等借祠宇起通修理業通知事務祠宇即交祠裔看管除陳請通

國山周氏世譜 廟祀志 卷三十一下 專祠 卒 立本堂

縣知事保護外理合聯名陳請鑒核俯准給示實貼周前尹祠內并轉飭通縣一體保護俾垂久遠而資輿情無任屏營戴德之至等情據此查前清已故同侍郎家楣前後兩任府尹善政不勝枚舉其筆犖大者如整頓地方振活災黎史傳班班可考嗣由徐紳致濟等請建專祠由地方官春秋致祭在前清奏准有案自應永遠保護以彰崇報除稟批示來牘閱悉查周前府尹政績斐然昭垂信史福民利國聲譽到今諸君子仰召公棠蔭之留緬朱邑桐鄉之祀聯名陳請給示保護通縣專祠以資觀感等情本尹室至為佩仰嘉規無志切景行景仰應予留紀念准即給示保護並飭通縣知事一體遵照辦理以彰遺愛而順與情此復等因印發並飭通縣知事一體保護外為此示仰關鄉商民人一體知悉所有一通縣周前尹專祠卿字歸祠裔承遠管理無論何人毋許作踐倘敢故違准祠裔指交地方巡警送縣從嚴究辦其各懔遵毋違切切此示民國甲寅六月三十日府尹沈金鑑給

京師故宅在京師校尉營祀少宰公光緒年間三任畿疆德澤流播京師士民撫治最久感頌尤深准建專祠之命既下京師士紳擬擇地建祠因格於例不果行士紳於是即就公之故宅設公神位歲時致祭焉姪志靖撰記

志靖記曰光緒庚寅春志靖計偕入都時則伯父少宰公順屬建祠業經奏准大宛士紳今尚書呂部郎海寰及主事朱檁濟告靖曰子伯父三任畿疆德澤流播凡順天二十四屬莫不戶祝使君民歌父母大宛屬在切近感戴尤深今建祠之命既下擬尋求爽塏是究是營欵已預籌不足則子補之志靖敬諾既查向例王公大臣得建祠京師者非奉　特旨不得擅建亦惟滿洲

國山周氏世譜 廟祀志 卷三十一下 專祠 奎 立本堂

大臣有之漢大臣則從未聞事遂罷僅於大宛試館設位奉祭朔望辦香而通州專祠以建京紳亦瞻拜恐後既又謂志靖曰子不聞文文忠京師有故宅乎改宅為祠舉私祭又得伸公誼子其圖之志靖又敬諾顧有難者少宰公京宦垂三十年雖振拔困窮津逮戚族惟力是視不下數萬金而未嘗購尺地營寸椽率賃宅以居較文忠又稍異其難一公棲神於此志靖奔馳南北未克常依祠宇弟志程志劬又幼不能前來奉祀乏人其難二大宛士紳固子公馨香之報永永不忘然但聽其專司廬境過而情少移或將數典忘祖喧賓奪主其難

三有此三難宜求一當因念先祖榮祿公前創外城宜荆會館限于經費規模稍狹少宰公又捐設內城試館較寬矣而地鄰貢院除試期人罕至尚少依栖議不如購宅奉公位于中而以餘屋改爲新館即請司年照料祠事商諸主館事徐丈致靖並告朱君僉以爲然相度逾數月始得宅於校尉營崔氏前爲大門左偏有門而較小有堂翼然居中後室五左右各室九環拱夾輔位置頗宜爲價三千金即取前所預籌不足則告志程志舫補之復就堂改建如閎閎爲頭制適以事旋里屬族叔承先代爲督工歲甲午志靖又來京竣餘工額正門曰

周京兆故宅不書遷官從京紳意也而宜荆新館則僅書粉牌懸左偏示附庸也徐朱二君來觀又僉以爲然遂詹期安位大宛士紳咸集門生故吏聞風偕來陳年丈夔方尹順天亦早至感舊追懷如出一轍蓋自文忠以來閲十年而始再見固非易易而順天二十四屬紳民思所以報先伯父者至是始無遺憾矣既又移奉榮祿公及徐天石璇卿二先生神位於新館後室歲時贍敬鄉人士之來京者咸下榻於是僉以爲適乃定議遇歲節及公生卒忌日各備筵致祭齊集行禮大宛士紳亦有至者至今又二十年矣滄桑改易人事變遷而省

章相沿迄無稍改非公盛德曷克臻此獨是志靖自乙未出都至今走俗抗塵流光虛擲迄未再至祠下瞻望依迴又烏能自已也志靖前行以少宰公史傳四石嵌置祠壁其諸碑記以待來者乙卯夏六月志靖謹記

忠節祠在西橫街祀十六世鼎生公 諱 家錫公咸豐庚申殉難同治元年數江蘇督辦團練大臣龐鍾璐片奏禮部議准請照七品以下陣亡人祠章程入祀府昭忠祠邑忠義祠奉 旨俞行同治三年又經給事中王憲成奏請旌卹建祠奉 上諭准其在宜興縣地方自行建立專祠以彰忠節旋于光緒癸未建造名曰忠節祠春秋二仲官爲致祭夏孫桐撰記 上闕見卷一恩綸

夏孫桐忠節祠記曰孫桐少時側聞宜興有晉平西將軍周孝侯廟碑碣流傳爲最古其後又有盧忠烈祠暨梅夫人祠皆精忠大節炳耀人寰最近乃復有忠節祠特聞忠節祠者孫桐姑丈少宰周公遵 旨建立以祀其弟家錫其原配潘氏及歸吳氏妹也孫桐籍江陰省至市落落人士指曰此昔少宰周公弟某及其妻妹殉難處也又導至吳季子祠側有墳隆然前有碑曰周鼎生公埋骨處少宰親至倚樹鼎生即家錫也孫桐爲之唏噓感歎不能已嗟夫洪楊之亂逆蹤幾徧天下而吾

江蘇被害尤酷其擁高貲都大邑者賊未至則矜張炫
耀若不可一世烽煙稍逼則望望然去之惟恐不速其
間懼白刃膏原野大抵葺布爲多然或慷慨捐生或倉
猝致斃君子原情論事又不能不稍判等差孫桐則聞
姑丈之言矣曰咸豐十年賊竄宜興余兄弟奉母播遷
最後之馬山地瀕湖每訛傳賊至余母即率全眷至湖
濱擬赴水借死如是者數矣余弟每被酒縱談謂人生
所重有甚於生者或曰公無易言弟髮指曰公如不信
信有時也歸吳氏妹性尤烈常束剪袖中以備不虞是
年八月初聞賊將蒞鄉安氏亟貫舟北渡至江陰之申

港風逆夜泊次晨方解維而賊遽至搜舟得衣冠名刺
疑爲巨宦謂弟即其人弟怒及余亦不復置辨遂罵賊
叢刃而死余室潘氏被刃投江適時浮水歸仍因傷卒
余妹吳氏請母與季妹共縊未絕而賊至極口罵賊被
刃穿胸仍投江殉當時神魂震惑誠不知何以自存春
露秋霜詎堪回首言已泫瀾甚不自勝孫桐謹誌勿敢
忘然則鼎生公及嫂潘氏妹吳氏之矢志不辱視死如
歸固早裕於平時而非強持於一旦浩然正氣彌綸宇
宙間所謂率乃祖攸行誠無愧孝侯後裔而秋祀明禋
固與盧忠烈盤梅夫人並垂千古宜乎祠之建也公乃

宅憂里居始得地於西[illegible]街經始於光緒癸未訖[illegible]
告成堂寢咸備[illegible]維飭縣宰春秋致祭一[illegible]
又建樓以奉三代式同家祠而歸吳氏妹亦
公甍中表笠舫[illegible]　[illegible]公歸潛[illegible]
各以貞節著稱公嘗爲祠聯[illegible]
成爲之[illegible]崇祀一[illegible]骨　各千秋[illegible]
專祠已建於通州與忠節祠遙遙相[illegible]
祠揆嗚呼盛矣光緒丁未孫桐奉　命[illegible]
祠司省敘舊甚歡笠舫屬爲祠記此[illegible]
而不能無概于心者也

國山周氏世譜卷三十一目錄

先德錄

史鑑 上編

御批歷代通鑑

朱子綱目

資治通鑑

吳書

晉書

宋書

唐書

宋史

玄簡錄

史鑑 下編

明史

國史專傳 上編

吳書關内公傳

晉書孝侯公傳

晉書忠烈公傳

晉書東遷公傳

晉書都督公傳

南齊書黃門公傳

隋書庶子公傳

唐書學士公傳

宋史簡惠公傳

國史專傳 續編

清史少宰公傳

國山周氏世譜卷三十二上

先德錄

裔孫　洪霖　謹輯

史鑑　附

謹按舊譜先德一門祇載志書而於國史則未之及茲輒爲增訂首稽正史次及各志繼以各書紀載凡遇有敘及我　祖功業事蹟者悉行彙錄以備參考

御批歷代通鑑輯覽

（戊申）蜀漢建興六年（吳黃武七年　魏太和二年）春吳人誘魏揚州牧曹休戰於石亭（在今江南安慶府潛山縣東北）大敗之

吳使鄱陽太守周魴（字子魚陽羨人）詐以郡降於魏魏揚州牧曹休率步騎十萬向皖以應之魏主叡又使賈逵向江陵賈逵向東關（在含山縣西南巢縣東南）三道俱進八月吳主權至皖以陸遜爲大都督假黃鉞以朱桓全琮（字子璜錢塘人）爲左右督各督三萬人以擊休戰於石亭遜令桓琮爲左右翼衝休伏兵因驅走之追至夾石斬獲萬餘資仗略盡

（甲午）吳鳳凰元年（晉泰始十年）秋七月吳大司馬荊州牧陸抗卒

抗疾病上疏曰西陵建平國之藩表既處上流受敵二境若敵汎舟順流星奔電邁非可恃援他部以救倒懸此乃社稷安危之機也臣死之後乞以西方爲屬及卒

吳主使其子晏景（字士仁）元機（字士衡）雲（字士龍）分將其兵機雲皆善屬文名重於世初周魴之子處膂力過人不修細行鄉里患之處嘗問父老曰今時和年豐而人不樂何耶父老歎曰三害不除何樂之有處曰何謂也曰南山白額虎長橋蛟并子爲三矣處曰若患止此吾能除之乃射虎殺蛟遂從機雲受學篤志讀書砥節勵行比及期年州府皆辟（南山即荊南山孫皓封爲吉陽在今常州府荊溪縣南長橋在荊溪縣治）（南周處字子隱）

（丙辰）晉惠帝元康六年秋八月秦雍氐羌齊萬年反冬十一月遣將軍周處等討之

初御史中丞周處彈劾不避權戚梁王肜嘗違法處按劾之至是秦雍氐羌悉反其帥齊萬年僭帝號圍涇陽詔以處爲建威將軍隸安西將軍夏侯駿以討之中書令陳準曰駿及梁王皆貴戚非將帥之才進不求名退不畏罪周處忠直果敢有仇無援宜詔孟觀以精兵萬人爲處前鋒必能殄寇不然梁王當使處先驅而不救其敗必也朝廷不從（準陳泰曾孫）萬年聞處來曰周府君有文武才若專斷而來不可當也受制於人此成禽耳

（丁巳）七年春正月將軍周處及齊萬年戰敗死之

齊萬年屯梁山（在今陝西乾州西北臨渭下雍州有二梁山一在韓城縣而梁及收是也）

五千兵擊之處曰兵無後繼必敗不徒亡身爲國取恥肜駿逼遣之處攻萬年于六陌（在乾州東今曰大陌鎮）軍士未食肜促令速進自旦戰至暮斬獲甚衆弦絶矢亡救兵不至左右勸處退處按劍曰是吾效節致命之日也遂力戰而死朝廷雖以尤肜而亦不能罪也

（在乾州孟子大王去邠踰梁山是也）有衆七萬梁王肜夏侯駿使周處以

（甲子）永興元年二月廣陵度支陳敏（字令通廬江人）及議郎周玘（字宣佩處之子）擊張昌黨石冰於建康斬之

先是石冰據臨淮（含郡治盱眙）不下議郎周玘等起兵江東討之推前吳興太守顧秘都督揚州九郡傳檄州

郡殺冰所署將吏于是前侍御史賀循廬江內史華譚及丹陽葛洪甘卓皆起兵應秘冰遣其將拒玘玘擊斬之冰自臨淮退趨壽春至是廣陵度支陳敏謂征東將軍劉準曰此等烏合之衆其勢易離請爲公破之時冰衆十倍于敏準乃益敏兵敏擊之所向皆捷遂與玘合攻斬冰揚徐二州平玘及賀循皆散衆還家不言功賞朝廷以敏爲廣陵相

（乙丑）二年十二月陳敏據江東劉宏遣江夏太守陶侃將兵討破之

初敏既克石冰自謂勇略無敵遂據歷陽以叛吳王常侍甘卓棄官歸敏爲子景娶卓女使卓假稱皇太弟令拜敏揚州刺史敏使弟恢及別將錢端等南略江州弟斌東略諸郡遂據江東以顧榮爲右將軍賀循爲丹陽內史周玘爲安豐太守豪傑名士咸加收禮循佯狂得免玘亦稱疾不赴敏疑諸名士不爲己用盡欲誅之榮曰將軍神武不世若能委信君子散帶芥之嫌塞讒諂之口則上方數州可傳檄而定不然終不濟也敏乃止敏據江東踰年刑政無章顧榮周玘乃密遣人告征東將軍劉準使發兵臨江己爲內應準許之於是榮玘及甘卓紀瞻等兵攻敏敏衆潰單騎北走追斬之傳首京師

（丁卯）懷帝永嘉元年秋七月以琅邪王睿爲安東將軍都督揚州諸軍事鎮建業

睿至建業以王導爲謀主推心親信每事咨焉導因說睿曰顧榮賀循此土之望宜引之以結人心二子既至則無不至矣睿乃使導躬造之循榮皆應命以循爲吳國內史榮爲軍司加散騎常侍凡軍府政事皆與之謀又以紀瞻爲軍祭酒卞壼爲從事中郎周玘劉超張闓皆爲掾屬導說睿謙以接士儉以足用以清靜爲政撫綏新舊故江東歸心焉

（庚午）四年春正月琅邪王睿以周玘爲吳興太守

玘三定江南瑯邪王睿以爲吳興太守于其鄉里置義興郡以旌之

丁巳 宋順帝昇明元年冬十一月荊州都督沈攸之討蕭道成

初沈攸之與蕭道成同直殿省相善至是以道成名位素出己下一旦專制朝權心甚不平會得太后手詔曰國家之事一以委卿于是勒兵移檄朝廷聞之恟懼初道成使其世子賾行郢州事以備攸之已徵賾爲左衛將軍賾乃薦司馬柳世隆自代及攸之起兵賾行至潯陽衆欲倍道趨建康賾曰潯陽地居中流密邇畿甸留屯湓口內藩朝廷外援夏口保據形勝控制西南今日會此天所置也左中郎將周山圖字季寂義興人復力言之賾乃奉晉熙王燮鎮湓口

丁丑 唐明皇開元二十五年夏四月殺監察御史周子諒貶張九齡爲荊州長史

子諒彈牛仙客非宰相才引讖書爲證上怒甚命撲於殿廷絕而復蘇仍杖之朝堂流瀼州至藍田而死李林甫言子諒九齡所薦也乃貶九齡荊州長史

癸未 宋孝宗隆興元年秋八月金人復以書徵地及歲幣詔淮西安撫幹辦官盧仲賢報之

赫舍哩志甯以書貽三省密院云故疆歲幣如故及稱臣還中原歸附人即止兵不然當俟農隙征戰帝以付張浚浚言金強則來弱即止不在和與不和時右相湯思退秦檜黨也急於求和參政周葵守自治之說方出師渡淮葵請對謂不可輕舉畢數百言及符離師潰帝思其言拜參知政事葵始終守其前說續綱目作陳康伯周葵洪遵皆上疏請和考宋史三人傳俱未嘗請和惟葵守自治之說而已續綱目不可從今改輯

朱子綱目

戊申 綱 漢後帝建興六年魏太和八年吳黃武七年夏五月吳人誘魏揚州牧曹休戰於石亭大敗之

目 吳使鄱陽太守周魴詐以郡降於魏魏揚州牧曹休率步騎十萬向皖以應之八月吳主權至皖以陸遜爲大都督朱桓全琮爲左右督各督三萬人以擊休戰於石亭在今安慶府潛山縣遜令桓琮爲左右將三道俱進衝休伏兵因驅走之追至夾石在今安慶府桐城縣北斬獲萬餘資仗略盡

質實 周魴鄱陽人曹休操之族子皖縣名

發明 漢書遣間誘匈奴罪誘之者也此書誘戰何罪敗者也兩軍相向而爲所誘不可以言智矣

甲午 綱 晉武帝泰始十年吳鳳凰三年秋七月吳大司馬荊州牧陸抗卒

【目】吳荆州牧陸抗卒吳主使其子晏景元機雲分將其兵機雲皆善屬文名重於世初周魴之子處膂力絕人不脩細行鄉里患之處嘗問父老曰今時和歲豐而人不樂何邪父老歎曰三害不除何樂之有處曰何謂也曰南山白額虎長橋蛟并子爲三矣處曰若所患止此吾能除之乃射虎殺蛟遂從機雲受學篤志讀書砥節勵行比及朞年州府交辟

【綱】丙辰 惠帝元康六年秋八月秦雍氐羌齊萬年反冬十一月遣將軍周處等討之

【目】初御史中丞周處彈劾不避權威梁王肜違法處按劾之至是秦雍氐羌悉反其帥齊萬年僭帝號圍涇陽詔以處爲建威將軍隸安西將軍夏侯駿以討之中書令陳準曰駿及梁王皆貴戚非將帥之才進不求名退不畏罪周處忠直勇果有仇無援宜詔孟觀以精兵萬人爲處先鋒必能殄寇不然梁王當使處先驅而不救以陷之其敗必也朝廷不從萬年聞處來曰周府君有文武才若專斷而來不可當也或受制于人此成擒耳

【質實】周處 陽羨人魴之子 涇陽 縣名

明陳仁錫評曰以處之忠直而賊逆大故不聞其一言想賊后勢燄熖灼無從效忠耳

【綱】丁巳 元康七年春正月將軍周處及齊萬年戰敗死之

【目】齊萬年屯梁山有衆七萬梁王肜夏侯駿使周處以五千兵擊之處曰軍無後繼必敗不徒身亡爲國取耻肜駿逼遣之處攻萬年于六陌軍士未食肜促令速進自旦戰至暮斬獲甚衆弦絕矢盡救兵不至左右勸處退處按劍曰是吾效節致命之日遂力戰而死朝廷雖以尤肜而亦不能罪也

【質實】一統志云梁山在西安府乾州城西北五里古公亶父踰梁山至岐山下即此

【書法】書死之何予節也終綱目書死之五十四而晉世十有三周處居首世亂識忠臣信哉

陳仁錫評曰處此時已無戰勝之理而決于一死豈以受制諸王不克自展耶

【綱】癸亥 惠帝太安二年十二月議郎周玘等起兵攻石冰

【目】議郎周玘等起兵江東以討石冰推前吳興太守顧祕都督揚州九郡傳檄州郡殺冰所署將吏於是前侍御史賀循廬江內史華譚及丹陽葛洪甘卓皆起兵以應祕冰遣其將拒玘玘擊斬之冰自臨淮退趨壽春征東將軍劉準不知所爲廣陵度支陳敏統衆在壽春謂準曰此等以不樂遠戍逼廹成賊烏合之衆其勢易離敏請爲公破之準乃益敏兵

綱 甲子 永興元年二月廣陵度支陳敏及周玘擊石冰於建康斬之

目 冰衆十倍於敏敏擊之所向皆捷遂與玘合攻斬冰揚徐二州平玘及賀循皆散衆還家不言功賞以敏爲廣陵相

陳仁錫評曰玘循功成不居忠而賢矣

綱 乙丑 永興二年十二月陳敏據江東劉宏遣江夏太守陶侃將兵討破之

目 初敏既克石冰自謂勇略無敵遂據歷陽以叛又使錢端等南略江州弟斌東略諸郡遂據江東以顧榮爲右將軍賀循爲丹陽內史周玘爲安豐太守豪傑名士咸加收禮循佯狂得免玘亦稱疾劉宏遣江夏太守陶侃屯夏口又遣南平太守應詹督水軍以繼之敏遣陳恢寇武昌侃與恢戰屢破之

質實 周玘陽羨人處之子安豐郡名

陳仁錫評曰陳敏收錄江東名士四十餘人惟玘循不失身於敏

綱 丁卯 懷帝永嘉元年春三月陳敏將顧榮周玘殺敏以降

目 顧榮周玘等素有圖敏之心密遣使報征東將軍劉準使發兵臨江己爲內應翦髮爲信準遣揚州刺史劉

機等討敏敏使其弟昶將兵屯烏江宏屯牛渚玘密使敏司馬錢廣殺昶因勒兵朱雀橋東榮與玘說甘卓及紀瞻共攻敏自率萬餘人討卓軍人隔水語敏衆曰本所以戮力陳公者正以顧丹陽周安豐耳今皆異矣汝等何爲敏衆狐疑未決榮以白羽扇麾之衆皆潰去敏單騎走追斬之傳首京師詔徵顧榮爲侍中太傅越辟玘爲參軍

陳仁錫評曰榮玘得士心不愧江東名士

綱 秋七月以瑯琊王睿爲安東將軍都督揚州諸軍事鎮建業

目 睿至建業以王導爲謀主賀循爲吳國內史顧榮爲軍司加散騎常侍紀瞻爲軍祭酒卞壼爲從事中郎周玘劉超張闓孔衍皆掾屬導說睿謙以接士儉以足用以清靜爲政撫綏新舊故江東歸心焉

綱 庚午 永嘉四年春正月瑯琊王睿以周玘爲吳興太守

目 錢璯冠陽羨玘糾合鄉里討斬之玘三定江南瑯琊王睿以爲吳興太守於其鄉里置義興郡以旌之

陳仁錫評曰斬石冰殺陳敏併此爲三定江南

綱 癸酉 愍帝建興元年夏四月吳興太守周玘卒

質實 太守不卒卒玘何錄功也太守書卒始此終綱目

太守書卒四

綱 乙亥 建興三年春正月左丞相睿以周札爲吳興太守

目吳興功曹徐馥收合徒衆殺吳興太守袁琇欲奉札爲主札聞之大驚以告義興太守孔侃馥黨懼攻馥殺之周續聚衆應馥左丞相睿議發兵討之王導謂黃門郎周筵忠果有謀獨使筵往足以誅續睿從之筵兼行至郡將入遇續於門逼與俱詣侃坐定筵謂侃曰府君何以置賊在坐續卽出衣中刀逼筵筵叱郡傳教格殺之筵不歸家省母遂長驅而去睿以札爲吳興太守筵爲太子右衞率

集覽 傳教傳令之吏姓吳名曾格者相抱而殺之

綱 甲申 晉明帝太寧二年春正月敦殺其從事周嵩周筵及會稽內史周札

目札一門五侯宗族彊盛王敦忌之嵩以兄顗之死心常憤憤敦惡之會道士李脱以妖術惑衆敦誣嵩及札兄子筵與脱謀不軌殺之遣沈充襲會稽札拒戰而死

綱 丁丑 唐元宗開元二十五年夏四月殺監察御史周子諒貶張九齡爲荆州長史

目子諒彈牛仙客非宰相才上怒甚命撲于殿廷絶而復蘇仍杖之朝堂流瀼州至藍田而死李林甫言子諒九齡所薦也乃貶九齡荆州長史

書法杖流道卒耳其書殺何誅心也子諒奏彈仙客怒之可也而撲之幾絶及其蘇也復杖而後流之則帝之欲殺明矣綱目之法苟有誅意於其臣一以殺書之

集覽瀼州廣南化外地在鬱林西南交趾東北唐太宗置瀼州以達交趾藍田縣名

集議范氏曰古之殺諫臣者必亡其國明皇親爲之其大亂之兆乎開元之初諫者受賞及其末也而殺之非獨此也始抑外戚焚珠玉詆神仙禁言祥瑞其終也惑女寵極奢侈求長生悅禨祥一人之身而相反如此由

有所陷溺其心故也可不戒哉

發明自古非大無道之君未有輕殺諫臣者玄宗何爲乃爾蓋其驕矜已甚其視諫臣猶雀鼠之微是以輕於殺之又況仙客之相出已私意深欲掩蓋覆匿子諒忽觸其實故怒不可解必寘之死地而後已書殺監察御史周子諒此奔竄失國兩京覆没之兆也然其貽後王鑒顧不明哉

綱 癸未 宋孝宗隆興元年夏六月汪澈罷以周葵參知政事八月金人復以書來求地及歲幣

目陳康伯周葵洪遵等皆上疏謂敵意欲和則我軍民

得以休息爲自治之計以待中原之變而圖之是萬全之計也

綱 甲申 隆興二年閏十一月周葵罷

資治通鑑

魏明帝太和元年春吳解煩督胡綜鄱陽太守周魴擊彭綺生獲之

太和二年夏五月吳王使鄱陽太守周魴密求山中舊族名帥爲北方所聞知者令譎挑揚州牧曹休魴曰民帥小醜不足仗任事或漏泄不能致休乞遣親人齎牋以誘休言被讒懼誅欲以郡降北求兵應接吳王許之時頻有郎官詣魴詰問諸事魴因詣郡門下下髮謝休聞之率步騎十萬向皖以應魴秋八月吳以陸遜爲大都督朱桓全琮爲左右都督各督三萬人以擊休休知見欺而恃其衆與陸遜戰於石亭遜自爲中部令朱桓全琮爲左右翼三道並進衝休伏兵因驅走之追亡逐北斬獲萬餘牛馬騾驢車乘萬兩軍資器械略盡

元康六年秋八月解系爲郝度元所敗秦雍氐羌悉反立氐帥齊萬年爲帝圍涇陽御史中丞周處彈劾不避權戚梁王彤嘗違法處按劾之冬十月詔以處爲建威將軍與振威將軍盧播俱隸安西將軍夏侯駿以討齊萬年中書令陳準言於朝曰駿及梁王皆貴戚非將帥之才進不求名退不畏罪周處吳人忠直勇果有仇無援宜詔積弩將軍孟觀以精兵萬人爲處先鋒必能殄寇不然梁王當使處先驅以不救而陷之其敗必也朝廷不從

元康七年正月齊萬年屯梁山有衆七萬梁王彤夏侯駿使周處以五千兵擊之處曰軍無後繼必敗不徒亡身爲國取恥彤駿不聽逼遣之癸丑處與盧播解系攻萬年於六陌（六陌在馬嵬山西）處軍士未食彤促令速進自旦戰至暮斬獲甚衆弦絶矢盡救兵不至左右勸處退處按劍曰是吾效節致命之日也遂力戰而死

晉惠帝太安二年秋七月義陽蠻張昌之黨石冰寇揚州敗刺史陳徽諸郡盡沒又攻破江州冬十二月議郎周玘前南平内史長沙王矩起兵江東以討石冰推前吳興太守吳郡顧祕都督揚州九郡諸軍事傳檄州郡殺冰所署將吏於是前侍御史賀循起兵於會稽廬江内史廣陵華譚及丹陽葛洪甘卓皆起兵以應祕玘處之子也冰遣其將羌毒帥兵數萬拒玘玘擊斬之冰自臨淮趨壽春廣陵度支廬江陳敏統衆在壽春擊之（陳敏尚書令出爲廣陵度支）與元年春三月陳敏與石冰戰數十合冰衆十倍於敏敏擊之所向皆捷遂與周玘合攻冰于建康冰北走投封雲雲司

馬張統斬氷及雲以降揚徐二州平周玘賀循皆散衆還
家不言功賞
晉惠帝永興二年冬十二月陳敏爲右將軍遂據歴陽叛
以顧榮爲右將軍賀循爲丹陽內史周玘爲安豐太守循
詐爲狂疾得免乃以榮領丹陽內史玘亦稱疾不之郡懷
帝永嘉元年春二月陳敏使其弟廣武將軍昶將兵數萬
屯烏江昶司馬錢廣周玘同郡人也玘密使廣殺昶廣勒
兵朱雀橋南敏遣甘卓討廣堅甲精兵悉委之顧榮與周
玘共說甘卓卓遂詐稱疾收船南岸與玘榮及前松滋侯
相丹陽紀瞻共攻敏敏自帥萬餘人討卓軍人隔水語敏

衆曰本所以戮力陳公者正以顧丹陽周安豐耳今皆異
矣汝等何爲衆狐疑未決榮以白羽扇揮之衆皆潰去敏
單騎北走追獲之于江乘遂斬敏于建業夷三族傳敏首
至京師詔徵顧榮爲侍中紀瞻爲尙書郎太傅越辟周玘
爲參軍
永嘉元年秋七月以瑯琊王睿（後爲元帝）爲安東將軍都督揚
州江南諸軍事假節鉞鎮建業睿以賀循爲內史顧榮爲
軍司加散騎常侍以紀瞻爲軍祭酒周玘爲倉曹屬永嘉四
年春二月建威將軍吳興錢璯反進寇陽羨瑯邪王睿遣
將軍郭逸等討之周玘糾合鄉里與逸等共討璯斬之玘

三定江南睿以玘爲吳興太守於其鄉里置義興郡以旌
之愍帝建興元年夏四月吳興太守周玘宗族彊盛瑯琊
王睿頗疑憚之玘憂憤而卒
愍帝建興三年吳興功曹徐馥殺吳興袁琇有衆數千欲
奉丞相從事中郎周札爲主札聞之大驚以告義興太守
孔侃馥黨懼攻馥殺之札族子周續亦聚衆應馥左丞相
睿議發兵討之王導曰今少發兵則不足以平冦多發兵
則根本空虛續族弟黃門侍郎周筵忠果有謀請獨使筵
往足以誅續睿從之筵晝夜兼行至郡將入遇續於門謂
續曰當與君共詣孔府君有所論續不肯入筵牽逼與俱

坐定筵謂孔侃曰府君何以置賊在坐續衣中常置刀即
操刀逼筵筵叱郡傳教吳曾格殺之（傳教郡吏也）筵不歸家省
母遂長驅而去睿以札爲吳興太守筵爲太子右衛率
明帝太寧元年王敦自領揚州牧謀纂位會稽內史周札
一門五侯（札東遷縣侯兄靖子懋清泠亭侯懋弟贊武康縣侯贊弟縉都鄉侯兄玘子勰烏程縣侯）宗
族彊盛吳士莫與爲比敦忌之敦有疾錢鳳勸敦早除周
氏敦然之周嵩以兄顗之死心常憤憤敦無子養王含子
應爲嗣嵩嘗於衆中言應不宜統兵敦惡之嵩與札兄子
筵皆爲敦從事中郎會道士李脫以妖術惑衆士民頗信
事之太寧二年春正月王敦誣周嵩周筵與李脫謀爲不

吳書　吳主孫權傳

黃武七年夏五月鄱陽太守周魴僞叛誘魏將軍曹休秋八月權至皖口使將軍陸遜督諸將大破休于石亭

晉書

元康六年冬十一月景子遣安西將軍夏侯駿建威將軍周處等討齊萬年（惠帝紀　晉書凡遇丙字俱避諱用景字）

元康七年春正月癸丑周處及齊萬年戰于六陌王師敗績處死之（同上）

太安二年冬十一月景寅揚州秀才周玘前南平內史王矩前吳興內史顧秘起義軍以討石冰冰退自臨淮趨壽

陽征東將軍劉準遣廣陵度支陳敏擊冰永興元年春三月陳敏攻石冰斬之（同上）

永嘉四年正月戊午吳興人錢璯反自稱平西將軍三月丞相倉曹屬周玘帥鄉人討斬之（懷帝紀）

帝嘗從容謂王導曰卿吾之蕭何也對曰昔秦爲無道百姓厭亂巨猾陵暴人懷漢德革命反正易以爲功自魏氏以來迄于太康之際公卿世族豪侈相高政教陵遲不遵法度羣公卿士皆饜于安息遂使姦人乘釁有虧至道然否極斯泰天道之常大王方立命世之勳一匡九合管仲樂毅于是乎在豈區區國臣所可擬議願宏深遠慮廣擇

軌收嵩雝於軍中殺之遣參軍賀鸞就沈充於吳盡殺周札諸兄子進兵襲會稽札拒戰而死太寧二年王敦死錢鳳沈充等伏誅傳首建康敦黨悉平有司發王敦瘞出尸焚其衣冠跽而斬之與沈充首同懸于南桁周札故吏爲札訟冤用王導議贈札衛尉

宋明帝泰始六年命龍驤將軍義興周山圖將兵屯浹口討田流平之

宋順帝昇明元年荊州刺史沈攸之兵起驃騎大將軍蕭道成命其子賾奉晉熙王燮鎮湓口或以城小難固左中郎將周山圖曰今據中流爲四方勢援不可以小事難之

苟衆心齊一江山皆城隍也賾悉以事委山圖山圖斷去行旅船板以造樓櫓立水栅旬日皆辦道成聞之喜曰賾眞我子也以賾爲西討都督賾啓山圖爲軍副攸之攻郢城賾問攸之於山圖山圖曰攸之相與鄰鄉（攸之吳興人山圖義興人故曰鄰鄉）數共征伐頗悉其人性度儉刻士心不附今頓兵堅城之下適所以爲離散之漸耳昇明二年春正月攸之攻郢城三十餘日不拔軍遂大散諸將皆走攸之縊於櫟林

齊高帝（即蕭道成）建元三年桓標之等有衆數萬寨險求援詔李安民督諸將往迎之又使兗州刺史周山圖自淮入清倍道援應淮北民桓磊魄破魏師於抱犢固

良能周玘顧榮賀循紀瞻皆南土之秀願盡優禮則天下安矣帝納之王導傳

齊書

高帝建元二年夏六月壬申以游擊將軍周山圖爲兗州刺史

史臣曰公侯捍城守國之所咨也必須久習兵事非一戰之力安國山圖等致效累朝聲勤先舉并識時變咸知附託盤龍驍勇獨冠三軍匈奴之憚飛將曾不若也壯矣哉

贊曰安國山圖舊將協同遷社同禆九江翊從中夏盤龍殺敵狷闕胡馬廣之末年旌旄騾把呂安國周山圖周盤龍王廣之傳

唐書

開元二十五年夏四月辛酉殺監察御史周子諒元宗本紀張九齡嘗薦長安尉周子諒爲監察御史子諒劾奏仙客其語援讖書帝怒杖子諒于朝堂流瀼州死于道九齡坐舉非其人貶荊州長史張九齡傳

宋史

宋孝宗隆興元年夏六月丁卯辛次膺乞罷參知政事代以周葵隆興二年秋七月丁亥落洪遵職以周葵兼權樞密院事孝宗本紀

宏簡錄

周葵字立義宜興人少遊鄉校力學京師傳誦其文宣和中登甲科調徽州推官遇南渡諸軍交馳境上應變敏速千里帖然轉臨安教授侍郎陳與義薦除監察御史甫兩月徙殿中侍御史言事至三十章歷條朝政所行先有不當指陳無隱論時宰不任責高宗變色以爲鼎浚最肯任事奈何遽以小事形迹疑之葵曰自陛下即位更十許相其初皆極意委之卒以公議不容而去大臣因無固志假如袞職闕失尙望盡忠豈大臣有過而言者一指便爲形迹使彼遂而不改罪戾日非非所以保全之也上改容稱所論甚當俄以沮張浚北伐罷爲司農少卿改湖南提刑

親老不就和議成召爲太常少卿葵論爲國有道以戰則勝守則固和則久三者常當在我不當在人秦檜意以前論事去必憾趙鼎再除殿中侍御史葵不念舊惡有旨差除四人葵言願陛下以仁祖爲法大臣以杜衍爲法又欲劾檜所厚尙書梁汝嘉檜始不樂奏改起居郎葵薦館職呂廣問檜指以附會李光落職主管玉隆觀起知湖州移平江轉運李椿年希檜意論罷葵屏居鄉閭憂患頻仍人不能堪葵獨安之檜死遷直秘閣知紹興過闕權留禮部侍郎尋兼國子祭酒奏比年科舉取士主司迎合取經傳語可諛大臣者爲問學競逐時好望詔國學并擇秋試考

官精選通今博古之士置之前列其穿鑿乖謬者黜之兼權給事中湯鵬舉復劾由知信州太學生黄作詹淵率諸生投牒留葵作淵皆送五百里外編管俄引疾改提舉興國宮加直龍圖閣起知太平州繕完水壞圩堤百二十里傍郡皆沒惟當塗歲熟下令市河交涇兩賜交病城中家出一夫官給之食併力浚導公私便之進集英殿修撰敷文閣待制知婺州孝宗即位除兵部侍郎兼侍講同知貢舉權戶部侍郎手詔數問錢穀出入時龍大淵曾覿用事葵奏陛下勞心庶政日有咨詢而小人乘間欲售其私致爲虜文不可不察上爲色動張浚奏慨復葵請對累數百

言始終守自治之說謂不可輕舉後果兵潰上思其言拜參知政事薦李浩龔茂良上曰皆佳士也次第召用太常奏郊牛斃葵言邊虞未靖舉春秋免郊故事請展期以符天意從之俄權知樞密院事合諫交章言議和太速宰相以下皆待罪乞罷不許葵獨留身固請帝訝其堅意奏曰臣自預政事每與宰相論有然而從者十之一二其不得已強從與絕不肯從者十常四五洎至榻前陛下又或不然大率十事之中不從者七八安得不愧于心此臣所以欲去也除資政殿學士提舉洞霄宮尋起知泉州告老加大學士致仕閒居累年不以世故縈心卒年七十七上聞震悼贈正奉大夫謚簡惠後以子貴累贈太傅生平孝于事親友于兄弟當任子先孤姪舍劾子與孫晩號惟心居士問學不泥傳注作聖傳詩二十篇文集三十卷奏議五卷

史鑑 續編

明史

河渠志當是時河患日棘而帝又重法懲下李若星以修濬不力罷官朱光祚以達義嘴決口遠繫六年之中河臣三易給事中王家彥嘗切言之光祚亦竟瘐（音庾爾雅註瘐憂病也）死而繼劉榮嗣者周鼎修泇利運頗有功在事五年竟坐

漕舟阻淺用故沙河防例遣戍煙瘴給事中沈允培刑部侍郎惠世揚總河侍郎張國維各疏請寬之乃獲宥免云（見河渠二黄河下。）

崇禎八年駱馬湖淤阻榮嗣開河徐宿引注黄水被劾得重罪侍郎周鼎繼之乃專力于泇河濬麥河支河築王母山前後壩勝陽山東堤馬蹄厓十字河攔水壩挑良城閘抵徐塘口六千餘丈九年夏泇河復通由宿遷陳溝口合大河鼎又修高家堰及新溝漾田營堤增築天妃閘石工去南旺湖彭口沙礓濬劉呂莊至黄林莊百六十里（見河渠三運河上）

崇禎九年總河侍郎周鼎奏重濬泇河成久之鼎坐決河
防遠戍給事中沈允培訟其修泇利運之功得減論（見泇集五）
泇河

先德錄　　　　裔孫鳳飛謹輯

國史專傳（舊輯）　　　　裔孫學源增輯

關內公傳（第二世）　　　　吳書

周魴字子魚吳郡陽羨人也少好學舉孝廉爲寧國長躬任懷安錢塘大帥彭式等蟻聚爲冠以魴爲錢塘侯相旬月之間斬式首及其支黨遷丹陽西部都尉黃武中鄱陽大帥彭綺作亂攻没屬城乃以魴爲鄱陽太守與胡綜勠力致討遂生擒綺送詣武昌加昭義校尉被命密求山中

舊族名帥爲北敵所聞知者令譎挑魏大司馬揚州牧曹休魴答恐民帥小醜不足倚仗任事或漏泄不能致休乞遣親人董岑邵南齎牋七條以誘休因别爲密表以聞并呈牋草被報施行休果信魴帥步騎十萬輜重滿道徑來入皖魴亦合衆隨陸遜横截休休兵輻裂瓦解斬獲萬計魴初建密計時頻有郎官奉詔詰問諸事魴乃詣部郡門下因下髮謝故休聞之不復疑慮事捷軍旋權大會諸將歡宴酒酣謂魴曰君下髮載義成孤大事君之功名當書之竹帛加裨將軍賜爵關內侯賊帥董嗣負阻劫鈔豫章臨川並受其害吾粲唐咨嘗以三千兵攻守連月不能拔魴表乞罷兵得以便宜從事魴遣間諜授以方略誘狙殺嗣嗣弟怖懼詣武昌降於陸遜乞出平地自改爲善由是數郡無復憂惕魴在郡十三年卒賞善罰惡威恩並行子處亦有文武材

孝侯公傳（第三世）　　　　晉書

周處字子隱義興陽羨人也父魴吳鄱陽太守處少孤未弱冠膂力絕人好馳騁田獵不修細行縱情肆慾州曲患之處自知爲人所惡乃慨然有改勵之志謂父老曰今時和歲豐何苦而不樂耶父老嘆曰三害未除何樂之有處曰何謂也答曰南山白額猛獸長橋下蛟并子爲三矣處

曰若此爲患吾能除之父老曰子若除之則一郡之大慶非徒去害而已處乃入山射殺猛獸因投水搏蛟蛟或沉或浮行數十里而處與之俱經三日三夜人謂死皆相慶賀處果殺蛟而反聞鄉里相慶始知人患己之甚乃入吳尋二陸時機不在見雲具以情告曰欲自修而年已蹉跎恐將無及雲曰古人貴朝聞夕改君前塗尚可且患志之不立何憂名之不彰處遂勵志好學有文思志存義烈言必忠信克己期年州府交辟仕吳爲東觀左丞孫皓末爲無難督及吳平王渾登建鄴宮釃酒既酣謂吳人曰諸君

亡國之餘得毋感乎處對曰漢末分崩三國鼎立魏滅於前吳亡於後亡國之感豈惟一人渾有慙色入洛稍遷新平太守撫和戎狄叛羌歸附雍土美之轉廣漢太守郡多滯訟有經三十年而不決者處詳其枉直一朝決遣以母老罷歸尋除楚內史未之官徵拜散騎常侍處曰古人辭大不辭小乃先之楚而郡既經喪亂新舊雜居風俗未一處敦以教義又檢尸骸無主及白骨在野收葬之然始就徵遠近稱歎及居近侍多所規諷遷御史中丞凡所糾劾不避寵戚梁王肜違法處深文按之及氐人齊萬年反朝臣惡處強直皆曰處吳之名將子也忠烈果毅乃使隸夏

侯駿西征伏波將軍孫秀知其將死謂之曰卿有老母可以此辭也處曰忠孝之道安得兩全既辭親事君父母復安得而子乎今日是我死所也萬年聞之曰周府君昔臨新平我知其爲人才兼文武若專斷而來不可當也如受制於人此成擒耳既而梁王肜爲征西大將軍都督關中諸軍事處知肜不平必當陷己自於人臣盡節不宜辭憚乃悲慨卽路志不生還中書令陳準知肜將逞宿憾乃言於朝曰駿及梁王皆是貴戚非將帥之才進不求名退不畏咎周處吳人忠勇果勁有怨無援將必喪身宜詔孟觀以精兵萬人爲處前鋒必能殄寇不然肜當使處先驅其敗必也朝廷不從時賊屯梁山有衆七萬而駿逼處以五千兵擊之處曰軍無後繼必致覆敗雖在亡身爲國取恥肜復命處進討乃與振威將軍盧播雍州刺史解系攻萬年於六陌將戰軍人未食肜促令速進而絕其後繼處知必敗賦詩曰去去世事已策馬觀西戎藜藿甘粱黍期之克令終言畢而戰自旦及暮斬首萬計弦絕矢盡播系不救左右勸退處按劍曰此是吾效節授命之日何退之爲且古者良將受命凶門以出蓋有進無退也今諸君負信勢必不振我爲大臣以身殉國不亦可乎遂力戰而沒朝贈平西將軍賜錢百萬葬地一頃京城地五十畝爲第又

賜王家近田五頃詔曰處母年老加以遠人朕每愍念給其醫藥酒米賜以終年處著默語三十篇及風土記并撰集吳書時潘岳奉詔作關中詩曰周殉師令身膏齊斧人之云亡貞節克舉又西戎校尉閻纘亦上詩云周全其節令聞不已身雖云沒書名良史及元帝爲晉王將加處策謚太常賀循議曰處履德清方才量高出歷守四郡安人立政入司百僚貞節不撓在戎致身見危授命此皆忠賢之茂實烈士之遠節按謚法執德不回曰孝遂以謚焉有三子玘靖札靖早卒玘札並知名

史臣曰夫仁義豈有常蹈之則君子背之卽小人周子隱

以跅弛之材負不羈之行此冈蛟猛獸縱毒鄉閭終能克
已厲精朝聞夕改輕生重義徇國亡軀可謂志節之士也

忠烈公傳第四世　晉書

玘字宣佩彊毅沉斷有父風而文學不及閉門潔己不妄
交遊士友咸望風敬憚焉故名重一方弱冠州郡命不就
刺史初到召爲別駕從事虛己備禮方始應命舉薦名宰
府舉秀才除議郎太安初妖賊張昌邱沉等聚衆於江夏
百姓從之如歸惠帝使監將華宏討之敗於障山昌等浸
盛殺平南將軍羊伊鎭南大將軍新野王歆等所在覆沒
昌別率封雲攻徐州石氷攻揚州刺史陳徽出奔氷遂畧

有揚土玘密欲討氷潛結前南平內史王矩共推吳興太
守顧秘都督揚州九郡軍事及江東人士同起義兵斬氷
所置吳興太守區山及諸長史氷遣其將羌毒領數萬人
拒玘玘臨陣斬毒時右將軍陳敏自廣陵率衆助玘斬氷
別率趙驥於蕪湖因與玘俱前攻氷於建康氷北走投封
雲雲司馬張統斬雲氷以降徐揚並平玘不言功賞散衆
還家陳敏反揚州以玘爲安豐太守加四品將軍玘稱疾
不行密遣使告鎭東將軍劉準令發兵臨江已爲內應翦
髮爲信準在壽春遣督護衡彥率衆而東時敏弟昶爲廣
武將軍歷陽內史以吳興錢廣爲司馬玘密諷廣殺昶自

與顧榮甘卓等以兵攻敏敏衆奔潰單馬北走獲之於江
乘界斬之於建康夷三族東海王越聞其名召爲參軍詔
補尚書郎散騎郎並不行元帝初鎭江左以玘爲倉曹屬
初吳興人錢璯亦起義兵討陳敏越命爲建武將軍使率
其屬會於京都璯至廣陵聞劉聰逼洛陽畏懦不敢進帝
促以軍期璯乃謀反時王敦遷尚書當應徵與璯俱西璯
陰欲殺敦藉以舉事敦聞之奔告帝璯遂殺度支校尉陳
豐焚燒邸閣自號平西大將軍八州都督劫孫皓子充立
爲吳王既而殺之來冦玘縣帝遣將軍郭逸都尉宋典等
討之並以兵少未敢前玘復率合鄉里義衆與逸等俱進

討璯斬之傳首于建康玘三定江南開復王略帝嘉其勳
以玘行建威將軍吳興太守封烏程縣侯吳興寇亂之後
百姓饑饉盜賊公行玘甚有威惠百姓敬愛之朞年之間
境內寧謐帝以玘頻興義兵勳誠並茂乃以陽羨及長城
之西鄉丹陽之永世別爲義興郡以彰其功焉玘宗族强
盛人情所歸帝疑憚之於是中州人士佐佑王業而玘自
以爲不得調內懷怨望復爲刁協輕之恥恚愈甚時鎭東
將軍祭酒東萊王恢亦爲周顗所侮乃與玘陰謀誅諸執
政推玘及戴若思與諸南士共奉帝以經緯世事先是流
人帥夏鐵等寓於淮泗恢陰書與鐵令起兵已當與玘以

三吳應之建興初鐵已聚眾數百人臨淮太守蔡豹斬鐵以聞帨聞鐵死懼罪奔於玘玘殺之埋於豕牢帝聞而秘之召玘爲鎮東司馬未到復改授建武將軍南郡太守玘既南行至蕪湖又下令曰玘奕世忠烈義誠顯著孤所欽嘉今以爲軍諮祭酒將軍如故進爵爲公祿秩僚屬一同開國之例玘忿於迴易又知其謀泄遂憂憤發背而卒時年五十六將卒謂子勰曰殺我者諸傖子能復之乃吾子也吳人謂中州人曰傖故云耳贈輔國將軍謚曰忠烈子勰嗣

史臣曰宣佩奮茲忠勇屢殄妖氛威略冠於本朝庸績書

於王府既而結憾朝宰終於憤恚豈不惜哉

東遷公傳　第四世　晉書

札字宣季少以豪右自處州郡辟命皆不就察孝廉除郎中太司馬齊王冏參軍出補句容令遷吳國上軍將軍辟東海王越參軍不就以討錢璯功賜爵漳浦亭侯元帝爲丞相表札爲寧遠將軍歷陽內史不之職轉從事中郎徐穎平以札爲奮武將軍吳興內史錄前後功改封東遷縣侯進號征虜將軍監揚州江北軍事東中郎將鎮涂中未之職轉右將軍都督石頭水陸軍事札腳疾不堪拜固讓經年有司彈奏不得已乃視職加散騎常侍王敦舉兵攻石頭札不知其反也門開納敦故王師敗績敦轉札爲光祿勳尋補尚書頃之遷右將軍會稽內史時札兄玘子勰臨淮太守烏程公兄靖子懋晉陵太守清流亭侯懋弟筵征虜將軍吳興內史筵弟贊大將軍從事中郎武康縣侯贊弟縉太子文學都鄉侯一門五侯並居列位吳士貴盛莫與爲比王敦深忌之後筵喪母送者千數敦益憚焉及敦疾錢鳳以周氏宗彊與沈充權勢相侔欲自託於充謀滅周氏使充得專威揚土乃說敦曰夫有國者患於彊逼自古覺難恆必由之今江東之豪莫彊於周沈公萬世之後二族必不靜矣周彊而多俊才宜先爲之所後嗣可安

國家可保耳敦納之時有道士李脫者妖術惑眾自言八百歲故號李八百自中州至建鄴以鬼道療病又署人官位時人多信事之弟子李宏養徒灊山云應讖當王故敦使廬江太守李恆告札及其諸兄子與脫謀圖不軌時筵爲敦諮議參軍即營中殺筵及脫宏又遣參軍賀鸞就沈充盡掩殺札兄弟子既而遣軍會稽襲札札先不知卒聞兵至率麾下數百人出拒之兵散見殺及敦死札筵故吏並詣闕訟周氏之寃宜加贈謚事下八坐司徒王導議以札在石頭忠存社稷義在亡身至於往年之事自臣等有識以上與札情豈有異此言實貫於聖鑒論者見奸逆已

彰便欲徵往年已有不臣之漸郎復使爾要當時衆所未悟既悟其奸萌札與臣等便以身許國死而後已札亦尋取梟夷朝廷檄命既下大事既定便正以爲逆黨邪正失所進退無據誠國體所宜深惜臣謂與周顗戴若思等同例尚書令郗鑒議駁之導重議曰省令君議必札之開門與譙王周戴異今札開門直出風言竟實事耶使以風言定褒貶意莫若原情考徵也論者謂札知隗協亂政信敦匡救苟匡救信奸佞除即所謂流四凶族以隆人主巍巍之功耳如此乃所以忠於社稷也後敦悖謬出所不圖札亦闔門不同以此滅族是其死于爲義也夫信敦當時之

匡救不圖將來之大逆惡隗協之亂政不失爲臣之貞節者於時朝士豈惟周札耶若盡謂不忠懼有誣乎譙王周戴各以死衛國亦人臣之節也但所見有同異然期之於必忠故宜申明耳且札闔棺定諡違逆黨順受戮凶邪不負忠義明矣鑒又駁不同而朝廷竟從導議追贈札衛尉遣使者祀以少牢筵亦復官札長子澹太宰府掾次子稚察孝廉不行

晉書

都督公傳 第五世

筵卓犖有才幹拜征虜軍將吳興太守遷黃門侍郎徐馥之役筵族兄續亦聚衆應之元帝議欲討之王導以爲兵少則不足制寇多遣則根本空虛黃門侍郎周筵忠烈至到爲一郡所敬意謂直遣筵足能殺續於是詔以力士百人給筵使輕騎還陽羨筵即日取道晝夜兼行既至郡將入遇續於門謂續曰宜與君共詣孔府君有所論續不肯入筵逼牽與俱坐定筵謂太守孔侃曰府君何以置賊在坐續衣裏帶小刀便操刃逼筵筵叱郡傳教吳曾何不舉手曾有膂力便以刀環築續殺之筵不歸家省母遂長驅而去其忠公如此遷太子右衛率及王敦作難加冠軍將軍都督會稽吳興義興晉陵東陽軍事率水軍三千人討沈充未發而王師敗績筵聞札開城納敦憤咤慷慨形於

辭色尋遇害敦平後與札同被復官

黃門公傳 十二世

南齊書

周山圖字季寂義興義鄉人也少貧微傭書自業有氣幹爲吳郡晉陵防郡隊主宋孝武伐太初山圖豫勳賜爵關中侯兗州刺史沈僧榮鎮瑕邱與山圖有舊以爲已建武府參軍竟陵王誕據廣陵反僧榮遣山圖領二百人詣沈慶之受節度事平論勳爲中書舍人戴明寶所抑泰始初爲殿中將軍四方反叛僕射王彧舉山圖將領呼與語甚悅使領百舸爲前驅與軍主佼長生等攻破賊湖白赭圻二城除員外郎加振武將軍與平濃湖追賊至西陽還明

帝賞之賜苑西宅一區鎮軍將軍張永征薛安都於彭城山圖領二千人迎運至武原爲虜騎所追合戰多所傷殺虜圍轉急山圖據城自固然後更結陣死戰突圍出虜披靡不能禁衆稱其勇呼爲武原將及永軍大敗山圖收散卒得千餘人守下邳城還除給事中冗從僕射直閤將軍山圖好酒多失明帝數加怒誚後遂自改出爲錢塘新城戍焯時豫州淮西地新没虜更於歷陽立鎮五年以山圖爲龍驤將軍歷陽令領兵守城初臨海亡命田流自號東海王逃竄會稽鄞縣邊海山谷中立屯營分布要害官軍不能討明帝遣直後聞人襲說降之授流龍驤將軍流受

命將黨與出行達海鹽放兵大掠而反是冬殺鄞令耿猷東境大震六年敕山圖將兵東屯浹口廣設購募流爲其副暨挐所殺別帥杜連梅洛生各擁衆自守至明年山圖分兵掩討皆平之豫章賊張鳳聚衆康樂山斷江劫抄臺軍主李雙蔡保數遣軍攻之連年不禽至是軍主毛寄生與鳳戰於豫章江大敗明帝復遣山圖討之山圖至先羸兵偃衆遣幢主麗祠厚遺鳳要出會衆聽以兵自衛鳳信之行至望蔡山圖設水兵於水側擊斬鳳首衆百餘人東手降除甯朔將軍漣口戍主山圖遏漣水築西城斷虜騎路并以溉田元徽二年遷步兵校尉加建武將軍轉督高

平下邳淮陽淮西四郡諸軍事甯朔將軍淮南太守盜發桓温塚大獲寶物客竊取以遺山圖山圖不受簿以還官遷左中郎將太祖輔政山圖密啟曰沈攸之久有異圖公宜深爲之備太祖笑而納之武陵王贊爲郢州太祖令山圖領兵衛送世祖與晉熙王燮自郢下以山圖爲後防攸之事起世祖爲西討都督啟山圖爲軍副世祖留據盆城衆議以盆城城小難固不如還都山圖曰今據中流爲四方勢援大衆致力川岳可爲城隍小事不足難也世祖使城局參軍劉皆陳淵委山圖以處分事山圖斷取行旅舡板以造樓櫓立水柵旬日皆辦世祖甚嘉之授前軍將軍

加甯朔將軍進號輔國將軍攸之攻郢城世祖令山圖量其形勢山圖曰攸之見與鄰鄉亟同征伐悉其爲人性度險刻無以固結士心如頓兵堅城之下適所以爲離散之漸耳攸之既敗平西將軍黃回乘輕舸從白服百餘人在軍前下綵流叫盆城中恐須臾知是回凱歸乃安世祖謂山圖曰周公前言可謂明於見事矣還都世祖遣山圖鎮京口鎮戍諸軍俱受節度遷游擊將軍輔國如故建元元年封廣晉縣男、邑三百戶出爲假節督兗青冀三州徐州東海朐山軍事甯朔將軍兗州刺史百姓附之二年進號輔國將軍其秋虜動上策虜必不出淮陰乃敕山圖曰知卿綏邊撫戎甚有次第應變策略悉以相委列醜未必能送死卿丈夫無可藉手耳虜果冦朐山爲元元度遣紹之所破虜轉淮陽是時淮北四州起義上使山圖自淮入清倍道應赴勅山圖曰卿當濫相帥馭埋每存全重天下事惟同心力山岳可摧然用兵當使背後無憂慮若後令然無横來處閉目痛打無不摧碎吾政應鑄金待卿成勳耳若不藉此平四州非丈夫也努力自運勿令他人得上功會義衆已爲虜所沒山圖拔三百家還淮陰表移東海郡治漣口又表石鼇立陽平郡皆見納世祖踐祚遷竟陵王

鎮北司馬帶南平昌太守將軍如故以盜城之舊出入殿省甚見親信轉黃門侍郎領羽林西廂直衛山圖於新林立墅舍晨夜往還上謂之曰卿罷萬人都督而輕行郊外自今往墅可以仗身自隨以備不虞及疾上手勅參問遣醫給藥永明元年卒年六十四詔賜朝服一具衣一襲

庶子公傳 十七世　　隋書

周德懋字宫生南蘭陵人當陳末高尚不仕開皇九年滸滅陳族兄羅睺被俘獲文帝慰諭許以富貴羅睺泣對曰臣荷陳氏厚遇本朝淪亡無節可紀得免於死陛下之賜也何富貴之敢望且臣不如弟德懋方正洽治江表稱儒文帝亦重其名召見問爲治之道對曰緩刑獄以崇國體躬聖學以養化源時上猜忌不喜學任聽察常令左右覘示内外過失即置重罪又防令史貪污私使人遺之錢帛犯者立斬每於殿廷捶殺人日嘗數四德懋言深以爲諷故不相入授仁壽宮匠作局掌簿長史帝尋悟其言改秦王録事遷太子掾薄丞時帝性儉嗇太子服用侈靡常飾蜀鎧帝見而不說戒之曰自古帝王未有好奢靡而能久長者汝當以儉約爲先後遇冬至日百官皆詣太子太子張樂受賀帝下詔停之德懋未與賀擢左庶子晉王廣謀奪嫡重自矯飾帝幸其第即屏匿美姬於別室惟留老醜者衣以縵綵給事左右屏帳改用縑素故絶樂器幺紘不

令拂去塵埃帝甚喜廢立意遂決德懋屢諫太子宜改行廸德以回帝意而太子與唐令則等昵狎每以絃歌教内人嬉笑聲聞閣外德懋與右庶子裴政泣諫不聽疏德懋出之開皇二十八年太子被廢唐令則等誅戮有差德懋得投閑林下絶意仕進云

學士公傳 二十一世　　唐書

公諱崇右字道直幼英異年十六舉秀才隷四門學又八年舉鄉貢進士有文名咸亨中高宗委政天后后多引文學之士使撰列女傳諸書北門學士劉禕之引公同事勢授崇文館學士鄅王素節愛其才師事之鄅王聲勣好學

天后嫉之出爲申州刺史公每與書問往還後郁王以久
不得覲者忠孝論后見之怒愈甚遂誣以贓貶降邦都陽
王安置袁州並疑論或公所爲禍不測賴巾宮力爲解救
得免死永隆元年裴行儉爲定襄大總管討突厥辟爲行
軍記室突厥平表復原官卒以忤天后不見用公惟斯文
自任好汲引後進一時名士皆出其門

簡惠公傳　四十二世　　宋史

周葵字立義常州宜興人少力學自鄉校移籍京師兩學
傳誦其文宣和六年擢進士甲科調徽州推官高宗移蹕
臨安諸軍交馳境上葵與判官攝郡事應變敏速千里帖

然教授臨安府未上吏部侍郎陳與義薦之召試館職
將試復引對高宗曰從班多薦卿端正除監察御史徙殿
中侍御史在職僅兩月言事至三十章且悉條所行不當
事凡二十條指宰相不任責高宗變色曰趙鼎張浚肯任
事須假之權奈何遽以小事形迹之葵曰陛下即位已相
十許人其初皆極意委之卒以公議不容而去大臣亦無
固志假如陛下有過尚望大臣盡忠豈大臣有過而言者
一指乃便爲形迹使彼過而不改罪戾日深非所以保全
之也高宗改容曰此論甚奇張浚議北伐葵三章力言此
存亡之機非獨安危所係或言葵沮大計罷爲司農少卿

以直秘閣知信州未上鼎罷陳與義執政改湖南提刑以
親老易江東皆不就和議已定被召論爲國有道戰則勝
守則固和則久不然三者在人不在我矣除太常少卿時
秦檜獨相意葵前論事去必憾趙鼎再除殿中侍御史葵
語人曰元鎮已貶葵固不言雖門下客亦不及之也內降
差除四人葵言願陛下以仁祖爲法大臣以杜衍爲法檜
始不樂又論國用軍政士民三弊高宗曰國用當藏之民
百姓足則國用非所患又言薦舉改官之弊宜聽減舉員
詔吏部措置檜所厚權戶部尚書梁汝嘉將得賜出身除
兩府汝嘉聞葵欲劾之謂中書舍人林待聘曰副端將論

君矣待聘乘檜未趨朝亟告之檜即奏爲起居郎葵方待
引檜下殿論閤門曰周葵已得旨除起居郎隔下八月庚
辰也參政李光擬除呂廣問館職檜不許時有詔從官薦
士葵以廣問應詔不相知也光既黜葵以附光落職主管
玉隆觀復直秘閣起知湖州移平江府時金使絡繹於道
矣不爲禮轉運李椿年希檜旨劾之落職主管崇道觀屏
居鄉閭憂患類仍人不能堪葵獨安之檜死復直秘閣知
紹興府過闕權禮部侍郎尋兼國子祭酒奏科舉所以取
士比年主司迎合大臣意取經傳語可諛者爲問日學者
競逐時好望詔國學并擇秋試考官精選通今博古之士

置之前列其穿鑿乖謬者黜之兼權給事中侍御史湯鵬
舉言葵以魏良臣薦躐處侍從呂廣問葵之死黨乞并罷
之太學生黃作詹淵率諸生詣堂投牒留葵翼日博士何
俌等言於朝乞懲戒詔作淵皆送五百里外州編管葵出
知信州隨罷起知信州引疾改提舉興國宮加直龍圖閣
知太平州水壞圩堤悉繕完凡一百二十里傍郡圩皆没
惟當塗歲熟市河久湮雨暘交病葵下令城中家出一夫
官給之食併力浚導公私便之進集英殿修撰敷文閣待
制知婺州孝宗即位除兵部侍郎兼侍講改同知貢舉兼
權戶部侍郎孝宗數手詔問錢穀出入葵奏陛下勞心庶

政日有咨詢若出人意表足以聳動觀聽今皆微文細故
此必有小人乘間欲售其私不可不察蓋指龍大淵曾覿
也孝宗色爲動金主亮爲其下所斃張浚自督府來朝密
言敵失泗州其懼罪者皆欲來歸願遣軍渡淮赴之此恢
復之機也葵請對謂不可輕舉累數百言及遣李顯忠邵
宏淵取靈璧虹二縣敗績孝宗思其言拜參知政事葵始
終守自治之說兼樞知樞密院事臺諫交章言議和太速
葵與陳康伯湯思退乞令侍從臺諫集議衆益洶洶諸公
待罪乞罷不許葵獨留身固請孝宗曰卿何請之力也曰
自預政以來每與宰相論事有以爲從而從者有不得已

而強從者七八安得不愧於心此臣所以欲去也嘗乞召
用侍從臺諫孝宗曰安得如卿直諒者遂薦李浩龔茂良
孝宗皆以爲佳士次第用之太常奏郊牛斃葵言春秋鼷
鼠食牛角免郊況邊虞未靖請展郊以符天意詔從之虞
允文陳康伯相葵即求退除資政殿學士提舉洞霄宮起
知泉州告老加大學士致仕閒居累年不以世故縈心淳
熙元年正月薨年七十有七上聞震悼贈正奉大夫後以
子升朝累贈太傅葵孝於事親當任子先孤姪其甍也幼
子與孫尚未命名平生學問不泥傳注作聖傳詩二十篇
文集三十卷奏議五卷晚號惟心居士四年有司請謚賜

謚曰簡惠

國史專傳續編

少宰公傳十六世　　史館原文

周家楣江蘇宜興人咸豐九年進士改翰林院庶吉士同
治元年散館改禮部主事游擢員外郎郎中充總理各國
事務衙門章京　記名御史十二年奉　旨註銷御史以
五品京堂用光緒元年補太僕寺少卿二年閏五月　命
充四川鄉試正考官十二月擢大理寺少卿四年授順天
府府尹兼在總理各國事務衙門大臣上行走五年夏以
母憂去官七年十月服闋　命仍在總理衙門大臣上行

走十二月署都察院左副都御史八年正月復授順天府府尹六月充本科鄉試監臨八月署禮部右侍郎九月署兵部左侍郎十二月署戶部右侍郎九年六月署戶部左侍郎兼管三庫事務十年七月奉　旨毋庸在各國事務衙門行走十一月授通政使十一年八月署都察院左副都御史十一月署吏部左侍郎十二年三月病請開缺五月卒家楣生平孝友篤於倫誼慷慨好施與志存利濟不以境之豐約易其心自爲諸生以至卿貳如一日初家楣充總理衙門章京故大學士文祥深器之其辦理四川教案上書王大臣略言中國地方官向來辦理民教交涉事

國山周氏世譜　卷三十二上　國史少宰公專傳　卅　立本堂

件教民係中國人但論曲直不論民教川省遇有此等詞訟常多偏護教民甚至抗糧忤逆諸案一經該教綏頰即予開釋或多反坐每有首告忤逆之案不治其子而咎其父持平理獄之官不以爲職而以爲過者不知激烈之禍其患在目前而爲禍迫縱庇之病其患在日後且目前亦難綏而爲禍尤深率此以往必至如雲南甘肅之民回仇殺禍結兵連悔將何及至該將軍等咨稱教民有犯由司鐸送官究辦是轉以中國治民之柄畀之該教決不可行查川省教案向由將軍主稿今擬嗣後改歸總督主政似此則責任歸於地方知成敗功罪之難諉疾痛皆其赤子

知閭閻性命之堪珍時論多韙之丁憂里居値洋教士購建天主堂紳民憤訴知縣問家楣方略家楣告以驗契有無購爲天主堂字樣如無即係業購照章不准執業家楣蓋揆其事之必無故藉此以爲斷果如其言教士遂去洎爲戶部侍郎軍機大臣議借洋款五百萬以四百萬辦銅礦家楣謂似此重息銀兩洋人非軍事不借宜亟造兵船以其餘辦銅爭之力奏上如家楣議存其爲府尹也務飭吏治通民隱培本原正風化履任時首劾贜吏王塋官方一肅捕盜營添練洋鎗洋礮以重緝捕提審案件剖決如流京師里諺有云不怕宛平縣止怕到後店後店者胥役私禁處也家楣廉得其實嚴禁之奏建候質公所於府東

國山周氏世譜　卷三十二上　國史少宰公專傳　卅　立本堂

偏凡府局大興宛平兩縣人證咸入其中委員經理備極矜恤通州良鄉爲京東西孔道差徭繁重車頭奸利擾累良民家楣奏設官車局二會神機營調用大車五百輛不煩民而事集京城内外義塚盜掘黃土多所侵損家楣普加修葺掩枯骸以萬計有盜掘者嚴治之家楣並奏籌近畿教養常款提蘆台地方船捐糧捐用充廣仁堂義塾經費戶部給發孤貧放款改支實數奏上均如所請并增設回民義塾六所以化其好鬭之俗家楣爲政凡關係民事廢弛已久者皆不避怨謗毅然規復以助德林留養貧民

僧徒日久滋弊改歸官辦內務府所管貧民棉衣銀兩言官條奏亦請歸府尹督理順天府無志書家楣建議創修不十年而書成別輯幽光錄一編表揚節孝刊布閭閻俾資觀感金臺書院爲順天課士之地家楣倡捐葺治廣徵書籍羅列講堂加給膏火資爲肄業之費修府學宮牆祭器樂器以次備具光緒八年順天府鄉試國子監暨學政資送考生名數浮於號舍者三千餘人試期迫官吏皆愕眙家楣倉卒間奏撥巨款展築闈牆鱗建蓆號入闈後傳語諸蓆號生遇雨勿散走府尹來同受從容蔵事旋奏請增建號舍已得　旨旋議格逾三年卒如家楣議行故明

裔延恩侯誠端因昌平陵戶控案交家楣查辦究奏結從附請照蒙古王公例發給十成俸銀俾充祭需奉　俞旨允准家楣先後去府尹任皆手書事宜數十條以告新尹家楣之辦振也以幹濟之略行惻怛之心募捐之數多於帑項私函之告密於公牘光緒四年秋永清東安武清房山各縣水災家楣遣員往振或請緩惻然曰固知例須勘報然被災以後勘報以前小民何所依賴趣即行仍照章會籌籌振家楣辦災始此八年文安患蝗河隄潰大城河亦決薊州雹災家楣聞報即遣員紳攜款分濟嚴飭捕除堵築民困漸蘇九年夏淫雨河溢順天二十四州縣相續

被災家楣亟遣員紳振撫旋會疏陳災請振　上命直隸總督截漕備振家楣復專摺瀝陳順天被水情形詞甚迫切奉　旨迅速籌款妥爲振撫家楣手定章程十條札行州縣且諭之曰各該州縣需用之款立稟本衙門以資籌畫如有災不訴所訴不實及籌請之數不足振濟或領銀領米後不能盡心實惠及民致有捏冒遺漏可救不救救非所救皆各該州縣之咎若各該州縣災實必訴所訴必實籌請之數足以拯濟而本衙門不能照數籌備俾得盡心紓災活人則係本衙門之咎痌瘝各求所安災黎環集而視天日鑒之鬼神知之維時順天庫存振餘款項僅萬

餘金已撥助東振三千外無專款家楣徧告各疆吏海關及施振紳士先後得款逾百萬武清寶坻災較重放款各以十餘萬計會各直省屢告偏災復以其間協撥直隸山東江蘇浙江江西湖北等省比去任庫儲尚存十餘萬兩遂奏請發典生息以備凶荒家楣又請以工代振爲荒政要策議東水利以北運河爲龍灣及筐兒港兩減河並沿河各隄工爲最自怡賢親王督理後未議重修因慨然以籌款自任偕直隸總督李鴻章區分督辦費帑三十萬有奇他工程所費略稱是而平糶施粥官醫典牛給種各局咸次第舉行災民慶更生焉先是山東水災流民紛至京

師 諭家楣妥籌撫卹家楣條理周密因應咸宜并派員
在直隸獻縣地方設局留養勿令流離北徙或釀事端十
二年二月奉 上諭陳士杰奏前因山東黃水爲災民情
困苦節經周家楣等代籌振銀分投散放並廣爲勸募多
方籌措實屬勇於爲善歷久不渝深堪嘉尚著傳 旨嘉
獎家楣歿其子體先志捐解棉衣千件山東巡撫張曜奏
請建坊猶稱江浙閩粵官紳之好義皆周家楣一人倡之
所謂存心利物必有所濟周家楣有焉家楣既卒之八月
前太僕寺少卿鍾佩賢等聯名呈列家楣政績懇請具奏
於是兼管順天府府尹畢道遠順天府府尹薛福辰奏曰

國山周氏世譜 先德錄 卷三十二上 國史少宰公專傳 立本堂

已故署吏部左侍郎通政使司通政使前順天府府尹臣
周家楣心存利濟見義勇爲曾蒙 恩旨嘉獎生平志節
久在 聖明洞鑒之中原無待臣下贅陳臣等所不能已
於言者該故侍郎於光緒四年補授順天府府尹講求察
吏安民之要倡修順天府志整頓金臺書院如修府學置
樂器加練捕盜營兵以捕劇盜倡設候質所官車局以恤
宰連而便行旅至於育嬰義學種桑施粥給孤義塚功德
林普濟堂等處善舉不憚煩瑣百廢俱興又舉辦近畿教
養事宜在任五年釐然畢舉其最不可及者畿東水利自
怡賢親王興修以後屢議重修未果該故署侍郎輒慨然

以籌款自任與臣李鴻章商定援以工代振之義及時興
辦厥工告竣臣李鴻章稱其公忠體 國繼美賢王似非
溢美而該故署侍郎猶歉然自視謂僅能於平水之年聊
資捍禦及本年復遭水患果如所言其任事之勇料事之
明如此光緒九年順屬因雨水成災徧及二十四州縣仰
荷 恩施發帑截漕並蒙 皇太后節省是年中秋進
奉銀兩發振該故署侍郎上體 聖慈下求民隱以誠懇
之意感動天下官紳合力集捐以資振濟得以無策不施
有施必速災後數十百萬窮黎藉免流離失所厥功甚偉
當工振緊急之時尚在總理各國事務衙門行走兼署

國山周氏世譜 先德錄 卷三十二上 國史少宰公專傳 立本堂

戶部侍郎公事繁重而籌辦工振鉅細畢舉山東黃水爲
災倡議籌款協振年來江西浙江江蘇廣東廣西等省亦
見偏災紳民助振率賴其提倡以集事本年三月山左黃
流復溢該故署侍郎已在病中猶汲汲以籌振爲己任彌
留之際以勸振付託僚友無一語及私然則該故署侍郎
之志在保全民命培養 國家元氣以仰副我 皇太
后 皇上視民如傷之意者固天下所共見共聞而不忍
湮沒也臣畢道遠等與之同官共事有年知之甚悉臣薛
福辰昔任通永道時遇有要事胥賴裁成見聞最確用敢
據情臚陳合無仰懇 天恩俯准將該故署侍郎生平政

績宜付　國史館立傳俾垂不朽而勵將來欽奉　上諭
周家楣兩任順天府府尹遇事整頓善政頗多辦理災振
復能多方籌措不遺餘力實惠在民所有周家楣生平政
績著准其宜付史館立傳旋奉　旨在順天府地方建立
專祠

國山周氏世譜卷三十二下目錄

先德錄

志書　舊編

清一統志　饒州府名宦　常州府人物　成都府名宦　邠州名宦　湖州府名宦　蘇州府名宦　太平府名宦　徽州府名宦

江南通志　人物志宦績　人物志忠節　蘇州府名宦　常州府儒林　寧國府名宦

安徽通志　太平府名宦

浙江通志　杭州府名宦　湖州府名宦　建置志　封爵志　職官志

咸淳毗陵志　人物志宦績　人物志勳德　人物志　忠節　封爵志

唐鶴徵常州府志　人物志忠義特傳　人物志宦績　人物志勳德　封爵志

王升邑志　人物志勳德

邑舊志　忠義特傳　人物志治績　文苑　孝友　行誼　軼聞　藝文　載籍

邑續志　文苑　治績　孝友　行誼　藝文　載籍

邑新志　儒林　治績　文學　義行　孝友　藝術

各書紀載　舊編

文中子元經

虞預晉書

王隱晉書

晉陽秋

歷代名臣言行錄

國山周氏世譜三十二下

先德錄 裔孫 鳳飛謹輯

志書 舊編 裔孫 家謨增輯

始祖諱賓

江南通志周賓陽羨人少折節好交守廣平多政績人物志宦績

常州府志周賓陽羨人少折節好交吳初召爲諮議參軍舉郡上計後轉廣平太守多政績人物志

王升邑志周賓字子序先世避王莽之亂來陽羨遂家焉七傳及賓值漢獻帝世天下兵戈四起賓散家財折節交

豪傑以名節相勵吳中名士如張昭顧雍魯肅趙咨徐盛輩皆執友以魯肅薦仕吳爲咨議參軍舉郡上計轉爲州辟從事別駕步兵校尉光祿大夫任廣平太守有政績始居國山人物志懿德

二世祖諱魴

大清一統志周魴吳郡陽羨人黃武中鄱陽大帥彭綺作亂攻沒屬城乃以魴爲陽羨太守與胡綜戮力致討遂生擒綺送武昌賊帥董嗣負阻劫鈔豫章臨川並受其害魴遣間諜授以方策誘殺嗣嗣弟怖懼詣武昌降由是數郡無憂在郡十三年卒賞善罰惡恩威並行饒州府名宦

浙江通志周魴字子魚吳郡陽羨人少好學舉孝廉爲甯國長錢塘大帥彭式爲冦以魴爲錢塘侯相旬月間斬式首及其支黨遷丹陽西部都尉 杭州府名宦

江南通志周魴字子魚陽羨人舉孝廉爲甯國長錢塘大帥彭式爲冦以魴爲令旬月平之遷丹陽西部都尉鄱陽太守誘魏大司馬曹休入皖邀擊勝之在郡十二年恩威並行子處見忠節 人物志宦績

咸淳毘陵志周魴字子魚吳郡陽羨人少好學舉孝廉爲鄱陽太守魏大司馬曹休帥步騎潛入皖魴與陸遜邀擊斬馘數萬賊帥董嗣抄略豫章臨江諸郡復設奇計卒不

之子處

常州府志周魴字子魚陽羨人廣平太守賓之子舉孝廉爲甯國長錢塘大帥彭式爲冦以魴爲錢塘令旬月平之遷丹陽西部都尉黃武中鄱陽大帥彭綺作亂以魴爲鄱陽太守討之生擒綺加昭義校尉被密旨令誘魏大司馬曹休休率步騎潛入皖與陸遜擊之斬首數萬權歎賞之賜爵關內侯賊帥董嗣抄掠豫章臨川諸郡吾粲唐沓攻之不克魴乞得便宜從事乃遣間授之方略狙擊殺嗣嗣弟懼請降在郡十三年恩威並行子處孫玘 人物志

邑舊志人物志忠義周魴有傳 見第三十六卷大宗世傳

三世祖諱處

一統志周處字子隱魴子膂力絕人厲志好學有文思志存義烈言必忠信仕吳爲東觀左丞入洛遷新平廣漢太守歷遷御史中丞凡所糾劾不避寵戚及氐人齊萬年反朝臣惡處強直使隸夏侯駿西征軍無後繼力戰而歿贈平西將軍處著默語及風土記并撰集吳書元帝爲晉王加處謚曰孝 常州府人物

又周處陽羨人武帝時爲廣漢太守郡多滯訟有經三十年而不決者處詳其枉直一朝決遣 成都府名宦

又周處陽羨人爲新平太守撫和叛羌雍土美之 邠州名宦

江南通志周處字子隱魴子未弱冠膂力絕人不修細行後改過自新仕吳爲東觀左丞入晉累遷御史中丞氐齊萬年反詔隸安西將軍夏侯駿討之令引兵五千擊賊七萬兵敗援絕左右欲退處曰是吾効節致死之日也遂力戰死贈平西將軍元帝時追謚孝侯 人物志忠節

咸淳毘陵志周處字子隱少好畋獵因父老與言搏蛟射虎厲志改行從吳郡二陸學爲文有思致仕吳爲東觀左丞太康中歷散騎常侍命討氐羌力戰而歿贈平西將軍謚曰孝嘗著默語三十篇風土記并撰集吳書子玘靖札

常州府志周處字子隱賓之孫魴之子少孤未冠膂力絕

人好畋獵以任俠自喜不護細行鄉閭苦之處自知爲人所惡感父老三害之言乃入山射殺白額虎復投水搏蛟斬之遂入吳從二陸游期年州郡交辟仕吳爲東觀左丞入晉累遷御史中丞糾彈不避寵戚梁王彤違法處按劾之元康七年氐人齊萬年反朝臣惡處剛直詔以爲建威將軍隸安西將軍夏侯駿討之梁王彤爲都督萬年聞處策之曰周君才兼文武若專斷而來不可當也苟受制於人此成擒耳時賊屯梁山有衆七萬駿使以五千人擊之處曰軍無後繼必敗不徒身亡爲國取恥彤駿逼遣之處攻萬年於六陌軍士未食彤促令速進處知必敗賦詩曰

去去世事已策馬觀西戎藜藿甘粱黍期之克令終言畢而戰自旦至暮斬首萬計弦絕矢盡援兵不至左右勸之退處曰是吾效節致命之秋也遂力戰而歿 人物志

邑舊志人物志忠義特傳周處弁首 傳見第三十大卷大宗世傳

孝侯公弁忠義特傳引云按唐鶴徵府志敘忠義弁孝侯謂乾坤特以不毀倫紀由以常存信然哉讀昉史盧公堵公傳竊歎其百折不回以死報國與孝侯相伯仲此三人者皆天人也謹遵府志原例列諸卷首餘各依時撰次云

四世祖 諱玘

一統志周玘字宣佩處子強毅沈斷有父風名重一方舉秀才除議郎張昌陳敏錢璯反玘率鄉里義衆俱討平之三定江南開復王畧封烏程縣侯帝以玘頻興義兵勳績茂乃以陽羨及長城之西鄉丹陽之永世別爲義興郡以彰其功焉 常州府人物

又周玘陽羨人元帝初爲吳興太守時寇亂之後百姓饑饉盜賊公行玘甚有威惠百姓敬愛之期年之中境內肅謐 湖州府名宦

江南通志周玘字宣佩處長子強毅沈斷有父風烈石冰據江夏陳敏反揚州及錢璯冠陽羨皆率兵討斬之三定

江南元帝特置義興郡以旌之爲吳興太守甚有威惠百姓敬愛卒謚忠烈 人物志宦績

浙江通志周玘字宣佩義興陽羨人晉元帝初鎮江左以玘爲倉曹屬玘三定江南帝嘉其勳以玘爲建威將軍吳興太守封烏程縣侯吳興寇亂之後百姓饑饉玘甚有威惠百姓敬愛之朞年之間境內肅謐 湖州府名宦

又周玘字宣佩元帝初鎮江左吳興人錢璯來寇玘討之定江南帝嘉其勳封烏程縣侯進爵爲公祿秩僚屬一同開國之例子勰嗣 封爵志

又晉永嘉四年瑯邪王睿以周玘爲吳興太守於其鄉里

置義興郡以旌之 建置志

咸淳毗陵志周玘字宣佩沈毅有父風爲州別駕從事薦除議郎三舉義旗平張昌陳敏錢璯元帝承制以臨淮陽羨國山義鄉永世平陵六縣置義興郡旌其忠績後贈輔國將軍子勰臨淮太守彝丞相掾

常州府志周玘字宣佩陽羨人處長子有父風烈太安初妖賊張昌敗其黨石冰聚衆於江夏玘爲議郎起兵與陳敏討平之既而敏恃功驕恣叛於揚州玘與顧榮攻敏斬於江東吳興人錢璯謀不軌逼陽羨玘率義兵討之斬璯三定江南晉帝嘉其勳封烏程侯特置義興郡以彰其功焉 人物志

邑舊志人物忠義周玘有傳 見第三十六卷大宗世傳

四世祖 諱札

咸淳毗陵志周札字思季察孝廉除郎中歷散騎常侍轉右將軍封漳浦亭侯時札兄子懋晉陵太守清流亭侯筵征虜將軍武康縣侯縉太子文學都鄉侯勰烏程縣公一門五侯貴盛未有比

四世祖 諱札 五世祖 諱贊

浙江通志周札字宣季玘之弟以討錢璯功賜爵漳浦亭侯徐馥平錄前後功改封東遷縣侯子贊武康縣侯 志封爵

五世祖 諱筵

一統志周筵處次子靖子卓犖有才幹拜征虜將軍徐馥亂筵族兄續亦聚衆應之詔筵輕騎還陽羨殺之及王敦作難王師敗績筵聞季父札開門納敦憤咤慷慨形於辭色尋遇害 常州府人物

江南通志周筵玘弟子歷黃門侍郎從弟續潛聚衆將爲亂筵奉丞相睿命與義興太守孔侃協謀即侃坐上格殺續遷太子右衛率轉吳興內史爲王敦誣害 人物志忠節

浙江通志周筵卓犖有才幹拜吳興太守遷太子右衛率王敦作難加冠軍將軍都督會稽吳興義興晉陵東陽軍事率水軍三千人討沈充未發聞其叔札開門納敦憤咤

慷慨形於辭色尋遇害 湖州府名宦

咸淳毗陵志周筵處族子以討王敦加冠軍將軍都督會稽吳興義興晉陵軍事 見封號志

常州府志周筵陽羨人少卓犖有才幹歷黃門侍郎時徐馥作亂殺吳興太守袁琇周續聚衆應之馥已潰滅而續兵未解丞相睿議發兵討之王導謂發兵不易周筵忠果有謀請獨使筵往足以誅續從之筵與義興太守孔侃協謀即侃坐上叱使人格殺之筵不復過家省母長驅而去遷太子右衛率轉吳興內史王敦難作時周札以右將軍

都督石頭諸軍事毖闢札開門延盜憤咤慷慨形於辭色
敦既得志忌周氏强盛誣其與妖人李脱謀圖不軌於是
筵與叔札兄懋弟贊縉皆遇害 人物志
邑舊志人物忠義周筵有傳 見第三十六卷大宗世序

·五世祖 諱懋

常州府志周懋札兄子渡江後爲晉陵太守封清流亭侯 見封拜志

十二世祖 諱山圖

江南通志周山圖字季寂義興人宋元嘉中領白衣隊拒魏兵於瓜步以功加鎮軍將軍後事齊高帝勸帝除沈攸之及攸之攻郢城預策其不能克又贊世子賾留屯湓口帝是之 人物志宦績

咸淳毘陵志周山圖字季寂義興義鄉人謹直寡言始仕宋元嘉中魏主至瓜步山圖應募領白衣隊拒魏兵以功加鎮軍將軍高帝輔政密啟除沈攸之及攸之敗高帝歎曰周公可謂明於料事武帝時出入殿省甚見信任轉黄門郎領羽林西廂直衛

常州府志周山圖字季寂義興人始仕宋元嘉中魏主引兵至瓜步山圖領白衣隊拒魏兵以功加鎮軍將軍齊高帝道成時輔政山圖密啟除沈攸之及攸之起事道成西討以山圖爲軍副攸之攻郢城令山圖策之曰攸之性度險刻無以固結士心頓兵城下適離散耳攸之果不能克道成謂周公明於料事道成世子賾聞變行至溠陽欲留屯湓口或謂城小難固山圖曰衆心齊一江山皆城隍也賾意乃決道成聞而是之領御林西廂直衛 人物志

邑舊志人物志忠義周山圖有傳 見第三十六卷大宗世序

·二十二世祖 諱日知

邑舊志周日知字邦節武后神龍元年爲右司諫武攸宜自幽州奏凱留武懿宗安撫河北貪殘酷烈請以契丹初平盡屠河北百姓日知廷諍得免 人物附錄

二十五世祖 諱息瑰

邑舊志周息瑰字艮玉建中四年中賢良方正科擢拾遺待詔貞元十一年同陽城王仲舒等守延英門抗疏論裴延齡奸邪不可相陸贄端方不可黜帝怒欲加罪賴太子營求得投劾歸 人物附錄

四十二世祖 諱葵

一統志周葵字立義宜興人宣和中進士調徽州推官高宗時除御史在職兩月言事至三十章且歷條所行不當事凡二十條孝宗時參知政事加資政殿大學士致仕 常州府人物

又周葵宜興人紹興中知平江府金使絡繹於道葵不爲
禮 蘇州府名宦
又周葵宜興人紹興末知太平州水壞圩堤悉繕完凡百
二十里傍郡圩皆沒惟當塗歲熟市河久湮兩賜交病葵
下令城中家出一人官給之食并力浚導公私便之 太平府名
宦
又周葵宜興人宣和中調徽州推官高宗移蹕臨安諸軍
交馳境上葵應變敏速千里帖然 徽州府名宦
浙江通志周葵宜興人字立義宋高宗時任紹興府又知
湖州軍并婺州軍 職官志

安徽通志周葵字立義宜興人紹興中知州事水壞圩堤
葵悉繕完歲乃大熟市河久湮令城中家出一夫官給之
食併力濬導公私便之 太平府名宦
江南通志周葵字立義宜興人宣和六年進士高宗駐蹕
臨安擢監察御史從殿中侍御史在職僅兩月言事至三
十章後以忤秦檜落職檜死起知紹興府孝宗即位除兵
部右侍郎手詔問錢穀出入葵言人主不宜留心細故必
有小人導之蓋指龍大淵曾覿也孝宗色動拜參知政事
同知樞密院卒謚簡惠有文集奏議 人物志宦積
又周葵字立義宜興人紹興中知平江府時兩浙運使李

椿年行經界法郡故田租不滿四十萬椿年披榛莽按倉
碣欲以七十萬爲率葵力辨之椿年遂以圖經三十萬爲
準 蘇州府名宦
咸淳毘陵志周葵字立義宜興人宣和六年第進士甲科
高宗朝兩爲言官論事皆觸權要不得其言而去歷典江
浙數大郡孝宗即位首被超擢時朝議主恢復葵累疏陳
虜未有釁不可輕舉忤旨符離退師上思其忠除政府嘗
因召對言臣初爲言官晚忝侍從事有不可大則論奏小
則堂白言雖不盡從固無愧於心出爲州事苟難行反覆
條奏不從委曲行之不從不至受獘亦無愧於心惟預政

以來每與宰相議天下事大率十事之中勉書七八此爲
有愧耳上嘉其誠以貧政致仕謚簡惠自號惟心居士
常州府志周葵字立義宜興人宣和進士召試館職徙御
史會張浚議北伐葵三章力言此存亡之機能爲司農少
卿除太常少卿時秦檜獨相意葵前論事去必憾趙鼎張
浚再除殿中侍御史一日內降旨除四人葵言願陛下以
仁祖爲法大臣以杜衍爲法檜始不樂有希檜旨者劾落
職屏居鄉閭葵獨安之檜死復直秘閣尋兼國子祭酒孝
宗即位除兵部侍郎金主亮爲其下所弒張浚自督府來
朝密言敵失泗州其懼罪者皆欲來歸願遣軍渡淮赴之

此恢復之機也奕謂不可輕舉累數百言始終守自治之說及符離退師上思其忠除政府卒謚簡惠 人物志

邑舊志人物忠義周奕有傳 見第三十六卷大宗世表

四十七世祖 諱 紹先

邑舊志周紹先字繩武晉平西將軍處後元至正庚寅紅巾賊寇宜興發平西墓紹先糾集宗族復仇殺賊數百已而賊麋集圍合紹先戰死族人從死百數人

志書 積御

八世祖尚書公

江南通志周鼎字在調宜興人萬歷癸丑進士授平陽推

官歷總河侍郎加工部尚書明末河決長山泇河塞決策開之三月告成次塞決口築遙縷二堤邳州三面距河屢被河患請改河羊山外州遂以安 人物志宦績

常州府志周鼎字在調宜興人進士歷仕至總河以泇河功加工部尚書崇禎初運道中梗京儲告匱鼎為漕道一歲再運黃河決長山泇河塞鼎決策開泇三閱月而泇河告成次塞決口次築遙縷二隄移鎮臨清時諸郡皆破臨清獨賴以全鼎為人方嚴無機械孝友出于天性年八十九卒子伯瑞戸部郎中仲球甯波推官季琬御史皆以治行著 人物志

邑舊志周鼎字在調萬歷四十一年進士授平陽府推官歷任至總河侍郎以開泇河功進工部尚書先是侍郎李化龍大開泇河避黃河之險後河決泇淤崇禎五年總河朱光祚濬駱馬湖避河險名順濟河六年良城至徐塘淤為平陸漕運愆期奪光祚官劉榮嗣繼之八年駱馬湖淤阻榮嗣開河徐宿引注黃水被劾得罪鼎繼之乃專力於泇河濬麥河支河築王母山前後壩勝陽山東堤懸蹄匣十字河攔水壩挑良城閘抵徐塘口六千餘丈九年夏泇河復通又修高家堰增築王妃閘次塞決口三百三十餘丈次築遙縷二堤五百餘里又以邳州三面距河屢被

水灾特請於朝改河行羊山外邳城以安凡興四大役不忙迫不勞擾而厥功告成說者謂近自潘季馴楊一魁後治河未有如鼎者也告歸後卒以漕舟阻淺被逮科臣疊奏其有修泇功乃免戊寅冬京師告急鼎奉命移鎮臨清觀軍太監高起潛縱兵淫掠鼎及其未至喻以大義將士皆受約束又策其必過濟甯飛檄禁諭兩境帖然以年老罷歸卒八十有九 人物志治績

八世祖鳳儀公 諱 中立

邑舊志天啟間富室每為豪紳搆陷人按臣訪家立破有雲鶴村周中立於暮雪嚴寒時偶見一人貌類士郎挽入

室陳雜黍贈賵而別不知即按君也後數年周解磚至都
其人司勘驗見其名相與欷歔且曰非雪夜習君仁厚幾
悞聽某言陷君不測矣命役速收解而歸 雜志軼聞

九世祖奉直公諱伯瑞

常州府志入人物 附尙書公傳
邑舊志周伯瑞字輯卿明工部尙書長鼎子以父蔭戶部
主事居官以廉慎著弟仲球季琬順治九年同登進士仲
球授寧波府推官甲午分校浙闈焚香告天所取皆寒士
人物志治績

九世祖推公諱仲球

常州府志入人物 附尙書公傳
邑舊志入治績 附奉直公傳

九世祖御史公諱季琬

一統志周季琬字文夏宜興人順治壬辰進士選庶吉士
尋改御史極言漕政之弊積蠹爲惕息康熙五年
聖祖猶未親大政季琬因議祀典請躬承七鬯以發其意
疏入留中明年季琬卒前疏忽奉
俞旨因賜驛歸其柩蓋異數也
江南通志周季琬字文夏鼎子與兄仲球同登順治壬辰
進士由庶吉士改御史疏陳江南漕政之敝康熙初請躬
承七鬯疏入留中明春季琬卒前疏忽奉
聖祖俞旨令馳驛歸葬 人物志宦績
常州府志入人物 附尙書公傳
邑舊志周季琬字文夏選庶吉士十三年授監察御史時
江南漕政積弊爲民累巡按徐世楨前奏每兌漕糧百石
準加米五石銀五兩巡按孔允樾又奏請官收官兌皆未
遵行季琬具疏力言利弊漕政爲之一清又有諫止裁官
慎選督臣疏又以部覆勘荒非時請核實以卹民隱前後
凡十餘奏皆確然碩畫康熙五年條議祀典請
聖祖躬承七鬯舉行郊祀疏入留中明年春季琬卒於京

前疏忽奉
俞旨遺櫬得馳驛歸葬著有尋煙草致遠堂文集夢墨軒
詩餘 人物志治績

九世祖端于公諱方

邑舊志周方字端于甇獨星人以無子故買妾比至乃知
其有夫即日召其人還之不索其值并贈以銀米 人物志行誼補遺

九世祖雲燦公諱廷求

邑舊志周廷求字近于諸生鼎革後絕意舉業數十年足
不入市扃戶著書凡歷數星象靡不通曉有契友晚年乏

嗣嘗買妾贈之所著有春秋二十編易經天獻詩經大成二十一史纂諸書行世。人物志文苑

九世祖耐菴公諱詠

邑舊志周詠字恒于雲露里人明季兄某以忤勢豪陷獄詠盡廢所授産救之勢豪怒將并陷詠族人咸奮曰彼敢害詠所不合族仇之者非人勢豪乃止姪某累荒糧匿詠家里胥誘致詠子而使謂詠曰爾無虞爾姪朝以出子夕以歸矣詠曰兄惟一子奈何出之蹈不測因重費求直其事凡三年事始定卒不出姪詠子亦無恙也人物志孝友補遺

九世祖端士公諱成禮

邑舊志盧大司馬兄弟殉國後家世陵夷里豪利其田宅誘其遺孤半價售之涉訟逾年豪賄吏蒙蔽不得直里鄰爲不平周成禮者豪士也請於司馬夫人捧誥敕設尙書儀仗率鄉書數十人執香隨其後謁郡守而陳謀奪及蒙蔽情狀郡守愧謝爲治里豪返其田里云雜志軼聞

十世祖景全公諱昌汝

邑舊志周昌汝字景全膂力絕人五歲喪父母改適叉寡無所依昌汝迎歸孝養母禱於茅山至半嶺虎突出拽母去昌汝急擊虎尾挾傷額騰身騎虎背持石卵碎其眼䶂有持挺救者虎始釋母去未幾母氣絕昌汝負屍歸葬每道及輒流涕人物志孝友

十世祖逸圃公諱世賢十一世祖惕齋公附

宜興縣志周世賢字祇言季琬子以拔貢官五河教諭著司鐸事宜石安字說以教羣士士風丕變舉卓異擢咸陽縣令秦俗故獷悍世賢一繩以法折獄多所平反奮尹倨兩士於重典世賢力脫之尋忤上官失職歸著有閒閒堂集子宸鏞字綸雲原名頤元十二歲入邑庠壯歲客遊四方佐幕多利濟事尋舉雍正癸卯科順天鄉試以明通榜首授如皋教諭士喜得師旋丁艱歸人物志治績補遺

十世祖訒齋公諱景山

宜興縣志周景山字文康別字訒齋雲露里人諸生少受業於同里許一清得悉先輩湯世調言行心甚慕之事親至孝處兄弟極友愛兄卒遺孤數齡景山親授之經孤稍少懈即責已子以儆懼之執友許重炎嘗館其家時景山年幾六十尙見其親爲母滌穢云人物志孝友補遺

十世祖藍圃公諱長源

邑志周長源字藍圃諸生母疾晝夜伺奉蕆藥親爲滌穢歷二十年不懈嘗有客遺百金長源聞之償如所遺數曰若等挾貲貿易一旦失之必惘惘不欲生不可以弗拯其施恩於不報之地者類如此採佚志義行

十世祖漣芹公 諱漣

邑舊志周漣康熙戊午舉人著有漣芹傳稿行世 藝文志載籍

十一世省齋公 諱亦魯

江南通志周亦魯字型曾諸生爲人謙謹樸茂教授里中積脩脯營家祠及祭田 常州人物傳林

邑舊志周亦魯字型曾邑諸生父漣字漣芹少負文望康熙舉人亦魯承家學能文章尤以德行自勵其論學篤信考亭嘗病四書大全於朱子意未盡合乃彙文集語類諸說別成一書名曰述朱大全行世 人物志文苑

十一世祖廣齋公 諱方石

邑舊志周方石字輿瞻副貢生所學淵邃議論傾一時晚歲授桃源教諭嚴立課程集諸士子親切教示士風大振郡侯劉方以賢能薦而方石遽卒 人物志文苑補遺

十一世祖巽孚公 諱宸衡

宜興縣志周宸衡字民先諸生積學勵行爲一鄉師表幼受業於儲東溪之門稱高第弟子長益沈研於經史古文孳孳不倦教授生徒數十年尤善獎掖後進讀書至老益耆年八十尚手持一編終日吟誦所著有清月廊文鈔 人物志文苑補遺

十一世祖樸庵公 諱樞

邑志周樞字子珩長源三子監生乾隆丙子歲大饑出貲買穀於門左設廠平糶并糾同志設粥局於會眞庵以食邑之窮餓者後家業漸落猶敦任恤臨歿檢債券悉焚之 據佚志義行

十一世祖補亭公 諱涫

邑志周涫字子堅長源四子監生生平無他嗜好定省外手一卷不置凡載籍中有關敦倫睦族者輒摘錄累千百帙乾隆初邑中籌集文廟公欵涫先倡捐善爲經理勒事於石名弁碑首乾隆以來百餘年廟貌常新未捐民間一錢以有歲修公欵故也 據佚志義行

十二世祖鶴書公 諱翰

宜興縣志周翰字鶴書諸生天性純孝事親左右色養親疾輒涕泣廢食飲侍帷中雖穢溺必親視父母繼歿六年不處內日奉盥櫛梧棬如生時著哀哀吟三十首尋卒 人物志孝友

十二世祖毅齋公 諱維楨

邑舊志周維楨字毅齋歲貢生著有毅齋存稿 藝文志載籍

十二世祖綏菴公 諱之燦

宜興縣志周之燦字絅文雲鶚里人郡人某以負官私錢不能自存攜其婦至邑中將鬻之以償之燦憫之與錢數

十繙以歸越十年某子叩門泣謝鄰人始知其事云人物志行誼補遺

十二世祖潤齋公諱霈

邑續志周霈字澍春監生貴家子而植學砥行不墜其家聲邑有公事必勸輸督役偕湯蕚南任奕琬寺爲詩酒之會與儲公南尤相友善年九十餘卒荊溪人物志行誼與儲數合傳

十三世補堂公諱袞譜名儀袞

邑續志周袞字粹琦歲貢生官海州訓導海州舊無試院歲科二試俱附淮安陸行三百餘里生童苦之袞請於州尊唐公仲冕捐俸倡建士民踴躍樂輸越歲告成復請公

國山周氏世譜　先德錄　卷三十二下　志譜　手　立本堂

建立書院親爲籌畫既成延師其中嚴立課程以勞瘁卒於官荊溪人物志治績

十三世祖東溟公諱士廣

邑續志周士廣字東標著有搦雪草一卷又與許浚慶謝方連等二十八人合撰荊南風雅一卷宜興荊溪藝文合志載籍

十三世祖向中公諱曰暘十四世少白公附

邑舊志周曰暘字曉山十歲誦古文未冠補諸生試輒冠軍所與游皆當時名士曰暘負雋才兼能發憤力學故於書無所不讀爲文章操筆立就著有主靜堂詩鈔存存堂文集年七十六卒子爗亦以積學力行終其身人物志文苑補遺附

貞文方石傳

十三世祖仁菴公諱孟麟

邑續志周孟麟字羽豐生而喪父童時自村塾歸問母曰人皆有父我何獨無母應以死孟麟慟哭不食母諭以努力讀書即所以承父志因晝夜讀不少怠比長授徒於外間日必歸省脩脯所入悉以奉母母疾衣不解帶焚香籲天乞以身代及卒嘔血數升絕而復蘇後終以哀毀致疾卒宜興人物志孝友與豕术合傳

十三世祖孝翼公諱承權

邑續志周承權字孝翼雲翳里人家貧好學喜讀宋五子

國山周氏世譜　先德錄　卷三十二下　志譜　丰　立本堂

書事親左右無違母黃氏多疾進湯藥必先嘗之及疾篤默禱於神刲股爔湯以進及母卒哀毀幾至滅性父諭以喪身非孝乃勉力從事復以勞瘁得疾知不復起惟以不能事父終天年爲恨臨死宛轉起跪席上連呼阿父而卒同時族兄孟麟族姪英太俱以孝行著宜興人物志孝友

十三世祖藕塘公諱迪

邑續志周迪字綸渭別字藕塘諸生行篤實好學研窮經訓兼及詩古文詞曲每有所作人爭傳誦嘗游浙中天台雁宕暨婺州黃山白鶴諸勝所著尤爲奇奧云有雲滄山房詩文藏於家荊溪人物志文苑

十三世祖耀林公 諱鼎玉

邑續志周鼎玉字洪五雲鶴里人家貧喜讀書研窮不懈年逾五十著成河洛發揮一卷識者珍之 宜興人物志文苑

十四世祖廷翰公 諱英太

邑續志周英太字廷翰以賣漿爲業素好酒母戒以恐致失德遂終身不復飲母疾刲股和藥以療之父母殁竭力營葬盡禮盡誠卒年六十遺命葬父母墓旁其後里人重其行與族叔孟麟承權先後具呈當道給額旌之 宜興人物志孝友與承權合傳

十四世祖鴻軒公 諱之冕

安徽通志周之冕字鴻軒荊溪拔貢初爲池州訓導盡心啟迪爲士林所懷嘉慶十八年知太平縣治尚清簡尤加意學校學宫前舊有崔項二姓居頗阻塞之冕勸令捐基以拓外垣又祭祀無樂論陳姓者捐備太平學之樂器自之冕始 甯國府名宦

邑續志周之冕字麗文拔貢生補池州府訓導以卓異授安徽太平令時有婿訐婦翁左道者之冕至其家搜得僞經及所奉羅師像大吏聞之欲置重典之冕曰愚民不知禁忌希邀福耳免其推究民甚德之又有訟棍方琪官者素以人命恫喝詐錢適焦胡氏虐使養媳遂嚇之溺媳詐富室崔氏之冕廉得其實琪官又誘胡氏於就鞫時懷刃自刺先是媳之溺也有沙門比邱見之欲聲張琪官反加勢制索其錢之冕私禁盡悉其情欲置之法會琪官悔極自戕乃止生平無他嗜好工書法其著述甚富云 荊溪人物志治績

十四世祖嶰谷公 諱曦

邑續志周曦字映輝一字嶰谷善屬文以拔貢生選授泰興訓導諸生進謁者莫不樂誦其文也曦爲人醇厚不喜作谿刻語其文亦如之以疾卒於官著有澗谷存稿行世 荊溪人物志文苑

十四世祖璞齋公 諱上珍

邑志周上珍字麟書舉人爲文出入經史淵博宏深博覽强識摘錄古人言有裨身心者自省兼以勵人大挑知縣以母老不就訓迪多成就如陳明經錫光徐刺史大勲溧陽史孝廉蟠史大令復善皆出其門下 人物志文學錄

十四世祖春農公 諱有聲

邑志周有聲字春農選貢工制藝任丹陽訓導士爭受業齋室爲滿改桃源教諭洪澤湖濱淤漲地數里有聲奉郡檄清丈招墾闢田千餘頃造冊呈部當請新籍田二十頃歸學修整文廟又請田五十頃作書院養士貧皆得允行

桃邑文風蔚此大振以卓異升知縣分發廣東既至粵陽春劇賊犯吳興有聲往諭散其黨擒巨魁置之法未幾海氛告警奉檄駐海濱晝夜嚴防冦不爲害以積勞成疾卒桃源名宦祠祀焉 人物志治績

十四世祖勖齋公 諱之誥 半霞公 諱之型

邑志周之誥字勖齋之型字半霞之冕弟皆諸生性篤摯敦内行之誥評註經籍至老不倦之型早歲餼於庠尤善詩古體追漢魏律宗盛唐著有半霞詩稿十二卷 人物志文學錄

十四世祖榮祿公 諱秉鈞

邑志周秉鈞字靜齋諸生父汝礪修學著書多行陰善秉

鈞少承庭訓研經勵行尤以濟物爲心邑中義舉皆身任之先後經建橋梁二十餘所道光庚子辛丑連辦振局晨夕籌濟人感其誠勸捐無弗應創立宏濟誠善兩堂歲施米及褚衣以濟貧乏又置義阡掩骼骨之無主者晚歲猶訓孫輩讀五經洎諸註疏背誦解說勘有錯漏子蔭南文行俱粹語在儒林錄孫會吉以科名顯 人物志行義錄

十四世祖璞堂公 諱鈸

邑志周鈸字璞堂監生受業吳長門下爲善一鄉行鄉約以勵風俗儲社穀以備凶荒道光庚子辛丑洊飢設局振濟并有拾金返金事 人物志行義錄

十四世祖德輝公 諱本智

邑志周本智字德輝廩貢生工文章原本經史屢薦不售乃肆力於詩古文詞一時名士如任安上潘允喆萬堪湯翰吳衡章皆推重之 人物志文學錄

十四世祖雲路公 諱鴻逵

邑志周鴻逵字雲路諸生父汝爲敦行力學有聲庠序鴻逵早歲喪父事母孝四十年如一日撫孤弟成立遂經學善訓迪經其指授輒獲雋老年逾六旬猶誦讀不輟 人物志文學錄

十四世祖立齋公 諱鈺

邑志周鈺字立齋諸生鴻逵弟幼孤貧事母婉曲承歡三十餘年如一日母歿哀毀骨立枕凷居廬性誠樸廉取與好善不倦威黨重之 人物志行義錄

十四世祖竹軒公 諱士棟

邑志周士棟字竹軒鼓琴知風雨任明經晟爲作聽琴行 人物志藝術錄與馬炯合傳

十五世祖義峰公 諱琛

邑志周琛字鑑淵諸生刻苦勵學試輒高等仲弟瑤餼於庠早亡季弟鍾澤亦以諸生客黔死家中負貸甚夥琛念弟室皆孀弱產則分給債則獨償庭以內怡怡如也母年

至九十三侍奉甚至千以培廩生克承親志脩脯不私邑士大夫高其文行 人物志孝友錄

十五世祖西清公 諱 溶

邑志周溶字西清父早喪事母委曲承順扇帳溫被歷四十餘年不懈母歿哀毀成疾卒遺命以衰絰殮 人物志孝友錄

十五世祖蘭谿公 諱 覲

邑志周覲字蘭谿監生慷慨好施善醫不受酬每夏日循行鄉曲遇貧病者施藥療之後業中落有負債繫獄者猶鬻產救之并有拾金返金事 人物志義行錄與敘合傳

十五世祖也畊公 諱 守勳

邑志周守勳字凝逵事親以色養親歿哀毀祭必泣愛弟甚至終身不析爨晚年幕游楚北得千金鈔票於道守三日得主還之以百金贈不受 人物志行義錄與敘合傳

十五世祖慕陶公 諱 徵

邑志周徵字慕陶諸生善事父母母患疽既潰盥滌吮唶者日三四卒愈有女弟寡而貧賙養備至世父職卒於泰興從弟皆幼徵迎喪歸家事悉屏當焉平生讀書刻苦至老彌篤著有曉峯樓集述古懿行錄 人物志孝友錄

十五世祖蓮塘公 諱 華

邑志周華字蓮塘諸生慷慨任俠凡胥吏舞弊魚肉鄉民者必力排之前後游京師二十餘年偕同志創立會館㕔鄉告貸雖歛之亦典質以應有潘某以疑獄被繫力爲營救事得白 人物志義行錄

十五世祖榮祿公 諱 蔭南

邑志周蔭南字愛棠秉鈞子舉人事父母以孝聞兄歿撫姪如子喜作文雄奇精奥自成一家游京師名藉甚縉紳子弟爭執贄脩脯所得分贍貧乏谿如也嘗捐邑館置塚地醵金爲會以助歸喪同里不能自存者必曲爲籌濟俾各得所主霍山書院課文之外以敦行勖多士晚得海州學正州俗強悍士好訟涖任後集講 聖諭剴爲勸導聞者

感奮多就業於官舍逾歲士風丕變彬彬儒雅矣卒於官學官弟子皆涕泣助賻返葬有朐陽哀輓錄蔭南少時即潛心閩洛之書有知其隱行者歎爲魯男子居必端坐盛夏未嘗短襦鄙祖其學以辨義利爲先故自授徒迄居官皆采實效子男二人展績者治京畿劾忠者載 國史女四人長以孝聞次死烈次死節幼者守貞語俱在列女錄中人謂槃於世類云 人物志儒林錄

十五世祖樹庭公 諱 陛芝

邑志周陛芝字樹庭諸生文逸宕有致幼喪父毀若成人兄弟歿後撫諸孤後養備至訓弟子一以朱子小學爲宗

同治初邑人擬舉應孝廉方正辭不就（人物志行義錄）

十五世祖漁溪公諱鍾英

邑志周鍾英字端揆監生事孀母能以色養母有娣孀守節周之視如姊己酉丙辰兩次振濟昕夕在局襄辦不辭勞瘁常剏建宗祠以一身任其事咸豐十年城陷死難（人物志義行錄）

十五世祖紉秋公諱人卓

邑志周人卓字紉秋舉人性開爽豪於文其僑京兆也其敬亭太史目爲奇才人卓亦雅善識拔邑後進高才生于斯蒸久困童子試人未之重人卓見其文大驚爲之延譽

斯蒸卒以詩古文詞名他鑒別類然中年後幕游南北一時推服（人物志文學錄）

十五世祖戌生公諱遇岐

邑志周戌生霅里人母得病疾侍藥年餘不愈病且殆戌生晨夕祈禱夢白衣老人引至墟墓閒指一草示之白英碧葉曰此天星花也能愈汝母既寤按夢尋得之煎湯飲母病頓愈人以比周侯甘草云

十六世祖深甫公諱汝夔（人物志孝友錄）

邑志周汝夔字深甫之晁孫諸生性廉靜不妄取事孀母愉愉承順兄早歿教養從子英玉恩義交至從子歿撫孤孫如其父居常鍵戶端坐慎交游人謂其外和內介云（人物志義行錄）

十六世祖柳漁公諱斌甫

邑志周斌甫字柳漁監生書學顏平原得其雄厚並精篆隸畫蘭竹尤入古生氣拂拂人謂能以書法作畫云（人物志藝術錄）

十六世祖春濤公諱恩爵

邑志周恩爵字春濤徵子少嗜學爲文英偉卓犖尤工儷體及詩賦家貧授徒發明四書五經義類異同學者翕然宗之既入都僑京兆試充咸安宮教習考取國子監學正

唐公訓方撫皖聘辦文案改保知縣怡制軍良楊方伯能格皆都中舊居停也歷金陵均延入署凡翰墨事悉委焉著有大經輯要知不足齋詩集駢文雜存（人物志文學錄）

十六世祖鼎生公（梅生公附）

邑志周家錫字鼎生蔭南次子監生性忼慨耆學樸誠懇文亦磊落如其書庚申之亂與兄家楣將渡江練勇爲恢復計至江陰新港爲賊所及家人或登岸或投江遂相失賊入舟得其兄名刺及蟒衣持向家錫曰是汝物耶家錫恐賊索兄瀉應曰然賊擁之行度兄已遠遂抗聲罵回身作擊賊狀賊斫之罵愈厲斷舌抉筋以死從兄家杰字梅

生監生候選主簿嘗客州縣幕有才名至是亦罵賊遇害事聞並得 旨優卹 國史立傳本籍建祠（人物志忠節錄）

十七世祖安如公（諱英玉）

邑志周英玉字安如諸生少孤善事母以志行自勵嘗誦家貧出孝子世亂識忠臣二語不置咸豐十年城陷或挽之行英玉兀不動賊至厲聲叱罵遂遇害（人物志忠節錄）

十七世棠孫公（諱志匡）

邑志周志匡字棠孫蔭南孫隨父宦長京師侍太母委曲承順兩繼母皆稱孝友愛從弟妹尤摯成童後肄業太學輙列高等同治癸酉試京兆房考官意爲宿學力薦不售遽以疾卒（人物志孝友錄）

先德錄

各書紀載（書撮）

文中子元經　隋王通

經　元康六年秋七月氐賊僭稱帝冬十一月命周處討氐賊

傳　氐賊者孰謂曰秦雍氐羌齊萬年也先是雍州刺史解系爲匈奴度元所破於是氐羌帥齊萬年叛僭稱帝圍涇陽萬年不書名言賊不足名也曷爲不書圍涇陽曰罪莫大於僭號也貶大惡餘無所書可也周處者爲建威軍將詔討齊萬年稟梁王彤節制書人不書官者何曰元經之法人名重官任輕則書人以明人賢任卑也書官不書人者不賢也有書人則因舊史常制無所輕重矣元經權衡義例差別臨文示意在乎官不必備惟得賢而已周處賢將也受制于梁王彤進止不得專智勇不得用故君子重其人不書官言官輕也

經　元康七年春帝正月癸丑梁王彤陷王師殺周處

傳　陷王師殺周處何謂曰去年遣周處討齊萬年至是戰於六陌梁王彤與處有隙促令進軍絕其後不救遂爲賊所敗初萬年聞處來謂賊衆曰吾聞斯人才兼文武若專斷而來不可當也受制於人則成擒耳既而賊

屯梁山有衆七萬彤促處領兵五千擊之於六陌自旦至暮斬首萬計救兵不至處按劍曰吾盡忠竭節之秋也遂力戰歿書曰陷王師以彤不忠於國也又書殺周處以彤挾隙害賢人故書彤陷殺之耳

處預晉書（節錄）

周處入晉爲御史中丞多所彈糾不避寵戚齊萬年反以處爲建威將軍西征衆寡不敵處臨陣慷慨奮不顧命遂死於戰場追贈平西將軍處子玘札皆有才力中興之初並見寵任

王隱晉書

周處字子隱爲御史中丞奏征虜將軍石崇大將軍梁王肜等正繩直筆權豪整肅

肜處討巨賊而進軍上六陌山東據甘泉之勢西困梁山之險大戰盡日斬首萬計後播系違軍期獨當勁處弦絕矢竭後繼不及遂喪戰場王隱晉書見全本據今徐堅初學記

晉陽秋

周處仕晉爲御史中丞多所糾彈氐人齊萬年反乃令處拒萬年伏波孫秀欲表處母老處曰忠孝之道何當得兩全乃進戰斬首萬計弦絕矢盡左右勸退處曰此是吾授命之日遂戰而歿

歷代名臣言行錄

周處字子隱陽羨人膂力絕人不修細行鄉里患之處問父老曰今時和歲豐而人不樂何耶父老歎曰三害不除何樂之有處曰何謂也曰南山白額虎長橋蛟并子爲三矣處曰若患止此吾能除之乃射虎斬蛟遂從陸機陸雲受學篤志讀書砥節礪行比及期年州府交辟仕吳爲東觀左丞歸晉累遷御史中丞彈劾不避權戚梁王肜嘗違法處按劾之至是秦雍氐羌悉反其帥齊萬年僭帝號圍涇陽詔以處爲建威將軍隸安西將軍夏侯駿以討之中書令陳準曰駿及梁王皆貴戚非將帥之才進不求名退不畏罪周處忠直勇果有仇無援宜詔孟觀以精兵萬人爲處前鋒必能殄寇不然梁王當使處前驅而不救以陷之其敗必也朝廷不從萬年聞處來曰周府君有文武才若專斷而來不可當也或受制於人此成擒耳元康七年齊萬年屯梁山有眾七萬梁王肜夏侯駿使周處以五千兵擊之處曰軍無後繼必敗不徒身亡爲國取恥肜駿逼遣之處攻萬年於六陌軍士未食肜促速進自旦至暮斬獲甚眾弦絕矢盡救兵不至左右勸退處按劍曰是吾效節致命之日也遂力戰而死朝廷雖以尤肜而亦不能罪也處三子玘義興郡侯次靖次札會稽內史玘札皆有奇

節大勳諸孫勰烏程侯懋清流亭侯筵吳興內史贊武康縣侯縉都鄉侯一門五侯並居列位周氏貴盛莫與爲比

忠節錄序　明 唐鶴徵

忠節之氣固宇宙之所恃以不毀倫紀之所繇以常存者吾常如周孝侯者明知此行之必死明知將母之可辭一念勇於赴義必於一死以畢吾事此其意在成敗利鈍之外遠矣卒之胡元內犯宋祚將傾姚陳諸公一倡智愚賢不肖與異教之徒皆挺身效節視死如歸亦孝侯一脈陰爲之鼓舞矣

世說新語

周處年少時凶彊俠氣爲鄉里所患又義興水中有蛟山中有邅跡一作白額虎並皆暴犯百姓義興人謂爲三橫而處尤劇或說處殺虎斬蛟實冀三橫唯餘其一處即刺殺虎又入水擊蛟蛟或浮或沒行數十里處與之俱經三日三夜鄉里皆謂已死更相慶竟殺而出聞里人相慶始知爲人情所患有自改意乃入吳尋二陸平原不在正見清河具以情告并云欲自修改而年已蹉跎終無所成清河曰古人貴朝聞夕死君前途尚可且人患志之不立亦何憂令名之不彰耶處遂改勵終爲忠臣孝子

真西山集　　宋　真德秀

殺身成仁則形雖虧其理不虧身雖損其性不失乃所以爲孝也昔周處死於戰陣其母猶在太常賀循謚之以孝以常情言之母在而死於閫可以爲忠而不可以爲孝矣而晉乃稱處爲孝者蓋忠孝一理能忠於君乃所以爲孝也見答問父母惟其疾之憂篇

地輿志

周處字子隱陽羨人少孤膂力絶人好田獵不修細行州里患之父老嘗歎曰三害未除處問故答曰南山白額虎長橋下蛟并子爲三處遂入山射虎投水斬蛟乃造見二陸具以情告曰欲勵志改行而年已蹉跎奈何士龍勉之

力學官中丞以節義著見人物部

張溥通鑑紀事本末書後張溥字天如太倉人崇禎四年進士庶吉士

齊萬年一秦雍氏帥土地甲兵不如委裴朝廷命將之始即遣孟觀爲周處前鋒必能殄滅惜惑於梁王彤陷處先出軍無後繼遂力戰死武帝獨任馬隆勇力赴功梁王彤疾害周處忠臣殞命用人得失爲軍吉凶子玉死而晉喜郭開間而趙亡彊埸之事古今同鑑矣

潛確類書

鍾離權字雲房嘗以裨將從周孝侯敗於齊萬年逃終南山遇東華真人得道至唐始一出度純陽自稱天下都散

漢

神仙通鑑

西晉發兵鍾離權充大將軍周處當偏將軍處與兵力戰而亡兵潰權隱山學道以仙名焉

周濟晉書

周玘字宣佩處第二子也沈斷有父風舉秀才除議郎太安二年張昌反荆州別帥石氷東破江揚逐刺史臨淮人封雲以徐州應之玘潛結南平內史王矩起兵江東共推前吳興太守顧祕都督揚州九郡傳檄討氷誅氷所署吳興太守區山及諸長吏于是前侍御史賀循廬江內史華

及葛洪甘卓皆起兵應玘冰將羌毒數萬人來拒斬之冰
自臨淮趣壽春爲廣陵度支陳敏所破敏乘勝逐北永安
元年遂與玘會攻建鄴冰北走投封雲雲司馬張統斬冰
及雲以降傳首京師徐揚皆平玘不言功賞散衆還家朝
廷擢敏廣陵相敏廬江人以尚書倉部令史度支合肥運
廣陵既立功自謂勇畧無敵有割據江東之志其父聞之
憂疾而卒敏以喪去官東海王越起爲右將軍假節前鋒
都督從攻劉喬敗于蕭西請東歸收兵遂據歷陽甘卓時
爲吳王常侍棄官東歸至歷陽敏爲子景娶卓女共圖縱
横之計使卓矯太弟令拜巳揚州刺史舉兵度江揚州刺

國山周氏世譜　先德錄　卷三十二下　名賢紀載　三六　立本堂

史劉機丹楊太守王曠皆棄城走敏遂據江東使弟恢冦
江州走刺史應邈弟斌東畧吳越自稱大司馬楚公加九
錫以顧榮爲右將軍賀循爲丹楊内史玘爲安豐太守江
東豪俊咸加收禮爲將軍郡守者四十餘人或有老疾就
加秩命玘循竝僞疾乃以榮爲丹楊尹永嘉元年華譚移
書榮等責以大義玘乃與榮謀密告都督劉準于壽春令
發兵臨江已爲内應準遣劉機出歷陽敏使弟昶及將軍
錢廣次烏江弟閎爲歷陽太守以拒機廣家長城玘同郡
也潛使圖昶廣使其屬何康送白事于昶昶傾頭視書康
揮刀斬之遂奪其軍還與榮卓共討誅敏東海王越辟參

太傅軍事行至徐州聞亂而還其年七月元帝以安東將
軍都督揚州江南軍事假節鎭建鄴辟會曹屬初吳人錢
璯亦起兵討敏越命爲建威將軍永嘉四年徵璯率屬會
京師璯畏劉聰不敢進逼軍期遂反殺度支校尉陳豐焚
邸閣自號平西大將軍八州都督劫立孫皓子充爲吳王
既而殺之進冦陽羨元帝將郭逸宋典兵少不敢進玘合
鄉里義衆與逸等討斬之論功授建威將軍吳興太守封
烏程縣侯爲置義興郡以旌其忠然玘宗族强盛前後三
定江南爲人情所附元帝内疑憚焉左右任事者多中州
亡官失守之士駕馭吳人玘久不得調復見輕于刁協恥

國山周氏世譜　先德錄　卷三十二下　名賢紀載　三七　立本堂

恚益甚鎭東祭酒東萊王恢亦爲周顗所侮建興元年與
玘陰謀誅諸用事者推玘及戴淵與諸南士共輔元帝流
人帥夏鐵等寓淮泗恢陰書要鐵鐵聚衆數百未發臨淮
太守蔡豹斬鐵以聞恢懼奔玘玘殺而藴之豕牢元帝聞
召玘爲鎭東司馬未到改建武將軍南郡太守行至蕪湖
又召爲軍諮祭酒將軍如故進爵公玘既忿廻易又知謀
泄疽發于背謂其子勰曰殺我者諸傖能復之乃吾子也
卒年五十六贈輔國將軍謚曰忠烈勰具討勰字彦和常
緘父言吳興功曹徐馥家有部曲勰潛結之二年冬使馥
矯叔父札命合衆以圖王導刁協（札字宣季處第三子也察孝廉除郎中爲齊王）

周大司馬參軍補句容令遷吳國上軍將軍東海王越辟爲參軍不就以討錢璯功賜爵漳浦亭侯元帝爲丞相表授宣遠將軍歷陽內史不之職轉從事中郎　孫皓族人弼亦起兵廣德以應之
三年春殺吳興太守袁琇有衆數千將奉札爲主札聞大
驚告亂于義興太守孔侃勰知札不同不敢發馥黨懼攻
殺馥弼衆亦潰宣城太守陶猷滅之勰族兄續（通鑑作族子）亦
聚衆應馥元帝將發兵討之王導以爲少發兵則不足用
多發兵則根本空虛懼有他變玘兄子筵忠烈至到爲閭
郡所敬遣筵足矣（筵處長子靖之子也彈征虜將軍吳興太守遷黃門侍郎）詔給力
士百人輕騎就道日夜行至郡將入遇續于門謂續曰與
我共詣孔府君有所論續不肯筵牽逼與俱坐定謂侃曰
府君何故置賊在坐續錯愕起摳衣取小刀筵叱郡傳教

吳會以刀鐶築殺之欲誅勰札不許委罪于從兄邵筵不
歸家長驅復命元帝撫勰如舊遷筵太子右衛帥進封札
東遷侯札矜險好利太興中歷官右將軍督石頭水陸軍
事加散騎常侍王敦兵至開門應之周氏勳名由是遂衰
禍敗亦尋至云時筵以冠軍將軍都督五郡（會稽吳興義興晉陵東陽）
率水軍三千將討敦黨沈充于吳興未發而王師敗聞札
開城憤咤見辭色敦轉札光祿勳補尚書遷右將軍會稽
內史敦之屯于湖也勰爲臨淮太守筵爲征虜將軍吳興
內史筵兄懋晉陵太守淸流亭侯弟贊大將軍從事中郎

武康縣侯緝太子文學都鄉侯吳士貴盛莫與比敦深忌
之筵喪母送者千數敦益憚焉召爲參軍及敦疾錢鳳言
于敦曰江東之豪莫强周沈公萬世後二族必不靖矣周
多俊才宜早爲之所敦從之道士李脫以妖術惑衆弟子
李宏養徒灊山云應讖當王敦使廬江太守李恒告札及
其諸子與脫圖不軌郎軍中殺筵襲會稽殺札羣從皆死
惟札二子澹稚得免敦平王導贈札衛尉復筵官

冊府元龜

周山圖字季寂義興人南齊時爲龍驤將軍加建武將軍
守淮南盜發桓温塚大獲寶物客取以遺山圖山圖不受
簿以還官（冊府元龜未見全本今據欽定淵鑑類函錄載）

宋名臣言行錄別集　宋　朱子

周葵簡惠公字立義常州宜興人自鄉校移籍京師宣和
六年第進士甲科調廣德軍刑曹改徽州推臨安府教未
赴召試館職將試引對面授監察御史紹興五年也從農
少求去不允除直秘閣知信州江東憲九年除常少再爲
殿中改起居郎主管玉隆觀十年復直閣十二年知湖州
十三年移平江十四年落職主管崇道二十五年知紹興
二十六年除權尚書禮侍尋兼祭酒又權給事中出知信
州數月罷二十八年知撫州引疾提舉興國十月直龍圖

閣知太平州三十年進集撰移婺州加敷制三十二年除兵侍兼侍講隆興初兼權戶侍旋參政尋知密院請祠除資政殿學士提舉洞霄乾道三年知泉州六年告老章五上加大學士致仕淳熙初薨年七十七

和議已定公復被召論爲國若有道戰則勝守則固和則久不然三者在人不在我矣

爲侍御言自治其國乃可成功不可事虛文貽實禍歷條時政指宰相不任責上變色曰趙鼎張浚肯任事須假之權何遽以小事形迹之公徐奏陛下亦過崇大臣盡忠今臣一二及大臣便爲形迹使彼固而不改罪戾日深非所以保全之也上改容曰此論甚奇最後公連章極論趙子潚語侵趙公又論張公大舉北伐係國存亡坐是不得其言而去迨秦公獨相意公必憾趙再援公入臺公語人曰元鎮已貶某固不言雖門下客亦不及也一日內降差除四人公言願陛下以仁祖爲法大臣以杜衍爲法檜始不樂

孝宗卽位公首被召時張公督師恢復公不以亟戰爲然命佐夏官其後湯思退與張公並相或和或戰多取決於上而其賓客議論間失之偏公始終守自治之誠是曰是非曰非不將不迎不諂不許表裏洞達無一毫之僞

上數批問錢穀出入公奏陛下勞心庶務日有咨詢若出八意表足以聳動觀聽今皆微文細故此必有小人乘間獻忠欲售其私不可不察蓋指龍曾也上色爲動

元顏亮主和議臺諫交章言議和太速公與陳湯二相乞令侍從臺諫集議衆盡洶洶諸公待罪乞罷不許公獨留身固請上曰卿何請之力對曰臣欲爲陛下正綱紀今不可得而正也政出於一則綱紀可正今朝廷晳府左右前後之臣皆行其言此臣欲去者一也每與宰相論事有以爲然而從者有不得已強從者有絕不肯從者十常四五贊至榻前陛下又或不然大率十事之中勉書者七八安得不愧於心乎欲去者二也上察公誠不以爲罪第不許其去

議者多請幸金陵公曰車駕一動能保德壽不爲浙東閩中之行乎乞且上又欲先下詔公曰陛下能行數事驚動天下乃可上問其目公曰臣自初對便乞迎還太上於大內盡發內帑付有司勿令近習干政汰溢額內侍罷毬鞠節飲宴內治修然後可攘夷狄上善之

公議用兵不可輕有一擲賭乾坤之語上曰今戰雖不足守則有餘公曰措置未善政事未修雖守亦難同列皆甚其言退謂上不能堪明日公留身謝上更獎其直

嘗論大學物格而後知至謂在人之至爲智在物之至爲
道以吾之智極物之道如兩物相抵故謂之格夫萬物不
同道一而已方其格物物我爲二及其物格則自視無我
何有於物是謂知至

宜興先賢祠記（荊谿邑志） 眞德秀

陽羨自晉以來世有顯人若周孝侯處善之勇死國之忠
卓然爲百代標表有爲若是令昔豈殊沓心苟忘何適弗
可改壯志一立何事弗可成自晉迄今惟孝侯獨有廟享
餘未聞尸而祝之者寶慶三年浚儀趙侯與懃來宰宜興
以扶敎導人而咸稱其位又惟內翰汪公兵部侍郎王公

簡惠文忠二周公亦近臣碩儒或家或寓皆用故事以祀
九月望日妥侑如禮

客譚集（見忠義集）

孫鎬字西涯安徽太平縣人官江西瑞州府同知明嘉靖
間偕友某渡海至安南值海中忽起颶風舟幾覆見一赤
面長髯人入舟慰衆曰稱無妨以一木橫擔船尾舟遂平
詢其姓氏曰吾周某陽羨人也言畢舟已到岸赤面人忽
不見方知爲神歸立廟祀之太平有周王廟自此始

方枝映逸事記（方枝映青浦人舉人乾隆朝任荊溪訓導）

邑令馬世觀嘗夢神人長髯赤面若世所圖漢關聖像口
吟斷句云夕陽古樹照荒祠覺而不解所謂及整修周孝
侯廟與工日肅瞻侯像宛與夢符

鄉評備考

周賓字子序陽羨人少折節讀書吳初召爲諸議參軍舉
郡上計轉爲州辟從事別駕出兵校尉光祿大夫廣平太
守多政績子魴

史稱孝侯三子而碑載四子不持多寡不同史謂玘長而
靖次之碑謂靖長而玘次之則長幼亦不同也愚按晉書
周札傳云札兄靖子懋晉陵太守淸流亭侯云云而下乃
云次兄子勰則亦靖長而玘次也與侯本傳異而與碑合

且懋襲祖封淸流亭侯必以冢孫故也以此推之則侯之
子當以碑所載爲核實矣又蒲墅雲譜宋濱諸周氏皆謂
是碩之後而南齊之周山圖宋之周葵皆碩裔孫其說或
亦有自來也

周山圖字季寂義興義鄉人（晉永嘉四年析吳興郡長城之北鄉爲義鄉縣屬吳興郡是時郡屬三縣）家世寒賤年十五六氣力絕衆日啜恒兼數人鄉
里獵戲集衆嘗爲主帥指麾處分皆見從不事產業恒願
爲將雖勇健而不嫻弓馬於書題甚拙謹直少言不說人
短長與人周旋皆白首不異宋元嘉二十七年魏軍至瓜
步臺符取健兒山圖應募領白衣隊主以軍功除員外郎

加振武將軍及鎮軍將軍張永侵魏山圖領二千迎運至
武原爲魁軍所追合戰多殺傷魏軍稱其勇呼爲武原將
軍及永軍大敗山圖卒守下邳城還給事中冗從僕射直
閤將軍山圖好酒多失明帝數加怒誚後遂自改累遷淮
南太守時盆發桓温冢大獲寶物竊取以遺山圖山圖不
受簿以還官遷中郎將齊高帝蕭道成輔政山圖密啟沈
攸之久有異圖宜爲之備道成笑而納之攸之事起道成
世子賾聞變以郢州委世隆行至湓陽衆欲倍道趨建康
賾欲留屯盆口或謂城小難周山圖曰今據中流爲四方
勢援不可以小難之苟衆心齊一江山皆城隍也賾志遂

決道成聞而是之賾爲西討都督起山圖爲軍副攸之攻
郢城道成令山圖量其形勢山圖曰攸之爲人性度刻險
無以固結士心如頓兵堅城之下適所以爲離散之漸耳
及攸之敗道成謂曰周公前言可謂明於見事矣齊受禪
封晉興縣男武帝賾踐祚還竟陵王鎮北司馬帶南昌平
太守以盜賊之藪出入殿省甚見親信轉黃門侍郎領羽
林監西廂直衛山圖於新林宅墅舍晨夜往還上曰卿罷
萬人都督而輕行郊外自今往墅可以仗自隨身以備不
虞及疾上手敕問疾尋卒年六十四 出南史 參通鑑

各書紀載 續編

鄉評備考 楊儀撰

周鼎字在調起家寒微萬歷庚子郡守錢科夜夢 名鼎
寶光爛然明旦呼名至鼎心動因錄第一提學御史劣其
文將下錄郡守力爭之是年獲雋癸丑成進士歷官至總
河晉工部尚書崇禎甲戌開泇河其勞績也卒年八十九
其遇故人與子弟多依于厚云

國山周氏世譜卷三十三目錄

國山周氏世譜卷三十三

裔孫 湛霖 謹輯
裔孫 承軒 增輯

祖功錄

封爵 舊編

二世祖 諱 魴

吳大帝黄龍元年以勝魏功賜爵關内侯 見三國志吳書

宋高宗紹興十年封基德侯 見史能之咸淳毗陵志

理宗淳祐四年晉封積慶公 見咸淳毗陵志并唐鶴徵常州府志并邑舊志

三世祖 諱 處

晉元康間封章浦亭侯 見贓榮緒晉書并志及江南通志 大傅一統

晉元帝建武元年追贈清流亭侯 見晉史

宋高宗紹興七年封忠惠侯 據趙琬碑記參咸淳毗陵志

紹興十年封忠義侯 見唐鶴徵府志并邑舊志

甯宗慶元年間晉封忠武公 據劉宰碑記參邑舊志

嘉泰初年累封武惠正應王 據趙琬碑記參宋余登元洑杯偽記

清朝雍正年間江河顯聖有司上其事

勅封渤海王 見渤海王廟碑

四世祖 諱 玘

晉懷帝永嘉四年以平江南功封烏程縣侯 見晉史并浙江通志

愍帝建興元年晉爵封公禄秩倣鄧一同開國之例 見晉史并浙江通志

宋高宗紹興十年封廣利侯見咸淳毗陵志
理宗淳祐四年加封育武公見毗陵志并府志及邑舊志
四世祖諱靖
宋高宗紹興十年封延祐侯見咸淳毗陵志
理宗淳祐四年加封育靈公見毗陵志并唐鶴徵府志及邑舊志
四世祖諱札
晉懷帝永嘉年間以討錢璯功賜爵漳浦亭侯見晉史并浙江通志及府志邑舊志
愍帝建興年間以平徐馥功改封東遷縣侯見晉史并浙江通志參資治通鑑

宋高宗紹興十年封嘉惠侯見咸淳毗陵志
理宗淳祐四年加封育義公見毗陵志并府志及邑舊志
四世祖諱碩
宋高宗紹興十年封靈佑侯見咸淳毗陵志
理宗淳祐四年加封育勇公見毗陵志并府志及邑舊志
五世祖諱勰
晉愍元帝朝襲封烏程縣侯見晉史資治通鑑
五世祖諱淩
晉懷帝朝以從征屢立戰功封永寧伯據舊譜
五世祖諱懋

晉愍元帝朝襲封清流亭侯見晉史并資治通鑑
五世祖諱贊
晉愍帝建興年間以平徐馥功封武康縣侯見晉史并浙江通志參資治通鑑
五世祖諱紹
晉愍帝朝封都鄉侯見晉史并資治通鑑
十二世祖諱山圖
齊太祖建元元年以翊戴功封廣晉縣男見南齊書邑志作晉興縣男
四十二世祖諱葵
宋孝宗淳熙四年賜爵自宜興縣開國加毗陵郡開國侯據周必大碑記

祖功錄

賜邑舊編

三世祖諱處
晉元帝建武元年賜葬地一頃京地城五十畝爲第又賜王家近田五頃見晉史并陸機碑記
四世祖諱玘
晉懷帝永嘉四年以三起義兵平定江南功特置義興郡以旌之賜烏程縣開國見晉書并一統志及浙江通志
四世祖諱札

晉懷帝永嘉四年以討錢璯功賜邑漳浦亭見晉書并邑志

晉愍帝建興三年以平徐馥錄前後功賜東遷縣開國見晉書并浙江通志

五世祖諱勰

晉愍帝朝賜襲父[illegible]烏程縣開國見晉書并浙江通志

五世祖諱贊

晉愍帝朝以平徐馥功賜武康縣開國見晉書并浙江通志

十二世祖諱山圖

齊太祖建元元年以屢立戰功賜邑三百戶見南史齊書并邑舊志

四十二世祖諱葵

宋孝宗淳熙元年賜食邑二千一百戶食實封二百戶據周必大碑銘及荊溪外紀

祖功錄

賜謚舊編

二世祖諱魴

宋高宗紹興十年賜封號曰基德見咸淳毗陵志

理宗淳祐四年晉爵公加號積慶見咸淳毗陵志并唐鶴徵府志及邑舊志

三世祖諱處

晉元帝建武元年賜爵侯謚曰孝見晉史并一統志

宋高宗紹興十年追謚忠惠見咸淳毗陵志

紹興二十六年加仁勇見咸淳毗陵志并據趙琬碑記

孝宗隆興二年加兼利見咸淳毗陵志

乾道六年加義濟見咸淳毗陵志并據趙琬碑記

甯宗嘉泰元年晉爵公謚忠武見咸淳毗陵志并唐鶴徵府志及邑舊志

理宗寶慶二年加恭義見咸淳毗陵志并據趙琬碑記

紹定六年加昭靈見同上

淳祐四年加仁勇見同上

寶祐元年晉爵王加封號曰武惠正應據趙琬碑記參宋余登之流杯亭記

元順帝至元三年錫封英義據汪澤民曹復亨兩碑記

三世祖妣盛氏

理宗淳祐四年賜封號曰慈佑恭懿順惠仁勇見咸淳毗陵志參唐鶴徵府志并邑舊志

四世祖諱玘

晉愍帝建興三年賜謚忠烈見晉史并江南通志及邑舊志

宋高宗紹興十年賜號翊忠光業靈佑廣利見咸淳毗陵志并唐鶴徵府志及邑舊志

理宗淳祐四年晉爵公加號肖武見咸淳毗陵志及邑舊志

四世祖諱靖

宋高宗紹興十年賜爵侯號曰輔忠濟美康應延治見咸淳毗陵志

理宗淳祐四年晉爵公加號肖靈見咸淳毗陵志并唐鶴徵府志及邑舊志

四世祖諱札

宋高宗紹興十年賜號佐忠昭義奕載嘉惠 見咸淳毗陵志

理宗淳祐四年晉爵公加號孚義 見咸淳毗陵志并唐鶴徵府志及邑舊志

四世祖諱碩

宋高宗紹興十年賜爵侯號曰協忠承慶永康嘉佑 見咸淳毗陵志

理宗淳祐四年晉爵公加號肖勇 見咸淳毗陵志并唐鶴徵府志及邑舊志

四十二世祖諱葵

宋孝宗淳熙四年賜謚簡惠 見宋史并通志府志邑舊志

祖功錄

賜廕 舊編

五世祖諱繈

晉元帝朝以父廕襲封烏程縣公 見晉史並資治通鑑

五世祖諱懋

晉元帝朝以祖廕襲封清流亭侯 見晉史並資治通鑑

二十三世祖諱守珪

唐肅宗朝以父廕補零陵尉 據舊譜

四十三世祖諱槍

宋孝宗朝以伯廕授盧陵掾 據宋史

四十三世祖諱休

宋孝宗朝以伯廕授承議郎 據宋史

四十四世祖諱大年

宋孝宗朝以祖廕授儒林郎 據舊譜

四十四世祖諱大壯

宋光宗朝以祖廕授通仕郎 據舊譜

四十四世祖諱大本

宋光宗朝以祖廕授將仕郎 據舊譜

賜廕 續編

雲麟九世祖諱伯瑞

明懷宗朝以父廕官戶部主事 據邑志

十六世祖諱淮清

清同治朝以父廕襲雲騎尉世職 詳見殉難錄

十六世名榮

清光緒朝以父廕入監讀書期滿後引見以州判用 詳見卷一恩綸

十七世名志靖

清光緒朝以嗣父廕襲雲騎尉世職 詳見卷一恩綸

十七世諱志端

清光緒朝以父廕襲雲騎尉世職 詳見殉難錄

祖功錄

賜坊 舊譜

英烈坊在侯廟前宋紹興中爲孝侯公敕建萬歷二十年徐顯卿移建顯陽撰碑記今坊柱尚存 據舊譜

康熙間修整　孝侯廟增建門軒坊頂覆之以屋正中方石鐫晉平西將軍周孝侯廟旁鐫大清康熙甲午重建邑人蔣宗謙書左首方石鐫英烈二字右首方石鐫忠武二字宜邑舊志坊表內英烈坊在長橋南並不註明爲孝侯公立疆域志中混英烈坊爲宋制街坊之坊攷載譌漏今坊雖改易石柱猶存邑新志定訛辨之甚詳

邑新志定訛載舊志區圖載宋制在城坊街凡九崇禮坊在荆谿南左遵義坊在南右蛟川坊在荆谿北左昭德坊在北右又有宜德澄清英烈果利集賢五坊竊謂宋時宜城雖在荆谿北而南興門迻建谿南二里所崇禮

二坊在谿南與蛟川二坊在谿北者同係在城街坊咸淯志已列之坊市中矣至宣德五坊當爲旌表之坊與街坊異且英烈廟額與果利同賜自宋紹興七年其坊則明萬歷二十年經筵講官徐顯卿以巳表宅坊迻建者碑銘可證舊志以爲街坊且列之宋代誤也

明徐顯卿移建英烈坊碑記曰余少赴都出陽羨蓋數謁周孝侯祠登厥邱褭邱焉古木高森慨焉弔其故址孤城莽莽長橋如帶極目南山則爲之愴然思巳又愓然省曰嗟乎余今適知吾道頓漸之旨云昔孔子告問仁屢矣獨於顏氏子曰一日克己復禮天下歸仁焉此頓教也孔子天縱其自序十五逮七十學功不驟然他日曰朝聞道夕死可矣抑何頓也自古忠臣烈士雖曰難得顧亦何代蔑有獨孝侯大勇自新劃然兩截譬若陰霾甚蔽空颯爾大風震蕩一瞬之頃白日光被譬若業不潔者滌祓不于盤盂不于潢潦猛自濯于江漢滄海橫流迅湍之中蕩滌無餘此非亘古今之大勇不能也何以故語曰理由頓悟事屬漸修今也頓其理并頓其事黎明踰大昕舜頓之時義大矣假令侯在七十子列則季路莪余自萬歷五年貫田陽羨七年館吳氏所逾三載還朝十六年請假扶持太淑人歸始於長橋

南折而東定居時開府周君繼侍御李君先民謂不佞顯卿天子講幄臣也檄有司建坊表宅余謝主臣歲大祲吾不敢以私故費財重厲我邑中父老子弟敢辭兩使君曰俾饑民就食不亦惠乎有司賑饑不費饑民以代耕也矣憚厘勞是不足辭則又辭則又請固以辭則邑大夫且出令庀材鳩工矣余迺廉書兩使君曰重拜命之辱惟時陽羨最爾僻在一隅而長橋名滿天下則以周孝侯故嘗斬蛟處當此風俗澆靡有能慕孝侯萬一庶幾頑廉懦立哉今祠宇荒落過謁與嗟合無移建孝侯廟門之外仍前代賜額曰英烈祠大厥觀焉自茲

當有葺其堂廡新其廟貌者威靈如在足以砥礪人心是大有造茲邑且不佞獲竊附姓名識歲月是終拜使君之惠也兩使君報可越明年厥功告成系之以銘

銘曰赫赫侯名奕奕侯祠天風肅揚侯之遐思巉彼南山混彼長橋蛟何巘虀虎何咆虓斬之殪之匪力則驍烈士心競三害斯薅日不再蝕萬古爲昭侯伐西戎旌旗燁燁疊鼓闐闐聲聞于天矢身成身其直如弦侯兮歸來請我故土下上星辰激而風雨有培松栢有嚴伏臘獄其長虹光排閶闔伐石巖巍伐木櫹槮天半穹坊弭節追遐望而可即即而彌高

賜坊 續編

少宰坊爲少宰公建光緒九年少宰公在順天府任內代籌東振撥助六萬餘金彌留之際猶念東災願購棉衣千件以備災民禦寒其子志程志勄體先人未行之志捐銀一千兩由山東撫臣片奏奉　旨准其在原籍地方建坊

山東巡撫張曜奏請建坊片曰再據上海協振紳士謝家福等稟稱已故署吏部侍郎周家楣之子周志程周志勄因其故父平生好善光緒九年在順天府府尹任內代籌東振先後撥助六萬餘金彌留之際猶念東災令購棉衣一千件以備東民禦寒體故父未行之志不敢仰邀獎敘等情臣查已故署侍郎周家楣懷樂善之誠救災恤鄰不分畛域於光緒九年山東黃水爲災代籌振需委揀選知縣潘民表來東散放手具災啟四出募捐由是李培松嚴作霖等創捐於揚州施善昌陳熙元等代募於上海各省官紳亦均勸捐接濟計五年之中除官振外共放善振銀一百數十萬兩全活災黎無算江浙閩粵官紳之好義周家楣一人倡之所謂存心利物必有所濟周家楣有焉九年十二年經前撫臣陳士杰先後奏蒙　傳旨嘉獎至其生平政績已奉　旨宣付史館立傳並經大學士直隸總督臣李鴻章奏請

在於順天府屬建立專祠今伊子周志程等捐助棉衣一千件照章合銀一千兩洵屬克承先志核與建坊之例相符雖據聲稱不敢邀獎未便壅於　上聞可否由周志程等爲其故父署侍郎周家楣在籍建坊之處臣未敢擅擬謹附片具奏伏乞　聖鑒訓示謹　奏奉

硃批著照所請禮部知道欽此

祖功録

賜祭葬 譜編

三世祖孝侯公

建武元年冬十一月甲子追贈平西將軍封清流亭侯謚

曰孝賜錢百萬葬地一頃京城地五十畝爲第又賜王家
田五頃今蒲墅村西沼河田尙仍其名（見陸機神道碑並曾書）
大興二年正月初十日賜葬於義興舊原（據神道碑）
四世祖東遷公
太甯三年贈衛尉遣使者祭以少牢
賜祭葬（續編）
雲霄第九世（諱）季琬
御史公康熙六年卒於京師奉　特旨遣櫬准其馳驛歸
葬（據邑志）
十五世（諱）金章

閣學公光緒十年派徵東團練督辦積勞病故奉　旨
照二品大員陣亡例賜卹追贈內閣學士賜祭一壇給與
全葬銀五百兩一次致祭銀二十兩（詳見卷一恩綸）
十六世（諱）家鍇
縣生公咸豐十三年殉難棠江蘇督辦團練大臣龐鍾璐
請賜卹奉　旨追贈七品銜准其在原籍地方建立專
祠並賜全葬銀一百兩一次致祭銀六兩（詳見殉難錄）

國山周氏世譜卷三十四目錄

簪纓志
選舉（舊編）
官職（舊編）
封贈（舊編）
科名（續編）
學校（續編）

國山周氏世譜卷三十四

簪纓志

選舉 舊編

第一世

贇 吴初州辟從事别駕 見王升色志

第二世

魴 吴初舉孝廉 見吳志

第三世

處 晉咸寧三年州府交辟 見晉書

第四世

玘 晉太康八年舉秀才 見晉書

靖 晉元康間辟爲江都掾 本舊譜

札 晉元康五年舉孝廉 見晉書

第五世

稚 晉太興間舉孝廉 本舊譜

二十一世

崇古 唐貞觀十六年舉秀才永徽元年鄉貢進士 見唐書

二十四世

子諒 唐開元初舉明經 本舊譜

二十五世

息瑰 唐建中四年中賢良方正科 見邑志

二十八世

奇望 唐長慶辛丑進士 本舊譜

二十九世

宰道 唐太和間舉明經 本舊譜

三十一世

安成 唐大中間舉茂才 本荊南舊譜

三十四世

之賢 唐天祐間舉賢良方正 本舊譜

三十九世

竊 宋天聖六年舉行誼 本舊譜

四十二世

葵 宋宣和六年甲辰中沈晦榜進士 見宋史并江南通志

四十四世

大辨 宋淳熙間舉明經 本舊譜

簪纓志

官職 舊編

第一世

賓 廣平太守

第二世

魴　裨將軍鄱陽太守
第三世
處　東觀左丞新平廣漢太守楚內史散騎常侍御
史中丞授建威將軍
第四世
玘　吳興太守軍諮祭酒授建武將軍
靖　江都掾
札　吳興內史右將軍吳興太守都督石頭水陸軍事
第五世
勰　臨淮太守

彝　丞相掾
浚　揚州太守
懋　晉陵太守
筵　征虜將軍吳興太守黃門侍郎太子右衛率加冠
軍將軍都督會稽吳興義興晉陵東陽軍事
贇　大將軍從事中郎
縉　太子文學
濟　太宰府掾
第十世
延寀　侍中

十二世
山圖　兗州刺史殿中將軍加建武將軍轉淮南太守左
中郎將進輔國將軍黃門侍郎領羽林南廂直衛
十五世
遜章　左侍郎
十六世
則韶　納言官
十七世
德懋　太子庶子
十九世

勳　河北宣撫使
二十世
世傑　高安尉
二十一世
崇古　崇文館學士
二十二世
日知　右司諫
二十三世
鍾紹　文昌左丞
兮珪　零陵尉

二十四世
子諒　監察御史
二十五世
息瑰　拾遺侍詔
二十八世
奇望　勸農副使擢樞府
二十九世
宰道　按察副使
四十一世
豫　樂陵尉賜緋魚袋
四十二世
葵　徽州推官監察御史殿中侍御史知平江府紹興府國子祭酒戶禮兵三部侍郎兼侍講同知貢舉拜參知政事權知樞密院事資政殿大學士
四十三世
樅　從仕郎主節文事
楷　宣教郎臨安縣丞
楝　朝奉大夫辰州知府
林　朝散郎淮南路轉運司知事賜緋魚袋
檜　廣陵掾

休　承義郎
四十四世
大年　儒林郎監督四川大軍倉
大辨　承義郎含山縣令
大壯　通仕郎
大本　將仕郎
大昌　寄理從事監督淮西江東軍馬錢糧
四十八世
祖仕　崇義郎
四十九世
全　太醫院判

舊纂志
封贈 舊編
晉建武元年　追贈平西將軍 見晉史
第三世 諱處
晉建興元年　贈輔國將軍 見晉史
第四世 諱玘
晉太甯三年　追贈衛尉 見資治通鑑
第四世 諱札
十二世 諱山圖

齊永明元年　贈輔國將軍 見南齊書
三十九世 諱密
宋隆興二年以曾孫葵秩　贈太子太保資政殿大學士 據周必大碑記
四十世 諱璟
宋隆興二年以孫葵秩　贈少保資政殿大學士 據周必大碑記
四十一世 諱琢
宋隆興二年以子葵秩　贈少師資政殿大學士妻王氏
贈秦國夫人 據周必大碑記
四十二世 諱葵
宋隆興元年　授左中大夫妻李氏　封同安郡夫人 據宋史參周必大碑記
宋淳熙元年　贈正奉大夫 據宋史
淳熙四年　累贈太傅妻李氏　累贈魏國夫人 據宋史參周必大碑記

簪纓志

科名 續編

舊譜無科名以已散見各表也自科舉廢而學堂興則舊日科名已爲累朝文獻矣兹仿縣志列爲專門以存前型亦以勵後學云

進士

第八世

鼎　明萬歷癸丑周延儒榜 總理河道太子太保工部尚書

第九世

仲球　清順治壬辰鄒忠倚榜 寧波府推官

季琬　清順治壬辰兄弟同登 欽點庶常第一直隸巡按浙江道監察御史

成文　清順治乙未史大成榜 推官

第十世

世臣　明萬歷庚辰魏藻德榜 延平府推官

第十六世

家楣　清咸豐己未孫家鼐榜 翰林院庶吉士順天府府尹通政司使吏部侍郎

明通榜進士

第十一世

宸鏞 原名頤元　清雍正甲辰科

舉人

第八世

鼎　明萬歷庚子科 癸丑進士

第九世

項　明崇禎壬午科

仲球　清順治乙酉科 壬辰進士

成文 清順治戊子科 乙未進士
季琬 清順治乙酉科 壬辰進士
第十世
世臣 明崇禎己卯科 庚辰進士
世俊 清康熙丁巳科 教諭
漣 清康熙戊午科 英山縣訓導
第十一世
頤元 易名宮鋪 清雍正癸卯科 甲辰明通榜進士 如皋縣教諭
第十二世
廷謙 清嘉慶庚午科 知縣

錫山周氏世譜 藝纓志 卷三十四 科名 九 立本堂

第十三世
邦 清乾隆丙子科
第十四世
上珍 清嘉慶辛酉科 知縣
第十五世
蔭南 清道光辛卯科 經魁 海州學正
人卓 清道光癸卯科 知縣
第十六世
恩爵 清咸豐壬子科 國子監學正保舉知縣升用同知
家楣 清咸豐辛亥恩科 己未進士

安仁 清同治庚午科 崇明縣教諭
第十七世
志靖 清同治癸酉科 浙江金華府知府
志章 清光緒癸卯科 直州同
志澂 清光緒癸卯科兄弟同登 直州同
副榜
第九世
霞 清順治丙戌科
第十世
履祥 清順治戊子科

錫山周氏世譜 藝纓志 卷三十四 科名 十 立本堂

世濟 清康熙壬子科
第十一世
方石 清康熙癸酉科 桃源縣教諭
拔貢
第十世
世賢 清康熙己酉科 陝西咸陽縣知縣
第十四世
之晃 清乾隆己酉科 安徽太平縣知縣
有聲 清嘉慶癸酉科 桃源縣教諭卓異升廣東知縣
驥 清嘉慶癸酉科 泰興縣教諭

第十七世
志韓　清宣統己酉科为龍江知縣
恩貢
第十五世
鳳飛　清咸豐庚申直州判
第十七世
學源　清光緒庚子知縣
歲貢
第九世
京　明崇禎甲戌蘇州府訓導

叔璜　明崇禎甲申
第十世
聲夏　清康熙甲申
漣　清康熙戊午是科中式
第十一世
萃　清雍正甲寅
第十二世
維楨　清乾隆乙亥
第十四世
儀袞　清乾隆丙午海州學正

第十五世
子斌　清咸豐甲寅安徽州判

學校

學堂之制比年考校夫亦猶行古之道也改章以後吾族由高等及專門畢業授舉人貢生者已有多人固與科名後先輝映矣茲自高等小學畢業以上並登於譜導源伊始定限從寬原已入學者益加精進未入學者共勵前修焉

留學大學類
第十八世凡同世者以畢業先後爲序

衡　清宣統二年日本明治大學法科最優等畢業授法學博士位部試考取法政科舉人

高等專門類
第十七世
[illegible]愈　清宣統二年江蘇優級師範第三分類科最優等畢業咨部考取師範科舉人
域　民國二年江蘇上海專門法律學校優等畢業
第十八世
公甑　清光緒三十二年宜興經正高等小學最優等畢業宣統三年江蘇優級師範第三分類科優等畢

業咨部考取師範科舉人

衛　清宣統元年江蘇武備學堂優等畢業部試授職陸軍協軍校並准以知縣調用

承顴　清宣統三年南洋陸軍高等軍醫專門學校優等畢業民國元年授職陸軍少校

慶高　清宣統三年江蘇法政學堂優等畢業

競智　清宣統二年宜興第一高等小學甲等畢業民國三年浙江法政學堂甲等畢業

承覲　民國四年浙江法政學堂甲等畢業

中學類

第十七世

學渠　清光緒三十三年江蘇優級師範簡易科優等畢業

南屏　清光緒三十三年南洋陸師學堂步兵科優等畢業

第十八世

承宜　清光緒三十二年南洋陸軍隨營學堂優等畢業宣統二年江南陸師學堂要塞科最優等第一畢業民國元年授職陸軍上校

翼　清光緒三十二年宜興經正高等小學優等畢業

光緒三十四年江蘇師範二年簡易科優等畢業奬給師範科貢生

品高　清光緒三十二年宜興高等小學優等畢業宣統三年江蘇存古學堂史學科優等畢業

琦　民國三年吳縣中學堂畢業

高等小學類

第十七世

念孫　民國三年宜興公立敦本高等小學乙等畢業

琪孫　民國四年宜興公立敦本高等小學乙等畢業

梓　民國四年宜興第一高等小學甲等畢業

第十八世

麗高　光緒三十三年宜荊高等公學乙等畢業

承鼎　民國二年蘇州彭氏私立高等小學甲等畢業

餘慶　民國四年宜興第一高等小學校乙等畢業

栢壽　民國四年宜興第一高等小學校乙等畢業

翰　民國四年宜興第八高等小學校甲等畢業

承澍　民國四年宜興第一高等小學甲等畢業

國山周氏世譜卷三十五目錄

國山周氏世譜卷三十五

裔孫 湛霖 輯註

孝侯公年譜

漢延熙吳赤烏五年壬戌四月八日生註侯父關内公年及四旬而艱於嗣禱於山川之神。一夕夢有偉丈夫絳衣博帶劍佩而入遂驚醒越日生侯見任昉述異記

癸亥二歲

甲子三歲

乙丑四歲關内侯致仕註關内侯守鄱陽十三年賞善罰惡誠恩並行後以親老罷歸參三國志吳書

丙寅五歲

丁卯六歲

戊辰七歲九月關内侯疾尋瘳註關内公患心疼病侯朝夕反側以分痛致廢寢食公病愈乃已蓋純孝其天性也參單子發賓風土記

己巳八歲

庚午九歲

延熙十四吳太元元年辛未十歲讀書南嶽山聞父疾即還註侯讀書南嶽僧舍距家數十里一日天已晚聞父恙即單身赴道歷深谷出入虎穴不稍懼咸大奇之見吳緻梓里祖閣

三月鄱陽太守關内侯子魚府君卒註關内公卒侯哀

毁骨立晝夜哭不輟及大父廣平公再三撫慰之哀始
稍止 見續風土記
延熙十五 吳建興元 年壬申十一歲
癸酉十二歲八月十九日大父廣平公卒註廣平公棄養
侯哀毁如喪關內公時祭葬如禮 見續風土記
甲戌十三歲
乙亥十四歲
延熙十九 吳太平元 年丙子十五歲築禮斗壇註侯於國山之陽築土
爲壇拜斗以祈母壽 參王升邑志 今壇址尚存 按國山在縣西南五十七里
與離墨山相連廣平公始居於此

丁丑十六歲
漢景耀 吳永安 元年戊寅十七歲由國山遷居陽山之麓註侯率
母谷夫人遷居縣東北鄉之陽山爲守墓也 按陽山西孝感墩侯之墓在焉江南通志彰善寺在周孝侯故居旁按寺今在陽山麓
長子玘生
己卯十八歲獵於國山註侯未弱冠膂力絕人任俠不羈
好馳騁田獵 見晉書孝侯傳參沈敕荊溪外記
庚辰十九歲
辛巳二十歲獵於國山漁於章溪 章溪即蒲墅蕩在國山麓 註侯立志
不仕故字子隱以漁獵爲業出常負弓矢帶劍 節萬曆 參斬蛟
射虎記
壬午二十一歲仲子靖生
漢炎興元 吳永安六 年癸未二十二歲秋大饑散財振濟註侯素任
俠仗義遇懦弱貧厄人常周卹之因歲饑饉散家財濟
鄉里全活甚衆 參梓里舊聞并斬蛟射虎記
漢炎興二 吳元興元 年甲申二十三歲獵於君山註君山即荊南山
俗名銅官山在縣西南二十里爲二邑之鎮 邑志
漁於龍溪註龍溪一名五雲溪即今盛家渡河爲侯配
盛夫人祖居地 參桃溪客語
晉泰始 吳甘露 元年乙酉二十四歲

晉泰始二 吳寶鼎元 年丙戌二十五歲潘十八爲暴於鄉射斃之註
侯過潘華村 今潘射頭 見有潘族之豪名十八者强取華氏
女華不允登門攫之侯目擊不平援矢射其顱貫頂 參邑志峽閘節斬蛟射虎記
丁亥二十六歲
戊子二十七歲獵於都山註都山一名丁字山上有孝侯
遺蹟 見邑志劉學周丁字山記
晉泰始五 吳建衡元 年己丑二十八歲三子札生
庚寅二十九歲王姓有悍婦虐姑侮夫執而鞭之婦遂改
行註近塘橋悍婦曰王雌黑虎每侮夫而虐其姑逐使

居外貢有膂力族黨弗能禁侯執而數之鞭至百血流
徧體後遂謹事其姑因改名橋曰化縠 見邑志軼聞按橋今名化酷橋
辛卯三十歲獵於邑山 邑山在野北二十里 註邑山東有挂弓山相
傳山多大樹侯出獵時嘗架弓於此 見王起東野語參蔣捷文集
晉泰始八 吳鳳凰元 年壬辰三十一歲
癸巳三十二歲
甲午三十三歲四月入荆南山射虎斃之註侯聞南山山
白額虎暴甚遂入山伺虎至隱一大樹間射之一矢貫
其睛兩矢洞其喉虎立斃患遂息 節斬蛟射虎記參晉書并通鑑綱目
六月搏蛟於荆溪三日獲蛟斬之註侯聞荆溪有蛟爲

害邑人患之因投水搏蛟蛟或沈或浮行數十里侯與
之俱經三日三夜追至大浦港獲之登其背洞其腹貫
以鐵索曳至長橋斬焉時晉武帝泰始十年六月十四
日也 見晉書參通鑑綱目並邑志軼聞
勵志讀書註侯自此砥行好學折節讀書從善鄉以此
名 見王升邑志
十月入吳從陸機陸雲受學註機雲陸抗之子善屬文
名重於世侯入吳郡見陸雲曰甫欲自修年已蹉跎恐
無及奈何雲曰古人貴朝聞夕改但患志不立何憂年
乎侯遂克己勤學無稍怠 節周濟晉畧參楊遠懷郭評傳考

晉咸寧元 吳鳳凰四 年乙未三十四歲僑寓雲間篤志勵學註二陸
居近雲間侯執經門下故僑寓於此松江舊有孝侯讀
書臺今遺址尚存 參蔣汝誠忠義集
晉咸寧二 吳天璽元 年丙申三十五歲著默語註侯爲文操筆立就
著默語三十篇 參晉書并江南通志及唐鶴徵常州府志
晉咸寧三 吳天紀元 年丁酉三十六歲州府交辟
戊戌三十七歲吳徵爲太子洗馬兼無難督不就註萬球
云侯未嘗仕吳唐仲冕國山碑記云陳壽云皓遣董朝
孝侯封禪國山乃觀國山碑載丞相沈太尉璆并董朝
張悌華覈丁忠等名甚詳而不及孝侯非得斯碑正之

奚以爲侯辨誣哉 見邑志 據此則侯未仕吳可知
己亥三十八歲孫勰生
晉太康元年庚子三十九歲
辛丑四十歲
壬寅四十一歲
癸卯四十二歲仕晉爲東觀左丞註侯砥節厲行志存義
烈言必忠信名聞於朝屢辟就徵 參晉書并鄉評備攷
孫夔生
甲辰四十三歲官寓金陵註江南通志周孝侯臺在江甯
府城東南隅鹿苑寺後相傳侯仕東觀左丞時嘗讀書

於此見忠義集今臺址尙存
孫懋生
乙巳四十四歲遷總統拜諮議郎除討虜護軍諱侯靖恭
夙夜恪居官次匡熙庶績一載三遷見臧榮緒晉書參陸機碑記
丙午四十五歲正月遷新平太守諱侯旣之任興養立教
威惠並行百姓向化政簡刑淸參蔣汝誠忠義集
孫筵生
丁未四十六歲叛羌來歸雍土美之諱新平郎今陝西邠
州地近西戎侯撫和諸戎叛羌歸附雍人感戴立侯生
祠歲時祀之見鶴惠碑金集參一統志邠州名宦

長子玘舉秀才。勁子碩生 孫浚生
戊申四十七歲四月轉廣漢太守諱郡多滯訟有經數十
年不決者侯至詳其枉直一朝決遣案無留牘節晉書參札
志成都府名宦 按廣漢郎今四川成都府
孫贊生 孫澹生
己酉四十八歲五月以母疾罷歸諱侯聞母恙卽告歸日
馳數百里旣之家築壇於宅西之墩每日露禱拜斗籲
天天感其誠墩生甘草侯取煎飲母疾尋瘳節徐喈鳳荆南墨農
集
永熙元年庚戌四十九歲三月除楚內史四月徵散騎常
侍諱侯先之楚楚經喪亂白骨被野侯招集撫綏教養
兼至未及朞月化行俗易郡稱大治節晉書參虞預
撰風土記諱侯敘述吳越風土及楚地風俗分編歲時
地理人事器物等類撰成十卷名曰風土記見唐書藝文志參晉書經籍志
孫縉生
元康元年辛亥五十歲二月就徵散騎常侍諱侯居近侍
因上用人鮮當多所規諷政有不可輒力爭之節晉書參陸機
碑記并蔣汝誠忠義集
壬子五十一歲三月遷御史中丞石崇夏侯駿不稱職奏

劾之諱侯奏劾征虜將軍石崇安西將軍夏侯駿正繩
直筆權豪震肅節晉書參王隱晉書
癸丑五十二歲撰吳書成諱侯自吳平後卽撰集吳書至
是始成凡爲三十卷參晉書并江寧通志
甲寅五十三歲奏劾梁王肜違灋深文按之諱侯居諫垣
糾劾不避寵戚奏肜不灋一月章三上由是朝臣多有
忌侯者節王隱晉書參通鑑綱目
乙卯五十四歲三子札舉孝廉
丙辰五十五歲十一月詔授建威將軍隸夏侯駿西征諱秦
雍氐羌悉反其帥齊萬年僭帝號圍涇陽朝廷推賢以

侯才兼文武詔授建威將軍與振威將軍盧播俱隸安
西將軍夏侯駿以討之節晉書通鑑綱目參陸機碑記
十一月奉命出征慷慨就道[國]時梁王彤爲征西大將
軍督關中侯知彤銜前隙必陷己自以人臣盡節不宜
辭憚乃慷慨即路志不生還中書令陳準以彤駿皆非
將帥才請詔孟觀爲前驅上不從萬年聞之曰周府君
有文武才若專斷而來不可當也受制於人此成禽耳
節晉略參通鑑綱目
丁巳五十六歲正月討齊萬年戰於六陌弦絕矢盡援兵
不至力戰死之[國]齊萬年屯梁山有衆七萬梁王彤夏

侯駿令侯以五千兵擊之侯與盧播解系攻萬年於六
陌自旦至暮斬首萬級矢殫弦絕播系承彤旨不救左
右勸退侯按劍曰是吾効節致命之日也何退爲力戰
而歿時正月癸丑日也節晉略參通鑑綱目
建武元年丁丑冬十一月追贈平西將軍清流亭侯謚曰
孝賜錢百萬葬地一頃京城地五十畝爲第又賜王家
近田五頃節晉書
太興二年己卯正月十日賜葬於義興舊原幼子碩奉勅
營墓節陸機碑記參王升邑志
謹按。孝侯年譜原編敘列尚略且未保歿後封典

玆謹重輯悉本諸晉書晉畧本傳及資治通鑑朱子
綱目陸機碑記并引證各書詳爲註明纂訂成帙覽
斯譜者庶於　侯之一生德業略知其大概云咸豐
丙辰中春六十三世孫振鵬謹跋

簡惠公年譜 公諱葵字立義號惟心宜興人

裔孫 湛霖輯註

宋哲宗元符元年戊寅九月十九日生

己卯二歲

庚辰三歲贈韓國夫人大母黃太夫人卒

徽宗建中元年辛巳四歲

崇甯元年壬午五歲

癸未六歲仲弟莘生

甲申七歲入塾讀書註公幼穎悟讀書目數行下參吳梓里舊聞

贈少保太父南巖公卒

乙酉八歲

丙戌九歲

大觀元年丁亥十歲

戊子十一歲受業蔣敬叔先生門註蔣敬叔名之勉吏部尚書堂從子博通經籍爲西浙大儒學者稱荆南先生公入塾時師窺公袖中有小册出之乃彙古聖賢脩身克己語大驚異之見王升邑志參毘陵人品記

己丑十二歲

庚寅十三歲

政和元年辛卯十四歲善屬文名聞於時註公通經史知夙授行文灑灑數千言立就前輩蔣叔明靜吳文節所古咸器重之參王升邑志

壬辰十五歲

癸巳十六歲從唐彥思先生受學註公篤志力學弱冠卒里中英俊晨夕切劘聞彥思專尋爲已之學遂執經門下業以大就彥思名棣宋政和五年進士嘗與晉陵馮孚先同事程伊川先生不樂仕進名不他見獨著於程氏遺書編次伊川語錄二卷見楊愼遂鄉評備有參邑舊志理學

甲午十七歲

乙未十八歲

丙申十九歲

丁酉二十歲

重和元年戊戌二十一歲移籍京師註公經義宏博聲振江左自鄉校移籍京師兩學傳誦其文參宋史節周必大撰神道碑記并名臣言行錄

宣和元年己亥二十二歲

庚子二十三歲

辛丑二十四歲

壬寅二十五歲

癸卯二十六歲

甲辰二十七歲三月廷試中沈晦榜進士註廷試以歷數
爲問公詳對考官歎賞提置甲科見周必大碑記
八月調廣德軍司刑曹事周必大碑記參名臣言行錄
乙巳二十八歲在廣德推官任註公任廣德刑曹潔己奉
公折獄多所平反參王升邑志
欽宗靖康元年丙午二十九歲以上登極覃恩授文林郎
調徽州軍推官周必大碑記
高宗建炎元年丁未三十歲之徽州推官任註州有奸民
馬元龍結黨數十人侵佔民產強市廬舍詞訟至府吏
觀望不敢治公下車廉得其實悉抵於法民皆感頌參[illegible]

嘈鳳邑志
戊申三十一歲在徽州推官任註公精於鞫獄折以片言
兩造允服時有青天之稱他郡之訟於兩臺者輒令公
訊決之參梓里舊聞
己酉三十二歲在徽州推官任
庚戌三十三歲在徽州推官任註公莅任三載訟息庭清
署中有古松枯而復生咸以爲善政所感參節野備考
紹興元年辛亥三十四歲攝郡事註高宗車駕移蹕臨安
公與判官攝郡事親軍交馳境上公應變敏速千里帖
然節宋史參一統志及安徽通志

壬子三十五歲請除浮稅註大觀間諸郡增賦物帛其後
赦書已蠲減而有司仍取之於民公白新守力止其稅
公去乃增如故節神道碑記
癸丑三十六歲改通直郎臨安府教授未赴見宋史及名臣言行錄
甲寅三十七歲
乙卯三十八歲四月除監察御史註吏部侍郎陳與義密
薦公召試館職引對上曰從班多說卿端正面除監察
御史節宋史參名臣言行錄
十月進殿中侍御史註公在職兩月言事至三十章歷
陳所行不當事凡二十條指宰相不任責高宗變色曰

趙鼎張浚肯任事須假之權何遽以小事形迹之公徐
奏曰假如陛下有過尚望大臣盡忠大臣有過而言者
一指便爲形迹使彼過而不改罪戾日深非所以保全
之上改容曰此論甚可取節宋史參一統志江南通志并名臣言行錄
丙辰三十九歲三月除司農少卿註公連章極論趙子道
語侵趙鼎又三章力言張浚大舉北伐係國存亡鼎謂
公沮大計罷爲司農少卿節神道碑記參宋史并唐鶴徵常州府志
丁巳四十歲正月除直秘閣知信州今江西廣信府註公廢離言
路半載四求去皆不允自以親老請外補乃除直秘閣
知信州未之任節神道碑參宋史

戊午四十一歲改湖南提點刑獄事諱趙鼎罷陳與義執
政改湖南提刑以親老就近調浙西又避本貫易江東
皆不就上同
己未四十二歲二月除太常少卿五月復除殿中侍御史
諱秦檜獨相意公憾趙鼎召公入一日內降差除四人
公奏言願陛下以仁視爲法大臣以杜衍爲法又懸疏
國用軍政士民三大弊檜始惡甚節宋史參名臣言行錄并陳玉基府志及邑舊志
八月改起居郎十二月主管洪州玉隆觀諱秦檜所厚
戶部尚書梁汝嘉聞公欲劾之亟告檜檜奏以公爲起

居郎舉黜主洪州玉隆觀節宋史參周必大碑記
庚申四十三歲郊恩復直秘閣告歸周必大碑記
長子樅生字向文號敬心
辛酉四十四歲倡議建岳少保生祠於英烈廟諱公告歸
之里建議革淫祠復衛將軍廟又以岳少保於建炎間
移軍陽羨平巨盜郭吉有功於民與議爲岳建祠祔享
孝侯廟衆皆踴躍從事閱月祠成參王升邑志及徐溥岳廟記
壬戌四十五歲二月起知湖州四月之任諱公蒞任湖州
甫下車即捕邑豪劉某正其罪境內肅然見儲惠碑金集參周必大碑記

次子楷生字向正號心齋
癸亥四十六歲正月移知平江府今蘇州府三月之任諱公守
平江多惠政運使李椿年行經界法郡故用租不滿四
十萬椿年欲以七十萬爲率公力爭乃得減數民德之
見江南通志蘇州府名宦參姑蘇志
十一月以郊恩賜緋魚周必大碑記
甲子四十七歲二月落職主管台州崇道觀屏居鄉閭諱
公任平江時北方初修聘金使絡繹於道公不爲禮轉
運李椿年希秦檜旨劾之由是落職節宋史參一統志
乙丑四十八歲家居養親事公事親極孝愉愉色養定省

無間參荆南舊譜
省孝侯墓諱公於侯墓側植松柏千餘株綠蔭森森一
時傳爲勝景參梓里舊聞
三子楝生字向才號心吾
丙寅四十九歲贈秦國夫人妣王太夫人卒
丁卯五十歲守制
戊辰五十一歲累贈少師朝奉郎賜緋魚袋考心巖公卒
諱公考心巖公諱豫政和間任樂陵尉爲政廉平仁愛
不忍杖罰百姓而民自格心向化視若父母焉以朝奉
郎致仕紹興十八年卒享年八有十六本國山舊譜參荆南舊譜

十二月合葬考妣於國山之陽 王升邑志
己巳五十二歲守制廬墓
庚午五十三歲守制廬墓
辛未五十四歲創建孝侯祠於國山[諱]公擇地於國山禮
斗壇南搆建新祠奉祀孝侯追祀侯祖廣平公侯考關
內公 見國山書譜參李衡碑記
壬申五十五歲四月侯祠落成[諱]祠成倚平岡瞻大澤曠
達開朗奉侯主於其中而次第先代之主於藏室延毘
陵蔣芾撰記 見李衡碑記
著聖傳錄一卷[諱]陳振孫曰自堯舜至孔孟聖傳正統

爲絕句詩二十章而各著其説自爲一家稱成聖傳錄
一卷 見邑志藝文
四子林生 字甫友號心服
癸酉五十六歲纂輯家乘
甲戌五十七歲譜牒成[諱]公出舊牒續纂新編既成延張
九成爲序而自撰序跋於後 參國山舊譜
乙亥五十八歲十二月復直秘閣知紹興府[諱]秦檜既死
朝臣交章推薦公復起用以舊職知紹興府 參宋史
丙子五十九歲正月過闕除禮部侍郎四月兼國子祭酒
[諱]公任大司成引掖後進善誘循循衆士悅服 本宋史參神道
碑記
丁丑六十歲二月兼權給事中三月出知信州[諱]公疏科
舉弊言路忌之以御史湯鵬舉奏劾落職太學生黃作
詹淵等列狀留公不報出知信州隨罷去 節宋史參周必大碑記并
邑志舊
戊寅六十一歲三月起知撫州引疾改提舉江州太平興
國宮 節宋史參周必大碑記
十月直龍圖閣知太平州 宋史
己卯六十二歲二月之太平州任[諱]公守太平秋雨決圩
隄公亟行修治親督工作完繕一百二十里民賴以濟

傍郡圩皆沒惟當塗 太平首縣 有年鄰邑饑民咸來就食全
活數萬人 節宋史參一統志太平府名宦
十月濬河便民[諱]太平市河久湮雨暘交病公下令城
中家出一夫官給之食晨夕督率併力浚導公私便之
宋史參一統志并安徽通志太平府名宦
庚辰六十三歲八月進集英殿修撰敷文閣待制 宋史參名臣言
行录
十月移知婺州 今金華府 [諱]公在太平解任時百姓沿途候
送者以億萬計太平人立祠祀之 見碑金集參周必大碑記
孫大年生

辛巳六十四歲正月之婺州任謹公知婺州甫下車即黜贓吏數人地多曠土令民無田者開墾荒野蠲其租兩年得熟田數千頃時當江上用師調度繁興公不擾而辦號曰仁主（周必大碑記參錫震見聞雜記）

壬午六十五歲七月被召除兵部侍郎謹孝宗即位公與張燾辛次膺首被召初對有綑繩剔謬之論命佐夏官（本宋史節周必大碑記并能之咸淳毘陵志）

九月兼權侍講授朝散大夫（周必大碑記）

孫大辨生

孝宗隆興元年癸未六十六歲二月同知貢舉三月兼權戶部侍郎謹戶部闕官兼權侍郎上數手詔問錢穀出入公奏人主不宜留心細故必有小人乘間獻忠欲售其私不可不察蓋指龍大淵曾覿也孝宗色動（節宋史參江南通志）

六月奉詔以左中大夫參知政事謹張浚密奏請北伐以圖恢復相皆不與聞公請對謂不可輕舉累數千言及李顯忠等敗績上思公言拜參知政事（本宋史參咸淳毘陵志碩玉墨存志）

奉給四世誥命謹以孝宗登極覃恩追贈三代誥命四軸（書本存）

九月兼權知樞密院事謹公在政府盡心輔治朝臣多請幸金陵公力爲諫止上曰今戰雖不足守則有餘公曰措置未善戰守亦難同列皆甚其言明日公留身謝上獎其直曰日聞卿在中書每事力爭朕甚嘉之公又疏奏乞迎還太上於大內盡發內帑付有司勿令近習干政汰革濫額內侍罷擊鞠節飲宴內治舉然後可攘夷虜上善之（節宋史參周必大碑記并各臣言行錄）

孫大壯生　孫大中生

甲申六十七歲三月乞罷不許謹湯思退張浚並相思退主和議陰謀去浚公與思退論不合上疏乞罷留中固請上曰卿何請之力也公曰自預政以來與宰相論事不得已而强從者十有七八安得不愧於心此臣所以欲去也（節宋史參通鑑綱目并名臣言行錄及咸淳毘陵志）

四月薦李浩龔茂良爲言官謹嘗乞召用侍從臺諫上曰安得如卿直諒者遂薦李浩龔茂良上皆以爲佳士次第用之（節宋史）

九月奏復胡銓官謹兵部侍郎胡銓抗疏諫沮和金湯思退怒甚議貶銓公奏銓直言久謫嶺外今方召用遽廢之可乎上嘉納之（節周必大碑志參通鑑綱目）

十月權知樞密院事謹先是副樞密洪遵罷命公權知

樞密院已而召用賀允中不兩月允中致仕公兼領如
故事國事繁悉心裁決持論正平上甚信任簡宋史參周必大碑記
十一月奏請免郊詔從之註太常奏郊牛斃公奏春秋
鼷鼠食牛角免郊況邊虜未靖請展郊以荅天意宋史
閏十一月除資政殿大學士提舉臨安洞霄宮註先是
公引疾乞罷上諭廟堂無人力疾少留至是陳康伯相
公求退益堅上不得已乃從之陛辭上曰卿筋力未衰
他日宣召勿辭周必大曰公貳政兩年始終守自治之
說是則曰是非則曰非不將不迎不諛不訐朱子曰公

在樞府因事納忠隨材器使鎮以安靜中外咸甯節宋史參
孫大本生周必大碑記并提陵人品記
乾道元年乙酉六十八歲奏請以廣福寺為先父墳剎報
可今保安寺註保安寺原係公先祖申錫公諱承捨宅建公
以考少師公墓在邑山之陽因請改為墳剎賜名崇恩
彰孝寺節王升碑跋參邑志
孫大直生
丙戌六十九歲仲子楷補授臨安縣縣丞註心齋公將之
臨安任公戒之署曰居官勿納人一錢亦勿以一錢賄

於人汝公教子弟以孝友為先嘗曰生子擢科第不如
生子能孝弟見王池譜錄參王升邑志
隱士趙九齡來訪註趙九齡字次張李忠定諱綱辟為承
務郎識岳鄂王於行伍中言之忠定擢補軍校忠定罷
九齡亦歸隱公屢薦其才而不用屏居以終見邑志僑寓
孫大猷生
丁亥七十歲三月起知泉州宋史
戊子七十一歲知泉州
己丑七十二歲仍知泉州註公治泉州輕徭減賦政尚寬
簡百姓感化相約有犯法者衆共斥之訖三載不貢一

人參梓里舊聞
從事郎長子樅卒　孫大昌生
庚寅七十三歲致仕註告老章五上以大學士致仕本宋史并
江南通志
封同安郡夫人累贈魏國夫人配李夫人卒註夫人生
於元符庚辰卒於乾道庚寅享年七十有一本湘山舊譜
辛卯七十四歲致仕閒居註公平生不治產業功成身退
優游林下布衣蔬食泊如也累年閒適不以世故縈心
晚號惟心居士節鄉評僑寓參宋史并邑志
壬辰七十五歲少宗伯周必大來訪註周必大字子充一

字洪道少年登第爲翰林學士制命温雅推一時詞臣之冠與公交最深歲壬辰自小宗伯奉祠歸過陽羡訪公於陽山别墅僑居載餘而去其跋蘇東坡橘頌帖云余自紹興癸酉至淯熙己酉三十七年間凡六至宜興 參宋史節橘頌帖石刻并邑志

宜教耶原任臨安縣縣丞遷臨安令仲子楷卒

孫大仁生

癸巳七十六歲置義田䢵公諡重宗䜣族人無遠邇貧者月給之粟至是始置義田以垂永遠相國虞忠肅 諱允文贈

七傳 贈詩有解組投閒始買田建莊分粟繼前賢之句 節桂

里書閭

淯熙元年甲午七十七歲正月十二日薨於里第䢵公薨

上聞震悼賜祭葬 宋史

贈正奉大夫累贈太傅 宋史

賜爵毘陵郡開國侯 周必大碑記

賜諡簡惠 見宋史并江南通志

二年乙未正月乙酉日葬於邑東清泉鄉梅林之原 見神道碑

記參邑志

四年丁酉有司請諡賜諡簡惠

十六年己酉同平章事少傅封益國公周必大撰神道碑記 今碑尚存

宋史曰公孝於事親尤睦宗族當任子先孤姪平生學問不泥傳註作聖傳詩二十篇文集三十卷奏議五卷

謹按唐宋以來如太白少陵昌黎香山東坡紫陽諸公均有年譜我祖　簡惠公少年篤學壯列諫垣歷知各郡晚入樞府學問事業昭垂天壤兹謹据宋史省郡邑志并神道碑記及各名家文集各支家乘所載殫心考證輯成年譜一編　公之一生出處立身忠君之大節庶於此窺見一斑其遺漏訛錯處尚祈後之賢者正之 裔孫湛霖謹跋

從兄湛霖編輯　孝侯及　簡惠公年譜各一卷以示家楣時方修宗譜將請於族長老印列譜端以示後昆垂諸不朽家楣受而讀之敬維　孝侯忠孝文武卓然與日月爭光千載而下聞風興起者莫不欲追溯生平感懷偉烈先睹爲快豈獨爲子孫者奉若球圖願世世勿忘哉曩者鴻軒伯祖纂著忠義集首列年譜於　侯身後崇德報功之典較詳今則上稽史傳旁搜典籍兼攷志乘以及賢哲藝文鄉評宗譜按時徵事註明所自不僭不誣其敘　簡惠公年譜亦然而於　侯吳徵官未就大書特書尤有特識其引唐陶山所攷爲證足以破千古之疑而助史氏之

所不及矣　簡惠公居家孝友篤學勵行以迄登朝敭歷中外上格君心下培元氣所歷德政在人循猷卓特迨出宰相出典大郡隨在民受其福於時宋室播遷之後　公力持内治之説以固根本遂使主和好戰兩家均有所格卒之由此則治非此則敗應若影響蓋　公之學識素裕有以審其端而決其機也若久於相位宋室其不日蹙乎在後世言之或指爲以成敗論事然謀國者大原所在如燭之照如鏡之鑒非逞意氣持高論者所能與也至於鄉里宗族之誼今日猶有遺規緒論此則我子孫所當勉承祖武者爾既跋於後復議於宗譜外另印二三百部異日再付手民刊示天下後世庶幾我先德歷久彌光而文字亦足千秋附以不朽矣光緒七年七月二十六日

裔孫　家楣謹跋

國山周氏世譜　年譜　卷三十五　簡惠公年譜　圭　立本堂

少宰公年譜

姪志靖謹輯

宣宗成皇帝道光十四年甲午七月初六日公生註公諱家楣字雲生又字季光號小棠江蘇宜興縣人曾祖考範亭公諱汝礪邑庠生妣顧氏祖靜齋公諱隶鈞郡庠生妣儲氏父愛棠公諱蔭南道光辛卯科順天鄉試經魁海州直隸州學正妣潘氏公生於宜興西横街潘氏宅即外家也是日爲顧太夫人忌辰日臨午陳祭甫畢而公生賀者咸曰是祖宗送佳兒來也

乙未二歲

丙申三歲

丁酉四歲入塾讀書註公幼穎悟讀書過目成誦祖靜齋公於諸孫中尤愛之案公嘗從欽紫衡師陛芬或發蒙即係欽師待政

仲弟鼎生公生

戊戌五歲

己亥六歲

庚子七歲

辛丑八歲

壬寅九歲從李心蓮師（著）受業註公嘗爲心蓮先生傳云自總角時從師受業以迄習舉業游膠庠在師門者七

國山周氏世譜　續編　卷三十五　少宰公年譜　一　立本堂

年則是年實始從李師也
癸卯十歲　公嘗觀三國演義至六出祁山泫然曰事不
可爲矣蓋忠孝出於性生如此
甲辰十一歲
乙巳十二歲
丙午十三歲　公爲詩文輒寄都中燮堂公改削業日進
丁未十四歲
戊申十五歲院試入學諱公以幼童擿堂督學青墨卿師
摩既批取忽加惜字旋抹去其後伏法僅存嫠孤賴公
提倡同門月有佽助始得成立一字之出入關係如此

從潘曉堂師受業卽公外舅也
己酉十六歲　從潘黼堂師嘉謨於法藏寺肄業見邑志
金壇段伯銘潘源於公典試四川曾語人云前在宜荆
閱書院卷其知名者多列前茅一日有列第四者向不
知名詢知爲新秀才周某卽知其必貴今果然
庚戌十七歲　燮堂公銓海州學正挈家赴任
原配潘夫人來歸詳見專傳
文宗顯皇帝咸豐元年辛亥十八歲秋舉于鄉闈燮堂公
送考至江寧公從行錄科第一試期近而店作勉入闈
遂惘中闈同號生遇祟號呼駭汗遂愈既終場燮堂公
筮卦得晉之九四曰未當位卦殆指年稱禍疑不吉揭曉中
第七十四名舉人正考官爲吏部左侍郎正藍旗滿洲
副都統後官大學士瑞文端常副考官爲翰林院侍讀
金可亭先生國均房師爲六合知縣後官常鎮道高篙
漁先生長紳　文題首父母之年不可不知也一則以
喜一則以懼次去讒遠色賤貨而貴德三斧斤以時入
山林材木不可勝用也　詩題賦得家在江南黃葉村
得村字
壬子十九歲會試報罷奉父命留京
癸丑二十歲春二月燮堂公卒于任諱公試畢微聞父病

星馳旋海已無及哀痛欲絶重闈勉諭稍止燮堂公居
官清正身後蕭然公又處苦塊艱於籌畫賴州學諸生
懷舊集助始奉靜齋公及潘太夫人扶柩歸詳見燮堂公事實
權寓宗祠就祠旁一齋額曰書城又曰釀醑與鼎生公
讀書其中雖處貧困幾不能舉火然以操守自持不與
外務
甲寅二十一歲館常熟周大令沐潤爲記室諱公有游維
摩寺詩嘗擬稟賀楊廉訪能格花縣楊詢出自公異之
乙卯二十二歲秋七月服闋
丙辰二十三歲會試報罷考取宗學第九名諱公丙辰試

卷已擬中矣時闈節戚行主司某欲中其戚遂被擯房
師爲給事中後官布政使郭玉麓先生祥瑞
夏六月出居庸關經土木至宣化口北道錫觀察祉留
館未幾旋里　公嘗諭志靖云北方韻學夙欠講求
塞外尤甚嘗在上谷襄試事有一卷已取進矣評曰
失粘太多觀此可見一斑應即在此時
長子志匡生
丁巳二十四歲館常州誥在楊廉訪能格糧臺爲記室
戊午二十五歲春仍館常州夏以宗學教習將屆傳補偕
崔祝三妹倩望賢入都寓朱厚田廣文厰甕䗃槐老屋

己未二十六歲　廷試中孫家鼐榜進士誥公會試中式
一百四十名貢士覆試一等　殿試二甲二十名　朝
考一等十九名　賜進士出身改翰林院庶吉士是科
總裁爲工部右侍郎成魏卿先生琦戶部右侍郎後官
陝甘總督沈文忠兆霖刑部尚書趙文恪光大學士銜
吏部尚書後官大學士賈文端楨房師爲修撰後官祭
酒章采南先生鋆　欽命四講詩題首色難有事次今
夫天三焉能使予不遇哉　賦得高車高梱得從字
秋假歸靜齋公已衰病見喜甚冬卒公哀禮兼盡奉柩
葬邑西汪家潭

庚申二十七歲春赴上海蘇松太道吳曉帆觀察煦留館
夏四月粵匪陷宜興鼎生公先奉母挈眷暫避東鄉栂
峻濱公聞警遄歸迭遷蘭右馬瀆山
秋八月將渡江遇賊鼎生公及歸吳氏妹皆死之潘夫
人亦因傷繼卒公痛甚報經團練大臣龐鍾璐以一
門三烈聞于　朝又經給事中王憲成奏　聞奉
旨從優賜卹准建專祠以彰忠節詳見殉難錄
奉母居泰興冬潘太夫人以悲痛病幾危公百方調治
慰解始漸痊
辛酉二十八歲仍居泰興誥公偕同志趙子憲徐纂雲高

一帆栽五叔丹文弟等擬於靖江鄭少宰祠節孝祠舊
設練勇總局爲贊助官軍恢復蘇常計往來南通泰州
靖江等處募餉選材事瀕成矣惜有尼者中止
秋七月聞仙女廟有禮部藍印文書過境驚痛不知所
爲歸寓啜泣終夜氣欲絕
穆宗毅皇帝同治元年壬戌二十九歲春二月由海道來
板船入都備嘗艱苦誥公至京補散館改禮部主事儀
制司兼祠祭司行走充　實錄館校對官保送總理各
國事務衙門章京有旗婦於庚申年聞洋人進京自盡
本旗請旌同事議先咨查公謂此無可查應旌無疑不

能拘例遂改議准
秋請湯君銘齋代迎潘太夫人挈家北上致書戚友各
助川資崔祝三妹倩及歸崔氏妹同行冬十一月至京
寓上斜街
癸亥三十歲移寓酒醋局
繼配夏夫人來歸 詳見專傳
甲子三十一歲夏六月夏夫人卒
秋九月傳補總理各國事務衙門章京幫辦法國股
移寓東城總布胡同
崔祝三妹倩捷京兆試

乙丑三十二歲秋九月補禮部精膳司主事
丙寅三十三歲春二月繼配賈夫人來歸 詳見專傳
秋七月總署奏保補員外郎後以本部郎中無論題選
咨留遇缺即補
冬十二月升祠祭司員外郎 實錄館全書告成保補
郎中後作爲歷俸期滿恒 頒賞銀三十兩紗一疋
大緞表二疋裏三疋
舅氏潘卓堂公入都公奉養備至藉博母歡
丁卯三十四歲秋九月升儀制司郎中國宜荊兩邑選拔
例貢一人往往宜學得之荊學中有因不得選憤鬱致
殁者公嘗憫之至是乃函致兩邑士紳援四川成案請
增蘇松揚三府亦繼請巡撫彙奏下部議行節孝請旌
多不諳程式公刊条分給照填隨捐報費累年所報不
下數百人
冬十月截取引 見記名以繁缺知府用
從兄翰生族弟翼廷均卒於京寓公爲治喪並歸其柩
戊辰三十五歲秋七月總署奏保補知府後以道員用並
加三品銜
己巳三十六歲 崔祝三妹倩自丁卯入都留館公命
匡同志靖受業戊辰會試報罷八月忽患肝疾急救始

甦嗣遂頻發公百方調治與賈一空以供醫藥至本年
正月卒公爲長古哭之從豐殯殮如私喪
秋卓堂公選授福建政和縣知縣出京
冬十一月考取御史 記名愛棠公嘗以不得御史盡
直言爲憾公謹識之聞 命感觸
庚午三十七歲總署奏保候補知府後以道員歸候補班
前先即補並俟知府開缺後由道員加一品頂戴
辛未三十八歲充西陵工程監督 案查各記載均不詳何
年記在庚午以後故置于此
裁五公祠廬州守捐銀七百兩公捐三百兩復建藍圃

公祠■裁五公與公嗣後續捐三次竣工並詳祠字記
壬申三十九歲春三月以潘太夫人五月七十壽辰預期
舉祝兼治綵觴賢士大夫投贈詩文交揚懿美有非此
母不生此子之頌
癸酉四十歲夏五月爲志匡授室陸氏見專傳
秋七月公生辰但舉家宴親友餽物咸却之
九月志靖幸捷京兆試志恆亦薦登未售公以志靖嗣
鼎生公悲喜交集舉祭以告未幾姪女綏宜先感喉
症卒志匡夫婦繼之同日卒相距祇五日公傷甚然
以母故又強自解遷寓東單牌樓二条胡同

冬十一月納側室王氏見專傳
十二月輪補御史引見奉旨註銷御史開缺以五
品京堂候補仍留總理各國事務衙門行走總署自
建設以來若夏少司寇家鎬吳宗丞廷芬皆以部曹
遷閣讀學留署若公者蓋仿軍機成例爲總署特叔
云
甲戌四十一歲夏四月總署奏保以四品京堂候補
移寓東江米巷
德宗景皇帝光緒元年乙亥四十二歲夏六月賈夫人弟
室徐太夫人同卒■賈夫人以六月二十五日子時卒
徐太夫人以二十四日亥時卒潘太夫人哭之慟曰何
生相得死亦同歸也公輓徐太夫人聯曰縠魄形江千
卅十餘年血淚不曾乾到此見吾弟矣慈顏承客舍祇
一時間妯娌同舍去何以慰吾親乎讀者酸惻遂命志
靖執喪如禮
秋納側室高氏見專傳
始置宜荆試館見行狀
冬十一月授太僕寺少卿
卓堂公歿於蜀任遺孤紹周育於外氏公遣迎來京視
之如弟

丙子四十三歲夏四月充丙子科會試磨勘官
考差■在上書房題爲地平天成論
總署奏保以應升之缺開列在前並賞加二品頂戴
閏五月命充四川鄉試正考官■公於六月初九日
偕副考官吳太史觀禮首程就道八月初二日抵成都
省城初六入闈沿途士女觀者夾道皆稱年輕或謂好
相貌或謂好體態公與吳公同擬試題首題子曰君
子貞而不諒子曰事君敬其事而後其食次回之爲人
也擇乎中庸三得其心有道所欲與之聚之所惡勿施
爾也詩吟經樓閣雨聲秋得秋字向例正副考官每

以單.幾定來各自爲政是公固浙中知名士學行兼優
公相得甚歡一捐舊套參互折衷得士羅鍾玉等九十
五名榜發翕然稱得人
十二月初九日回京覆 命
轉大理寺少卿仍留總署行走
是年以三品銜太僕寺少卿加三級請 封三代皆爲
榮祿大夫妣皆一品夫人
丁丑四十三歲夏四月繼配蔣夫人來歸詳見專傳
移寓東單牌樓二條胡同宅爲黃侍郎倬舊居頗有林
園之勝公於公暇奉母流覽品評書畫爲生平最順時

滙寄族兄蘭舟公銀三千兩始建義莊續有加增詳見另記
戊寅四十四歲公前爲志靖報捐主事春二月命赴驗看
簽分刑部派貴州司行走
夏四月總署奏保以三品京堂補用
秋七月 擢順天府府尹兼 命在總理各國事務衙
門大臣上行走政績詳見史傳及行狀不重敘下同
九月 派抽查漕糧例差再任從略
率良鄉縣楊謙柄捐建良鄉縣使館奏明立案
直隸總督李鴻章奏加順天府公費銀三千兩由津藩
提解自是年始府尹向祗養廉銀四百兩不敷甚李雅知公故奏加著爲例公之流惠也靖註

己卯四十六歲夏五月潘太夫人卒於府署闔公哀毀甚
閱三處奉柩暫停官菜園下街觀音院由署至院廿里
而弱沿途路祭項背相望公步行哭送哀動路人遂在
院伴靈家屬亦遷居大川淀
秋八月奉柩由運河南返賈夫人徐太夫人及兒媳姪
女各柩均載以行冬十一月抵宜奉柩暫停城內法藏
寺治喪會冬至祠祭同族公議各移前一日又各加親
一服潘太夫人及公盛德所感也
除夕歸崔氏妹卒于里寓闔公既遭大故又有手足之
戚傷痛甚患手戰目昏數月始漸復

庚辰四十七歲冬十二月葬潘太夫人於五牧村
次子志程生側室高氏出
辛巳四十八歲公於上年七月送崔氏妹柩至蘭右暫停
宗祠本年春二月復至蘭右合葬崔祝三妹倩及崔氏
妹柩于凰川濱花園頭費皆公出 本月又葬夏夫人
賈夫人鼎生公金匣徐太夫人長子志匡媳陸氏姪女
綏宜柩于西潭山
夏五月 孝貞顯皇后哀詔至宜公念仰邀 特達之
知受 恩深重記自 穆宗奉安 慈駕由 陵回
京次日即同全中堂 召見謂此次諸務均順遂又

謂外國覲餽全仗汝等維持奬諭優渥詎意自此遂成永訣痛甚除夲志靖　詣法藏寺隨班哭臨外復於次日卯刻到寺盡痛一哭

秋八月服闋譜公在里二年百廢具興率先倡捐殆近萬金詳見里居記事及行狀　歸時假宅以居至是始購西大街曹氏地備建築仍先營忠節祠並爲潘氏妹脩整舊廬先於四月據江陰申港孫君明照來告聞西鄉季姓兄弟二人逃難時住季子廟見有庚申八月遭賊不屈之宜興人死於廟前尚能言曾云周某是我胞兄後其骨在枯井中先有殉難各人骨殖在內八月間有三人遺骸同在井面等語公聞言悲悼不勝遂於八月親往相視築墳立碣曰　皇清詔建專祠崇祀忠義昭忠祠　誥贈奉政大夫刑部貴州司主事太學生宜興周鼎生公埋骨處哭以詩清淑鍾英生死分空揮揚淚灑鄉雲鶴鳴在昔憐同患鴻雁經秋感失羣古井無波藏骸餽家山有瘞骸遺文廿年骸骨難尋覓今向江頭一哭君　覩難有汝汝隱爺根觸江村路易歧故里終遺邱首願勞人知指地形奇一坏竟寄春申邑千古長依季子祠希雨塋齊來宿此如何無夢慰相思

歸至蘇州請蘇撫代奏服闋起程

九月北行以潘氏妹哭至傷往視久乃返始解維

十月初六日至濟甯有管帶精捷營吳副將世泰餽賮公却之譜公自記云平生於與人不無傷惠而於取

人不能無辨自念出入之際如此迄今尚未大累詎非天之佑我當益以儉養廉而留其餘力以盡當盡之道庶足以答天佑而保令節耳記此自勗非鳴其介也又記云天氣交初冬近小雪矣傍晚發水手及所雇縴夫俙襖袴稍稍禦寒或免其走且僵也隨時隨地隨事有益於人者勉之勿以善小而不爲古昔訓詞亦先太夫人教耳志靖謹按公使蜀時嚴禁前站家人需索州縣抵蜀境凡各縣致送程儀均璧並聞前有以少數不收倍送乃收者復告以我們道禁剔薦但於義不當收請勿多心亦鄙前記意也

十月二十八日至京覲　安奉　命仍在總理各國事務衙門行走暫寓宜蘭試館

十二月奉　命署理都察院左副都御史

壬午四十九歲春正月復　授順天府府尹仍兼署都察院左副都御史

二月　派三分之一之半於　孝貞顯皇后周年詣陵行禮又　派考試孝廉方正閱卷大臣

三月初七日詣　陵十二日旋署

夏六月　派壬午科順天鄉試監臨

秋七月函請江甯梁方伯肇煌建復　孝侯讀書臺二十月函復服闋

八月初三日　命署禮部右侍郎臣朝鮮慶源會甯兩
道與中國邊界貿易向派通官前往該國所費不貲
直督李文忠請免派員聽其自便事下總署及禮部
議復公適兼兩署事立即會奏照行以惠藩封
八月初六日入闈監臨詳見行狀十八日出闈　派宗室鄉
試覆試閱卷大臣
九月調署兵部左侍郎　派順天鄉試覆試閱卷大臣
冬十月　派武鄉試長字圍校射府尹向派列字圍公
以署兵左故派首圍詳見行狀
中表潘紹周魁承宣試公闈殊獄教發非虛而舅氏之

有後也
十二月　命署戶部右侍郎兼管錢法堂事務
癸未五十歲春二月　派癸未科會試及新中舉人覆試
搜檢大臣　派稽查左翼覺羅學
夏四月　派新貢士覆試閱卷大臣　殿試讀卷大臣
朝考閱卷大臣詳見行狀
五月　派覆勘各省優貢試卷大臣
六月調署戶部左侍郎兼管三庫事務戶右戶左致積均詳行狀
派考試漢膳生閱卷大臣
故是月公五十生辰鄉閭僚餽送禮公先期切屬順屬

僚友萬勿有所餽送送必不領期近有寄幛單見者概
謝絕有餽至六百金者嚴拒之惟以治中備物公祝請
至再三但領壽屏餘均璧届日僅與三五戚友假地小
敘其來祝者略款酒麵而已
冬十一月　派揀選直隸山西廣西陝西等省副參游
都守各員大臣又　派揀選甘肅知縣大臣
十二月初四日給事中孔憲瑴奏參公徇私妄爲多款
派尚書額勒和布張之萬查辦公逐条復之見公續
圖公自記云初七日見參摺以平糶局資善堂請米
及發棉衣並阜康自行投到不於城而於府寄存錙

隻取回等事卻有喬興壽與張寶揚控案謂夥做生
意賬目交涉發縣訊辦係太監喬某請託喬太監何
人不但未見亦不知其人又謂與鑪房李國馨往來
亦從不知此人刻見縣詳李係已故之人真正可笑
然此乃參摺之所由來也張有欠款二萬數千兩宛
平縣核算賬目斷令交還是以賄買此摺與從前彼
沉中丞爲孔所參郎參令休致之樊守及撤營之王
鎮所爲也孔以訛鑪房銀四千兩被臺長奏參撤其
街道廳已同廢棄劝樵郎中張編修佳靖署副憲以其曾參彼
沉有同心是以令其巡城渠乃無所不至也二十五

日又記云報雪銷假（公請假二十日銷假查辦坿註）額張查復摺亦
上奉　上諭以查明平糶局賚善堂立章均極妥善
通州糧店一案擬呈頗甚公允惟以阜康前存籍隻
取回致啟浮言買孝彤照將平糶局雖係裏理善舉
惟尚在服中該府尹再三勸令從事未能固却均有
不合分別議處遞判周之辰著畢道遠隨時查看等
因雖兩君以慮言路遷怒到彼小山尚書之意尤害
怕藉是以快方兄之心而所查尚屬公允　聖明垂
鑒下情梱埴擬詞尤有斟酌總爲大局起見彼僉壬
其能如願否耶（志靖謹按富鄭公在青州時河北大水流民不可勝數公擇所部豐稔者

勸民出粟益以官廩隨地給散官吏自前資待闕寄居者皆給其祿分任賑事凡活五十餘萬人議以荒賑非他可比固不能拘成格也然則公經買文辦平糶在何可議而查辦大臣尚以此爲咎候責捐一案原參肆意污衊令人髮指旣經查驗亦應議及不置一詞何耶其時風尚如此不問事理但取悅言官爲保全一己地步可鄙也）

甲申五十一歲秋七月三子志勛生蔣夫人出產後遽卒
奉　命毋庸在總理各國事務衙門行走國公自記云
閱報以吳峋奏樞臣閻敬銘聲名日壞而有此舉先溯
前以恭親王等辦事云云而謂總理衙門須體用兼備
能知大體即首及楣與慧吟在總理衙門行走年久辦
事未能合宜再及小峯生疏務秋樵野各有考語惟楣

與慧吟同一考語自念同治三年九月傳補總署章京
及爲大臣迄今廿餘年心無一刻不在此事即在宣讀
禮猶難忘情瘡痍弗能稍釋盡心盡力筆爭口戰以至
今日元氣漸充各國每有風波即相宜綏靖不亢不卑
力持　國體凡士大夫殆皆知之此時以法事累亥可
平而卒見決裂自高陽當國即言不見聽以至全越皆
失迨法兵到華復擬照會告以中國本已照約撤兵無
須彼請與醇邸力爭不聽不數日而索賠有詞乃明降
諭旨撤兵而彼仍不息祗先後數日先則出之自我
後則挾之自彼而仍無濟迨將明發失和開戰又函致

閻許兩樞使告以不明發則法國無餉可繼一明發則
彼持以怒其國人國人出餉必不堪此小勝不可恃久
防亦豈能耶閻許以函致醇邸乃答以　皇太后前我
不能回請兩公自奏可耳且自柄政後從未一往投刺
實以介在嫌疑不應往來其私人容澤園總戎屢言王
之器重屬往謁而未去也此亦乃情不自禁不按官秩
而首及楣直接恭邸之事其用心可概見矣廿餘年心
不能安者至此乃與大公同其憂國不至我身攜其重
負原覺甚得且從此遂初較易第未知此事之謨伊于
胡底即目前之因應又屬何人能任耶（志靖謹案甲申勝局一變實爲

存亡一大關鍵總署派勵貝勒管理旋晉都王即慶邸
也此馬用事始繼長樞廷賄賂從張貪風大肆而國基
遂搖矣戲筆至此爲之三歎 聽吟係吳廷芬小峰係
崑岡生祿係周德潤蓀秋係陳蘭彬荔野係張蔭桓并
註

八月 派覆核朝審大臣
冬十一月 授通政使司通政使仍署理順天府府尹
乙酉五十二歲夏四月御府尹任移寓喜鵲胡同 派考
試試差閱卷大臣
五月 派承修貢院工程大臣
秋七月 派考試漢廕生閱卷大臣 乙酉科鄉試稽
查接談換卷大臣

八月御戸部左侍郎署任再奉署理都察院左副都御
史
九月側室高氏卒移寓官菜園上街
冬十一月 命署吏部左侍郎
十二月 派稽查工部錢糧大臣
志婧長子慶高生嗣志匡
丙戌五十三歲夏四月公卒 註 公自去冬感寒失音小愈
適拜吏左之 命勉出視事又患吐血迭治稍間至春
軫劇正月二十八日請假醫治凡再續假擬請開缺而
戚族關切者總以不請去官爲勸公自記云作賓叔時

在京曰一論開缺三百人同聲一哭矣予曰豈不知之
然人無求還在官之理可止則止不能盡爲人也緣於
日前遣詢徐小雲侍郎從前患病至多假期渠謂曾連
請六十日適愈遂出可再請廿日原知各人境地不同
余即欬嗽全愈足疾如此亦不能不請退休惟既有成
式姑再請廿日然後遂初進以禮退以義不能戀戀一
官乖乎出處也 三月二十九日續假又滿奏請開缺
奉 諭旨再賞假一箇月毋庸開缺以署侍郎之京堂
得此 恩命誠爲異數而公病日深先是公與潘氏妹
雖各處一方而書問往來無間稍有停頓魂夢係之癸

未夏腹瀉頗劇即預書留訣爲計久長至是報章迭登
請假潘氏妹屢函問病公猶答以慰藉潘氏妹心終不
安附輪到京省視公悲喜交集曰不意今生尚得相見
也潘氏妹百方醫禱終無少效公自知不起即命 志婧
預治後事至四月二十九日申時竟溘然長逝矣痛哉
秋八月 志婧 奉潘氏姑及庶伯母王淑人挈 弟志程志
勉 扶柩回籍將夫人高淑人柩同載以行仍由運河冬
十一月抵宜奉柩入城安奉西大街新宅
光緒十七年辛卯葬公於雲鶴墩上村蔣夫人同葬高
淑人祔

兼管順天府府尹畢道遠順天府府尹薛福辰奏請將
公生平政績宣付　國史館立傳大學士直隸總督李
鴻章據順屬紳士公呈奏請於順屬地方捐建專祠山
東巡撫張曜奏請建坊均奉　俞旨（並詳另記）
譜按蘭舟公前敘　孝侯公年譜　簡惠公年譜備
仿綱目體例極善茲敘　少宰公年譜譜師其義其
已詳史傳行狀及各記載者均不冗敘但誌大綱以
備參考伏念吾族自　孝侯公始大其家忠孝大節
寔乎尚已至　簡惠公與　少宰公其遭際不必盡
同而其建　侯祠輯家乘置義田卹太平洲修治圩

活饑民數萬人則大致相同至　簡惠公在朝
內治　少宰公在總署力主自強務從根本著
想則亦無不同惜當府不能用其言因循情靡日復
一日遂致不潰于外卽潰于內今之視昔何異乎昔
之視今也恭大志靖謹跋

國山周氏世譜卷三十六目錄

大宗世傳

國山周氏世譜卷三十六

大宗世傳 書編　　裔孫學渠謹輯

始祖廣平公傳　　邑舊志

周賓字子序先世避王莽之亂夾陽蔡遂家焉七傳及餘姚值漢獻帝世天下兵戈四起公散家財折節交豪傑以名節相勵吳中名士如張昭顧雍魯肅諸葛徐盛輩皆執友以肅薦吳初爲諸議參軍舉郡上計轉爲州辟從事別駕步兵校尉光禄大夫任廣平太守有政績始居國山漢中平元年九月初九日生吳建興二年八月十九日卒配陸氏子曰魴三國志吳書有傳

關内公傳 第二世　　邑舊志

周魴字子魚父賓仕吳爲咨議參軍累官廣平太守多治績少好學舉孝廉爲寧國長遷錢塘令討叛寇彭式旬月平之進丹陽西部都尉黃武中鄱陽大帥彭綺作亂以魴守鄱陽與胡綜戮力致討生擒綺送武昌加昭義校尉奉密旨誘魏大司馬曹休魴連賚七牋僞述背吳歸魏之意言辭懇切休果信之乃率騎十萬入皖魴與陸遜合衆截擊斬獲萬計權大會諸將歡宴獎賞加裨將軍賜爵關内侯賊帥董嗣負阻劫掠豫章諸郡吾粲唐咨攻之不克魴表乞罷兵遣閒諜授以方略狙擊殺嗣嗣弟懼請降由是數郡獲安魴賞善罰惡恩威並行在郡十有三年卒

孝侯公傳 第三世　　　　　　　　　　　　　　　　邑書志

周處字子隱鄱陽太守魴之子少孤弱冠時膂力絕人好馳獵任俠自喜不修細行鄉閭苦之處謂父老曰今時和年豐何所苦而不樂耶父老歎曰三害未除何樂之有處曰何謂也曰南山白額虎長橋潭下蛟并子而三矣處乃入山射殺猛虎投水搏蛟蛟或沈或浮行數十里處與之俱經三日夜人謂其已死皆相慶賀處既殺蛟返聞鄉閭相慶始知人患己甚慨然有改勵之志乃入吳郡見陸雲曰欲自修而年已蹉跎恐無及奈何雲曰古人貴朝聞夕改君但患志不立何患名不彰處遂克己勵學敦忠信尚

義烈期年州府交辟仕吳爲東觀左丞吳平入洛稍遷新平太守撫和戎狄叛羌歸附轉廣漢太守郡多滯訟案有山積處詳其枉直一朝決遣以母老罷歸尋除楚內史未之官徵拜散騎常侍處曰古人辭大不辭小乃先之楚郡內既經喪亂新舊雜居風俗未一處訓以忠義又檢尸骸無主者並收葬之然後就徵遠近稱歎遷御史中丞凡所糾彈不避寵戚梁王彤違法處按劾之及秦雍氐帥齊萬年反僭帝號圍涇陽帝命討之朝臣惡處強直皆曰處名將子忠烈果毅可使詔以處隸夏侯駿西征伏波將軍孫秀謂之曰卿有老母可以此辭處曰既辭親事君父母安得而子乎萬年聞之曰周府君昔臨新平其人才兼文武若專斷而來不可當也苟受制於人此成擒耳既而梁王彤爲征西大將軍都督關中諸軍事處知其必將陷己顧以人臣盡節不宜辭憚乃悲慨就道志不生還中書令陳準知彤將逞宿憾言於朝曰駿及梁王皆貴戚重臣進不求名退不畏罪周處吳人有忠無援宜詔孟觀以精兵萬人爲先鋒必能殄寇朝廷不從時賊屯梁山有眾七萬彤駿分兵五千令處進擊之請後繼弗許乃與振威將軍盧播雍州刺史解系攻萬年於六陌軍士未食彤促令速進處知必敗賦詩曰去去世事已策馬觀西戎藜藿甘粱黍

期之克令終賦畢而戰自旦及暮斬獲甚眾弦絕矢盡播系不救左右勸之退處按劍曰此吾效節致命之日也何退爲遂力戰而歿時元康七年正月也建武元年追贈平西將軍清流亭侯命加策謚太常賀循議曰處履德清方才量高出歷守四郡安人立政入司百僚貞節不撓在戎致身見危授命此皆忠賢之茂實烈士之遠節按謚法執德不回曰孝遂以謚焉所著有默語三十篇風土記吳書若干卷子三靖早卒玘義興郡侯另有傳札右將軍傳禱內史諸孫勰烏程侯懋嗣處爵並征虜將軍吳興內史贊武康縣侯縉都鄉侯一門五侯並居要位莫與爲比

忠烈公傳 第四世　　邑舊志

周玘字宣佩處長子强毅沈斷有父風太安元年州刺史召爲别駕從事累薦名宰府除議郎時妖賊張昌既敗其黨石氷尙據臨淮玘結南平內史王矩吳興太守顧秘同起義兵與右將軍陳敏合討平之既而敏恃功驕恣叛於揚州帝命玘爲安豐太守四品將軍討敏玘稱疾不行密告鎮東將軍劉準令發兵臨江已爲內應卒與顧榮紀瞻共攻敏斬之建康夷三族吳興人錢璯謀不軌殺度支校尉陳豐焚邸閣自號八州都督寇陽羨帝遣郭逸宋典討之並以兵少未敢前玘復率鄉里義衆與逸等俱進斬璯傳首建康玘三定江南開復王略帝嘉其勳加威武將軍吳興太守封烏程縣侯吳興寇亂之後饑饉薦臻盜賊公行玘撫安威惠兼至百姓敬愛之境內肅議帝以玘頻興義兵勳誠並茂乃以陽羨及長興之西鄉丹陽之永世特置義興郡以彰其功後進爵爲公卒贈輔國將軍謚忠烈子勰嗣

宣大公傳 第四世

公諱碩字宣大曾祖諱賓吳廣平太守祖諱魴吳關內侯父諱處晉平西將軍謚孝封侯方侯殉國難時未即歸葬公痛念無所寄先奉家藏袍笏瘞之國山封以馬鬣至今呼其地爲周袍塢云當是時侯忠義聞天下而子孫尤鼎盛公兄諱玘以三定江南功封烏程侯諱札亦以討錢璯功封漳浦亭侯改封東遷縣侯姪諱懋封清流亭侯諱[illegible]封晉興縣侯諱縉封都鄉亭侯而姪諱勰任臨淮守諱[illegible]任揚州守封伯諱筵任吳興守遷黃門侍郎都督五州軍事故晉史稱一門五侯並爲列位吳士之盛莫與爲比言然未幾王敦謀逆深忌朝臣錢鳳一譏而敦之殺機遂不可遏嗟哉五侯一時同禍三兄之嗣於是乎斬矣公既慘家難益念先勳圖所以綿侯祀者僅賴此七尺在遂絕市朝潛蹤草澤以名臣之子勳臣之弟投國山而終老焉且名子曰晦字遵養遵養公承父志混漁樵又名子曰祺字子深子深公名子曰耕并繹祖訓銘諸石以示久遠嗚呼此皆公一人之教訓也自公後歷六傳諱延宰宮宋侍中八傳諱山圖以義兵翊戴任黃門侍郎晉爵男十二傳諱期韶隋納言十三傳諱德懋隋太子庶子十五傳諱勳唐河北宣撫使十七傳諱崇古崇文館學士十八傳諱日知

宣大公傳 第四世

公諱頎字宣大孝侯公四子也嘗考王升邑志云孝侯季子頎痛父殉國難未即歸葬奉家藏袍笏瘞之國山築緒廬墓側揮淚着樹樹爲之枯又云太興二年賜葬孝侯于陽羨舊原幼子頎奉敕營葬荆南舊譜云孝侯戰歿時宣大公年纔成童哀悼廢寢食瘞父冠袍于國山下名周袍塢廬于墓左奉大母谷夫人母盛夫人至孝伯兄玘仲兄札及諸從子強盛公獨韜晦葆眞僻壤屏跡及王敦誣害周氏貴盛者悉燼滅而公父子獨全遂爲國山周氏開基之祖奐叔梓里舊聞云公兄札被王敦誣詔一門五侯同

日遇害後王敦伏誅公率故吏訟冤得贈衛尉此生前事蹟之可考者也宋紹興中睦寇犯境孝侯及公顯聖保護鄉閭有司上其事賜侯廟額曰英烈追封公爲協忠承慶永康靈佑侯晉封肯勇公載在咸淳毗陵志此歿後事蹟之可考者也從祖毅齋公撰公傳文僅即隱居不仕得免于難一節反覆論之餘未之及茲謹據邑乘家乘及各書紀載詳爲考證以示來者同治庚午中秋望日六十二世孫湛霖謹識

官司諫二十傳諱諒監察御史二十一傳諱息瑰補拾遺二十四傳諱奇堅官樞密二十五傳諱宰道官副使三十八傳諱葵宋參知政事資政殿大學士三十九傳諱楷丞臨安縣諱棟知辰州府四十傳諱大辨知含山縣五十三傳諱鼎明總理河道都察院副都御史晉工部尚書五十四傳諱仲球　本朝寧波府府推諱季琬監察御史直隷延接其瓜瓞雲礽名垂竹帛逮六十世未艾者誰非吾祖之敦孝友崇退讓以保世亢宗使侯之德澤久而愈新也乎因据吾史及前修表序跋彙而立傳我子孫用知累代之發祥蓋有自也乾隆歲次丙寅五十七世孫維楨謹述

都督公傳 第五世

邑舊志

周筵處之孫靖次子卓犖有才幹歷官黃門侍郎兵興功曹徐馥殺太守袁琇筵族兄續亦潛聚衆應之馥敗死兵未解丞相睿議發兵討之王導謂發兵不易黃門侍郎周筵忠果有謀獨使筵往必能誅續從之詔給力士百人從行至陽羨與太守孔侃協謀即坐上叱力士吳曾格殺續筵不復過家省母長驅而去遷太子右衛率及王敦難作筵閒札開門延寇憤咤慷慨形於辭色其公忠如此敦既得志忌周氏強盛一門五侯誣以圖謀不軌皆遇害

黃門公傳 第十二世

邑舊志

周山圖字季寂氣力絕人不事生產恒願為將宋元嘉二十七年魏軍至瓜步臺符取健兒山圖應募領白衣隊主以軍功除員外郎加振武將軍賜苑西宅一區鎮軍將軍張永侵魏山圖率兵迎運為虜騎所圍結陣死戰突圍出多所殺傷魏軍服其勇呼為武原將及永軍敗山圖收散卒千餘人守下邳城是時豫州淮西地新沒虜立鎮歷陽計圖南伐以山圖為龍驤將軍屯兵浹口廣設購募兵威大振討東海寇田流及賊帥杜連梅洛生山圖分兵掩擊皆平之豫章賊張鳳聚衆劫抄明帝命山圖討之先以羸卒誘敵設伏水崖擊斬鳳餘衆悉降元徽三年加建武將軍督高平下邳淮陽淮西諸軍事時齊高帝蕭道成輔政山圖密啟曰沈攸之久有異圖公宜深為備蕭公笑而納之後攸之果叛世子賾為西討都督啟山圖為軍副行至潯陽賾欲留屯湓口衆議謂城小難固不如還都山圖曰今據中流為四方勢援不可以小難之苟衆心齊一江山皆城隍也賾意乃決道成聞而嘉之攸之攻郢城山圖策之曰昔嘗與巫同征伐悉其為人性度險刻無以固結士心如頓兵堅城之下適為離散之漸耳攸之既敗賾歎曰周公前言可謂明于料事矣建元元年齊受禪封晉興縣

男邑三百戶假節督兗青冀徐州東海朐山諸軍事二年進輔國將軍盜發桓温冢大獲寶物客取遺山圖拒不納悉簿以還官人皆服其廉介世祖嗣踐祚還竟陵王鎮北司馬帶南平昌太守將軍如故以盜城之舊出入殿省甚見親信轉黃門郎領羽林西廂直衛築墅舍新林晨夜往還上謂之曰卿罷萬人都督而輕行郊外自今往墅可甲杖自隨以備不虞及疾上手勅參問遣醫給藥永明元年卒年六十四

庶子公傳 十七世

隋書

周德懋字官生南蘭陵人當陳末高尚不仕開皇九年隋滅陳族兄羅睺被俘獲文帝慰諭許以富貴羅睺泣對曰臣荷陳氏厚遇本朝淪亡無節可紀得免於死陛下之賜也何富貴之敢望且臣不如弟德懋方正淹洽江表純儒文帝亦重其名召見問爲治之道對曰綏形獄以崇國體弱聖學以養化源時上猜忌不喜學任聽察常令左右覘示內外過失郎置重罪又防令史貪汚私使人遺之錢帛犯者立斬每於殿廷捶殺人日嘗數四德懋言深以爲諷故不相入授仁壽宮匠作局掌簿長史帝每悟其言改秦王錄事遷太子檢簿丞時帝性儉嗇太子服用侈靡常飾蜀鎧帝見而不說戒之曰自古帝王未有好奢靡而能久長者汝當以儉約爲先後遇冬至日百官皆詣太子太子張樂受賀帝下詔停之德懋未與賀擢左庶子晉王廣謀奪嫡重自矯飾帝幸其第則屏匿美姬於別室惟留老醜者衣以縵綃給事左右屏幛改用縑素故絕樂器弦不令拂去塵埃帝甚喜廢立意遂決德懋屢諫太子宜改行廸德以回帝意而太子與唐令則等昵狎每以絃歌教內人婢笑聲聞閤外德懋與右庶子裴政泣諫不聽疏德懋出之開皇二十八年太子被廢唐令則等誅戮有差德懋

得投閒林下絕意仕進云

學士公傳 二十一世

唐書

公諱崇古字道直幼英異年十六舉秀才隸四門學又八年舉鄉貢進士有文名咸亨中高宗委政天后后多引文學之士使撰列女傳諸書北門學士劉禕之引公同事尋授崇文館學士郇王素節愛其才師事之郇王暫斂好學天后嫉之出爲申州刺史公每與書問往還後郇王以久不得覲著忠孝論后見之怒愈甚遂誣以贓賄降封鄱陽王安置袁州並疑論或公所爲禍不測賴中官力爲解救得免死永隆元年裴行儉爲定襄大總管討突厥辟爲行軍記室突厥平表復原官卒以忤天后不見用公惟斯文

自任好汲引後進一時名士皆出其門

司諫公傳 二十二世　　邑舊志

周日知字邦節武后神龍元年爲右司諫武攸宜自幽州奏凱留武懿宗安撫河北貪殘酷烈請以契丹初平盡屠河北百姓日知廷諍得免

御史公傳 二十四世　　舊譜

公諱諒字克誠少慨儻有氣骨開元初以明經應制舉得高第開元十[illegible]年春明皇置麗正書院集文學之士修書講誦公與選六年不調以張九齡薦授左拾遺張說與中書侍郎崔沔不協欲出之有制選臺閣名臣爲諸州刺史公循例知信州遷廣州李林甫用事欲招致天下名宿附己使親知諷公可得要津公不答張九齡爲相復薦公擢監察御史李林甫結高力士武惠妃謀爲相公深以爲憂一日上問九齡曰朕欲相林甫何如九齡對曰宰相係國家安危恐陛下相林甫異日竊爲廊廟社稷憂於是林甫

深銜九齡思中傷之會朔方節度使牛仙客前在河西能節用度勤職業倉庫充實器械精利上聞而嘉之欲加尚書九齡復以爲不可仙客厚賂林甫言於上曰仙客宰相才也何有於尚書九齡書生不達大體明日議實封仙客隴西縣公爵上復以爲言九齡固執不可拂上意林甫乘間肆譏謂天子用人何有不可宰相乃欲威福予奪必自已出耶上於是罷九齡而以林甫兼中書令牛仙客爲工部尚書同中書門下三品九齡既罷公集朝士欲交章抗疏論之皆容身保位無復直言公益憤嘖指瀝血爲奏狀劾林甫既而曰上方柄用林甫根蒂深固吾先寡其羽翼

遂易草彈仙客其略曰賊臣牛仙客家世厮養目不知書荷戈河湟貪天功以圖倖進賄賂夤緣驟登清要包羞朝延況爵稱縣公食邑三百无妄之福溢踰分願而復叨竊政府關通近侍朋比生奸堂堂天朝豈無正士足倚端揆乃任此宵壬累聖主之明失天下之望上大怒命撲於殿庭絕而復蘇曰臣今者真得從龍逄比干遊於地下矣流瀼州即日出都門至藍田而卒

拾遺公傳 二十五世

公諱息琨字秉儉又字良玉生而穎悟氣宇不凡讀書一過即能成誦唐建中四年中式賢良方正科授湖州司士教訓庠序以修己孝親爲先致君澤民爲本甚得士心嘗遊交章薦剡特擢拾遺待詔貞元十一年因上欲相裴延齡罷黜陸贄同諫議陽城拾遺王仲舒等守延英門伏閤上疏論延齡奸佞陸贄無罪帝大震怒欲罪之太子爲營救乃解乘告歸優游林下敦請常袞張籍等纂修家乘痛念先祖　孝侯殞身國難飲恨權奸青史雖播於千秋芳節未揚于州里爰率弟姪聿建廟宵像重樹陸平原碑元和六年工畢祀以太牢維時同宗百人分庭贊拜濟濟衣冠尊祖睦族一時傳爲盛事茲當重輯宗譜謹述公德以著之於篇宋紹興二十年仲春四十二世英謹撰

樞密公傳 二十八世　　舊譜

公諱奝望字圖遠長慶辛丑進士首建言兩河雖定不可撤兵陛下新政不可疎重臣蓋穆宗初即位蕭俛段文昌柄政以爲兩河略定天下太平漸宜銷兵請密詔天下軍鎮有軍處每歲百人中限八人逃死又翰林學士元稹日夜求爲宰相恐裴度先達重望有大功妨己進取屢肆沮撓置之散地公意指此後軍士落籍者聚山澤爲盜朱克融王庭湊作亂一呼而亡卒皆集朝廷再失河朔之地言者亦爭謂時未偃兵度將相全才不宜在外乃徵度入朝旋留輔政公言皆驗文宗爲諸王時悉其名及即位歷擢

至樞府會維州副使悉怛謀請降節度使李德裕奏其事且陳出師之利牛僧孺與德裕有隙主議棄維州執降歸吐番上以爲然公力疏諫曰臣之謀國不敢以有己也謀國而挾已私則必不顧宗社安危妄參異同之議論惟陛下明以燭之斷以持之而後信從始不悞耳臣竊按維州爲平隍之衝兩川之臂河隴數郡以西八國隔而不得爲隸今西川節度使臣李德裕欲滅八處鎮兵坐收千餘里之故地其言不待智者可決也僧孺惡策不自己出功不自己收惟德裕是阻以要盟修舋之言敗之陛下誤聽其說棄不可棄之地盟不可盟之人忘先人之夙恥絕遠人之歸志亦獨何哉今即以牛李之議質之李曰高山絕頂三面臨江得此可并力於西陲更無虞於南路牛曰城下之盟在彼爽信不可李曰韋皋經略盡銳成城莽熱千里救援臨衝難犯牛曰萬騎綴回中三日至咸陽速禍不可李曰合水棲雞既失險阻平以魯州屹爲唐藩牛曰以彈丸之地啟平涼之釁則昧於大小不可夫爽信不可矣忍恥獨可乎曷以一州還太宗之舊速禍不可矣貽禍獨可乎曷以一州連四會之援昧於大小不可矣迷於順逆獨可乎曷以一州絕異類之啟疆來忠義之內附且所謂爽信亦非信也清水之盟血未乾而帳外之甲聲已起則彼

實無信所謂速禍亦非禍也南詔之恩未息回鶻之力不支則彼實無勢所謂昧於大小亦非昧也鳳翔興元之聲應邠甯鄜延之聲援爲西蜀即所以爲關洛也況乎悉怛謀之向化豈有僞哉諸羌苦番中徵役皆願附王人蓋不獨一悉怛謀矣并州之甲仗塞途牙兵之受降咸列南蠻不敢仰視又不獨一維州矣至於隰沒斯之內附審其情實而撫其歸順德裕之納降業有成效絕回鶻之侵索而破戛斯之囂陵其能居中而制諸羌死命者又不獨一吐番之維州矣奈何左袒吐番而成僧孺排擊德裕之計哉文宗覽疏大慚恨尋眘李而黜牛其黨深怨公一日公抱

府牛陰使人饋之藥得癇疾遂以病廢

簡惠公傳 四十二世

邑舊志

周葵字立義宣和六年進士高宗朝兩爲言官入臺兩月章三十上條陳時政二十餘事指宰相趙鼎不任責又論張浚北伐係國存亡廷臣謂其沮大計罷爲司農少卿及秦檜獨相意葵憾趙鼎不爲己用再除殿中侍御史內降差除四八葵言願陛下以仁祖爲法大臣以杜衍爲法又歷疏國用軍政士民三大弊檜怒轉運李椿年希檜旨劾之落職屏居鄉閭坦然安之檜死起直秘閣權禮部侍郎疏言科舉之弊御史湯鵬舉劾之復罷去孝宗即位除兵部侍郎朝議主恢復葵疏陳不可輕動忤旨及李顯忠等敗績上思其言拜參知政事臺諫交章言議和太速衆論洶洶葵卽求退加資政殿大學士致仕葵平生學問不泥傳註作聖傳詩二十篇文集三十卷奏議五卷晚號惟心居士淳熙元年正月薨賜謚簡惠

繩武公傳 附

繩武公諱紹先孝侯公四十四世孫幼存至性及長多膂力常懷忠義至元庚辰七月遣使巡歷江南訪求高士郡守以公薦時年六十四矣以老力辭至正庚辰八月家犬忽升屋嘷俄二犬相繼升逐之不下命子祖仕篦之得坤之上六曰龍戰于野其血元黃心知其凶遷避祝陵之黃墅越二年壬辰族中妖孽頻見或無雨而雷水不止或有火如毬旋轉室內或刀劍自鳴投烈火不止是歲紅巾賊徐壽輝稱帝蘄水分遣僞將寇略諸路九月由廣德至宜興發孝侯墓掠其寶劍金甲併其廟墓古今勒碑凡二十

六座毀碎僅有存者時公年七十有六忿怒切齒髮上衝集宗人慷慨涕泣誓以死爲祖復仇眾咸泣曰生死惟命公乃部署弟姪糾鄉勇身自統率奮戈當先殺賊數百已而賊傾眾合圍卒以寡不敵盡殲焉賊忿其抗拒遂移兵蒲墅匝圍十里男女老幼悉遭慘戮火焚廬舍經旬不息積屍滿野村落爲墟族弟紹昌姪祖儀祖侯等以神祐往臨安獲免祖侯公即國陽公祖也既歸作大棺數百殮胔葬周袍塢名忠義塚其間殉難無嗣者迨東皋公修譜時止隔四十五年已多不可考自繩武公而下紀戰没者僅六八紀遇害者僅十有八人名詳圖表中故不贅云族孫

繩楨撰

按公係蒲墅東分祖似不合列傳於國陽公譜內但國陽公之遷以壬辰難而壬辰之難緣公痛悼祖塋義奮抗賊故特傳以附焉

國山周氏世譜卷三十七

世傳

國山周氏世譜 續編 卷三十七 周家濱分世傳目錄 一 立本堂

國山周氏世譜卷三十七

始遷雲爵祖國陽公傳

我始遷祖國陽公學堪用世才足有爲乃値兵刑酷烈宗支淪喪之秋爰遵祖考務德施淡利名之遺訓隱居避地厚自培植以佑啟我後人公之祖叔艮公表稱寬洪有蓋忠厚好施元至正壬辰七月以神術借叔邦盛貸米臨安不罹徐壽輝之禍歸既與叔弟作大棺百餘殮殯難遺屍葬之爲忠義塚復悼族姓慘戮謂一意種德庶克延先祀而裕後昆値歲荒饑常偕弟叔用叔光叔献罄傾囊振濟費至萬金全活甚衆其他睦婣任卹之行約畧可推已攷

國山周氏世譜 續編 卷三十七 始遷祖國陽公傳 一 立本堂

化卿公表稱性度越除淡名利耽山水其能承父志而廣其惠又可知已公生元至正丁酉比長正明太祖豐沛友諒張士誠苦戰東南之會迨太祖定鼎金陵凡豪傑之附近王畿者咸以功名自奮公獨念壬辰變後子姓周零非區采韜光培養元氣無以承先人啟裕後昆之至意而蒲墅田疇荒蕪宗人多無復桑梓戀遂爲本化卿公別墅遂偕弟定菴嵩東阜公表公日才氣卓犖性行剛方爲宗族所嚮所尊信自公而古賢公有日乾坤清氣鍾世眞得歆具稿華崇其儉樸視富貴如浮雲等功名於朝露甚予以公才學値新主求賢輔治之時覘華膴如拾芥而[illegible]

慮逆雅志潛修積者厚流者自長錂昌錂熾之業蓋操券
得之矣公五子無傳者一析長二三五爲四分而米瀆雲
霨爾昌熾自前明迄今內官清要外總方面者功蹟既已
彪炳而朝具由科甲選貢任職署州縣及學博者若干人
餼于庠隸于國學郡邑學者若干人總計丁圖表若干
人孰非祖功宗德繼繼承承滋培積累而詒之者歟公諱
宗槐字啟忠號北川遷雲霨後改字隱君誌遷意也號國
陽國山在其陽不忘本也十二代孫維楨謹述

曾沂公傳 第十世

公諱朝宗字曾沂方岐公次子幼純謹不好弄及長方岐
公嚴督之益奮志讀偕伯兄文岸公晨夕相勤勉業日進
握管極有巧思摛其警句閱者咸洞心駴目視競習時趨
冀倖一售者遠過焉後以家政漸煩淡于進取因課田圃
自娛不復攻舉子業世遂無知公者公守身如玉生平不
紛涉外務然里中有事訟曲直從容排解無不洞中窾會
接人詞旨温和無疾言遽色人以是多樂親之家頗裕自
奉淡泊衣履不喜華飾嘗謂人曰物力艱難我輩須爲子
孫留有餘地可爲俗染乎淑配蔣孺人稱嘉耦事舅姑克
遵婦道與公相敬如賓素無鉛華甘脆之好椎髻操作至
老紡績不衰公延師課子孺人允竭誠潔供膳曲成公志
公嘗謂光曰予克守先業長後昆賴內助之力居多云舉
三子長邦維先公棄世次蓍培幼蓍發皆嗜學能文孫男
繞膝俱向幼而蓍培子資穎異常已嶄然頭角矣蓋自方
岐公勤儉起家積學行已歷三世均以數奇不偶宜其食
報于後來者將于是乎在也予于公爲族子行兼以蓍培
昔曾受業故知公與孺入頗詳歲癸卯因修家乘蓍培懼
先澤之沒爰爲畧紀大概以慰其孝思云族姪邦光拜撰

方岐公行畧 第十世

記曰貨惡其棄於地力惡其不出己誠得老農老圃爲之師當必有道焉雖然務功名者弗屑崇仕宦者弗取也蓋鄉居野老託以服其先疇詒之孫子所謂世人皆詒之以危我獨詒之以安者歟公諱之政字方岐家不甚裕然所以操之者一曰勤勤則不懈而百物生一曰儉儉則不流而百貨萃間入城市草帽鶉衣公不爲貌人亦無有識者生二子延師嚴課文理清通兄弟應試訖無一售遂中止今孫與曾孫繩繩嗣起方未有艾公長房幼房胥以財耗而二子猶稱克家嗟乎公口無兼味體無完衣手無間業

雖見爲農夫以沒世不猶愈于逐逐功名勞勞仕宦者哉蓋圖其大不圖其細聖人之至教也務其細不務其大鄉人之世守也其所無託而然歟抑有所託而然歟齊孺人志在偕隱亦允爲德配云支孫士廣謹述

談孺人傳 十一世賓賢公配

節姑談氏周賓賢妻也事姑以孝聞年二十六賓賢病且死泣語婦曰死生命也固無所憾但有不瞑目者三母老無依一也兩弟樨弱未婚二也子女二人在襁褓成立無期三也以是累汝氏泣應曰諾夫亡氏視含殮畢視曰未亡人豈苟延視息者顧奉夫子遺言惟願死者復生生者不愧爾勉持家計奉姑禮益謹雖新遭大戚血淚沾襟而視膳問安未嘗失禮姑知其意爲氏加餐方是時氏以一弱女子提數歲藐孤支撑門戶自內外服食井臼機杼暨婚祭諸大禮躬自黽勉不以煩姑暇則課其子鼎以先世

遺業名孤曰詁贈以寄哀痛孤稍長飭其舉止動循禮法恂恂抑抑識者咸知母教云氏治家有節夫亡後十餘年間毀容服蓄心力家業有加氏不自私也兩叔婚娶畢檢莞鑰籍器具肅拜姑前曰夫彌留念兩叔不置今幸成立可主家事且使知勤苦姑嘉其志邀親族告之故咸駭且歎曰節婦勤勞如此此節婦所留也然吾輩無煩亦愈彰節婦德遂析其產甚均氏與姑相得甚分析後雖各房奉養姑常依氏爲命相對歡然姑每對人言未嘗不太息泣下是時姑老矣氏先意承志凡可爲孀姑暮年歡者靡不曲盡兩房食指繁費每不給氏輒分財贍之姑以此益怡

年既邁疾病踰年遂不能起氏手調藥餌以進與人語輒流涕姑亡一切含殮窀穸悉家儲營辦不以分釐故牽諉姻黨高其義率稱道不衰初氏與姑訣別之夕痛絕復甦者三始卒迨小殮水漿不入口奄奄成疾及至葬徒跣躃踊哀號中野摧心焦肺悽動旁人見者知其將哀毀死也疾革命孤曰夫亡屬我三事今行見吾夫幸不辱命年四十歲以毀卒距姑亡僅十旬有奇時乾隆辛未六月也鄰里臨其喪者莫不墮淚

贊曰孀婦之死靡他十不一見至以節婦爲孝婦百不一見焉氏竭情盡慎不負遺言生養死哀遂以毀卒詎不痛哉予故謹書之俾後作史者胥有紀同懷兄禮習譔

吳孺人傳 十一世思璜公配

孺人吳氏族叔思璜配也叔醕謹厚重敦孝友不染少年浮薄習其尊人常器之曰是兒庶可克家及孺人來歸後事舅姑姻妯娌能敬且和以執婦道稱佳耦焉乾隆丁巳叔棄世孺人時年二十有三哀毀骨立幾不欲生慘遺子女二人苦志撫養冀其成立乃未及兩週旋相繼夭孺人痛夫君之不祀傷纍緒之誰延哀號感泣悽動路人因懇堂伯文岸予繼三爲嗣顧復情殷如自己出子母二人相依爲命疎櫺風雨晨夕共之孺人之節彌堅而志彌苦矣孺人痛夫遺業之死靡他詎有欲奪其志者孺人訇赴公廷顧尹張公明倫完節宗族怵呼率保惠與夔額頌張公之明鑑褒氏節之清操繼恐家難未已暫徙河北曠室綜理一切家務酌豐儉量出入稱有無甚有條理尤勤課子延師就塾忠敬弗渝督責嚴峻不事姑息求之巾幗中實難其人所謂以母道而兼父道非有過人之節不及此爰繼三撫養成立恂恂儒雅孺人志稍慰娶媳黃氏早亡生孫一女孫一繼媳俞氏女孫三兒媳承歡蘭芽繼茁方將含飴弄孫以承天年殆松柏之質經霜彌茂者歟迺以壬辰正月十八日卒享壽六十有一矢節者垂四十年惜家貧乏貲不能請旌誠爲缺典族姪邦基拜撰

真齋公暨配吳孺人合傳

公諱韍章字襄成真齋其號長齡公仲子而琛之尊親伯也公爲人方正自持不苟言笑與人論議好直言以竭其誠而此里中子弟無老幼見之皆生敬憚蓋其嚴正之氣足以服人有如此者而尤好讀書爲文章樹義精確詞氣簡勁動與古會乾隆丁卯郡試拔取第二赴澄江試督學某公見其文亟賞之已列號榜上矣而未及進覆適遭母喪凶問至公慟哭不已竟棄去遽奔而歸蓋有古孝子之風而非矯強者所能託也公自是淡於進取專留心醫事素問難經諸書精研無間寒暑每遇症必詳審精密

然後施湯藥故投無不效有貧苦來謁者予之診未嘗責報鄉遠近咸賴焉公自幼失怙而處廉隅矜氣節足以爲里黨矜式蓋不特里族之光亦一鄉之望也而不遇於時命已配孺人吳氏秉性溫和天資柔順其歸真齋公也不及事翁姑年又衰老孺人代綜家政操井臼勤紡績脩嚴中饋洽比鄉鄰無不具有條理亦巾幗中之賢也夫長齡公以一身而兼兩嗣宗祧之重蘋蘩之寄公與孺人實負荷之今子孫繁衍濟濟一堂詩書遺澤則孫已列成均節儉可風則家已儲萬石此誠天之報施不爽而知致此非無自也丁丑春予館於其家適周氏纂修宗譜爲書其大略以誌其爲人若夫生年卒葬則自有家乘在茲不贅

眷姻姪蔣琛拜撰

書培公傳 十二世　族孫 徵

公諱巳壬字書培高叔祖曾沂公之仲子也幼讀書甚聰
穎曾沂公鍾愛之比長淹貫經史爲文章操筆即就極有
巧思屢應童子試不售公慷當以慨曰士不能取青紫如
拾芥即當敦內行勵家修爲宗黨表率聖人云惟孝友于
兄弟施于有政是亦爲政奚必服官委贄而後得行其志
哉聞者韙之遂棄制舉藝課册圖以自勤事父母極純謹
愉愉色養能體於無言曾沂公見背擗胸瀝血三年不見
齒母蔣孺人歿哀毀如喪父時事長兄恭敬有加待季弟
友愛備至伯兄卒兩孤皆幼以養以教俾得成立其持身

慈和而伉直見義必赴家無中人資遇歲祲勸振貸常首
倡捐里中有衣寒恤發諸善舉無不與也居恒言論時見
丰采遇人紛爭輒出排解鄉里有事無鉅細悉爲匡弥不
使涉訟其人亦帖然以去晚年公於族居次長經理公匯
矢慎矢勤銖積寸累如修祠輯譜等事族尊總其成而肇
畫之悉當措置之咸宜惟公實主持之處置族衆事毋偏
狥申飭族姓多布帛菽粟語子弟有蹈非義者必嚴懲之
不稍貸族皆敬憚而欽服焉嘉慶戊寅　朝廷行引年之
典　賞公以九品頂戴越四歲辛年七十有七德配吳孺
人系出名門克襄內治子二長名瑞次名瑛孫四人余以
道光壬辰因長子沆補弟子員偏謁　宗祠暨各房尊長
時去公歿已十有二年矣族人思公德猶稱道不衰爰不
揣鄙陋謹摭辭而爲之傳

詠年翁八五壽序

蓋聞百子池頭百花競放九龍山角九點恒青人間初地無非結喜之緣洞府諸天盡列采眞之會葆明光於意果橘中則對奕年年悟大道於須彌壺內亦行遊旦旦然而敦仁爲壽莊敬日強星輝帝籍農丈人色彩瑩然士汲漢廷綺里季鬚眉皓若懿彼桃源耕植知仙家尚不忘勞君其菊井清寒恐達者猶難爲逸所以白石先生未改驅馳之態赤松老子常嚴刻勵之修詠年周老壽翁宜之大圩里人也西晉名家南都望族居鄰敬馬吳大帝之舊邦八湖斬蛟周孝侯之苗裔夫其幼值屯難長猶淹蹇草花三

畝晉公子之錫土無多秫稻半畦陶徵士之資生甚啬倘圓蝸而作室宛同周燮蓬廬擁蹕蘭而營齋如下周丞白屋而翁也勤思不匱儉以養廉搴藤補宇絕憐君上布衣拾橡可餐或擬餘姚書佐田園日涉子陽之載酒何煩井竈羸安仲孺之卧衣傾解而且喜託樵漁逍遙山水愛憑履屐訪問烟霞秋風起矣新懷張翰之鱸春雨霈然驟泛龜蒙之宅一番波磔詎辭句寫墨纏三地耘鋤偏好流觀下澤未幾而周原膴膴堇也如飴梁澤訏訏畝兮實耤覽秦地宜禾之字藝求香稻連塍跖楚疆多樹之文滋以馨蜀九畹水田白鷺都爲杜工部之家禽道渚黃牛盡屬井渤澥之佩犢四男競爽仲若允賢謝家之寶樹既盈孟氏之芳鄰可接歡幽飮蝶誰非不忍之曾孫構室肯堂代有丕事之厥子歲在壬午特建祖廟於里之右偏宮寢宏宏軒庭巘巘錦官城外赤手而成蜀相之祠羅池岸邊維新而賽柳侯之廟維時翁壽乃八旬有五矣宋梁灝及第之年已踰三載衛武公作詩之意豈限九齡紱帶須由 黼座將以卓茂爲三老五更黃綵賚自 彤廷且以伏生例八公十輿而翁則精神彌悍膂力無衰顧瞻鄂鄂登同燭武衰微動履翩翩不異田光壯盛庸非五福箕疇第一長生籙籍無雙者哉且鴻都之仙境多奇蟻國之夢雖恒幻

呱呱侍哺井泉之玉虎誰牽漢漢焚香閣鎖之金蟾空囓羽人渺矣空尋酈縣舊鄉白民在焉獨往丹邱壽域此固祖洲芝草兩間厚氣所鍾太古冥靈千歲元精攸聚僕也村連章曲地接輞川野堂草碧頻經茂叔之堦前別館花穠時蔭伯仁之宇下宣王考室落以斯干姬旦糾宗歌其有頍薛庭多鳳謬叨吐鳳之辭荀室皆龍誰擲調龍之筆捧玉斝以添籌酎金罍以介福座客咸思往事後生喜說舊情命述生平俾爲善禱南山酒近預祝百年、存問之期東野才疏頁慚四傑威亨之序時

道光歲次昭陽協洽嘉平月上澣眷再姪邵魁祥拜撰

毅齋公傳

公諱若臨字用康號毅齋襄成公三子也公幼聰穎好讀書能文章比長爲童子師精於舉業其文筆清疏而措詞英偉與同邑諸君子結社會文恒列前茅旣乃勤於家事耕不廢讀肄業惟勤蓋其志期上進不欲以閒退終而數奇不偶屢試未就時遇之艱固無可如何也公性剛直饒才幹其平居言論時見丰采與人交不好阿比而遇事糾紛輒爲排解子弟有過必立責之不稍貸里有事無巨細悉爲區分不使涉訟其人亦終帖然以去蓋其正直之氣浹於人心而才識之明足以孚乎衆者素也公長兄用冉

亥用霖用霖中年早喪公爲慟哭撫養孤姪教訓使各成立一如己出長兄與公比屋而居早晚往來交相歡愛有事相酌奉令惟謹無違父母憂其孝友之情有非他人所能及者晚年尤精岐黃術遇險症輒獲奇功而濟困振窮不求其報尤爲鄉里所共推設天假之年使之優遊歲月得與二三君子樹儀型垂法紀式表閭閻亦足爲邦家慶而乃中途見背賫志未伸豈不哀哉公年五十七德配歐孺人勤於操作克相厥家子二長企辰以讀書爲業名列成均能續父志次企孝業農不與外事孫國楨國幹國榮嶄然具見頭角將見家業崇隆子孫綿衍慶盈寧歆樂利以大其門者謂非公一人之力歟丁丑春周氏纂修宗譜其子以傳屬予予本不能文感其子之請而又思公之德不容終泯也因略舉其概列之於譜以俟後人之表彰焉

眷姻弟蔣琛拜撰

紹先公傳 十三世　　族孫 洪霖

自唐興制科以來鄉舉里選之法廢凡閭閻之士孝友睦婣任卹者往往不顯於世曾叔祖紹先公篤行士也諱進加紹先其字係詠年公冢子讀書未卒業而天姿純粹丰骨超俊迴異恒流詠年公好施與家業中落公年未二十即綜理家政百計維持不貽父母憂農般則力穡服田農隙則牽車服賈常貿易蘇杭間弗辭勞瘁不數年業饒裕伯父堯年公早卒無子公爲之嗣歲時祭祀必敬且誠事本生父母甚謹時進甘脆親或有疾昕夕侍牀榻衣不解帶母蔣孺人先見背哀毁骨立殁葬盡禮詠年公倡建小宗祠公承父志力贊成之鳩工購材監督工作晝夜不倦閱歲祠成詠年公年近九旬頃刻無公不歡厥弟三人悉爲婚配析箸時讓肥取瘠卓然有薛包遺風其篤於孝友也如此鄰里戚友以緩急告者無不應一日售米赴杭道經太湖遥見一舟覆溺即駛至舟覆處救起二十餘人撥米數十石棄湖中將人載歸爲之烘濕衣留飯止宿各給以資斧俾得旋里嘗遇慟哭於途者詢之則因父欠租被繫典錢以償而錢又爲人盜去耳公如數與之途哭者之父乃得釋其篤於睦婣任卹也又如此淑配朱孺人名家女習事舅姑和妯娌克儉且勤不愧德曜繼配邵孺人善

相夫子僉謂公能得內助云子一榮邦兼事農商克繼厥業女三道光辛丑恭遇 萬壽覃恩賜以九品頂戴越四歲辛亥享年七十有二

忠信公傳十三世

公姓周氏諱瑞字偉儒號忠信用舟公冢子余從姪崇本之外舅也余少時以事入城始識公挹其言論丰采迥異恒流心向往者久之後與從兄褒莊聯朱陳時相過從猶憶某歲四月八日遇公於滴壁孝侯祠相與劇談滚滚雖年近古稀而意氣正復不減曩時未幾遊道山丙午秋周氏續修宗譜問傳於余從姪纘述公生平行誼故余亦能道之詳也公賦性溫厚多幹濟才鄉里有曲直質之公無不得其平讀書能文章而屢困童子試遂棄舉業援例入成均督課農桑無間寒暑以故日益饒裕世嘗謂節儉省嗇以勞勤起家與樂善振施者多不相謀觀之公有以知其不然也公産僅中人而務周困乏營橋梁道塗旁及琳宮紺宇凡興作之役無不翕然首捐而其尤著聞遐邇者吾邑自縣尹趙公諭各圖舉殷實戶任催科立限徵賦稍不如數輒與杖鄉里苦之公惻然疏民間疾苦狀籲各大憲除弊政得請業戶皆復安堵古所謂澤及一鄉則一鄉宜尸祝之澤及一邑則一邑宜尸祝之者公殆其人乎易曰積善之家必有餘慶然吾以爲報施之理有可知有不可知匹夫積行累功但使之康强壽考子孫賢能爲報已足以盡之其儻來之物世俗所震燀誇美以爲寵榮或驗

或否或得之不爲福故不當置之計數中也公丈夫子三人皆醇謹篤實能克家孫五人已蘭茁其芽亭亭玉立則異日之光大門閭者將於是乎在公亦可以無憾已夫姻眷弟傅鴻鷟拜撰

健菴公傳十三世

健菴周君予季弟長春之岳父也予素聞君之賢思得親
接其丰範洎季弟締姻君棄世已十餘載喆嗣福庭與予
相周旋因得悉君之生平謹按君諱企辰字西庚毅齋公
之冢子也少讀書工制藝窗社課輒冠軍郡縣試屢列前
茅明師益友咸以爲芹香鹿鳴可操券而得也累試不售
旋以家務冗煩遂援例入太學務節儉且勤斂量入爲出
不孳孳逐利而家業日饒鄉黨稱之君雖棄舉業而延師
課子極忠且敬家庭嚴肅內外秩如昆季之間和樂且孺
其爲政一家有如此値歲歉創捐振饑按戶均給無侵漁

無偏狥多所存活其救災恤鄰有如此里中有忿爭者君
婉言剖析曲直持平訟端賴以衰息其排難解紛又如此
君生於乾隆四十四年卒於嘉慶二十五年春秋四十有
一嗚呼以君之通經史能文章行誼端方可謂品學兼優
矣乃一衿未博并厄其年抑獨何歟豈屈抑其身者將食
報於其子孫歟今嗣君福庭名列成均老成練達孫錦文
錦章輩亦嶄然露頭角吾知其克昌厥後者正未可量也
歲丙午周氏復修宗譜嗣君福庭乞予文以傳之余素欽
君之爲人兼重嗣君之請也是爲傳姻姪雷懋昭謹述

鳳川公傳十三世

公諱祖佑字鳳川文蘭公子也公忠厚性成不與物忤幹
事一循規矩接人藹若春風操家立業備極勤儉事親能
得其歡心族黨間咸嘖嘖稱道不衰公少時家業中落又
寡兄弟惟公一人支撐門戶在人視之有倍難爲情者公
獨安然自適處之裕如耕穫之暇繼以漁樵雖暑雨祁寒
不辭勞瘁公誠善於處境者耶配沈孺人晝操井臼夜事
績紡相夫教子克勤克儉而膏腴之產漸增晚歲頗稱順
境焉且公之爲人更有不可沒者矜孤寡卹貧乏與夫鋤
強鋤莠靡不本之以真誠即今鶴算有年而行事猶往復

于人心宜其誦九如祝三多一室愉悅子息蕃衍倘所謂
天道無親常與善人者是耶非耶公年逾古稀幸際 尊
恩榮膺冠帶而猶親督子弟明動晚休嘗誡曰古人以勤
補拙以儉養廉此言宜兢兢常省不可視爲弁髦爾聾既
服田疇耕食鑿飲勤儉正所以惜福也楠忝居戚末雖未
克悉其詳亦頗能道其實嗚呼若公者殆亦可以風世也
夫公生四子克自樹立能承父風行其庭則孫曾滿堂矣
人其室則子婦熙熙矣行見廣大前基綿延世德以無負
先人之志也爰不自揣譾陋而爲之傳眷姪陸之楠頓首
拜撰

瑞昌公傳 十四世

公諱如松字瑞昌邦占公之孫鳳來公之冢子也世居周家濱幼卽英英露爽比長豐頤偉幹狀貌魁梧有膂力讀書亦聰穎通經史能文章甫逾弱冠鳳來公委之以家政遂廢舉子業課田園以自勤然農隙之時每樂與文士相交游卽農殷之際躬耕阡陌而口輒吟哦緯有橫經負耒之風事父母極純謹先意承志務在得其懽心兩親相繼殁哀毀骨立喪葬胥中禮昆季析居讓肥取瘠怡怡友愛白首無閒性剛直饒才幹平居言論時見丰采與人交不阿比遇事坦白無城府家頗裕而自奉極約教子弟以務

本里中年少有虛誕而不遵矩矱者必面斥之人因是敬憚公道光己酉咸豐丙辰兩次荐饑勷卿公倡辦振濟設粥局於普照院邀公經理公晰夕駐局不憚勤勞粵逆竄陷金陵後風鶴頻聞各鄉團防里紳稟公勇敢延訓子弟教以拳棒法律嚴明土匪竊發公出禽拏無有不獲者由是威名大震盜賊斂跡成任一鄉賴公保護者五六年庚申四月賊勢蔓延攻陷宜城下鄉四擾公率團抵禦屢獲勝仗殺賊無算賊聞風遠避不敢入境者二三年直至癸亥六月初三日賊乘不備黑夜奮至公猝不及防遂遇害享年六十有三蕩平後邑紳上其事奉 詔賜卹入祀忠

義祠公歿十有九年矣迄今英義之概猶嘖嘖人口衆不揣鄙陋爰卽所聞知者著于篇光緒辛巳中夏族姪孫淮霖謹撰

節烈吳孺人傳 十四世榮邦配

族姪孫 湛霖

孺人姓吳氏族叔祖榮邦之原配也家世清門少而婉嫕通書史父母絶鍾愛之及笄于歸克循婦道具得堂上歡舅紹先公先見背事繼姑庶姑益謹病則視湯藥慎抑搔常衣不解帶平時問安否調寒煖未嘗離左右處先後姑姊妹暨中外姻黨推誠致敬親疏無失德相夫子善於持家井臼親操夜寐夙興不肯稍耽暇逸奉祭延賓主中饋無失禮宗黨嘖嘖稱賢咸豐庚申粵逆竄陷宜城下[illegible]四擾孺人攜子屢次避之癸亥五月賊猝至夫允避去孺人避不及即隻身危坐室中賊入厲聲罵曰我[illegible]、女斷不從賊速殺我賊脅以刃罵益烈賊怒置薪中[illegible]之臨死罵不絶口年三十有八光緒五年順天府忠義局上其事得旨旌卹入祀節孝祠孺人歿已十有九年矣族人猶嗟稱之得聞其詳恐其久而致湮也謹綴數語以識之

國山周氏世譜 周家濱分 卷三十七 吳孺人傳 一 立本堂

川富公傳 十五世

人生於世無論爲士爲農惟能有功於斯世者乃可謂爲不虛生於世士而得用於[illegible]可以立功業於天下農而不得用於世雖不能立功業於天下亦可立功業於一鄉惟然則吾族川富公之爲人忠可謂有功於當世而不虛生於世者歟公諱岳臨字川富如松公之長子而志培之叔祖行也公爲人方正自持平居素訥言而與人論事則又娓娓不倦晚年居周家濱一分之長主持祠政公而無私而於祭[illegible]族內事尤能維持而保護之吾族[illegible]長中方正自持并有幹濟才而能爲族中辦事者咸推[illegible][illegible]云前

國山周氏世譜 周家濱分 三册 卷三十七 川富公傳 一 立本堂

初年族伯小棠京兆由都旋里凡建大[illegible][illegible][illegible]設雲關本村義倉公襄助之無不盡[illegible]并特有功於族事即於地方公事亦然成[illegible][illegible][illegible]善堂舊遺田若干畝爲南十餘圖備荒之公庭兵燹後公與謝君錦園經理有年增田數倍厥功甚偉又成任全區積穀倉創[illegible]先本生父曉梅公[illegible]手自光緒三十年建倉於宋[illegible]敦善堂[illegible][illegible]其積存[illegible]千餘石凡推陳出新諸事皆公贊助之力居多[illegible][illegible]八次水災後區倉之穀盡被各[illegible]借食而一空無[illegible][illegible]敦善堂田畝尚存所存公款[illegible]人漸增前次累年[illegible]未以此善堂公款賑濟災民

後百十餘圖八氏……祀尚可以此接濟則叔祖前
則事由……無功不然倉穀雖空已充飽饑
上永獲公倉不用……敦善之有田反不
如歷倉……穀也了……之語……乎丑公猶
……更非人所能及……周家濱本村前有
周戚陳三姓絕戶田產二三……家後幾半爲他姓侵
佔公照冊查勘强欲悉數取歸原戶而原戶悉無後……承
繼公僅等回田十餘畝永遠作爲三姓公產歲……三
步　之無後者此非公爲之而孰能爲之……善
不務屈此特舉其大者而言之耳公卒於
二一子名秋榮今年十八已完姻
丑未有艾吾可於公之行事而預卜……修
宗乘于不忍公之行誼淹沒而無傳也遂撰筆而爲之傳
姪孫志培謹撰

譜　周家濱分長房　卷二十七　……公傳　二

譜　卷二十八　……分世傳目錄　……堂

國山周氏世譜 續編 卷三十八 水濱分世傳目錄 二 立本堂

國山周氏世譜 續編 卷三十八 水濱分世傳目錄 三 立本堂

宋瀆分祖統齋公傳畧 第一世

祖諱文傑號統齋國賜公仲子公始遷雲霧昕夕思燕詒祖善體公志偕諸昆季樸勤起家敦行不怠公得娛情文酒飫隱居之趣焉祖四傳爲振庵公徙宋瀆光昭遺緒孫曾冠冕兩朝是又祖之以啟後裔者承先澤也夫十二世孫儀袞謹述

累贈夫人陳氏傳 第七世　　邑譜志

陳氏周重智繼室姑卒舅伏續不能起氏奉湯藥以至洗滌便液三年無怠舅曰孝哉媳願生佳兒以報汝耳果生子鼎貴顯鄉里傳爲美談

贊曰以子而孝其親者易以婦而孝其翁者難以婦而孝其無恙之翁猶易以婦而孝其久疾之翁尤難賢哉夫人易人所難麟兒天錫爵列魏班爾昌而熾瓜瓞綿綿

安凡興四大役取辦歲入裕如說者謂近自潘季馴楊一魁後治河未有如公者也戊寅冬京師告急鼎奉命移鎮臨清時諸郡皆破臨清獨賴以全觀軍太監高起潛縱兵淫掠鼎及其未至諭以大義將士皆受約束又策其必過濟甯飛檄禁諭兩境帖然鼎爲人方嚴無機械孝友出于天性異母兄一人事之惟謹兄子不善善撫其孤弟三人皆成室以授之年八十九卒

公少微時家業甚薄太翁守菴公年逾六旬公兄弟合爨而居五弟我生公年尚幼守菴公最愛之公事親色養無違訓蒙近地每有甘脆必懷以獻否輒含淚不食所得館穀并蔣夫人紡績所餘俱以奉諸太翁買田十數畝以佐薪水一日太翁分撥田產以單示公曰尚有新置產何不併析太翁曰此當獨歸汝公曰兒所以得有館穀者皆大人訓誨之遺也奈何以區區薄物爲兒私積乎太翁喜甚乃悉分之公退與蔣夫人計將已所分授悉讓我生公太翁不可公曰兒賴大人撫育長成室家完聚五弟幼稚將來讀書婚娶費恐不支兒舌耕足以糊口大人勿爲過慮也太翁撫掌大笑顧謂陳太夫人曰昔吾父臨終嘗云願祈一佳兒佳媳以報汝此兒夫婦得毋是耶萬歷庚子獲雋南宮時太翁年六十

有七矣又七年丁未太翁太夫人相繼歿閱五年壬子諸弟皆已授室乃分爨又逾年癸丑登進士第歷官至尚書諸昆季一應田宅皆公置給公赴省試家無僮僕又艱資斧挈三弟完宇公偕行日晡憩茶亭得遺金一囊約百餘兩公語弟曰此人儻有急難失此必經溝壑因就亭中坐候逮晚有涕泣踉蹌至者云其父久繫獄鬻產湊銀完贓出罪不意忘失於此全家休矣公驗實與之公於金陵寓中有女乘夜來奔公婉言拒之明早詭出外頃刻皇返寓云猝聞家報有急事相呼即欲治裝歸里不及應試矣遂徙寓以避焉公之獲雋即是科

也嗚呼公之勲烈赫赫在人耳目矣如開泇通運築邳便民又督軍臨清諸偉蹟傳誌載之已詳故不復論官採其軼事真有爲人所不能爲忍人所不能忍者公之學問識力殆天性然也曲意以娛其親傾家而授之弟庵遺金於道傍卻奔女於私室此皆大節所關當與日星並垂豈容泯沒於天壤卽異日之深沈勇斷弭大患而成大功未始不基乎此爾因亟表之以登諸譜曾孫官譔識

完宇公傳 第八世

俞祚熹

公諱昊字完宇封翁諱重智三子大司空諱鼎同母弟也少家貧兄弟五人未析箸家事惟公任之大司空司理平陽公見官署蕭然因奮袂起曰兄爲廉吏我輩何敢以家計累兄務本力農終身不御紈綺大司空夙慼宦迻不暇內顧公爲之經理家務纖鉅悉當宗黨有空乏者時給之迄再三不厭嘗解囊贖劵鄉人賴以完聚公亦終無德色年五十七卒屢舉鄉飲大賓

我生公傳 第八世

公諱觀字怡如封翁守菴公幼子大司空在調公弟少擅才望封翁素鍾愛之大司空尤雅器公每謂人曰吾家季弟終當出一頭地公顧淡於仕進不矜名不炫勢視賜錦榮曾不啻綵衣樂也色養之餘隨諸兄嘯傲林泉俯仰自適垂誡後嗣慎勿驕淫晚署號曰我生蓋公之進退早已知之明而守之固矣屢舉鄉飲大賓享壽七十有六歲公之歛福於己者固隆而所以垂裕我後人者敢弗體厥志以期樹立哉來孫彥謹識

奉直公傳 第九世

周伯瑞字輯卿以父鼎廕戸部主事晉階奉直大夫居官廉慎馭衆寬仁歸里終養杜門不出不與俗競宗族鄉黨有仁厚長者之稱屢舉鄉飲大賓

邑舊志

司理公傳 第九世

周公虞卿諱仲球號畏菴宜興人明贈資政大夫諱重智之孫光祿大夫諱鼎子也性剛方不苟言笑動止有典則門內肅然好讀書精研濂洛之旨所作制藝剷目鉥心不襲人牙慧年四十猶困弟子員順治乙酉舉孝廉壬辰科大學士常州呂公宮時以修撰分校義經首得公之弟季琬次郎公及拆卷公意不安請於主考知貢舉云二周同胞係尚書子又與吾同郡願去次卷言之甚力大學士成公克鞏正色曰周仲球即予典試所得士素知其文行兼優保無異議也遂成進士弟季琬入翰林而公授浙江

甯波府推官甯之候吏至謁公于家公一再見悉遣之不令侍左右公居去尚書公第約里許朝夕徒步問寢膳衣無華彩食無珍饈將之任辭長吏及郡太守坐小輿不傳呼曉從者曰此吾桑梓也候吏皆相顧愓息之任役凡知公家世者詢尚書公起居公唯唯稱謝未嘗以父子兄弟之科名炫人也居官不畏權顯不媚要津一時有威鳳祥麟之譽四明一巨室某氏客奴假借聲勢橫行鄉里其族某孝廉之家丁乘醉毆人公見而縛之隨傳某舉人聽審某懼不至公申請大吏欲論如法巨族迫甚率閤屬紳士且丐府道及寮屬諸君力懇公不悅曰必顯立供狀嗣後某氏有一人一事犯法者甘坐無赦乃可某氏俛首具狀謝去公仍枷責其奴於市由是豪奸歛迹甲午奉聘入浙闈矢公矢愼悉意搜羅爲熊公伯龍所重得解元鍾朗餘皆雋才宿學在任三年折獄多平反士服於教民安於業賢聲藉藉指顧得臺省乙未秋奉

旨收鎮將張某當事相顧推委公方署府事慨然曰吾任之彼雖兇暴然仗

聖天子威靈以義折之何懼焉偕同城諸公詣張營諭張遵

旨張擁兵十萬登舟置酒酒半離席厲聲曰周公仁人也

不可以非禮犯汝等須速去翕然判袂竟颺帆逝矣是冬奉

旨逮公公不幸引一人子身受罪論死得原蓋天相也公回籍侍尚書公側極盡色養朝夕無間未幾丁尚書公艱哀毀骨立備物盡志公爲人耿介無聲色之好於勢利泊如也每遇歲荒必出粟貸耕者施粥施棺亟行無怠吏部侍郎楊永甯撰

介石公傳 第九世

介石周公諱叔璜字渭卿尚書在調公第三子好學負儁才弱冠餼于庠爲人深沈有器幹可辦天下事而尤篤于孝友由明經例得謁部銓選以親老不赴其事尚書公于艱難耄耋之年人所不能爲力者公竭蹶咸盡其志當世稱之曰孝尚書之奉命視河也時漕運輓黃多阻河臣後先獲譴尚書往來徐塘劉兒諸口揣度形勢念非開泇無以爲運道萬全計而在事兩中丞及三司空一直指咸堅執前河臣餘論洶洶言不便公從容謂尚書曰夫掘四十里平陸挑五十里淤沙濬泇誠難而冒滔天之險下與魚

龍爭窟穴塞長山口亦不易此諸公所以長慮却顧不前也然漕運係軍國命脈挽黃非計勢必開泇開泇又必塞決無他謬巧可爲長策者今日之舉百世之利也庸人可與樂成而不可與慮始我朝劉忠宣徐武功豈異人任哉男竊畫地計之約費金錢五六萬不三閱月可以告成惟大人圖之于是尚書大喜力排衆議刻日治泇濬淤塞決果六十餘日而泇河報功放水之日千檣雲湧視彼黃河飛輓安危遲速天壤矣次築邏纏二堤五百餘里又因黃流直射邳城請旨改羊山洞凡興四大役皆公贊成之也尚書予告二載李司農疏請挑河奉嚴旨援席薛韓城因

文致尚書詔獄公橐饘以從備極艱辛微服入犴狴省慰無慮日人咸危之公曰儻以此被執得于九重前號父冤死亦無恨同患黃石齋先生感惻獄底贈詩有高懷抱清輝孝道由忠堅之句一時士林傳誦以爲忠孝萃一門云久之上因災異疊見凡係詔獄者命閣部諸臣論卹之時首輔以廷議難公公衣僕隸衣隨入廷議所冢宰比部以下諸司咸集黃門捧牘出論至挑河事首輔睨公侍側不出一語惟好爲遜謝諸官屬皆離席言周某開泇勞勩一歲再運功績顯然今河流枯塞非彼任內事也衆口合詞言之洞切遂以尚書離任年月日上聞而事得大白公既

奉尚書歸里念尚書春秋高矣歷險阻而自全諸昆季俱繫官于朝吾復希一命之綰誰與高堂娛彩舞者乎雖以儒服終勝祿養多矣遂絕意筮仕朝夕于尚書之側伺所嗜好而敬進之時其燠寒而抑搔其疴癢洞洞然捧盈執玉無以喻其愛日之誠懇也雖兩鬢已皤而依然猶孺子慕尚書至九旬俄頃無公不樂親黨健羨以爲公之篤行堪繼陳夫人之事振菴公也錫類不匱公當之矣其事兩兄夢叶畏菴公也皆極莊撫幼弟文夏公尤友愛無間伯仲鞅掌王事家中事無纖鉅皆公一手整飭中外帖然無毫髮絲粟之嫌尚書歿後昆季白首相歡終身無彼此一

如侍侚咨滕下時晚年鍵戶訓子孫深有得于周易以知幾自鏡顏其居曰介石堂人遂以爲號爲壽七十二卒子二世杰世賢世賢嗣文夏公後

順治壬辰探花少宗伯華亭沈荃撰

御史公傳 第九世　　　　邑舊志

周季琬字禹卿鼎幼子由進士選庶常第一改御史江南漕政積獘業經按臣題定官收官兌五米五銀而有司實不遵行季琬具疏力言漕蠹爲之惕息又有慎選督臣諫止裁官疏皆人所不敢言者康熙五年因議祀典季琬特請

皇上躬承七廟疏入留中六年春季琬卒于官前疏忽奉俞旨因賜馳驛扶櫬歸蓋異數也季琬生而富貴仕列清華其遊不棄儒素著有尋煙草夢墨軒致遠堂文集行世

介卿公傳 第九世　　舊譜

公諱伯珪字介卿完宇公長子少工舉業補弟子員善于事親雖當盛怒見其從容慰解亦自怡然性沈靜矜名節教諸弟一如嚴師及其友愛則慈母不是過居喪極哀悼幾不欲生鼎革後絕意仕進鍵戸讀書窮究性學中年頗好逃禪頻作世外之想年五十二卒無子嗣子世法早世復以世樞猶夏嗣之公終身嚴以律已而恕以待物嘗周人之緩急而不沽其名乃艱于嗣如此鄉黨莫不爲惋惜云

勉齋公傳 第九世　　謝旭

公諱仲璉字殷卿完宇公次子幼敏慧弱冠遊庠文聲偏郡邑性剛毅明決能斷大事伯大司空警器之年十九喪父哀毁骨立母張氏患風疾卧牀數載日奉湯藥顧大願以身代事兄伯珪惟謹弟叔珮嘗痰篤竭力醫禱涕泗交頤弟亦旋愈生平重然諾善爲人解紛鄉里咸倚以爲重崇禎初闔城有黨亂盜賊四起公倡行保甲極捍禦之法井里帖然國初荒疫交作人情擾攘公多方安輯之順治十六年海氛不靖崔苻竊發公復措置保護一方賴以安堵其材力幹濟可大用如此晚益嗜學棄儒自號勉齋年六十三卒所著有素位說樂貧歌

近思公行畧 第九世

族姪孫 亦魯

公諱叔珮天資純厚人也少時事父母以孝聞少介卿公十六歲遵其教訓介卿公去世凡事一聽殷卿公所爲兄弟間一體關切諸姪輩緩急料濟孝友之誼實近今所罕見者其持己也敬其接物也謙其存心也慈惠而出直其與人也樂易而和平且信行著于遠近德望重于鄉里人咸欽服而倚任焉年逾七旬猶好學不倦喜讀先儒理學諸書雖病中手不釋卷自書于座右曰腔子一乾坤須空眼界以觀浩氣性中無老少尚策耄年而企敬修公之自爲刻勵也如此

芝臺公傳 第十世

兄諱世俊字振千號芝臺祖尚書在調公父節推虞卿公也家世仕宦炫赫顧不染紈袴侈靡習學問淵粹爲文雅飭力追古大家風性剛介當節推公仕四明時曾一之任定省晝則讀書夜則講學一語不及公事未幾告歸布衣疏食徒步往來人不知其爲貴介公子也尤精於治家克紹先業丁巳領鄉薦益儉約克己鍵戶勤學甚於諸生時處稠衆中不苟言笑詔必破的望者咸生畏敬謂其弋上第如拾芥可以纘祖勳業而僅以孝廉終抑何豐於才而嗇於遇耶子元瓏少明敏十三歲遊庠旋食廩餼文采剛毅實有父風不幸後卒無子弟元夔忠厚性成生二子以長子韶嗣之天之報施善人吾欲觀其後矣弟世賢頓首拜撰

逸園公傳 第十世

君諱世賢，字祗言，號逸園，姓周氏，世爲宜興人。大父鼎，前明司空；父季琬，國朝侍御史。君漸涵庭訓，嗜好與世俗殊。稍長，折節讀書，尋繹經義，務窮旨要。司空公以經生目之，實嘉之甚，謂當以經傳述，比諸古人，匪經生弗貴也。後果以明經拔萃，而尤篤諸生業。司空公多刊布書，君手自校讐，寢成鉅帙，今所傳諸經義訓是也。方是時君年甫踰立，戾契可致科名，而以拔萃故筮仕，初得五河校官，地僻左，齋廚蕭索，君意色夷然，著司鐸事宜，石安宇說以鼓厲羣士，士風丕變。當事舉君卓異，擢咸陽尹。咸陽劇邑，而秦

俗獷悍難治，君蒞任數月，謂所親曰：某寒穉下吏，荷蒙殊獎，義當黽勉以圖報稱，且先公風節自持，至於三奉簡命巡視嚴疆，凜凜惟恐失墜。某初試邑令，不能稱職，某寔自慚，爰一切繩之以法，折獄多所平反，民稱嚴斷，又以舊尹紕繆，置兩士於重典，君力脫之，用此與上官忤，而齮齕君之治行者，因得乘間抵隙，迺失職歸。君以爲當官而行，不幸見廢，吾何歉然，無復仕進意，惟日耽玩周易，謂屈伸俯仰有時，㕦訓其子若孫，循循於小學，是亦司空公曩所刊布於君爲家集也。君年近服官而歸里，姻舊相過，必盡歡。邑公事未嘗隱默，休戚共之。周氏固稱巨宗，而司空侍御潔白公正，相承至於君，弗替故常，一言爲鄉國利。君規行矩步，坐立不苟，見客必整衣冠，拱揖晤言，宴衎雖觥籌交錯，口無失言，足爲後進矜式。將躋大耋，家益貧，有丈夫子三人，胥能養志，而窶且貧特甚。次子宸鏞，勉繫他方以養，歲週而君捐館。今上初元，宸鏞奉覃恩貤贈如其官，視君陟尹咸陽，徵國恩寵錫相距四十年，前後兩膺綸綍之命，與其先人輝映，用知詩書之蓋宏而遺子以經，蓋自司空公及君，既歷四世，則信乎垂休之遠也。曩余壽君九十，健羨君爲人。瑞茲復招撫君行，爲之傳畧，以應宸鏞之請，俾君之後昆，景仰前哲，罔敢暇逸焉。

乾隆歲次己未孟夏，保和殿大學士兼吏部尚書桐城張廷玉頓首拜撰

翼士公傳 第十世　　張祖熹

周世樞字翼士號慮受近思公三子介卿公嗣子也公家聲遠振賢哲迭興昭代以來掇巍科而登顯仕者實濟濟焉而公獨尚志窮經不炫智不矜名惟以道統之傳自任而又胸無城府口無雌黃恂恂馴謹儼然如古長者所著有敎學約言

省齋公傳 第十世

省齋周公諱聲夏字抱旭周氏國山望族世有偉人至公伯祖在調公大振家聲簪纓赫奕而公父勉齋公延師訓子督責甚嚴公少姿敏篤學恪遵庭訓與伯兄景伯共相砥礪弱冠即蜚聲泮林與食廩餼中歲學益進博覽經史詩古及諸子百家尤邃理學工制藝清真醖古直接歸唐金陳爲士林所推重授徒閭里四方來者日益衆邑中習舉業者悉以公爲指南受業者不啻數百人其得公緒餘爲時名望者亦不可勝數韓子所云鄉先生殁而可祭於社者將於公見之矣古人云德行本也文藝末也松柏有

心竹箭有筠故貫四時而不改柯易葉至娟穠桃艷李忽焉而向榮忽焉而告悴惟無本耳則余之所以敬公愛公久而慕公者又豈第其文章已哉勉齋公以友愛稱分貲田甘瘠薄晩而喜交遊務施濟悉其餘財以振貧乏故家業日就凋敝而公鬻釧珥以給供養甘旨未嘗少缺或寢疾則憂愁見色頃刻不離居喪哀毀逾常祭祀飮食必泣後承嗣伯父介卿公所分授田宅悉以公諸昆季兄景伯以仗氣忤邑宰宰心欲置之死地公義不獨生偏叩邑中諸紳士邑紳盡爲感泣率公籲宰宰亦感公誠竟脫之時兄景伯已沓革公冒死懇學憲李公蘇松常鎮四郡士聞

之並集堂下公俯伏流涕一慟幾絶李公初震怒卒嘉公義旋賜開復及事平而家産已蕩廢無餘矣公絶不以爲言嗚呼公之孝友如此豈不足以歷久而不磨與然公懷瑾握瑜屢試不售晚乃以明經就教選終不得仕無所展其用退而研精殫思纂述四子六經講義上自秦漢六朝下逮唐宋元明以來諸書無不綜貫其著作甚富不自收拾未付梓而邑中諸生莫不知有省齋先生也公律身方正言笑不苟舉動必循禮待人嚴而懇雖敵己下如臨大賓嘗誦温公語云生平事無不可對人言者此亦可以見公之志矣余忝在甥館又嘗從門下諸同人遊故得公陶

淑之功最深今公殁已十餘年矣而公之儀容丰采儼然如昨非心焉覘之何往來余懷而不釋也公令子長方石鄉舉貢元司鐸桃源次萃歲貢士次朗中庠士孫時據曾孫日暘俱庠士其福澤延綿正未有艾殆所謂積善餘慶者乎家學淵源孝友精忱所獲報於天者不在其身必在其子孫云爾

贊曰公嘗爲余言曩客遊楚中過鄱湯颶風大作巨艦覆溺者無算舟人號泣不知所爲因默禱云余心素無虧不應死於此禱畢舟忽平豈非至誠之所感焉夷亦知効順與嗚呼果鬼神而有靈又胡爲使公鬱鬱不得志而終老於牖下也

賜進士出身翰林院侍讀學士眷甥任啟運拜撰

昌言公并配吳氏行畧

俞祚熹

周子昌言諱世則近思公之長子也母陸氏早亡繼母吳氏撫如己出世則贍依膝下亦如生母及長娶吳氏華要庠生雲垂公女孝廉文達公孫女也事舅姑以孝謹聞陸氏姑未識一面每言及輒潸然淚下昌言自幼謹恪受業於余篤志好學善讀古能文章弱冠已通經史抄錄盈笥每社輒列前茅與行若翼士三人同懷兄弟也行若出嗣偕幼弟翼士朝夕誦讀坐臥飲食不離其至性醕篤情深於文人咸謂是子也周氏之千里駒也奈質弱力綿思察早夭亡時止二十五歲妻吳氏二十三歲寡居無子形影

相弔時行若已故翼士復出繼大房吳氏請諸翁曰我姑陸氏所生止有吾夫與叔叔已出嗣吾夫又早亡無子陸氏祭祀將屬何人後來叔有子乞先嗣吾夫我當撫之成立以慰吾姑與夫於九泉死不恨矣未幾翼士生子方孟吳氏撫育成人爲之婚娶經營家事撑立門戶凡供膳近思公及祭祀賓客諸事吳氏率嗣子方孟與叔世樞世械世楷各論值支當未嘗有推諉廢缺也今吳氏已五十有五歲矣守節三十三年飽歷冰霜如松柏之堅貞而不改柯易葉雖眼昏髮白猶主持中饋親歷場圃督媳紡績家人耕種不輟焉儻異日太史採風當亦在旌表之列者乎

子範公傳 第十世

公諱世楷字子範完宇公第八孫近思公第六子而芝外祖也公年七十芝纔數齡耳公之音容僅髣髴憶之至其生平則有不可得知者然嘗熟聞之先君云公於兄弟中最幼近思公頗愛之不欲其異宅公請於近思公願以本宅讓兄而出與同祖兄省齋公共儗一室而居終其身無間言蓋其孝友本於天性而然公性恬淡不慕榮利亦不事生產事親承志備物與人交然諾不欺施德未嘗責報交利不求取贏恂恂端謹平生無疾言遽色故里中胥欽爲篤行君子焉周氏自尙書公通籍後人文蔚起與公一

再從兄弟若芝臺公逸圃公暨立風公省齋公及從姪豫占公或掇巍科光仕版或蜚文譽顯膠庠而公潛心經史時出緒餘以造就後進獨徜徉於山水間蓋公之所務在乎經明而行修又非區區外至之榮所得而較其輕重者也公生於順治甲午卒于雍正癸卯享壽七十配陸孺人生于順治己亥卒于康熙壬寅享壽六十有六子一人孫一人曾孫二乾隆甲午公之曾孫和萬屬芝爲公立傳念公下世已五十餘年矣謹以所聞於先君者畧存梗槪以附其家乘庶公之盛德足以昭示後人焉爾外孫陸綉芝頓首拜撰

九飛公傳 十一世

公諱文瓏字九飛蟾客公三子也生平文品經濟爲一邑所推重衰數齡猶及識公八十時儀狀精神矍鑠顔如嬰孩值庭前丹桂初芬公據胡牀坐花下衰與羣兒繞牀揶揄搔癢以爲笑樂公輒取花枝分給之今殁已四十年此景宛然如昨歲癸卯因修家乘叔氏命傳公行實衰侍公日淺生平大節十不能一二述而前輩梅隱儲先生公契友也知之最深其壽公六十序則有曰兄意氣豪上有經綸民物之志讀書爲文章不屑屑寄人籬下弱冠蜚英黌序邑中士羣屬望焉以爲弋取上第紹厥祖大司空烈非所難而困于棘闈者凡十一科遂棄不復事曰吾尚能苦形疲神與操瑟立齊門者互哉絕意進取杜門課子家無長物宴如也又曰兄之事蟾客先生也晨昏定省左右就養無違禮故宗族稱其性篤于天顯推梨讓棗終身未嘗分彼此及昆季後先淪逝爲之撫育教養有加焉故鄉黨稱其弟至於處内外戚黨喜相慶難相恤恩誼備至故交遊稱其義又曰居平矜氣節重然諾慷慨不畏强禦威厲有寃抑不能白者代爲白之雖以此重拂當事怒不恤也未嘗設城府逆人人或挾詐嘗兄雖洞悉其隱終不摘發事有疑難衆不能決者兄片言決之後雖譸張終莫外其

範圍當時咸以陳仲弓郭有道其人目兄邑有大利弊咸曰非周君莫肯言亦不能任如修疊濬河救災散振諸大役羣倚兄兄亦毅然受之始終不懈序之言如此噫非先生不足以知公非先生之言亦不足爲公重小子何知又奚容贅乎遂書之以著公實行焉公卒於乾隆甲子距生康熙甲辰壽八十一易簀時子姪孫曾子婦成服者踰五十八人姪孫儀衰謹述

惕存公傳　十一世

余之故交義與周君諱宸鏞字綸雲號惕存儁邁不羣有古人至行君才多而晚遇經綸未著遠近惜之少時以童子隸郡博士年甫十二學使者海寧許公奇之勉以問學君敬佩不忘窮究經傳出入子史及前古諸大家書嚴自攷覈再閱月必週弱冠文彩爛然以其餘習爲詩歌古文臨池染翰靡不成熟獨艱於承宣試積十年僅得蹁其儕偶而餼於校先是瀨陽任宗伯亦未弱冠並受知許公公目爲鄰邑兩俊少屬望深厚迨癸巳宗伯以諸生登上第視學西川而君猶朋試同輩賀君謂許公之言且驗君敬謝不敏無敢望任公然才致鋒潁雅相埒也君恬於進取獨好客遊嘗稱天下之大不乏偉人烈士苟存心利濟何必得名故其遊跡所到感澤於物余之得交於君實由州大夫陳苞文氏苞文固余宗也來牧吾州君適授其子經而才優治理遂請與俱君亦樂以其餘爲之佽助自比古之州從事其時州人苦澇已二年　國恩振恤君謂州大夫今茲黎庶可以更生然振恤之道不察則廢明過察亦妨惠君理煩治劇當治大綱吾請振恤勿爲苛細苞文敬諾君即身其勞全活甚眾前後留吾州治垂十年州人無不仰止君者余初以經生謁吾君不目爲鄙陋相向討論

劉覆傾囊不啻君常志古人之志輒舉其語以諗余曰文學止於濟身政事可以及物君於斯二者何居余待未有以應然愈知君矣癸丑應順天鄉薦並譽公車又重謁宰相國相國心儀其閑雅顧問里居姓氏相國欣然曰吾誼信仁者之必有後此實司空耳侍御之孫曾也慨想久之而後君與余偕出君汗漫遊既久父咸陽公耄期祿養弗逮司寇湘芷繆公者素傾心奏君居家孝友留心吏治郎引見記名尋以明通榜首例得爲校官遂銓如皋諭校中士競喜得師比一歲遭父喪歸哀毀骨立君事親孝恭兄友弟兩無間言雖家貧賚客遊脯修僅足自給復好施以周貧乏四方聞其才老行方其相延致邑人造請無虛日君接之必誠拯人之危常自忘寢食一以砭末俗厲頹隅爲己任而初終不負其志嗚呼可謂君子矣君自歲丁未揖余南旋秉鐸未幾倚廬讀禮服除乃度嶺南踰濟北憫僞盡知幕府倚以爲重京師故人自任宗伯以下屈指碩彥必首及君而君竟以旅卒才豐遇嗇人所共傷矧余以二十年莫逆於心間得與其鄉人詢君素履矧君尤悉茲讀君狀爰率胸臆書之雖未足以傳君之崖畧聊志海內知心之倘有當也

乾隆歲次庚申且月戸部尚書安州陳惠華頓首拜撰

坦菴公傳 十一世

公諱方曾字可任號坦菴盧受公仲子也幼穎慧日誦千言經史外諸子百家皆能領其趣旨爲文章卓犖有英氣弱冠補弟子員一時名宿及諸昆季咸以大器目之初盧受公潛心理學著有數學約言爲遠近所傳誦公敬佩遺訓允愜嘉言懿行必手錄而身體之與弟集益翁互友愛奉兩親菽水愉愉如也試南畿屢不售年逾五十遂絕意進取暇則涉獵圖史手自蒔植嘗詠淵明歸去辭以寓意焉家非素豐而性好施與尤愛客春釀新熟輒集朋好飲花間半酣高談以爲笑樂其居常則疏食布衣泊然也嘗從宋瀆徙塘門塘門人多負氣公偶寓以情喻理折之漸馴謹旋歸故里族黨有爭競者咸就質公剖析是非不少狥人皆悅服紛難解其保全多類此賜幼時猶及識公儀狀白皙美鬚髯聲如洪鐘竊聽其與先祖廣齋公評論古今亹亹不倦時雖幼心知其爲偉人藉令公當日騰驤仕路文章治術必卓卓有可紀而乃懷才未展僅以一衿終可慨也夫歲癸卯續修家乘公之孫桂以傳囑因撮梗概著于篇從姪孫曰賜謹述

廣齋公傳 十一世

公姓周氏諱方石字與瞻廣齋其所自號世居宜興之宋瀆周氏遠宗孝侯世有俊碩工部尚書太子太保諱鼎者其曾伯祖也歲進士諱贇夏號省齋者其父也太保事蹟具詳國史省齋博極羣書尤邃理學成書講義上溯程朱壇坫東南數十年遊其門者多得儁去次亦自名於時生三子次莘次朗中公其長也公淵源家學與兩弟淬礪未冠補博士弟子名日起一時推公輔器癸酉誤中副車識者惜之然公特年未三十也越兩年掄賓入都應北闈試都門諸大老熟公名聞公至爭相引重至有求一識面不可得者然公卒以是落落寡合迄無所遇遽束書歸初公之獲儁也出贛榆王公之門王公得公卷極賞亟以解額薦會房考有牴牾者抑置副車第一王公深爲惋惜都門歸後招公過署薦之邑紳董叔尊授經贛邑贛邑文風卑陋百年來無登第者自公授經示以經傳大指先正正宗不兩年文風大變叔尊子遂聯第春官然公律身清正雖與王公文章知己稱莫逆交每進謁第述邑中利弊民情好惡婉切盡言以冀有所裨益此外絕不干以私王公以此益嚴重之而故鄉諸後進望公指南者以書速公歸公乃返里門授學遠近受業者屢常滿戶外公盡心開示

益攻苦著述於四書五經義類異同推本省齋先生遺緒深研以求自得所評閱制義及詩古文詞不下數十百家每一書出學者爭相傳誦即足未門及者得公緒餘亦以私淑自附其爲後進所推服如此而公顧以數奇十一赴舉場卒不遇迨循例授教桃源時年已六十矣桃邑文風卑陋亦如贛榆公至則首先勸葺學宮旁及學舍然後嚴立課程集邑中士子親切而教示之又糾儲英會一月三舉評註詳慎甲乙殿最諸士允服人人自慶得師所援邑令凡五易一皆敬公信公暱近公邑有公事輒與公參決公亦慷慨敢言利與獘革邑人陰被其惠卒亦未嘗少有

所關說也在任三年士風大變郡大夫祖公亟稱曰能介缺使公署爭公尤勇於有爲桃邑比年荒歉公即具文上申祖公云水旱頻仍民多菜色非發粟以振之必至轉溝壑而流四方祖公因命公督厰監振公首捐俸以勸紳士饑民得活者以億萬計桃源地濱大河數遭水患適道憲康公至桃公即攀轅上言云近來築堤以禦稭易蘆見水立朽土虛易潰實爲可憂道憲頷之河防得以無患又桃源地界不清強者無糧弱者倍賦其來已久祖郡侯奉督撫清查特委公檢閱湖灘公則親歷田間不遑寢食者匝月遂乃定其經界俾計畝納糧一清百餘年積獘所以祖

公薦牘曰才華茂美秉鐸有方稱於僚佐則曰此淮屬第一員司教有成賢聲徧邇郡侯劉公繼祖公治郡尤相推服特以賢能薦上臺素聞公名亦共賢之而公遽卒於桃源學署時雍正三年八月十三日也諸士被公教澤者心喪痛割比邑同悲比喪歸哭送河干張筵路祭者至擁柩不得行嗚呼此可見公之遺德矣公性渾厚喜怒不形於色與人交純粹坦白不設城府然和而不流是非曲直斷斷如也終身以經書爲性命其所著講義諸書上以闡發聖賢理蘊下以嘉惠後學殆必傳者卒時年六十四淑配杭孺人生本世家有賢行勤內治以相夫子有雞鳴靜好

之風焉後公十年亦卒公丈夫子一曰時撫郡諸生孫三人長曰賜邑諸生餘俱幼年家眷姻弟昆陵毛周拜撰

恕齋公傳 十一世

公姓周氏諱萃字敬學號恕齋父省齋公有文名以貢入成均學者咸宗師之生三子長興膺中乙科官桃源教諭季秉禮博士弟子高等公其次也公上承庭訓與兄弟居間淬勵並譽聯鑣樹文壇赤幟入泮後聲名益起食餼多年所入廩給輒分與不足者生平涇胎家學精講貫辨析明透一一學宋儒吻合其教學務誘掖以誠遠近請益者日益衆經其指授往往得氣去公得于兄弟之好弟先卒則撫其遺孤至成立兄殁桃源官舍偕其姪迎柩歸里先是析居時頗足溫飽不善治生一切田租之入與廩俸館

穀所給輒隨手盡家益落然急人之急終身不衰或有負公者公一笑置之銳意上進自信遠到才功名可操劵致屢不得志則挾筆硯走京師京師諸老如海鹽韓城數巨公向時俱有國士之目迄同邑儲任諸太史世誼知公先後命其子弟從遊悉稱莫逆然卒無所遇貢後又一入北闈文已入彀小眚被刖乃鬱鬱南歸則筋力且就衰矣歸後益壯志不衰竭蹶經營亟思入北廱上之爲再舉計次亦冀以本等官職小小自效乃行李無資心力俱瘁遽齎志以卒享壽七十嗚呼是命也夫一子名時傳公卒時年纔十有六同學姻弟毛周拜撰

濟博公傳 十一世

公諱方施字濟博晉孝侯嫡裔前明總河公鼎之猶子而文學叔珮公之孫也公世居宋瀆後慕雪囊之勝遂即侯故址之北俗所傳牧馬口家焉公少精敏於事理無不通達以公之才使攻舉業取青紫如拾芥乃棄不取獨來谿山中擇一業自處置理亂黜陟於度外人或嗤爲妄或稱爲異公笑而應之曰我無異也然視爲妄者亦謬吾見世之達者矣方得志時旗旄導前騎卒擁後堂上一呼應者百諾洵足以炫燿鄉里稱榮當世矣一旦運謝奪其官削其職謫戍萬里之外即不爾位卑者掣肘於大吏位尊者

被累於下僚豈如吾仰而看山俯而聽泉從容於隴畝而無憂哉以故日與農人課晴雨話桑麻觀其意甚自得也又善岐黃術而於治嬰兒尤精有疾者輒就公醫公怡然予以方即愈愈後無論貧富概不索謝愈者甚衆求方者益多雖一人十數至而公不以怠曰吾第問疾之愈否而已家之貧富非吾所知也一時賴以安全者不可數計夫近世士大夫以官爲家以利爲藪人情大抵皆然矣吾於公之言知其淡於名於公之行知其淡於利此豈無所見而然哉方其命名早以博施濟衆爲懷果能濟羣生於顛危之際如是所稱名實相副而不愧爲孝侯世德之賢裔

者公非其人歟迄今已四傳子孫蕃衍或讀或耕一歸勤儉凡過是里者莫不頌公之德樂公之食報無窮謂其與鷄山之美相終始云德配蕭孺人工組紃儀酒食相夫教子閫範堪師凡公所以垂裕後昆者蓋亦有內助焉公享年六十有八孺人享年六十有六康熙丁酉科舉人四川納谿縣知縣眷弟儲掌文

心卓公傳 十一世

公諱方端字心卓子範公子也生于康熙丁巳卒於乾隆甲戌享壽七十有八配蔣孺人生於康熙己未卒於乾隆丁卯享壽六十有九子一人孫二人自子範公遺業好施延師結客家業漸落迨公壯歲兩親遽喪力營喪葬用益困悴而公意氣自如以舌代耕未嘗作戚戚態公少穎敏工制舉業又得省齋公父子相與切劘學日以進顧困於小試者垂數十年芝弱冠就試猶見公攜禿管破硯追逐童子場中知公者咸爲公惜而公淡焉不以介懷年五十乃從暨門王公遊滇南公與王爲僚壻最稱莫逆至滇未久會烏斉之變王罷官公亦尋返歸而仍筆耕自給芝兄弟因延公家塾訓誨子姪勤懇善誘師範肅然芝兄弟雖幸列黌序實賴公甄陶之力爲多公爲人質直自矢與人居渾渾不露圭角於世味泊如也殆昌黎所稱處今世而能行古道者歟雖數奇不偶弗獲表見於時宜乎垂裕後昆俾昌且熾胡僅留一子又先公殞殁焉兩孫不謀朝夕未幾長孫繼喪遺孤藐然孜孫未室天之報施善人似不當若是或曰天道無常惟德是視忠厚相承理無終否公俟子孫必復其始信斯言也芝方將拭目俟之甥陸綉芝頓首百拜撰

光遠公傳 十一世

公世居宜邑之宋瀆，宋瀆，予宗也。而支分派别，寖以跡遠，又兩郡縣隔，久疎往來。庚戌歲，予幸叨春榜，返自都門，客遊宋瀆，公子維藩等一晤如故，邀以其東園之别墅，授予因偏寓焉。甫至，朝夕芻米，僕貲之需悉以相資，欵洽慇懃，綢繆情好，視同胞無閒也。因時時稱道其高義，而比鄰之老咸謂予曰：此其先君子光遠公之貽訓也。公少時遭際坎坷，囊橐蕭然，公晝督耕作，夜焚膏繼讀，偕淑伉秦母守清貧，甘糲糈，奉親色笑無違。昆季一堂，怡怡如也。公堂弟星章早棄世，孤姪甫十齡，公撫養訓誨，等於己生，所遺田產，代爲籌運出入，登記纖悉不爽。俾成家而授之，不矜其功，曰：吾期無負此心而已。中歲家稍豐，益敦古處，凡鄉黨中冠娶凶喪之事，急即公，無弗應者。力不能償，即捐與之。邑中嘗被旱，宜尊趙公募賑，公出所蓄穀以輸，既而制尊班公亦至，公復慨然許之，無吝色。或疑公有所干謁，然終任未嘗一投刺也。里中以此益敬慕之，且秉正嫉邪，寡諧於俗，有不遵禮法者，輒面斥之，復誨導諄切，故鄉人偶爲不善，惟恐聞於公也。至於高人碩士，論世談心，則終日不厭。嘗語人曰：窮通者，數也；顯晦者，時也。惟心爲天地之心，不可不立；身爲君父之身，不可不成。書爲性命之寄，不可

不讀。訓子孫與他子弟，皆用此語。蓋公之忠厚而垂訓者如此。予聞之，喟然嘆曰：積德遺蔭，信不誣也。以余所歷通邑大都，閱人多矣，當其困阨，惟利是視，侵漁以自潤，一旦富有，則奢靡自娛，不顧人之緩急，甚或刻剝貪殘，爲鄉里所痛嫉者，比比皆是。獨公貧而克厲其操，富而好行其德，没世之後，其流風遺澤，猶足令人悲思不忘，而子若孫復能恪遵庭訓，讀書樂善，是足以光大其先業而流芳於後世矣。公諱元皓，字光遠，邑庠生，丈夫子二：長啟度，字維藩；次韡翔，字維寧，太學生。孫三人：伯詩、大書、弼。

賜進士第文林郎陽州府教授宗姪朋拜撰

裕川公傳 十一世

公諱定遠字升公號裕川祉嘉公季子也生康熙丁巳卒乾隆丙戌壽登九十歲配俞孺人生康熙戊午卒乾隆戊辰享年七十有一子一人女一人公爲人質直坦爽不設城府而性嚴毅有不當意輒面加詆斥人咸憚之然藉以檢束改率者蓋往往不乏云公席先世餘蔭不屑屑爲生殖計而性好施予凡足資利濟者靡不立應壯歲遊庠即絕意進取樹德息紛用登大耋人謂公之得天獨厚不知其基福於己者隆也宜從叔母爲公從姊而公嗣茂才應瓏復增任氏公之長孫女又嫁爲任氏婦累世朱陳往來

密數每屆公誕辰宜得附諸戚屬後登堂致祝竊見公精神矍鑠意氣豪邁酒酣以往猶舉觴屬客自浮白導飲繼以藏鬮拇戰必期於極歡而後已宜雖不能飲亦多至沈醉焉歲乙酉宜幸叨鄉薦越明年六月適公將舉九袠觴宜留滯京邸方以不獲侍酒爲歉而公遽以是月謝世矣公年近三旬始克舉子迨子壯延師授室賓資俞孺人措拄之力爲多孺人優於才而性謹順事姑以孝御下以慈主持內外井井就理故公得摒擋一切自適己志後更挈家事付其子而公與孺人摩挲杖履攜弄孫曾優游怡愉者垂二十年繼以族衆尊公綜理祠政凡所與革切中利弊擇人委任恢祠業而大之有事就質剖決是非罔不懾服族故鮮陵暴搆訟者顧自俞孺人即世又十餘年子應瓏復弗克終養而公亦黯然神悴矣幸諸孫曲意承奉公亦善自排遣故接公者絕不見其有衰颯態步履如常飲食不減方擬百歲稱觥作 聖朝人瑞直指顧事耳詎意其即撒手人間也哉今宜亦老伏田里齒不逮公遠甚而目盲步蹇衰頹日甚因憶公晚景康强殊不可及而公之孫傑等以宜習於公請爲公立傳用附家乘計公歿又幾二十年而公之諸孫隸成均補弟子員者英英鵲起正未有艾庶足慰公於地下而宜以後死倘獲操筆爲公敘述

公而有知應猶不忘當年酣嬉淋漓之勝概也已乾隆乙酉舉人眷姪任承宜頓首拜撰

節母朱孺人傳 十一世

王孝通

節母朱孺人秦璽公之三媳魁宇公之配也十九歲于歸越五載魁宇公殁孺人性貞靜不事華飾目不知書而大義通曉事父母以孝聞舅姑早喪凡祭祀必極誠敬家或屢空晏如也魁宇公疾孺人操持家務蓬首垢面衣不解帶者數月而公竟奄然逝矣時孺人年二十三尚未有嗣同室咸勸之嫁強之再三孺人指腹而泣曰吾孕已數月矣幸而男也則吾夫之祀可以不絶且當死不事二夫諸伯叔相視而嘻居頃之有來議婚者匿弗告將以勢逼之孺人微聞其計知不獲免卽潛出戶外負石投諸河見者

急趨救爲得不死鄉里爭相顧愕孺人旣重違伯叔意乃依於兄弟家雞鳴卽起至昏夜乃息非己力所得食不食非己力所得衣弗衣或憐其苦贈之錢却弗受如是者數月而遺腹生焉孺人悲喜交集保護備至稍長卽教之樹藝爲娶婦宗族咸敬服之蓋孺人之飲冰茹蘗艱苦備嘗已三十餘年矣其後家漸饒生齒亦漸繁子復生子而諸伯叔皆無子並欲附於孺人孺人能推己之有餘以濟不足不以前事爲介介也居家嚴而有恩煩而不擾年雖老不肯稍自暇逸飲食衣服猶如貧時其勤儉蓋天性云卒年八十四子一孫二皆醇謹樸誠庶幾能承家業者

劉孺人許孺人雙節傳 十一世 劉如山公配 許會山公配

澗頭里周天時其先來自邑西之朱瀆有二子長朝宗次朝望朝宗年十九娶官林劉玖銘女不及五歲而亡劉年二十三無所出姑憐其年少欲嫁之劉素剛以惡語觸其姑拚死者數矣越十五年而天時次子朝望又死媳扶風橋許巽揆女年三十一歲遺孤汝明甫四歲劉氏慷慨撫膺曰我生不辰累及叔姒如使翁姑之門戶不存孤孫不立我罪不尤鉅耶而許亦婉順與劉同志內外克勤剛柔並濟汝明由齠齔就傳屆婚娶不知無父之苦也先是朝望天質聰穎長於會計里人服其才洎劉當室而嚴明強

幹里人尢加敬焉然嚴於外而和於家妯娌雍雍始終無詬誶語旣老而後先同卒汝明哭泣追思兩母如一祈予文以登于家乘予姪壻周君烈功授經于其家知之最稔介汝明來請乃卽其言而爲傳癸卯仲秋瀛右史問和拜撰

旋聲公傳 十二世

族兄旋聲諱一泫予莫逆交也自弱冠契厚久彌篤别數日輒思思卽詣兄兄亦時過我切劘文行常作竟日譚時留榻話達旦如是者幾三十年故予知兄爲最真兄爲子孝其人誠朴簡默其文高而數奇年十六下筆滔滔廣齋師以爲逢年技已而嗜好頓易尋幽追險務爲刻削清峭名宿多見賞而世俗弗善也寡固弱不能刻苦淬厲以故屢試未遇與人交內如其外終始無變易友朋娓娓論書文兄少所違反唯瞪目支頤聽受然輒能領其微旨尤不可及者居喪行古禮屏絶腥酒獨息一榻者三年家人外

無知者予亟與往還故知之族弟維楨撰

節母任孺人傳 十二世蘭谷公配

孺人吾族祖姑也曾叔祖振夏公次女幼端靜敦婣教振夏公深珍器之年十八歸蘭谷周公公承大司空後家勢赫奕而公尤擅俊才工制藝復時時縱飲吟詩稱邑中豪士孺人顧恪事舅姑盡婦道不敢以兩家富貴習示人年三十一蘭谷公遽赴玉樓遺子思立甫三歲女二年俱幼孺人慟不欲生誓以身殉兩尊人曲慰之諭以矢節撫孤事爲重孺人乃飲血翼三雛未幾舅姑繼殞孺人盡哀禮而家計益蕭索矣五夜紡織不足支旦夕供予是傾囊篋典簪珥艱苦萬端有非世間耳目所及接者孺人日撫此

藐諸孤俯成立得藉口報地下冰寒檗苦矣有哉旋爲二女擇配爲思立擇婚族黨閒無尊卑長幼莫不肅然敬悽然感也思立既授室泣數曰天乎孤兒長矣忍令老人畢世苦耶遂輟舉業事家人生產悉當意數十年漸饒裕得恪奉孺人起居飲食約略蘭谷公在時孺人因誡思立曰汝讀弗成貧也幸免饑寒可勿念書香一脈命亟延名師課孫而時時述所聞先世讀書仕宦事鼓勵之今次孫翼嶄然露頭角孺人敎也壽八十親串登堂侑觴咸以不獲請旌爲孺人憾雲溪儲先生浯村朱先生相約徵詩郡邑名公鉅章累數百而其族人列節行呈學憲李給匾優奬

孺人顧欲然弗安曰矢節本分也乃重須諸君子哉因集
姻戚暨曾孫子婦輩從容談五十年中事有感激至爲孺
人泣下云以是歲之八月寢疾旬餘遂不起子一郎思立
太學生孫二震翼曾孫一璘

論曰人謂孺人未字之前蘭蕙也既字之後桃李也中年
而荼矣蓼矣晚則薺矣予曰此松柏也不冰雪而枯不陽
春而茂孺人乎松柏乎一而已矣

乾隆壬午科舉人分發浙江候補知縣愚再姪叔頓首拜
撰

墨山公路孺人行畧　十二世

府君姓周氏諱青字蘭揮號墨山高祖前朝總河工部尚
書諱鼎曾祖∴國朝勅封文林郎諱叔璜祖郡庠生諱世
杰父附例生諱文銓母朱孺人府君兄弟三長伯諱昌祚
二伯諱謨季即府君十歲能作文未弱冠受業姑丈公遜
徐公深器之邑名宿交口譽府君益自奮除經子古今大
家文外精研性理河洛諸圖說及資治通鑑求明體達用
之學初大父豪于使財晚年業中落府君偕先妣路孺人
盡色養大父母不復有蕭瑟意比大父殁遺欠寄戶糧漕
數百又承辦先代祠墓祭祭產久虛府君念長伯早世伯
母任寡二伯性落拓諸從兄幼且孤一切公項及前後喪
葬府君身任之悉所分產易錢不足支諸鉅費拮据莫可
名狀年三十猶厄小試自度長年摩揣乖時好因遵先儒
主靜之旨書排遣冗務夜輒倚窗北微吟月落參橫獨覺
湛然心地積數年出近作質諸先達曰此九轉丹成候也
遂以郡試第一籍邑庠府君慨然曰我周自尙書侍御兩
公後日漸陵夷當思振作之而予顧蹇厄蹇厄非予所懼
懼策後人不能耳孺人體府君志操內政府君館客郡所
至悉倒屣迎因節脩脯爲生產計漸有起色時不肖年踰
十齡矣孺人顧謂府君阿兒自受經後卧課之予亦能督

之行就外傳非婦人之所與聞矣因旋里授生徒兼課不肖門下士多蜚聲黌序而不肖亦漸得寸進府君行念棘闈屢躓復厭城市囂愛厚河瀕范蠡湖天光雲影可讀可耕因買宅足庇風雨買田足供饘粥不肖依膝下常縱談經子蘊今古文源流尤亟命讀資治通鑑曰予值潦倒時全賴千百年史事在胸陶洗鍛鍊留得一生骨氣耳不肖質薄志紛迄鮮一得爲可痛也先是從兄勤少失怙府君時時訓飭冀其成迄自樹立始一解顏曰亡兄有子從兄馥境殊窘府君尤眷注畫謀生策率視其嬴縮爲欣戚焉舅氏體一公之以州佐發省也卒于途時外祖母在堂兩

表兄胥幼弱府君經紀其家事檢䘏兩兄無墜先人業十餘年始息肩他若宗黨罹紛難不辭勞不避怨迄今誦府君者僉以爲古道不復得云歲丙戌館城中三月得疾終于尚書公第故居壽六十四著有墨山詩藝雜遊詩草藏于家嗚呼痛哉不肖居蔭下未習家人生產府君歿對家務若望洋孺人綜理內外事纖鉅悉當暇輒攜孫男女飲食之寢處之疾病則忘昏曉調攝之不肖多兒女累悉累孺人不肖念孺人春秋高欲長侍晨夕孺人促令館于外曰汝父期汝何若而顧藉老人計消遣耶嗚呼痛哉詎言猶在耳不肖仍然株守未獲一邀綸綍而遽逝耶孺人考

授州同知諱寬公女　勅授州同知諱學乾公胞妹以辛丑九月卒享壽七十有六子一即不肖孫男五體會珂和幹珂嗣從侄馥曾孫一未名不孝男儀袞泣血述

賜進士出身候選知縣年家眷姻姪崔應書填諱

潤齋公傳 十二世

從來有大壽者必有盛德不必其功業著於時聲名達於世而心念祖宗之澤不忘孫子之遺斯其中之蘊蓄固有大過人者如吾外兄潤齋周公是已公諱霈字澍春承累世簪纓之後立品立行一動一言事事取法前人念高祖大司空以治河懋績崇祀邳州名宦曾祖侍御公以烏臺重望節著朝端祖咸陽公父惕存公並以政績聞於世綱其武者敢不守身若圭璧矢口似箴銘耶於是讀書必宗理法涉世必講端方髫齡時即爲吾外祖逸園公舅氏惕存公所嘉與長有四方之志即隸籍成均從舅氏遊京師

遊嶺表見聞廣洽潤達多通蓋其天賦者高而淵源授受之際非偶然也公自息賦里門與姨孺人白頭相對胸次悠然洎孺人西去後公猶綜畫一切凡祖宗烝嘗祠墓經理必周邑有公事輒踴躍勸輸督役備極勤劬無間寒暑暇則督課諸子孫讀書明理長君早有文名蜚聲庠序次君暨諸孫曾輩循循雅飭俱不失大家範圍公顧而樂之扶杖逍遥賞花飲酒曠如也叟如也而遽以九秩稱觴之後喪彼老成凡在親知咸深驚悼矧如敏者自幼及老相親相愛外姓昆季有若同胞若不急爲誌其梗概後日誰得知其深者因研墨濡筆和老淚書之表弟潘時敏拜撰

存齋公傳 十二世

以文傳其親不如以人傳其親之爲著也相不及事周丈存齋先生而親炙其子曉翁者幾三十年翁之爲人也清而癯文而靜稀食而寡言始聽時吶吶然不出諸其口久而溫溫愈可愛慕少年嗜學既老不倦性渾厚而條理秩如能推己之有餘以濟人之不足今觀曉翁之所稱述先生者殫知先生身教已爲之承先而啟後云先生諱時攝字東賓存齋其號也居宜邑之宋濆先生大父省齋公耘鋤藝圃爲通邑指南父廣齋公司諭桃源所成就人才益衆先生少多疾廣齋公憐其孱不令苦讀先生常恐不克

負荷潛心默誦早夜不輟業日進年始壯邑文彥舉歲社先生族弟爕齋公維楨暨岷山銀槎二張子蘭音蕭子若黎瀛洲二蔣子吾師璞堂許子皆與焉然其齒學胥居後相率推先生爲祭酒當是時爕齋瀛洲以氣勝每戰文龍舌鋒橫溢傾倒一時而璞堂岷山若黎三子志行雅飭自爲一朋坐立相依倚語偲切不能休先生居其間嶷嶷獨立常簡默無所附諸公以此咸服之已而先生首入泮益欲然自下簡默如初人莫能測其所至而先生詭以體多恙慕呼吸導引之術息心進取以恬淡終其身先是曉翁從廣齋公于桃源學舍年十八即補博士弟子凡先生所

不言弱行者翁先意禀承靡弗克肖而箴社諸公並先後遊鄉校各樹一幟數十年來若黎以苦學致心疾最先死無子岷山食餼後益攻文藝力戰南闈有子未及教嘔血死㪅齋晚舉數子不克教而終餘則有子而傳其業者亦多不獲售惟先生淡于名利賢子侍養一時同學穪社最優豈非渾樸和厚之風所留遺者遠而先世之餘慶有未艾歟予因夙侍璞堂㪅齋諸公向慕先生者日久因即曉翁所穪述質之素所聽聞而書以爲先生傳癸卯仲夏長至後三日眷姻晚姪史問和頓首拜撰

敍朝公傳 十二世

公諱瓏敍字敍朝世居宋濆少孤貧偕弟澤遠事母孫孺人盡孝謹孺人恐二子弗克樹立督之如嚴父師公兄弟相策勉服田力穡一切衣食嗜好無所累業浙充公意度軒爽具才幹宅旁舍數楹臨通渠商帆魚艇鱗次集且晚望酒帘間徜舂者甚夥公效計然術即旁舍爲貿易絕不沾沾作市道交蓋其得天者厚也性友愛與弟分甘苦凡服物所需率推讓終公之世同爨者數十年內外事各視兩人材力辨不啻若左右手偶有得失輒互相解慰撫子姪咨如已出郎子姪亦忘其爲伯叔也以故宗黨談家庭

雍睦足以砭薄俗敦風化者咸嘖嘖健羨公有姊氏適南莊儲早寡撫遺孤無所倚公迎姊攜甥歸令戶內事悉諸以行迫孤甥授室孀姊意稍慰公意乃安又自念少失學不克承先代詩書澤刻意勖子姪讀書延名師事之必忠且敬嘗誡曰汝輩若能苦讀如我兄弟作苦時何患聲名不立哉勉之無虛吾望今子姪咸恂恂庶足慰公志云配謝孺人稱淑偶先公卒子二人體信達順孫三人尚幼公卒時壽五十有九姪儀袞撰

澤遠公傳 十二世

嘗讀易至恒之大象占立不易方而有以得君子之貞也人生始自髫齡而盛壯而晚齒歷年既久境遇各殊凡所以持躬而涉世者通其變不易其宜非有確乎不拔之操何以能此今觀於澤遠周公真君子其人也公諱瓏光字澤遠性純篤祖居邑西宋瀆總河在調先生曾姪孫聲聞公之仲子也少孤孝事賢母事長兄敬朝如事父偕兄務秦陽業旋效少伯居陶徵貴徵賤屢中家日裕公思財能聚尤貴能散鄰黨緩急務稱量以周貧者不求償或口銜其德輒抑抑不敢任兄素慷慨好施賑恤貧孤完守節婦

節行而公多從中協贊之昆仲連牀風雨白首不言析箸事財帛出入兩無所私遠近交譽焉兄仙逝食指日益繁諸年少意爲節勞求分爨公不獲已如其請然事事爲之規畫積久不變也寡姊居貧迎歸終養偶抱恙煮藥燃鬚不爲惜甥孤立爲之完娶撫愛如己出此公制行之大畧也性酷嗜詩書自恨早嗇於境未克竟學刻意嚴課其子姪族彥明經補堂優學行勸兄延居西席待以誠後輩推余教授益致其誠敬余嗣晉陶公姪坦也早歲籍校多厚賜焉公且喜且勉諭之謂汝以年少得與乃父同庠當篤自刻苦遠邇雨池若久困青衿非計也予家諸孩穉賴汝

獎率之後遣其幼子與諸孫俱就講無怠志歲時禮意有加不以卑幼之親疏其儀節君子獨立不懼豈隨人步趨哉余嘗閱郡邑志前在調先生以名進士起家疏河通運澤流遠代歸田後篤於孝友事兄撫姪極誠懇其哲嗣虞卿文夏聯登青瑣先生亦福履日增齒高八十有九洵乎有德者必食報也公豐頤偉幹聲洪遠是非侃侃聞者悚聽晚節尤醇醪粟人宗鄰莫不加敬余核公之品概常在人耳目間真所謂恒其德者與大抵吾人立志既堅雖境歷萬殊行而宜之無不各協其則是君子之貞而不同於婦人之吉矣夫靜而有常仁者之所以必壽公之行歷久

而不渝者彰彰若是其繩祖武而壽而昌正未有艾也於其纂修家乘特援筆而爲之傳姻弟管應暘拜撰

覆齋公傳　十二世

公諱繹字嘯薌號覆齋縱巖公次子也生康熙庚寅卒
乾隆乙酉享年六十有八公少穎敏自經史及古今名家
書迹無不搜覽研覆究文深入敢職邑中名宿翕然交譽
肅遺大可立到因蘇太學五職銜圖卒不售義廉公創建
宅字值內外交訌公左右協贊維裕經濟才里黨有爭無
巨額成就正公圖其曲直讓不龤服更參周旋人於不及
知之處殁後人覆追念口碑至今猶歷歷也公篤於孝友
事親克盡誠敬兄嫂公殁無子命次子烈爲之嗣復其
翩鷹其二女歸適王氏羨廬公嘗鍾愛之公曲體父志
繼田一十畝以撥務遇歲饑匱僉不吝推解人有假貸無
不慮其不能償積公爲析參懷存萬其天性也村東有
先人讀書屋數楹公即捐立分祠偕從兄弟三備等協力
故耆舊稱一新今與南北兩祠巍然鼎峙里有普照禪院
世爲周氏香火倚書在謂公嘗額其門歲久傾敗公與叔
裕川暨里中賢豪捐田助實克復舊觀并飭其地設立文
會以迨就後學一時名士遺迹畢集擁護孝嫩解囊舉焉
村北爲水陸要衝架木以濟屢修屢圯公倡議捐資易址
以石人胥利公於廣謀子鑒擇名師故長君讓次君烈
咸與孚同受業於坤五吳先生之門因得識公於塾後復

從事謂公於家每接其丰采聆其議論令人肅然深佩塾
之冀公亦不鄙棄予而飫食教誨之故予之知公特深自
吳先生殁後予弟倩丙戌春榜歸而集諸同學講肄先生
之冀於嘗道因復謂公而公已謝世矣爲悵惘者久之又
十餘年予簽仕松江府學教授公之長君讓撰次公之生
乎請爲公立傳系在世好故不敢以不文辭竊慨公能文
章懷利濟而廟弗克有所展布豈果有數焉以限之抑或
蘊蓄壽將有待於其後郎配杭孺人莊靜寡言持家儉約
婦總爲族里冠後公殁年殁子三人長讓國學生次烈邑
庠生儻爽幹練胥有父風季彬好學能文賞志早世女一
適邑庠生王孝咸

論曰予所居大潭里距公居宋濂百里而近而東西橋則
樸相接也少時聞杭氏有嫡庶相繼卒於杭家俱克禮送
歸殯父老咸嘖嘖稱歎蓋耳熟公名久矣後得見公於吳
先生家吳先生舜舉公行誼以歸後學方謂公即弗獲光
顯於當時亦宜享遐齡昌後嗣乃壽不躋七袠而殁曾不
數年而仲孝兩君復相繼殂謝所謂天道信何如耶然每
憶公之音容猶髣髴古道照顏色也乾隆丙戌進士松江
府教授年家眷世姪尹壽拜撰

三備公傳 十二世

同學周君諱應瓏字三備與余偕受業於儲東溪先生之門才識精敏學業淹貫爲文英爽卓犖儲先生亟稱之余自顧瞠乎莫及也君志存遠大自負其有謂當坐致千里因出交邑中諸名士益肆砥礪并延徒講習以收斅學之功造詣日進顧僅以一衿終老不獲置身通顯藉爲父母榮也君常恨焉君既鮮兄弟父裕川公性灑落不屑事生產五旬外即以家政委君君承命綜理字畝日廓實用益饒裕川公顧而樂之怡然忘老君具幹濟才性慷慨租債所入不較錙銖其不能償者輒蠲貸族有暴亡者爲具棺殮遇里黨緩急乞假無不應或鬩搆紛難再力爲排解與

從兄翼齋協建小宗祠不靳財力凡里中公事與翼齋必身先倡率蓋兩人相倚如左右手而里人倚賴之殆不啻濟川之舟檝膏穀之霖雨也東溪先生通籍後由部郎歷外任洊登憲臬屢以書招君君以親老謝不往而余亦里居課讀每歲時過從猶依依若同硯席時君故豪於飲當酒後耳熱輒與余縱論古今其胸中勃勃欲發之概如干將莫邪精氣光怪不容遏抑惜乎其弗克有所表見也乾隆壬申余幸由鄉薦擢禮部歸而仍教授里中復得時與君相見乃迄辛巳而君遽捐館舍年僅五十有八老父在堂幼孤在塾君顧奈何可以死哉君配任孺人溫惠莊淑能得舅姑歡佐君經紀家事內外胥稱其賢先君十二年卒長子傑弱冠即遊庠嘗從君同試金陵三子彥例入太學四子躍濟補上舍弟子員皆有志進取惜公不及見也季子鍪積學攻文可期遠到惟次子于魁繼君早世女四人胥嫁士族自君歿後數年余秉鐸廬州考滿告歸皤然衰老顧念生平同學諸子都零落殆盡不禁愴然者久之適君之令嗣懇爲君立傳余雖不能文然計君相知之深無如余者且非徒文字之知實有深悉乎君者而悲其賚志以歿也傳曰不有得於身必於其子孫則繼君而光大

之更不能無望於善承君志者矣乾隆壬申

恩科進士勅授文林郎廬州府教授眘同學弟劉學周頓首拜撰

木圖公傳 十二世

外曾祖木圖公諱用治字又甫號木圖瑞僕公嗣子也公爲人賦性寬厚意度豁如勤學砥行至老不倦所與交接皆當代名流瑞僕公早年棄世嗣母余孺人少孀居撫公如己出公事孺人亦曲爲承順甘旨常供晨昏不懈孺人用賴是以慰焉公性好讀書幼就外傅所授書三四過即成誦爲文章操紙筆立就規模先正恒以古文爲圭臬故應童子試雖備取數次終以額滿見遺然公振奮之意不少挫益自刻苦其爲文出入經史旁及諸子百家靡不貫串通習眞不愧爲老師宿儒而終身不一遇其命也夫溧

陽相公史文靖聞公賢聘爲西席主賓相得甚歡誨生徒悉有法度公嘗請文靖公書一額文靖因手書一匾以贈之顏之曰敬思堂公什襲珍藏之至今墨蹟猶存其子孫能世守之公之設帳於文靖家也史適以首揆當國諸親戚故人咸謂公此行必有遭際何則以公之學問文章本足以傾當世而動公卿而況文靖公者其愛才好士之心又久著於天下公一旦登其堂列之賓師之位有不超薦而拔擢之爲國家得有用之士以佐治理也哉乃終以數奇不偶卒老於儒然亦足覘公品望高而不干以私矣晚歲歸故鄉於宅後築一圃雜植花木四時皆備時與一二友朋飲酒談諧優遊適性公嘗以名場馳騖者今以閒散逍遙自樂其大也德配吳孺人爲翰林編脩端升公胞妹博通書史又精於八法文學書名不減淹雅通儒恒以文章訓後進其列門牆者往往見知於有司得通籍以去公館於卿大夫之家而孺人設教於閨門之内古所謂陽教於外陰教於内公門内殆兼之矣公年八十有二孺人年七十有五公無子以姪裕氏爲嗣槐以彌甥得悉公之梗概故敢操筆而爲之傳外曾孫戴槐謹述

介菴翁八秩壽序　十二世

傳有之曰民生在勤勤則不匱商書曰愼乃儉德惟懷永圖誠哉是言也蓋勤儉爲起家之本卽爲集福之基勤則以淬厲而作其精神儉則以淡泊而葆其天性克勤克儉用能永綏福履長享期頤此豪華富貴人所冀倖而不可必者及夫忠厚長者之人若獲操券而得焉則其所獲於天者良非偶也如我介菴周翁眞其人哉翁襲先世家業不甚厚專事謀生孜孜以務農爲業晏眠蚤起無日以怠而芒鞋布服樸素其常以故貲財日積稱素封焉事父母尤有至性雖自奉極嗇旨甘弗愆於親晨昏服事務得其

驩心而後已蓋歷數十年如一日也旣又主持族政矢公矢愼絕無徧徇申飭族姓多布帛菽粟語大要與古人勞心勞力之訓黙爲吻合而一歸於恭儉家風迄今農勤於耕士吚於室去浮華而敦湻朴懲遊惰而趨善良翁身教之力居多夫富而好行其德今世之所罕觀也鄰有不能舉火者輒給以升斗遇有婚娶無貲不惜解囊以成其事雖負逋不償翁略不以介意其處已約而待人厚類如此德配柳孺人夙嫻閫敎勤紡績事女工茹荼集蓼其勤儉亦有以佐翁之不逮者令嗣某瀾天資樸實續有父風諸孫蘭芽競秀已見頭角玆屆筵開八秩翁皓首龐眉精神矍鑠登階孝筭繞膝兒孫家業雖豐於前猶然蔬食自甘絲縞不曳較晴量雨考課農桑勤與儉不改其素也從此迓天庥而膺上壽介祉綏眉詎可涯量更歷二十年行見碩德耆英用表

聖朝人瑞登僅八百春秋拍洪涯而挹浮邱也耶余固謂翁之勤儉起家兼以勤儉集福也於是乎言外曾孫戴槐

頓首拜撰

松亭公傳 十二世

族姪 星垣

家乘之書與國史異國史必其人有豐功偉烈與夫學問文章足以顯當世而傳於後者乃可昭簡冊而垂之無窮至家乘則一善一行皆可錄以爲後世法如吾族叔松亭公綜其生平行誼尤不忍泯沒而弗爲之傳也松亭叔諱汝棟字文年爲叔祖廷宣公之子家素貧幾無以謀朝夕始則傭工於外繼乃自食其力耕田力穡以勤以儉而家業漸擴初不過家室完也而後乃倉箱盈矣初不過衣食裕也而後乃田宅豐矣然公之勤與儉與貧乏時無以異蓋非徒不敢以惰慢自安而竊其意念益加斂退夫人猶

器也器之大者挹注之而不窮量之宏者頻受之而不溢如公者測其器量亦可以知其識度之不凡矣公爲人樸誠而性極嚴毅鄉里中有虛夸浮誕而不遵矩矱者必面叱之以故里中年少咸敬憚公而風俗爲之一變夫朝有善政則民氣湻鄉有善士則人心厚一邑之大生民不下數百萬使得如公者數十輩以教訓而督率之吾見仁風翔洽不且胥天下而盡稱仁里也哉公享年八十有六其歿也鄉里悲之公配夏孺人生子二長其升先公十一年卒其孫與媳善持家政能繼公業又其謙忠厚無齎陵氣能承家訓茲因纂脩家乘特援筆而爲之傳

廸齋公傳 十三世

公諱昇字敢佑號廸齋自遠祖孝侯以來代有卿相世著功德無論已公高祖在調公爲前明進士仕至總河尚書勳績載河渠志曾祖節推公治行彪炳府志人物志祖孝廉芝臺公父縣貳景陶公敦行不怠孝友傳家故一脈相承以名望科第稱於鄉邑公承累代簪纓之後好學不倦尤勤課藝日必誦文千徧搆文一首嘗出其文質之當代名公咸器重之遇小試郡尊李公評其文曰理明辭確力追大家遂拔置第一澄江試以微疵見黜返棹登南樓足不下樓數月明年乃售於張大宗師歲遇季試月試

無不至至必前列七走棘闈前後薦凡三次辛卯偕長子履旋赴省試八月朔夜夢有人以聯珠燈張其門意甚嘉之揭曉後父子並得一薦公歎曰功名無分是命也夫自是遂絕意舉子業蓋公時年已六十餘足不復踏省門矣嗚呼惜哉公自奉頗儉約父景陶公素有富家風範公先意承志委曲承順不使幾微有拂鬱心平居訓誨子孫跬步必以禮自持毋許效時俗佻達之習著有格言數則以垂家法公原聘蔣孺人未婚而夭配程孺人不數年而卒繼配武進錢孺人誥封光祿大夫刑部尙書鑄菴公之女誥授光祿大夫刑部尙書前乙丑狀元諡文敏公之胞妹

温惠宜家尤工詞翰著聽月軒吟稿公之事精於藝苑者
錢孺人勸勉之力居多也公壽七十有四僅以諸生終老
悲夫程孺人年三十有四錢孺人壽七十有七子五人程
孺人出者二俱太學生繼配錢孺人出者三三庠生亦曾
擢縣試第一四太學生五尚業儒孫十八人入泮者一曾孫
四人烜忝在戚末又以與三哲嗣同塾肄業故知公特詳
爲謹書大畧以附諸家乘之末
賜進士出身吏部文選司掌印郎中軍機處行走前直隸
通永河道加三級眷世姪任烜頓首拜撰

補堂公傳 十三世

公姓周氏諱袞字粹琦號補堂父壘山公承大司空後嚴
於庭訓公少擅俊才工制藝古文辭倣古名大家書法弱
冠補博士弟子員前殿撰梁公督學江左深器許之拔補
廩膳乾隆丁未以歲貢入都考取教習期滿選海州學訓
導是州地荒人質文風卑淺 國朝來登第者寡公手嚴
立課期剖析精蘊遠近諸生咸謂得公晚學中有武生某
劣跡顯彰爲鄉里患公詳得其狀因痛懲之生漸次悛省
蒞任七載朐山仲晃唐公來知是州倡建書院公董其事
草創之艱心力俱瘁落成後憲臺交薦山長朐山力辭公
兼司課常常以文行兼優爲諸生勸當時有贈公詩云文

旌久駐江之北化雨遙霑海以西其企慕如此海州舊無
察院歲科二試遠附淮安陸行三百餘里程途之苦寒儒
側足公堅請朐山捐俸創建士民踴躍爭輸越歲告成學
憲按臨院試不惟士子利便而朐海文明之運從此蔚然
日盛矣嘉慶九年州被水患自夏及秋轉徙相接 上發
帑賑歉州尊延公佐理時公少子和侍側曰大人筋力已
衰恐不堪勞劇盍辭之公曰嗷嗷之民朝不待夕予以閒
曹佘署爲 朝廷軫恤窮黎是報效之一會也晝夜赴鄉
按戶查驗荒民全獲甚衆明年擬遵七十致仕之禮任滿

告歸未及期疾終官舍諸生被教澤者助貲歸葬淑配齊孺人係名族女理家政無廢事先公六年卒子五體曾珂和幹體會幹先公數載卒珂嗣從伯馥孫四瓏經燮堂曾孫二雲沛百齡

論曰予少從書溪諸君子遊閲公文與公書法竊景慕之及聯秦晉好見公之事親交友敦本睦族之誼尤惓惓焉既厄於科第以廣文老坐寒氊者十二年所云位不滿其德者公非其人歟

賜進士出身原任浙江淯安縣知縣年家眷姻弟崔應書頓首拜撰

西亭公暨配朱孺人合傳 十三世

公諱楹字寅建西亭其別字予族叔祖也總河在謂公之五世孫御史文夏公之元孫曾祖邁園公咸陽知縣祖惕存公以文名雍正癸卯捷京兆試奉中式明通榜例當得縣令以養親改補如皋教諭父上舍潤齋公積學砥行壽登九十歲載邑志行誼公承先學以讀書世其家事親以孝聞事兩兄極友愛爲人和易坦率胸無城府待人如光風霽月不示崖異凡嬰兒稚女皆樂暱近之遇事有不適眉目間微有愠容未嘗輕出諸口間受人愚不較也其誨弟子也循循誘迪不用夏楚二物而弟子悃悃服其教據皐比垂八旬乃罷年踰大耋精神矍鑠手第攜杖而行配朱孺人舉人知巢縣雲渭公曾孫女茂才書日公孫女上舍秉炎公女名門淑德蔚爲姆教其歸我西亭叔祖也順于夫子必敬必戒奉甘旨以致養躬井臼以持家妯娌從無間言口不言人過失雖臧獲婢子獲罪必婉言導之不輕責人比之桓少君孟德曜云或以貧乏告公太孺人必黽勉有無謂不爾恐拂夫子意年既老猶紡績不輟曰吾力能勝敢自逸乎西亭公八秩開筵太孺人尚長二齡白首齊眉而子媳孫男婦兩世承歡人豔羨之以爲昇平盛事公卒於道光辛丑壽八十四孺人先公十四日而逝嗚

呼可謂偕老也已子二長勲次烈孫男四曾孫二叔等既葬公與太孺人於篠嶺之五年而命德瑋爲之傳德瑋與公爲族孫少即侍先君子趨走公家得稔公與太孺人行誼先君子嘗指公孫紉秋詔德瑋曰西亭叔祖暨繩武叔奕世載德積累弗替今紉秋英爽俊邁文辭卓犖天之報施其在是乎繩武者公之仲子烈紉秋即繩武子人卓未幾而紉秋果以癸卯隽京兆屈指歲辰遥與惕存公後先輝映噫天之所以報公與公之所以啟後誠未有艾也屬爲傳誼不得辭并係以贊曰　龍門之桐百尺黃河之水下垂惟培植之久長識淵源之邐迤典型勿替行止仰止

族姪孫德瑋頓首謹撰

向中公傳 十三世

太岳丈向中公諱曰暘字曉山仁齋公長子也其大父廣齋公以副貢司諭桃源公隨祖任而受業焉幼聰敏年十歲即誦古文十八甞聲黌序每試輒冠軍所與遊皆當時名上周氏遠宗孝侯代有英哲至前明而在調公以工部尚書怒視河防克著成績公其曾姪孫也公夙負俊才長益魁奇自喜生不慕司馬相如及霍去病之爲人以爲人生不得獻賦金門即當揚鞭塞外安能株守蓬戶向殘編斷簡與庸庸者競得失哉因益發憤力學上自三皇五帝之書下及諸子百家靡不研窮旨趣洞悉精微故其議論宏博出入經史爲文章操筆立就汪洋浩瀚莫可遏抑挍之規矩繩墨仍復不爽銖黍至於詩歌詞賦特緒餘耳·時先達如劉南塍將粹錄諸先生莫不延頸願交以翰墨相推許金吾毛先生者毘陵名貢士也尤與公爲莫逆交且闔內戚毛先生來訪婦翁必留宿公家相與援古證今尚論雄辯輒終夜不寐公亦撫膺扼腕慨慷悲歌兩人親相親心相許所以自命者胥不凡也乃數奇不偶又不肯隨時俯仰以故秦書十上楚玉三刖鬱鬱不得志三十餘年而公亦將老矣既而南塍則教授廬州粹錄則司訓安東金吾亦振鐸維揚諸相識各星散去而公猶滯一經窮

年困頓於是聚徒講學思啟後人暇則與一二三同志史啟明王恪存沈大倫先生輩把酒臨風賦詩見志又若脩然事外也著有主靜堂詩草存存堂文集其激昂奮迅之氣悉見語言文字間後之人讀其書猶足想其志之所存公爲人口吃始晤時吶吶然若不能言久而温温愈可愛纂性孝友事父母及大父母皆能先意承志得其歡心晩好岐黃術決其生死多中焉德配呂孺人夙嫺婦道勤績紡事女工實能佐公宜家者公生以康熙己丑卒以乾隆甲辰享壽七十有六孺人生以康熙戊子卒以乾隆丁酉享壽七十歲子爆以積學力行終其身孫男偉弱冠郎遊庠

曾孫男三人皆讀書文學蓋蒸蒸日上云孫婿衛潮頓首謹撰

升山公暨徐孺人傳 十三世

公諱曰曦字升山存齋公幼子也少讀書頴悟過人鄉黨莫不器之稍長應童子試屏黜者十數年居恒悒悒嘗誦韓昌黎語人曰吾肯決得失於一人之日而爲之憂樂哉蓋自是遂不復有進取意性孝友二親年老艱於步履公晨夕追隨扶持者不倦事兄嫂如事父母閨門之內秩秩如也愉愉如也公憤讀未有成思欲治生商賈以自封殖然非其性之所近又素仁惠喜施與其有貧力不能償者往往折券棄之故所散者日益衆而所收者曾不得十之二三由是家業中落不數年而公原配徐孺人以病歿無

所出因復求徐氏女而娶焉其後家益窘生齒亦漸繁後孺人生二男三女衣食幾無所措公以此積憂成疾疾革指五人者謂孺人曰自汝爲吾家婦未嘗有一日之晏安也今復以是累汝將若之何哉孺人含淚而應曰有婦在夫子勿憂也公頷之而卒孺人則鬻田宅爲殯葬費早作夜思饑寒罔恤己復爲其子擇師三女皆適望族數十年間男婚女嫁之事已畢而孺人亦庶乎可息肩矣乃無何而長媳先亡次男繼逝煢煢膝下舉目悽然晝夜悲號暈絕者數次既已無可奈何謂長子應文曰家雖貧祖宗血食不可斬也汝盍復締姻乎困阨吾自甘之應文受命弗

敢違越一歲而生孫孺人喜出望外保護者備至今其孫
又娶婦矣資用頗給東隅雖逝而桑榆堪收人咸以是爲
孺人幸而不謂孺人又以天年終也公生以雍正甲辰卒
以乾隆辛卯享年四十有八孺人生以雍正丁未卒以嘉
慶丙子享壽九十子二女三孫男一眷弟衛懌拜撰

節母俞孺人傳 十三世子庚公配

朝廷令典凡孀居在三十歲以内者皆得諭禮部旌表其
行此不論窮簷蔀屋蓋深知苦節之可貞而有以奬勵之
也族兄子庚公家極貧而早逝配俞孺人年甫二十餘撫
一子僅在襁褓日則操作夜則紡績衣食之計盡出十指
閒意謂俟呱呱者能成立完室家則一脈之延而血食可
綿矣不幸媳未成婚子又夭逝計十八年之氷霜荼檗盡
付諸空花影月之中嗚呼痛已然孺人之志愈堅孺人之
節愈苦影隻形單煢煢在疚卽有以完其貞而究無解於
斬焉嗣也於是抱一姪以爲之後飲食之教誨之及其長
而婚娶之自是子庚公無子而有子也無家而有家也繼
繼繩繩克昌厥後子庚公可瞑目於地下矣夫以孺人之
賢呈於有司上於 朝廷以表厥宅里固其宜矣無如數
椽之屋僅可以蔽風雨而未克耀門閭子之心雖有餘而
力不逮卒至泯没以終其身可悲也夫然其潛德自在也
冥漠有知祖宗且默鑒其衷使後日豫大豐亨子孫緜衍
幽光必發自有舉其節而表揚者焉夫弟星垣拜撰

伯華公傳 十三世

人有恒言勤儉者足一生之用忠厚者貽百世之基此雖似淺近之說而自有至理存焉予嘗縱觀乎鄉里之中其祖父儉勤以惜福而其子若孫之服先疇者有隆隆日起之勢矣其祖父忠厚以存心而其子若孫之食舊德者有繩繩不絕之機矣較世之自恃豪華橫行鄉曲徒自快意於一時而卒致子孫潦倒抱恨於九原者其相去爲何如哉易曰積善之家必有餘慶吾於伯華周君而益信報施之理無或爽也君諱崑玉字伯華乃時謙公之三子也幼讀書長而力田處家敦孝友崇古道一生品行端方里中

人咸敬而慕之德配潘孺人實能相夫子孝事舅姑和妯娌親操井臼經理內事悉井井有條舉四子曰景庚曰景昌曰景陽曰景茂俱醇謹忠厚克儉克勤有乃父之風予以里居遙隔未能覩君之生平適逢丙午之春偶設帳於君家竊聞君之爲人尊尊也親親也弟弟而長長也約己而廉處族則和以平也然諾信而與人則披衷素也每事準情酌理可以爲一族典型可以爲一鄉矜式凡宗戚賓朋出入君家者不聞有非分之舉間有欲爲不義者懼君知之而莫不自歛里中有紛爭事知君素長厚得片語輒解紛去其天性誠直不舞機智爲人所欽服類如此嗚呼如君者其眞能盡當然之事而獲自然之福者乎夫根深者實茂積厚者流光今見君之令嗣家分四室而宅列三村皆能相助以勤相戒以儉時時以敦本務實忠厚存心訓飭幼小輩而且各房之孫曾俱已林立怡怡如也至其家有隆隆日起之勢矣登其堂有繩繩不絕之機矣夏屋雲起膏腴日闢粟紅腐錢貫朽里中稱素封者有不及焉非所謂象賢之肖克家之子能擴前人之業而食前人之報者歟儉勤之後而更得儉勤忠厚之餘而復生忠厚觀其子姪之蕃昌益信其前人之垂裕也其所爲足一生之用而貽百世之基者詎可涯量乎哉茲因周氏續修家乘

景昌景陽景茂與姪攀桂等特來乞傳於予予不辭固陋述其事書之以示其後人道光丙午桂月世愚姪戴雲溪拜撰

誠齋公傳 十三世

聞之才足以幹事誠足以服人皆本於天成於性非可强而致也然才不易得而誠則尤難能誠則言必忠信行必篤敬持躬接物措置咸宜雖服官守政可也豈拘拘於鄉曲閒哉而居鄉曲者亦不外是予於族伯誠齋公見之矣公諱體信字宸玉敘朝公冢子也敘朝公德配謝孺人唱和稱嘉耦生子二公其長也次曰佩玉公讀書未遂所志乃帶經而鋤較晴量雨周旋里黨間恂恂如也延師教子誠敬弗衰其事親也非徒進羞具饌承順不違而且愉色婉容和敬備至其於弟則吹壎吹篪友于之聲藹藹人口

訓猶子以義方佐堂上理家政凡拮据艱難事悉仔肩獨任嗚呼公之孝友可謂至矣公貌古而精神强固秉性醇厚素不喜浮華族有事務條分縷晰而後已村鄰紛難輒排解不辭倘亦謂一鄉之善士非耶卒年七十有五配吳孺人繼蔣孺人俱嫻婦道能佐公宜家惜不獲與公偕老子三長屺瞻字念坤吳孺人出處家治事靡不秩然次開泰字際昌才學裕如英年入泮季于岐字壽山蔣孺人出皆予兄弟行也嗚呼念坤際昌享年不永又皆先公歿惟壽山弟既克承先并有以啟後處己待人與公無異其經紀祠業一秉公正尤可嘉許公孫八人烝老成醇謹亦能繩

書紳公傳 十三世

君諱烈字書紳翼齋公仲子嗣世父維藩公維藩公系我生公派下家嗣君遂繼爲小宗宗子焉君有至性事嗣母吳孺人先意曲承克盡子職吳孺人生二女君友愛甚篤吳孺人遂忘其爲非己出也得怡然就養者十數年維藩公性落拓不事生產畝業多售他姓翼齋公輒爲恢復析箸時翼齋公命君與本生兄弟均授而加隆焉於以見翼齋公敦手足之情而君之克當父志也君少從名師游刻苦自勵早歲遊庠爲文沈毅有古作家風力翼齋公時激賞之惜其文不克表見于世也君才幹明敏翼齋公每有

委任無不就理因遴攝祠事區處悉當族衆僉以爲能自翼齋公暨杭孺人相繼卽世君哀毀特甚處兄弟坦直不阿與人交無城府延師課子克竭誠敬念生平未克光先緒常鬱鬱不得志積疾遂不起嗚呼其亦可哀也已君生於雍正戊申卒於乾隆己亥享年五十有二配王氏有淑德子三人一已娶女四人一猶未嫁

論曰自余初爲塤時已不及識維藩公矣君與兄佩南齒俱長於余猶各從師攻制舉業以期進取余每謁翼齋公備聆訓言更得從君兄弟資切磋之益維時心壯氣盛方謂並轡而馳胥臻遠大乃倏忽三紀猶然困守一經其存

耿堂公傳 十三世

公諱彥字彥明號耿堂後輩所景仰也鏞與公世有姻戚以故得公家世最詳公高高伯祖在調公以宮保尚書爲明代名臣自後勳名奕禩家世鼎盛至公世亦少替矣而讀書敦行不衰公天資明敏學富文贍顧困童子試不得志入國學應省試復不遇而公亦自此淡於進取矣性好醫遂以其力精究於醫戚族鄰里及四方之聞名者咸就公求醫公不吝歲時祭祀移舟艤蒲墅孝侯祠求醫者麇集而公一一應之無倦容人又知公之經濟寄於術也公又擅幹濟才凡葺祠廟脩宗譜公每身任之有大事必造門諮詢族中人咸倚重焉生三子長已遊庠餘亦知禮讓孫男濟濟稱英才孺人吳爲明尚書忠節公裔性婉順其始歸也不及事姑踰年舅復見背春秋祭奠備物誠敬居家儉約妯娌內外稱賢德今身故已六年而行誼猶載人口鏞素慕公之懿行嘗耿耿於中焉因濡翰而爲之傳嘉慶庚申科舉人選授安徽石埭縣教諭表姪任殿鏞頓首拜撰

者已鬚髮早白而君更骨肉先腐迴憶當年杯酒流連文章商推其員況乃恍如隔世君生平嗜酒雖醉不亂與人居或默坐終日時或執一技自遣蓋其不可一世之意無所消耗而然耳嗚呼君即不死亦未必遽致光顯乃徒令後死者援筆追維不禁愴然于君之賫志以殁也已乾隆癸卯秋月眷弟王孝威拜撰

立恒公傳　十三世　　王孝志

公諱躍清字立恒三備公四子也性狷介寡言笑遇不當意輒義形於色面指斥人過無所顧忌而於取與之際尤嚴少穎悟長沈靜好學爲文深入敢戰嘗從其族兄曉山先生與予族叔用欽先生游兩人皆邑名宿交口譽之壯歲始受知學使者江右彭公元瑞補郡庠弟子員居恒益自砥礪期以馳騁當世屢赴鎖闈不售後更以貞疾廢業遂鬱鬱不得志而自放於闤闠博奕之間亦可傷已憶予初識公公甫出就傅後相與聯筆硯角文藝每科歲試省試往返必偕節序暇日輒偕公兄弟劇談公時出其所得

以相質議論往往出人意表予且以公爲畏友藉令非以疾廢又惡測公之所至也哉公艱於嗣納妾十餘年亦不育其將歿也以兄念銘次子爲嗣業娶妻生子矣是公不特有子且有孫子以奉養孀母規恢舊業而孫枝競秀必將有繼成公志以慰公於地下者公其可無恨嗚呼公齒僅逾艾耳即不獲見用於世而藉以坐鎮流俗必能如王彥方輩其人者否則耆碩爐香時與二三知己從容賞析亦吾輩所不可少之人而今且墓有宿草矣悲哉公弟德隅以公傳見囑微德隅請余固有不容已於言者況重之以來請耶爰略道梗概以著公之實并以寄余之慨云

節母史孺人傳　十三世懋恒公配

節母史孺人懋恒公配也公諱其升松亭公冢子家湖濱孺人與公同里稟性貞淑繼笄後即著賢聲入門稱婦順公年踰立遽攖疾不起遺子鳴祥僅八齡女二亦俱稚孺人慟不欲生願以身殉是時松亭公年望八旬甚悲戚不自勝孺人反斂涕戢哀具引他事爲翁解潔供勸餐遂躬督家事率僮婢勤作內外肅然以穀人制歲用歲終則歸其羨於翁藏以待用翁爲驩然破涕曰婦能然泉下人當瞑目吾復奚憂孺人既庇家事歆血翼三雛延師課子課歸必令常侍翁側欲翁以含飴之樂釋其悲懷故翁雖痛

喪明而克躋大耋孺人調護之力居多持家政數十年闢出圖新宅字爲二女擇配男擇婚歲凶復出其餘貲力賑貧乏里黨尤以惠稱子婦稟孺人訓甚賢孝始著代爲享壽七十有八子一即鳴祥孫男二曾孫男一邑志採其節入列女

論曰余客湖濱湖濱推賢婦者首孺人夫遇不問菀枯其之死則一飲冰抱雪石化金灰有至情故至於承前業裕後昆以養志爲孝較諸窮餓子立之境各有難焉或屏跡山林或艱難匡濟千古志士異跡同揆後之論者正未可引彼而紬此族孫子斌頓首拜撰

潤山公傳 十四世

叔祖潤山公諱錫華映斗公之孫金源公之叔子也與書
同出自尚書祖其高祖鹿溪公博學工文康熙壬子誤中
副車十應承宣試卒不售十林惜之曾祖文碩公以名諸
生見重於時公幼承家學刻苦攻書因早失怙未能卒業
金源公見背公纔八齡哀痛如成人甫弱冠即事貿易服
賈牽車不辭勞瘁得有餘貲具甘旨以養親兩兄早喪事
母吳孺人益謹昏定晨省無或閒并時時述庭幃雍睦語
以相娛說綵有萊衣斑舞之風母歿哀毀骨立喪葬胥中
禮中年家頗裕而自奉極約食甘糲衣必布素嘗語人

曰物力艱難須爲子孫留有餘地步耳晚居本分祠長訓
子弟以務本有夸誕而不遵矩矱者必面責之咸豐辛亥
恭遇　登極覃恩詔各州縣查有年逾七十者給以九品
頂戴公得與焉歲丁巳臘月八日晨起謂家人曰昨夢一
異僧招吾同往西域皈依佛教吾不久於人世矣爰召集
子女及孫環侍牀前谷囑數語從容整衣冠端坐含笑而
逝距生於乾隆己亥享年七十有九姪孫達善謹述

靜齋公傳 十四世

士有才識冠於時文藝名於世望之者如祥麟威鳳而功
名未顯一旦溘逝正首山邱卒同於草木自榮自落若此
者不知凡幾而屬在知交能不爲之悒鬱氣短思藉柔翰
以傳之也哉周君靜齋諱廷燦字載涵行三係累代簪纓
之後而乙丑殿元大司冠文敏錢公之甥也方文敏公與
其尊人廸齋公爲內親時居停其家諸甥環侍文敏尤愛
第三甥嘗戲語廸齋公與太孺人曰一頂頭巾兄未能別
吾觀此甥定當跨竈能繼君家尚書公節推公之家聲而
蔚起者意在斯乎髫齡即穎悟異常讀書過目成誦稍長

淹通諸子百家推筆爲文和雅秀潤應童子試邑令王公
賞其文拔置第一旋補博士弟子員方是時余偕伯兄孟
籌與君爲同窗友心未嘗不敬憚之君既屢躓場屋嘗慨
當以慷曰士不能取青紫如拾芥宜勵節行裕才術爲當
世大有用之人肆應通方明體達用是即儒生之經濟何
必服官從政而後得行其志哉聞者韙之是故處門內則
惟孝友于順二親和同氣宛義門鄭氏之風也處里閈則
謙卑自牧執弟道戒澆風佩伏波馬氏之箴也他若邑中
公事慨然自任不畏難不辭勞其造請而諮訪者往往屨
滿戶外蓋惟以學術之正得處事之宜締交者重之如聲

君平公傳　十四世

孝爲六行之首義居六德之一孝義者人之所當盡而實不易盡者也若叔祖君平公非孝義兼盡者哉公諱勲字君平西亭公次子也伯父吉士公無後公爲之嗣每祭祀物維其備必敬且誠事本生父母極純謹時進甘脆晝則經營貿易夜即侍親側嬉笑詼諧或述庭幃雍睦語相娛况父母年屆八旬稱觴介壽綽有斑舞遺風辛丑冬父母同月棄養公哀毀骨立既葬每月必省墓其孝也如此家不甚裕而好施與親友借貸無不應者非分之財一介不取晚年据本分祠長申飭子弟多布帛菽粟語咸豐庚申粵逆流竄蔓延蘇省溧陽不守公因移居宋瀆分祠守香

火三月二十五日賊自溧竄入八勸公暫避公不肯與曰聞賊將至公整衣冠危坐祠中見賊入即厲聲罵曰此吾祖宗栖神之所豈容汝等肆擾耶賊脅以刃詈益激遂遇害享年七十有四賊退殮其屍面如生同治二年有司上其事得　俞旨賜卹如例入祀忠義祠如公者洵可謂生能盡孝死能取義者矣光緒辛巳中夏月族姪孫湛霖謹撰

月光風矣惜哉命與時乖長才短馭不克符鄉先達之所期而僅以一衿終老雖養生送死大事已畢一生經濟終未克償有以知士無知遇末由竟其才猷也君以嘉慶丙子閏六月初八日奄捐館舍得年六十有一配吳氏即余姊也和婉勤儉不愧德耀之稱先十年卒子二人孫一人能以文學世其家廩貢生署吳江縣訓導內弟吳翥拜撰

蔚齋公傳 十四世

歐陽文公云爲善無不報而遲速有時吾於叔祖蔚齋公驗之矣公諱烈字繩武蔚齋其號潤齋公之孫西亭公叔子也高高祖禹卿公係尚書公幼子．國初名進士官侍御風清臺閣高祖逸圃公以明經宰咸陽政聲卓著曾祖惕存公登賢書中明通秉鐸如皋士林說服俱載在邑志公幼承家學讀書甚聰穎比長通經史淹貫諸子百家爲文章清真雅正歲壬午應督學試以一字之譌未能入彀僅取佾生後遂不復有進取意然未嘗一日廢學也嘗手鈔詩書周禮春秋比丹黃點勘十數遍設帳課徒訓講經

義精晰詳明邑中稱名師昆季三人長兄壽早世次兄勲出嗣伯祖孝養二老一身任之克備甘旨以承歡膝下者數十年如一日其寢疾而侍奉蕿藥不懈者幾及十年父西亭公母朱孺人年俱八十餘頃刻無公不歡兄弟間怡怡友愛白首無間其爲善於家也如此道光丙午聚族議修譜事闔族子弟素服公德奉命惟謹遂與族兄靜齋公悉心纂訂繪圖敘表井井有條并輯續遺一編以補前人所未備原牒見存譖作班班可考宋濱分祠日就剝陁公又與從弟省齋公籌資修整親督工作以底於成其爲善於宗族也如此爲人忠厚誠慤生平無疾言遽色親友借貸必量力佽之遇紛爭事善調釋遠近無不稱爲長者己酉歲饑募捐助賑設粥局於普照院昕夕經理不憚勤勞其爲善於鄉里也又如此公歿以咸豐壬子享年五十有六長子紉秋應京兆試獲儁幼子亦文有聲庠序兩孫金昆玉友公皆親見之已足以見獲報之厚矣迄今文孫達善弱冠游庠文名藉藉兼精申韓術大僚爭延致之家業隆隆然而起曾孫鏐及毓梓纔髫齡已嶄然見頭角善無不昌不於此而益信歟是爲傳族姪孫湛霖謹撰

先考少白公暨先妣湯孺人行畧 十四世

嗚呼惟我先君子之亡也於今三十有三年矣小子倬曾不得親色笑供甘旨侍晨夕爲負可痛也倬生十歲而孤世事一未通曉太孺人出入顧復荼苦備嘗以長以教俾至成立太孺人誨之曰汝父爲人儒而仁慈好施與有貣之者憐其貧輒弗較事父母以孝事諸父以敬讀書名雖未成然辛勤者已半世矣汝其勉之命之通塞天也善惡唯所習焉吾所以教汝者如是而已倬敬銘之於心不敢忘先君子歿於乾隆之五十年七月初病痢即不思飲食其後轉劇太孺人躬持家計手奉湯藥衣不解帶者月餘

苟可祈其生者無所不至而先君子卒以不起太孺人撫倬而泣曰汝父辛苦一生未能食報今附身而附棺者不可不誠且敬也倬時知痛哭而已是歲旱荒境內絶粒太孺人艱窘百端涕泗交橫衾枕皆濕賴兩叔維持調護然不如意者常二三明年爲倬擇師越九年而娶婦又五年而倬忝列黌庠蓋孺人之飲冰茹蘗已十有餘年矣先是祖母早喪先大父年老多病後更艱於運動太孺人事之惟謹雖穢溺之物未嘗親爲浣滌得其如心如是者三年不倦太孺人恭儉仁愛而有禮其治家也嚴肅其待人也寬厚見貧苦者必周恤之晚年家業頗裕且抱孫爲庶幾康强其身以庇我後人而孰意遽舍倬而歿乎先君子諱㷆字少白以乾隆庚申生年四十六而卒孺人姓湯氏爲邑望族生於乾隆之辛酉卒於嘉慶之己巳享年六十有九嗚呼人生莫不各有父母然日侍父母而不知有父母之爲樂也一旦親亡矣視之不見聽之不聞始悔從前之不能盡力則又無及矣倬雖不獲事君子幸得侍太孺人於膝下乃今而并太孺人不得復侍焉音容不再日月如馳欲報深恩昊天罔極倬其何以爲情哉不孝男倬拭淚謹述

象山公傳 十四世

王鴻端

公諱堯年字象山晉平西將軍周孝侯六十三世孫居離墨山之麓蒲墅里祖佑申父東瞻以忠厚世其家公幼時家已中落未能就書塾里人業陶公亦勉力爲生計數年後漸致饒裕久乃成殷戶矣事東瞻公能以色養逮東瞻公歿喪葬之需無不周備人以爲當於禮始娶鄭孺人早卒繼配王孺人尤能體公意摒擋家務悉井井有條使公無內顧憂凡親賓至其家必將以誠敬所進饌咄嗟而辦無不精潔豐腆公喜飲宴客必盡醉而主亦陶然歡暢逾於平時公素以節概自勵尤長幹才人有不可必正色規

諫之有以積釁幾欲成訟者公力爲排解務使兩相釋而後已間或有所牴牾事後靡不諒其誠而歎爲不可及也人以貧乏告貸必量力周之累負累請復貸之如初至一切橋梁道路諸公事傾囷倒篋出之無少吝焉先是乙巳歲大旱丙午春石米錢二千族眾無所得食公深憂之孺人亦勸公出粟計口相付賴以無恙者十餘家凡公好行其德者如此令嗣鵬素從余遊公誠禮交隆數十年如一日余食餼後旋丁先慈艱生計窘迫賴以依助者數矣余常愧無以報也公年五十有五卒之日里人鮮不爲之泣下者嗚呼是亦可以見公生平已

敬齋公傳 十四世

吾邑竹門之里有逸人焉問其境則優游林下自適己志也問其行則隨分自守不踰繩尺也問其所致之福則身其康彊子孫逢吉也如我敬齋周翁其眞逸人乎哉翁祖木園村士設帳溧陽史文靖府文靖雅愛重之而木園不鶩聲華不干榮利處士隱德當必有承其後者乃今而知翁其人也翁天資樸實識見練達少失怙恃年逾立喪偶人有勸之續絃者翁則曰吾有二子矣恐累後人卒不娶其交友也不以久暫殊不以貧富異則如晏平仲鮑叔牙其處鄉也排難解紛一言剖決重于刑章則如王彥方陳

仲弓其業醫也法灸神針經其診視者無不立愈而又不索重酬則如薛徙癰董杏林翁之幹濟若此殆其所得於天者厚歟翁諱宗顯字應椿號敬齋生於乾隆癸未卒于道光乙亥壽七十有七歲德配史孺人生於乾隆甲申卒於嘉慶丁巳年三十三子二茂昌茂德方翁之喪偶也父道兼母道業農且業醫艱窘百出愁苦萬端卒能裕其後豐其家優游晚歲望重閭里實翁之厚德有以致此族叔山愧翁甥也備述翁行畧屬傳于城城重翁之行不敢辭是爲傳

例授文林郎候選知縣戊子科舉人外曾孫戴連城拜譔

祖武以肯堂構曾孫福實雖在襁褓已嶄然見頭角嗚呼見公之嗣思公之德知公之心豈非以誠信之所孚而裕其才能者業厚其栽培以庇其似續詩曰詒厥孫謀以燕翼子其所謂縠眉壽而克昌厥後者公其有焉族姪烈頓首拜撰

孝子延翰公傳 十四世

昔仲夫子嘗有感曰傷哉貧也生無以爲養死無以爲禮也以仲夫子之賢而猶歎人子之貧不克伸其孝養而況於不識不知之愚氓哉乃孝者天性也無間乎古今無分乎賢愚者故不難以鄉曲細民平分古聖賢人之席吾宗既有孝子字孝巽者爲當道知其名而旌之以額矣此猶讀書識字人也乃若更有延翰其人一賣漿市餅兒耳彼烏知孝經何物曲禮何書而竭力以養父母數十年甘旨無少缺焉雖有兩弟以出嗣伯叔不顧所生孝子隻身養親曲體親意竟忘其貧不特此也父佑臣公年老好檗子戲嘗與二三父老小聚閒耍以送日月孝子必措錢爲本順適父意母白髮奉佛意有所需曲順之一日念父母年高曰西山之木北邙之原可勿豫乎於是積三十金爲槥兩具更覓隙地以待二老天年嗚呼噫嘻亦既賢矣佑臣公年八十六歲無疾而終孝子獨力營葬母患病劇甚孝子憂之聞人言得子片肉同藥服之可愈孝子乃引刀刲股肉和藥以進而母疾竟瘳又歷數稔乃卒壽七十八孝子又獨力葬母哭泣盡哀因思吾母存日嘗好佛事烏可不勉求佛法以爲吾父母冥福地乎遂又延僧禮經懺以度之或曰孝子業雖微顧善經營生財頗美故常見其裕

如訪諸鄰里乃知孝子不茹酒不貪色無室家之累無朋友之好有錢則盡供其父母之養子然終身老而弗倦年六十卒葬於父母墓之傍以弟英貴子茂昌後之初兩弟不能成家孝子曰吾祖父可無血食乎力爲之圖並爲娶婦茲乃克有子嗣夫孝子一賣漿市餅兒耳而何以如此是豈有所問學而致斯乎士品巾亦未覩其人也故曰天性然也孝子之没已七年嗣子實寡所知識誰爲表彰其美乃正及纂譜之時忽有拾片紙於厠傍者有字數行蓋述孝子之行而稱歎其賢察其字迹乃十數年前假亭先生之跡假亭没亦六年矣家中子孫又宦遊出阿并無知

者其何以忽然得此於泥塗糞壤中耶天殆將不没孝子之真而傳之傳於後耶族人咸以爲天道有知矣胥賀于敬書其事於譜族叔廸識

節烈徐孺人傳 十四世長庚公配

烈婦徐孺人者伯林公配也公卒時孺人年二十九貧無依寄人廡下賃春確夜紡績子女各一相依以自存活里中無賴利孺人之少也潛鬻之與婚者約暮夜將强娶焉隣婦聞之不知其非孺人志也以質孺人孺人甚憤恚且泣悲不自勝隣婦出即閉户自經死婚者在門聞變皆鼠匿里黨大驚時道光庚寅十二月初六日事也孺人之將就義也謂其女曰善撫而弟吾有事未能即卧未幾舉室閧然而孺人已畢命矣孺人殁數年孤作明竟以羸斃無子

論曰太史公言人固有一死或重於泰山或輕於鴻毛夫古來志節之士當時會之變奮不顧身慷慨赴義生則爲人傑死則爲鬼雄豈不卓然千古哉而窮簷之婺竟能與之爭烈斯亦奇矣孺人居廡下時非不欲卵翼孤雛冀其成立一旦有變决志捐軀絶無顧慮何其偉歟吾族自晉以來歷千六百餘年久而彌盛實賴忠孝節烈之氣有以維之若孺人者洵足以風世勵俗垂光汗青而反或遺于家乘使貞心勁節泯滅不彰此有心者所爲痛悼也敢摭次其事以俟後之採風者姪孫達謹識

錢孺人吳孺人曹孺人三節合傳 錢十四世 吳曹俱十五世

至難者節也家不幸而有未亡人然厲風教彰婦德冰霜之操足以訓俗型方俾巾幗中咸知從一之義則又不幸中之幸也吾族一門以節著者適有三人幸耶不幸耶族兄際昌諱開泰弱冠遊庠年三十二卒配錢孺人年二十九呼天無自慘不忍言有子早喪伥伥無依孺人强自排遣晝夜績紡無間寒暑撫姪人杰爲嗣恩勤備至人杰承意志奉甘旨差堪自慰然三十餘年來孺人之心瘁矣同庠于進姪家素貧力田精鍼刻年二十九卒孺人吳氏年三十子甫二齡破屋數椽瘠田盈畝幾無以自存然念翁

姑在堂勉延食息撫育襁抱含荼茹蘗已歷歲星兩終而子亦成立其辛苦備嘗何如也又有曹孺人者爲族姪申錫之配懋和兄之長媳也申錫有志詩書因柄家政乃學爲稼年二十五即世孺人與同庚伶仃孤苦生有同穴之誓膝前無晝荻之兒含淚偷生惟以事尊長和妯娌爲兢兢後十餘年姑復棄養孺人悲泣幾輩絕繼念翁年已邁不忍再貽伊戚嗣是問安視膳誠敬益摯翁命仰叔雨子各以其子並嗣以慰孺人嗚呼三孺人者以未亡人而萃於一門何不幸也然苦節可貞栢舟自矢吾宗積累之遺波及巾幗前奉學憲獎勵給額一門清節並登邑志而三孺人之膺景福竚綸綍子又生子孫又生孫繼承勿替而熾昌可卜者俱於是乎在何其幸也而能勿誌之耶夫弟叔烈頓首謹撰

竹軒公薛孺人合傳 十五世

君諱倬字卓人號竹軒生平有至性篤行士也少時與余同學及長交益厚其先世守菴公配陳夫人以大孝聞天下完宇公勉齋公相繼以孝友傳高高祖省齋公以理學著爲釣臺任公師高祖廣齋公曾祖存齋公祖向中公父少白公俱以文學登邑志君少時卽能自樹立自念累代清德爲世所稱深懼不克負荷有玷家聲因晝夜刻苦砥行礪學年弱冠補博士弟子員益自發憤常與余從從叔孝翼公遊研究心性之學言動不苟未幾染貞疾幾不起太孺人撫而泣曰汝生十歲而孤余倍嘗荼辛俾克成立

兒奈何過自苦乎君惻然病中得陳眉公學仙養生之法疾竟愈君性固恬澹和易近人遇橫逆每笑置之弗與校好施與鄰里親戚來告急未嘗不給稱貸者輒負之輒貸之遇橋梁修建及除道樂輸恐後有江北業皮者舟泊岸下製革囊大可容人君訝之問所用答以殮親君慘然出涕曰嗚呼安可令而親處囊中乎購棺給錢米俾載歸葬前後其施材數十餘具尤善解紛雖其人有仇遇難無不相救救之必盡力費財用弗計也公思自一世廣平公至今共六十三世其墳塋不可考者無可奈何其可考者俱宜立碑誌墓族衆繁盛宜立祠規以懲創不軌立義學以成寒苦英俊立義倉以賑饑荒常與余商確議欲舉行然是時孝翼公已謝世余復以病廢同志益少而君亦溘然逝矣德配薛孺人與君同有至性事太孺人甚孝定省溫凊和氣婉容靡不備至太孺人雙瞽數十年稍有愠色公與孺人必跪勸太孺人頤解乃已公生于乾隆乙未卒于道光辛巳年四十七孺人生於乾隆丙申先君一年卒年四十五子三人長子掄元讀書敦行已去世次子達弱冠遊庠至性酷與君似三子啟元謹厚能守先業孫男五人皆勤讀達出者三啟元出者二

論曰予族自省齋公以理學創於前後型曾公繼之著四

書述朱嘉惠後學爲學聖者指南針晚年知不用於世取孔子是亦爲政之義闢亦政堂講明族誼考墳塋建祠宇舉朱子白鹿洞規條約束子弟肄業堂中一時禮樂彬彬吾黨稱盛事焉厥後稍衰孝翼公以純粹之資篤成孝行礪志儒修設令天假之年得竟其學吾不知其造就當與型曾公爲何如與省齋公又何如一時同學如君者其造就又當何如乃俱不永其年中道蹉蹶使亦政堂盛事不克復見於今豈天爲之乎抑人爲之耶然君之志事悉符古人後有志者踵而成之則余所厚望也夫族叔敏謹譔

逸亭公傳　十五世

歲丙午八月門下生周子際昇謁余曰自先人棄世昇未嘗不追念痛心今吾宗纂譜誠不忍先人之遂湮没也謹錄先人行畧請先生掇其大凡用附家乘以垂不朽余惟才短學淺筆墨久疎愕不敢任既念先君悔堂公與世伯象山公情好甚篤余自束髮與公共學後又延予課子问首昔時與公朝夕相依清夜談心依依不舍者非一日相交可謂深矣公之性情學問以及言行惟予知之最詳又安敢以不文辭公諱遇鵬字翼之號逸亭父象山公母王孺人象山公連舉四女後舉公年已晚視公如掌上珠年

十二受業於先君悔堂公公束身矩矱發憤自勵雖寒窗丙夜未嘗稍懈屢應童子試數奇不偶因補國子上舍生公弱冠象山公捐館舍哀毀骨立喪葬克盡其禮事王孺人晨昏定省勸餐視膳終孺人之身如一日凡孺人所欲無不先意承志得其懽心待諸姊尤加厚焉公嘗語際昇曰人有百行孝弟為先有子言孝弟為仁之本君陳云惟孝友於兄弟蓋人能孝弟可以為人不孝不弟不可以為人堯舜之道孝弟而已矣汝其勉之觀訓子數語而公之篤於孝友可知矣公沈静寡然不喜聒聒語至論古今事勢之得失人物之成敗若燭照數計而龜卜也里黨中有大事必邀公公至不數言即解鄉人倚公若長城象山公晚年家已豐裕公繼之益擴先人之業居然素封象山公好施與公更以大度處之氣象澗達不屑屑家人生産其拯人之急往往竭所有以濟之卒無德色每遇歲歉率先捐賑以為鄉人倡故年雖荒而貧人未嘗乏食族某酒醉後因他事遷怒於公公含忍弗與較某酒醒即詣過焉又某與某因事相爭某寢疾數日而卒其老母寡妻欲鳴官公力為排解出錢數百緡事得寢此二事予所目擊者蓋公厚以居心寬以待人不肯為谿刻之行類如此生平無疾言遽色儼即之泊如也久與處乃益可愛慕嗚呼公去

世二十餘年矣鄉閒父老談及公者靡不嘖嘖稱之覩鄉人之口碑而公之美言懿行感人深遠矣配談孺人端重寬厚事翁姑孝謹委曲承順克盡婦道相家有法洵公之嘉耦也子一際昇温文爾雅堪稱克家四女詳於乘不贅

道光二十六年同學世愚弟王果泉頓首拜撰

也畊公傳 十五世

族伯也畊公諱守勲，字敦遠，別字蓮裳，晚號也畊。大父廸齋公，諸生，有文名。父靜齋公，亦諸生，課徒授經，講解精確，邑中稱名師。公承父志，潛心誦讀，幼就外傳，所授書三四過即成誦。弱冠能文章，清腴有度。負笈從邑名宿游，規模尤正，恒以古文爲圭臬。同學少年多心折之。屢應童試不售，即教授里中，諄諄循循，受業者日衆。得修脯具甘旨以養親。母吳孺人先見背，事父益謹，愉愉定省，左右無違。父歿，盡哀盡禮，服既闋，每祭必泣。與仲弟怡怡友愛，終身不析箸。弟中年即逝，猶子復基纔十齡，撫之如己子，至聯

之般，諄誨切至。尤覺過之云。公爲人才識練達，器宇深沈，未嘗有疾言遽色。周急難，恒若不及。與人交，尤敦始終。晚年，其嗣君竹畦兄應牟觀察聘，就館鄂省，迎養公於幕中。既至鄂，日與二三同調登臨弔古，慷慨悲歌，以詩酒相唱和，著有卷石山房詩若干卷。一日在市中拾鈔票千金，守候三日，俟其人至還之，酬以百金不受。市人驚異，僉稱爲江南長者。咸豐六年，鄂省饑，牟觀察總辦振務，議以粥給。公私謂之曰：給粥不如給米。人持粥一甌，近走里許，遠走十數里，殊不便。且米之多寡可量，糜之厚薄難準，不肖因緣爲姦，饑民隱受虧苦矣。牟以爲然，并頒示各屬皆給米，以省局爲式，民甚德之。公以同治壬戌冬月中旬疾終武昌寓所，年七十有九。原配任孺人，早喪，繼謝孺人，先公三十年卒。子一，報劉即竹畦兄也。孫三：宗翼、宗聲、宗翰。湛霖曰：余少時，公輒至余家，與先君子促膝談心，句留竟日。見其形端視正，容則古容也；布衣素履，服則古服也；言必稱先訓，則古訓也；志存利濟，心則古心也。以是知其爲古之人也。晚年來有拾金還金之舉，洵不愧古之遺直；至發爲給粥給米之論，又不愧古之遺愛矣。公誠古之人哉。

同治戊辰孟夏望日族姪湛霖謹撰

紉秋公傳 十五世

族姪 湛霖

我族自　國初以來以儒林文學鳴于鄉者代不乏人至道光間榮祿公愛棠叔父其尤著者也餘則咸推族叔紉秋公叔諱人卓字惟一又字立三紉秋其號少穎敏七歲入劝學讀書過目如夙誦八歲即能詩比成童淹貫經史旁及百家諸子爲文章踔厲風發儕輩斂手詩筆尤豪邁品亦英偉不羣大父西亭公極鍾愛常以大器期之甫弱冠隸弟子籍益勉苦自勵祁寒酷暑無間踰年業大進其當世賢士大夫相往還與之上下其議論著作等身並爲藝林傳貴爲人誠謹敦內行事大父母父母愉愉色養能

得其懽心與仲弟及從昆季怡怡友愛未嘗有閒言屢困棘闈偃得偃失遂移籍京師癸卯秋試房師馬敬亭太史得公卷歎爲奇才亟呈薦以元魁已定中式二十四名闈藝刊發爭傳誦焉甲辰試春闈報罷歸省適值纂修家乘贊父蔚齋公釐訂支派互相參稽手輯手澤宗規補前人所未備丁未計偕北上又黜于禮部因家不甚裕橐筆游幕所至倒屣爲弟子雅談藝娓娓忘倦覩人文爲之決科第論得失每奇中諸貴人聞公名爭延致之己酉丁內艱歸値歲大饑念朱濱爲祖塋地因在普照庵設局振濟毀家以先之多方勸募得數千金及發賑昕夕督視備極勞瘁歲壬子蔚齋公棄養喪葬盡禮在籍守制授經里中造就後進勤懇罔懈游其門者多取科名以去公善飲多而不辭强之亦不辭每劇飲夜分乃罷日日飲日日有詩長篇大什跌宕鏗鏘若沈霞軒徐伯宏任懋棠潘竹廬等素稱斂給輒束手爲壁上觀不敢與敵丙辰春服闋應山左撫軍聘就館濟南未及一年卒比歸葬鄉邦識與不識都悼惜來弔者哭輒慟抑亦賢已

湛霖曰咸豐辛亥壬子間霖館于桃溪方氏公亦館于余氏昕夕過從多蒙指示淵淵乎如臨秋水而心鑑其清焉藹藹乎如披春風而身受其和焉乃閱數年而公歿于齊

撫幕中年僅四十六耳嗚呼天于公何其靳也豐其才而嗇其遇且嗇其年俾不得展其用耶然公德厚仁溥固不僅以才見者今族弟蘭笙克承父志英才卓犖顯宦科名操券可得兩子纔髫齡已嶄然見頭角積善有餘慶殆所謂不於其身於其子孫歟

書榮公傳 十九世

寂壑深林之境宅幽勢阻此古隱者之所盤旋今之阡陌間豈無閑閑泄泄自安農圃終身隱於耕者乎若書榮周公之爲人得無類是公諱端銓字書榮運才公子也運才公敦厚溫柔不善治生產家以貧年五十三歲始生公公少失怙零丁孤苦險阻備嘗道光己酉及咸豐丙辰水旱再災流離載道庚申粵匪又擾境淫擄燒殺閱三載餘孑餘僅存公亦幾死者數矣同治甲子克復旋里土地荒蕪民生憔悴一飽難期公嘆曰吾人謀生貴有常業豈可怠情自安同爲游民乎於是服田力穡出而作入而息克勤

克儉家業隆隆日起公以報本追遠爲亟本分修祠任怨任勞不辭況瘁嘗謂不有祖宗烏有子孫等祖宗正所以爲子孫也陳義甚高雖未讀書而能見其大遇地方修築橋道事公必首先創捐無吝情亦無德色爲人謀事準情酌理排難解紛必期於成出入之界尤嚴嘗有客購穀付價誤多公令覆核曰爾亦知我非義弗道一介不取乎客核果誤公卽如數還之感謝去餘類此公以農業終其身比櫛崇墉共享豐年之慶耕田鑿井羣游熙皞之天每當春風楊柳秋雨稻花時公則優游畎畝以自樂其殆慕古時隱君子之高風乎陶靖節歸去來辭云予將有事於西疇公之託業於農蓋亦此意也公壽至古稀子一名兆麒爲人溫厚和平一如其父孫四或耕或讀皆巳嶄然見頭角天所以報公者厚矣今公族當續修家乘囑余爲傳余與公爲至戚誼無可辭遂不揣鄙陋而爲之傳其生卒年月巳詳另表不具書附貢生表兄陸漢臣謹撰時年八十有三歲

發隆公傳 十五世

公諱法龍字發隆春沅公子也春沅公娶于張三育皆女道光辛丑公始生時春沅公已五十五矣故鍾愛殊甚公幼而聰明性尤篤摯七八歲事尊長即如成人初不以父母之鍾愛而嬌惰也公固以耕讀世其家讀書之餘輒隨諸父老課桑麻巡阡陌曾不一游戲故識與不識皆嘖嘖稱許焉辛亥春沅公棄養公擗踊泣血盡禮盡哀時公纔十齡家無壯丁而一切能處理未幾洪楊事起蔓延江南咸豐庚申宜興陷公避難江北顛沛流離備嘗艱苦喪亂既平間關歸里而田畝荒穢廬舍蕩然公觸目時艱誓以

承繼家聲恢復祖業爲事於是胼手胝足勞瘁不辭本其閱歷發爲事功不數年間鄉里均引以爲重旋公主族政時祠宇皆燬公慫慂之委曲料量務求建設奔走族衆期年而成今北祠輪奐巍峩皆公力也兵燹而還族多散失公既主族政務以收族敬宗爲事子弟則儆盍以敦睦公以勤慎力田家漸致裕念鄉里貧困之多也遇有告者無不斥其財以爲助歲荒歉率捐貲爲之刱導復勸呼號終集巨款全活多人又聯合鄉先生恢復義倉爲備荒之資故歲或不登而無流離之慘宋瀆距城十八里爲西行孔道亂後道路傾欹橋梁僅存故址公刱議規復辛苦經營橋故近公居公早夕督率工作雖暑雨祁寒不避也至今斯橋巍然無行路難之嘆焉公以光緒壬寅考終壽七十有二歲子一德成公元配吳太孺人所出也能紹父志保存先烈事功益彰聲施益著焉孫三金寶蓉寶燮寶均僅成童已嶄然露頭角則信乎公之遺澤孔長而天之報施善人正未有艾也民國乙卯十月姪孫璆謹撰

朱孺人傳 十五世象洪公配

神怪之說儒者弗道然精誠所感天神應之歷史所載比比也有清咸同間吾邑遭洪楊之刼父母兄弟妻子離散者以數十萬計或出外時子孫繁衍而皆轉乎溝壑血食竟斬或形單影隻不絕如縷卒得無恙且駸駸熾昌論者謂此其中有天數焉是誠有之吾觀於族曾祖母朱孺人而益信孺人姓朱氏族曾祖象洪公配也義虎圩某公女生長農家而端莊和厚有大家風年及笄來歸不及事其翁在和公奉姑吳太孺人克盡婦道動靜稟咨而行姑每臥病侍湯藥撫摩疾痛未嘗少怠吳太孺人鍾愛甚女視

之操家政井井有條主中饋和妯娌雖嚴寒盛暑紡績不稍輟家綦貧以勤慎相夫子終歲不聞交謫聲鄰里無間言歲乙卯象洪公病孺人衣不解帶目不交睫者累月卒不起未浹旬吳太孺人以痛子故宿疾劇又歿孺人慟絕復蘇曰吾夫之棄世以姑老孤稚恨不能以身殉今姑又舍我去偷生何益吾當速死以從姑與夫於泉下耳慰之者曰死者已矣生者責在撫孤設輕生烈誠烈矣今遺孤赦大甫七齡奚恃成立宗祀不幾斬乎孺人長號曰如此則吾竟不可死乎強起視事營喪葬飲冰茹蘗目無乾睫越五載庚申聞宜城陷賊四出大掠孺人急挈孤附舟擬他避舟未發賊驟至赦大爲賊掠去孺人泣曰吾所以不死者撫此藐孤以延一脈也今賊又奪之何生爲言未畢縱身躍河同舟急拯之得不死慰之者又曰赦大之去或殉難或生還事尙未可知設孤子歸而慈母死煢煢者將何恃哉孺人哽咽良久曰誠然吾當苟延殘喘以竢之日夜禱於神哭於姑與夫栗主前夢魂牽係每若孤子之已歸者初赦大之入賊中也由蘇而浙服苦役後爲一賊酋見愛其能令免役善視之故無所苦惟一念及有老母在則慼然悲日夜思所以逃歸者一夜已熟睡忽若有人推之曰起起速東之頓醒起視賊酋正酣睡心動即踰垣出

遇邏者亦垂頭睡向東疾趨破曉離賊巢已十餘里遇同郡亦從賊中逸者遂偕行若有人導之不期而與孺人遇諸途喜極而泣曰昨夜夢汝父謂兒當歸吾以爲積思所致今果然乎同居咸來問訊曰此神助也詎團聚數月又遇賊赦大仍掠去越數月則又脫歸孺人時已有疾泣曰吾身之延至今日者以汝祖派下僅兒一人無兒即無宗祀也今得復見兒吾目瞑矣遂卒時同治壬戌十一月也年五十有一子一春枝即赦大余叔祖行也時年僅冠耳悵悵無之又爲賊掠越二載亂平乃歸里務農服賈以儉勤起家享壽六十七歲而終孫三人長璋號燮蓮工文字

次瑞劝珊俱英英露爽能世其業曾孫三人乃熾乃昌方
興未艾也
論曰亂離之際孀婦得矢志靡他已難能而可貴矣豈尚
能求全責備望其心心不忘祖宗哉稚子入賊中不服苦
役必曰此間樂不思蜀矣此亦童心之常情又豈能責其
心心不忘慈母哉今孺人母子則不然心乎祖宗卒得延
庥至今心乎父母不致抱恨終天孝思爲天地立心心祖
宗心心父母心即與天地心相感應故忽散忽聚默邀天
相也戚族中知其詳者迄今津津樂道之謂其事可歌可
泣其人可敬可欽其悲歡離合且可譜人傳奇云乙卯仲

秋族曾姪孫承軒謹撰

竹畦公傳 十五世

族兄竹畦諱報劉一名光榮字任存竹畦其號也考也畊
公母任孺人孺人產公時失于調護即見背公年甫五齡
始知母以產死哀痛如成人每祭必泣事繼母極純謹宗
黨稱孝焉讀書聰穎異常兒未弱冠工制舉藝里中舉文
會輒冠其曹曾師事先君子見其品樸而醇閱其文雄而
肆甚歎賞之顧屢見黜于學院試公慨然曰丈夫志在四
方古人有投筆而起者安能局促爲轅下駒乎遂挾策千
都援例入成均道光壬辰秋試三藝已成卷被墨污文被
同號鍾某索去榜發某獲雋其闈藝即公之文也甲午就

試已中式主司以文中小疵抑取謄錄乙未房薦又以額
滿見遺自是不復有進取意以訓廸後進爲務游其門者
率皆文學彬彬諸貴人聞公名爭相延致應衍太守少泽
聘就館鄂州攜眷以往時也畊公尚在堂得修脯備甘旨
定省罔間衍後解任歸伞太守皓升延爲子弟師儀範肅
然賓主情最洽辭後解館旋里見宋濱宗祠兵燬未建首
先倡捐并勸族人量力佽助親督工作不數月祠成公之
力居多蒲墅洪祥兄公分中昆季也被難後公屢詣蒲墅
代理遺產得有端緒於從子中擇人以嗣產悉予之里黨
有紛爭事輒出排解爭端永息其他義舉不勝縷述前在

鄂時有兄弟爭財而訐訟者公以利義委曲勸諭其人頓悟反相推讓此尤德之足以感人者也公生於嘉慶丙寅卒於同治壬申年六十有七配董孺人子四長宗翼現任湖北富池巡檢次汝幹先公卒三宗鞏諸生四宗翰有幹才湛霖曰予少時公嘗從先君子遊識公於家塾中後公游京師復游學荊省不得面晤者閱三十年公嘗謂予曰吾年十五讀韓子歐陽子之文即興感于學其後讀二程朱子遺書益有志于道又其後讀諸葛武侯書而思達于用自周禮而後能成其德行其教者莫若洛閩能達其材行其道者莫若諸葛忠武能文其言以明聖人之道者莫

若韓部吏歐陽少師言猶在耳即比數語其文行已可概見矣光緒辛巳孟秋族弟湛霖謹撰

蘭笙公傳 十六世

宜興周先生諱達善字子兼又字蘭笙前清季葉之江南名幕也少依外舅任棣香習申韓之學學成膺輿化令舒丹徒令馬之聘繼就通州太守松聽濤鎮江太守福達齋又楊敍臣幕下治事有體要又敏決名譽以日起而有海門王司馬安福陳大令岳常澧觀察錢康榮湖南藩司王介艇浙江巡撫任筱沅繼任誠果泉先後禮延至幕下得依之以隆洽積奉幕游四十年間至蘇至湘旋至浙皖至察疆熱河所至有爲累功保升可以躋高有位然初不欲躬服官職以幕游終是知先生非有市於官者矣夫以經

術致用不必尊臨民上以刑名佐治而有德意爭民可指數之賢宰相也循吏云乎哉初在鎮江民氣素囂不登之歲輒抗賦滋事稱曰鬧漕其時首邑丹徒官署被毀將遣軍隊剿之先生堅持謂爲愚民而非亂民宜驅以兵威撫以賑款由是全活者衆民勸於忠永戢鬧漕之舉濮振聲者桐鄉縣之豪紳也官民交鬨推爲戎首常道以爲大郵矣將敗大戮時先生在浙幕燭知其情僞力請筱帥弗發兵而飭總兵費金組減從前往推誠勸解卒之濮自詣省待罪巨禍以弭仁民如是其著也即應變才亦豈易能者其應付國際交涉亦殊不弱當已丑年之在鎮江辛丑年

之在衢州迅起闡教巨案一時保治安戀肯要全邦交尊
國體悉維先生之擘畫裕措之其隨浙撫誠果泉移撫皖
省値前撫臣誤訂銅官鑛山之草約發表而力爭廢約幸
保主權惜不久之撫臣繼任者不加察而重訂正約迄爲
皖患于以歎幕下之無人焉惟誠公知先生之才可倚重
也都護察疆兼轄蒙回又移熱河皆敦聘與俱先生亦得
闓懌懷抱匡贊孔多凡興學惠工賑災清獄舉辦路礦整
理稅務而使官事民志日以孟晉人僉謂靑生事業可以
觀矣先生既病休于鄉課子弟恤窮乏親祭葬宜婚嫁以
貞暮年節操卒年七十有一元配任氏又簉室金氏先卒

二子璆璦早著官聲女四次者適余篤友之朱君香帆江
南名士也先生生平盡聞之香帆君云
鍾衡臧曰刑名家言審愼者用之其術不頗而忠恕者習
之尤于道有光也觀于先生而知申韓之學不得如世所
詬病爲雜霸矣賢者之風範懿矣哉歲次乙卯仲秋之月
世愚姪鍾衡臧謹撰

蘭笙公暨德配任夫人合傳 十六世

錫汾少育外家有知識即與從姊婿蘭笙周公同塾受業
於同縣湯辛園先生暨先三叔考洪楊之亂相偕避地至
滬列宗移蘇並同攻苦同游庠後公與夫人隨侍先仲考
榮祿孝弟公於兩江節署遂傳衣缽黽勉再造其家錫汾
以乙科起家與公皆後亡而遭世變今公又逝矣爰撮公
與夫人生平傳而存之以信今示後焉公諱達善原名玉
田字蘭笙又字子兼同縣周紉秋先生之長子也周氏累
葉簪纓分居雲霞宋濱兩村紉秋先生爲宋濱支派公大
父贈公蔚齋先生性尤長厚居東郭牛角尖杏花村生二

子紉秋亦文雨先生皆以教授導後進紉秋先生娶于東
鄉湖羊淸顧太夫人有痰疾大欣戚感發四孕而誕公會
先生舉道光癸卯順天鄉試太夫人疾驟發旋愈又誕生
二女一子公孩抱即育於諸姊蔚齋先生既喜含飴視課
之無紉秋先生鄉舉後館穀較豐佐以亦文先生束脩所
入甘旨以備旋丁外艱喪葬如禮服闋屢上公車不第咸
豐丙辰應魯撫聘與同縣程少英先生結伴北上便應禮
部試旋病歿所居後不戒於火家徒壁立肄業于陳鄉賢
公之思淵堂學塾其時洪楊已陷金陵周四黨塾課兼肄
弓馬技擊公與錫汾年最少附列其間如成人狀丙辰夏

旱賊氣近偪偕陳鄉賢公避地湖洋渚頎宅雖經亂離而
誦讀不輟洎吾邑治圜成立仍各回故居庚申春溧陽建
平廣德俱陷宜興戒嚴復隨陳鄉賢公挈陳任徐四家骨
肉仍避湖洋渚旋浮太湖輾轉夾浦菱湖馬蹟洞庭山等
處甫卜居而警告又至復避地至鎮屬之塔下地四家八
十餘口棲止土屋三間夏秋疫作公弟與諸弱小先後殤
國難家災備生人痛苦公事長撫幼雍雍怡怡顧太夫人
幾忘其身在顛沛旋亂定移寓於蘇忍飢勤讀先仲妣寄
公言行有度謀於先孝弟公請先祖妣命以夫人字之洎
吉入贅成禮孝敬病姑修明周氏祀事錫汾與公偕應同

治戊辰歲試獲售周氏族姓爭桐引重爲理祖遺舊產遣
嫁第五妹公至是家始再造顧太夫人喜極恙發益劇勿瘳
公念束脩所入不足養贍夫人請于先孝弟公隨侍兩江
幕府兼習中韓學希早問世既公得興化縣令聘將謀迎
養而先祖妣先孝弟公先後棄養夫人又自備奉喪歸治
葬事畢公移硯丹徒夫人始謝母家責任奉病姑孝所生
赴館恢宏門戶拮据經營就周氏舊觀而加修之遺嫁諸
女延師課子惠及親族規模益啟公又移硯海州通州夫
人輒移家以隨旋仍館於鎮江府幕另賃宅以居夫人爲
公置簉金氏以廣似續又就故里另卜今住宅葺脩牆屋

爲根本計錫汾兄弟僥倖成立因公經過省視必款留盡
歡若同胞先時先孝弟公生子聽保殤夫人深以爲慟廼
跽請於先祖妣先妣求爲錫汾早完娶有子即爲之後嗣
錫汾生鳳苞旋先孝弟公病歿側室遺腹生女遂定嗣孫
議至是相偕由鎮至滬省視先妣預約適朱潘兩姊同來
歡敘家常閒話從少小以迄各自有家所遇欣戚情事歌
哭幾啟常度尤以克踐先孝弟公周太夫人當日期望與
聽保之有子泣不可仰先妣愛憐之至體察夫人似已有
病知其半生心力交瘁語勸節勞訂于翌年再偕來快敘
洎夏夫人如期至即藉就醫以先妣將就養赴杭請伴送

一識西湖風景忽聞顧太夫人病耗星夜遄歸旋即奉諱
治喪與公扶櫬歸葬故里夫人即留居里宅以便醫藥兼
料理婚嫁爲璆聘同縣徐氏瑗聘嘉興陶氏皆待年成禮
將先爲字潘之第四女遣嫁而夫人所患肝証加劇遽不
起矣夫人天性慈孝事病姑二十年委曲周至如保嬰兒
顧太夫人雖嬰痼疾克享大年夫人保護之力也遇下多
有恩于婢妾均勸導撫循曾未一呵斥尤好施與人有緩
急無不量力資之洎家稍裕商于公凡親故窮乏歲時婚
嫁餽贈有常並額定月餼全有待而舉火者然自奉儉約
簪珥衣裳畢生無時樣也公至是頓失內助侘傺無聊治

喪畢即應友招游湘經兩年歸授璆等室公時已以勞績
敘同知賞戴花翎當道邀其出山知交亦均以爲請公不
欲爲五斗米折腰卒不就錫汾入川約偕行而公憚遠游
不果及錫汾奉母歸養公偕諸骨肉迎候修僚婿禮助遣
先孝弟公庶出女于賓應朱氏先從叔筱沅開府浙江求
佐治老手公再出應聘時丁拳亂東南大獄起賠款亦鉅
公贊助先從叔力持其平讞獄得情多所平反取財得中
國裕而民不病浙人士翕然稱幕府得人繼任者爭相羅
致長白誠果泉先生尤倚如左右手相偕游皖張家口熱
河治績茂著疊晉二品頂戴三品銜升用知府子璆璞亦

各以所得官秩出山需次至是而公之才始稍稍展矣邊
地苦寒公體孱又感外証昕夕治事証愈而衰其簉室劉
所生又多物故衰狀益增誠旋去官公亦歸老辛亥夏初
取道都門信宿鳳苞官舍航海抵滬下榻錫汾廣廬先舅
父訃適至相與感舊言情動輒達旦留旬日囑從弟錫社
扶掖以歸臨岐互約抵里布置就緒將家事付諸子婦仍
來就醫消遣會改革事起公杜門教子課孫而病日加甲
寅臘杪錫汾自都南下始悉公冬間病甚幾殆幸痊函寄
邀參切勸珍攝翌年春病又劇三日而逝彌留欲有所言
已不能矣公生于道光乙巳三月二十七日卒于民國四
年四月二十四日即乙卯三月十一日享壽七十一歲夫
人生于道光戊戌十二月初五日卒于光緒辛卯八月三
十日享年四十四歲合葬宜興南鄉山亭區周氏祿嶺祖
塋金氏圩爲公曾祖楹號西亭祖烈郎蔚齋先生父八卓
郎翔秋先生妣顧皆以公官封贈如制子璆附貢生花翎
五品銜安徽補用知縣璞附貢生升用直隸州熱河候補
通判任夫人出瑾璟簉室金出先金卒公以璆璞子爲置
後董李鮑叔亦支先生冠女三均適士族孫承鼎承澍承
鑰皆璆出鳴皖璞出

任錫汾曰公生性和易從無疾言遽色與人較短長然遇

事果決神志湛清利祿之來淡如也殆古之君子歟夫人
與錫汾誼猶同氣性情亦略同所謂備婦德者也公幼值
亂離壯勤政事經歷五六省閱時四十年其間利國福民
者不勝縷舉觔冊流傳昭然耳目錫汾不文又何容贅獨
念公與夫人共起艱難以再有家其天性懇摯不可謂得
天不厚乃夫人僅得中壽公雖逾古稀亦未克大展其才
以逝錫汾與夫人形迹之悲歡離合未及四十年與公雖
越五十年而屬纊憑棺皆未獲一面決僅僅握管以傳之
且廻首聚處思淵堂同學至此而有獨無偶也噫

蘭笙公祭文 十六世

維

中華民國四年歲次乙卯壬午月乙亥朔叔挺生等謹致祭於蘭笙先生之靈曰嗚呼歲在旃蒙四月維夏天禍吾宗哲人化爲蕭竹林黯黯蓮社根苗唏今能無涕下君之誕生神姿邁倫文章行止金鸞玉麐早悲陟岵旋遊黄巾虜集行役丹鉛是陳受知粟安水清玉潤讀律致君頌詩聞政婦翁贅婿如驂之靳章句小儒不值一哂君初入幕漾水芙蓉偏江南北籌筆春容旋參大府長揖三公記其大事罄竹難終徒漕洶洶桐盜岌岌治亂用重談者變

色君主推誠首懲從釋匕鬯不驚齊風永戢兩不教案于鎮于衛邦交國體銖兩不逾銅官多鑛內資外輸据約廢約慨慨有餘湘湘銓政得君而敘熱河學務得君而舉理財察吏前席借箸裕國裕民豈曰小補前後籌賑全活饑氓尤所難者急賑兩盟汲難發粟河內歡騰棠同食德洋洋頌聲大吏交荐日宜試吏脊晉崇銜令名鵲起君顧退然遺榮若屣亮節清風龔薛之比歲星在亥懸車歸來傾邮親黨家無餘財鳳毛麟角有子皆才子復生子琪花四開前歲稱觴七旬五福君之陰德期頤可卜乃迫時艱滄桑陵谷君雖不言杞憂斯伏況君積瘁風痺在身春寒料峭宿疾遂臻醫窮國相叫絕天閽巫陽關下遽奪斯人稽古述哀人琴隣笛矧屬同根名齊咸籍悲從中來曷能自抑濤涙陳詞靈兮來格尚 饗

洪祥公傳 十九世

族兄洪祥諱際昇世居蒲墅爲守化卿公塞也父逸亭公耕讀相承方正忠厚遠近稱爲長者君幼即端重初入塾塾師爲講幼儀灑掃行立之節拱手敬聽他弟子揶揄之不顧也成童時即通經史能文章年十九逸亭公見背喪葬盡禮因寡兄弟遂棄制舉業向出舍雜作事母談孺人益謹潔羞馨膳能得懽心母殁守喪哭不輟既葬輒至塋旁竟日嗚咽見者感泣持身樸而直敦氣誼磊落照人常耻睨詭韋者之所爲喜怒愛憎一本天良人已兩無所徇遇事侃侃能言道光己酉大水里人議設局以賑君首先倡捐駐局經理事竣有司以名上例得 恩敘堅辭不受咸豐丙辰旱亦如之又常修將圯之橋治不平之路施寒者衣貸佃者粟人有急難無不拯也鄉有善舉無不與也君且洞於人之情僞有疑難輒爲剖析遇忿爭必調停之以是非來求平者往往履滿戶外行此者三十餘年年五十三卒

湛霖曰予於道光甲辰充博士弟子員是年冬詣蒲墅謁宗祠祭畢君邀至其家具雞黍且止宿焉盤桓兩日睹其容則溫然接其氣則藹然聆其言則毅然覘其行動則純任乎自然以是知其爲有用才也後屢至蒲墅稔知君之

爲人事親也謹治家也肅臨事也恪持己也嚴待人也厚處心也誠是不特爲有用之材也直無愧爲有道之士矣

光緒庚辰中春族弟湛霖拜撰

節烈殷孺人傳 十八世

孺人姓殷氏大浦殺頭林次女也爲先從兄企生公儷妻以家貧十歲來爲養媳端靜若成人事翁姑一以至誠無異子女企生公爲長有弟二妹三孺人相處以和終身無齟齬事于企生公之飲食衣服無不從事惟謹然同居八載未嘗交一言也先從叔晉賢公以耕讀傳家于企生公負厚望公年十八先府君招之來鎮江府廨與璆等兄弟偕讀顧質苦不甚高父久于鄉塾乏良教師至是深以缺學爲憾勤苦刻勵冬夜一燈夏日一扇誦讀曾不稍輟碁月以來學進而體病矣牀蓐呻吟手不釋卷于光緒庚寅

六月十日病歿彌留之際猶以不克竟學爲憾嗚呼傷哉先府君爲料量喪事畢并歸葬宜興孺人聞訃痛不欲生誓以身殉先從叔夫婦百計慰藉並責以大義孺人勉從慈諭乃以孝事舅姑克代夫職爲務終日黽勉無絲毫欣戚容先從叔夫婦幾忘喪子之痛其父順林固一無知識者也以孺人方少屢勸改適始終以大義所存泣收成命自慚其父母不諒乎居哭泣寢枕爲殷又慮其謀之未已也則惟于隣人致聲問安曾不敢一歸甯冀杜其計而于侍奉舅姑之時未嘗及一語蓋不欲貽父母以不知義方之誚而又慮舅姑之有所感觸也孤詣苦心四年如一日癸巳九月其父母遣人諭使歸甯復親以車來要以必返先從叔夫婦亦勸其一行既順親心藉節勞苦孺人知事亟入室檢衣具並交代經手各事再拜謂翁姑曰兒不幸爲未亡人所偷息人世者冀侍二老終天年稍慰夫子于地下也今父母之謀不能諱矣此行將不免當力求挽親心幸而見許如天之福設不獲命則惟有以清白體從諸九原耳惟兒生死終屬周家請勿哀痛致重罪戾乞爲兒粗殮以骸骨歸祔夫子死而有知魂夢當長侍也揮淚而去翌日急足至則果雉經以殉矣嗚呼烈哉先叔夫婦聞耗哭臨其喪爲之殮如禮合葬企生公墓從其志也戊戌

十月爲請于提學使者李彙案奏聞旨下旌表如例孺人生于同治甲戌十月初五日于光緒癸巳九月二十日正命生年二十有一嗣子樹霖從弟榴生子

璆曰孺人殆得天獨厚者哉嘗觀史編所載其揚芬流烈者類多系出名門詩書潤澤故安居業難皆有以竟其志而全其天若孺人則一村僻之女也于古昔聖賢之訓不特目所未覩抑亦耳所未聞而其父母之始終以改適相要則家庭之教育可見乃能本其良知蔚爲奇行觀于四年中茹苦承歡之際務以容隱爲事既不致傷翁姑之心復不致揚父母之短其純孝苦節即古所謂善處骨肉者

又何加焉設天降之白首偕隨則將爲令妻爲孝婦爲賢母其所表見當不僅爲里閈矜式且足使風俗轉移乃蔚之旌之必使以一死竟其志何其酷也抑吾聞之生寄也死歸也夫死于仁則歸于仁而已矣死于義則歸于義而已矣孺人持必死之志而委曲將順以不死爲死則遇可死之境而慷慨從容又何不可以死爲不死今孺人往矣聞風者無論識與不識莫不興起鼓舞嘖嘖謂採諸聖賢固無愧也則雖謂孺人至今存可也非得天獨厚者而能若是歟夫弟璆謹撰

國山周氏世譜卷三十九

雲靄分祖世傳

國山周氏世譜 續編 卷三十九 壹齋承紹祖傳目錄 壹齋承大房世傳目錄 二 立本堂

國山周氏世譜 續編 卷三十九 壹齋承紹祖傳目錄 壹齋承大房世傳目錄 三 立本堂

國山周氏世譜卷三十九

雲靄分祖濬祥公雲樵公合傳　第十代孫亦文

祖諱文亨字嘉父號濬祥國陽公幼子雲靄分之公祖博學工文隱居不就試以孝友稱淑配氏蕭孝於舅姑賢惟敘置產勤儉起家尤爲姑所鍾愛生子二長諱遂榮字天錫號雲樵天性仁孝年二十四卒配氏王矢節撫孤卒克有家

贊曰節孝家之大德也吾家二世三世兩傳人敦行節孝培植根基俟之克昌所從來矣

西津公傳 第四世

祖諱鉞字朝儀號西津父雲樵公生西渚公即棄世公亦甫離襁褓祖母蕭已老姑媳兩孀撫兩孤孩相依爲命年十二僉糧長偕人解北漂於海部提到縣孀寡孤幼抱持哭別悲慘萬狀見者酸心抵都繫於獄時漕運由海道道險多漂沒虧漕虧漕率繫獄追償鮮有脫命返故鄉者而邑豪憚賦役累重遂賄挽書吏以田詭寄公戶爲避役計蓋謂公歸無期而孀孤不能訟理也在繫八年適蒙欽恤公年十有九矣涕泣陳情日身羈犴狴家絕江河音問不通賠償安出當事憐之得題請放歸責償於本邑諸豪聞皆膽落公歸與會計逋賦不待訟咸唯唯聽命官盡償猶有餘貲當是時公名聞遠近一邑皆知有周朝儀也初公得耿氏故墓地自定穴向命長孫晝灰以誌及卒如所誌而葬發土得雙兔一飛去一存壙中

贊曰公年十二而繫燕獄且八載吾宗之不絕如綫陳情數語哀惻動心責負諸豪斂手聽命豈不以其才哉幼孤蒙難卒獲啟家非偶然也後舉壽官給冠帶公詎以是爲輕重哉八世孫亦文灌述

愛橋公傳 第五世

愛橋公諱山字懿正號愛橋西津公長子志遠量大生三子比長顧而樂之矣語劉孺人曰諸兒竟可將來必能擴前業而亢厥宗時繞宅田强半爲金沙于氏産于老見公諸子歸語其嗣曰勿以地遠土瘠而輕棄適接周氏諸兒内非碌碌將來此地寸土皆金矣後田悉歸我子獲重價云

贊曰予能知我公能知子高年歷練有識所見皆如蓍蔡也西津公三子公居長雲礽今稱五分大二三皆公子孫富庶詩書之業已八九傳矣甲科雖不多仕宦雖未顯而

有之者皆公後也六世孫亦文謹述

竹所公慕橋公思橋公合傳 第六世

竹所公諱相字艮弼愛橋公長子自西津公充稅長後率五年一及及則倩人解北費輒千金或勸公爲規避計應曰吾兄弟拮据五年實足辦此免我則及於人瘁我五年心力保全他姓一家不亦可乎身任者二十餘年

慕橋公諱檄字艮文愛橋公次子厚重寡言笑諸凡事必期於濟勞費無所惜鄉里敬信之肇建三宅役興於一夕土木工食諸務皆公總理迄於成裕如也

思橋公諱林愛橋公三子善買伯支戶役仲課稼橋公精棄取收什一之利伯孺人吴儉朴仲孺人陸才智公孺人

曹勤敏兄弟妯娌分業經營雍睦勤儉鄉里欽慕

贊曰嗚呼兄弟妯娌之際家所由興衰也譬怨者破離散者替同力一心者昌驗之古今百不爽一我祖兄弟式好難已而三孺人咸克相夫子以成其美爲尤難卒也富有壽考身皆享之子孫多且賢以世保其業允足爲吾宗之觀法矣五代孫亦文謹述

守竹公傳 第七世

守竹公諱勲字希堯守竹其號公之家訓曰官不可欺兩稅須要十分早完倫不可瀆內外須要秩然有别人莫如善英雄不必爲也因歷指少年同事挾財負氣震虩鄉閭者以爲明鑑思耕潘公與公爲莫逆交悉公世德乃謂其子直軒公曰周守竹善基三世福積一心真吾家良耦遂締姻焉公家孫京爲直軒公婿云元孫亦文謹述

國山周氏世譜 雲霸分 卷三十九 守竹公傳 一 立本堂

鳳儀公傳 第八世

周君諱中立字熙甫號鳳儀雲霸里人也雲霸本國山孝侯裔自國陽公徙居雲霸里八傳至君君祖諱相字良弼號竹所父諱勲字希堯號守竹世爲第五分之大宗以孝友睦婣世其家君性尤仁厚行之盎力弟鳳梧早夭兩孤在襁褓中弟媳杜氏守節君總家政無私產業日增分析均一弟媳完節兩孤遊庠君曲成之力居多舊祠苦卑隘君爲宗子首倡遷村西宏敞寬偉落成之日予爲君記而鐫諸石君篤於族誼有貧不自聊不能存其室者君力存之又以多予艱食耕君繞宅田十餘畝不租十餘年君若

國山周氏世譜 雲霸分 卷三十九 鳳儀公傳 一 立本堂

忘其爲己田者及其衆子皆能食力聽其人自歸未嘗索也土之瘠者資斧資農之貧者給種食親姻有求必應逋負以什伯計輒捐貸故親疏遠邇多感君慕君稱頌君周鳳儀忠厚長者之號蓋傳播一邑云城西有宅僑宦室宦欲之謀所以傾君謂君田連阡陌必多怨家乃徧檢訟案君未嘗訟人人亦絕無訟君者宦爽然失倩親友求售君不吝宦有慚色天啟間苞苴盛行士民富室恒爲豪猾傅啗人按臣歘訪家立破時有中君於法者君家居每夜延視門戶因居通衢嘗惠暮夜往來者遇暮雪嚴寒黙爲一人竦雞黍贈賻作慇懃别以其貌類士不知其且按君

也後數年解傳至都其人職司勘驗見君名特命前宜往事始知即前年雪夜欵留人也且曰非是夜習知君仁厚幾誤聽某言陷君不測因命役速收君解君謝退歸終隱其人不言君固篤義輕財不與人爭而無良者以君素愿每侮君求獲甚有讒君指幾斷尙堅挾君勸不可解適有犬噬其人始得脫勸者稱快君顧敬謝有加于其長厚類如此噫人之善足爲好我者頌難矣若君之爲人謀君者伺君終不得間君忌君者傾君終不得陷君君之善尙詒有遺行歟先大夫思耕公嘗詔予曰周守竹善基三世蘊積一心眞吾家良耦遂命與君指腹締姻焉予忝居戚末

又嘗設帳君家知君頗悉君恬於仕進爲善不近名君在太學歎之仕不應居鄉屢舉鄉飮賓不往邑侯強起之一赴觀者如堵莫不歎爲得人年及耄六子析箸供養豐潔歲時宴集諸子孫曾畢聚衣冠蹌濟長子京率之拜跪介壽君左右顧笑謂眉孺人曰足矣爾我可以逝無从貪天福遂日令家人作供具延族契親友相娛樂宴飮浮白者數年八旬乃卒長子京郎予館甥以明經授外翰次子尙五子廷求冢孫廻俱以儁才蜚聲黌序諸子孫多稟性仁厚恪遵君教以孝友睦婣世其家萬歷己丑進士奉訓大夫南京戶部員外郎年家眷姻弟潘守正頓首拜撰

節母杜孺人傳 第八世鳳梧公配

孺人姓杜氏鳳梧公之配也其少時姑孺人亦出自杜晃孺人之行動舉止知其賢即求爲媳十九于歸里中人無不嘖嘖稱羨者及鳳梧公之卒也孺人方二十五歲人皆難之孺人毀粧絕膏沐決意苦守節寒更殘火紡績不休五齡七月兩孤顚倒卧膝下孺人哀痛在心禁夜哭默念兩兒長大不易非我不撫用是矢節益堅數十年中治家支門戶愼持錢穀伯鳳儀公總其外綱而曲折纖悉孺人所以經營於內者功過半孺人以孀居子稚創守家業不可示人弱嘗有田數畝豪右睨之故絕其水道孺人集族

丁僕隸給其工食命各持水具夜汲至大明洋洋成波而苗未悉插觀者咋舌豪右亦謝過數年後其地之產悉歸孺人孺人每歲督耕百畝列勤惰明賞罰極有分辨又旨不辭勞苦必早起晏寐以故人不敢欺家僕衆工嚴憚之其出稅貸予出入默誌無登簿然年遠纖毫皆悉作事有條理煩雜不亂特構兩宅居二子度地料工計費估料爲之裕如孺人顧亦自知其能常嘆曰恨我不丈夫也駿及長子新次贊宇皆已遊庠孫十三人機芬並列膠庠履祥[illegible]子登副榜孺人乃出一生所勤苦而積者分給諸子孫惟偏或勸以蓄積孺人曰無貪也與埋沒身後孰若當時

生前與私授一人孰若均分衆室生不偏私死無滯積年老勤苦如初子孫從容請安適孺人且應且誨之曰非此無以有汝輩也嫠婦始終之道大率在勤矣予兄貞毓爲孺人孫婿得以悉其生平爲予素所樂得而稱道者於其卒也故復畧而誌之

順治乙未科進士翰林院庶吉士年家眷姪吳貞度拜撰

鳴西公傳 并序 第九世

嘗考漢文悅賈生之才然卒止于長沙傅非長沙傅能重賈生賈生能重長沙傅耳又考漢武善董生之策然卒止于江都相非江都相能重董生董生能重江都相耳荆溪鳴西周公數奇不遇暮叨歲薦授吾蘇訓導夫吾蘇訓導之能重周荆溪哉公少壯不遇衰老僅通籍命署學其風采究其學行雖厠之石渠天祿未足侈稽古之功徵以蒲輪安車未足勸有道之儁區區廣文片席追蹤文定胡公垂聲稱於教澤能不與賈長沙董江都同類而共惜之哉崇禎朝戊寅歲公來吾蘇治學庚辰卒於官長君心遠氏屬詞於余余固熟識公之行藏大略樂得而稱道之

公諱京字覲于號鳴西義興人也系出平西孝侯之後代有傳賢族中鉅公震耀當代者不一公祖父獨以世德起家公尤秉性至粹恂恂篤雅事父母及祖父母咸竭孝謹重然諾寡言笑人不敢干以私幼力學攻苦試輒高等補弟子員食廩餼爲潘直軒公館甥直軒素負人倫鑒甚器重公以爲遠甕出匣可旦夕見而其家在謂公亦以焦先生相禮待間關數千里虛席平陽使三子盡出門下然公耿介廉潔直軒仕宦三十餘年登農部虞衙在調亦總[illegible]道公終身不屑一以餘瀝自潤凡試事贖直誠爲進身

之恥及以貢謁選入都一無所投謁例授吾蘇之府學訓導其在署祿薄不足供朝夕輒歸取給于家長君心違每歲運米十餘石酒十數斛以佐公之廉嘗賦詩有云任他森竹喧王謝且掩荒齋滴露吟此實錄也不三載而公卒簡其遺留囊空如洗蘇人士感公德共謀厚賻長君急治殯歸家以完公之介公嘗言吾雖老足以餘年報君志不獲償可痛悼也嗚呼公之髭髯已皤然盡白索米蘇門豈猶然習舉子業顧猶及見其聞雞整衣冠諫躋捧書於待東方之明挑燈深坐中夜不倦儿五經鑑史皆玩習淹貫案無未閞折如新裂之卷胸無未了徹猶存疑之義每誨

人以少讀時文雖八股爲功令然未有經史淪浹而不操筆成文追步前人者否恐腐爛愈多空疎日甚不可救也每慷慨論天下事及古今文義度越尋常雲燦令弟春秋二十編謂皆幼時公所指授長君緇堂治易亦謂髫年過庭遺訓家有淵源子弟名山著業不忘賢父兄也公壯歲遠館不問家人產時待封翁猶康强而秉政祖分提田并孺人斂鬢積累所置餘產租皆公收不以私蓄後待封翁倦勤始理家事每云理財非吾所長亦非性好不屑屑於是也方訓導時同寅咸知其家世間以袖手寒氊相譏切公聞語長君曰吾性姜桂皆以老而易乎嗚呼生不獲𤰞

殁不獲贈質之古人實無遺憾蘇之多士來請於予曰昔漢謚太邱陳公以文範隋謚仲淹王公以文中千秋而下無議其私謚徇眞也盍採謚以錫先生余唯其請廣詢衆論謹輯謚典以勤學好問之文好廉自克之節爲公標舉梗概謚曰文節不諛不誇確乎可傳嗚呼公一外翰耳然如公者即不大授不賜謚豈得使之終泯泯乎崇禎庚午科南畿解元古吳通家脊侍教生楊廷樞頓首拜撰

公望公傳 第九世

公諱尙字公望膽任氣好立奇節而才足以濟之習學熊公諱廷弼將帥才以兵法部勒江下士試童子日日闖門左市右杖稍不如意扑之閒有槃者士無膽學不敢往往亦懾於威莫敢聲息公奔行數十里過午進院立完五藝抗聲質對自負其文一可當百熊公瞋目直視畧不爲動心奇之閱其文大爲激賞面拔弟子員第一公性亢無返曲遇事發憤敢爲不復揆勢力每瀕於難卒得脫嘗解糧至山東會白蓮賊造逆諸解戶詣官請兵守公竟以糧多貨歸部提卽束裝北上經營燕邸會有救者得放歸其悖

才好奇類如此能歛爲文不起草語屹立風霆威嚴卜則疊輿順逵無跲礙嘗聞族老言公屢有異徵當大貴任情過舉遂老靑衿言已嘆息予大父亦云

贊曰人言縣令某貪暴伯祖面辱之被黜而復鳴呼剛直者必不阿大較然也椒山擊嚴揚左搏魏亨每抗言今日剛腸義膽憤激不顧利害之士卽具此種根器而萎流顧竊笑之又念嚴魏時不肖逐炎六官皆蠅營狗苟自謂識時務矣而猶有諸公哉姪孫亦文謹譔

端于公傳 第九世

公諱方字端于獨費二百金改葬曾祖曾祖母於壺渚之石塞嶺不及諸兄弟無子置妾誤買有夫之婦卽夕召其夫捐前直更贈銀米遣還婦怏怏公正色叱之去後卒舉三子其生平大節有此兩端

贊曰祖宗未居官著績譜表其實卽一二事足以彰厥美而法子孫假附貴顯飾辭曲說而文復不足以發之予竊以爲恥國有穢史家有穢譜核之非其實也於伯祖事何多哉何多哉姪孫亦文撰

節母丁孺人傳 第九世　　伕頊 廸

端于公繼配丁孺人久以節局更以福著一支之所託庇也盖端于公殁時孤才五齡孺人撫孤矢志四十六年宜學師楊公爲給筠堅栢茂額旦屬可傳之節矣而一髮引千鈞其綿澤者獨遠考其時端于公三子原配杜孺人出者二未幾長房絶末嗣今以孺人五代孫一人後之次房以嗣而存者僅數人惟孺人所出繼繼繩繩寖昌寖熾然則一人之苦節實百代之功臣也胡可以不列傳因振筆而敬書之

雲燦公傳 第九世

公諱廷求字近于號雲燦明季博士弟子也公爲鳳儀公第五子雁行多英偉而公尤卓犖少時即手著春秋二十編議論縱橫一時紙貴吳下名髦莫不仰爲宗匠想望其丰采而公顧落落不以名動也甲申後遂棄儒冠絶意舉業而肆志於著作有易經天獻詩經大成二十一史纂諸書刻費動以百計而家貧貲乏僅供蠧朽識者悲之然公固蕭落不以顯晦存没介於懷故數十年間足不入市亦不樂與當世之士交晝則閉戶沈吟夜則坐觀天象於休咎災祥毫髮不爽至於視姪如子性尤不嗜利有粮於嗣者公以婢遺之無吝有漁其租者至不得已書其名於壁曰吾恥之而已嗚呼才能驅古識足察天而具能臧物假令遭際有時居史館發英華列朝階激揚廉節即漢之班馬宋之韓富何多讓焉即不然俯仰羣英與時無忤亦足馳聲寰宇何難駕楊艾諸公而上之也哉乃寥落荒郊煙寒露冷其感悼甯有既耶然彥嘗聞其捐館之日命僕汲水於村西之龍潭沐浴更衣戒家人曰吾欲靜卧毋擾俄而午飯已而日入鐘鳴漏起寂然無聲啟戶視之奄然長逝嗚呼其爲名耶否耶其自悲耶否耶吾知其不自悲并不待人之悲之也而何有於名忝𠰥戚末讀公之書𢣃不

之行不能已於言也於是乎書
順治辛丑進士年家眷姻弟萬彥拜撰

定澤公傳 第十世 并序

乙卯秋八月望日月明風清予中夜披衣起步至郊外行數里聞書聲自戶出予叩而問焉有一老者白髮蒼髯笑揖予入予視之愕然曰此吾定澤周先生也何爲而在此先生曰吾數年於此矣自吾性迂拙不與人世合此地頗善吾將老焉登其堂几硯森然詩書滿座予曰先生猶習此乎先生曰學無已學然後知不足耳出所著作示余詩賦詞章甚富目不暇給予因起避席言曰先生誠大儒也先生曰今夕何夕國家賓興而吾輩不得與是命也夫雖然吾年老世莫我知吾惟願得賢子孫讀古書學正人行善事足矣何與世復溷溷爲言未已須臾雞鳴先生起予驚寤曰中頻呼周先生視之不見其處嗚呼噫嘻先生歿已四年矣生而形神相知死猶夢魂相接耶予甚悲久復自喜曰先生教我矣學然後知不足何復爲溷溷爲吾今而後亦無意於人世矣惟有課吾子讀古書學正人行善事如先生言吾願足矣先生教我矣然先生之爲人當世卒無有識者太史公曰天之報施善人其何如哉余於先生亦云因傳以誌

先生曾平西將軍孝侯五十七世孫明隱士徙居雲龍國陽公第五分之冢嗣蘇郡廣文文節先生鳴西公之長君

也先生幼精敏攻苦過人庭訓之暇坐卧書舍中歲時不輟寒暑無間年二十五始採芹既乃冠軍廪餼有名於世屢應鄉舉卒亦無成功又嘗明季當事者斥之使不得試於京師先生之遇蓋亦窮矣先生善事父母嗚西公卒於官署哀毀骨立幾不自存又爲人正直寡言笑慎交遊浮薄少年相聚先生往輒避去皆憚先生居家常閉戸不與外事至排患解紛脫人於厄雖極勞怨弗辭且尤喜寬厚惡刻薄貧人負逋概不與較夫其行孝其品方其爲人又仁而有德所謂善人者非耶先生閒居惟讀書課子弟手著籀堂治易闡發聖人閫奥晚年糾集會課偕子姪輩作

國山周氏世譜 大房 雲霧分 卷三十九 定澤公傳并序 二 立本堂

文名曰超羣社至老不倦或謂先生公老矣何自苦爲先生謝曰讀書非爲功名吾所好然耳先生昆季凡四人先生長次繼菴忠厚醕謹自守無過又次在兹英殀絶人得先生指授善讀書能文章先生常語之曰吾祖父累世陰德當有興者吾弟勉之又次惠吉英發卓犖俱極爲先生所友愛先生長君臨貞氏與諸叔年相若同師受業而長君尤仁厚性成聰明蓋世方數歲遂操筆立成文又好讀古文詞不屑與時俯仰人皆謂此子足以報先生矣然與諸叔輩皆半生淪落欲求小小遇合不可得嗚呼惜哉今人德行文學萬萬不逮而掇巍科擁富厚者不可勝數以

先生之勤苦先生之學問先生之品行德性昆弟三四人皆鬱鬱不得志有長君之才亦窮餓無所遇天之報施善人果何如哉先生諱迥字心遠號定澤壬子冬卒享年六十有四孺人萬氏有賢德夫婦敬愛妯娌無間終其身未嘗有交謫之色傾先生以故先生常爲如也先生丈夫子二長曰咸次曰量少曰思文長君年逾四旬有孫二人次君少時皆弱冠能讀父書一家善良號稱孝友果如吾夢中先生遺訓予因喟然曰天意或者有待使光大國陽嗚西諸公之業而用以表平西將軍孝侯之世澤者不在先生在其子孫也歟烜也當拭目俟之年家眷晚弟張烜頓首拜撰

國山周氏世譜 大房 雲霧分 卷三十九 定澤公傳并序 三 立本堂

壽庵公傳 第十世

公諱翼字汝琇壽庵其號生五歲而孤依節母丁孺人備嘗荼苦比壯強復艱嗣息暨艾耆連舉二子家漸裕鄉里推忠厚長者耄年蒙恩典列縉紳壽八十有五公之考曰端于公以好義疎財產漸落比歿公與異母兄分析所授無幾又瘠薄稍長復得羸疾耕讀皆廢母孀孤疾拮据饑寒者垂二十年然丁孺人節稟氷霜而溫和慈惠食粗衣惡怡然安之無戚容而公亦勉供菽水依依孺慕相守一室歡如也已業小兒醫遠近延致多所全活鄉城富室至非公不招蓋愛其誠樸愿謹不徒以其術也爰得立產業

備甘旨承歡節母又二十餘年公性和緩居家儉樸與人謙下雖卑幼以橫逆加能含忍不校配莊孺人無子年踰五旬置側室莊生二子曰鳳齡曰松齡乾隆元年

天子加恩海內凡高年有德者特賜旌榮公時年八十四矣本縣趙公廉其懿行詳請給正八品頂帶蓋異數也

贊曰從來節孝之後必昌端于公破產葬父丁孺人茹荼守志固宜有後故公以五齡孤子貧病交困卒能成家立業生子於花甲將週猶及見其婚娶且含飴弄孫者八年更獲躬逢曠典以鄉僻小民一旦沐寵天家名登吏牘豈非節孝之報與姪孫維楨謹譔

湛芹公行狀 第十世

周君諱漣字河清號湛芹義興雲龗里人義興多望族居最著自君曾祖守竹公訖父恒于公比三世不仕恒于公諱詠鳳儀公少子也鳳儀諱中立太學生於君爲祖曾祖諱勲世樹德稱隱君子君少負異稟篤學善屬文好爲湛深之思嘗曰行文不剗落敷脣猶無與耳然困於童子試年三十有二督學李公大敀常潤二郡試七藝君顧盼立成李公奇賞之拔補博士弟子員冠其曹明年翰林石公督學下江拔食餼自此遇大比輒復困九進九黜君不自挫學益篤思益深文益奧博無涯涘戊午歲貢京師廷試

授教職以歸是秋始傳初本房得君卷擬置副車若有神促之使進呈者主考熊公李公擊節稱善遂以售墨卷出稱者翕然時年五十有九矣君仁人也孝友睦婣寡交而泛愛色溫氣和人無賢愚僅一接君無不誦爲仁人也色養恒于公一日公稍恚君即長跪執夏楚以請諸子孫俱從君跪幼孫蹶與直視恒于公曰若欵吾翁也恒于公大笑君乃起母黃太孺人寢疾君手湯藥不解衣帶者累旬禱於天願以身代卒不瘳則哀毀骨立見者感泣君與弟潔白首親愛無間言族有產荒而逃者產苦賦無所歸乃歸入君弟戶籍中君毅然曰弟素愿守能控官求白直

此奇禍也我當之自縣府達撫軍呼號跋涉者三年君自為諸生足趾不躡公庭以弟故奮不顧利害卒得脫乃已君族繁厚遇之無親疎苟尊長也必恭卑幼必慈與之評必導以正有貧不自聊議毀祖業傾囊存之不受券完谷女之不能于歸者族人啻曰於我有恩君嗛然弗敢當隱其事唯恐聞於人也年二十為人師自後爭相延致所至人情踴躍雖不及門而問業者如麻君出心腑示之則大悅倡與文會數十里內爭赴詩書吟誦之聲溢於衢巷故君所就人才尤多巳未不第同邑蔣副使慎齋督學楚中延君往君以親老不欲赴恒丁公殆之乃行辛酉恒于公

壽八十無疾而逝訃至君搏膺而呼幾殞者數匍匐歸居廬哀毀甚於黃太孺人時甲子冬赴公車中道得疾卒都門蕭寺中卒之日乙丑首春二日也君世樹德恒于公尤喜濟人緩急公卒負簿在笥或謂君盍索諸君戚然曰非吾父意也置之諸以產業質者量力取償力不足悉還券所捐凡數百金當是時君方殆於喪葬費稱貸以給弗顧也初君之葬黃太孺人也發土得故塚君亟命掩之或曰是無主可發相宅者亦爭曰掩則移下移下則土薄君不可曰彼棲魄於是久矣今壤之薄莫甚薄以葬親罪莫大吾不惟大罪之懼而懼土薄乎卒掩之而移其穴於下吾

之仁恕有大識如此君始喜讀左氏春秋愛其淡折曰人謂左氏艷而富見其表未見其裏也晚嗜昌黎文以故著作出入兩家然不自收拾脫稿即軼去所僅存者制藝數百而已子姪多儁才君訓姪如子壬戌癸亥兩試督學為萊陽趙公精藻鑑衡文不少爽絲杪而君之姪連補博士弟子員者五人俱前茅邑人咸羨之君諸子才且賢嘗以舟米助外氏急徒手抵家長跪白君君大喜且曰得無米賤費浮耶更典衣以足之謂諸子曰汝曹舉動若此吾何憂由語人曰吾有子矣君享年六十有六以前庚申八月十六日生配許氏子三人俱邑庠生長亦愚配徐氏次亦

魯配徐氏幼亦脩配史氏孫二人長鎬傳愚出配陳氏次鉉亦魯出未聘孫女一亦魯出未字君欣友也兄事之三十六年規過獎美以道相期聞君之訃且駭且悲今數月矣悲不自止取其生平行事有合於古君子之道者猥以不文之詞撰次大方伏冀大人先生俯垂採擇賜傳賜銘發潛德之幽光則亡友死且不朽矣謹狀

康熙二十四年夏四月同里同學年家眷小弟儲欣頓首拜撰

許孺人行略 第十世澁芹公配

先母許姓庠生敷侯公次女幼失恃性謹慎不踰禮節長益莊而心仁惻敷侯公御下嚴烈每有鞭撻先母多方解釋乃免十九歸先君年長先君一歲先君出爲人師吾母定省姑嫜外足不出閫勤針刺寒暑不輟先君解館歸相敬如賓先祖母嘗笑曰吾家兒媳彬彬君子也後分爨親庖厨肉食必進之翁姑自甘蔬菜即有餘儲以待不時之客先君內能色養而外無失禮於賓朋吾母內助之力也先母尤好蠶織男女衣飾多取給焉至今猶記其事先君貧士於兩僕耕種外餘租無幾先母辛勤淡泊餘租必另

儲爲先君用外祖豐于貲母無所取及捐館無子諸姊妹爭得衣飾財物母惟哀慟而已分撥之產不計肥瘠其後路遠租京有以近產相易者母不允曰存此庶汝等異日長往來于舅氏愚前有女兄早卒後有次弟四弟俱夭今愚居長三亦殤五亦簡也男女雖多母俱親乳鞠育憂勞無不至長亦多愛未忍撲責嘗謂愚等曰吾適周門數十年未得一日安息儻汝父成名汝等俱成立能讀書吾願足矣丁巳先君試貢歸尋卒後一年先君乃捷南闈愚等俱未遊庠而簡弟併未成家也嗚呼痛哉今因家譜告竣流涕追述以附不自顧其不文也長男亦愚百拜謹誌

陸孺人行略 第十世懋岳公配

嗚呼痛哉吾母之死也吾母出自陸陸之族人以七伯祖荒田之累與伯父及吾父訟自縣府及省跋涉三年吾父疲於途吾母憂於室而文倏染重疾驚號狂眡時瀕於死遂以不肖之軀貽患吾母爲之支醫藥禱神祇日夜憂勞文病少愈而吾母之病發矣幼弟慧生者吾母所愛也驟疾先吾母死以此病益劇卒至於無救嗚呼痛哉吾母之病以文病也吾母之死以文死也文嘗誌恨曰我年十七病垂死而吾母之死竟以此嗚呼血淚號旻天我生不宜到衰齒此文罪孽之重而終天之恨之莫贖也文何以爲

人父歸而四壁蕩然母棺在殯病餘一子奄息僅存老僕姜婦棲守度日此時此景固不料有室家長子孫也在文罪之重亦不宜有室家長子孫也而猶延及今日者吾父之恩勤歟吾母孝德之所致歟吾母爲女孝於父爲媳孝於翁姑外祖翼之公雖英年入泮以怯疾不能與試家無應門之童止生吾母一人湯藥飲食愉愉承奉能曲知外祖之好每先意而承故外祖於吾母不能頃刻離蓋外祖一病十年而吾母衣不解帶獨任扶持以至於愈也吾母生於焉早卒事繼母杜氏如所生繼母稱之如前所云吾父貧產不及十畝館於外吾母始歸已膳大父母矣吾母

館门豐味以奉二老委曲以彌縫缺乏和順以曲致歡愉大父母嘗曰吾得養於吾家二媳乃不知吾三子之貧也吾得事於吾家三媳乃不患吾子之嗇客於館也是以吾母死大父母經紀其喪哭泣不能下咽嗚呼在陸爲孝女在周爲孝媳者吾母也天祚孝德其後必昌如文者業不能守父之分養不能逮母之存貽母以死貽父以憂苟有天道其不祚文也審而文何以有室有家有子之多名雖不揚於時猶能操紙筆學爲文章行雖未底於純亦獲自免於不肖假使文自振頓於諸子陶淑以師資食報詩書之望猶不爲絕天宜不祚文而文尙有可勉者非天道之

有差殊而吾母之孝之必有後者其理固不可誣也嗚呼痛哉天使文得逭其罪俾有所成就使望八老父以終身拮据教育不肖之苦得親見子孫之有立然後文有氣力激餘光於當世之傑表彰吾母之潛德傳之家乘使不至泯沒而無稱文即夕之目斯瞑矣男亦文泣血書

此先君子誌痛之詞非傳并非狀乃先君子既賫志以歿而維楨等復不肖不能承先志而發祖母潛德之光罪愧深矣乾隆丙寅重纂家譜懼祖母孝德之湮以傷先君子之志因錄舊稿以附焉其不敢乞文於先達者慮先其真目以俟後之人也孫男維楨謹識

繪先公行略 第十世

公諱展素字繪先協于公十四子也公負至性不屑屑取悅於人人即非之一切不以介意而遇事激發勇於自任故其卓卓可稱道者即合族人亦不得而沒焉公有九房姪曰觀光死不以其道名相視莫能出聲公奮然從之於官奔走道途累歲羈身自下若將忘其一己之勞而必有以慰姪於九原而爲之也蓋自其祖若父而下爲兄弟者林立公亦卒不以其事諉之人而獨以爲非我莫能爲也嗚呼可謂篤於本支者矣夫藜藿柱鼪鼬之逕踉位其空聞人足音跫然喜矣而况乎昆弟親之謦欬其側者乎公之崖畧如此非其至性有過人者而能之歟且窺豹者舉其一斑遂得概其全體則公之所已至者固可反之就實即其所未至者不將慨之彌廣也曾姪孫士廣謹誌

坦先公傳 第十世

曾叔祖坦先公古貌長髯人胥望而畏之子弟有嬉笑媟慢者公一叱則羣肅然以起廣之及見公也年甚少今猶能彷彿追數之其孝于親友于兄弟慎交遊崇信義大本立矣其治家則守成兼創業其臨財取與則裒多益寡規模整矣至於弗炫才弗矜智粥粥若無能然而色嚴詞正侃然不阿其於禮名師教子弟猶兢兢加意焉公配戴氏有婦德其嗣秉正嫉邪猶有公之遺風子列國學孫遊邑庠浸昌浸熾將非公之果行育德有以垂諸無窮也歟嗟乎廣少所及見之人多不逮古人矣今所及見又不逮少所見遠矣若公者侃侃方正有古道焉有古心焉操筆傳公猶凜凜遇之況爲其子孫者哉曾姪孫士廣謹誌

敏公公暨陳孺人傳 十一世

敏公公定澤公長子鳴西公冢孫也諱咸字臨貞孝友慈仁于財利澹如也不事家人生產先是鳳儀公分授長孫田三十畝公性豪飲田家輒以此迎合公旨公輒薄其租或更爲稱貸終無所吝北婢僕堪任使令者諸妹有索輒遺與之不復惜也生平著述多散佚惟不喜攻制藝有祭杜門亡妹文絕酸古間作詩歌絕類定澤公風致識者曰爲是父是子公終年方四十孺人孀居亳村貢生貞毓陳公女也性餡確渾厚家事惟叔命是聽二子惟叔訓是遵嘗値歲饑或告孺人叔將鬻孺人帷牀爲日用計孺人唯唯卒徹所寢帷牀授叔亦不問其價之所入叔課二子讀責過甚孺人卒無幾微愛憐形詞色一切田產租收及發賣出入多寡惟所置之無不如命嘗曰婦無私貨禮也況積財何義幸得成先君子之志吾願足矣又何求焉終其身不變

論曰公非困於酒而嗜酒非饒於財而疎財非競於文而工文此亦足見公之襟懷矣若孺人者或笑以爲愚或詒以爲柔然緣是處家庭嫌疑之際迄免釁鬩訴誶以克俾孤子終底成立也信善哉

賜進士出身累任福建按察使姪壻儲龍光頓首拜撰

偉器公行狀十一世

繼菴公吾曾祖同母弟也公一子長炳次蔚俱未有嗣吾曾祖以仲子彙嗣焉彙字偉器吾先祖仲弟也嗚呼吾不及見曾祖烏乎見曾祖之弟吾不及見吾先祖猶見吾先祖之弟焉公厚重老成出入門戶必高聲太欬以警家衆日直言多骨鯁後生子弟胥憚之季弟思文補博士弟子員間或負奇自異公苦抑之不聽則嚴詞峻色務令斂晦然後已其視姪也猶子視姪之子也猶孫撫字一體未嘗有間蓋公之至性仁厚務嚴重謹廉隅其猶守高曾之遺矩也夫或乃以其艱於小試而遂使泯泯無傳焉是猶有人之見者存也姪孫士廣謹狀

厚含公傳十一世

公諱松齡字整久號厚含修職郎壽菴公次子讀書未卒業而天姿純粹丰骨超俊穆然有古人風壽菴公以晚年生公未嘗督責然動循矩矱謹飭過人以視今之任才好勝者其於爲人賢不肖何如也公素恬淡與族黨長幼未嘗有睚眦爭其居家不動聲色然而父子兄弟夫婦閒肅如也晚益謹厚喜吸蓍手植松竹偶遇外事善調釋使人藹然可親遠近無不稱爲長者夫以公之嚴取與重然諾謹言語節嗜慾不事浮華不矜名譽陶養性情整飭倫理雖古有道之士何以過之至於課農桑廣田宅又其餘事也淑配王孺人出自名門善事舅姑和妯娌克勤且儉相夫子以有成生二子長象恒次象誠洵洵莊莊動罔不臧女三其次即彙之室也孫五人已嶄然見頭角易曰積善之家必有餘慶天之報施善人固不爽哉子壻錢彙征頓首百拜撰

省齋公傳十一世

義興周省齋先生尊信朱子潛心理學務爲巳慎獨之功敦行孝友者垂六十年乃愈老愈貧一子愿弱不克自樹立兩孫相繼殤曾不得與鄉農野老同飽煖兒孫之福吁可悲也已先生諱亦舜字型曾號省齋高伯已來世有隱德祖耐菴公克世其業厚親睦族諸善行迄今鄉里猶能道之考澂芹公諱漣中康熙戊午承宣式遂學高才海內名宿咸推文章祭酒先生其仲子也自幼誠樸寡言笑不好弄以胎禀丹弱質復遲鈍已廢舉業爲童子師年二十六始發憤向學隨孝廉公肄業錫山張氏塾嘗於屋漏下

設小几僅容膝晝苦讀夜沉思寒暑不少間丹壽時發惟寒熱交作暫紬業稍退力不能輿即沉吟背誦遇課文必伏枕搆思卧而書之强致之弗顧也既又設關靜坐慨然有志聖賢誦讀經書必切己體認思欲見之躬行專精不窺戶者又二年後補博士弟子歲甲寅母許孺人火毒劇發勢不起先生奉湯藥侍寢側衣不解帶者四旬有餘哥天默禱願以身代訖居喪哀毁過制念永訣時以幼弟亦簡之教育爲諄諄則挈之館於外者五年督課嚴而體恤其起居飲食者備至迨學業有成完其婚配方圻釁歲乙卯孝廉公以計偕殞命京邸時先生兄弟俱未仕行醫藥

殮殯皆同宗周文在爲之檢料先生迎喪歸葬後念父一生心血俱在經書藝急刊藝經文五十餘首又刊四書文百餘首費皆獨任破産借貸而爲之者也未幾文在死家貧落先生前已招徠其子教誨之不受修脯至是復爲延堪輿買葬地備葬器抒其兩世喪以報焉先是祖耐菴公以大宗祠九世合食主多席少亂雜無章欲建分祠以肅祀事稔知先生能繼其志以祠田二十畝命經理以蕆事先生既受命矢公矢慎任怨任勞者二十年卒建祠以成先志顏之曰世德堂其高明枚實在大宗祠之右又以曾祖母熊孺人公側室也祠規庶母不受誥封不得入主與

祭爰以些需公產歲入僅二石有零銖積寸累者十餘年卒克肯堂肯構以承燕嘗又念孝廉公有正旨一書於朱子之説爲能取精提要乙丑後即有續成之志發憤探索反覆剖析於精義或問大小語類大全朱子全書宋儒文集昕夕纂錄殫思研究斟酌精詳垂二十年乃克壽之梨棗題曰述朱大全書出四方識者推爲大全第一佳本以其於朱子之説搜羅完備辨論明晰而不以蒙存淺達洞之也四子既有成書繼將有易大全之訂昔朱子本義成門人吳宜之以將復古易適便今易獻疑朱子謂此實予誠奈精力衰他書多未就無暇改爲姑以俟後之人耳先

生於是欲合古易今易之歧途而歸之一致俾羲文周孔之心彼此交盡前後貫通釋朱子之憾以加惠後學乃出其生平之所得孜孜矻矻彙萃纂錄至易簀時猶推敲改訂惜工未竟而先生即世他如獨建雙忠閣費二百餘金糾族分出貲置産歲舉化卿公墓祭勒碑於墓皆孝義之大者先生之學以誠爲本以敬爲宗以不欺幽獨爲要讀一書必再四往復弗得弗措攻苦恒十倍於人故質魯而於五經四子咸淹貫尤粹於易凡宋儒之書及諸史皆得其要領其爲教也先品行後文藝少年有志理學者必負笈於其門師頑梗者將感動奮發好學而食苦者恒飲食

教誨之與人交內如其外聞人之善則欣然喜必爲誘掖聞人之惡則不懌於中多方勸沮初即之岸然道貌侃然正論久與處無惰慢之容戲謔之語性固執不諧於俗或以橫逆加直受不校過即相忘其人亦旋悔而心折治家整齊嚴肅朔望必詣祠焚香肅拜春冬祭祀必宿齋戒而後將事數十年如一日當孝廉公之變也誓書一聯曰一息尚存無敢懈終天抱恨幾時休凡下榻闈志不克就遂發憤著述家固貧刊書後饘粥不給好古敏求之心未肯少懈又書聯曰不釋卷不停批老當益壯飯一盂蔬一盤窮且益堅蓋實錄也先生汾功師也以道誼相勖者逾五

十年今年春先生之姪維楨持狀來以傳見屬誼不獲辭且悲先生值士習卑陋之日毅然以希聖希賢爲己任其學術之正品行之高自鄉而國可信於人人而獨不爲彼蒼之所祐也爰撰次之以垂永久云

乾隆丙寅初夏之吉

賜進士出身松江府教授門人蔣汾功百拜誌

型夏公傳 十一世

士氣爲國脈所繫千百年未有改也開闢以來一挫於暴秦再挫於前後五代大挫於胡元唐李三百年不甚挫亦不甚振三代下克振者東漢宋明爲最往往以二三措大砥持風氣貪墨無行竊高位者畧有所憚而不敢肆其補於民生有助於官守何如也昔者馬沅當國吾鄉陳定生暨貴池吳次尾兩先生輩揭通衢榜其惡幾殺身不悔雖無救於南都而前朝志節之多千古無兩亦士氣有以激揚之也哉友兄周子維楨持其尊人先生行實命炎傳其畧以藏於家先生諱亦文字型夏邑庠生生於順治丙申

九月一日卒於康熙甲申九月二十日年四十有九娶趙氏無出繼配潘氏生六子長自牧次吉三維楨四則五鳴遠六用一女適洑溪庠生徐之蕃先生性聰穎文筆古健有至性急人難不肯使士氣屈辱於世里中戰藝百數十人先生名稍後輒愧憤鍵戶讀全部左傳及期灑灑六百言大半點綴盲左成語冠其曹一時有奇童之目時年十有二也韓宗伯慕廬稿初出紙貴先生立書肆中閱數刻誦背錄二十餘篇無少爽康熙壬戌督學趙公閬仙公且明歲試吾邑錄童子佳卷浮於額先生卷入題處訛三字爲二不得已落之先生愧不出大賢之門炷香爲文每香

盡必成三藝以六書二經冒溧水籍趙公喜得奇士聞攻者甚急因諭先生歸無遽癸亥科試本邑拔冠軍蓋心契也縣令張玥者貪酷無賴乞爲府尊義兒魚肉士民合邑洶洶同學吳某以逋糧下獄先生糾多士代納求解蹈懇再三令不顧唾斥多士當是時鄉人被害者不謀而集持白梃勒諸商罷市呼聲動地先生等跪堂上未知城四隅已大變也鄉人數千闖令叉庭辱多士閧而進令逃入署幾不免既而無所洩忿歸獄先生輩數人請當道黜治徧佈爪牙捕捉倏得報即極刑置之死各憲皆已如令所請學憲張公樸園廉得令貪殘狠籍狀面諭先生無恐乃歸

而先生產盡落族兄某爲役詐不遂以拒捕稟鎖紐過先生門先生留諸捕役即入城代納逋糧以辱士稟令不得已責役而事解先是于清端公總督兩江闢虹橋書院選士五十人肄業其中先生與焉既而夙困紳闈念五十人中掇巍科者過半恒扼腕太息不復事舉子業縱情詩酒笑落世事盛衰之際先生亦用自悔矣癸未秋父撼岳公得末疾先生憂苦不知所出連進參藥罔效侍寢側不解衣帶先生獨身無兄弟夜過半侍者困不支先生自候問扶持則起者四閱月父不起毀甚廢飲食諸子跪懇勉進一粥觸先人手澤哭泣無時而先生亦由是不起矣悲夫

潘𤪌人名家女性慈仁好周人急不自知其匱乏也生於順治戊戌八月一日卒於康熙辛丑六月十日享年六十有四炎幼聞吏胥駕虎威呑嚼閭里者紳士得白監司士至公堂非罪者不跪跪則令長起立應答以禮不十年令來必先辱士士見令不許立談跪稍遲輒受呵斥士不敢以公事至而氣卑者遂仰命吏胥自愛者閉戶匿影規故有急無敢過而問先生篤摯於家庭奮發於鄉邑伸士氣於委靡折挫之餘眞可思也已炎幼不及見先生既長辱與緋楨爲至交篤姻好不敢以不情諂諛誣辱我先生謹

掇其大畧著于篇望吾兩家子弟勉爲節槪毋令士氣折辱於吏胥之手也乾隆癸亥春二月姻姪茫溪許重炎拜識

可復公傳 十一世

公諱近義字可復世居雲衢好讀書能文章屢應學使者試終弗受家不踰中人產析箸後益中落窮年舌耕艱窘備至終不作酸楚狀公性嚴毅充養有道即之温如而見義敢爲襃貶不少回徇公里聚族居戶不下數百其爭辨曲直例先理于宗長公于宗長爲族子行先後主宗政者數十年倚公爲柱石凡族人敵讐必先事勸導期于解釋而後止不得已事決于祠則據理剖析無貧富强弱異以故貧者亦退鮮後言終其身如一日雲衢周氏本望族生齒踰千前修宗譜已閱四十餘歲公乃與謙貞先生倡議

舉行獨坐一小樓編纂圖表不以晦明寒暑間踰年譜告成而公之心力殫矣他如葺祠宇建村西橋議理祖墓諸事殆公之餘務不復贅云予與公里居甚邇其族多聞人然考之口碑無智愚賢否生而胥敬信之死而哀思之如出一口者惟公與謙齋先生而已嗚呼此足以知公矣

年家眷姪沈烜拜撰

曦亭公傳 十一世

族叔祖曦亭公諱近智字伯輿曦亭其號也少貧苦年十二即失怙煢煢無所依當其時兄弟同室居時形拮据狀而伯兄才力又柔輭不能兼顧公獨穎敏異於人謂兄曰弟雖弱猶能自活不可以衣食累兄遂各分爨因自奮曰年幼者力不能耕獨不能讀耶取經書之已成讀者朝夕背誦弗忘而又檢左傳史漢諸古文詞寒燠夜讀不肯暫輟公矢志讀書成名庶克酬初願耳乃家境日廹授室後食齒漸增不另爲計勿論温飽即饑寒交困矣不得已棄儒業而勤畎畝且兼事貿易數十年間貧窶之人忽轉而

爲富饒之室於是延師傳極其誠待宗黨極其厚而負其租債者錢多積至百餘千米多積至百餘石苟其人謹愿而非刁頑不幸之徒甯舍之如遺且并出錢與米以周卹之公之敦本睦族輕財好義出於素封者猶難其行而公初年之困乏有難以言喻者以數十年辛勤艱苦幸而始大其規模以咸豐裕宜乎視財如命錙銖必較鄙嗇之行且百倍於人矣而公識大體好施與絶不以財帛膺其胸此豈尋常創業之人所能仿其萬一哉憶公年七十時諸孫已能讀每日五鼓起課婢僕勤作外即令一小僮挾千錢隨公入市有鮮好之物必重價以買之有戲公者曰公好啖如此乎公正色答之曰吾豈敢自爲口腹計吾將歸而敬師也敬師何能惜財人以是益重公而愕不敢言公壽登八十有三歲配徐孺人亦能勤儉助公興家業子一致遠名列成均孫三人賡言昌言旹博士弟子員有聲黌序嘉言讀書好學曾孫三人元孫二人族姪孫星垣謹傳

乘龍公傳 十一世

族兄諱泉字乘龍朴實爽直人也少任氣産遂落長而自艾以勤儉理家業旋振年近耆居一分長分中有奔走訴者兄直據胸臆侃侃而談不阿不狥無偏無詖訴者稱滿首退其時主族政達菴公每稱之曰雖未食詩書之力然直達蓋出於天性而然子四長次之嗣三四已各生孫娛樂撫人克主中饋無非無儀云

贊曰兄以年高長一分遇族事剖析是非絕無屈曲回護其猶三代遺民與以視譸張變幻者不大相逕庭也哉族弟宸錫撰

有容公傳 十二世

公諱象坤字安世號有容爲宜興雲龍周氏大宗少失怙依陳孺人家事攝於其叔每讀書甚暑避蚊蟲匿足甕中肄五經院試七藝先達欽其夙抱行聲目爲通材然屢試輒蹶識者怪之公累世友孝仁厚自其父其祖其高曾一一有實行咸可指數邑人猶能稱道之及公之身而家益貧甚尙應試輒艱資斧或舍舟徒行身故羸弱也嘗一日天寒督促中道躓踣不知所之適遇村老憐其窮而止宿爲其窘也如此公不及事父猶能事母母或有疾日夜坐床榻撫摩不已枕簟稍有穢積必一一親浣滌之不欲假他人手及母逝搥胸瀝血恨不能以身代寢苫塊守喪次郎姊若弟不能以均勞輟其晝夜哀也公四子長士廣三子俱早夭至悲慘矣乃復有非分之譴莫與置辨遂隱忍鬱積而成疾疾中作文以示其子曰我死惟一蕢蓆足斂手足不願以棺木重苦貧瘠兒也第能事母猶事我吾目瞑矣嗚呼非公之負深痛無可言者而至於斯與悲夫

賜進士出身翰林院庶吉士如皋後學史鳴皋拜撰

近齋公傳 十二世　　錢清

公諱貞字象恒厚含公長子也少讀尙書至正德利用厚生惟和憬然曰信哉禮義之生生於富足人安可不以厚生爲急也年方壯即專事生產作業躬課農桑雞豚狗彘之畜無失其時是以勤力數十年而家道日裕昔厚含公以門內人丁日衆所居頗隘謀外徙作室而有志未逮及公經理家務竭力圖維廣宅於村之東南因舊增新廓然明爽時幼弟懋籽公協力相助而經營締造公力爲殫公秉性嚴毅不苟言笑自精勤會計外無益之事一無所與因村西雙忠閣傾圮公首先捐貲而族衆亦踴躍奮勉故

磚石土木之事料理監督勤勞尤甚嘉慶十二十九等年江南北大饑各郡縣辦荒振濟按圖起捐公於本族首先倡議按畝捐貲買米設賑局於宗祠以周貧戶所全活者不少此以見公之居心正大未嘗不汲汲於公事也配蔣孺人性極柔和善事舅姑至於紡績之事中饋之儀克勤克慎稱賢德焉公之於癸卯修譜也籌畫經費總司出納頗稱盡心今屆重修而公已先一年卒長君召南次君浩元能承先志以勤厥事可謂善繼矣公壽七十七孺人壽六十二子二人女一人孫六人曾孫二人清忝居姻戚知公最深爲敘大畧以示後人至辭之不文非所計也

懋籽公傳 十二世　　錢清

公諱智字象誠好讀書人也父厚含公年老督之力穡遂務農然詩書之氣常蘊於中力有餘閒輒閱編習誦若所性成居恒每鬱鬱不自得以未能專勉經史爲憾曰讀書明理人之本也植木如植禾本深則木茂故自號爲懋籽云公爲人和易雖家務匆匆而立心勸善惟欲人和族黨有爭論必竭力解釋勞怨胥忘苟得當即止清弱冠時家叔祖黌征翁與公爲至戚常往來其家促膝談心各言所志清常在側聞之頗詳後公長男德爭從家叔祖遊遂得時謁見公周旋竟日覺藹然可親穆然而嚴和而峻尤不

肯以澆薄狥族人蓋曩日所聞之志良不誣也村西雙忠閣祀關聖暨孝侯像年久傾圮公與兄近齋公經理修整祠宇一新朔望得以展拜公之力不少也鳳儀祠之修葺磚石土木之費多於閣數倍公更悉心營之實能繼前人而垂後昆矣且公嘗言植木之道無分智愚耕讀皆然學業必勤處家必儉接人無戲侮解紛無誇能安於吾分庶幾寡過乎清耳熟焉常佩之配陸孺人克勤內政以盡婦道惟孺人之宜於室家益彰公之孝友於門內也公壽六十六孺人年五十八子三人女三人孫五人清念公讀書之志一生未償後世能承其志將有食其報者其毋怠

濟圃公傳　十二世

公諱仁泰，字洽文，號濟圃。生而穎悟，讀書不過數遍。甫成童，操紙筆學為文章，輒揮灑不可遏。抑吾族省齋先生所儒也，一見奇之，謂公父誠一翁曰：此子為汗血駒，當令騁康莊，跡九坂，以縱其追風電之材，奈何使之俯首屆作乎？遂招入家塾，與之究經史古今文，析其奧。年弱冠，以饑驅渡江，館某氏，而族兄謙貞先生適遊其地，閱公文，擊節不置。時聞學使者已按臨澄江，即促公南旋應試，遂一試而補弟子員。公于書無不窺，覽多得其大意。制義于明大家外少許可，每遇題，豪興勃然，縱上作詩古文詞，亦多有

律度。公立品端方，而性康爽，不善治家人產，所入館傭僅足支歲時伏臘，方而公意固翁如也。淑配許孺人，能持大體，以紡織佐公貧，識者方之德曜云。子一，端；孫二，名秀時、秀。公暨孺人生卒年月俱詳譜表中，茲不贅。族婷儀撰

鑿齋公傳　十二世

樹屏弱冠時受業鑿齋周夫子，深荷教澤。及屏幸廁庠宮，而夫子墓有宿草，[illegible]報德無期。癸卯之秋，其族重修譜牒，見之，瑣來徵傳，義弗敢辭，謹述大端著之篇。

公諱維楨，字謙貞，號鑿齋。父烈夏公，高才生；偕伯祖濂芹先生、從伯省齋先生，胥以文名冠一邑。公夙承庭訓，講求根柢之學。未冠而烈夏公殁，家素豐，以兩兄落拓，不善治家，產業遂落。公學益進，[illegible]貧，納諸以究，時假館，推徐課業外，益發奮讀，生徒一歲

賦宋岸者三，孤燈子夜，中每念家推文學，當有以振前徵。因南旋，從雲溪儲先生遊，先生曰：君直吾友也。相得歡甚。公以家學，印儲氏源流，盡悉古今文秘，未幾，東璞堂許先生同受知學使者，先生以理學名，與公同里，可孚淫。聯眠南旋，丈若藜將，丈輩為莫逆交，諸先生悉醋茂而公獨以意氣自豪，嘗語人曰：我輩文人，為可無用世具？以故

[illegible]

當道祖之斥辱諸同事公挺身抗辨發株掘根卒迸其人歸本籍一時旁觀咋舌咸服公膽識云族有祖塋百餘年被侵佔訐訟數載勢且絀公奮曰苟坐視烏乎忍遂率族青赴堂呈條列源委如劃沙幸首肯祖塋得完璧無恙雲翯之有周氏邑望也簪纓既盛生齒尤繁公念族譜自犁夏公葦修訂後幾五十年水源木本之謂何可不纂前人遺緒因倡議重修甘苦自知而功罪亦獨任識者咸韙公務遠大焉晚年望益高門下士經公指授其尤者登甲乙榜騰驤阜路即晚出如屏猶得僥倖登黄甲蓋公之教澤深矣積修脯買田茫潭側茫潭故璞堂所居里也公既深

相結納且訂姻愛其地清幽遂卜宅傚朱陳故事歲辛巳以末疾終于遷舍壽七十一配閔孺人端淑靜好爲女宗師後十二年而卒壽八十一子三人孫三人

賜進士出身即用知縣門人戴樹屏頓首百拜撰

東溪公傳 十二世

周士廣字東標號東溪邑之雲翯人曾祖廩膳生祖咸父象坤俱文學有名而年皆不踰五十賷志以歿東標少孤賴母氏黄撫育之幼鋒穎長讀書通經義爲文輒有聲羣謂其一日千里才也制義之暇喜吟咏以清淡含蓄爲宗其詩清削無枝辭如秋山石徑望之楚楚無一毫蒙翳兼善長短句然不自謂工故不多制也性耿介孤行已意雅與世俗不相協家故貧屢試於有司復不售而東標於是乎困矣嘗抱所業質於先君子平川公亟稱其詩清麗可喜而儲水樹東溪從而交口稱譽之不置先君子又嘗薦之館於京江然東標意不相得一歲輒辭去所著有京江

草其雨夜述懷詩曰秋風海國誰知己夜雨江樓獨不眠後客於驥江者二年有驥江草時同在驥者多耆宿東標意殊落落不相下其九日詩曰江亭微雨菊花開誰把花枝勸酒林記取今年重九日馬馱沙上看潮來未幾亦辭去遊於淮有淮海詩其訪從叔謙貞詩曰蹇驢薄暮欲何往茅屋幾家春雨中自是不得志歸而棲遲於練溪洑溪雲溪者數年有練溪洑溪雲溪諸詩所謂閒來竹屋詩成後又向梅花雪裏行者大約情景近是又嘗有贈人句云不見微書下長年卧水濱青雲看去鳥白髮逆殘春蓋自

爲寫照故其情事悲淡令人感慨不已後儲畫山先生延之課其孫嘗題其詩卷輒引陸放翁句曰志士淒涼閒處老名花零落雨中看其見許稱惜如此邑教諭如皋顧在堂先生一見即薦之館於皋者三載與史懸亭姜靜宰胃蘁原等結十子社名噪雉城然時年近六旬俯就童子試回視諸同學俱後先得儁去相遇頗寥寂意殊不堪李廉儲俠回獨心折之歲丁卯招之館於家七月忽得心疾若中風狂走狀一日往返於鄉城者數四後詢顧在堂先生出忽不知所往其子遍訪不得或傳其薄暮過友人家留不肯宿遂自沈於邑西門外之池中時八月二十日也

翼日得其屍面如生意其如李長吉召至天闕差樂不苦也乎嗚呼東標之困於是乎極矣以東標之才屢試於有司博一衿而不可得見賞於名賢如上海曹諤廷吳門沈歸愚同邑儲畫山水榭吳泊堂儲東溪俠回交口薦譽之曾不能得其力挾之而趨而卒至不得其死則信乎命之困也然其詩文已膾炙人口前既出其詩散布海內今其子又將梓其遺文進士劉南陛爲之序而行之吾知世之讀其文者當一如上海之曹吳門之沈同邑之儲與吳交口稱譽不置則又何憾於命之困也乎余故畧序其生平述其交遊兼粗舉其詩集以代年譜以告世之讀其文而欲識其人者乾隆丙子秋八月旬有一日同學弟蔣汝誠書于青溪草堂

悼亡室毛氏哀辭 十三世

嗚呼毛氏適我二十八年矣暑無葛然未嘗納涼也寒無綿然未嘗負暄也夜無燈然未嘗輟作也得布之完者曰姑服之得味之甘者曰姑啖之每作飯精以奉其姑每治蔬滑以御其姑惟事我亦然其于毫末事有遺憾者人多不憶氏能志之綫纊糾結者人多不理氏能解之橫逆至者人多不忍氏能領之蓋其氣量之寬能廣我之褊狹性情之緩能釋我之躁煩余竊私自喜內助得人然未敢以告人也今天割我之愛令我子然無以爲助少年喪父中年喪妻一身而兼之豈不痛哉兒女無依又不足道也然幼女及母之亡也甫歲餘尚未能呼母也已知日夜悲號聞者悽絶竟以天期夫上廣述

苦節戴孺人傳 十三世 錫爵公配

節母戴孺人名家女年十八適雲霸周公錫爵能盡婦道不一載而夫逝生遺腹子子慎郎予姪壻也孺人在母家無同乳兄弟在夫家無伯叔妯娌煢煢在疚相依爲命者惟老姑穉子丙已弱息支撐其零丁孤苦行道爲之泣下遺有薄産數畝國課之餘不足贍朝夕乃撤環瑱勤紡績孝養老姑而以義方教子其姑宗亦年少守節孺人克紹清操明珠倍燦蓋姑之梅酸荼苦亦必有人所難堪者惜予未得其詳大率姑媳兩人類似云孺人卒于乾隆乙亥距生康熙戊寅壽六十一凡苦節者四十年乾隆歲次丙子年家眷姻侍教生蔣玟光拜撰

節母吳孺人行畧 十三世茂德公配

孺人吳氏族弟茂德公配也茂德公亡上有父母下有遺孤纔四齡孺人僅二十六歲時家産頗微而茂德公宿逋不少人以此爲孺人難而孺人苦志勞神十指拮据以勤紡織嘗寒天雪夜孤燈一盞操作自如既而姑嫜殁宿逋淸遺孤立孫枝秀茂德公之家成矣而産有加焉皆孺人半生辛苦之所致也三十年來婦兼子職母行父道過其門者皆指其家爲節孝之門今年例已符當具文各憲請旨建坊而子慶雲以有志未逮尙須俟之異日譜家乘也有美宜亟揚之故述數言以表其節云夫兄廸譔

恬齋公傳 十三世

族叔恬齋公族祖懋籽公長子也公生有夙慧讀書能自闢蹊徑聞周子買匱還珠之說恍如大夢初醒而聽晨鐘之一擊也觀書務求精義體之身心辨公私別理欲省克而存養之心體漸覺虛靈覩日月往來山川停峙飛潛動植之生長榮枯歎曰此天地自然之理生機活潑之趣顧吾人之學將何時而能會歸其極乎後讀陽明子書得致良知之說心說誠服以爲無以尙之同學中雖與之爭[illegible]志不可奪然亦不害其爲陽明子之學也初應童子試見搜撿者公意怏怏曰柰何以盜賊相待而恬不知恥即向人勸之進因勉爲完場主司取其文已登之草榜矣後閲其稿不全遂捨去公自後絕意進取立意高遠出人意表故其文奇而法又好作詩詞其運筆輕倩遣言典雅而風韻瀟騷立言之意傳於象外公以某年月日卒自公没而予日病瞀雲散風流於今已矣公貌古樸而神骨挺性恬淡而不喜浮華即時或諧謔然諾不苟庸俗人不肯稍假辭色其處父子兄弟閒恂恂如也居喪哀毁如禮不事浮屠佛事公諱德孚字陛陞號恬齋距生之歲得年四十有三子二俱幼憶與公遊二十餘年爲忘形交惜好恬密故述其梗概如此族姪幹庭拜撰

樸齋公傳 十三世

蓋聞君子素其位而行不願乎其外夫位有達有窮而行有大有小使達而在上致君澤民濟當時傳後世所行者大位在故也抑窮而在下承先啟後睦宗族訓子弟所行者小亦位在故也吾嘗執此以窺樸齋周公如操券焉公諱篤孚字陞榮號樸齋余姑丈懋籽公仲子也懋籽公以其長兄業儒弱弟務農身值年邁兼族事忩擾即以家政授焉公乃慨然曰人之所以自立於世者必因現在之位而施黽勉之行也乃儉以處己恭以接物課農之暇又勤課子延名師親益友凡晏飲饋贈一無所吝里中父老咸推重焉以故凡公祠出入暨里社租簿任公經理公亦毅然不辭權子母慎積儲曾不轉瞬蓄盈餘置恒産至今猶嘖嘖稱道不衰然猶可諉曰所行者淺而未見其深也嘗見村西有遺愛橋傾圮歷年適遇縉紳先生暨公族姪静𦻏修葺商確重建特推公爲司貯職糾工庀材出納會計累貲數千金節次讐較毫釐不謬已又傾囊財物無倦色亦無德色閲數寒暑而告厥成功此尤彰明較著者也厥後廓田園建棟宇目覩次子半山早補博士弟子員閒與賓朋雜坐啜香茗話桑麻接膝談心含飴弄孫爭稱順境有由然也他如矜孤恤寡排難解紛得公一言無不氷消雪解竊思鄉里鮮禦荒良策與同志輩新立義倉計畝斂米存公出息爲備災計者其立志可不謂深歟嘻吾因之有感矣向使公幼少時早習詩書一經拔擢將致君堯舜躋民仁壽爲當世指名奕禩傳頌有可由類以推者豈特拘守一鄉斤斤於承先啟後睦族教子云爾哉吾所謂弭出位之思免尸位之誚而適合夫素位之行者非公其孰當之兹因纂修家乘胞姪庭荷商傳於余故不揣鄙陋而畧述其梗概云表弟陸之槐拜撰

半山公傳 十四世

周君諱企庸字君陶號半山少質魯讀書艱於記誦君父樸齋公督之甚嚴歲時自塾歸鍵閉一室不令稍曠廢及長爲文少開悟勤學過人受業於邑中同族靜齋先生暨愛棠曉江諸先生學漸有進是時同學者多後先得售云君甚發憤獨居於村西雙忠閣閉戸研尋晝則展策窗前披閱不輟夜篝燈神座旁執卷諷誦吟聲淒苦雖盛暑之夕未嘗稍休曉行者辨途燈火熒然尚隱隱出窗櫺間也如是年餘學大進復遊邑中與諸文士相角藝文日益有名戊戌春應童子試受知於邑令羅公擢第三是歲遊庠

君年已二十九先是君嘗郊行時值孟冬居人皆衣裘褐見乞者身無片絮君惻然即糾同志醵錢得數百緡市楮衣以授貧乏里黨德之方君之與伯兄析箸也樸齋公置酒觴賓朋予亦在座酒罷方議事君愀然不樂前進曰析箸非吾意也無已必從吾言而後可某宅某田畀予某器用畀予餘皆以授伯兄君所取盡皆瘠薄及敝敗之物樸齋公欣然謂君曰兒能若是當無患窶貧矣丈夫貴自樹立讀書顯功名奚藉區區先業爲哉當是時座中賓客無不嘖嘖稱君賢君生平行事多類此未幾丁外艱秉家政仍不懈舉子業爲文益工方將騫名場成先志卒以勤讀過苦得血疾遽赴玉樓年僅三十七有子三人嗚呼如君者少以質魯苦志力學卒能成名雖未盡酬其願而先人之志亦可以稍慰矣然行誼敦醇宜有厚福而不永其年何歟抑天之報施固不可測將不其於身在其子孫歟余嘉君之行悲君之志而不忍遂令其泯沒也是爲傳愚表

叔陸之棣撰

量宏公傳 十五世

家乘與國史異國史必其人文章勳業震鑠當世始得名垂簡冊傳之無窮家乘則其人苟能有功於祖有益於族均得列傳以爲後人法惟然吾族曾叔祖量宏公不忍湮没弗傳矣公諱序朝量宏其號映槐公次子也公爲人樸誠篤厚不與物忤遇事必循規矩操家立業刻苦自勵節耕穫之暇一行一動而操作不釋手古人所謂惜分陰者於公見之映槐公春秋高壽登耄耋公事之能得歡心至年逾知命猶依依孺慕事兄序奎公亦備極友恭戚里以此欽重之壯歲遭洪楊亂流離瑣尾艱苦備嘗亂平歸里

國山周氏世譜 雲鶴分大房 卷三十九 量宏公傳 一 立本堂

産蕩然不足謀朝夕公始操工業繼乃服田卒得銖積寸累至晚年家亦稍稍裕矣然公雖以勤儉起家自奉極儉約而與人交重然諾嚴取與分所應爲必毅然爲之無吝色無倦容公分祖鳳儀公祠毁於兵公捐鉅金以爲之倡而族人胥樂從自經始至落成鳩工庀材公一人經營數載昕夕奔走不辭勞苦而公之心力亦瘁矣從弟挺生今吾族尊也兵燹後無以謀生傭於邑西南之徐舍鎮幾落魄公知之親往招之歸解衣衣之推食食之使得自食其力完家室竭田宅今且主族政稱正人焉晚歲方爲鳳儀公分長誥誡族姓多布帛菽粟語大要與古人勞心勞力訓相吻合今公歿已十餘稔矣而農勤耕士勤讀治樸相安論者咸公身教之力居多亦謂有功於祖有益於族者非耶嗚呼可以風矣公生卒年月已詳家乘蕙院史稱相夫教子克儉且勤子二銓耕銓洪能世其業今歲纂脩家乘族人嘖嘖稱公行誼軒不揣鄙陋因即所聞於族人者著於篇族侄孫承軒謹撰

國山周氏世譜 雲鶴分大房 卷三十九 量宏公傳 二 立本堂

國山周氏世譜卷四十

房世傳 附行畧壽序

泰宇公與□孺人合傳 第七世　瞿源浒
宏宇公傳 同
僂九公傳 同
迂春公傳 第八世　十七代孫□
程甫公傳 同
孟旭公傳 同
竹隱公傳 同
起文公傳 第九世

儲孺人行述 同　十四代孫 石□
澹纓公傳 第十世　儲有
遂菴公傳 同
淇園公傳 同
張孺人行畧 同
節母張孺人傳 同
大濟公傳 同
蟾一公傳 同
息齋公呂孺人合傳 同
喻八傳 同　姪孫 儀□

文長公行畧 十一世　宗孫 士廣
元發公傳 同　儲有亨
漢銘公呂孺人合傳 同　戴勉
良臣公行畧 同　姪孫 士廣
肅齋公傳 同　姪孫 儀袞
性愚公傳 同　姪孫 儀袞
巽孚公傳 同　姪孫 儀袞
賓西公傳 同　十六代孫 育材
節母王孺人傳 同　姪 惟楨
節母蔣孺人傳 同　士所掄

徐孺人傳 同　姪 惟楨
儲孺人傳 同　姪孫 儀袞
愁溪公傳 十二世　儲研礎
玉其公傳 同　姪孫 上珍
嶧岐公傳 同　賀洪學
帝賚公行狀 同　姪 士廣
采若公傳 同　族叔 宸弼
孚嘉公傳 同　曾姪孫 子斌
怡菴公傳 同　姪 儀袞
毅菴公傳 同　姪 儀袞

國山周氏世譜　卷四十　雲繡分二房世傳目錄　三　立本堂

國山周氏世譜　卷四十　雲繡分二房世傳目錄　四　立本堂

泰宇公吳孺人合傳 第七世　瞿源洙

公諱于禮，字泰宇，父慕橋公，母陸氏，兄弟七人，皆魁岸奇偉，公尤卓犖少郎，以孝友聞，更以任恤著。隆冬甚寒，見短褐不完者，輒解衣衣之。家故豐廩有餘粟，嘗從容請于慕橋公曰：吾家所餘不數年將爲朽腐，此棄物也，輸之窮乏猶奇珍也，以無用爲有用，受大人之賜者多矣。父爲之首肯數四。及長，益豁達好施予，鄉黨間貧不炊，及親死而無棺者，悉踵公門而叩焉。公輒捐所有以濟之，無吝情，亦無德色，嗣是求公者愈集。公卒未嘗以他故辭。年三十三爲勵蠋所傷而卒，時方六月，甚暑，鄉人環哭其旁，擁而扇公

者以百數，家人多不識其姓字，蓋公德之在人者廣矣。娶城濟吳氏，性貞純，秉禮不渝。公卒時年甫三十，子憲名方六齡矣，志守義苦節三十九年，持家以勤，處己以儉，課耕問織，不辭勞瘁，布衣蔬食，不競鮮華，歲時伏臘，或妯娌會聚，綢繆笑語，而孺人獨戚戚無喜容。及子憲名應提學試獲售，始破顏一笑，生冢孫又一笑，知其哀慕者深矣。孺人之節行，嘗前朝三加旌獎，御史徐公奏表江南節婦，推孺人爲第二，准給貲勒石建坊。時因鼎革事遂寢，然冰霜之操，至今鄉人猶稱道弗絕，不待貞珉固已傳之無窮云。

贊曰：爲善必獲報，而天道不可測，或壽其身，或壽其世，故

顏冉短折而俎豆千秋子孫遍天下乃若泰宇公之積仁潔行重之以孺人之貞節或疑其年壽之不修以爲天道病然至今子姓振振顯名庠序者指不勝屈幾幾乎獲顏冉之報矣然則嗇其生正所以昌其後也奚疑於天道哉

宏宇公傳

志培曩隨侍先府君嘗同檢閱雲鶚二房世祖傳文志培敬詢先府君曰頃觀二房世傳如春宇公泰宇公僊九公皆載有傳文墓銘惟我宏宇公何獨無傳付之缺如耶先府君笑謂予曰子言誠是如此後續修再補入家乘亦可爾謹誌之男受命至今弗敢忘回念遺訓已閱二十餘年矣今歲重行纂修因此增入竊念我祖宏宇公去世至今已遠其生平事實從何而攷之祗謹就表中所云勤儉理家恢擴前業友於兄弟終身無間數贊語而申述之而公之行事已可畧見一斑矣公兄弟七人公居六皆纂橋公子

也長兄春宇幼弟僊九皆有志儒學並遊庠序開吾族先聲公乃勤理家務承先人之遺業而擴大之暇則督諸子讀書以是二子孟旭公竹隱公皆遊庠所謂恢擴前業者此也兄泰宇公早世姪程甫公零丁孤苦公與兄春宇公共教養之視如己子卒能成立早歲遊庠所謂友於兄弟者此也我周氏以孝友傳家自宏宇公而下凡與兄弟和好於前者其子孫無不熾昌於後孟旭公爲人柔弱弟竹隱公能爲兄禦侮可謂善承父道矣孟旭公派下斯煌斯煌兄弟甚友愛今其子孝孫賢亦較前爲盛我十世祖逸齋公係聖階公次子嗣伯父聖演公伯卒公不欲獨得聖

演公遺産分贈二伯之兄弟又借本生兄弟孝養於其父以祖後人之爭嗣者卒至爭産不已相去遠矣十一世遜齋公子企賓公亦能友於兄弟已持家政命弟巽孚公專志讀書并能爲其弟捍禦外侮以保全之近者我先父輩兄弟怡怡又能遵其祖訓以垂爲家法焉凡我爲子孫者能弗懔然思之耶近百餘年來據計慕橋公派下坤宇公早絕嗣今以春宇公之裔孫爲嗣泰宇公及僂九公子孫皆寥寥無幾雲潭公高莊支尚蕃衍居本村者今亦碩果僅存惟春宇公及我宏宇公子孫振振日盛一日此乃天數使然歟抑或由祖德之盛能友于兄弟以自培植歟似

此則宏宇之行事已表見於表中者又胡可任其淹没而不傳也前乾隆丙寅修譜十二世孫惟楨公補增四世祖宣大公傳及始遷祖國陽公傳光緒辛巳修譜我先府君與修譜事亦嘗增補十世祖西賓公傳今亦援舊例而增入之以期不負先人之遺命焉耳十七世孫志培謹譔

僂九公傳 第七世

公諱于詢慕橋公八子也博學強識文尚古理精程朱八下帷闈志不少怠曰吾俟書業有傳乃謝考試事矣卒至子大臨姪憲名採芹公始以儒官老憲名者幼孤力不能延師公篤教而成材者也公讀書敦厚誼輕財達體建祠則首捐貲宗族外戚則待之舉火易簀時命其子若孫曰吾遺汝金與産不若遺汝言使財官急於私做人強不如弱

贊曰知子莫若父弟可改也已公之子以貢課黜公之後亦強而鮮克振者易簀二言如已見而訓之苟禀其言曷

有是哉再曾姪孫亦文撰

迓春公傳 第八世

迓春公者姓周氏諱中明字鑑甫義興雲霧里人也公故望族自晉平西將軍後以儒術世其家父春宇公號宿學聲藉藉諸生間公幼而穎異弱冠補郡博士弟子員郡中高材生咸敬憚公已而苦數奇屢戰棘闈不得志後以明經入太學與纂修事則年既艾矣公性篤孝善事春宇公色養鮮存歿及年彌劭猶日夕思春宇公故晚號迓春誌終身慕也春宇公之歿也公弟猶年少撫育教誨之極友愛至白首無閒言叔父故嚴峻事稍稍不當意輒呵責公公益恭叔父乃霽顏謂曰若不患苦我耶予數數督過若

若應命如響無難色耶叔父蓋愈益賢公居家惟勤慎出入有量以故漸饒于貲然好行其德持大體不苛小每見里中富人營營爲田宅計權息盡錙銖公曰烈哉是不義役財直爲財害耳吾安得重于財而苛於人乎貸田而逋者輒釋去不責其償其困則捐儲以濟生平無然若不勝言而大度恢廓善容物公初喪父即見侮鄉人公欣然謂其弟侮我者乃眞愛我若勉旃患不能讀書砥行自樹立耳胡乃效庸俗子屑屑角勝爲卒善遇之侮者稍稍戢諸豪與攻狎公易與度相角必得所欲橫逆一再至輒避去不校諸豪慙乃終德公長者公接人無賢愚煦煦其歡雖遇臧獲婢妾無遽色疾言或干以非義則又介介不狥儕俗自公少時嘗領濟解北行往返淡數月諸同伴眞途無聊相率爲梟盧博塞戲聲酣呼徹宵且公獨兀坐于一編河干風雨時日吟誦不輟其勤學正己類如此誡子孫務積學毋嘗利日先有人後有家又日讀書忌三盤棋盤酒盤筭盤也年八十舉鄉飲大賓年八十有六卒卒之日則有孫十人曾孫十一人多嶄然見頭角論者謂天之報施不爽云元配萬孺人子長賡求次賡肯邑諸生孫世昌鴻業志學邑諸生曾孫堯年郡庠生

贊曰予讀史至萬石君傳未嘗不慨慕其爲人然竊怪際

西京之盛居位任職徒以恭謹聞抑末矣以視王彥方黃叔度輩足跡不出閭巷而風流及人殆稍有遜焉及今聞周先生之獨行意當時從先生遊者鄙吝盡消褊夫知人望廬而返者何限也猗歟甚盛德哉方諸彥方叔度近之矣康熙壬申菊月朔日同里年家後學謝方琦頓首拜撰

程甫公傳 第八世

程甫周公諱憲名號繩宇泰宇公子也泰宇公配孺人吳爲予族祖姑泰宇公卽世公甫六齡孺人以母而父而師鞠育教誨志極深苦公穎慧天授善承母訓篤學勵行遂補郡弟子員公厭紛囂無事輒閉戶不出於書靡不窺雖諸子百家咸究析而精詣邑中稱博洽者皆嘖嘖歸周先生云鄉黨中尤以孝友推重公公受伯父春宇公叔父儀九公訓益以禮自閑方嚴懇至卽盛暑往伯叔所或伯叔來弗衣冠弗見見必肅拜彬彬秩秩儼若萬石君家範焉族兄在調公與泰宇公契厚公嘗受業於在調公相得歡

甚及在調公由進士晉階大司空未嘗以夙誼有所請託有至戚家貧父母之喪弗能葬公惻然爲捐貲置地費數十金公無德色貧田之戶遽負弗苛責里中貧不能自立者稱貸周弗與亦弗爲子母計公配尹氏生子祚早卒媳王氏無出苦節二十年宗祠歲給薪炭銀閭里間無不嗟歎旣已稱爲苦節而又傷公之爲善尙未獲有後也繼娶莊氏復艱於嗣公年近六旬膝下虛無人業公田者咸歎息相謂曰周君仁者也豈盛德之嗣令玆土落他人手乎不數年果生二丈夫子曰振岐曰建部忽一日夢靑衣童子持柬相邀公欣然應諾未數日考終正寢享年六十有八嗚呼幽明一理公逝之期如八世延上賓禮其見重於人更何若乎公卒時振岐年十二建部年八歲孺人莊亦僅四十餘母子三人煢煢在室內外無依而孺人氷潔自矢撫訓二孤迄于成立勤以率下儉以約已改其家益饒國無負稅石壕之呼不至其庭塾有賢師熊丸之讀倍敏於昔孺人三十餘年爲未亡人婚嫁慶弔事事成禮所謂母而父母而師者於其姑又何多讓焉予於程甫公而知天之報施善人洵不爽也公幼而孤宜難成立矣而卒有成慷慨好施宜家業中落矣而卒不匱年且老艱於嗣矣而卒有子而賢又得孺人內佐以啓其後人若此者豈非

天哉今子孫繩繩世其德業其尙有艾耶公孫漢瀛等好學能文當更有以光大前人之令緒予忝至親不揣固陋而謹誌焉康熙三十一年歲次壬申陽月朔越十三日年家眷姪吳熙楨頓首拜撰

孟旭公王孺人合傳 第八世

余竊不自揆少習詞章嘗欲闡揚當世宏材碩德與夫節孝勤愼之事然有其志矣而無其任也年來叨列史館得與校讐之役凡名公鉅卿淑姬賢媛既多見於予文而桑梓之地不獲私取而表章之誰職其咎此余於周公及王孺人有不能已於言者矣公諱昌辰字孟旭宏宇公長子爲於孝友慷慨有大節又賴孺人左右之生平事父母未嘗稍拂其意及宏宇公歿而哀毀骨立不苟言笑胞弟仲殷豪放不羈每歲時祭祀讌集即以祖父創業諸艱曉譬曲諭涕泗交下弟因感悟卒底謹飭公於經史百家靡不

講究然屢困儒冠年近三十益自刻勵曰讀書半世不能博一弟子員何以紹吾箕裘耶會　朝有事例或勸爲進身地終不肯就次年郎賦采芹然厭見官長公庭之上未嘗一廁足也家有贏餘悉以濟親朋緩急雖鄉里疎逖求無不與未嘗權子母計斗升蓋豁達大度誠有非流俗所能及者不幸年甫四十三而卒卒之日孺人王氏素衣練服哀毀極至嘗泣謂諸子曰父業未就愼無有逸志因營建東宅爲後嗣基業費數千金可謂以母道而兼父道矣孺人係瑯琊敬郊公之女家本儒素德性溫和故能事舅姑以禮相夫子以順訓諸子以嚴及三子卒煢煢在疚境

愈苦而操益堅年已髦而志不倦偕媚媳以守節撫孤孫以存成孌居三十年壬寅六月得正而逝享壽七十嗚呼公之德非孺人無以佐之孺人之德亦惟公可以配之殆有相得益彰者乎嗣此里閈景其高風親故造其高誼宜子姓瓜瓞綿綿而家業日隆隆起也茲因周氏族譜告成予姊丈文穎王君乃公之內姪孫而又締姻於公之孫諱御者特遣使來京乞言於予予姑爲敘其懿行如此行且欲誌之史書編之彤管以克盡表彰之事焉

賜進士第翰林院檢討纂修國史前翰林院庶吉士甲子科江南解元潘宗洛頓首拜撰

竹隱公傳 第八世

公諱晟字仲殷宏宇公亥子十四歲補博士弟子員爲人有長才自祖父皆饒裕多以産業與豪猾爭曲直兄孟旭又仁弱公以冲年禦之從容分理剛柔皆合情法卒無能抑奪者先世未結之局及公之身而靖天啟辛酉兩場入彀以父喪棄歸喟然曰窮達命也何强爭爲遂絶意舉子業兼通堪輿星卜醫藥之事卒精於醫不求利而全活者遍一邑公少壯歷練世務至老求聞達生死禍福别業城東隅種竹數本遊咏其閒悠然自得故號竹隱主人病不延醫諸子請禱公曰死生有數如寄如歸壽近七旬已不

爲天鬼神何爲竟不許病革教子孫勤讀書而已所著有易書會意二編醫塵四卷行世

贊曰如公可謂達矣才而能達老隱於君子之林彼營營者遠不逮矣壬申秋曾姪孫亦文蓮譔

起文公傳 第九世　瞿源洙

公諱振岐字起文祖泰宇慷慨好施父程甫六歲而孤依節母成立名列府庠承父志隨力以周貧乏業田四百餘畝嘗盡捐其租家人凍餒弗恤也公能世其德性至孝居母喪極哀痛不食者七日幾于滅性歲時祭享必素服慟哭終身如一日與弟羽文友愛倍至析箸後以祖遺田爲公物秋租計畝均分必先弟而後己一日將己應得之租盡以予羽文羽文愕不敢受公曰今年娶婦媳費不支兄尙可自給爾盡收之可也其友于之義如此居家儉樸食甘疏糲衣必布素嘗製一衣數十年猶新振之則縷分

縷解矣與人交必誠必敬或以其愿也而欺之公亦弗校嘗贖田于王姓王造僞契一紙多索數金公如數予之或以語公使訟之官公曰吾已與之矣奚訟焉且以數金之枉而衙衙公庭與告訐者爲伍非士君子自重之道也其長厚多類此公形貌淸古瘦身豐背寡言笑接人則從容和悅藹如也然訓廸後進甚方嚴吾鄉爲文字之會集而戰藝者恒百餘人公爲之長平旦肅衣冠衲書入座命題畢兀坐默觀終日無惰容有出位笑語者公起立拱手語之曰作文務盡一日之長輕心浮氣皆爲文害君宜自愛故人會者視公如嚴師愬愬不敢出聲息公年七十有一

而終

贊曰吾覩于文會而不勝今昔之感焉數十年前主其事者多嚴毅不可犯而其時少年亦皆白髮無佛違之色一日必成二藝薄暮即散未嘗焚膏以繼晷也今則不然握三寸管稍識之無即躐治難馭而才疎辭費終日不能成章燭跋燈熖徹夜始完一藝主其事者苦之而莫能禁也遙老成凋謝而習尚之波靡甚矣安得如起文周公者一出而挽其頹風哉予作公傳爲之三歎息焉

儲孺人行述 第九世韵翁公配

先母儲氏學博忝鞠公孫女恒利公長女母幼慧訓以經史數過成誦善書計勤組紃外祖無子愛如掌珠焉年十八歸吾父韵翁焚膏繼紡助姑之勤捧旨烹甘助父之孝祖母呂孺人性嚴一見聲顏曰有媳如此吾中饋得人矣撫如己女兩載而祖母棄世家政殷繁吾父秉性落拓不事家人生産母終宵拮据舉案宿舂歲儉米騰蒸荳爲飯屑麥爲粥而以膏粱飫父與男輿言及此慟也如何乙酉仲秋外祖父母皆歿於兵爲之立嗣承祧典簪禮佛以資冥福且疏布三朞謂不孝曰汝無消陽聊以代子職也躬親墓祭歲以爲常年未四十除腥戒殺每逢大慶必先期他往曰吾半世持齋而以素筵讌客非禮也康熙二十四年二月寢疾召爾不孝曰吾壽越七旬命止此矣雖盧扁不能起因命殮以生時布袍曰同歸於腐何用飾觀即日端逝壽七十有一嗚呼痛哉吾母之歿閱七年矣今冬安窆敢志數言表諸家乘壬申秋月不孝男夢梓百拜謹述

孺纓公傳第十世

叔諱漢濯字孺纓里中稱其家世世孝友余生也晚不及知其高曾事顧與叔自幼及長且壯共師友十五六年悉其實于其歿不忍不道也叔羽文叔祖長子也叔祖家規儉素自被服飲食及瑣屑物類不豐叔啜水談詩書畧無倦色叔之幼也質固鈍督責受過十倍于人而性醕謹安之如飴稍長益力于學壯不事師傅自立法度以課而晨昏井井就業十餘年如一日叔與交然文行士日與往還不拒也每與談書史日以夜繼而聲容藹和使人樂盡其所長而已一一以虛受之爲文清雅不受俗精進日有差

國山周氏世譜 孝義分一房 卷四十 孺纓公傳 一 立本堂

顧謂功名可立就也數奇試再黜遂憤烈乃棄家負笈擇僻獨居處廿哦斗室不絕口寒暑聾燈幸漏盡嘗言每至夜半萬籟俱寂推小窗或見月白一庭則欣喜讀如風雨昏晦孤孑一身腸迴復數轉淚數行下不自禁泣已復憤讀非甚憊不止其憊也衣不能解體匿則神颺颺然如不復有身也嘗大聲苦吟而瘖瘖則如有所失不復能頃刻卧搆文滿几席少所當意輒不樂凡閱三月而血嘔盈升心猶怏怏不自釋然其身則已廢矣歸則治藥餌不能諱疾懼父之憂皇勞思又不敢甚言病而顧瞻書文心躍躍動兮留戀則病乃劇悵望旦夕不自樂積此展轉遂瀆於死嗚呼惜哉妻數月前死一弱子三歲死數月後叔又死里中人稱其家世世孝友積善者也故咨嗟悲惋不平天道于其死者僅聞諸道路十數里外顧念文人窮厄自古有之然老顛悲歌多至長壽而叔竟以苦學夭勤如叔儉如叔好善如叔孝友如叔之先世而天叔年不遐天叔年先天叔妻子年而乃天叔年痛哉痛哉或曰叔母陰宅不吉也或曰叔家長房固由來無後嗚呼生有餘善死有餘哀人不解叔何以遂至於此故多爲之辭耳叔與余交最善自幼及壯相師友病餘支枕余與朝夕者又一載及卒手口指畫詩書呼余數數遂絕年二十有九嗚呼余聞其

國山周氏世譜 孝義分一房 卷四十 孺纓公傳 二 立本堂

病之劇不可爲也急往省之叔已絕羽文叔祖撫而哭指而言曰此予自業業長讀書及刻苦好學以病病且劇而遭其妻子之喪今死矣念其生曾無一日以爲樂言未竟慟幾絕余亦出淚泫然哭而呼之曰叔胡天之清而不叔祿也胡地之甯而不叔福也胡人之愛叔而叔之不育也叔兮叔兮我何辭兮一呼一哭族姪亦文撰

邃菴公傳 第十世

公諱進，字凝遠，號邃菴。弱冠能文，郎藝聲黌序。父起文公仁慈寬厚，族黨推爲長者。公體父志，一切處世行己，咸步武焉。而遇事尤鎮之以靜。公居長，兩弟觀濤、宏遠未成立，而起文公屆耄期，命公析家政。公延師課弟，及婚配，悉當老人意。起文公嘗解頤曰：長兒能是，吾無憂矣。公居家崇節儉，分箸後，産益拓，而仲弟觀濤乏嗣。公惻然曰：吾同乳三人，祈無忝先人遺蔭，顧乃仲艱于子，吾獨處豐順，審孳兄奚忍乎？即命中子朝銓嗣觀濤，且戒之曰：事叔當如事父，慎勿因以爲利厥後。朝銓終始悉遵公命。公胞姊適俞，年少矢節，撫兩孤，内外事無可倚，公爲經其家業，弭其家難，歷數十年不倦，迨孤甥成立，孀姊完節，請旌擔，紨釋性好施，里中貧不能自存者，時量給之。遇歲歉，輸粟以濟族人，糶則半其直。凡佃公田負公債，窮無所償，輒燒其券。或笑公，公曰：彼非欲負我也，我亦非市德。其寬仁率類此。晚年長一族，公貌和而内肅，整飭祠規，子姓循禮教，惟謹有不率，先之勸諭，不得已乃以法裁，即強悍者亦感公誠格。爲家世居雲邨，後買宅于城南隅，令長幼二子同居，次子仍居鄉，事叔且親族人。以乾隆辛未卒，距生康熙辛亥，壽八十有一。淑配義莊史孺人，夙嫻姆教，敬事姑，善相夫子，家雖豐，未嘗御珍羞、曳羅綺，或諷之，孺人曰：耐饑寒，婦人常事。天不饑寒我，福我矣。且孫、曾子婦多，示之儉，猶恐不免，剏敢自軼乎？終其身如一日。先公三年卒，壽七十有八。子三：長朝簡，次朝銓，嗣叔觀濤，俱太學生；幼朝雍，附貢生。孫七人，曾孫十八，元孫三人。族姪孫儀袞拜撰。

苦節張孺人傳 第十世廷序公配

慕橋公元孫雯鷟妻張氏苦節也雯鷟生五月而孤兄某主家政產盡落比長授屋數椽無田可供饘粥爰託生計於針縫與孺人偕生康熙乙卯年三十而亡子天保五歲女二歲煢煢母子家徒四壁內外親戚貧弱不振或漠視如路人更有骨肉而狠心者思嫁孺人而得金且據室始誘以甘言孺人峻拒之繼加之陵逼孺人含忍之後朋謀匪類將夜半劫而行已書券交金矣孺人得其情乃呼天號慟厲聲拍案且詈且誓曰奴輩敢爾未亡人豈惜一死倘入吾門必手刃之而後自剄是夕孺人飽子女使安寢

已閉門密縫衣袴操利刃張燈兀坐以俟羣奴探知駭而走狠心者亦自是絕覬覦心而孺人之節彌苦矣針線以謀食治圃以給蔬錙銖之入不足供三口則飽子女而恒不充其腹又慮寒無以爲衣租地半畝種棉紡布炎天酷日嘗破笠荷鋤挈子女而耘耘已弱孀孤稚共舉糞而灌然家屢空乏不輕向貸衣雖鶉結必整且潔無輕遽之容露齒之笑與之鄰者恒終日不聞其聲云拮据有年爲子娶婦嫁其女旋舉一孫以戊申八月八日病卒蓋疢疾饑寒勞勩積二十五年而死死二年而孫殤子弱且病貧苦倍昔時今四十七歲矣尚未有子嗟乎雲鷟分婦以節著前譜者五王孺人再世富有雖罹難旋平復兩杜孺人皆素封吳王兩孺人貧未甚王且歲沾祠惠而自王孺人外其孤胥克自樹立成名爲族望孫支富庶奕世未艾即先後孺人守志者或安享豐足或荼苦半生後業漸增曾孫濟濟即貧乏者亦稍有田土兄弟伯叔可倚仗粗糲布蔬差飽煖胡孺人獨罹憂患終阨窮毒於人復扼於天生無一日之歡而死且抱九泉之痛也易曰苦節貞凶悔亡貞之凶既叢集矣悔之亡其何日哉族姪孫維楨謹撰

淇瀾公傳 第十世

周君諱斌字淇瀾世居雲䕫里康熙已亥冬以小恙被疾人壽累數月而終余爲垂涕唱然歎曰惠迪吉從逆凶積善餘慶積不善餘殃此古聖賢人之極論今觀於君殆不可信始予與君爲同盟友嘗謁其尊人羽文公見君所以事公者孝謹曲至公對之亦忻忻如也歸語諸友謂爲子弟當以君爲法戊寅春生一子是年秋閤學張公督學江南君試文復試武俱獲儁君以實稟願就文閤學許焉羽文公去世哀毁踰禮予造其室必教以植志行語至夜半已疾復起坐語達旦於同舟弟姜翰偶不足用輙分惠之

其家農務未集必命僮僕往助妹丈史君家貧又老且病已亥春延過其家多方調護不幸疾終棺衾皆已任不責償其子負族借貸未嘗却其尤貧者則還其劵故鄉里無親疎語及君必曰忠厚長者其平居教子弟以勤儉理家謙和處世爲叮嚀與人語和氣藹如無幾微乖戾見面顔詎料以絕不相干之事族人積疑成憤積憤成怨竟遂遇而嚙其指以至隕其生嗚呼傷已人固有憤世戾俗剛愎自用罔顧時宜招讐怨罹凶禍者若君孝友性成沖然與世無忤而亦不獲考終乎聞君臨歿時以不克全受全歸自咎戒子弟勿讐其人聞者莫不垂涕然君死後胞弟姜翰經理其家凡內外事皆身任而諸子林立諒克承先志則所謂惠迪吉積善餘慶者不在其身未必不在其子孫君其可以瞑目矣秋八月姜翰以傳來請予何能傳君惟述平日所稔知者以解其悲哀以遺其後人云君生康熙乙巳三月二十四日卒時年五十有六元配錢氏側室李氏子四人長寬已成婚次容次宏幼安幼女二俱李出時庚子九月望日年家眷同學弟徐在純頓首拜撰

張孺人行畧 第十世懷棟公配

家君曰亡妻張氏儆鷄鳴戒蠅逐操井臼勤績紡其事上也豐而有禮其御下也寬而有恩相敬如賓義方教子雖不幸而天促之齡亦有幸而天厚之嗣雖死猶生亦何憾哉先妣孺人姓張氏虞臍生諱士衡握鈞之女也母史孺人外祖以書生老而無子獨有孺人愛而自教之以故孺人通詩史頗能文藝外祖慎擇壻年二十歸家君孺人有才智能料人情終始預度事成敗如契龜筮而勤理家政一切內外事皆辦故家君得鍵關禪寺足彌年不出戶而家業有增則孺人之助也性至孝外祖及外祖母賴之

如子外祖臨終其遺令之詞有曰吾病已半載奉侍湯藥撫摩疾痛未嘗少怠非親生之女惡能若是外祖歿獨奉外祖母爲事丞姑一如父母陳太孺人甚愛之曰吾家賢婦也孺人承外祖志日夕以教子成名為望兒義年甫數齡教甚嚴切塾課之餘則務列卷置夏楚如嚴師督責不少貸家君性故慈僅兒一子每爲曲解孺人不從鄉有業賭者孺人曰此惡習也吾子年少不能無習既習不可禁止避而還之遂殁于西鄉之寺前里家君至今時時述以訓誡曰讀書成名汝母所喜也言及賭曰汝母之所以還而死也君家甚節約自奉不過藜藿及待賓客禮必備不惜貲有巧思雖匠石工作之事皆能意造既歿外祖母哭之慟曰吾無子吾女又死兒幼何以成立自孺人殁後家漸落家君每扼腕失助焉生三男義年堯年延年義年早世今有孫八人自超自起義年出自選自進自遇堯年出自達自遵自道延年出曾孫一人生年與家君同家君今年六十有七而孺人之殁二十九年于今矣孺人殁時堯年甫六歲弟延年四歲女弟三歲弗獲識孺人之音容面貌今家譜告成僅以家君之所訓誡親族之所傳說敬述其畧伏乞當世大人先生賜之傳贊碑表以垂不朽生死感佩追痛嗚咽罔識所言男堯年百拜謹述

天濟公傳 第十世

公諱御字天濟號樸堂聖遴公次子聖臨公嗣子輔宜公胞弟也狀魁偉貌黑虬髯年二十八補弟子員生於順治丙戌八月二十二日卒於雍正庚戌四月十九日享壽八十有五歲公少故艱苦意智深沈以勤儉起家稱雄閭里然度量寬廣性孝友其敦睦族姻皆自錫類中推也原配孫孺人早亡公後舉丈夫子四人長芳洲次即予岳旦庭公次運九遠揆旦庭公係繼配王孺人出餘俱出側室張氏輔宜公無子公以嫡出子繼之曰此長房不可以庶子嗣未幾而旦庭公又早世乏後運九子采若公長孫也郎以嗣旦庭公其敦本明大體如此公艱於子而課子嚴不少假詞色遠揆最鍾愛有不當意輒責令長跪予夏楚其課諸子必延邑之名宿厚其餼而敬禮之康熙四十七年大水被災者多不粒食公竭貲捐貸至明歲麥登乃止無吝容亦鮮德色或有以田宅售者則厚其直曰乘人之急而要之吾弗爲也予婦幼失怙恃公鞠育資嫁亦吾家克盡婦道本公教也予伯母郎陽公恭人又公女故鄙齔時即識公狀貌悉其爲人嗟乎以公之植德廣施宜乎昌熾不幸三子運九先公早逝踰十載而公歿長君芳洲又相繼即世弱孀主持門戶延師訓子克有成立惟遠揆落拓

國山周氏世譜 雲翥分一房 卷四十 天濟公傳 一 立本堂

不善治生產以致家業漸落豈天將獨靳爲善之報於公耶抑將有以大啟之而姑先抑塞之耶今采若子鶴千仍歸本生而承旦庭公後者且易以芳洲孫履平矣竊喜兩家子弟多嶄嶄露頭角而孫枝亦秀發其振公遺緒而光大之者當於是乎在予故述公梗概以貽其後人俾知公之所以垂裕後昆固確然其不爽云姪孫壻王南星拜撰

國山周氏世譜 雲翥分一房 卷四十 天濟公傳 二 立本堂

蟾一公傳　第十世

事不難於因人而難於創始尤莫難於獨造自始遷雲鶴祖國陽公迨於十世尚未有譜也至蟾一公創纂家乘分圖列表設規陳條井井然若網在綱今所云五修原譜是也蓋公弱冠時始序支派譜輯三年稿凡五易公承父訥翁公意獨任勞不敢諉壬申公年六秩遂告成譜事邑宰超靈文公爲之序弁於端自維楨公繼修於丙寅西輔公復纂於癸卯凡數十春而竟未有爲公立傳者抑何略而不載歟公生平梗概予生晚不獲盡悉但其搜羅家乘經營匠心爲前人所不能爲即謂之有功於祖宗也可況原

譜現有存者著作班班可考如公者尚可不爲之傳而聽其湮没歟且公之文章行誼當時固有尊爲子瞻復見者即其所著四子醫書十三卷盛見稱於先輩以不合時宜故久淹湖濱向使公遭遇有時得登史館爲當世闡幽表微發皇揚厲則著述當綽有餘裕乃公雖未顯而卒能於族中譜牒極意搜採纂輯則所謂創始而兼獨造俾後世子孫有所承藉惟公實重有賴焉茲當續修宗譜其元孫韓以前譜兩次續修未經爲公立傳爲憾請於主修者予惟公之功不可没也是爲傳十四代孫有聲謹識

逸齋公呂孺人合傳　第十世

昔三代盛時與其爲善於鄉不如爲善於里與其爲善於里不如爲善於家自後世貴虛名遺實行於凡爲善者其人甫殁而里之人已莫過而問焉矣或時時稱道者獨其家之人耳更一二傳而其家之子孫且漸忘之矣又況於里之人乎故雖有善卒湮没不彰而或遂謂今不古若卒無爲善者何其誣也予姑丈周宸衡其尊人爲逸齋翁予少時謁之體昂然以修貌黔而厚以重即之落落如不屑於禮文而居家孝友遇事慷慨慨擴有大度鄉里素重之歲丙寅姑丈宸衡偕其兄企賓持逸齋府君行實示予而

屬爲之傳予辭以不能文其請至再三不可卻乃按其行實而稍爲指述之不敢失其真也君諱滙字行儀逸齋其號年十八補邑弟子員其德配爲茂才蘭野呂公女君之父曰聖階上有三兄長聖吉次煥于次聖演聖演公止一女無子念諸猶子中惟君爲孝友知其必能善事我也鍾愛之因撫以爲子君果事伯如事父事伯母如其母聖演公既卒君乃析產爲四取其一而讓其三以分遺二伯之兄弟與姊曰吾不可獨私聖演公之所有而克備旨甘以承歡伯母者蓋十有八年其寢疾而侍奉湯藥不懈者九年然君既已後於伯又致孝養於其父方聖階公析箸君

之兄弟猶有四人力皆足以養不以父母之養及君君戚
然曰身所自出吾忍弃諸遂偕兄弟均養者三十餘年即
一切延師課諸子姪及內外往來經費怡然共之無分嗇
我呂孺人亦視膳佐饑以孝以敬和於妯娌以克成君志
於是宗族鄉黨咸歎美之謂其伯之無後而有後也謂其
父之舍子而仍克有子也君固巨族其子姓多而難輯獨
君以讓產均養著於家以故里中莫不委任君者凡再葺
宗祠兩造村西之大橋惟君董其事不避勞怨以底於成
而人亦莫不信君之無私自其高曾以下凡孤子寡婦皆
賴君卵翼之以無憂陵侮自君之殁距今十有餘年有言

及君者往往唶然太息痛其不可作也蓋君之善足以取
信於家以及其里如此而不為之載諸家乘垂示後人不
廣更傳而湮沒乎且何以勸夫世之為善者記不云乎有
善而不傳不仁也孝予姑丈兄弟之數數欲為親立傳其
亦猶仁孝之思也夫滴西儲有亨拜撰

儲孺人傳 第十世三接公配

孺人姓儲氏三接公德配也公卒時孺人年纔一十有九
懷孕數月仰天泣誓曰若幸生男未亡人當忍須臾死以
延先祀否則從吾夫地下耳已而生子季輅長育之授以
室孺人辛苦萬狀不幸季輅又卒孺人揮淚撫孀媳孤孫
心悲慘者踰五十載媳張氏武姑節亦四十年家貧力不
能請旌表族黨惜之今孫綱生子三胥力勤務本家業日
拓信乎天之報苦節可券也男婦固貴自立哉族姪孫儀
宸撰

文長公行畧 十一世

吾邑文人所心惟而口誦者咸曰周君文長公諱堯年邵廪生其文直造古人閫奥而發其精蘊爲八股文字斂才就範鍊古入神科歲觀風試輒前列公爲文多不自擧筆第以口誦授門人并每一篇出人爭錄之爭讀之雖偉人俊士所嘖嘖稱道願得以爲師者必曰周君文長吾族澂芹公亟稱于在陸先生先生告之門下晝山平川兩先生後吾謁兩先生他未及語輒問文長周君曰今後何如也爲之太息嘗見賞于邑令姚公公爲梓文數首以行世自是而知之者益衆後忽發狂疾掘地爲穴置几其中更於

暑月攤絮不露頭面至臘月氷澌自投急流逝不返矣公二子無孫白香山云多才非福祿薄命是聰明公于是時豈復有文人名宦爲之太息也宗孫士廣謹述

元發公傳 十一世

公諱嘉祥字元發其先自雲鶴里徙城北負郭而居至公已三世父雲九生子五公其季也性謹而靜寡言語不妄與人交或角藝儕輩輒有過人然雅不喜自炫輒斂抑如無能者居故近市湫隘囂塵公以木訥自持不一與戶外事即賈販雜處强暴接跡而息機忘爭不攖不狎迄終身未嘗有佐鬬之傷亦未嘗有入鮑之染八歲失怙依母氏徐孺人撫養成立有攘其利者或勸之訟諸官公曰陳牘公廷屈身求直辱先人遺體余不忍爲此態也每追念其父以不克逮養爲痛苟持飲甫薄醉輒自悼曰樹欲靜而

風不甯子欲養而親不在即輟飲泣數行下其於兄素友愛方其分門析箸辭豐就約未嘗有絲粟之競於其心門以内雍雍如也凡鄰里鄉黨稱貸於公者公必有無相通無吝色即多負之者卒默然退讓不能屑屑爲較量也其自奉尤儉樸世爭以奢靡相矜尚而公獨攝斂衣冠穆然古處人多笑之公亦卒不以改其素嗚呼謹身節用以守以貽禮奢甯儉不爲世奪如公者可多得與公配杭氏繼任氏咸克襄内治杭早卒任生子二胥入成均長應起力崇古道餞有父風次懋起尤作作有才志然每奉公之庭訓以自飭蓋秩然規矩士也乾隆辛酉擧人儲有亨撰

漢銘公呂孺人合傳十一世

周丈漢銘諱繼浩其嗣君翊其予從姪婿也翊其慷慨有識畧每爲人解釋糾紛卽有艱鉅事相委任始終不負邑里咸稱之其尊人漢銘予生晚不獲親炙其爲人然以里居相近兼之世好世戚時時往來過從故漢銘之流風遺範嘖嘖親黨閒者予猶耳熟能詳云公三歲失怙賴母氏教育俾克成立比長又得足疾時遺產微薄孤苦零丁艱辛備歷然公性勤且約居家竭力治生産晝夜罔息自奉極儉削一絲一粟亦未嘗妄費也以故家業漸起後公生三子爲之延師教督極忠且敬拮据者數十年晚歲鄉里

謹愿篤實常常與子言孝與弟言恭井里中咸推爲忠厚長者公有內昆呂君廷佐邑中耆宿也嘗爲余言曰吾姊丈漢銘少年時嘗以孤苦受侮公輒屈意下之弗與校又嘗逐什一利與人分財如分卽止贏餘多以讓人其和氣謙德多類此是可想見公之生平矣孺人呂氏卽廷佐女兄也頗有淑德事姑能孝家貧克以勤愼佐夫子終歲不閒交謫聲後漢銘卒以刻苦立門戶課訓諸子爲之婚娶而家業尚以充裕者雖其經理有術要亦孺人內助之力居多焉漢銘先孺人六年卒壽六十有六孺人壽六十有七嗣君三人長玉其次翊其三振其皆謹愿克恢父業諸孫濟濟蔚然日盛予忝以葭莩之誼悉知漢銘之流風遺範足以垂示後昆又重翊其之再三有請也爰援其崖畧而爲之傳乾隆丁酉舉人揀選知縣年家姻眷弟乾

勉拜撰

良臣公行畧 十一世

士當平居慷慨輒自許曰我有鄉里我有鄉黨我有所識窮乏非予莫能爲任恤也然而瞻顧徬徨若猶有待何也自不足也既足矣而故靳之夫非爲已之念重而爲人之念輕歟吾族第二分叔祖諱廷佐字良臣稟性仁厚康熙丁亥盛暑中有道殣者公惻焉憫之地方人酌議募錢公曰此何時事少需焉不可向邇乃獨購棺營葬不更資他人凡若此者公往往行之無倦族有蔣氏姥煢獨無依一日捧瓜易粟爲富家所呵比至公所潸然淚下且告之故公曰自後不必訴他人姥生一日吾當給姥一日之養如是者十有餘年雖至瑣碎無不愛之深而憂之切也公家固不甚饒克强爲善至今鄉里窮乏人津津齒頰胥謂公眞長者而公固已不死矣嗚呼世人爾我之視皆秦越之見也夫人急而我緩之人困而我厄之雖百錢斗粟必齗齗焉較量銖黍計其後可償補然後與之其與公度量相越豈復可以數計哉姪孫士廣謹述

肅齋公傳 十世

公諱觀揚字朝雝號肅齋少聰穎長尤雅靜自愛父遂菴公深器之受業梅隱儲先生門時同學多先生佳子弟與雲溪詵岡石緘諸公互相切劘得窺草堂古今文奥旨名日以噪踰弱冠列縣試第一籍於庠公體遂菴公志益發奮讀期以科名承先世緒顧屢踏省門不遇而外內事恃公料檢者日益繁遂以貢入成均候選公夙敦內行侍兩親備極色養事兩兄尤情好靡間姪媳史偕娣蔣胥以少年矢節延師課孤艱苦百端公歲時體恤給以資使孤兒成立至今兩孀泣感焉其奉遂菴公命偕長兄移居入城凡邑公事率解囊捐無少吝吾祖孝侯廟之在邑者殿宇久傾宗人彙議修輯而公實肩其任頹落者漸以就理今越數十年奉兩邑侯諭大新侯廟董事諸公猶復時念前勞也業素饒心樂利濟同族某年邁無依公食之死則殯之復給其子金使圖衣食其仁惠之推暨多類此公卒於乾隆己卯距生康熙庚寅年五十配史孺人有淑行側室陳子二長愷元早世次沅英孫一延齡歲癸卯因修宗譜沅來以傳屬爰述公大畧焉族姪孫儀袞拜撰

性愚公傳十一世

公諱企賓字雖客性愚其號也性孝友器識宏毅視身世[illegible]鉅[illegible][illegible]足以難之者少偕弟巽孚翁讀中歲慨然曰治生亦儒者急務吾怡養兩尊人使先赭日拓弟肆志學圃不兩得乎遂枋家政內外一切事靡不心計而手營僕畊婢織稽其惰勤秩如也若是者踰十載業大饒凡族中屢有公費靡弗首捐以倡或獨任其成親黨告急各厭所欲去即再三請鮮倦情以故族衆咸倚公親黨咸頌公公顧欲然謝不敏也其待巽孚翁也尤友愛雖析居臨財無爾我外侮之禦終身不懈公故贍於才性復慷慨遇邑大徭

錫山周氏世譜 雲鴻分二房 卷四十 性愚公傳 一 立本堂

役及鄉里會議事宰必首委公地方亦寄耳目焉遇向凡公所承辦始終無纖微累生三子延名師誨之嘗誡曰吾讀未成吾弟試南畿未售若輩勉之其勿負先世詩書澤長君紳文叔工制義以國子生屢戰棘闈季綱文青文叔亦皆入太學以讀書立品自勵期不虛公志也晚年厭紛囂時坐一榻習靜酒榼茗椀嘗對爐烟嫋嫋以自怡朋好至則詢問子弟佳否互相慰勵偶攜杖遊里門聞讀書聲輙色喜[illegible]年少作苦益勸勉之望其成而三黨之疾苦豎瀕於難者[illegible]往來於懷不置云公享年七十有三淑配徐孺人另有傳子三人孫三人曾孫六人族姪孫儀袞拜撰

巽孚公傳十一世

族叔祖巽孚公諱宸衡字民先少穎慧弱冠益嗜學而母[illegible]太[illegible]人遘棄世公哀毀幾不欲生顧恐傷厥考逸齋公心時時偕伯兄先意成志色養怡怡逸齋公愛之甚尤勖之甚公乃負笈遊訪名師友最後爲東溪儲先生高弟子一時同硯若晏槎佩璜承謙諸君子號儲氏白眉咸目公爲畏友而公顧偃蹇久不售年踰四十始受知博陵尹公籍學校公於是益鼓進取志攻苦如年少時邑名宿尹以晚成串公至數踏省門報罷遂嚴課兩子使成名而自分以湖山老其身鄉尙氣節慨然慕陳仲弓王彥方爲人遇

錫山周氏世譜 雲鴻分二房 卷四十 巽孚公傳 一 立本堂

事不平輙義形於色家素豐不善治生產業漸落而公處之泊如也由此品望益高憶歲乙未予館公里得數數親炙公時年七十餘花簾月檻啜茗慷慨談古今事領聽者惟恐老人攜筇去也一日持宗譜詔予曰此吾家要務也志此久矣本支圖表已補輯其他義例汝爲吾手輯可乎迨事將舉行輙中阻公爲憮然閱數載公當長一族特數[illegible]年族[illegible]亦數數四懇公曰非敢以年耄諉也顧念無以[illegible]公[illegible]此[illegible]子[illegible]而靦然尸居此位奚益哉蓋指大宗祠久頹落[illegible]前請未修也衆喻公誠懇咸願聽命公乃欣然首倡修祠設法捐輸羣情踴躍公總厥大綱無偏倚浹歲而

圯者整舊者新次第將告成矣而公之精神日憊甚遂卧
病不起嗣長丙輔翁落成之而公尤惓惓以譜事相勗時
問乎告之了事此耳弟今日第一義亦此耳遂溘焉逝年
八十有三丈夫子二炳煥俱邑庠生孫三長邑庠生出嗣
堂伯絅文公次邑庠生次幼曾孫一未名歲癸卯丙輔翁
集宗人編修家乘兩叔以傳見屬竊喜公夙志之克償也
爰即所聞見者以著其實自今以往公之靈其快然無憾
已乎族姪孫儀袞拜撰

賓西公傳十一世

辛巳秋纂修家乘濫與校讐族尊因問曰汝亦知賓西公
之爲人乎材愕然不能答爰避席請曰賓西公去世迄今
八十年於茲矣其生平行實素未得知敢請族尊進而命
之曰余幼時嘗聞諸父老略能道其一二居吾語汝公諱
文模字賓西邑諸生時遇公家子也少穎悟讀書過目成
誦比長益刻苦自勵雖盛暑嚴寒常伴青燈一盞終夜吟
哦絕無懈志故於子史靡不淹貫甫弱冠即補博士弟子
員七應承宣試屢薦不售一時名宿咸爲公三歎息焉逾
年時遇公暨母丁孺人相繼謝世公哀毁骨立居苫枕塊
喪葬盡禮歲時祭祀必敬且誠其孝於親也如此業不逾
中人產析箸時自取瘠薄兄弟怡怡白首無間其友於弟
也如此遇貧窮輒解囊無吝情亦無德色其好施與也又
如此材唯唯應命敢即所聞於族尊者謹綴數言以誌之

十六代孫青材謹譔

節母王孺人傳 十一世運九公配

從來矢柏舟之節者恒嚴厲峻烈凛然不可犯其馭物臨
財以鬩鬩鮮能退讓有容蓋稟秋金之氣多不足於春和
其勢然也今觀嬸氏王孺人則異是孺人系出小樹庠彥
王鵬昌女年十九歸吾叔運九叔豪於文而善飲酒後時
任氣孺人以婉順承之迄無忤越歲生子斯煌叔兄弟四
人天濟公以年老不耐煩劇久令分爨而次兄旦庭先嗣
伯輔宜公早世無子至是奉父命以斯煌嗣兄又六年生
子斯煜甫六月而叔即世孺人一慟幾絕殊不欲生繼念
兩孤非我莫成立強自寬慰立志撫孤一切家政翁總其

綱而翁年近耄門內事不能纖悉周到孺人食指既眾又
不忍以米鹽瑣屑煩瀆翁故其家不貧而食粗衣惡左支
右絀有甚於窶人婦者越十年而翁復即世哀慟踰禮喪
葬費唯伯叔命是從膳姑尤竭孝養翁遺腴產五十餘畝
屋一所纖毫無分惠孺人默無一言繼且侵漁其產至再
至三親族咸不平勸與訟理孺人曰貧富有命吾得撫兩
孤俾成立足矣他非所望且終不忍以爭產故未亡人出
身露面詣公庭辱吾翁與夫卒不校蓋至斯煌兄弟俱
授室而所分產已蠶食幾半云歲庚申次子斯煜又夭亡
無子孺人痛之甚命斯煌以子報勛嗣焉躬親卵育者又

三年乾隆七年冬以疾終年四十有九十一年親族請旌
學師顧署縣陳核實詳
憲三院彙題奉
旨建坊孺人孝敬於翁姑退讓於妯娌撫孤子又撫嗣孫
恩勤備至即僕婢子女愛如己出勞苦必恤肉食必均終
其身未加呵叱於內外親恩禮交盡尤加惠於煢孤故鄉
里皆稱仁厚無閒言其慈惠有容蓋天性也
贊曰方孺人夫亡於前翁歿於後母子孀孤侵侮疊至輒
含忍不一報當是時或嗤其廢或憐其弱乃二十年來侵
之侮之者漸以陵夷終歸烏有而孺人卒寵錫大家光榮

身後其嗣亦醕謹自守以保其餘業所謂天道無親嘗與
善人者詎不信與設忿於橫逆頻加嗚冤涉訟則骨肉參
商所亡不必復而費且不貲或并不能保其半則孺人之
所全者多矣族姪維楨撰

節母蔣孺人傳 十一世又曾公配

予同懷六人姊氏居長適鯨塘蔣新發其所出之成立者男女各二長甥女賦性稍剛作事有才幹志向高抗雖在嬉戲未嘗苟且兼之聲帶男音先太孺人謂吾姊氏曰看此女規模氣象恐難享安和之福姊氏曰然予朝夕訓誨教以溫柔恭遜乃賦性不改奈何適雲龍周士含之子郡庠生周又曾夫婦頗相得無何舅姑相繼謝世甥氏哀毀合節不愧詩禮家風又曾少而敏悟勤攻舉子業甫弱冠隸國學弗好也去就童子試郎補郡弟子員奈體質素羸不數年以苦讀殞身所生子尙在襁褓甥氏時年二十有

八撫棺一慟絕而復甦曰吾舅姑之去世恨不能以身代夫君又舍我而去吾今始無望矣其先儆居邑北門之柘橋至此中外無依又曾有堂叔曰逸齋方正具才略命抱孤兒歸故里買一陴名之曰苦招志悲也一切家務逸齋翁綜理之甥氏指其所樓撫孤而言曰此汝祖父之舊居也汝祖之後止汝一身幸得成立長子孫於斯則祖父在天之靈慰而予之願亦慰矣至乙酉孤子又夭而甥氏含生之志乃不可復挽諸娣姒并尊姑行咸勸慰之泣曰吾入周門不及十二年九載以麻衣拭淚目無乾睫古人爲子反服又應代夫披戴三年婦人三從二在夫家夫死不

死專視此子今又奪之吾偷生何益不如速死得早相聚於地下耳慰之者曰夫亡責在撫孤孤殤則責在立後一旦輕生烈則烈矣而宗祀無人主持縱使相見於地下以此責之何說之辭正當留其身以有待俟諸姪之可教者撫而立之娶婦生孫使似續有託然後九泉可作亦以爲此眞吾家之婦汝謂偷生何益則輕生之益何在汝素知禮義非無識者奈何執迷至此哽咽者久之長號曰如此則吾不可竟死矣天乎雖苟延殘喘身殉之念刻刻不忘後十餘年逸齋翁謀葬又曾命甥氏治庖潔樽宗黨姻親咸集挈幼姪抱又曾主而書名曰孝男祖烈奉祀甥氏因

泣而徧拜之曰乃至今日吾夫無後而有後差可瞑目於九泉矣遂撫育嗣子而卒葬又曾於拗橋之東今之菊畦其嗣孫也又撫堂姪女於膝下甚聰慧鍾愛之相依爲命乃不出幼而於雍正庚戌七月初一日又殤甥氏哀痛踰常即於是年八月初一日疾終內寢年五十有五蓋棺之後何得請旌而嗣子力弱無由上達歲丙寅長至之月嗣甥祖烈叩堦請曰吾母一生苦節不能受榮典於熙朝安可不使垂令名於家乘宗族修輯譜牒祈作一小傳以示後人予素愛甥女執筆輙涔涔淚下數月於此然念甥氏餘冰茹蘗歷盡悲慘不忍使之沒沒遂以淚泚筆書其大

概如此周氏多有道而能文者倘爲詳述而表彰之則甥氏之幸而予之蕪詞諒不足當其一笑也

嗚呼慘莫慘於神傷而呼號次之悲莫悲於血枯而涕洟次之故涙洒於一時則一時之哀也涙洒於數月則數月之哀也涙洒於三年則三年之哀也至涙灑於畢生則有生之日皆哀之時其心斷色絶如癡如獃慌惚置其身於雲霧中日星花草無非可哀之色風雲蟲鳥無非可哀之聲生亦不欣欣死亦不戚戚如此而已瑯琊王伯輿云聞陸士龍古來高明之士明知當以情死而不能自遣況婦人女子之幽憂而不可解者乎嗚呼此吾甥氏之所以不永年而其恨無窮也悲夫

賜同進士出身直隸泗洲學正加一級舅氏王所掄撰

徐孺人傳 十一世性愚公記

孺徐孺人吾叔太學生名企賓之配慈惠識大體在家孝於父已嫁孝於翁姑以勤儉佐叔起家特其餘事孺人系出洑溪文靖之叔曰耕隱者始遷蜀風十五世茂才公諱懋曕孺人所自出生十六年而母呂孺人即世遺兩弟長十一齡次纔四歲兩妹亦俱幼一切寢食補紉攜持保護孺人獨身任而於茂才公寒暑晨夕出入起居尤候伺維謹先意承志凡奉祭膳飾燕賓孺人主中饋無失禮暨銀錢收儲米鹽出納皆井井有條比將嫁茂才公撫子女泣然曰吾輩無母而有母賴汝姊耳今往矣奈何言已哭失聲年十九歸吾叔姑呂孺人性惠和而閫範嚴肅逮事十有一年曲折悉當其意權洽如母子姑歿後所以事逸齋翁者愛敬有加一如昔之事父有勸翁續娶及納媵者翁曰家有賢媳可無事此願養二十五年孺人之體悉維持者周也於諸子愛惜踰等然有過必侃侃督訓不少恕自孺人歸吾叔家益裕佃田告貸者衆逋負累累叔每欲與申理孺人必勸沮嘗曰我寬一分則窮人受一分之惠有負租數年猶占田不放者孺人曰彼誠無理但我奪其田誰復與者嗷嗷數口爲餓莩矣吾寧捐數石米姑活彼母子乎叔爲憮然而止有戚屬負叔百餘金將與訟理孺人

曰我失百餘金未至貧乏彼實無償視有心負我者判別倘與訟理必受鞭扑鞭扑而無償徒傷親誼或有償勢必田廬器用變賣立盡將來子女東餒流離吾目忍睹耳忍聞乎叔乂憮然而止其憐憫困窮見義忘利蓋天性也然食恒蔬淡衣必布素浣濯雖一臠之味非強之不肯所製新衣歲閒一御旋收摺家庭瑣務必躬親檢料纖悉必周稍暇即事女紅嘗手一篋辟績盛暑不止叔沮之微哂曰我樂此不爲罷也卒弗輟其儉約自守不稍安逸復如此辛酉七月初孺人病且革邑名醫嚴姓與予交叔囑予往請操舟者家僕王成也泣語予曰主母於奴輩饑寒勞苦

無不體恤即子女恒提抱照拂啖以菓餌每嚴寒風雪收租夜歸必呼曰操舟者餒且寒矣急予酒飯即有過差諄切勸諭未嘗加怒詈倘有不測奴輩失所依矣自解維迄往返四十餘里泪潸潸泣不止嗟乎王成悍僕也其哀念如此豈非慈惠之德入人者深哉爰仿前史列女傳例敘其畧刊之譜以爲吾宗閫範族姪維楨頓首拜撰

儲孺人傳 十一世巽孚公配

孺人系出豐義儲本名家女幼端淑夙嫺姆教及笄歸叔祖巽孚公事姑呂太孺人得其歡心太孺人隨見背孺人哀毀成禮以事太孺人者事舅逸齋公益加敬焉巽孚公性慷爽或以拂意事作氣孺人從旁出片語解之遂冰釋姻戚妯娌歲時會接孺人輒飲和去生叔二姑三迄長未嘗施呵責而自閑于禮訓性樸勤率子婦襄內治戚以身教庭幃內肅如也藹如也即婢僕常竟日不聞孺人聲每謂人曰和氣致一家祥瑞予生平最愛此語噫足以知孺人矣予生晚不及炙孺人懿行茲即聞于兩叔者著于篇

族再姪儀袞拜撰

懋溪公傳十二世

懋溪周翁諱湘其先自雲鶴里徙居城北曾祖項中前明壬午科舉人銓邑令祖雯鵬高才生父嘉祥舉鄉飲賓以孝友睦婣世其家翁嫡母杭孺人無出生母任孺人生二子翁其次也兄隱溪隸籍六館翁自幼岐嶷攻舉子業欲蔵孝廉公未竟之志乃躓於小試遂援例入成均後屢應試承宣復不售用是刻意砥行念兩尊人將屆耄期甘旨頤養不足得其歡心因日與兄敦友于誼舞綵老人前一切家務悉稟兄命藹然太和之氣蒸于一堂族黨咸健羨不置翁裕幹才雅不屑爲米鹽瑣雜計而枋家則務儉

勤性好施與稍贏餘輒推解親串之貧乏者歲辛未邑苦旱災米價一時騰貴翁捐貲平糶同里胥沾惠焉迨閏乙亥荒吏甚邑奉憲檄設粥賑牟稔翁賢能委董其役翁議用富鄭公振淮陽法人無擁擠米不狼籍民以大安當事深鼐之而翁欲然若弗安者殆即孝友睦婣之行所推暨云翁娶蔣氏幽嫻止靜克相夫子生子二長愷雯次推雯皆以弱冠遊太學延師課子一秉翁遺訓非徒志紹書香已也

論曰周禮以鄉三物教萬民兼之者實難而六行于民生尤切賢士大夫以身爲表率猶不無遺憾焉乃閭里淑修循循矩矱有不期而合者固詩書之澤深抑至性之過人遠矣翁雖年逾服政僅以例貢終而宗族鄉黨交相引重如此殆亦有不可泯沒者歟乾隆甲午舉人儲研礳拜撰

玉其公傳 十二世

傳之爲言傳也凡有奇節大行可式可矜然後不愧立傳至若絀曲之士謹愿樸誠恪守繩墨而已烏可傳又烏用傳然正有不可概之家乘者家乘則揚先德訓子孫所以紀其人以教孝也如我叔祖玉其公者雖無大節可傳而不失爲一鄉之善士家貧則自安于貧矣性樸則自任其樸矣與人和而動循乎理守己約而不苟于財可不謂鄉黨自好者歟惜也時運不濟原配畢孺人早年去世繼配呂孺人係陽湖望族生子鶴年未及成立而公又辭世公年甫踰四十而繼配正在青年寡妻弱子何以爲生在[illegible]

孺人家者孺人則誓以身殉繼念遺孤誰託勉力圖存苦守事撫孤兒亦可憫矣又家徒四壁屢缺饔飧謀生之道惟恃十指織紡甘虀鹽固無論矣而天憐苦節賜之賢媳媳即孺人之族女也事姑盡禮作家盡力居賤食貧幸得生子而孺人居然抱孫矣而孺人亦已年過古稀乘白雲而去矣嗟乎以守仁公之忠厚以呂孺人之苦節天道有知其將默佑以昌其後乎理之可必敢即以此文卜之姪孫上珍謹識

嶧岐公傳 十二世　賀洪學

公諱守基字嶧岐漢明周公次子也少有豪俠氣嘗從其族兄謙貞先生遊先生邑之宿學士也樂教育準繩嚴厲以學助公公輒稟承師訓孜孜不敢怠後以家境日迫不得已去弟子籍與長兄玉其及弟正其共耕田力作爲室家衣食計然公豪邁之氣曾不稍懈每有公事或義舉輒力之所不逮往往奮勉當先勞心慮効奔走冀其事之有成而後已嗚呼若公者非徒稱善士於一鄉而亦爲族黨不可少之人也村東南百步外衆議建青龍菴及東嶽廟公以爲敬神禮佛亦人心去惡向善之一端也遂身任其

事輸之以財以己率先也廣爲勸募與人同善也是故人人踴躍不期年而兩寺院相繼告成無幾微色見於顏面公之器量足以覘公之學問已先是周氏大宗祠在村之西規模宏鉅歲久不修椽瓦甍欄皆已頹壞乾隆四十三年公與族衆議修葺之木石之費若干灰漆之費若干工匠之費若干公料理籌畫心計周密無不曲當以故門堂寢室事成壯麗之觀雖曰事由衆舉而飭材鳩工公力居多不言勞而勞著其有功於祖宗者即爲望於宗族者[illegible]至待當歲歉勸輸穀以振窮黎竭其力以勸善舉是又其立心之厚又豈儔輩之所能及者公之善行筆不勝誌

擇其較著而人所稱道弗衰者畧節一二端以備鄙瑣齷齪者勸是則余用意之旨也夫

帝賚公行狀十二世

少讀書偕寒窗風雨而相得無間者爲吾族叔帝賚叔諱堯弼孝友人也父有疾晨不下榻夕不解衣并以此感悟其兄洵哉孝友爲不可及也嗟乎文理優通不爲世用賫志以歿其可感也夫族姪士廣謹狀

采若公傳十二世

君諱斯煌字采若幼承伯且庭公嗣七歲父運九公見背母王孺人撫君及君弟采疇時弟纔數月孀孤相守乃祖樸堂公卵翼之教誨之越十年而樸堂公復捐館君兄弟遂以孤弱持門戶矣予昔曾下榻王氏君母族也其舅氏西雍翁嘗曰余妹以二十六歲寡撫兩孤一女孩雖業中人產而內外侵漁苦同荼蓼妹鎮之以靜義命自安敬延師課甥今甥幸克成立意者節孝之後必昌乎噫翁之言固爲孺人志喜亦將爲君他日券也君齒長于予貌清臞性沉靜時愛苦嗌厄于小試後赴澄江得血症乃棄舉業

事攝生術奉孀母上孺人稱孝謹孺人嘗患疾君奉藥餌忘寒暑數年不倦既念孺人一生劬孽操觴所以垂不朽列宮節籲 憲請旌殫心力爲建坊計乃墨會 命下而君遽謝世矣嗚呼惜哉德配徐孺人素賢淑飲泣撫孤傾囊篋樹坊村左成君志也君弟采疇未冠即令從名宿儲俠回雲槎諸先生學冀其成不幸采疇早世君痛甚旦慮盖傷母心即以巳子報勛嗣盖仁孝篤于本生故友于尤切至于處巳謙接之和家庭雍睦之氣藹然溢眉宇鄉里咸以德門推之宜乎享遐齡邀福祉而乃不克永年卒時僅三十有五豈天欲啟之而姑厄之歟子一報勛嗣叔

采疇于君爲本生今已生子三謙光重光漢光孫一璸璠是亦君之孫曾矣而嗣子履平亦已授室爾昌爾熾吾當拭目望之族叔宣弼撰

孚嘉公傳 十二世

公諱隨字孚佳少貧力於農家漸饒裕及長伉爽有氣幹議事不阿里黨中已推重之公長子孝翼公讀書敦行於聖賢心性之學剖析甚微力行不倦事親能盡孝諸凡定省之節問視之儀悉準古道而極致其誠每能先意承志因事納規公心重儒學暇則令孝翼公侍於側稱古今大義以廣見聞由是制行益醇而識見愈明決是時族尊某遠居桃溪里中有訟言莫可訴因相與議共推公賢能使主宗政公既主宗政益勵精首重祖宗墳墓禁勿採樵芻祠宇務極清淨於朔望焚香外必扃鑰毋得擅入戒子姪

谷勤織業遇游惰者面斥之治事悉準於理甚嚴決先節親屬戒勿令犯法或犯法雖強禦不稍畏避里黨肅然强梗者不敢橫肆復舉行鄉約朔望日集族衆於宗祠中論以忠孝大義後數年孝翼公卒公悲悼不已遇有疑事必就里中賢者謀議故舉事終無差失人服其公歲戊子公卒壽登八十有一德配黃孺人先公三十一年卒子三長郎孝翼公諱承權別有傳次承烈皆先公卒三承敘亦謹厚孫男三人曾孫男二人公卒後數十年里之人猶思公不衰曾姪孫子斌頓首拜撰

怡菴公傳 十二世

怡菴公諱之煊字紳文性愚公長子母徐孺人公平生才識通達而器宇溫雅深沈未嘗有情容躁色弱冠能文章清腴有度負笈從邑名宿遊同學少年多心折獨艱於小試而家政日益殷性愚公年漸老兩弟幼公不欲重煩老人遂隸籍成均枋一切內外事性孝友性愚公晚患噎率諸弟昕夕侍而公尤寒暑無閒誡家人不得以拂意事溷公特時時述庭幃雍睦語相娛悅積數年性愚公幾忘有疾之在體也服弟采若翁者素與公友愛采翁將歿子鶴千幼且弱翁挈孤兒託公公曰猶吾子也奚託爲遂撫其

家務鉅細悉當業益恢迫鶴千成立授以錢穀簿曰好爲之吾族之從雲龍也系出國山山之麓我祖孝侯祠在焉宗長業糾資新殿庭而祖堂一區艱於力工不克舉公謂祠周視欲以身任而費錢且數十萬因約三分捐銀若干相與生息之閱數載而費始裕庀材飭工踰時告竣于是與庭殿之翬飛鳥革相輝映于煙嵐碧澗中更仝壬辰與難諸旁祖不忍其斬血食從堂偏奠神位得祔享焉歲丁亥邑奉憲檄濬漕河畫地責成諸董事時率準田起夫家不斷中人產咸踴躍應公獨挺身跳河干悉心募辦先期報成是役也除同事伯餘翁及一二量輸外皆額派一

錢里中八不知有徭役也者至今嘖嘖公才畧不置凡居鄉遇族黨糾紛事公輙從容解之無德色家素豐好施濟九篤友于誼兩弟析爨財無爾我尊酒促膝日相對怡怡生二子長泰嚴次陽公愛泰嚴甚益勖以學亦以能文見稱云嗟夫以公之才識器宇脫爲朝廷作民牧殫其經濟詎不光吏治哉僅僅施於家裔已然鄉里數十年人人倚爲柱石仕宦中顧多得耶公生于康熙己丑卒于乾隆丁亥壽五十有九族姪儀袞拜撰

毅菴公傳 十二世

公諱之燦字絅文號毅菴性愚公三子少沈靜寡言美矣比長益以矩矱自持性愚公延名師於塾公偕兄紳文弟青文相切磋業日以進顧厄於小試遂籍六館爲進取計其事性愚公曁母徐孺人怡然色養終其身孺子慕析箸後內外事多咨伯兄命以行貨錢出入不屑屑較爾我歲時家讌諸昆弟會飲從容講孝友事觀者竊羡爲花萼一庭云同分中嘗糾貲建祠公念祖父棲神地不宜就簡因解囊捐銀若干以宏規制厥後修葺復獨任其成迄今春秋時祭人鄜者咸以公之孝思共相勉勵焉公持已謙而貌莊與人交淡如也久而真意盎然親串以急告必委曲厥其意有郡人某負官私債不能自存入吾邑將鬻婦以償公詢實憫之畀錢數十緡使歸償負越十年其子叩門泣謝乃知某夫婦得公完聚云村之東曰芳干橋邑西百里通衢也駕以木經年輙腐每當風霪雨驟時老稚匍匐其上心膽皆寒公運石易之至今稱利涉某歲遇大饑疫公輸粟賑買棺爲斂屍者甚衆顧獨艱於嗣或勸公多蓄侍姬公曰羣從姪猶吾子也奚擾擾爲遂請於叔氏巽孚公取堂弟子當爲嗣晚年棄舉子業閒以古彝器異書名畫自娛歲乙未以末疾終壽五十有九配徐孺人性端淑襄

內政者三十餘年先公卒嗣子一甯邑庠生孫一保滋族

姪儀袞拜撰

彛菴公傳 十二世

君諱之熺字青文號彛菴性愚公幼子少穎悟長益勤學公以少子故極鍾愛之甫踰冠卽令肄業成均冀其摶扶搖而直上焉君素端雅以禮自持而與人晉接復和藹如坐春風中然諸不欺城府不設識者胥器重君家故饒勇於爲善凡里中橋梁寺觀頽敗需修葺者以叩君悉應共他周贍慨可知已嘗至毘陵與余把臂交相得歡甚竊歎其賦質醇茂誠非齪齪者比郡中有同仁會爲無衣者謀卒歲君義其事卽捐數十金以助而不居其名余益敬君卜其獲福且未艾也乃遽以庚寅之夏棄世余既哭之以詩其嗣璇請爲立傳因書所知于君者貽之乾隆庚寅冬

月年家眷侍教生湯大紳拜撰

洽齋公傳 十二世

聲少時猶及見吾伯祖洽齋公之爲人頎而修髯狀貌魁偉列校庠後名望四馳而居鄉特醕厚爾雅與人交必誠且敬教後人則循循善誘聲猶佩領明訓如昨乃真歎古人陳仲弓王彥方之風至今未艾也伯祖諱炳字虎文號洽齋爲曾祖巽孚公長子事巽孚公先意承志備極孝謹頎喜言韜畧故棄帖括學以騎射名於庠公爲人慷慨有志行望其風者輒低首下拜願與納交自念業已就武將以干城任報效
朝廷前後共十至省門既得復失者數次卒不遇然自此

亦已名聞大江南北矣門下士一經指授輒登高第入仕版者如合肥探花董金鳳通州榜眼俞金門同邑參府何安邦位俱至參將以上他若爲千夫長者不少以故遇鄉會試請業者踵相接然公雖交遊徧數省而君恒彌自謙謹教門下士必以居官勤慎忠於職分爲先有老師宿所不能及者待吾父如己出期望彌篤叔定山公校於庠公教之騎射名冠江左丙午登賢書受知撫軍烏程閔公尤教督益主冀定山公負長材以馳驅王事丁未春闈報罷公愈勉之而定山公已驟得血疾疾數載竟不起公亦抑鬱成疾於定山公歿之明年捐館舍嗚呼痛哉公生平至誠和緩遇事坦白無城府待親戚鄉黨情愛最深晚年居本房長排難解紛矜卹後輩自處尤儉且勤數十年從無失言失行如公者可不謂難歟夫善人必有後定山公既無祿早世初舉一孫又殤今雖聲之仲弟承嗣一綫復延顧天報施善人究何如哉然以公行誼既卓著生前今歿已二十餘年親族猶思之弗置即門下士存者尚唏噓稱述其歎斯人不再生然則公其可以無憾也已公例封武信郎配史氏例封安人亦克以勤儉持家後公二十年而卒茲當纂修家乘謹就公懿行爲聲幼時所及見聞者畧述之以示後人俾勿諼胞姪孫有聲謹識

假亭公行畧 十二世

嗚呼聲今日猶得見先叔祖之音容乎聲不肖不獲承先叔祖遺訓發名成業於時猶賴餘廕幸博一官而及身已不獲見然我祖之梗概實有不容沒者此聲所以嗚咽而不能已也公諱煥號假亭爲曾叔祖巽孚公次子少時事巽孚公色養怡怡恪守庭訓刻苦下帷年二十籍隸於庠自巽孚公見背家政日繁公不克理舉子業其事兄治齋公致敬盡禮讓而受下蓋孝友其天性也生平尤酷嗜詩書工吟詠慷慨論當世事有古人風遊覽之餘中有所觸輒賦一詩裒然成帙性磊落不屑與時俗爲伍里中有好

讀書者極口褒獎之其或菩治生不肯遣子弟就學者則呵斥不稍假比遇鄉黨後輩必與之講解經義至於慷爽樂施里中貧乏必周䘏之歲歉甚族中有濬圖建梁者擒王官公甸甸公庭念一本誼力求開釋仁厚類如此聲父屢躓棘闈而期待之心始終不懈嘗曰余及身不及成名予子孫可令其廢學乎聲自幼質不甚魯公朗日以功名相勖延名師必盡禮聲既籍校於庠而期望愈切每當大比榜發輒中夜徬徨冀博一第報罷後必數月不樂可聲不肖終無以副我公意也晚年居本房長正色教於中子弟靡不敬畏尤善排難解紛族人賴之暇日猶手握一

編續四子書心領神會朗誦數過時榜古大儒格言以教聲輩其耄而好學蓋如此壬申冬忽遘疾時聲館於外奔赴至家而已撒手逝矣享壽七十有三卒後聲赴試澄江幸叨選拔然公已不及見矣痛哉夫以公學問襟期假令遭際於時當大有樹立乃抑鬱以終僅教於一鄉一家而聲輩又未能振拔有辜我公諄諄誨廸之苦衷致終賫志以沒今雖稍有小就備員令官廻憶當年祖訓具存輒呼負負此聲所以歎息流淚而未由自解也聲叔祖母儲孺人先數年殁生子二長朗聲父嗣祖毅菴公後次叔均業儒尚應試孫男一人降服孫四人玆當續纂家乘爰撮公

之行迹而拭淚誌之降服孫男有聲謹述

允貞公傳 十二世

有克事兩代節母盡孝盡誠育四代孫曾既蕃既息而壽登九秩以上例給八品之銜如是得列於傳否乎族人僉曰可爰撮其梗概而略書之公諱綱字允貞乘蓁公子生八歲而孤祖母儲孺人母張孺人並以苦節聞於鄉而母張尤以敬事其姑著公壯而强直恃氣不撓然遇懦弱亦不之欺嘗見其戟手詈人人無敢應詢之衆人詈者頗正然予心已惕惕矣家貧力耕養親衣食無缺勤儉成家後竟有繞乞田四十畝配蔣孺人生子三人孫八人曾孫十六人公壽九十一而卒蔣孺人壽八十三人以爲兩代苦節所致云族姪迪謹識

樸園公傳 十二世

祖宗有世業而子孫世守之即爲克家之肖子祖父無遺產而及身手創之斯爲裕後之良圖公諱惟發字躍貞樸園其號吾宗之極貴人也夫居貧實難始而受困繼而委壑比比然耳乃公又吾族之有福人也方少壯時求一椽之庇不可得謀半菽之飽幾甚難而賦性多樸往往受人之揶揄而不校然而謙者德之聚也和者福之根也一意謙和而天已默相其人俾處之有餘之地是窮通豐嗇之故吾不信之人而信之於天樸園公有二子學智學明皆善治生耕田力作之外明於經紀羅賤販貴往輒得利十年而衣食裕矣又十年而田宅豐矣更十年而詩書貽後子孫咸彬彬矣夫儉以立德而勤以興家能是者不少而獨安享其成以致福而獲壽殆非謙和渾穆不爲功以是知天之報施善人爲不爽公壽八十三歲配吳孺人壽七十四歲無所藉而家業以興惟公爲獨異吾所爲文將以爲和平養福者勸族姪迪頓首拜書

節母史蔣二孺人合傳十二世　　　　蔣雲車

松與柏儼立若相持非互爲仿傚也其受性則一耳貞婦之共勵其操也亦然歷境同其艱矢志同其確堪稱一門雙節者吾于雲霭周氏得兩氏焉一曰史一曰蔣史氏國學生謙南翁長女庠生華國之姊也二十而歸周君若蘭無出二十五歲而寡蔣氏則從伯國子生開周次女雲車之再從姊也十九而歸若蘭弟若蕙生二子兆豐羽豐雲姊之初歸也不及事其翁朝銓府君偕姒奉嫠姑俞孺人動静咨稟而行若蕙有文譽與兄先後從周謙貞史炳章二先生學月節來歸舉案相莊若嚴賓焉長子兆豐甫四

齡而若蘭卒史痛不欲生念姑年衰邁己爲冢婦不敢捐生殉夫遵遺言乞兆豐爲嗣姊氏慘泣心諾即俾承服闋歲而若蕙繼殞次子羽豐呱呱未晬吾姊又以二十七歲稱寡矣當是時斬焉瘠毁不敢擗踊長號以傷嫠姑之懷而時時沫血飲泣姊目遂以微眚史性凜若嚴冬戚屬莫得覩其面户以外不聞慨息聲及撫嗣兒溶溶煦嫗慈倍親生姊賦爽直耐勞兼能幹理兩人終始相依相憐相慰無纖微嫌間其恩誼固結篤於同懷姊妹宗黨深爲感嘆焉先業素饒後寖落妯娌茹荼嚙蘗拮据撫孤姑卒喪葬循禮季叔婚娶及小姑遺嫁俱咄嗟辦又擇吉改阡先塋

夫柩於村北爲兩兒及時擇配並令從雲學多歷年所雲微聞供膳修脯之需多典裙衫足之誠望兩兒讀書成業以慰亡夫於地下耳乃命不可知下闕

周母任孺人九十壽序　十二世存樸公配

古未有坤道而先於乾道婦道而尊於夫道者惟福與壽不可强天不能限之於地婦不能得之於夫若特出焉以重賴其光前而裕後是故朝廷鄉黨咸樂得載筆而書之孺人系出樂安爲吾宜望族其歸吾外兄周存樸先生也逮事存舅父舅母兩大人左右侍養形聲色笑無所違及佐存樸經理家政米鹽瑣屑一一躬親勸夫子勤學敬業寒夜無間是以存樸早年肄業成均文名日起家道日隆蓋孺人以端靜風徽藴宜家雅度其貞恒之性早有以豫之矣方存樸公丁外艱既盡制盡禮而身自勞苦年逾五

十鬚髮蒼然尋亦謝世爾時長次兩子皆授室一女已出嫁惟四五兩子甫弱冠攻書家務叢集甚爲煩劇孺人摒擋庶務訓勉諸子聘娶兩幼媳更自甘淡泊教勤戒逸溫如也而持齋誦佛一意慈悲家人以大士目之叩戚黨閒常有棠其施惠者坐享高年有以也夫夫周詩之歌姜嫄美太姒魯頌之頌壽母咸歸美於致福之婦人今孺人以德致福以福徵壽齒登九秩存樸之家之克熾而昌也又何疑吾玆登其堂則見堂構是承矣行其庭則見孫曾森立矣入其室則見子婦熙熙捧鳩杖而進霞觴矣瑤池之母當不過如是安得不爲之抃躍而志喜也哉逞之十年

再爲壽母稱百歲觴邀

天家寵眷將在於是是爲序愚表小叔史華國拜撰

愷齋公傳十三世

余于辛酉歲典試江南填榜之夕房考咸在公堂填至八十五名周上珍宜令高守訓不禁狂喜跳躍曰此子竟得中矣余始聞而駭繼而疑將易撰之謂其必有關節也但名已登榜翻閱薦戳係南滙縣張昌運所薦於是細詢宜令令爲述生三月前被人誣陷入命于連寃苦莫伸伊爲察雪得應省試竟以獲售一時房考皆賀之揭曉後生來謁余叩其事所述與宜令符又數日榜首崔錫華與上珍同鄉士也且同學又里居相近余進而訪之崔亹亹而談曰周宜之世家也即其父上舍亦盛德士也所聞育嬰嫁

女出粟賑荒二事尤爲人所難爲乾隆四十年歲祲民棄兒女于道周生父路拾半歲女孩乳之養育至二十歲托爲己女而嫁于豐義儲有亨之孫爲妻五十年歲又大祲又路拾數月女孩命媳徐氏撫養至十九歲嫁于徽州黃上林爲妻此二事鄉黨咸艷稱之至若廿一年之荒生祖明經公于舍後關帝廟設粥局以食餓者廪粟不繼門領升穀三十石充之又不繼典産買穀濟之蓋世有陰德入也予聞崔生言而識之今歲春闈周生來京進謁乞予數言爲其尊人作傳予即以所聞于崔生者約而書之至其生平好善之事尚多予未暇悉記也 辛酉科江南正主考英和拜譔

岳年公傳十三世

公諱庚字岳年其玉公子也生平細行未能備知惟一事卓卓可紀特傳之以風世焉吾里自遺愛橋西皆圩田迤而北至范道舍以里計者九實爲西北孔道高隄一線直走湖陰右臨深溪險不可測其左則萑葦藪澤去圩足十餘步旁無村舍歲久隄隳欹仄人稱畏途里中欲改築之艱于動衆故不果方公之謀改築也里人或阻之曰毋妄言此舉甚大汝素尠聲望而欲驟使大衆嚮聽命者公曰不然是在志決而已因槖餱糧囊笠屐行募數十里內或不之應輒長跽涕泗交下由是遠近鑒其誠皆應募募

衆萬餘錢數十萬餘公旋里刻日舉工役徒屬至已各挈畚揭負米就炊隄下公即部勒夫衆引繩尺劃地受功距隄址十數武從而左覆土圩足俾高與舊隄等廣厚且倍閱數月工竣遂成坦途行旅稱慶至今實利賴之公自始募暨迄工皆風餐草宿備極勞瘁歲餘隄成棄錢以若干計有不盡用悉反其人以故公賢名益著信其無私先役之歲公年望四十無子因發憤矢念獨成是舉越歲果舉一子復數十年卒壽七十二歲里人皆以爲是役之報云

論曰昔夏后之世政典有之曰九月除道商先王之政曰雨畢而除道及周制設官則有遂人匠人司險司里諸職

掌其道治以定徑涂環涂野涂之制是知三代盛王其於道路之際實三致意焉厥後古制不修公甸既廢居民各治其事而道涂險易遂不職於有司則地方之人士與有責矣夫公特里居之人耳以數月之勤貽百年之利一夫任勞萬姓安步功何偉歟事無難易有志竟成如公者可謂有志也矣姪孫子斌拜撰

苦節蔣孺人行畧 十三世書升公配

天下惟節實難境出於至苦而能完其節者爲尤難茲於族中得一人焉其惟蔣孺人乎孺人爲族兄書昇公之配公家素貧歿時孺人僅二十四歲子纔四齡止存下屋一閒瘠田一畝喪葬之費支絀艱苦有不忍言孺人一慟幾絕殊不欲生繼念孤子未成立強自寬慰立志撫孤晝夜紡績寒暑無閒嗟乎弱息支撐茹荼飲檗其零丁苦節行路爲之泣下勞神苦志幾非人世所能及者拮据終年爲子娶婦旋舉一孫書昇公之家成矣而產亦有加焉行見繼繼繩繩寖昌寖熾固可於孺人之苦節卜之也至其三

十餘年歷盡艱辛銜悲茹苦宗族親戚咸嘖嘖欽其節孝爲今巳六十有一歲守節幾四十年自當具文請
旌而伊子信山猶有待者一以孺人之精力尚強且明歲即恭逢
皇上萬壽至時普天同慶共沐恩波再行呈達未爲遲也故先於纂修家乘畧述數語以旌苦節云愚小叔均拜撰

純孝仁菴公紀實 十三世

嗚呼公以孝悌仁慈而嗇於遇厄於命且又無子可不思之而表著之也哉公諱孟麟字羽豐號仁菴若蕙公之子若蕙公歿公幼孤家已中落後益貧公舌耕於外三五日必至家省母或甘旨有缺必備之而始往或母有疾衣不解帶親治湯藥疾愈始赴館年五十餘丁母喪哀毀骨立三年未嘗見齒日就危瘠竟以哀痛卒嗚呼可哀也已公之於孝何如耶公之事兄容色必怡怡出入必告必面逢佳節則置酒作茗相聚盡歡而止出見尊長貌恂恂言訥訥未嘗與人相忤公之於悌何如耶公訓徒殫精極思雖祁寒酷暑不少倦公待姪若子始則教訓之繼且婚配之姪出外不歸公徧訪之訪之不得公悲號之思念之不置或外人加以橫逆公順受之常語人曰甯使人負我不可我負人可謂仁慈否耶嗟乎孝悌如公仁慈如公理宜昌熾後享厥福矣乃何以蕭然中落斬焉絕嗣耶或曰數也非理也是誠有之吾將搔首而問之於天受業族姪文銳百拜謹識

乢亭公傳 十三世

傳者何借傳以傳其人也吾謂非傳之能傳人乃其子孫之自傳其祖父耳祖父有懿行而子孫且忘之則有傳如無傳矣祖父雖早世而子孫一日不忘之則無傳如有傳矣況若乢亭公者其行本足傳而又有子鑑能志父之志而烏得不傳乢亭公爲族叔存樸公之長子諱廷訓字震榮少有至性順親友弟稱於家庭存樸公既歿母任孺人以一切家事屬公命援例入成均稍謝舉子業公內理家政外應庶務悉有條理乾隆五十年歲大祲與同城協辦賑事助米捐貲外效力尤勤每晨起詣粥局躬自付粥鐏婦女抱子挈女而至者無算挨擠不得前公一手接其子一手與之粥恒至日午未散已猶不及餐因觸穢氣頗有所染又住宅素與堂叔合業同居者迫欲售其正廳公勉力措銀併之是時公雖薄有富名實僅中人產耳常形拮据逾年遂憂懣成疾竟至不起卒年僅三十有六號乢亭者以不及終事母有餘恫也時遺孤纔五齡幸獲兩代慈恩撫養成立今子鑑醇謹安雅束修自愛更善持家乢亭可謂有子矣前年因歲歉設局平糶於邑之東廟鑑亦解囊以勸善舉更黎明到局手握升合以應人求凡歷半載未嘗有怠意及修整侯像丹雘殿宇惟鑑尤監視精勤人

之見鑑者如見屺亭焉以是知能傳其父者卽在其子也
適因所請遂踴躍歎賞急操筆而爲之傳族弟廸謹識

德溪公傳 十三世

公姓周氏諱子茂德溪其字也幼時幾無一瓦之覆一壠
之植辛勤力作甄苦備嘗迨中年家業漸隆隆起矣然會
有餘糧而食之粗糲者如故嘗有餘絲而衣之布素者如
故耐勞苦甘淡泊至老不衰蓋其天性然也然獨能見其
大公艱于嗣年屆五旬纔舉一子甫六週卽遣就傳豐供
膳厚資儀竭誠盡敬閱十餘年而不倦嗟乎世之勤儉起
家者持籌布算悉及錙銖旦暮營營惟以廣田園新堂構
爲子孫作久遠之計有語以延師課子者輒啞然笑曰農
桑畜牧吾本務也安事博此虛名焉以故家累千金目不

識一丁字者比比然也公晚益贏餘亦非不廣田園新堂
構而其意之所存者在彼不在此古人云遺子黃金滿籯
不如教子一經公殆見及此者歟配蔣孺人勤儉適與公
等而明敏過之無賴之徒或與公相難孺人輒陰爲之解
宗黨親戚緩急相商於貧乏不能自存者尤時深體恤焉
公子士和嘗從余遊謹厚誠樸有乃父之風公没後家務
煩劇而士和出則督耕入則課徒夜復青燈一盞不廢舊
業庶可謂善承公志者矣丁丑夏仲士和囑余爲公傳余
非能傳公者然既因士和之請且有羨乎公之能見其大
不逐逐于勤儉起家者流也是爲傳年家眷弟蕭湘拜撰

德溪公蔣孺人合傳 十三世

公諱子茂字德溪周生士和之尊君也其先世自雲霧從大圩至公復徙居荆邑之省田圩圩多曠土居人棄不治公力墾之數年皆成沃壤遂家焉德配蔣孺人以儉勤佐公起家于歸之始無擔石儲因晝夜紡績公力田所獲恒倍家業漸稍稍起公爲人誠樸無機智閒事居積里人皆笑之視必斷折然會有天幸利輙數倍由是家日以富至中年田連數頃儼然如素封孺人勸公施捨公性固慈仁多積陰隲舉一子即士和遣從余遊數年公謝世孺人年將五十生甫十數齡耳孺人課子甚嚴母道兼父道凡家

計出入必躬任之而以其餘財力行施濟由是遠近皆嘖嘖稱孺人賢歲癸未橫流汨岸孺人于額派外出私錢數萬增設桔槔後寸移被役孺人出粟以賑猶不足復命子稱貸兼勸募戚里之富者出財粟里中皆賴以濟歲甲午復饑孺人又命子貸錢十萬餘以賙貧乏里人尤德之凡遇橋梁修建及除治道路尤必傾囊以助前後共施錢數十餘萬孺人皆黽勉有無不遺餘力謂子士和曰貧富命也吝者不必常富不吝者不必常貧惟行吾心之所安而已且汝家素貧何必驟擁盈餘致叢衆怨凡吾所施非云積德也但無使子孫恃多財而驕淫用且彌怨耳初孺人有從孫曰懷榮貧無依出繼當塗陳姓孺人以囊金贖歸代葬其父析田宅授之且爲納婦其父祀賴以復延以故宗黨内益欽孺人厚德稱爲女丈夫孺人年七十餘猶事紡績訓子婦以勤曰人生能勤無憂匱乏而以餘者濟人人沐吾惠則何樂如之壽七十七歲而卒德溪公先孺人卒二十有一年壽六十七乙巳春生族將修宗譜手持先人狀乞傳于予予老病不文然不忍拒其請也爰直書其畧而爲之傳世愚弟蕭湘拜撰

松棲公傳 十三世

國家以五經博士詔天下凡先賢之裔莫不使一人爲祭主所以崇有德也下此而一鄉一邑有功業於家國民生者亦舉其後一人以爲之主曰奉祀生博士之先以德奉祀生之先以功二者蓋兼重焉然舉奉祀者又必有居心孝友教子有方其節儉可以式鄉鄰其敦行讀書足以欽族黨故膺是選者厥惟艱哉族兄松棲公實膺二世祖書內公之奉祀公諱報劬字鶴千松棲其號也公爲采若公所出因叔釆疇公先逝遂嗣之而松棲終鮮兄弟後反以堂叔自賓子履平嗣釆若焉公生有至性長而寬仁里中

莫不稱爲長者年三十猶應童子試既不售遂綜家務祟節儉敦實行族中人咸交推之非所謂居心孝友教子有方者耶非所謂節儉可以式鄉鄰敦行讀書可以欽宗族者耶吾知觀公之行者蓋憬然於闕內公之没世不忘也抑又思之吾祖如孝侯之忠節簡惠公之勳業磊磊軒天地向未有以奉祀生爲當道請者又未嘗不慨焉係之因傳公之實而附誌於此可知吾先人之宜舉奉祀者不止一人也公享年五十有三有男三人孫八人曾孫四人配鄭氏至其生卒歲月具於譜故不復云族弟星垣拜撰

孝子孝翼公傳 諱承禮 十三世

梓行聲

天地有正氣人生有至性至性爲人所本有而實爲人所不易能者其惟孝乎叔孝翼公少有至性弱冠時嘗與余共事一師質少魯而好學不倦家貧甚無以給饘粥然事親甚孝平時愉色婉容靡不備至予幼時至其家深爲敬服公母黃孺人素多病公侍湯藥必親嘗之後病日益篤公默禱天地封股肉煇湯以進卒未獲效公哀毀不欲生公母賢臨殁時以勤讀是囑公謹守母訓設帳鄰村館職之暇益自攻苦不解帶者四載嘶嘶五經義每遇節解館到家必詣母位含淚頻呼時食必薦如是者數年公仲弟

抱痼疾欲自盡公勸慰之後果得善殁公本羸軀又以年荒歲歉父老家貧兼失館穀遂竭力耕田以供菽水而仍苦一飽之無時也竟以力疲神瘁而卒嗚呼痛哉夫封股雖愚孝然實發之於至性而然豈足爲公累哉況計公數十年間先意承志予所目擊者然則公固不朽者也且以饑寒之身事饑寒之父兄使終身無大過豈不甚難乎第得歡心爲能畢公之素志也予知其細不得不爲之傳且以勵後起之子弟盡如公之孝友則吾族當更有光矣丁丑春郷先生錄其事聞之有司當道爲給孝友可風匾額以旌其門配萬氏無子以胞弟之子彥卿爲嗣

守齋公傳 十三世

公諱泰嚴字邦贍幼穎悟異常兒尤勤苦力學大父性愚公篤愛之戒勿令過度以公家諸父並艱於子嗣故也比長從許少來族叔謙貞諸先輩游跬步必遵規矩稍稍以制舉文見稱於儕輩公顧欿然不自炫其長也年幾三十屢不得志於有司遂綜家政性孝友有弟早世黃太孺人泄鬱成疾時起時卧終年不瘳公往往踰月不解帶戚黨苦口寬譬之漠然若不聞也晝理家務暮必問太孺人安否食少進否延醫診視手自秤量藥物如是者幾二十年性謙和恭謹而神明内藴才識過人鄉曲猾子變幻百出

國山周氏世譜 雲篇分二房 卷四十 守齋公傳 一 立本堂

一見公卽帖然慴伏衞於公在子姪行然公未嘗以尊者自居每詣公必强因之就賓位欵曲周至迄今思之猶悚然也年四十有六遽得疾長逝噫可痛也夫歲貢生候選訓導内姪張衢頓首拜撰

直軒公傳 十三世

公姓周氏諱雲字伯棠號直軒義興雲鶴人也性豪邁不羈年十五卽善馳騎伯父周洽齋先生以善射名大江南北士多師之公受業焉弱冠卽遊庠嘗與洽齋先生子定山晨夕角射植竿於百步外十發一不中卽受罰以故射益神試金陵兩省舉子雲集無慮數千其材藝乃盡出兩公下歲甲申定山舉於鄉同學何公安邦董公金鳳輩又相繼捷南宮入宿衞出寄專閫而公終數奇不售是時公長嗣春農府君能就傳始入塾卽受葩經讀旬日而盡公大喜慨然曰大丈夫固宜以經術顯當時取富貴耳遂專

國山周氏世譜 雲篇分二房 卷四十 直軒公傳 一 立本堂

志讀書盡出家財延名師以課子未幾春農年益壯名譽鵲起癸酉歲與弓同拔萃科銓司訓迎公處署中始以祿養時公年已五十餘久不復應試然四方豪傑之士聞公名爭受業門下求射法公爲人隆準廣顙鳶肩燕頷望之隱然有威視財如糞土濟人緩急先是公家祠中有祧室無祀之主皆入焉公惻然憫之曰無嗣非其人之罪也佽𩔖爲因奮然建議毁其室返主於堂夜夢衆老人向公環揖曰承君惠得與諸父兄齒並享時祀敢不圖所以報公之德能感於幽隱如此其他高誼多不能殫述舉其大者公年五十八而卒配丁孺人有淑德佐公成名耀少時背

調公於家知公行事甚悉其封勅階級詳於系不具書
誥授中憲大夫江蘇督糧道癸酉科拔貢年愚姪倪艮耀
拜撰

誠軒公傳 十三世

公諱均字紀堂號誠軒周假亭先生仲子少質魯勤學倍於人弱冠工制舉藝郡邑試屢拔前茅然竟不獲售公益發憤書授徒夜必自課挑燈雒誦往往輒曉年及中旬未嘗一日稍懈門下士承指授者多得傳去公以數奇終不遇然聞試輒握鉛槧與諸少年角藝志氣不衰公爲人謹厚雅飭性樸質衣履不事華飾常布素與人交尤極懇摯或以事相屬雖困憊未嘗中輟必曲成其事乃止授生徒亦必極誠開示諄諄誨諭至再至三不厭試夏楚而學者自不敢懈以故遠近子弟皆樂從之游年五十七竟賫志以殁德配蔣孺人儉勤能佐家業公以此無內顧憂子一

復生受業門人蕭贊頓首百拜撰

德芳公傳 十三世

公諱克家字德芳少孤貧季弟德昌尚幼常卵翼之及長恒多疾病公出入勤作不忍牽率力耕十餘年家業漸振娶德配蔣孺人旋爲弟納婦舊宅殊隘公購宅旁地新築數楹及析居盡以與弟仍自居舊宅中故終身相友睦爲中年家益饒裕慷慨喜施與任里中事尤强毅不避勞怨先君子欲於里中儲社穀備荒議不能决公力贊其成不數朞歲在庚子邑大饑因出所儲穀設粥以賑公董其務檢視薪水及米粟晝夜不休數旬無倦色歲辛丑薦饑仍設粥公董務如前當是時族叔祖陞榮公族叔謹軒公暨

公而三皆以剛直自喜論事不阿宗黨咸賴以判曲直人莫敢肆其欺而三公者亦皆併力一心精白任事無親疏遠近之見以故里黨無訟言歲己亥陞榮公卒癸卯公遂卒甲辰謹軒公又卒有心族誼者不能無老成凋謝之慨云初公有中戚某以他事株累繫獄力不能自白其宗人皆坐視公憤然出橐金數十爲營救拔之乃獄竟得昭雪軒公者諱文銳字慶亭少時工制舉義累不得志成血疾遂究醫家言性剛直如公益簡傲不可一世然獨厚待我時以施濟爲念與先君子同贊里西圩路首捐萬餘錢勸募尤力其他行事多犖犖有可觀者庚辛二歲既與公同

司賑務謀復儲社穀兼立義學又糾集同志釀錢出息市紵絮棺槨以給貧乏事未大成遽棄世是皆吾宗之賢者因未有傳故附著於此公配蔣孺人恭儉有淑德佐公起家苦不育勸公娶側室生一子芝和族姪孫子材謹述

璞齋公傳 十四世

公諱上珍字麟書號璞齋工文達道純厚人也其先世甲第巍峩簪纓奕葉族望甲江左公父太學生愷齋公謹飭慈和稱邑長者而艱於嗣所生惟公一人撫若珍寶公少聰敏好讀書稍長尤勤憤乙夜不輟愷齋公論之少休以息力養身爲急公慰之曰兒勤力讀書正所以養身也愷齋公欣然聽之以故成童歲有神童名每試列前茅甫弱冠補博士弟子益自奮勵屢戰南闈不售公志不少懈年強仕登賢書邑中文人學士爲公喜乃公始聞捷報輒號慟嗚悒不可勝言蓋公以父愷齋公於此時已去世而不獲覩也幸公太夫人含淚勸慰乃止嗚呼即此亦足驗公之純孝矣公性安達過邑中公事就正於公公必竭心力應之衆皆帖服晚年尤精醫事臨險症輒獲奇功未嘗責報而起瘠振貧不惜資費蓋豐於施惠儉以持家塗歌巷議無閒言者迨公事北上引見特選知縣公以太夫人年逾七旬乞終養不就在邑課徒出其門者多名下士如貢士朗山陳君選拔優等歷任浙省縣事雅堂史君才學冠郡邑皆公子壻亦皆先受公之教迪焉公壽六十有三有子六俱不墜書香諸孫濟濟君發穎豎行見克繩祖武凡此非公厚德所留貽哉自公辭世至今二十有六年矣余未獲深交於公故於公生平行誼不能詳誌然嘗館於公家讀其遺文之宏博領其垂訓之謹嚴探其餘風之敦樸益信公之工文達道而可卜後起之有人也爰不自揣譾陋即以其所知之畧欣然操筆而書於篇

賜進士出身翰林院庶吉士加一級姻再姪曹炳燮頓首拜撰

節烈蔣孺人傳 十四世璞齋公繼配

吾邑周氏自平西將軍後代有名人科第簪纓迄今猶盛其間多積學敦行之士而閨閣尤尚節烈風歲乙丑予自東臺旋里斯時避難未歸者尚多予獨居寂寞因招周子丕承同居窺其平素兄弟怡怡妯娌輯睦因詰其家知爲周孝廉璞齋先生之孫遂引爲忘年交丕承慨然告予曰先大母蔣孺人名家女夙嫺姆教里黨交口稱譽先大父之繼室也大父棄養先父及叔父俱髫齡大母痛不欲生繼而輟淚起曰予夫遺諸孤予死非所以報夫也勉自振作營喪葬悉如禮居恒治家嚴以紡績自任雞鳴即起雖

嚴寒暴暑不稍輟遇荒歉以所贏餘隱倩人送賑局人莫知其爲誰氏欸延師課子讀竭誠盡敬予父靜岩公年已壯聞祖母咳唾聲即屏息侍側跪受杖責諸孫林立非已出教養無稍偏迨叔父雅卿公與堂兄磬宜俱蜚聲黌序見重士林晚年家漸裕始怡然曰今而後有以對泉下人矣庚申遭兵燹避居西鄉師家圩猝遇賊命兒孫輩速逸去獨坐庭中罵不絕口賊怒以矛刺腰痛極而絕時七月十六日也距生於乾隆辛丑四月二十六日得壽八十春予悚聽良久丕承復揮淚曰先大母撫孤守節幸享遐齡綏後福而竟不得其死天道何茫茫耶予慰之曰太孺人女中烈丈夫也世之鬚眉而巾幗者靦顏人世其視太孺人爲何如且太孺人遇賊而求死其視求生者又何如人各有死死得其正雖死猶生何必壽終正寢而始謂令終耶今秋周氏重修家乘丕承屬予傳予矍然曰太孺人奉旨祀節孝邑志入列女煇煌譜牒榮孰甚焉里中一寒宿奚足以文爲雖然予生也晚未獲親挹壼儀而向者爲予口述之詞心銘佩不敢忘至其徽音烈節自有名公鉅卿爲之表彰鄙人何多贅焉光緒辛巳秋七月上浣姻世姪

任謙吉頓首拜撰

企瑞公傳 十四世　張彪

公係懷遠將軍凱侯公之曾孫芝麓公之子彪之太岳丈也天性孝友自幼在父母側未嘗有疾言遽色兄弟三人公居次待兄惟敬撫弟以和雍雍睦睦有爭勞讓果之風家貧不能讀書偕弟企麟公業商爲養親計事奉三十餘年克盡心力父母先後去世悲哀盡禮一切喪資祭費儘力措辦必誠必信並不與兄有牽強意兄啟祥公生子二長雙慶次崇元公撫字之愛如己子公時年方壯啟昌公勸令娶妻公曰娶妻不賢每傷骨肉且生育皆不可必兄既有二子爲父母後予可無娶也予惟助兄爲二姪娶婦

而已於是爲長姪娶李氏爲次姪娶陳氏更謀之啟麟公爲二姪立基業治生產雖未能致富而居有廬耕有壤凡公指畫皆井井有條公在廛肆閒五十餘年醇謹樸誠無市井氣習取財以義謀事必忠與巨商連某作賓主自幼至老未有閒言節儉積累已且不豐而貧苦親鄰必加賙恤人咸推爲忠厚長者啟昌啟麟二公皆先公卒公享年七十五歲終身未近女色鶴髮童顏無疾而逝崇元嗣公後郎彪岳丈也彪締姻晚不及見公而戚黨閒稱道不衰因得聞其大概而約畧誌之嗟乎如公之孝友成性節義於心雖賢士大夫往往難之而況市肆之人哉

治夫公戴孺人行畧 十四世

治夫公者諱漢光松棲公之少子也天性温和立心忠厚德配戴孺人佐理有才公與孺人克勤克儉家業漸隆延師訓子每逢朔望日必具衣冠拜先生行大禮意極誠摯公有拂意時孺人未嘗不在旁勸解公處兄弟式好無尤處鄉黨虧己益人處親友恤孤憐貧常曰我寧受人欺斷勿欺人即此遺言可爲子孫訓誡嗟乎爲人如公同志者交推謹厚內助如孺人宜家者共法精勤敬爲之述公與孺人之德業庶幾可知其大概云男琳百拜謹述姪子斌拜填諱

謏堂公傳 十四世

公諱書字敬修號謏堂雲鶴周守齋公冢子於余為中表昆季穎悟過人好博覽廣記為文不拘一體惟不喜時尚應童子試一不售即隸籍成均性豪宕自喜嘗與余同試金陵召賓朋徵歌舞徧賞六朝勝地時或獨遊跨吟鞍泛酒舫往來紅橋烏巷間見之者皆知為周謏堂也為古詩其工閒為南唐小令亦雅秀可愛習書愛仿趙王孫筆意風流蘊藉一如其人雅謔有曼倩風余時與浙水吳君槎客梁溪秦君小硯及吾邑吳君蓉庭黃君奕清讌集君宅君出一言滿座無不傾倒未幾君謝世而吳秦諸君亦

以事散去或物故端居寂然憶君餘韻猶覺在飛觴賭句時也君卒年五十有五原配杜孺人繼配沈孺人皆名家女有婦德子五爰匝杜出蓉任渠洸出皆能讀父書繩世業歲貢生候選訓導時年八十有五愚表兄張衡拜撰

愼軒公傳 十四世

公諱岐字肇修愼軒其號也少有至性事母王太孺人甚孝處昆季閒友恭備至年弱冠美丰儀工騎射受業從叔祖洽齋府君府君固以善射名大江南北十多從之游公於諸弟子年最少而藝特精弱冠游於庠後應省試騎射屢獲雋然竟不售恒懊喪而歸是時公年三十餘因絕意進取讀書自樂其志頗所居曰慕賢軒盡日焚香兀坐閱五經疏義及子史集傳遇忠孝廉節諸懿行心有所會輒錄之粘於座壁不期月四壁皆滿公瀹茗於壺呼弟姪及子女若婦環坐一室令引壺自酌公徐指壁間所錄一一

請解使熟記舉動奉以為法且資見聞月餘復易去以為常公居恒歲時慶弔外不出戶春秋佳日手植庭花盛開邀里中賢者入室置酒坐談必舉古人行誼以資麈柄不及外事其餘雜客概不輕接見居此室垂三十年壽六十而卒配史孺人先公四年卒年五十九賢而有德善理內政生子一女二姪子斌謹識

璞堂公傳　十四世

公諱敏字聿修號璞堂世居宜興雲霭里自始祖孝侯以忠孝著文章道德代有其人公之先世皆以好善重於鄉至公而操行益忱篤有古君子風公父守齋翁生五子公居幼生浹辰而孤少有至性事生母王太孺人甚孝與諸兄處甚友愛舉止端恪儼然如成人諸兄皆器異之年十二母王太孺人卒哀毀骨立殊不欲生後數年與諸兄析產公獨自取瘠薄有讓德焉是時公春秋方富銳意進取顧爲文尚簡質不合時好應試若不售遂不就舉子業以氣節自矜廣交遊立然諾通貨財泛應諸務邑里多稱譽

之周孝翼先生者公之族叔也少時與公同學後公鄙章句而孝翼專務儒術以聖賢自期知公質美而蔽於欲因爲書以諫公公得書即感悟因晝夜發憤研究心性讀程朱語錄詩書守主敬之說坐立言動悉有準則世俗或非笑之公弗顧宜興在　國初時自湯子默齋昌明理學淵鐵爐許昌國兩先生繼之許少來史南瀾兩先生又繼之號爲五先生史君鑑樓繪爲圖師事之公少時嘗游鑑樓門下聞五先生德行道義之說甚詳至是鑑樓已歿世邑有吳宸者賞能繼五先生學公與孝翼執贄往見之吳君素欽公學行留與語甚相得謂公曰君貌樸而氣清精穎

性柔和而氣質强毅洵任道器也公謝弗敢遂力請益吳君曰儒者之學貴主敬尤貴立誠敬以存誠則繩趨尺步中皆有吟風弄月之趣公聞言憬然有悟致力於毋自欺數年而學大進蓋公之得力終身在誠敬間矣公年過中旬行益修名益著於義利之界辨之尤嚴既不用於時遂贊里中耆彥爲政於鄉建橋梁除道路置社穀以濟凶荒又舉行鄉約俾父兄子弟各盡慈孝里人或有過行惟恐公知然公甚謙抑未嘗以聲色加人惕慮省身常若不及雖年屆古稀而志行歛約逾於後生其盛德謙光接之者常不自覺其敬慕之深也公生於乾隆丙申卒于道光乙

巳享壽七十卒之日戚黨遐邇聞之皆感歎甚且泣下謂公既卒邑里中將無所矜式云公子子斌余門下士持狀乞余余重公之行誼不敢辭謹爲傳

論曰士之遇不遇命也遇矣而道不足以濟治於世奚補焉而威德之儒往往隱伏不由砥行礪學式化鄉閭百世下聞風興起其有益於世道人心者爲何如耶公之學殆庶幾矣有民社之責者能不瞿然深思哉

賜進士出身

勅授文林郎安徽廬江縣知縣世愚弟王爰相頓首拜撰

春農公傳 十四世

公姓周氏諱有聲字錫齡號春農性警穎十歲能文與同邑周保緒齊名號稱神童弱冠游庠旋食餼週試歷冠全軍名甚噪歲癸酉長白文達阜先生視學江左既以公冠多士謂見語公曰予在都熱聞生名今見生文果不虛是歲拔萃科貢入都　朝考二等補丹陽訓導士喜得師爭受業齋室爲滿未幾丁外艱服闋副吳江學旋授桃源教諭桃地濱大河俗獷悍號稱難治先公蒞任之歲河決高家灣没溺數郡歲大饑邑令吳固文弱士公既至代爲撫慰發粟施賑全活者甚衆民賴以安河水決時居民盡遷徙或漂没水退後洪澤湖濱得淤地千餘頃無業戶　朝廷有旨令有司度地造糧籍田入於官郡守及邑令知其事非公莫辦悉委公公受事即率郡縣吏執弓丈置冊對宿二月餘勞瘁備至其明年新闢地皆成沃壤禾黍甚盛忽飛蝗蔽天州郡駭懼郡守令捕蝗邑宰復舉公自代公夜半渡河搜捕二十餘日蝗殆盡是歲仍有年制軍林公則徐多公勞保舉卓異得俞　旨以知縣陞用分發粵東初桃邑書院歲久傾圮公帑復乾没無以訓士公既度地即請新籍田二十餘頃歸學署整理　聖宮復請田百頃歸書院重加修葺擇邑中才俊厚給薪水令勤讀其

中士氣爭奮桃邑自　國初來領鄉薦者止數人自公設課諸生肄業者相繼獲舉士以此感德公祀公於名宦祠公之赴粵也陽春劇犯吳與屢遣員捕久不獲公捧檄往諭散其黨擒治伏法由是大吏知公能未幾海氛告警公投效省中制撫二公咸任公以劇務公晝夜勤職不稍懈積勞數月竟以是卒於官年六十有二是時公猶未下車當道聞之皆悲戚如失左右手予辱與公同年且同仕粵中知公最悉公爲人誠篤有至性事封翁及太孺人甚孝視戚黨昆季如一體財用緩急無間爾我入粵之日太孺人年高每念及輒愀然不樂少入都才氣甚盛爲文操紙筆立書精悍之色溢於行間一時名公巨卿爭招致門下後銓教職常應試七薦終不售文益工苦不自愛脫稿輒爲人取去今所存者惟存真集脫穎集及晚香堂制義巾選刻數篇而已公既殁予爲公經紀其喪復爲公傳付其孤入駿藏於家嗚呼如公者所謂才不竟其用位不滿其望也悲夫

誥授通奉大夫廣西布政使司布政使癸酉科拔貢年愚弟孔繼尹坪譔

耐菴公傳 十四世

堂兄耐菴篤行君子人也諱璇字紹叔號耐菴爲余從伯守菴公次子嗣叔崧嶽公後少時恪承庭訓色養怡怡不幸守菴公卽世叔祖霽菴公伯崧嶽公又相繼殁兄撑持門戶井井有條理顧以涉世早不遑理舉子業遂籍隸成均爲人醕厚愼默與人交恂恂如恐不及比里中有大疑難事人所不能決者出一言無不切中人交稱之生平尤濟困扶危家故中人產自奉儉約而族里貧不能存者必周䘏之有佃某負租將鬻女以償兄爲惻然急止之并與之以錢不責報又佃某負租纍纍且恃强無賴曰是不足與較也覺之或冀其悔悟耳遇歲歉必先捐資設平糶局兼設粥局爲一鄉倡曰吾儕聚族而居已幸飽暖忍視人無生計耶遇橋梁道路修整先率捐輸故族人無不敬之愛之姪建勳姿頗敏兄延聲訓讀竭誠盡敬冀以詩書紹世澤乃忽於丙寅春得瘵疾延至秋而卒不起雖訓子有方而未遂厥志竟不克見子之成立也嗚呼痛哉夫善人不易得嘗見生計稍裕者非天資刻薄卽狡獪性成平日競以鄙吝相高猝遇貧困從而擠之小不忍則恣睢無忌如兄之仁厚爾雅喜怒不形眞合於古善人之所爲者蓋公雖殁已數年而口碑載道如一日也稱之爲篤行君子

何疑生子二長建勳次嘉勳女一聲於兄爲堂昆弟而兄視聲猶同胞相知最深而心感亦至切爰聊述梗概以示子孫以毋忘先哲弟有聲謹傳

春泉公傳 十四世

王之晉

周公諱襄字相宜號薌圃一號春泉吾師春農公哲弟也晉少時與公同學甚穎悟授項羽紀再過即成誦爲制舉文及括帖時賦皆腴秀試輒前茅年十七從伯兄春農師館延陵吴氏吴氏世以醫名是時春農師文名藉甚公自度不能過隱有志學醫知師之弟禁郎受業吴宮春先生盡讀醫家言習醫三年研究精要治病有奇效遂以醫名性固風雅多藝能耽詩詞工書善畫以及摩碑刻章皆精善又曉暢音律鑒別古物有精識真贋莫淆書宗趙吴興然於歐柳米蘇諸帖撫數過靡不畢肖小楷絕工不多作

行草甚妍媚間爲篆隸亦皆曲盡其妙少時習畫郎工沒骨體及長愛米家法尤多用指墨作古松怪石幽蘭修竹頃刻立就癸巳春吾師秉鐸松陵公同遊吴會吴中人士爭樂與公交以篋乞書畫者日不暇給然公固精於醫每出遊嘗醫書自隨其於書畫又不見其常揚攎也家素貧不樂問生產事多積琴書古帖及異香名墨嘗遊江都見鄭板橋手刻石章十數枚傾囊市歸置案頭把玩弗釋花晨月夕與二三知交拍牙槽吹長笛抗歌一曲風韻灑然求醫者在門惟慮俗塵之相浼也年四十五卒著有墨餘吟數帙藏於家德配黃孺人甚賢有婦德子二星煒星耀

蘭生公傳 十四世

公諱栢林字蘭生晉昌公冢子也與余爲祖父行幼負奇氣不逐羣兒隊母蔣孺人見背公纔髫齡哀毀骨立執禮如成人戚黨深異之事父極醇謹先意承志能得其歡心伯父惠昭公無子公爲之嗣每遇祭祀必敬且誠家世農田勘儲蓄公於農暇兼服賈買輒贏業日益廣兵燹後譜辦善後事眾推公董理矢慎矢勤瘁心眉治勞瘁至矣而未嘗自言又以其閒葺將圮之橋修康莊之道施寒者衣貸佃者粟鄉里有善舉公無不與焉晚年主持族政無徇無偏集議建復雲鶴大宗祠公首先倡捐兼善勸導族皆

踴躍樂輸得錢八百緡委[某]司其務公親督工作無日或怠閱三月建成寢室五楹門屋三楹供奉各祖栗主致祭其中此同治壬申年事也既又議輯家乘因各稿未集不及付梓公忽得疾大漸彌留猶惓惓以譜事爲念重屬祠長聚昌曰吾所未了者此耳汝其踵成之毋忽言訖而逝年六十有三光緒七年閏七月望日族姪孫湛霖謹撰

節母蔣孺人傳 十四世方來公配

盛業公配蔣孺人年二十七而寡無子撫二女並棲一樓樓居甚荒僻鈐閉絕嚴爨汲之外形影閴如始寡時或潛謀奪志孺人聞誓以死以利刃自隨聞者懼謀遂寢遺產不盈二畝恒沒水中間歲不一收與二女紡績自食即不得食則閉門端坐晏如也後數年二女俱嫁樓欲圯人勸之徙孺人曰未亡人得死爲幸耳奚徙爲終不徙後樓盡壞然竟不得死乃徙他所性閒靜幽澹夙寡時好自夫歿後形神黯黯居數十年無見齒笑雖未激於一殉然其意慮無一息戀人世間也吾宗全節者以孺人爲稱首焉

贊曰古來奇節之士往往果毅憤激獨淵明當晉祚之末澹然自退以東籬之菊爲西山之薇其視激烈之士更有加矣孺人之節亦以澹靜而成惟靜也故見義明惟澹也故生死不足動心而何况其餘陶子曰聊乘化以歸盡樂夫天命復奚疑孺人殆庶幾矣姪子斌頓首拜譔

艮卿公傳 十五世

歲辛巳吾母周宜人聞外家重修家乘謂弼臣曰向述汝舅艮卿公之懿行爾應聞之熟矣盍質實而書之弼臣惶悚艮久不敢不承命謹按舅氏艮卿公諱人駿艮卿其字外祖春農公冢子也幼承庭訓弱冠補博士弟子員題係論語哀公問曰何爲則民服公文純用盲左題前騰挪云如某某事則不服等語督學某閱其文激賞之以不服字犯下文遍改不字爲雖字置第一名入泮後益肆力於學歲試列一等第一名時以廩額無缺旋補增廣生五赴承宣薦而不售狀貌魁梧爲人有膽識饒幹濟才凡遇艱難

勖卿公傳 十五世

先生諱子斌字勖卿(缺)之從兄也(缺)嘗執經門下竊窺言
論丰采經術文章浩浩乎極深博無涯涘幸蒙循循善誘
得荷栽成先生器量宏遠識見高超其蘊蓄之宏當必异
諸展布乃僅以明經終(缺)竊爲窺之終無由得其萬一也
然則(缺)復何以述先生亦惟即先生所可見者謹爲述之
不敢諛亦不敢隱以誌景仰之志云爾叔祖璞堂公方正
而嚴年近四旬始生先生視如掌上珠先生左右承志數
十年弗懈自璞堂公謝世家法悉遵遺命不稍改從兄正
昌家極貧先生隨時周之不形德色及兄卒撫其子成立

并授以產然不敢謂克盡孝友也砥礪琢磨常如不及先
生之維持名教已卓卓可傳如是及遇公事尤饒幹濟才
道光已酉大水邑西被災最重辦賑尤難先生開誠勸捐
設粥局於普照庵分局紅塔兼顧官林賴以全活者不下
數萬人咸豐丙辰大旱先生復爲勸捐照前辦理富民皆
服樂輸者尤衆邑人賴以全活者復數萬並以餘資建義
倉於宋瀆顏曰敦善堂勸捐積穀累至數千石以備凶荒
此雖未足盡先生經濟而經濟之才已可畧見一斑矣邑
有修橋道建祠廟諸大工先生無不與經建興梁十餘所
其瀆橋同登橋其尤著者也道光丙午重修家乘先生與

校讐悉心參訂輯成補遺一編俾前言往行得以昭著於
後此皆(缺)所親見親聞者先生方弱冠即補博士弟子員
旋食餼屢蹟承宣試中年貢成均就職直隸州州判援例
分發安徽未及赴省而粵逆之難起咸豐癸丑金陵失守
鄉愚囂然不靖先生委爲安撫會合圖嚴守望並推行保
甲法豐義官林等處照章辦理協擒巨匪燒毀匪船邑令
上其事而先生不居功也歲庚申邑令率鄉勇守城偵殺
鄉民幾至激變兩邑令無計可解急請先生入城登城勸
諭衆皆帖服不移時而大患遂平先生素行服人又昭昭
若是同治壬戌將爲倡義計偕丁士欽王有謨等在鄉暗

團潛籌義餉民皆響應每以賊衆蜂聚焚掠一空未能集
事遂渡江謁七邑團練總辦倪觀察兵少餉缺不克竟其
才尋赴安省試用冀一展謨猷又因官盡遺失格於議而
返嗚呼先生以深沈之畧處盤錯之交苟得所藉手詎不
足建樹非常一抒其抱負乃竟以數奇見阨賫志以終有
識之士當必有發潛德之光而傳諸不朽者(缺)才慚謭陋
未足以傳先生謹述其行畧如此德配尹孺人善相夫子
克勤內職家業蒸然日起尤能善事翁姑孝行貞純足式
妯娌子一翼虞現已遊庠孫三森然挺秀(缺)知先生培植
之功與孺人留貽之澤當必有傳諸未艾者敢謹據所見

綴數言以識之俟觀風者採擇焉先生卒於同治丙寅享年五十有六祔葬祖塋孺人卒於光緒戊寅享年六十有七受業弟家駿謹述

莊卿公許孺人合傳 十五世

公諱家駿監名世駿字莊卿 志培 曾祖春農公次子也春農公生丈夫子二祖頁卿公居長公科次焉 志培 胞叔祖公自兵燹後寄居淮右僅回家一次居家月餘即去 志培 於今猶得追憶其儀容焉公於避難時率予先父及先叔嗣父同渡江而居泰興季家市先父等即於克復後回里公因繼娶叔祖母屠氏舅家在清江遂暫居於此後又授職鹽巡檢需次于淮因此以官爲家移居淮城在彼二十餘年先後得漕運要差數次卸事後仍以筆耕爲業從學者甚衆今同宗雲門諸子孝廉某等皆公之高弟也山陽

縣令某聘公閱試卷所取皆知名士時山陽教諭厚甫任君宜興同邑人也在任邀公移眷入署凡月課卷皆請公評閱暇輒與談家鄉事公宦情素淡時作歸家之想家信中亦常述之予聞先君子嘗言曰公昔少年在家課徒嘗公指示受益良多公少年早有文譽時立文會於胥照菴課文百餘篇而公文常居第一然困于童子試者十餘年年至三十餘始受知於蓮塘孫文宗題係路惡在義是也一講空靈雙管齊下爲文宗所稱賞遊庠後粵匪即至洪賊盤踞金陵遂停省試至承平時家居淮安年近五十雖服官政猶不忍盡廢舉子業足踏省門應試數次薦而不

售遂淡進取之志中年所課時文百餘篇爲漕督李覺先
夫子評閱又課徒小試文五十餘篇分爲二卷題曰娱晚
軒制藝至今讀之猶想見公興酣落筆淋漓盡致時也先
君子又嘗爲予言曰公年少予先祖父年十六歲少時嘗
受業于先祖父良卿公及堂叔祖易卿公然公之天性與
文章皆與我祖父迥別我祖良卿公性豪邁而公性醇良
故其所爲文一以氣勢勝一以精確勝亦各如其爲人并
云先祖父文不易學爲人更不易及文筆貴豪或恐失之
粗人性亦貴豪或恐失之躁先父平時嘗以此言屢戒予
兄弟謂汝等學先祖父而失其眞相不如學汝叔祖謹愼

國山周氏世譜 雲霧分二房 卷四十 莊輔公許孺人合傳 二 立本堂

之爲得也志培等今尙能記之猶憶三十年前公來家時
我輩方在童年見我甚爲親愛然觀其規行矩步言笑不
苟又若有凛然不可犯之氣象心竊畏而敬之蓋公一生
心氣和平而儀度莊嚴玩其字之取義蓋可知矣公年六
十有二卒於淮安山陽學署生子一郎濂儒叔也繼配出
公没之年叔年僅十八我先父往淮同扶柩來家歸葬葬
於村後祖塋之旁生女一亦繼配出適篠里附貢生任錫
鎣原配許孺人系出名門居常秉性温柔助公治家惟公
命是從未嘗稍忤然及遇變故則又守節不渝尤非人所
易及咸豐庚申三月髮匪至吾鄉孺人遇賊不屈抱女投

售遂淡進取之志中年所課時文百餘篇爲漕督李覺先
夫子評閱又課徒小試文五十餘篇分爲二卷題曰娱晚
軒制藝至今讀之猶想見公興酣落筆淋漓盡致時也先
君子又嘗爲予言曰公年少予先祖父年十六歲少時嘗
受業于先祖父良卿公及堂叔祖易卿公然公之天性與
文章皆與我祖父迥別我祖良卿公性豪邁而公性醇良
故其所爲文一以氣勢勝一以精確勝亦各如其爲人并
云先祖父文不易學爲人更不易及文筆貴豪或恐失之
粗人性亦貴豪或恐失之躁先父平時嘗以此言屢戒予
兄弟謂汝等學先祖父而失其眞相不如學汝叔祖謹愼

國山周氏世譜 雲霧分二房 卷四十 莊輔公許孺人合傳 二 立本堂

之爲得也志培等今尙能記之猶憶三十年前公來家時
我輩方在童年見我甚爲親愛然觀其規行矩步言笑不
苟又若有凛然不可犯之氣象心竊畏而敬之蓋公一生
心氣和平而儀度莊嚴玩其字之取義蓋可知矣公年六
十有二卒於淮安山陽學署生子一郎濂儒叔也繼配出
公没之年叔年僅十八我先父往淮同扶柩來家歸葬葬
於村後祖塋之旁生女一亦繼配出適篠里附貢生任錫
鎣原配許孺人系出名門居常秉性温柔助公治家惟公
命是從未嘗稍忤然及遇變故則又守節不渝尤非人所
易及咸豐庚申三月髮匪至吾鄉孺人遇賊不屈抱女投

達尊公傳 十五世

粵逆之亂吾宗殉難者不下數百人其間生以孝著死以
孝殉者惟族叔達尊公謹按公諱達曾字達尊父孟誠公
祗生一子絕愛憐之公少有至性事父母先意承志能得
其歡心讀書甚聰穎通經史能文章屢應童子試不售乃
益篤於內行母徐孺人患病且革醫者束手公長跪籲天
流涕交頤願減己算以延母壽母疾尋瘳人以爲孝感所
致咸豐癸丑粵賊竄擾江鄉金陵不守城中戒嚴爰奉兩
親避居成任鄉之呂家圩廢讀務農藉力耕以孝養者幾
及十年庚申宜城陷賊四出焚掠公一聞賊警先扶父負

母深避蘆叢中再及其妻子以是得免荼毒者閱三年同
治壬戌痛母見背哀毀成疾常臥牀榻賊見公有病容刦
其父去公哀懇曰吾父年已五旬肩擔之勞不勝其任願
以身代之賊不允公奮力抱父堅弗釋賊怒戕之孟誠公
痛子被殺頓卽暈仆遂死時八月二十日也噫若公者可
謂純孝性成常變不易者矣是爲傳族姪湛霖拜撰

伯純公傳 十五世

吾人不能爲天下之善士亦當爲一鄉之善士所謂一鄉
之善士者非徒自淑其身而已也必能規過勸善使一鄉
之人皆薰其德而爲善良斯可以爲善士惟然而我族叔
祖伯純公眞謂之善士而無愧矣公諱志浩字伯純族曾
叔祖映華公之長子也爲人天性純厚又好直言與 志倍
先父輩素稱同志叔輿姪好如兄弟同時如川富漢槎等
諸叔祖與予父相契亦然生平嘗與先父商辦公務知無
不言言無不盡晚年主持祠政尤公而無私本分洪祠起
造門牆及寢室監督尤爲盡力公貌瘦而身長髯黑下垂

於胸觀其面無笑容心竊畏之予兄弟少時偶出外嬉遊
見公來必逃避或有時避不及爲公所見必受其斥責當
時吾鄉里少年子弟見予先父及公等皆肅然起敬不敢
妄言亦不敢妄爲其平時威望之重如此公生子二長瑞
安叔次瑞餘叔皆勤於農事近數年來家業充裕遠勝於
公生之時知公之存心忠厚其所以栽培者非淺亦其家
教之嚴所以訓誨者甚切也公年五十一歲卽卒公卒之
時諸叔年方弱冠予先父輩愛之如同胞見叔等偶爲不
善事必斥責之一如公生時責望予兄弟之深也今叔等
爲予追述前言嘗感激不置云其平時與我家相好之情

又如此予因之有感矣近五十年來通州張君季直今中國偉人也其平時嘗慨世教之式微聞其對衆演說云古時里黨多佳子弟者非盡出於天性而然也在家則其父兄督責之即出外嬉遊爲里中長老所見無論爲其親戚與否必面斥不少假由是各少年皆有所忌憚而不敢妄爲今則不然老年人多尚圓通目覩當世少年不肖之徒但以冷眼視之迨至世俗流失敗壞慮不動於心目以爲是固適然何近今風敎之衰一至於此張君其亦有慨而言歟今安得如我公者一出而振其頹風乎予日跂而望之矣公生於道光辛卯年卒於光緒辛巳年五月初九日

至今已及三十餘載人稱頌公盛德勿衰予因樂聞之而尤樂道之茲當續修家乘聊即公一生之行事爲我所已知而并爲人所共見共聞者詳而書之於傳而不敢效世之好爲虛飾者爲溢美之詞也國有信史家有信譜予於公傳得之矣歲在乙卯小陽月族姪孫志坤謹撰

少卿公傳 十六世

世苟無忠孝節義則名敎綱常將何以維持於不敝然當禍變猝乘命懸呼吸非有至性過人者欲全乎孝固難欲赴乎義尤難若先生之操行不亦兩無愧乎先生諱培之字少卿杏園公冢子也質僅中人少好學恒欲砥行立名以副親望甫冠即授經里中兼自刻勵與諸名宿結社角藝與致甚豪郡邑試屢列前茅院試備卷數次惜額滿見遺父早見背事母最孝柔聲怡色能得親懽心性慈仁尤好施濟己酉丙辰水旱兩劇人不聊生先生承親命偕諸紳董竭力籌辦全活頗多而更以家之所餘賙恤鄰里鄉

黨不令人知又惜聖賢字跡棄擲泥塗爰設字紙會以爲久長收拾計他若排難解紛一切利人之事知無不爲亦爲無不力也先世本素封至先生家業中落然隨遇而安視世俗瑣瑣無一介懷惟聞古今奇節偉行輒景仰其爲人而步趨恐後庚申春粵匪竄擾蔓延鄰境先生慨然出貲與同志起義拒賊事尚未集逆賊十餘萬由瀨陽而東當是時人心惶恐奔竄不遑先生獨侍老母弗忍遠離俄而賊至先生率衆抵禦遇之於雲鷺橋奮勇當先奪得黑旂一面殺騎馬賊一人悍賊麕至寡不敵衆遂被執賊酋見先生狀貌非常勸之降先生正色唾罵曰僞賊叛逆君

上茶毒生靈吾家世傳忠孝恨不能滅爾朝食而反欲吾
棄母從爾乎賊脅以威叱駡益厲賊大怒以刃剖先生腹
投其肺腸於荆棘炙其心肝舉杯稱快此係被擄者所親
見旋歸後一一言之漢臣從先生學最久且慕先生詣至
高行最烈因不揣弇鄙畧述梗概以俟世之觀風者採擇
焉光緒歲次辛巳中秋月受業門人陸漢臣百拜謹述

先考曉梅公及先妣夏孺人行畧 十六世

先君子於光緒辛巳歲與修譜事迄今閱三十餘年又屆
續修而先君子去世已十易寒暑矣撫今思昔爲之愴然
謹接先君子諱育材字曉梅祖艮卿公長子也祖母杜孺
人年四十四即見背祖艮卿公幕遊江右不數年亦即見
背因干戈擾攘道路隔絶欲往扶柩歸葬而未果先君子
早失怙恃年幼家貧課徒爲業暇則嚴立課程以自策勵
發筆便斐然成章與小試數次未售旋遭庚申之變與先
嗣父二胞叔同避難江北泰興季家市又往就姑公朱觀
光皖南桐城官舍甲子克復後即同伴還家三叔雖離散
他往未得同行是年亦單身還家兄弟得安居如故或讀
或耕或商各執一業克勤克儉數年間家業隆隆日起爲
里黨所豔羨人比之先祖纂橋公兄弟三人云初歸家時
先君子思祖父累代書香苟讀書未獲成名何以上承先
業此時祖柩尚厝在南豐苟不往迎歸葬更何以上慰先
靈日惟以此二事爲急務由是朝夕勤學旋補博士弟子
員來年即往南豐迎先祖柩涉彭蠡巨湖登滕王古閣當
時憑弔唏嘘百感交集既至訪求再三始覓得葬所扶櫬
回宜此固吾先祖之神靈有以默佑之亦由先君子及諸
叔父之孝思得以事致之也同居三十餘年始終一心於

西村舊址造宅一所合居十餘年晚年仍移居東首更舊宅平屋爲新樓六間雖析箸而兄弟和好如初得未曾有此非男所目見而心儀者乎又以兵燹之餘本村祠宇俱毀於大宗祠既建之後復次第建立本分洪祠三進并置祭田二十畝於荒干作爲常年祭費其孝友於家庭及宗族也有如此先君子素性直爽不喜作矯飾態人有事來商初接之似落落難近終必爲之曲全其事使其人必欣然而去所謂望之儼然接之也温者是已而尤爲人所難及者遇地方有紛爭事必力爲之排解無使涉訟平日素不干預訟事奔走公廷然遇有艱難之事亦未嘗畏避吾

村雲鶴橋下圩田前有湖北數百人來强墾種時邑尊劉亦爲湖北人庇護之先君子見劉令再四請求抗論不屈卒驅之他去又族中某因伙江北人病死被人誣控受害先君子往城見萬邑令白其冤乃得息訟雖至賠累而弗悔其任䘏於里黨也又如此一生所爲善舉更僕難數其大者如建立義倉及修遺愛橋石硬橋鸛貨橋懷梅橋等類是也先母夏孺人于歸時正值家兄艱難從先君於館舍中修脯不敷家用賴先母縫紉以濟不足避難時困苦萬狀又以病劇甚幾瀕於死後卒能得脫死中逃生抑亦倖矣承平歸里家一貧如洗先母日夜操作佐先君子起

家後家業雖漸至小康仍復節儉如常粗糲敝衣泊如也爲人忠厚和平待人一以恕道爲主即一時受人欺侮過後輙忘其大度恢宏與吾先父素性畧同予先母年長予先君子二歲先君子晚年患氣喘遂以是疾而亡哀哉享壽六十有八歲先母晚年身體尚健乃偶染小恙奄然長逝尤可悲已享壽七十有一歲生子三長邦翰三邦藩志培次仲嗣二叔父生女二長適九苞邵次適在城任長房孫二長珂鳴次一元三房生孫一早殤降服孫二長嶺枝次嶺枝予之子也曾孫一玆當纂修家乘謹就先君子生平之行誼而畧述之以爲子孫之承誌降服子志培謹述

少梅公行畧 十六世

謹按先嗣父諱英材字同壽，字少梅祖艮卿公仲子也嗣父年少於志培本生父年三歲童年早失怙恃年甫十一祖母杜孺人即見背年十六祖艮卿公又見背時在咸豐六年也是年宜大旱粵匪尚未至吾宜江西南豐已失守時吾祖幕遊江西避難於南豐之某鄉遂得疾而卒吾嗣父少事親至孝聞信之後痛不欲生雖欲偕兄往迎祖柩而恐其路難通遂中止越四年庚申而吾宜亦失守偕吾父避難江北又至皖南亂離之際猶時時以祖柩未歸爲憾至承平後始覓得葬所扶柩以歸而諸父輩之孝思

慰矣初歸家時家徒壁立與志培先父及三叔同居共炊嗣父善於治生獨營商業元許衡云儒者以治生爲第一義嗣父雖營商業而仍不失爲儒生矣生平規行矩步言笑不苟其待人接物一以謙恭爲主大有萬石君之風而其激厲末俗使人人悔過遷善立懦廉頑雖古之陳仲弓王彥方無以過之人云嗣父莊重不佻絕似叔祖莊卿公而其豪情勝概視當世諸事無一不可爲又絕似吾先祖艮卿公之爲人斯言殆不誣耳嗣父少時有志讀書而未逮以爲生平之大恨兵燹後回里予先父正苦志讀書又欲兼顧家務事甚繁嗣父以讀書心無二用凡一切瑣事悉兼任之俾吾父得一意讀書無他務紛擾者皆嗣父之力也堂叔濂儒少時由淮回家家用缺乏不敷皆取給於嗣父一人之手并爲之代購良田二十餘畝至今昆季兩戶全賴此租稻以爲食米濂叔讀書與予同窗十餘年修贄缺乏嗣父又代爲交付不欲其償其友於兄弟爲何如也一巳讀書雖未成名殆亦不愧爲儒林中人歟予回憶廿年前隨侍嗣父數年時值濂叔移居城內命予與濂叔同從學於同宗杏生夫子繼又從學子磻沈夫子出其門者多得雋而去愧予僅博得一衿有負於長者之厚望多矣予家自逸齋公下至予共八代書香志培與濂叔得以

並遊庠序者亦皆嗣父之力也予年三十二由西村新屋遷居村東另購一地於予今年新造之圓堂三楹後先造樓屋三楹嗣父爲予經理其事頗費匠心又分撥義興圩良田十餘畝與我至今我一家食米大半取給於此罔極深恩未報萬一乃嗣父年方周花甲偶染小恙卧床彌月餘竟不起卒於光緒巳亥七月初五日嗚呼痛哉享年五十有九歲晚年尤樂善好施凡建造橋路置立義材及一切施賑平糶事皆求實際不務虛名本分洪訥趨饗堂捐助大柱大樑全副并捐助祭檯祭櫈全副又昔時以松木願爲二房始祖慕橋公祠兵燹後本村分祠皆重建立而

此祠猶是荒基子孫無有過問者嗣父思欲建復是祠與城內伯勛叔酌議購田若干畝捐入祠內以爲建造是祠之用今共積存洋數百元思將於下年先造寢室三間以期不負先人剏議建造之初意迄今暇山纂橋公墓祭費亦多取此以爲用其有功於祖宗而兼裨益於當世又何如也嗣父年至四十外尚無子其與嗣母王氏皆甚愛志培因以予爲嗣子嗣二叔後嗣母生一子早殤嗣父年至五十始納側室夏氏五十二歲始生長子根培弟五十八歲生次子濟培弟皆夏氏出夏氏年二十九遂卒至今兩弟年皆長大均克自成立者賴吾嗣母一人撫育之乃得

至此也嗣母王氏一生勤儉與嗣父同人皆稱吾嗣父內助得人猶梁鴻之有孟德耀也今年屆古稀督理家務猶不少怠而精力已甚耗矣茲當續修家乘謹卽嗣父一生之行誼爲志培所素知者而畧述之以爲後人之承誌歲次乙卯八月中秋節嗣男志培謹述

佑之公事略 十六世

公諱丕基字佑之天資敏達凡事不教而自能工圖畫而於墨華山水尤佳具此美材倘攻舉業取青紫如拾芥無如爲境所逼歷游蓮幕維持生計有餘人勸之營宅公曰吾人宗廟爲先居室爲後今分祠猶墟祖宗未有安居我何忍一日安乎遂籌剏寢廟購就地點惜以事阻未獲建築賫志以終每遇祭祀必竭誠致恪嘗悽然謂人曰祭而豐不如養之薄也我早失怙恃未及奉養爲憾見有秘方輒筆之於書時合藥以給人屢收奇效光緒甲申乙酉間山東竇坻諸縣千里凶荒道殣相望族弟小棠公在京兆

任內以公兼三局平糶晨夙夜勤勞調查慎密心無愧怍昭如日星萬家視爲生佛去思留碑洎乎光緒丁未宜邑西南鄉水災公獨力籌賑節省各費集貲濟厄藉獲保全無算斯時公代悠祿買田湯溪主持財政若在他人必圖沾潤而公介然一毫莫取并將酬報金盡納入賑捐其熱心慈善公正廉明又可見矣宣統辛亥之秋霪雨連天良田半成澤國公正疾篤慨然動念曰俾我苟延殘喘復爲發棠普濟斯民吾目瞑矣嗚呼彌留之日猶存拯救之懷何天下有饑民猶己飢之耶公之心后稷心耶民國四年八月青浦縣知事表姪史悠祿敬略

舜臣公傳 十六世

公諱懿虞號舜臣書玉舅氏也周氏爲吾邑望族科名勳德代有其人外家自高曾以來以好善力行重於鄉至公大父璞堂公而望益隆操行益忱篤有古君子風義行載邑乘公父昜卿公文章道德傾動一時邑西北各鄉士奉爲模人欽爲範後生小子至有以一識韓荊州爲榮者道光已酉水大災勸捐施賑全活數萬人咸豐丙辰旱亦如之並以餘資建義倉於宋瀆曰敦善堂積穀累至數千石購常稔田若干畝以備荒賑年四十餘始生公璞堂公猶在堂故重幃奇愛之束髮授書性聰穎解經史然體孱弱

以久病每廢讀年十五洪楊擾宜邑昜卿公方以團練事奔走渡江謁團練總辦倪觀察請兵餉而里中賊掩至公爲賊所掠流離顛沛瀕死者屢矣年餘脫歸家人幾不相識蓄公貌素白皙且體甚癯自落賊中乃彤貌忽偉岸向轉昔孱弱之軀一變而精神强固至老病不侵識者謂積善之家彼蒼眷顧使之康强壽考子孫逢吉殆默相而轉移之耶亂平仍就學旋遭昜卿公之喪哀毁骨立喪葬胥中禮遺田百數十畝洪楊劫後地廣人稀荒蕪弗治困乏甚乃棄舉子業撐持門戶艱苦備嘗然事母尹太孺人甘旨不稍缺且先意承旨能得歡心尹太孺人幾不知家已中

落也待諸女昆友愛甚篤終其身如一日其天性孝友族里多稱譽之生平常鬱鬱謂一領青衿我家故物徒以少困於病長阨於賊終又迫於境幾自我失之不得已乃遊武庠非其志也公少時席素封又得堂上歡起居服御恣公所欲至是盡反其所爲刻苦自勵雖憂患頻仍人不能堪公獨安之卒以儉勤起家產日闢而自奉益儉約不欲稍自暇逸然待人則和易寬厚絕無機械心亦未嘗一日持籌算向人斬斬較贏縮問出納多寡焉與人交坦白無城府雖盛怒無疾言遽色親其言論丰采者如坐春風中使人神曠意遠無不推公爲忠厚長者云公性善飲每飯

必置酒然終未逾量數爵後陶然自得雖遇宴會親友歡飲亦如之晚年境漸亨戚族之困乏者周卹之友朋之顛危者扶持之無倦容無德色此外善舉必量力爲之因屢遇水旱偏災自慙力薄每隱憂之繼念有敦善堂在可無慮然敦善堂自昜卿公棄養後公素不過問已成弩末矣公歎息久之歲庚戌辛亥果連遭水大災公里西數十村落地尤低窪禾盡淹籽種俱絕哀鴻嗷嗷有行乞者父老見公每歎謂昜卿公尚在當不至此公子寄盧有幹才公詔之曰吾老矣汝繼乃祖之志而肩吾任乎寄盧謹受命多方勸募集銀米以萬計設局施粥施籽種歲暮施衣絮

一如錫邨公施賑時全活亦數萬人公之卒也遠近來弔途爲之塞多不識姓名且有泣下者或詰之僉曰公之父活吾公之子今又活吾吾等無以爲報此來志吾感也嗚呼可以傳矣公德配謝孺人溫恭淑慎事姑以孝稱勤儉持家與公合德公生於道光丙午九月初六日卒於民國壬子十月十八日享壽六十有七歲子四長蔭庭次蔭成即寄廬三蔭甯四蔭泉俱積學勵行不墜家聲女二皆適士族孫九人

論曰以書玉述公行誼或以爲暱於公所親愛者譽之易溢也而書玉則以爲不足盡公焉書玉自有知識即侍公

色笑聞公言論知公之深宜莫書玉若矣然書玉去公家數十里雖歲時過從候起居其嘉言懿行有非書玉所及知者尚多茲舉書玉所親炙及公族里所嘖嘖稱道弗衰者質實書之示之後人使知曉近來尚有渾樸篤厚三代直道而行其人者乙卯秋八月甥史書玉謹述

伯勛公傳 十大世

志靖於光緒己卯秋從伯父扶先祖母柩回籍入城治喪族父老均盡力襄事伯勛公與焉嗣伯父提倡大修侯廟凡工款各事宜公贊畫其間始終無稍懈心焉敬之洎丙戌冬志靖扶先伯父柩回籍公又襄事如初卜居西後街復與志靖居相近常共晤言指示津梁又心焉感之蓋公眞摯出於性生非以生死貴賤爲進退者可比也詎庚寅計偕北上歸公已前卒年僅五十有二公子爕松又亡豈天道禍福果不可測歟抑何所遭之酷也今公兼嗣子域屬爲文以傳公靖夙知公其敢以不文謝謹按公諱丕承

字伯勛號闇先叔祖靜岩公長子幼聰穎貌岐嶷見者知爲偉器靜岩公以兄維初公及嫂許孺人均於道光壬午相繼亡無子命公爲嗣期望有加顧家貧讀書未畢即令習賈公精於所事常得堂上歡庚申之變公奉靜岩公及本生母蔣夫人避難西鄉數年間靜岩公及蔣夫人先後遇賊殉難公哀痛幾絕爰爲殯葬既畢轉徙奔走服賈大浦公弟叔達公尋至相抱大哭於是草創經營操奇計贏夜以繼日家屬賴以存戚族亦同受沾溉焉賊平歸里城市蕭索公拮据綢繆家室漸完晚年境稍裕然布衣糲食仍如故遇有善舉輒輸金無吝色亦無德容平生無他嗜

好束身繩墨終其身如一日與弟叔達公友愛無間相與扶護迄於有成孝友之風藉藉人口惜不永年未竟所施爲可傷也志靖少從公游今老矣尚得操筆爲公傳雖不能盡詳生平周已得其大概九原有知公其鑒許其生卒年月已詳譜乘不具書族姪志靖謹撰

叔達公傳 十六世

曩讀魯論曰惟孝友於家庭是亦爲政孟子曰親親而仁民仁民而愛物天下未有本根不立而枝葉能先榮者孝友親親其本根也仁民愛物其枝葉也放之則彌六合卷之則退藏於密道有周原理無二致惟然而族叔叔達公得之矣公諱丕烈字叔達號繼昌叔祖靜岩公三子也靜岩公生子五長次皆出嗣四五均幼維公實承先緒依依膝下父母尤愛之庚申之變靜岩公挈家鄉居始避西鄉師家圩復遷東鄉湯巷里公母蔣太夫人年老多病公年甫十七常背負以行汗流如雨不爲苦未幾同陷賊中太

夫人罵賊死靜岩公相繼殉難公以患足得釋痛其尚戀戀不忍遠離時四五兩弟前卒仲兄仲篪公亦陷賊公出後有方轉解卒不免始就伯兄伯塤公於大浦相抱哭遂佐理商務甘任其勞賊平歸里仍理前業伯塤公主外公主內若手足相依有長枕大被風業日以起伯塤公旋娶惠孺人公亦娶王夫人妯娌之間亦懽然相得若姊妹焉伯塤公於光緒戊寅卒子燮松亦早殤公悼痛欲絕立子域兼嗣事嫂加謹撫姪女如己出孝友之稱宗族無間平生自奉甚薄而勇於爲善凡地方善舉若建橋修路及義材惜穀恤農惜字等會咸悉力佽助遇有災賑必先創捐

光緒乙巳邑大水鴻嗷遍野首免佃租復出粟賑饑全活無算同時順直災歉頻仍輸捐巨款大吏入告奬三品銜以知府候選里黨畢賀公絕不以爲榮惟行其心之所安而已所謂仁民愛物者非耶志靖少時嘗見公於伯壎公新居善氣迎人知爲長者嗣後僕僕風塵歸居日少然竊聞鄉人士傳述固常慕公不置上年春歸謁公於里第公已病不獲見今春再返襄譜事擬再修謁而公遽歸道山病篤時猶以譜事爲念捐助巨金即此一端其敬宗收族至老不衰親親之誼可見大凡矣公嘗訓子域曰余已暮年汝當少壯宜努力嚮學務期文明輸人蔚爲國用以振

家聲域謹誌勿忘用是肄業師範畢業法政供職上海檢廳聲譽藉藉以昌其家積慶流光其斯之謂乎靖夙與域善茲以傳屬其何敢辭謹撮敘梗概以詒來者公享壽七十三歲生卒年月已詳家乘不贅述族姪志靖謹撰

濂儒公事略 十六世

嗚呼濂儒叔於志培爲父行其年少予二歲而去世已八年矣撫今思昔能不慨然叔諱濂儒即以之爲字又字連茹胞叔祖莊卿公之子也因生於淮安故又別號爲淮右生叔生時先叔祖年已四十餘歲愛之如掌上珠少時讀書天資頗敏弱冠即能操筆爲詩文年至十八先叔祖見背遂偕叔祖母及先姑母扶柩回宜居城十餘年叔原配先嬸母蔣孺人生一男一女早亡繼娶嬸母潘氏即挈眷由城居鄉又生一男一女叔身體素强未幾得痢疾遂卒享年三十有九歲上有老母下有諸孤何竟忍棄之而去

耶竊念志培與先叔同學爲最久初從學義莊史黼堂夫子繼入城從學同宗杏生夫子及子蕃沈夫子學業由此漸進予雖力追之而似不及焉叔少年素喜讀漢唐文故其所作時文散整兼行揮灑自如不受羈勒即所作時賦及試帖詩駢四儷六中自有一種清靈之氣又喜作古歌及律詩集成一卷名曰淮右生詩鈔時宜邑朱香晚表弟與予爲總角交當其爲諸生時文名冠常郡平時常與予及濂叔研究詩古文詞並以制藝相觀摩因此志培與濂叔學業由此又稍進院試前嘗邀城少年同志結社角藝予與叔二人文每課輒拔幟並爲潘挺生夫子所激賞曾

初不解鈎鉅事以書生本色而欲與市儈爭短長其不得展其才於商界宜哉公乃決然舍去其時公族兄少冢宰小棠公方尹京兆公乃北遊京師適族叔贈閣學裁五公以道員督畿東團練余居停也公乃易名家淮援例以從九需次直隸數數來謁閣學余因獲交於公朝夕過從甚相得也歷辦天津保甲煤礦蝌廠等差胥稱職余後奉命入浙贊學少宰相繼薨公亦以縣丞改赴粵東族姪笠舫副轉在粵久見重上游爲公延譽當道歷委廣州路督署慶白沙等鹽務委員山水河釐金總局文案及橫江釐厰差在橫江最久剔中飽除弊竇商困一蘇而比較轉有盈

公嘗戒其員司曰裕課恤商二者當兼權之粵東自帕來貨湧吾國商業日就衰設司權者留難暴斂是益困吾商也吾不忍以刻削博報最故在橫江五載行甚蕭然實僚以此益重公韶州守李太尊知公最深曰周君才氣卓犖遇事諳練良吏才也非局促如轅下駒者顧可久屈下僚乎爲公力請中丞保以知縣用並加五品銜調委西河尾釐局公感深國士在西河尾課積溢額倍徙得蟬聯兩載且可超擢署篆事駸駸可大展其用矣乃戊申冬忽得風痺疾不良於行公力辭李太尊慰留之則又辭則又固留公曰吾不能以病軀誤權政且負知己遂赴省力辭乃

文風丕變耳目一新予先父即於是年亡是校未及週年旋以光緒三十二年水災議暫停止而至今未及舉行者因是時清季改革新章漫以成任區劃歸高塍萬二區高塍以濡南書院舊有公款改立學堂受其影響故至今敦善堂校舍雖立而無人舉辦也現在高塍學校亦漸腐敗市鄉又議變更區域矣昔吾叔在時嘗與予言及此事爲歎息者久之予又慨念成任圩鄉自經累年水災後受害不淺吾成任爲西六區最低之地北五圖賴有圖倉聚滋堂南十餘圖雖舊有敦善堂今徒置田而不儲穀全區災民僅賴予先父在時所預籌備荒之區倉數千餘石積穀

逐年按圖灘派高圩各半以此救活全區災民亦有年矣吾叔在時素欲維持義倉爲備荒計以予先父亡後成任帶征積穀之欵散存他手徒作累年平糶之耗費報銷卒未得粒粟入倉僅恃舊有之倉穀散布災戶所得幾何因念光緒廿餘年西鄉旱災予先父及先嗣父曾籌捐賑稻數百石往輸曹巷一帶賑濟人皆感激久有圖報意叔偕前次經手人同往彼處募捐得稻數百石載歸散放圩田七八九各圖以匡輔吾區積穀之不逮時全縣賑濟局設在城厚餘堂予隨侍叔襄辦賑捐數次因是成任區所得賑穀獨多於他區事後人皆爭先請獎叔與予概謝絕卒

叔卒於光緒末年戊申自戊申至宣統末年壬子連得水災五六次壬子秋稻熟水暴漲數尺低圩稻悉被水浸而爛盡幾乎絕粒其水勢雖不若光緒三十二年之大而爲禍頗烈其時區倉之稻累年散於災戶本無力歸償於倉高田所領倉稻各存本圖恐歸倉後盡爲圩田災戶借食亦迄未歸倉被災之民嗷嗷待哺從何而得食乎是年壬子秋災後革命事起凡數年來成任積穀帶征之欵素存各經理人手者雖盡數交出亦不足以濟事時予適在縣署充議事員因圩鄉董書張君雲驤凌君建勛等至署商辦賑事志培與縣長儲君鑄儂先各捐洋若干元以爲倡由是至四鄉共集捐洋數千元設粥廠於圩鄉聊以補救區倉之缺陷近數年來帶征之欵雖無幾何又不知存於誰手倉穀久空至今如故倘吾叔尚在詎忍將吾先父累年積存之倉穀終任其散於各圖而不爲之一一聚乎郎從前倉穀不爲之聚又肯令積穀帶征之欵長存他手不糴穀入倉乎言念及此予又爲歎息者久之歲在乙卯續修家乘志培因與分纂事爰就我先叔一生之行事與予素相關係而并爲予素所知悉者盡詳而誌之姪志培謹述

鴻溪公傳 十六世

公諱廷勳字宏啟號鴻溪雲翳里人也雲翳周氏爲吾邑望族公先世以積學勵行世其家公生時大父孟誠公春秋高望孫甚切得公喜甚公狀貌偉岸音洪朗孟誠公竟發之曰是兒其大吾門乎故字之曰宏啟公生五歲值遭洪楊之亂公父達曾公先奉雙親避居邑西之呂家圩郎公外家也庚申閶城陷僱舟渡北漏湖以避之舟至武進之林墅賊驟至公大父母及公父均爲賊所掠大母徐太孺人以不屈死賊中公父哀毀成疾賊見有病容强孟誠公肩擔達曾公願仍以身代賊不允達曾公奮力抱之堅弗釋賊怒戕之迺誠公痛子被害頓暈仆亦遂殁當遇賊時惟公母呂太宜人抱公失足墮水中度必死飄流至岸邊有蘆葦緊握之乃得免流離瑣尾轉徙渡江以北備嘗困苦生計賴呂太宜人十指出亂平歸里產蕩然呂太宜人飲氷茹蘗令公就塾讀性頴悟通經史能文章旋郎設帳雲翳里脩脯所入悉以奉呂太宜人不絲毫私顧屢困童子試迫於境乃設肆城市藉以謀菽水非其志也呂太宜人與公原配王宜人仍鄉居姑媳相依爲命乃癸未歲王宜人卒呂太宜人以痛媳故亦棄世公哀毁骨立喪葬盡禮公爲人豪爽開展與人交坦白無城府雖身居闤闠

初不解鉤鉅事以書生本色而欲與市儈爭短長其不得展其才於商界宜哉公乃決然舍去其時公族兄少蒙宰小棠公方尹京兆公乃北遊京師適族叔賡閣學栽五公以道員督畿東團練余居停也公乃易名宗濂援例以從九需次直隸數數來謁閣學余因獲交於公朝夕過從甚相得也歷辦天津保甲煤礦粥廠等差咸稱職余後奉命入浙閣學少宰相繼薨公亦以縣丞改赴粵東族姪笠舫副轉在粵久見重上游爲公延譽當道歷委廣州踏寶體慶白沙等鹽務委員山水河釐金總局文案及橫江釐廠差在橫江最久馴中飽除弊竇商困一蘇而比較轉有盈

公嘗戒其員司曰裕課恤商二者當兼權之粵東自海來貨湧吾國商業凋敝極矣設司榷者留難暴斂是益困吾商也吾不忍以刻削博報最故在橫江五載行橐蕭然宦僚以此益重公韶州守李太尊知公最深曰周君才氣卓犖遇事諳練良吏才也非局促如轅下駒者願可久屈下僚乎爲公力請中峰保以知縣用並加五品銜調委西河尾釐局公感深國士在西河尾課績溢額倍從得蟬聯兩載且可超擢畀篆事竣驟可大展其用矣乃戊申冬忽得風痺疾不良於行公力辭李太尊慰留之則又辭則又固留公曰吾不能以病軀誤榷政且負知己遂赴省力辭乃得請去之日紳商祖餞歡送情殊摯摯大有還我使君之望云歸里後杜門養病因乏嗣力求行善戚族之困乏者周卹之里中有善舉必商及公必量力助之無倦容無德色公分祖祠宇兵燬未建公捐金倡之己酉春繼配喻宜人生一子曰文清宿疾頓減越半載文清殤疾轉劇遂不起公以咸豐乙卯八月十四日生以宣統己酉十月十二日卒年五十有五無子以從姪克明子壽侯嗣文清喻宜人撫之如己出女二長適潮汝太學生路序鳳次適茫溪徐一飛俱王宜人出

論曰予[illegible]公行誼而竊嘆天理其可知而不可知耶當

在林臺遇賊[illegible]或殉烈或殉義或殉孝[illegible]少婦雛子度必葬魚腹中[illegible]萬死而一生克自樹立[illegible]仕籍卒矣然非幸也天理固然也然天既不死公理宜展其用昌厥後矣乃何以伯道無兒使以西河之痛而鬱鬱以終耶或曰數也非理也是誠有之吾將搔首而問之[illegible]

清授光祿大夫頭品頂戴四川川東兵備道丙子科舉人

世愚弟任錫汾謹譔

國山周氏世譜卷四十一

雲鶴分三房世傳目錄 附行述行略壽序哀辭

潔庵公傳　萬望
藕塘公傳　儲徵甲
載賡公傳　徐家杰
舞塘公傳　姪秉鈞
節母路孺人壽序　路應廷
節母吳孺人傳　族姪孫子斌
省齋公傳（十四世以下同）　萬貢珍
鴻軒公傳　徐家杰
杏墅公傳　朱儁甲
嵎谷公傳　潘光序

國山周氏世譜　卷四十一　雲鵬分三房世傳目錄　三　立本堂

靜軒公傳　朱麗宣
景蓮公傳　湯谿
湯太宜人壽序（景蓮公配）　朱鳳標
勖齋公傳　路元暹
藹軒公傳　徐葆辰
赤陶公傳　萬貢珍
靜齋公壽序　劉繹
靜齋公儲夫人合傳　李鴻章
半霞公傳　湯瀚
芸庵公傳　李玫

健庵公徐孺人合傳　徐燧
立齋公行略　男鳳飛
曙軒公傳　徐葆辰
竹軒公傳　姪鳳飛
映巖公傳　再姪家柏
節母徐孺人傳　徐大勳
節母沈孺人傳　徐桂森

國山周氏世譜　卷四十一　雲鵬分三房世傳目錄　四　立本堂

雲卿公行畧 第七世

公諱于訒字雲卿思橋公季子思橋公棄養公纔四齡哀毁若成人事母曹孺人甚謹先意承志能得母歡心蓋純孝其天性也少穎敏讀書目數行下長好學根柢六經旁達子史百家靡不淹貫除定省外惟發憤誦讀目不窺園者十餘年好樓居屋四楹其樓前直高阜隱隱隆隆有岡巒起伏之勢乃集陶靖節詩句爲楹帖云結廬在人境託體同山阿其曠達也如此嘗手鈔詩書周禮春秋比丹黄點勘十數過凡古名儒格言及名臣言行有益身心者即手自摘錄累至數十帙終以攻苦得瘵疾卒年三十有三

公歿已百餘年茲其所抄各集猶及見之至今子孫繁衍得以書香不絕者皆公之勖學有以佑啟我後人也聊綴數言以誌之元孫湝謹述

節母杜孺人傳 第七世雲卿公配

雲卿公配杜孺人系出黄干姻婭多富貴相炫耀孺人固善理家緣是益黽勉儉勤業日以起年二十九而雲卿公即世長子中允十一齡次子中貞纔九齡時已有田六百畝糧漕租債延師禮賓皆孺人身自督理井井有條迨子成立以外事諉之而門內操持如故常曉夜紡績率先家人寒暑無閒至老不倦卒之長子富甲於鄉次子有聲於學孫十四人成進士者一中副車者一列庠序者四壽七十有四屢蒙旌額奉

旨建坊芝英玉樹之榮紫誥丹書之寵所以報貞節者何如哉族孫亦文拜撰

完眞公行述 第八世

府君諱中允字執甫號完眞十一歲而孤曾祖毋曹氏祖毋杜氏俱以節孝受旌奬府君能委曲承歡其純孝蓋天性也時中外豪暴爭思齮齕府君以孤童主持門戶斬斬不至旁落性復友愛撫其幼弟及成立授室悉以祖遺田產讓之曰我幸居長何至食先人餘麀行將自謀饘粥耳乃束身折節爲勤儉未嘗規規効計然白圭之策第隨時而消息之會有天幸產用益拓然不私其有仁心爲質首捐貲建祠次第衣食其宗黨及內外姻屬無倦施堂叔鈞化幼而失怙府君躬爲鞠育及長而罹於難府君竭財力

營救當府君孱弱時有搆家難百計魚肉之者後其子若孫不能自存府君不以前隙介意力爲撫養婚娶居恒悃愊慕謹矩步詳視不欲以氣義高鄉曲當其拯人於阨則慷慨任俠傾身不顧赴人之急甚於己族有無辜罹大辟者多方排解卒爲白之恤刑極得釋凡若此者書其事而不敢顯其名用以推府君之厚道也府君少業儒後以分心家政不能卒業乃例貲入太學顧意殊不自釋謂吾家素以儒術顯柰何自頹其家聲乎所以課兒輩甚切兒弟數人人設一塾厚其脯修延名宿傳之故諸兒震與文德及不肖章相繼補博士弟子而府君獨心材文曰是兒庶幾汗血駒之可致千里兒文益自刻勵試輒高等以弱冠食餼戊子登賢書乙未成進士年甫三十也時城居郡邑守令干旄相望府君不改布素未嘗見貴人態間與諸貴人父造謁達官府君氣宇閒雅雍容甚都望而知爲長者言不及私或公義激發則侃侃不休代爲申理卽聽者亦知其非爲苞苴也其品望素爲鄉黨推重故得三舉鄉飲大賓府君生而身長玉立美鬚眉渥顏丹唇與人和易無城府人之接之不啻挹春風而溫冬日也府君素強無疾暮年以兒文宦遊不逢復早逝後人無繼起者恒忽忽不樂感末疾而卒享壽七十歲斯時不肖章禮年剛舞象威

人猶在襁褓故凡府君之碩德懿行百不能舉一二賴族中父老及諸凡被德者聞爲章禮等述其軼事茲當族譜告成懼先澤之就湮故略爲銓次以存梗概敢邀 大人先生賜之傳贊銘章以光家乘而榮竈寥握管時涕泗縱橫不暇計其詞之舛錯失倫也不肖男成章成禮成人抆淚述

賜進士出身文林郎廣中縣知縣年姪萬錦雯拜塡諱

安甫公傳 第八世　　瞿源洙

公諱中貞字安甫邑庠生雲卿公次子公篤志力學不問生産兄操家政父遺田六百畝及析箸已數倍其舊兄以父遺田悉授公而自取新增之産有以此間公兄弟者公曰人謂我少受三百畝以予自度兄已多授我三百畝矣或詰所以公曰我閉戶株守惟詩書自娛一切經營廢著生息皆吾兄獨任其勞使早分析我今猶三百畝耳今已倍與又何求聞者歎息堂弟鈞化幼孤公偕兄完真爲築室後涉於難捐金以援無吝色湖西蔣佃積逋纍纍將鬻其婦以償公急捐所逋并給以貲使永完聚公性執有欲

爲公子謀入泮倩親契婉言於公公不可生子七人皆歸以實學無荒於嬉者嘗讀易辭家人嗃嗃數語以爲嚴君之道當爾故飭躬治家內外肅然有萬石君之風焉享年五十配李氏子七女三

贊曰兄弟天性也而薄俗以爭財産成讐雖口誦詩書身列庠序猶不免焉蓋羨被田荆之風渺矣若安甫周公之雍容退讓非今世之師表哉至其任恤之行義方之訓則史所稱齊魯諸儒皆以爲弗及者公其流亞與詒謀若斯大昌厥後不亦宜乎

鈞化公傳 第八世

公諱時儀橋公子也慷慨善談笑意氣豪邁居常好客客至無虛日公厨不絕烟火酒食或不給家人踰刻三告匱公談笑自若或促之公曰烈丈夫志有在豈以米鹽瑣瑣亂方寸哉吳越閩楚間咸知有周鈞化者及晚歲家居蹔巾寬服覽書史絕口不談世事雖極貧落不以介意恬澹終其身

贊曰予童年見公儀狀心異之詢之長老曰此郎鈞化公也氣象偉然攤一冊終日默觀屹不動嗚呼英特之氣在面通達之識在胸公非狂夫也其殆豪傑之士也夫族曾

姪孫亦文謹撰

萊仙公傳 第九世

曾叔祖諱成文字叔彙萊仙其號完眞公叔子童年穎慧絕人讀書三五過即成誦不忘已試筆輒驚其長老與予伯祖澹芹公俱嶄嶄見頭角里中有大小阮之稱時相國挹齋詣其家公以文質相國閱訖熟視久之摩其頂曰弟必亢吾宗舞勺時補博士弟子旋以前茅食廩餼順治戊子中丞宣式時年二十有四乙未中禮部式將與庶常之選會有忌而媒孽之者遂注吏部知推閱三載而亡年三十有四完眞公以貲甲於鄉戊子歲有訟事讐者囑勢要譜之縣竟械繫之將誣以罪適萊仙公傳報至令乃禮而

出之事得已完眞公有七子尤鍾愛公視如掌上珠畢生心力半爲公瘁已成名償所願矣不數年而卒遂忽忽不樂比歿齒未嘗一日去懷拘長裕公姪也丙寅續修家譜囑爲公傳予生也晚不獲公之詳爰以所聞於長老者書之以存其概云爾族曾姪孫維楨拜撰

文達公傳 第九世　瞿源洙

公諱成美字文達中貞次子邑庠生爲文純雅清適以理勝而立身端潔持大體不爲細人纖士之行康熙十八九年水旱頻仍饑民嗷嗷於道邑令啟倉廩煮饘粥力不能給擇端方才幹士分任之遂推公督其事負襁而就食者盈於田野公晨出夜歸勤勤哺飼雖風雨寒暑未嘗少自暇逸也公自爲諸生屏跡不至公庭以督賑故日與當道商利病知無不言言無不實他人或援此爲利公獨出已貲助賑所不足親故之貧乏者咸被其澤焉居家奉祖訓常書諸紳友愛諸弟暨其姪撫孤甥俾之成立皆人所難及者享年五十有一配洑溪徐氏庠生穎崧女生子四女

二

貲曰救荒之策責賑爲急昔富文忠行之於青趙清獻行之於越後人傳爲定式然地遠民庶法立弊生非有惻生實心任其事則發棠之仁不爲搏虎之誚者幾何數十年來責賑之令屢下而邑人猶嘖嘖文達公不衰蓋田野如赭榆皮水荇且盡而任其事者尙以竒貨居之若公之澤被一時傳誦至今者其亦鮮矣

端士公傳 第九世

公諱成禮原名立字端士號湄隱太學生完眞公第六子生十三歲而孤依外父史公紀夏以長以教史居桃溪嘗以文柔爲胥小侵侮公年十七八即能晝策制馭俾胥小懾不敢逞比長方面美鬚熊目虎項儼然威重沉毅有膽略愿弱必扶豪强無畏有古義俠風鄉鄰親族恒倚任族兄某祖墳山爲土豪盜賣宦家求援於公豪啖公以利蘄無助公怒訟之官卒法治豪而還山於族豪恨刺骨借他端圖報復與公訟七年公無悔大司馬忠烈盧公兄弟殉國家勢陵夷有豪族利其腴産以術誘盧子半價售産涉訟踰年自縣及府豪賄吏當官不克理直鄰里皆不平然無能爲力公令忠烈夫人乘轎捧誥勅設仿書儀仗鳴鑼直上府堂公率鄉耆數十人執香隨其後見守面陳謀奪曲折且言盧公喋血沙場坏土未乾大宗師豈忍視勢豪齮齕其孀妻孤稚不一引手救守愧且謝立坐堂皇治豪而返盧氏山合境稱快嘖嘖謂朱家郭解再見公既多外才尤篤内行遺腹弟成人躬自卵育訓誨爲婚娶終身友愛無間念完眞公無專祠十世後無棲神地因倡議捐祭爲諸姪先用得積儲公祖肯堂肯構又念化卿公爲始遷祖所自出偕予伯省齋公敦勸各分捐貲置産歲舉墓祭

并碑於墓其厚於一本之誼又如此迨暮年始韜晦理家事史孺人復勤儉佐之有田百畝屋一所撫弟成人子長雲爲嗣而授之公宅前有大梠四當春秋佳日常設小座攜佳釀引杯微醺執卷吟哦於其下也再姪孫維楨謹撰

景全公小傳 第十世

公諱昌汝字景全祖仲美出贅高城蔣因家焉公性孝有膂力五歲而孤遺腹弟漢汝母吳貧不自存因改適又寡公迎歸苦身力作色養備至母奉佛某春擬還愿茅山前數日有白蛇從牆隙出頸血淋漓其母巳生也公心惡之勸勿往母不可乃隨行舟至薛埠登岸扶掖數十里入廟進香下山日巳沈西矣至山半突遇虎噬母左肩去公急擧虎尾喊虎返撲爪傷其額血流被體擧愈力閒以一手拾石卵騰身騎虎背挾虎項連擂虎眼碎其珠會香客數百人鳴鑼執械來虎方釋母公亦釋虎匍匐抱母裂裳裹

創血涔涔不止時猶聲嘆氣未絕也客又裹公創扛扶行數里母遂絕負屍哀號至舟殮載以歸自後每道及輒流涕雍正初往來茅山者猶聞土人藍稱宜興周孝子暴虎以救母也年五十八乃終葬黃龍山前小山下竟無子

贊曰母出與廟絕禮也豈爲子之情哉情至者時溢于禮君子有攸取焉如公之始而迎養繼而毆虎以全母屍其殆赤子之心惟知有母者乎前譜未彰急爲立傳至遇虎月日不可詳矣族孫維楨譔

藍圃公傳 第十世　瞿源洙

公諱長源字廷魁號藍圃邑庠生父文逵公生四子公其次也孝友性成母以老疾臥床褥公晝夜侍疾寒暑無間日奉葠藥以進二十年不倦故母雖呼吸僅存而藉公孝養力享壽八十有一而終易簀時謂公曰願汝生好兒孫亦如汝之事我也伯兄廷元觸貪酷令禍不測族戚恐波累多畏避公獨挺身出殫力維持害幾及身亦不顧伯兄卒免於難歲時祭享拜跪訖默呼祖父母及父母泣下沾衣後年至八十餘疾足不能步履必令二孫扶拜泣涕如初蓋數十年如一日也從父乏祀歲時必祔祭於家外父

塋地窪下公擇吉遷葬又買田爲祭掃資春秋不怠其待族戚不以死生易志者如此家故豐於財而性甘淡泊喜施予貧無以殮者予之棺饑無以炊者輸之粟救災恤患殆無虛日嘗有客遺十數金於路公聞之償如所遺數曰若等挾微貲貿易而一旦失之必惘惘不欲生不可以弗拯其施恩於不報之地者類然乾隆元年

恩授修職郎壽八十有四淑配徐氏生子四人女四人側室劉氏生子二人

贊曰昔漢班壹當高惠閒以財雄邊郡役屬數百家而太史公爲貨殖傳獨遺班氏此其詒謀法守必不與程卓諸

公爲伍也故其後一再傳而爲士大夫家至於彪固遂以文章名天下而仲升更封侯萬里外此豈貨殖家所可同類而並稱也哉若藍圃周公居素封而修儒生之業未嘗若班壹之出入弋獵以旌旗鼓吹自豪迹其好行厥德恂恂長厚以貲行著一邑宜有萬石君之風而文學過之故其子孫濟濟咸業詩書飛聲藝苑吾見其文芒蔚起若班氏之大昌厥後可操券而俟也

徐孺人傳

第十世藍圃公配　瞿源洙

孺人洑溪旦復徐公女也年二十歸藍圃公性儉約不競華飾與公合德初歸時即以嫁時釵珥衣服與公鬻之以佐甘旨之養姑老矣病卧床褥不能起孺人朝夕問視凡飲食衾枕以及果餌饘藥無不調劑合宜訖二十年無倦色其母亦老且多疾迎養于家奉膳如姑每卒歲則歸歸之日母女相持泣不能舍其純孝蓋天性也公家本素封孺人至益修門內之政操縱闔闢裕如也故業愈隆隆起公先于雲鶴聚族而居姻戚妯娌咸得其歡心後徙居城中宗黨來省視輒奉酒漿盡歡洽故至者如歸族人稱賢婦可爲女範者必首推孺人蓋自待約而待人則豐內竭誠而外復盡禮故也享年五十有六生子四人女四人

贊曰爲貧家婦易爲富家婦難貧婦治酒漿理絲枲無餘事矣若富家之婦奪第朱提之出入粟米之斂閉鹽醢帛縷之瑣已哉凡肅賓客訓子女飭奴婢一不愼則難常保其家若孺人非內助之傑者與藍圃公好行其德而孺人實克濟之蘊所儲以待用故取諸囊中而不匱彼士大夫以家室爲累者聞其風亦可以少愧矣

仁齋公行畧 第十世

仁齋公余姑丈也諱以禮字朝吉號仁齋幼以醕謹稱比長勵志詩書好制舉業姑初嬪我祖一見喜曰渾厚謙和吾女終身有託矣尊人文達公去世公年甫弱冠已能左右承歡曲盡子職太親母徐孺人年六十患軟足病常在牀褥奉湯藥供甘旨公與二兄均任之二十餘年無倦色長兄廷元爲酷令誣詳波及公受累費貲財坦然甘之公既篤於孝友尤好行其德有童子被匪人誘失數十金其父不勝一朝之忿沉諸淵衆勸不可解公出資募善泅者没淵救兒出其父旋悔踵門叩謝偕其子歸外此振貧濟

乏事多端未易竟也其與人交邂逅不覺情之厚白首不見敬之衰蓋表裏無閒終始如一也既列太學輟舉業中年嚴課其子晚年嚴課其孫治家嚴肅儉樸有萬石君遺範予欽公之誼每識之不忘竊不揣鄙陋爲述其概云内姪史紹音謹述

樂山公傳 第十世

伯父諱長雲字漢倬號樂山叔祖藹士公嗣子也叔祖卜居桃溪撫伯父如掌上珠甫肄業穎慧絶人及爲文出語驚其長老一時有神童之目孝廉奕高張先生進士文天毛先生俱少年爲同學友心折伯父桃溪故多名宿如張任達黄隆吉諸前輩咸以千里駒許之不幸十三歲叔祖見背叔祖母史愛憐甚嘗曰汝受室我抱孫方令汝成名耳遂不應督學試年弱冠遇池州倪開先先生偉人也精青烏術恨相見晚伯父從之遊數載探其閫奥喟然歎曰丈夫志在四方奈何株守蓬戸遂北遊彭城與宗人景年

先生爲金蘭友乃引謁殿撰李公蟠號仙李李公深器重知伯父才堪世用特書薦入陝西大帥嚴公幕府出郭數百里聞嚴公解珮乃返旆李公入都門又以書至疾作不果行由是不復以功名爲念嗟夫士固有抱磊落之才爲矯矯之行其與世齟齬也固宜如吾伯父儀度雍容吐詞清雅人接之藹如也而際會多左非數奇者乎俯仰數十年間惟肆志林泉陶情詩酒終其身以徜徉已爾年近五旬倦於遊與同邑諸先達稱莫逆惜其才而歎其遇者多詠白香山多才非福祿薄命是聰明之旬相貽云未幾得羸疾卒享年五十四子二長宸輔次宸榮姪宸弼謹識

漢雲公行實 第十世

先君子諱長裕字漢雲曾祖完眞公之孫也年甫一週即承服于嗣祖瀛士公九歲而本生祖全士公亦棄世比成立備嘗艱苦矣年二十五而母氏王來歸見先君子每薦寢往往流涕母問故則曰我少失怙未能承先人庭訓又不克一日奉菽水是以悲耳哀慕孝思蓋出于性成也先君子貌清臞若不勝衣者然度量恢廓所志遠而所守甚卓弼童年肄業時習聞先君子言曰吾家伯父萊仙公以弱冠掇賢科登黃甲一時爲里閈所豔羨于今閱數紀剝落已極而後嗣讀書寥寥意者種德未深歟方年少時嘗被

誘誤入狎邪家先君子急抽身不得遂危坐達旦以禮義自閑未嘗一失守平居述此事以戒弼謂人生識操厥惟在是有淮郡山陽客遭難挈親戚來南遊親戚亦罹禍還淮客由是抱鬱殞于舟所遺寡母孀妻數孩穉道經宋瀆資斧之絕舟人不肯送回先君子聞舟中號慟詢其故惻然憫焉爰資以錢米召舟人諭曰彼嫠婦弱息窮途棄擲直置死地耳有心人奚忍出此操舟者唯唯允送歸念先君子境非豐腴而好行其德類如此我周氏罹至正壬辰之難　國賜公作室于茲爲雲翳一世祖厥後造宗祠幾世祖某公也置祭產又幾世祖某公也迨

國朝康熙間遂至侵漁剝削蕩然無有先君子上念祖宗以大難後開族承家德澤之綿深矣而大宗祠竟同懸磬言念及此不勝慨然冀欲有所設施爲祖宗一振規制乃志未展而疾作戊寅季夏病中猶呻吟歎此事之不克見諸施行也命弼曰兒當誌之竟以是歲七月八日捐館享年五十有七嗚呼可悲也夫先君子于族中分居長事關公義輒侃侃談是非不少貸即糾紛難解必善爲排解而後已他若修祠事新于國山之麓蔭木長培于公祖之塋一切宗族要務罔弗竭力勖勤其敬宗睦族之念概可知已歲丙寅族兄可復先生業師謙貞先生纂修家乘先君

子亦共襄厥事追慕音容依然猶昨曾幾何時又值修輯而先君子已奄然長逝矣不肖自傷淪落表墓無時扳枝有淚謹述數端附于譜牒以存先君子之崖畧焉耳男寔弼百拜誌

黃孺人傳　第十世廷璋公配

孺人生於望族年十九而歸周公廷璋性端慤慈淑事翁姑杜氏曲盡婦道相夫子克成厥家族人咸慶公得賢內助也生男二女二而公遘疾以卒時孺人年四十矣嗟乎婦人四十而寡何可云節而孺人所處之勢誠有出於萬難者公家素貧臨歿時止存薄田十餘畝喪葬之費又去其半長男任夏僅十歲幼男開夏僅三歲兩女亦俱髫齡孺人以禮檢自防以勤儉自勵雖盛暑不暇揮扇或有勸其節勞者答曰吾賴此以上奉嫠姑下撫遺孤也吾惟竭吾力而已矣姑年近七旬因痛傷其子朝夕悲泣孺人忍

淚撫慰百方佐甘旨以承歡迨姑以天年終孺人拮据襄喪葬不以貧困稍苟簡宗族親戚咸欽其得大體也孺人藜藿自給敗絮禦寒殫心鬻織竟勞瘁以歿其苦節有非人所能及者歿後長男隨歿今幼男克自成立天之摧折孺人者至矣嚴寒之後必有陽春天殆將昌大其後以報孺人之苦節耶子婿陳邦材百拜誌

隱溪公傳　十一世

公諱之楷字子法號隱溪藍圃公長子也生而端慧童年即知孝友長而勤學獲儁黌宮後以恩捐歲貢注選學博蓋藍圃公志也未幾公母徐孺人歿率諸弟居喪哀毀如禮公內痛失恃念父年且日增遂有終養之志時部嚴驗選文檄頻催公瞿然曰一秩甯易吾親哉趣裝北上以實籲部始克專意侍養父有足疾老而時劇公扶持覆藥畢備弗以諸弟諉計竭力左右三十餘載暨翁之逝公年傍週甲矣號毀如孺慕喪殯盡禮春秋時祭孝時之誠如在也公家素封析箸時不擇貲產於諸弟一無間言其友愛

如此親故以急貸者視力酬之償不計息劵羃于篋者無慮數千公之慷慨又如此晚尤嗜讀訓子姪必以義方每春和秋爽偷徉舟陸訪荊溪名勝領山水之趣室環城河暇則臨玩自號隱溪蓋寓志云爾余為公姻婭至戚公卒于乾隆辛未冬月聞彌留時憶余不置余羈于薄宦而悲公之不可復見也爰敘其志事以誌焉

贊曰子之孝親至性也大舜五十而慕外物不攖其心後人或捧檄色喜或解組陳情皆志乎親也子曰惟孝友于兄弟是亦為政若隱溪周公者雖未以仕顯其純摯之性孝友之風足令人興起矣舉人當塗訓導襟弟萬㰅拜撰

子寰公傳 有序

余曩與周君子寰並敦雅誼周君長余十齡率嘗卑以自牧者不當以齒次已而遣其長子忠字宅位來從余遊實能端雅自變絕違侈靡余于是知其家學旋又見其列名庠校爲羣從率先乃其翁之墓則已有宿草迄今又四十年而宅位子之年已踰六十慨後日之視今猶今視昔也爰約畧君之羣行而爲之傳

君諱殿字瀞遠號子寰藍圃公次子幼受學於吳丈含美長而斐然有文其伯兄隱溪既以茂才入上舍例得候銓司訓而君亦銳意進取遂寄籍于松江之金山衛爲博士弟子維時浙東楊公中訥視學吾鄉廣羅俊彥乃特弛外籍之禁吳中士激昂奮迅按臨之郡多往從之而君與王君暨門等得售以歸是爲康熙之己丑歲君居家邑之青龍橋畔堪與余家相望而君之母夫人爲余孟姑之自出於余家爲渭陽往來親密君之師吳丈先君子執友也弁冕庠校君同氣四人前後皆出其門嘗亟稱君之文爲達時利器及試於松郡而其言果驗君與從母之子曹君敦來投分深契敦來嘗品評君之近藝謂其文筆雅質理境清真絕似中明人長技而君則深自謙抑辛卯觀光後復

奮志決科由是俯讀仰思默誦暗記揣摩成熟歷試承宣爲時將二十載而敦來已魁於鄉暨門久已捷北闈而登仕版君尚未邀知遇廼殫厥心以課子延師必忠且敬務專一其子之耳目心志不馳逐於紛華而君于家塾常課外必篝燈夜坐衡量文藝指示瑕瑜故其子及諸猶子之才多秀出君父藍圃公久稱富室君擔荷家業備遭横逆於鄉深被困阨幾於終訟君獨猛省而情恕禮遣之以爲忿必思難吾固不當爲怨府也生平與人以誠交友以信人有一言一行之善則稱說之如不容口親故之榮枯欣戚嘗切切於其心而非敢以膜外相視自藍圃公徙居城之北郭君亦暫居蛟橋東睽違數里而定省未曠吉月望旦必早起盥漱趨走問安雖祁寒暑雨未嘗稍懈藍圃公年六十後又得兩少子君早識其必當成立而撫愛之如手足此以知君之於孝慈最隆也乃年僅五十有五而遽攖末疾以卒幸而宅位子能善承君志焉乾隆丙申三月上已後十日八十五老人過庭史崧拜撰

樸菴公儲孺人行畧

祖諱樞字子斯號樸菴性恬淡疏落不專心計不務世故曾祖藍圃公子六祖行三定省問視外弗道計簿出入事後析箸不競貲產亦無後言諸伯叔每爲汝爲道之祖接物以和雖遇樸隸不厲聲色待人以恕雖加横逆不計報施獨至濟困扶危矜孤恤寡力能勉者則毅然不辭其稱貸者必責之劵曰使之可受不欲示好施也其人貧乏則焚之曰責之無償不欲示慷慨也乾隆丙子歲大饑食指二十餘衆產僅百畝猶典貲買穀平糶門左偕同里富室設粥廠會真觀以給里人窮餓者三月此汝爲弱冠時所日擊者夫擁厚貲計錙銖雅非吾祖所屑也然緩急相週

亦惟推有餘以濟不足焉至家業漸落無茝餘儲而猶力敦任恤此固人情所難聞者且疑逆情干譽矣以觀吾祖責劵焚劵之言非仁心爲質樂善不倦而顧如是乎憶汝爲年三十應府試回舟覆溺時偕同父弟一人同祖弟二人俱得無恙親友外無問識與不識皆誦吾祖之遺蔭不衰於此徵人之感服乎吾祖有素矣祖妣王孺人歸吾祖一月而卒儲孺人節儉辛勤八旬外猶事紡績以相吾祖以成厥志雖拮据無悔念祖壽登八十三祖妣壽登九十一人謂吾祖康甯壽考曰攸好德云孫男汝爲謹識

補亭公傳 十一世

公諱湄字子堅號補亭藍圃公第四子公少輒好學弱冠工舉子業爲儕輩先而藍圃公已年邁六旬矣其時藍圃公自城西徙北郭敗壁頹垣累年未經黝堊藍圃公顧而歎曰此豈予一手一足所能任乎公承志晝夜拮据堂構一新于是藍圃公得以垂白之年優游頤養以獲攸甯之樂焉公性嚴肅寡言笑不輕以辭色加人而人自整飭終歲家中不聞詬詈聲生平無他嗜好定省外手一卷不置其形諸筆墨凡有關敦倫睦族者必婉曲局詳使人感人心脾而油然以起臨書未嘗作行草手錄經傳終卷不訛一字其慎重類如此藍圃公晚年得履錯之疾跬步胥賴

人扶持公遂棄帖括學援例授州司馬終以親老不仕德配吳安人能以勤儉治其家端慎和厚與物無忤偕庶姑劉同居二十餘年未嘗有閒言佐公經理內政秩然有條體素羸日僅一飯終弗爲甘旨計澣濯縫紉暮年猶親勤其勞戚串咸謂公內助得人而刑于之化亦有以先之矣甲少時素欽慕公因樂與其令嗣炙君遊而鞏從宅位尤朝夕往還每齒公不容口會時創建家廟語甲曰此叔氏同心協力偕諸伯叔鳩材庀工而身任其勞者也會公卜居城南語甲曰此叔氏恐兩弟年少且他徙或敢侮故使

忍齋公吳孺人傳 十一世

叔祖諱恒字子珩晚號忍齋太學生曾祖藍圃公五子公純任自然天眞鼓盪人也聲色不厲雖接子弟御僮僕藹然如坐春風中視人無不可與交不情則絕之如素不相識有急難告之則應不問其所由不喜論人短長如遇不平即向叱不少含容人俱折服其勁直寒亦解衣饑亦推食橋道壞亦捐修歲荒歉亦施米施粥視之如家居日用了不介意乾隆甲子有藥客販木香十七箱者不售歸無貲人以語公公即以時值受之貯之空室十餘年人求之公即以時值授之不數月價騰貴百倍咸爲公惜公笑曰

吾始之受之也因人之急而濟之後之授之也因人之求而應之初非有市利心也凡事隨分而行行所無事乃適意耳公之曠達如此夫人之心藏叵測利己損人者無論已上之則有守己自固與世無爭者焉又上之則有疏財仗義好善樂施志在必酬者焉如公之跅弛自喜有解衣磅礴之概若與世脩然無與衆而義之所存形諸辭色力之所及罔弗施行豈落落寡情者哉乃跡其行事觀其論議抑何豁達無碍不設城府若斯也公之性情梗概其有無懷葛天氏之民之遺風歟叔祖母吳孺人系出倉濱
誥封朝議大夫耘隱公女也溫柔淑愼事公如賓或劝詣

得定居以善承遺意書也事死如生庶幾古人之養志者歟他若葺文武廟修迎秀閣凡邑中諸大務經營規畫次第竣工後生輩咸奉爲典型然好行其德者往往而有以故不論論其著于門內者云公于乾隆二十年十月十一日捐館舍壽六十有六吳安人先公卒壽六十有三男三人長沖霄例貢生次在京附貢生三翰邑庠生女一人適太學生蔣國棟孫男九人各蜚聲庠序間 甲 職叨史官方將敘列公之盛德以信今而傳後先撮其大畧俾勒諸家乘焉

賜進士出身朝議大夫

內廷供奉翰林院編修提督廣東學政前內閣侍讀學士

年家眷姪湯先甲頓首拜撰

至初見時畧道數語語竟雖坐久不聞其聲視之㢮㢮若無能者然以公之率意孤行徑情一往而門庭肅穆家業充饒葢賴孺人主持內政相與以有成云子二人長瑞太學生考授州同知次璜太學生公例贈儒林郎吳孺人例贈安人孫男三人今當宗譜告成次叔銘珮以傳囑汝爲何能傳然叔與汝爲叔姪也亦兼賓主又何能不傳爰敬述大端示之後嗣俾知吾宗有純任自然天眞鼓盪如公其人者孺人之相與有成亦有不容泯没者在也姪孫汝爲謹撰

有章公傳 十二世

公諱明煥字有章余從姊婿也公與余家爲世戚尊人隱溪公生三子公居長母儲氏繼母歐氏儲孺人卒時公尚少哀毀如禮奉隱溪公及歐孺人色養無違少習舉子業不售乃援例入太學先是隱溪公出自素封性輕財慷慨食指既衆家費浩繁比授公僅中人產爾公日用起居一秉儒素服食不靡浮費必節余姊氏又佐以勤儉量入爲出儲財備用不數年而家業日起歲壬申公延余課子姪余視其家法內外嚴肅下至僮僕亦循循有規矩欵接親朋豐儉中禮各愜人意又其幹畧優長族黨有疑難及邑中以公事就商者隨事剖決無不當理余竊怪其生長世族獨能醕樸持重不染華僞且應盤錯而從容不擾爲族黨所倚重非大有得於中者烏能若是閒叩公學公曰余不敏未能卒業然時覽聖賢典籍覽朱子家訓爲樸近可行于何知守乎儒素而已余乃恍然于公之所以居家應世也昔許魯齋信小學書敬之如父母呂成公少褊急得力於論語躬自厚之文古人讀書有得一生受用甯徒呻其佔嗶希旦夕科名哉余從此歎公爲不可及矣公平居待人恂恂退讓鄰里貧乏者必周歲荒歉必平糶遇子姪尤厚次弟觀旂公早卒孀孤莫倚公撫姪如子教育賴以

成立於城北建祖藍圃公祠公以冢孫主搆造量工計日如期告成門堂寢室秩如也於雲鶴議搆分祖安甫公祠貲費不敷公爲籌運數年買基興築復以餘貲交族內有貸劵數紙解囊清償弗以券交也其敦本尙義又如此公生一子聰穎有至性學幾成不幸公捐館舍居喪盡禮新娶不入內哀毀數月遂卒此尤可見公之生平立敎有本也今其嗣孫景禧温厚儒雅不愧素風其拓公業以垂裕無窮者自未可量茲歲族譜議修余姊氏命孫景禧以公傳來囑余忝在世戚頗得公之梗概故述所知爲紀實以傳後云乾隆庚子恩貢生眷弟儲朝楓拜撰

訥菴公傳 十二世

兄諱明煇字含章號訥菴伯父隱溪公三子余同祖兄也隱溪公性厭塵俗支酒自娛兄年少即析箸爰廢舉業補國子生兄始居郭外十餘里督耕農課蠶織辛勤朝夕不辭勞苦隱溪公居城省覲無虛日雖寒暑亦弗間繼以次兄覲旂去世侍晨夕者惟長兄有章兄遂移居入城舊宅外另卜一宅中隔小河爰設一橋彼此相接隱溪公含飴弄孫幾忘其爲兩宅也次兄歿後長兄撫其遺孤以教以育視姪如子後長兄父子繼歿兄以一人兼理兩兄家業矢公矢慎初無間言古有孝弟力田之選吾兄庶幾其近之乎其自奉也雖藜藿之食必曰此農工血汗所成也疏布之衣必曰此織婦宵旰所致也古人所謂銖積寸累大都先自衣食節儉起耳其處世也謙抑則退然不勝乎相則藹然可接族黨有奢靡者則諄諄勸諭好言相勉使之自悟有付託則任勞怨籌劃務周祖藍圃公祭產租息歲時經費委兄經營十有餘年由納纖悉必清費用浮濫必汰視公事不啻己事余輩素引重焉余年邁七旬疏簡筆久矣顧余同祖兄弟數十人兄視予齒不啻相若而今者存沒相違春秋幾度緬昔音容正恨不獲傳兄梗概也當家乘告成姪懷西以傳請遂爲紀其畧云堂弟忠謹撰

誠齋公傳 十二世

公諱沖霄字扶九號誠齋例貢生姓周氏周爲義興望族自晉孝侯以忠孝傳家代有聞人公之祖號藍圃者擴先世業家稱素封樂善好施有萬石之風公守以恬靜不事營求而家業日長人信其厚德載福焉公性眊篤胸不設城府時濟人急解推無少吝有稱貸者雖數百之弗悔祭祀必誠敬晨起具衣冠將事卑幼肅立無敢出聲稍有惰容必正色叱之自奉儉約終身不衣裘帛每飯必設醃菜一盂而一身尤敬惜字紙凡衢巷牆隙屋角以及瓦礫糞壤之中遇有字跡即掇拾洗滌惜倍珠玉間有拋棄米粒

者見則珍惜亦如之公自幼有足疾年五十後即杜門不出危坐一室中聽賢配史孺人專理家政外事則委之長君葆岑公邑中有公事若修文廟與橋梁辦荒振之屬未嘗不咨稟公立即捐輸倡率不少後蓋樂善好施其天性亦家法也公壽七十七無疾而逝時值盛暑殮之日神采如生聞室中有旃檀氣後乩仙指公前身爲高僧理或不誣配史孺人温惠慈和能以勤儉治其家昧爽即興督率子婦婢僕鉅細必躬親至午夜不倦刻苦自勵疏布以終其天年壽八十六凡公之內外理而家業昌者內助之力爲尤多子四睿璣芳鳴芳嗣叔翰睿即 贈君葆岑公芳明經璣鳴俱國學生女三人皆適士族孫男六人冢孫曦癸酉拔貢今任泰興訓導餘並肄業成均曾元輩英英繼起努力讀書梅與公姪孫之晃爲己酉選拔同年而公之孫又與梅子恩福選拔同年今之以行狀來請傳者公之孫泰興學博也念公生平襟懷恬淡性情樸茂殆無懷葛天之流而家業熾昌子孫賢達所謂全其天以致福者非耶不揣固陋謹按狀而爲之傳

誥授朝議大夫禮部儀制司主事己酉拔貢壬子科順天舉人年晚生李芳梅頓首拜撰

繼昌公史孺人行畧 十二世

先君子原諱熾入監後諱大猷字繼昌一字際昌行居長生而聰穎嗜學能文十四歲應試澄江文宗閱卷賜筆墨訓曰童定非池中物然吾欲玉成大器非吝一衿也愛惜先君子者深矣嗣是文譽日隆試州邑輒列前茅以院試屢不售遂援例入棘闈計大小試凡二十七備者五薦者三乾隆丁卯科巧笑倩兮全章題先君子作兩扇格不用結本房以佳卷首薦主司評卷首云格整氣遒文成法立但兩扇無結語場例不錄可惜也先君子場事數奇類如此然志不少挫闈試必赴文會必到邑名宿咸心折目先

君子爲畏友嘗見後生艱于作文訓曰文人作文如饑渴得飲食爲快意事凡目有所覩耳有所聞諸如林泉名勝書窗下晴雲皓月東雨秋聲莫非助我興會意得筆隨平奇濃淡水到渠成乃極文家樂趣如若輩立期限課覃思竟日二藝始成直苦況耳然質雖駑下由苦生樂由熟生巧理所必然功至自當知之迄今庭訓猶在耳也先君子言笑不苟然諾必誠課生徒因材而教館政極嚴邑中爭以名師延致辛未歲忽患氣症日劇遂解館養疴林泉者數載病漸痊囊漸窘迫床頭告盡而症霍然愈矣嗚呼先君子之文上之見賞于文衡下之見推于鄉先生乃寸晷風簷與年展轉其賞識之有定者先君子之文也其遇合之無定者先君子之數也既厄于遇復困于病與貧天于先君子何抑鬱潦倒若斯之甚也然而先君子恬然適也怡然得也嘗見其吟哦于晴雲皓月東雨秋聲之餘莫非樂境也得意疾書俯仰今古與會淋漓莫非樂事也先君子固厄于遇而能不改其樂者歟生平文成數千不自愛惜後掇其尤者數百首彙成數帙又爲好者竊去稿無復存文之遇不遇有數豈文之存没亦有數耶先母史孺人曾祖藍圃公外孫女也幼從外祖母歸甯曾祖喜其端重遂命先祖樸菴公聯姑舅姻外祖母卒年十六即歸先君

子寡言笑親蠶織以勤以儉晚暮如初先君子享年四十九孺人享年五十六後先君子五年卒回念先君子存日毎當秋闈報曉後先孺人輒頻相慰藉未嘗不顧汝爲昆季悲先君子之厄于遇也嗚呼痛哉男汝爲抆淚述

賜進士出身即補知縣年家眷世姪戴樹屏拜填諱

凝齋公傳 十二世

公諱京譜名在京字鳳書號凝齋補亭公仲子公長身鶴立丰裁峻整不苟言笑望而知爲端人正士英歷觀鄉前輩深服公律己者嚴治家者肅與人交者寬以和人以是咸敬憚之而又樂親其風範公少受業儲梅隱先生之門門下多名士公尤爲先生器重相與同硯席者聯翩傳上掇取巍科而公猶滯於小試年逾三十始獲一衿補亭公年老辭世公伯兄誠齋公靜訥不與外事弟鶴書公以攻苦得羸疾一切家事專屬公公出入必謹坦白無私持家數年業日以闢析産三分之兩家兄弟子姪無間言蓋公

生平以平心持己以誠信待人從不設欺罔念人亦無敢有相欺者邑中多公事如修黌宮建橋梁辦荒振并葺修廟新宗祠諸大事公解囊惟恐不力方是時人方以富厚推公而不知非公意念所結也終日手一編書危坐一室博覽經史及秦漢以下諸大家文於制藝無不探蘊尤得於西江兩大之文自貢入成均年己晚矣每大比猶努力自奮凡十上棘闈而竟以明經終老公之於書也學鍾王其於詩也愛韋柳嘗於金陵道中吟句云烟收瓜步樹秋曉秣陵關其清響類如此自謝舉子業搜羅古名人書畫辨析源流區別真贋雖匿其欵識而臆決終無一失晚年借花木以自娛齋頭多植梅竹及名花雜卉案上惟爐香茗碗意緒悠然有時興至則呼諸子姪及孫評量經史及各詩文意取刊浮華而崇實學娓娓數千百言常至夜分不倦嗚呼此尤足以見公之志矣配任孺人即英族姑母爲族望遲翁先生之淑女知書習禮温惠柔嘉佐公内政稱德配焉與公同庚先公十四年卒壽六十一孺人殁後公精神猶健處齋獨宿未嘗置妾媵惟卷軸靜玩與古人相對而已酒酣以往嘗自號空空老人壽七十五無疾而逝臨易簀時有飛鶴集於庭家人與鄰里皆見之卽於是刻仙去親黨以此異焉殁之日乾隆丁未五月九日也子

五人女一人子俱身列黌序爲名諸生其第三子嗣弟鶴書公後今任浙江黄巖場鹽課大使女適北門吳例封安人孫十人降服孫三人任縣令者一司學訓者一明經一食廪餼者三餘遊庠入成均者更比比曾元林立其就塾者皆好學讀書於以知盛德有後其信然也公今往矣而思公念公者猶如昨也英不敏辱承延課於家者八年因得備詳公之行事與其性情之流露者僭敘述之而爲之傳

賜進士出身翰林院庶吉士小姪任英頓首拜撰

鶴書公哀辭 十二世

嗚呼吾友以純孝子而不克永年且名未稱於當世可不哀之而表著之也哉君姓周氏諱翰字鶴書邑庠生補亭先生季子伯仲二兄析居在外疾痛疴癢朝夕侍側者惟君一人三十外丁母吳夫人內艱哀痛骨立未及葬而補亭公抱病病隔噎者幾二年左右視膳正如禮所稱一飯再飯也甫禫服即丁外艱三年之內連喪二親笑不見齒穀不入內而年逾三十尚未有子絕不以分其孺慕之誠制中痛吟百首皆絕酸楚內有句云不肖也堪供役使冥途相傍勉支吾自是日就危瘠嗚呼可哀也已君賦性醕

篤讀書作文不出一浮游語縣試社課屢冠其曹詩詞亦沈雅可誦居常流覽惟大學衍義王文成集余于君馬齒加長而又遙隔鄉城然與君昆季爲忘形交間月入城必謁君留寓館舍對榻論文繼見君憔悴羸瘵慰之曰君高臺曲池柳風梧月足以遊目騁懷何自苦乃爾君歎曰吾雙親已矣吾已無意於人世衆服甫闋果殉親于地下年四十一此予所以追念昔遊感愴而不能已於言也君娶湯氏止生一女適乾隆辛卯科舉人蔣宗涵妾顧氏無出伯仲兩兄各以第三子爲君嗣焉

辭曰古禮親喪不寢於內求之史傳斯道久墜嗟我周君世罕其對有妻有妾明發不寐壽夭嗣續毫無罣礙從親地下甘如酣睡嗚呼噫嘻少連子皋後先相配思君平生痛君憔悴今永别兮握手難再髦年老友灑淚成誄同學弟駿日蔣琁光頓首拜書

晴軒公傳　十二世

叔諱璜字銘佩號晴軒叔祖忍齋公之次子也好讀書善屬文嘗與迪同遊吳庚蓴先生門每一藝就先生亟賞之叔長於迪六歲而情好親密志氣相投有若弟兄或會課或應澄江試把臂論文臨池作字灑如也後同學者率皆博得一衿而叔猶未遇遂援例入成均靜掃一室以揮毫染翰自娛一時碑版書丹多出其手郎如重修雲鶴大宗祠落成新鐫碑字亦其書也晚年延師課子意殊切切猶憶叔臨疾在床忽披衣起坐執迪手囑之曰吾病亟矣兒方試筆如可教者幸爲我教之嗚呼何其痛也叔年四十

六而殁殁之八年弟爕郎與迪兩子同入泮今方設帳子迪之姪家歡好猶曩時情也嬸母潘孺人年七十一矣猶清健在堂弟爕事之甚謹孫三人咸讀書知禮登其堂者猶見孝子順孫之風焉從姪迪頓首拜識

直之公傳　十二世

坤二之所以利羣生之所以生與夫三代之所以行者曷特乎特直而已然而有直其名者有直其實者直其名烏乎貴直其實則朝廷以是爲重鄉黨亦以是爲尊如吾族叔直之公是其人矣公諱德煥字佑明子良公之長子也家境初極寒力不能讀并無可耕效朱翁子之意扁挑以自給而已然得錢雖少必先奉其二親菽水之養曾無有缺鄉黨以是爭羨之後積錢稍潤漸置田產遂專力務農郎有家室公素不知書但性情伉直獨行己意而已然事親能竭力教子以義方雖學中人不是過也又祖宗成法

一一遵行稍有不合義形於色如經理祠業絲毫不染子弟有過尺寸必繩人是以敬若嚴師晚年田宅稍豐善酒善茶并能書算亦一奇也配王孺人精於治家子三人女一人適士族孫七人曾孫一人壽八旬吾族至今言直節者尙想望於公云族姪迪謹識

松岡公傳 十二世

人有鄉黨重其人宗族嘉其品而徒以布衣終老不克見於時或至家乘佚如亦略不載其行事者是可惜也公諱德俊字喬林號松岡雖係出世家而身居鄉里課農爲業則亦鄉之人云爾然享莫大乎尊祖敬宗業莫大乎承先啟後公承父樸圃公志帶經而耕半耕半讀門以外良田數頃土膏方潤畚鍤齊興門以內織作斯勤篝燈團坐機聲與讀書相應由是家日充產益饒而自奉儉薄教子務本未嘗稍自華靡然此猶作家之恒耳至於經理祠產矢公矢慎銖積寸累創立享堂重整八世祖安甫公祠煥然

一新雖合本支而共襄之公之力居多也嘉慶某年月日村西大橋以年久傾圮公念橋爲五世祖愛橋公所建不可當吾世而聽其傾頹且西境要道經行不絕何忍令孔道之不通也奈水闊十數丈河流湍急復建石橋工鉅費繁總成算而計之費約四五千金力不支於是先具渡舟繼搭浮橋樁木沙石將以次就緒設酒會議業已具本縣爲給示募捐矣會歲歉停止而公亦以疾捐館舍嗚呼何天之不助善人而靳其善事也茲因纂脩家乘族人謂公不可無傳余非能傳公者但不可因不文而辭之也是爲傳

族姪迪謨識

茗圃公傳 十三世

人之志行品誼有適相投而遂相契者不能以存歿而遽忘也公名照乘字明浦號茗圃世伯周甯齋公之冢子而吾伯兄樹穀之襟丈也方世伯與吾先君爲社友文章氣誼夙稱知己洎茗圃公與吾兄弟交性情議論如出一轍蓋兩世深交情同手足矣公爲人慷慨任意氣與人接物有古丈夫風嘗云孔北海座上客常滿樽中酒不空羊叔子緩帶輕裘而制勝千里真豪傑也亦真名士吾嘗造公門見其居家溫溫然和氣溢于庭闈孝友之意油然頓生當是時公高堂具慶諸昆季翕然同居兒女子姓繁衍而

家又素封並好讀書公以長君領袖其間業何如耶望之者有如景星卿雲矣公積學勵行爲文不喜俗爛其清剛雋上之氣得前明西江一派風骨故公受知李學臺拔取宜學第一而吾鄉能文之士出儲雲溪先生門者如繁星之拱北公與其內兄徐紫洄昆季頡頏上下先生無能優劣之時先君已成進士亦撫公背而慰之曰具此文骨當另出一頭地後徐兄弟遞登甲乙榜而公猶屢滯省試每登金焦望大江朗吟陳子昂詩曰前不見古人後不見來者念天地之悠悠獨愴然而泣下嗚呼公于此際亦感慨係之矣所素交如予兄弟外汪明府鈞莊湯贈君宣人吳

茂才芳芷孫道士紫林皆稱莫逆交銜杯煮茗談論竟日旁觀咸笑其迂而公意氣自若吾伯兄喜作狂草自號仿顛而公精楷書明窗浄几臨摹二王法帖及文徵仲著山十詠諸小楷精整秀潔有亂眞者手錄詩古文詞不下數十種其筆精墨妙可爲近世寶玩晚年博觀子史能舉其要又喜觀元人百種曲及　國朝名家詞手選　國朝詞液一部其督課諸子讀書作文甚嚴先生館課外文藝必躬自評隲故長次二君縣試俱列前茅青年同遊泮宮嗟公已矣年力正可有爲而遽成撒手殁時年僅四十五親黨知交咸深惜之配徐孺人予表女兄也温惠柔嘉洵克宜其家室子三人令長君鎡以廪貢登訓導班行當選授而贈其先人矣次君言郡庠生三寬尙應試孫三人曾孫一人並就塾讀書夫以予之右執迂拙不諧於俗是以一經作令改授教職豈臭味畧同而遇亦不甚相遠歟因喟然興歎濡筆而爲之傳

賜進士出身授文林郎陝西清澗縣知縣世愚弟戴樹屏頓首拜撰

困菴公傳 十三世

予素不爲人立傳以予之才識謭陋不能傳人而其人亦未必卓有可傳者也周君困菴諱汝爲字協勤與予同受業于馳宣顧先生門既同志且同塾也先生嘗並稱賞之予自束髮受書以來同硯席者多矣而少有愜于心獨于周君見其品樸而豪讀其文雄而肆自負笈時已爲契友嗣後庚辰壬午閒邑侯萊陽喬公試宜邑士周君文尤所歎賞初意必欲列君第一後以君補試不合例因拔余兄麟徵冠軍而君文之聲價益高斯時吾兩人之相契不啻如同譜也嗟乎士生斯世升沈有命窮達何常予猥以薄植早年遊泮即幸登賢書而周君猶然故我也把臂話別相與涕泣不能止自後予浪遊京師近二十年困頓畧與周君同後周君受知于學憲景公補博士弟子員文名大噪執經請業者踵相接也先是君世業蕩然以積學知名修脯所入頗厚遂藉以安其家室庚子予倖獲雋南宫授戶曹而君不特以老師宿儒教授里中且有聘之爲玉尺衡文者矣予官京師兩人闊隔不通訊問者久癸丑春忽有傳周君已故者予聞而驚訝既而歎息謂文章憎命斷人竟不可作也嗚呼痛已後有自家鄉來者詢其實知殁時年五十六且知其兩嗣君俱善讀父書又爲之喜動顏

色曰真品好學人宜其有後也茲予以告病旋里其子巳抱經問字執子弟禮以見并請爲其尊人作傳予思數十年前故友亦無有如予知之最深者誼無可辭因不揣而爲之傳

賜進士出身戶部福建清吏司主事加三級世愚弟朱受非撰

沐堂公傳 十三世

公諱淦字平淵別號沐堂同年周君鴻軒之尊人也余覲察安徽鴻軒常來晤語相視莫逆暇日杯酒論文即述其先世懿德深爲景仰今年春呈其先人行狀請傳於余余既熟悉其家世行事故樂爲之傳周氏自西晉以來代有勳績載在忠義集者卓卓可見公承世業砥礪廉隅不肯唯阿徇世俗然與人和易人亦未嘗相忤庭幃之間至性流露每作一事必以真誠出之人無閒言自奉甚儉約謂子婦曰由儉入奢易不可不慎顧見人有緩急又不吝捐囊以助也屢戰棘闈不遇因盡棄帖括之學與同人唱和發抒性靈儕輩莫不擊節然不自檢拾隨作隨棄搜羅遺草僅存沐堂詩集二卷沐堂詩餘一卷杭遊草一卷少工篆籀後則專心漢隸謂漬古樸茂之致非漢不能若涉唐宋則境淺而味薄矣迄今藏公書者珍重若璠璵焉江浙名勝甲天下公有濟勝之具徧遊不倦或詩或記隨興而發往往到山水佳絕處徘徊其間逸興勃勃幾不欲歸嘗登雛墨山嶺手製祭文奠告山靈搨吳孫皓封禪碑數紙是時寒風慄慄同遊者瞋眙惶惑而公歷險仄之境徑情一往搜奇訪古獨以爲快其好奇如此夫讀書積學之士出則利澤及人處則優游自傳其勢不能兼而道無偏廢

今公不營營於生產不亟亟於勢利放情山水賦詩自娛雖以諸生終豈不足以自樂其樂歟況筆墨流傳更歷久而不朽耶初名二龍以星家言貴得金水故更今名云

嘉慶二十年歲次乙亥夏四月年愚姪江右楊懋恬[illegible]於

江蘇藩署

葆岑公傳 十三世

周君嵎谷予選拔同年友也都門旅邸常道其先人葆岑先生孝友至行予心識之不敢忘越二年嵎谷秉延令鐸遺僕走京師函先人行狀乞予爲傳予職在史館分所宜任但恐不能工文辭以盡道先生盛德副嵎谷嚮望之忱顧心儀先生久其何敢以不文辭謹案行狀公諱庸字寶長號葆岑國學生大父補亭公父誠齋公世以孝友忠信爲家訓至公一體先人意自少即有至性比長才識明達器量過人兄弟四人公居長家事鉅細公一身任之不以諉諸弟誠齋公素有足疾艱於行爰命公曰吾二親未發葬所吾年邁汝能體吾心爲心是汝之孝也公承命即請形家凡累謀數人相度原隰履巉巖越澗谷歷十數年而定誠齋公爲之色喜公有妹適徐再朞而寡遺孤未及週追孤成立授室而後返諸其家公一人力也公既勤敏練達族中及邑中諸大事必先諸之宗祠圯倡率斂貲悉心擘畫不期年而工遂竣遠祖孝侯廟年久傾頹工費甚鉅公爲請於當道謀諸邑之縉紳先生協力助修而公獨肩重任釐清估綜出入拓規模閱七年而告訖堂構森嚴廊廡儼翼邑中稱鉅麗焉廟故無恒產廟祝往往遷徙無定

公爲鬻補亭公餘產爲廟祀費生以故至今得嗣奉無缺他若修文廟建橋梁辦荒賑凡遇大工役莫不倚公爲重鎮云公生於乾隆戊午五月二十三日卒於乾隆癸丑正月初九日享年五十有六時史太孺人猶在堂哭之慟曰今而後孰有如吾子之賢也諸弟姊妹又哭之慟曰今而後孰有如吾兄弟之友愛而行誼純篤也親友中無不悲悼嗚呼士生斯世家政與國政相等如公之至性忱悃才畧優長卒之日知與不知皆爲隕淚則公之生平其感於人者何如也吾有以知先生之行誼爲不可及也配路孺人歸公未逾月而卒繼潘孺人廬州府教授潘君恩印前

署廣東知縣事今改清河訓導恩紱其胞弟也勤愼持家事翁姑以敬御婢僕以寬終身無勃谿訢誶之習子二長曦即嵎谷予同年拔貢今泰興訓導是也次衢太學生女四人皆適士族孫六人次孫徵已採芹餘皆有聲藝苑曾孫二人俱幼予既重嵎谷之請又讀先生行狀有足爲後人範者洋不辭而爲之傳

贊曰語曰桃李不言下自成蹊信哉是言也葆岑公以篤謹行於家而人愛慕之不置非其中有人所不可及者在耶又聞公當幼年深自刻苦讀書欲以顯名於世卒之家事莫諉遂中輟晚年乃課子弟讀書作文甚嚴不少假亦可以觀公之志矣嵎谷種學植文試諸學博踬不盡展其才亦可以少慰公於地下矣夫

賜進士及第翰林院編修丙子順天鄉試同考官加三級
前癸酉科拔貢年愚姪江甯伍長華拜譔

範亭公小記 十三世

公諱汝礪字若金號範亭邑諸生於先君子爲從兄弟於誥爲再從叔父先君子長公一歲自少至長課文角藝必與之偕先君子亟稱之爲昆季中畏友顧困童子試二十餘年年四十一始補博士弟子其爲文初工鍛鍊繼乃融脫偏歷明季金陳諸大家及 國初名家集沈雄警鍊成一家言不屑屑拾人牙慧顧學益邃歎益奇遠得一衿而年已近艾矣蜀山書院院長翰林熊公恩紱精藻鑑少許可閱公文嘖嘖稱善引爲忘年交每一藝出擊節歎賞晨夕譚論不輟其去也擧之同行留於荅江館舍飲酒賦詩匝

月有餘然後灑淚言別蓋忘爲師弟矣公美鬚廣顙吐音如洪鐘旣屢試承宣不得志乃教授弟子談經義辨音韻白鬚彪彪然議論滾滾不竭兩目注射神光逼人邑中稱名師性伉爽善恢諧有不可其意嘗面斥不少假而笑口常開對之者如入春風之座云子茂才秉鈞亦善讀書工文能繼父業姪之誥拜識

範亭公顧夫人合傳 十三世

公周氏諱汝礪字若金號範亭爲晉平西將軍孝侯六十世孫世居宜興邑城之西雲霧村至公曾祖邑庠生贈福建同安縣縣丞藍圃公始遷於城富厚甲一邑公祖太學生樸庵公以好施傾其家至公考方虎公公妣徐孺人生子三公居長時家業旣替而累世厚德爲時所稱公乃研求經術奮起儒修諸經中於易尤精詣深入嘗手批左氏分丹鉛兩色工楷眉註無一筆苟簡輯歷代帝王世系成卷書入二王之室氣味深厚即之令人意消爲文初工鍛鍊繼乃融脫偏歷明季金陳諸大家及 國初各名家集

沈雄警闢成一家言顧困於試事年逾强仕始補博士弟子員秋試輒不售乃教授諸生蔚然爲時名師弟子多所成就而我年伯靜齋先生固公所親授庭訓以世其學者家計所恃祗此硯田雖居屢空泊如也公美鬚廣顙吐音如洪鐘每談經義辨音韻論古今人物白鬚如雪議論滔滔不竭目光注射神采逼人性伉爽善詼諧有不可於意者面折不少假而氣宇和藹無苛於人接之者如入春風之座云生於乾隆己未八月初八日卒於嘉慶壬申七月初六日壽七十有四葬於邑之東山湯家坳以曾孫家楣官 贈榮祿大夫太僕寺少卿順天府府尹配顧夫人同

邑雍正丙午經元駿之孫女儒士鈞之女賢孝安貧公既
常館於外黽勉有無家政胥夫人主之公年四十一以久
困童試無進取意夫人乃屬昆季之赴院試者强公送行
登舟既登命解纜公曰我須歸勿遽解則曰盍往再試乎
公曰否吾行李試具俱未備何戲言耶僉曰行李試具固
在也公始知夫人所爲遂往試而捷夫人先公卒時爲乾
隆辛丑七月二十三日葬於齊濟橋汪家潭之西子一秉
鈞郡庠生‧貤脩職郎海州學正榮祿大夫太僕寺少卿
順天府府尹女二長適太學生任一棧次適儒士潘增羽
孫三長森棣　貤贈資政大夫禮部郎中次蔭南由廩膳

生中道光辛卯順天舉人揀選知縣海州直隸州學正
贈榮祿大夫太僕寺少卿順天府府尹曾孫五家俊江西
縣丞家啟州同銜家燮縣主簿殉難廕雲騎尉世職祀昭
忠祠均森棣出家楣咸豐辛亥　恩科本省舉人己未科
進士翰林院庶吉士歷官禮部主事員外郎郎中　記名
御史知府海關道太僕大理寺少卿今官順天府府尹家
鍸太學生殉難廕雲騎尉世職建專祠祀昭忠忠義祠俱
蔭南出元孫九壽曾家啟出志匡太學生　贈奉政大夫
刑部貴州司主事家楣出志靖同治癸酉科順天舉人官
刑部貴州司主事家燮出嗣家鍸志端太學生分發補用

鹽大使家燮出志泰　國史館謄錄議敘鹽大使志僕家
俊出壽榮壽山家啟出志程家楣出

重光論曰公之先富過猗頓矣乃兩世以輕財好義至歲
飢獨力煮賑各負債者焚其券勿問坐是成寒素公奮與
儒術自勵勵人一時稱經師公嗣靜齋先生繼美儒修好
行其德公孫我燮棠同年遂成名儒以海州儒官爲時名
宦今吾鄉稱儒林者首推之公曾孫小棠京兆乃以儒臣
輔翼　聖朝壤外安內負天下重望雲礽輩起且已登科
第列郎官世其儒而繼繩勿替焉甚矣儒之爲用昌而皆
公之特振儒風貽子翼孫以垂令緒於無窮者也

賜進士出身
誥授資政大夫前河南候補知府光州直隸州知州戶部
廣西清吏司主事年再姪任重光拜撰

竹筠公傳 十三世

公諱鈞字竹筠從伯祖觀旂公之子曾伯祖隱溪公之孫也觀旂公早卒公時年纔十歲零丁孤苦族黨憐之伯祖有章公其胞伯也以長以教俾克成立而公誠樸自矢謹飭自勵蓋有章而下咸賴公維持家政焉初有章公卒一子曰洵謙公純孝哀毁滅性有章公卒未數月而殁無子是時未閱半載兩世繼殁家中不絶如綫而公以一身兼之以己子爲之嗣保嫠婦扶弱子出納會計惟謹俟己子成立而以家事委之族中人咸歎公之有德也公自奉布素而於賓客祭祀必豐有大事必身率先歲癸卯雲鷂修

宗祠繼修宗譜嗣是修城中孝侯廟凡効奔走稽工役捐銀錢人交推公公一一身任之略無少諉未幾而歲大祲設平糶辦荒公尤竭其勞終始不懈高祖藍圃公祠有田産乏人經理人交推公公又爲之出入必嚴簿書必謹族中人咸服公之品矣晚歲卜居西鄉栗瀆村因屋事爲人搆陷幾不測同事者居中調劑患乃息而公亦重費家財因鬱恐遂得疾不起卒於城中舊宅曰吾不忘祖居也配史孺人康熙丁酉舉人史公曾唯孫女儉嗇持家克相夫子子三曰禮國學生嗣堂弟振友曰祥曰枚曰枚早世女一適堂族孫男三人降服孫三人長者皆能蜚聲黌序食廩餼馳聲藝苑間効亦耕讀兼資嫺禮讓曾孫二人知讀書矣晃知公之勤苦半生行誼足式凡以裕後嗣之克昌也謹爲傳

姪之晃拜撰

北野公傳十三世

歲壬辰先君知浙中仙居縣事(煒)嘗隨侍官舍晨昏定省每顧(煒)而言曰兹邑名區勝境皆吾姻長北野周公舊遊地也公昔年偕堂弟春浦先生之黃巖鹽使任巖與仙居相鄰近每當晴霽公與朋儕往遊涉天台登雁宕眺赤城霞訪劉阮當年遺蹟懷古探奇必暢情而後已今予來涖斯土追憶公之登臨嘯傲猶然在心目之間先君與(煒)言甚悉故耳熟焉且能詳也公諱亦昂字若千號北野候選州吏目　恩賫修職郎壽登八十有八歲茂才心齋外曾祖長子公謙和醕謹綽有古風里黨有爭競排難解紛毫

無私曲其待宗族子弟諄諄勸勉尤樂成其材質焉配馬孺人柔嘉維則壼範可儀爲溧邑名家女與(煒)先祖母係中表親公與孺人七袠雙慶伯父補堂以詩侑觴有古稀難得慶齊眉瑶席同稱介壽巵之句後公八旬壽旦堂弟藕塘先生亦有句云襟懷淡遠冰同潔志氣端嚴玉並堅一時傳誦(煒)謹識之不敢忘兹因周氏纂修家乘公孫紀雲屬爲傳不敢辭謹特陳其梗概焉爾姻再姪史致煒頓首拜撰

瑤寓公行畧十三世

(璨)自五歲從塾師受讀時府君以支持門戶事不及嚴督仲父則防護維勤焉師偶出外或解館仲父即危坐齋中代師總課或經或書或習字肄業無所間懈即懲以夏楚蓋三百六旬中塾師居三之二仲父居三之一所休息者惟歲除與歲首數日耳然則小子(璨)之不失學而倖登仕版者得仲父之力不少仲父諱璣字瑤寓少即刻苦勵學挾冊咿唔曾無間晝夜寒暑困童子試者且十五六年壯歲入國學試北闈不售歸乃汎濫於陰陽卜筮青囊諸書終日手一卷不釋性耿直意所不可不屑唯阿隨人然義

之所在勇往必赴居恒自奉甚儉約嘗連旬不沾肉味終歲不製一衣有勸其不必過甚者仲父曰吾席先人餘業粗糲自給幸矣儉薄所以惜福也仲父體素弱又每事過自貶損積勞成痼疾卒時年僅四十七嗚呼可悲也已配嫡母陳孺人秉性仁厚樂善好施尊師重傅外更情殷戚屬賙卹甚多子一際昇國學生女一適庠生潘孫一覲國學生曾孫一尙劭(璨)於仲父叔而兼師且親炙日久凡其言論丰采以及性情嗜好竊之獨眞即今靜坐凝思如或見之也故質言之以垂家乘庶畧存其髣髴云姪男(璨)百拜謹識乾隆乙卯進士直隸通永河道姨甥任恒拜塡諱

潔菴公傳 十三世

先生諱星垣字掌薇號潔菴予畏友也性嚴毅處事温和學問淵博爲文章不落時尙得古大家名家眞傳弱冠便棄舉子業例入國學留都中十餘年五戰北闈俱薦不售南旋應承宣試又八次壬子科已列中額卒爲薦遲額滿遺去士論惜之先生學邃才大年四十家有不虞先生尊人凝齋公已屆古稀昆季五人逝者有二先生乃慨然獨任隻身奔走省門神疲力竭事獲兩全聖人云知可及愚不可及殆如是夫晚年益敦名節爲一分長侃侃謂謗序尊卑别長幼鋤强扶弱一族賴焉性尤好施與雖一面交

有急事商者必賙之賙之雖十餘次不較嘗憶書齋過從適有寒素先予在口欲有言而愧未能達先生曰兄何爲兄豈視某如鄙夫之計窮達者乎果爾非素知某者也予備聞斯言益高其義歸爲家人誦之弗能忘先生既棄舉子業益肆力於詩古文詞尤精五七言長短句雄深雅健卓然成家嘗偕潘丈迂雲任丈澧塘馬丈秋厓登龍池最高峯臨玉女潭烹陽羨茗唱和吟咏已彙成集堪爲後學楷模歸恒靜坐一室手執趙甌北詩集數卷早晚吟哦孫曾在前嘗摘一二指示曰邇來雜體惟趙翰林文而有質巧不入纖於此見先生之雅量云先生祖考補亭公上舍生以孫贈修職郎考凝齋公附貢生以孫贈文林郎祖母氏吳母氏任德配湯孺人閫範素嫻先公五年卒子一諱燮入國學遽攖瘵疾年三十三卒女二俱適舊族孫二人曾孫林立先生嘗語余曰某運雖蹇於中年而頗利於晚年無憾矣年七十九病一月溘然逝嗚呼余與先生交六十餘年矣未敢有飾言敗行以辱先生先生亦勤勤懇懇左右提挈俾余隨步後塵挹先生風親先生誼不可謂非幸乃遽返道山思與先生再〻晤敘不可得余非木石能無悲乎今令嗣孫不忍没公誼求傳於余余始懼以危言漏義辱先生辭繼思先生學問文章行誼非泛泛者所能

窺余再不勉恐舉世無有傳先生者爰不揣譾陋謹具先生行狀而爲贊焉

贊曰冲和其度淵穆其衷松柏貌古金石聲宏精純鍊達貞固宣通德蘊於體道充厥躬山高水長仰先生風

誥封中憲大夫河南歸德府知府　勅授修職郎海州學正癸卯科舉人世愚弟萬堃頓首拜撰

藕塘公傳 十三世

先生諱迪字綸渭別字藕塘與余同邑同里巷吾族姻長行也其先自周平西後代有聞人祖補亭公上舍生以孫秩贈修職郎考凝齋公附貢生以子秩贈文林郎祖母氏吳母氏任均贈孺人祖考積學種德里黨矜式閨範世秉內則先生年二十六補郡諸生學使胡文恪公歲試拔優等補增廣生乙卯應承宣試房考盧公蔭文擊節闈藝亟呈堂主試劉雲房先生尤擊賞已登中額數日迄以額溢致遺司衡深悼士論尤惜之足踏省門十有七次迄未遇合晚歲益肆力古文詩詞卓自成家著述甚富先付梓約

有數種以次子本智廩貢例贈修職郎卒年六十有七配任孺人著婦德子二人孫六人曾孫四人女四人俱適士族先生行至醇篤研窮經訓專治時藝理精筆尤超妙以人傳以學傳以詩古文詞曲傳而情性沖夷謹摯朋儕中尤賞其寡偶能得先生人文之真者惟任澧堂吳丈槎客甲係先生後輩追隨長谿詩社雖近十年於先生之深衷雅量自愧鄙俗未克盡窺隱曲今能傳先生咸以年跉[illegible]耄棄人間世竟以才人之最儒行之懋者落不才後死之手敘述生平必致失長者之真而負先生追想聲容事實而老淚且爲之涔涔下先生於昆季中齒最少侍庭幃承

意旨能博堂上歡喪盡哀禮祭竭誠敬士論推其內行尤敬事諸兄終身無間言睦姻黨矜卹困匱中歲纂輯譜牒詳慎循歐陽舊例予嘗過訪齋頭叩問書禮史傳指示如數家珍專精應舉業師事明經殿珙吳公茂才聲遠陳君理解洞悉經術湛深動合應繩尺度中先民矩蒦嗣課社者輒拔萃爲士林傳誦邑士大夫工衡鑑者輒決其掇巍科躋清要可旦暮致而卒困躓名場以邱園老嗚呼士不遇時惟造物默司其柄而其阨詩人才士較之阨工經義者爲尤深往往如此先生性愛湖山尤鍾情詩畫三兄春圃任黃巖鹽使千里命駕涉天台眺雁宕望赤城霞起渡

惆悵谿飲玉女洗頭盆水作懷古詩大書桃花洞口補劉阮當年遺落潤澤谿山勝蹟留閱歲歸隨適從子之晃太平官舍太平係人黃山孔道先生雅慕三十六奇峯杖策探奇直造文殊臺與飛猿爭路茲遊尤爲奇絕冠生平盡以登陟山水之奇氣如賞識荆關名畫之奇怪更以舒胸中詩詞磊落跌宕之奇境暮歲結長谿詩社甲步先生後塵每一詩成秀句名章同硯席者胥心折詞宗梅溪竹山玉田極研疏之韻每際月大花酣當筵按拍更譜南北曲換羽移宮清圓瀏亮爭長於桑花畈思間海甯吳進士丙照來荆邑攜曉風殘月圖屬題先生製南曲以應西泠老

宿如學士山冊贈君槎客錫山司冠小硯拨拍高歌歎爲臨川法嗣其兼才人之能事當代宗工鰲羡若此子鴻緒諸生木智廪貢生延任庶常衣堂在塾八載致敬盡儀兩君學遂以成韭詩文守家法文孫英英露頭角先生語言温克舉止雍容有度精熟先哲著作行實故事可爲後來師法者坦懷樂易吐納烟霞示人可親而丰骨傻介劝少干以非義氣乘肝膈竟不可平善善惡惡悉本人情天理之公暮年食指漸繁家業少替室內多凄抑恒於酒後發其抑鬱慷慨之氣有曹公壯心不已之慨未逾稀年遽棄塵世嗚呼傷已甲數一生知契亦指不勝屈矣鍾情之篤

未有如先生者生前談燕往復投洽性情身後頻縈夢寐歎若生平豈釋氏所云香火緣耶先生籌燈濡墨爲友朋所傳記序文幾可充棟我豈忍不諾令嗣長君之請然我不忍傳先生又不忍不傳先生而追維情愫更低徊於燈殘月墮之頃云

贊曰穆淵其度睟盎其容才華超卓德性寬沖追隨几硯學步吟篇名場遇蹇詞苑才豐貽集百種詞曲之宗神和春霽鑒朗物空忽駿鸞鶴型接淵衷傳人葉奕人溯詩中

勅授修職郎安徽青陽縣教諭嘉慶甲子科舉人姻愚弟儲徵甲頓首拜撰

載賡公傳 十三世

公諱鳴字載賡國子生誠齋公四子也公嚴重寡言廉勁自將不爲翕翕熱而性特謹厚自其少時綜理微密誠齋公嬰足疾不樂治生業公與伯兄葆舉公區畫家政內外秩如誠齋公得以遂其頤養無他顧焉侍奉怡怡恒有嬰兒之色族黨交議以爲生子當若公公性簡素獨串友以緩急告者量力佽之無恡色亦無德色歉歲有義舉必斥財與力從事邑稱樂善長者必推公蓋篤於爲善其天性而與夫以推解自雄者異也公與杰曾外王父沐堂公爲同祖兄弟外氏世爲邑望文采焯著公尤肆力唐宋大家

之文爲文章操筆疾書生氣遠出閎之纚纚忘倦然終不以徇時目屢躓名場而公緣是亦邑邑不快竟得疾以卒卒年四十八配徐孺人自奉儉約治家勤慎事無鉅細必躬親焉子三人長學和次曛三士棟俱國子生性嚴毅不與世詭隨遇事敢爲宗黨咸倚之孫十人列譜序者已有四焉公之身施未光而克昌厥後者其未有艾矣杰生也晚公之懿行逸才不獲親覩公孫錦章毋舅館杰家狀公梗概且以立傳囑杰自維譾陋不足以闡公之品誼然有美弗彰非後人之所敢安也因畧舉公之可以自信與人之所以信公者以誌勿諼云爾從曾外孫徐家杰謹撰

彝塘公傳 十三世　姪秉鈞

堂叔彝塘公諱燮字際唐叔祖晴軒公子也晴軒公少能文不屑應童子試遂援例入成均屢薦不售晚年乃眷注於公望其讀書成名以慰夙願公亦思成父志丙夜不寐簡鍊揣摩無間寒暑嘉慶庚申與從堂姪鴻緒爰之型同受知於錢大宗師文名遠播公既領青衿益發奮舉子業暇兼以餘力旁涉於詩古文辭楷法尤精妙人咸以翰苑目之公亦自視非翰苑不屑也既而南闈七戰幾入彀而鎩羽公遂以其輪囷鬱勃之氣悉寓之詩而寄之書當酒酣耳熱揮灑淋漓得者什襲藏之以為珍凡四方名士來

宜者無不願交公公亦風流跌宕不為塵俗所羈落筆千言往往驚其座客然以少年刻苦心力早衰年甫四十六賫志泉下母太孺人時猶在堂也公蕭灑不羣洞達世事每為戚友排難解紛一言之下反側立平其事父母也依依孺慕至壯不衰蓋其才識敏達天性孝友有難及者配吳孺人相夫教子有壼範子三孫一皆克自樹立他日必有顯揚聞達慰公志者吾不能不於弟姪輩無厚望焉

贊曰雄才卓犖超軼人羣文壇馳譽輒冠前軍傷哉命蹇未奪朱幩孝友之性不已其純豈彼造物獨紬聽聞遽促壽算玉碎芝焚幸有令子夙夜憂勤佇見蘭堦高挹清芬

節母路孺人八袠壽序 十三世洵謙公配

蓋聞壼投玉女璇宮競祝長生瑟洗皇娥瑶琖爭傳久視三千歲曾城桃熟靈妃啟介壽之筵十萬枝華井蓮開天姥授登僊之冊須知天上星長耀乎夫人乃信人間算宜綿於壽母然使彝倫罔闕福命全亨履泰席豐閨範無奇可顯居恒處豫壼儀雖美弗彰斯則彤管無由播芳潔之名　丹宸奚自降襃嘉之寵惟是河決難填天傾莫補但逢薺蝕倍昭日月之光華非遇嚴凝詎表冰霜之稟冽操直亥乎松柏壽斯比乎岡陵鄉閭之聞者懷潛宗黨亦肅然起敬如我大姊大人　旌表節孝孺人者幼承庭訓既

擅譽於大家長習姆儀實有齊之季女伯父則雅締陳雷之契垂歲割襟親臺亦欣諧秦晉之盟髫齡坦腹摘華推顧曲僊郎咏絮屬掃眉才子婉孌嘉耦靜好待年無何尊嫜倏赴召玉樓君姑已豫營金屋桐岡有葦無妨即咏求凰荆樹無枝所冀早歌維鵲其歸我姊丈洵謙周公也甫弃而迎車輦亦既經而進殷脩潔餐馨膳蔆姑播佳婦徽音布煖夕甘僮婦拜新人寵錫儷鴻案之相莊期鹿車之常挽孰意結褵半載遽痛離鸞視斂崇朝長甘嫠蠲乃顧堂前之白髮隻影誰扶遂件輛右之青燈靡他永矢藥名獨活已推連理之枝竹是孤生未茁同根之筍聿功乏嗣

似續遂懸時也雨室素幃一堂紅淚姑積哀而善病新寡相依孀欲泣以承歡孑身併瘁瀝徵古井終歲茹荼淚點新壟畢生集蓼泊閩叔姒育石麟之瑞亟俾佳兒歸果贏之懷延一線於千鈞續三傳於六尺婦兼子職頻啼霜樹之慈烏母助師資時翼雲巢之雛鳳若乃口嘗湯藥手滌厠牏雖溽暑以忘疲期靑溫之匪懈蘋蘩洗腆就養竭誠苦塊搶呼慎終盡禮此則姉氏之孝於姑也又若寒燠則疾痛惟憂晨昏則逸勞是訓靈薇異本愈盡恩勤春草同韡如親毛裏擇名賢而啟迪每佐和熊選良友以切劘彌般截髮䇿成肯構之良材允作克家之偉器此又姉氏之

慈於孤也且也端莊天賦愷惻性成竈下兒童莞笑何嘗見齒筵前親串內言略不聞聲恤緯半生裹頭作苦含飴四世繞膝追懽憐撲棗之窮婺恤翳桑之餓客料量出入度支不匱於吉凶嗇縮盈虛居積豫防夫旱潦惠旣周於三黨恩兼被乎四鄰所以福惟德券文孫竝騰踔黌宮壽廼福初節母尙婆娑林下令嗣价藩先生自傷孤露恒嗟罔極之未酬轉憶劬勞私冀無疆之申祝昔載蔫紳上牒

丹陛求旌今秋棹楔高標烏頭結綺 九重賚帑龍光

逑 北闕之頒八袠稱觴燕喜獻南山之頌盡疇昔之稱未亡人也綫一十六歲而屈指其惸守孤幃也已六十五年斯誠極人倫酷苦之遭抑亦鍾宇宙清貞之氣矣延也齒居幼弟忝當鞠䏶華堂貪戀微官自哂折腰薄糈遂以南徐之匏繫致盧東閣之筵開萊衣綵舞託看雅製遙傳江管花枯彌愧鴻章難續所望 恩綸屢錫貞珉則終古流芳賓籙徐膺壽算則和天不老降九華之黃玉恒春樹蔭安妃採三秀之紫芝益壽觴傳王母

賜進士出身授文林郎鎭江府教授加二級候選知縣弟應廷頓首拜撰

嘉慶二十五年歲在庚辰嘉平月 穀旦

節母吳孺人傳 十三世得稱公記

節母吳孺人故名家女歸族叔祖得稱公年二十七而寡無子惟一女遺產不及中人因公病貲用匱乏孺人深自刻苦勤操作以儉持家數年業漸饒裕公之生也同母者三人公居次至是孺人治觴延伯叔各乞其一子爲夫後皆許之孺人性固精穎節嗇善理財嗣子使應外事十餘年積金以鉅千計孺人乃喟然嘆曰嗟乎吾未亡人而多積將奚爲欲貽後嗣則幸有先業勤力其閒足以自給與其貽之以財不若貽之以德使可長久因盡出所藏專事施濟生平不喜佞佛寺觀內絕少施捨惟於橋梁道路競

競致意歲癸巳買石甃入城孔道自村東至紅塔凡六里復甃村南道里餘歲庚子又助成村西圩路孺人尤能先事首創激勸獎率以必其事之有成凡橋梁傾圮當重建里中持議未決孺人即命人隱度其橋之高厚廣狹買盤石置道旁令行者知其必將舉事里中議遂不能中止故橋之成雖不獨任其費而其功必首歸之道光初年以孺人首創重建天生橋戊子歲復以孺人創重建遺愛橋甲辰歲又創建城塘橋程墅橋明年又創建瀚瀆橋其餘施材木衣絮錢米不可勝計邑中人士皆嘖嘖稱賢乙巳歲以痰疾卒壽六十有八歲遠近聞者皆悲悼嗣子羽豐先

孺人十年卒嗣媳陸能以節繼孺人叔子珩性行醇篤里黨稱賢以孺人傳見屬斌素欽孺人節行不敢以不文辭

論曰易坤之六三曰含章可貞又曰無成有終夫坤爲地道爲臣道爲婦道孺人之節旣含章可貞矣而慷慨好義因事見功於無成有終之旨甚有合焉至於後嗣不貽以財貽以德其爲子孫計益深且遠是眞女丈夫哉嗚呼賢矣族姪孫子斌頓首拜撰

省齋公傳 十四世

先君子嘗進貢珍而謂之曰吾姑丈省齋周公醕雅篤誠君子也汝其識之珍心儀之久矣又重以姻婭修子弟禮甚謹因具知公之粹於學腆於行而先君子投分之深爲不虛也丙午春公之宗人以公於家乘例得傳而郵致公狀於楚以爲傳公者莫如珍宜珍雖不文曷敢辭按狀公諱鉞字譽卿號省齋少而聰穎貫串經史稍長肆力於諸先正之文文譽大起是時周氏家課之盛甲兩邑公羣從如鴻軒明府觸谷外翰芸菴茂才等皆一時名士文釆照映而公試輒冠其曹受業陳馨遠先生之門先生故老宿

而公最爲入室弟子嘉慶丙寅科試受知莫寶齋文宗以優等食餼庚午鄉試與湯森軒𤇍同出李公房房師亟賞之呈薦主司亦激賞不置竟以額溢復落公自是始淡於進取矣道光辛巳援士方例請 旨分發試用訓導攝長洲教諭故事廣文先生率枯坐學舍鮮通賓客公又五日京兆也至則接見門下士循循善誘各得其意而去人人自以爲周公厚我滿歲假歸吳士送者如雲并獻頌額曰善氣迎人以誌不忘前此蓋罕有也公爲人藹然可親與物無忤獨勇於爲善施與不吝癸未歲祲在東廂辦賑晨出晚歸數月不勸其樂善勤事類如此所聞見善言有禆身心事理者必摘記之諄諄爲子弟訓誡其治家嚴而有法配孺人郎珍祖姑母慈惠有儀則後公卒公卒時壽六十八歲嗣子鍾傑太學生中年卒嗣孫開辰辭釆彪炳蔚起庠序間吾以卜公後之必昌也公平生無多投分惟徐用儀孝廉及先君子昕夕過從爲素心之交

贊曰盎如春氣始茇品醕學懋可式來

賜進士出身

誥授通奉大夫湖南布政使司布政使前翰林院庶吉士

內再姪萬貢珍頓首拜譔

鴻軒公傳 十四世

公諱之冕字麗文鴻軒其別號也周氏自孝侯以來世爲邑望公姿性開敏舉止嫺雅望而知爲粹然儒者及其居官涖事從容肆應條理井井少時文譽鵲起年二十三補博士弟子員乾隆四十五年
高宗純皇帝南巡典召試名震郡邑旋受知學使沈雲椒先生膺選拔入都朝考一等二名選授池州府學訓導保舉卓異授直隸懷來縣知縣以親老告近改安徽太平太平邑萬山中奸宄藪匿又俗健訟號難治公至卽入山查核地連宜歙屏嵩偏諸巖邑有堦控其婦翁黨左道者公易服造其居得僞經若干卷并所奉羅師像時林李以邪教蹂中原東南震動大吏慮有非常趣置重典公廉知愚氓邀福利無他腸爲力白之全免甚衆而焦胡氏事起有訟蠹方琪官者嗾焦胡氏溺媳嚇詐富室崔氏公檢驗破其奸則誘胡氏於就鞫時引刀自刺堂側公坐解任先是媳之溺也有沙門偵知欲聲之反爲方所持㪺畀金免累公密鉤得其情立致沙門一訊而奸盡露卽下方於理會方懼罪自斃乃已闔邑稱神明公復起視事踰數歲例應督餉或勸投金上流可免公曰食君之祿敢憚勞乎且吾不往誰當往者因灑然就道是役也領藩餉至農部累贄

以數千緍云太邑文廟陊剝不治禮樂器窳缺公捐貲重建倣祭器圖制造樂器始選搢紳子弟爲佾生百餘年來文物一新宰太十年以安靜爲治民懷其德官事不具著著其犖犖大者公性簡素家居作宦未嘗浪費一錢故遂初之日惟琴鶴蕭然無他累今夫一旦釋褐盛勝御侈奉養蓋未司民牧而已爲債帥至於取非其義公私乾沒則日非得已也以適吾用嗚呼若公者其可法也已外曾祖母春秋高樂家居公卽告終養歸歸不與外事好寫經驗良方以備簡閱其樂善利濟如此尤以書法名當世於定武蘭亭得其神髓所至尺縑寸素率爲墨寶爲文章一本性情不事絺章繪句而娓娓入理淵源作者顧不自愛棄稿多散佚選本中所見趙琴士同心言集中經義數篇潘蘭坨國朝詩萃中詩數首而已所有著留爪集品菊唱和集忠義集集稧集似園雜詠擎軷吟或行於世或藏於家家杰侍外祖時每夏夜團坐輒雜舉庾詞相猜射爲樂風雅和藹迄今猶可髣髴大懼文采灕陋無以導揚盛美而又不敢以不文辭也爰纂敘而爲之傳其生卒屬系詳於譜不具書外孫徐家杰謹識

杏墅公傳 十四世

公諱景禧字介藩杏墅其號而甲之尊親行也公爲竹筠公長子甫離襁褓即爲長房洵謙公後時兩代孀居煢煢孤子嗣母路孺人撫公如己出而公先意承志得其歡心歷數十年如一日孺人壽躋八袠親串製錦稱慶斑衣重甲融洩一堂先期報有司咨部得請建坊棹楔干雲鴻文炳煥孺人用顏以慰焉蓋公髫齔之年大母主持家政比長乃棄舉業親家務自是庭幃豫順祭祀竭誠同胞則務友于交際則無苟且自悔身列成均讀書未遂寸進期望厥子綦切延師訓誨必忠且敬而三子俱行成名立列邑

庠食郡餼冢孫以弱冠遊庠旋叨廩餼諸孫亦馳聲藝苑聞曾孫七人響發英秀於以知公孝養之誠留貽之厚可以光前亦可以裕後矣配徐孺人知書習禮克儉克勤相夫子以成家待子姪以慈惠黃髮兒齒而神明不衰後福之未有艾者公之德有以券之也甲忝居姻戚知公最深因不揣固陋而爲之傳若夫生卒歲月則自有家乘在茲不贅道光丁酉科選貢歷任安徽霍山休甯縣知縣姻眷姪朱雋甲頓首拜撰

嵎谷公傳 十四世

公諱曦字映暉嵎谷其別字嫡姑婿葆岑公之冢子也少穎異讀書能通大義比長淹貫經史爲文章操觚立就不爲嶒刻語而沖和有醞釀年十七補博士弟子員弱冠以高等食餼名噪士林歷試皆優等旡冠其曹者四次顧屢躓承宣試僅得復失者三癸酉受知文宗遠皋文公以第一中拔萃科年四十八矣甲戌 朝考二等引見以教職用選授通州泰興學訓導乙亥冬抵任至則進諸生訓迪之以禮相接以情相洽諸生受業者日衆邑有獄株連某生將被逮矣先生毅然曰學校爲風化所關吾忝爲師長

士苟以誣累見辱安用師長爲且何以維風化也力爭之有司事得白上丁釋奠祭器缺如先生捐廉按圖製造而簠簋籩豆鉶登之屬秩然大備士烝烝向於學大府嘉之擬以卓異薦乃俸未及滿而先生竟得疾以卒諸生皆泣下曰周師亡吾將安仰矣先生少有至性事親能體於無言祖母史太孺人性嚴毅偶有呵譴必婉曲寬譬史孺人輒爲霽顏葆岑公病衣不解帶者匝月及沒喪葬胥中禮史孺人猶在堂先生以孫代子定省無違母卬序姑氏有淑德先生奉命唯謹兩孺人相繼歿哀毀一如喪葆岑公時與弟晉蓮怡怡友愛景蓮先卒先生在任聞訃哭之慟

請假歸治其喪焉初丁卯邑大祲同人設局平糶先生昕夕經理宿局彌月邑有孀嫠不能自存者月給以錢米蓋孝友好施其天性也所著有峒谷存稿巳付梓外詩古文若干卷藏之家卒以道光辛巳年五十有七兩娶皆徐孺人子四胥籍於校讀書工文章庶幾能昌其家者

光序論曰先生與余中表昆季也少爲吾祖鍾愛先府君亦奇賞之外人謂先生酷似其舅可爲宅相乃逾强仕始僑拔萃科數亦奇矣卒之服官未二考年不及耆何天嗇其才而嗇其遇俾不得畢其所藴耶然先生種德施仁固不僅以才見者積善有餘慶倘所云不於其身於其子孫歟愚表弟潘光序頓首拜稿

靜軒公傳 十四世

人莫不有性鮮不失其性蓋率性若斯之難也若 宣 表伯周靜軒公殆本乎天性而純任自然者乎公諱寬字研寬號靜軒壽八十有一爲表伯祖蓉圃公第三子少穎悟長善屬文雖不籍於校而樂不爲疲不知老之至也此性之耽也公爲人樸而直崇孝友敦氣誼磊落照人常眦睨脂韋者之所爲喜怒憎愛一本天真人己兩無所徇以熱腸好善以冷面疾惡苟犯以非義即面斥髮指雖親厚無少貸此性之發也後爲宗長祭祀必肅若有所思朔望赴祠致禮而退訓子姪諄諄戒勉嚴憚之色人不敢廹視遇課必齊眷始歸優則喜之劣則愀然非作而致其情也此性之存存也里閈有大故無論公私苟有裨於人輒往復詳導口雖枯弗恤神雖疲弗辭每遇荒賑勸事盡瘁而不求白於人雖當事題請於上錫賚之典至優且渥而公之自視欲如也皆性之流露於不自知也夫人莫患乎溺其性戕其性以至失其本然之性即有所建白於世而求其天性之始蕩焉無存是故惡夫鑿也公獨徑情以往無所孔曲於其間終其身如一日歸真返璞其庶幾乎蓋三代直道之風賴公以不墜也配史孺人温惠柔順壼範可風先公逝公哀誄成禮 宣 侍庭闈聞先君子亟稱之子二長鍾

俊善繼公志克振家聲次鍾傑嗣表伯省齋公女三俱適
士族孫四嗣孫二亦皆英姿卓犖氣宇不凡後宜得館選
尊故部曹參贊機務時公族適修家乘表兄鍾俊將公節
畧郵致來都囑爲傳宜思先君子素與公情相契意相投
構杖往來幾無虛日故常樂道公行誼爲後生訓誡宜耳
熟焉不敢以不文辭因謹述所知如右云

賜進士出身
誥授奉政大夫工部營繕司員外郎記名御史軍機處行
走前翰林院庶吉士愚表姪朱麗宜頓首拜撰

景蓮公傳 十四世

乾隆丁未余次姊歸於周時余甫十齡姊丈景蓮公十年以長余兄事之出入追隨數十年知公最稔歲丁丑余遊浙東公以疾卒於家歸哭公於次越二十八載余司鐸醪城周氏有重修宗譜之舉長甥濟書來乞爲公傳義弗辭公諱衢字康弗號景蓮姻伯葆岑公次子幼讀書性沈潛制義宗天崇及 國初諸大家不屑屑於晚近應童子試屢列前茅荆邑尊牛公尤賞識之擬拔冠軍顧牛公立意欲甄拔寒畯廣加延訪時公承先業亦僅小康邑公者窺其旨輒以素封對牛公引嫌抑置第二復見遺於提學鄭

先輩皆謂公文思沈方厚不宜於小試遂援例入成均屢上承宣試又三黜於棘闈嗣氏目疾遂絕意進取伯兄嶼谷先生方爲名諸生試輒冠其曹葆岑公乃令專心舉業而以家事委公凡邑有公事盡心力不辭勞瘁嘗遇祲歲里人舉司賑局矢愼矢勤宿於公所者累月遠祖孝侯祠像剝落捐資偕族中同志整新之親友中有以急難相告者必竭力代籌視如已事性孝友葆岑公歿後哀毀骨立喪葬盡禮奉母潘太孺人色養備至與伯氏承歡一室講如也癸酉歲嶼谷以選貢入都於京邸遘疾公聞之寢食不安迨伯兄旋始釋後嶼谷任泰興博士將之任河干分

秩涕不能仰其篤於天顯如此後家業中落食指日繁揖
播支持形神交瘁攖心痛疾年五十復染時症竟不起嗚
呼惜哉丈夫子二長溶次徵邑庠生女三長適潘次字俞
未嫁而婿夭守貞已二十年次卽余子婦余與公爲至戚
事綜其實言不尚文以傳信云爾嘉定縣教諭廪貢生內
弟少博湯淼拜撰

湯太宜人九袠壽序 十四世景蓮公配

蓋聞九峯山頂九點長青百子池頭百枝競秀桃開千歲
知爲王母之花桂馥三秋識是姮娥之樹賜來黃玉共說
仙姬望去赤城爭稱天姥西河女子廣居獨在銀臺南嶽
夫人高位早昇金闕爰獻長生之籙柘館風和競增延壽
之宮蘐庭日麗方知天上星常耀夫須星迺信人間算宜
綿於賢母何必廖家井上始獲壽砂詎須酈縣泉邊纔能
采菊陽羨周母湯太宜人者學士省齋公之女孫贈君晉
錫公之次女也班貂上族畫雉名閨世居鐵鳳街前望著
濯龍門下巍我甲第系本烏衣清綺家聲支分紫塞幽蘭

紉佩幼已奉爲女師香茗裁編長毋煩夫姆箴勤織機開
組紃問及諸姑爰求陌上柘桑攜偕伯姊況復柔嘉習禮
嫵婉通經纔逾毀齒秋菊鐫銘甫屆勝衣春椒獻頌名齊
鮑妹爭傳不櫛書生韻敵左芬奚愧掃眉才子是時贈翁
景蓮先生置身文囿耽志藝林少垂雛鳳之聲長擅伏鸞
之日門風烜赫纘戟連雲家學淵源彩毫滴露藨筆作擘
窠之字虎眺龍拏調鉛繪沒骨之圖鶯歌蝶舞神姿軒異
同趙壹之在衆中進止雍容類裴休之表座上孟公則長
蹌八尺顧盼非常子山則腰帶十圍儀觀甚偉斬蛟澤遠
追承西晉侯封射雀屏開堪作東牀快壻爰乃相攸旣洽

追吉涓期鴻案相莊用同牢而合巹鹿車對挽諧卜鳳而
鼓琴舅姑在旁鳴珮環而相高曾在上操箕帚以前肅肅
往稹娄將榛栗摻摻筐筥用芼蘋蘩宿肉異粻養志在口
腹之外施衿設帨承顏在視聽之先製得斂瑲爲遺太母
織成纖縞祇獻高堂百兩宜家善得尊嫜之志一燈佐讀
用成夫子之名鯤雖古而常封富能思儉綿自溫而每却
安不忘勞鄰火熒熒時鑿匡衡之壁寒機軋軋相助袁國
之圖由是撫息育雛承先裕後有無相勖匡勉彌縫絡緯
頻年焦勞洮櫛買來寶鏡甫牽嬌女之烏羊折罷珠鈿旋
遞佳兒之青鳥經營婚嫁以畢晨昏屏當資裝何分寒暑

君者中外爭欲奉爲禮宗濟濟姬姜咸願師其閫範無何
而贈君騎尾抱恨摩笄宜人則慎顧推生忠能託命孱焉
持戶璧以當門隔紗而躬受生徒畫荻而口傳章句剸量
澇旱親收安邑之租嗇縮錢刀先辦彤門之稅懷清築罷
閥閱依然石窌封來門楣宛若今夫牛衣老嫗鹽心西舍
貂蟬馬磨窮變動色東鄰翟茀捧毛生之檄便謝文人絕
溫嶠之裾還誇學者墨穿作穴惟工溫飽之圖書積成倉
僅想風雲之會古今一致愚智同揆在末俗而皆然詎達
人其遂免宜人則絕意時名忘情好爵教兒學易止占貫
子之爻課子攻書不習楊雄之論加以惠必及人禮恒自

下引經傳義里中倚若長城割宅分田門內尊爲家督逮
簪珥煇庖之賤布德流慈博諸姑眾姊之歡婉容愉色一
門雍睦官方悉稟夫阮姑阿大中郎家訓俱由于邱嫂撲
杜陵之橐旁許鄰家翳趙國之桑人無餓者能持大體不
詢臧穀亡羊最薄時榮遑問塞翁失馬其孝慈也如此其
任卹也又如此哲嗣尊必連枝錢皆萬選郊祁競爽軾轍
齊馳長君常侍庭闈懔承母訓仲君列名黌序克振家聲
方鶩子幼之先鳴尤羨諸孫之蚤貴謝蒞壽階前玉樹繡
鸚鵡風陸子春車上璧人錦棚雞拜鸞翔鵠顧一門皆倚
馬之才雁塔螭坳五夜食丸熊之報共逆瓊花有二行將

策對彤墀羣誇杏苑無雙定卜臚傳紫禁宜人受斯茀祿
鷺爾磬宜遠滕而嬉含飴以弄凡諸子姓簪若龍駒維彼
曾元劣猷虎豹平日覽北堂往訓輒咨嗟滂母之賢居恒
誦東觀遺書每太息萊妻之行何圖斯世有此徽柔詎可
臨時不揚抗今歲孟秋之月正太宜人大耋之辰緹室
書祥華筵祝嘏鄰夫人行年九十神明不衰胥相國有客
三千衣冠畢會賈家彪愁揄畫錦以飛韝王氏龍超戲斑
衣而鞠躍貽田粉碓賜出椒房庭實碨辭充于萓室京都
貴女饋將芍漿千瓶輦轂名姬捧到鶴綾萬匹長就忘憂
之草砌畔新黃飛來戴勝之禽枝頭絹羽六宮喧笑九天

爭侈大美哉百禩紛綸千載猶傳其盛事僕也劉楊結誼孔李通門蓋既爲陶侃之賓宜進拜周瑜之母遂含毫而製序爰灑墨而摛詞此誠形管所難名抑亦青閨之僅見今日三明七穆須知稱觥獻爵而來詰朝十叟八公行見控鶴驂鸞而至

賜進士及第

誥授榮祿大夫

晉授光祿大夫禮部尚書協辦大學士壬子科順天鄉試主考官加三級通家侍生朱鳳標頓首拜撰

咸豐五年歲在旃蒙單閼相月　　穀旦

勖齋公傳 十四世

傳者傳也傳其人之性情行誼功業文章以表示乎人世也如勖齋周先生之爲人終始固不可以不傳先生諱之諾字懋常號勖齋周公沐堂先生次子幼聰敏長而御齊不喜浮華和易近人與物無忤雖僮僕不加以疾言厲色而一切是非之辨又未嘗不了然心目間其性情之沈靜簡默蓋如此先生之敦孝友也年十五丁贈公艱哀毀盡禮越四年伯兄鴻軒先生以選拔官池州先生曰兄宦遊矣潘太孺人在堂吾當謹事之弟妹之未婚嫁者吾當如古禮以宜之內外大小家事吾當經理以庀之厥後鴻軒

先生知太平叔氏大昕先生已逝世季弟半霞先生奉太孺人就養任所先生以一人撫摺兄弟之事者前後凡三十餘載其扶翼名教行誼卓卓蓋亦人所難能者矣先生以二十四歲補郡博士弟子員旋補增廣缺嘗謂予曰吾輩苟得志於時當擇有益於民之事舉而措之恨不如願耳故雖棘闈屢薦不登賢書而邑中荒賑諸大務必晝夜助理不辭瘁盡以將求其志也豈必功業爛如而後知先生之才力哉先生酷好學問文章崇先正誨後學其制藝尤深入陶菴先生之室暮年猶肆力不倦嘗端坐燈下與子姪輩講誦藏書指次鑿鑿戊戌得軟脚病卧榻三年

卷不釋手訓諸子姪益諄諄不已手批四子六經間有發明註所未詳者今藏之書簏焉所著古文詩詞幾數千百首稿脫輒爲人取去今僅存間聰隨筆傳記偶存翠浮閣雜咏諸卷雖未付梓必當行世也尤精書法摹盡名人碑刻於眞卿筆力更得其神髓此雖文章之緒餘而非嗜古之深者其能及此乎余與先生同籍都校且衔宇相望晨夕言歡故於先生之爲人終始知之深而言之詳也今修家乘因喆嗣以正之請爲述數言以歸之世愚弟路元暹拜撰

藹軒公傳 十四世

公諱學和字秉中自號藹軒載賡公冢子也幼喜讀書長豪於文簡古峭厲同輩推服而試屢蹶赴都補六館生將入貲謀以祿養遽丁艱歸自此一意莞家政撫兩弟無復有當世意矣公爲人慷慨磊落不爲世俗校計偕汪君企山路君長宜入都長途資用獨身任之不以關兩君亦無絲豪德色性尤嚴毅有威重晚主宗政族中以事來質處分秩如罔不折服有不率教者懲責不稍貸改則待之如初以故族人憚其嚴而服其慈靡不翕然推重焉卒時年七十有六以次子璘秩 贈武畧騎尉

贊曰公葆長外王父行也以幼未獲親侍公外家多稱公之賢今按其行略益信又聞公好爲古文詞所交多名宿若史黼才湯少博暨汪路諸先生胥懽然無所間晚尤喜奕常與同志數人煮茗敲碁以消永晝此可見承平故家耆碩風概因掇拾其畧以見公之行跡庶後之人有所觀慕焉光緒辛巳孟秋月舉人碭山縣教諭從外孫徐葆長謹撰

亦陶公傳 十四世

珍·東髮隨家大人過城東南隅訪潔庵藕塘兩前輩見有英姿特達氣度春容者隨侍堦次心私淑焉而未敢通問歸詢之家大人始知爲藕塘姻長令嗣亦陶先生先生諱鳩緒字鄰林亦陶其別字也性寬易容與爲文洋洋灑灑如千里駒不受羈靮年二十二邑侯陳公拏賞其文拔爲冠軍是歲偕弟芸菴先生同受知於錢大宗師馳聲黌序稱一時之盛戚黨咸以國器目之詎棘闈屢躓五十餘年未能一展驥足傳已先生志大量遠讀書之暇恒以利濟爲念閱宋稗史至范文正良相良醫可以救人一語蹶然

起曰丈夫不當如是乎乃搆古岐黃書得數十種潛心研究十年大進出視疾必詳審謹慎務求萬全人不報謝亦不索酬如出如高出晚近業醫家先生真不可及矣先生祖考凝齋公附貢生考藕塘公郡增生世代書香綿延不絕祖母暨母俱氏任閫範夙敦爲里黨式配吳孺人持家有法子四英英露爽俱可造材歲壬寅邑有水災督賑局勞瘁得疾卒年六十有五嗚呼士不逢時盤鬱之氣寄之一材一技亦良自悲矣雖然令聞廣譽文繡焉貴身未顯達而調燮之力過之奕世下猶將傳誦先生其亦無憾矣乎珍固後學不足窺先生全豹然想望風采可概論其生平爰承令嗣長君之請而謹爲之傳

贊曰意量高卓器宇昂藏雄深雅健作爲文章入扁鵲氏室登庖犧氏堂至性純固流澤孔長亦儒亦雅無虐無殷燕貽孫子長發其祥

賜進士出身

誥授通奉大夫湖南布政使司布政使姻愚弟萬貢珍頓首拜撰

靜齋翁六十壽序 十四世

蓋聞心源活潑釀仙家種壽之泉意樹光華培奕世發榮之本獻三多於華祝滿地陽春纂五福於箕疇協天陰隲雖仁人養靜在絳縣忘編甲子之書而率眾臚歡惟丹邱例晉期頤之頌懿我靜齋年伯大人毘陵望族陽羨名家烏舍永懷幼已刲丁蘭之木鯉庭奉誥長朗霏寶桂之芬進蓺鷇以歡顏卅載未違杖履調蓼莪而欷恨同人爲廢詩篇斯時也帳日傳經車多問字胡安定交推講義鄭孝成猶是儒生於是泊慮聲華息心培養劉寬量雅無妨侍女污衣杜老情閒一任鄰家撲棗陋漢季聲名之競朋黨

無須恥晉末門第之爭攀援胥絕然而淡泊固高人之節慈悲仍佛祖之心路斷濠梁望洋咸歎津迷下蔡登岸誰攜善緣結一鉢一瓶力填苦海康衢通五達六達廣引慈航雖云集狐腋以爲裘疇弗感鴻恩之普濟況又途窮客子化已等於埃塵地設主人澤爻施之枯骨三章約法一邑從風是則編竹成行不數朱刻陰德敝衣斂體休誇糜竺仁恩雀環登楊寶之庭報賜香原是蓬山仙侶龜印人孔偷之佩紹休者疇非阿閣清聲繹等誼本苔岑分依蘭砌慰生申之非偶喜周甲之剛逢借綵服以登堂隨白雁來賓之薗擁籃輿而賁酒借黃花晚節之香愧無玉貽金鼇華筵佐飲敬藉丹鉛青鏤海屋添籌謹序

賜進士出身

誥授奉政大夫翰林院脩撰年愚姪劉繹頓首拜撰

靜齋公儲夫人合傳 十四世

公周氏諱秉鈞字君衡號靜齋爲晉平西將軍孝侯六十一世孫先世居宜興西鄉之雲鶴至公高祖邑庠生贈福建同安縣丞藍圃公始遷於邑城之北以厚德擁巨資生子六曾祖太學生樸庵公居三分宅於西門外之蔣瀆橋好善樂施遇歲饑於就近之會真庵煮粥活人將殁焚各負債者之劵至公祖方虎公家已赤貧而長厚爲時所稱公考邑庠生贈榮祿大夫範亭公篤學能文操履修潔年四十一始游於校妣贈一品夫人顧太夫人賢孝慈惠生公三歲即謝世同產祗女兄弟二後一適任一適潘範亭

公奮興儒術爲時名師公既幼失所恃受庭訓隨侍館舍範亭公督課極嚴治經必詳繹義旨辨音韻誦百數十遍覆背如流而後已以是公於諸經終身不忘而爲文亦書卷充溢雄麗精純望而知爲經生之言臨文尤敏捷每值角藝當場輒縱筆先就年二十五列郡庠而秋試輒不售範亭公棄世公哀毁骨立而家計所賴惟公硯田益不支公雖居屢空而心存康濟曾習醫將以濟世旋思一或不中轉足害人仍棄之從兄鴻軒先生官晉皖之太平令徒步跋千里往省先生薦之涇縣署閲試卷前茅向多以賄求以請得者公一切屏絶憑文甲乙居停稱佩士論翕然

試竣旋太平署課從子讀逾年歸里於是公無意進取而一以植德濟世爲務雲鶴有大橋爲數邑往來要道年久就圮公鋭意募捐重建邑中史君映渠家富有公往勸募而慮言不易入得其所刻文稿於舟中竟夜誦記略熟次晨晤言嘖嘖稱其文談甚暢而後及橋事獲捐多金爲倡復徧勸諸鄉集貲購料鳩工歷寒暑經險阻而卒底於成蓋公之手建大小橋凡數十座而以雲鶴始以鈞橋終今其鄉人猶能歷歷言之仲子愛棠先生於雲鶴橋成之次年捷京兆人以爲積善之報公誠信素孚於人至是尤衆望咸集遇邑中善舉要公勸集巨捐得公一言則慳者豪

弱者奮道光年間累值歲荒城中煮粥賑饑公辨色入局晚始歸息常有隱姓氏捐巨項置公左右得之即揭於榜涓滴歸公核實所活殆數十萬人於邑之西建宏濟堂籌款置田產建倉積穀以備歲饑分賑入冬施棉衣褲以爲常於東鄉之張澤橋建普濟堂收老病廢疾者養之橋亦公所建也宜邑向有澆俗遇有路斃則地主必以人命蕩其家鄰右累之甚至擇肥而噬有飛鄰望鄰之目公立誠善堂倂棺購義地堂中設聯單於確係路斃無傷者報堂審實出堂填單報官殮埋爲標識比戶始得無累其法至今猶遵行焉公不名一錢而營舉衆善不可殫數大率擧

晝勤募胥公是主而資用出納存儲別擇謹介者司之旹
消人日十不患貧患無志節幾見有餓死之寒士哉遇鄉
里有忿爭來告輒爲開喻排解之勿成訟隙性度寬和每
值橫逆之來不與校而爲孟子之三自反有云我詈汝汝
顧無言得毋以犬吠視我乎則笞之曰汝方臧怒我有言
必相格不入不若俟氣平後言之彼此無傷忤也愛棠先
生以名儒久游京師九上春官七薦不售後以大挑官海
州直隸州學正公就養署中者四年愛棠先生卒於任公
歸里爲族長闔族敬悅公方面廣頟皙膚美髯晚年眉髮
如銀鬚長及胸吐音宏亮與人論事詁經往往曲譬善喻

聞者意解於諸孫中尤鍾愛小棠京兆自童時就傳以至
業成應試公與口講指畫晨夕弗離於四書五經及各傳
註暨諸大家古文制藝不事開卷而閉目訓詁無一字訛
京兆之捷鄉舉登翰苑公皆親見之咸豐己未冬十一月
十八日考終壽八十一歲以子蔭南官　封脩職郎海州
直隸州學正以孫家楣官累　贈通奉大夫榮祿大夫太
僕寺少卿順天府府尹配儲夫人同邑乾隆甲午舉人儲
公研璘孫女邑庠生溍女累　贈孺人淑人一品太夫人
儲爲江左文章名家兩邑稱右族太夫人性仁孝而兒理
既眞視境之豐嗇無足介於衷顧於訓子獨嚴而有體旹

聞京兆之述其庭訓曰幼時昆季間或碎一玉器太夫人
戒之而不之責或穴一瓜呼其瓤仍置之太夫人覺而扑
責之甚曰此褻行之微朕不可不痛儆之有關於心術人
品之大者也然則太夫人之所以佐義方勗後嗣惜其微
而見其大者可知矣年四十七卒於道光癸未十月十八
日葬於蔣瀆橋汪家潭先塋之旁其後公合葬焉生子二
長森櫟　貤贈資政大夫禮部郎中次蔭南由廩膳生中
道光辛卯順天舉人揀選知縣海州直隸州學正　贈榮
祿大夫太僕寺少卿順天府府尹孫五家俊江西縣丞家
啟州同銜家欒縣主簿殉難廕雲騎尉世職祀昭忠祠均

森櫟出家楣咸豐辛亥　恩科本省舉人己未進士翰林
院庶吉士歷官禮部主事員外郎郎中　記名御史知府
海關道太僕大理寺少卿今官順天府府尹家錭太學生
殉難廕雲騎尉世職建專祠祀昭忠忠義祠俱蔭南出曾
孫壽保家啟出志匡太學生　貤贈奉政大夫刑部貴州
司主事家楣出志靖同治癸酉科順天舉人官刑部貴州
司主事家欒出嗣家錭志端太學生分發補用鹽大使家
欒出志恭　國史館謄錄議敘鹽大使志儀家俊出壽榮
壽山家啟出志程家楣出
鴻章論曰公孫小棠京兆與鴻章同領畿疆同籌外禦遇

事經營興除商推機要郵筒往返無虛旬日鴻章自津抵
京役無虛歲復因　乘輿詣　陵各迎送祇候行營
時得晤述欵曲獲稔其先世積累之厚而於公事蹟尤詳
以公盛德偉畧得所藉手措之當世其造福寰宇可知天
者故閎其華而使之爲善鄉里積無窮德業以昌其後而
大發其光太夫人實先公逝世而其懿訓今猶在耳焉殆
所謂不於其身於其子孫者耶
賜進士出身
誥授光祿大夫
欽差大臣　太子太傅　文華殿大學士直隸總督一等
肅毅伯世再姪李鴻章拜撰

芈霞公傳 十四世

周子芈霞曠達人也丙戌冬偶染疾自卜當死摒擋身後
事作輓詞百餘言并屬爲哀誄諸體予思預凶非禮且不
忍乃引古人生傳例應命以廣其意君名之型字綺成芈
霞其別號也行四工詩詞精書法甫垂髫出語驚座人翕
冠應縣試時閩中昉巖阮公以名進士宰吾邑獎拔英俊
君方新娶失期以後日補名進阮公詢其故見君貌秀爽
爲詩文甚清麗大奇之幕中友多名士皆與之酬答刻燭
鬭韻筆不停綴同試者千人胥目之驚嘆以爲奇才是歲
冒前列補弟子員旋以高等食餼嘗是時君從弟芸菴暨
于三人齒相若爲總角交應試白門眺江山之奇麗弔遺
蹟之著涼聯鑣暢覽吟幅盈寸忽忽二十餘載芸菴早逝
而余年五十君年四十七蹭蹬名場俱已垂老矣君爲人
識畧通達與人交有肝膽遇事無畏葸剛柔交濟於世事
鮮有失誤暇則縱論古今辨晰詩文輒相對移日不倦伯
兄鴻軒宰仙源君奉太孺人板輿就養助理煩劇甚精謹
爲所倚任公餘惟以詩詞相唱和時又與名流過從探黃
嶽涉溫泉風流文采照耀山谷閒比鴻軒告歸旋里庭闈
侍奉怡怡如也不料於甲申秋忽抱鼓盆之戚明年太孺
人復仙逝君不勝痛悼居恒時鬱鬱豈謂遂以此而病耶

雖然君曠達人也人世如白駒過隙卽至百年亦有時而既以君之才有如不諱亦必修文應召如緋衣吏所云天上差樂不苦也況一生篇章宏富其壽世詎有涯乎君其可無憾自祭之文古人間有然皆臻上壽君之疾可以猝然而生亦可以猝然而愈不足慮也君既有命不敢違略敘其梗概如此至於吾兩人情誼不可以一時言語傳也嗟嗟君固曠達徒使爲之友者牽情抱痛執筆欷歔其何以堪哉時道光六年歲次丙戌孟冬月世愚弟湯瀚拜撰

芸菴公傳 十四世

玫

令宜興之歲甄別都人士得周生希旦閱其文想見其人所謂仁義之人其言藹如者生庶幾爲後生具衣冠來謁詢其家世知其克承庭訓學有淵源非淺植者可比余於是益契重生得生恨晚越二年余調任金山會生族蘽修家乘生以其尊人行狀來求傳於余余諾其請惟恐巵言浮說不足以傳先生而失生自遠而來之意也乃謹卽行狀而黙次爲按狀先生諱本智字德輝號芸菴增廣生藕塘公次子先生幼而穎異少長讀書敏悟過人爲應制詩文不落人窠臼自能樹文壇之幟鄉先輩視爲不凡弱冠受知於錢大宗師補博士弟子踰年食餼凡科歲試輒居優等四入鄉闈三薦不售夫通塞命也遲速時也售不售何足爲學士重輕然如先生以長楊獻賦之才遭劉蕡不第之遇文以命阨古今同慨譬如神駿志在千里稍一羈絆便局促不安而何疑乎先生拊髀扼腕終身不釋悲夫先生年逾三十忽病足疾步履殊艱然而意氣猶在文不加點而成脫稿人卽傳誦幾乎紙貴洛陽年三十六貢入成均是年疾轉甚自知不起乃肆志於詩古文詞待梓者有芸菴遺稿友梅齋集東珠集一時名下士如任澧塘湯月樓從兄弟如嵎谷半霞均有序言弁於卷首閱其詞

音節蒼涼自悲不遇得史氏真傳嗚呼天豐先生之才而
嗇先生之遇使先屈後伸如沈大宗伯之遭際亦大可自
慰乃天又不假年於四十一歲遽卒豈真造物之忌名耶
抑福命愈薄文章愈尊天將以永垂不朽者報先生也攷
實未知之也配馬孺人幽閒淑慎壹德無違子二長新年
議敘從九次希旦增廣生女一適同邑郁孫四人
論曰士患無才不患無遇然如先生者豈無才之患與殆
所謂時與數者誠難測耶其視取科第如摘髭者何如也
不於其身則於其子孫余將於其嗣有厚望焉
賜進士出身
敕授文林郎知宜興縣事加三級通家弟河內李玫頓首
拜撰

健菴公暨徐孺人合傳 十四世

公諱鴻逵字雲路號健菴困菴周公冢子也生十二歲而
孤姊弟俱幼母曹孺人以針黹作生計延師訓誨稍長益
勤於學遊邑名宿任紹賢先生之門雞鳴而起至夜半研
誦不休任先生大器之弱冠連試第一蜚聲黌序體先人
志課弟甚嚴俾就傳於外者數年家雖蕭然未嘗廢學又
為姊弟婚嫁事竭蹶營謀嘉禮周備以安母孺人之心娶
疑從父企堂公女孺人寬裕溫柔內事畢治遂常館於吾
洑溪里疑兄弟侍先生九年族中子弟受業者甚衆後咸
能稍自成立先生提撕力也先生累年授徒脩脯所入未
嘗稍有私蓄每自館中歸必為母孺人計所以娛色笑奉
甘旨罔不檢悉然後復至館母孺人年七十三卒先生齒
亦已衰矣居喪哀毀過情蓋以母孺人一生節孝辛苦若
茹荼蘖而已未能顯達獲報罔極之恩於萬一也先生之
志亦太苦矣疑嘗侍先生見先生作文筆不停綴歲科試
輒列高等至棘闈試官雖無不擊節稱賞而輒以微疵見
絀先生之不遇也洵有命也夫先生常曰吾儕既有志於
學窮且益堅老當益壯二語不可忽也疑謹識之不敢忘
歲癸卯疑居憂服闋將赴江右任先生抱疾僵臥疑謁拜
牀下猶諄諄以為官當耐得清貧為勗不意違几杖未移

時先生竟長逝也先生卒年六十三亦已爲今之中書又有丈夫子能世其學儘可以大亨於時洵非薄福之儒之所能及顧後進之士及門之徒景慕慨切曷有窮期耶今先生往矣燧一官匏繫未能躬走存問先生之家又有年矣泚筆述先生梗概猶憶爨者下帷拭几青燈有味時也

勅授文林郎江西星子縣知縣道光乙酉科南元受業內弟徐燧百升謹識

立齋公行略 十四世

先君子諱鈺字雲瑞號立齋因菴公次子也年甫六歲而孤及長性好讀書六經諸子口不輟吟而其所深好者則尤在二十一史偶有所得輒摘而錄之蓋不下數百卷云嘗謂飛曰史所以輔翼經傳者也不通經則理不明不讀史則識不卓史可一日廢乎哉然志高而命蹇困童子試者幾三十年辛卯受知於學憲白公年四十五其後益自刻厲文必按期冀獲上進以光顯門楣無何三赴棘闈文壇屢躓生平之志不獲一伸先君子處之淡如也噫先君子環堵蕭然簞瓢屢空怡然自得不以介懷匡居一室靜

與天游而其處事接物間一以仁厚爲本雖猝然以橫逆相加旁觀且爲之抱忿而先君子聲色不動意氣自若惟以誠信化之其人果自慚而去他人有不睦者陰爲之排解而不市德色堂兄五木公家貧無嗣莫肯承服先君子曲爲周旋喻之以義曉之以禮擇堂姪嗣之血食賴以不斬其兄麗春公出嗣介臣公後亦無子先君子爲之遍告宗族同爲酌議析祠中祭田數畝以給祭費懇族中之願嗣者以繼其後親族中有鰥寡或生不能自存或死無以殯葬必爲之竭力區處以曲全其事而不自以爲勞曾子所謂爲人謀而不忠者先君子可無慮矣丁亥歲祖母棄

世哀毁骨立枕𠙚居廬禫祭之時（飛）親見先君子涕泣而猶有餘哀焉伯仲之間塤篪相和終身未嘗或改遇交遊必道以善見子弟必訓以仁家貧就館功課甚嚴然皆因材設教且必先品行後文藝循循善誘不爲苟難（飛）幼時常從先君子肄業所目覩者甚悉宴息時必訓（飛）曰人不讀書不能建業人不爲善不能濟時汝當終身佩服之戊戌館于蜀右莊五月（飛）幸補博士弟子員先君子頗有喜色乃忽于六月十七日清晨館中來報云先生僅寒熱一日十六日夜半仙逝享年五十有二嗚呼先君子之一生吾祖之庇蔭未嘗一日受之不肖之奉養未嘗一朝享之

終身艱于衣食而又不克享遐齡天之報施善人其何如哉或曰爲善無不報而遲速有時不于其身則於其子孫（飛）敢不積學窮經無間寒暑以求慰先君子之心哉嗚呼言有窮而情不可終彼蒼者天曷其有極男鳳飛拔淚述

賜進士出身

誥授通奉大夫湖南布政使司布政使內姪萬貢珍塡諱

曙軒公傳 十四世

徐葆辰

公諱曛字大中曙軒其號載賡公仲子藹軒公仲弟也少即失怙惟知讀書稍長伯兄屬理家政乃不竟其業尋援例入成均爲公爲人抗爽敏毅處事能斷動中機要而胸襟豁達一洗時俗脂韋澳涊態好善嫉惡出於至誠人有盛德事推獎不容口有過輒面折聲氣嚴厲不少顧久而俱親而敬之邑中有公事胥推公襄理如葺　文廟修城垣董社倉建廟造橋諸務公未嘗不在其間而道光中三遇大祲邑人設局煮粥平糶公鎮日駐局中料量一切井然秩然雖至勞勩不恤人尤誦之晚佐宗政修祠輯譜百

務畢委無不仰公擘畫凡公所籌略而措注者人皆以爲當蓋公強力自奮而才又足以濟之也公奉母孝事兄謹白首無間其內行尤篤云卒年七十子五人孫七人

贊曰公幼子昭之舅氏示葆辰行略謹次之如此嗚呼若公者得用於世當必有軒軒磊磊可稱述者而所就第止於此此以知負才而不見用終湮没於世者之多也可慨也夫

竹軒公傳 十四世

從叔竹軒公隱君子也諱士棟字允中竹軒其號從叔祖載賡公叔祖妣徐安人生三子公居季少即穎悟入塾受書耳熟經傳無煩講說爲文章極有巧思載賡公見背公纔成童擗踴哭泣執禮若成人設楊母旁晨夕侍側罄膞絜羞必豐且腆母以是安之一應童子試不售援例入成均即無進取意讀書南嶽寺中寺有觀音閣旁臨清泉老樹皆合抱公葺書室于其側前後植桃梅梧桂數本名之曰挹翠軒絃誦之聲幾達數里春秋佳日輒挈榼呼朋登眺山巔酣詠嘯呼山谷響應如是者十餘年後因侍徐太

安人疾遂歸太安人歿盡禮盡哀三年不見齒公爲人美鬚髯貌溫古而和易即之溫溫與人言必以敦孝弟崇本業爲務訓子嚴而有法童稚時即飭以義方尋常坐立動以規矩里巷媟嫚之詞不使聞于耳延名師督課尤勤苦其事師也日伺其色笑而爲之備意有所嗜移時而具不待其口之出也意有所惛輒易其物不待其聲之發也嘗日讀書必貧然因讀書而貧奚恧焉晚年喜居樓中藏法書圖畫及古書若干卷善彈琴能知風雨蕭灑出塵俗士無能過而問者獨與比鄰任明經晴堂投分深契風晨月夕輒劇談于書椀筆牀閒時或援琴鼓之目送手揮風韻淸遠聽之忘倦眞能移情晴堂先生作聽琴行以贈詩詞唱和尤多意外驚人謂餘子弗能效也道光庚子歲饑邑設粥局以賑公偶行市中見就賑病民或卧于途或息于路或行不數武而遽仆于地公爲之惻然因出邀同志創設疾廢局徧搭棚廠以棲老幼廢疾者男女分居時爲查察飢者給以食寒者給以衣病者給以藥死者給以棺全活不下數千人辛丑饑亦如之公歿後己酉丙辰兩次辦賑踵行其事咸盛稱公德不衰其餘義舉殊多不勝縷述子二長慶榮早卒次寅有義行咸豐庚申殉難孫澤霖強幹精明家業隆隆起曾孫聽泉纔髫齡已嶄然見頭角語

云爲善無不報而遲速有時吾於公驗之矣光緒辛巳中秋從姪鳳飛謹撰

映巖公傳 十四世

再姪 家楣

公諱文英字彙貞號映巖舜塘公第三子舜塘公以名諸生七應承宣試屢薦未售坐是鬱抑致疾以歿時公年方舞象已通諸經以境屢空又遭母吳孺人喪祖母潘孺人無以爲養不得已廢舉業習醫醫既成爲時所稱乃得備甘旨潘孺人年八旬日具鮮滑夜供餅餌以是忘無子之苦定省晨昏必以愉色宗族咸稱其孝焉性好施恤貧振乏弗倦弗厭過冬常以衣絮致無衣者同時名醫出必肩輿公雖逾中年猶步行徧診恐貧者之力弗堪也公兼外科之術醫藥不計資謝於無力者往往施給不少吝惟以

濟人爲心復以積勞致病彌留時猶屬後人務讀書勿輕習醫謂一或不中轉足悞人也享年五十有三原配許孺人先公卒繼配湯孺人子一鴻飛能文篤行久困場屋分發江西候補巡檢孫一家聲

家楣曰范文正常言不爲良相即爲良醫以其能治人濟世也公於醫可謂良矣顧以輕於醫爲憾其用心之厚致慮之深何如邪醫之難也如是爲相者一或不良悞世孰甚甚矣爲達官於朝誠不若爲鄉里善人之爲得也聞公之訓者其思之哉

節母徐孺人傳 十四世大昕公配

從來女子尙節節之爲守妻如冰霜苦如荼蘗成之必激烈堅忍而似非和柔婉娩者所近也然在易節之卦辭曰苦節不可貞九五曰甘節吉則激烈堅忍或猶涉於意氣惟和柔婉娩而執節不回斯必積於性而養之以學者能之也如余堂姊節孝孺人是已孺人幼聰穎比長能爲詩歌隨侍尊人春臺先生雞澤署中有送兄南還七律二首并迎鑾詩數章均音節流暢可誦于歸後有以詩章索和者孺人曰閨閫楮墨何足示人昔蘇蕙廻文文姬笳拍律以女誡均爲炫才吾不願學也其識度澄靜如此待人寬

和知大體宗黨肅然敬之乃與大昕公倡隨三載遽賦柏舟孺人搶地呼天幾不欲生顧不敢重堂上慈遂抑哀侍奉未幾息女又殤撫夫弟半霞之子爲嗣以養以教如實出已視所係稱熊畫荻者不啻焉比合例請旌孺人謂矢志靡他婦人分內事何敢遽邀恩賚其所見平易正大又如此嗚呼矣節三十年甘之如飴孝於姑慈於子無悒悒不自聊之色長齋繡佛特其寄耳斯非積於性而養之以學者而能之乎其諸易之所謂甘節者歟孺人卒時年五十八今其嗣君鑑英已嶷然有立譽髦成均行將擢巍科而揚徽美知孺人之佑啟者爲無窮也弟大勳拜撰

節母沈孺人傳 以下世房齡公配

節母沈孺人森之母姨也年二十歸雲鶴斗章周公甫四年公卒孺人一慟而絕誓不獨生是時孺人方娠姑勸令節哀曰幸生男可延夫祀無徒事傷身爲也閱數月生女孺人復悲慟時暈絕愈不欲生既又念舅姑年老必資人奉事而呱呱者亦不忍棄因戢哀强進飲食晝夜紡績謀甘旨以事舅姑數年舅姑相繼歿孺人益煢煢無所依飲血翼孤雛遺精田二畝不能貸傭擇子姪中賢者授以布使代爲耕自墾宅旁餘地種瓜蓏以佐朝夕居恒閉戶雖鄰婦不數相往來惟里中婦之耆而有德者歲時存問孺

人亦嘗親造其家閨範峻潔里黨稱賢夫族子斌重孺人節爲請於當道學憲毛公給貞心苦節額以旌之是時孺人飲氷茹蘗者蓋三十餘年矣森於孺人甥也復爲壻每念孺人苦節未嘗不神傷志悼今屆周氏纂修宗譜因述其崖略以待秉筆者表揚之也子壻徐桂森百拜謹撰

國山周氏宗譜卷四

雲鶴分三房世傳目錄 此行與下行書中衮辯

國山周氏世譜　卷四十二　雲孺分三房世傳目錄　二　立本堂

義峰公傳 十九世

先生諱琛字鑑淵一字義峰居邑之華光巷家世儒素先生之父杏墅翁出嗣世父得產不自私均分兩季季挾貲居鄉購宅後爲舊宅主所累遭訟繫杏墅翁爲營脫之積債千金鬻產償其半餘債及產以付三子先生於三人生最長早歲攻苦夜誦篝燈擁衾帳頂盡墨弱冠補縣學生試輒優等顧困棘闈者三十年杏墅翁歿後先生奉母撫弟仲弟既早亡季亦於游庠後客死黙幕弟室背孀弱先生獨任其貲之出分給其產之入常爲備膳使侍母餐有索逋者輒潛慰之母年至九十三未嘗見婦之銜悲也未

國山周氏世譜　雲孺分三房　卷四十二　義峰公傳　一　立本堂

嘗知家之貧貸也蓋曲體親心者至矣庚申之變先生避徙鄉居鬱鬱卒子三長以培次丞顯出嗣次玉衡以培餘於庠而歿玉衡於先生歿後二十年以行實囑作家傳故傳之如左

論曰余以與修邑乘見先生子玉衡温温乎其純也循循乎其遜也肫肫乎其誠也固知爲至性中人及編錄孝友見先生事狀知雍穆之家風又傳歷三葉矣夫留田之曲縫布之謠豪家不免先生睦同室以慰高堂處債臺而就歡館承先啟後蓋可量乎哉光緒七年歲次辛巳

誥封奉政大夫候選教諭乙酉拔貢世愚弟吳景牆拜譔

莪峰公行略 十五世

先君子諱琛字鑑淵又字莪峰　大父杏墅公長子少篤學日勤誦習夜闌擁被起坐以首抵壁默誦經史帳爲之墨年二十二入邑庠歲科屢擢超等困棘闈三十年未伸其志然未嘗怨尤也事　先大父母竭忱盡敬尤友愛兩叔父處世接物悉歸於厚凡遇　祠祭忌祭及　祠中公事三日前書之粘壁屆期早往以俟尊長年雖六十餘恂恂似不能言一言一行不求過人而衢輩效之終莫能及半生困於公債垂老未釋初　先大父年長出嗣同產從祖二人以貧輟讀願耕於鄉　先大父所得嗣產有在官村東南之栗瀆里者即分授焉適有孟姓寬厰之宅貧而求售遂重價購之雇傭代耕甚自適也孟以屋售主屢屢苟貸　先大父輒轉給以應之其後復欲破齒而窮於辭與鄰謀僞縊周門而急往救冀復加憐不意急救已甦報縣相驗縣令求賄案懸不結　先大父費千餘金爲兩從祖脫累官事平而債臺增築矣遂廢產償債僅及其半將餘產分授　先君子及兩叔父立公產以供祭埽所虧前債逐年彌縫未竟而卒　先君子續理家政公債尚虧四百餘緡明年　曾祖母歿喪費甚鉅是時仲父已亡季父、尙少不忍以債分任仍懸諸公而自籌之閱十餘年季父

以家境不敷時有憂色　先君子默會其意售公產市屋得價三百緡而三分之以己所入償還宿逋尙欠三百餘緡歷年以教讀所餘補償凡十餘年母錢如故而季父幕游冈問又至矣衢於斯時與長兄以培亦已析爨產日減而債日增衢昆弟餼父母亦輪餼　大母大母在衢昆弟室　先君子侍食相得甚歡兩叔母家日窘無以養姑大母念之甚　先君子爲備饌羞使值日侍食以娛　大母然力甚不支矣　大母眉壽皓皓至九十三歲　先君子晨起至榻前候　大母醒詢問所欲然後退及昏相從與語食枕厠牏皆自檢點雖　先母及衢兄弟不能代也時有索逋於門未嘗令　大母聞　大母棄養哀毀逾恒喪葬所需皆獨任之長兄以培賢而有才壯年食餼矢志代償父債不幸早逝　先母以痛子繼亡衢不自從侍十餘年未能解父憂迨咸豐庚申避難居鄉卒壽七十三歲光緒七年增修邑乘邑人以事狀宜列孝友遂立傳焉 㓜

男玉衢謹述

西清公行略 十五世

伯父諱溶初名陛熊字兆占晚號西清大父景蓮府君服膺程朱操履嚴正閨門整肅如朝典義方之訓備而且篤所延者皆嚴師伯父幼誠謹即知講求內行有成人之度爲學銳敏文章多自出已見不爲依傍弱冠即見推朋儕中屢試於學使輒見擯處之怡然曰讀書分內事耳豈以此博功名哉遂益研究經史旁及諸子百家靡不淹貫事二親勸虔養志左右無違其侍疾也尤周慎方劑之進退藥物之炮製衣服之加減飲食之遲早皆以身消息之大父棄養伯父恐傷大母心節哀守制殯葬一遵家禮而

於厚終之道講論彌精求墓地數年始得嘗曰吾非效世俗覓善地爲邀福計然先賢云五害宜避曾見古墓改葬有翻棺倒槨之慘其可忽諸與吾父友愛篤摯解衣推食爾我不分暇則銜杯昆季促坐列子姓相勸勉怡怡如也於從兄弟暨女兄弟亦篤厚視從子如己子有過不稍假有小善即稱之遇有祭祀先期必齋戒臨期必誠敬雖遠出必尅期而歸風雨無間也吾父先見背伯父獨侍養大母問安否伺寒煖察飢飽調藥餌纖悉曲中夏則扇枕冬則温被間或斑衣以舞如是者歷四十年大母壽及九旬一日無伯父不懽性方嚴飲食作息皆有程度而諸事詩

簸無不入微造次所處凡書冊器皿必安置端整几案間無纖埃素喜啜粥每歡必盡升許常語人曰歡粥甚有益能利濕理脾勝服藥也平日留心家乘摘錄列祖事蹟置案頭省覽道光丙午族修譜牒伯父與校讐詳慎參核凡補遺訂譌伯父之力居多晚年猶好學不倦嘗手鈔詩書周禮春秋比丹黃點勘十數過輯古嘉言懿行爲物恒錄授諸子咸豐乙卯冬大母患痢疾參苓罔效竟不起伯父痛不欲生慟暈數次既殮日夜侍柩側奉杯棬如生時丙辰春詔湛霖等曰吾自遭大故夜不成寐汗出氣喘者數月矣恐不久於人世汝等速營葬務毋使吾歿不得視穴致

罹不孝罪也湛霖等唯唯聽命於是年四月厝大母於龍潭之原伯父堅欲築廬墓側湛霖等力爲勸止終以哀毀成疾延至九月十八日卒遺命以衰絰殮從之年六十有八伯母任氏候選布政司理問任公滄澤女敦素篤惠淑慎宜家自約至豐敬莊一節子四長國材算學生次湛存庠生先伯父十年卒三國楠力學早世四恩祺太學生以捐賑議敘按察使照磨銜封贈一代伯父抱純懿之行不獲施用於世特其孝友誠懇足使聞風者頑廉薄敦稱於宗黨信於鄉閭非湛霖一人私言也濡淚和墨謹書大概情焌詞樸不知所裁敢以族立言之君子姪男湛霖謹述

蘭溪公傳 十五世

從伯蘭溪公諱覲字近文蘭溪其號也考鈞太公妣吳太孺人祇生一子視如掌上珠公幼時聰穎絕倫年十齡授以史記讀項羽本紀纔一遍背誦不錯隻字長老咸驚異之目爲神童比長爲文章甚古奧應童試以字跡過陋屢見黜公慨然曰昔范文正公云不爲良相即爲良醫以其能治人濟世也吾何事事呫嗶爲遂棄儒習醫貫串素問金匱旁羅諸家皆洞悉其得失之本治久痼疾無不應手起全活甚衆事父母極純謹鈞太公見背擗踊哀號聞者感泣爰設榻母旁晨夕侍側太孺人歿哀毁如喪父時卜

宅兆闢穢啟窆盡慎盡誠每祭先期必齋戒臨時必虔肅人稱其孝敦睦姻之誼待姪如子待甥如姪貧不能讀者助以資斧勉之從師其應學院試及赴秋闈者助以舟車之費緩急告貸無不應度不能償輒焚其券族戚中飢而待以食者寒而待以衣者男女之失時而待以昏嫁者孤嫠之無恃而待以成立者不勝數也道光癸未歲大祲長吏勸捐公立捐千金無吝色有以逋負繫獄者代爲償以拯之人稱其義每夏秋間令人負藥囊行郊野聞人有疾即爲診視輕則投丸散以療重則授以方劑親爲配藥餌論貧富不受酬歲常活數十人隆冬盛寒河水且冰公募工

鑿冰以援客舟之膠陷者歲亦活數十人屆年終袖多金行街巷間聞有仰屋太息者輒以金濟之人稱其仁喜施與樂成人之善凡恤嫠濟困造橋修路掩骼埋胔等舉日所接力所及者必爲之并濬放生池以養鱗介之屬家中無敢不食禽畜自奉甘淡泊不茹葷腥嘗見一孤雁飛繞左右哀鳴不已公異之旋遇獵人獲雁于羅飛者望見鳴益悲公曰殆其偶也急出錢買雁縱之兩雁盤舞雲中欲下者再若深爲感謝者公之仁心好善直能使飛鳥知之而請命爲其惠愛爲何如耶孝也義也仁也惠也此皆霖所親見親聞者也用謹述大畧以俟觀風者采擇焉光緒

丙子如月姪湛霖謹撰

霞軒公哀辭 十五世

周君諱璂字華南號霞軒郡庠生杏墅公仲子也嗚呼君而長逝誰不慘然曇花纔現玉筍方鮮一朝頓萎散若雲煙撫膺搔首欲問青天君之幼歲郎負英名篤生甲族式以典型天姿學力陶冶而成總厥懿美難忘生平讀君文章投時利器蘇海韓潮指揮如意範我馳驅醞而後肆風騷壇上先登拔幟溯君學問淹雅宏通取之者精用之者宏考辭選義胸懷折衷有文有本衆手推崇憶君處世不競不絿風規嶽嶽接物油油和而不同剛而能柔溫如粹如厥德允修緬君風範亭亭玉立羣展翩翩威儀抑抑坐

我玉山如裴叔則儀表英英豈池中物猗嗟如君克家令子朝侍庭幃形聲聽視舞以萊衣進以甘旨友弟恭兄亦云盡美胡乃膏肓遽遭二豎而謂高堂能不漣洏恩斯勤斯鬻子憫斯養成六翮拭目大池掌珠頓失皇皇奚之而謂戚里能不驚惶是家之雋是國之棟纔叨廩祿遽召巫陽斯人而逝斯理難詳矧吾與君心交神交敲詩角藝匪夕伊朝連牀秉燭夜雨蕭騷談今論古氣壯神豪同社友八共相契合時推盟首牛耳常執白下暨陽扁舟挂席釃酒臨風唱酬新什日月幾何君胡遽歿嗚呼修途渺渺天道茫茫芳蘭萎露玉樹凋霜數耶命耶蠹焉神傷撫牀地哭摧肝裂腸君纔壯歲未產明珠閨中少婦血淚啼枯死者已矣生者何辜傷心慘目有如是夫嗟乎哉令威一去華表雲高魂兮歸來翦紙空招珠沉玉碎魂碣誰澆天荒地老此恨難銷世愚弟劉際辰拜撰

慕陶公傳 十五世　　任晟 曙堂

自兩漢後保舉之法廢凡孝友睦婣任恤者既不見重於時則亦無以傳於後其得列於國之史家之乘者必其人身達名顯略有功業可紀然後增飾鋪張以著之於篇而身兼六行者則寂寂無聞也嗚呼此傳之者之所以非其人而可傳者反不得傳也若周公慕陶者眞有可傳者矣公諱徵字慕陶號曉峰晉孝侯之裔孫也自孝侯傳六十世爲公之大父葆岑公公子二長嵎谷公郎以癸酉科選貢秉泰興鐸者次郎公父景蓮公也公爲景蓮公仲子生有夙慧讀書敏悟異常兒長老咸目爲謝庭玉樹長益積

學能文年二十六遊庠冠其軍文譽噪甚而公顧抑然自下未嘗以其才傲人也是歲也景蓮公適得疾呻吟牀簀刀圭終不效公晝夜侍湯藥衣不解帶者月餘疾亟則焚香告天願減己算以乞父命景蓮公既捐館事母湯太孺人尤謹家業中落授徒得脩脯悉以供母生平無私蓄母年七十患背疽膿滯難出爲吮出之日三四次膿盡疾愈人以是稱公孝云與伯兄西清共治家政怡怡一室終身無間有女弟適俞葵而貧領歸撫養并常周郵其家嵎谷公卒於泰興任諸從弟年尚幼未諳外務公聞訃郎日之泰爲之摒擋一切扶櫬旋里歸則代理生產持籌握算曰不言勞諸從弟以是得無憂其友也又如此族事有不理公任之無不理者族人有不諧公處之無不諧者族中子弟有不端公懲之無不憚服者蓋其爲人至誠惻怛忠厚和平動物以天而物自爲之動有古黃叔度王彥方之遺風所謂睦婣任恤者非耶嗚呼以公之所爲驗之古人之所稱亦何以過而今之稱之而舉之者誰與莫稱之莫舉之則亦無有傳之者矣可傳而不傳理固當然耶惜乎公之志終有未遂也公志在讀書自髫年偕其兄同學已深自刻苦長益奮志下帷久困而益振年逾强仕猶手錄名文盈尺閉目高誦攢眉苦思而不自知其積勞而成疾也

疾既篤聲氣俱下猶顧其子而呼書者三嗚呼是亦足誌者矣公卒年四十六配湯孺人子四長恩霈廩監生壬子科雋京兆試考充　咸安宮教習議敘知縣次湛霖諸生有文名三四早世女一余與公同學誼關至戚而又衡宇相望故知公最稔爰謹述梗概以俟觀風者採擇焉

贊曰公從伯鴻軒公爲孝侯輯忠義集載其母疾露禱爲鄉里除患後入洛游機雲間折節讀書事甚詳公與侯行事大小雖不同而其處心何其似也魯論云是亦爲政公雖不得志而其一門之內孝友恂恂咸以文學自厲皆公政之可傳者也而何沾沾於功業爲

松泉公暨配徐孺人合傳 十五世　　姪 湛霖

公諱以正字松泉從祖贈通奉大夫茂常公冢子也公少聰慧父母愛憐之常蓄珍餌以啖公公念家不豐不忍以口腹累親每有所與必敬辭戚黨咸異之通奉公承世代青箱以名儒稱鄉里尤望公克荷先業公刻苦勵學於舉業外兼攻經史諸子百家靡不融貫原期以學問博科第無如數奇屢應童子試不售自嗟運蹇而已昆季折箸推肥取瘠薄田數畝不足贍妻孥授經里中講解經義明晰詳確邑中稱名師自奉極約布衣蔬食泊如也有顏氏子安貧樂道之風公係朱太夫人出事繼母徐太夫人盡孝

且敬有弟四人以長以教終其身怡怡無間季弟裁五叔每語霖曰吾早失恃今得以讀書成名出守要郡而無玷官方者皆長兄之賜也歲庚申粵匪擾吾邑公時近古稀先期戒妻徐孺人約同死難城陷遇賊公大駡逆賊吾恨不斬汝萬段賊奔之身被重創而歿遠近聞者無論識與不識皆感憤爲公泣下孺人聞公死竟以身殉迅赴深流濡首泥淖中以死孺人者徐孝廉曾炘公女也幼嫻內則通澈羣書工於吟詠歸公後事舅姑以孝處妯娌以和勖夫子以德業家貧糟糠不厭夫婦同志並荷旌　卹生年月日及子系詳于乘不具述

湛霖曰偉哉公與徐孺人之同殉也一平民耳乃能犯逆鋒至捐軀而不悔將古所云烈士貞女者非耶
國家三百年來德澤極厚士之登甲科女之膺章服者榮寵無與爲比及遇小利害或反視平民而不如公與孺人未受
若恩忠義大節彰彰若是可與貴池吳應箕同邑任元遴兩先生鼎峙矣

樸堂公傳 十五世

人有篤實之性者必有剛毅之風平居恂恂然似不能言一旦遭變故慷慨激烈之氣勃發而不可禦卒以捐軀決脰節炳千秋則樸堂周公其人也公諱鍾俊字敬思號樸堂爲泰外王父業山路公愛壻外王父生三女公之配其幼也泰方舞勺時至外氏拜公於座上公時年方壯温温儒雅退然若不勝衣及聆其議論侃侃正色有古烈士風先世緊葉以文章節義世其家祖耆圃公聲譽噪一時所交如汪筠莊湯宣人輩皆邑中名士父靜軒公耆年碩德壽逾八旬朱彝堂先生爲作傳方之後漢陳太邱公世家

君也少聰穎長善屬文然以古淡不諧時好公殊不介意慨然曰丈夫當存心濟物有裨於世豈沾沾以雕蟲小技爲哉庠案不豐道光甲午配路孺人去世高堂年邁繞膝呱呱公仰事俯育效曾閔內行終身不續膠後復以同宅不戒於火青箱舊業盡付祝融嗟乎公於斯時數亦奇矣遇亦艱矣而處之澹如并以焚屋基址畀其弟使速興造而自居湫隘蓋其天性友愛度量恢宏誠有過人者道光己酉咸豐丙辰兩遇歲大祲邑紳士設粥厰以濟饑民公董其事辰出酉歸或輪班值夜徹宵不寐纖悉躬親必使嘗秩輯屨者均沾實惠噫公之存心如此使得身膺民社其見諸經濟者當復何如耶會纂家乘公入駐局中悉心參訂其遇事殫精瘁力始終如一類如此至其致命遂志則更有非人所能者歲庚申粵匪陷宜城公聚鄉民曉以忠義爲克復計衆皆踴躍遂與賊鏖戰於社瀆橋公首先陷陣斬首數級賊蠭至勢不敵竟被戕嗚呼所謂有篤實之性者必有剛毅之風豈不誣矣其題奉

旨照三品以下官員陣亡例賜卹世襲雲騎尉崇祀昭忠祠春秋祔祭公子四長淮清附貢生襲雲騎尉捐授同知以勦賊功蒙　爵督部堂李保　奏奉

旨着以知府用次廷椿城陷先公殉難三柄樺同時殉難

由忠義局彙題奉

旨旌卹從祀昭忠祠四存厚例貢生加翰林院待詔銜今年夏存厚具節略屬泰爲公傳且曰君與吾中表也知公生平者惟君其慎毋辭泰惶悚承命謹按始末而爲之傳

光緒七年歲在辛巳仲夏下浣歐陽泰頓首拜撰

蓮塘公傳 十五世

公諱華，號蓮塘，古之遺直也。生而聰穎，爲廣文嵎谷公冢子，絶愛憐之。總角讀書，入塾輒驚其儕偶。年甫弱冠，嵎谷公卒於泰興任，公屏當一切，扶柩旋里，喪葬胥中禮，人僉稱之，曰：能壯而慷慨赴義，至性過人。隱然以敦氣節、扶名教爲務，自失怙後，益友愛諸弟，俾各成立，家庭間怡怡如也。顧弧矢之願未酬，深恐局守里門，不足以畫壯志，爰遊京師，遂籍京邑庠，從胡鑑淵先生遊，發奮力學，文名大噪。顧屢試京兆，輒不售，公志不少挫。在京偕同志徐天石、周愛棠兩先生創立會館，捐資落成，今雖逐漸恢廓，而館中規條，尚遵前議。公在都日久，勇於爲善，課徒授經外，兼入監肆業，所得膳銀及館穀，悉以周濟同鄉之貧乏者，無吝情，亦無德色。有潘某以疑獄被繫，爲之多方營救，事得白。凡所設施，皆本於天性，好義而行之以直方，大絶無機械變詐，稍遷其好名便利之私圖，人或以狂與俠目之，均不得其實也。公既隨時利濟，前後留京邸二十餘年，終未獲究其用，鬱鬱不得志，乃浩然南歸。第質直之性，老而彌篤，里黨中有偶蹈非義者，懼爲所知，莫不斂迹。卓有彥方遺風。晚年性尤嚴毅，疾惡若仇，遇有舞弊胥役、魚肉鄉民者，必力爲排之，或有鳴鼓之攻，若輩情見勢絀，不覺爲之奪

氣。此則公之敦氣節、扶名教，昭著於衆耳目間，羣欽爲犖犖然大者，而其他俱可從略也。_{闕}_ 自幼及壯，熟悉公之生平，方欲奉以爲歸，而公已不可見矣。竊歎天既爲世道人心而篤生公，胡不令公通顯，俾得一挽頹波，使人人知義讓而薄偷行耶？然公雖不遇於時，而直節常伸，所有卓行數大端，或有裨乎今，必有合於古，公在九原，亦可無憾。_{闕}_ 不敏，竊爲之追述大略，以誌向往云。候選教諭廩貢生表姪朱元曦頓首拜撰

愛棠公傳 十五世

公周氏諱蔭南字召襄號愛棠世居宜興西門外蔣瀆橋曾祖方虎公炳祖　贈榮祿大夫太僕寺少卿順天府府尹邑庠生范亭公汝礪考　封脩職郎海州直隸州學正贈榮祿大夫太僕寺少卿順天府府尹郡庠生靜齋公秉鈞妣氏儲・贈孺人一品太夫人生公兄及公兄森棵䝱贈資政大夫禮部郎中公由寄籍順天大興縣廩膳生中道光辛卯經魁揀選知縣改歸原籍甲辰大挑二等選授海州直隸州學正卒於官以子家楣貴累　贈儒林郎中憲資政榮祿大夫翰林院庶吉士禮部主事員外郎

郎中太僕寺少卿順天府府尹公自高曾累世篤厚至公祖以經術奮與爲時名師公考繼振儒修益務樹德爲善鄉里公生有至性六歲聞將就傳端坐沈思以既爲學當爲何如人長者稔其故大奇之既受經訓詁常求古人用心得力之處家屢空每隨太夫人佐執爨仍背誦所業不廢稍長受業邑中葉莪廬先生特加器賞文譽噪甚每值文戰輒冠其曹學師長洲沈俠侯先生極重之年三十遊京師受業顧南雅先生之門先生直聲震學爲世宗仰於公有深契焉時同鄉寓京者往往饔飧不繼公文名噴人口一篇之出購者爭先遂藉其資以贍同人至日輒數藝又不肯苟簡以應心血既耗體幾不支勿恤也英煦齋相國延課諸孫公雖居停貴盛而潔履嚴守敎學自精自秎提後凡應春官者九薦者七堂備者五而卒未售嘗有重公欲必得公者預以試事關節送公公一切謝絕不爲詭遇也先後留京二十年以宜荆兩邑無會館積館脩並典衣物爲創購地於下斜街旋移於敎場頭巷建宜荆會館復設會科資以歸里人之在京病故者又置義地以備停厝於同鄉後進之來京者必就其才質誘掖揄揚俾各得所由是人各感佩偶有不謹憚爲公知蓋自公客京師而同鄉風氣爲之一變矣嘗遊關中應沈大令霞軒府谷縣

署之聘嘗客袁浦應李司馬小洲之聘均課其子弟學有成就嘗遊沈鼎甫先生視學皖江助校得人嘗主講霍山書院以敦行力學勗士子及歸途遇故員眷屬扶柩在途用不繼乃以歲脩相贈在里設教城西後街正心誠意齋每講授經義必詳明澄澈閱生徒課作有一字未洽必反復斟酌求愜於心而後安一言一動必軌於禮恒以呂新吾呻吟語顧亭林日知錄令其身體力行詳繹切究至今學者猶誦法焉公之履任海州也實行月課躬自校閱清給廩糧無絲毫扣折切禁諸生不得干預詞訟士子進謁勗以實學實行有緣案送學者則反復訓誡開導之其押

力從師者均受之來學一時學中館舍皆滿氣象一新士風亦一變學西南有隙地夙爲市溷公爲立案嚴禁且浙石宮牆以肅時奉檄通行宣講　聖諭廣訓直解并編查保甲公切實奉行於朔望宣講外更隨時化導比戶聞風向善公生平操守廉潔一介無苟取菽水所藉惟資硯田至此始得以祿養親而廉俸之外稍違於義者即視之若浼而於親故之來署相依者仍勉力優接厚贈以是境日益累海州人士言先後居此席者惟翁酒盧萬念齋兩先生及公學誼品望相儔而自守之潔處境之約亦異時同揆云咸豐癸丑二月初十日公正命學署諸生皆失聲

哭無以歸喪咸各賻助時金陵未復承宣之試不行諸生公覿撥資興子金爲歸計如以公欵無著各稟請生願以廪糧償償及舉柩則相送涕泣者均至河干始返沿途百餘里咸設祭灑涕爲其能詩者各賦輓詩成卷曰朐陽哀輓錄蓋以儒官感人至此未之見也公事親孝敬兼至尤善養志太夫人患病嘗割股以療之論者以公賢者不在一行之奇往往諱不書然至性所激非毁傷也伯兄早逝養寡嫂終其身教養孤姪與所生無異均至成立仰體靜齋公愛孫之心欲有所營謀必艱難曲折以赴其事而德配潘太夫人復與公同志由是維護益周邑中善處家庭敦骨肉者咸以公爲範公學主誠敬而所自勵勵人者尤在義利之辨相傳少時有魯男子事公不肯言也雖燕閒無跛倚雖盛暑必深衣雖急遽造次無疾言遽色無得失之喜怒無泛濫之交遊在里在京在客在官一以和藹接人而人自嚴憚敬畏雖同輩行所親暱者亦視若嚴師焉公方面廣頤長身玉立徐步正視望而知爲有道者志趣正大見理既精發之於文每深入理窟於制藝精鍊雄健氣韻魄力皆非人所能求似學者謂其心血多人數斗一藝精蘊分爲十藝依然深厚也所著詩古文詞均未梓而於庚申江上之難失之所存而已梓者祗制藝及尺牘耳

書法少學吳興後習魯公而於柳誠懸尤有深詣雖宂忙時不作草率字習廷試策每濡墨可作真書兩行今無此藝矣同治丙子公嗣我同年小棠前輩典試蜀中適之洞典學駐省試畢過從署總督文武嚴制軍家藏公楷書一冊捧出展視謂其封公在清秘堂時得之尚書李芝齡先生處者寶翰流傳爲世珍奉如此公享年五十有二歸葬於宜興西門外寶雞幹橋之西宜荆邑志入儒林配潘夫人　誥封一品太夫人子二長家楣官順天府府尹總理各國事務大臣與之洞爲丙辰教習同年而翰林前輩也之洞乃得稔公行誼謹詮次焉次家錫高文卓行以國學

生應己未鄉試薦未售庚申死節得　旨優卹世襲雲
騎尉建專祠邑志入忠義女四長適閔成以侍公疾積勞
致病歿次適甲子舉人　國史館謄錄候選知縣崔望賢
　旌表節孝著有敬之古文次適吳文軫庚申死節　旌
表節烈與胞嫂潘夫人胞兄家錫並建專祠次字潘灝文
夫故守志邑志均入列女一門兒女俱足千秋而小棠前
輩且奉其家學為時柱石然則公之貽教于家於此可見
公之真誼亦至此益彰矣孫志匡太學生孝友能文癸酉
應京兆試薦未售　貤贈奉政大夫家楣出志靖癸酉科
順天舉人刑部貴州司主事兼襲雲騎尉公胞姪家燮出
嗣家錫志程家楣出孫女三長家錫出未字卒次三家楣
出

之洞論曰我　朝鑒前明封翁多入祀鄉賢之弊凡子孫
現居九卿者例不得請祀公於海州應祀名宦於宜興應
祀鄉賢俎豆馨香以永百世宜矣而今顧格於成例未遂
衆望抑亦公貽謀遠大以昌其嗣天若遲之而實厚之也
嗚呼此豈之洞一人之私言哉

賜進士及第
誥授榮祿大夫內閣學士兼禮部侍郎銜前翰林院編修
年愚姪張之洞拜撰

燮棠公事實（咸豐癸丑海州同學公稟州牧請撥賓興子金挪助撥柩回籍）

具稟廩增附生丁峻峰等為公籲　憲恩曲全義舉事（此係第三次呈請第一第二次王均佚）

竊生等前因原任學正周老師人品端
方學問純粹不幸病故無力回籍公請挪付賓興存項夏
秋二季子金一百零八兩已蒙恩准嗣緣請助吳老師回
籍蒙批俱行停止等示仰見憲台慎重賓與公項而為杜
漸防微者至周且備惟生等嗣請助吳老師回籍蹇因同
屬師尊起見若因此舉反致已蒙恩准之款亦俱停止遂
致周老師柩滯異鄉眷屬難歸故土心實不安況吳師安
葬已久回籍無期即將來回籍生等亦可另議設法今周
老師靈柩現已擇日起行時值歲歉又無另款可籌可否
求恩仍將賓興夏秋二季子金挪助周老師撥柩回籍以
後永不援引為例此係崇學出之至誠為此公叩俯念士
情恩允賞准生歿均沾同學感戴望恩上稟（此稟於第一場考試文童黜名將公司呈遲未收）

第四次呈請同上

海州直隸州正堂周牌示該廩生等所請賓興息銀幫助
周老師回籍洵屬義舉但此係詳過定案該生等即赴本
道呈請本州即行發給（周刺史名璞字蘊山）

為再籲憲恩成全義舉事竊生等因原任學正周老師八

品端方學問純粹不幸病故無力回籍公請挪付賓興存項夏秋二季子金一百零八兩已蒙恩准嗣緣請助吳老師回籍蒙批俱行停止仰見憲台慎重公項至周且備惟周老師靈柩已經訂期起行緣資斧缺乏忽而中止舉室涕零生等實不忍坐視前日具稟投轅未得面訴下情復蒙諭賓興公項未便挪移必俟申詳準行乃可批發憲示允當光明但查此項本歸書院膏火郎如改作賓興之用前憲申詳亦並未蒙批準又如生等前歲公請將書院存項分撥四股之一以作會試川費呈明前憲準行權宜體恤栽植全自上憲是此事行止恩由憲施實無待于詳請

況舉行賓興必待二年以後倘慮此項萬難挪付生等願將應領廩糧抵補計自今歲冬季以及來歲四季廩糧銀數尚敷歸補郎或日後上憲提此款項未必通提子金郎連子金並提廩糧不及補償生等亦情願先具甘結臨時照款攤賠公項公償既無害于正款仁心仁術實八協于衆情非周老師感人之深生等心服之至必不肯再四懇求上瀆憲聽爲此泒結公叩伏乞電鑒愚忱玉成義舉恩準允行存歿感戴上稟此係第五次呈請學中諸廩生聯于三場點名時面遞川年乃大肯前後反覆堅執不允諸廩生叩首懇求始有轉圜後叩肯至再至三然後允許明日奉批候札學查議核奪

海州直隸州正堂周　爲札飭查議事案據廩生王致美等稟稱竊生等前因原任學正周老師不幸病故無力回籍公請挪付賓興存項一百零八兩已蒙準行嗣緣公請同助吳老師蒙批俱行停止惟周老師靈柩已經訂期起行因資斧缺乏中止生等不忍坐視是以前日具稟蒙諭賓興公項未便挪移等因查奉行賓興必待二年以後倘慮此項萬難挪付生等願將應領廩糧抵補計自今歲冬以及來歲四季廩糧尚敷歸補郎或日後上憲提此款項廩糧不及補償生等情願具結照款攤賠捧呈甘結公叩允准等情到州據此查賓興一款係爲閤學諸生鄉試之資原不能另作他用前據廩生倪道一等以周故學正靈

柩無力回籍請本年應存賓興息銀一百八兩捐助搬柩之費本署州因事屬義舉又出於該生情愿業經批准提給嗣據文生馬鍾俊等復以前故吳學正靈柩尚未回籍請將來年春夏二季賓興息銀亦作捐助搬柩之用因查該生等所請不特情近發棠亦必致將來鄉試諸生有所藉口是以批飭俱行停止昨據該廩生等復稟請幫助周學正一款仍請提給又經本署州將賓興公項未便挪移緣由明晰批示在案今據該廩生等續稟前情合行札飭查議爲此札仰該學迅將前故周學正靈柩是否實係無力回籍該廩生等請提賓興息銀作爲資助是否出自閤

學諸生情愿日前具稟之馮鍾俊等是否允協有無異議且具稟廩生二十二人不特額數不齊其中自必尚有虛廩所稱設奉行提願將廩糧歸補之處是否可行倘須攤賠該廩生等能否隨時分繳不致宕延無着務卽逐一查明妥議具文覆州以憑察奪毋稍含混遲延切切特札

具稟門生丁峻峰等爲公籲師恩據憲轉詳成全義舉事竊生等因原任學正周老師八品端方學問純粹不幸病故無力回籍公請挪付實與存項夏秋二季子金一百零八兩倘經上憲行提願將應領廩糧抵補歸款已蒙州憲批候札學查議核奪等示伏思此舉以公償公既于正款

無礙尊師重義實爲風化所關現在遞稟二十二人除吳瀛王耀宗許杭升餘十九人俱係實廩計五季廩糧銀數共有九十五兩餘所短銀十三兩倘奉上憲行提生等二十二人情願攤賠不致宕延無着此事州憲既已恩准于前尤賴師台力全于後爲此伏乞具情申詳批准給領俾周老師靈柩得早回籍深爲德便上稟 稟署海州學正李名玉貴

署海州學正李　爲遵札查議事案奉憲台札飭廩生王致美等稟稱等因奉此遵卽查詢據廩生丁峻峰等稟覆前來詢之馮鍾俊等亦云復請之舉實係同爲師尊起見並無異議等語卑學伏查前故周學正品正學純今日柩滯任所實係歸貧無措既經闔學義舉同伸不特見師道之無虧尤足見人情之獨厚且此款設奉行提咸願將實缺廩糧扣足一百零八兩之數再行請領將來亦不致虛懸無着似應俯如所請以成其愛戴好義之忱爲此具文申覆仰祈憲台作主恩准施行深爲德便須至詳者 此詳上爲

奉批如吽辦理

潘太夫人七秩壽序 十五世愛棠公配

同治紀元之十有一年歲次壬申五月朔日甲申越十日癸巳欣逢　誥封夫人周母潘太夫人之七秩壽旦嗣君筱塘方伯諏吉季春綵觴稱慶遠近咸集適堂隨合郡鄉先生後且糾兩邑諸公附葭莩末誼跋涉偕來添籌晉祝甚盛會也酒酣諸公僉曰都哉東南佳氣紛紛郁郁洪惟無疆之休太夫人厚德致福殆未可量適堂舉觴言曰公等亦知其所來乎鄙人不敏略陳一二太夫人出吾邑望族　誥封朝議大夫潘吉甫公第二女也生有至性勤紡織不嗜華麗二老皆鍾愛之寬厚有大量識者早知其當有大福年二十二歸我如兄資政公愛棠先生世爲邑大家西晉平西將軍周孝侯遠裔愛棠大父范亭公遠父誥封資政大夫靜齋公均以名諸生筆耕爲業家無宿儲愛棠先生靜齋公仲子事親至孝工文章從血性出比太夫人來歸已蜚聲庠序聞矣太夫人至不及事先姑伯叉別居靜齋公因以內政屬之操一盒米約升許手付太夫人曰汝善辦此此吾家有也時家無斗石蓄太夫人忻然受曰敬諾而今而後合合成家矣合合者方言與盒同音以此喻盛也既領家事以愛棠先生歲脩并已十指所出爲奉養計愛棠先生衣敝袍絮粘成結不製寒移所衣新

絮綴之又取母家累歲中紡積餘資置市廛一區月息用贍佐鹽米外家周給不辭亦不請雖境窘迫心常若有餘上供甘旨自甘藜藿如是者有年繼因靜齋公設帳於家生徒附學衆薪米告罄竭力籌辦不令堂上知愛棠先生少年割股療母疾血溢過多又早年苦學常患羸閒或咳血太夫人憂之典釵釧市藕搗汁合猪肚熟煑以進日以爲常良久乃已靜齋公謂祖居雲鶴村往來要道病涉河銳意造橋散徒出募即駐村督工寒暑不得歸愛棠先生亦出館太夫人乃暫居母家料量衣履糗餌雜物應時分寄未嘗稍緩既而愛棠先生北應京兆試奉命留京太夫人年二十七婦代子職晨夕視膳蓋歲時祭享經營慘淡盡敬盡誠如靜齋公意是時愛棠先生奮志顯揚頻年不返陟岵瞻望得免內顧憂者大抵太夫人襄贊力也諸公僉曰都太夫人之純性垂裕無疆矣願介一觴適堂舉觴言曰未已也道光辛卯太夫人年三十九愛棠先生舉京兆經魁壬辰歸里稍足自給伯氏向居前河頭舊宅宅已滿因請太夫人母家偏院奉靜齋公居焉先是靜齋公遇兩邑義舉往往引爲己任凡建橋二十餘所兩次辦賑全活無算至是續語愛棠先生及太夫人曰我心非望報然我家一第匪易今汝幸捷殆冥冥不負我也至今太夫人

訓誡兒孫時時道及之甲午太夫人年三十二筱塘方伯生適值家祭賀者同聲曰是先代送佳兒來也乙未伯姒孀居兄子三人俱幼太夫人按月資給不令乏兒子芭生戟生稍長欲有所營必悉力助之梅生最幼延師授室皆爲已任後并撫其所生子兆甲視同孫等是時愛棠先生九應春官試七薦不售僅以甲辰科大挑教職候銓班次壅滯除授尙早素性介介不爲苟得前後二十年水陸往來盡舟車之苦藉區區硯田所獲贍養全家不遑家食稍有餘力則罄其所有大庇同鄉如都中倡建會館義地等舉不可殫述時方伯與仲氏家錫均幼稚太夫人又以母

代父命方伯與梅生同塾出則令遵師教入則令侍靜齋公聽講偶有口角則立加訓飭無徇無偏應饑脩金務從優厚放館則躬親督課稟若嚴師稍長爲詩文則令錄寄原稿呈愛棠先生改削至年十五郎遊庠愛棠先生方謁選都中未旋里也太夫人念家錫更幼鬧儲少詹先生嚴而善訓蒙別令附學佳節放塾每帶夏楚痕太夫人雖撫之心惻彌以得師爲幸其後學竟成蓋太夫人所以望其二子者意甚遠也諸公僉曰都太夫人之至教垂裕無疆矣願介一觴（過譽）又言曰猶未已也歲次己酉愛棠先生銓海州學正秋杪甫旋骨肉始聚明年庚戌奉靜齋公挈

全家抵任是冬爲方伯娶潘夫人性賢淑宜可稍逸而太夫人習勞勤不異家居海州地瘠苦學俸尤薄前後蒞任者常藉州牧調劑不免有分外之營愛棠先生一切謝絕專以誘掖寒畯爲務嚴月課端士習清介廩糧毫髮不私撓益窘太夫人持家益苦愛棠先生藉太夫人助守志益堅公事畢仍授徒鄰邑聞風踵門請業每至數十人一一故竭精力耗盡久遂成疾太夫人在旁常勸節勞不變也咸豐辛亥方伯應鄉試堂上望之甚得晉九四曰未當位殆未年館選也兆時皆不解既而捷報至署中皆喜獨太夫人有懼色恐其年少得志或自負期以大器時時以

存心濟世爲戒時家公子家錫學業亦大進愛棠先生慰靜齋公曰無慮家貧此子所造當勝兄太夫人亦以爲言方伯聞之益勵學諸公僉曰都太夫人之遠慮垂裕無疆矣願介一觴（過譽）又言曰猶未已也歲在壬子方伯會試黜得諭留京正應癸丑試愛棠先生病只剩太夫人率次公子家錫及女媳侍疾療治百方幾一年至是不起太夫人以靜齋公在署忍痛抑悲經理後事典質俱盡上慰衰翁下撫兒女是時太夫人所處極難方伯報罷歸驚聞此變一慟幾絕太夫人含淚諭曰汝大父在上且汝父大事未畢汝何得遽爾方伯聽命日夜籌思賴合學相率斂金

報師舊德得舉家回里安置篭𥨊又聞潘吉甫公謝世太
夫人益心痛焉母家食指眾已無閒院乃借祠宇數椽暫
居苦無生計母子相守有誘方伯以非分得者念太夫人
訓誡皆屏絕依然硯食吳門充記室所入無幾太夫人籌
度兼至以次遣嫁兩女又爲次公子授室心力俱瘁方伯
服闋後應丙辰試額溢見遺取宗學教習以歸兄弟皆應
聘差勝往年戚友至其家既仰清況又歎一門內自昆季
及姊妹妯娌無絲毫私蓄無彼此爾我芥蒂雍雍肅肅坦
白無他無不共羨爲天倫極樂謂皆太夫人家法所致諸
公僉曰都太夫人之篤行垂裕無疆矣願介一觴 過譽 遂

言曰尤有進者已未春闈方伯成進士 過譽 附焉方伯改
庶常乞假歸省時靜齋公已衰病見孫喜甚太夫人諭曰
此祖宗積學未遇之償汝父九困春官之報好爲之爲國
爲民今其始也時方遣嫁一女復値靜齋公厭世仙遊太
夫人哀禮兩盡合窆既畢方伯未及行警報日緊所居在
郭外勢不可棲奉太夫人及全眷避之初至梅蠖瀆太夫
人念母氏全家猶在城累次舟迎未返正惶急又聞吾邑
有商船數十連檣而至訛傳爲賊日得四五報乃復百計
買舟抵城下迎太夫人之母并合家來瀆不數日城陷母
家竟脫遂依次女至蘭右居焉時庚申四月間也髮逆大

股方聚湖州與吾邑賊目相應出沒長興蘭右當其衝未
可駐足聞馬山四面皆湖賊無舟不能往復徙科之先往
者已百十家矣皆倚空船爲宅無褁糧見太夫人舟至無
論識不識咸來乞貸時有籌備人都資斧數百金未動太
夫人亟命出之按親疏接濟或勸稍留恐立罄太夫人曰
我亦知此但處此危迫力能救彼一日當救彼一日天地
有靈決不絕我且時勢至此安見此財之必我有哉既又
紛傳夥賊且至早晚不一太夫人聞警輒衣命服督率全
家男女詣湖濱靜候擬投水殉如是者數次審知非實乃
已又有第三女歸吳門者時亦全家同避性尤烈慮賊驟

至猝不及自殺常懷利剪袖中日夜不去手見者壯之遲
延至六月知賊將赴馬山開門牌僞以安民爲辭太夫人
曰是不可居矣我家何人豈可爲髮賊民乎遂雇江北回
空鹽船三即日放舟直北經薛堰橋轉江陰渡江而北至
新港口泊候風吳門第三女全眷一舟梅生全眷一舟先
後至女遂過船探母是時大江北岸皆兵船南岸皆賊相
持未下次日蚤發望有賊急離南岸爲追舟所及仍被牽
回然來者僅老賊數人餘皆小賊所謂二毛者城中大股
在途猶未到太夫人促方伯兄弟登岸曰汝不可見賊賊
至必辱汝汝不受辱必害汝我家休矣方伯兄弟不忍去

又迫之曰如此則我先畢命以絶汝念方伯兄弟登岸擬負太夫人避匿蘆中急呼太夫人則後來大股如飛而至船爲所隔不及相聞兄弟亦相失義僕莊慶餘急負方伯入蘆叢一日夜始出賊已散矣不知船所往見申港有渡江船來急呼救乃得附至靖江七圩港北岸登陸遍訪得太夫人船相見大慟方知賊至時先登他舟太夫人恐女媳受辱持一繩因第四女年稺命與共縊弟三女未絶俄而賊至三女極口罵被刃穿股仍投江以殉潘夫人乘間與叔姒幼姑相率投江幼姑爲賊斫傷一指潘夫人亦受一刃賊乃釋之去三人隨流浮沈水淺不得沒忽復相遇

彼此扶掖上岸岸皆蘆葦賊不覺聞人聲息出探舟舟在兒太夫人挈孫男女在船衣盡濕問之則各眷投江之後太夫人挈長孫開甲同投江爲鄰舟姨姪暨見急救免旣告潘夫人等忽渡江船無水手有僕和升者請太夫人誦咒渠拙篷索隨風所至東西轉太夫人呼天虔禱風漸轉向北霎時到岸卽七圩港也母子重逢殆有神助獨不見亥公子家錫遍訪踪跡有難民後渡江者述所聞以告謂賊搜得方伯朝衣冠名刺知爲巨宦欲生致哭遇亥君呼以刺上名指爲妖頭脅令乘肩輿入江陰城言見賊首必大用亥君怒罵又恐賊知其僞必舍己而別索其兄乃詭

之曰狗輩旣知我名卽當知我志我豈從汝狗輩辱我祖宗哉小領受及遂被戕土人呂丈義之爲掩埋焉述始末甚悉太夫人痛極謂方伯曰我家世代忠厚何遭此慘然竟無一人略受賊辱不貽祖宗羞未始非爲善之報卽我輿日亦得以此報汝父也太夫人生平深愛子女稍有疾病寢食不安至此臨危不亂捨命不辱蓋權之於輕重大小者良審而平時之家法亦槪可見矣於是方伯奉太夫人挈眷抵靖江遇舊識貽衣履資用得達泰興梅生亦殉母妻子得脫渡江來依賃數椽同居未幾潘夫人因傷重不起方伯念其烈痛之亥公子夫人徐氏日夜飲泣誓以

身殉太夫人皆以大義曉之乃稍已頃之太夫人病重方伯及妹侍湯藥月餘賴泰興尹金湘圃觀察致餽藥餌薪水費得延姜醫療治以痊念太夫人此時所遭何境能從容暇豫履變如常卒致家庭重聚榮膺多福非偶然也諸公僉曰都哉都哉太夫人之浩氣垂裕無疆矣願介一觴

通譽 遂言曰尤有進者同治紀元方伯先赴京補散館改禮部主事謀迎養奩於財作書數十函分致舊好乞助侍友跨驢赴江北代迓板輿得宗湘文太守斂白金三百爲助 通譽 族姪望賢後成甲子孝廉者太夫人之第三婿也夫婦避難興化乃相與奉太夫人以北長至日抵京部曹

俸薄食指多方伯以爲慮乃自太夫人至親爲綜理清況反漸裕則天所以報太夫人者未有艾也太夫人雖處境非裕然遇同鄉寒士困乏者必令方伯周䘏居則助其資行則給其費留京則爲之推薦枝棲應試則爲之餽送食物卷資來厲相訪則留欵酒肴或有疾病則製贈藥物閒遇有臨場無力納監及因銓選分發在京費用無出者必盡力爲之玉成至典質衣物俾得集事人人感念至德而太夫人則視爲當然曾無厭倦又追念燮棠先生在京與同鄉諸人創立宜荆會館徐天石先生繼成其事公議供奉兩先生神位已久今天石先生無後祭祀乏主特命就

館中設供焚楮並祭兩邑人之病殁於京者又念燮棠先生嘗置義地於槐北樹下厝兩邑旅骨特命以時祭掃閒有傾圮分別培修此尤善體燮棠先生遺意者又念兩邑收復後宗祠灰燼權借館中以清明冬至兩節合祭一族必敬必豐定爲年例已而方伯將爲太夫人稱慶太夫人曰止我大願未了耿耿於心何慶爲請之以宗祠未建爲言時周裁五廉訪適由廬州籌欵寄族中爲創造計方伯立稱太夫人命措朱提三百助之同成此舉綜太夫人生平天性純孝靜齋公嘗病太夫人默禱神前求減年以代燮棠先生登第後太夫人念先姑不及見常飲泣每遇歸

省依依父母之側孺慕眞摯數十年之久如一日也治家之道寬嚴相劑合家人爲一心家忌則親調供饌以祭台家肅立無惰容又以奢靡爲戒凡衣履之屬由新郎敝由大改小尺布寸縷不肯棄捐佐食稍豐輒戒勿復爾屬中食米上下一律持心尤恕雖臧獲婢僕飢寒困苦體䘏周至素知醫有疾則處方買藥給之無不立愈有性黠而善欺者太夫人不校曰彼之所爲無損於我而有益於彼姑聽之且自愧矣若輩慚恧久亦不忍復欺凡遇夫家母家諸骨肉稱其序而施加之以厚或助婚娶或助殯殮或助衣食有來請者輒各如其願以去庚申避難族中老弱婦

女皆從之日食米一石賦退給費歸在京視姪如子視族姪如姪嘗有族子翼廷從子翰生以病故營其身後各費數十金京宦無羨餘存問親支恒過望友于之性老而彌篤長兄曉堂於太夫人江上遭冦時捐館接伊子華廷全眷渡江同住後就職府經赴浙候補力贊其成長姊歸儲家中落相賙彌至次兄錦堂早世所遺子女加意存䘏幼弟卓堂謁選來京優給旅費并爲籌畫寄家之資銓閩省邑令以去有母家近族孀婦無依養之終其身並爲擇嗣其敦本至此太夫人雖遇有拂意度量過人從未有疾聲厲色見人危急貧病或形體缺殘輒以拯之䘏之爲念從

未一言相笑自奉儉約不妄費一錢謂日留其所餘亦足
給餓者一飽孰非用者所處雖不豐稍可自適猶習勤方
伯姥勸勿勞則曰我樂此不爲疲也太夫人存心正大信
理者眞不佞佛獨遇一切善舉則孜孜不怠如放生局敦
仁堂諸事必令隨衆舉行暇卽率女媳縫製棉衣遇冬散
給左近貧民或錢米周濟此其尤小者雖罄筆舌不足述
太夫人什一羣公僉曰都哉都哉太夫人之厚澤垂裕無
疆矣請介一觴通擡遂避席舉觴言曰今更有進於此者
太夫人雖長居閫內卓識絕人每有一言定人賢否決事
機成敗不逾時而一一驗者古聖賢豪傑不能過也居恒

以立身報國爲訓次述當年所歷困阨奇窮諸境咸令兒
孫聞知曰我舅我姑未及安享我敢忘早歲艱難耶願汝
等亦無忘也又曰人少時受父母管束老來無人管束須
怕天地神明此皆太夫人之述所自勵勵諸兒孫者方伯
改官郎曹合家悒悒太夫人獨曰六部政府正可練習何
悒悒爲就養來京方伯已保送總理各國事務衙門章京
記名候傳人指爲畏途多不樂就太夫人獨曰毋然盡得
一分心卽可維持一分體統造得蒼生一分福汝忘我母
子僑寓泰興見天津和約時耶方伯唯唯蓋前和約既定
遍示通衢方伯在泰興見此痛哭太夫人稔其由曰國家

爲此不得已之舉臣民同憤他日與聞其事思爲補救之
耳至是復舉以爲訓逾年傳補方伯派管法國股法人多
天主教辦理尤難辭不獲太夫人曰汝避其難誰當難者
夫孟拒楊墨韓闢佛老皆當朝野上下靡然信從之際持
正論與爭難矣今天主教雖蔓延中國未嘗有一士大夫
入其術中其用力當較易也但楊墨佛老任人向背無冦
盜之主持與牂亂之敢拒則竟拒闢則竟闢耳今天主教
弛禁一節載在條約欲驟議變更則外族以背盟爲辭倉
猝與戎擧動全局此其難耳汝既任此惟有就事而預爲
之制俾其氣消勢阻庶無爲害方伯謹受訓在署七年遇

事剖辯力挫其鋒每借酋長稍近理語還以鉗制彼教外
族口塞始時外吏以
朝廷意在羈縻間有偏護教族爲苟且了事計者特爲嚴
切申明痛懲積弊各省皆曉然於
國家用意之所在持平剖決害稍止近奉各堂委議鉗制
天主教章程八條與各國往來論辯凡有一毫可以設法
之處無不殫竭心力爲之此皆太夫人之教也方伯既補
部曹洊陞至正郎以實錄館保案引
見以繁缺府用太夫人曰郡守親民官吏治大端講求宜
預既而保送御史考選

記名太夫人又曰汝父嘗以不得御史盡直言爲憾汝詣誌之嗣復洊保道員洊加三品銜二品頂戴太夫人輒隨時訓迪勸勉益至渡江之役一子一姪一女一媳見危授命蒙
恩優䘏
敕建專祠太夫人坦然曰得其所矣次公子夫人徐氏守節奉姑備極勤苦太夫人加意撫之季女字潘㕓生年十三聞夫歿矢志不嫁太夫人嘉之命歸潘氏以完其節次女歸望賢隨夫奉母工古文望賢潛心理學嘗與講解業更進望賢病歿後誓與同穴太夫人曰汝姑在堂且夫未

有後非其時也乃守節待旌長女歸閔者早世賢孝之聲傳於夫黨不幸嗇於遇者豐於德此又太夫人之教也方伯既失潘夫人之後繼以夏夫人又繼以賈夫人皆詩禮大家動遵矩矱太夫人愛之如女猶時時述潘夫人爲法曰是能守困且事事皆如我意今當效此孫男開甲森森見頭角他年國器太夫人勤加策勵雖一言一動示法程孫女二人長者課女工兼訓以詩書大義幼雖撫弄爲樂亦令推梨讓棗謂養蒙之法首自孩提不可不謹此則小中見大無非太夫人之教也語未半諸公起曰都哉都哉太夫人之盛德致福如月之恒如日之升悠悠乎其不可紀極也今知其所由來矣其培養深者其發洩必碩故大椿以八千歲爲榮其凝聚久者其鍾毓必奇故蟠桃以三千歲爲實其磨鍊多者其庇蔭必遠故瓊樓之丹桂經萬千戸之斫而婆娑樹影無古無今綿綿延延不知其所極今太夫人之量同胞與大椿之培養也太夫人之誼篤本根蟠桃之凝聚也太夫人之變而不失其常常而不忘其變雖瓊樓之丹桂愈磨愈鍊而愈不改其婆娑無以異也自今伊始方伯且大展經綸內慰萱堂外播
九重德意流澤海內傳之無窮則天所以報壽母者更未有艾矣於是升堂晉祝各介一觴獻太夫人無量壽

賜進士出身
誥授中憲大夫運同銜山東候補直隸州知州前陵縣知縣加三級表侍生崔迺翬頓首拜撰

賜進士出身
誥授通奉大夫二品封典前河南候補知府光州直隸州知州加三級年侍生任重光頓首拜書侍講銜詹事府左贊善愚姪趙曾向內閣中書年愚姪惲彥琿愚姪祝康民翰林院編修朱福基徐文洞吏部主事丁墉記名道府道銜戸部郎中管貽葵四品銜員外郎史含章主事秦炳文謝鴻誥莊允諧王緯員外郎銜主事年愚姪陳榮紹主事

軍機處行走陳銑秀禮部員外郎惲彥琦兵部主事愚姪
謝崧董瀚莊攸刑部員外郎曹鍾夔主事華熙臣賞川銀年
愚姪湯似瑄四品銜工部郎中愚姪史悠元郎中孫金章
員外郎張恩釗員外郎銜主事朱儀訓主事余維楨光祿
寺署正金作基董開沅國子監學正年愚姪馮承熙運使
銜直隸候補道保定府知府姻姪任道鎔道員用候補知
府順天府治中愚姪蕭履中同知直隸州用大城縣知縣
莊允端候補知縣馮瑋山東平陰縣知縣吳士愷署冠縣
知縣徐宗襄候補知縣朱大來知府銜陽信縣知縣愚甥
徐家杰山西候補直隸州知州年愚姪潘家鈺浙江候補

知府愚姪朱志汾候補知縣儲家藻江西星子縣知縣愚
甥徐鳴皐四川候補知縣愚姪程熙春河南候補知縣附
滕朱仁達候選同知崔昕五品銜候選縣丞愚姪任照濟
候選教諭朱大澂內閣中書愚再姪趙執詒戶部主事年
再姪惲寶楨四品銜兵部主事姻再姪李邦楨軍機處行
走刑部主事年再姪馮光勛工部主事馮光元光祿寺署
正陳名珍州同銜湖北候補巡檢世再姪伍紹美湖南候
補知縣小門生伍學熙仝頓首拜

潘太夫人七十壽序 十五世

粵以元默涒灘之歲月際蕤賓爲
誥封夫人周母潘太夫人七十正壽令子小棠儀部將於
季春之月預謀稱觴同人屬爲文以彰純懿禮也方今
聖天子篤敘彝倫恭奉
聖善懿徽仁洽海內上隆下協采蘋鵲巢之風著令妻壽
母黃髮兒齒之詩所由作也惟太夫人之德之賢所以
相夫教子履艱貞於夷順輯庥祥於家衖總茀祿而膺壽
豈者洵足以衍
朝廷之美化而爲閭里之稱榮則夫小棠之善事其親與
太夫人自求多福之效可得而詳焉太夫人生有至性長
勤女紅家素豐自持恒儉約逮歸我同年愛棠贈公也不
及事君姑贈公以文名純行有聲庠序硯田而外無他營
太夫人以針黹所得佐君翁甘旨而私進蘩藿不以鹽米
鱗屑爲贈公憂贈公應辛卯京兆試擢高魁名滿天下皐
比之座四方爭迎俯仰事字及課小棠昆弟等學皆太夫
人是任自壬辰迄丁未贈公九上春官恒得而復失己酉
始授海州學正飲最瘠贈公又嚴於取一意惟勤植士類
爲急太夫人經理庶務黽勉補苴以是贈公不爲廉所窘
辛亥小棠舉於鄉越二載贈公謝人世太夫人茹檗之境

備嘗而晝获之心愈苦矣歲在庚申粤賊薄吳境時小棠
已成進士膺館選假旋奉母居湖濱每聞賊警太夫人輒
衣命服率全家臨汨羅誒急同殉既乃擕斧呼舟北行抵
江口賊以爲巨宦也踪跡之糾大隊將至太夫人謂小棠
昆弟曰汝不可見賊賊至必辱汝汝不辱必罹其毒吾家
休矣若媳有水可投無虞賊辱也追之登岸既登將頁太
夫人匿蘆中而賊大至爲所隔太夫人呼女若媳各踴躍
就義無爲賊辱者遂亦擕孫開甲將投江賊見之不覺羣
呼乞止旋各解散是役也小棠原配潘夫人及弟家錫妹
之歸於吳者殉焉小棠爲義僕莊慶餘者背入蘆叢翼以

身得免餘眷以赴水遇淺輒不獲沈稔賊既去始歸舟於
是小棠得奉太夫人以出團練大臣龐寶生侍郎以一門
二烈聞於
朝得
旨建專祠旌卹之典視常例有加然則太夫人精義不惑
臨難不驚見危不亂以慈母而爲烈丈夫之所爲蓋所衡
其重輕者審而其爲教固非一朝一夕之故也今小棠由
郎官洊擧典郡監司章服躋於二品每晉一階太夫人必
因其職而勖以敬事之方小棠方勤勞
王事爲當道所倚重駸駸乎未可限量而太夫人之訓之
也則以居官報
國無忘艱難爲勖遵義之干無聞焉先是小棠以臺諫
記名太夫人聞之喜曰言官不易得亦不易爲其識之昔
鄭母之戒黙也深懼盛滿闇母之責侃也以官物增憂范
滂有非此母不生此子之歎太夫人實能兼之可不謂賢
乎至如撫猶子如已出教誨之嚴亦如已出親族鄉黨之
不贍者咸仰給之無論足與不足未嘗拂人之請春秋之
祀率子孫肅拜維敬維恪終日無惰容精於醫遇人疾苦
多市藥拯之臧獲以事欺者不與校善哉太夫人之言曰
所欺無損於我而有益於彼盡聽之久悉愧奮自新其盛

德所感多類此於是太夫人毋其家近四十年矣所謂納
下於少過致家於太和者非與嘗思仁爲壽之徵積善之
家有餘慶太夫人方以板輿留養京師小棠克承色笑將
稟慈教以擧其職而大其施然後知太夫人毋範之賢閎
德之厚所以總集福蔭綿延以及其後逕
龍光而臻大順融融怡怡正未有艾而小棠之所以壽其
親者固在此不在彼也節不文不敢以常說進謹就所知
而覼縷之已足見太夫人神明不衰之勞翼日小棠馳驅
王路敦勉勵行以佐
盛時而光先德於無窮太夫人方將展眉梨臺鮐之色以

承几杖衣服之
賜而誠我
國家壽世作人之盛也豈不懿歟是爲序
賜進士出身
誥授光祿大夫　經筵講官協辦大學士吏部尚書正紅
旗漢軍都統鎮國公年侍生載齡頓首拜撰

誥封夫人潘太夫人七旬壽序　十五世
皇上龍飛十有一年宙合斟利珍符協應雍雍乎吉嘉林
舉熙熙乎仁壽偕登方將晉
徽號於璇宮修隆儀於玉冊推恩錫類榮及有家潔牌馨
羞咸懷無忝我同年周子小棠鄭翊禁藁領袖容臺墨評
黃精箋疏寓蘭肯之製赤文綠字
綵綸褒鞠育之勤茲以五月十日爲
誥封夫人年伯母潘太夫人七表壽辰吉諏季春祝稱令
且詳銓懿範遺索微言謂自弱冠而孤胥藉慈萱之嫗煦
小人有母並深寸草之惘忱惟甘苦之境同嘗則親切之

詞彌肯重違其義敢諉不文竊思無非無議者閨閫之恒
規或誦美而窮於所指善頌善禱者揄揚之陳例每侈談
而溢乎其眞懿惟太夫人踐履倫常本原忠孝若懿行嘉
言之必錄非筆端舌底所能宣姑舉大綱厥垂清聽可乎
溯太夫人之歸我年伯愛棠贈公也贈公以正大之操秉
困約之遺至性天成峻修霜潔家徒壁立寓祇文多勖鴻
案以齊眉佐鯉庭之養志有無貸其黽勉事字賴以扶持
逮夫慷慨北征香探蟾窟方冀聯翩直上名遂鵬程而乃
健翮終羈閒曹屈就韓昌黎僅爲博士胡安定共識先生
贈公且樂道忘貧變才如命執士見之雖酒恐傷廉辭吏

脩之羊祗知盡職毎捧鱣堂瀡瀡白髮顔開翩翩儛鶴倖湑
腴青氊味永計春官之書九上而内顧莫攖其壯懷令宦
之室屢空而一介無汚其素屑太夫人之助也太夫人所
生成立者六而雙璧實推國士所舉丈夫子二而一枝尤
冠時賢厥惟小棠同年詞賦起家文章經世稟聖善之訓
馳卓越之聲李待價品重中和宜登清廟孔休源號稱獨
誦合掌錦襄時以獬犹不庭夜郎自大
中朝設羈縻之術
天子遴幹濟之才記簡首邀簪毫領值太夫人乃詔之曰
人臣無避難而就易

國家當思危以獲安敬爾在躬毋辜所學罔兩圖之九鼎
犀照何逃贊普招以尺書鴞音終格其或折衝計絀抱牘
歸籌人夢猶呼謀閫如病卧薪之義恒勉以慈箴𧦬狻之
貽輒傳爲奇策一時惟東里是屬四夔知中國有人而日
諫院名題進以長孺之直監司階晉示以文翁之仁公輔
他年望郎今日誰實致之太夫人之教也且夫富貴之集
躬易揚其盛美而名教之維世毎見之艱貞人第見伯氏
賢能足光黼黻而不知仲君忠藎無愧馨香憶紀歲於庚
申曾遇賊於倉猝常山之舌可斷匪石之心莫回踐汨羅
之鄉家婦視爲安宅出并州之剪愛女歆若甘飴聞之

九重詔祠三烈三烈者小棠元配潘夫人及弟鼎生妹之
歸於吴者是也詎復化石之人在側填海之恨難平其命
相依落落孀雌之影凌寒有約挺挺女貞之枝則鼎生德
配徐宜人暨妹之歸於崔字於潘而以守節守貞待
旌者是也跡其遇則可傷若彼揭其志則可敬若此竹之
生而節自堅蓮有子而心俱苦一家兒女並足千秋兩開
綱常扶之隻手此太夫人所不願有是者然至是而太夫
人之爲教益可知矣若其孺慕之真至老彌篤孔懷之誼
在遠靡遺撫姪猶兒纖芥之偏不雜課孫若子魁梧之器
斯儲登其堂者謂有鄒魯之風頌其德者爭奉歐陶之槼

敦宗睦族拯危徧渡慈航振乏憐貧推食共餐善米鄭婢
未聞其逢怒劉侍無責其汚衣迄於今十載長安一腔貞
性凡屬梓桑之侶苟一士之失所即爲己憂筲無倉箱之
盈但一錢之有餘必爲人計平生無華食鮮衣之好合室
無寸銖累黍之私扶崔母之板輿允矣人情所羡紉蔣家
之縹被依然儉德可師客歲當設帨之期令子爲稱觴之
請迺承面命夙有心期以爲自復家山未建祠宇祖宗之
居罔妥子孫之慶何名於是罄阮藉之囊附馳魚簡集班
門之斧迅告鳩工側聞蝦虎城闉斯干秩秩艷説麒麟公
姓如此振振不日既成聖雲斯慰蓋太夫人敦本教孝之

誠不容以斯須去而修德獲疇之槪未易以更僕詳也玆
者
國恩家慶事際昌期天朗氣清正逢令序五色之書迭賁
八會之奏胥袝記寶婺之生初節宜長至喜羣仙之宴啟
春最佳多小棠同年方膺
特達之知篤無疆之祜十五宿郎官曜明躔入台星廿四
番風信傳來筵開永日 寶第 陳情
魏闕垂釣江干乍遂芰衣莫附詠霓之隊翹瞻萊綵倍殷
酌兕之懷技不鄙其蟲雕匏鳴響陋心無殊乎蟻結絜語
情眞七十歲詩美古稀更進祝期頤壽母八千年紀從今

始願相期報答春暉是爲序
誥授光祿大夫前兵部侍郎兼都察院右副都御史巡撫
福建等處地方兼理糧餉年愚姪卞寶第頓首拜撰

潘太夫人傳 十五世燮棠公配

嗚呼我師母潘太夫人之全德型於家播於三黨聞於通邑以暨輦轂畿輔之間萬口一辭若感若慕此本無俟於言傳即欲發揚懿美以京兆君之顯達亦當求之公卿大臣宗工傑儒蕪陋不文鄙銘石而顧以相屬者豈非以侍門牆通親串知內事獨詳取其言之質而核乎敢就平日所仰窺合之誌狀以標當代女宗之法謹按太夫人姓潘氏吉甫公湘亥女幼嫻姆訓無鮮衣華食之好性和而莊宅心寬而恕兩親鍾愛嫻婉咸以大福期之年二十二歸吾師周燮棠先生時師才名噪邑庠顧貧甚方議婚時父

母恐女之弗堪也以其事徵聞諸太夫人既而察之無難色遂定盟焉入門猶逮事其舅靜齋公雖貧無擔石儲侍奉曲有禮意靜齋公嘗歎曰吾每恨膝前無女今得佳婦若此勝於生女多矣居恒計吾師脩脯所入佐以紡績爲日用計上供甘旨自啜藜藿安若固然無幾微不自聊之意後靜齋公設帳授徒命師北應順天鄉試太夫人躬代子職凳家政諸凡滫髓之具祭祀之供戚友往來之禮用有不給往往以典質濟之顧終不令靜齋公知恐重拂老人心貽在都者庭闈之慮辛卯吾師捷京兆壬辰歸甲午長子家楣生即京兆君也丁酉亥子家錮生即殉難江口

詔建專祠者也生女前後凡四人是時吾師負硯田出遊不得常安家食館京邸館陝西館袁江家中長者延師幼者待哺太夫人一身任之拮据經營悉中條理吾師九上春官不遇久之始得海州學正海州地瘠苦任是職者恒藉州牧調劑不免有分外之營吾師性方重於義利之辨最嚴一切謝絶宦況益艱太夫人持家益苦而益有以佐吾師之廉也咸豐元年京兆君舉於鄉太夫人有勉勵語無欣幸詞癸丑吾師病卒時静齋公年邁京兆君留京未歸太夫人當痛不欲生之時上慰哀翁下撫稚弱百務叢集料量各宜治京兆君旋畀扶櫬歸里寄居藍平宗祠京

兆君出就吳門記室歲入得百餘金太夫人支拄門戶一子婚兩女嫁經理秩如門內整肅和易無閒言甘苦維均兄弟姊妹娣姒間不存爾我芥蔕昔太夫人身教言教有以濡染而薰陶之也己未京兆君成進士改庶常假歸時太夫人諭之曰此祖宗積學未遇之償汝父九試禮闈之報勖哉致身爲國自此始矣是冬静齋公棄世太夫人哀禮兼盡庚申春京兆君將北行而寇警日至遂奉太夫人避居馬蹟山時邑人避難者麕集率皆窘空而京兆君以前將北行集貲數百金在橐至是有告貸者太夫人量其親疏求無弗應或謂似此則指顧立罄如自計何太夫人

曰處此危迫得濟則濟之何暇爲後日顧慮哉無何賊稍稍至山號稱安民太夫人曰是不可居矣我家何人何爲賊民乎擬由馬蹟山達江陰渡江舟泊新港城中賊偵知之率衆來逼太夫人挈二子登岸曰汝不可見賊賊至必辱汝汝不辱即死我家休矣言未畢賊已洶洶前遂隔礙不得相聞既而太夫人投江賊呼衆救出京兆君以匿蘆中獲免餘眷投江以岸近水淺亦獲免惟第三女歸吳氏者罵賊死次子不屈死賊去後先後渡至靖江舉家環泣太夫人痛極忽憤發曰雖罹此慘酷幸無一人略受賊辱貽祖父羞所謂遭變而不失其正也其質情權義明於大

小輕重之分如此同治元年京兆君補行散館改官禮曹太夫人板輿就養慰之曰郎官可習練政事求有用之學無戚戚爲嗣因京兆君襄辦總理各國事務措怱最難欲辭不獲則又諭之曰汝辭其難誰當任者惟就事而爲之制俾無得大肆譸張其可矣是以京兆君在署及任總理大臣遇事剖辨落其機牙而時有以鉗制之稟太夫人之訓也居邸第凡吾鄉寒畯來見每令京兆君曲爲之計居助其資歸依其用就試就銓之人有因匱乏中阻者百計玉成雖典衣飾以畀之無稍吝常時餽遺服食留欵酒肴投贈藥餌有加無已必周必均而於夫家母家諸骨肉顧待

彌厚推及有關戚誼之家亦本分財之惠不時存問焉其尤大者京兆君典試蜀中還命以三千金立宗族義田根本外此優䘏施捨諸善舉不勝具書嗟乎非京兆君之度量慨廓純孝性成固無以行太夫人之志非太夫人之慈祥愷惻德大有容亦無以爲京兆君之倡也其自奉則儉約殊甚不妄費一錢曰留佐貧乏孰非用者暇輙集家人而告之曰吾舅姑未享富貴吾豈可忘昔日艱難耶願汝曹亦無忘也又曰人少時受教父母至老則檢束無人然天地鬼神可畏也自勵勵人老而彌切以故躋八座位膺一品封略無貴倨之色下至婢僕亦以温藹待之享年七

十有七以疾終於順天府尹署中迄今追溯遺徽於婦道妻道母道三者具全宜其佑啟所生俱足厲世而摩鈍京兆君固受·
國家重任爲濟時才其玄子女或以忠或以節或以孝貞倫理綱常一門兼盡此固吾師之嚴氣正性有以開之而太夫人平日潛移默化納諸道義之中者不從可想故銘石幼贍色笑長隔音容至庚辰計偕入都太夫人已不可見矣今承京兆君之命撰次事畧不敢有一字之欺族異日上之史館編列女傳者於此有所採取焉光緒己卯科江南經魁附滕門人沈銘石頓首拜撰

潘太夫人祭文 十五世

維

大清光緒五年歲次己卯夏六月癸卯朔越十有六日己未同里年世姻侍生任重光朱儁甲蔣誠任瑛年世姻愚姪任道源任道鎔蔣夢徐斗文徐瑋文徐宗襄任元濬任期曼任傳綸任茂荃任光商程熙春史含章史善貽儲鍾芬錢汝英甥徐家杰徐鳴皐內姪祖榮孔寅紹文彌甥閔鶴炳崔熙臣徐致靖年世再姪李時暘任汝霖任敬敷吳壽祺史家藻歐俊堅任克成夫弟鳳飛冕國楨金章樹人鴻飛姪湛霖安仁玉

衡家熊文燮等謹以清酌庶羞之儀致祭於
皇清誥封一品太夫人周母潘太夫人之靈曰嗚呼理可憑而不可憑耶著著者自我視聽而茫茫乎忽不聞耶懿歟周母潘太夫人固不特女宗之準則而實足模範乎人倫以太夫人年登七十有七封膺極品之榮宜如世所稱福壽全歸而無遺憾之存胡爲乎京邑官民及梓桑戚族皆痛哭而失聲覺人之各奪其所顯而疑天之不諒夫羣情蓋吾鄉之家教必首推夫德門上下百年間兩邑之師表僉曰愛棠周先生緊獨兩邑之師表廼海內知名者所共欽樹至行於

孝友慎獨知於影衾品峻如山德和若春遊門下而
入感其惠居鄉里而羣奉爲神雖文章其餘事皆理
學之發明試一官於朐海咸銜戴於士林惟太夫人
左右之而何云坤道之无成冢嗣小棠官居京兆擕
外安内於
國有造偉略匡時仁政如膏澍兹任未及載而首善之
士若民咸忻忻然走相告謂何幸得此循良兮是惟
太夫人之教仲子鼎生文奇行特潛德未彰家修罔
忒咸豐庚申江介遇賊謂吾頭之可斷而吾志之不
可屈有嫂有妹同時致節咽長江之奔濤灑橫空之

碧血維時太夫人揮全家於汨羅平時之所撫摩保
抱恐或傷者乃驅之死而勿恤謂有重於死而臨變
罔確乎其不惑荷忠節之
恩綸兮永馨香之廟食其履常而安全者宜天之獨厚而
胡爲又加之戚加之戚而節彌光貞彌篤兮信造物
之所不能奪偉一門之各有千秋兮惟母教之是履
而是率太夫人事親盡誠而孺慕之篤終身焉弗忘
太夫人親親盡誼而有倫有序無偏私之偶傷孜孜
以爲善而無望報無求名無德色自率其性之常遇
寵榮之至惕乎其弗敢康際艱危之衆而堅定和易

無所假於中藏平生無忿容無疾言無厲色而敬畏
者勝於嚴師之在旁惟物力之是惜而贍族濟世每
指囷而傾囊凡吾里之廢頽及畿輔之稱述隔三千
里而相應乎宮商操福善之固然正食報之未央豈
知數不可以理測天不欲與人謀自板輿之北蒞祝
頤養之優游詎禍福之倚伏尤致慨於癸酉之九秋
卓犖冢孫蘭摧玉折先妹後妻三日同殁賴佳婦以
承歡慟伯霜與仲雪不知冥冥者何心惟善人之是
阨方易枯而就菀兮
九命頒於北闕子舍則使星載明孫枝亦郎官膺秩無恙

欣旌節之旋有人佐羹湯之職忘憂萱榮宜男草茁
自小棠之官府尹綏德政於京畿永養堂之歲月廿
棠蔽野四境頌聲孝竹盈前一家喜色人以爲起居
八座非太夫人之榮而惠澤萬民誠太夫人所適斯
厥躬其康强允無藉乎調攝何意變出非常運逢不
偶微疾乍示良醫束手聞繞膝之呼天兮豈命果爲
之耶抑天心之不我右悲弱女之再割肱以療親兮
奚天之鑒於前而忍於後宗祊相顧而震愕兮念德
施之不朽里咸撫膺而歎息兮佩賢範之來莫繼而
昔未有明亦知獲福之孔多兮慨懿修之迴逾於所

受

聖慈聞而加悼兮詢近臣而眷厚問享年之幾何兮暨嬰疴之暫久計籍壯之未遠兮謂三吳其非遙而念舟車之孰達而孰否猥億妊而欲叩閶闔兮羌同稱乎頁頁壽登古稀而更稀兮奈自茲眾母之無母何不稍待須臾兮俾期月三年以有成而行百里者不至爲十之九也今爲辭以致哀兮非徒所親者之涕洟而欷歔乃聞聞見見同此心而爲宣之口也雲陰陰而日洸風鬱鬱而木鳴此非徒一家之痛一邑之驚夫孰爲女宗之極則人倫之典型人誠不能已於哀

而無憾者在天之靈嗚呼哀哉尚饗

沁泉公暨配曹孺人合傳 十五世

公諱鍾傑號沁泉靜軒公長子嗣伯父省齋公自念先業艱難肯構肯堂負荷匪易由是治家外惟事讀書因急於進取援例入成均屢戰棘闈輒蹶胞姪芝亭髫年英異期望甚切每遇考試必爲代理家事愛護如子家本小康性慷慨好周人之急族姻中有婚喪諸事來商酌者莫不如其意以去邑中有大公事議及經費無不量力捐輸道光戊戌冬仲公爲清理田產下鄉家不戒於火百物蕩焉無存經營重造仍還舊觀然家業從此中落抑鬱成疾閱二年卒公和平坦易詞氣之間吶吶然若不出諸其口貌豐

肥長不踰中人而聰强則天姿莫及甥幼時猶及見公一切行事則得之先母所傳述者爲多謹追憶書之而外此之闕如者不少也自公歿後德配曹孺人主持家政垂三十年孺人生而幽靜有大家風範通書史識大體于歸後百廢具興內外整肅戚黨中咸嘖嘖稱其才沁泉公去世遺兩孤尙幼孺人獨力支持一切俱出之十指問深慮子之不克有成也愛泣而告之曰在昔家傳舊業都付焚如亦既燬我室廬不遑安處矣此中盛衰倚伏之機得失消長之數天乎命也夫又何尤第以死者之竭蹶經營謀此室處而始有少有尙未苟完生者而偷息人間其敢不竭

用賓公傳 十五世　　　孫 湛霖

周官閭師諸聯於民之孝弟睦婣者敬敏任恤者皆書而登進之有以哉風俗之美人心之返於古蓋於是焉在矣從叔用賓公篤行君子也諱觀光用賓其字從祖丕望公之冢子也幼穎悟讀書通大義不屑屑章句比長應童子試不售遂援例入成均廢儒業服賈微貴徵賤無不中家道漸裕備甘脆以養親丕望公年逾六旬公追隨杖履無頃刻離親或有疾侍牀榻奉湯藥歷數旬不懈父母相繼棄養盡哀盡禮既葬輒至塋旁竟日嗚咽見者感泣待兩弟極友愛分析時自取羸瘠季弟未婚卒以次子家讓嗣

之其孝友之誼實近今所罕見性慷爽慕古義烈士能急人急不輕為然諾尤樂道古昔忠義事侃侃如出金石郎頑悍莫不灑然變色斂息者嘗貿易赴杭道經太湖見一舟覆溺出貲撈救全活二十餘人又嘗出金完人夫婦其他見義勇為多類此晚年主持族政矢慎矢公無偏無徇申飭族姓多布帛菽粟語子弟有蹈非義者必嚴斥之不稍貸族皆敬憚而欽服焉淑配史孺人名家女克儉且勤不愧德曜僉謂公能得內助云

湛霖曰同治壬戌因避兵難寄居東陽與公寓鄰近朝夕晤語無非以孝敬忠信相勉勵延名師課子督責甚嚴綜覈以迄於成而承厥志爾等其共稟之毋忽居恒概從節省留有餘以待工作為居室計也督二子讀書延訪名師脩脯之敬必豐必腆迨至室家完好二子次第成婚孺人之心始稍稍以慰無何粵逆肆擾吾邑被陷孺人先期買舟挈眷避鄉一日在蓮花蕩內賊驟至舉家不知所為長子與媳抱子女俱投於水孺人偕次媳均受重傷次子被擄孺人痛定思痛憤不欲生賴次媳強辭解慰相與扶持投一村落宿焉嗣後遷避無常傷疾增劇展轉至男留村萬難舉動而次子自賊中逃回知孺人在村不勝驚喜舉步疾趨哭拜牀下孺人於彌留之際聞聲撫視一慟而絕

所異者村號男留而次男適至母子尚能一面是今之男留村古之所謂見娘堡也其見公之靈爽先機預兆云

贊曰公席先人餘業思以為善詒令名勉自振拔顯於中道貴志以歿孺人守節撫孤克成公未竟之志晚年來患難挫折節烈彌彰今則仰奉
恩綸渥蒙
旌卹身後之榮增光家乘矣尤可幸者干戈搶攘中天為公與孺人特留一子今抱孫矣異時之熾昌未有限量也善人必有後諒哉甥徐鳴臯頓首拜撰

觀公生平行誼孝弟睦婣者與敬斂任恤者與公之歿有年矣里人至今猶稱述之然亦猥謂修整自好尋常里三老云爾嗚呼使處鄉黨者皆自好皆知自好者之可慕可述可取法而不以後於世之所稱榮譽烜赫者則成周之治其何遠之有茲因從弟竹生屬爲傳謹卽所親見親聞者摭述而授之且以當古閭史之記

菊如公傳 十五世

徐葆辰

先生諱錦章字絅堂別字菊如祖載賡公考曙軒公妣吳孺人公少敏毅篤嗜學刻苦自力愈躓愈奮年逾壯始受知於毛伯雨侍郎補博士弟子第一既爲諸生則益精研經術與諸名宿角藝戰輒勝儕輩推之曰周君文豐約中度所謂文潔體清趣昭事博者庶無愧焉屢應省試訖不遇爲人剛正嚴命常面斥人過改則無芥蔕嫌人皆憚而敬之歲授經里中其誘掖獎勸曲盡其術反覆譬曉諄諄間作內外洞達聽者靡不相說以解至不率教者必痛懲之成就後學甚衆居家事親孝謹撫諸弟尤篤愛無間年二十五喪其室子在孩抱或以續娶請曰吾鑒於古賢矣卒不復娶至於事先奉祖罔不誠恪眞意溢出迨庚申賊亂公挈家出險不攜一物行獨持宗譜一部曰此不可失也後先生沒於亂而譜得不毀今族人議輯譜事搜集舊譜靡不散佚獨先生之譜存因而增輯得竟其事者皆先生力也族人尤銘其德云

門人徐葆辰謹贊曰先生爲葆辰舅氏行丙午丁未間得受先生教今忽三十餘年每一思之猶若先生面命耳提於其前也葆辰庸下不能勉自飭厲以承先生之學每用自愧謹述其行實無遺無飾庶以得先生之眞焉

漁溪公暨配潘孺人合傳

姪 廷弼

傳者傳其人也必其人實有可傳之事而後作傳以傳之實與名稱乃可昭示來許俾後世奉爲規則焉弼堂伯漁溪公諱鍾英字士挺堂伯祖芈靄公長子大斯公嗣子也爲人儉勤篤實嚴肅端莊望而知爲有道人弼幼時見公不覺筋骸爲之束氣息爲之斂即他子姪輩見之亦猶是而公固怡怡然也公少嗜學精制藝嘗受邑宰知名列前茅而終黜於學使因急於進取援例入成均屢應承宣試不售時論惜之吾家世傳忠厚公尤能步武先業貢租貢錢皆悉弗較邑有公事奔赴恐後遇歉歲襄辦賑濟靡間

日夜經理育嬰堂事宜數十年不倦此實蹟之共見共聞者也公尤篤於天性念嗣母徐孺人守節之苦爲之請旌建坊雖貧斧告罄弗卹也更有卓卓可傳者吾族盛圃公祠子姓浩繁木主日增設供無地公與各尊長及諸昆季輩議建補亭公分祠衆情允洽爰於荣花橋側祖遺基地上經營建造自道光乙巳開工咸豐乙卯告成歷十餘年身任其事實心實力始終罔懈今猶存公手書建祠細賬一本尤見公之謹慎焉咸豐年間賊警時至公嘗曰賊果來義不辱吾將守先人之敝廬以待焉當時聞者以爲激於言耳已而果殉禀然大節更非激於一時者矣配潘孺人系出望族相夫子理家政井井有條好施與遇人有急濟之無德色亦不以告人避難昇鄉聞公死痛不欲生哭泣無日夜不數月亦逝迄今歿二十年矣猶令人想望其儀度焉同治元年有司上其事並荷

旌卹且並入忠義節孝祠行將馨香不替公與孺人其亦可以無憾矣乎弼不文烏足以傳公然今當續修家乘如公者烏可不傳因不揣鄙陋爲謹述梗概云

廷弼曰聖人有云善人吾不得而見之矣得見有恒者斯可矣今觀公之生平其持家也外嚴而內恕其接物也貌肅而神怡其處事也始勤而終慎非徒以有恒者目之也

所謂善人者非斯人其誰屬歟

菊人公傳 十五世

侄 湛霖

公諱冠瀛初名陛英字望洲號菊人伯祖嵎谷公仲子也
少有至性隨侍嵎谷公之泰興學博任先意承志能得歡
心母徐孺人卒年纔十齡執禮若成人事嵎谷公益謹日
則隨履杖夜則侍卧寢以爲常年十五嵎谷公卒於任佐
伯兄經紀喪務扶柩回籍途無失誤戚黨咸目之曰能凡
兄所欲爲唯唯從命未嘗有毫髮間質稍魯刻勵讀書甫
弱冠伯兄入都應京兆試公晝理家政夕温經史嘗夏夜
苦蚊蚋披布衣納雙足於甕端坐諷誦輒達旦由是學業
大進年二十六受知於廖文宗補博士弟子與叔弟樹庭

公騰踔士林爲儕輩冠冕譽中耦聯璧伯兄久羈京師爲
兩弟婚配爲兩女弟擇婿皆公一人任之析箸特讓肥取
瘠得沖安鄉薄田數十畝道光庚子辛丑兩次水災田無
顆粒家遂中落因課徒爲生授經里中教極嚴峻經指授
者不惟工文章而行義皆不苟嘗館於唐角儲氏晝則課
讀夜即與生徒道古昔孝弟事侃侃如出金石又歷舉某
人不孝受如何惡報某人不弟罹如何禍端以儆之始不
過塾中子弟敬聆明訓耳後則閭里子弟咸來傾聽焉其
有一二逆子聞公之教竟能翻然改行者其里有昆弟爭
產構訟競延公居閒公集其兄弟娓娓排解卒不聽怒而
歸過兩塗溝自橋墮於溪度無生理送者亦驚拯之出身
無毫髮損公因諭爭產人曰此我欲全汝兄弟故汝祖父
佑我耳汝等不求自全祖父且殛汝矣其人感謝兄弟式
好如初歲丁未族議建補亭公祠經費支絀僉推公經理
公句稽公產逐一賃租樽節開支贏餘生息銖積寸累閱
三年得數百金因能集事祠成之日公雖已逝而經營伊
始公之力居多公歿于咸豐壬子十月二十二日年四十
有六配朱孺人勤儉持家不愧德耦先公六年卒年四十
有一

從子湛霖曰堯舜之道孝弟而已矣至哉言乎孝弟之人

和氣所流布足以彌造物之憾而立生人之命故曰爲仁
之本也公能自盡其孝弟并能化人之不孝不弟迄今猶
唐角里鄉人猶盛稱公德不衰噫所謂孝友可風者微公
其誰與歸

樹庭公傳 十五世

沈銘行 子稀

一鄉一邑之間爲子弟所矜式者豈不賴有老成人哉其人伏處閭閻非必有瓌偉卓絕之行而檢身謹密涉世謙和宅心長厚藹吉温良之氣油然感人積久自有裨於風俗所謂老成典型也以予觀之若樹庭周公者是已公諱陞芝字樹階樹庭其號嶰谷公第三子幼失怙自奮於學補諸生屢踏省門被薦者再卒不售人多惜公而公處之澹然生平砥礪廉隅磨礲去圭角與人言唯恐傷之人有犯忤之不校其於骨肉間恩誼尤深昆季析產公獨取其窳瘠兩兄一弟皆早卒待諸姪一如所生人以此重公而

公自視欿然逮銘石識公時年已近七十貌清癯被服多布素一日過公於道拱立俟之公傴僂前婉謝曰吾誌茫茫咫尺外輒不辨後有疏失勿責吾慢也噫於卑幼間恭遜如此他可知已於造次間整暇如此平日又可想已方同治初

詔舉孝廉方正邑人推公力辭不就顧公雖退讓逡巡乎於事要非無所試者庚申劫後義倉僅存公日是藉以備荒蓄民命所係也力倡同志經紀之又嘗分任學宮歲修諸務擘畫井井合宜今邑志入公義行傳中衆議以爲允歲辛巳周氏將輯其宗牒公長子恩澤持狀請爲家傳銘石愧謝非其人辭不獲命謹核實詮次之而不敢有溢詞懼失公闇修之素且矜式後進者固已無愧典型也

贊曰昔儲遯菴先生有言陽羨山高水清人物樸茂後亦稍陵夷矣覩質訥爲迂拘目渾厚爲遲鈍植品如公殆猶得樸茂之遺意而步武先民者歟狀又云公文章紆餘委備得六一風神嗚呼養之純者發之粹固宜有是哉

禮庭公暨配馬孺人合傳 十五世　姪 家楣

公號禮庭諱希旦芸菴公仲子也幼失怙恃依伯父亦陶公以居友愛慈仁真誠懇切出於天性雍睦不豐長兄華亭公久客京師每會歎至里門稱償公常不告諸嫂而自鬻田以應伯父亦陶公易簣時喚公命之曰吾長子未婚費無出擬向某舖清理可得錢百數十貫事不易辦辦此惟汝耳言訖瞑目公日夜籌思期不負所託服既闋邀某理論任怨任勞心力交瘁卒得當而以其資完弟婚公素性不喜居積不干一非義事不取一非分財中年家益落衣食之助惟恃青氈然遇極困之人往往傾囊以濟有族

弟新喪父無力讀書將習賈易公居停其親房也商令入塾自教之且助其食三年學成公以爲分所當然也師範既樹生徒甚衆教導之方無微不至常以倓人子弟爲慮其所造就者至今猶感激稱道之惟生平數奇弱冠即文名馳鄉閭縣府試輒列前茅年二十八始補郡庠河內李玉輝先生來宰吾邑因觀風見公文擊節歎賞謂君文語語從性情中出具此才何憂不遇後乃時時接見成莫逆交公卒無一言及私先生亦益重之及移任金山猶不時以書往還互寄詩文不絕凡親族間亦僉謂有才如此功名可立待也乃七下棘闈薦者二堂備者一終不售公乃慨然曰是有命焉非文之所能爲也時境過益艱因棄舉子業遊閩七載雖諸當道爭羅致之而終不屑以積金爲念洎歸里仍行李一肩書籍數卷而已庚申歲粵逆將及境公欲與城俱殉子女環跪乞避再四乃出居鄉絕生計有以非義誘之者正色以拒之其人慚而去是年秋竟以憂忿終年五十二其生前著作甚夥匪擾時散失殆盡猶記有哀哀吟傳誦於世配馬孺人邑西南望族也初歸公見業不裕日事針黹以助米薪勤儉耐苦持家井井有條公遊閩家境益窘常以薄粥一盂蠶豆一掬背人分給子女而後自食不令人知而人亦卒莫能知也凡遇祭祀必

敬必豐公歸囊罄怡怡然不聞交謫聲常聞其誡子女曰貧原非病但能不挫志氣不墮家聲吾願足矣時人稱之謂公得賢內助云後公年餘亦以憂鬱歿年四十七今子一廷㢑邑庠生孫三人士瀛士釗士瓦俱幼讀

家楣曰幼時見公方面豐頤狀貌俊偉色和而靜容厚而莊粹然儒者氣象也及從祠課誦公文博大昌明華實並茂以爲其人其文猶未足以掇一科第豈眞難若登天耶抑天之於公有獨吝耶迨患難之際相遇於夫椒山麓公亦垂老而斯時變亂且不可究竟矣流離顛沛不改其節甘心窮餓以死君子人歟君子人也

協恭公戴孺人合傳 十五世

從叔協恭諱寅字慶華一字虎臣協恭其號叔祖竹軒公仲子也少即敦敏端重受書于塾師不逐兒輩嬉游方成童棄儒習武精騎射應郡縣試冠其曹即隸于校非其志也甫弱冠毋崔孺人見背公體素豐哀毀骨立事竹軒公益謹務得甘旨佐其色笑竹軒公晚年喜施與振貧寒且好客客至輒開筵觴酌鎮日縱談公曲承意旨未嘗以空乏告也竹軒公疾晨昏奉伺湯藥衣不解帶徧爲延醫參苓費不貲及竹軒公疾革擗踊欲絶居喪營葬盡禮盡哀宗黨婣屬莫不嘖嘖稱賢公少讀書未卒業然博覽書傳

具知大義縱筆揮灑皆能成章而尤精算法性剛而才敏事至即迎刃解鄰戚詬爭爲解紛侃侃分黑白言人所不敢言而人皆服其公直或因事觸沮事過輒忘即有小嫌旋亦冰釋爲人謀必忠有以緩急告者雖囊中不名一錢必設措應之女兄適王家甚貧常助以資待族戚亦有恩經理公產矢慎矢勤銖積寸累產日充佃有張某負租十餘石將鬻妻以償公聞遽止之置税不問并給之金完其夫婦道光巳酉歲大饑賑濟公承父志仍舊設疾廢局撫養飢民周恤備至所全活者以千計咸豐丙辰歲饑亦如之事竣例得奬敘公力辭不受咸豐庚申粵逆冠擾邑城不守公拒賊被害年四十六同治壬戌當道上其事得旨旌䘏入祀忠義祠初娶路孺人淑慎儉勤不幸早逝繼娶戴孺人性閒靜動中禮則于歸時姑已棄養事翁曲盡婦道娣姒閒處以和柔終身無閒言以是翁及娣姒皆安之凡屬親疏貴賤皆樂就之公好振恤困乏及老羸無依者尤篤于親故嘗鬻產質衣以周人急公殁兩子皆幼孺人提攜撫育避難流離薪米皆出于十指終以勞瘁成疾卒年四十九

湛霖曰公才足以幹事仁足以長人使任民社之寄一員有司也乃竟以閒散終不克稍展其用人皆惜之然亦以

是高之霖少公僅九齡知之最稔因追溯公生平而爲之傳云光緒辛巳重九後五日從姪湛霖謹撰

桐崖公傳 十五世

一鄉一邑之間有一二耆年碩德非必有瑰奇卓絕之行也但能宅心寬厚律己謹嚴粹如藹如一時風聲所樹足使鄙夫敦而薄夫寬其有關於風俗人心良非淺鮮若桐崖周公者可當此而無愧矣公諱鳳飛字耀青號桐崖咸豐己未恩貢生候選直隸州州判以子安仁秩敕封徵仕郎內閣中書銜崇明縣教諭先世自高曾以降隱德不耀公之祖與父以經術奮與文苑義行具載邑乘公仰承遺訓篤志儒脩以名諸生食廩餼蜚聲庠序間咸豐庚申粵匪竄擾吾邑公挈眷渡江而北雖在患難之閒仍理舊業

課子授徒不遺餘力甲子克復旋里家業蕩然教子課徒樂而不厭列其門者或游於庠或領鄉荐不勝枚舉子安仁於同治丙寅補博士弟子員庚午捷秋闈援例選授崇明縣教諭公就養任所旋以不服水土歸里公雖年近六旬其進取之心未嘗或懈每遇省試必結伴偕往常言負笈入闈爲生平快意事乃懷才不遇賫志以終士林惜之其就養時暇輒訓其子曰教諭職雖小然師道所繫聞望所關當砥礪廉隅以爲諸生矜式安仁奉命維謹在任十餘年解組歸來清貧如故知公平日之誥誡非徒託空言也公居里中公事概不聞問然遇有益於地方者知無不言言無不行與人交和平寬恕從不以疾言遽色相凌轢有戚友相稱貸家無儲積必典質以應之仁愛之心可概見矣公晚年留心地學博覽羣書常戒其子曰習此爲葬親之助爲人子者不可不知予旁採是術不敢自信恐輕試適以誤人故踵門相求者輒謝絕不一往安仁所著地學揭要蓋深得公緒餘以指示迷途者公生於嘉慶戊寅卒於光緒丁亥享壽七十歲原聘湯孺人早卒繼配朱孺人後公卒

贊曰公以老師宿儒敢迪後進跡其平生梗概一言一行可表可坊義利之辨久而弗渝施濟之心老而彌篤宜其

享大年膺厚福易世而後孫曾之盛綿綿繩繩積厚者流自光殆所謂天與人善不於其身於其子孫者非耶抑吾聞鄉前輩儲遯菴先生云陽羨山高水清人物樸茂公蓋得清高之氣而薪於樸茂之風歟

誥授通奉大夫花翎三品銜廣東即補道附貢生姻愚侄

程廷颺頓首拜撰

衛卿公暨配楊太恭人家傳 十五世

竊聞之先府君曰我家微汝祖母殆無種矣幸得有今日或他日得駸駸益昌無一非汝祖父祖母所留貽也因詳語之語且泣小子亦泣則謹識之然我祖父母之至行潛德小子所能道者僅矣當清咸豐庚申正月洪楊軍已自金陵哭圍抵溧陽宜興一日數驚我祖父先一年飢驅鄂垣入任公道鎔幕無音耗我祖母系官庄楊氏楊素封官庄瀕湖而僻便進退乃挈眷就之時先府君年纔十六三弟兩妹齒遞減幼者尚乳二月我祖舅浦舟公買棹載眷屬往江北謂我祖母曰弟以會積付托姊第留此足數年支也我祖母沈思終夜毅然請偕行時官庄居者尚數十戶競勸留不聽請愈堅浦舟公曰姊以一婦人攜幼男女六過江後同在難中誰能相顧者盍有幸耶我祖母曰我料此間必不保弟去更安所得舟我但求共濟到彼我自儆居善不以一粟累乃偕去甫兩月官庄付一炬死亡枕藉婦孺尤無免者至江北賃草舍由所膩奩飾令先府君及二叔父攜市上賣得錢又市豆麪爲餅餌賣之劃粥而食無敢獨飽亦無甚凍餒我祖母仍冲夷鎮靜絕不向人作乞憐語府君等至外家雖飢莫敢索食問飯否必曰已飽食如是五載迄甲子亂定僅幼叔維美先以痘殤當一

家健全仍由我祖母含笑挈以歸里後過官庄哭其不去者憶前事猶心悸不置返里數月我祖父亦自鄂歸骨肉團聚喜極而泣戚族中謂時丁大難以一婦人保全家海內所稀有可譜入傳竒云我祖父在鄂保五品銜縣丞稍儲宦貲在京口爲匪徒所賣喪其半乃出餘貲修故廬爲先府君完姻後以次婚嫁不再出惟余五叔祖閎學裁五公守廬郡時一往視弟亦不久即歸小子略知人事即見我祖父祖母黎明即起門內肅然粗衣疏食躬自操勞每晚相對薄飲確有常度我祖父精於醫暇輒手醫書讀而批點之並喜閱史鑑小子幼讀本皆經點讀薄暮必自往後圃灌花花盛放顧而樂之而尤以教撫小子爲大樂每攜赴讌會有譽小子者即歡然爲言視讀某書矣雖精醫然深自閟嘗曰吾自問未足活人豈可嘗試憶小子八歲時先府君自皖病歸已危篤遍延良醫僅備詢商我祖父日夕診視前後醫方百十均自更定病以全痊先府君官皖歲奉甘旨輒苦自撙節以糴稻粱學居積市儈利其長厚每受給虧折亦絕不告人竊聞長老皆云我祖父性純孝五兄弟六姊妹均極友愛小子所見者每值祠祀或家祭必肅衣冠先到恪恭將事遇祖諱誕終日見戚容無笑語終身常然當光緒己酉二月五叔祖之在天津軍次病

故也電訃至宜我祖父痛哭失聲由是得疾閱七月棄養此其孝友至行爲小子所見而能言之者我曾祖父母墓在南門外石亭埠地頗窪每雨後有泉自後下注瀦於墓前據形家言此佳城不宜遷我祖父乃躬督土工築地使高四週鑿溝種松樹數百株每日早出晚歸行十五六里攜乾餅充飢凡兩月工始竣我曾祖妣朱太夫人墓在龍潭深山中易失道乃急立墓碑今子孫上塚幸賴有此又就我曾祖妣徐太夫人所購之後門隙地造市闠爲樓兩幢半作通奉公祭產五叔祖亦寄貲以助之方造屋時有猾者潘某阻撓致涉訟備嘗勞困家有祖遺薄田在川埠

國山周氏世譜 雲鸖分 三房 卷四十二 衛卿公暨配楊太恭人合傳 三 立本堂

亂後單薄均失穊被下鄉將百次始認得數十畝復劃出十畝併作祭產其純孝之不匱又如此川埠去城十八里嶺路崎嶇我祖父雖耆年仍徒步往還在鄉借居田舍共其粗糲棄養之歲中道幾仆而銖積微貲所貸輒得贗券其節儉仁厚尤足痛矣以我祖父負道德重望晚年子弟通顯爲邑耆紳然足不履公門口不道外事遇地方要公署銜而已所日孜孜者不外繼述祖宗培育兒孫之計我祖母尤高潔絕俗若不知世上有華侈揮霍之事然生長豪門出閣時奩贈炫一邑在江北十不售一倘支歲月一易而爲桓少君遂終身無改暮年膺誥命孫曾輩繞膝子

女數十人爭進滫瀡奉食履而練裙疏食如在江北也我祖母賦稟兼人神解尤超凡旬外僅乏視力每小子輩白事雖条緒繁複聽即洞澈判斷均中肯綮接見賓客談欵備洽各得其意於人世富貴若大徹大悟先府君宦皖三十餘年聞家書至但曰平安否從未一詢宦況小子鄉闈房薦堂備凡六次不售戚友多爲不平我祖母坦然命小子曰汝曾祖爲文學泰斗門下科第甚盛乃七薦不中惟有此蘊蓄故汝輩能繼書香汝能似之福也嘗指庭前榴樹曰花太盛者必傷實太多者易萎家庭亦然必留元氣俟有餘宜斂不宜洩與其徼倖而榮毋寧屈抑而辱我但

國山周氏世譜 雲鸖分 三房 卷四十二 衛卿公暨配楊太恭人合傳 四 立本堂

期子孫永保舊德毫不望顯達也每小子告辭出門則愴然欲泣曰安得足饘粥長相守乎彌留閒猶連呼小子比自滬奔回氣已絕思之輒痛恨我祖母生平無迷信有疾亦不信醫不知何者爲參朮但減食靜卧疾不自言慮家人惶急也與我祖父相處如嚴賓友起坐有常度不苟言笑性喜靜然兒孫輩入室嬉戲雖傾牀倒几轟笑震耳絕不以爲忤最重閨範有戚某終身不與一面其嚴正可概見然心氣和厚凡見之者雖小兒輩亦戀戀也謹按我祖父字用康號衛卿諱以藩爲我曾祖通奉公第三子少時讀書最刻苦及將冠謂季弟閣學公曰我家食指衆賴

病父授徒以養心不忍我將經商以分擔負弟才質過我但勤讀必能昌我家也言已相向泣然以乏資本無所獲後乃遊鄂府君保通判時遇覃恩爲父母請五品封後以直隸州知州請四品封奉誥命封奉政大夫晉朝議大夫生於嘉慶二十四年巳卯十一月十四日卒於光緒十二年乙酉九月二十九日壽六十七葬南門外薛家圳閣二十六年爲宣統三年辛亥先武昌起事一月七月十四日子時我祖母卒壽九十歲因時局騷動匆匆合葬焉我祖母爲楊公諱廷珮司馬第五女封宜人晉恭人生於道光二年壬午七月十二日子三長紱延府君次吾叔企亭縱

祚坤生維厚孫五小子學源居長次學渠知祥觀海觀象曾孫公㦤公滕公錫元孫高望女二長適吳次適俞孫女六曾孫女五元孫女一

學源復泣而言曰小子生二歲府君遊皖母恭人率姊妹常居外家甫離襁褓即依祖父母每飯必爲設肉不自食也五歲我祖父抱以入塾自此每開塾必整衣冠攜以拜師且諄托之遇大典必令隨行習禮每事指教之自塾歸先趨祖父所問日課異則給以果餌偶有事忘之乃肅立不去亦不言我祖父大笑曰忘兒例矣亟取給之所給固不精亦不多然甘逾珍錯若是者十歲以內未嘗一日間也俾遇劇會必祖父允偕往始敢往人叢中常抱負之背彿不釋小棠先伯自府尹任奉諱歸攜小子謁之適陶學公歸亦在座因小子才十一歲已學作古文交口贊不置我祖父歸語祖母至笑不合吻小子年十四應縣試夜間爲躬攜書篋送入場比出已佇立以俟雖風雨亦如之迨丙戌歲冠縣案併此區區者弗及見矣嗚呼罔極深恩人惟父之父母小子獨再受之於祖父母孰謂小子不自厚負期望蹉跎到今涓滴未有以報耶抑小子又聞之先府君曰方避亂在江北時有邑紳持湖州趙公檄招兵府君以暫可得食堅欲往我祖母卒不許且泣下後應募者皆

死於西川界云嗚呼我子子孫孫其能一日不念我祖父母耶我祖父母道德睿知不出庸行而其極至之處雖聖賢何以過然則不文如小子烏足傳其什一然而小子所述者家言也言之最眞者也不欲乞文於當世名公鉅子反以失我祖父母之眞也民國四年歲在乙卯孫學源謹述時供差南京宣武上將軍署

楊太恭人七旬壽序 十五世

蓋聞西池王母笙歌開千載之筵南極夫人姓氏冠十洲之籍自來拱張婺彩菽飾坤儀毎少流夫紹繩或過形其曼美孰若同府荆水八侍竹林依陶母若女師奉阮姑爲家督纓陳淑德極星娥設帨之榮畧綴俚詞博天姥投壺之笑則有如 誥封宜人嫂氏楊太宜人者畫雉名閨珥貂上姓扇芬芳於萱宮幼卽端莊鏘雅韻於珩璜長而淑愼及笄甫届降阼來嬪佩必敬必戒之規秉無非無儀之旨姑嫜延美娣姒和鳴林下風高房中樂奏嗣復挑鐙課讀從午夜以和熊絕髮留賓向庚郵而封鮓播三遷之母

訓延八詠之門風所以 伯子韶延 早歲蜚英壯年投筆晉西籌餉助百萬之聲威皖北分符膺 九重之心簡 仲子懋亭 策名王國慶笙盡簪 季子坤生 養志家園歡騰舞綵矧乘龍快壻香生首蓿之盤至繡虎諸孫瑞兆芙蓉之鏡不已茀祿咸宜禎祥畢集茲然而忠臣許國經盤錯以彌伸健婦持家遭漂搖而益厲回憶塵飛兩粵浪湧三江火延趙禮之家箭入薛苞之室時則萱幃早背續命無湯蓮幕遠游望夫有石 太宜人蕉心宛轉棘手支持贈金促蕆季之裝完璧踐趙王之約當其買舟北渡羣誇先見之明洎乎挈眷南旋重覩太平之慶宜其甘回蔗境寵錫楓

宸綸翟榮邀輪軒坐享矣茲逢七月之辰正介七旬之壽王林禮協蛛結綵以呈祥子舍名揚鵲塡橋而稱慶 [illegible] 等近挹光儀私深揚扢碧釀黃封之酒爵進長生甲歌乙舞之班蟬聯一本遥想佳兒捧檄娛親飛千里之觴好偕羣從稱觥八座祝萬年之嘏夫弟道中鑑率姪鴻文開基思澤安仁家謨文燊再姪恭順志靖再姪孫元再姪曾孫元祥等仝頓首拜

楊太恭人八秩壽序 十五世

歲紀重光赤奮若月離於鶉尾日躔於畢爲我周嫂楊恭人設帨之吉都人士以姻戚寅友之誼賀者咸會以齒故長余仟來並索詞以稱祝余曰允哉是固嘗與余眷屬患難相依歡洽如骨肉者也是其弟浦舟司馬附滕余太夫人因亦隨其弟以母余太夫人者也是其先君子　誥封奉政大夫晉封朝議大夫姻兄衛卿貳尹頻年從余於戎馬之際爲人幕賓積相得者也其叔氏内閣學士衛裁五觀察尤與余爲總角交以文章事業相與有成者也余既以至誼稔其家世而恭人平生行義亦耳之較詳奚以辭

恭人官庄楊氏廷佩表丈第五女楊固望族且素封自奉頗奢而周氏以讀書世其家雖代有顯者清貧寖甚恭人既來歸乃刻自撙儉習勞苦恭婦職知之者則已奇之粵匪擾時衛卿公先從余於楚恭人歸官庄其地僻余亦寄眷於此同室而居踰年浦舟議北渡曰此間尙安謐多居者姊留此廪粟朽貫可數年支必偕行弟力不兼顧姊持赤手往如子女何聞者爭勸留無異詞恭人沈思良久忽起曰去去過江後必不相累也乃挈其三子二女附舟避江北并日而食質簪不足佐以針黹卒能保其稚兒弱女全室返里延庥至今而官庄未久即燬留者百不一免夫其危心深慮當機立斷畧不瞻徇於目前之安利蓋烈丈夫猶難之恭人長君曰紱廷次企亭太坤生企亭納粟爲縣尉坤生得軍功俱不就紱廷誠謹篤學試不第以附貢投效皖營保縣丞加捐通判辦捐輸有功保同知銜前皖撫裕公雅重紱廷檄解西征餉然晉省赤旱餘匪梗道餉金二十餘萬任重而勢危其叔父裁五公方守廬州聞之令其稟諸二老衛卿公欲止之恭人獨主西行馳函告以努力功名勿以家事爲念紱廷既奉委尅期差竣前爵閣督左公嘉之奏保補用直隸州知州恭遇　覃恩得爲衛卿公及恭人請封錫以誥命榮已而見之者謂恭人荆布

椎髻猶如過江時也嗣紱廷提餉推上敘勳檄委洪河榷務調霍山其子直隸州州判組圃侍宦在皖每歲必一遣歸問太恭人安否後聞釐務益棘手則命組圃曰據汝言安徽商情可憫已極而當道且議加征盍息肩乎且曰吾最耐貧罔以爲汝父累也紱廷乃承志辭差不許復托故面辭始給假歸蓋自乙酉歲奉衛卿公諱家居宦遊十四年乃得於去歲一歸省迨紱廷再出恭人重不欲組圃偕行組圃才而好學與予孫承弼同歲冠童子軍叉食餼結文字緣良深者也在皖時當道爭延致顧不忍遠離恭人乃還家教授恭人諸孫袞袞如組圃弟夏千亦彬彬儒雅

號佳子弟而於長孫尤鍾愛庚子組圜貢於鄉旋奉恩諭
升就今職恭人每言吾於子孫無奢望但願爲鄉里稱讀
書人勿墮家聲足矣今夫功名富貴皆儻來之境人生至
樂在天倫中耳今恭人不但有令子更有順孫不但爲之
孫者以順乎親者順恭人更有曾孫輩翩翩繞膝先意承
歡其長者且指顧成室行看同堂五代傳爲佳話樂何如
也余聞諸室人謂恭人善奕略嗜酒然少飲輒止性耽靜
不苟見其言笑及遇疑難事則剖決必中其接物之和宅
心之厚持家之約尤足爲女中師余太夫人固決其福壽
未可量今果然矣恭人壽八旬猶康吉余今年亦七十九

矣異日者國家修和中外無事將角巾返里與恭人話兩
家舊事暨五朝故實而恭人之子若孫益復仰乞鸞章疊
晉五花誥爲之奉觴上壽無疑也斯時也青年脫略杯酒
錯進曾元環繞相爲娛樂人且以爲神仙中人也豈不庥
哉

誥授光祿大夫頭品頂戴浙江巡撫兼都察院右都御史
姻世侍生任道鎔頓首拜撰

楊太恭人九秩壽序 十五世衛卿公配

辛亥孟秋吉日組圜大令以其祖母楊太恭人九十壽辰
向當道陳情假旋祝嘏皖中僚友以余與大令有通家舊
誼索余言爲太恭人壽余曰古之賢母以子孫之顯貴封
郡國錫册命且享大年者其持己必儉讓其宅心必仁厚
余雖未見太恭人然於其子若孫之立身行事可畧知其
儀範矣余少時侍伯父學士公視學吳下知宜興周氏爲
江南望族太恭人長君紱廷卽其所取士也後余以詞臣
外仕皖江紱廷己先以直隸州在省二十餘載歷辦要差
備著勳勞前中丞福公知其賢畀以同知銜則辭乃委辦
洪河口釐局明年調霍山時余總皖北權務每延見必事

之餘輒絮絮語家常知紱廷之胞伯祖太平公季父開學
公相繼爲皖中名宦其先君子朝議衛卿公已棄世家寒
素有老母卽太恭人也其仲弟企亭季弟坤生承歡頤養
故紱廷得遠離膝下紱廷謹厚在皖推英彎前輩猶是儒
者本色時言商民困苦弗忍以重斂博報最三年莞榷猶
寒士也後以瞻脆於太恭人一再辭差余留之則曰自奉
嚴親諱家居出外已十餘年老母年邁春暉幾何素性恬
淡能安貧願奉菽水以終矣其居官之仁厚持已之儉讓
足徵太恭人之慈訓焉太恭人長孫組圜素有才名到省

後長官交稱之以余父執數數見話十年前事知太恭人年已九十猶康健其次孫夏干曾孫繡孟相繼在江蘇師範畢業夏干文字優長繡孟以優級本科部試得舉人太恭人左麟右鳳實堪健羨余觀其後嗣文章簪纓繩繩繼繼皆太恭人淑德之報壽無量福更無量會看同堂五代表坊百歲江淮間頌姬家有壽母其孫子曾元得萱蔭之樂何如也是爲序

賜進士出身翰林院庶吉士署安徽鳳潁六泗兵備道督辦淮北牙釐總局世愚姪童祥熊頓首拜撰

路孺人傳 十五世旭亭公配

翰詮與周君靜溪爲同研友且爲居停主人相得甚今歲孟秋靜溪君以世伯母太孺人行狀來請爲傳其言曰坤榮少孤露吾母苦志撫育以母道兼父道教養得成立半生潦倒不獲顯揚以表彰吾母罪滋甚矣而遺行或湮沒不彰是其罪更百身莫贖也敢以請詮承命受狀瞿然而起曰有是哉余庽君家者數十年太孺人之淑德懿行耳之甚詳孝翁姑相夫教子女中師表也是宜丐名公鉅卿淋漓大筆以備輶軒採擇余文何足以傳雖然誼不容辭也謹按太孺人姓路氏候選從九鄰之公女系出士族夙嫻姆訓事父母以孝閨與諸仲友愛甚篤待諸嫂絕親睦父母奇愛之其歸我世伯旭亭公也事太翁曙軒公姑吳太孺人孝謹備至料量飲食候起居事事能得歡心時家綦貧食指繁孺人操井臼勤女紅主中饋與妯娌和好無間言持家井井有條不紊使旭亭公一意進取無内顧憂戚黨咸慶旭亭公得内助而曙軒公夫婦亦絕愛憐之每喜告人曰吾家得一賢婦矣于歸未一載壬子歲吳太孺人疾孺人侍湯藥衣不解帶者累數十日卒不起哀慟號泣兩目盡腫賢孝之稱由是益著越五載歲丁巳曙軒公病歿亦如之旭亭公以哀毁成疾週期遽卒遺孤甫五齡

孺人慟絕復蘇誓以身殉旣而歎曰身則已矣顧此藐孤將安處乎其時金陵久已陷吾邑風聲鶴唳一夕數驚孺人因兩喪未安奄奄忍痛抑哀强起轟事急營殯葬處此亂離兩遭大故而先事飭辦胥中禮節觀者咸歎曰孺人誠巾幗丈夫哉明歲宜城陷孺人挈靜溪君避居江之北弱孀稚子伶仃孤苦生計從孺人十指出自外出至旋里孺人蓋無日不以眼淚洗面也性沉默寡言笑與人謙和無疾言遽色歲時祭祀必敬且豐實至具羞饌咄嗟辦無不清潔豐腆祭旭亭公日必泣下終其身如初亡時處境窘而性好施每苦無力然遠近親族偶有所商雖稱貸典

質必思有以應之不喜佞佛故足不至寺觀御下寬厚即傴嫗必恤勤苦撫孤子雖愛憐甚而延師課讀督責不少貸嘗聞其誡靜溪君曰吾家世儒素吾不期汝致通顯但能不墮家聲不挫志氣吾願足矣時論韙之所謂女中師表者非耶太孺人以道光甲午七月二十七日生以光緒丁酉七月二十一日卒壽六十四歲子一坤榮郎靜溪太學生孫一人

論曰太孺人在家爲淑女事翁姑爲孝婦相夫子爲德配教孤子爲賢母懋懋女宗里黨欽仰行誼載邑志列女固不僅以節稱也然矢節四十年甘之如飴族人以符例擬請旌孺人力止之曰矢志靡他婦人分內事何敢遽邀恩賚且重煩諸君子哉遂不果行其所見平易正大如此非積于性而養以學者而能之乎其諸易之所謂甘節者乎嗚呼傳矣

清授徵仕郎候選直隸州州判恩貢生世愚姪徐翰淦謹撰

裁五公傳 十五世

粵湖越南之役法艦窺北洋直隸勁旅悉調發朝命辦畿東練軍於天津以扼門戶軍容壯肅羣情大安國璋家河間隸畿東時尚課讀但知督辦爲周觀察嗣聞周公以治軍蠹瘁都人士咸哀感之直隸自清怡親王興水利後年久失修東輔灝永定河時氾濫爲災朝命急辦河工又知督辦爲周觀察治河成績都人士並頌述之民國二年贛甯弄兵國璋宣撫江淮旋督江蘇蒙

大總統作合宜興道如周夫人來歸語家世始悉曩所稱周觀察即予外舅裁五公也公歿特旨賜祭葬追贈內閣

學士故稱閣學公公子維清難廕州判今更名榮陸軍上校以重修宗譜持行述請傳謹按公諱金章爲通奉公第五子通奉公諱之誥以宿儒爲大師晚年病痺就榻前問業者尚百人多成名以去公賦異稟又承家學幼時即以才子名未冠補庠生隨遭洪楊之亂杖策入皖晢以書生立汗馬功公婦翁前皖南兵備道一峰朱公方忝英果敏幹軍事爲介於幕府閱日英公於朱公室見公所擬稿驚賞不置謂文既暢書法亦雄秀且氣度不凡奇才也由是傾心相結倚若左右手凡機要文檄多屬公皖省面大江背豫鄂控蘇贛爲水陸用武地洪楊既滅苗沛霖據淮南

苗滅捻匪大股又自河南擾皖北公從征長淮南北屢瀕於危嘗於馬上置小几飛書草檄應機立判皖省肅清敘功歷膺特薦由縣丞保知縣保直隸州知州保知府保補用道由花翎同知銜加四品銜特加鹽運使銜引見後仍發皖省歷辦五河釐局淮北駐壽糧台全省捐輸局等差旋署廬州府知府公以大難甫平急撫屬邑招流亡墾荒地捐廉開辦書院以敎士實行保甲法以清伏莽凡訟案有不平及不結者均准親到府署稟訴立予判斷政聲治績振越朝野李合肥傳相最重公後公卒天津李公親臨拜奠爲經紀其後事並專摺請卹其受知即始於此期年

調鳳陽勸政愛民如治廬郡鳳陽防軍隸壽春鎮素驕縱商民被害有告發者既不直且危及身家有一弁在市醉毆良民幾斃公適見之怒即逮入署自營哨官至統帶以次來請不許乃竟空壁持械擁入府署欲強刦呼囂鼎沸左右皆失色勸公急釋弁公不應衣冠坐堂皇曰汝等敢爾耶我可死國法不可撓吾民不可虐彼軍懾公威堅不敢逞無何郭總兵自至入見盛氣責詰繼以迄矜公與郭曾約爲兄弟仍絕不假借曰兄部下橫恣至此尚袒庇之獨不念桑梓子弟耶郭無如之何忿詈而去後互揭於撫軍竟懲弁民間感戴言之泣下期滿奉補授池州府之命

及去民人頂禮追送者數十里不絕公以盧鳳皆署篆詩
暫未竟所施期盈殫志略以有造於池民有張翁者鉅富
也有姪無子張媼不慊於諸姪抱他姓嬰兒詭稱已出名
靠天及張翁卒諸姪爭嗣張媼謂我固有子遂興訟縣不
能理訟諸府張本甲族衣冠上堂者百十人一致證明靠
天實異姓兒請正血統公讞獄素神乃易服微行並密遣
親信窮探周詢知靠天實非張氏子凡得鐵証十二遂定
案張媼情虛欲遷斷其所延訟師曰沈東林曾就刑幕以
舞弊斥逐遂專弄刀筆被害人歷控有案至是慫恿張媼
再上控又知公不去案不可移說媼出銀十萬期先去公

誣以得賄枉斷公訶悉夜逮之於獄據前控案詳請照誣
棍處以永錮已照准矣時江督爲沈公葆楨沈東林與其
幕友某爲同學方用事沈在獄嗾指作書密遞家屬令持
書齎重金赴甯數月沈公竟劾公開缺於是池郡士民聯
名呼訴皖中大僚亦均爲公不平允飛章訟於朝而公則
翩然歸去矣公有親筆述此案本末曰吾非因一官訟冤
特使子姪輩知我此心足以對祖宗耳迄左文襄公督兩
江採輿論檢全卷專摺爲公昭雪於是是非大白於天下
矣公歸鄉兩月遍祭先塋復大會親族於宗祠曰吾將官
直隸去鄉益遠時事多艱平生志在報國今生或難再見

我家世篤忠孝重親誼願勿失墜並各讀書安業以延舊
德言已悽然公捐貲建宗祠至是復爲近支修舊第置祭
產公性純孝事兄長甚恭視諸姪如子內行完篤蓋難罄
述公既改省以二品銜特用道需次天津總督李公固舊
交而周公馥盛公宣懷等時皆同官以才誼相推重公姪
少宰公家楣方尹京兆遇事往返相商備致敬愛嘗稱道
公卿間云吾叔他日必非尋常疆臣公在北洋聞望較在
皖益隆治河治軍所在著績乃僅見一斑耳政府知公方
將大用而公已積勞病故於軍中矣時光緒乙酉年二月
三日也享年五十七歲江蘇巡撫遵旨遣官致祭於里第

恭讀御頒祭文給祭葬銀賻典也公長身玉立丰度秀峻
尊遠孟垣公暇則銜杯濡毫教子女輩習詩文稱一門風
雅書法在顏柳之間詩文有大家法律厲被火稿悉燬守
廬郡遇時覃恩爲三代請二品封後授從一品封元配朱
夫人生子二均殤女二長藻適吳縣彭君綸孫次蘋適常
熟張君守誠副室李宜人生子榮郎欣然上校女二長洽適
武進劉君祖濬次砥郎內子道如又副室張宜人生子二
維滋早卒維澤天津兵閧死難女行適徐州李君厚恩孫
恂孫女二
增國璋曰宜興周氏爲吳中二千年望族文武名臣代有

傳者蓋孝侯之澤長矣公爲侯六十二世孫身遭兵亂投筆從戎出入鋒鏑冒萬死以立功名此即膺上爵享遐齡豈倖致歟然生平壯猷卒亦未竟其用豈天之故嗇其遇以昌其後之人歟傳曰公侯之子孫必復其初諒不爽也國璋於擾亂之會來公鄉邦撫輯軍民即今閭閻安堵乜毘無驚倘亦公之所默相者歟民國乙卯八月

宣武上將軍督理江蘇軍務陸軍上將勳一位子壻河間馮國璋謹譔

仁甫公傳 十五世

公諱樹人字敢齡仁甫其號也邑庠生羨溪公第三子生六歲而孤妣潘太宜人育之敎之俾至於成人既長工舉子業屢不利於有司太宜人每促其北上取靑紫而公純孝性成最得太宜人歡心故侍養雖有兩兄終惓惓不忍一日離未幾太宜人棄養公哀毁骨立幾不欲生洽喪葬尤曲盡其禮服闋即赴燕京非第爲身謀實承親志耳應大興試補博士弟子員都下名士咸樂與之遊兩戰北闈未捷戚友咸以仕進勸並許爲籌資時吾邑已陷髮逆公亦欲南旋乃援例得縣佐分發安徽候補抵家知兄嫂妻子均死賊難痛切於心乃自責曰先人有厚德遺我而我不能敬承之以挽回天譴孽由自召夫復何尤因益自修勉到省後甚得上游器重歷署六安吏目霍邱巢縣典史大鈴華陽巡檢提補望江縣典史兼理望江縣事敘功加五品銜花翎蓋其勤慎從公有以致之政績於望江最著先後任事八年洞悉地方情弊凡貧民被勢家欺壓者必以理訴諸縣而伸之遇有紳董交涉事縣宰不能決得君片言勸解兩造無弗翕然緣民望素孚故也他如獄中夏張風扇冬設煖爐仁惠之政周於狴犴共攝縣篆時興濬城南水利妨富家房產力尼之許償値不願欲上控僚友

勸日君數日京兆何不避勞怨爲君日富家失此利何損小民獲利廣且久吾既知之且力能爲之而不爲吾心終歉然也是言也仁人之言郎仁人之心也惟限於下位而不獲大用惜哉其署巢僅一載而民之攀留者咸泣下不忍其去望江告退時紳民爲立長生祿位送牌傘列香几以表去思者百數十處其民之感戴有如此夫世之膺厚祿攬大權齷齪闒茸者比比皆是而公以卑官末秩獨能所過者變所存者仁嗚呼賢矣公自壬子宦遊至辛卯歸老凡四十年遺產悉爲從祖昆季典售公淡然不與較是篤於親者也家居閱四載卒享壽七十歲有丈夫子三人

女一人長愷泰次福田三銘三福田郎予婿也予與公里第望衡相對以葭莩親過從益密故於公之生平知之最稔茲福田出公行略屬傳於予載之家乘以篤不忘其亦導揚先烈之盛意乎因不辭譾陋濡筆而傳之候選訓導附貢生姻愚弟朱孔揚拜撰

孝子成生公傳 十五世

成生者余鄰得稱叔祖嗣孫立成叔子年十五六時母得痼疾卧不起生侍湯粥惟謹每閱月輒拾薪具湯沐母固弱小頁母就浴室浴罷頁歸寢經歲不倦祖若父已私竒之歲餘母疾益甚家人咸以爲無復生望生固不言常背人私泣自母疾後人未見其笑容里中人亦多以是竒生後數閱月病益危時暈絕家人且放聲哭生固不哭俟其甦急以湯粥進一日母飲其湯甚苦辛不能下咽母泣曰兒以吾困甚祈速死胡進此乎生曰非也母但飲飲此疾且愈母固不信且不能入口生泣勸繼復嫣笑母即飲然

不能盡生復跪進母母不忍拂强盡之生即爲母覆被去家人且置之勿問是時母卧病歲再週服藥苦不汗是日既飲生所進湯即酣睡汗下如雨醒腹饑呼粥生進粥盡一盂神氣殊爽母喜謂生曰頃者兒所進爲何得此神效生笑曰固也母無恙矣自後母日就爽健未半月霍然愈飲食居坐如平時家人咸大驚集詰問生前所進母者果爲何生初不欲言至被詰度不能隱乃謂曰曩兒夢白鬚人引兒至里北墟墓閒示以草數莖白英碧葉曰是天星花採之療汝母兒夢中詳誌其處遽寤天始明遽起蹤夢所至刈以歸前所進即此及偏視他處終不能有今母疾

節孝楊孺人傳 十五世鑑堂公配

孺人姓楊氏爲宜興名族歸於周實余外王父鴻軒公之冢婦舅氏鑑堂公之德配也舅氏少力學隨侍仙源遽以疾卒於旅次孺人時年二十九聞訃慟絶始蘇旣而歎曰身則已矣堂上二親膝下二孤將安處乎立屏哀痛仰事俛畜慈孝篤至外王父久而忘其哀旋里後外王父暨外王母年高家政惟孺人是屬鉅細修整洎兩遭大喪皆先事飭辦胥中禮節觀者咸歎曰孺人誠巾幗丈夫也孺人性嚴毅治家有法度戚友登其庭兒讀書女治織內外肅然無妄敢謗嘩者尤謹於祀事祭日注香饋食必躬必親

侍者稟稟罔敢不恪蚤起促婢僕灑掃庭戶地無纖塵綜理微密雖一器一物位置貼妥各適其職靡不精整教子以義方二子皆爲諸生有聲譽賓客往來戚族饋遺皆有加禮以故持家垂三十年三黨胥推其家法年六十一而卒道光己酉邑人具狀請 旌表得
俞旨建坊入祠如令式焉

贊曰孺人事尊章爲賢婦相夫子爲賢配接孤息爲賢母粹然令德播於閭黨豈第以節稱哉葆辰少時先太恭人數歸寧與孺人相得甚歡葆辰亦時至外家孺人撫摩噢咻恩意交至今一思之猶惻惻若前日事太恭人嘗言孺

愈斯已矣復奚詰爲於是祖若父益甚驚以爲生孝感所致然生固童稚不自知也復及半歲母益健而生忽以寒疾卧數日竟死遠近聞之皆驚悼謂天意爲不可知云

論曰孝爲天德以童稚之年盡力事親療不起之疾雖古大孝其何以加之蓋由天性未漓故能格鬼神致靈藥非若世之矯飾成名者可同日語也何天奪之速也雖然昔魯有童汪錡者卑公爲乘而偕死偕殯孔子曰能執干戈以衛社稷可無殤也夫忠孝皆天德生之孝殆庶幾矣敬語其分之人爲立主於廟置嗣奉血食與成人同其猶古之遺意也夫族兄子斌撰

人性不喜佛法而好施舍立濟貧會以賙族張燈於衢以
利行量卹貧乏尤力嗚呼是皆可書也
光緒七年歲次辛巳秋仲甥徐葆辰謹撰

節母徐孺人傳 十五世潔泉公配

乙卯之秋表弟銘三周子造余寄廬而請曰吾先妣徐孺
人茹荼飲檗守節五十餘年其歿也不肖無狀不克乞海
內魁儒碩學錫以墓銘碑誌以闡幽光而揚芳烈發幽之
文闕焉今者續修家乘若復不爲立傳以永之是使先妣
之清節懿行終湮沒而不彰也不肖之負疚銜恨曷其有
極知先妣事略之詳者宜莫子若故敢以家傳請孺人輝
之從姑也且節母於法宜傳輝雖不文其曷敢辭按孺人
爲先從祖王父諱鎮喬字方翰公次女繼配儲孺人出也
自幼卽端靜不苟言笑而婉娩柔順能得父母歡心年及

笄嬪於周爲諱毓麟字潔泉公原配踰數歲生二子孺人
事尊章以孝相夫子以敬一門之內雍雍如也會髮匪擾
江南宜興淪陷因避亂居鄉間飢渴踣頓不獲盥厥居舅
姑及夫先後遘疾卒兩幼子亦殤母家則父母兄嫂復相
繼歿孺人處患難之中極倫常之慘所天既喪又無遺孤
煢煢在疚幾無生人趣日惟以淚洗面欲身殉者屢矣繼
念潔泉公同產弟樹藩年方幼穉零丁孤苦孑然靡依使
撫之成立是吾舅姑猶有子他日叔娣生男是吾夫無子
而有子也因是忍痛不死展轉兵戈間卒挈樹藩公以免
蓋念寒而衣念飢而飧劬勞閔閔不啻韓昌黎之有嫂鄭

氏也亂平後返居舊廬樹藩公年逾冠爲之娶於任已生女矣樹藩公夫婦不幸又皆早世孺人撫其孤女一如已出是落落一孀嫣支持門戶家本中貲自經兵燹田產略盡惟賴十指爲生計日事紡績勤鍼黹兼製冥鏹而取其庸值焉雖當嚴冬寒夜酸風穿牖令月窺簾手龜欲拆漏三下一燈猶熒熒也孺人與先府君爲從父兄妹先府君惟一姊適黃氏亦早寡其翁宦於晉隨侍任所外此同堂姊妹惟孺人一人因是先府君之視孺人與孺人之視先府君不啻胞也先從祖王父方翰公後嗣亂後存者唯先從兄翔儀及長爲之納婦婚娶之費孺人必與先府君

俱遇歲時伏臘常往來余家及輝年稍長亦時往省視每見孺人衣粗食糲紝納之服却弗御肥鮮之味屏弗嘗躬親操作至老不休數十年如一日也其撫猶女也燠咻之鞠育之親愛逾於所生既長爲之相攸爲之遣嫁擇良與而歸之潔泉公有從兄仁甫宦皖三十餘年以年老乞歸敬孺人之節命其三子開鼎爲孺人嗣孺人以教以養愛勞交盡爲聘同邑著姓儲氏女爲婦時孺人年已逾六十矣桑榆暮景康强逢吉蓋自稱未亡人後含悲茹痛恒慘然不怡至是始爲之申眉一笑也無何所居不戒於火廬室燬焉孺人銖累寸積僅能自給既以婚嫁耗其貲之半

至是復收集餘貲就其遺址築屋三楹藉以棲止孺人年既高復遭此阨遂鬱鬱不自得日益衰羸以光緒戊申年三月十三日卒其生年則道光癸巳年十月二十四日也享年七十有三葬閔家村先是學使者以孺人守節年月請於朝旌如例並奉栗主祀邑之節孝祠禮也

論曰易言苦節之貞而終以甘臨之吉若孺人者殆所謂青年矢志白首完貞者歟然當喪亂之時遭家不造骨肉之親不數年而死亡略盡其所處之境視他人爲獨苦始撫夫弟繼撫猶女擕嗣子兼攜母族之孤姪皆以一身任之手据口瘏心力交瘁非惟松筠之勁操抑亦巾幗之偉

人哉洎乎歡承子婦含飴弄孫庶乎甘回蔗境矣乃火其廬喪其貲用是盡焉傷厥心至是又疑天道之無知焉然今有一子四孫長者行將授室矣他日雲礽遞衍繩繩繼繼正未有艾然則甘臨之吉天殆不施之於其身而施之於其子孫歟書此以俟諸異日

清授朝議大夫四品銜刑部主事壬寅補行庚子辛丑恩正併科順天舉人內姪徐德輝謹撰

嶸茶公傳 十五世

公諱漢槎號嶸茶族高祖文煊公子也公生四歲母王太孺人即棄世繼母史太孺人鞠育之少讀書畢五經年十五洪楊擾宜邑文煊公挈眷避難中途離散杳如黃鶴遂不復返史太孺人挈公流離瑣尾轉徙他鄉孀母孤兒伶仃孤苦其艱困情形有非人世所能堪者亂平旋里棄儒務農出作入息備極儉勤事繼母以孝聞雖讀書未成而操筆作書理明辭達耕穫之暇輒喜把卷有橫經負耒之風其為人磊落光明重然諾嚴取與遇事精詳動循矩矱與人交坦白無城府且歷久不渝里族有紛爭公出排解無不得其平中年兼習貿易精於所事操奇計贏無或敗蓋公之德望素孚而才具精敏尤足輔之也後主吾房安甫公祠政清釐祠產矢公矢慎不辭勞怨會計出納錙銖不爽亦無絲毫沾染安祠產得漸復論者謂吾族人之材雲鶴宋濱主持族政公慎不苟者公當首屈一指今公墓之木已拱而族人遇司祠產有苟且事每舉公名而贊歎不置云嗚呼以公之才而德使天假之年吾房安祠族姓當必有陰受身教之益而祠產亦必有日見饒裕者乃豐其才而嗇其年卒僅四十五歲抑何造物之忌才耶故其卒也族人悲之公聘蔣孺人未婚卒原配王太孺人先公

卒繼配史太孺人勤儉持家與公合德子二廷獻廷賓力田服賈有幹才積善餘慶或者不於其身於其子孫乎乙卯仲秋族曾姪孫承軒謹撰

節母陸孺人傳 十五世稱大公配

節母陸孺人紅塔里聚昌公之次女佩璋公之媳稱大公之配也出自名門少嫻姆教聚昌公尤鍾愛之年二十于歸越五載稱大公歿時孺人年二十五子二長樹生甫四歲次義生僅一週稱大公易簀時顧謂孺人曰累汝矣家無擔石而有兩孤將若何孺人泣而慰之曰苟賴祖宗之靈二子克以樹立則茹荼含辛雖蹈湯火余自甘之郎不然余矢志靡他願夫子弗憂公頷之而逝孺人典質簪珥喪葬一如禮既畢杜門啜泣晝夜績紡或一日不再食弗卹也遇有要事則就商於聚昌公公憐其弃波之苦孝之

歸甯既入門雞鳴而起夜半乃息非已力所得食不食非己力所得衣不衣兩子稍長爲之延師就塾曰子孫雖愚經書不可不讀吾非有餘力能使兒輩讀書亦使之稍明大義耳兩子自塾歸必爲之課其程或稍懈則嚴責之迨樹生年已冠乃諭之曰大丈夫生於天地間當有獨立性不當有依賴性外家非不可恃恐汝等依賴性成不知自立耳遂挈二子歸敎之稼穡導之經營孺人經紀內外支持門戶積銖累寸稍有餘資爲樹生授室逾年復爲義生完姻於是家業日隆孫枝蔚起而孺人乃稍得息肩矣嗚呼孺人以母道而兼父道更以母教而兼父教三十年來飲血翼雛俾克成立孺人之心瘁矣孺人之功偉矣孺人之志亦藉可慰矣猶憶辛亥之秋余謁義生叔得拜孺人於堂童顏白髮步履康強朝晚水一盂香一縷奉大士像趺坐蒲團暇則含飴弄孫或督子婦輩操作不肯稍自耽逸爨有餘以濟貧乏者無德色亦無吝色易曰身其康強子孫其逢吉其孺人之謂乎迄今追溯遺徽覺孺人之爭輝前烈佑啟後人者固不獨以節著抑且以賢稱也余與義生叔情最洽交最久故言之綦詳子二長樹生先孺人卒次義生敏練篤實無忝母教孫五壽南壽亭壽根樹生出鶴景榮義生出

論曰兩間正大光明之氣形於天爲日星萃於地爲河嶽鍾於人爲俊傑嗚呼如孺人者殆女中之俊傑乎孺人之志堅於金石孺人之操貞於松柏不以貧富易其常不以窮通變其節嗚呼如孺人者又女中之師表乎族姪孫達仁謹撰

□孺人□辞十五世

繼室馬孺人國□士諱用璋公女也生於道光戊子九月初十日幼習翰書能詩以孝聞庚戌來歸年二十三勤儉持家親操井臼有德儀風家不甚裕食糲衣粗無幾微愠色見于形面族黨競稱其賢咸豐乙卯余幸游庠孺人于是年八月舉一子名曰孝先產後調護不周遽得疾延至九月二日血盡而逝孝先僅逾五稔又夭嗚呼痛哉今余生有二子長祖培次祖佑擬以祖培將來長子嗣孝先兼祧長兄半畦公之後以祖佑長子嗣煥章承繼□□公之後倘能子孝孫生子繼繼繩繩烝嘗弗替□孺人亦可含笑于地下□□□□□□立本堂

夫□詳撰

山周□□□分房□卷四十二□馬孺人□辞

無錫文庫

第三輯

錫山東里侯氏宗譜

鳳凰出版傳媒集團
鳳凰出版社

ISBN 978-7-5506-0702-6

9 787550 607026 >

圖書在版編目（C I P）數據

錫山東里侯氏宗譜 / 侯學愈等纂. -- 南京 : 鳳凰出版社, 2011.8
（無錫文庫. 第3輯）
ISBN 978-7-5506-0702-6

Ⅰ. ①錫… Ⅱ. ①侯… Ⅲ. ①氏族譜系－無錫市 Ⅳ. ①K820.9

中國版本圖書館CIP數據核字(2011)第154412號

責任編輯　王　劍
裝幀設計　姜　嵩
出版發行　鳳凰出版傳媒集團
　　　　　鳳凰出版社(原江蘇古籍出版社)
　　　　　南京市中央路165號　郵編 210009
　　　　　發行部電話 025－83223462
集團網址　鳳凰出版傳媒網　http://www.ppm.cn
印　　刷　無錫市證券印刷有限公司
　　　　　無錫市揚名高新技術産業園B區75號　郵編 214024
開　　本　889×1194毫米　1/16
印　　張　44
版　　次　2011年8月第1版　2011年8月第1次印刷
標準書號　ISBN 978-7-5506-0702-6
定　　價　580.00圓
（本書凡印裝錯誤可向承印廠調換，電話：0510－85435666）

無錫文庫工作委員會

顧問

楊衛澤　毛小平　周和平　譚　躍

主任

王立人

副主任

曹佳中　陳海燕　吴小平

委員

方標軍　須　儉　陳堯明　尤文科

何承志　蔡文煜　葉建興　施　展

嚴克勤　劉　川　雷群虎　李祖坤

瞿　敬　華瑞興　周興安　姜小青

無錫文庫學術顧問

（按姓氏筆畫排列）

朱玉麒　朱維錚　江慶柏　李文海
沈衛榮　武秀成　金良年　胡福明
莫礪鋒　徐中玉　陳熙中　許倬雲
張仲禮　張廷銀　彭　林　程章燦
馮　遠　馮其庸　楊天石　趙生群
劉玉才　錢　遜　錢中文　錢文忠

總序

七千年文明史，三千年建城史，江南名城無錫，襟長江依太湖，自古以來就是魚米之鄉，禮儀之邦。無錫文化自泰伯南奔以來，騰蛟起鳳，尚德崇文，在數千年的傳承發展中，教化常持，經世務實，人杰輩出，大家林立，文藻絢麗，錯彩鏤金。舍南舍北皆春水，欲與湖山作主人，數千年的人文傳統，賦予了風光秀美的無錫以獨特的文化魅力，鑄就了城市剛柔相濟、秀逸清麗的的文化品格。

無錫是中國吴文化的發源地。早在商代晚期，周太王古公亶父的長子泰伯三讓王位，携其弟仲雍奔吴，定居無錫梅里，建『勾吴國』，『端委以治周禮』，施以禮儀教化；興修水利，授以農桑，不數年而『民人殷富』。泰伯帶來的中原文化與無錫本地土著文明相結合，吴文化以及作爲其重要組成部分的無錫文化就此發端。晉室南渡，北方人群大量南遷，帶來了中原的文化技術，促進了無錫農業、水利、手工業和商業的發展，中原文明再度與吴文化進行融合互滲。在本土文化與异地文化的碰撞和交融中，不斷推動着無錫這座城市的文明進步。

無錫歷史文化『追歷七千餘載歲月滌蕩，遂經四大轉折而成其廣大深厚：泰伯西來，吴文化成焉；永嘉南渡，江左文脉振焉；宋室波遷，江南文風始焉；歐風東漸，錫邑占風氣之先，民族工商文化始焉。數百代鄉彦賢達智慧與創造累積，文獻足徵，無慮百千』（《錫山先哲叢刊》重版弁言）。無錫文化以兼容并蓄多樣化的形態不斷發展。

崇文尚教，以教促文。北宋嘉祐三年（一〇五八），無錫始設縣學；北宋政和元年（一一一一），理學傳人楊時在無錫創建東林書院，此後無錫出現了喻樗、尤袤、李祥、蔣重珍等一批知名的教育家。至明代，顧憲成、高攀龍等在東林書院講學，此後又有許多書院相繼而起。古代無錫對教育的重視，促進了『崇文』和『尚教』的風氣，也造就了大量的人才。自隋朝開創科舉取士到清末廢除科舉，無錫共出了五名狀元、三名榜眼、六名探花和三名傳臚，并有五百四十名進士，一千二百多名舉人；『一榜九進士』、『六科三解元』，自古傳爲佳話。近代以來，經濟的繁榮進一步帶動了教育的興盛。無錫籍國學大師錢穆曾說：『晚清以下，群呼教育救國，無錫一縣最先起。』此後無錫的實業家紛紛出資興辦文化教育事業。教育的繁興，在極大程度上促進了無錫的文化發展，出現了空前的文化人才崛起的高峰。

文脉綿延，後出轉强。歷來『文化』的概念有廣義和狹義之分，這裏的『文脉』之『文』，用的是狹義的概念，即指經史、文學、藝術等人類所創造的精神財富的總和。在無錫的歷史文化傳統中，自古及今，悠悠文脉，如瓜瓞之綿綿。必須指出的是，從文化發生學的角度來看，早期中華文化的中心是在黄河流域的中原地區，無錫在宋元以前，雖有像顧愷之、李紳、尤袤、蔣捷、倪瓚等一批人文英才，但在整體上，無錫的文氣是自明清以迄近現代達到巔峰。在整個江南地區文教昌明和無錫經濟繁盛、教育勃興的大背景下，無錫地區在經史、文學、繪畫、音樂等諸多領域中，建樹卓越，俊才雲蒸，真正呈現出『人文之盛，冠於南國；碩彦輩出，著述繁富』的局面。

求實務本、重工崇商。無錫自古爲江南富庶之地、魚米之鄉。明代東林講學者將士商并列爲『本行』，講求經世致用；近代早期維新的思想家、實踐家薛福成提出『黜浮靡，崇實學』，大力倡揚『工商爲先，耕戰植其基，工商擴其用』的觀念，這些都成了近代以來無錫人求實務本、重工崇商的重要的思想根源；兼以明清時期，封建自然經濟解體，資本主義開始萌芽，無錫經濟日趨繁盛。鴉片戰争以後，上海開埠，由於商品經濟的發展和商業資本積累的增加，逐步形成了一個以上海爲中心的，北接江陰、靖江，西連蘇州、無錫、常州的經濟區域。有布、米、絲、錢『四大碼頭』的無錫，被譽爲『小上海』。到了十九世紀末、二十世紀初，無錫許多有識之士積極引進西方生産技術，大力興辦工廠，形成了近代六大資本系統，無錫成了近代中國民族工商業的發祥地和蘇南經濟中心。經濟的繁盛，不僅爲無錫文化的不斷發展提供了堅實的物質基礎，而且也形成了無錫文化的主流形態之一的，具有鮮明特色和豐富内涵的『工商文化』。

文化源長，文獻宏大。在歷史上，無錫有過兩次較大規模的文化整理。一八九九年，《常州先哲遺書》是包涵無錫在内的第一次區域性文化整理集成。一九二二年，《錫山先哲叢刊》是無錫真正意義上從城市角度進行的一次文化整理。當時，國家積貧積弱，社會動蕩離亂，身處亂世的有識之士高擎文化的旗幟，以縱覽千古的魄力和毅力致力於城市文化傳統的繼承與弘揚，爲無錫地方人文教育提供了文化楷模，對增强無錫崇文興教氛圍發揮了重要的作用，爲無錫躋身江南名城提供了文化動力，其意義至今爲後人感念。

滄桑巨變，天上人間。經過近一個世紀的奮鬥探索，特别是改革開放三十多年來的迅猛發展，中華民族强勢崛起。國運昌隆，盛世修典。中共無錫市委、市政府高度重視地方傳統文化的整理弘揚工作。自二〇〇七年提出『建設文明無錫，打造文化名城』以來，無錫全面深入開展歷史文化遺産的挖掘、清理、保護和修復工作，傳承弘揚優秀傳統文化，彰顯城市人文歷史底蘊，掀起歷史文化名城建設新高潮。此後，市委、市政府在《無錫市文化大發展大繁榮行動綱要》中明確要求全面整理出版地方歷史文獻，市委、市政府在《關於深化文化體制改革加快文化强市建設的决定》中再次明確要求編纂《無錫文庫》，正式啓動迄今爲止無錫地區規模最大、綜合性鄉邦文獻集成的修編工作。爲確保《無錫文庫》的編纂工作順利進行，市委、市政府專門成立了『無錫文庫工作委員會』，由市委宣傳部牽頭，設立了『無錫文庫編輯委員會』，計劃用三年時間完成編纂出版工作。《無錫文庫》的編纂，將以嶄新的學術角度和現代學科框架對城市歷史文化進行全面梳理和弘揚，站在時代的高度，充分展示城市深厚的歷史底蘊，彰顯先賢哲人的智慧創造，解讀無錫文化的獨特個性，提煉升華無錫的人文精神，光前裕後，古爲今用，以文化人，由人化文，以史爲鑒，開啓未來。

《無錫文庫》的編纂出版必將發揮重要的文化功能：首先是搶救文獻。無錫自古即有豐富的地方文獻，無論經史子集，都有重要著作流傳於世。然而無錫近代歷經戰亂，一些重要典籍已毀佚，僅有書名存留；還有一些珍貴的明清地方史籍，也以孤本存世，處於若存若亡之間。由於各種原因，一些代表無錫文化的典籍保存於國内外各大圖書館中，在無錫不易見到。從清末到民國期間，在文化上有不少重要成果，而這部分書籍因長期被忽視而處於毀佚的邊緣。《無錫文庫》的編纂就是爲了搶救文獻，保存文脉。其次是古籍整理。無錫先賢留下的載籍很多，但現存書籍，版本雜亂，良莠不齊，整體而言没有經過系統編排梳理，使用不便。《無錫文庫》的編纂，就是從版本目録學的角度加以梳理，每書皆撰提要，鈎玄指要，便於閲讀使用。第三是服務大衆。《無錫文庫》所收皆爲地方古史遺文，是研究無錫歷史沿革和文化傳承的必讀書目。《無錫文庫》的編纂出版，使這些書籍的使用更加便捷和廣泛，對無錫的文化建設、城市規劃、古迹保護、名勝開發都具有很高的學術價值和實用價值。

歷史唯物主義觀是《無錫文庫》編纂出版工作的重要指導思想。《無錫文庫》是一部具有社會主義新時代特點的典籍集成，編纂理念和選編觀念更加科學，注重學術性、實用性和經典性相結合，并且儘量收入古籍版本研究的新成果，廣泛收集流散在國内外的珍貴典籍。編纂工作中，始終堅持『尊重歷史、尊重科學、尊重規律、尊重專家』的原則，堅持『雙百』方針，對傳統文化中重要的不同學派、不同觀點的資料兼收并蓄，力求客觀、完整和全面。當然，《無錫文庫》不可能包羅萬象，而以文史哲爲主要内容，兼顧其他類别著述，整體呈現出無錫歷史文化的發展脉絡。强化編纂工作的學術規範，提倡實事求是的良好學風，對文庫的整體規模、體例框架、所收書目、版式裝幀等進行反復論證，反復比較，多方聽取意見，慎之又慎，力争使《無錫文庫》成爲一部真正代表無錫文化的綜合性鄉邦文獻集成。

編纂出版《無錫文庫》的盛舉，得到了海内外衆多著名的文史專家、學者教授的熱烈響應。許倬雲、馮其庸、楊天石、李文海、徐中玉、馮遠、胡福明等無錫籍文化名人和劉玉才、程章燦、江慶柏、張廷銀、金良年等專家學者應邀擔任《無錫文庫》的學術顧問，他們扎實的學術功底、嚴謹的治學風範、卓越的學術見識，爲《無錫文庫》提供了有力的支撑。

千年吴地文明，百年工商繁華，賦予無錫人聰慧和靈秀，創造了具有獨特品質的城市文化和城市精神。當我們手捧先哲留下的珍貴文化遺産，不僅滿懷感恩、敬畏之心，更涌動着不負前賢、勵志圖新的激情，去努力創造城市文化嶄新的輝煌，讓無錫文化大發展大繁榮的春天更加姹紫嫣紅、繽紛燦爛！

無錫文庫編輯委員會

二〇一一年一月

凡例

一、《文庫》所收爲無錫籍作家的著述和與無錫相關的歷代文獻，分爲《官修舊志》、《地方史料專著》、《年譜家乘》、《無錫文存》和《近現代名家名著存目》五輯。

二、無錫地域範圍以現行行政轄區爲準。《文庫》立足無錫市區，兼顧江陰、宜興，適當選收江陰、宜興具有代表性的著作。

三、《文庫》所收著作，以史料價值高、使用價值大爲原則，適當兼顧其版本價值。

四、《文庫》主要采用影印方式出版，《近現代名家名著存目》收入作家小傳和主要著述目録。

五、《文庫》所收著作，其編纂年代下限爲一九四九年；《近現代名家名著存目》則不受此限。

六、《文庫》所收著作，原書如有蠹損、殘缺、漫漶不清處，原則上以相同版本予以換頁、補頁，使全書清晰、整齊。

七、《文庫》對所收每種圖書，均撰寫提要，置於每種書扉頁之背面；每册均新編頁碼，自爲起訖。

八、《文庫》編制書名索引和著者索引，以方便讀者使用。

第三輯編輯説明

本輯為《無錫文庫》之第三輯《年譜家乘》，收録無錫（含江陰、宜興）歷代名人年譜以及部分著姓望族家譜。

年譜是史籍中一種人物傳記體裁。但和一般的傳記有所不同，一般的傳記主要紀傳主的生平大要，而年譜則是以譜主爲中心，以年月爲經緯，比較全面細緻地叙述譜主一生事迹。所謂『叙一人之道德、學問、事業，纖悉無遺而系以年月者，謂之年譜』（朱士嘉《中國歷代名人年譜序》）。家譜是一種以表譜形式記載一個以血緣關係爲主體的家族世系繁衍及其重要人物事迹的圖書體裁，主要包含譜序、題辭、恩榮、凡例、像贊、世系、傳記、宗規、家訓、祠墓、義田、藝文等内容。

它們都屬於史籍中較爲特殊的體裁，過去由於歷史研究中理論的誤導，不重視或忽視人的主體性，對名人與望族的研究相對來説顯得薄弱。隨着思想禁錮的打破以及地方史研究的逐步深入，纔慢慢爲學界所重視，並成爲熱點。今天我們将此列爲專門研究對象，着眼點是它的社會意義，具體一些説，就是某一望族在它所處的社會制度下，對政治、經濟、文化、社會生活諸方面所發生的正負影響，又從某一望族的興衰過程透視其社會歷史的宏觀背景。同時望族的研究離不開個體研究，離不開對名人和精英在歷史發展中所處的地位和發揮的作用、功過善惡給予合乎歷史真實的評價。無論是群體或個體研究，其結果都對現實生活有借鑒的作用。

無錫，地靈人傑，截至二〇一一年，産生於此的百餘名科學院、工程院、社科院院士（學部委員）已使它成爲名副其實的『院士之鄉』、『人才高地』，無錫的人文之厚，正源自這片熱土千百年來所湧現出的衆多風流人物與著姓望族。本輯首次較全面地彙編了這些名人的年譜和部分著姓望族家譜共約一百三十種，爲學界研究提供參考。需要説明的是，考慮到文獻資料的完整性、實用性、稀見性，個別年譜家乘會突破一九四九年的年代下限；而當代編寫出版的無錫歷代名人年譜，坊間易得，不在此次收録之列；另有十一種年譜因已分別附録在《無錫文庫》第二、三、四輯的相關書内，也就不再重復收入，它們是：《梁溪先生年譜》（譜主李綱，李綸編）收入第四輯之《梁溪先生文集》，《修敬公年譜》（譜主秦旭）、《端敏公年譜》（譜主秦金）、《從川公年譜》（譜主秦瀚）、《海翁公年譜》（譜主秦德藻）收入第三輯之《錫山秦氏宗譜》，《盛顒年譜》（譜主盛顒）收入第三輯之《勾吴盛氏宗譜》，《顧端文公年譜》（譜主顧憲成）收入第四輯之《顧端文公遺書》，《師竹廬自述》（譜主竇鎮）收入第二輯之《師竹廬隨筆》，《孝侯公年譜》（譜主周處）、《簡惠公年譜》（譜主周葵）、《少宰公年譜》（譜主周家楣）收入第三輯之《國山周氏世譜》。

本輯排列順序，先年譜後家乘，無錫、江陰、宜興各自分編。年譜依譜主歷史年代爲序，全文收録。家乘依姓氏筆畫爲序，視其文獻價值，全文收録或選擇收録，選擇收録者，在提要中加以説明。

目録

錫山東里侯氏宗譜

（民國）侯學愈 等纂修

《錫山東里侯氏宗譜》二十卷首一卷附《侯霓峰先生榮哀録》一卷，侯學愈等纂修，一九一九年木活字本。

侯學愈（一八六六—一九三四），德宗第十八世孫，丹辰公支抑若公派，字伯文，又號戢盦，無錫人。一生熱心地方事業，尤其盡心搜訪鄉賢先哲著作，先後刊出無錫歷代文獻著述如《梁溪詩鈔》、《開化鄉志》、《錫金識小録》、《錫金考乘》等。其個人著作亦甚豐，有《環溪草堂詩稿》、《吟鷗水榭詩稿》、《尊賢祠考略》等，人稱梁溪文獻傳人。

錫山侯氏，宋元以前其詳不可得聞。始祖德宗，號友泉，宋元間卜居於錫山之東。宋元至明萬曆幾百年間錫山侯氏未有譜牒，至八世祖給諫公（侯先春）創爲之，定三十年一修之例，當時僅有鈔本，康熙辛酉，十二世孫文燦續修始袁金鏤版，三修於康熙壬寅十二世孫陳齡，四修於乾隆甲戌十四世孫鈞，五修於嘉慶癸酉十四世孫鳳苞，六修於道光壬寅十六世孫桐，七修於光緒庚辰十五世孫晟，此爲八修譜。卷首譜序，卷一誥敕，卷二像贊，卷三至卷六家傳，卷七至卷九藝文，卷十、卷十一遺著，卷十二雜志，卷十三世系圖、塋圖等，卷十四至卷二十世系表。

侯霓峰即侯杲（一六二四—一六七五），德宗第十一世孫，文芝公第一支少芝公第二派，字仙蓓，號霓峰，清代學者，無錫人。順治六年（一六四九）進士，任浙江宣平知縣，又遷禮部主事，擢郎中，改刑部，督九江關，後丁艱歸，遂不出。才華橫溢，盛有文名。曾爲宜興萬樹校訂《璇璣碎錦》，修《宣平縣志》，與周魯合撰《類書纂要》，另著有《玉岩集》、《亦園詩稿》等。《侯霓峰先生榮哀録》係裔孫侯紹先所輯。

侯先春、侯晰、侯桐、侯鴻鑑等名人皆出此族。

本書據一九一九年本影印卷首至卷十三、附《侯霓峰先生榮哀録》。

（陳小青）

錫山侯氏宗譜

此八脩譜序伯文生纂悉紹先出函惜紹先不甚贊成據云未易一字見序內所述

菩提庵一區滄泉公裔抵出達夫公備價贖回其裔完納銀漕[illegible]總經[illegible]

與家叔子[illegible]大不相同民國元年伯文商之其弟叔豪館造鄒氏過[illegible]給區

錄[illegible]泰隆麵粉公司得價洋叁仟元捐助紹先貳仟還公學[illegible]欵族二伍百在

錫山東里侯氏八脩宗譜序

吾侯氏自元處士公遷錫後迄有明萬歷二百年間未有譜牒

[illegible]五十[illegible]十九世鏡清[illegible]

八世祖給諫公創爲之定三十年一脩之例當時僅有鈔本未授梓入康熙辛酉十三世孫文燦續脩始裒金鏤版爲垂世永久計厥後三修於康熙壬寅十二世孫陳齡四修於乾隆甲戌十四世孫鈞五修於嘉慶癸酉十四世孫鳳苞六修於道光壬寅十六世孫桐逮光緒六年庚辰叔祖籌舫公服官楚南觀察解組歸里倡議重輯至是已七修矣觀察公年力就衰事憚躬親屬十八世孫復曾總攝其事時兵燹後故老凋謝文獻無徵一切編校未免因陋就簡而復曾復挾私見成書後頗不慊族議如義莊書塾概未登載田號細數道光舊譜捐置公田總數騎縫處割裂板頁各部皆然不知是何用意他若此類不勝枚舉宗法之壞至斯已極祖述夙懷續修更正之志顧學識謭陋俗務牽絆卒卒未有暇也從姪學愈雅負文譽性好搜采邑中文獻與祖述情誼最洽時相過從庚戌春日同游惠麓登雲起樓憑欄煮茗譚及是舉極荷贊成且力任纂編之役祖述喜得同志惟吾族修譜向不收取丁捐率由有力者籌措當茲族運否屯的款既有難籌夙願因之中輟東郭舊有菩提庵一區爲靜軒公捐建後經其裔抵出道光中從叔祖達夫公備價贖回租與鄉人雜蒔花木名曰侯花園專匪亂後僅存基址歷年銀

錫山東里侯氏宗譜 卷一 序 一

忠孝堂基上建濟泉公祠同虧貳百祿三埜壽叔禾伍百議附作份譜之費主

期伯文炳食前言難戴出伯文叔永捐洋叁百元另孔繩曜不書聚目昭彰指明慮

倘如見聘肝諒必同舉生駿千捐百元之數無疑譜局設於公學開盤後伯父先拜

溪溪詩鈔足詩告竣費洋若干與脩譜捐洋混合捐與不捐尊伯父是而爲下[illegible]

漕正供悉由達夫公裔完納近歲吾邑商務日盛提倡實業者四出擇地興築廠基癸丑春契絶與泰隆麵粉公司其價除補助公家虧累外公議撥還達夫公裔補糧費四百餘金學愈商之其弟學修慨捐三百金爲續修宗譜權輿會從姪士綰景飛亦續捐百金再從姪元鏡續捐三百金先後已集有成數爰於丙辰春戊祭宗祠日闔族會議公推學愈主稿祖述總理設局公學諏吉開工經始丙辰秋七月閱丁巳夏四月告竣是役也祖述學愈倡之於先士綰景飛元鏡繼之於後其間總司出納殫心擘畫不避勞怨則學修之力爲多而鴻鑾光錫汝濟鎮家度家鴻錫爵釆訪繕稿監盤校字之勤尤不可沒也方擬裝訂

錫山東里侯氏宗譜 序 二

成册並吉散譜詎學修遽以腦疾逝世前功未竟後起無人而族人不諒又復藉詞公產屢起爭端祖述才乏調停謀之學愈元鏡暫緩裝訂庋之公學留待他日觀成今春士綰歸自漢皐謂爲山虧簣終爲失計元鏡更屢請蕆事族人意氣亦漸平乃復鳩工集歘而時越兩載世系生卒互有變易墳圖板片暨散帙之受濕腐爛者均須翻印暗中損失爲數甚鉅俱由祖述光錫合力籌墊今幸勉收全功藉繼祖若宗尊祖敬宗收族至意然祖述竊有慨焉吾宗自元季三高士以隱德貽我子孫七百年來科第蟬聯衣冠鵲起雲礽繁衍蔚爲望族有清嘉道兩朝可稱極盛降及同光猶有以孝廉出膺民社以明經入貢成均

伍百元未動分文作一分二厘起息自元年至八年局積存足七年餘息洋伍百零

四元本利儲蓄洋壹阡元零照典減半起息每年息洋壹百式拾元從庚年[illegible]

利上加利不可勝數既奪利又爭名可發一笑急急串辯以破朦混 民國九年

庚申夏曆仲春月戊宗日 十九世孫毓元時年七十合淚謹記

以軍功累邀議敘以幕府卓著才猷者今則族運適丁陽九各支門祚衰薄列仕版者竟無其人現丁零落讀書砥行之士日尠甚或甘冒不韙以細故釀訟圖以微贏施詐術敦倫睦族之風渺焉莫覩固由世變滄桑風俗日趨澆薄而老成徂謝後生無所矜式族誼遂緣之而寖薄也茲譜之成不敢謂克繩祖武似於給諫公筮易得謙之象亦圜公誦詩申誡之詞隱相符合讀此譜者苟能仰體祖宗積累之深子孫食報之厚聰聽彝訓敦行孝悌庶由剝反復之機乎是則祖述用以自警并以警我族人者也至於修輯義例恪遵給諫公遺訓爲吾宗者卽貧賤不得棄絶非吾宗者雖富貴不得攀援譜其所知缺其所不知

錫山東里侯氏宗譜 序 三

祖述不敏無能爲役幸蕆全書告成謹誌數語質之學愈并以示我後昆俾知此次續修較之光緒時難易迥有不同實由族運今昔盛衰互異凡我宗人其亦惕然知所愧懼也夫

民國八年己未天貺節後六日十七世孫祖述謹序

侯氏老大房素有菩提莊一所坊濟泉公歸處共田六畝坐落東郭天三圖延壽司殿東道光間祖與鄒姓開過花園繼開醉坊向去收租忠孝堂紹衣堂樂德堂三處分派嗣歷亂後僅存荒基同治間領得元字號新單謹存忠孝堂 念儀現

此與老二房老三房無涉光緒十六年二月又與念儀等對地丈量實田五畝九分七厘九毫二絲五忽完糧平田三畝八分零荒蕪二畝零十折一宅地旁種菜者姓高名阿應子阿顯要想謀佔早有粉木稞下當令墾殺不允彼央中將三幾求言明每年貼

稱佃錢一千文十七年稱給荷餘地另租與 姓種桑議定十九年起租每年租錢六千文立摺支取公推 念儀經理除歷年完糧措外作爲歸之費望後世有力者毋廢後舊即不愧爲子孫矣

光緒庚寅三月子銘親筆

姪毓元敬錄

錫山東里侯氏宗譜序

古君子謂善族者必先立譜譜成而後倫序倫序而後本由之而重族由之而睦信哉譜之不容已也隋唐以前分姓不雜圖譜有局郎令史故言姓氏者詳焉自譜局廢後郎顯姓巨族莫得而詳矣莫得詳而故詳之是誣其先也因不能詳而泯焉弗述是忘其先也昔歐陽文忠公嘗爲譜矣載其所知略其所不知此眞後世作譜式哉我侯之先或云某公扈宋南渡占籍於錫或云顯者楊氏之後以爵爲氏是兩者皆先世傳疑而文獻不足徵者也今日憑模而爲譜者一徵先志再徵邑史先志邑史咸出先輩賢喆之管可免疑與誣矣故斷自處士公始處士

公以來三百餘年距今八世居東城葬東郭存不異廬歿不異墓隱顯殊途咸敦長厚雖不敢言世德之家而閭閈共指爲邑之善族莫非我祖宗之遺休也往先大父太僕府君先父太常府君皆有志輙譜因循未就昕夕過庭時時口授先世遺跡兩府君之志未嘗不欲我成之也奉訓三紀不敢有忘王事靡盬刺促弗暇及今休沐還里屈指三臘更念係重識微徘徊未決今春探策筮之得卦之豫豫利建侯行師彖曰豫剛應而志行順以動豫豫順以動故天地如之而況建侯行師乎天地以順動故日月不過而四時不忒聖人以順動則刑罰清而民服豫之時義大矣哉象曰雷出地奮豫先王以作樂崇德殷薦之上帝以配祖考蓋豫之義如此所以振余之猶豫而勅之剛奮者至矣夫建侯行師作樂崇德皆國之大事胡敢擬也然肇建譜牒聚族萃衆追祀祖考允揚先烈亦有建侯崇德之象焉乃一筮而姓氏祖諱四見焉建侯行師侯姓也剛應應則先太常諱也刑罰清清則先江山諱也作樂崇德德則先太僕諱也異哉一筮而姓氏四見焉所以振其猶豫而敕之剛奮者不亦至哉夫譜牒之設上尊祖考所以教民孝也敦宗黨所以教民惠也辨族類所以教民義也乖來䄖所以教民仁也何弗順也何弗豫也豫順以動天地聖人弗違而況譜牒乎於是不敢猶豫期畢先志首著綸音以彰累朝之寵乃繼之以遺像像有贊而世

系通表大宗圖小宗圖小傳紀傳誌實或備或略總之不敢失眞不敢有遺佚而已母儀婦德其可遺乎於是次序爲內傳而實之以誌狀若夫同姓之無所係屬者亦存之以防異日亂宗之漸故爲附傳而雜傳者總彙家世睹記與先太僕之遺行邑乘詩文亦并附焉嗚呼此吾侯氏之譜也作於余而非始於余也始於余而猶願自今日以往三十年而一輯我後之人所以承先志者此其基之乎夫吾侯世習於詩者也小宛不云乎明發不寐有懷二人日各敬爾儀天命不又世世兄弟相勉以善不損先澤不墜家聲吾冀茲譜之日遠日廣矣

萬歷癸卯秋八月　　八世孫先春識

錫山東里侯氏續修宗譜序

竊惟譜系之興由來尚矣所以尊祖敬宗收族反始也顧不重哉乃世有志慕高華草依木附不免遙遙華胄之嘲又有攀援貴近廣輯僭荒徒滋不祀非族之感二者交譏而狄武襄之不祖梁公歐陽文忠之僅記所知其高識遠見遂爲千古作譜者之準式矣吾侯氏在宋元以前其詳不可得聞矣自處士德宗公以來至於今十有三世可考而知也處士公卜居於錫之東偏堂構於斯墳墓於斯聚骨肉於斯託四百餘年甲第蟬聯衣冠鵲起蔚爲望族祖功宗德水源木本之滋於是爲大顧譜系之傳至今未有纂述蓋由處士公至太常公七葉單傳逮給諫

公昆弟六人姓始繁衍閱六傳瓜瓞日滋雲礽日廣不及今纂輯數傳之後支流愈遠袒免之外安知不有視同族爲路人者乎揆諸祖宗一本之誼亦大傷厥心矣給諫公探策占兆首挪斯舉有抄本而無刻本事屬未竟先大夫志在紹聞而王事鞅掌裒訂綦難遂先以本支譜授剞劂曰小子志之吾之爲此譜也將以收族敬宗廣敦睦崇孝弟也爾他日無忘吾志其卒成之予小子夙命朝夕兢兢惟恐失墜偕長房兄漢襄漢儀暨仲弟裒若考核宗支蒐討傳志廣羅邑乘及先世遺文軼事彙集成編顏曰錫山東里侯氏宗譜裒金鏤版以爲垂世永久計經始於康熙已未越辛酉余叨視浙之嘉興海鹽篆遂攜之署中至仲冬始告成夫然後支分派別開卷瞭然而復合於一本祖功宗德炳若列星蓋自茲以往千萬斯年奕葉相承可無紊亂昭穆纂竊濫冒之患矣豈余小子之敢專乎凡以遵先志也嗟乎宗法之不明也小而耰鋤德色乾餱以愆甚而角弓相怨鬩墻毀室皆由於不尊祖不敬宗之一念釀成悖戾而莫知所紀極也苟知九族之皆由一祖禰一祖禰之皆由一身親讓之意有不油然以生者乎而尚敢爲攘奪矯虔敗倫斁紀之事否耶甚矣譜系之重不可不講也後之人儻念斯意嗣而輯之則宗法庶幾弗替也已若夫首綸音以張君賜先通表以昭統系次大宗小宗之圖以別支派然後繫之誌銘傳紀以彰先德徵實

行并雜文紀載附焉以志手澤之存皆非余小子所敢專也凡以遵先志也

康熙歲次辛酉長至日　　十二世孫文燦撰

錫山東里侯氏三修宗譜序

修譜之責綦重矣小子齡自顧何人敢以爲已任惟自吾高祖給諫公始葺宗譜即以三十年一葺詔我後之人從兄文燦繼承先志彙集宗支經始於康熙巳未告成於辛酉顏曰錫山東里侯氏宗譜一展卷而動水源木本之思所關匪細辛酉迄今已逾四十年矣子姓日繁未登於譜者不啻以百計及今不輯日後支分派遠有不知世系之何從者齡用是惄焉滋懼急爲裒集考訂謀付諸梓粤稽吾始祖元處士德宗公至晚竹公五葉單傳隱德弗耀晚竹公復艱於嗣年幾耳順生我企竹府君始入仕版以淸白貽我子孫一傳爲文芝府君蓄德愈厚生我

高祖兄弟六人二支乏嗣今登於譜者四支皆一本也吾高祖承累世之培植以甲科起家盡忠報主種德裕後故以子繼父以孫繩祖得不墜其家聲今齡之輯是譜也固將以尊祖敬宗之道爲同譜者告也慨自三十年來吾侯氏正處剝極之時惟願爲子孫者思先世積善之報惕然猛省共警厥心勉紹箕裘以不克丕承爲懼愼毋害仁悖德甘自絕於祖宗而莫之覺悟小子齡敢以一言敬告我宗人曰尊祖敬宗之道勉爲善而已矣夫爲善未有不本於親親孝弟篤於一本而後能敦倫睦族而後能仁民愛物西銘因事親之誠以事天所爲無忝匪懈無負玉成之至意者端不外乎此齡不敏敢以自警并願宗人共警焉至後之輯是譜者敬守三十年之訓祖宗之遺澤其弗替矣夫

康熙六十一年壬寅　十二世孫陳齡撰

錫山東里侯氏四修宗譜序

吾侯氏宗譜創始於七世祖給諫少芝公，再輯於從叔祖稷山令亦圖公，續訂於從叔祖檢討繼環公，時爲康熙壬寅，迄茲三十有三年矣。乾隆辛未冬，痛先府君見背，小子鈞方攝陝之中都篆，訃至匍匐奔喪歸里。從叔九如、升階、虹川召而告之曰：而父將終，遺命以表善坊世德所係，頹圮不飭，宗譜未及修，二者爲生平未竟之志，而其識之。小子鈞泣應諾。癸酉春，藉諸叔兄弟之力，既醵資葺遺坊，訖工，乃復搜輯世系，支分派別，惟詳惟慎，一循給諫公舊例。甲戌夏始克成編，既授梓，小子鈞執卷言曰：嗚呼！譜之作，其肇於宗法之衰乎？古者嫡子世爲大宗，族衆雖繁，爲之敘其尊卑，合其宴饗，恤其災患，其分足以相統，其恩足以相周，其誼足以相聯。宗法立而尊祖收族之義備矣。延及秦漢，朝無世卿，而大宗之法不可復立，厥後氏族之學興，如漢之鄧氏、應氏、王氏，宋之何氏，唐之路氏、柳氏，咸有述作，薦紳先生之流論姓氏、明譜系者彬彬焉，以辨族類，敦孝弟，厚風俗，所以存宗法而扶世教者，則譜牒之爲功甚鉅也。譜牒亡而人始不知其本矣。吾宗自始祖友泉公居城東，偏代有隱德，四傳而贈文林郎晚竹公力行善事，爲鄉里矜式，大吏建坊旌其閭，即今表善坊也。晚竹公生太僕寺丞企竹公，企竹公生封太常博士文芝公，由文芝公而上七葉單傳，文芝公生我七世祖給諫

錫山東里侯氏宗譜　序　七

少芝公兄弟六人，其二支中絶，自文芝公以來二百餘年之間登於譜者四支，凡十世，距始祖友泉公十六世矣。子姓繁衍，科名相望，雖未敢詡爲甲族，惟我祖宗詩禮之澤綿綿延延以至於今，弗墜抑鈞，竊有懼焉。曩我祖給諫公之創爲譜也，探策筮之，得卦之豫。夫豫，和樂之象也，和則樂，樂則生，然初六之爻詞曰：鳴豫，凶。傳曰：志窮凶也。解之者曰：窮，謂滿極也。卦之得名本爲和樂，然卦詞爲衆樂之義，大爻自九四外皆爲自樂，故有吉凶之義。夫自樂則私己也，私己則忘義，忘義故凶。今吾宗人生齒益繁，人衆族盛，豫之象，其有驗矣。倘致思於鳴豫之戒乎，夫同族之人，憂喜相關，疾相撫，患相拯，貧相賙，死相葬，老幼癃殘相養，祭酺相召，婚嫁喪災相助，此豫之所爲衆樂之義也。否則鳴豫之自樂也，衆樂則疎屬聯爲同體，自樂則一本視爲塗人，可無深懼歟？小子鈞不敏，於宗人無能爲役，惟是勉卒先府君遺志，重輯是譜，願以所聞敬與宗人共勗諸。

乾隆甲戌季夏　十四世孫鈞謹譔

錫山東里侯氏宗譜　序　八

伍百元未動分文作一分二厘起息自元年至八年屬指實足七年餘息洋伍百零

四元本利併蕭洋壹仟元零四典減半起息每年息洋壹百式拾元發塗年底給學

錫山東里侯氏五修宗譜序

吾侯氏代有隱德自宋及明積數百年弗耀於世六世至企竹公始入仕籍八世至少芝公始登第官於朝然皆厚積而薄享之故能貽我子孫至於今弗替族自少芝公始葺譜亦自少芝公始創公之言曰爲吾宗者雖貧賤不得棄絕非吾宗者雖富貴不得攀援譜其所知闕其所不知斷自處士公而下謹嚴特甚後之續而修者即奉此爲律例可也竊念邑中大姓與我祖同時起家者甲第相望不知凡幾當時或烜赫過吾族遠甚不數世或寥落無聞可不懼乎非特此也即我侯氏當少芝公作譜時聚居東里其廬而處者百餘指他若開化之愓齋西疇本

非一家若太若眞若恭玉恭性之屬雖一家而世系無可考新安名定者至恐其亂宗乃或數傳而絕或不知所終今皆無一存者而吾族獨綿延寖以昌熾謂非祖宗培養深厚而能至此乎每於舊譜中讀少芝公四處士傳及企竹翁紀實十四條下至祠堂表耆坊暨世壽世居世墓等記覺世德清芬幾有度越古人者非少芝公博聞而詳志之後之人何從而知之乎又讀明史得少芝公事數條顧甯人郡國利病書得白糧事宜一條穆然見先世積累之盛於國計民生所關甚鉅子孫食報宜其至今未艾也列譜之首而觀之孰不洋洋焉動其心乎少芝公之初作譜也筮之得豫喜其姓諱之合固已奇矣今推而言之豫者和樂之意彖曰應而志行又曰順以動則其應甚遠且大公固預卜之矣至於由豫大有得而曰志大行也其象占所兆日有得曰大行有不止如今日者惟戒其鳴豫之窮盱豫之悔與冥豫之何可長而已若其崇德以配祖考并有合於譜之義二曰介于石言當守以正而不爲浮說所搖也四曰勿疑朋盍簪言當聚而謀勿爲異同之見也總之曰雷出地奮言當斷之以勇而勿生遲疑退阻之心也蓋順以動故不過不忒信乎其爲利建侯矣譜自乾隆甲戌族兄鈞輯後已再踰少芝公三十年一輯之期中間族弟軒曾修三大支草本而未及梓癸酉秋軒與弟釬鈐暨姪筠鴻等復謀修葺芑老病客遊不能與於

斯役謹縷述祖功宗德信而有徵者傳以經義引其端亦少芝公創譜之意與今日續修之意也

嘉慶十八年癸酉七月之吉十四世孫鳳芑謹序

錫山東里侯氏六修宗譜序

吾家自少芝公創成家譜即定三十年一修之例遞傳至從叔祖心齋公已五修矣譜輯於癸酉而成於甲戌時心齋公方爲寶應廣文不及參訂桐適應禮部試報罷歸遂分任參校之役距今已三十年矣此三十年中他族之丁盛者或寖衰名榮者或漸悴吾家承承繼繼先後相符穆然想祖宗積累之盛自東里卜居以來閱五百餘年而正未艾也然老者已去少者方來支分派别日遠日疏世系不及知名號不及記數傳而後不將視同族如途人哉桐正髮之適從弟之翰與余同志山粤東致書商及修譜惜事未舉而弟遽卒於官守廉姪讀禮還家勉成

先志桐供職京師不克親與此役遣子建烈旋里偕守廉姪敬謹修葺稟承歷次續修之例而事事請質於長者之前冊有缺遺冊有舛錯首　綸音次像贊然後繫之誌銘傳記以彰先德而標實行猶前志也譜既成守廉姪奉長者之命郵寄於余索記顛末桐不敢辭敬誌其大略如此過此以往吾家敦倫睦族世守先型仍恪遵三十年一修之例是又桐之厚望也夫

道光二十二年壬寅春二月之吉十六世孫桐謹序

錫山東里侯氏七修宗譜序

宗譜非邑志也邑志繁而難修宗譜簡而易輯然或任其久而不輯則世系紛煩支派紊亂亦幾與邑志等吾族自壬寅十七世孫守廉續修後至今垂三十八年與少芝公定以三十年一修之例已逾八載蘇省被粤逆竄擾族中四出逃避者紛紛嗣雖克復歸來而兵燹之餘誰復議及此事丁丑春三胞兄晸司鐸山陽來書相商謂吾族後輩繼起繩繩而譜系闕如將有欲稽考而無從者則續修之舉洵不可緩維時晟以出守湖南寶慶方期合力興修孰意事與願違正商辦間三胞兄以病下世而晟又職守攸羈不獲親董其役心滋戚焉幸族姪孫韋或舉

於鄉或貢於朝或以書香而繼家聲或以軍功而膺仕版如族姪倬翰姪孫炳麟建勳琫森再姪孫復曾映奎維祺國均家鳳再姪曾孫秉鈞等且時皆在籍特函屬敬謹修輯稟承先世纂修舊規逐一參稽勿遺勿舛考先大父于逵公以副貢出宰湖南邵陽移權新化皆寶慶屬地其仁政德化雖年湮代遠父老無存而如創義渡絶苞苴諸善舉載在志乘猶歷歷可徵今晟幸繼先型重莅斯土不禁穆然而思祖宗厚澤自維愚魯誠恐或負我先人敢不自矢慎勤勉承德廕譜既成用敢敘其顛末庶幾後之繼起者無慮如邑志之難修焉是則晟之大幸也已

光緒六年庚辰七月之吉十五世孫晟謹序

少芝公創輯宗譜小序

世系通表敘

嘗聞之先賢邵文莊公曰作譜者先之以表若掌之指次之以宗若指之屈次之以傳若面之覿又次之以文若聲音之接嗟乎文莊之論可謂盡善矣故予之輯玆譜也一遵其指先之以通表繼之以大宗小宗之圖而以傳記誌文終焉

宗系圖敘

宗法之不行於世久矣然尊祖故敬宗敬宗則宗法不可不立古者嫡子世爲大宗仲子而下自爲小宗先世之廟立於大宗子之家他雖貴不得與焉冠昏祭薦有事於廟必宗子主之其

詳具載氏記吾侯自始祖處士公以下七世皆鮮兄弟至先君太常公乃舉我兄弟五人今孫曾三十餘輩視之先代稍稍繁矣後來子姓將愈繁衍繁則易散亦易亂非宗法其何所統而析乎

小傳序

小傳所以序世系記字諱誌生卒與塋墓者也自始祖以至先君咸載焉而子弟之已成立而卒者亦以例附若夫中閒別有內傳不敢混於本宗也

內傳引

內助之所係重矣詩之宜家雞鳴之警夤斯之不妬忌可以觀婦道而自古賢母胎有教居有遷熊丸荻灰所以成厥子者詎不炳烺史册哉晚近風習日下奢靡淫蕩大族多有乃知閨範世守嫺懿相承蓋亦難矣我侯氏自始祖妣以下家尚樸素無奢靡之習德備端莊無淫蕩之風爲婦則孝爲母則慈勤勵以相勗節儉以造家閨闈之間雍雍如也穆穆如也卽古賢媛賢母何以過焉玆謹彙姓氏生卒於前而繼之以誌傳非特以識前美亦將垂範於後世焉

八世孫先春輯

侯氏八修宗譜例言

一吾宗譜牒創始給諫公時爲有明萬歷癸卯迄今已逾三百年原鈔本洊經世亂不可得見恭讀給諫公自譔弁言及世系通表序宗系圖序小傳內傳序引附傳等篇書法謹嚴義例詳愼援宋歐陽文忠公例譜其所知缺其所不知故追溯得姓之始或云某公扈宋南渡占籍於錫或云顯者楊姓之後以爵爲氏決爲傳疑作譜斷自處士公始卓識偉論後世修輯當永永奉以爲法

一舊譜總目共分七類曰誥敕像贊家乘藝文雜誌統宗世系圖世系表此次修輯謹仍其舊惟增遺著兩卷上卷古文下卷詩詞賦舊譜塋圖惟華藏軍嶂兩處似嫌疏略此次增塋圖一卷各支賢裔欲刊祖塋詳細繪稿依世補入至公產屋基舊譜無圖此次增刊附塋圖之後以垂久遠

一舊譜藝文先世著述與族中掌故合并爲一此次另增遺著其有關吾宗文獻仍入藝文其列祖所譔詩文並入遺著以示區別舊譜雜誌漏載闔族公田畝號細數致啟後世訟端此次分上下兩卷上卷旁采省郡縣志兼及私家專集逐條補入下卷專載闔族公田其各房私置祭田亦一并附入庶足備稽核而杜矇蔽

一此次修輯既增遺著塋圖并公產屋基圖兩卷而家傳藝文

雜誌中搜采各書依類補入者亦復不少家傳中如甦賓亦園兩公宦蹟文章並稱卓卓宜有傳述乃竟缺佚讀陸鐵莊文集有侯甦賓傳亦園居士傳亟爲補刻子勤公古杼秋館文集有陶姬葬誌當時漏刻亦依世補入藝文中如太僕公錫麓荷花莊祠址記（得之家度所藏翔千公遺著中）覔峯公祭文（共一厚册四十餘篇以銀五角易之書肆中以番餅壹枚易之書販乙卯冬日與鴻鑑合貲重刊行世）顧太安人栖香閣詞原序（道光原刻）靜軒公遺著各序（得之鴻鑑所藏古今）（原始中）粲辰公梁溪十八家詞選原序（乙卯春日鈔之中江繆筱珊太史藏書中）亦園公名家詞集題詞（甲寅春日鈔之暨陽金淮生趙尹所刊聚香叢書中）葉唐公遺著各序（得之原學齋全稿中）心齋公九經鑰自序（得之元祥所藏皆稿中）冠芳公詩集序（鈔之姚石甫所著東溟文集中）其他舊譜所無皆出此次搜集不詳標目雜誌中除省郡邑志外如常州詞錄詞論四庫全書總目提要詞曲類錫金考乘（舊譜未全）道光續志（舊譜未全）梁溪詩鈔小傳（舊譜未全）西神叢語（舊譜未全）皆勉事網羅聊備考證至遺著兩卷均數年來留心蒐采其書有鈔之公家者有借之友人者今得增刊入譜庶列祖手澤百世常新一展卷而如親儀範焉若加以紛更僭妄之罪則甘受而不辭也

一世系圖表爲譜牒中最繁重典要之品（學愈）才力綿薄自揣難膺鉅設有舛謬貽誤實多是以皆由祖述四出采訪

各按支派接線補入不敢掠美謹此聲明

一是譜之修實遭成槼學愈學殖荒落又際此滄桑鼎革之變其乏然事事稟命諸長老不敢私心臆斷乃族人不諒猶復因公致起齟齬方正不容古今同轍叔弟學修於是舉頗具熱忱毅力不幸中道殂謝未觀厥成而身後猶欲力翻前案藉施報復學愈取鑒前車知難而退停擱倏逾兩稔今幸從叔祖述從姪光錫起爲後盾埶欵集事此實列祖在天之靈隱爲默相得竟全功後之覽者幸勿歸功重愈罪戾也

凡修家乘弊端叠出然猶捏言事事稟命諸長老 良忝沽族長甚爲抱歉

此譜之成悉屬經手人自由行動時當曾面勸叔永令其正辦但彼陽奉陰違藉口未向各房抽取丁捐其間無

干涉代人受過 良
理由
所不願爰誌顛末
庶不爲後人所吐
罵云 裕良謹識

己未夏六月中澣三日十八世孫學愈敬盦氏謹識

錫山東里侯氏八修宗譜總目

錫山東里侯氏八修宗譜卷一

誥敕目錄

錫山東里侯氏宗譜《卷一　目錄　三

錫山東里侯氏宗譜《卷一　目錄　四

誥贈淑人過太淑人誥命
敕贈文林郎東莞縣知縣南濱公敕命
敕贈孺人劉太孺人鄒太孺人敕命
敕贈登仕郎主簿銜麗水縣典史孝言公敕命
敕贈九品孺人楊太孺人敕命
貤贈奉直大夫山東按察使司獄加五品銜宗靜公誥命
貤贈宜人王太宜人誥命
貤贈朝議大夫花翎運同銜山東按察使司獄宗靜公誥命
貤贈恭人王太恭人誥命
敕贈修職郎定遠縣主簿宗英公敕命

敕贈八品孺人黃太孺人秦太孺人敕命
貤贈修職郎合浦縣縣丞簡田公敕命
貤贈八品孺人王太孺人敕命
勅贈儒林郎翰林院庶吉士加一級啟祥公敕命
敕贈安人顧太夫人敕命
敕贈承德郎翰林院庶吉士加二級啟祥公敕命
敕贈安人顧太夫人敕命
敕贈文林郎翰林院編修啟祥公敕命
敕贈孺人顧太夫人敕命
敕贈承德郎翰林院編修加二級啟祥公敕命

敕贈安人顧太夫人敕命
誥贈朝議大夫翰林院侍講學士啟祥公誥命
誥贈恭人顧太夫人誥命
晉贈中憲大夫翰林院侍講學士兼署國子監祭酒啟祥公誥命
晉贈恭人顧太夫人誥命
晉贈光祿大夫紫禁城騎馬吏部左侍郎啟祥公誥命 夫
晉贈一品夫人顧太夫人誥命 夫
敕授修職郎全椒縣訓導曉峯公敕命
誥贈奉政大夫升授南澳海防同知廣東東莞縣知縣勤補公誥命
誥贈宜人華太宜人誥命

貤封奉直大夫藍翎五品銜福山縣巡檢笠青公誥命
貤封宜人華太宜人誥命
誥授中議大夫花翎鹽運使銜湖南寶慶府知府齊舫公誥命
誥封淑人劉楚淑人誥命
誥贈奉直大夫山東按察使司獄加五品銜文蔚公誥命
誥贈宜人黃太宜人誥命
誥贈奉直大夫山東按察使司獄五品銜文蔚公誥命
誥贈宜人黃太宜人誥命
晉贈朝議大夫花翎運同銜山東按察使司獄文蔚公誥命
晉贈恭人黃太恭人誥命

錫山東里侯氏宗譜《卷一目錄》 七

錫山東里侯氏宗譜《卷一目錄》 八

錫山東里侯氏八修宗譜卷一

誥敕

奉天承運皇帝詔曰朕嗣登大寶例行尊賢敬老之恩軍民有年八十以上學行優粹德望素著者各該巡撫查明咨部賜以修職郎八品散官階免其雜泛差使其應得粟帛照例歲支毋濫毋遺以副朕尊禮耆儒之至意

禮部爲欽奉恩詔事准蘇松巡撫咨稱無錫縣耆儒侯文淵現年八十四歲品行端謹齒德並優相應查照恩詔事例賜以修職郎八品散官階等因到部合行給劄爲此劄付本官欽遵查照施行須至劄付者

右劄付修職郎侯文淵准此

成化二十三年九月　　日

奉天承運皇帝敕曰朕於羣臣之盡職者必追賁其所生蓋彰賢而勸孝存歿一也爾義官侯孟清乃浙江衢州府江山縣知縣祖德之父躬全厚德名孚鄉邦訓子有成效勞官守肇頒郵典用增耀於九原兹特贈爲文林郎浙江衢州府江山縣知縣爾靈不昧朕命其歆

勅曰家有主母配夋而尊推封之命必並及之禮也爾浦氏乃浙江衢州府江山縣知縣侯祖德之嫡母躬著母儀慈愛厥子揆諸内行宜被顯褒兹特封爲太孺人茂膺寵光益綿壽祉

敕命

嘉靖十三年十月初四日

之寶

奉天承運皇帝敕曰朝廷以長民之責托於縣令令近民而休
戚關之厥任攸重恒難其人爾浙江衢州府江山縣知縣侯祖
德蔚以賢嗣之彥簡自佐僚作宰鉅邑乃能勤廉自厲屢被薦
揚宜有渥恩用示褒勸兹特晉爾階文林郎錫之敕命爾其祗
膺明訓益懋操修國有峻階朕不爾靳欽哉

敕命
嘉靖十三年十月初四日
之寶

奉天承運皇帝敕曰被褐懷玉之士遯晦衡門不自見於世而
能燕詒賢嗣振采中朝譽命所宜逮也爾侯應呂乃太常寺博
士先春之父一經邃蘊三徑高風贇宮推俊偉之文含光蠖屈
祉里著淸方之節抱道溺居啟乃嗣人登於祠署才名卓起義
訓丕昭是用封爾爲文林郎太常寺博士迓鼎養以恒升承煥
綸而益豫
敕曰君子偕老象服是宜古詩歌詠之矣朕推此獎羣臣恩嘗
並及焉爾華氏乃太常寺博士侯先春之母望閥鐘祥閨人作
合服縞綦而從騶谷相待如賓明嗣史以訓鳳雛可稱自士家
亨昌融之養國疏伉儷之榮是用封爾爲太孺人祗承一命之
龍光茂介百年之燕喜

敕命
萬歷十年十一月初七日
之寶

奉天承運皇帝制曰萬歷八年四月初一日策試天下貢士蕭
良譽等三百二人於太和殿第一甲賜進士及第第二甲賜進
士出身第三甲賜同進士出身故兹誥示
第三甲賜同進士出身
第一百五十六名侯先春直隸無錫縣人

制 誥

萬歷八年四月初六日

之 寶

奉天承運皇帝敕曰朕寅執珪幣以薦郊廟百神之祀惟是奉
常諸臣實典領之屬兹覃恩宜有錫命爾太常寺博士侯先春
德器端涵才猷蔚茂制科奏策祠寺蜚聲恭誠能贊乎明禋博
雅允裨於殷禮駿奔之列僉曰汝賢是用授爾階文林郎錫之
勅命詩不云乎肅雍顯相秉文之德朕對越兢兢恐德之不類
而章程器數爾有司存其往欽哉稱朕顯承無射之意則有崇
陟
勅曰蘋藻有齊之詩言閨闈之修祀事也乃今錫命祠官可忘
其相祀之賢乎爾太常寺博士侯先春妻張氏惟德之行其儀
不忒鳴環温凊供孝養於尊章贈佩肅雍助淸修於君子是用
封爾爲孺人祇遵彤管之箴永贊素絲之節

敕 命

萬歷十年十一月初七日

之 寶

敕吏科左給事中侯先春先因各邊欵貢外患稍寧猶慮人心懈弛每三年閱視或遣大臣或差科臣或就便委巡按御史乃各官多循虛套無益邊防近採言官建議特遣京堂科臣相兼閱視九邊各一八期各盡心稽核振舉邊務茲特命爾前去遼東地方查照先今事理將一應邊務會同各該巡按御史從實查閱要見積下若干有無侵冒險隘增修若干是否完固兵馬添補若干果否精練器械整造若干果否堅利屯田鹽法曾否修舉收買應用事宜悉查原議一一親履其地設法稽覈惟以事完爲度不拘限期冊但托付委官據憑文冊苟且塞責邊臣有能着實修整著有勞績及踵襲故套搪塞誤事者俱從實具

奏以憑賞罰其所閱之事務照依年分定以萬歷十六年正月起十八年十二月止三年以前者不許追叙三年以後者不許混敘其承委見任官員許分別舉劾凡舊管新收開除見在務要據實造報分別明白其京盤錢糧及勘覈工程未經奏報者併入奏報毋得草率了事及有所依違曲爲回護以負朝廷責實之意勅內開載未盡者俱查照兵部題准事理施行爾受茲重委須殫竭忠誠悉心查覈仍遵照近旨務安靜省約正己防下痛革夙弊斯稱任使如或功罪不明奏報不實及循襲故套勞擾地方責有所歸爾其慎之慎之故敕

萬歷十九年三月初六日

奉天承運皇帝制曰國典疏榮褒忠爲重慰貞魂於旣往鼓直節於來茲惟爾原任兵科都給事中侯先春器宇端凝操持峻潔早蜚英於甲第遂騰譽於奉常晉擢瑣垣丕揚風采累疏入欽鳴鳳抗言帝重批鱗竟以伏蒲久淹謫籍雖大節未伸於朝宁而清名彌重於旦評維朕訪落之初方切遺簪之戀哲人不作舊德可思爰採輿言特頒郵典是用贈爾爲太僕寺少卿錫之誥命於乎卿階晉錫特升維月之華綍藻煥敷永賁泉臺之召明靈不昧服此休嘉

制 誥

天啟三年 月 日

之 寶

奉天承運皇帝勅曰國家錫類之恩闡幽爲重故有束修砥行
貲志以歿者後有賢達朕得追而卹之爾侯世美乃戸部山西
清吏司主事鼎鉉之父孝友謙和澹泊甯靜早歲蜚聲黌庠冀
售業之重光先年赴召玉樓惘哲人之不祿祥開厥子善則歸
親是用贈爾爲承德郎戸部山西清吏司主事嗚呼明經克永
其傳種德必昌厥後領茲懋策賁爾泉臺

勅曰家有賢母能訓子義方作朕股肱者特渙綸音用昭奬勸
恩至渥也爾王氏乃戸部山西清吏司主事侯鼎鉉之母持家
整肅秉志塞淵畫荻教書樹懿闈之懿範熊丸啟後實巾幗之
完人貞操已表烏頭寵命宜輝彤管是用封爾爲太安人誕膺
翟茀之榮永享遐齡之錫

崇禎十六年五月初四日

勅 命

之 寶

奉天承運皇帝勅曰地官以度支而司天下利害責任綦重朕
慎簡文士分而掌之捂克之患庶幾可息爾爾戸部山西清吏
司主事侯鼎鉉氣骨高凝神情恬遠出宰有慈君之號敷愷澤
於齊安拆獄以仁者爲師著廉平於茗水因而採諸公聽遂乃
擢在農曹屏撤棘籬有猷有守釐清戸版惟一惟公是用晉爾
階承德郎錫之勅命嗚呼阜民任地郎有責焉非徒年支歲計
之爲奉職也往欽哉尚其勉樹新猷以食後祉

勅曰女子之勞於家也猶臣子之勞於國也矧戸曹掌天下錢
穀之數持籌握算其閨門之助不可無褒爾戸部山西清吏司
主事侯鼎鉉妻華氏誕育名門言歸華胄清風裹袖室無交謫
之言兵火侵疆内守戒嚴之令是用封爾爲安人克成廉吏之
貞操永荷朝章之寵錫

崇禎十六年五月初四日

勅 命

之 寶

奉
天承運
皇帝制曰寵渥朝章錫類不遺於一命祥開家慶貤恩爰及
夫重闈爾侯長源乃翰林院庶吉士侯陳齡之祖父弓裘
衍澤瓜瓞綿庥作述相承再世式彰其祖武淵源有自一
經早裕夫孫謀茲以覃恩貤贈爾爲文林郎翰林院庶吉
士錫之勅命於戲舊德宏昭用廣顯揚之志新綸特賁永
增泉壤之光
制曰禮由義起宏孝治於中閨命自天申貴榮施於大母爾
翰林院庶吉士侯陳齡之祖母吳氏德懋蘭儀光生槐蔭

珩璜作則式垂淑慎之型苕藻流芳丕振光昌之緒茲以
覃恩貤贈爾爲孺人於戲鸞書煥采合彤史以揚休象服
增輝荷雲章而永慶
敕命
乾隆二年三月初六日
之寶

奉
天承運
皇帝制曰資父事君臣子篤匪躬之誼作忠以孝國家宏錫
類之恩爾侯之源乃浙江處州府宣平縣知縣侯杲之父
執法則敬慎以居心用徵祥於四馬明刑而仁慈以福物
爰啟瑞於三槐茲以覃恩封爾爲文林郎浙江處州府宣
平縣知縣錫之敕命於戲殊榮必逮於所親寵命用光夫
有子尚宏祐啟益勵忱
制曰奉職在躬嘉教勞之有自推恩將母宜錫典之攸隆爾
浙江處州府宣平縣知縣侯杲母秦氏雞鳴戒逸克襄丹

筆之慈熊劑課勤用勵素絲之節茲以覃恩封爾爲孺人
於戲彰淑德於不瑕式榮象服膺寵命之有赫永賁泉壚
敕命
順治十八年正月初七日
之寶

奉
天承運
皇帝制曰興孝維君錫類宏昭報本教忠自父服官敬用承
家爾侯之源乃刑部山西清吏司郎中侯杲之父道在視
躬爰被絲綸之重志存作室式宏堂構之遺茲以覃恩封
爾爲奉政大夫刑部山西清吏司郎中錫之誥命於戲恩
逮所生彌表象賢之美風茲有位尙敦燕翼之謀
制曰疏恩將母宏推錫類之仁移孝作忠均切顯揚之念爾
刑部山西清吏司郎中侯杲母秦氏愛子能勞篤義方於
杼柚相夫克順端令範於閨闈茲以覃恩贈爾爲宜人於
戲象服昭榮聿荷廷綸之寵熊丸遺教永流泉壤之輝

制誥

康熙九年二月二十一日

之寶

奉
天承運
皇帝制曰錫類推恩朝廷之大典分猷亮采臣子之常經爾
浙江處州府宣平縣知縣侯杲仁翔麗水化被玉巖節倖
以奉公民安耕鑿省刑以勸善野樂熙恬茲以覃恩授爾
爲文林郎錫之敕命於戲宏敷章服之榮用勵靖共之誼
欽茲寵命懋乃嘉猷
制曰恪共奉職良臣既殫厥心貞順宜家淑女爰從其貴爾
浙江處州府宣平縣知縣侯杲妻華氏敏慧夙成擷藻堪
同班史儉勤素著宜家用佐宓琴茲以覃恩封爾爲孺人
於戲龍章載煥用褒儆戒之勤翟茀欽承益勵柔嘉之則

敕命

順治十八年正月初九日

之寶

奉
天承運
皇帝制曰國家推恩而錫類臣子懋德以圖功懿典攸存忱
恂宜曷爾刑部山西清吏司郎中侯杲持躬克謹莅事惟
虔奉職西曹小心克昭於夙夜分猷比部勞勤永著於官
方慶典欣逢新綸用賁茲以覃恩特授爾階奉政大夫錫
之誥命於戲式宏車服之庸用勵顯揚之志尚欽榮命益
矢嘉猷
制曰靖共爾位良臣既効其勤黽勉同心淑女宜從其貴爾
刑部山西清吏司郎中侯杲妻華氏克嫻內則能貞順以

宜家載考國常應褒嘉以錫寵茲以覃恩封爾爲宜人於
戲敬爲德聚實加儆戒以相成柔合女箴愈著匡襄以永
譽
制　誥
康熙九年五月初六日
之　寶

敕兵部郎中加二級布達什里禮部員外郎侯杲茲命爾等監
督九江鈔關事務首在禁暴懲奸約束衙門官役使恪遵法
紀無致作弊生事擾害商民凡一應經過舟車裝載物料例
應輸納稅銀如有隱匿不報及倚恃勢豪包攬侵扣致虧國
課者無容狥情照例拿究治罪其奏原設地方巡邏員役須
選委得人無使擾害良民商人不時親行稽察以防奸弊身
先砥礪清勤然後克舉職業其科徵則例一照戶部定規不
得任意增益借端勒指以致躭延日期不許免各官勢要之
稅掊尅細商若事發定行重治歲季應解課銀如期湊發不
得遲悞如有私自遣例往返差人干預地方事情擾害商民

等弊許該督撫據實指參差滿之日回部考核果著有勞勤
方准復職爾等受茲委任須廉潔任事如或徇情受囑貪贓
乖張假倘商賈必從重治罪決不寬宥爾等愼之故勅
康熙九年閏二月　日

奉
天承運
皇帝制曰求治在親民之吏端重循良教忠勵資敬之忱聿
隆褒獎爾侯楷乃直隸正定府趙州隆平縣知縣侯文焯
之父禔躬滀厚垂訓端嚴業可開先式穀乃宣猷之本澤
堪啟後貽謀裕作牧之方茲以覃恩贈爾爲文林郎直隸
正定府趙州隆平縣知縣加一級錫之敕命於戲克承清
白之風嘉茲報政用慰顯揚之志昭乃遺謨
制曰朝廷重民社之司功推循吏臣子凜冰淵之操教本慈
幃爾直隸正定府趙州隆平縣知縣侯文焯之母施氏淑

慎其儀柔嘉維則宜訓詞於朝夕不忘育子之勤集慶澤
於門閭式被自天之寵茲以覃恩封爾爲太孺人於戲仰
酬顧復之勉思撫字威煥絲綸之色用懋劬勞
敕命
康熙五十二年月 日
之 寶

奉
天承運
皇帝制曰宣猷服采中朝抒報最之忱錫類推恩休命示酬
庸之典爾侯恒乃翰林院檢討侯陳齡之父令德踐修義
方夙著詩書啟後用彰式穀之風弓冶傳家克作教忠之
則茲以覃恩贈爾爲徵仕郎翰林院檢討錫之敕命於戲
篤生杞梓之材功歸庭訓丕煥絲綸之色澤及泉臺
制曰壺教凝祥懋嘉猷於朝宁國常布惠揚休命於庭闈爾
翰林院檢討侯陳齡之母王氏勤慎宜家賢明訓後相夫
以順含內美於珩璜鞠子有成樹良材於楨幹茲以覃恩

贈爾爲孺人於戲昭茲令善之聲榮施勿替食爾劬勞之
報遺範長垂
制曰爵列於朝已食教勞之報寵綏及下寧遺鞠育之仁爾
翰林院檢討侯陳齡之生母范氏柔嘉成性淑慎爲儀身
謝鉛華贊素風於夙夜動嫻規矩著雅操於閨闈茲以覃
恩贈爾爲孺人於戲昭母因子貴之恩表善則歸親之義
妥茲誉命慰爾幽途
敕命
乾隆二年十二月初五日
之 寶

奉
天承運
皇帝制曰考績報循良之最用獎臣勞推恩溯積累之遺載
揚祖澤爾侯柱乃山西絳州河津縣知縣侯錦雲之祖父
錫光有慶樹德務滋嗣清白之芳聲澤留再世衍弓裘之
令緒祜篤一堂茲以覃恩馳贈爾為文林郎錫之敕命於
戲聿修念祖膺懋典而益勵新猷有穀貽孫發幽光而丕
彰潛德
制曰册府酬庸聿著人臣之懋績德門輯慶式昭大母之芳
徽爾山西絳州河津縣知縣侯錦雲之祖母顧氏箴誠揚

芬珩璜表德職勤內助宜家久著其賢聲澤裕後昆錫類
式承乎嘉命茲以覃恩馳贈爾為孺人於戲播徽音於彤
管壼範彌光膺異數於紫泥天庥永劭
敕命
乾隆十六年十一月二十五日
之寶

奉
天承運
皇帝制曰考績報循良之最用獎臣勞推恩溯積累之遺載
揚祖澤爾侯麟然乃陝西綏德州清澗縣知縣侯鈞之祖
父錫光有慶樹德務滋嗣清白之芳聲澤留再世衍弓裘
之令緒祜篤一堂茲以覃恩馳贈爾為文林郎陝西綏德
州清澗縣知縣錫之敕命於戲聿修念祖膺懋典而益勵
新猷有穀貽孫發幽光而丕彰潛德
制曰册府酬庸聿著人臣之懋績德門輯慶式昭大母之芳
徽爾秦氏乃陝西綏德州清澗縣知縣侯鈞之祖母箴誠

揚芬珩璜表德職勤內助宜家久著其賢聲澤裕後昆錫
類式承乎嘉命茲以覃恩馳贈爾為孺人於戲播徽音於
彤管壼範彌光膺異數於紫泥天庥永劭
敕命
乾隆二十六年十一月二十日
之寶

奉
天承運
皇帝制曰考績報循良之最用獎臣勞推恩溯積累之遺敕
揚祖澤爾侯選教諭侯文燈乃湖南衡州府安仁縣知縣
侯鈐之祖父嗣清白之芳聲澤留再世衍弓裘之令緒祜
篤一堂茲以覃恩貤贈爾爲文林郎錫之敕命於戲聿修
念祖膺茂典而益勵新猷有穀貽孫發幽光而丕彰潛德
制曰冊府酬庸聿著人臣之懋績德門積慶式昭大母之芳
徽爾趙氏乃湖南衡州府安仁縣知縣侯鈐之祖母箴誡
揚芬珩璜表德職勤內助宜家久著其賢聲澤裕後昆錫

類式承乎嘉命茲以覃恩貤贈爾爲孺人於戲播徽音於
彤管壼範彌光膺異數於紫泥天庥永劭
制曰懋績孔昭國憲重五章之命賢聲克著母儀流三世之
祥爾石氏乃湖南衡州府安仁縣知縣侯鈐之生祖母婉
孅承徽柔嘉濟美裕孫枝而式穀羣推遺室之賢術內助
以無違用啟亢宗之彥茲以覃恩貤贈爾爲孺人於戲沐
殊榮於三錫懿德彌光集繁祉於一堂新綸丕煥
敕命
嘉慶二十四年正月初一日
之寶

奉
天承運
皇帝制曰溯規矩於高曾聿須紫詔沛恩膏於臣下用勵丹
忱爾貢生侯文燈迺賞戴花翎雲南迤南兵備道加一級
侯晟之曾祖父矜纓纘業德禮傳家派衍雲礽啟一門之
令緒代遺清白推三世之殊恩茲以覃恩貤贈爾爲中議
大夫錫之誥命於戲薄籠金而示誨世澤常延錫鞶帶以
加榮天庥勿替
制曰臣心恪慎著懋績於周行婦職修明樹令儀於中閫爰
頒慶典俾荷榮褒爾石趙氏迺賞戴花翎雲南迤南兵備道

加一級侯晟之曾祖母茂族含芳名門作儷素風自矢克
敦圖史之型清節相規無改縞綦之度茲以覃恩貤贈爾
爲淑人於戲表從夫之大義翟茀承恩沛逮下之深仁魚
軒被寵祗承休命用播幽貞
誥命
同治四年九月二十八日
之寶

奉
天承運
皇帝制曰丹地儲才妙簡金閨之彥木天奉職夙推玉署之
英爾翰林院檢討侯陳齡學通祕籍品重珪璋珥筆兩清
曾預窺乎四庫分藜東觀雅擅譽大三長茲以覃恩授爾
爲徵仕郎錫之敕命於戲摛藻稱論思之選疏榮及清要
之班渥澤宜承素修加勵
制曰丕績奏於中朝端賴閨家之助寵章頒於慶典宜分齊
體之榮爾翰林院檢討侯陳齡之妻王氏早習女儀克修
婦職雞鳴夜儆既砥節於素絲蠶績執勞用邀恩於紫綍

茲以覃恩贈爾爲孺人於戲巾褘彰和順之風鸞書誕賁
廷陛煥褒嘉之命翟茀永貽
制曰臣心報國每資賢助於中閨婦脅從夫必普恩施於繼
室爾翰林院檢討侯陳齡之繼妻秦氏柔順嗣徽雝和叶
吉既告虔於棗栗洵內教之克修堪比德於珩璜宜朝章
之式賁茲以覃恩封爾爲孺人於戲無忘象服之榮勉副
鸞書之錫祗承寵典益播休聲
敕命
乾隆二年十二月初五日
之寶

奉
天承運
皇帝制曰分符百里必遴出宰之材報最三年爰重懋官之
典爾直隸正定府趙州隆平縣知縣加一級侯文焯雅擅
才能克宣慈惠撫綏有要常深疾痛在己之心懷保無窮
不忘顧復斯民之責茲以覃恩封爾爲文林郎錫之勅命
於戲前勞已懋用褒製錦之能來軫方遒益勵飲冰之操
制曰良臣宣力於外效厥勤勞賢媛襄職於中膺茲寵錫爾
直隸正定府趙州隆平縣知縣侯文焯之妻黃氏終溫且
惠既靜而專綦縞從夫克贊素絲之節蘋蘩主饋爰流彤

管之輝茲以覃恩封爾爲孺人於戲敬爾有官著肅雝而
並美職思其內昭淑慎之遺徽
敕命
康熙五十二年　月　日
之寶

奉
天承運
皇帝制曰求治在親民之吏端重循良教忠勵資敬之忱聿
隆褒獎爾侯文煦乃山西絳州河津縣知縣侯錦雲之父
禔躬淯厚垂訓端嚴業可開先式穀乃宣猷之本澤堪啟
後貽謀裕作牧之方茲以覃恩貤爾爲文林郎錫之敕命
於戲克承清白之風嘉茲報政用慰顯揚之志昭乃遺謨
制曰朝廷重民社之司功推循吏臣子凛冰淵之操教本慈
幃爾山西絳州河津縣知縣侯錦雲之母朱氏淑慎其儀
柔嘉維則宣訓詞於朝夕不忘育子之勤集慶澤於門閭

式被自天之寵茲以覃恩封爾爲孺人於戲仰酬顧復之
恩勉思撫字載煥絲綸之色用慰劬勞

敕命
乾隆十六年十一月二十五日
之寶

奉
天承運
皇帝制曰求治在親民之吏端重循良教忠勵資敬之忱聿
隆褒獎爾侯元巘乃陝西綏德州清澗縣知縣侯鈞之父
禔躬淯厚垂訓端嚴業可開先式穀乃宣猷之本澤堪啟
後貽謀裕作牧之方茲以覃恩贈爾爲文林郎錫之敕命
於戲克承清白之風嘉茲報政用慰顯揚之志昭乃遺謨
制曰朝廷重民社之司功推循吏臣子凛冰淵之操教本慈
幃爾陝西綏德州清澗縣知縣侯鈞之母楊氏淑慎其儀
柔嘉維則宣訓詞於朝夕不忘育子之勤集慶澤於門閭

式被自天之寵茲以覃恩贈爾爲孺人於戲仰酬顧復之
恩勉思撫字載煥絲綸之色永賁幽潛

敕命
乾隆二十六年十一月二十日
之寶

奉
天承運
皇帝制曰任使需才稱職誌在官之美馳驅奏効報功膺錫
類之仁爾侯承璽乃江南揚州府江都縣教諭侯孝基之
父雅尚素風長迎善氣弓冶克勤於庭訓箕裘丕裕夫家
聲茲以覃恩貤贈爾為修職郎江南揚州府江都縣教諭
錫之敕命於戲聿顯揚之盛事國典非私酬燕翼之深情
臣心彌勵
制曰奉職無愆懋著勤勞之績致身有自宜酬鞠育之恩爾
何氏乃江南揚州府江都縣教諭侯孝基之母淑範宜家

令儀昌後早相夫而教子俾移孝以作忠茲以覃恩貤贈
爾為八品孺人於戲賁象服之端嚴誕膺鉅典錫龍章之
煥耀永播徽音
敕命
乾隆三十六年十一月二十五日
之寶

奉
天承運
皇帝制曰資父事君臣子篤匪躬之誼作忠以孝國家宏錫
類之恩爾侯臨乃州判侯晝錦之父善積於身祥開厥後
教子著義方之訓傳家裕堂構之遺茲以爾子遵例急公
封爾為徵仕郎錫之敕命於戲殊榮必逮於所親寵命用
光夫有子尚宏佑啟益勵忱恂

敕命
乾隆二十三年十月二十二日
之寶

奉
天承運
皇帝制曰求治在親民之吏端重循良教忠勵資敬之忱事
隆褒獎爾原任安徽五河縣知縣侯可儀乃現任湖南衡
州府安仁縣知縣侯鈴之父禔躬湻厚垂訓端嚴業可開
先式穀乃宣猷之本澤堪啟後貽謀裕作牧之方茲以覃
恩贈爾爲文林郎錫之勑命於戲克承清白之風嘉茲報
政用慰顯揚之志昭乃遺謨
制曰朝廷重民社之司功推循吏臣子凜冰淵之操教本慈
幃爾奚氏乃現任湖南衡州府安仁縣知縣侯鈴之母淑

慎其儀柔嘉維則宣訓詞於朝夕不忘育子之勤集慶澤
於門閭式被自天之寵茲以覃恩贈爾爲孺人於戲仰酬
顧復之恩勉思撫字載煥絲綸之色永賁幽潛
勑命
嘉慶二十四年正月初一日
之寶

奉
天承運
皇帝制曰沛酬庸之慶典懋對皇庥敷錫類之殊榮用彰臣
孝爾原任安徽五河縣知縣侯可儀廼貴戴花翎雲南迤
南兵備道加一級侯晟之祖父箕裘紹緒詩禮垂聲貽厥
孫謀樹芳規於珂里繩其祖武奏懋績於彤廷茲以覃恩
晉贈爾爲中議大夫錫之誥命於戲開堂構以培基德鍾
家慶沛絲綸而錫命澤渥泉臺
制曰德門衍慶淵源早裕夫孫謀盛世推恩綸綍載揚夫母
範爾奚氏廼貴戴花翎雲南迤南兵備道加一級侯晟之

祖母高門毓德華閥傳芳有穀貽孫賴同心於內助自天
申命表巽數於中閨茲以覃恩晉贈爾爲淑人於戲光生
褕翟常昭彤管之輝德媲珩璜允著徽章之色
誥命
同治四年九月二十八日
之寶

奉
天承運
皇帝制曰考績報循良之最用獎臣勞推恩溯積累之遺載
揚祖澤爾原任安徽五河縣知縣侯可儀迺三品銜遇缺
即補知府湖南鳳凰廳同知侯晟之祖父錫光有慶樹德
務滋嗣清白之芳聲澤留再世衍弓裘之令緒祜篤一堂
茲以覃恩贈爾爲中議大夫錫之誥命於戲聿修念祖膺
茂典而益勵新猷有穀貽孫發幽光而丕彰潛德
制曰册府酬庸事著人臣之懋績德門輯慶式昭大母之芳
徽爾奚氏迺三品銜遇缺即補知府湖南鳳凰廳同知侯

錫山東里侯氏宗譜〈卷一 于達公奚太淑人敕命 三三

晟之祖母箴誡揚芬珩璜表德職勤內助宜家久著其賢
聲澤裕後昆錫類式承乎嘉命茲以覃恩贈爾爲淑人於
戲播徽音於彤管壼範彌光膺異數於紫泥天庥允仂
誥命
同治十一年十月初九日
之寶

奉
天承運
皇帝制曰分符百里必遴出宰之材報最三年爰重懋官之
典爾原任山西絳州河津縣知縣侯錦雲雅擅才能克宣
慈惠撫綏有要常深疾痛在已之心懷保無窮不忘顧復
斯民之責茲以覃恩授爾爲文林郎錫之敕命於戲前勞
已懋用褒製錦之能來軫方膺益勵飲冰之操
制曰良臣宣力於外効厥勤勞賢媛襄職於中膺茲寵錫爾
原任山西絳州河津縣知縣侯錦雲之妻陸氏終溫且惠
旣靜而專綦縞從夫克贊素絲之節蘋蘩主饋爰流彤管

錫山東里侯氏宗譜〈卷一 虹川公陸太孺人繆太孺人敕命 三二

之輝茲以覃恩贈爾爲孺人於戲敬爾有官著肅雝而並
美職思其內昭淑慎之遺徽
制曰在公必敬臣心每待助於閨闈齊體維均國典必疏榮
於繼續爾原任山西絳州河津縣知縣侯錦雲繼妻繆氏
以順爲正無成有終柔嘉克踵乎前徽珩璜流譽慶澤用
昭其嗣美翟褘增輝茲以覃恩贈爾爲孺人於戲如綸如
綍勿忘象服之榮宜室宜家永荷龍章之寵
敕命
乾隆二十六年十一月二十日
之寶

奉
天承運
皇帝制曰奉職無愆懋著勤勞之績致身有自宜酬鞠育之
恩爾華氏乃江蘇揚州府寶應縣教諭侯鳳苞之母淑範
宜家令儀昌後早相夫而教子俾移孝以作忠茲以覃恩
貤贈爾爲孺人於戲賁象服之端嚴誕膺鉅典錫龍章之
煥耀永播徽音

敕命

嘉慶四年四月初八日

之寶

奉
天承運
皇帝制曰誼篤靖共入官必資於敬功歸訓廸循子亦教以
忠爰沛國恩用揚家訓爾監生侯孝述乃安徽直隸滁州
全椒縣以教諭銜管訓導事侯雲濤之伯父躬修士行代
起儒風抱璞自珍克毓珪璋之秀儲材足用聿彰杞梓之
良茲以覃恩貤贈爾爲修職郎錫之敕命於戲昭令聞於
經籯書貽刻鵠佩徽章於册府寵賁廻鸞懋典丕承榮名
益劭
制曰家有孝慈之範美以相繼而彰國崇褒錫之文恩以並
推而厚爾尤氏乃安徽直隸滁州全椒縣以教諭銜管訓
導事侯雲濤之伯母德可相夫教能啟後一堂環珮和音
克著其慈祥五夜機絲內治聿昭其柔順茲以覃恩貤贈
爾爲八品孺人於戲溥一體之榮施鸞章賁采表同心於
訓廸象服分光

敕命

嘉慶十四年正月初一日

之寶

奉
天承運
皇帝制曰渥寵朝章錫類不遺於一命祥開家慶馳恩爰及
夫重幃爾侯秉銓乃翰林院庶吉士加二級侯桐之祖父
弓裘衍澤瓜瓞綿庥作述相承再世式彰其祖武淵源有
自一經早裕夫孫謀茲以覃恩貤贈爾為承德郎翰林院
庶吉士加二級錫之勅命於戲舊德維昭用廣顯揚之志
新綸特賁允增泉壤之光

制曰禮由義起宏孝治於中閨命自天申賁榮施於大母爾
旌表節孝華氏乃翰林院庶吉士加二級侯桐之祖母德
懋蘭儀光生槐里珩璜作則式垂淑慎之型荇藻流芬丕
振光昌之緒茲以覃恩貤贈爾為安人於戲鸞書煥采合
彤史以揚休象服增輝荷雲章而錫慶

敕 命
嘉慶二十五年十月二十二日
之 寶

奉
天承運
皇帝制曰寵渥朝章錫類不遺於一命祥開家慶馳恩爰及
夫重幃爾侯秉銓乃翰林院編修加二級侯桐之祖父
弓裘衍澤瓜瓞綿庥作述相承再世式彰其祖武淵源有
自一經早裕夫孫謀茲以覃恩貤贈爾為承德郎翰林院
編修加二級錫之勅命於戲舊德維昭用廣顯揚之志新
綸特賁允增泉壤之光

制曰禮由義起宏孝治於中閨命自天申賁榮施於大母爾
旌表節孝華氏乃翰林院編修加二級侯桐之祖母德
懋蘭儀光生槐里珩璜作則式垂淑慎之型荇藻流芬丕
振光昌之緒茲以覃恩貤贈爾為安人於戲鸞書煥采合
彤史以揚休象服增輝荷雲章而錫慶

敕 命
道光八年十一月初九日
之 寶

奉
天承運
皇帝制曰任使需才稱職誌在官之美馳驅奏効報功膺錫
類之仁爾太學生侯鳳藻乃安徽泗州直隸州五河縣教
諭侯昉之父雅尙素風長迎善氣弓冶克勤於庭訓箕裘
丕裕夫家聲茲以覃恩貤贈爾爲修職郎安徽泗州直隸
州五河縣教諭錫之敕命於戲肇顯揚之盛事國典非私
酬燕翼之深情臣心彌勵
制曰奉職無愆懋著勤勞之績致身有自宜酬鞠育之恩爾
杜氏乃安徽泗州直隸州五河縣教諭侯昉之母淑範宜

家令儀昌後早相夫而教子俾移孝以作忠茲以覃恩貤
贈爾爲八品孺人於戲賁象服之端嚴誕膺鉅典錫龍章
之煥耀永播徽音
敕命
嘉慶十四年正月初一日
之寶

奉
天承運
皇帝制曰恩敷有位晉顯秩於清班澤逮前人溯劬勞於大
父爾侯秉銓乃翰林院侍講學士侯桐之祖父善積厥躬
慶留於後業守一經之訓於裕孫謀庭開再世之祥克彰
祖武茲以覃恩貤贈爾爲朝議大夫錫之誥命於戲穀貽
有自昭燕緒於家聲寵錫爾彰貴隆施於泉壤
制曰朝廷廣錫類之仁恩昭晉秩臣子遂顯揚之志源溯重
闈爾華氏乃翰林院侍講學士侯桐之祖母禮嫻內則澤
裕後昆含飴早著夫恩勤祥綿華胄稱職夙由於壼教慶

沛新綸茲以覃恩貤贈爾爲恭人於戲佑啟後人丕振光
昌之緒褒嘉淑德聿垂純備之儀
誥命
道光十四年十月十九日
之寶

奉
天承運
皇帝制曰風化先於一邑學校宜崇人材出自諸生師儒宜
重爾江蘇揚州府寶應縣教諭侯鳳苞持躬有素奉職無
慚教以詩書文義實資於講習論之禮讓士品正藉以陶
成茲以覃恩特授爾為修職郎錫之敕命於戲前勞已著
用褒訓誨之能後效方長益勵漸摩之術

敕命
嘉慶十四年正月初一日
之寶

奉
天承運
皇帝制曰委質策名榮既膺夫簪紱克家纘緒光必逮乎門
閭爾侯釺乃湖南衡州府衡山縣知縣侯鈴之兄道足持
躬情殷訓弟經傳詩禮青緗揚雁序之輝慶篤芝蘭丹綍
煥龍章之麗芳徽允懋新典宜頒茲以覃恩貤贈爾為文
林郎湖南衡州府衡山縣知縣錫之敕命於戲被章服以
增榮聿顯友恭之義承絲綸而無忝彌彰善慶之風
制曰教佐義方內則允彰夫懿範榮敷閫闑朝恩宜體乎私
情爾馮氏乃湖南衡州府衡山縣知縣侯鈴之嫂貞淑性
成徽柔道協身嫻姆訓聿徵卓犖之才志秉慈徽用衍熾
昌之緒丕昭淑慎特貴絲綸茲以覃恩貤贈爾為孺人於
戲寵章式煥令儀著美於當時象服欽承名德益彰於奕
葉

敕命
道光二年十一月十七日
之寶

奉
天承運
皇帝制曰任使需才稱職誌在官之美馳驅奏効報功膺錫
類之仁爾廩生侯大鏞乃廣東廉州府經歷今升昌化縣
知縣侯昕之父雅尚素風長迎善氣弓冶克勤於庭訓箕
裘丕裕夫家聲茲以覃恩貤贈爾為修職郎錫之敕命於
戲肇顯揚之盛事國典非私酬燕翼之深情臣心彌勵
制曰奉職無愆懋著勤勞之績致身有自宜酬鞠育之恩爾
過氏乃廣東廉州府經歷今升昌化縣知縣侯昕之母淑
範宜家令儀昌後早相夫而教子俾移孝以作忠茲以覃

恩貤贈爾為八品孺人於戲賁象服之端嚴誕膺鉅典錫
龍章之煥耀永播徽音
敕命
道光十五年十月初十日
之寶

奉
天承運
皇帝制曰誼篤靖共入官必資於敬功歸誨迪能仕而教之
忠爰沛國恩用揚庭訓爾廩生侯大鏞迺賞戴花翎雲南
迤南兵備道加一級侯晟之父躬修士行代啟儒風抱璞
自珍克毓珪璋之秀析薪能荷彌彰杞梓之良茲以覃恩
貤贈爾為中議大夫錫之誥命於戲貽令聞於經籯義方久
著佩徽章於策府禮秩加優懋典丕承湛恩允荷
制曰移孝作忠懋簡勞臣之績推恩錫類式揚賢助之名載
賁榮綸用宣懿範爾過氏迺賞戴花翎雲南迤南兵備道

加一級侯晟之母早嫺典則夙著規型敬以從夫宜室事
徵其順德勤於訓子備官一本於慈祥茲以覃恩貤爾為
淑人於戲荷彩翟之天章徽音益暢被彤毫之仙藻惠問
常流祇服寵光彌劭貞靜
誥命
同治四年九月二十八日
之寶

奉
天承運
皇帝制曰求治在親民之吏端重循良教忠勵資敬之忱聿
隆褒獎爾侯大鏞廼三品銜遇缺郎補知府湖南鳳凰廳
同知侯晟之父醒躬清厚垂訓端嚴業可開先式穀乃宣
猷之本澤堪啟後貽謀裕作牧之方茲以覃恩封爾爲中
議大夫錫之誥命於戲克承清白之風嘉茲報政用慰顯
揚之志畀以殊榮
制曰朝廷重民社之司功推循吏臣子凜冰淵之操教本慈
幃爾過氏廼三品銜遇缺郎補知府湖南鳳凰廳同知侯

晟之母淑慎其儀柔嘉維則宣訓詞於朝夕不忘有子之
勤集慶澤於門閭式被自天之寵茲以覃恩封爾爲淑人
於戲仰酬顧復之恩勉思撫字載煥綵綸之色用慰劬勞
誥命
同治十一年十月初九日
之寶

奉
天承運
皇帝制曰考績報循良之最用獎臣勞推恩溯積累之遺載
揚祖澤爾侯鳳藻乃廣東廣州府東莞縣知縣侯之翰之
胞叔祖父錫光有慶樹德務滋嗣清白之芳聲澤留再世
衍弓裘之令緒祜篤一堂茲以覃恩貤贈爾爲文林郎廣
東廣州府東莞縣知縣錫之敕命於戲聿修念祖膺懋典
而益勵新猷有穀貽孫發幽光而丕彰潛德
制曰册府酬庸事著人臣之懋績德門輯慶式昭大母之芳
徽爾劉氏鄒氏乃廣東廣州府東莞縣知縣侯之翰之胞

叔祖母箴誡揚芬珩璜表德職勤內助宜家久著其賢聲
澤裕後昆錫類式承乎嘉命茲以覃恩貤贈爾爲孺人於
戲播徽音於彤管壼範彌光膺異數於紫泥天庥允劭
誥命
道光十五年十月初十日
之寶

奉
天承運
皇帝制曰設官分職昭器使之無遺錫類施仁嘉蒙恩於伊
始衛監生侯浚乃主簿借補浙江處州府麗水縣典史侯
寶樹之父秉心醇樸飭行端方教誨懷式穀之勤政事本
貽謀之善茲以覃恩貤贈爾爲登仕郎主簿銜浙江處州
府麗水縣典史錫之敕命於戲一命得以逮親遂膺曠典
庶政期於稱職允荷榮光
制曰登皇路以馳驅忠原本孝入庭闈而侍奉嚴必兼慈爾
楊氏乃主簿借補浙江處州府麗水縣典史侯寶樹之母

性本柔嘉飭矜鞶於閫內教維勤慎紆章服於庭前茲以
覃恩貤贈爾爲九品孺人於戲所親邀優渥之恩勉圖懋
績有子效靖共之誼用表芳型
敕命
嘉慶元年正月初一日
之寶

奉
天承運
皇帝制曰考績報循良之最用奬臣勞推恩溯積累之遺載
揚祖澤爾侯萉深廼山東按察使司獄加五品銜侯絢之
祖父錫光有慶樹德務滋嗣清白之芳聲澤留再世衍弓
裘之令緒祜篤一堂茲以覃恩貤贈爾爲奉直大夫錫之
誥命於戲聿修念祖膺懋典而益勵新猷有穀貽孫發幽
光而不彰潛德
制曰册府酬庸事著人臣之懋績德門輯慶式昭大母之芳
徽爾王氏廼山東按察使司獄加五品銜侯絢之祖母箴

誠揚芬珩璜表德職勤內助宜家久著其賢聲澤裕後昆
錫類式承乎嘉命茲以覃恩貤贈爾爲宜人於戲播徽音
於彤管壺範彌光膺異數於紫泥天庥允劭
誥命
咸豐五年十月二十日
之寶

奉
天承運
皇帝制曰考績報循良之最用獎臣勞推恩溯積累之遺載揚祖澤爾侯龍深廼花翎運同銜候補知縣山東按察使司獄侯絢之祖父錫光有慶樹德務滋嗣清白之芳聲澤留再世衍弓裘之令緒祜篤一堂茲以覃恩貤贈爾爲朝議大夫錫之誥命於戲聿修念祖膺懋典而益勵新猷有穀貽孫發幽光而丕彰潛德

制曰冊府酬庸事著人臣之懋績德門輯慶式昭大母之芳徽爾王氏廼花翎運同銜候補知縣山東按察使司獄侯

絢之祖母箴誡揚芬珩璜表德職勤內助宜家久著其賢聲澤裕後昆錫類式承乎嘉命茲以覃恩貤贈爾爲恭人於戲播徽音於彤管壺範彌光膺異數於紫泥天庥允劭

誥 命

同治十一年十月初九日

之 寶

奉
天承運
皇帝制曰任使需才稱職誌在官之美馳驅奏効報功膺錫類之仁爾侯溱乃安徽鳳陽府定遠縣主簿侯林之父雅尙素風長迎善氣弓冶克勤於庭訓箕裘丕裕夫家聲茲以覃恩貤贈爾爲修職郎定遠縣主簿錫之敕命於戲肇顯揚之盛事國典非私酬燕翼之深情臣心彌勵

制曰奉職無愆懋著勤勞之績致身有自宜酬鞠育之恩爾黃氏乃安徽鳳陽府定遠縣主簿侯林之母淑範宜家令儀昌後早相夫而教子俾移孝以作忠茲以覃恩貤贈爾

爲八品孺人於戲賁象服之端嚴誕膺鉅典錫龍章之煥耀永播徽音

制曰佐庶司之經理爰獎通才勸百爾之孝思用彰慈教爾秦氏乃安徽鳳陽府定遠縣主簿侯林之繼母德可型家恩能育子顧復無殊乎所出榮光逮於及身茲以覃恩貤封爾爲八品太孺人於戲師賢母之風勵茲清白沛熙朝之命慰此劬勞

敕 命

嘉慶二十四年正月初一日

之 寶

奉
天承運
皇帝制曰誼篤靖共入官必資於敬功歸訓廸猶子亦教以忠爰沛國恩用揚家訓爾太學生侯泉乃廣東廉州府合浦縣縣丞今陞廣州府東莞縣知縣侯之翰之胞伯父躬修士行代起儒風抱璞自珍克毓珪璋之秀儲材足用聿彰杞梓之良茲以覃恩貤贈爾爲修職郎錫之敕命於戲昭令聞於經籯書貽刻鵠佩徽章於册府寵賁廻鸞懋典丕承榮名益劭
制曰家有孝慈之範美以相繼而彰國崇褒錫之文恩以並

推而厚爾王氏乃廣東廉州府合浦縣縣丞今陞廣州府東莞縣知縣侯之翰之胞伯母德可相夫教能啟後一堂環珮和音克著其慈祥五夜機絲內治聿昭其柔順茲以覃恩貤贈爾爲八品孺人於戲溥一體之榮施鸞章賁采表同心於訓廸象服分光
敕　命
道光十四年十月十九日
之　寶

奉
天承運
皇帝制曰宣猷服采中朝抒報最之忱錫類殊恩休命示酬庸之典爾侯汾乃翰林院庶吉士加一級侯桐之父令德踐修義方夙著詩書啟後用彰式穀之風弓冶傳家克作敎忠之本茲以覃恩贈爾爲儒林郎錫之敕命於戲篤生杞梓之材功歸庭訓丕煥絲綸之色光耀泉臺
制曰壼教凝祥懋嘉猷於朝宁國常布惠播休命於庭幃爾顧氏乃翰林院庶吉士加一級侯桐之母勤慎宜家賢明訓後相夫以順含內美於珩璜鞠子有成樹良材於楨幹

茲以覃恩贈爾爲安人於戲昭茲令善之聲榮施勿替食爾劬勞之報遺範長垂
敕　命
嘉慶二十五年八月二十七日
之　寶

奉
天承運
皇帝制曰宣猷服采中朝抒報最之忱錫類殊恩休命示酬
庸之典爾侯汾乃翰林院庶吉士加二級侯桐之父令德
踐修義方夙著詩書啟後用彰式穀之風弓冶傳家克作
教忠之則茲以覃恩贈爾爲承德郎翰林院庶吉士加二
級錫之敕命於戲篤生杞梓之材功歸庭訓丕煥絲綸之
色光耀泉臺
制曰壼教凝祥懋嘉猷於朝宁國常布惠播休命於庭幃爾
顧氏乃翰林院庶吉士加二級侯桐之母勤慎宜家賢明

訓後相夫以順含内美於珩璜鞠子有成樹良材於楨幹
茲以覃恩贈爾爲安人於戲昭茲令善之聲榮施勿替食
爾劬勞之報遺範長垂
敕命
嘉慶二十五年十月二十二日
之寶

奉
天承運
皇帝制曰宣猷服采中朝抒報最之忱錫類殊恩休命示酬
庸之典爾侯汾乃翰林院編修侯桐之父令德踐修義方
夙著詩書啟後用彰式穀之風弓冶傳家克作教忠之則
茲以覃恩贈爾爲文林郎翰林院編修錫之敕命於戲篤
生杞梓之材功歸庭訓丕煥絲綸之色光耀泉臺
制曰壼教凝祥懋嘉猷於朝宁國常布惠播休命於庭幃爾
顧氏乃翰林院編修侯桐之母勤慎宜家賢明訓後相夫
以順含内美於珩璜鞠子有成樹良材於楨幹茲以覃恩

贈爾爲安人於戲昭茲令善之聲榮施勿替食爾劬勞之
報遺範長垂
敕命
道光二年十一月十七日
之寶

奉
天承運
皇帝制曰宣猷服采申朝抒報最之忱錫類殊恩休命示酬
庸之典爾侯汾乃翰林院編修加二級侯桐之父令德踐
修義方夙著詩書啟後用彰式穀之風弓冶傳家克作教
忠之則茲以覃恩贈爾爲承德郎翰林院編修加二級錫
之敕命於戲篤生杞梓之良功歸庭訓丕煥絲綸之色榮
播天章

制曰壺教凝祥懋嘉猷於朝宁國常布惠播休命於庭幃爾
顧氏乃翰林院編修加二級侯桐之母勤慎宜家賢明訓

後相夫以順含內美於珩璜鞠子有成樹良材於楨幹茲
以覃恩贈爾爲安人於戲昭茲令善之聲榮施勿替食爾
劬勞之報遺範長垂

敕命
道光八年十一月初九日
之寶

奉
天承運
皇帝制曰委質策名榮旣膺夫簪紱克家纘緒功必溯乎箕
裘爾侯汾乃翰林院侍講學士侯桐之父道足持躬謀能
裕後經傳詩禮青緗揚奕葉之輝慶篤芝蘭丹綍煥天衢
之澤前徽允懋新典宜頒茲以覃恩贈爾爲朝議大夫錫
之誥命於戲被章服以增榮聿顯肯堂之緒承絲綸而無
忝用昭積慶之風

制曰教啟義方慈母克襄夫嚴父榮敷閫闈君恩宜體乎子
情爾顧氏乃翰林院侍講學士侯桐之母貞淑性成徽柔

道協夙宣慈訓聿儲卓犖之材載布徽音用衍熾昌之祚
丕昭令緒特沛溫綸茲以覃恩贈爾爲恭人於戲龍章式
賁壺德著美於當時象服欽承遺範垂光於來葉

制誥
道光十四年十月十九日
之寶

奉
天承運
皇帝制曰誼篤靖共入官必資於敬功歸誨迪能仕而教之
忠爰沛國恩用揚庭訓爾前贈朝議大夫侯汾乃翰林院
侍講學士加一級兼署國子監祭酒侯桐之父躬修士行
代啟儒風抱璞自珍克毓珪璋之秀析薪能荷彌彰杞梓
之良茲以覃恩晉贈爾爲中憲大夫翰林院侍講學士加
一級兼署國子監祭酒錫之誥命於戲昭令聞於經籯義
方久著佩徽章於策府禮秩加優懋典丕承湛恩允荷
制曰移孝作忠懋著勞臣之績推恩錫類式揚賢母之名載

賁榮綸用宣懿範爾前贈恭人顧氏乃翰林院侍講學士
加一級兼署國子監祭酒侯桐之母早嫺典則夙著規型
敬以從夫宜室聿徵其順德勤於訓子備官一本於慈祥
茲以覃恩晉贈爾爲恭人於戲荷彩翟之天章徽音益暢
被彤毫之仙藻惠問常流祗服寵光式綏福曜
制　誥
道光十五年十月初十日
之　寶

奉
天承運
皇帝制曰廣學校以儲材實資設教任師儒而造士允貴和
衷爾安徽直隸滁州全椒縣教諭銜復設訓導侯雲濤共
襄樂育克佐甄陶訓諭諸生人品每期其整飭導揚雅化
文風常勉以振興茲以覃恩授爾爲修職郎錫之敕命於
戲賚敬迪以無渝嘉賢能而用勸欽哉寵命勵乃官方
敕　命
嘉慶二十五年八月十七日
之　寶

奉
天承運
皇帝制曰求治在親民之吏端重循良教忠勵資敬之忱聿
隆褒獎爾乾隆甲寅　恩科舉人原任安徽五河縣教諭
從祀名宦侯昉廼升任南澳海防同知廣東廣州府東莞
縣知縣侯之翰之父禔躬淳厚垂訓端嚴業可開先式穀
乃宜獻之本澤堪啟後貽謀裕作牧之方茲以覃恩贈爾
爲奉政大夫廣東廣州府東莞縣知縣錫之誥命於戲克
承清白之風嘉茲報政用慰顯揚之志昭乃遺謨
制曰朝廷重民社之司功推循吏臣子凜冰淵之操教本慈

幃爾華氏廼升任南澳海防同知廣東廣州府東莞縣知
縣侯之翰之母淑慎其儀柔嘉維則宜訓詞於朝夕不忘
育子之勤集慶澤於門閭式被自天之寵茲以覃恩贈爾
爲宜人於戲仰酬顧復之恩勉思撫字載煥絲綸之色永
賁幽潛
誥　命
道光十五年十月初十日
之　寶

奉
天承運
皇帝制曰好義可風教育篤相攸之誼加恩無已褒崇懷報
往之思榮名既策夫臣工寵命宜頒於戚屬爾侯靖廼藍
翎五品銜山東登州府福山縣海口巡檢稚文瀚之妻父
謹恪持躬睦婣篤行重門楣之選擇識擅幾先冀廊廟之
顯揚惰同啟後茲以覃恩貤封爾爲奉直大夫錫之誥命
於戲表濟德以宜示四方知半子報施之重賁新綸而輝
煌五色昭大建申錫之隆被以殊榮欽承勿替
制曰協外姑之義聿著賢聲慎內則之文宜篤懿行闡揚錫

命閫閫貽謀爾華氏廼藍翎五品銜山東登州府福山縣
海口巡檢稚文瀚之妻母鍾郝無慚朱陳式好重于歸之
訓敬戒維勤垂克相之型柔嘉維則茲以覃恩貤封爾爲
宜人於戲爲風俗勸鸞章推甥館之恩作女士師衾服被
天家之澤敬承懋典長播德馨
誥　命
同治十二年十月初九日
之　寶

奉
天承運
皇帝制曰政先領郡虎符寄千里之權職重專城熊軾表萬
民之牧爾鹽運使銜湖南寶慶府知府侯晟才猷卓犖資
性寬和易俗移風廣德心而登治理飭躬率屬蓋亮節以
樹風聲鉅典式逢鴻章宜錫茲以覃恩授爾爲中議大夫
錫之誥命於戲登御屏而紀績允勵素絲沛綸誥以推恩
式榮華袞
制曰良臣宜力於外効厥勤勞賢媛襄職於中膺茲寵錫爾
鹽運使銜湖南寶慶府知府侯晟之妻劉屏楚氏終溫且惠旣

靜而專萘縞從夫克贊素絲之節蘋蘩主饋爰流彤管之
輝茲以覃恩贈爾爲淑人於戲敬爾有官著肅雍而並美
職思其內尚黽勉以同心
誥命
光緒二年七月初四日
之寶

奉
天承運
皇帝制曰資父事君臣子篤匪躬之誼作忠以孝國家宏錫
類之恩爾侯彬廼山東按察使司獄五品銜侯絢之父善
積於身祥開厥後教子著義方之訓傳家裕堂構之遺茲
以覃恩贈爾爲奉直大夫錫之誥命於戲殊榮必逮於所
親寵命用光夫有子欽茲優渥長芘忠勤
制曰奉職在公嘉教勞之有自恩推將母宜錫典之攸隆爾
黃氏廼山東按察使司獄加五品銜侯絢之母壺範宜家
風協承筐之熾母儀貽穀載昭畫荻之芳茲以覃恩贈爾

爲宜人於戲彰淑德於不瑕式榮象服膺寵命之有赫允
賁泉壚
誥命
咸豐五年十月二十日
之寶

奉
天承運
皇帝制曰求治在親民之吏端重循良教忠勵資敬之忱事
隆褒獎爾侯彬廼五品銜山東按察使司獄侯絢之父禔
躬清厚垂訓端嚴業可開先式穀乃宣猷之本澤堪啟後
貽謀裕作牧之方茲以覃恩贈爾爲奉直大夫錫之誥命
於戲克承清白之風嘉茲報政用慰顯揚之志昭乃遺謨
制曰朝廷重民社之司功推循吏臣子凜冰淵之操教本慈
幃爾黃氏廼五品銜山東按察使司獄侯絢之母淑慎其
儀柔嘉維則宣訓詞於朝夕不忘育子之勤集慶澤於門
閭式被自天之寵茲以覃恩贈爾爲宜人於戲仰酬顧復
之恩勉思撫字載煥絲綸之色永賁幽潛
誥命
同治元年四月二十六日
之寶

奉
天承運
皇帝制曰設官分職昭器使之無遺錫類施仁嘉蒙恩於伊
始爾侯彬廼花翎運同銜候補知縣山東按察使司獄侯
絢之父秉心醕樸飭行端方教誨懷式穀之勤政事本貽
謀之善茲以覃恩贈爾爲朝議大夫錫之誥命於戲一命
得以逮親遂膺曠典庶政期於稱職篤迓休光
制曰登皇路以馳驅忠原本孝入庭闈而侍奉嚴必兼慈爾
黃氏廼花翎運同銜候補知縣山東按察使司獄侯絢之
母性本和柔飭褩鞶於閫內教惟勤慎紆章服於庭前茲
以覃恩贈爾爲恭人於戲所親邀優渥之恩勉圖燃績有
子效靖共之誼允表芳型
誥命
同治十一年十月初九日
之寶

奉
天承運
皇帝制曰秘苑儲才妙選必先吉士大廷錫類殊榮爰逮儒
臣爾翰林院庶吉士加一級侯桐器貢醕雅學識通明釋
褐登朝試職文章之府分藜寓直摛華翰墨之林茲以覃
恩授爾爲儒林郎錫之敕命於戲入官筮仕洵爲王國之
楨稽古增榮勿替天家之澤
制曰丕績著於中朝端賴閨家之助寵章頒乎慶典宜分齊
體之榮爾翰林院庶吉士加一級侯桐之妻顧氏早習女
儀克修婦職雞鳴交儆既祗節於素絲蠶績執勞用邀恩

於紫綍茲以覃恩封爾爲安人於戲巾褘彰和順之風鸞
書誕賁廷陛煥褒嘉之命象服懋膺
誥命
嘉慶二十五年八月二十七日
之寶

奉
天承運
皇帝制曰國重西清之選用備咨詢官居東觀之班尤資博
雅爾翰林院侍講學士加一級兼署國子監祭酒侯桐清
才夙裕粹品兼優珥筆禁林殫靖共而奉職譚經秘苑劾
獻納以抒誠慶典攸逢嘉猷允懋茲以覃恩授爾爲中憲
大夫錫之誥命於戲珪璋推玉署之英式昭儒術綸綍煥
金泥之色益展嘉猷
制曰臣心恪慎著懋績於周行婦德修明樹令儀於中閫爰
頒慶典俾荷榮褒爾翰林院侍講學士加一級兼國子監

祭酒侯桐之妻顧氏懋族含芳名門作儷素風自矢克敦
圖史之型清節相規無改縞綦之度茲以覃恩封爾爲恭
人於戲表從夫之大義翟茀承恩沛逮下之深仁魚軒被
寵祗承休命益劭嘉名
誥命
道光十五年十月初十日
之寶

敕奉天府府丞兼提督學政侯桐自古帝王治天下率以興賢
育才爲首務稽察前朝學政用詞臣督率之任至重也近來
士習未變文教未彰良由督學各官不能仰體朕意今特命
爾前往奉天提督各府州縣學政爾尚端軌儀崇經術勤勸
課嚴坊刻振維新之典革積衰之弊毋尚華而遺實毋避怨
以市恩俾士有眞才國收實用奉天人文所萃尤宜加意作
新多方鼓舞以稱朝廷培植人材至意所屬各府州縣提調
等官凡關係學政者聽爾考核其禮部題准申飭事宜當著
實舉行向有傳諭嚴禁考試情弊爾當恪奉遵依至於本處
將軍各有攸司不得互相干預如遇公事交接暨移文往來

俱照平行其往來文書有干係學政者俱照學院衙門例行
爾受茲委任務嚴絕情而一秉虛公振拔孤寒澄汰污賤教
士有程取文有法俾士風丕變時惟爾功如或蹈常襲故違
命曠職亦惟爾罰爾其愼之故敕

敕　命

道光十七年六月十一日

之　寶

奉
天承運
皇帝制曰設官分職詔器使之無遺錫類施仁普蒙恩於伊
始爾侯九曜乃廣東惠州府歸善縣平政司巡檢侯慶基
之父秉心醇樸飭行端方教誨懷式穀之勤政事本貽謀
之善茲以覃恩貤贈爾爲登仕佐郎錫之敕命於戲一命
得以逮親遂膺曠典庶政期於稱職允荷榮光
制曰功無不報聿昭優奬之恩澤有自流迺遡柔嘉之則爾
祝氏乃廣東惠州府歸善縣平政司巡檢侯慶基之前母
德彰內助閫閫尚其芳型慈著母儀綸綍覃其榮號茲以

覃恩貤贈爾爲九品孺人於戲徽揚彤管酬夙昔之勤劬
榮賁黃壚篤將來之啟佑
制曰登皇路以馳驅忠原本孝入庭闈而侍奉嚴必兼慈爾
華氏乃廣東惠州府歸善縣平政司巡檢侯慶基之母性
本和柔飭襟聲於閫內教惟勤愼紆章服於庭前茲以覃
恩貤封爾爲九品太孺人於戲所親邀優渥之恩勉圖懋
績有子效靖共之誼宜播芳徽

敕　命

道光八年十一月初九日

之　寶

奉
天承運
皇帝制曰法禁重圜府之地恩光被冗散之員爾五品銜山
東按察使司獄侯絢心惟凜憲職在奉公時勤出入稽亦
體哀矜之意茲以覃恩授爾爲奉直大夫錫之誥命於戲
小吏本仁風之逮鴻章分寵賚之施
制曰良臣宣力於外効厥勤勞賢媛襄職於中膺茲寵錫爾
五品銜山東按察使司獄侯絢之妻秦氏柔温且惠旣靜
而專綦縞從夫克贊素絲之節蘋藻主饋爰流彤管之輝
茲以覃恩封爾爲宜人於戲敬爾有官著肅雍而並美職
思其內常黽勉以同心

誥　命
同治元年四月二十六日
之　寶

奉
天承運
皇帝制曰考績報循良之最用獎臣勞推恩溯積累之遺載
揚祖澤爾侯申源廼浙江候補知縣加五級侯𤥨森之祖
父錫光有慶樹德務滋嗣清白之芳聲澤流再世衍弓裘
之令緒祜篤一堂茲以覃恩貤贈爾爲朝議大夫錫之誥
命於戲事修念祖膺懋典而益勵新猷有穀貽孫發幽光
而丕彰潛德
制曰册府酬庸聿著人臣之懋績德門戩慶式昭大母之芳
徽爾周秦氏廼浙江候補知縣加五級侯𤥨森之祖母箴誡
揚芬珩璜表德職勤內助宜家聿著其賢聲澤裕後昆錫
類式承乎嘉命茲以覃恩贈爾爲恭人於戲播徽音於彤
管閫範彌光膺異數於紫泥天休允劭

誥　命
光緒七年五月十四日
之　寶

奉
天承運
皇帝制曰求治在親民之吏端重循良教忠勵資敬之忱聿
隆褒獎爾侯廷楠迺浙江候補知縣加五級侯琫森之父
禔躬淳厚垂訓端嚴業可開先式穀乃宣猷之本澤堪啟
後貽謀裕作牧之方茲以覃恩贈爾爲朝議大夫錫之誥
命於戲克承清白之風嘉茲報政用慰顯揚之志昭乃遺
謨
制曰朝廷重民社之司功推循吏臣子凜冰淵之操教本慈
闈爾陳氏乃浙江候補知縣加五級侯琫森之母淑慎其

錫山東里侯氏宗譜《卷一　維楨公陳太恭人誥命　兖

儀柔嘉維則宣訓辭於朝夕不忘育子之勤集慶澤於門
閫式被自天之寵茲以覃恩封爾爲恭人於戲仰酬顧復
之恩勉思撫字載煥絲綸之色用慰劬勞
誥　命
光緒七年五月十四日
之　寶

奉
天承運
皇帝制曰嘉謨垂奕葉允昭世德之求殊寵錫公朝益展曾
孫之孝祇承新渥用報曩徽爾侯雯錦迺四品銜補用同
知浙江署海鹽縣補新昌縣知縣侯琫森之曾祖父敦修
無斁垂教有方種德開先堂構益慨於來緒詒謀裕後其
裘克紹於前休懿矩攸彰恩施遂迨茲以覃恩貤贈爾爲
中議大夫錫之誥命於戲四世其昌久聚德星之慶九原
可作永承褒命之榮國典薦膺家風益振
制曰綏柔佐治寵既被於外僚貞順垂休恩聿推於內德特

錫山東里侯氏宗譜《卷一　雯錦公王太淑人誥命　卡

敷惠澤用播徽音爾王氏迺四品銜補用同知浙江署海
鹽縣補新昌縣知縣侯琫森之曾祖母肅雍可範令善可
模樹慈訓於後昆旁著鍾祥之德傳素風於奕葉式彰詒
穀之謀允作母儀庸昭國典茲以覃恩貤贈爾爲淑人於戲
九重錫慶膺邀丹誥之褒四世承恩益煥朱幩之色勤宣
命聞用闡幽光
誥　命
光緒二十年八月十六日
之　寶

奉
天承運
皇帝制曰考績報循良之最用奬臣勞推恩溯積累之遺載
揚祖澤爾侯申源廼四品銜補用同知浙江署海鹽縣補
新昌縣知縣侯琫森之祖父錫光有慶樹德務滋嗣清白
之芳聲澤留再世衍弓裘之令緒祜篤一堂茲以覃恩贈
爾爲中議大夫錫之誥命於戲聿修念祖膺懋典而益勵
新猷有穀貽孫發幽光而丕彰潛德
制曰冊府酬庸聿著人臣之懋績德門韙慶式昭大母之芳
徽爾周秦氏廼四品銜補用同知浙江署海鹽縣補新昌縣

知縣侯琫森之祖母箴誡揚芬珩璜表德職勤内助宜家
久著其賢聲澤裕後昆錫類式承乎嘉命茲以覃恩贈爾
爲淑人於戲播徽音於彤管壼範彌光膺巽數於紫泥天
庥允劭
誥　命
光緒二十年八月十六日
之　寶

奉
天承運
皇帝制曰求治在親民之力端重循良教忠勵資敬之忱聿
隆褒奬爾侯廷柟廼四品銜補用同知浙江署海鹽縣補
新昌縣知縣侯琫森之父雅躬淳厚垂訓端嚴業可開先
式穀乃宣猷之本澤堪啟後詒謀裕作牧之方茲以覃恩
封爾爲中議大夫錫之誥命於戲克承清白之風嘉茲報
政用慰顯揚之志畀以殊榮
制曰朝廷重民社之司功推循吏臣子凜冰淵之操教本慈
幃爾陳氏廼四品銜補用同知浙江署海鹽縣補新昌縣

知縣侯琫森之母淑慎其身柔嘉維則宜訓辭於朝夕不
忘育子之勤集慶澤於門閭式被自天之寵茲以覃恩封
爾爲淑人於戲仰酬顧復之恩勉思撫字載煥絲綸之色
用慰劬勞
誥　命
光緒二十年八月十六日
之　寶

奉

天承運

皇帝制曰朕惟尚德崇功國家之大典輸忠盡職臣子之當爲古聖帝明王戡亂以武致治以文朕欽承往制甄進賢能特設文武勲階以彰激勸受茲任者必忠以盡職仁以撫衆御志以察物燭姦禦侮機無暇時此制榮及前人福延後嗣而身家永康矣敬之勿怠侯駿烈爾父侯起岑原係從九品銜因在籍城陷被害賞給雲騎尉與爾承襲准

再襲一次

勅命

光緒七年五月二十一日

之寶

錫山東里侯氏八修宗譜卷二

像贊目錄

吾家宗譜向無刻像蓋因各房均有大像敬謹懸掛故譜中祇載像贊咸豐庚申錫城淪陷像俱遺失欲追摹而竟無從心殊憮然今年夏正在續修宗譜再姪駿烈送來刻像云得之碑帖後者溯所自來則　高祖霓峯公本支譜中所刊自怡晚公至給諫公共五世瞻仰之下雖不逮大像之形神畢肖俱弈弈有生氣因思　祖宗靈爽所憑故歷劫而不磨今譜系垂竣依樣刊刻列入譜中百世而下猶想見我　祖之澤久而不替也爰識之以示後之人

十一世孫晟百拜謹識

怡晚公像

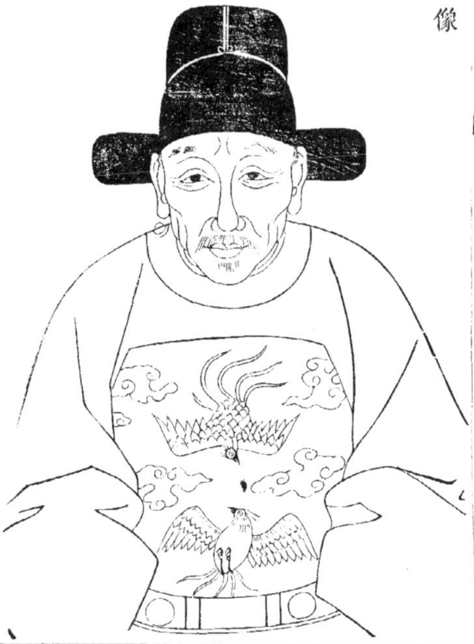

怡晚公像贊

溫溫侯翁幽玄靜默遣燕雀羣藏神龍澤鳳目疎眉頤豐耳碩時澆時漓我守規尺彼侈彼華我守薄塉心游羲皇之前足踐巢由之跡俯仰五世七遘鼎革高年錫恩始拜帝册壯艾敏强心怡晚息遺像如斯音容可接

二泉邵寶拜題

晚竹公像

晚竹公像贊

丹乎容蔚乎髭使其腹秀其眉既湛酣於詩書爰崇厥德而隆其基基隆弗侈孝於嚴慈溫溫令恭昆友𡏢宜推其餘者里閈是施默動天心降以名麒誰則云晚赫爾綸𫈂請視琅玕秀拔孫枝源遠流長夫孰非公之遺公形之往者幾及百年而精神之流行者儼在乎斯

晚生柏潭孫纘卓題

企竹公像

企竹公像贊

大宗積慶誕茲耆英眞純内含清輝外形嶷如斷山峻而凝益如春風寶溫而平千頃澄波方度之宏桂輪孤朗擬襟之清冲齡縫掖寧馨孝子長捧除書爲親祿仕佐符專城神明譽起兩邑流慈淪膏浹隨卓政升聞飛馳綸旨異等酬勳罔伯是徒陳情累疏歸養溪畊烏哺心切鴻冥志堅或絺詩盟或問林泉樂天葆和洪厓比跡喜慍俱韜笑言無忒處家雍雍持心寂寂鄉之表儀邦之名碩千載而下永爲臣式

仲山王問拜題

文芝公像

文芝公像贊

璧立千仞者其概耶而常飲人以和無町畦無城府者其度耶而非禮非義介乎其有所不阿不屑屑於治生不逐逐於攖寧早軒翚於文壇晚章服於貤榮修乎其髯之長孑乎其鶴之行聽之則藹藹而多情望之則神仙中人嘻嘻乎游無懷之天怡始乎登眉壽之年吾茲挹公之貌而貌公以言曰古之人古之人焉

年家子涇里顧憲成拜題

少芝公像

少芝公像贊

風雲者姿日星者胸冠冕佩玉氣度雍雍蕎粹春温從容乎廊廟之上揚休岳立昂藏乎僚寀之中爲龍爲光履要津而恪恭於爾職如圭如璧培世德而祗修於厥躬故能事上以忠類展謀猷而不憚乎人告至若籌邊以略特嚴紀律而克詰乎兵戎人但見其處鄉閭則體貌恂恂而飲人以和被人以惠又孰知其論國事則言辭侃侃而不詭以隨不比以同是以守一貞而不撓其清節故雖蒙三黜而不憫於尼窮乃設施之未竟亦寬樂而令終嗟乎在漢東都不爲危言以激衆人頌夫陳太邱在宋鵝湖不立異行以沽名世稱夫呂伯恭千載以還惟先生得聞而興起季世而下真足以媿滋僞之風者歟

新安門人程子鰲頓首拜題

璞玉渾金惟師之躬岳峙淵渟惟師之容千頃宏度一腔丹衷或片言定國是亦累章啟宸聰文采葩流罔尸其譽丕績懋昭匪居其庸所以用於世者其德普所以施諸鄉者其澤豐爲君子儒不言而躬善與人交和而不同雖弗究厥用而後人纘戎雖弗躋大年而令聞無窮吾師乎吾師乎列於往哲有卿士師之風

門人曾六德謹贊

先生以技知余以道成余余承乏漕役而以札訓余來蓼洲

皐而以賵振余再起旋再卧皆不及揖先生先生遂溘焉不
復揖客矣昔人志别則歌歌不成行則泣余於先生贊耶歌
耶泣耶
軒軒而揚直士之甒冥冥而藏修士之符金和玉節螭伏龍呼
烏以名之志其大都江陵鼎沸舉國狂走聚族而祈祈以黄耇
先生掀眉唾之以口所與盟者魏顔三友直腸寸結萬語千言
身伏青蒲手撼天門補五色衣無針線痕在兵言兵遼陽一騎
射隼高墉投鼠招忌股肱淮揚司户諫議吾道豈窮天地乃閉
一片熱腸赴義若渴賑急字孤不惜腕脱端潔彦方寧静諸葛
嗚呼春煦霜嚴天空意豁睹四氣以遡洄如九原其可作此先

生之爲先生姑以寫其寥廓

楚衡門人陳宗契頓首拜譔

爾濟公像贊

濁世翩翩忠諫象賢貌肅心莊望而知爲德門之胄神清骨重
卽而疑爲閬苑之仙嗚呼君之淑配能立冰霜之節君之令子
已紹簪黻之傳九原有知可以無恨特是吾徒失觀摩之藉能
不瞻遺像而泫然

同邑高攀龍拜題

子兢公像贊

形也嶽立神也淵澂體也玉潤性也冰清生紈綺而詩書敦好
賦膏腴而熊鳥留情仰承黄門之遺烈而身未竟其用夫是以
留不盡之澤而大啟爾後人也歟

年通家晚生毘陵蒼忱呂宮謹贊

余邇氏族梁溪之侯世稱積累代揚其休至黄門公翼翼厥猶
爰啟喆允食德服疇飄心圖史而屏狹遊束身濟素而黜觥觚
種德績學構而未收上賡駿烈下啄詒謀玉樹戛雲孫枝若虬
繩繩蟄蟄不競不絿維公垂裕令名長留余媿後學職在較讐
拜公之像典型是求簪筆作贊高風若流聊備家乘以永千秋

年通家晚生武林次辰黃機頓首題

子誦公像贊

高松下尺修竹百竿清池一鑑古石數磐主賓燕賞無間歲寒竊謂蓬瀛春事更是大觀金莖玉醴羣仙共懽知君斯時必不忘清流急湍中諸人也

張復拜題

濟泉公像贊

懷仁抱義君子之躬睟面盎背有德之容惠我殘黎心勞撫字奠茲巖邑屹守崇墉司祥刑則茗水溥沾大甘雨職漕輓而運丁震懾大清風方晉階於畫省旋革命於南中長謝徵書銳意理學感懷故國終老梵宮瞻遺像而追慕猶穆然如坐我於春風

楚黃門人熊光裕拜題

乾中公像贊 并序

乙未南宮余出梁溪諸夫子之門夫子之同年友比部霓峯侯公歲戊子又同遊二峯周夫子之門者也因得請益於其太翁乾中先生貌溫而栗氣容肅如殆古之得道者歟後聞其養痾林泉余亦羈栖薇署弗獲承事辛亥之秋霓峯公忽以先生訃至述言纍纍懿績如縷兼以短幀寫眞囑余爲贊余欽容對之儼然杖履相接時也雖無老成尚有典型不猶愈乎中郎虎賁乎爰拜手而爲之贊曰

先生之貌頎然黝然先生之智蔑然曠然財以不蓄爲富捐萬鍾而餓殍獲全爵以不矜爲貴守一謙而民望歸焉生平未竟

之業式穀爾子直上接乎黃門之緒而大其傳祖宗積累之貽
垂裕後昆將見孫曾之蔚起而百世以無斁嗚呼先生斯
朝廷之所隆為國老而鄉邦之所欽為大賢者歟

年家門眷姪史大成頓首拜讚

侯封公乾中先生者乃比部君仙嵒之尊甫也盛德偉行誠
詳之誌狀矣予覩其像玉色敷腴德容睟穆蓋古有道君子
也夫覩安石之袍笏者時帶煙霞望魏公之鬚眉者常蓄雲
雨如公斯像固應釣天帝都與真靈並列或騎箕乘炁翱翔
碧落之墟予塵土下士烏能彷彿萬一哉然式瞻儀容莊敬
之心油然不能自已而比部君仁孝之思尤不可泯也敬為

之贊曰
公之少也為烏衣子公之髦也為黃髮士作德日休敦善不怠
無忝所生克恭具爾章石家風于張廷尉悉秉於經亦垂之史
世有升沉德無隆替可仕則仕可止則止厥施未究慶衍令嗣
流徽琴堂揚芬粉署清白之聲孰非公使方秩賓筵遽離泥滓
遺像儼然玉佩瓊蕤俎豆歆焉高山仰止維公之德不顯亦世
維公之後令聞不已其人則遐其貌則邇再拜頌之河流山峙
億萬斯年以享孝祀

年家子嚴我斯拜撰

秦太宜人像贊

書成班姑雪咏謝彥嘗思其人嘗見其傳嗜曼以修疇美而豔
住者摶沙去者流電九龍九蜒二泉一線偶爾梁溪青蓮座見
一女一男靈山法眷楊枝朝揮雨露夕徧甲子以週花落片片
瀏洄從之江澄如練

勅封安人歸王門劉氏拜撰

肅雝丰度莊靜儀章毓雁里之蓬室嬪鸞掖之巍墻六珈煥其
華膽五緘潔以清揚浥龍鱗之舊澤啟雞舌之新香瀏鬢齡而
隨任溫凊蘭椒傳芳懿於文山字水之長迨補闕以從征膏沐
嶺南蚤涵泳乎黃柑丹荔之嘗是用矢艱貞之雅操礪堅韌之

廻腸蠅聲交儆景齊眉於德曜燕喜迎禧表績母於共美代終
睇夫壼範捐資賑困脫簪珥以勷事厚載屬夫坤維開國承家
佑令器以騰驤性稟柔而用則剛蕙質畀裁佐宏圖於有濟美
在中而底已順錦紉玉軸衍積慶於無疆寶篆裊於稍鼎桮棬
副笄侍覲粧於薇省蓂莢挺於瑤墀珠瓔霞帔式典禮之蕤堂

功服小弟秦重岱盥手敬題

衣濬公像贊

沖然內歛方寸常虛藹然外著神采常腴方其對策彤廷蔚爲圭璋之器及乎怡情丘野居爲山澤之癯是殆遊心學問之途而爲濬爲見隨在而驗其德之有餘

年弟汪琬拜題

顧太宜人像贊 并序

宜人姓顧氏梁汾先生同懷姊適侯蓉濱先生子吏部公貴宜人勤儉有家法工詩詞著棲香閣集清麗以則不減蘊塘彈指也余曾祖母顧太孺人與宜人爲從姊妹行有長齋侍佛小像藏於家今宜人遺照彷彿相似仰其容可以誦言而知德矣敬爲之讚曰

班姑作史宋母授經教成令子訓著閨型蘋藻可湘絺綌曷澣香染彩毫芬流彤管心皈大士手數牟尼松蒼鬱壽蘭秀含飴我頌遺詩我思遺則我瞻淑容我欽淑德

再甥士一峯敬題

栖香閣集閨閣香傳百餘年清風長端文公孫匏菴姊婿槐兩樹當門牆百兩御兮侯之堂有丈夫子能文章爲名進士吏部郎徵宅相兮揚揚閫母教兮琅琅晉陶侃宋歐陽皆有母壽而臧吁嗟煢煢兮彼蒼凄風厲而隕黃木葉落而爲裳惟母氏之勤劬兮歷數世而不敢忘遺詩今已付剞劂藹瞻壺範習縹細歸之雲礽百世昌

族曾姪孫顧光旭敬題

霓峯公像贊

風凜凜高岡絕巘巨壑長沙弗克嬰其威也灑落落秋月春花雲濤雪浪曷復撼其體耶化奔烏兔兮湖山枉石機轉法輪兮宗門爪牙郎心佛非心佛直下分明仁者相壽者相於斯了然繁華置於石畔大義揮於塵端通身受用澈底玲瓏一曲無絃空諸所有撐天道骨一塵不受未委我語不知可否

覺王行立題

漢薇公像贊

篤行孝弟植德之豐力營堂構見才之雄勵厥清修矯矯雲中之鶴挹其雅度謖謖松下之風聞諸古人善必有後我思舅氏未獲食報於躬而顯榮褒大垂裕於孫曾者將奕世而靡窮

愚甥鄒承垣百拜謹題

素書公像贊

翩翩風度忠誠元孫志耽泉石淵默忘言目朗眉疏神怡心曠詩書湛酣詞翰豪放萱慈掞藻閨閣香傳耆年祇事定省維虔食德飲和潤槃邁軸東里南鄉館蘭亭竹琴瑟靜好文史沉潛吟歌篋滿篆籀筆兼灑然意得益勤於學曰全其天曰完其璞拜瞻遺像儀範堪追景行百世子孫保之

表姪秦道然拜題

允陟公像贊

猗嗟先生樸順而裏貞犯而不校退而猶清冲夷澹蕩與物皆春和氣祥風貽厥後昆温温恭人秩秩德音古貌古心式玉式金嗚呼古之人尚有典型先生化去誰其老成歿而祭於社曰鄉先生

子壻楊度汪百拜敬題

益圃公像贊 并序

公諱元度字益圃瀛洲公第二子繼先人之業習商戰持籌握算涓滴無私居停知其謹厚樸誠裨以重任尋族叔紀之先生知浙江建德安吉縣事聘公爲記室時水旱交作寇盜並興公展布裕如措施悉當紀之公依爲心腹紀之公卸任後與之同處於湖州紅巾南擾被虜以計脫旋里寄寓於茅道橋賊下鄉肆掠公復被虜不屈賊曳之去終身不返蓋已遇害矣配秦孺人子二煌及炳被虜於同治元年某月某日生於嘉慶己巳年十月初四日年五十二歲煌尋亦被虜炳國子生至今以不知公之存歿爲憾追像以誌之贊曰

我公盛德克配先賢習懋遷業居廉讓閭持躬接物如金石堅囊橐蕭然清比二泉紅羊劫起大地烽煙父子被虜忠孝兩全終天抱恨廢蓼莪篇形影相弔呵壁問天

光緒二十四年十月　日姪孫鎮謹志

秦孺人像贊 并序

孺人姓秦氏爲吾邑之鉅族幼習閫儀長嫻姆訓年若干歲歸益圃公事翁姑以孝待娣姒以和翁瀛洲公生四子均授室未嘗析箸男女二十餘人從無間言益圃公所得修脯無多孺人食貧茹苦始終無憾督二子讀書恩威並著今家道駸駸日盛孺人之力居多咸豐十年吾邑陷孺人避難於八士橋依胥丁冠英益圃公攜長子煌至常熟謀生理未遂抱病而歸父子相繼被虜孺人憂憤成疾無力延醫服藥疾七日而卒冠英取樓板四條殮首足形以葬克復後炳收其遺骸易以棺木改葬於惠山生於嘉慶十五年七月初九日卒於同治二年九月初十

日年五十三歲追補其像謹錄其事贊曰

淮海苗裔上谷聯盟躬持蘋藻性諳湯羹食貧無憾裙布釵荊嫻睦任恤溫厚和平適逢陽九草木皆兵裹尸馬革貽厥芳名重見天日招以靈旌明發不寐無忝所生

光緒二十四年十月　日　姪孫鎮謹志

錫山東里侯氏八修宗譜卷三

家傳一目錄

錫山東里侯氏八修宗譜卷三

家傳一

四處士傳

先春考先志云侯氏世爲錫人家於城之東隅在勝國時德宗希道者父子繼有鄉望希道生永常永常生文淵當我明盛時皆隱以老文淵宏治初以優老例受冠帶嗚呼先春於我祖有感焉先春嘗讀逸民傳商周間多隱君子其義至高心竊向往之考其志蓋在叔季之時改革之際哉迨至元世變極矣有識者輒高飛遠蹈甞懼點染吾錫如顧仲瑛倪炳父子輩隱居不仕人望之如古仙異人若吾二祖者倘亦其流亞歟家人相傳

云一世祖有懿德琦行喜勸人爲善里人咸宗依之二世祖深於希夷之道日晏坐一室讀黃老書不問生產澹如也壽俱耄耋三世祖生於洪武高祖怡晚翁生於永樂歷宣德正統景泰天順成化宏治壽踰八十夫當國之初乾坤再闢而禁網嚴密人不樂仕我祖際區夏之肇開歷七朝之全盛隱德自樂不求聞達優游於惠山之麓梁谿之濱年踰大耋鄉黨咸稱善人我子孫則仰藉四世之遺蔭者夫豈鮮哉語曰天道無親常與善人我侯在元季逮國初環東里而居者不啻幾十家族頗稱盛後稍凌夷澌至湮滅獨我四祖之裔綿綿延延至我曾祖晚竹翁駸駸乎稍有瓜瓞之勢焉謂非天之報施善人不可倘所謂

天道非耶故識之俾我後之人有所考證庶幾無忘先德云

明封文林郎江山縣知縣晚竹侯公墓表

太學生侯祖德將以正德甲戌三月己未葬其父晚竹君於劉巷橋之原其姊之夫今南京通政叅議呂君仲仁旣銘其幽復以墓上之石未有所刻乃從其父執友復軒潘公之子貢士之逵祖德受經師也實爲之狀君姓侯氏諱清字孟清世爲錫人家于城之東隅其高祖德宗曾祖希道在勝國時繼有鄉望祖曰永常父曰文淵當我明盛時皆隱以老宏治初文淵以優老例授冠帶其配許氏生子二君爲之長少游鄉校敏慧善記有進取之志以親老故不克卒業乃鋭意經理紀藝厚殖力儉用勤田廬歲益二親樂之君備甘旨爲奉唯日不足弟澄爲邑庠

生君與異事而偕勤知者曰友中歲好爲義事人有貸無不應有逋焉裁之以宜不必取盈至有棄焉者或售其産倍厥直而猶靳焉君復與之如初人不堪其忿君徐曰彼倍取而棄我倍予而得將不可乎逮典鄉賦亦惟是施之不亟不徐事恒先集漕卒歲兌水次肇鬪不已君至出一言皆服而退府縣有興建若河渠若橋梁若城墉倉廪必以委君及其成也罔不嘉勞焉於是身以儀著家以禮持鄉之大夫士咸樂與之游嘗當祖父毋父母四喪致容累千人宗姻交際慈惠周至有不能葬者曰塋域於我不能嫁者曰奩裝於我寒曰於我衣飢曰於我食里中道路窪病行曰於我甃津渡險病涉曰於我梁若杠四方游

士及其門自款燕及贈賄無失君初無子見庭中筆竹中夏而箭陰森逾茂因號晚竹自謂生子當如之而施舍益厚焉有日者見而賀曰公神采滿容似有冥積者未幾祖德生衆以賀君君曰祖之德也因以爲名祖德生十五年應例入太學克自樹立予昔見於京師而器之謂君積善之徵當在於是先是得通政君于甥館恩義交篤至爲治田建策及君舉進士仕望通顯君子以爲知人壬子之饑入貲助賑受服視七品階承事郎自是數與賓飲之席晚謝世事營別館於所居東偏山亭水榭極幽雅之趣客凡數輩以賢不以勢以知不以故往來無期興至輒聚興盡乃已若風日晴煦雪月澄朗則泛舟山溪間亦惟是

數客者俱正德辛未祖德既入邑籍歸自京師明年壬申君疾是秋九月十有八日君疾卒壽七十一配浦氏於君有相之道子男一人即祖德女三人長壻爲洧川教諭陸華次爲通政君又次爲周瞻嗚呼天道於人豈相遠哉晚竹君之始艱於嗣也人皆爲之興嘆君顧坦坦靜居若無所望而家居日用爲善不置譬之學者有勿忘勿助之道既而年幾六十竟得子子且知學入有過往之期以其既往而徵諸將來則富貴福澤之報當無錙銖爽者吾黨有未昌厥施而厚責於天者聞君之事亦可以自觀矣哉是爲表

同邑邵寶撰

封太孺人先母浦太孺人行實

嘉靖乙未八月不肖祖德宦羈都下每思吾母景逼桑榆天各一方徒牽夢寐弗能爲情遂上疏乞恩終養以歸獲侍慈顔承懽膝下及期夫何造物忌完而吾母忽遘疾終於內寢嗚呼吾母而今已矣可勝痛哉又明年己亥二月二十日祖德將扶柩葬於劉巷橋祖塋之側啟先考晚竹府君兆而合焉嗚呼吾母而今已矣可勝痛哉吾母懿淑行不容泯沒於是抆淚述其聞見大概仰干名筆采擇而闡揚之吾母姓浦諱淑貞曾祖諱一源祖諱敏中父友杏翁諱尹平母李氏系出儒醫右族吾母行居六穎異夙成備諳女德頗諳醫理吾祖怡晚翁愼於擇婿聞

吾母賢求爲府君配府君諱清字孟清素以字行別號晚竹世居錫城東隅在元諱德宗希道者相繼望於鄉爲府君高曾祖諱永常父諱文淵皆尚德好修雅志弗仕文淵以孝宗登極推優老恩服仕者綬配許孺人有懿行生府君居長少力學有進取機後以家累中止吾母及笄年十九來歸府君姿性婉娩竊製精絕事舅姑溫恭詳慎待府君相敬如賓處妯娌以和克相家務百方經理於內以致貲業日裕舉吾祖父母二大喪哀戚適宜實吾母相之宏治壬子歲歉部檄民出粟賑饑授以七品散官階府君預焉吾母傾橐以副其意先以寡息止育兩姊乃以次姊贅呂仲仁爲壻復爲仲仁延師訓廸凡賓友過從款洽

周至中饋之勞吾母實任之府君年踰五十未嗣吾母謂府君曰宗祀不可無承乃勸娶吾生母龔遇之以正有樛木風甲寅不育誕生吾母喜謂府君曰祖宗積德所致也名之曰祖德爲宜遂名焉吾母撫育周至如己出祖德年甫十三游邑庠又二年正德戊辰歲應例入太學卒業歸省壬申歲不幸府君見背吾母撫孤葬祭均合禮度嗣後訓益專延師教誨不輟將圖取科名辭爲族人搆訟家務紛擾業不精進越十二年嘉靖癸未應就選祖德以母老辭母曰既不能進取科第得一官以立身揚名不猶愈於養親乎遂奉命赴部授浙江紹興府新昌縣縣丞之任未幾乙酉歲詔許外官終養祖德欲告歸母知復令入

諭曰事君盡忠無異於孝汝仕未久况吾無恙不可歸也用是弗果是歲偶入覲便歸乃留妻子於家分祿以養戊子歲祖德遷江山縣知縣因便歸省母又諭曰吾雖老而康健汝宜盡心民事甲午歲祖德復遷太僕母申諭曰今官密邇九重賢否易知汝宜慎之勿以遠吾爲念可亟往焉祖德僅侍月餘而行是冬以外官三年無過咸許受封於是先君獲贈文林郎浙江衢州府江山縣知縣吾母封太孺人追思吾母存心慈惠撫愛諸甥恩義周密嘗育姪女甥女於室貧不能嫁者助而嫁之每具藥劑施於貧苦瘖瘂者及毒𤺄耄耋祖德與姊丈呂太僕常欲張筵速客以申稱賀吾母曰殺牲以慶生吾弗爲也因力止之惟蔬菓壺觴私敘天倫而已吾母勤儉簡樸始終一致修祀睦族周貧恤患疏遠之屬飲德者尤多御臧獲恩威兼著舉家宜之而今已矣嗚呼痛哉祖德臨書哀毀眩惑莫知倫次謹述吾母生平之德行不敢飾誣也仰惟立言大君子俯賜誌銘墓表以光幽室用垂不朽則沒存沐寵無涯矣祖德不勝哀懇之至

孤哀子祖德泣血百拜謹述

謹按 太僕公於嘉靖甲午擢太僕寺丞是年冬得封贈二親於明年八月告終養歸維時 浦太孺人年已九十有五 公之所以遲遲仕籍冀得綸音以爲親榮也受封未踰年即歸歸而遂終身不出可以想 公之心矣乃歸養後僅及

朞 太孺人溘然長逝雖年近百歲 公之心仍倍有愴然者矣

十一世孫普敬跋

侯母龔令人墓誌銘

余嘗怪世之處世失御而豐尤召戻寢於不嗣者往往執咎其主嫡寡夫人之行而羣下之頑悖善侮和意不交者一切曲原而周拔之此家室之隱微君子難於爲諭而我龔令人之爲貳於侯也上下洽和以承休光而江沱小星之悉順遂培夫太僕君之名德章章於今日固養福之有道哉初予嘗許壻於贈江山尹晚竹翁而聘女實令人出予母鄒孺人亟道令人之恭順婉愫不置悲其女之不及爲婦也江山翁五十未嗣遜淑於開化之萬步龔氏女諱福龔故樸族女性滋温謹知體分十七而侍江山翁及封太孺人浦旋轉委曲鮮遭叱詈十九而得太僕

君斂跡遜位人不知令人有子至篝火伴課密有相焉江山翁雅好賓客相太孺人滌觴豆探椒漿拱執虔事太孺人益愛之而流澤披誠方知母子焉江山翁先卒太孺人大耋慈闈稟領益慎常戒太僕君容忍納侮及太僕君丞新昌令江山以逮今官所在懋著聲續爲持正之名公卿雖型範有來而令人之耳訓意廸人固弗之知也甲午覃恩外官江山翁夫婦獲贈封令人例格未許太僕君鈌然焉年六十七以喘疾卒銘曰

惟嫡之惠亦惟其娣之良協德斯應以開百祥僕臣於王植軌於鄉揆厥所生曰維龔姜而導和延休以光浦之慶劉橋泱泱東門湯湯實惟流澌之長

子壻談一貫撰

明太僕寺丞企竹侯公墓誌銘

公諱祖德字繩武姓侯氏別號企竹識慕親也侯之先世居錫城之東北里元季有德宗希道者相繼望於鄉曾祖諱永常祖諱文淵號怡晚皆隱德弗仕孝宗踐祚推優老恩怡晚以大耋受章服配許氏生二子長諱清號晚竹初以出粟賑饑受七品階承事郎繼以公貴晉文林郎江山縣知縣配浦氏封贈孺人晚竹年五十未子娶貳室龔生公以爲祖宗積德致然遂以命名年十三游邑庠治毛氏詩綽有文譽晚竹以得公遲不欲遠勞乃俾應例入胄監時甫成童正德戊辰歲也大司成王公一見器之謂稽勳正郎思泉呂公曰君之賢舅不易得也庚午歷

事儀部宗伯廉公慎恪選充賫詔使往大同事竣加獎注選歸娶年甫弱冠耳歲壬申晚竹翁卒悲傷踰常殮葬盡禮嘉靖癸未謁選銓部授浙之新昌縣丞新昌素號難治公涖事精敏而守之以廉公於是案無留牘獄無滯冤邑長佟公有疑獄不能決者公輒爲立辨人咸以神明稱之監司嘉公廉能檄署會稽諸暨二邑事政平訟理清操不渝未幾擢江山令敏介尤著執法益堅豪右有不遂其私者至逞刑聶之計然終莫能害民益神之公編均徭雖論丁田而劑量惟當校庠生務抑凡俗而甄別惟明徵課稅憫民不能卒辦欲權爲移應嘗自得罪百姓聞之輸納恐後才三日無復逋者歲旱素服徒行虔禱輒應而五

穀用成歲祲官無積儲措置有方而全活者衆以故巡撫屢加薦奬巡視胡公則云守官以廉靖自厲立政以勤慎自期巡按鄭公則云廉足以守官材足以治邑雖見傷於惡人實表揚其善政其他薦揚不一而足辛卯甲午再從事棘闈爲監臨推重故公在任四門有謡去後德政有碑載諸江山志者可考也詹事渭厓霍公赴任經江山知公廉能爲深薦於銓部遂陞太僕寺丞公造謝霍公乃曰薦君以賢非私也官太僕修舉廢墜馬政改觀按屬東魯有司莫敢干以私由是上下交譽咸以大用期之時浦太孺人居家壽且九十有五雖留内子吳孺人侍側而公終養之情尤切乃懇疏再上荷聖天子俞允遂馳歸色養

備至越二載太孺人令終公哭之哀葬一如禮比服闋日將之京聞爲邑者所中遂謝病不復言仕事矣公沉默端坐寡嗜好寒不爐雖暑必以服尤恥談人過非公事不入公門惟閉戶閲書史訓子若孫或偕諸縉紳結社碧山而已生母龔卒悲其例格弗獲請封痛悼不自勝季姊已嫁憫其不得所乃迎養於家給之田廬既終遂以所給惠其壻不少靳焉公遺愛在舊治邑士大夫過錫山必停舟存訪如祭酒水濂潘公介川毛公廉憲東溪徐公往往而是御史方泉趙公督學南畿特移文建牌坊其文有曰仁心懿政久見思於江陽觀風表善可忘情於宅里其敬禮有如此已未春有司舉鄉飲禮合縣首薦公縣令李公

知之以爲得公晚遂延位大賓僉謂此舉無遺議焉至秋忽遘痰疾迎醫罔功竟不起卒之時惟拱手揖遜至暝目一無所言可謂得正而斃矣余與公生同歲同官於浙嘗按事新江二邑知公善政特詳且忝廁吟社之末辱葭莩之愛今覽厥子所自爲狀咸鑿鑿不誣也遂爲詮次其事而銘之銘曰

荆玉方璞　含輝自彰　既見雕琢　爲圭爲璋　未竟厥施　流光愈長
嗟嗟企翁　與玉並良　澤垂後昆　儲英發祥　城東巽隅　元壤鬱蒼
我銘貞石　奕世其昌

澄江張選撰文

侯母吳太孺人墓誌銘

孺人姓吳氏太僕寺丞企竹侯公之配也吳錫望族世居東里華德橋曾祖諱仁仲祖諱杲父諱寶字惟善號秋泉輸粟爲義官母尤氏孺人柔嘉頴慧備諸女德父母鍾愛之晚竹侯翁與秋泉第居相望而隔一水聞孺人賢求爲企竹耦及笄于歸伉儷婉德化溢閨閫𤨏晚竹翁僅一載翁以壽終相企竹喪事如禮事嫡姑浦太孺人及從姑龔令人曲盡婦道朝夕問起居具滫瀡惟謹企竹以從兄弟同居孺人處妯娌終始無間言嘉靖癸未年企竹以太學上舍謁選天曹得貳尹浙之新昌孺人侍

二姑以行旣而企竹以政最陞江山令凡幾年復以考最獲贈晚竹翁文林郎江山縣知縣封母浦爲太孺人而孺人於制亦當封企竹以龔令人壓於嫡母例格不及封遂不以封請某年企竹復以政最陞太僕寺寺丞乃留孺人侍養於家獨之任某年太孺人年九十企竹日夜思歸遂乞身省侍又越二年太孺人以疾卒孺人哭之慟相企竹含殮喪葬咸以禮自是委巾櫛於家婦惟總其大綱而已己未歲企竹卒孺人哀思彌切不艮起居踰四年遂不起夫孺人孝以事舅姑敬以承夫子慈以勗子孫雖以從姑之故不獲受封典然生也同夫榮死也同夫穴祔不封猶封也余辱姻婭之末素聞孺人賢按之行實尤信不復以不文辭爲之銘曰

侯吳爲耦同里同生同德婉美惟順以貞同躋壽考合璧佳城曰有文子亦有文孫勿謂未封恩贈可徵予爲作銘奔世惟亨

澄江張選撰

企竹翁紀實

願爲廉吏

先大父企竹翁年三十二謁選得浙之新昌丞將蒞任諸親友咸祖餞之有客尊行舉酒酹地祝曰願君此行名利兩得囊有羸金也先大父艴然曰長者當願人爲清廉吏奈何爲此言豈薄待某耶尊行有赧色

誓不害人

先大父十九而曾大父卒時有堂兄名某者曾大父視如已子解衣推食無所不至又時賑其急無子爲娶妾然性惡而喜訟及曾大父歿而惡始肆也邑中大姓無不受其齮齕者由甲而

乙旋轉如環得金錢則輸服受罪金錢盡即復訟榜掠箠楚甘之如飴受三木者一百六十有半蓋與人共之也嘗號於人有不打三千在走陽間之語訟輒配則持官吏短長輒逸之逸則復訟既謂先大父幼弱可侮遂以錢糧事訟訟時猶飲食於大父所累歲不解家業爲廢至大父出仕而訟未歇也一日客謂大父曰某惡貫盈矣誠遣一人至配所令收圄中七日不食死此實除一邑之害甯直公家哉大父曰是何言哉人命關天即途人不可況兄弟乎吾誓不爲直多與金錢耳後竟爲大姓謀害二十年後大姓亦以他事逮繫死於其獄天道好還非虛語也

不愧所親

先大父丞新昌一日遣家奴探親人於京師親人素厚大父念大父家事漸落謂家奴曰聞汝主人一文不取監生官直做到天官也汝歸可述吾言大父聞之曰吾豈望大官直守吾分耳某公非愛我不爲此言但吾天性不愛錢倘受人錢當愧死矣吾矢不變吾志自新昌擢尹江山及行取入太僕歸行李蕭然奚囊若洗也大父可謂不愧所親矣卒之所親家甚富厚曾不再世而子孫無立錐倘吾大父誤聽其言至喪所守則吾子孫其不爲某氏之續者幾希矣吁可畏哉

立決疑獄

先大父始丞新昌尹佟公疑大父未諳吏事不令決斷兩三月間晏坐衙舍一無所事事閒如也一日尹坐堂上理獄怒甚大父聞之乃上堂問尹尹曰此訟相搆久矣匿其情莫肯吐露是以怒之大父稍閱其詞曰此似無難曉尹心畏其難且欲試大父遂命大父鞫之大父前後閱其卷即曰吾得竅竅矣詢兩人盡得其說復爲磨勘詳確剖析明白無不燭照數計一一爲兩人面曉之兩人心洞然若啟蒙發覆首肯口稱神明不置盖兩人所訟爲祖父時事訟師從中搆之兩人墮其彀中而兩人不知也大父直爲窮其顛末澈其底裏若起其祖父於地下而面質之者故兩人心服乃爾即日具文送尹尹遙見之蹙額曰又

爽矣吾固知其不能決也至則呼而問之呼此則此應曰神明呼彼則彼應曰神明呼衆人衆咸應曰神明尹大訝曰數年不決之訟一時立剖且令人人輸服侯君豈有異術耶吾幾失此君嗣是凡有疑獄輒以命大父大父無不立辦尹益稱訝事無大小咸倚辦大父大父不以刑懾人理諭情開務期心服自是聲名籍甚檄攝會稽諸暨兩縣事廉平明恕猶新昌也久之擢江山

不畏強禦

大父爲江山尹廉平公恕執法不阿有富人謀隣之產弗與乃以人命搆之訟且數年貧徹骨矣而倔強如故富人必欲致之

死京華貴人書關說百端大父不爲動曰殺人媚人吾不爲也寧得罪耳由是暮夜餽千金大父峻却之明日升堂視事即鞫此獄盡得其情而力持之貧人得白因坐富人誣詐之罪大父一夕夢有金甲神謂之曰吾知公廉明特保護公公三日無早出可免矣大父覺而異之兩日皆有事宜早出竟不出及三日而上官至不得不早出行至某處有蓬垢丐子陡闖道旁行刺大父叱之乞子遂仆地莫能起左右擒之髮中俱有刺刀乞子云目中見金甲神奮鏈擊之所以仆耳鞫之知爲富人使也大父衣五七層俱破幸爲帶所格得不深入僅傷膚輒腫起終身不消以刺有毒也醫云匕首毒着膚即縷血死不可救藥今幸無恙眞天祐也大父曰吾爲令無狀致民行刺吾必大得罪於民遂自劾求罷撫按藩臬諸司皆不許移文慰之曰令無罪令執法攖奸良民受賜矣雖見傷於惡人實表揚其善政宜自調攝不得求去百姓聞大父被刺且求去窮陬僻壤咸扶老攜幼日百千人環縣門號呼勸留數日不散

禱雨格天

歲大旱人情洶洶甚有言某處有巫能召將致雨盍請諸大父曰無庸吾自禱之遂跣足徒步禱於山川之神日則蔬素布袍夜則宿外舍露禱於天復移檄於城隍山川曰令有罪請自當之無貽百姓憂且吾與神均有民社之責神歲享民祀而不能

爲民捍患竊爲神羞請與神約三日不雨吾當請於帝治神不職之罪禱益虔而旱益甚比至三日日色如赭四顧無雲民益洶洶日且午矣忽有片雲如斗大從江郎山出須臾瀰漫大雨如注郊野霑足百姓懽呼於是有禱雨格天之頌

春藹桃林

江山人多宰耕牛更有盜牛宰者及耕嘗苦無牛野多不墾之土大父患之乃召諸父老及屠牛而諭之因與之約毋宰耕牛毋容盜牛犯者必罪無宥有牛不任耕者聽告驗宰之後有一犯者即置之法由是境內肅然無敢盜牛者農家安堵牛有餘蓄得饒於耕野無曠土農皆樂業於是有春藹桃林之頌

廉明公恕

江山歲徵積逋頗多時部使者督責甚急凡逋者皆欲治以罪大父曰民非敢逋皆催科者慢令所致今一旦責之辦納且從而罪之民將奚堪乃以某項權爲移應民得免於罪即上官責其不奉令弗恤也百姓聞之相與言曰侯大人體恤吾民甯自得罪於上官不忍罪吾民民其負之誰復肯體恤吾民且吾人又何面目見大人也遂爭先輸納推挽負任相繼道路不絕數日無復逋者值歲祲民無積粟官無夙儲饑餓者望於道乃爲請賑於上官緩不及濟先搜括本縣贖鍰若干自捐俸薪若干每村擇殷厚有蓄米者一人有才力德望者各一人令其領銀

出粟籍里中貧餓者若干人給米幾升諭饑民無出鄉分給完日即自單車躬行阡陌出不意稽核詢訪民莫敢誑先是集父老諭以至情申以嚴令凡領銀不給米給米不如數及給非饑民而饑民莫給者罪以侵官害民之罪必無宥民素信服至是無一人犯者是役也民受實惠所全活殆無算江山徭役大都丁田而吏胥每得上下手民有不均之嘆大父先審丁田分爲上中下三等貧富允當造爲鼠尾册將丁田册截去上方姓名即已亦不得查考乃當堂設香案對天拜誓以丁田之上者配徭役之上者中者配中下者配下親自塡註後啟姓名合對雖老胥猾吏莫可誰何示出如山不得一一更改由是萬民稱服即當上役亦無怨言上官聞之移文各縣審役皆以江山爲法又自蒞任至於官滿悉載家鄉米以供饔飧每食蔬腐人有荳腐之號自奉儉約而歲節俸錢若干以貽老母羨餘贖鍰一毫無取嘗曰自俸薪而外皆贓也上官云載米以食事雖若矯激而操守可知執法不阿惡人雖見姤而善人受惠其公廉明恕類如此百姓有四門謠德政碑又戶刻一木像置家祠中朝夕焚香祝之及遷太僕又刻去思去不朽碑

不負霍公

大宗伯南海霍渭涯公性耿介嚴潔不輕許可海內知名之士鮮有當公意者以詹事應上召赴京留心民瘼道詢守令之賢

良者將剡薦於朝而路碑所傳率以江山令及某縣令爲最而潛識姓名於籍至京且言於朝曰臣蒙上特恩起之南海之濱臣無以報稱上意賴數千里之間得二賢令可爲國家大用以其名登之吏部擬殊擢而限於資僅進太僕寺丞殊不滿意也既大父入都門已浹旬矣見同邑秦鳳山公公問曰曾見霍渭涯公否對曰曾往見閽人辭焉秦大司農曰公受霍公特達之知是宜候見大父如教候見霍公見大父儀客修偉丰度不凡曰偉器也向聞公名今見公而知無負吾舉矣太僕馬政廢弛蠹耗日甚大父職巡東魯摘弊剔奸覈影射之僞郵飼戶之貧竈草塲之占時有司有贖貨者疑大父亦可貨動也乃餽百金

爲壽大父面詰之曰此物奚宜至哉吾丞新昌時且不以賂㓜今日耶無論有愧霍公將不愧吾親知耶以某公嘗有監生官不要錢之語也自是按屬凜然莫敢干以私者牧圉爲清馬用蕃息朝中諸老聞之咸爲霍公賀得人將越格超遷期大用矣

天性至孝

新昌時詔許外官終養大父以母年漸高將歸太孺人知而諭止之及遷江山便道歸而太孺人年望九矣適有疾大父進湯藥太孺人生平少病素不嗜藥甚難之大父跪懇再三太孺人略沾唇而甘之遂盡一盂乃曰吾聞藥味大苦今大甘豈吾兒好心遂變苦爲甜耶病遂愈人以爲孝感大父欲不往江山太

孺人諭曰爾父望爾大就甯止一丞耶吾雖老而康健汝宜亟往益盡心民事大父乃留大母吳孺人侍養於家歲時分俸錢以悅母心及遷太僕太孺人巾諭曰汝數年做外官頗稱勞瘁今官密邇九重正爾報國之日亦爾顯親之日也汝亟往慎之勿以遠吾爲念大父乃之京而請告之思日切切也是冬以外官三年無過得贈曾大父及封太孺人即具疏乞終養蒙恩賜歸承懽膝下者踰年凡可以慰悅母心者無所不至太孺人年九十六而卒大父猶以奔走王事不得久侍爲恨其悲痛如孺子也太孺人卒而生母龔孺人年踰六十矣事之如事太孺人嘗以覃恩弗及缺焉於中其至孝如此

貧不請謁

吾侯之業自曾大父晚竹翁而始裕良田三十頃曾大父歿大父年十九爲强族所侮搆訟十餘年產損十之三及大父宦遊浙中刻意爲廉吏至載米以食廉可知矣十餘年間又損產十之二所存未及其半而家公積善大父性尤仁厚待僕佃以寬歲入日縮而家亦漸落矣大父安貧持已更峻終歲不至假室適郡公以舊治故相與厚有至親子弟儒童求爲居間顧以幾十金爲壽大父不可乘歲初入郡將力强之大父入見郡公終不出一語也曰吾爲邑時並不聽請謁奈何自背之

不談人過

先大父嘗誨先春古人云聞人過失如聞父母之名耳可聞口不可言也吾生平未嘗言人過失豈特以非忠厚事好事之口喜爲增飾有全無影響者有飾小成大者吾若信而言之便是替人說謊矣汝輩戒之外王父古逸翁過其婣家皆豪貴人也麗色歌聲應接不暇及過我大父獨闃然靜處古逸翁嘆曰此眞慶門也一日遺書大父有某某二子等語有人所不忍言者大父即答之曰父子天性豈當猜疑嫡庶之間易開嫌隙申生伯奇古有明鑒翁之高明胡不及此耶來諭即當爨之决不敢示人即兒子亦不與見也復私語曰華氏從此禍矣不幾月而難作其縝密如此

動合矩矱

大父儀客修偉氣度從容端重簡默少言笑寡嗜好身無頗行口無煩言人無濫交門無雜賓雖甚平易近人而不肖人卒莫敢近雖恥談人過而聞人不肖之事輒義形於色俗有便辟柔曼任俠放浪之輩絶跡滅影所與游者惟二三儒師所談者惟道義及前輩嘉言善行所訓誨子孫者惟讀書爲善不愧前人而已日惟凝然端坐間閱書史在閨閤中與大母吳孺人相莊如賓終身無間言亦無狎語御臧獲以和戸內外未嘗聞嘸呵之聲裏服用棉布表服間用綢絹夏則一葛冬夏公服惟舊袍一二襲篋中無餘藏也每晨起必肅衣冠揖塾賓盛暑不令童

揮扇終日不袒裼不跣足抵暮始去烏就浴浴必戸內浴竟即坐室中自揮葵扇頃即就寢矣歲時祀先及生辰置酒宴集親故餚饌俱精潔不求豐也酒必懽洽不繼以亂客有至戚年長於大父性善使酒者每席必與與必醉然卒終席未嘗少露其蹇僿謹呶之態也其見嚴憚如此蓋由大父端凝簡默有以折服其心故耳以上數事皆家庭啟處之常食息嚬笑之細而自有不可及者無論今人即以覓之先民之遺矩聖賢之成規亦且不符而合焉蓋吾大父得于天者獨厚而性與天合者如此

嗚呼此皆不肖先春所日侍大父之側而目擊焉者也先春童時習見以爲固然初不知其未易及今先春且老矣緬思懿範有愧實多大父凝重而先春也輕大父簡默而先春也支大父爲人所嚴憚而先春也易玩即日兢兢以弗紹前修是懼而其所愧多矣先春因追而識之且以自勗云

田舍勤儉

開化有一田舍屋二三十楹楹間榜以聯句云數椽茅屋及時修葺可安居百畝薄田盡力耕耘方足食舍前田百畝周環以水蓋曾大父所遺也大父歲刈早禾秫稻以爲饔飧釀酒之資曰吾欲令吾子孫知稼穡艱難耳思深哉其豳風七月之遺乎至若春秋補助惠及貧民里無不墾之土鄉多飽煖之家則吾大父所施普矣

孫男先春百拜謹述

明封文林郎太常寺博士文芝侯公墓誌銘

蓋余罷左銓歸未踰月也而余友大諫侯君褎而詣余泣且拜以其尊人封文林郎太常寺博士文芝公墓石請前是大諫轄戶垣則持其母華孺人服服今日闋明日吾銓曹已除大諫原官不報已塡吏又不報於例大諫得自詣闕卽封公亦數數趣汝亟詣闕大諫唯唯弗卽裝也居久之封公卒矣夫弗以官遺親可不謂孝乎乃余髮而習封公封公寬然長者通阨老壯一日也是宜志志曰侯氏世無錫人自勝國時家於邑城之東隅墓於郭不二里而近邑故多鼎族甲第高墳巍巍相望顧未有如侯氏歷六七傳垂三百餘年數椽一坏相守至今者封公名

應昌字希紹自號文芝以墓產五色芝故封公之先爲德宗德宗傳希道希道傳永常永常傳文淵文淵傳孟清贈文林郎浙江江山縣知縣代有隱德孟清傳祖德起家太學仕終太僕丞用廉正有道俎豆邑學宮配吳氏實生封公新昌官舍封公生而頴慧稍長攻舉子業俄補邑諸生當是時太僕公業請養家居封公內稟太僕公而外切磋頁師友爲文快朗夷曠如其爲人一時曹偶見無不心傾封公者然數奇累試京兆不第而太僕公老且沒矣封公孱然豎儒持門戶應徭役喪祭婚嫁之事紛以窘太僕遺畝十九轉鬻室廬十五以償金而封公弗色沮也嘗日昃不炊華孺人至典縕絮市米作餔而封公方匡坐而

歌第目大諫兄弟笑而曰嘻田廬創矣而世德未斬倘在孺子乎己卯大諫舉於鄉庚辰成進士而封公弗色怵大諫博士太常則駕而就邸中誡曰吾清門兒固當耶大諫選入省垣則書誡曰毋容容毋皦皦正直忠厚諫臣鵠也大諫祇役閱邊左則又誡曰老人幸獲匕箸便布素以貂尾片參入山海者非吾子也其於國體官方謹愨如此封公自奉甚節儉然好施予宗黨微封公貧者罔與授室病且死罔與葬也一親故嘗竊鬻封公田封公若弗聞也者好遇之如平常城府空洞節目疏濶家人終歲不得其疾言遽色與人交終其身無幾微間落魄不治垣屋晚而結一亭署曰環溪深隱畜雙鶴朝放暮招自娛樂其中

翛然仙焉封公素强無疾會哭其幼子尋又哭華孺人遂感末疾大諫爲遍致名醫公欣然曰癡兒宜尼大聖人壽曾幾何而恃藥爲將革呼大諫必輿我正寢嗟乎此可以觀封公始終矣余惟封公之爲太僕公子也而卒當封公世親見主之莘衣冠而導入祠斯之爲能子封公之爲大諫父而緦鯁教之忠讜獻著於朝廷斯之爲能父今世徒見封公困亨費亨無憂而樂以爲天之篤封公也而不知封公之於父子之間意念深矣語有之但知穫田不知足跡然則封公之遭豈偶然而已哉是宜銘

銘曰

有鶴有鶴在環溪胡不千年倏然歸壠頭產芝光陸離匪於厥

躬後蕃滋英英奕奕視所貽藏斯坎斯噐永綏

賜進士狀元及第嘉議大夫吏部左侍郎兼翰林院侍讀學士

前正史副總裁經筵講官年家眷弟孫繼皐拜撰

文芝府君行實

嗚呼痛哉不孝先春爲子無狀以致神降酷罰禍延二人癸巳既奪吾母甫踰四年又奪吾父天乎天乎胡弗殞滅不孝之身而令吾父母相繼背若是亟也罔極之痛心肝摧裂又何能視息人間獨以吾親隧中幽石尚未乞靈當世大人君子一言光諸泉壤則厥罪逾深先春死且不瞑用敢忍死含淚謹述梗概稽顙百拜以請伏冀大人君子哀憐而幸許之侯氏世爲常州之無錫人家於邑城東隅墳墓亦在邑城東郭自元至今無改也七世祖諱德宗六世祖諱希道勝國時俱隱以老五世祖諱永常高祖諱文淵當我明永成間皆有鄉望曾祖曉竹翁諱

清贈文林郎江山知縣以善行聞故里中稱積善云祖企竹翁諱祖德太僕寺丞祀鄉賢配吳孺人生吾父於新昌官舍因諱應昌字希紹吾父幼善病然有深慧蒙時發何讀不煩朗誦輒能默識王父母絶奇愛之比長爲舉子業不爲劖刻奇險之句而爽朗夷曠見者謂如其人焉王父予告終養以方正有道式於內外吾父朝夕其側而安於其教不肅而成一時師友率彬彬名德如高杏江顧東田兩先生洎潘震川施嶼南先生輩絶無淫朋狎友之損以是文行彎起年二十一歲舉男不孝是年吾父補邑庠生先壠上有五色芝見因以爲號屢應京兆試俱落格第言有命無幾微見於面人以爲達年三十餘王父母相

繼歿先是曾大父以勤穡力木頗成門戶迨我王父被服仁義廉於居官拙於治生晚而甚窘沒之日室中蕭然吾父泣謂吾母送終大事吾不以窘故儉吾親相與典質稱貸力求美木喪葬如禮焉大父歿而重役外侮狎至吾父尙未更事性又柔弱也則葢鬻曾大父所遺田以支吾酬應存者什無二三既不孝兄弟漸長食指衆多家業葢落嘗一日困甚日昃無炊烟吾母至傾衣絮市米作餔語具吾母華孺人狀中吾父悅自如了不屑意又室廬半以質人冀得傚金焉時人有爲築蒔之計者大肆剝廬家人不平色然出鬩吾父若不聞也者第視不孝兄弟輩笑曰無庸然世德未斬此屋定非彼有其人感愧自退吾父

旣骯髒於世無遇合所冀不孝輩成立甚亟然往往善言巽論令自意解而已終無忤色己卯庚辰不孝幸第謁選得奉常博士辛巳一至京師面諭不孝曰太常淸秩淸白吏子孫正應爲此兒永念衛祖無墜家聲也壬午天子以婚禮覃恩中外吾父與吾母得正拜封典然而吾父意嗛嗛不懌也曰吾母吳孺人之貶損不受封也則以吾庶祖母之故也吾母尙布衣在九原而吾乃享此章服乎則又曰吾父太僕公禔躬束修不愧賢者徒以爲子不立未能章顯先德而闕然於春秋之俎豆以爲兹邦之賢者憂而吾乃享此章服也顧胡安葢吾父卽坦率無他腸至於人倫大節其深心獨至又如此丙戌不孝選入諫垣吾

父貽書訓誡視前有加其大指第謂科臣實不易默默以取容負國卽皎皎干譽亦負國不孝奉教惟謹辛卯不孝拜遼左閲視之役吾父又貽書訓誡謂遼左重地勿負廟堂選擇意書中至謂遼左大多貂參兒倘以吾二老人之故私分取分毫入山海關者卽爲大辱爾祖吾死而不願聞此行也不孝謹奉命僅以逭戾今言猶在耳吾父已矣嗚呼痛哉吾父飄髯修幹丰神玉立望見者以爲仙焉及近挹之春風和氣無不醉心與人交不爲形迹而徼久不衰故無論親疎新故咸樂就之終身無間尤不厭施與凡親戚貧者多方周恤之不以貧爲解如姑姊妹如吾母之兄弟子姪無居者授之廬無食者授之田不能嫁娶

者爲之嫁娶病且死者爲之醫藥殯葬吾父不自以爲德受其施者亦若忘之有舊戚乘王有歿私鬻我田若干畝人皆驚訝謂爲異事吾父曰此貧也非無行也仍往還如故吾父器宇甚磊落儀容甚修潔襟懷甚光霽氣度甚夷曠心事甚光明正直無纖毫私曲暗昧事王父母甚孝待子弟甚和御衆人甚寬朗臧獲未嘗有呵叱聲自奉甚儉與人甚樂易待親戚甚厚葢其仁心爲質觸處天理內無疚心外無缺行處貧不憂遇困不沮在侮不爭不逆人詐不念人過不知世間有權術二字雖稟王父之遺教居多實其天性然也吾父平生不問家人生產亦不洽垣屋往不孝歸省時曩日堂室諸弟兄割居略滿不孝隨讓

居西偏之壞廬其居有堂無室至不具賓祭之處吾父嘗謂不孝曰汝去家數年而歸吾曾不能貽汝以安居如何則又笑曰給諫美官而居湫隘吾以此貽汝亦可矣晚年邑侯延致鄉飲惟一再赴輒謝不往時與里中二三耆老結爲社會泄舟溪山尋花聽鳥以自娛也就家隙地別築一館顔其處曰環溪深隱中畜二鶴朝放莫招庶幾古高隱之風焉吾父嘗自謂高曾以來終鮮兄弟吾獨五男子且及長男之封而強飯不衰家庭之樂自謂賢於榮啟期遠矣今我不樂日月其除戚戚何爲者以是一意徜徉融融泄泄不幸辛卯冬幼弟陽春夭死癸卯復遭吾母之變意緒爲惡丙申吾王父鄉論大定得祀鄉賢吾父復

大喜今年夏五月忽患痰疾飲食日減不孝輩迎醫療治吾父輒曰吾病已愈不煩爾爾六月中私語人曰兒輩癡甚孔子聖人壽亦不過七十三今吾得此足矣而復事醫人求活耶一日忽召不孝輩語之曰吾自知已矣急爲我辦後事命召畫工寫眞必肖乃已每晨必櫛沐親友問疾未嘗不冠見也七月初四夜分忽言欲起不孝輩驚惶莫解所云至天明謂不孝曰吾欲入正寢不孝輩慮致勞頓輒婉詞止之吾父趣之愈亟至欲取杖自扶而行不孝輩輿之中堂吾父意氣始安微有喜色復命取水淨目少頃無言而瞑時七月初五日午時也嗚呼痛哉嗚呼痛哉追念甲午吾父壽届七十謂不孝輩曰吾母歿未期我

念爾母爾勿舉觴不孝唯唯心計吾父神旺力强期頤百歲在所必至後之稱觴上壽且數數也而詎意盡此志也嗚呼痛哉戊子不孝以使事歸二大人俱無恙也壬辰請告歸吾母雖病而吾父健旺不減壯年癸巳吾母雖見背而吾父尤善飯每對客坐即不善酒至丙夜無倦色不孝私心竊喜以爲壽徵而孰意遽止此耶嗚呼痛哉乙未不孝內艱服闋念吾父年逾七十依依不忍復出吾父屢促之行不孝唯唯丙申不孝謬與部推吾父復促之行不孝復唯唯而竟不忍出也盡爲吾父壽固未艾得朝夕膝下其樂多矣而孰意吾父竟止此耶嗚呼痛哉茲不孝先春等卜吉十二月二十日丙子扶柩安葬劉巷橋祖塋

之右啟先母華孺人兆合焉不孝臨書荒眩莫知倫次吾父生平未能盡述仰望大人君子矜憐不孝俯賜片言用垂不朽俾不孝藉以少逭彌天之罪則死生銜結無涯矣不孝曷勝哀懇之至

不孝孤哀子先春泣血稽顙百拜狀

侯母華孺人墓誌銘

始不類棟以狂戇備位東臺落落寡合所與游無過二三同志而錫山侯元甫其一也蓋棟之識元甫初不以同官故識之其官奉常已心折斯人束修至行者矣及棟以罪廢歸匿跡維傭保而元甫搜而出之請爲母華孺人圖不朽嗚呼棟安能不朽孺人也顧元甫之屬意甚堅有難終辭者按元甫自爲狀華氏其先出南齊孝子系始祖原泉公者居邑之隆亭世有善積凡九傳而爲德昌徙蕩塘里德昌生修文修文生佐佐生蘭蘭生敏敏生應廷是爲孺人父古逸翁古逸翁娶於陸實生孺人孺人生而穎慧不自凡兒古逸翁教以孝經內則諸書輒能通大

旨古逸翁性卞急七子八女少直意而獨善孺人嘗撫之曰兒女也男者當大吾門吾爲擇而壻以大厥門邑豪著姓爭求字孺人者古逸翁弗許微色示於侯氏是世世好行其德者吾知其必有後也當是時元甫之大父爲太僕居官廉不匹華富而伯子文芝君少有英稱匹孺人賢乃委禽焉亡何古逸翁遘奇禍訴諸朝事旋白卒結轖以死家立破孺人無可依遽歸侯孺人之歸侯也年甫十有四婉孌未勝婦也則日屏居子舍矻矻工作鍼繡紝刺自課甚嚴凡三歲而成婦禮以見太僕公太僕公喜曰是吾侯氏婦與諸華兄弟咸謂孺人而不及而父之饒盛而于歸也而帷笫奩苐之弗備也以爲而兄若弟之惡也家故有連簃在市瀉鹵在原尚可爲資盍取諸孺人不可吾甯以疎裳布被事夫君不能爲苟取以恩若翁廉操也且吾銜父恨吾愧爲資可因爲利乎太僕公聞之則又喜曰是眞吾侯氏婦與居幾年而太僕公歿橐無所遺以清白遺文芝君文芝君復治舉子業不問家人產家更發重繇産益挫徙四壁立爨無盛煙而文芝君咿吾一室中不知也屢責辦孺人孺人勤莢算儉出入拮据朝夕往往操力指供食指不給則從匄貸沸心熱骨務以安文芝君於舉子業文芝君竟骫髀不遇時以老而元甫且成人爲諸生有雋聲駸駸向用矣孺人於是始離婦而爲母孺人舉子女凡九人元甫最長以諸生三上公車弗售也意難

孺人孺人無色慍曰侯氏世行其德吾不忘吾父之言小子勉之以故元甫益力於學文聲益雋歲己卯遂薦於鄉歸見孺人孺人無喜色曰侯氏世行其德吾不忘爾祖之念小子勉之明年庚辰元甫成進士授官奉常亟趣駕迎養孺人孺人不果往而移誡元甫謂吾以婦而習廉吏之遺也亦欲以母而安廉吏之養兒誠廉千里膝下耳而久之會天子以婚禮覃恩孺人得如元甫階封拜元甫飭冠服進則以矢諸堂詔家人曰此何爲者邪侯氏世行其德自吾女而婦而母而不能忘也所不爲侯氏後者則忘之而驕揚撣掩以爲先德辱吾無爲榮此矣蓋孺人性甘澹不嗜華麥事文芝君居約茹苦廿齊絶溫衣美食之

御以及元甫起家或謂孺人今不能爲所得爲哉乃孺人愈益束身爲恭孫常有以自下者居恒檢校家秉逮米粲醯鹽忽微委瑣靡不經意以是勞傷成痼六袠始開郎病痰危幾不起元甫時方遴入諫垣直中禁聞孺人病劻勷圖歸弗獲請則銜使而出便歸里舍省孺人孺人聞元甫歸病輒差既見元甫慰勞艮驩不自意二竪之遠去也餐飯轉加寢處如故使限且逼元甫戀戀不欲行孺人强之行丈夫能守一壑以老乎吾病倖起而戀戀胡爲也致身大義之謂何而弁髦之元甫逡巡不敢對郎趣爲行行而再領使命視師遼左是役也值欵虜跳梁天子臨軒而命近侍諸臣分道以出不啻重矣元甫䟫䟫日不忘念

孺人日不忘念孺人之教所謂致身大義死生以之罔避嫌怨邊事有賴焉則孺人之力居多然孺人病痰業已成痼旋作旋瘳元甫身在公家而心在孺人才還遼左復請歸歸侍孺人湯藥彌滋孺子慕足不踰閫閾者浹歲月交游問間有疑元甫之疎閒元甫弗惜也而孺人終以痰病委頓不起元甫之痛可知矣孺人雖女子乎能知義所傷父讐之不報也而甘心焉有渻于之思相君子以貧作視布衣椎髻何多讓也其所以勗子於成則庶幾合於斷機之教矣而元甫之狀又云孺人雅敦内行毋陸既遭轗軻計乃無聊而孺人生養之死葬之無遺餘力女弟之幼未立者孺人憐其無依而爲之長而爲之嫁不啻若自其身出本支兄弟流落不偶甚苦孺人必寒者衣饑者食無居者而授之廛無業者而授之土要使人人不失其所諸如此類舉世表表男子可相提而論哉元甫痛孺人謂身長七尺濫叨一命而不能爲升斗娛孺人是殆所謂僇民焉者不類棟則謂有元甫孺人可以死也孺人生於嘉靖戊子五月之三日死於萬歷癸巳二月之九日得年六十有六先春等以文芝君命於乙未三月十一日甲申葬孺人於邑城東劉巷橋祖塋之穆而不類棟爲志之而銘之曰

吁嗟孺人而女而孝也而婦而貞也而母而賢也以爲而臧也而墟之㬥然也而隧之窅然也而宮之閒然也以爲而康也而

神之不爽也而銘之不朽也而名之不忘也以爲而芳也吁嗟孺人而永斯藏也

吳郡張棟謹撰

先母華太孺人行實

嗚呼痛哉吾母之歿也嗚呼傷哉不孝罪大惡極無得比數於人子也追維辛卯歲不孝在京師日夜念吾母夢寐無甯時時欲乞歸省而未得其便十二月訃偕諸君至稍聞吾母病不得家信且驚且疑卽日具疏直陳至情荷聖明哀憐而許之遂以除夜出都門冒風雪從陸星馳征征忪忪以日爲歲顧不給驛道路艱阻二月初七日始得抵家時吾母在床褥知不孝歸若有喜色已而藥漸奏效病勢漸緩自夏而秋病稍稍愈時坐時卧癸巳元日櫛沐端坐不孝輩暨諸家人次第爲壽不孝私心竊喜謂吾母可微幸於天庶幾一旦霍然復起乎壽日未艾也

不意二月初病忽大劇初九日寅時遂瞑而逝痛哉痛哉不孝叫地號天無所控訴既又竊念吾吾生平懿行不愧丈夫何可泯泯無述顧每念至輒兩淚哽咽不能成書如是者幾二年所茲卜葬有期不孝不忍言亦何忍不言於是且泣且筆摭拾一二上之當世有道大君子用冀採擇焉吾母姓華氏其先出南齊孝子後世爲吾邑著姓初原泉公居隆亭傳九世名德昌者徙居與道鄉蕩塘里德昌生修文修文生佐佐生蘭蘭生敏敏生古逸翁應廷卽吾外王父也以邑庠生歿輿府舍人古逸翁倜儻磊犖善治生產起家數十萬生子女十餘人吾母以諸女中行居五外王母陸孺人出吾母少穎異聰慧讀小學孝經內則漢史諸書輒成誦通曉大義外王父性高朗嚴急諸子女少當意者獨鍾愛吾母嘗撫吾母曰之女也諸子女無與儔者他日必貴而壽且必大其後吾當爲擇佳壻他日又曰凡吾姻聯無非豪貴家也者紛華太盛恐不可長也獨邑中侯氏世世積善太僕公又清廉長者雖無餘貲乎其後當顯聞其子又賢也吾擇壻非是莫可乃呼妁氏來言於太僕翁太僕翁曰華氏殷富非吾儒家匹也聞其女則賢是可婦吾家者遂令吾父委禽焉已而外王父中奇禍訴諸朝得白歸鬱鬱不樂嘗指吾母歎曰吾七子八女多婚嫁獨此尚幼今吾老矣家又衰奈何居無何忽暴卒又搆家難邑中諸豪家及諸姻親因挾而毀之不幾

月室廬蕩爲邱墟矣時吾母年十四吾王父迎之歸屏居一室三年讀女訓習女紅如在室也諸舅有來言取田屋爲裝貲者數請王父弗許復令人詢吾母吾母曰吾翁素廉介不茍取奈何以吾一女子故汚翁名節耶且吾父豪舉一世家貲累萬一旦至此吾女子既不能爲雪此恨尚可因而爲利耶女子事人常獨藉裝貲爲也唯吾翁命卽斷木棄石不取一焉既吾父婚禮成吾母卽弱笄乎而已嫺然能執婦道吾王父雖歷仕宦故清貧也衣服飲食澹泊儒素吾母身不綺麗藜莧藿食口不厭膏粱也王父母喜曰彼非紈綺家女耶而能食貧若是是眞不愧吾儒家婦矣始聞賢今果然也已念外王母陸孺人攜幼

姨煢煢無倚言之吾父稟命王父母迎養於家生則室廬衣食
病則醫藥祭禱卒則含殮殯葬盡出吾母垂四十年歲時享祀
無廢又撫養幼姨待其長而嫁之卵翼其子與不孝輩無二諸
異母兄弟遭難時各攜眥依內家居音問濶矣後皆窶貧甚乃
漸來依吾母吾母咸厚待之或無廬則爲之室或無食則授之
田或病且死則爲之棺爲之葬施及其子不一而足諸舅氏久
相忘焉而不知已之無家也吾母事王父母二十年所惟順惟
謹始終無間言王父母病迎醫禱祀不遺餘力後相繼歿喪無
寸金質簪珥治木之美相吾父喪葬盡哀盡禮王父沒而家事
益落又值重役益以外侮曾大父所遺田盡以輕價售去僅存

三百畝腑以租稅口食不給日昃不再食吾母出衣絮易米不
得貸諸隣得米數升乃再食不以告吾父吾父怡然書屋中不
知也吾父方攻舉子業又性軒遢不問家人生產吾母拮据佐
之辛勤織嗇不少休廢自王父歿公私諸務突如蝟如而猶得
有先人之敝廬在則吾母之勤劬實寵賴之矣歲甲子不孝補
邑弟子員凡十餘載三試秋闈弗售吾母無色慍第曰吾聞吾
父言侯氏有世德其後必顯吾兒第努力無憂不售也己卯不
孝獲鄉薦吾母無色喜第曰小子來勿謂爾稽古力爾祖宗世
德實爲之倘爾恃富貴墜先德甯長久乎小子慎之庚辰不孝
上春官偶得第官奉常遣人迎吾母吾母以三女弟在將笄未

笄之間弗克往惟貽書誨不孝無負爾祖勤靡家法凡躬紡績
以佐女弟嫁貲勞苦靡瘁壬午以聖上覃恩得封吾母孺人不
孝備鳳冠綵服歸上吾母肅衣冠坐中堂召諸弟及諸婦諭之
曰此奚爲者其明主宏恩祖宗積善之報乎吾聞居官者不知
有家居家者不知有官汝輩各務努力期不負國家及祖宗貽
澤乃慰我心耳勿謂家已榮顯遂放肆爲也吾父吾母生不孝
兄弟姊妹九人乳哺鞠育劬勞萬狀又以貧貲嫁娶子女支吾
補綴縫紉每一娶畢一嫁又起矣日不暇給者垂二十年而又
性甘澹泊食無重味衣無完綺用是精神耗散氣血早衰未五
十而髮種種戊子歲花甲方週而痰疾且作矣時不孝在京邸

忽得家信驚怖不知所爲即註籍圖歸計例用掌篆者代奏淹
滯踰月始得便差歸省及抵家而吾母病已向愈惟容色黃瘦
步履須人扶掖也已而母子聚首朝夕懽然自秋而冬病日去
神日旺飲食日進容色睟然步履如故壯健視未病時反勝之
僉謂吾母稟素厚積勞成疾乃今謝去家政頓復本初期頤耄
耋無難致也而詎意其僅止此也己丑春不孝以王程漸迫絕
裾北行灑淚渡江自悔復出蓋未入都門而請告之意已決矣
不料同事者誤舉遂有遼左之役單騎投荒荏苒數月歸即予
告而母病以亟雖依回膝下者踰年而病勢侵尋乍明乍暗未
嘗戲斑彩以爲娛也日飼藥餌減餐廢箸未嘗修甘旨以爲奉

也靜言思之所稱菽養直虛言耳孰若菽水承懽母子朝夕之得以自由邪嗚呼痛哉嗚呼痛哉吾母事父母孝事舅姑敬事吾父順而正待兄弟厚而多施待不孝輩暨諸媳愛而知勞慈而能訓待臧獲嚴毅而不苛處己儉而勤治家事井井而識大體跡其生平卽偉丈夫不啻也晚年封章寵錫孫曾繞前飴六望七庶幾中壽於外王父所云甚一一符合焉不孝所痛悼者貧家作苦日夜焦勞撫育不孝輩五人並長矣而竟不得享一日之逸不孝爲長子且叨升斗而竟不得盡一日之養母之勞瘁誰實貽之母之疾病誰實致之不孝於諸子中罪最深重上通於天悠悠彼蒼其身之不卽殞滅而以禍吾母若斯亟也終

天之恨何忍言哉茲奉家大人命卜以乙未年三月十一日申申扶柩葬於邑城東劉巷橋祖塋之右不孝荒迷暈眩言無倫次惟是據實直陳不敢粉飾半語以欺當世且欺吾母伏望有道大君子矜憐不孝俯賜片言勒諸貞珉則吾母死且不朽子孫世世永藉休明無已也謹百拜稽顙以請

不孝哀子先春泣血稽顙百拜狀

明贈中議大夫太僕寺少卿原任兵科都給事中少芝侯君墓誌銘

萬歷庚辰余被命校禮闈士士之登朝試吏得推擇爲諫官以忠直著者屈指不能一二侯君元甫其人也君少有才名弱冠爲校官弟子萬歷己卯舉於鄉明年成進士除太常博士當江陵柄國時朝士擅集其門君獨抗志修潔不隨眾俯仰而與魏吏部允中顧光祿憲成爲石交聲籍籍輦下久之授禮科給事中受命不踰月而規畫便事剗剔弊源章數十餘上其於宗藩勳戚錦衣官校數以禁例折之靡不凜凜慹服所條列轉漕赦荒諸務尤中窾綮江南北大饑上欲遣官給賑君曰遣官徒擾

民無益不若責成撫按以鐲抵賑如其數便議雖中格識者韙之已轉兵科右吏科左巡視十庫白糧解役苦中璫漁獵君乃嚴飭保家受要束令中璫不得恣爲奸利而解役之費歲省江以南至於今誦德焉自欵貢日久邊吏不戒會當閱視上特遣京朝官九人人閱一邊而君得遼鎭遼衝邊也而稱疲乏道里綿曠君至則省供億減騶從荒僻險峻靡所不踐歷乃條上利弊因革三十餘事劾罷大帥之不職者彊事益飭而困亦蘇乃歸報命而君之橐猶洗也已丁內外艱服除起家兵科都科事中朝鮮之中倭也朝廷爲徵兵轉餉遣大臣經略者彌年倭解去而議者留兵三千戍之不給餉君持不可曰天朝擁全屬國

恩至厚而吾士馬物故軍興之費不貲奈何復爲戍守疲中國以奉異域繹騷無已時非計也因力請撤兵眾皆詘服兵撤而東事大定邊境甯謐君之力也時東西用兵羽檄旁午兵垣當審定軍畫而君慷慨敢任知無不言其大者如核兵糧明賞罰飭秋防酌互市將吏欲妄殺倖功及中涓假進奉罔利毒民者皆先事折其奸所全活生靈銷戢釁端不可僂指時諸司章奏數寢不下故君不輒論奏而第以忝駁示可否令諸司酌行之軍國大計十不失一然君不自功而人亦莫能名其功也遼璫淮悻寵恣橫劾大帥罷之君抗言本朝鎮帥皆廷推設有不法則撫按交章兵部議覆以俟宸斷恭甚重也今以橫璫片詞從中旨黜罷令將權日益削邊事日益非宄且禍國上怒謫君爲按察司知事而君遂卧家不復出矣丁未以萊州推官起君已西轉南京戶部主事庚戌改南吏部君皆力辭不赴踰年卒於家實萬歷辛亥八月二十有九日也君爲人沖和端恪篤於內行少承王父太僕公之訓以清白恬澹自矢佩服終其身事其父封太常公母華孺人孝養備至嘗於邸中聞母病以除夕出都門倍道馳歸晨夕扶視藥餌至閉門謝客比歿一慟幾絕營葬事常露卧冢旁其奉太常公喪葬亦如是待諸弟及同產諸女弟甚有恩親舊交知率以輕重受給仰衣食待舉火者甚衆里居聞有司興革不便及豪有力之家規已利而貽民患者不

憚諄復諷止之乃已在諫垣處僚友間以忠誠正直相規勸事必商確或有所開發苴補不存形迹時有公疏衆或前却君輒援筆首署即利害不顧也其教子尤有家法大都以儉素寬和矯世浮靡而親課其業並以文學著稱蓋君之所施於家與其爲德於鄉者不可勝載載其表表者如此嗟乎以君之純行傑才忠言直節向使致位通顯在表著之地必能宣主德定國是而阜民生其勳業未可量而仕不過諫官年不及耄耋齎志歿齒不究其施豈造物者固靳之耶抑有待乎後之人也惜哉銘曰

古稱諍臣邦之司直曰振綱紀曰糾王慝卓哉元甫肅其乃職
引裾伏蒲義形于色王于興師疆事孔棘在兵言兵攄忠決策
內甯外攘允資成畫投鼠靡忌射隼弗獲遂干震霆沈淪譴籍
抗志長終介然如石位不溢才年不配德馬鬣新封其崇四尺
誌于幽宮千禩無斁

吳郡申時行撰

都諫侯公傳

都諫侯公諱先春字元甫別號少芝自勝國時始祖德宗居無錫之東里五傳而爲太僕公祖德用清白著俎豆學宮太僕公生應昌是爲公父隱君子也以公貴封太常博士曰太常公都諫幼聰警恬嗜年十二善屬文二十而補博士弟子己卯舉於鄉庚辰成進士釋褐奉常於時薦紳璫附江陵若蛾之赴火江陵有疾至舉朝爲之祈福禱祠并以徼寵其屹然不波砥柱中流者惟顧涇陽先生憲成魏崑溟先生允中與都諫而三也在奉常六載郊廟山陵大禮儀導贊詢度摭故建新特爲撰定雅以正道克厭人望超拜禮科給事中持節冊封衡藩亡何歷兵

科轉吏科公故負謇諤中所搤擘憤惋義形於色軒眉抗詞責有不能撼加有言責意氣發舒前後章奏無慮十數上言皆切直又念爾時疏多留中乃於入省直發閱封事見有不可者署駁其尾逕部得以據參覆核或徑寢不行以防壅蔽杜亂萌焉辛卯洮岷師衂朝廷頗厪東顧制書欲得殫忠詳覆省約正己痛革夙弊者行邊而難其人僉曰公可迺遣公先是閱邊者盛鹵簿以覲行路所過厚責供帳比至會城則安坐張讌陳射獵爲娛市恩賞賚金錢之出如糞土脯糒儲偫得行賕藉手間以免軍實日橐長此安窮以爲固然耳都諫身從單騎並鳴緣至邉海歷東山窮徼密箐無所不到遂條因革三十餘欵劾罷胄壓濫者數十輩大將奸貪者數人已於事竣會供億諸費不足當侈者一日之奉而贖鍰若干貯左藏資還鄉之貧者益一參一貂之產不以入塞而沿邊精彩日新矣亡何聞母華孺人病請告省侍適内外艱相繼家食者八年庚子服除召補兵科時方用師西播而遼左中倭未靖兵事旁午發論盈庭莫敢執其咎都諫借前箸從容剖判利害燦若列眉及倭師已退廷議猶欲留三千卒屯戍朝鮮不給糧餽而羣啄如川一日都諫獨謂孤軍遠客祇餌寇而生之心耳屯種需三時始穫安能久枵腹而待餔哉此不爲倭奴殲即洄上潰耳毅然爭之遂乃撤戍撤兵東事收局邊圉不聳都諫力也久之璫使權遠者以私憾

擅劾總帥都諫上疏極論其罪忤璫用事者意故邀捍帥欲行徑擢不俟廷推横挑上怒左遷廣西按察司知事遂拂衣歸亡何起南京吏部主事隨疏乞骸自是屢徵不出平生喜獎崇節義凡里中嫠貧苦者亟爲周恤以成就之有夏彥章之嫠某氏歲與米若干寒暑十閱矢靡他矣忽夫已氏欲奪之有成謀而夏不知也賴都諫聞而亟止之然都諫遂以此憤激遘病歲餘竟不起都諫材饒于經濟而善因事尚因東南告災廷議遣官賑濟謂當事者曰東南食指乘軺未易遍而往來儲傳之費已不貲矣何如以所賑當民秋賦俾兩臺使下令屬城權宜行賑於計便乎蘇松嘉湖每歲白糧至都則保家與内監表裏爲窟

直漕者粟腐地上而不得入太倉無耗之求動至破產於是有議革保家者都諫但立爲定則一切責成之而重繩以法諸奸果大窮因以所行白糧事宜著爲令至今便之雅精衡鑑能以文知人辛丑與衡文南宮所識拔皆當世名流最稱得士其於人倫有至性稚齒承志儼若成人踰壯而讀禮茹慼皇皇然孺子慕也始華孺人娠都諫夢鳳冠而袍緋束帶而侯氏之兆有芝草生及都諫之殁也有大星如斗隕室上適當寢處良久方滅云都諫有丈夫子三伯子世美先公卒季子世芬出爲人後其狀公行事徧請當世名人不朽公者仲子世英也二子皆博雅好修有聲於諸生能紹其家學

王子曰汲長孺游漢庭願出入禁闥補過拾遺非獨戇性宜爲亦區區愚忠有戀不能舍也是故衮職有闕惟仲山甫補之人臣所以自効保茲天子生仲山甫則世之賴有直臣者耶世莫耿耿乃爻官不過六品以爲憾夫都諫之才郎台鼎何遜雖然使汲長孺與公孫丞相課功誰不如者士各有志耳以都諫激昂帝庭章滿交戟直聲震天下雖不至公卿惡可謂之不遇哉

臨海王士昌頓首拜撰

少芝公年譜

雲孫 慶鴻 楨 謹編

世宗嘉靖二十四年乙巳

正月十三日公生於里第先華孺人妊公時夢鳳冠而緋袍束帶鳳凰翅祖塋上有五色芝草生

二十五年丙午

二十六年丁未

二十七年戊申

二十八年己酉

二十九年庚戌

三十年辛亥

公年六歲始就塾聰警恬稚

三十一年壬子

三十二年癸丑

公年九歲是年建表善坊於閭學使者趙公鏜爲公曾祖贈江山公祖太僕公立公有記載家乘中

三十三年甲寅

三十四年乙卯

三十五年丙辰

公年十二按本傳年十二善屬文

三十六年丁巳
三十七年戊午
三十八年己未
公年十五祖太僕公卒葬於鳳凰翅祖塋之昭給舍張公銘
其墓按給舍諱選字舜舉號靜思爲錫谷四諫臣之一與黄
正色顧可久楊淮並著直聲公配張孺人係給舍孫女墓誌
所云學葭李之變是也又按梁溪雜事尤從吾有女嫁張給
舍子應科因祈仙問女後日乩書云生男爲將女歸侯王後
其女生二女長歸侯都諫先春次歸王推官大益侯王之徵
也

三十九年庚申
四十年辛酉
四十一年壬戌
四十二年癸亥
公年十九大母吳孺人卒啟太僕公兆合葬於祖塋之昭
四十三年甲子
秋七月以諭德張居正充裕王講官
公年二十補邑弟子員
四十四年乙丑
四十五年丙寅

十一月己未帝不豫十二月庚子帝崩遺詔裕王載垕嗣位
隆慶元年五月上尊謚廟號世宗葬永陵
穆宗隆慶元年丁卯
二月吏部侍郎張居正兼東閣大學士四月晉吏部尚書兼
武英殿大學士
二年戊辰
公年二十三八月應應天鄉試
三年己巳
四年庚午
十二月晉大學士張居正少傅兼建極殿大學士

公年二十六長子世美生
五年辛未
公年二十七舉惜陰社按識小錄隆萬間邑中文社最盛其
最著曰惜陰社沈勤甫學孫以德繼皋尤伯升鐙莫純卿仁
勤侯元甫先春顧叔時憲成萬仁甫象春等二十四人涇皋
藏藁祭莫純卿文稱爲輔仁之友正指此又按端文年譜隆
慶庚午補邑諸生辛未課龍城書院與柏潭孫公迭居第一
歷代題名錄孫公以萬歷癸酉登第甲戌聯捷仁甫萬公亦
癸酉登第丁丑成進士總諸公出處覈之惜陰社當始是年
六年壬申

春正月晉張居正少師五月己酉帝不豫召大學士高拱張
居正高儀受顧命庚戌帝崩皇太子翊鈞即位七月丙戌上
尊謚廟號穆宗葬昭陵
神宗萬曆元年癸酉
春正月命成國公朱希忠大學士張居正知經筵事
公年二十九八月應應天鄉試
二年甲戌
公年三十次子世英生
三年乙亥
四年丙子

春正月丁巳遼東巡按御史劉臺以論張居正逮下獄削籍
公年三十二八月應應天鄉試
五年丁丑
九月己卯起復張居正冬十月乙巳以論張居正奪情杖編
修吳中行檢討趙用賢等罷黜謫戍有差丁未杖進士鄒元
標戍邊
六年戊寅
三月甲寅吏部侍郎申時行兼東閣大學士
七年己卯
五月封遼東總兵李成梁爲甯遠伯冬十月土蠻入寇梁夢
龍李成梁擊退之
公年三十五舉於鄉主考銅梁崑崙高公啓愚會稽康洲羅
公萬化首題舜亦以命禹次題凡事豫則立二節三題謝隱
之心至體也解元陸見石大成太倉人十二月計偕北上
八年庚辰
三月丁卯賜張懋修等進士及第出身有差
公年三十六捷禮闈主考吳縣瑤泉申公時行鄞縣丙仲余
公有丁首題如有王者章次題素隱行怪章三題智譬則巧
節殿試第三甲一百五十六名賜同進士出身狀元張斗樞
懋修江陵人榜眼蕭漢沖良有由會元登第漢陽人探花王

敬卿廷譔華州人懋修首撰張居正子初擬第三御筆改第
一蓋中官有慫慂之者實出首揆意也冬除太常寺博士
九年辛巳
公年三十七官奉常孟春享太廟帝齋於文華殿公以一小
臣捧簽出入直至御前稱異數焉有近臣殊遇記是年文芝
公至京師
十年壬午
六月丙午大學士張居正卒贈上柱國謚文忠
公年三十八官奉常會江陵疾舉朝媚禱公抗不署名按西
神叢語顧涇陽爲主政時相國張江陵居正有疾舉朝爲之

祈福禱祠并之徽寵涇陽獨持不可同官危之爲署名涇陽
閒馳騎手抹去之當時屹然砥柱者惟魏昆溟允中顧涇陽
憲成侯少芝先春三人而吾邑居其二冬十月以婚禮覃恩
授階文林郎封父母如公階
十一年癸未
公年三十九官奉常二月以謁陵捧簽於感恩殿按明史神
宗十一年二月乙丑如天壽山謁九陵庚午如西山謁恭讓
皇后景皇帝陵
十二年甲申
公年四十官奉常太常公壽六十南樂魏懋權允中同邑顧
叔時憲成撰壽序公同年友也欲上書請歸太常公不許遂
不果是年三子世芬生於京邸
十三年乙酉
公年四十一官奉常四月以旱捧簽於武英殿按明史神宗
十三年二月南京地震京師自去年八月不雨至是年夏四
月戊午步禱於南郊
十四年丙戌
衡王載封薨謚曰安子定王翊鏤嗣
公年四十二遷禮科給事中是年上歷法義倉戚畹陳乞非
分申禁宗藩諸疏

十五年丁亥
公年四十三在禮垣上議恤糧運疏不報其略曰國家之賦
莫重於東南東南之役莫重於糧運而白糧一節尤天下之
所無而蘇松常嘉湖之所獨有也國家歲該白糧二十萬石
有奇輒四石而致一石五府之民一僉糧運如往棄市未有
不至於破家亡身者謹將有裨糧運者六事條議上請一議
定闕房一議給剝船一議嚴關稅一議復監收一議革雜用
一議責撥家時江南北大饑上欲遣官徙賑公疏言遣官徙
擾民無益不若責成撫按以蠲抵賑其畧曰東南與西北異
西北賦輕民所苦者專在口食故蠲不如賑東南賦重民所
苦者專在稅糧故賑不如蠲臣請將災民分作六等除上四
等不賑外以田不及數畝而貧者爲第五等則盡蠲其租而
以賑抵之以無田而貧者爲第六等則派令各地方富民管
領賑濟如是庶有田者不死於敲扑無田者不委於溝中矣
事雖不行識者韙之又上嚴禁誣奏疏
十六年戊子
公年四十四充衡藩冊封正使之青州禮成聞母華孺人有
疾請假便道歸省按明史諸王列傳衡恭王祐楎弘治十二
年之藩青州嘉靖十七年薨子莊王厚燆嗣隆慶六年薨子
康王載圭嗣萬歷七年薨無子弟安王載封嗣十四年薨子

定王翊鏤嗣諸王世表定王翊鏤萬歷十七年襲封玆行册
封禮蓋定王翊鏤也又考地理志青州益都成化二十三年
建衡王府禮志世子襲封朝廷遣人行册命之禮成化末封
興岐益衡雍五王帝親告奉先殿遣使就各府册之而諸王
當襲封者俱於歲終遣官册封嘉靖中改於孟春著爲令則
奉命册封當在正月

十七年己丑

四川播州宣慰司使楊應龍反

公年四十五春假滿北行轉兵科右給事中上救荒十議糾
劾慢祭星變適符虜變征勦西虜諸疏冬有巡視十庫之役

十八年庚寅

十二月甲申議遣廷臣九人閱邊

公年四十六轉吏科左給事中巡視十庫見白糧運民受中
璫漁獵慷慨上疏力剔其弊歲省民間米五六萬石著爲令
有民運事宜議載穎亭林徵君天下郡國利病書

十九年辛卯

九月戊申大學士申時行致仕

公年四十七在吏垣三月奉命閱視遼左單騎巡邊民隱利
弊罔不周晰隨上甄別功罪秋防事宜遼鎭第一大弊安邊
二十四議議汰將領查核冒濫諸疏劾遼東總兵甯遠伯李
成梁解成梁任遼民德之按明史李成梁傳萬歷十九年閏
二月成梁乘給事中侯先春閱視謀邀擣巢功使副將李甯
出鎭夷堡潛襲板升殺二百八十人師還遇敵死者數千人
成梁及總督蹇達不以聞巡按胡克儉發之及先春回朝訐
尤力解成梁任秋暮入都除戸科都給事中隨上潞府川上
責成撫按究處豪猾諸疏十二月聞母孺人復病上疏請歸
養謹案公遺訓辛卯臘月驟聞母孺人病歲暮將禁封遂急
上疏請告以除夕出都門時大計伊邇有語之者曰君甚清
苦遲兩月大計饋儀可得千金毋太急也余曰一日養不以
三公易奈何以千金遲兩月哉蓋公自己丑入都請告之意

已决至此心鐵煎矣更何者足問其志也是年幼弟陽春卒
命三子世芬爲嗣孫鼎鉉生案識小錄公夢滿天日出而長
孫鼎鉉生

二十年壬辰

五月倭酋平秀吉寇朝鮮陷王京朝鮮王李昖奔義州求救
秋七月甲戌副總兵祖承訓帥師援朝鮮與倭戰於平壤敗
績八月乙巳兵部右侍郎宋應昌經略備倭軍務冬十月壬
寅李如松充防海禦倭總兵官救朝鮮

二十一年癸巳

公年四十八二月初七日抵家侍母華孺人疾

正月甲戌李如松攻倭於平壤克之壬午進攻王京遇倭於碧蹄舘敗績三月經略宋應昌檄劉綎陳璘水陸濟師夏四月癸卯倭棄王京遁

二十二年甲午

公年四十九丁華太孺人憂

冬十月己未南京兵部右侍郎邢玠總督川貴軍務討播州宣慰司使楊應龍

二十三年乙未

公年五十居服制中是年太常公壽七十因華孺人歿未期命勿舉觴

楊應龍受撫加邢玠右都御史還朝

公年五十一 三月葬華太孺人於祖塋五月服除

二十四年丙申

七月楊應龍復叛九月倭寇平秀吉復侵朝鮮

公年五十二部推除原官因太常公年老不赴是年祖太僕公崇祀鄉賢祠

二十五年丁酉

春正月丙辰朝鮮使來請援二月丙子前都督同知麻貴爲備倭總兵官統南北諸軍三月己未兵部侍郎邢玠爲尚書總督薊遼

公年五十三七月丁太常公憂十二月葬太常公於祖塋孫柏潭少宰銘其墓

二十六年戊戌

倭寇平五月遼東錦州叛總督蹇達劾稅監高淮激變不報

六月戊午中官李敬採珠廣東

公年五十四居服制中

二十七年己亥

貴州巡撫江東之勦楊應龍不克江東之罷以郭子章爲貴州巡撫起前都御史李化龍兼兵部侍郎總督川湖貴州軍務討楊應龍二月命内監陳奉徵荆州稅店前珠池太監李敬兼廣東稅礦

公年五十五居服制中是年長子世美歿

二十八年庚子

春二月丙戌總督李化龍總兵劉綎進討播州六月丁丑克海龍囤楊應龍自縊死播州平八月丙子罷朝鮮戍兵九月炒花犯遼東副總兵解生等敗沒十二月乙未受播州俘是年内外羣臣交章請罷稅礦諸監不報

公年五十六免喪召補兵科都給事中四月赴部時倭師方退議者欲留兵三千屯戍朝鮮不給糧餉公力持不可極陳兵宜盡撤言三千則弱無餉則饑不死於倭則散而爲盜立

敗之道也復移文督撫朝鮮會議半年而留兵屯田之說始
寢案倭酋自二十年寇朝鮮二十一年遁去給諫侯慶遠即
議撤兵會經略宋應昌疏請倭倭盡歸量留防戍部覆南兵
暫分布朝鮮量簡精兵三千善後二十五年倭復叛大學士
張位請屯田開城平壤以資軍興此留兵屯田之說也二十
七年倭自退邊臣冒功告捷後患正未可知使留兵屯田東
師永無結局公赴官越一日即上此疏關係東師勝敗朝鮮
存亡及國家安危計慮甚遠非狃於目前者所能測也七月
稅監陳奉激變荆楚公上疏請罷礦稅其畧曰昔桑孔以言
利禍漢安石以新法禍宋覆轍可鑒奈何蹈之中使無所勸

懲類乏善良之輩其尤著者則近日楚事宦豎之惡不特一
陳奉也以數陳奉之惡則知天下不獨一楚也方今北方旱
南方澇中土蝗疫脊脊多故咸不聊生捆載內輸緹騎四出
陛下方以爲得策不知一發不可救藥羣小之肉其足食乎
不報十二月播州平獻俘闕下公知宋承恩忠順被誣疏請
特旨赦之一家皆免死案西神叢語滇中洞蠻逆命提問詔
屠之時侯先春在垣中曰蠻人跳梁應誅一洞幼小忍令俱
死乎獨具疏得旨特宥活者千數錫金識小錄播州獻俘侯
公在諫垣心念諸幼弱無辜請於上自十五以下皆赦死旨
俞所請免者數千人考之通志邑乘皆然謹案公遺訓宋承
恩一柔艮土司曾許婚於楊酋而未娶撫臣察其忠順委守
河渡逆酋以其貳於己也夜襲其寨拘繫之後應龍破將承
恩全家併作俘獻余深悉其寃上疏開釋則公之疏請乃承
恩一家非逆酋幼小也諸書俱誤是年又上遼鎮秋防西師
奏捷督臣守制宜聽軍政拾遺諸疏及諸抄參案公奏疏三
十六抄參九奏疏蓋丙戌迄辛丑歷吏戶禮兵四科所存稿
抄參則庚子在兵垣所參也抄參序云邇年以來科道參本
多留中不若抄參過部尙可調停小則竟寢不行大則據參
奏止藉此寢閣不一而足參東山以免屠戮之慘參白嶺以
杜貪功之謀參楚璫以消江南之害參殺番以固西徼之藩

參移鎮以防南海之氛參海變以結東師之局參激亂以落
貪殘之膽參應襲以塞冒濫之端其所裨益者不少矣信乎
吳甯許公少微序公諫草謂不以空言博矯矯者也孫長源
生
二十九年辛丑
二月遼東稅監高淮誣劾總兵馬林不職罷之
公年五十七分校禮闈得王三善耿橘等二十人時稱得士
撤棘後即上乞罪恩璫疏其畧曰本朝遇總兵員缺必命六
部科道等官公議廷推其不輕於用也如此間有一二不職
不法則惟本鎮督撫巡按交章論列兵部採訪詳審具奏伏

侯聖斷其不輕於退也又如此今馬林亦總兵也遼左又危
鎮也彼高淮職惟採榷原非有管轄戎政之責乃畢疏論揭
得蒙旨罷斥臣恐淮之說行則中使之權益張林之官罷則
總兵之權益輕邊事日非虜焰日張萬一窮民起盜狡虜逞
狂誰能奏膚功於閫外疏上謫廣西按察使照磨未之官拂
衣歸里有施公三提王公衡贈扇詩諸門人折檻賜環圖詩
墨本藏於家按明史馬芳傳芳子林爲遼東總兵稅使高淮
橫恣林力與抗淮劾奏之坐奪職給事中侯先春論救改戍
林煙瘴先春亦左遷二官高淮附傳淮惡遼東總兵馬林不
爲已下劾罷之給事中侯先春疏救遂戍林而謫先春雜職

又按公諫草自跋時方祇役棘闈出甫一日會有惡璫事遂
急就此疏不敢過激姑爲巽辭以幾上聽耳意欲繼上一疏
極陳惡璫之罪而謫旨已下夫中璫之橫暴朝廷之隱蔽尚
忍言哉至熹廟璫勢日甚東廠緹騎四出楊漣左光斗卒於
獄熊廷弼決於市魏監生祠徧天下俎豆及學宮不必待懷
宗而明社屋矣公此疏一以重帥權二以殺璫勢雖上不能
用而公忠體國之心可謂無負言責矣

三十年壬寅

公年五十八孫祥濬生

三十一年癸卯

公年五十九始撰宗譜八月作譜序

三十二年甲辰

公年六十夏四月顧涇陽先生作東林書院重建道南祠十
月大會諸同人於東林書院案梁溪雜事隆萬間興復東林
海內莫不仰望風采其不與東林者如施懋揚嚴有儀萬仁
甫侯少芝眞心悃愊温厚和平闇然自修不博時名一時推
梁溪碩望謹案 四庫全書提要憲成不失爲君子然標榜
東林釀成朋黨賢奸淆雜恩怨糾紛遂至禍貽宗社春秋責
備賢者不得不歸罪憲成又朱檢討彝尊史館上總裁書東
林多君子而不皆君子異乎東林者亦不皆小人居田間以

遙制朝柄異議者一發而不勝乃樹援爲敵久而假宮寺之
權以禍君子未始不由君子之嫉惡過激也公辛丑歸田正
値東林興復之時居東里與東林址相近且與涇陽同舉惜
陰社同捷禮闈禱江陵疾同不署名甲午涇陽以會推閣臣
忤旨罷職辛丑公以罪璫忤旨降調出處大節亦相似獨東
林片席地至死不相往還蓋早知聚徒講學遙執朝權勢不
至如漢之黨禍宋之太學不止迨後救三才者爭辛亥京察
者發韓敬科場弊者請行勘熊廷弼者爭挺擊移宮紅丸三
案者忤魏忠賢者率指目爲東林黜將錄一出殺戮禁錮善
類爲一空公不與東林中立無黨其卓識遠見要有不可及

者豈僅如梁溪雜事所云不博時名哉

三十三年乙巳

公年六十一孫之源生

三十四年丙午

公年六十二辛丑門生耿橘來謁案耿橘字廷懷濟陽中衛人時爲常熟令是年三月來錫至東林書院講學

三十五年丁未

公年六十三起公萊州推官不赴輯家譜成是年孫巨源生

三十六年戊申

公年六十四孫衷坦生

三十七年己酉

公年六十五起南京戶部主事不赴

三十八年庚戌

公年六十六改南京吏部文選司主事仍力辭不赴案本傳起南京吏部主事隨疏乞骸自是屢徵不出又案平生喜獎崇節義夏彥章之嫠某氏歲與米若干寒暑十閱矣靡他矣忽夫己氏欲奪之有成謀而夏不知也賴都諫聞而亟止之然都諫遂以此憤激遘病歲餘竟不起則保全夏節當在是年

三十九年辛亥

公年六十七八月二十九日卒於家有星隕室上大如斗適當寢處良久方滅葬於華藏山新阡之原大學士申文定公銘墓石天啟四年原官特召家以卒聞特贈中議大夫資治尹太僕寺少卿入祀鄉賢祠

國朝康熙五十六年奉文建立專祠有司春秋致祭

侯母張孺人墓誌銘

余以釋褐請告還里適施公龍岡守郡創立書院大興文教羣大校諸生而較之實唯侯公屢冠多士聲稱藉藉余始耳公姓名而嚮往之旣而余授部郎暨郎則侯公已爲太常博士且拜科垣矣余無似不知何以辱知於公無浹旬不晤無晤不移晷余於是始習侯公才品且聞張孺人賢孺人之祖靜思翁與先大夫荆川翁登同第直同聲余又以年家兄弟辱若思公至誼則又知孺人之賢所自來因侯有太僕丞諱祖德者爲給諫公祖宿以廉潔著且於靜思翁善優游林下吟唱詠和幾若干年始知孺人之所以歸侯也孺人歿而其子若孫以銘請余不能

辭按狀知孺人爲若思公應科與尤孺人女靜思翁之女孫給事中少芝侯公之配封太常博士文芝翁與華孺人之媳太僕公企竹翁之孫媳也孺人生而婉淑詳愼不輕言動爲女則已善事父母與祖父而得父母與祖父心旣嫁則善事翁姑及太姑而得翁姑與太姑心父性卞急則以寬和解之姑性嚴峻則以柔順濟之其相君子於未遇也不難於糟糠之澹泊又不難於割愛衽席以勗其晨撰夕吟之功其相君子於旣貴也不難於驕奢之豫戒又不難於絕意苞苴以杜其捐名毀節之竇其訓子則愛而出之以嚴以作其勤而譬其惰其御下則惠而閑之以素務體其情而恤其私嘗語諸婦曰若輩爲婦不似吾爲

婦勤然而澹泊家風不可以奢易積理女功不可以嬉易忠厚積善之世德不可以刻薄易也又曰吾不爲爾輩析箸非好勞也慮若輩以精潔競勝則近於奢兒輩以料理分功則近於情耳嗚呼卽孺人之行亦庶幾衆善之備矣孺人生於嘉靖戊申八月十九日卒於萬歷丁巳四月二十五日享年七十子三長世美邑庠生先卒娶王氏太學生覲滇公女次世英太學生娶徐氏汀洲二守漸庵公女先卒繼華氏太學生玉衡公女次世芬縣庠生嗣復甫叔後娶顧氏四川布政司照磨揚廷公女女五一殤字金壇御史于自玄公子贊燕一適太學生鄭梧陽公子邦才一殤字廣東廉憲賈弘庵公子允恭一適江西憲副施

嶼南公子方昇一殤字左春坊左贊善周念潛公子如圭孫八宗源中乙卯應天鄉試娶華氏太學生心谷公女慶源聘貢生吳觀華公女俱世美出之源聘永豐令秦亭山公女巨源聘邑庠生秦本嬰公女殤復聘太學生楊信若公女衷坦其源未聘俱世英出祥濬聘庠彥吳爾閑公女祥溥聘武進孝廉楊亮如公女殤今未聘俱世芬出孫女六一適太學生吳揚華公子其馴世美出一殤字太學生黃念元公子壽祖一適太學生錢若盧公子鏊一適庠生鄒讓初公子兌金俱世英出一殤字太學生王堅白公子永錫一字太學生秦泰甯公子伯鏞俱世芬出曾孫女三一字太學生黃伯宏公子世選一字太學生泰公蕃

公子德溶一未字俱宗源出余嘗覩世所稱閨閣以賢淑稱者卽於事姑嫜宜家人操井臼纂酒漿一切勤儉足矣甯有知大義達大體勗其夫以批鱗叫閽置其身於不測之地者哉吾聞侯公以劾巨璫罷歸孺人迎謂之曰午聞君有疏清君側之惡驅煬竈之姦人以疑妾以信旣而確傳人用駭妾用慰豈徒喜君之不負生平不負兩祖哉直以妾之幼也旣得爲直臣孫今之老也又得爲直臣婦爾亦時嘗告君矣吾祖幸無恙否得毋時時恥聲咳乎典刑具在神益良多茲乃信已嗟夫此其識豈他閨閣所能萬一哉卽王仲卿之妻遠退三舍矣孺人將以戊午二月二十九日祔少芝公之壙而合焉禮也因爲之銘銘曰

諫臣之孫諫臣之配法祖勗夫維孺人在以此淑姿懷彼烈槩雖卽元宮靈爽不昧

賜進士出身奉政大夫南京太常寺少卿通家眷生唐鶴徵撰

爾濟府君行實

嗟乎人子於父歿之日未有不號慟呼天哭踊躃地者然奉親之色笑有年承親之訓誨有年貌熟於心神接於寐依稀時有生親也若夫幼而失怙形容旣邈謦欬難親卽一夢之聚首杳何可得不唯孤兒之父死併夢魂之父亦死也故等銜痛也而幼孤甚人子哀悲莫釋至拾遺言往行以繪吾親未有不淚隨墨積聲從字咽然而想像匪遙筆先人無戕善筆先善無戕眞恍惚髣髴間亦尙來生韻若夫孤兒狀父悵悵如盲師瞽子茫無舉似唯有刺心鎚臆搜一二傳言少備實錄幾幾狀譜之父亦死也故又等銜痛也而幼孤甚至不孝則等幼孤兒也而不

孝之銜痛甚當余父見背之年不孝七齡幼弟孕纔匝月猶憶兒余每長呼大慟痛不欲生不孝亦繞膝呼啼呱呱不已及兒父屬纊之夕昏憒中張目大言執不孝手曰學長進與言及此嘗致之吾父卽一滴一淚哭泣之哀亦未嘗展之吾父猶記余童誘之則又餅餌戲矣回思當日匪但菽水之養志氣之娛未不勝血淚迸流矣用是日惴惴焉湮沒先人是懼不得不以淚和墨稍輯數行以希華錫然又不敢摭拾孤兒盲語致欺聽睹也謹錄王父小傳及余母日夕訓提併父執徐君感夢而筆數言者足其後焉先是丙午年王父家譜成爲父立小傳曰兒名世美生而潔肌逾雪先太常喜弄之掌上卽命之以名顧余曰

此子決非貧家兒時余正困諸生絜衣糲飯兒性與相安余轉自喜曰此子眞貧家兒乃不愧吾兒及余官太常攜之京師從太廟祭歸餘胙分餔家人兒北面拜端坐而食至庖兔之脯不輕下一箸余詢之兒對曰幸沾君賜食肉已足何敢饕餮余於此知兒之爲人恭而愨澹而約殆性成然遂大器之不欲以今士局待將冠行古三加禮侵晨至日中兒無怠容自後盆自刻勵專以古人爲師畫線而蹈不失毫髮及娶婦於王婦家稍勝吾家裝遣差茂兒意不懌曰吾儒素家不耐紈綺請急去之以成吾志婦亦遂脫簪珥組繡蕭然如桓少君互以寒儉勗余喜有佳兒兼有佳婦婦媪顧愛之異甚時以新麗之服貽之衣兒

曰大人布縕外郤弗御兒何敢衣時以甘鮮之味貽之食兒曰大人未嘗此味何敢嘗余又再宦京邸因留兒侍兩尊人兒修候朝夕惟謹值先孺人小病瘀兒爲調飲食視溲溺日夜傍簟席噫欠必聞扶掖必親先大人貽書於予曰汝有子孝敬足代汝一乃心王事無煩縈懷千里也予以是無膝下憂自予去家兒日鍵一關與賢師友相切劘盆力性本不喜飲更絕飲本不喜遊更絕遊時時以日課寄郵筒不啻予下帷面督予以是無廢業憂兒性靜篤不問戶外事然最惡族屬僮奴沓雜閙市中密偵家之人某某貪而驁某某險而陰親若友某某狠而愎某某諂而奸時從家信箋寄兒貌若晦也何內則若是余以是無

孤鼠憂悶有匪人以黃白媒兒闗說郡縣者兒怫然叱之曰是欲以大人貨而與有司爲市也且以青衿闖謁官府壞行誼不小斯言胡至於我哉若且急退兒故素柔順何又剛方如是余是以無敗類憂大抵兒孝謹端樸固其性生方長而於義利闗頭持之最力微但分外一錙不屑染指即持籌之事予母之息違若恐浼眞不曉阿堵爲何物有以治生言進者兩頰頩頩然發赤每對友人曰丈夫脫此汚穢物何事做不得嗟乎長其年充其志兒眞不容局之今士中也尤可痛者歲小試小御借家人贋亦是爲先容地兒顧奮然曰戰而躪誰咎也正當借爲磨勵地耳乃發憤讀書華藏山竭日夜攻苦不輟兒體故羸弱遂

病病復誤於庸醫之餌而竟弗起也嗚呼如兒者胡可死也如兒者余愧不至哭之喪明喪明非過也蒼蒼者安可問哉今幸有兩子余代爲之教誨或者不於其身於其後乎是在宗源兄弟勉之是在宗源兄弟勉之嗟乎知子莫若父王父之書於譜未者蓋如此予母又時時舉父之隱德懿行進不孝兄弟跪而教之兒不孝輩脩裾廣袖漸而學於靡也艴然責數曰汝知爾父乎爾父爲給舍子不啻寠家兒居恒練衣芒屨袖不盈尺留一布袍經數澣不輕棄歷數年如一日也余偶爲製一衣汝父却弗御怪問之曰余服新衣不如布衣安也每見貴家子都其衣屣揭錫而招於市予爲掌面者久之今簡敝篋中縕袍纍纍

者猶在小子識之見不孝輩蔬食外稍恭以肉味時又修一二品以進余母余母蹙然曰余思爾父不忍染一臠也爾王父宦廿年貧儉如故或吾家時有饋問爾父俱推以進兩老人曰吾爲父代養而自餒其口腹乎茹辛食淡泊如也吾閱爾父數載七箸眞不出一蔬豆外小子識之見不孝輩偶撥衣掀足箕踞跛倚而時佻於儀也嚴詞諭曰兒眞未訓於爾父乎爾父端靜樸木矩行爲行規步爲步暑月穿履衣葛未嘗裸體毎遇少時蒙塾師傴僂而拜籬目而坐聲不揚立不跛其莊謹如此小子識之不孝輩遇小有屈抑或不禁艴然而起則温諭曰爾父含辱懲忿每於非意相干甯讓人一步嘗挾一奚奴踽踽行道中

人不識爾父又戟手罵詈爾父笑受之絕不以介胸臆也小子識之不孝輩性微躁怒笞之聲或加於奴隸則又諭曰爾父能嚴勅家奴不聞外事然不輕鞭撻譙呵叱咤之威絕不形諸顏面嘗曰以身爲教則狠子革心以罰爲禁則黠奴善背格言哉小子識之至不孝輩或童心之旁誘或他技之分神或興衆之失時也余母諄諄提訓甚則泣涕而道曰爾不聞爾行之慤行古風乎目從未覩淫色耳從未接淫聲偶遇妖冶之屬匿影避去惟恐其浼眞如處子閉深閨即朋友嘔爲不韻弗恤也小子識之爾不聞爾父之凝神壹志乎每兀坐一室除戒詩讀典外架無雜書几無雜玩諸凡樂府穢褻稗官小史之類悉付一炬

至六博之戲毎日余不解解亦不欲偶見他人爲之使一頭岑岑作痛也小子識之爾不聞爾父之惜陰愛日乎雞鳴而起夜分而寐吾亦喜觀閨則毎丙燈熒熒相對手一編忘明星之將爛也雖炎暑酷冬揮汗龜手所寫古書今義浹歲至滿一篋今蠅頭手澤宛存也小子識之迄乙卯秋不肖幸厠賢書余母更唏噓謂不肖曰汝漫然弋獲謂得之文與命與汝病羸匝歲前此又非有積苦之工夫非有積飽之腹笥一旦病起而戰戰而遂捷儻非席爾父之餘善餘蔭餘德餘勤天其愛孺子乎汝須更演其餘以永爾父蔭自今日始小子識之嗟乎悉余父孰若余母不孝從提誨之餘拳拳記憶今彙集之者蓋如此吾父生

平寡交與獨有膠城汝廉徐君諱允祿者稱莫逆交甲辰歲操舠過吾錫時不孝髮已披額見便蘇蘇下涕曰吾向夢若父把臂若平生歡忽復愁顏蹙頞如隔幽明作長別狀余寤而悲曰爾濟其來晤予乎其有所囑予乎因爲思其寒牕夜案披膽論心之語暨暗室屋漏攻習聞習見余不勝心折之事以筆其眞今以授若爲他日補遺可乎徐君之言曰爾濟與人交輒洞見肺腑與余尤稱暱契肝膈語無弗傾吐示余嘗有貴人投之柬爾濟眉宇間如帶憤怒邑予詢曰來意云何爾濟曰渠意欲假予家郵以丐大人且日持文字作羔雁能爲借齒頰力可得之某上官大夫也思因大人之熱而又欲我因其熱炤以炎焰燕

我乎頭急謝去矣曰與予鍵戶靜坐習枯禪態偶蒼頭以會計簿進厲聲叱去曰此齷齪者奈何混我清課或仍置之几上則見其紙蝶飛矣嘗對予曰天下惟財甚羶羶則甚膩膩則一染不可復出吾輩若義利關頭打破何事做不得大都爾濟爲人外柔而内剛貌闇而骨勁每讀書至快意處隔牕狂叫曰徐大與爾共賞之某忠某孝某節某廉娓娓快談企慕之意形於色至不平處亦復狂叫曰徐大吾與爾共誅之某奸某佞某陰某險侃侃極談如欲以利刃剸其腹義亦憤形於色其氣質之剛方如此其爲人也待尊人孝而謹待兩弟友而和終其身布衣蔬食儉而約束筋斂骨肅而莊戶趾不錯貞而靜錮臭若浼潔

而廉無飾言無飾貌信而慤無僞日無偷刻事而篤與朋友交無城府無爾我洞而達待下也無苛容接人也無傲骨待橫逆也無芥蔕藹而溫寬而恕若此者爾濟之爲爾濟夫人言之矣獨其一種稜稜之骨浩浩之氣時露於友朋笑啞之間讀書尙論之際更具一種光明之心事烺烺於寤衾行影之微傾肝披赤之論則惟余所獨知而人未必知爾濟所爲夢者告之其在斯乎余故追憶而筆之嗟嗟人之相知貴相知心徐君眞知余父心矣所感夢而書者又如此而此綜余父平生想約略幾盡鄙或有所未盡安敢更有所益以誣逝者以欺當世大人不孝書竟益不勝悲塡胸臆涕流被面也伏乞名公鉅儒俯覽而細目焉鑑余王父之小傳字字皆哭兒之血鑑余母之一誨一提聲聲皆訓兒之淚更鑑余父之恍惚告於徐君者又語語皆肝言而腑字也不孝庶幾撫心稍慰曰彼流俗者無論知與不知得一大君子焉亮非孤兒盲語乎將不孝所抱爲甚痛併日怦怦焉惴惴焉兼痛與恐者或可以少寬萬一矣敬用執狀百拜以請無任哀懇泣望之至

不孝孤子侯宗源泣血稽顙百拜謹述

題贈刑部主事貢士子兢侯公暨繼配華太孺人墓誌銘

余備員史局頗覽四方郡國所上書因慨然於風俗升降之故竊以爲世家巨族鄉邦之元氣衣冠茂異之表帥也其始必有名公鉅卿爲之開先其後必有重珪疊組爲之匯武而作述之際尤必有深沉練達敦厚端重偉丈夫出而有之以肯構爲翼子以纘緒爲貽孫故詩書絃誦孝友廉讓之澤衍而彌長可以使人觀感興起向慕鼓舞是楷是則焉卽其身不必盡見用於世而近則關一家之盛衰遠則繫一方之矜式儀刑所沾溉不可以咫尺道里計非子兢侯公誰足當此者乎余方欲登之者舊爲金匱石室光矧辱在通家其敢以不文辭按狀公名世英

字子兢黃門贈僕少少芝先生子也侯之居錫自有元處士德宗公始五傳爲太僕寺丞企竹公史蹟比古龔黃又二傳爲僕少先生經濟幹局諫草傳天下與張孺人舉子三長贈司李爾濟季孝廉子誦公爲之仲幼卽以岐嶷爲僕少所愛重隨宦京邸甫成童耳時王季重曹玉皃兩先生徧集長安名彥爲珠敦玉盤之盟公肩隨元方執橐鞭周旋與酬落筆烟雲滿紙一時呼小友中畏友旅次蕭然扃戶揣摩誦讀聲琅琅達戶外至丙夜不休其離僕少家居與贈司李公互相砥礪不一曳裾公庭不受一暮夜金不通一竿牘有司不縱一蒼頭盧兒蹂躪細民魚肉閭左以至平康狎邪呼盧陸博酒池肉林歌兒舞女魚龍角觝之會必搖首謝去終其身如一日未幾雁行中斷遺孤農部公齒僅當戶公鶺鴒抱痛隻影自傷念非奮身青紫與訓孤兒成立無以慰堂上老人心每簡亡兄殘篇示農部慨蘇蘇泣涕取制義中先民榘矱爲農部字繩句櫛焚膏繼晷身相督課農部旣驊騮欲度公學亦大進江上貢定夫辭壇尊宿意輕一世獨心折於公丙午棘闈發知平華林公幾雋矣以數奇阨失迨僕少騎箕天上公憐家門衰落益率農部發憤下帷絳帳延師必極一時之選尊酒細論每飯不忘鉅鹿乙卯挈農部試留都泥金捷至謂必公老將登壇不知脫穎去者農部也旁人爲公侘傺扼腕公獨欣然喜見眉宇曰今而後庶可瞑吾父吾兄

目於地下乎後子誦雋辛酉農部雋丁丑子誦子彥哲雋甲子農部子朝賓雋己卯公俱爲陽滿大宅公子比部掌文炳藻著聲黌序川生理卿茲冷三文學英英露爽宣平駒齒漸脫公始息意進取以副車歲薦老矣公事僕少與母張孺人和敬兼備介眉襄事竭蹶殫心張孺人有痰疾每發則公左右扶侍衣不解帶目不交睫子誦雖公弟故嘗奉僕少命以師道事公公不以嚴廢恩至析筋均產未嘗以子誦出嗣少減也奉節嫂王孺人恪恭盡禮如所以事贈司李者王孺人仁心爲質好行其德每賑窮周急公不惜傾囊倒廩其裏盛事至屬族鄰里寥榜歸婺一遵僕少公成規而溢羨焉初娶徐孺人以賢淑聞歿而哀

之久乃娶今華孺人廟見時公郎手三子兩女委之孺人撫字
鞠育如出己腹凡甘旨滫瀡賓師羔雁嫁娶喪葬悉心經理俾
公纖毫靡遺恨而因女及甥殿撰于度鄒公每誦渭陽乞相句
輒誦說公與孺人誼不衰嗚呼衣蘆失鞫其來久矣如孺人者
豈復可見於今之世哉申酉之交比部以明經筮仕論者謂公
高門之兆有開必先方期公與孺人優游大耋白首同歸然公
方踰古稀竟以乙酉冬溘先朝露不及見宜平春秋之捷嗚呵
晝錦獨孺人獲覩蒞治括蒼猶諄諄以不媿清白吏子孫祝特
以慟公過甚二豎膏肓終致不起悲夫公天才敏贍嘗代僕少
飛書酬答立草百函沉酣典籍凡象緯職方星歷卜筮陰陽技

術諸家皆鉤元提要手自鈔輯於朝廷大政歷代實錄尤所留
心論定折衷瞭然指掌故惜公才者每恨不得以起草明光校
書天祿借公又夷門華從桂籍慈恩歲不絕書惟公荊山終刖
盆爲公致力田不逢之歎然觀公於伯季兩家花萼同榮日或
以青烏形勝不利次子爲言公謂使伯季後得之何殊吾得之
而孺人於宜平曲江宴罷亦舉此明公卓識遠見此其意念深
矣其葬也在開化軍障之新阡故徐孺人歸骨地係宗伯嘗誌
而銘之矣故予不復及徐孺人事獨以比部命誌公與華孺人
而爲之銘銘曰
有父有子惟公父子韋石接趾有祖有孫惟公祖孫苟陳一門
有夫有婦惟公夫婦鸞耀相友箕裘弓冶森儉孝慈五倫克備
百福攸宜山高土深軍障之麓振振繩繩綸恩茀祿豐碑大碣
表此幽墟作史銘詩副在石渠
賜進士狀元及第右春坊右中允前內翰林秘書院修撰加一
級頒
詔江南分較禮闈充纂修官年家眷晚生呂宮頓首拜撰

子兢侯公傳

先大夫與故都諫贈冏卿少芝侯公先後通籍每語余居官居鄉一以都諫公爲法錫山稱理學淵藪公敦孝友仁讓而不標理學名在神宗朝累著昌言巡邊釐剔節省鉅萬計功至偉也且述尤廻溪先生語云東門侯氏世有隱德昌熾固當余佩斯言因知侯氏名德之遠子兢爲都諫公仲子方其幼時都諫公尙食貧爲經師公亦早嘗虀鹽味而詩書膏腴充滿腹中至都諫入官公與兄爾濟隨讀京邸穎異過於兄善病不減休文藥爐與架帙並陳不以調息廢呫嗶博極羣書滙以心解復自羨晦不標榜以逐時名數奇不偶屢困都試體都諫公遺志敦倫

飭紀寒宗賴以襄飱貧士資其膏火拾遺骼而封其墓歸嫠女而授之奩撫疾病而予之藥餌者指不勝屈也聯羣從督諸子論師取友傳選名雋咏繙衣而諳式穀文壇聲價遂甲東南朱輪華轂亦且聯鑣競爽誰非公所孚字而翼飛者至於今陵谷雖遷堂構逾煥公冢孫仙蓓以終賈齡掇上第樹駿流鴻正未有艾又誰謂公之終不遇哉蓋都諫公忠猷碩畫著在朝野尙多隱德如廻溪所云公且潛滋默溉如以六月之息養九萬之程科名固所自有而在公不必以科名顯也

賜進士出身光祿大夫太子太保戶部尙書年家眷弟張有譽頓首拜撰

子兢府君行實

先大父兵科都諫贈太僕少卿少芝府君配先大母敕封張太孺人舉丈夫子二而吾父居仲吾父幼爲大母自乳時先黄門爲諸生授經糊口家徒壁立吾父非生而紈袴者比至九齡與伯父爾濟公隨任太常清郎薄俸先黄門自爲督課年少於伯父而資倍焉甫齠多目疾兼病胃衣襆間蒞渋蔘苓之味然亦不以病故荒靜業也戊子先黄門歸省宦囊羞澁不異貧儒爲伯父議婚兩姑治奩吾父以吟誦之餘代爲經理纖悉中窾己丑補博士弟子員偕伯父讀書華藏山房璩篪師友友愛彌篤忽遭在原之痛哀捐過節遂病痔漏是時先黄門予告家居

此至感頼以相慰者有吾父在也吾父沉酣經史按部連類星文輿志陰陽律歷無不兼總條貫至内府之名疏秘笈列朝之大政宏綱衡古量今歸於心得卒未嘗輕炫於時爲世羔雁賁也十走棘闈見賞於邑父母林平華先生再週於甯國司李棠曉菴先生竟以數奇終慳一第僅備副車得邀恩例可勝嘆哉識者謂吾父雖未通籍得志於時而内行淯備爲政於家自足不朽以名諫臣爲之父而雁行雝穆琴瑟諧和宅心忠恕治物公普加恩異姓分愛宗支上事高堂生有以賛其成歿有以大其緒介壽治喪諸大禮竭蹶殫心無遺憾族屬之貧寡者鄉里之匱乏者或遺櫬未窆嫠女未歸者一遵先黄門之遺規而益

厚之尤注意文事藝壇詞社尊酒細論所延致者皆一時名雋教誨不孝輩兼以造進後學日盡誠夜傾囊無倦色承事寡嫂不異於母撫其兩孤未嘗以兄子視也乙卯伯兄濟泉舉於鄉丁丑成進士己卯伯兄子曦復登鄉薦吾父大慰曰今而後吾兄可以不死也吾亦可以不爲吾兄之死悲也叔父子誦公少吾父十歲嘗師事吾父出嗣叔祖復甫公後而析觔不少減至叔父登辛酉鄉薦叔父之子彥哲又雋甲子吾父益大喜慰曰吾門今日之盛皆先澤所遺及吾父式穀之力正當爲後人培養以無忝前人無遽自矜也有持陰陽家言者謂先黃門三子已發其二獨不利於吾父一支吾父正色曰吾兄之子若孫而

既發矣吾弟與吾弟之子而又發矣又何必吾之身吾之子而後愉快哉其友于之誼生死無間枯菀一體蓋如此而其所以望不孝輩者日深且切不孝自恨無所表見以慰吾父心申酉之間區區以明經選邀紫一命乃復羈跡金陵使七旬老人縈懷遊子況值戎馬載塗傾城墳尾吾父避居山莊不孝旋給假歸省吾父聞不孝之將歸也喜謂吾母曰吾兒歸庶可復入邑聚居矣或得敝廬亡恙疏水長依無憂離逖也乃不孝蠢罪孽深重半月之間吾母方病稍痊而吾父忽以氣鬱成疾竟致不起嗚呼痛可言哉謹卜月日安厝於開化軍障山之新阡迴思吾父之嘉言懿行耿耿在心而苦塊餘魂語無倫次安能述其百千之一二敢祈大人先生哀而賜之一言袞錫之榮幽明銜結不勝摶顙待命之至

不孝孤哀子之源等泣血稽顙百拜謹述

侯介婦徐孺人墓誌銘

侯介婦徐孺人者太學子兢次君之配也徐江陰望族孺人之父爲臨洮二府漸菴公而母爲苗孺人孺人在閣稱愛女其兩親小不懌藉以平有疑藉以决蓋不啻女而子矣十七而歸次君次君之父爲都諫少芝公而母爲張孺人都諫公居家簡儉張孺人治閫内和以穆孺人入門不矜倚華侈當舅若姑意間羞甘旨飾衣履而進之每旦起上堂候起居伺察安否以爲愉惕十九年一日也次君爲邑諸生有聲升上舍試輒在高等然弗即第孺人且慰且勉曰士在所自樹耳淹速命也次君視爲益友次君口不言錢鏹手不執籌算而孺人斥嫁時金繒爲流

轉營殖以佐資用又往往推其餘以赈宗黨之告緩急者以故人人手加額曰願孺人福而壽乃年三十五病痢卒卒爲萬歷庚戌正月九日距生萬歷丙子二月二十五日於是次君哭於室曰天哉何吾妻之賢而弗偕以老乎舅若姑哭於堂曰何吾婦之賢而弗終事我以安乎其妯娌哭於寢曰何吾姒之賢而弗覩其子若女以長乎下逮臧獲望而哭極哀即宗黨無不匍匐隕涕邑然以駭者曰侯介婦賢婦也夭矣蓋余誦詩葛覃服絺綌采蘋湘錡釜樛木紫葛藟雞鳴弋鳧雁女婦之德奉尊長宜室家而止矣豈有驚奇節殊行而以爲聲乎孺人名家女其歸也履豐際盛以懿淑聞雖無年人壽榮名不可謂非天所厚也爲之銘銘曰

胡德之光而閟世弗長爾名則芳魄焉斯藏其以爾遺允允臧

賜進士及第嘉議大夫吏部左侍郎兼翰林院侍讀學士前正史副總裁經筵講官眷生孫繼皐頓首拜撰

徐孺人傳

徐孺人名淑潔江陰甲族也至性眞慧得之夙成女紅之暇從母氏受內則女誡諸書奩資懸解事父母惟謹得歡心父母喜曰是吾女也固吾男也既歸作止繩矩理繁劇咄嗟而辦善揣二大人意滫瀡履飾視事父母加謹明粧弗御炫服弗被列鼎弗嘗課紝織以習勞脫簪珥以經費廣媵侍以似續妯娌以下咸爭慕效之子兢呫嗶稍怠則相規棘闈失利又相慰子兢飲其和浸浸乎莅安于矣誠德才兩合之致也子兢善病孺人善調其病乃子兢竟瘳而孺人遽卒生人間世三十五年爲婦十有九載必敬必戒如一日使天假之年婦道母儀當爛焉可書乃四乳所留樛木所延婚嫁未行年光不俟天若閟其餘以開後人者耋孺人歿而兩姓宗親皆淚下也

論曰昔周南太姒之孅必本葛覃由已嫁而孝不衰於父母也西京去古未遠已多誶語反唇何問漢以下哉孺人一閨中秀耳乃能行孝不倦方宛轉床蓐一聞婔母神往形留迄於彌留瞪目無非二大人也者精心愿質前無古人矣李惟有言今人不如古及其有之古人不殊也信哉

賜進士出身文林郎江西道監察御史巡按廣東山西等處巡視皇城四門前行人司行人年家眷生顧龍禎頓首拜撰

徐孺人行實

亡室徐氏諱淑潔曾大父雲岐翁大父柴石翁父臨洮二府漸菴翁母敕封苗孺人苗無子止二女吾妻居次父母珍愛之重擇壻而誤及余噫眞誤矣余不自勉勵致身青雲自誤而并誤吾妻今且溘焉歿也豈不痛哉余所痛而不能已者未可筆舌殫述惟是孝於舅姑而不得終事舅姑也孝於父母而不得終事厥父止逑從其母於地下也順於承夫而余不得諧偕老之願也和於妯娌篤於娣晜而不得長與娣晜周旋妯娌聚首也惠於處衆慈於恤下死之日內外親疏無不悲悼欷歔以爲不宜死而死也勤於家政儉於自奉積纍以就此數畝之汙萊而不克終享之也更有最不忍言而爲吾妻之所死而不瞑者惟此呱呱之諸弱息在十一乳而僅存其四六舉子而僅存其兩愛之不啻掌珠而竟舍之長逝也痛忍言哉蓋吾妻之爲婦者十九年事事稟命念念欽承得吾親之歡有一味必脩而進履飾必手製前上之有微痾憂見於色問候惟謹復乃即安病且革猶曰奈何以婦病累二大人更曰吾死無恨止負二大人恩耳彌留之際他無一語獨目吾母而稱謝者再噫可痛哉方其在室父母喜其慧怒以平疑以剖疾以安父常恙侍湯藥日夜不交睫母病十五年日禮大士冀延母算既卒淚光熒熒枕上六年一日也至客歲葬有期而病方劇涕泣不輟深痛不得親

穸窀之役洒淚黃泉也非至孝天植豈能若是乎至閨闥之間有琴瑟之和無嘻嗃之象有肅雝兼至之美無剛柔相戾之患余性躁率濟以和緩余悔悟事以濟余才疎劣時爲奮激繼乃泣下曰若忘親之老乎若忘齒之增乎及失意時又加慰曰命實司之無怠若志可耳余迂拙不知阿堵爲何物則出贊畫爲經營佐以績紡賴無乏用事有疑余不及决先事瞭然必歸仁厚不以蹊刻待下予躁率之性自此大減斯眞吾益友不止內助而已予未有子謀置遴既有子視妣子猶己子一衣一食無不埒豈尋常之見哉方期朝箴夕規以圖寸進又期其黽勉以畢兒女之事得娛吾親於桑榆也今安可得乎予善病湯藥必

親臬藏不避甚則願以身代庚子予病自下聞訊驚悸遂成脾疾遷延歲月竟乃不起嗚呼痛哉予思古奉倩子荆輩皆感婦德而重伉儷有不知文生情而情生文者余長於情而短於文不能紀其懿行之百一惟藉世丈先生大人錫以鴻文則死者不朽生者榮施矣

不杖朞夫侯世英 拭淚拜述

華太孺人墓表節略

太孺人南齊孝裔梁溪望族閨房標秀性揚蘭馨珩瑀節躬姿含玉粹方大理侯公中年失耦悲靜好之無聲而太孺人幸續鸞膠庶高堂之克慰襁中稚子膝前弱息無母而有母雖全而獲全未聞後妻虐使之傷永絕母在子單之恨鳲鳩令儀恩勤允篤天倫亡恙慈愛依然迨其後也廸爾賢允珈佩增榮發其孫枝翟鬻彌煥而猶克恭克儉無非無儀飯命西方長齋繡佛傷所天而感疾離塵刼以長辭嗚呼徐太孺人既揚美於前而華太孺人復嗣徽于後閨中兩難後先輝映豈非閫範之所莫京而彤史於焉增烈者哉

賜進士出身內翰林宏文院編修典江南鄉試年通家眷生西湖黃機頓首拜撰

華太孺人傳

華太孺人題贈大理子兢侯公繼配也幼嫻內則長備閫儀其祇事尊章劻勷中外與大理公相勉相成者賢笄禕猶能之所最難者前後既屬隔體嫡庶更易成嫌太孺人無出以徐太孺人所出者爲出自襁褓提攜訓廸督課以至婚嫁大禮衣履瑣務靡不綜理委摯既篤且均又因女及女因甥及甥以樛木之慈普葛藟之芘匪直比部兄弟感顧復之仁也大理公歿在卌革之交孺人從病中哀毀咯血經營喪葬遂致成疾然又撫育孫曾周旋婣婭者逾七年乃從大理公於地下方其未沒也猶得送冢孫仙蓓之任玉嵒諄諄以不愧清白吏子孫爲囑且得

聞外孫鄒海嶽鼎元之報尤爲破顏劵許謀徵宅相以報地下庶可以唱隨依然栩栩白雲鄉矣

論曰雞鳴昧旦詩有同稱眉案鹿車史亦並載若繼母之賢者古竟希有而欲爲繼母列傳者今更無人余所聞華太孺人前後嗣續之際無異視爲視古之耘瓜履霜衣蘆失靷者其順逆愉怫相去何啻逕庭哉從來乖致亂和致祥始於閨閤達於鄉邦今侯氏慈孝聚爲太和其源遠而流長也不益信夫

賜進士出身光祿大夫太子太保戶部尚書年家眷生張有譽頓首拜撰

外王母華太孺人行畧

外王母華太孺人之來歸也吾舅乾中公止六齡耳其餘諸舅未離襁褓吾母及母姨亦止十餘歲廟見後外王父即挈諸兒女委之恩斯勤斯慈愛靡間忠倚猶憶幼時侍吾母每言及前外王母徐太孺人未嘗不涕泗交頤也既而曰誰使我無母而有母者匪今母何以有今日乎嗚呼言猶在耳而吾母又先長逝痛心何如耶時忠倚尙穉不能盡記憶即舉其近者先君子之變也事出不虞歸藏之具猝難立辦外王母有佳木懸之巳數十年慨然予之使先君子得妥靈於地下而忠倚不致有終身憾皆出我外王母之賜也中夜捫心未敢去懷即此一端外

王母之於忠倚蓋何如哉先是吾母見背時所遺兒女形影無依淒其欲絕當不減外王父之喪外王母徐太孺人時也先君子又不及繼娶忠倚兄弟幸就外傳而女弟正幼乳哺爲艱外王母即抱之歸自襁及笄織紝之工婉娩之訓口授手指不遺餘力既長適吳寒家箕帚之外外王母別爲治裝遣嫁之日塗人嘖嘖稱盛云嗚呼凡人之情莫眞於死生之際旁觀者貌瘁而神不傷焉以無所動其中也一當傷心刺骨之事雖歡會之極不自知其涕淚之何從矣矧其爲死生之際也者今忠倚之念及此所爲傷心而刺骨孰有加於此者哉其爲痛傷又當何極也

翰林院修撰鄒忠倚頓首拜撰

侯公子誦暨配顧孺人合傳

蓋自孝廉子誦侯公殁而予撫其遺事不勝人日題詩之感也夫予與公梓里葭莩望衡接宇地甚近矣早登蘭簿旋附驥塵誼甚渥矣公長予十歲且知名久予雅不敢以方幅進而公顧暱就余當戊午之春余與長公彥哲同隸膠庠請於公修後進禮公不可至辛酉聞報之夕公執余手大噱曰君往往以齒遜我迺此日稱同年矣余每媿其意以爲如公者眞有孔北海風余性迂拙寡昧卽親厚如公亦不能事事强同迺公不惟亮其意見之偏而兼收爲葑非之用其胸懷磊落城府洞然眞有長公所云浮雲大虛浮無芥蔕氣誼所投不難吐肝相贈者余每

感此意以爲如公者眞有王太尉謝萬石風嗟乎公今不可復作矣又安得起公九原而與之抵掌千古也公姓侯氏諱世芬字子誦別號甯我以字行父爲給諫少芝公母爲張太孺人其嗣於叔文學復甫公則出給諫指云配孺人姓顧氏姑蘇黃埭人父爲藩幕揚廷公母爲華孺人其族與侯並兩邑之望也按狀公齠齔補弟子員又幾年而廪於庠又幾年而舉於鄉所禀承者給諫之家範所砥礪者立身之大節其爲人也執親喪而泣血讀諫草而涕霄感國恩之贈恤則喜而名其孫念嗣毋之嫠居則力爲陳其事至長公獲雋而勉以科名舊物毋輟欷然之持則北徵遠識焉爲文所師事者陶與鄒兩先生經學之宗匠也所受知者王督學俞兵使劉郡伯任縣公士子之龍門也今海內盛傳侯先生之文一字流播紙貴國門而公殊不欲含先民而趨時好嘗草論以爲文至今日如墮鬼窟動見魔形如飲狂泉無有醒理而又怪經術自詡者以籠統之堂局標呆重之郛郭爲無當於神理卽公之所得可知矣予嘗總公生平而論之爲佳公子爲名孝廉而又有儷德如孺人爲賢內助又有繩武如長公茗發穎樹弱冠策名於以振其業而挈其裘則是造物於公所以供之者綦厚迺余反覆長公所爲狀侘傺幽憂一似有沉痛而不能已者何哉或謂公才而不盡展也遇而不盡酬也欲爲給諫宏仔肩而霜露見摧多未滿之願也嗣毋伯

舟之節雖上而不及躬覩棹楔也凡若此者皆公之所爲憾也又如慷慨而窘於施也豪爽而限於貲也籍青瑣之貽而無麓金之潤也堦前蘭玉既已貢諸天府徵爲國器而南宮一席尙有待也凡若此者皆公之所爲憾也余曰唯唯否否假令公而得第爲尊官不過黼黻皇猷而已不過襧禰九州而已而以縹緗視鐘鼎則高華畧同以功澤視編摩則久遠畧同今讀公經子制義如聽雲草諸篇而後學資爲津梁把公栖碧吟髗雪居集及竹娟齋小詠而藝苑奉爲瑰璧以至登碧山之堂眺攢謝之閣而宛然與摩詰西莊香山履道並開林嵐之生面此豈滾滾長安塵所能得其什一者哉由是而言公之不以第一重也

明甚藉令公而多財爲富人居不過河潤及人而已不過黃金結客而已不過施十里步障奏翠管銀瓛而已豈知賣漿灑削之富固不若孟嘗之貧也陶朱公之散財固不若郭翁伯之借交也沙吒利之佳人固不若韓昌黎之箏與琵琶也如公雖蕭然清素乎而有酒如澠座客常滿則河朔讓豪門以外恤貧給葬如某某若而人則代公讓義門以內迨往事居整齊經紀如某某若而人則元方讓愛性解聲律能自按曲紫綃菱角發音繞梁月下花間分疏排比則馬季常讓韻由是而言公之不以多金重也又明甚廼予則更有爲公慰者焉以長公之才之學固當旦暮明光則令公而貴於子與其貴於身也奚以異貤於

地下與其享於地上也奚以異抑公豈必以一日之章紱而輕百年之弓冶乎哉而謂公於造物者猶有所觖望非然矣非然矣或又謂公壯年修文會未浹歲而孺人繼之此與人間伉儷白首同歸者相提而論豈非憾歟予曰唯唯否否夫孺人公之德曜也當孺人歸公時進而謁舅姑於堂上則舅姑曰賢已進而謁嗣姑於堂上則嗣姑亦曰賢廼孺人得此聲於閨閫間頁非易矣蓋公雖幼長綺紈然室無長物孺人安之翠羽明璫屏不時御有荆布之規焉公好學耽奇不能刺促幃闥孺人亦繡佛長齋蕭頌斗室有脩竹之操焉公廓落不問生產孺人則針紝洴澼以資家計有代終之義焉公好施予親故而苦於指囷

孺人櫛衣縮口以應其需有茹荼之瘁焉公每歲計偕橐裝如洗孺人脫簪珥質子錢以佐之俾公無阻行色有剪髮之概焉且孺人與公行同德生同庚卒亦同歲此其隱懿休光有相偶於無涯者自當與梁鴻溪水後先照映而第從世壽爭延促非然矣非然矣然則長公所爲侘傺幽憂而不能已者其指安在曰此則狀中之言可覆而按亦既纚纚其詳之矣予所爲傳稍爲撮其大略云爾長公名祥濬登甲子鄉書介弟化溥早殤公與孺人生卒窀穸及子女婚嫁閥閱備載狀中茲不具

論曰古今人之品不一矣屢者不具論論其眞者大槪亦有兩端曰本色曰相色本色者如鵠之不日浴而白烏之不日黔而

黑也相色則不然如飾韡以文染絲爲錦又如朱西子之顏粉何郎之頰而於其天然之美無毛髮益也嘗試持此論以程子誦孝廉之行非所謂純露本色者歟觀其事親交友宛轉篤摯臨文攄思綑采橫流此其質性自至非關揉合然世人爭謂公豪而公未嘗是頌酒而非數馬爭謂公達而公未嘗詆樂令而袒無功是則高視闊步中矩度存焉予所貴於公之眞者如此孺人以名閨淑媛佐公遠大跡其內範雅稱媲美則又琴瑟之異調而同音宮商之異鼓而同應者哉

賜進士第前三山守年眷弟王永吉頓首拜撰

子誦叔暨嬸氏顧孺人行狀

誌傳所以托不朽也衮字之榮丐之名公鉦人其狀則命筆於親昵骨肉其親昵骨肉雖不文不敢以不文辭蓋狀者狀其心腹腎腸非止狀其皮毛面目句不取飾語不掩眞雖微事必錄雖癖嗜必書雖喜笑怒駡之言必紀如寫生家頰上添三毫奕奕有生氣若尋行數墨循套本筆之徒貌其皮毛面目懵然懵弗敢也鉝不文家弟命狀余叔鉝不敢辭據臆直書或能寫叔之心腹腎腸已爾吾侯世系備載弟行實中不復贅叔爲先王父都諫公第三子育於京邸六歲抵家能揖讓如成人嶄嶄露頭角憶余母舅畸海翁酒酣劇戰互相爾汝曰若不記六歲時爾大人呼侍席曰三兒頗知揖拜余時撫爾頂兹乃以酒政苛吾耶十歲便日誦數千言能文章十六補邑弟子高步出儕輩意氣遒上性不耐居一室曰兀坐咿吾文心鬱悶會取山問霞氣澤國清流浣我腸胃跽請之先大父同先大人讀書華藏寺數年後每唏嘘謂鉝曰余與若父偕居華藏一日大雨飛流山水暴注余赤足行澗中急呼大兄來若父亦褰裳相就若父不喜飲時亦勉盡一大白遂復走湖上觀水勢新漲盤坐望湖亭狂叫對飲殊爲快絶至今此樂此景夢寐時復不忘丙午丁未間則同江上棟明貢師擕余課讀碧山莊莊僅茅屋數椽野石數笏然白雲悠悠松風謖謖西山爽氣時侵几案叔樂之殊甚

一夕夜分五藝課成大叫拍案呼貢師曰如我此文那能不令碧山靈爲我起舞貢師戲曰但忒要紗帽恐碧山笑人爾叔笑曰我急欲作山中紗帽爲措大解嘲持示碧山定應點頭時余亦奏五藝叔復大叫曰憶昔與吾兄角藝華藏兹小子英英爲來逼人吾亡兄不死急呼酒浮白繼以浩歌叔於音律性故洞了每不能自歌歌則喉間咯咯曰此中有鬼酒後輒不自禁此夕遂與貢師傾一大瓿叔嘗曰吾有三癖酒癖音癖山水癖然癖則癖矣嘗不勝彼持籌者有錢癖耶每得友人招招則必蚤赴赴則必盡歡夜分主人留客已倦遂爲主人留他客曰毋辜主人情毋敗乃公興洗盞復酌常不知東方之既白時遇皓魄清皎無論寒暑興倍豪邁有友倦而欲卧叔戲曰若何不䇿一避月軒擁被其中自號惡月居士耶疎星落落殘月在天客亦漸次竄去猶時把盞對月曰一賓一主差亦不寂寞也力未能遠遊吳山越水每眺覽盤桓浹旬忘返丁未春挈余遊元墓時忽片雲黑頭上僕人踉蹌促去叔笑曰杜老云應是雨催詩余云應是雨催酒爾急呼煖酒拉一二客同飲余先奔歸踰頃叔荷一敗笠狂歌拍扇冒雨歸舟余迎慰曰得毋困頓叔持笠笑曰得此大增一景殊不覺困頓也其豪致大率如此於家人生產一切絶不介意曰胡能爲此齷齪物攪亂胸懷然而座上客滿樽中酒空窮愁叱吒輒呼奈何曰牀頭金盡英雄氣短此

語豈欺我哉辛酉獲雋甲子家弟復雋時貴人有愛契者知叔囊澀甚小贈以樽酒資叔當其窘乏亦知世有黃金迨金未入篋隨付酒家胡而囊中又告罄矣與友人交瀝膽相許每不能容人小過遇有拂意輒忿忿作色然過頃已相忘罵人人亦不恨其胷中竟無宿物也大抵叔肝腸在面意氣流雲讀書之外叔所自評云三癖生平約畧可見於斯然叔故豪於酒侍大父母前恂恂如不勝飲大父母亡後斷葷酒者四十九日叔故易於忿怒嗣母顧孺人嗃嗃難事終身侍養無忤色此其內行淳謹尤足爲子孫式者鉉不先舉其大縷書其細何也從古名人達士非無醋行足傳往往高致豪情流馨古昔豈非有不傳其

大而有傳其細者耶嗚呼吾叔所謂嵇阮後身非耶叔配嬸氏系出姑蘇之顧爲金閶名族世系具行實中亦不載端貞靜慤與叔相莊若賓叔未免以落拓故處閨閣日甚少每獨居山房歲時伏臘之夕僅一衆對然飲必竭量固已頹然玉山也友人或戲叔曰周太常二十九日齋一日不齋醉如泥若且三百五十九日碧山莊一日歸家醉如泥然嬸益以爲喜曰男兒自適意爾何兒女態爲但一絲一粒吾自司之差可爲他年子女地以是錢粟出人叔絕不問今日之獲有甌脫弗墮先人業者纖毫皆嬸力也嗟乎不有嬸之勤儉操作安能成叔之高曠不羈也耶易曰男女睽而其志同也嬸之謂也鉉故合爲之狀以見夫叔與嬸相成之深有如此者

姪鼎鉉頓首拜撰

錫山東里侯氏八修宗譜卷四

家傳二目錄

錫山東里侯氏八修宗譜卷四

家傳二

明授承德郎戶部主事澹泉侯公暨配華安人壙誌銘

崇禎丁丑錫邑舉南宫者七人澹泉侯公其一也然公自萬歷乙卯舉於鄉蓋七上公車矣其登賢書也卒然而遇諸途不知其登賢書也其冠進賢也雜然而與之坐不知其冠進賢也旣入仕版余遇之章門又遇之武林皆屏騶與從瀟灑林壑不知其官人也歸田則與鄉人爾汝入山則與衲子叩觸迹其行履絕類安禪散聖豈風塵中人哉然公少年尙有裘馬氣晚而學道所造靜深在易謙豫皆有終吉公之謂與已亥二月十二日

公與華安人將合葬於東里祖塋誌表傳狀洋洋乎言之備矣兩嗣君復過余而泣以壙中石請惟公母旌節王太安人余祖姑出余與公異姓兄弟交自兒童竹馬始矣非尋常姻婭譜誼詎敢以不文辭謹按公之自述有言曰一生無刻不銳意爲善其事嘗不克終以余考其生平實不盡然殆公望道未見之語耳公甫八齡卽背其贈公事王太安人至孝承歡則嬉而娛綵服訓則跪而受杖備物則鮮甘視膳集福則苾薌飯僧乃至家慶則棹楔旌門國恩則板輿迎養而卒以榮哀終焉撫胞弟太學仲長公友愛篤摯卧處則長枕大被讓産則辭腴取瘠急病則煮藥燎鬚而卒以撫孤終焉公好爲德於鄉人一切輸賦踐更平糶賑饑掩骼施櫬之舉率以身任至國變後概絕酬應又首倡樂善會令同志遵行之又好爲德於宗人敬長卹孤弔死問疾而尤以解紛釋怨爲務至易簀時猶以諸從之寡弱爲慮三致意焉嗟乎安有修德行義而不卒者哉公之令齊安也楚氛逼矣其自江右憲嶸而司李吳興也燕鼎移矣一時人情風鶴往往傳舍一官爲不終日之計耳公獨殫精拮据尋源竟委其爲令甯鐫祿秩而不忍以賦虐民寧忤憲檄而不肯以兵累商日歙飲江水一勺以東坡雪堂格高自標置尤加意城守諸敦堡燎望淸野儲糈一切不苟黃城終以無虞其爲理守失出毋濫入甯信臆毋徇情有所委署輒辭徙以清風震懾僚吏職

司漕輓則以鄉邦所熟籌者施行之著令焉觀其夙夜匪懈實無忝終事之義云若夫循卓有緒而忽奉遷除度支甫籌而遽遭變革則時爲之耳然則公所自歉者云何蓋公賦性疎脫習無宿物事無停趣正嘯歌觴詠時忽爾鍵帷正呻吟攻苦時忽爾掉臂正看花旋歸時忽入山問道正羽書旁午時忽賦詩擬古大都入境不深遇物能轉此最是學道利根晚年尤留意宗乘徧叅耆宿偶讀華嚴有得因自謂所悟了然不疑豈非根氣猛利胸無滯碍故能然耶公於儒宗初未究心旣出石齋黃先生之門益銳意理學一日坐生公石上忽謂余曰少時讀儒書所厭棄腐語今讀之字字有味學佛然後知儒信哉公嘗因夢

中得句自悟夙因遂受五戒先期作壽藏銘臨歿數日與禪德
唱酬談笑而逝嗚呼此公學問之終事也公配華安人與王太
安人相繼媲美太安人以節著安人以淑慧儉勤著其事太安
人下氣柔聲終始不懈每公計偕時懼遊子縈懷日夜不離姑
側晳諸子申以大義長君年二十爲名孝廉猶日訓飭之余從
女爲安人冢婦燮勞兼至蓋安人始而從姑後獲事太姑既而
率兩婦事姑周旋四世閫德盛矣諸外內織鉅凡公所不甚經
意者安人悉綜理無遺策公泣楚時太安人以履險未赴安人
攜次君從焉朝夕慰勞使公忘其危軀遠宦者以有安人在也
穎安人通曉毘尼誦習般若而從未登山入寺拉入優婆夷隊

一至選佛之場居恒莞鑰無聲內言不出於閫而舟次怒濤崩
駭署中兵火倉皇了無怖畏公夜登陴乃能傳諭主者悲憤庫
獄平日治生作業不諱園夫女紅之利而至垂橐任歸袖裏清
風舟載明月而不聞交謫之言凡此皆恒情所難然則公所云
不克終而卒以有終非安人贊助力哉且夫无成而代有終臣
道也婦道也公與安人並有之矣公諱宗源改諱鼎鉉字伯遣
號澹泉歷任戶部山西司主事高祖太僕寺丞企竹公曾祖封
太常博士文芝公祖給諫贈冏卿少芝公父文學贈戶部主事
爾濟公安人姓華氏鵝湖望族曾祖學士鴻山公祖儀部元谷
公父詹事府主簿心谷公公卒順治甲午十月念七距生萬歷

辛卯年六十四安人以公之喪哀痛成疾卒順治乙未七月十
二距生萬歷癸巳年六十三子二孿生長曦己卯舉人戊戌進
士娶秦氏余胞弟恩貢中實女次晉邑庠生娶顧氏孝廉庸菴
公女女四長適邑庠生浦日曙次適封翰林檢討余從姪德藻
次適顧彬次適庠生倪駿孫男七曦出者四麟炳麟煥麟然麟
烷晉出者三麟勲邑庠生麟雯麟仁孫女五曦出者三晉出者
二娉聘字皆名族別具事狀中銘曰
少而舉晚而第處既亨仕則蹟孝於母友于弟睦宗黨好行義
膺民社篤撫字司祥刑道律比悟雜華了真諦三自歸一大事
疇相之有賢配鍾淑德秉貞志事嚴姑誕哲嗣佐廉平毋俾利

通儒禪眞伉儷既偕老亦並逝嗟祉瑩發祥地藏於斯千百祀
前賜進士出身儒林郎河南道監察御史前知蓬萊清江兩縣
事奉旨行取年社表弟秦鏞拜撰

澹道人病中自述

澹道人禀性最慈禀力最薄一生每刻刻鋭意爲善其事常不克終少失怙知嚴憚慈訓然時跳躍少年場致煩母氏訶譴以此𡚁慰母心深慚不孝但十六七歲秉家政不立私蓄與胞弟無彼此一粟一鏹不敢自私公車之費甯忍苦减省雖偶攜珠絡以歸獻母氏不敢遺室人吾弟亡後母氏命冢孫田三百畝復加田三百畝酬余余堅謝曰弟存不可弟亡尤不可竟作兩大分均分甯留瘠產以償公債連年賠累自甘厥苦并余婦房奩所廢置田二百畝悉存公帑自忖此事近世恒情所難庶幾無負母氏者爾孝廉三十年薄宦十餘載從未嘗與人居間得一作孽錢令黃岡苦賊氛未嘗一展眉過日但刻意爲城守妄想備禦終無濟事其心眞可矢天日所謂禀性太慈其才不克充者也繼理若一年時多苦況責人惟恐其傷下筆惟求生路刑官勢不能不笞撻每惻然於心恒懷不忍有上臺索氣絶者終不忍出諸口故大奸巨猾竟不能誅鋤一二以安善良所謂禀性太慈禀力太薄而恒不獲如所願者也初第歸同叔介鄉姊丈思搆一字或每歲自輸若干勸輸若干一切可爲公事請之府縣置一所以備荒年賑給奈機緣不偶時事多艱遂虚此話于度殿元後千里貽書便以此相囑馬素修先生業有詑而今已矣不能無望於後之君子好義同心者與人交最坦直然

性躁時有忿恐形於色隨發隨忘胷中從無宿怨中年卽思黍究往往初願甚堅隨境變易雖於光影門頭略覺有醒究竟未能透悟總之所謂願甚鋭而力不克充者也追維懺悔只有色根慳根極子最深貪根少薄雖往往言利爲小人所欺屢負屢敗不過以剝取貧人不如聽之什一本心實非貪也到此一切皆空所願一念回光便同本得如是生如是死如斯而已

澹泉公軼事

先戸部自幼秉資聰穎六經諸史一目十行同舍生有得異書者輒戒無令侯生見見卽皮腹笥也

明季文風駁雜先戸部以古茂高逸提倡盟壇癸酉挈仲弟試南雍時楊維節先生司應天鐸以公文雜社課質之擊節嘆賞特譏適薛以山先生爲六官長戲語維節曰此吾老友不喜此君殳知喜兄能知此君耳

崇禎乙亥仲長公病篤有友踵門問疾聞僕舍中呱呱然作孺子泣者窺之則戸部公也蓋公孝友醇篤在原之痛悲不能勝又恐傷堂上老人心銜悲於外室不令太安人知耳

先戸部於倫紀無所不厚而伉儷甚篤有以四畏相嘲者公屏人私議曰幸逢賢淑卽屬畏友丈夫奈何以終風自詈轉更驕人

先戸部誕日適值歲除先期數日倩誠實傴人給與銀米擇煢獨者博施廣濟爲卒歲需令無告所從來爲善無近名仁人之用心至矣

有故僕負戸部公千金者蕩廢無寸箸止遺一女公令華安人撫之不特免其身後之累且善遣其女爲之擇配其仁心爲質大率類此

江上振之徐君負奇好遊足迹遍天下自巴蜀經楚黃貧病不能起舟人謀棄諸野適先戸部令黃乃延之入署醫藥調治有踰骨肉病痊後厚贈生還事載陳寒山先生集中

乙酉南都革命豫王南下錄用先伐舊臣起戸部公仍佐度支徵書再召或有勸駕者公毅然曰老夫守從一之義心如死灰久矣乃迎大樹和尚卓錫華藏相與參究元妙終老梵廬

先戸部研究羣書殫心著述有義經要旨二卷參同三傳輯略又取綱目參以己見宗鍾竟陵史懷而推廣之題曰廣史懷惜未付梓家中竟無存稿最愛靖節坡公詩於黃署倚雪堂有和雪堂詩二十餘首又有和陶詩數十首另梓小集

侯次公傳

侯次公諱長源字仲長錫東里人也自高曾而上世有名德祖曰太僕寺少卿少芝先生父曰贈湖州府推官爾濟先生母曰旌節勅封王太孺人太僕公給事兵垣直聲震天下勲名紀於太常而贈公經明行修年不配德有二子長曰計部濟泉公而公其次也贈公殁乃生公生而頴異十齡餘落筆驚人太孺人奇愛之不欲令攻苦蓋計部公於公九年以長時已才名藉甚旦暮取青紫太孺人意以繩武有人兒斑衣娛老人足矣而公顧攻苦倍於常人歲癸亥蜀孫公視學江左得公卷高拔之隸於長洲庠則有聲長洲其後鼓篋遊南雍則有聲南雍顧甲子至癸酉應京兆試輒弗利公念節母春秋漸高且不勝明珠闇投之憤而太孺人怡然曰兒僕僕澄江鹿城姑蘇建業間波濤之險輿馬之顛蹶是吾憂耳得之不得則有命且爾承累世遺業爾兄又弱冠魁南畿猶怏怏若此猶不見甕牖書生有白首窮經者乎蓋其母子間交相勉慰如此公篤孝性生痛不獲事贈公每展讀父書摩娑手澤黯然神傷歲時修祀事惟謹僾然肅然儼若臨之在上憶公嘗謂余人生至樂莫若常依膝下吾兩人不幸早失怙爲天之戮民然子生五月而孤兒不識父父猶識兒吾則遭遇尤酷因相對嗚咽不能已已逮癸酉春正太孺人開六袠觴公從計部公酌醴烹鮮錦衣上壽極天倫之樂

閭里以爲榮余方居先太安人喪不與執爵之列他日余以羡公公曰人知余樂不知余病子亦爲是言耶其蓼莪之哀殁齒如一日也事太孺人娛養百端計反哺者三十有六年非有故不離親側太孺人嘗言兒嬉於旁吾飯爲加餐矣而事兄計部公敬愛兼盡夙興夜寐遊處必偕一味之甘不忍私於室時以比君實之事伯康也公配吳孺人先賢素衣先生之女也公與相莊無間言閨闈之內雍雍肅肅而是時家門鼎盛太僕公門生故吏暨計部公金蘭簿中客多在仕版有蒞吾土者公守澹臺之節匿影不往見家僮數百指恐其恃主人門第夤緣爲奸約束綦嚴莫敢窺戶以外其冰骨霞心蕭然物外又有然者性坦率無城府有喉直吐有腕徑書不解囁嚅齷齪態其英偉卓犖之氣遇事則發余與公周旋久嘗記公一二軼事甲子七月余赴試江上館於尹氏之廬時公已先在會友人持邸報來中有楊忠烈公劾璫疏旁舍生咸來聚觀維時溽暑鬱蒸攜向柳陰中臨風朗誦獨公與家從兄季時先生尤鼓掌稱快踴躍讚歎聲動四壁蓋中田而廬田中芸者皆驚起我等鋤禾當午艮苦諸郎君何此歡噱嗟乎觀人當於其卒彼其節概不亦正氣塞天地之間哉公之易簀也余從家伯仲往省之公已彌留謝弗見將出戶髣髴聞飲泣聲詢之則計部公也蓋太孺人每問疾公懼傷其心詭以勿藥對及勢已不救計部公猶勿令太孺

人知故吞聲別室云余兄弟相謂仲長眞不起乎斯人也而有斯疾也然造次顛沛生死呼吸之間而慈孝兄恭油然一門之內侯氏之興未艾矣由今觀之豈不信矣乎公本素封性落拓恥問生産故歿之日無厚貲以遺子孫而公三子肵煜恒稙德續學必昌厥後諸孫濟濟皆亢宗之器燕翼之貽固不必黃金滿籝也一女適內翰靜嶽鄒君博雅君子也不愧公玉潤云

論曰錫人數科名之盛必推東里侯氏予以爲侯氏盛矣非盡科名之謂也往史所記王謝崔盧之族華胄遙遙閱千年而不替彼豈皆食祿萬鍾期頤耄耋者哉意必有人焉豐培而嗇享留不盡以俟後之人者矣且夫鳳翔千仞以其不鳴於高崗也

世莫得而見之而謂之非鳳可乎哉其在於今侯贈公玄公其人也嗚呼顯者若彼而隱者若此侯之所以益盛歟

表弟秦鉷頓首拜撰

侯節母吳太孺人墓誌銘

自二氏之教蔓衍一世才智之士莫不沉溺其中至婦女生長閨闥於所謂因果罪福者旣膠固而不可破一旦遭逢變故更喜其說之脩然空幻足以消其抑鬱其有屛去其詭誕從容守禮知聖賢中道者千百中不得一二焉松齡於舅祖母侯節母之生平而不覺喟然也節母姓吳氏給事中諱汝倫之孫素衣先生諱桂森之子也先生倡明理學踵端文忠憲後主東林講席節母生而端淑先生深愛之躬爲訓授其於聖賢閫奧及二氏異同之旨靡弗爲之剖析比長歸侯公仲長舅爾濟公早背姑王太孺人孀居節母入門克盡婦道事姑尤孝謹仲長公負

才氣年踰三十以病歿節母痛不欲生顧念有孀姑在且諸孤幼乃曰昔言死節易存孤難吾敢辭其難者自是奉姑外一意鞠子愛而兼嚴王太孺人長齋事佛節母從旁翻閱教典姑亡後絕不語及居恒課諸子惟誡以讀書厲行研究聖賢之旨爲歸至八十壽辰子婦輩請作佛事笑曰二氏之教與聖賢異趣誦禮拜在彼已爲糟粕吾奚事此昔程正公爲其母上谷郡君作家傳稱其不惑於神怪今節母乃能於儒釋之際精辨若此宜其不爲詭激而安軀徐行合於中正之道遭變而不失其正也魯齋王氏謂婦人不當特誌特誌而作繫其不踰閾之瑣事爲非古法如節母者猶爲不應銘法耶節母性儉朴厭華侈侯

氏自太僕公而下族故貴顯節母來歸時兄公復早貴節母布素自如與娣娰及姑終身無嫌間其懿行甚備以非節母之所難者故不書松齡幼隨先太孺人至舅家節母之行事得之親見者最久先太孺人之棄松齡且二十餘年矣節母之葬也諸舅以墓銘屬松齡於戲松齡何敢不銘銘曰

宋儒有言希賢希聖孔孟家法仁義中正學絕道喪諸子紛挐譬如入海茫無津涯二氏因之乘間而起舉世迴惑出彼入此吁嗟節母乃生閨閤曰性曰命純粹不雜艱貞矢志歷五十年勒詞幽石彤史考焉

賜進士第前

日講官起居注左春坊左諭德兼翰林院修撰管理誥勅內國史院檢討加一級宏文院庶吉士𦾔愚甥秦松齡頓首拜撰

孝廉彥哲弟暨配吳孺人合傳

丙子歲既拭淚狀叔矣茲清臣姪復以弟傳請余能無潸然涕也悲夫叔若弟兩世孝廉俱不獲拖半組俱不獲享中壽嬸氏及弟婦俱又相繼告殁天乎豈於弟父子間厄之者若是同乎既而嘆曰世固有白首伊吾終其身作老蠹魚弗得吟川一笑其或得志矣遽倏俯仰竟日攢眉局促如轅下駒者何可勝數哉叔氏與吾弟並有勝趣結山水緣叔氏好賓客豪於酒弟喜獨適娛於琴其寄託微殊所以恬情酣暢不受世桔者略同天地間清福父若子各以曠懷逸致領之斯亦取之造物者不可謂不奢矣余既傳叔復爲弟破涕一抒寫也乃作吾弟小傳幷

系以閫德作合傳弟諱祥濬字彥哲年未四十遂屣視浮名日吾將隱矣自號曰隱觀父爲吾叔孝廉子誦公母爲顧孺人祖則吾祖都諫少芝公吾叔祖文學復甫公則嗣祖也弟早慧與余胞弟仲長同塾余課仲長弟亦長兄事余逡巡弗敢雁行時時暱就余以文就質無傲容髮覆額就童子試邑父母何公首拔冠其曹不知余弟也余入謝乃笑謂曰阿弟咄咄逼人火攻阿兄矣弟體羸善病案藻後不亟亟事攻苦曰惟琴則心靜氣和可以養性可以藥病遂專志肆力於琴辛酉叔氏得㒞賀筵喧雜弟仍寂處一室擁琴自娛已爾蓋得之靜力者已深病愈復拈舊業出一二篇示余清遠俊逸反勝埋頭者數倍矣甲

子一戰而捷於時父子接武年少取科名若掇翩翩裘馬能無驕心佚態沾沾眉宇間迨弟與叔氏同舟北上吾叔故豪於酒快飲達曙弟挾小童抱素琴孤坐於枯柳淺沙月明霜白之下横膝弄琴以候吾叔就枕偕行友人每曰子誦襟懷高曠彥哲神情瀟遠父子異趣要歸同致弟性簡穆不喜喧熱晨起課童子灌華掃落葉拭几案整書籍紙窗晶瑩楚楚不染一塵砌下名花數種位置得宜一草一木入手便有邱壑意蘭穗盈庭香達室外門無雜賓少可多怪相知入室清譚爲快茶香酒洌期在精潔藏書斗室了不異人聰明几淨無處着唾不韻者不入也即沐盥巾櫛嚴飭童子勿令他手觸污蓋近倪迂癖焉郭外碧山小築叔氏一生棲息其中弟興致亦同寄之設叔氏神龕於一小閣曰吾父魂兮來歸定在此松陰竹影間遂居城日少居山日多種竹編籬疊山引水日用爲課日以承吾先人志云但叔好集客弟好寂居應門惟鶴披帷斯在是亦能飲風晨月夕悠然獨酌要自酣適而已性亦好歌不喜繁音囂雜撫琴之餘或自謳數句要自得趣而已綜弟生平弱冠掉臂書雖未徹春明一席而碧水青山近挹爲友琴嵇嘯阮遙集爲朋孤行一意自適自怡感額愁眉之事從不干其胷臆止是未後風波觸目愴神山居寂寞爲盜驚者再竟緣此以死則亦弟之缺陷哉不三載弟婦吳氏繼卒親知益悼惜之弟婦世系名族父爲學

博爾閑公母曰華孺人稟性幽穆閑於閨則善綜理家政織紝耕奴井井不紊大約與吾嬸氏同能整肅鉅細諸務俾吾叔吾弟徜徉山水間一以豪情負伯倫之鍤一以遠韻步叔夜之風若吾丈夫輩既放於恬逸復內政不修家道墜落以致左支右吾外訌内譎交亂胸臆雖抱勝情亦安能寄懷詩酒娛志琴書也哉則吾叔與弟其高曠同得賢内助以贊成之者事亦略同皆可傳也是爲吾弟若婦合傳

功服兄鼎鉉頓首拜撰

壽幾大耋離形守神考終正命返朴歸眞求之上古懷葛之民
叔氏嘉賓堂構孔碩再世而蕃以劵令德爰壽之梓敢告司祏
吾宗典型繹思無斁

姪孫文燦書於武原公署

從叔祖鄉飲賓季良公傳畧 并頌

公諱如洵字季良爲曾叔祖光祿銘熊公第四子嗣季父爾謙
公後爲人端方介直少有至性事本生父母洎嗣父母先意承
志咸得其歡心居嗣母喪年已六十餘悙悙孺慕哀毁骨立人
尤以爲難析嗣産以讓諸昆推嗣產之半以予嗣姊妹其於骨
肉之間敦孝友而輕財利如此雅好澹泊無綺紈習終日危坐
寡言笑人不可干以私然與物無忤藹如也終身未嘗至公府
過軒冕去之若浼年逾古稀邑羣推公德望舉鄉飲介一赴賓
筵非公志也歲庚申幾大耋矣孟秋示微疾望之日晨興盥漱
合掌端坐而逝非平生服膺孔孟棲心禪說得定慧力不至此

余觀歐陽公五代史見不以勢屈不爲利回能以孝悌自修於
一鄉者如石昂李自倫輩皆不忍没其名爲作一行傳以傳娴
公爲宗老至行純備敢使湮没弗彰乎家乘垂竣嘉賓叔手錄
公遺事見示退食之暇畧爲銓次如左并系之以頌頌曰
於惟我祖肇自德宗世有隱德溉植彌豐太常雍容鵷生給諫
鴻臚居次光祿是纘我公繼之濳確居貞遺榮弗仕軒冕若庥
萬石之風不言躬行出嗣叔後罔間所生嗣母之喪年已耆齡
猶然孺泣扶杖佮傳中析嗣產讓我諸兄爰及姊妹退私我躬
湝恪自守恬澹寡營正氣嶽嶽昭如日星太邱之望彥方之名
飲醋自化慕義靡爭秩秩賓筵維以引年以齒以德式禮莫愆

誥封奉政大夫刑部山西司郎中原任刑部山西司主事鄖邑
鄉飲大賓乾中侯公暨配
誥贈秦宜人墓誌銘
公姓侯氏諱之源字一生號乾中世爲無錫人壽六十有七卒
元配秦宜人先公七年卒壽六十公之見重於時也不徒以貴
顯蓋實有隱德云其世系則自元處士德宗公始代有聞人兵
科都給事贈中議大夫資治少尹太僕寺少卿少芝公爲公祖
子競公諱世英爲公父贈湖州司李諱世美辛丑孝廉諱世芬
爲公伯叔父比部尚書郎杲爲公子其天性篤孝自六歲喪母
徐太孺人事繼母華太孺人不異於所生始終如一日其爲文

章專意側舉業年十七補邑博士弟子員試輒冠其曹以數奇
屢困棘闈幾得而復失者三其仕進由甲申恩貢授大理寺司
務我
朝定鼎錄用前代舊臣復以公署刑部山西司主事尋以親老
告歸遂不復出其封秩則以比部君貴遇
覃恩封宜平知縣再封禮部祠祭司員外郎又封刑部山西司
郎中其慷慨好施則如辛巳歲祲吳中穀價湧貴公出儲粟千
石減價平糶又出千金并前所平糶價亦千金具聞中丞王笥
張公持檄告糴於楚以賑饑其平糶四千餘石減價八千餘金
所活貧戶數萬諸凡拯危濟急焚券蠲逋鄉人至今德之其義
利不苟則如故人大理副樂天開當南中之變以金寄公後樂
死公封金貯別室命子孫求其後歸之同邑儼海秦公亦於是
時託金五百歸舟遇盜裝橐盡空而所寄金無恙抵家即歸之
人服其義偭潛龔公殉節武定橋屍暴無敢問者公毅然爲之
殯不以利害惑其心其教子盡忠則如比部君之初任宜平也
蕞爾彈丸界萬山中居民鮮少荒瘠已甚公謂比部君曰生聚
教訓責在司牧宜有以教養而安全之至清白之訓尤吾家所
世守愼毋以絲粟累民又以宜多山寇戒比部君曰虞詡爲朝
歌長獨非儒生乎守土者宜爲國捍禦爲民保障死生以之比
部君善承公訓多方招撫是以盜息而民安其家風醇古則食

不重肉座無狎友子弟未冠婚率不得服綺紈居常戒子弟曰
待人甯厚毋薄德不可忘怨不可不忘噫斯言也可以返澆俗
爲醇古矣其敦倫睦俗則兄弟宗黨間家貧不能婚嫁者助之
有爭訟者解釋之徭役不能支者以身任之幼而孤老而不能
自存者爲長養之以至戚屬朋友皆然其晚年自娛則寄情亭
池竹木之勝一邱一壑陶然適志也是皆公之卓卓可書者秦
宜人宮保大司馬端敏公金之元孫女武英殿中書舍人贈承
德郎餘山公枉之女孫而兵部職方郎亭山公延烝之次女也
初贈孺人繼贈宜人女儀内則諸書自幼成誦長而力行不倦
性明慧善斷綜理家政內外睦和握指計算纖悉不遺又其大

者孝事繼姑睦於妯娌仁愛推及媵庶樂行善事嘗施棺至數
萬具每歲寒施棉衣襆褥等無算夏施茶秋施瘧痢丸劑歲以
爲常比部君治宣時宣民多逋賦宜人命鬻之盡數代納亦女
中之賢矣哉公生於萬歷乙巳八月初一日卒於康熙辛亥七
月二十有八日宜人生於萬歷乙巳十一月十五日卒於康熙
甲辰正月三十日丈夫子二杲泰宜人出戊子舉人己丑進士
初任浙江宣平知縣遷禮部祠祭司主事補儀制司主事加一
級再遷祠祭司員外郎今陞刑部山西司郎中娶華氏封孺人
再封宜人繼側室何氏出太學生早卒女三一適文學施彝瑄

秦宜人出一適武舉候選守備黃沂一字文學秦巳錫何氏出
孫男八文燦貢士嘉興府海鹽縣知縣文耀貢士內閣中書候
補主政文爛太學生文燈邑庠生文烈文爚俱幼文燧殤文煥
比部君所抱施氏子也孫女二曾孫男五承堪承圻承埒邑庠
生承埰承垕曾孫女二婚嫁皆名族康熙辛亥十一月十三日
比部君奉公與宜人之柩合葬於華藏山僕少公之穆耶其狀
來請予銘銘曰

灌木陰陰被及四鄰廈屋巍巍庇及倚人有幹而拔有棟而崩
贍依何所輟春拊膺其年露晨其名大椿爰及淑偶吉壤歸真
華藏之麓蠡湖之濱億萬斯年勒此貞珉

通家侍生高陽李蔚頓首拜撰

侯封翁乾中先生暨配秦太宜人傳

封翁姓侯氏諱之源字乾中常州無錫人大父太僕寺少卿少
芝公爲明神廟朝名諫議劾横璫救俘孽諸大事載在國史翁
爲人卓犖有大度言論慷慨口如其心有所怫忤面發赤盡吐
乃已然能曲體人情不爲矯激之舉沉深明敏長於料事勇於
決幾即患難當前屹然不動相其竅要而疾赴之賁育不能奪
也性儉素不爲華飾食必與師友偕非宴會未嘗設重肉至於
聲伎之娛摴蒱之戲屏絶不事居恒待且而興應接賓客綜理
家政服則與二三親友對奕命酒興盡而止陶然自適教子孫
以嚴雖在孩抱不輕假顏色稍長選擇師傅課誦詩書夜分不

寐月要歲會考其甲乙而褒貶之其未冠婚者率不得紈綺服
恂恂粥粥有萬石家風用財有節而於施濟無所吝祟禎辛巳
邑大饑道殣相望翁慨然出粟千石減價平糶以救之不繼則
又出二千金請於巡撫願易粟再賑時吳穀翔貴多藏者皆閉
糴待價巡撫張公國維嘉公之義亟發檄告糴於楚翁承命以
行得米二千餘石連艘至錫歡聲若雷如是者再其平糶四千
餘石減價八千餘金所活貧戶十萬餘口是時明祚將傾天災
洊至弱者轉溝壑强者思揭竿邑長吏惴惴憂不測所恃以安
枕無虞者翁之力也翁資性絶人尤自攻苦十七補博士弟子
沉酣經史作爲制舉業匠心獨造試輒冠其曹屢入棘闈不遇

以恩貢初授大理寺司務
天兵南下百官星散豫王及洪公入金陵檢括内外諸臣擇其才者疏名留用共得三十餘人而翁與焉遂署管刑部山西司主事事南中既定諸臣皆當北發聽選翁以親老告歸省侍遂絕意仕進專一訓子儀部君果克承父志發憤下帷因成進士翁不以一第爲榮諄諄致君澤民是訓儀部君筮仕處之宜平邑界萬山中人民鮮少習俗鄙陋翁親至其地周行阡陌相度原野慰儀部君曰邑雖荒瘠生聚教訓責在司牧苟有以愛養之彼蕭條者樸野者何遽不轉爲繁庶化爲文明乎蕩佚簡易優而柔之此今日治宣事也汝其勉之適遇亢旱宣地皆山田

無溝洫可溉坐而待槁去邑七十里有龍潭巫言術可致龍則雨儀部君誕而不信翁正色曰萬民之命懸於呼吸雖誕奚恤於是儀部君齋虔步禱披荆莽歷巉岩至龍潭再拜以請果獲物如小青蛇納諸盎迎以歸未下山而大雨四郊霑沛得以有秋皆翁至誠所感也山寇時發警報旁午吏民駭竄翁書諭儀部君曰蟠根錯節以别利器虞詡爲朝歌長獨非儒生乎汝既爲國守土宜死生以之儀部君捧書振厲躬擐甲胄匹馬行山谷間賊聞之不及界而退民遂獲安其義方之訓大率類此若夫待骨肉以恩交朋友以義殯忠臣之尸焚亷吏之券還故人之金謝飲賓之席皆人所難及也以子貴封禮部祠祭司員外郎得痺疾十餘年而卒元配秦宜人少司馬亭山公女少習女儀内則諸書明慧善斷司馬公三蒞外任宜人侍行郎審鞫大事外具案尾進司馬公閲視始末丹筆欲下宜人從旁徐決之老吏莫之易司馬公喜稱之曰恨汝不男男必大吾家然異日相夫訓子必有大越於巾幗者性簡靜精勤尤極慈愛儀部君令宜日三至玉岩每以暴怒淫刑爲戒宣俗多逋賦其有無告與逃亡者宜人爲拮据以償宜之人至今稱之又嘗謂封翁澤及枯骨陰德莫大故三十年中所施棺以二萬計性好施予獨師巫尼媪輩足跡不許及門曰亂人家者此屬也其明見達識有非尋常可及者故能盡相夫之道成訓子之美而儀部君益

以功名聞於時也今儀部君將合葬於先塋狀其行遣使走三千里請爲之傳余感其誠孝不忍固辭掇其大者著於篇

賜進士及第
經筵講官國子監祭酒前奉政大夫内秘書院侍讀己酉科陝西鄉試正主考翰林院修撰年家眷晚生徐元文頓首拜撰

二叔祖山生公小傳

嗚呼二叔祖之歿於今九閱寒暑矣猶憶癸丑春仲燦炎子承圻生三日爲湯餅會叔祖與先大夫聚飲古芍藥欄下以燦之連舉二雄也叔祖掀髯大噱飲酒無算自後精神漸憊不復時親盃酌奄忽至次年仲秋遂不起嗚呼遙想當日音容宛然目睫也而已邈河山矣能不悲哉今刻譜系垂竣念吾叔祖襟期風度歷歷於心恐其久而湮也作小傳附家乘以志不忘云

二叔祖諱巨源字山生行亞先大父爲人退讓瀟洒不汲汲於榮利年二十補崑邑博士弟子員性孝友事曾大父母盡志盡物乙酉遭鼎革避兵東皋周旋險阻扶侍左右如平時曾大父

母安之繼罹大故戚易兼備大父素友愛二叔祖於大父尤恭謹每事必咨而後行至析箸豐嗇有無弗計也嘗貸侈三叔祖千金變產悉償之子母無纖毫歉四叔祖少可十歲不以少故輕之元配叔祖母楊先卒與繼叔祖母秦眉案相莊閨門之內不占嘻嗃先是曾大父承給諫公清白貽析產授諸子維均二叔祖素拓落不善治生家秉一付中饋叔祖母少長名閥嫺禮法習書計內治井井與大母同出自秦妯娌間尤歡好無間故叔祖益得優游自適以其間閱金經檢古方書行濟人利物事迺佳晨夕好山水輒與親友流連延名師教子然卒以不問家人生產故業中落兼　國初經兵燹首困重役繼因向平之累屢費千金最後爲胠篋者盜重寶遂大困乃叔祖知而不問其大度率如此旣而稱貸日繁責逋日眾叔祖雅不欲以豪華骨性作乞憐態棄負郭千畝悉償所逋全信義而業乃大廢不支矣叔祖雖鬱鬱不得志然能委心任運不欣戚於得喪自廢舉子業後惟虔奉斗姥親書梵夾奉禮寒暑罔間謂古金石經驗良方利人最鉅日與名醫校讐錄之成帙皆巾箱秘本遂於舍旁搆精室廣施丸散不問出入惟問所施多寡施多則喜動顏色其仁心爲質惟欲利人忘已貧富於此可驗矣大約叔祖生平於父子甯竭誠無責望於兄弟甯處後無爭先於朋友姻戚甯人負我無我負人祭祀必敬宴好必豐歲時伏臘子姓宗族

之會不以貧薄少有推諉飲酒溫克能多而不亂前後以清德不以濁穢其寬仁忠厚沒之日遠邇疏戚無不稱爲善人豈不信哉夫生老病死佛氏以爲大苦叔祖於將逝之日曾無諸疾垂至易簀索水盥漱沐浴戒毋哭泣口誦大悲真言而沒其於諸佛之坐脫立亡吾儒之吉祥善逝豈有愧歟叔祖修髯秀眉形類山澤之癯曾大父每以不克遐齡爲慮而享年反在諸叔祖父之上將毋天之報施善人固有默佑者歟叔祖之歿在甲寅八月方是時含斂賻襚一切喪事皆先大夫手自料檢不意未逾年而先大夫遂相從於九京也言念及此予小子能無抱終天之痛今而後其尚得於芍藥欄邊風前月下彷彿與先大

夫之音容笑語也耶

時壬戌季夏武原官舍姪孫文燦謹述

理卿叔狀略

理卿叔先王父大理公第三子與吾父同爲先王母徐太孺人出幼失恃事繼王母華太孺人不異所生恭於吾父友于仲季諸父以及諸姑諸姑丈周旋婉娩無間性爽朗伉直無匿情飾貌外若落落而爲人必徹折人過不少諱事已即忘胷中無宿物也爲鳳超華先生壻先生畢命江甯親知無敢往視者叔爲請遺骸護喪以歸於書罔不窺文章踔厲風發遊北雍聲籍甚謂青紫可拾取數奇不偶惋嘆而還會杲子丑倖捷叔喜甚曰兒曹已駿駿肆騁度矣吾何爲復效轅下駒耶遂絕意進取杜門教子爲事以其餘暇編籬架石蒔竹灌花選童徵歌賞工摘訣每遇花時爛熳置筵召客竹肉競奏飛花送酒以永朝夕喜周人急匱槖虛券時付一炬有黠者僞爲人居間告緩急叔傾橐予之後其人借以自潤竟無所償坐是困而人莫知也故友王純卿醉誤傷人叔捐貲解其事純卿歿復經紀其喪在成均日邑有鄧某者以泛舟役至都窮無歸叔解驂不足繼以傭貸其子若孫至今尸祝明季歲飢橫民肆掠叔家數十囷立盡或勸懲以法叔憫然曰若爲饑驅耳何罪焉亟倡賑粟之舉全活無算杲猶憶戊子倖售缾罍告罄幾不能公車叔慨應三百金賴以獲濟後雖子母無敢負而叔之所賜中心藏之胡能一日忘哉方擬歸里再聚天倫豈期奄逝竟不我待嗚呼痛哉自

杲初赴玉邑叔遠送詩墅擧祛戀戀不忍遽別後家郵每至必須音問何意生死永訣含殮不親迨杲大故煢煢奔唁而吾叔墓木已拱矣追念往昔能無長慟哉卜葬之日諸弟以狀請杲已妄贅數言以陳於立言大君子今讀禮之暇編輯家乘謹節略而附其末云

制愚姪杲稽顙百拜撰

從叔祖彥達公小傳 幷誄

公諱慧字彥達爲從曾叔祖對甫公仲子幼孤母徐與曾大母封太孺人爲同堂姊娣因屬藐孤於曾大父遂與先大父封奉政公如親昆季焉飲食臥起必共出入必偕公美髭髯性和婉與致雄豪能飲終日不醉棋品在三四之間與物無忤溫溫然先大夫自成童以至舉進士琢磨砥礪道義相勖憶歲庚戌先大夫董榷潯陽公年五十有八矣與先大夫溯大江登琵琶亭躡匡廬頂上觀瀑布水浮白狂斗賦詩而下飄飄欲乘風輕舉去洵一時佳會也迨歸觸熱嬰目疾不良於視然遇飲酒弈棊輒進胥達曙無倦色郎客冬余謁選歸冒風雪行五十里至五

牧相候今春聞七袠觴尙善飯乃夏初以哭亥子蒼芩叔過哀涉秋遂病弗起嗚呼公余宗老也事曾大父如父於大父稱雁行情好尤篤大父晚年養痾墅中公左右扶侍問以諳諸疾如忘先大夫於公屬尊行願儼然執友至燦輩直攜持保抱之矣交閱四世無幾微間平生於宗黨善調劑彌縫闕失雖有小忿不廢懿親公之力也今典型衰謝音塵斷絕邈河山矣能不悲哉若其他爲人排難解紛固瑣瑣不足道志公大節堪不朽者一事公少習制舉業文譽蔚起有遺腹弟睿堂上愛之甚比長翩翩白皙警敏然喜近狎邪因私一寡婦與里中青衿攫而淫某者相妬害遂爲某拳斃沉屍於河公偵知仇人郎擒而械諸

室時晉陵令馬公培元署邑篆公奔郡呼冤馬公素惡吳民健訟見公少疑爲人唆使盛怒欲予杖公憤懣舌結不能語顧嗔目扳案案幾覆硃墨淚籍污馬公衣大呼必准狀甘受杖狀雖判而公亦大創矣既兩造獄具馬公念死者不可復生公年幼一涉訟庭學當廢又青矜某頗有時名欲兩全之議多罰贖錢爲掩埋及公膏火膳母費召公密室與酒食好語慰勞之諭前意公輟食號泣以頭搶地出血必直弟冤馬公心動遂定爰書申臺院往返駁讞逾五六年仇人卒伏辜冤得白公竟以此輟學當是時仇家挾貲能鬻獄往來居間當事且欲爲營解至宗族交游人人惴恐無不勸公息肩者使公稍怵於威誘於利一

爲依回冤不得白獄不得竟矣而公不屈不撓挺然全大義可不謂烈丈夫乎傳曰惟孝友于兄弟又曰死喪之威兄弟孔懷原隰裒矣兄弟求矣公無郗焉即淹抑終老牖何傷余方刻譜系垂竣懼公沒而湮滅弗彰也因書以授梓且爲誄之誄曰

惟公大節昭日星原隰之求哀鶺鴒鞭箠不避趨訟庭銜仇附胸心以甯終身淹抑何所縈菽水娛親勝簪纓嘯歌潯陽江月清匡廬五老紛相迎手擥巨羅呼楸枰襟懷浩落詗縱橫中年哀樂傷性情老至哭子訖餘齡嗚呼彼蒼胡太瞢述此哀誄淚交膺逵節守節古所矜以詔後世知典型

姪孫文燦拜撰

侯彝賓傳

侯彝賓先生葬有日矣邑先達宮詹秦對巖先生既誌其墓中之石先生令嗣陳齡屬某爲家傳蓋先生王母王太安人某曾叔祖姑也元配王孺人某姑也姻好蟬聯衡宇相望先生歿垂三載而風神眉宇歷歷寤寐間知先生宜莫如某若其敢以不文辭先生諱恒彝賓其字給諫少芝公諱先春曾孫祖某府君某先生少孤不逮事祖若父母吳孺人守節撫孤先生色養備至於昆季最少家業故稍裕析箸日推多取少引爲分誼固然後兩兄產中絀諸吉凶費不貲獨身肩之至收恤遺寡教養諸子惠好親朋此先生行事在家庭遺愛在鄉黨而某所尤慨歎

於先生者少丁孤露長歷艱難齣玉頻摧琴瑟中斷僉壬搆隙中外交訌鬼瞰其門烏集於屋以一身綢繆牖戶拮据卒瘏亦艮苦矣既而角牙潛消垣墉無恙家有收子式穀似之俯仰二十年來茹荼集蓼庶幾稍慰桑榆斯時適志陶情以愉快亦固宜然先生乃被服粗疎蕭然寒素五十後勅斷肉食菜羹糲飯甘之如飴或知先生纖嗇自苦以爲生從艱難也及其慷慨公義賑窮賙乏蠲逋焚券往往累千百無所吝嗟乎世之席華膴飫甘肥鮮衣怒馬於他人緩急如秦越人之相視雖至戚掉頭不少顧如先生者可以風矣晚闢數椽舍旁爲習靜地象設莊嚴六時禪誦余每過從見化陰一庭爐香一炷兀然枯坐類有

得者故於委蛻之際吉祥順命彼竊極嗜欲耽生怖死憧憧擾
擾不能自休者視先生何如也

婣愚姪王貽京頓首拜稿

皇清誥授奉政大夫刑部郎中覺峯侯公墓誌銘

余與覺峯侯公總角即知契文壇酒社恒相過從稱忘形交戊
子遂與公爲同年友見其年甚盛而意氣豪上有不同於世俗
齷齪之士者益敬重之知公之蘊深蓄厚必將大展其生平卓
然表見於事業既而成進士令宜平宜固僻壤且久任至十餘
年及入官禮部尋擢刑部正郎後奉差歸方杜門養疾而疾大
作客夏公之訃音遽至矣嗚呼公年甫五十正服官蒞政之時
且其風度卓犖久已見信於當世而當世亦望其功施無窮何
竟與余所期有未信哉余方欲爲文哭之乃其諸孤文燦等走
一介三千里告窆於余且手纂公生平行實幾數千言屬余誌

且銘之余於是盡得公生平亦嘆諸孤能志先德於不忘也按
狀侯氏世居無錫自元高士友泉公以隱德爲世所仰厥後代
有達人企竹公以吏治顯少芝公以直諫顯三傳至公公生而
穎異九歲即學爲文千言立就爲耆宿所驚歎十五補博士弟
子封公乾中先生方官南刑曹遭世亂大父大理公與大母華
太孺人俱高年避兵於鄉內外上下莫知所爲公以弱冠獨肩
其任周旋大父母於艱難搶攘之際凡所以仰代封公孝養之
事者靡弗至也適里中有乘亂搆陷封公者公身代訟繫出是
封公得以視大理公含斂盡禮致哀而搆陷者卒罹於法公爲
諸生時其偉概已有如此者及己丑釋褐時年僅二十餘名動

公卿間秉衡者欲以館局處之公慨然曰一民一社乃吾効能
之地安用優游清署爲以故謁選得宣平縣宣平僻處叢山中
其地無城郭無漕渠其民人無甲第無富室亦無商賈往來於
是親戚無不相弔而公又曰此正吾親民之日也甫下車權其
利弊緩急首興水利建通濟橋以時蓄洩每山水漲溢不復浸
壞田廬民使之縣多貧民賦屢不登每歲終逋欠動千百公慨
輸家貲報及額以爲常嘗軍興時直指及諸上官接部符檄無
虚日不以縣之非孔道少貰也公先事供億不以擾民亦無廢
事又山寇不時發縣故乏繕備吏民駭走公親擐甲胄練集鄉
勇徇行山谷間嘗夜失道馬蹶且傷足亦不顧也於是賊意宜

錫山東里侯氏宗譜 卷四 峯霓公墓誌銘 三五

有備令又嚴威而廉愛俱遁去終不敢犯或有不軌徒潛與寇
通謀內訌公輒先知之率兵潛捕盡伏辜邑人詫驚公之神其
精於吏治多此類方今天子雅重吏治䂓當羽書旁午之際思
得廉幹才急公紓難慎固封守爲宣力有爲之臣往往應之者
以名不以實苟得如公者數輩分置天下何憂不治哉以公之
治行宜膺不次之擢乃宣吏民德公深以爲公去誰與勦撫字
貸輸將者故留公於所治十餘年公亦以爲宜吏民德我我何
忍去之雖久不遷不怨也昔漢內史倪寬以負租課殿而民擔
負輸租繈屬不絕今公則以已貲償民賦課亦以最此其事有
更難於倪者甲辰陞禮部旋遭泰太宜人之喪丙午服闋入都

予與公契濶二十年至是握臂極歡相與並轡聯遊沽新豐酒
歌嘯爲樂丁未公補儀制司主事進祠祭司員外郎凡
朝廟郊祀諸大事公佐理俱有可觀主政諸公莫不以局幹𥨊
推許時余叨任司成值
今上臨雍與公周旋於駿奔祼獻之列公夙夜寅清克襄鉅典
庚戌會試公充提調官纖悉皆親董之棘闈中葺墻屋供飲膳
擇繕寫擡主是役者例視爲故事不之省公一一經理之無少
懈尋陞刑部郎中督關九江關有積蠹每操官府短長公廉得
其人聲罪杖殺之江右鹽艘凡三百有奇舊例每艘額外輸金
若干爲關公費公盡罷之春秋二時不下幾千金一時商民無

錫山東里侯氏宗譜 卷四 峯霓公墓誌銘 三六

不感且異者蓋公精明清慎輕財奉公其天性然也權事報竣
公便道歸奉觴爲封公壽居無何將戒塗北行封公忽寿捐館
公以適在子舍得盡喪禮不致貽終天憾人咸謂孝感所致云
公性篤孝兩遭大故服再闋忽忽不樂遂有疾當事具　題在
籍調理不二年而公病不可爲矣卒時乙卯歲閏五月也公故
豪邁不屑爲局促態鄉里中貧乏不自存者輒衣食之姻戚故
舊脫有緩急無不立應更能患難相恤遇人危迫傾身救之無
難色而其事之尤不可沒者如同邑某氏以同產分裂析箸少
長不相疇遂有閒言伯子走京師思讐少者公聞之嘆曰鄉人
骨肉相雖忍坐視乎勸諭者再某因欲援例以捐貲圖出身遂

謀稱貸俱藉公力後其家呼應不至諸債家俱舍某而問公公與之紀經其逋至今未償公性好施與產且中落猶不悋此不貲之費慨然曰吾周全其父子兄弟間吾實造彼彼豈我負哉其風誼如此眞不愧古人而里人固其聞之余時同官京師尤知之最著者也嗟乎天下有遇人之急而秦越視之惟恐累已者矣即或代謀有能捐棄數萬緡歷數年而幾微不見於詞色者乎余益信公之爲人又長者也故亟表之以風世之好義者公之生平事二人以孝聞睦同氣以友愛聞敦戚誼以高厚聞其出宰百里則尸祝之至今入司典禮則其稱其多所補益以至商旅歌思氏之甘棠之愛可不謂一世人豪也哉然其達觀

有素嘗端居時獨預卜藏域於太湖之濱軍障之麓一邱一壑若將老焉此豈猶得以才士盡之殆有得於道者耶余與公家僅百里隔又弱冠即同譜其史政得之熟聞在國門時朝夕從遊獲盡傾倒余既知公深所以誌而銘之者又安敢辭耶今其孤文燦等將於今年七月之吉葬公於兹山成公志也銘曰

於維上谷　邈矣其祥　代有大賢　至公彌章　公才不世　小試弱邦
解我囊槖　代彼輸將　典禮莞榷　厥績皇皇　民食其惠　吏習其明
如雲之誼　如雪之腸　輕財好義　振古栽揚　允宜吉壤　吉人是藏
銘兹碩德　山高水長

年眷弟宋德宜頓首拜撰

皇清誥授奉政大夫刑部山西清吏司郎中霓峯府君行述

先大夫諱杲字仙蓓號霓峯生而穎異六齡就傳一目數行十五補郡博士弟子蜚聲黌序試輒冠軍壬午闈試不售旋際鼎革方是時先王父宦南中家鄉風鶴先曾王父母衰齡抱痾避兵鄉曲先大夫以弱齒周旋險阻入盡孝養出供踐吏族屬老成咸歎不及邑新經喪亂豪猾多思不逞學博董象孚搆巨慾矯僞檄爲魚肉計致先王父羈學宮適遭曾王父之變先大夫毅然請代繫而先王父得出盡含殮以免終天憾後叔祖兹洽公走控軍門置薰於辟寃始雪先大夫心懷憤鬱書則佐先王父綢繆禦侮夜則攻苦揣摩獨坐小齋一燈熒然漏四五下咿

吾聲不輟也戊子遂舉於鄉己丑捷南宮時年甫二十六名噪都下謁選得浙之宣平宣甚括蒼下邑界萬山中無城郭可憑無漕渠可運人民鮮少廬舍庫隘先大夫下車始巡行隴畝相視原隰立法簡要使民易從宣人大悅先是宣無水利每山漲驟發田廬成壑先大夫倡建通濟橋以時蓄洩田疇賴以灌溉民免蕩析之苦宣俗婢老不嫁戶多怨女先大夫著令易其俗俾得婚配無愆期凡孀婦再適及宰耕牛向有私債先大夫痛除其陋規民多溺女及停棺久不殯者悉嚴禁之民貧賦多不登每歲終逋課不啻千百盡輸家貲代完以爲常民不知學科歲試而外遴子弟之稍有文者親爲督課授餐鐫其徭役助以

膏火凡所以奬勵而成全之者勿遺餘力文教蔚興復力爭於
學使者取士之額得比中邑潘子文韜家世單寒以其資可造
延吾鄉名宿訓之一出而歌鹿鳴宣之士登賢書實自茲始邑
苦窳勺水外無長物朝夕所需恒自家鄉致之不爲百姓擾地
非孔道無驛騷徵調之煩及軍興時直指按郡悉索時有俱先
事預備當事知其廉無苛責者歲癸巳亢旱宣地皆山田罕溝
澮桔槔無所施去邑七十里有三潭相傳爲龍所窟於是齋戒
步禱遠行亦日中披荊莽歷巉嵒抵上潭再拜虔請獲龍蛇蜓
如蜥蜴狀迎歸未入邑澍雨大集四郊霑霈宣民慶更生山寇
時發警報旁午山城無備吏民駭竄先大夫躬擐甲冑秣馬厲

兵聲勢大張賊聞將及宣界而遁不逞徒潛與寇通謀內訌先
大夫廉得之率兵駐其地召其人佯與笑語令弗疑事定置之
辟嗣後無復萌異志者辛卯分較浙闈所得皆寒畯士撤棘諸
士來謁盡却其贄反分俸以資其讀後門下有筮仕者以爲政
請告之曰清慎勤三語自昔爲作吏箴然清之一字最重亦最
難能守之亦最受用使諸子以廉吏稱吾與有光矣徐君亦神
令山左地產木芍藥來遍候時惟受花種數本而已邑患虎時
白晝攫人多方搶捕爲文以告山神虎遂屏跡公餘清暇訟庭
張羅間有四方賢士家鄉親串至止者相與賦詩飲酒彈琴嘯
歌偏訪玉邑探奇考勝有謝康樂柳河東之風臥治十餘年吏

習民安甲辰量移寄曹適先王母秦太宜人訃至遂匍匐言歸
時先王父已患痺疾飲食起居動必需人先大夫就舍傍隙地
闢一圃名亦園時時以板輿奉先王父於其中故交老友相與
歡笑以娛永日雖中帬廁牏不敢假手婢僕先王父不知有病
苦也丙午秋先王母服闋赴部補儀制司主事晉祠祭司員外
郎從事
朝廟郊祀諸鉅典務致虔恪所歷事部堂如仁和合肥蜀州諸
公皆獲下交驩而滿堂覺羅外公司徒米公亦莫不以局幹相
推許當
今上親政之始將復舊章儀曹議復八股及歲貢等事當事恐

格於議躊躇未即上先大夫毅然具稿說堂力爭得之卒如議
太皇太后加上尊號
特命監鑄大寶備極嚴慎時不孝兄弟隨侍京邸先大夫呼而
拜觀曰一介微臣得爲
天家襄此隆儀使小子輩獲觀鴻寶可謂榮矣庚戌南宮試士
上簡分校諸臣先大夫以禮員應與選而正月望前例當以一
人充提調或謂可預引疾爲分闈地先大夫曰均之
王事也吾甯避艱苦而爲私門桃李計耶及入闈董厥事惟謹
舊爲提調者往往視爲故常玩泄從事先大夫必寅入酉退徧
履號舍料工役之弗勤察塗塈之弗飭者督治之用是各號繕

鑿試者稱便膽錄多以老傖塞責潦草滋甚先大夫嚴加汰擇故閹牘硃書較常最爲精整試之夕朔風甚慄思以巵酒爲多士禦寒而不能徧乃呼江左諸同鄉攸之人如挾纊或以嫌疑勸阻不顧也闈事甫竣即陞刑部正郎旋以潯陽榷關之命同事滿州布公極寅恭之雅每事必詢先大夫云何先大夫亦推誠待之始終無幾微間故得殫心榷政斟酌利弊上不虧稅下不病商一切使節往來故舊干謁概勿許通江右鹽艘凡三百有奇正課外舊例每艘另輸三金先大夫謂布公盡免之關蠹胡某積猾也每關使者至先以小利啗之後遂操短長肆其媒孽先大夫覈實聲罪而杖殺之至今傳爲快事關有琵琶

亭故址五柳先生舊宅罔不加意修葺越明年辛亥四月報滿侯代乘暇屏騶從呼筍輿偕四三同人及不孝兄弟爲廬山之遊出東林遡蓮社謁五老瀓廉泉踞樂天之草堂探白鹿之古洞振衣千仞磊然長嘯飄飄乎有輕舉凌雲之致遺棄軒冕之情矣瓜代後便道歸省拜先王父於堂下

簡書在躬不遑靡鹽正約車北行而先王父忽捐館舍先大夫搶地呼天哀毀欲絕不孝犇跪請曰大人若北轅而家變踵至將何以爲情今得躬親含殮不後不先大人亦可以稍慰矣人咸謂先王父福德之隆而先大夫純孝所感云是秋附布公報命煢煢縗絰讀禮郊居一切家政家慈華宜人董之先大夫於

延師課子及孫及諸甥而外一無所問癸丑冬服闋例當詣闕候補而先大夫升沉備閱大故再罹精氣銷亡病自此旋作矣督撫具

題蒙

恩予告得以在籍養痾方擬優游泉石自能勿藥有喜身逢

闕廷吿猝

王國豈意支離憔悴不言神傷遂至溘化也悲夫兩年之間猶或以棋酒竹肉逐日遣懷親知過從談詠諧謔整觴度曲卜夜爲歡乃甲寅冬飲食恆至嘔逆特延禾中名醫薛楚玉先生調治弗效仲冬望爲先王母生忌辰命製僧伽黎服之如老衲茹

齋素建心閣供僧其上誦心經萬卷同諸僧戒苾蒭虔禮懺法四晝夜頓爲加餐不孝兄弟因竊自喜謂可邀福空王令二豎背遁乎何意大星將頹不既乞靈祈禳自乙卯春漸劇延及夏中更盆羸瘠時從華藏山房歸止家園不入宅不孝兄弟方以爲憂至閏五既望命遷正寢似有先見者時暑甚陳榻中堂眷屬環侍麾勿令入止命荆溪僧等跨坐榻前講演彌陀疏鈔而諷大悲心咒至十九日下午邑父母吳公聞先大夫病且革目引臨視吳公與先大夫平日意氣相許愛逾骨肉訣時慷慨相慰先大夫徵以不孝兄弟爲囑目相注而形神離矣嗚呼痛哉總計先大夫一生通籍二十七年羈栖士㟁者十四年宅憂里

居者六年
予告在籍者三年立朝之日無幾而叉官臵臺冷署比入秋曹
郎奉
命滯闈不及處論思密勿之地稍展其設施之才識者惜之然
平日造次必以
君國爲重雖在荒瘠初未嘗有鄙而不屑之意曰普天率土莫
非
王臣東西南北惟
君所使惟竭蹷盡瘁以不負所學不負
天子而已是固先大夫之忠也性卓犖不受羈紲惟先王父母

之訓不敢稍違少豪於飲先王母恒以爲言先大夫特製一小
斝上鐫母命二字每宴會必出此自酌不及亂也久任括蒼因
先王父母遙𢡟板輿迎養凡三四至甲辰春先王母疾作時先
大夫已有儀司之擢聞訃一號嘔血數斗深以不獲侍湯藥恨
抱終天結廬舍西以安繐帳朝夕上食一如生時先王父患痿
痺手足不仁先大夫溫凊起居出入扶掖先王父病不能言心
有所欲他人不能解先大夫承其頤指㘣弗中者嘗窆華墅祖
塋之穆齋宿墓次風雨不間墓後築垣如屏如雉以禦樵牧有
所費供自庀不斂諸房族也搆室刹傍爲歲時展墓憩息之所
顏曰白雲志不忘也庶祖母何氏事先王父母久先大夫殊其
禮篤其愛視所出之叔與姑如同胞繪歷代祖像各以誥命本
傳書於幀首裝潢什襲其副分授各房以便瞻拜修本支宗譜
藏板家祠使後嗣知水源木本先王父同氣四人先王父居長
仲山生公叔理卿公季茲洽公先大夫皆事之如父理卿叔祖
先先王父卒先大夫在宣聞訃哭極哀歸後待二叔誼切友于
仲叔貞培早世先大夫撫其孤如子山生叔祖晚年業少落先
大夫出𦵏恩禮有所告必應卒後棺衾之禮出先大夫之力居
多仲叔駿聲亦早世撫其孤亦如貞培叔茲洽叔祖與先大夫
齒僅七年以長少時同硯席旣長執牛耳藝林文譽走四方叔
祖役與先大夫狎主齊盟交相勗也叔祖才逾司馬而遇阨馮

唐居久之以恩貢授州同雖不足酬千里志而先大夫握手相
慰忻忭繼以歎息居然有髀肉之感焉是皆先大夫之孝也先
王母止育先大夫及姑二人姑丈施儷清先生與先大夫同甲
子自幼及長出入必偕學行相砥友愛不殊壎篪姑早卒繼黃
夫人視先王父母不殊所生而先大夫視夫人亦不殊妹又寄
名幼甥文煥取其易養雖未供子職而愛猶己出庶叔生先大
夫蒞宣之後稱昆季者十二年尚未識面比歸甚愛之時先王
父已病先大夫代先王父字之曰于蓓敦友于也親加督課勞
愛兼至不幸年僅十八以瘵殀先大夫哭之慟作傳以傳嬸氏
胡二十守節遺孤未週後痘殤先大夫以華宜人所出幼弟嗣

其後字曰象于以祈式穀之似也庶姑適黃景尼先生十齡失怙恃先王父攜歸教養之先大夫體先王父母意厚待不異於施氏姑與儷清先生也祖姑二長歸錢公與先生壽臻耆耇敬禮如嚴君文溢表叔夫婦早亡表兄芳林年少能文先大夫承爲說項表妹及笄未字先大夫撫之爲女嫁泰行之今且兩抱甥矣叔祖姑歸孝廉鄒叔介先生俱早卒表叔壬辰鼎元海嶽先生與先大夫同第南宮交好如同氣表姑爲先曾王父所字嫁於吳武揚先生亦與先大夫驩好四十年如一日子紫梁有儁才先大夫每撫之曰成吾宅相者此子乎果一鳴登賢書時先大夫在春曹職分勘得紫梁闈牘喜甚謂吾姊得此一變

足矣是皆先大夫之友也不孝兄弟雖分嫡庶然自幼至長衣履飲食嬀愛維均家庭燕間嚴不廢慈諸弟妹聚首共案而食分梨授棗歡笑欵曲絕不見矜厲之容至訓出義方毫無所假言動必遵必有規範日有課月有程謹約束厚滫瀡廣延名雋交相切磨激勸姊丈華友虞爲母舅子愿公子文而夭先大夫撫外孫如諸孫女妹丈呂恂令攜之入都卒業成均其爲人仝五先生久嬰夙疾先大夫爲恂令經紀家政清田畝葺廬舍勞怨罔避諸幼孫及外孫不下數十輩無不含飴弄之左提右挈弄鬚牽裾觀者健羨三房伯石臣公沒後三孤煢然與先大夫茲洽叔祖衣澹伯同任撫孤各主其一大而賦役細及衣履醯醢簿籍井然無絲毫苟且塞責是皆先大夫之慈也生平卓犖有大度剛直不阿遇貧苦患難者傾身救之澄江曹仲嘉世兄諱禾甲辰榜後小有罣誤先大夫白其事於宗伯得免議山右郭帝京先生前爲績溪令先大夫實出其門後補蘇州守近在百里絕不以片紙干請罷歸後復因未結案至吳舟過錫而病劇竟卒舟次身後事一力任之又爲力請當事得結前案轉車乃得返晉與荊溪萬紅友傾蓋即締石交丙午偕北行晨昏握聚者四閱歲忘形式好如昆弟也紅友亦感知己事多規益先大夫愈益重之爲謀入雍在燕邸即議與結子女姻歸復以爲言紅友苦辭而止先大夫於縞紵誼最篤而生平終始稱道義

交者尤推紅友云故太史趙月潭先生爲先大夫受業師長公正子與先大夫相友善欲與訂姻契趙以家貧辭先大夫曰吾所重在通門世講豈必素封乎遂以幼弟締蘿喬焉在都門凡年家故人子之落魄旅游者假館授餐煦嫗備至嘗師邸先生耄年漂泊存爲推解歿爲賻唁且賙其子若孫弗絕其餘挾一藝以游而餬口不給者多取資於先大夫雖長安儲直最高食珠炊桂未嘗不座上客滿也有同邑許姓羇身旂下爲主所箠掠備受楚毒先大夫見之惻然謀贖之其主索値且倍先大夫力爲之圖終得出許率妻子泣謝請就役以爲報先大夫麾勿納且予之金俾歸里中表何德已窶甚延之家塾爲童子師無

疾暴卒附身附棺無闕將歸葬祖塋人有齮齕之者先大夫親
履其墓勸諭懇切得安宅兆式玉叔僑寓蓉城以事累雀角頻
年不能釋適先大夫從玉郜歸爲白其冤於當事乃得解履旋
叔祖有母老先王母贍之最久後以壽終貧不克葬先大夫爲
之倡歛貲以襄之邑有同善育嬰除夕諸會先大夫樂與贊成
且廣爲勸導先王父母施櫬施薦施棉衣歷有歲年先大夫繼
事述志踵而成之不敢懈有友王仲孚黃爾承偶卜葬地屬褰
家汙萊先大夫知之予其地不取直各付手書使後無他議是
則先大夫之仁也性慷慨喜交游視阿堵物如浼歷仕以來未
嘗手無名一錢家居闤闠戶外於郡邑從無所私請若夫友朋

緩急肝膽期許揮千金而不悋吳陵李爾孚年伯與先大夫子
丑同門初第時李跌於賁先大夫慨應數百金後宦途遷潤久
不問問丁未晤於京邸李以左遷候補把臂極歡言及舊事李
致歉不已後得補順德李曰吾此役庶可以報矣而先大夫終
其任竟不以一介往蘭陵董緝風年伯亦舊貸百餘金以其宦
光祿冷署不啻及聞復以囊澁告輒再分俸濟之祝紫爾先生
各有貸俱値先大夫囂恥之時不敢重違其請乞鄰以與一任
岢嵐一任永嘉音耗遙隔先大夫無幾微之介於懷也此可見
先大夫平日急人之急而不之較往往若是同邑倪薦公因闤
牆之變致裔梓間有間言遂北走都下援例招民先大夫欲調

劑其骨肉適諸白洲姑丈爲居間先大夫遂與其事從此例停
止而所費已多薦公家無纖毫應致累先大夫代爲揭貸以償
然先大夫以然諾爲重未嘗怨悔其尊人康侯公深譽前誼以
季君聖生賢息字幼弟此又先大夫之義也嗚呼先大夫之忠
孝友慈履仁蹈義若此使天假之年大行其志則樹鴻駿於
國家永丹青於奕禩豈復有涯量乎乃年未週甲賫志長終其
爲悲痛又何可辭說哉平日不甚讀佛氏書然本因不昧在浙
時年未三十即與千峯立禪師遊闡究之餘多所諳入含遁東
爲道南書院高忠憲顧端文舊日講學處其左爲東林禪院自
元迄明踵蓮社故事歲久就圮先大夫常心耿耿適華宜八五

十壽辰不孝兄弟擬酌春酒以介親朋歡先大夫命不孝兄弟
曰斑衣承歡菽水亦足酒池肉林滋孽耳何如作清淨歡喜爲
尤勝乎遂於東林片壤鼎而新之昔之風雨蝸涎頓現化城金
碧主席者爲三峯法孫楚黃福公坦率和易本色修行先大夫
每稱之樂與數朝夕茶槍荀板必延與偕尹宣日有執烹任役
謝姓者歸過虎林道雲棲忽有觸願爲桑門而弗敢請謀之先
大夫執友朱膽生先生代爲緩頰先大夫不以爲忤且釁然曰
是子乃能爾耶古有屠兒成佛者豈其人乎遂與薙染前歲歸
里居然一老比邱已受洞下傳衣先大夫色喜命不孝燦贍之
今特爲營筠心精舍於北郊資其瓶鉢云去年春先大夫正康

勝無恙忽於軍障山之箬塢預營壽藏其地係秦氏廢墓密邇先曾王父之隴而遙與先黃門先大理華藏祖塋隔湖對峙先大夫不聽形家言獨出臆斷以爲今日藏弓劍地是隱若天之留此以貽我先大夫也召寫生者傅照離係環侍以爲笑樂非從香國去來而預知時至安能若此先大夫生長世胄少壯登朝性頗豪邁不屑效敝裘羸馬作寒乞相喜賓客故交而外以及丹青詞翰之士琴弈絲竹之技無不羅致一日坐客少減覺有愀然之色而居恒自奉著羹盂肉泊如也胸無宿物肝膽盡露人有過雖貴倨必面折之事已即止無藏怨蓄怒遇當道臺憲侃侃嶽嶽不少詭隨或與鄰翁販卒班荆就語娓娓不置投

轄留賓常至卜夜即不善飲亦勉令盡三蕉賓從如雲每呼小奚數輩度曲侑歡不孝兄弟潛窺至隱內懷真性浮雲華膴所好不存殆若有不得已而逃之酒者嗚呼太白淵明世無知已其或有超於域外之觀者能識其微旨歟所刻有類青緊要所著有玉岩集行於世今以丙辰秋七月既望奉先大夫之柩窆於生時所營軍障山箬塢之新阡坐乙向辛湖山藹然先大夫之靈其亦懌於茲邸矣

不孝孤子文燦等泣血稽顙百拜謹述

亦園居士傳

陸楫

亦園居士者侯其姓先世自某地徙錫之東里俗名映山河者其里居也幾傳爲給諫少芝公諱先春又若干傳爲封奉政大夫乾中公諱之源奉政公生禮部儀制司郎中霓峯公諱杲則居士之考也少爲儒壯爲吏老歸田間自稱居士者其出處也知浙嘉興之海鹽及山西平陽之稷山兩縣者其所歷官也在海鹽則葺倉廩行官兌民省浮費三四萬又擒逸盜戢猂弁民患以紓在稷山則捐貲倡振給種以招逃亡奉檄造艦禹門收粟潼關散振絳州襄陵董運歸化既而督餉郡城皆竭蹷從事其職業也居家則輯侯氏家乘刻漁洋山人詩王次回疑雨集

亦園詞選璇璣碎錦凡若干卷其譔述也放形類狂徑情類狷折而不懟困窮而不屈其性情也文燦名也爲光又曰蔚霞字也亦園其自號也或曰居士之先人築別館於映山河之上僅數弓而邱壑具焉故曰亦園今居士羈官南北歸而屏迹村野其棲遲觴詠於此園者殆無幾然則何繫乎亦園居士曰亦之爲言不成乎園也不成乎園亦無之而非園也古之達人以死生爲圜觀亦之義大已哉以亦園傳也固宜

文學石臣弟暨元配秦孺人行狀

石臣於余爲從弟，二十五歲喪父，即依吾父。吾父卵翼之，無論門內門外事，無鉅纖未嘗以衰憊辭，終十餘載委曲調護無遺憾，以故弟於吾父，父也，於余，同氣也。病之劇，余客章門，聞凶人訃，倉皇旋里，弟已輾轉牀褥兩閱月矣。逮余過榻前，執余手曰：弟病不起，生平藉伯父、吾兄骨肉愛，當無他囑。顧俊卿叮嚀者再，遂邑邑不復言。由是延醫吳門，調治者復匝月，卒無起色。一日致書予曰：伏讀來翰言養生至理，字字却病眞詮，念至此，雖父母愛子之心無以加矣。恨弟無知，捐生就死，一旦無常，悔恨何及。又曰：身後事無可言，亦不待言。弟一生以來，何事不蒙庇護，何刻不荷憐愛，豈以生死易念，必待相向哀鳴哉？惟是呱呱三孽，孤未滿尺，至傷至慘，思及痛心，所望時爲撫護，勤加教育，俾得一有成立，以延祖宗一脈，以衍書香一線，弟雖在九原，得瞑目矣。嗚呼！此語遂成永訣也。弟易簀之日，神明炯炯，如瞀然去來之際，其有得於了悟無生，種諸善根之力居多。服甫闋，而弟婦秦孺人不旋踵殁。嗚呼！胡天不弔，并奪此賢配哉。今者三孤藐若，入室閴然，几案塵生，人琴痛絶，儻不略舉生平，俟三孤爲他年梗概，其何以徵信於後日耶？謹拭淚操管而爲之狀，伏乞當代立言君子錫以鴻文爲。

弟姓侯氏，諱卿瑩，字清臣，邑諸生也。曾祖即曾王父贈岡卿少芝公，嗣曾祖庠生復甫公，祖曰孝廉甯我公，父曰孝廉隱觀公，母吳孺人。生無昆弟，蓋兩葉單傳云。弟生天啟甲子，是歲叔捷南闈，會曾王父特賜詔下，命名榮，志喜也。及補博士員，泮名作瑩，從之改字石臣。幼稟異穎，從家塾輒朗誦數千言。及操觚學舉子業，不循行墨，有食牛氣概。曰：之爲必大吾宗。小試輒不利，遂起文入國子，乃以諸生終其身焉。叔隱觀公潦倒公車，灰心朱紫，亦復困于二竪，參术爲緣，落拓不問家人生產。弟乃廢帖括，留心綜核，勉守遺業，勿墜基。自叔祖至叔兩世俱以窮孝廉不忝清白者，亟勉有無所存。汙萊悉出兩世中饋經營，弟嘗曰：今日饘粥資皆母氏一手一足力也。叔戊子捐館，嬸亦相繼謝世，弟孑然孤立，一姊早夭，終鮮兄弟，藉祖父蔭倖不墜家聲。外患突至，叔存不欲以傷老人心，叔殁又惟恐傷門牆色。予雖左右之，而弟焦心枯思，眞刻刻如在湯鑊中也。丁亥忽遭橫逆，叔以慣處順境之人，而一旦逆境加之，心緒顛倒，紛紛不知所出。弟慨然任之曰：當今之世而欲安享清福者，其誰毋煩吾大人闘闘爲也。遂擲千金，布置之其任事、有贍料事、有識叔，以是晏然無戶外憂，即如家庭微隙，順父之意不可，拂父之意又不可，弟處之極難耳，乃以一身補苴其間，彌縫之術既窮，而求其式好無尤，泯然無迹也。弟又不知嘔心血幾升矣。迨夫東南民力困於織造者，十室九空，稍有中人產，無不爲局中好事者恐嚇招搖，少不遂意，上其名，致破家弟謀之吾父吾父曰余且懼不免娴若宜早圖之弟躬自料理不假手旁人往來吳閶挾一童不攜僕從風雨寒暑飢餓無寧晷先世遺業以是漸耗弟雖才力素優强半從磨鍊而出自是精力愈鋭經畫愈精不受人欺稜矣若夫里役之繁與門戸之雀鼠每從指畫問若者每年經費若干若者每年津貼若干費不繁役不艱雖有狡猾輒不能投其伎倆如錢穀諸瑣務量入爲出不妄費所以惜福不鍥刻所以養和弟之立心大類如此他若勳田百畝憂任匪人租無籽粒賦出倍之苦心籌劃叢弊一清積年先世遺產阡陌紛紜公私舛錯履畝一勘井然畫然以其才幹實足大展經濟雖遇盤根錯節輒能措施各當惜乎

精神亦耗於此耳其敝屣功名無暇爲舉子業者豈得已哉叔以弟一子鍾愛特甚兩世賢書亦不欲遽迫上進幼善病長患掌瘋漸沸四肢叔憂之慮其艱於嗣也嗣卒不能早舉弟時恐貽堂上憂娶婦秦孺人籍籍有賢聲每相對欷歔曰大人耆矣膝下雛何日可博一笑耶適叔納箠謂其可廣螽斯也直甚爲家庭慶叔固有泉石癖累年棲息山莊家或偶至焉弟憂形於色定省外過佳節良辰未嘗不攜尊酒小楪盡歡而後已迨夫莊接湖濱地連山僻綠林爲祟叔平日嘯歌之地徜徉山水間正可作桑榆娛景一旦棄爲盜藪犀玉古玩齋爲盜糧强之返城居非所願也弟乃就吾父謀之曰非伯父一言大人不能允

小子請也隨吾父往叔返城居是夕夜飲特歡弟謂余曰天倫樂事當無踰今日者叔終以城市塵囂家累未免攖心不能灑然物外頭不禁涔涔痛晚年琴瑟之諧或以歲月疎弟泣且請曰兒何不辰僅兒一子不能奉兩尊人色笑古人大杖則走兒無走所也依依孺慕朝夕相隨以諧兩尊人和樂而後即安弟之苦心人有所不知者孀於弟愛不姑息恚無聲色弟於母氏側歡笑則躍然起稍有不愉則爲之涕泣者累日揣母氏意旨無不當若施捨僧飯莊嚴古刹不待開母命踴躍趨事焉弟固具夙根不惜朱提白鏹凡可資福因者輒鼓舞無倦容且奉母教爲承歡地也孀卽世後遺亡姊以簪珥將爲甥女治奩逾數

載封貯如故悉手授之弟敦同氣尊母命尤孝友中之最彰彰者抑人於伉儷間太媟則非禮法家風太執則乖家庭和氣而家其藹然肅然不失爲梁孟家風者指未易屈秦孺人出詩禮名閨嬪於吾家方及笄耳弟固不事簡束孺人貞靜則其秉性也羸體善病弟自嚴其鎖鑰不以家務煩每謂余曰弟婦以藥餌度日者每日服參朮少許積月而歲余弗吝也况以婦儉德非此無以支弱體耳壬辰生子六歲而殤蹙踊仆地幾不欲生自是孺人以產後致病納側室程氏卽今之生三子者非弟初意也長女爲孺人奇愛弟以孺人止生一女不啻掌上珠病榻中謂余曰婦生一女未字所屬意者源遠次郎不必待吉期兄

於我目中抉之坍稍遲余不忍負弟言遂得兩姓世締秦晉焉先是吾父與弱水公以弟之孤伶寡援也互相維持之訓迪之弟怡然無憀邑沖然無矜容每逢花月之勝必速吾父留連累日藥欄雕栅怨足爲歡吾父爲華藏寺建立禪堂大殿詔弟曰此祖宗墳墓所在余力不逮若其助我成之弟慨然協力勷勸粧塑左像及後殿大士悉出弟捐貲以成好施樂善之心有與吾父脗合者故吾父遺命諄諄以都諫公三大分須照顧相莊石臣尤宜朔翼蓋勉余兄弟輩以及後世子孫世世無忘先人語也辛丑壬寅間爲予周旋患難中思所以脫之荆棘者與余弟苦心勞思每至寢食不遑迨予歸里執手道歎不啻再生而

又爲索逋塡門攢眉相向恨不以身代但無餘力援我於苦海中耳大都弟立心以恕與人以誠胸無宿物遇事勇決見人危拯之必力遇人爭排之必力饑者食之寒者衣之渴者飲之病者起之梵宇之廢圯者丹堊之金容之剝落者莊嚴之雲水之無依者供養之蓋其爲善惟日不足殊恐落人後也若目擊世路不平之態則不禁酒後耳熱或出罵坐之言人謂其染習深而不知其衷腸熱也時而放棹山園春花爛熳秋桂初芳邀一二知己肴盒楚楚不豐不儉酒必醇醪飲必盡醉選聲絲竹皆音律名流不喜凡腔雜調即或庭前百卉次第芳菲蘭木池荷香風拂拂未嘗不共余兄弟爲卜夜飲若夫一爐一著滿壁圖書壘石栽花數聲清磬斗室中又具一小蓬萊其廓然若有會心別有深致弟其神仙中人哉弟婦秦孺人病劇甚先三日遡嫗謂予曰吾一生辛苦莫有知者拋此光陰奄然而逝矣伯其爲我述之嗚呼予又何待囑哉孺人生長閥閱祖贈侍御水菴公父丁酉進士侍御弱水公母華安人與余婦並出水菴公後孺人於吾婦則有妯娌之稱實娣姊也以故孺人懿行壺範得之余婦最悉侍御公生二子三女孺人居次幼穎慧能通內則諸書又習見侍御公純孝至行以弱息而諳禮法蓋以至性淑諸家訓然侍御公筮仕淸江挈孺人之任朝夕隨侍置孺人於左右而後愉愉如也及笄將出閣章門閻阻會當秩滿一切治

裝事悉出侍御公華安人手自經營其厚孺人如此壬午歸吾弟能以事親之道事翁姑無不得當終三十年不聞嘻嗃聲出閫外性故明察每事恪慎過之亦事敏決言笑不苟舉止無錯其嚴重簡飭絕類侍御公故其克盡婦道堂上交口稱新婦賢弟性素豪偶當放懷浮白之場孺人必規之曰尊人生爾一子胡不珍重况未舉子可不寶嗇以延祖宗一脉耶皆於腠妄間寬不失之縱嚴不失之苛蓋實難之今三子雖非孺人出而以孺人樛木之風貽慶螽斯詎非其逮養之德有以致之哉叔孝廉公暨嬸吳孺人於孺人愛而禮之孺人於兩尊人修瀡調旨色養志養兼盡於家政瑣屑皆自主持無一煩尊章心連遭大

故適値時節或有估値措之者孺人脱簪珥爲質孺人雖素性期期當大事關鍵處毅然行之無吝色於此槪孺人之孝其於三子撫摩鞠育更逾所生食必調其冷煖寢必挈之同衾不啻如已出於所生之母亦加篤焉一日長子就外傅孺人立屏間窺兒讀書適見嚴師督責不禁潸然淚下既而頷之曰兒頑得嚴師若此不誤生平矣及退而呼諸子曰爾父爲爾擇師若彭君眞賢者兒不率教耶卽於婢嫗輩不疾言不遽色其僕嫗之貽自先世者稱姓而不名於此槪孺人之慈其相夫子也肅然無媟容無倨色游冶之習素所畏聞時當山莊花事游舫如織笙簫雜遝弟或强之行則行不則足跡可終年不一至園亭者

非所好也不盥櫛不簪服不見僮僕弟以官逋追呼乞孺人以簪珥應孺人徵色沮曰爾勿給我浪費爲也及冬脱粟取質以歸之孺人色喜如是者習爲恒於此槪孺人之和至其以朴遬秉家政弟存之日日用悉從外辦茹齋外兼味則撤之固愛惜物力而惜福尤甚冶裝豔服性所不嗜無故不剪一縎卽或製之而什襲如故雖敗縑殘絮必珍惜無暴殄迨弟殁之日經營肅括悉心綜理乃知孺人向未露其才穎蓋深藏若虛未嘗一試也故三年心血加耗神氣漸俐昔之參术無間朝夕者優閑得之後之家政憔悴飲食不盈一盎勞逸甘苦相去當何如也以孺人病瘠之軀能綜錢穀出入握算不爽毫髮至於祭掃烝

嘗及時明潔周旋族黨悉無間言於此槩孺人之勤孺人之儉嗟乎孺人始而損於孕育精神竭其半既而疲於家政元氣傷其全一病遂不起其耿介之性峻潔之操侍御公以之爲廉吏爲名御史孺人以之爲賢婦洵巾幗鬚眉哉獨怪夫天之薄祐弟三世也叔祖孝廉公暨顧孺人甫五十而相繼卽世叔孝廉公暨吳孺人未五十而相繼卽世至弟以四十四孺人以四十七又相繼焉嗚呼脩短有數于理固然胡相繼之速俱不獲中壽俱不逾三年天爲之耶抑青烏家言有所不利於壽算耶孺人初以藥石有靈家事無一及之至五月中旬知勢無起色遂余至中庭進長兒命之曰吾家事伯不待囑欲見伯奈四大分

散時不及見矣吾一女所遺簪珥等物悉歸吾女奩田外惟伯主之授之以意囑余執筆立囑付雖在困憊中精神了了纖悉無遺源遠以同胞而聯絲蘿好者相對欷歔以善撫女爲囑訓長女以謹事翁姑摩三子頂而恨不能見其一日成立也豈不悲哉弟生於天啟甲子四月十二日卒於康熙丁未十一月廿九日孺人生於甲子七月廿九日卒於庚戌五月三十日女一卽字源遠公子巽權侍御公孫壬辰舉一子不育三子學愚學黯學熹俱未聘一女未字側室程氏出兹靈輀在堂弟與孺人冥冥中期望於三孤成立者恨不在旦夕三孤倘以聰敏好誦讀側程氏又能體孺人之心志則亦可不負孺人於地下矣異

日者孱弱孤雛一經有托不負先人餘蔭以期遠大其在三孤
也夫其在三孤也夫

從兄曦頓首拜撰

侯氏三世苦節傳

自古節婦之於家忠臣之於國豈有二理哉珩璜琚瑀庭戸晏然一臣子之黼黻昇平也井臼縫紝仰事俯育一臣子之夙夜匪懈也獨至搆非常遭不造賴兒女子力宗祀得絕而復續亡而後興凜凜乎與託六尺孤寄百里命者風節豈遽相下哉余同年友侯太史桐孤子也一日手家傳三帙涕泣而謂余曰桐不幸家世多難五世祖早世五世祖母殷太孺人以室女誓死歸侯氏斬髮成禮家人爲之立嗣閱三傳至桐祖父又早歿祖母華太夫人守節撫孤繼又搆父難祖母乃率桐母顧太夫人撫桐以養以教以至於長其艱辛困苦之狀桐心能識桐口不

忍言也言已又泣余慨然曰侯宗亦危已哉脱非殷太孺人造於前侯宗且不立亡矣立數傳矣脱非華太夫人承於繼侯宗且復絕僅僅弗絕矣脱非顧太夫人紹於後侯宗仍必絕乃屢絕屢延盤根錯節者且百年而後興此中否泰往復之機其天耶其人耶其鬱之久者發之光彼蒼故奇其遇耶抑侯宗居易絕之勢而疾風勁草一髮千鈞足以回天而勝天耶蓋嘗論之國無論盛與衰係乎其人家無論成與廢亦係乎其人其人足以維世道植人心則雖絕猶續雖亡猶興讀貞婦柏舟之詠誦孤臣正氣之歌卽謂其國其家至今存可耳而況至誠所孚數不能制絕者未有不續亡者未有不興理固然也抑又思之莫

爲之後雖盛弗傳侯氏累世以節著固侯宗之不幸而秉正不回之氣磅礴鬱積其子若孫之建樹必有大過人者侯君方以名翰林爲當世推重余爲侯宗望益不能不爲侯君望矣

賜進士出身

誥授資政大夫兵部侍郎兼都察院右副都御史廣西巡撫鄒

鳴鶴拜撰

侯烈婦殷太孺人事略　楊鍾鈺

烈婦姓殷氏無錫侯歷之未婚妻也歷暴卒烈婦聞之悲慟誓以身殉爲父母勸止力請歸侯許之於柩前斬髪成禮家人爲之立嗣屏居一室寢苫枕塊墐戶絕人事杜出入穴壁以通飲食家人請葬夫柩烈婦謂嗣子太稚當稍待之如是者五年嗣子漸能行走嶄然見頭角烈婦曰可矣擇日家奠闢門送葬柩既下窆烈婦奮身擲壙中頭足糜碎以殉親鄰出不意咸驚其奇烈遂并葬之五世孫桐起家詞館累擢吏禮等部侍郎論者謂烈婦之貽澤長也被旌於朝舊通志殷氏女有傳

季媳王孺人述略

余今年八十有四稱未亡人五十餘年矣計一生艱苦備嘗滄桑變易塡膺悲慟冬夜夏日無能破顏爲笑以致鬢毛似雪旋見骨肉如星散於季婦之亡積駭成疑老淚見血枯管斷墨不能爲詮次其一二以爲後人留貽閫範然其淑德懿行依依時在人耳目間非老人所得而私且諱也余幼稟余父觀華府君暨母顧孺人教畧窺幼儀內則女紅之外無聞焉迨十七歸侯門而先夫子欷歔感涕以不得事親爲恨猶幸得事吾姑王太孺人孺人性秉松筠節操金石黽勉家政外惟以督課兒孫爲務予亦兢兢自飭不敢燕安有違太孺人懽也乃結褵未幾遽

奪我天飲泣吞聲時欲一死以相從地下特因吾姑以撫孤相責故茍延殘喘爲生者留維時表伯崇巖公適提南宮歸里與吾夫中表雁行且少同筆硯來候吾姑相慰藉曰無過傷當以少女爲幼姪配竭吾微力以輔後人嗣後勉起視息形影相弔回視三孤一女余淚未嘗一日乾惟延師訪配無不兢兢以大伯命是遵賴吾伯視孤雛如已子卒致男有室女有家以次成立差堪自慰還念茹荼飲蘗又不覺涕泗之無從也無何而吾姑又見背矣哭夫不已又哭姑柔腸寸裂恨不先朝露以從先夫子遊乃未幾而女喪又見告矣鬼闞其門烏集於屋何有何無不知所告人世拂意之事至此備極有非人情所能堪者所

幸三媳皆名家女登堂視膳之後各供厥職無或嘻嗃以貽予憂其間左提右挈晨昏作伴未嘗須臾離者實惟長媳次媳後先入門相得最歡嗣後唯季媳供匕箸理刀尺寒暖溫凉無不預爲料理其先意順志有出自尋常之外者已熟察其平居端凝貞靜不窺庭戶敦睦妯娌撫御臧獲事事合宜紡績織紝晨夕不休欲成百疋布以佐老人不時之需噫嘻此其用心眞苦而篤矣至其助薦舉子常者不及撫大兒之子以爲子訪其抱養他宗親爲領歸授室親串嘖嘖以爲丈夫不如王氏之門代多淑媛以吾姑之女師高行領袖人倫誰其嗣續實維吾媳宣其然乎余三十年來雖際桑榆而尚强飯非若輩之得余歡心

不至此迺忽焉而兩孫繼逝大媳云亡斯時盤桓吾側者惟季媳又恒免家業中落時患血症所總理吾家者亦惟季媳今又舍我而去矣煢煢侍余者唯次媳一人天倫零落暮景孤窮尙忍言哉尙忍言哉夫以余瀕死之身謬叨憲奬之褒崇過承子姓之敬愛非祖宗積厚所貽先人訓誨之力不及此今三子漸已斑白都非壯盛冀孫若媳其克承家思所以不負祖訓者予即長逝亦瞑目矣若季媳一生行事動與古合者甚多即其鞠育二子推乾就濕爰逾所生倘獲尺寸進必有立言君子錫之誄銘以垂不朽予又何能文

八十四歲未亡人吳氏述

于蓓弟小傳

于蓓弟名馨庶母何氏出先是先大夫止育不肖一人至五十一而生吾弟方是時不肖齒已三十羈宦宣陽家郵至知育幼弟竊念踽踽一身孑鮮兄弟今幸手足獲全額手稱慶雖屬離裹未及謀面凡十有二年至甲辰罹先太宜人之戚躃踊苫旋始得攜手稱友于遂字于蓓志喜也吾弟眉目秀朗白晳修頎而形神清羸體不勝衣叔寶玉人長吉瘦削或虞其難永於年矣不肖愛而憐之但先太宜人已背先大夫又病廢義方之責不肖何敢辭爲之擇嚴師親督課繩趨矩步不少踰閑誠體先大夫心俾玉於成也丁未服闋北赴容曹臨岐握別諄切再三

且告庶母弟之一身所繫甚鉅勤學之外血氣未定尤宜防護庶母深以爲然越戊申弟年十六欲爲授室不肖以先大夫久處病鄉承歡乏人早得佳兒佳婦定省於前稍寬不肖三千里子舍之責在此舉也又明年己酉吾弟十七首舉一子乳名奎郎燕邸聞報不肖深以庶母得弄孫之娛爲快而復以先太宜人之愛吾弟不及見其抱子爲痛也因爲援例入成均促令北來觀上國之光交四方名士文章德業行將大就日夜望之不意庚戌春弟纔十八竟以病弱不起嗚呼傷哉時不肖已奉
命濬關訃至一慟幾絕何天之奪吾弟如此其酷也齒未二十溘焉朝露嫠婦掩幃殤諸在抱人生至痛莫此爲極不肖傷吾弟之不祿尤傷庶母之無依更傷先大夫之耄而病病而失厥幼子也痛又何忍言哉倘幸撫此呱呱若慰人意乃未幾而奎姪痘殤之報又至矣天胡不仁奪吾弟又奪吾姪如此其酷歟辛卯四月不肖差竣旋里奉先大夫命以不肖第四子文煸嗣吾弟後時方擬復
命入都不肖罪深譽積爲天所僇又罹先大夫之戚煢煢在疚百感交集萱佩始凋雁行中斷靈椿復殞八載三喪生理安在哉是年冬窆先大夫於華藏祖塋之穆意欲以吾弟附葬而限於地卽於其傍另卜吉壤坐壬向丙預營庶母千年之藏以爲之主幷弟婦胡未亡之穴於其側吾弟得於此而妥魄焉仰望

松楸吾祖吾父母朝夕可依如親怙恃百世如茲而不肖之責亦可藉以少慰矣吾弟生於順治癸巳年五月十七日亥時卒於康熙庚戌年閏二月二十三日卯時年僅一十有八太學生娶胡氏郡庠彥師其公諱璜女戊辰進士中憲大夫山東按察司副使翼在公諱之玹女孫子文燧殤今以不肖第四子文煸嗣聘周氏甲辰探花織齋公女嗚呼電火易滅泡影不堅幼志未離言行無表何敢乞誌傳於當代如椽然俯念令原人琴抱憾又何忍終無一言使吾弟泯泯於九原也追述平生情緒如昨略一次第爲作小傳附家乘之末以示後人云

愚兄杲撰

粲辰公家傳

粲辰公諱晰號惜軒性瀟灑絕俗不問家人生產惟以筆墨自娛雖遊北雍考授縣佐非其好也詩取適情不屑雕琢又喜倚聲嘗選刻梁溪詞如顧梁汾嚴秋水等十八家書入元人之室有小冊數十幅長洲孫太史岳頒每幅題一詩又跋于後諸名人跋者又十餘人隸古書與鄭谷口齊名惠山寺前觀泉聽松係谷口書古羅漢泉即公書可云並美手錄漢隸分韻一冊六書正譌一冊皆蠅頭細書篆隸精整積百四十餘頁公于篆隸之學孜孜不倦如此家貧好遊嘗作詩自笑曰避俗耽閑半似癡醉醒隨意不拘時慣堆米芾袖中石偏和王維畫裏詩其意致可想矣有惜軒詩詞吟稿四冊畫四冊又大小十餘軸篆隸書數十幅藏於家

曾孫鳳苞謹撰

吏部侯公傳

辛亥歲余以外憂歸里東望侯君名尙年廉介積學士也與余爲忘年交過余述其先人遺緒而以君曾祖吏部公傳略屬余余雖不文未敢諉也公姓侯氏諱麟勲字漢儀別號愼來公之高祖明神宗朝爲都諫名臣贈冏卿少芝公曾祖贈推官衡濟公祖農部澹泉公父授州佐例贈奉政大夫餘濟公母顧太宜人梁汾先生姊也公自幼穎異讀經史目下數行成童補博士弟子員已聲徧藝林康熙癸卯舉於鄉時公年甫弱冠耳其後屢躓禮闈而志弗少衰雖家業盆落終期得一第以慰親心至己未成進士公初爲文才思煥發英氣逼人後乃斂才就範冲和雅淡今讀其橐中諸文想見當年良工心苦尤工詩秦宮諭留仙贈詩云落拓都城恥干謁有文百軸誰當傳蓋重其才而閔其遇之晚也及登第觀政吏部人謂公可大展經猷越三年而歿年四十一噫公之才甚高而遇終此惜哉然公雖不永年而奮志科名纘承先業是爲子孫法是烏可以無傳公原配施安人年二十二卒繼配華安人公卒後太宜人茹荼飲蘖以詩詞自娛著有栖香閣稿若干卷華安人婦兼子職侍奉有加焉卒年三十七公無子嗣弟之子曾棨

乾隆辛亥嘉平後學鄒炳泰頓首拜撰

漢薇兄家傳

兄諱麟然字漢薇爲余從伯戊戌進士衣灊公第三子從祖戶部灊泉公孫兄少勤於學偕伯仲六七人互以文行相鏃厲緣奏銷案起家事中落遂絶意進取稍稍節嗇治生爲養親計先意承志以故衣灊公怡然樂之忘其窘生平友愛出於天性與伯仲兄弟同憂樂式好無尤數十年如一日衣灊公歿後諸伯仲家徒壁立喪葬遽舉索逋盈門兄身獨肩之不以及伯仲又衣灊公曾受人托孤其孤成立田畝等交付甚明白其人忽於數十年後重索某項田價兄即捐數畝膏腴與之曰一置辨即啟釁端先人撫孤事不終矣仍往還如故又歷村王某負兄數

百金兄以其鄰近衣灊公墓可以照管先塋遂焚券不復較蓋吾侯以孝友世其家聲如兄者庶幾無忝先德云兄賦性恬退閉門掃軌不汲汲於浮名然志切顯揚凡事關先澤靡弗慷慨爭先以闔久遠如修葺表善貞節兩坊暨華藏寺經營甚力所費不貲忠孝堂者吾家二百餘年故居也日就傾圮堂後小圃且爲他姓有兄每過輒太息以恢復爲己任後卒以廢圃歸如兄言而鳩工庀材堂構落成有日矣顧兄以頻年竭蹷心力交瘁忽遘疾遂不起易簀時猶以此堂不及重新爲憾三致意焉子四長元岱次嶧次元巘次塤居恒恩勤戒督尺寸悉有程度嘗曰窮達命也但俾吾有子爲通儒爲善人足矣他非吾願也嗚呼此可觀兄之志矣配秦孺人力佐中饋孝敬性成詳前輩南沙先生傳中不復贅

贊曰昌黎韓子有言莫爲之前雖美勿彰莫爲之後雖盛弗傳以兄之束身修行而不克展其志今其後昆能文而繼起者有人矣兄之傳自兹遠矣

弟陳齡拜撰

姑母侯太孺人家傳

太孺人姓秦氏吾祖文林海翁公之女道然之姑母也文林公娶吾祖母侯太孺人生先大夫宮諭兄弟四女則姑母一人中表締姻祖母舅衣濟公娶姑母爲其第三子姑丈漢薇公配未出閣遭母侯太孺人喪一慟幾絶居喪盡禮適于歸不及事姑衣濟公爲奏銷一案家道中落居常怏怏姑母先意承志曲盡婦道以得公歡衣濟公稱之曰孝衣濟公從子進士漢儀公未及仕而卒無子顧太孺人煢煢孤立艱窘特甚姑母百方相濟爲宗黨倡漢儀公夫人華守節入空門姑母歲餽米拾石以爲常迨歿後顧太孺人哭之慟作哀悼詩十章以鳴感且誌賢行焉其盡孝敬篤倫理有如此雖妨席豐盛而性習勤儉無華靡之好于歸後晝夜操作以故家業日振然而臨財不苟嘗人負我毋我負人衣濟公去世後有索京逋者姑母語漢薇公曰是宜償鬻產不足吾脫簪珥以佐不以及伯叔且毋效世人三不還之說也又衣濟公曾受人托孤撫字教誨不異所生田畝等區處條理一錢尺布俱有文簿其孤成立婚娶交付甚明自其人忽於三十年後追索從前售去田畝之價姑母勸漢薇公置勿辯以已產與之曰勿傷先人撫孤意余祖分授家產或語姑母盍一歸甯不聽先大夫暨諸叔父以一體之誼集千金分潤姑母却之勿受也其識事理持大體有如此生子四延師督課

勤相義方長元佶爲諸生早卒次嶧次元巘次塤俱列成均侯氏爲東里望族而濟泉公父子尤稱長者今仲叔季等禀承庭訓守身守家循循謹飭不墜家聲諸孫輩先後入庠序而叔子鈞辛酉登賢書繼起者正未有艾實姑母內助燕翼之詒也表弟元巘乞余爲姑母作傳載入家乘余思少壯時見姑母歸甯省視先祖之暇與先大夫聚首庭幃時話家常怡怡友愛余以猶子期望特深今姑母去世五十餘年而余忠難餘生年近九旬矣追維疇曩骨肉之愛宛在目前雖不文其何敢辭遂拜手而爲之傳

乾隆八年前史官姪道然拜撰

皇清例贈文林郎歲貢生候選教諭逸季侯公傳

侯君諱文燈字伊傳逸季其號也余於丙戌都門識君定交越廿年以使事江南寄跡於錫又十年而寻告遂家焉一再晤君鬚鬢皤然已非復曩時豪興然而蘊養深醞心契其爲有道云君之生也尊人霓峯先生在南宮儀署以康熙丁未十一月二十日誕君九歲而孤事嫡母華宜人生母黃孺人先意承順色養不衰蚤知自力於學愼交遊相與切磋道誼旁及詞章雖幼時已自英華特出十三歲卽補博士弟子員馳騁藝苑雅負時譽當乙酉

南巡君獻詩得

温旨問家世甚悉同時獻賦者俱隨

行在應試得官階而君以母命須由場屋成名輒不就卒亦屢躓棘闈人咸惜君坐失機會君固淡如也以歲進士需次司鐸一職儻所謂有才無命甘於後時者耶君爲人溫和樂易生平無疾言遽色遇事獨侃侃不作阿諛態族黨中糾紛莫決者片言釋之各心折焐恒訓子謂必讀書以變化氣質爲第一氣質之過人各不同同爲不和中庸以和爲達道不和則不可行又嘗謂人生中年以往尊行凋謝羣居儕偶相率爲含容每有身干非法而無人救正者若知奉典籍爲師保便能自檢察是言蓋有指諷益見君之接物謙和處事敏達檢身於無過者實有得力處非徒爲詞章之學已也所著有廻雪詞已刻家藏未刻者詩二卷詞一卷擬應制詩賦一卷證仙緣二卷尺牘一卷書法出自蘇晚尤瘦硬君歿以乾隆己未五月十六日年七十三歲配趙孺人先卒子六江曙旺信鵬可儀女三人江等以是冬十二月二十五日葬君於西漳合孺人之兆蓋生母黃之人之穆塋也余故心契君而旺爲余視學所拔士信爲余諸孫授業有年知之愈深爰次爲傳俾列家乘如君者績學有道模楷後生豈以功名不顯於世爲嗛乎哉

通家弟俞鴻圖頓首拜撰

伊武侯公傳

公姓侯氏諱文烈字伊武國學生考授縣佐曾祖貢士子競公諱世典祖刑部主事乾中公諱之源父刑部郎中霓峯公諱杲公六歲失怙事嫡母華宜人以孝稱華愛之如己出生母黃事之如嫡母先意承志餘四十年無間姪承𡢃宦西川公偕裝往遊或疑蜀道隔數千里地遠且險何所求而有是行公笑曰吾顧有所求耶獨聞蜀中產木堅實將市得佳木爲吾母百歲之壽藏耳期年攜歸而橐中無長物兄文燦令海鹽以虧某項千金挂吏議公立搜家財代償不給鬻產盈之家遂中落澹然安之不以介意公素性豪邁不問生産向平之願一諉諸德配倪

孺人孺人茹荼積勤尤殫心於延師相夫教子而諸子各有成業諸孫聯翩鵲起一時族黨咸額手而頌君之篤行知食報正未有艾也公生於康熙庚戌五月十五日卒於乾隆丙辰正月二十二日配倪孺人吳川縣令琢菴公女生於康熙壬子二月二十八日卒於乾隆辛酉六月二十二日子四承祖承封承璧承璧孫若曾孝述孝基若曾舉庚午北榜孝基與余同舉丁卯北榜嘗導余遊公家亦園坐狎鷗榭慨然瞻望當日陂池臺榭林麓之勝若曾兄弟時時向余道公遺事又未嘗不爲之悠然嚮往茲不具論論其孝友可風者一二事著於篇

年愚姪鄒應元頓首拜撰

皇清旌節侯母朱太孺人墓誌銘

士有特立獨行處貧賤患難持節而不苟者必其識量宏遠什佰乎庸流而後能確然自持毅然不拔以卓立於天壤閨幃中何獨不然若侯母朱太孺人洵巾幗其身而衣冠其行者也太孺人出徵國公後生而穎異幼習女儀即端莊靜肅祖父母父母皆鍾愛之不輕議字兄贈君抑若公英年好學遂締姻焉抑若公雖簪纓世胄而書卷之外無長物太孺人于歸後脫簪珥勤紡織以佐筆耕以是益勵螢窗刻苦成疾賫志早歿時太孺人年三十嗣君錦雲在懷抱方三月耳雖一慟幾絕而矢志撫孤含悲忍淚以養以教時翁姑已歿一切家事皆太孺人拮据

艱難困苦中延師訓讀勤十指以供修脯日之所課夜必令背誦考試不遇切責之乾隆甲子錦雲試京兆中式校書
內廷太孺人聞信曰而今可稍慰死者於九泉矣後錦雲以館職議敘得河津令河津遠隔山右迎養不易而太孺人欣然就道至則日以飲冰策勵凡所聽斷必核其是非戒以毋忽毋苛故嗣君在任三載無隕越遵慈訓也太孺人秉性慈惠方窮乏時親戚以急難告者必竭力周濟甯衣人而自寒食人而自餒族中有守節不能舉火者招與同居以養其終身待下則寬厚和平婢僕必恤其家室抑若公嗣叔父後太孺人不及事翁姑而本生父黎辰公風雅倜儻書畫雙絕太孺人奉事十餘年得

其歡心嘗論人清操自勵者或缺於和厚夷惠之行嘗不能兼
而太孺人則律已嚴而待人寬艱難中猶樂施予士品之所難
得者而太孺人無間約樂終身以之豈非巾幗之雄乎辛未歲
嗣君以終養歸奉板輿以承歡者又十有餘年其間遇災存恤
不一而足癸未年九十以無疾壽終
詔旌節婦
勅封孺人子一錦雲河津縣知縣孫二皆能文茲於其藏也誌
其行而爲之銘銘曰
菁菁之竹挙拂璇霄丸丸者柏經霜不凋懿惟哲母勁節冰操
熊荻流徽允膺多祉天錫遐齡以德以齒用式慈幃永垂壼史

賜進士出身
誥授資政大夫內閣學士兼禮部侍郎奉
旨予告年家愚表姪鄒一桂頓首拜撰

外祖父坎孚公傳

公諱中子字坎孚姓侯氏常之無錫人曾祖贈庶常諱長源祖
明經諱煜考太學諱敷妣胡孺人昆季四公其仲也生有穎質
志趣異凡兒稍長習舉業厭室事喧雜潛業於華藏山祠閱年
十八應童子試郡邑皆冠軍院試以誤舉燭者偶未檢見擯北
上遊國雍己卯壬午京兆兩薦不售壬午闈中業中選矣溢於
額卸叢卷中拔其二適公卷與某卷也公恍然得失有定進取
之心以淡乙酉試吏部列一等需次爲州倅公喟然曰人生適
性耳纍升斗祿而役役與世競徒自牿奚貴焉不與選而歸隱
居蓉江西陽橋之偏茅舍數椽舍旁雜樹榆柳桑竹之屬枳籬

環其外從容舒嘯隨景象爲委蛇每當一花一卉映拂闌檻人
所同視而公茂對心有獨遠者時放於山砠水涯漁樵相問或
貧緣原隰農圃滯談彼各自爲話言公觀取感會黙有所樂其
解否初不問也爲文沖夷超曠如其人閒吟小詩期自適不事
雕繪嘗有句云閒課一身忘帝力靜觀百物見天心於此亦畧
可想見公矣公生康熙壬子五月卒雍正戊申四月年五十七
配鄒安人子一早卒嗣弟子錞
贊曰昔淵明不爲五斗米向鄉里小兒折腰此語別有寄託信
如是是因五斗米忽之也設易萬鍾千駟將何如是因鄉里小
兒輕之也設易王公大人又何如蓋淵明嬾散不耐束帶假此

語爲歸去來作引耳公才地稱於時脫廻翔不遽去未嘗不足致通顯動聲譽而顧恬退安三逕守柴桑風語云知足不辱知止不殆其得力有獨深者歟

外孫男孫永清百拜謹撰

皇清敕贈文林郎中部縣知縣紹衣侯公暨配楊孺人合葬墓誌銘

吾鄉世合兩姓之好如朱陳村莫侯秦若矣上世疏遠弗記先曾祖宰戶部濟泉公女生先祖兄弟而先祖姑復歸刑部衣濟公子贈中部令漢薇公爲公妣刑部公亦秦壻也公既我之自出而又曾爲先叔祖壻先大夫以兩關至戚益厚無間而公亦自幼至老與先大夫怡怡若親弟昆先大夫患難中公時時存問慰藉相坐移晷至日昃不去以爲常今公歿且葬有日矣雖不有請猶將敘而存之以志不可忘矧其請之勤也曷敢辭按公系出元高士後七傳爲都諫少芝公名盆顯聞公五世祖也

是生公高祖封戶部爾濟公曾祖即戶部濟泉公祖即刑部衣濟公而贈中部令漢薇公即公考也公漢薇公第三子長曰曾瞻曾瞻公夫婦早世遺孤某甫四齡公撫之如己出垂三十年後卒京邸經紀還其喪復撫其孤時公亦家落年且老矣尙卵翼之弗倦此可概公之平生公平生仁孝慈愛忠厚而好學不應選舉沉浮里閭剗崖異葆天和垂精儲祉紹德維克弱冠連遭大故哀毀踰禮歲時祭掃輒泫然以祖訓訓後嗣謂古人恨不逮先人存趾美進士郎得不足自貴惟服任遂功爲孝子在不逭遂息意進取歸成後人延名師督課不少貸辛酉庚午季子鈞冢孫龍濱果聯舉鄉薦乙丑鈞復登第爲武功令公猶

手錄高曾祖考所劬躬纂後委祉於鈞鈞所當遂將承應者有
概有詳累千百言以爲興官耆事之誠尤篤於大宗謂辱人宗
郎辱列祖所以翼蔭之甚備而於列祖之族出行治日事時功
凡所較德焯勤者莫不粗完彌留之夕猶諄諄以庀坊葺譜爲
未竟責責成於鈞則鈞等今日之承先志以纘世緒夫孰非祇
公之遺教哉於公族黨閭閻如也家庭閒肅如也閨門內秩如
也藹如也初我姑氏既無祿早即世擇配於楊楊孺人亦通曉
大義孝謹儉勤不及事吾祖姑而祭必豐潔中饋井井畜子婦
寬嚴得中有相之道公以故無內顧憂外與物搆不設城府或
飾詐以欺厚値償之或負欠反噬過輒淡忘之甚或爲人誤觸

於市亦恬弗與校至以瑣事受人齮齕多勸直之官少立崖岸
皆笑弗答其淵衷宏量百倍於人人亦卒莫窺其涯際夫非道
光弗耀益修於闇而收聲厥後者遠且大與何區區尋常尺寸
之足較焉平居手一編寒暑不輟撰錄書史論畧若干卷又輯
于今原始辨誤總若干卷又雜著若干卷藏於家公姓侯氏諱
元巘字允陟號紹衣太學生以鈞貴贈文林郎中部縣知縣聘
秦氏郎先叔祖贈中憲大夫滌園公女娶楊氏庠彥其遠公女
封孺人子三長錫瑞太學生候封文林郎娶過氏繼呂氏次錫
履聘王氏娶夏氏次即鈞乙丑進士歷任藍田縣知縣聘顧氏
娶黃氏女三長適太學秦鵬程次適文學周永祐次適博學鴻

詞授庶吉士楊度汪孫大長即庚午舉人
內廷教習龍濱錫瑞出龍淑龍深龍湜龍漪龍潦鈞出龍漪嗣
錫履爲子孫女四曾孫三本一本中本孝曾孫女三孫曾婚嫁
皆名族茲卜吉乾隆丁丑八月二十五日合葬開原鄉祖塋之
次維公敦本設誠篤前人成烈用訓於後人俾子若孫或克續
闡成宗載美世令年幾八十堅確不衰高朗令終可謂耆德在
家則愉愉怡怡簾閣虛寂與孺人相莊偕老出則坦坦施施與
其族戚之不仕與倦而歸者不在東阡在北陌杖屨來往以自
娛逸以老於其鄉其尚類也莫與倫已古云冲和抱一內外行
完公可謂備至耳矣事可傳載在法宜銘銘曰

惟善人有後用介爾祉宜爾孫子雖不有於其躬福亦備矣生
惟祖訓之式歿惟祖墳之依下處之側誰曰不宜惟子孫世世
長發其祥勿替引之

賜進士及第
誥授光祿大夫工部尚書兼理刑部尚書事務愚表姪秦蕙田
頓首拜撰

仲兄吉士傳

兄諱曙字東明原字吉士逸季府君第二子也胜有六同産同胞者四伯長余十四年季少余九歲獨仲兄與余差以三年如手之依有較切者兄之少也爲吾母趙孺人所愛憐年二十吾父命肄岐黃術因廢舉子業而兄務爲泛濫涉世故究物情義以上佐吾父下則爲兄弟鞠謀而不辭其瘁吾侯氏自明中葉起家遺業頗裕吾父不宥心計食指衆多因而大耗向平之累亘屬拮据兄生二十二年戊戌之冬娶嫂黃氏越三年而嫂氏遽亡兄慨然曰與吾再娶爲妻孥計孰若以事吾父提挈諸弟哉自是絶意不娶余與季相繼成婚兄之分憂吾父者實多此

兄之厚自刻苦務以成就家庭者也歲癸巳吾母有疾予隨伯兄試澄江仲兄獨留偕五歲季弟奉吾母之含斂逮吾父桑榆伯叔季皆以視田餬口不獲晨夕膝前惟兄侍杖屨進藥餌必手製已未夏吾父辭世附身附棺竭情盡慎胥仲兄之主持嗚呼人子以送終爲大事不幸不得與者抱恨畢生兄於此尚無遺恨矣吾家宗祠輪分值祭至吾父母之祠兄則曰親廟之薦古不嫌瀆凡爲子者各申其意豈必輪分限耶此兄之敦崇一本足以垂爲家法者也兄秉性剛直有不可顏赤弗能忍間亦過當或微言勸之旋解遇事踴躍亦最小心旣習於醫卒不欲以人命試其術可謂謹重矣今歲秋杪得微疾與醫共商藥飲弗效遽止藥令具後事不匝月奄然逝嗚呼天何奪之速也豈兄之稟賦者薄耶抑門祚之衰吾兄弟不能賴其庇也而兄初疾時早知不起凡遠年事各歸楚身後一一致囑儻非明於去來者胡灑脫若斯耶兄以康熙三十六年丁丑八月二十日酉時生今乾隆六年辛酉十月二十三日未時卒得年四十五配黃氏康熙壬子選拔歷任山東登州府知府諱澐女吾嫂生長宦族歸吾兄三載茹荼孝事翁動循禮法以康熙五十九年庚子十一月初一日卒距其生康熙三十七年戊寅三月初十日得年二十三產一女不育兄平日於嗣續事漫不置懷茲之變也大兄旅於豫章不獲撫定其嗣余與季弟及五六兩弟據理

酌情以長房次姪金式奉祀仍不作仲氏分支如先世子誦公仍承本生太僕公之意卽歲底擇辰啟嫂氏兆合葬亦疾時命也嗚呼人命長短不齊蓋棺論定兄之論自定之矣謹覼縷如右以示我後之人不令倏然至於泯沒也

朞服弟胜稽首拜存稿

從弟蘭成傳

從弟蘭成諱信祖比部霓峯公父學論伊傳公母趙孺人趙孺人育四子三女弟則末乳也四歲失恃依仲姊以長是時伊傳公方游川陝歷燕京往來西北之地弟失調護盡自幼而已然就傅後姿甚英敏伊傳公審於貲不能爲延師負笈從游風雨勞頓辛克自成立精心雒誦寒暑無間數年業大進鄉先達咸大器期之遂受知於桐城張公補邑庠試秋闈累薦不售因衣食之累藉館謀生壬戌館於吳門掉舟往返衝風冒寒因得嗽症以貧故不能解館調治日益加重至癸亥三月竟不起年三十六遺女二人耳余兄弟輩同幼而長者四十餘人恂恂欵欵

氣虛意下到處平懷順應莫如弟受侮不答聞言不辯未嘗以才智先人莫如弟與幼賤處惟恐傷其意視小臧獲如兒女莫如弟所謂終身無刁心刻念疾言遽色者是耶非耶天假之年亦其宜也何竟奪之速耶嗚呼弟之文章足以華國迺不能對策明光待詔金馬如漢之嚴助弟之仁慈足以得壽迺不能發軔耆年窮經皓首如宋之梁灝傷已伊同懷兄漢岑握管幾次筆未下而淚先之余悲弟厚德之薄享也利器之鈍置也爰不揣固陋爲補傳以附家乘

袒服兄連城撰

皇清敕授文林郎山西絳州河津縣知縣虹川侯君墓誌銘

歲丙戌同邑前河津令虹川侯君以服闋來京候補引
見得
旨以原缺補用君於是留滯都門自春徂秋時時過余邸舍至八月君以抱病暫歸乃行未旬日而訃音遽至知君已卒於舟次矣其孤子鳳蓀等郵書謂將卜葬君而乞余銘其墓中之石余與君非一日交何敢以不文辭謹據實書之君諱錦雲字升岩號虹川又號龍門其先曰少芝公諱先春官諫議以直節顯事載明史君之五世祖也三傳曰桑辰公諱晰以書畫擅名一時爲君本生祖君之父曰抑若公諱文煦勤學早卒君生三月

而孤母朱太孺人鞠育之時家幾壁立太孺人紡織以養君就傅卽讀書日數千言過目成誦少長爲文章下筆如有神助諸老宿皆以大器期之年二十五補邑諸生三試南闈不售君念抑若公賚志未伸太孺人半生苦節急思顯揚遂決意北上援例入成均又於
三朝實錄館効力甲子順天鄉試中式明年
實錄告成例得議敘人或謂君才名素著當在館閣不宜就外吏而君又以太孺人年高需祿養遂就選吏部十二年分發山西初署五寨臨縣卽著政聲十三年題授絳州河津縣知縣君爲令凡四年善政難悉數特舉其尤著者邑值歲歉君議盡散

倉穀以借給貧民期至來年成熟清償又以西域未定雲梯兵道出山西奉檄預借民間騾馬以待數以萬計君曰如是兵未至而民先病矣令散之民間至臨時酌多寡徵之此二事皆大吏所期期不許者而君毅然身任之必得請而後已邑人之北戶尸祝以此也邑濱大河自禹門外無支河洩水値大雨河水泛溢君於雨中督民開兩溝以殺水勢頃刻功成蓋非君善於籌畫則城垣廬舍皆漂沒矣君於刑獄極愼重而又巧於摘發常有人被殺野外不得其主名君於檢驗時見一人神色有異卽指而叱之曰殺人者汝也訊之果然有母殺其子以誣鄰人者君遣其母而留其幼女訊之得實遂立釋之又有互毆致斃

者君驗時訊傷非致命緣其人中火毒身死不擬抵償村民聚衆以爭君婉言諭之卒以毆後中毒身死定案大吏具題刑部增入條例君以書生初膺民社人或疑其多所未諳不知其精明強幹念切民瘼雖習於吏事者亦所不及云庚午科分校鄉闈得士稱盛時邑民戴君不啻父母且時祝太孺人健飯君得久任而君以太孺人年將八旬具文請終養解組之日具牛酒而泣送者相屬於道爲一時所僅見君歸後一意以奉親教子爲事於郡縣有司絶無干請邑縉紳嚴重之太孺人棄養喪葬事必誠必信太孺人先以節蒙
恩旌表君服闋後奉主入祀貞節祠事竣歎曰今日始畢人子

事矣性故坦率行里巷間布衣芒鞋不乘輿無僕從無異爲諸生時君於宦情素淡不擬赴補而族黨姻戚見君精力強健力勸其當圖報効遂束裝北來乃未及再任病卒於道距其生康熙己丑八月十三日年五十有八君元配陸孺人繼配繆孺人再繼華孺人子五長鳳搽國學生次鳳苞邑諸生次鳳芝鳳蘭鳳藻皆幼銘曰

諫臣苗裔衍澤長奕世門第崇江鄉君才早雄翰墨場揮毫落紙生光芒手攬丹桂飄天香牛刀小試推循良駿足立見馳康莊乞身還歸侍北堂紉蘭作佩荷爲裳重來
帝里饗已肴召伯將懇舊日棠乘雲一旦去渺茫招魂剪紙知

何方一坏馬鬣山之陽遺蛻於此長歸藏卜之吉兮謀之臧綿綿瓜瓞方未央

賜進士出身
誥授光祿大夫禮部尚書都察院左都御史年家眷同學弟張泰開頓首拜撰

皇清敕授文林郎安徽五河縣知縣雲峯侯公墓誌銘

歲戊辰余與補齋侯君同捷禮闈侯氏世居無錫東里余由郡至錫寓先文恪別業錦樹園址相近輒互從劇談談次得悉其尊人雲峯公清德懿治棠愛在民穆然歎古廉吏風未遠丙子三月補齋君偕其諸季奉公葬於西嶂峒濟上墩之原以余知公迹詒也屬一言銘墓石余不獲以不文辭按公姓侯氏諱可儀字于逵雲峯其號也系出元高士友泉公七傳至都諫少芝公諱先春又三傳至比部霓峯公諱杲是生歲貢生候選訓導逸季公諱文燈爲公考母楢太孺人生母石太孺人公早歲逸季公捐館舍孤貧刻自淬厲北上試京兆中乾隆庚午順天副

榜出景山宮教習期滿以知縣揀發湖南歷署龍陽通道安仁邵陽縣事題補宣化調補苗疆龍山前後十四年循聲卓然吏民畏悅苗疆六年俸滿例得美擢公以石太孺人春秋高陳請終養旋里明年石太孺人卒公孺慕哀切喪葬如禮服闋謁選得安徽之五河邑濱淝湖高於城多水災歲比歉嗷鴻仰賑爲活公經畫給放靡濫遺羸者起散者附遇事樻朴罕用有諍於庭者諄導誠開之率感泣以去邑荒僻鮮向學三載比士至者寥簡公身爲之師並減廉俸諸生試資前此士厲於鄉者數曠矣自公後科以不乏公嘗感疾旬餘不出理事民恐公引疾去也華環署泣留公力疾見之則喜而退退而禱於神祠爲公祈福合貲植兩巨杆於廳事前幅帛大書民之父母字以識愛戴公去任後額大憲入祀公名宦祠迄今三十年有過其境者邑民猶能縷述公德政謂後莫以繼也嗚呼世之長民者視民漠然民視之亦漠然去後有不能舉其姓若名者矣公獨何以得此於民耶此足得公之概矣公卒於乾隆己酉四月十七日距生康熙辛丑正月二十九日享年六十有九配奚孺人江陰太學靜山公女孝謹嫻禮法以儉德佐公廉行公歿後教諸孤讀書底有成繼張孺人子六長大鏞庠生前卒次鈖即補齋君戊辰進士候選知縣次鈺廩貢生候選訓導前卒次鍔廩貢生奚出次善鈞次鋌張出女一適華廷榕奚出孫六女孫九銘曰

甯爲鸞鳳勿爲鷹鸇緊古良吏拊循是先公之於民教誨飲食
靄然春溫民懷公德信公有素知公不欺誠能動物久愈公思
莪山之藏鍾氣醞厚既固既安以利其後

賜進士出身
勅授儒林郎翰林院編修文穎館纂修治河方略總纂加二級
年愚姪劉嗣綰頓首拜撰

皇清例授文林郎陝西清澗縣知縣靜軒先生暨德配黃孺人
合葬墓誌銘
先生姓侯氏諱鈞字士宜號靜軒祖漢薇公紹衣公即先生父也俱以子貴贈如其官紹衣公生三子先生其季也幼英俊大父母奇愛之不甚督課而先生厚自淬勵學日以進顧小試屢困遂束裝走京師寄籍大興乾隆辛酉舉順天鄉試壬戌提明通榜授平鄉縣教諭訓迪有方士風日上乙丑成進士揀發陝西用爲縣令於時陝西中丞爲桂林陳公素知先生勤學砥行晉謁談次謂先生曰君生高顧先賢之鄉擕有兩先生遺書否先生敬對曰篋中有高子遺書但已爲某所塗乙矣公亟曰無

妨吾正欲藉是觀君所學即命馳騎取觀翼日陳公顧謂羣僚曰侯君儒者也於道學中大有入手處他日以經術飾吏治足爲良有司矣嗣是眷禮有加委任汧陽令革陋例興社倉民咸德之旋以竊案被議事寧暫任武功邑有愚民聚誦佛號寃家誣爲白蓮教拘繫將駢戮矣先生力爲平反得不波及庚午王師進討金川中丞陳公奏舉先生辦理軍需事竣後奉旨復職再任武功民咸懽慶曰侯公來矣是活我父子而全我身家者隨又委署宜君中部縣篆以丁外艱歸里葺表善節婦二坊重修家譜成先志也服闋赴陝蒞任藍田於時金川未靖軍書旁午先生多方經理民以不擾復丁內艱歸杜門讀禮葬父母於開原鄉一依禮制戊寅服闋再赴陝西署任懷遠己卯實授清澗縣適歲大饑流亡滿道先生力請上官緩其租糧民困稍蘇又倡捐米穀設廠粥以濟饑乏就食者日二三千人當是時鄰縣以災荒故時有驚擾而清邑獨安堵如故癸未冬先生以積勞成疾得請歸里丙戌春奄忽以歿先生初聘顧氏贈文林郎宣城縣訓導愚亭公女娶黃孺人太學生又韓公女孺人幼嫻內訓長習女紅年二十于歸先生家其明年先生即遊學京師家貧屢空兩尊人甘旨之奉俱藉孺人勤十指以供中年楊太孺人遘膺錮疾右體不仁飲食起居靡不需人扶佐蓋先後凡十六年孺人夙興夜寐先意承志楊太孺人幾自忘錮

疾而孺人則已心力交瘁矣孺人仁厚慈惠宗族中有貧不自存者樂爲周給曾無德色平生無疾言遽色即婢媵有過亦以理諭不加譴訶又性朴崇儉自于歸後洎先生通籍服官孺人判布爲常不事華飾也子五人孫男七人曾孫二先生生於康熙辛卯卒於乾隆丙戌年五十有六孺人生於康熙癸巳卒於乾隆癸卯年六十有九茲卜吉合葬於景雲鄉之新阡銘曰

東望兮佳城鬱葱葱兮景雲生乘素車兮晻上征驂魚軒兮苑
隨行相陰陽兮奠窀穸千百世兮期永甯

賜進士出身通奉大夫前兵部侍郎都察院右副都御史江蘇巡撫提督軍務年愚弟閔鶚元拜撰

兩世苦節述畧

嗚呼吾家之不絕如線也有回天之誠有奪命之力當萬難接續之交賴兩世苦節以維之者也方大父端衡公之歿也遺先大夫啟祥公甫週歲勢將絕矣而祖妣挽之及啟祥公之歿也桐年甫十歲勢又將絕矣而祖妣率先慈再挽之其延甚屯其功甚鉅懼後世子孫之弗知也是不可以不記按祖妣氏華年十八歸端衡公生一姑九歲而殤繼生啟祥公匝歲而端衡公捐館歲洊饑曾祖佩鳴公及曾祖妣年老且篤疾家無宿舂徒四壁立無生存理祖妣年二十五矢志守節上事翁姑下撫弱息藉女工以給饔飧佩鳴公病劇割股盡孝得稍瘳卒不起曾

祖妣相繼殂謝喪葬勉力無失禮祖妣以靑年守節不宜獨居也乃移寓先曾叔祖鴻漸公自閩解組歸無宦橐祖妣依之同處而仍自食其力時斷炊煙鴻漸公弗暇問也割半室棲止常受妯娌欺忍受之不與校祖妣善績紵俗有呼爲黃草者日績四五兩昏夜紡之無燈火焉歲可易錢數十貫忍飢度日稍有贏爲啟祥公具束脩就傳如是勤苦者二十年一遷至福田巷再遷至東門街秦宅爲啟祥公娶先妣顧太夫人太夫人善鍼黹勤苦與先祖妣同志昕夕不倦深得歡心及桐五六歲時先祖妣親授讀暇則理紵寒暑無少間時啟祥公得館穀以佐薪水太夫人日以鍼黹得百錢視曩昔較勝奈啟祥公幼羸弱長

更多病己酉冬遽以疾卒太夫人哭踊不欲生勺飲不入口先祖妣泣諭曰汝孤纔丱角宜撫之成立以保宗祊太夫人俯首聽命銜哀强活自是煢煢兩世一意撫孤謀生愈勞節儉愈甚惟爲桐籌脩脯筆墨之資無少靳桐弱冠游庠授室後即課徒爲仰事俯育計而硯田所入綦少仍賴兩世勤苦無內顧憂得以專心舉業方冀成立營斗升之祿以慰重慈屬望之心而竟不果傷已丙寅二月十有六日太夫人棄養年僅五十有一越丁卯四月朔日祖妣又壽終享年七十有五嗚呼痛哉祖妣孀居後撤環珥屏粉黛布衣椎髻弗入歡場性爽直面折不容人過而斷事必决爲謀必忠生平排難解紛扶危濟急雖丈夫弗

如也善醫卜內外症並治全活無算書符誦咒能通鬼神占驗吉凶百不一失衆呼爲仙佛不取纖毫之利既歿之後閭里戚鄰痛悼無已時請於

朝建坊旌表傳載邑乘焉太夫人寡言笑慈祥淑慎事姑以孝接人以和不露己長不談人過持齋誦經終歲不輟好賙乏喜放生有善必爲惟力自視疾革之日命爲舟子具飯曰放櫂而行余去甚樂所謂登彼岸者非耶桐遭家不造親見兩世苦節兢兢數十年早起晏眠茹荼含蘗繫千鈞於一髮矢寸志於重泉有回天之誠有奪命之力而曾未享一日之安迨桐以詞臣通籍屢主文柄歲支俸錢而雞黍弗克逮存回念北堂泫然流

涕徒覺感深罔極而無以報也謹誌之以爲後嗣告願無忘撫孤傳世之艱難焉

桐百拜謹述

侯節母華太夫人事略 侯節母顧太夫人附　楊鍾鈺

節母華太夫人無錫侯侍郎桐之祖母也年十八嬪於侯秉銓生子汾匝歲而秉銓卒節母時年二十有五翁姑年邁篤疾家無隔宿糧節母矢志靡他孝養翁姑撫稚子汾藉女工以給饔飧翁病刲股以療得稍瘳逮翁姑相繼殂謝喪葬無失禮自食其力時斷炊烟受房族凌侮忍不與校錫南鄉有所謂黃草者每日夜績四五兩歲易錢數十貫爲子汾具束脩就傅勤苦者二十年復爲娶婦顧氏顧善鍼黹昕夕不倦深得節母歡心生一孫桐而汾遽卒顧氏哭踊不欲生勺飲不入口節母泣諭曰汝孤纔丱角宜撫之成立以保宗祊顧銜泣聽命煢煢兩世一意撫孤艱苦卓絶飲食教誨桐克賴成立典試數省歷官吏部左侍郎而兩節母不及見矣坊贈一品太夫人建坊旌表邑志有傳咸稱侯氏兩世苦節云

族兄東川傳

兄諱錫字範九號東川金匱人寄籍京師舉壬申科鄉薦兄性介不樂仕進能詩文不以自名見貴人多傲之與余兄心齋及余善將遊晉心齋以詩送之云有意避羣如獨鶴無心出岫似孤雲兄得之喜因取所藏少芝公詩扇及書文數種歸心齋客遊數年交之者多畏其談鋒一日在座多北人或曰天下之最幸者南人也生於文藝之鄉相與作佳文詠佳句於好山好水間及出遊他方又得挾所長以傲人而受其凌侮者北人也分而較焉何異泥塗之望雲路耶兄應之曰天下之最幸者北人也其最不幸者南人也北人能連一句一字即登巍科取顯仕

矣南方則無人不學誰敢自謂能者即有人焉包括元氣陶鎔古今自謂萃南人之秀而定其優劣司其進退者類北人也英材之斷送於庸目者不少一日幸而得爲主司方欲盡收英傑以償夙憤而所閱又皆北人之文塵垢糠粃令人倦而欲臥是南人之窮達皆不幸也聞者大慚兄既絕意仕進歸家足不出門門外皆雜樹荒草幾無人跡余時造焉兄必固留爲半日談惟恐余之去也嗚呼兄今死矣兄艱於嗣晚年置媵生子鶴齡

弟鳳芝撰

皇清例授徵仕郎侯選州佐顯考接三府君暨顯妣秦太孺人

述略

府君姓侯氏諱書錦字接三幼岐嶷就外傅讀書涉目成誦見父兄長者進退揖讓如成人稍長習制舉業研究經史時多懸解諸名宿咸爲歎賞方期掇科第博堂上歡然是時先大父以兩次喪耦常鬱鬱不樂家政既繁無巨細皆親裁日形勞頓府君隨時勸慰事勝任者請行之以故舉業作輟年二十三吾母秦孺人來歸吾母性賢明克盡婦道事先大父先意承志尤常以不及見先大母爲恨內政秩然上下雍睦與府君交相愛敬吾母十餘姙僅育女二屢勸府君以繼嗣爲重早置簉室且固

請於先大父前納生母李氏生不孝等四人丁丑春先大父病闕格府君多方求治延載餘疾亟府君偕吾母目不交睫者彌月比卒擗踊泣血哀禮交盡先大父遺業不逾中人府君恪遵先訓百凡撙節家食得稍裕然性慷慨好施遇親黨力詘者隨事助之未嘗有德色乾隆戊辰邑大祲米翔貴商販不至閭戶居奇閉糴人艱於食府君減價平糶邑中好義者踴躍繼起價遂平邑侯倡捐煮賑府君欣然輸助幾傾囊乙未丙午兩年復遇偏災糶捐如前葢府君一生存心類如此先太僕公專祠在惠麓荷花莊年久就圮先大父謀更新之會病劇易簀之夕猶以修祠事爲囑府君未除喪即諏日鳩工不數月而竣具牲醴

號泣告成於先大父主前成夙志焉府君持家最早內外事井井有條誡不孝等敦本崇實勿染習俗故門以內無問長幼率恂謹不與外事乙未吾母秦孺人疾不起府君念吾母一生勤勞不中壽而歿悲悼不置不孝等痛遭失恃復頑鈍不肖無以慰府君心負疚偷生倏俱成長竊幸府君精神矍鑠庶幾壽享期頤可以常依膝下稍盡烏私詎罪孽深重復移累府君戊申夏忽遘腹疾參藥罔效延至己酉春竟棄不孝等而歿也嗚呼痛哉

不孝孤哀子侯涎等泣血稽顙謹述

錫山東里侯氏八修宗譜卷五

家傳三目錄

錫山東里侯氏八修宗譜卷五

家傳三

敕授修職郎寶應縣教諭侯心齋先生墓誌銘

學崇自年十五執經於心齋先生之門先生以諸生受知於南昌彭文勤公文勤公兄皆山先生學崇外舅也先生館其家歲久江西人士稍稍束脩自命者慕先生之善誘爭從遊恐後後都通顯學崇受業最晚而親炙爲最深嘉慶丙子先生以廣文乞休歸十二月二十二日卒於里及門之徒遠近咸哭失聲持心喪三年越朞年其孤敏等以狀來徵銘學崇不敢以不文辭謹誌曰

公姓侯諱鳳苞字舜威號心齋江蘇金匱人爲明萬歷太僕寺少卿諱先春六世孫父錫雲乾隆甲子科舉人官山西絳州河津縣知縣公其次子也少失怙事母華太孺人孝太孺人疾衣不解帶者二載終不起哀毀幾滅性洎伯兄舜荃先生卒時方客中州馳騎歸躬喪葬如禮綜家政撫諸弟姪以長以教以期於成人力瘁甚因是得心疾人咸危之公乃屏棄人事潛心高景逸復七規以自得自然爲宗徜徉吳越山水間及期而疾愈癸卯舉於鄉甲辰北上有愛公才欲爲之地者公峻拒之尋試禮部以額溢遺庚戌取中書第一是時相國某方柄用惡文學士進階驟阻抑之未逾日而榜撤公怡然不以得失形喜愠先

後凡七應試終不利乙卯大挑二等銓寶應縣教諭公慨然曰此官可終老矣至則與士子考道問業其莠者黜之秀者舉之士風日以振寶應瀕大河多水患向之有司遇
朝廷下詔賑貸率僚佐分其事往往假手胥吏因緣爲奸澤不下究大吏稔公廉正委任其事公誓不受鄉保一絲粟日涉巨浸中親按戶而籍之計口均食民不擾而惠咸逮於是大吏識鄰邑救荒者僉曰必以寶應教諭某爲法屢奉檄勘災區所至活無算是其所設施雖未展其蘊而生平不負所學概可知矣公既少以篤學聞一時耄而益自勵裒家乘蒐廢簡手丹鉛無虛日間涉音律以怡性情而不流於靡與門人講學隨所近而

導以正不規規於色取故人咸樂其和易如對光風霽月而幾忘其繩檢之密崖岸之峻也嘗設一冊曰義利關自言生平得力在取與不苟四字始儒行所稱近文章砥礪廉隅者與所著有洗心齋詩文集各若干卷汲古綆四十卷又雜著若干卷其已梓行者大率爲門弟子習科舉而作未足以究公之著述也公生於乾隆丁卯四月初五日年七十配華孺人少公二歲能以勤儉贊公修內行先公十四年卒年五十四子五女子二孫九曾孫二銘曰

公之文章班揚媲美才豐遇嗇僅伸於吾黨之小子公之抱負歐范爲憲作吏而儒僅見於救荒之一善公之學行濂洛是証匪過而介人但知其樂天而知命九龍之山高嶙峋梁溪之水清且漪吾聞明德之後有達人不於其身必於其子孫

賜進士出身
誥授中憲大夫河南開歸陳許兵備道前翰林院編修 國史
館 文穎館纂修戊辰科會試同考官歷知河南開封歸德府
事受業門人謝學崇頓首拜撰

皇清例授登仕郎山西汾陽縣分司顯考聽泉府君行畧

府君姓侯氏諱軒字振西號聽泉性端謹不好弄六歲入塾先大父親教授資性異常人丙子歲先大父病瘧痢府君以弱齡延醫治湯藥至忘寢食先大父謝世府君哀毁如成人與先大母常交相勸又交相泣也比長府君糈投徒以養先大母奮志力學文思益進然困於小試先大母喟然命曰汝父績學純行僅以食餼終今汝困阨又若此男子志在四方盍入都以求名吾康健能紡織勿以我爲念於是府君於癸巳入都寄籍大興才思奇敏與物無忤一時諸公卿莫不願交焉丁酉應京兆試取四庫館謄録府君計違先大母色笑者已五易寒暑遂急南

旋戊戌吾母倪孺人于歸先大母曰吾有媳如女且欣且慰汝謄録需次宜効力於館以期慰汝先人府君因復入都補充永樂大典謄録壬寅告成議敘一等府君因屢試不售八月後南歸時太孺人年逾七旬精神尚矍鑠也府君不忍遠離而家計日艱不能不藉遊貲以奉朝夕至大同理刑錢事批郤導窾無不中肯是以山右當道咸知府君名丙午春先大母壽開八秩居停主人及官於大同者咸爲稱觴以遙祝而府君以身羈異地不克效萊衣之戲自歎行自傷也三月擬作歸計忽大母訃至府君五內崩摧遑侍十五月而慈顔永隔抱恨安有窮期奔喪歸後甲寅夏始赴部掣籤得山右之太原撫軍方伯素聞府君才甫抵省即委權大甯尉復委蒲縣尉兩令尹皆延辦公事倚如左右手後補汾陽之冀村巡司邑宰崑山李公曰余佐治得人矣所謂相孚以誠者非耶冀俗僥而溺於博負者輒自首利其自首者與相應相習成風府君曰破人之產以肥己橐吾弗爲也有首告者必兩懲之弊遂革雀角細故惟勸諭之剖斷悉當不事鞭扑而皆悅服地有殷戶某某常出入廳署府君至不敢干以私任冀村三年事簡刑清上游將調擢煩劇而府君毅然引疾作歸計曰吾折腰有年矣何必戀戀此五斗耶歸時祖餞數十里府君曰數年來匏繫一官民不負吾吾負斯民也引退歸掃除舍東祖祠之偏督課不孝兄弟讀書其中望繼先

人之志而不孝等不自奮拔日就荒落一兄一弟相繼淪亡致傷府君心府君於本年春初猶能扶奚奴走親友家乃入夏以來輾轉牀褥至六月之三日夜半痰湧急進生脉散已不能納初四日辰刻以手指不孝蕃芬瞑目而逝嗚呼痛哉府君幼失怙壯而奔走南北負米以養科名未遂僅博一官冰操自矢不負所學及棄官歸又兩遇西河之痛胡天厄吾父之甚而復嗇以年也嗚呼痛忍言哉府君生於乾隆十三年五月十三日卒於嘉慶十九年六月初四日享年六十有七

不孝孤子侯蕃芬泣血稽顙謹述

侯贈公仁宇家傳

公諱釪字仁宇姓侯氏明太僕卿少芝公六世孫曾祖比部霓
峯公祖歲貢伊傳公父贈修職佐郎漢岑公以名諸生負經世
畧未顯於時弟子半梅馮太守立傳所謂藏世用於家修者是
也公承先志以爲濟世當從贍族始自其少時即慕效吳門范
氏義田規畫銖積數十年有田三百畝建義莊於祖居八箭河
于時爲嘉慶戊寅歲而公家故中人貲也一時戚友賙恤之舉
不勝書所爲承先啓後者蓋如此晚得次子保洛經營補所未
逮公卒之二年哲姪用儀手緒公行畧郵示余京師用儀故明
練於義田規畫者余時供職田曹乃約舉其生平大指以備其

家乘之副

論曰仁宇公節儉力行著於時後以弟鈐貤贈衡山令人以爲
榮而未察其賙恤之於當世所爲重也昔晏子一狐裘三十年
齊士待而舉火者三百餘室今世得祿以光寵戚族交遊者比
比也頹園宅車服壯其觀昏喪遊讌侈其儀求古所爲睦婣任
恤合於興賢之選者蓋寡而公爲世籌度者獨亟亟在此其子
弟復善成之竊以此爲世勸行自愧也

賜進士出身
誥授奉政大夫工部屯田司員外郎世愚姪汪士侃拜譔

侯贈君序廷公傳

吾邑多世家巨族而敦本崇實追溯古之風集太和之氣則於
侯氏稱最往予在京師與侯孝廉晸明經晟先後訂交見其昆
弟間怡怡一室心竊慕之及予自川南旋孝廉君已選沭陽廣
文將之任出其先贈君序廷公行略屬予傳予受而讀之其言
多悲痛深切令人生孝友之感因喟然曰人生惟孝友可以動
天地感鬼神德至矣哉其斯爲追溯古之風而集太和之氣者
乎謹按公諱大鏞字序廷父雲峯公爲清宦生公於安仁官舍
公幼抱異質至性過人弱冠補邑弟子員蜚聲黌序所作制義
皆膾炙人口會雲峯公棄官歸徒四壁立藉公館穀以養婉容

愉色庭無間言後雲峯公得危疾岐黃家言胸積寒痰得吐廼
已久之氣逆垂厥公以氣接之喉間咯咯有聲嘔而吐之再吐
再接皆寒痰也然痰雖出病卒不起公以不能愈父病哀毀骨
立幾至滅性事母如事父公之於親可謂孝矣公於諸季素友
愛弟補齋公病公憂甚禱於神願以身代曰吾有子四弟無嗣
且弟舉孝廉可光前業勿吾恤也恍惚中似有領之者無何公
果病病果歿而弟之疾果瘳豈數由前定耶抑事有偶值耶昔
鄉先達顧端文公遘病屢夢弟涇凡公誦金滕册而愈蓋以弟
代兄古人有行之者公愛弟之心至以身代而之死靡悔雖過
於仁不失爲君子也闔牆兆釁古今同慨如公之友於兄弟能

幾人哉公之歿也諸子皆幼配過太孺人以母兼師篝燈課讀機聲與書聲相應卒令諸子宦學有成長昕廣東昌化縣知縣卒於官當序廷公病革時割肱以進時稱其孝次學璐邑庠生嗣弟逵山公後早卒次晟即孝廉君沐陽教諭次晟以明經充正黃旗教習署雲南南甯縣知縣嗟乎有序廷公之吮痰而後有長君之割肱有序廷公之以兄代弟而後有諸昆季之相恤相扶久而彌篤蒸蒸然一門孝友可謂盛哉益歎侯氏家風甲於吾邑其所以承先裕後而未有艾者將於是乎在也

道光二十二年二月望日世愚姪華廷標頓首拜撰

冠芳四弟傳

弟諱鳳芝字冠芳號四雨虹川公第四子也生有異資九歲得虹川公訃即長號如成人年十一與余同寢華太孺人喪次忽謂余曰左氏傳吾熟數篇矣即枕上爲余誦繻葛之戰且釋其義琅琅然不謬一字素所未讀也余大驚異急取左氏授之次及國語國策史漢諸大家下筆縱橫恣肆大似戰國策諸老宿皆見而震之一日傍晚瞥見弟倚老桂下映暮色閱書見余至匿之余疑爲稗官家言也搜奪之則小板綱鑑一帙余喜曰弟嗜此乎有正史在奚閱此因授以評本通鑑則大喜晝日夜讀之廢寢食遂熟史事以意論古事得失輒卓然有見作史論數十篇當是時先父兄相繼逝弟姪俱未成立家中落余自中州歸遂閉關不與外事於家祠設號舍立功過格嚴課諸弟姪而冠芳爲之魁每一藝出超駿卓絕出人意表舅氏華西京評之曰吃公子有筆在君處或曰大士後一人弟亦灑灑洋洋頗自得也歲乙未年十八補弟子員學使者有思路幽淵之目明年歲試一等又試東林列第二其第一則江震蒼師所代草也自是文名籍甚然弟止知讀書於門外酬應結納毫不屑意丁酉應省試薦而不售年二十娶劉氏詩人思著先生女至己亥以後屢困場屋兒女滿前家計日蹙思遠遊遂應粵東普甯許令聘誨其子溯江踰峽度筠門嶺抵粵啖荔支寄詩一卷歸猶見

豪興而半載不得家問鬱鬱寡歡遂成疾急遣一役送之歸入舟數日而喑延至閶之上杭遂不起乾隆庚戌九月廿五日也年三十有二停柩旅舍二年始歸弟晳而臞喜佳山水時甡外工古文尤善詩櫝觀察嚳泉先生深賞之刻梁溪詩鈔選入三十二首平居風骨軒爽議論風發動以古豪傑自期視時輩名下士無足介意者而對人輒謹訥斂風采力矯少年囂凌跋扈之習余私心以大器期之又幼爲虹川公鍾愛旣不見其成立余承先志教育之幸其大有所成就以不幸余數年杜門督課之苦心亦藉手慰先人於地下也而今已矣弟雖師事余而弟兄間笑語怡怡畧無形跡每遊山中各踞一奇石縱論今古旁

若無人家居出入必偕清談至夜分不欲歸寢極天倫之樂余遊西江弟有見懷詩積數十首在集中今偶訪山中舊遊見所踞奇石如故而少一人焉痛何如哉嗚呼吾弟英氣勃勃喜談兵熟天下形勢古來事變不得已而託之詩古文以寫其奇傑不得志之氣余深恐其以文人老也孰知并此不可得乎余校其詩古文時文各一卷藏於家擬作一傳濡淚草數行卽茹哀不能下筆越七年嘉慶丙辰七月始克成篇以質當世君子

兄鳳苞撰

侯意園先生傳

先生姓侯氏諱鳳藹字紉湘自號意園世爲無錫人明兵科都給事中少芝公五傳爲河津令虹川公先生其四子也無錫析金匱以金匱學生貢成均先生內行肫摯接人訥難達諸口嘗以耆宿首族黨抗議公廷幾受吏勢摧折矣而大吏卒直先生黜墨吏一時士氣得伸吏治爲之肅清先生自少工詩文遇月夜及佳山水輒獨遊吟忘倦往往混迹樵牧間久之戚友窺其所作大都憂旱潦矜恤災沴形諸寢饋異乎詞人流連光景之所爲蓋當弱冠時卽與其兄心齋冠芳兩公相砥爲樸學不入名流詩社中居家務刻苦絲粟撙節爲兢兢及賙恤戚族或有

負累無償至數十百千者概不以爲言其存心於民物壹體類如此年既壯惜抱負不爲世用輒思成就子弟以傳家學當是時冠芳公早世先生力任教養至勞鬱患肝逆每多方自排解卒令猶子某宦學有成生平持論有特識嘗謂夷齊無叩馬而諫事虞仲非卽周仲雍又謂宋儒不滿意武王由泥視羣商以辭害志五代史表節義爲剝復所關宋代優禮臣工爲多敵國外患故又謂縣令親民之職猶袍服之爲裏衣皆慧解所獨到也先生自幼多疾年二十六喪偶遺子某將冠而殤四十二繼娶生子二旋生孫五歿年八十神體完健過少年由其學養得力則窒慾治氣兩者尤不愧爲人師云所著有意園古文一卷

意園詩集十二卷意園合璧二卷生乾隆庚辰歿道光己亥
論曰先生閱世深矣生平罕言論至感事廢興壹準俗尚奢儉發爲文字愷惻言之其言春葩根萌在舊秋時花間發乃悠久見微知著識在禍福之先惟靜者意常有餘也俗士感應之文陋矣神氣流行尚不足眩之況俗吏尸居之瞬息乎
賜進士出身
誥授奉政大夫工部屯田司員外郎受業門人汪士侃百拜撰

意園公軼事

王父意園公歿年八十其時倬纔七齡猶憶五六齡時稍知人事親見 王父之嘉言懿行迄今隔四十載之遥族里中父老猶稱道不置倬深懼年久湮沒家乘垂竣略誌梗概雖屬區小節無所力損惟冀後人覽之或能興起於萬一也

王父一生勤儉所穿純用布帛冬一裘夏一葛破則澣濯補綴恒百結不完每出入遇人棄置之物苟可用者必拾取而歸不肯暴殄天物午後必登城眺望偶爲人誤觸於市 王父從不與較其宅心仁恕如此

王父性嗜山水每天日晴和必手操大葵扇步至惠山登石門白雲洞諸勝境徘徊遠眺日暮始返返必將日間所玩之景發爲詩歌以寄興然旋作旋棄其稿從不示人倬有知識後見伯家有抄本古文詩盲左聯珠一本純以左傳成語爲聯伯云從門人處抄來者即科名所需之作亦一字不存今遭兵燹所借抄者亦屬烏有噫王父殆有先幾與

王父昆季六人諸伯祖年俱長于王父惟六叔祖與王父生同母年相若敘處最長六叔祖謝世王父輓之曰一弟不能常共健五人乃竟歎孤存輓弟而諸兄一一在念中始不覺異愈思愈悽絕也苟非天性肫摯烏能如是

孫男倬百拜謹識

繼室華孺人傳

孺人姓華氏幼失怙恃秉性貞靜依兄嫂二十年友愛無間言及其來歸也澹泊自甘勤儉自飭有古德耀風蓋母家素饒孺人不以豐侈之餘易吾素風也余幼多病患肝逆易暴怒孺人事事容忍過後每多規勸以爲常遇親族有告乏者不忍面却必多方周邺之無悋色余性好游遇春秋佳日每行吟於二泉九峯間竟日忘返暇時閉門維誦不問他事凡家政一以委諸孺人孺人主持中饋撕擋有方詩曰無非無儀惟酒食是議孺人有焉道光甲申三月抱病遽卒余悲孺人之不永其年也略書梗概以識悼亡之痛云乙酉嘉平月朔日春服夫侯鳳蘭撰

南濱侯公家傳

公姓侯氏諱鳳藻字南濱無錫人爲明兵科都諫少芝先生六世孫而

本朝河津令虹川先生季子也公幼慧劬學以體羸善病棄科舉業然常手一編曰人不讀書則道義不接於胸神氣敗散吾不可以不廳舉一日廢書也遂博綜羣籍尤熟乙部書於古今成敗及天下形勢指畫口講若在目睫性伉爽好施周給貧窶常恐不當人意而不欲市善名嘗曰人同受氣以生以有餘補不足分也烏乎天不能使人貧富畫一惟有力者調劑其間庶足平造物之憾而

朝廷以恤民爲心不能普徧也有司又奉行不力窮愁無告之民往往而有非鄉里有樂善君子何以捄其飢寒而杜其亂萌是樂善君子之有功於國者甚大慨自取士不以德行澆薄之徒皆得與選舉而爲德者反不見褒錄此風俗之所以日媮也如公之爲德不近名蓋不可及已公尤敦族誼小遇凶耗案日給米嘗置祭田百畝以其餘給本支之不足者又遺命捐書塾田三十畝族子弟無有以貧失學者皆公力也公爲人外嚴內寬有族戚某加以非禮柬然不與較又有逋多金不償者悉不問史公所稱長者公殆近之矣公卒年七十元配李孺人繼配劉孺人遺一女皆早卒再繼鄒孺人端莊靜默備諸女德年六

十有九子一咸孫二

論曰富家子召致賓客士苴百萬以豪俠自命固無足多而守錢之奴由織嗇起家方欲廣買田宅長子孫苟有求者裂眦相向曰余固儉於己者噫鄙矣公父爲吏廉遺業蕭然躬自節縮衣食累致千金而能損已恵人若此倘所謂儉而不吝者與公殁且十數年後人能繼其志家道日起天之報施善人何如彼規規譾譾者何爲也

姻愚姪秦緗業頓首拜撰

胞兄補齋傳

兄諱鈐字鍵大號補齋雲峯公三子也幼清羸貧不甚敏好讀書不假督責弱冠益發憤下帷博通經傳精於書得顏魯公筆意丁未補博士弟子員旋受業於周犢山先生之門爲文堅光切響扼要爭奇同學鄒季華顧晴芬諸公咸推服之雲峯公任甯鄉十六年家徒壁立兄篤志功名與諸昆季以文章相砥礪吾宗自少芝公登萬歷庚辰進士迄族兄嗣沂公登乾隆乙丑進士前後共七人垂三百年又六十三年兄以辛酉舉人登嘉慶戊辰進士常自訂詩古文辭及制義成帙以識平昔攻苦兄性嚴重抗直非禮非義絲毫無所犯硯田自給者三十餘年捷南宮歸里邑令韓公履寵延課其子八年未嘗有所干請丙子選湖南江華令丁丑赴任調安仁壬午調衡山潔已愛民苞苴屏絕催科審讞省用刑扑辛巳壬午兩科鄉試同考官皆第一所甄拔多積學士每縣試必拔寒畯力學者冠其軍文教翕然丕變焉甲申卒於官囊橐蕭然幾無以殮子二（景沂 景流）俱幼鍔念孤姪幼小無知爲誌生平顛末使他年知兄一生行端學苦克取科第居官廉隻勿替家聲庶幾有所觀感而興起也

朞服弟鍔拔淚稽首拜撰

伯父簡田公傳

伯父簡田公諱景字希文舜荃公長子也性開爽有古俠士風然居鄉務爲恂恂不肯少露奇氣幼有至性年七歲母王父虹川公赴官卒於舟次聞訃哀痛如成人見所繪像不克肖乃追想以易之公不諳於畫而下筆竟就子姓環觀驚以爲神比長舜荃公卒家中落客游京師

仁宗十八年教匪作亂京城戒嚴時公就聘少司空阿公家阿公名爾邦阿素以節操相砥礪聞變單騎入城公以事起倉卒家無主持眾且亂無以備不虞也爲之錮門戶整器械屯奴僕已日夜目不交睫當是時乘機焚劫擄掠一空者指不勝屈而

錫山東里侯氏宗譜 卷五 簡田公傳 十八

阿公之寓獨完後阿公監督粵海關偕公往欲以貲公金而粵海號天下第一經監督信任立可致富公囊橐蕭然不名一錢嗚呼以公之遇變不驚臨財不苟使展其才必有大過人者乃卒不遇歸老於家時五叔祖意園公六叔祖南濱公皆耆年尊宿與公年相若時相過從公對之必愼必謹循循然盡子姪禮公沒以姪之翰　貤封合浦縣縣丞配伯母王孺人子一先公卒孫三

姪男楨楷首拜撰

勤補二叔父傳

自來卓立之士品重於鄉閭德孚於眾庶則必生前著其望身後享其榮俎豆馨香垂諸奕禩此千古報功崇德之公心而亦即名儒修己治人之實驗茲於吾叔勤補公信之叔父諱昉字旭輪勤補其號也先是叔祖舜荃公績學勵行中年賫志歿勤補公奉庭訓刻自振拔游京師與海內碩儒相砥礪博覽羣書擷其指要爲文章力追先正以乾隆甲寅登賢書主師爲賓東皐先生當時推制作巨手見勤補公文許爲入室弟子故聲望益隆習舉子業者必造門受教如楩楠杞梓悉資大匠檃栝焉春闈屢薦不售於嘉慶丁卯選授安徽五河縣教諭既莅任飭

錫山東里侯氏宗譜 卷五 勤補公傳 十九

士習閱課文俱以崇實黜浮爲本多士翕然從之時文廟年久漸傾勤補公捐廉首倡邑紳士感動興起鳩工重建選諸生任其事仍以一身總其成寒暑弗休雨風不避既崇既固廟貌一新工已竣樹桃樹百株於隙地蔚然成林俾歲修有所取給慮至周也五邑水患迭乘賑饑幾無虛歲奉委稽核戶口散給鏹緡不假手吏胥必親至其家無濫無漏民有獻一柴一飯者必峻拒之廉介自矢實惠及民邑民咸德之居官務節儉常以咬得菜根百事可做爲立腳第一功夫又訓人以學吃虧即先賢犯而不校橫逆自反之意涵養既粹淵然道然教子之翰孫守廉俱謹守家法蓋品學不可及已在任十六年以道光壬午卒

於官士民思之顲請入名宦祠事蹟載五河縣志吾鄉紳士聞之曰異地奉爲人師同里弗彰賢喆何以昭勸善何以示崇儒爰呈請入惠山尊賢祠部議如所請嗚呼勤補公可不朽矣夫廣文一冷官耳有眞學問以訓士有實心力以惠民卒能俎豆不祧千秋食報配前人而垂久遠夫豈偶然哉桐不敏景仰遺徽節書大略願以告後之能師公者

姪 桐頓首拜撰

勤補公紀實

先大父性至孝晨昏定省無幾微稍懈因曾大父舜荃公積學不遇以讀書立品相期望大父稟遵庭訓苦志力學偶舉一念必期可以對人與伯叔祖兄弟彼此砥礪終身無間言內行尤稱淳篤

先大父恪守儒素廉隅自飭甲寅揭曉後謁座師竇東皐先生歸語先大夫曰師若素知我者論云人能窮得起乃立得住脚時大父一貧如洗然遇可以稍爲生財非出於正皆謝絕所以與東皐先生言沆瀣若一氣蓋大父一生淡泊得力此二語甚深後之人敢不仰體以自勉耶

先大父處心仁厚遇事慎密一介不取則自幼時已然嘗聞伯祖簡田公述大父幼時持會子取子錢於市持籌者誤倍與也大父察還之曰慎之後勿爾吾不令若主知者恐若後日無噉飯處也嗚呼古人有以一文錢罷官者視大父何如矣

先大父潛心實學雒誦外習靜坐法深沉淵默無浮躁之容又嘗仿邵文莊公日格子座置一編以自警赴五河學諭任定於月朔會諸生講明義利公私之辨一仿文莊公法也會講之餘兼課制義黜浮崇實力掃頹風曰士先器識而後文藝若奔競名利勤襲浮詞仕途中安用此虛浮者爲耶

先大父履規蹈矩醕謹不失繩尺事長上秩如也待鼻季穆如

也處閨房肅如也友戚郎謫如也律身心竦如也遠名利泊如也與古聖賢動以天合其服習於古人者深矣

五邑地濱洪澤湖嘗苦水溢十歲九饑大父監放賑銀不濫不遺復先期勸諭士庶築壩禦水其旁樹柳植葦思患而豫防之有栽柳築堤設章程條約燦然可觀依法行之積有成效五邑至今賴之

先大父精心讞述在任十六年歲俸所入不敷薪水仍授徒自給絃誦滿堂怡然自樂時曾叔祖心齋公司鐸寶應遺書往來商榷經史常爲歌詩以自娱著有醉書閣詩稿六卷古文稿二卷藏於家

孫男守廉謹識

侯君用儀家傳

君姓侯氏諱鴻字用儀系出元高士友泉後七世祖先春當明萬歷間以都給事中直諫著於史世爲無錫人析邑居金匱曾祖數祖中子考鳴和諱錞君其長子幼承家教有幹略自其少時逓邑有營繕賑恤動衆事得君料量輒犁然方鳴和公棄養也君甫弱冠母潘孺人有羸疾弟幼遺田卅餘畝喪婚醫餌經畫覼縷合人心至其自爲興作造獅隆然復門戸始以祖塋遠涉江陰艱祭掃也則營柏木橋之宅兆以祖傳遺蹟散落市廛也則易餅金而收藏以族叔義田宜營莊廨也則贊申詳而經久艱於葬祭者賙之逾時婚嫁者助之當是時先大夫撫軍粤西叔氏承宣皖上均欒招君往襄事出話時復合機宜賴以毋年高輒引歸定省歸則就商繁劇者麕集嘉慶戊辰甲戌問邑洊饑君偕準協謀設賑徧鄉郭流民之蔽江而下者置頓資送邑境以安錫城水道梁溪灌其西而東濠易淵復得君協勸以工代賑舟楫通澣汲便焉先是侯氏家法循謹鮮逼脱君一出而才肆應侈讌高會貴遊相暱就數十年來往還家稍稍衰息間或漂泊抵時議而君子姓依然服家教恂恂敦儒雅風然後知君生平籌畫鄉邦事蓋抱才無所展布特假是以發其鬱積者爾君生乾隆癸未七月卒道光甲申十一月配張孺人耀南公女先卒子承志承杲女二孫男燕詒燕翼孫女五曾孫男四

墓附柏木橋

論曰世有家素封而舉措局促無餘地詩書之澤遂湮焉者君生乏中人產心手揮霍物力即供其驅策非特免習於驕靡并善全其家法而不疵豈非存心濟物爲造物善權其裒益而造物亦有以佑之哉

賜進士出身

誥授光祿大夫太子少保兵部尚書都察院右都御史閩浙總督賞戴花翎愚表姪孫爾準頓首拜撰

荆室張孺人傳

孺人姓張氏系出前明張孝子後父燦南公業儒母郎鴻同祖姑也先府君以戚好知其賢聘爲鴻室年十八來歸莊重寡言笑不愛華靡工針指紡織姻家務先府君鳴和公先妣潘太孺人持家勤儉供役者僕婢二人凡絣緋操作之事孺人躬執之無倦邑先府君好客治具孺人烹調有節克承先旨太孺人性嚴臧獲率不如意必飭之孺人至前乃色解乙巳先府君遘疾自夏迄冬孺人奉侍湯藥不少怠至終疾余擗擂內外百計支持孺人佐理喪持俱井井無失禮太孺人秉氣素弱喪女後繼遭先府君大故患肝疾飲食減少孺人勸餐侍寢不少離撫摩

常至夜分如是者三年以中寒得痰喘疾癸亥九月太孺人考終孺人哀毀骨立軏痛不欲生曰恨未盡吾婦道也甲子冬復遭母喪哀毀之餘痰喘益甚繼得瘴瘧症延至乙丑六月二十日寅刻奄然而逝歷年四十有四嗚呼痛哉孺人自奉甚儉治家事必躬必親太孺人見背後一如在時曰吾自習此不爲勞也待妯娌和敬無間能容人之過未嘗經譴訶臧獲有不及處惟教導之且躬任之素無私蓄鴻之營府君兆也費不貲脫簪珥衣服以蔵事性慈愛有以急告者必勉力應其請故其卒也有聞之而者泣垂曰惜哉佳婦胡天嗇以年也孺人生子二女二鴻悲孺人之克修婦道而年之不永行之不彰也爰書其梗

概以爲鴻之子婦法并以告里黨之知孺人者

杖朞夫鴻拔淚稽首拜述

侯廣庭先生傳

先生姓侯氏諱普字致遠號廣庭世居無錫明兵科都給事中少芝公七世孫也祖虹川公乾隆甲子舉人知絳州河津縣事有惠政父舜荃公贈泗州五河縣教諭先生性至孝父舜荃公殁尙在襁褓中年二十毋杜孺人病劇隨諸兄奉湯藥衣不解帶者數十夕私禱於天願以身代不應則將以死繼之及孺人殁遂自投於城若有人承而下之得不死長老責之曰割股傷生乃愚夫愚婦所爲爾讀書明理當求孝之大節不應出此先生泫然不對家貧力學寒暑無間嘗讀至午夜礪石取火烹茶且誦且吸竟忘鐙之在案焉澹泊明志不求溫飽入金匱庠從

兩試南闈不就絕跡進取布衣蔬食終其身雖黔突無烟手一編意甚得也平生正直衾影無慙言動必以規矩胸無城府口不臧否人物見有過則頸發頳而責之遇後學必實心訓廸故多所成就而又尙忠孝重名節匡烈婦朱氏強烈婦某氏無力表揚而卒得表揚皆先生之力也先生生於乾隆辛卯八月十六日卒於道光甲申八月十一日年五十有四其學尤精史冊著有春秋人物表志若干卷余以戊戌之春至梁溪不及見先生矣令嗣楨從余游爲余言之余曰投城不死此乃誠一之所致豈必有神助之哉天與人相應在一呼一吸間彼割股者洵足以傷生矣而親之疾病卒從此而愈蓋愚夫愚婦旣以誠一

行之天亦必以誠一應之謂爲傷生亦旁觀者代爲之危耳探諸割股者之心本忘其爲生也則又安知其爲傷也然而天鑒之矣有必死之勢無可死之理故割股者近於死而卒不聞其死即投城者幾於死而卒不至於死况先生讀書明理非特事親出於誠一凡修己接人無往不出於誠一誠一必能動天則雖謂投城時有神助之誰曰不然

道光二十二年三月初吉世愚弟吳江逅鶴壽拜撰

曾祖考達夫府君行述

愈生晚不獲侍先曾祖而先曾祖之盛德摯行所以型於家式於鄉里者僅於先君子暨先大母華太孺人問安視膳時稍稍竊聞之顧時尚稚昧雖猶識之莫能詳也先曾祖有次女適同邑顧氏爲少司農晴芬先生孫媳恭儉慈惠備諸女德享年最高舊聞先德又最悉每愈兄弟就問起居必諄諄勉以勤學且備舉先曾祖仁心利物諸大端口講指畫爲愈兄弟勗愈至是乃得聞所未聞焉歲丙辰族人續輯宗譜叔弟學修既撮舉先曾祖義行爲紀實十五條列入家乘愈亦據所聞於顧氏祖姑者敬謹詮次以爲行述公姓侯氏諱咸字受恒達夫其自號也

系出元處士德宗公八傳至明贈太僕寺少卿少芝公而族始大五傳至虹川公諱錦雲乾隆甲子舉人山西河津知縣是爲公祖考又一傳至南濱公諱鳳藻貤贈文林郎廣東東莞知縣是爲公考虹川公有子五南濱公居季虹川公爲吏廉遺業蕭然諸子析産止各瘠田半頃南濱公艱苦節嗇數十年家乃日起性好施尤敦族誼嘗置田百畝贍本支之不足者臨殁遺命以擴充繼述爲囑公聰聽彝訓節縮衣食續置數十畝合前百畝號曰恭祭手訂條約凡屬虹川公支婚有資喪有助歲時祭掃皆有貲迨愈兄弟已數傳猶兢兢遵守舊章罔敢踰越雖屢遭横逆相戒忍受不校以仰體公誼篤本支友愛勿替之至意先

是南濱公憫族中子弟以貧失學者衆捐田三十畝以爲書塾權輿至公續捐錢千緡置田百餘畝乃卜地忠孝堂之西偏鳩工庀材興築塾屋三進於道光二十二年告成時葉唐公宦京師蘭臺公宦粵東聞公創建書塾先後解囊慨助於是延明師嚴督課應試有資會文有獎族中孤寒子弟得資培植始忻忻嚮學而文運日蒸蒸焉義莊自仁宇公倡建暨遭荒歉後嗣又經理不善虧累幾不能支葉唐蘭臺兩公繼起續捐田畝舉公總攝數年間添造廒房繚垣塾捐公私諸欵約費二千餘緡南濱公原捐田一百四十畝至是公及平山若泉兩公又續置田一百八十六畝而義莊規模復整且經制完備視昔有加語詳

少宰公重整莊田碑記及邑志中資卿公爲恭靜堂本支不祧祖向無家祠神主藏廳事之東廂地湫隘不足以妥神靈而隆肸蠁公獨出貲建祠於宅後凡三楹中祀資卿以次五世左祀簡田公以次右祀蘭臺公以次昭穆秩然既周既敕煥然改觀卜吉開祭衣冠而集者數十人趨蹌奔走執事有恪一時稱盛語詳子勤公所譔資卿公家祠碑記中又於祠後闢軒屋一椽顏曰知非軒後小圃雜藝花竹暇則讀書習靜於中公善書擘窠大字臨摹漢唐碑版不下數十家卒以顏柳爲歸子弟一經指授皆合矩度外孫秦寶璣少從學公教以懸腕握筆諸法後以書名著藝林總公生平宅心仁恕赴義若渴其創立祭田義塾重整莊田祠宇皆舉舉事之大者他若刋給諫公諫草以綿先人手澤捐置園族義塚以妥無主幽魂加增莊米年限而惠偏孤嫠移助壽貲充賑而澤流災甸此又盛德入人之深於公猶以爲卑卑不足道者也公雖不屑屑於章句之學好讀儒先性理諸書躬行實踐不自表襮故發爲事業隱合古聖賢悲憫饑渴之懷有非尋常俗學標榜以竊虛譽者所可及愈所聞於祖姑言行可述者止此其他非祖姑所述纖屑繁瑣無足徵信者概不著恐重誣先人且自取戾也公生於乾隆癸丑二月初三日歿於咸豐甲寅八月初五日年六十二配華太孺人合葬東門外林賢橋新阡戌山辰向兼辛乙茲當續修宗譜告成謹

補述一二以示後昆俾有所考焉

曾孫學愈頓首百拜謹述

故高祖仁宇公託足商場一生勤勞積莊明祭田編譜皆知創來奈何變嘆達夫公發起顯然
所積之血資於嘉慶二十三年[illegible]求不然南濱公後裔豈有默無顛倒是非爭名從畝世所罕聞
慨捐義田三百畝莊屋一所嘗一藉迄今八房伯文主稿欲濃恭靜堂全宅妄加逐次歸併四
時族中竟無一人襄助莊至道邑志亦圖影射謄敢擅門添[illegible]字旋長裕庭等下允伯文自隳
光十三年葉唐公始捐從此各兩支守字改爲義田易充達夫銷金譜弊端筆難盡述略要
房先後繼之至[illegible]有義田四公所捐產七修譜內南濱公家一二足見八房宗譜不規矩之
百八十餘畝方成半莊乃錫金[illegible]無捐出義田字樣任意改[illegible]誣後世子孫切莫效尤此玷
邑志採訪失實以南濱公捐出[illegible]然無效[illegible]民國九年春月達莊後裔世基
虹川公祭田一百四十畝誤作[illegible]起達夫公尊崇[illegible]世基不甚直著擬筆
義田[illegible]七修[illegible]志不實遂[illegible]謹識

達夫公紀實

先曾祖達夫公宅心仁恕好施樂善平生於敬宗睦族之舉經營勞瘁始終無倦容無吝色憶髫齡隨侍重闈大母華太孺人每家政之暇輒舉先曾祖仁心利物諸大端詔修兄弟以無忘祖宗積累之厚茲特博考邑志旁參家乘幷以熟聞諸華太孺人者謹撮而錄之以爲紀實

吾族義莊自仁宇公倡捐田三百畝建莊屋一所後嗣西濱不善經理國課負欠累累莊單典質殆盡待哺孤貧數十口一旦口糧不繼盛舉幾虞中輟時葉唐藹臺兩伯祖游宦於外公馳書相告各解囊慨助舉公總攝公卽出貲籌墊數年之間贖還

糧單補完國課添造厫房共費二千餘緡又恪遵父命續捐田一百四十畝當時公議俟有盈餘卽還所墊之欵迨後衆議撥還公好義性成歸公不受續置田畝以規久遠我莊之得以永峙不替者皆公整理之力也

吾族向無書塾公慨念孤寒子弟無力從師乃承南濱公遺命捐田三十畝以爲書塾基礎後葉唐伯祖捐田十六畝錢七百緡若泉從伯捐錢千緡皆存公處生息公又續捐錢千緡乃於道光二十二年價置忠孝堂基地鳩工興築塾屋三進嚴定規則延師以課子弟而書塾始克成立今子孫得以守其成規興學造士者皆公創始之力也

高祖南濱公置立祭田以給本支之不足者公恪遵先志經紀完備規爲條約凡虹川公支除有力不給外每房每年夏月給麥三斗冬月給白米二石喪殮給錢十六千八百文冠婚給錢八千四百文續娶嫁女減半吳塘金城濟鳳鳳翅跳板橋祖墓春秋祭掃悉歸此項田內開支歲時家祭每節給錢七百文詔子孫世守成規友愛勿替公之誼篤本支有若此

公每月朔望晨起盥漱拜謁宗祠畢卽手攜衣冠步行出東郭遍拜世墓及抑若公墓行之數十年寒暑無間今墳丁俞阿慶年七十餘及見之每爲修兄弟稱述公之事死如生有若此

給諫公立朝謇諤事載明史所著諫草四卷各房雖有抄本而

流傳未廣公懼先人忠直之氣日就湮沒乃手自纂輯獨力開雕印行數百部徧贈族中及當世文人學士以綿手澤而彰先德光緒庚辰續修宗譜陰延念儀兩兄將此本翻印今給諫公之忠言讜論永垂不朽者皆公出貲刊布之力也

出東郭里許望之蔚然深秀者吾侯氏之世墓也墓旁餘地族裔之無嗣幼殤者環葬其間歲久叢雜幾無寸隙後雖爲繼公心焉傷之卽出天一圖石人橋田畝捐爲闔族義塚從此無嗣及幼殤者得妥幽魂而安窀穸公之澤及枯骨有若此

公好古性成喜蒐羅名人手跡或遇先人遺墨尤不靳重貲購歸什襲珍藏如少芝公遺扇王太安人遺詩黃石齋夫人手書

墨跡敬謹收藏每出展玩必焚香靜對不敢稍瀆二種永爲吾家球刀之寶後經庚申之亂失去今眞蹟雖失而宗譜中所載遺詩子孫猶得永遠拜讀皆公蒐集之力也

義莊口糧原定孤子滿十六歲者停給公念年甫十六始成童耳尙無力可以贍養家室乃重定章程改爲莊米支給以二十歲爲限大口原定每日給米五合小口每日三合自公續捐田畝總攝莊事後大口加給每日七合小口五合今吾族之貧乏者猶得沾公實惠焉

公總攝莊事時每歲除按戶加給白米或五斗或一石視其家境不待求請酌量分贈今族中之年長者猶稱道不置焉

嘉道間虹川公支均聚居一宅後各房分築新居惟東歸併公每於水木漆石工作完竣後必帶同工人分赴各房詢以有無牆屋朽漏損壞之處有則代其脩治完固挨戶殷殷致詢罔或缺遺事雖纖瑣然公之同仁一視於此亦可概見

明季清初登科甲者必豎立棋杆以爲門楣光榮忠孝堂係給諫公舊宅登賢書捷南宮者累世不絕故門前杆木林立公建築書塾時有棋杆夾石礙於牆基公以先世科名遺物不敢移動謹改進數尺以留舊觀今介堂兄重建書塾頭造一仍前式以仰體公敬宗之遺意云

公崇尙儉約不事浮華歲癸丑爲公週甲誕辰戚鄙宗族咸勸稱觴大父視芬公亦欲效萊衣之舞公勿許誡大父曰朱柏廬家訓云一絲一粟當思來處不易吾不欲以有用之錢作無益之舉酒池肉林主賓酬酢一時之豪舉耳此奚爲者今提錢千緡以作觴貲當爲救濟周急之用不較勝於徵逐浪擲耶遂以千緡移作賑直之賑一時災黎全活無算是年冬本倉佃戶不分豐嗇每原一石給白米一斗各佃爭頌歡聲雷動嗣後頑玩之戶頓知觀感無積欠累累之虞矣

公具人倫藻鑑見即可決其人顯晦窮達族中子弟爲公識拔者後皆卓然有所成就如蓉莊兄景文緯辰兩伯當時皆肄業義塾中曾蒙公獎勵優異者也公女五長四養親守貞不字光

緒三年詔旌孝貞女次適同里顧晴芬少司農孫曾煦優行廩貢生砥行礪學工詩古文辭一時推爲儒林宗匠次適戊午順天舉人揀選知縣秦琭孫女一適優貢生秦臻子寶璣孝友端方所著詩文集卓然爲當世所宗皆公平日留心相攸者也

公軀幹不逾中人而眉目秀朗居平接物和藹可親然遇事所不可即持論侃侃凜若冰霜戚族後輩多嚴憚之自以磥懷超曠年逾五十乃命畫工圖海天旭日之景肖已像獨立烟雲杳靄之際以寓意今其圖尙存每一展謁不啻親公謦欬當徧徵當代名流題咏傳之弈禩以爲家寶

公創立書塾延聘族中耆宿品學兼優者以課子弟恒以培植

人材汲引後進爲心塾中有可造就者加奬以示鼓勵叔祖秀升公美丰姿性循謹弱冠操筆爲文出語已驚其長老應小試屢列前茅人皆以遠大期之爲公所鍾愛道光庚戌年二十有一遽以疾卒公西河之痛頓傷厥心從此萬念俱灰謝絶世事時伯祖葉唐公由少宰予告回里間二三日必造膝晤談就商事件亦藉以慰公悲悼之懷公歿於咸豐甲寅義莊書塾一切租務悉委蘇山從伯祖代爲經理遺命喪葬之費概從節儉以治喪費六百緡移作義賑歿時戚鄰鄉里無不流涕悲慟亦可見公之爲人矣

曾孫學修謹述

虹川公支祭田前恭靜堂歸學修一房私自掌握曾代遠我五房子孫或末明瞭致滋弊竇特再公議備基地的據　虹川公後五房有達公理良於八年秋註以保公產而垂永久是房公產學修撥將　虹川祭簽譜日查見雖公田已爲記公祭田更名恭靜祭田序先公註在譜而此逐次歸民國九年庚申陰歷二月文內又以恭靜堂老宅有併四字又與同房族即在春祭日客房逐次歸併等字樣分大侯公神前當衆加蓋紅十六世孫裕良等公註作兩層脫卸公田之甚恐戳准作無效外誠恐年湮

誥授奉政大夫晉封朝議大夫同知銜浙江安吉縣知縣改授

山陽縣教諭顯考紀之府君行述

府君諱晸字紀之號淳甫晚號再生老人年逾八旬氣體素壯先大父序廷公秉養時纔十齡先大母過太淑人親自督課資性敏悟年十九遭家難先伯父平山公幾罹不測府君默禱於神願以身代嗣隨先叔祖補齋公赴湖南安仁縣任贊襄一切公暇仍習舉子業年二十七入都入宛平邑庠中道光乙酉順天舉人斯時先伯父當差內閣府君與四叔父霽舫留京力學後四叔父中戊子副榜先伯父由供事選授廣東廉州府經歷升補昌化縣知縣府君六上春官薦而不售嗣聞先伯父訃音

遺孤子幹纔三齡府君間關赴粵扶櫬歸葬攜兩姨娘暨五姪女同歸均撫養婚嫁成立爲子幹延師課讀得入邑庠又爲之循例納府照磨分發浙省時先二伯父履和公早卒遺孤子誠亦爲之撫養成立督先兄仲達課業嚴先兄夫婦先後早卒府君哭之慟命以不孝楷長子祖望爲嗣道光乙未大挑二等壬寅選授沭陽縣教諭在任七年兩次奉檄發賑府君周歷各鄉遍詢疾苦實窘迫者多給一口必偕輿之左右之人乞賑方行沭人至今頌德倖滿卓異保升知縣送　部引見發浙江檄署建德縣事時徽防吃緊搶案纍纍府君撫綏彈壓不遺餘力審案必多方諭導以不妄殺人不用酷刑爲本

嗣署安吉鄉民索賑滋事製造炮械與官爲敵府君則撤兵單騎馳赴四鄉剴切曉諭民皆感泣以爲得公贶自是民安耕鑿數月後鄰縣捕盜在梅溪燒屋府君馳至躬親彈壓保全甚多去任時焚香送叩者自城至梅溪數十里不絕戊午分校浙闈得士十八嗣奉咨追差旋里建祠屋三楹捐保墓逸祭田若干畝未及差旋遭庚申之亂避居鄉間凡親族之被難者咸盡力賙卹鄉間露葬之柩必力勸速葬且各有佽助乙丑赴浙銷差府君因年逾六旬左耳失聰呈請

奏改教職歷署溧陽縣訓導長洲縣教諭太倉州學正選授山陽縣教諭蒞任六年士論翕然去冬開八秩觴府君命以觴貲

分潤族黨不准多費府君自奉淡泊有餘即以分給故囊無私蓄本年二月在任忽患中風手足麻木慈親挈不孝祖望赴淮隨侍調理稍平即請假回籍就醫旋里後精神漸强惟飲食累減八月官祭　給諫公祠循躬親主祭行禮九月初王主政母喪尙親弔焉時患黃疸面目俱黃親友力勸醫治始肯延醫服藥數日後患痢飲食愈減十九日畏寒異常下午又患口渴飲甚多夜半下床大解尙取洋參含諸口中囑家中侍者安睡方冀疾有轉機詎意二十日丑刻竟棄不孝等而長逝矣嗚呼痛哉府君居官廉潔處家儉勤待人接物一本忠厚雖請假回籍措置地方公務整飭吾族義舉悉得其當暇課諸孫不倦不孝

祖望幼年遭難固陋寡聞於府君行事不獲見其詳不孝榕謹述梗概以附家乘永志不忘府君生嘉慶丁巳年十一月十五日卒光緒丁丑年九月二十日時年八十有一

不孝承重孫侯祖望 孤哀子侯榕 泣血稽顙謹述

蛟河散人自敘

蛟河散人氏侯名聶字紀之行三生嘉慶丁巳十一月十五日世祖友泉公爲元高士世有隱德六世祖企竹公由貢生禮部觀政升浙江江山縣令行取太僕寺丞巡察山東馬政崇祀名宦鄉賢八世祖少芝公萬曆己卯庚辰連捷進士歷任禮兵吏戶等科都給事中贈資治尹太僕寺卿崇祀郡邑鄉賢錫山専祠高祖霓峯公順治戊子己丑連捷進士歷任刑部郎中九江關鈔曾祖逸季公歲貢生祖雲峯公由副榜歷任安徽五河縣知縣崇祀名宦父序廷公廪生曾祖以次以季弟季方雲南迤南道任内加級請封 覃恩俱封中議大夫散人幼多病十歲

而孤母過淑人督課甚嚴年十四始從伯氏平山公學穎悟夙自課比一歲經傳通曉學爲詩文季父蓮山公許可逵到年十九遭家難益自勵二十一隨叔父補齋公之湖南安仁任所贊襄一切倚如左右手逾年冬甫聞仲兄履和公遊庠信而母訃旋至以不克奔喪抱終身之痛二十七入都入宛平邑庠偕弟季方習舉子業同受業於族姪少宰葉唐師俱蒙器重乙酉中式順天鄉榜乙未 大挑得二等戊戌秋夢中忽吟好收吾骨瘴江邊之句時伯氏平山公方宰粵之昌化心惡之俄而訃音至己亥赴粵踰大庾嶺抵東莞過黃婆洋扶櫬歸葬並攜兩姨娘暨姪朝楨五幼姪女歸惟嫂王氏攜姪樾依母家留粵壬寅遇

授沭陽教諭散人讀漢循吏傳心竊慕之以爲士生一世不爲循吏斷不可爲俗吏當今風俗敗壞實由吏治廢弛世風日趨日下不大亂不止願乃得廣文無所措施課士之暇飲醑不問外事脩學宫置祭器添學田斥一劣生有一生被縣役折辱詣縣立將該役枷責學校肅然翕然倖滿薦陞中丞建瀛保薦己酉十一月引 見以知縣用癸丑二月引 見分發浙江七月到省值江甯失陷以論事侃侃邀黃中丞宗漢賞識八月卽檄署建德地屬嚴州首邑南通金衢西達徽江兵差絡繹匪徒出没昔爲衝簡今爲劇區陳茹香本府駐威平防堵府事代拆代行甲寅祁門乙卯徽州相繼失守闔邑驚惶散人周歷四

鄉安輯撫綏與協鎮吉祥料選兵勇爲守禦計郡城貼然治獄平恕每逢發審多所出脱如威平防堵委員以湖北黃梅販木耳客二十二人爲奸細千秋關委員以江西彭澤難民十一人爲搶匪冒功通禀俱爲昭雪釋放其尤鉅者也爲治不阿不倚不畏不侮謹遵守吾祖之宦浙而祠名宦者如世祖江山公之任江山高祖霓峯公之任宣平不墜官箴家訓云爾丙辰春以助餉米捐議敘加同知升銜並加一級八月卸篆丁巳三月檄署湖州之安吉先宰是邑者爲阮公範書因鄉民索賑滋事請兵彈壓散人抵任卽撤兵單騎赴鄉曉諭時東鄉有四凶西鄉有五虎如李毛狗朱祥雲及增生趙某某等責令改過自新各

唯唯聽命免興大獄鄉人德之有自阮溯𣶒荒旱久好官藏得好天來之諡當是時建德以閘考閘荒屢屢不靖歷換邑宰俱不能治晏中丞端書以侯令曾任三年甚安協不如仍令侯令去慶方伯廉以侯令始將安吉辦理妥貼恐難遽易生手麵議另委先是慶任運使時因查辦金衢嚴團練過建司閽索供應不遂嚴札申飭至是反有許可之言足見大憲自有公心爲屬員者不在逢迎也戊午夏有調仁和信以左耳失聰辭七月郎篆十月充是科浙江同考官得士十人散人嘆曰仕宦由廣文而縣令而司馬而分校向所自命爲良吏者驗之兩邑士民無怨言而有歌思抱負略見一斑差堪自慰知足不辱知止不殆

盍歸休乎即於撤棘後請咨追差歸致書季弟時方觀察延南告以先爲營養老偕隱之所捐建曾祖祠堂三楹置祭田並捐族中保墓田章程草就即遭庚申城陷之變避居東湖塘又航海而遵海門之中興鎮寓焉因生長映山河舊宅是河舊名蛟河故自號曰蛟河散人配杜氏甘肅靈州吏目繼賞公女生子朝梓朝植而亡朝植十四而殤朝梓娶天津同知秦蘭臺公女未幾夫婦相繼殁繼室蔡氏子榕郡庠生娶惠氏孫富葆鎮葆女三長適常熟鹽提舉銜屆殁章衣適同邑盧生楊昌祺三適候選州佐屈泰徵而散人老矣散人行庸而數奇四年夏赴浙銷差中丞馬以爲年老重聽因即改教回籍後歷署溧陽長洲教缺八年委署太倉州學正因書院有經董未完事件未出今又部選山陽教缺冷官一無措施非數奇而何哉略敘生平不過獨行其是非敢質之諸君子之前以求品評也是爲記

辛未新正添記

皇清誥贈榮祿大夫運使銜湖南寶慶府知府霽舫府君行述
先大夫諱晟字季方一字霽舫性天純摯氣體素强生平自奉
儉約飭廉隅厲名節嚴毅之氣見於眉宇凜然不可干以私系
雖世第家本寒儒甫六歲先王父卽棄養先大夫立志攻讀事
先王母以孝聞十六歲先王母又棄養先大夫居喪以禮哭泣
盡哀服闋從大伯父遊京師入成均道光戊子科應試中副車
考充正黃旗教習期滿引
見奉
旨以知縣用掣籤雲南丁酉署景東直隸廳篆廳地夙苦瘴癘
每屆春夏官民遷避習以爲常至是紳庶請徙先大夫以守土

職重未容擅離爰舉禍福感召之理剴切示禁民於是安堵樂
生迄滿任無瘟患戊戌檄署南甯縣時猓逆犯龍馬州境又檄
兼署州事先大夫募勇訓練防戰兼施數月克保州城辛丑滇
省起運京銅先大夫奉檄督運蜀壁從公不避艱險銅船每至
鄉鎮必橫行滋事先大夫預爲申禁擇其尤者杖逐之由是三
百餘船皆畏法安靜到京交清奉
旨著回原省儘先補用癸卯補平彝縣知縣署宣威州知州調
補昆明首縣丁未升大關廳同知調署普洱府思茅同知時因
籌餉出力奉
旨以知府在任候選遂疊署廣南大理二府事咸豐七年三月
特授江西袁州府知府經　大府　奏留辦理滇省軍務並委
署迤南兵備道奉
硃批均照所請旋因帶練勦賊克復姚州紅巖等處奉
旨加道銜賞花翎又奉委辦全省捐務時遭兵燹捐生寥寥先
大夫以軍餉支絀婉爲勸諭紳耆商賈無不儘力輸捐先大夫
隨同倡捐奉
旨以道員選用旋署雲南糧儲道同治壬戌交卸道篆請咨引
見由滇起程順道省墓時大二伯父已相繼去世先大夫痛傷
手足倍極淒感遂以卅年清俸交三伯父就祖基建住宅相與
慨然作別北抵京師部議已照新章開袁州府缺引

見後奉
旨以原官用而例應補足道員銀兩先大夫因無力措繳欲作
歸計親友以精力强健正足有爲再三婉勸由是呈請仍就同
知分發湖南補用到省後卽奉委辦軍需善後等局歷署永順
永州二府及郴州直隸州知州庚午解餉赴淮順道旋里與三
伯父歡聚數月卽擬攜手林泉隱居自樂旋因三伯父以浙中
縣令改教選授山陽縣學教諭遂分道復履仕途辛未補湖南
鳳凰直隸同知時値黔苗蠢動先大夫籌防籌餉心力交瘁迨
湘軍援黔肅清經大府保奏奉
旨賞加鹽運使銜光緒乙亥

特授寶慶府知府丁丑三伯父又捐館舍先大夫以暮年兄弟倍覺傷情遂無意宦埸決計歸隱乃於己卯引疾而歸家祠毀於兵先大夫捐資重建族譜廢修卅八年先大夫督同族姪輩敬謹修輯越歲告成先大夫服官四十餘年受任十有八職宦跡所至悉以裕國利民端本善俗爲急故上爲　大府器重下得士庶心歡專求實濟不鶩虛名盟心幽獨竭力公家臨事未嘗畏難苟安精力潛耗已非一日然自以步履猶健命不孝以同知指分浙江先大夫偕慈親就養省廨暇時遊覽西湖名勝攜僕步行矍鑠之狀人所欽羡居恒以吏治官箴講求訓教乙西因媳朱氏物故怏怏不樂猶幸起居飲食仍復照常比入冬

今時覺頭眩腰酸綠平素身體康健向不服藥丙戌春精神胃口較去冬增健竊謂愛日方長不孝可以常侍晨昏矣不意六月二十二日忽感暑熱似成瘧疾急延醫診治頓覺減輕猶冀服藥調治以期漸次復元詎料至二十八日神情大變氣喘汗流已成内中醫藥罔靈延至二十九日丑時竟棄不孝而長逝矣嗚呼痛哉先大夫生於嘉慶八年十一月二十六日卒於光緒十二年六月二十九日享年八十有四

不孝孤哀子侯樑泣血稽顙謹述

觀察侯公傳

熊希齡

侯晟字季方一字霽舫無錫人天性純摯幼喪父事母以孝聞中道光八年副貢考充正黃旗教習期滿以知縣用分發雲南署景東廳地處萬山中箐林叢篁多瘴癘每屆春夏官民率遷避邑幷蕭條數十里斷烟火至時蒞紳援舊俗請晟以守土職重枚舉古今吉凶禍福感召之理懇切論之衆悅服安土樂生期年無夭札回逆犯馬龍州大府重晟才能檄署州事募勇訓士濬城隍儲倉廪出戰守方略數月保州城二十一年督運京銅銅船多獷悍者輒横行鄉鎮晟嚴訂禁約以軍法部勒犯者杖逐之由是三百餘艘皆畏法閭閻無驚擾事陞大關同知調

思茅迭署廣南大理二府循聲卓著擢江西袁州府知府大府奏留辦理滇省軍務署迤南兵備道馘賊首無算克復姚州紅巖等城加道銜賞花翎籌辦全省捐務時遭兵燹輸者無幾晟出廉俸數百躬先勸導商賈咸踴躍軍餉遂足奉旨以道員用旋署糧道同治元年請咨引見部吏索費甚鉅降就同知分發湖南辦軍需善後等局歷署永順永州二府其治與廣南大理同補鳳凰廳同知值黔苗煽亂籌畫防剿諸寨小醜蕩平四境安堵加鹽運使銜補寶慶知府光緒五年乞骸骨歸里年八十四卒晟服官四十餘年所蒞皆荒僻開闢榛莽撫輯黎庶尚以益國利民敦本厚俗爲務而臨事勇敢凜然不可干以私又復

砥礪廉隅儉約自刻布衣粗食若寒素然初官雲南岑毓英尙
諸生識其才略延幕中參畫軍務嘗曰岑君十倍勝我後毓英
撫清南服卒爲中興名臣感晟知遇終身以師禮事之嘗入京
引見時迂道江蘇省親墓適伯仲二兄相逝追念父母兄弟枕
席間常漬淚痕迨遭三兄喪愴懷骨肉遂決然引退其篤於友
愛若此予樑浙江補用同知毓英督雲南奏保知府以廉幹稱

族伯繡谷雲溪公合傳

嗚呼世固有豐於才嗇於遇如吾族二俊者哉方其守匡廬嫓
棐几恍懷古哲篤志縹緗鎔鑄古今包孕亭毒固不可一世也
迺未能簪筆石渠揚鑣天祿痛驥伏櫪困阨以終痛何如已齋
幼聞庭訓卽知族伯繡谷雲溪兩公之賢辛丑讀禮家居爰詳
其顛末惜其才悲其遇而不禁感慨係之也爰爲詮次一二以
副家乘

繡谷公諱叔度丰神朗澈吐屬蘊藉爲文疏宕有奇氣累試南
闈不第益發憤攻苦其悲惋叱咤抑鬱無聊之志恒發爲文辭
風雨合離變幻萬狀筆端疑有鬼神集也迨後文愈高運愈蹎

不得已作王粲依人計數年得狂疾歸囊橐如洗幸疾時發時
止仍授徒自給經其指授者爲文辭皆端謹有法度咸登巍科
掇上第輒羣而去而公獨賫志以終易簀之日手一編長號而
絕雲溪公輓之曰垂死未忘書一卷此生只有屋三間吁可悲
已歿後詩文俱燬於火二子復相繼隕沒何天之阨其生前幷
阨其身後也惜哉嗣雲溪公孫某

雲溪公諱叔倫繡谷公弟時有二俊之目識者比諸儀廙焉篤
孝友毋性愛潔几澣濯澡湢必躬親之繡谷公得狂疾硏田不
繼公力爲調護恒分館粲潤之友愛無間如是者十年蓋公自
弱冠補博士弟子員累試不第至是家益落遂棄筆幕遊訪雨

花臺桃葉渡諸名勝過大小長干登清凉山泝長江數千里攬金焦涉彭蠡過汨羅投詩弔屈原以寫其悲憤之概豪致同懸懸可想也居荆楚幕府三年卒無所遇以老諸生終子二旋生孫二古人有言不於其身於其子孫是所望於後之人也

贊曰世之鬱鬱不得志者多矣青氊畢世皓首窮經訖不得邀一命榮或曰空山風雨閉戸著書亦自千古而族伯黼谷雲溪出不能展其才入不能竟其學徒然仰屋不能著書尚忍言哉噫天阨之固欲其伸之也若二公者不見其伸之祇見其阨之也異矣

族姪守廉謹撰

皇清誥授榮祿大夫　晉封光祿大夫　賜進士出身　國史館副總裁

欽賜紫禁城騎馬吏部左侍郎葉唐侯公行狀

公姓侯氏諱桐字葉唐號玉山世居無錫東里爲明贈太僕寺卿少芝公諱先春八世孫代有明德多通儒循吏曾祖考佩鳴公諱璽邑諸生積學不遇祖考端衡公諱秉銓食貧讀書青年早逝考敬祥公諱汾少孤力學亦不永年後以公貴三代皆

贈如公官曾祖妣胡秦顧祖妣華妣顧皆

贈一品夫人貽公歿公甫十齡性純孝哀毁如成人稟授穎異讀書目數行器識宏達見祖妣及妣兩世苦節奮志勤學冀遂顯揚而體弱多病重闈恒慼之歲頻饑家無擔石儲以績紝鍼黹滋膏火長養教誨迄乎成立年二十娶顧夫人逾年游庠旋食餼就業館俸脯甚薄無濟於事育者有年迨先後居妣氏祖妣之喪擗踊椎泣得怔忡症緣侍疾時警悸憂慮所致嘗五十晝夜不交睫幸賴夫人多方調護之獲漸瘳嘉慶癸酉登賢書甲戌禮闈試卷出陶文毅公諱澍之房已獲雋而被落責用之絕去京南歸又值歲歉三韓韓芸圃先生諱履寵爲公鄉薦房師適令錫邑延公課孫館穀外遇緩急輒有持贈以此涸轍少紓丁丑春摒擋計偕與顧夫人約曰此去倘仍見屏勢不得歸若歸力難再往祇可留京候試艱苦亦所願受苟此生尚有轉

機成名後始相見也顧夫人泣而送之是科仍薦而未售榜後
考取　咸安宮教習藉館爲生歲庚辰成進士選庶吉士道光
壬午散館授編修館閣清華授徒如故及門諸子皆以公久居
庠序最工制舉文字樂就請業而裁成者綦衆辛卯
恩科典試陝甘壬辰補右春坊右贊善癸巳轉中允擢翰林院
侍講大考前列授日講起居注官遷翰林院侍讀歷充
功臣館纂修武英殿纂修總纂提調
文淵閣校理教習庶吉士甲午擢侍講學士典試湖北乙未署
國子監祭酒丙申
命幫辦內閣批本充　咸安宮總裁補奉天府府丞兼提督學

政之官後缺瘠地褊以廣文自處閱文不請幕友事無鉅細必
躬必親從而激濁揚清求眞才敦實學興文教又愛禮士子蘆
正書院規條刊布以垂永久己亥奉
命考取漢教習主考官任滿以太常寺少卿對調還京辛丑晉
通政司副使太常通政均京秩中極清寒者公則薄於自奉厚
以與人凡戚友中赴試謁選者行與留悉殷勤詢有無竭力佽
助流風餘韻都人士至今猶感頌之是冬擢內閣學士兼禮部
侍郎蓋公以德行文學上結
主知先是
宣宗諭徐侍郎士棻曰侯桐學行文章多姸不數日而越次超

遷　眷顧益隆矣壬寅
簡派稽察中書科事務考試差讀卷官癸卯典浙江試額懇
恩施給假半月順道歸里祭掃先塋仰酬兩世苦節差旋升兵
部右侍郎甲辰調吏部右侍郎充國史館副總裁考試
國子監學正學錄會試知貢舉新進士覆試　殿試庶吉士散
館閱卷讀卷官武會試正考官武　殿試讀卷官乙巳充
殿試讀卷官戊申冬月
賜紫禁城騎馬庚戌轉吏部左侍郎充己酉直省選拔貢生
朝考閱卷官辛亥充新進士　朝考閱卷官
誥授榮祿大夫

文宗嗣統
覃恩封光祿大夫咸豐壬子京察以年老
予告回籍而具摺謝
恩時
召見慰問有加焉公蒙
累朝錫賚
御製書籍詩文墨刻及人葠大緞貂皮等歲以爲常又蒙
珍賞子孫萬代白玉牌
溫諭留傳後人世守永寶誠異數也歸田數月於癸丑春奉
旨督辦江蘇團練己未九月重游泮宮學政孫侍郎葆元送壁

水者英匾額庚申四月江南大營潰散賊焰熾張遣次孫瞻生維寶於賊入境時帶勇迎敵身受重傷旋即因傷身故繼見蘇常迭陷公知事不可爲憂憤成疾遂致不起享年八十有二綿惙之日以深負　三朝殊遇力不能殺賊報　國爲憾手書自輓付三孫維祺懸掛聯云守城少偷殺賊無兵畢竟孤臣命薄運際艱危年當衰邁難酬聖主恩深於虖傷哉情見乎詞矣公以寒畯起家由弟子員困頓場屋十數年始入詞館循資遷至卿貳洊陟銓曹蒞其爾位實事求是明大體務持正不爲唯阿之行有非他人所可及者其初登膺編輯也勤敏厥職讎校秘書詳覈審愼嗣屢掌衡文之柄星軺所蒞自　陪都而秦而楚而越所得知名士如張文毅公芾金可亭國均金翰臯鶴清洪章伯昌燕諸君子率掄上第躋清要爲勳臣其餘官中外大僚者踵相接武試中亦多干城選得人稱盛焉入閣學時嘗語同儕曰　國家之設此官欲使閲題本而兼嫻六部事儲材之意也豈可憚煩而不審耶其爲　國史館副總裁也於本　朝大臣之有政績者錄其副以時省覽而於鄉先達之有著述入四庫書目者自明以來悉採擇而纂輯之欲都爲一書以公諸世所惜未鐫梨棗經亂散佚在吏部綜稽選政精詳懃懇八年如一日凜乎其不可干以私又擇曹司之端謹老成者與爲砥礪有一善足錄若揄揚之不能盡因此大用者不乏人皆感知己先

錫山東里侯氏宗譜　卷五　棠唐公行狀　丟

在兵部亦如之咸豐初元京外大臣疏舉人材公素諗江西糧道鄒壯節公鳴鶴才堪大受援舉不避親之義約同年生趙文恪公光薦之於　朝即擢順天府府尹旋巡撫廣西當是時粵氛初起永安直薄省會壯節倉猝應變力保危城藻鑑知人何其明也公恂恂儒雅廣額豐頤至年踰大耋皓首龐眉而英光猶若少年性廉介人有饋贈則婉辭却之尤和藹雖位至侍郎而接人處衆謙抑眞摯一如作秀才時由天懷渾穆不省世間有詭激捭闔習而其正言莊論能使以才智相凌轢者愧服而感發平生不尚侈華甘食澹泊撙節日用以備扶危濟困之需每趨　朝瘦驂敝服胡餅充饑退食之餘則手一編寒暑勿輟公之言曰吾人爲學期見諸行政實用若徒迴翔於文學侍從之職久及任經世理物之責復未能壹志向專思慮以求稱職爲足愧耳嗟乎公之所言如此則其素所蘊蓄者爲何如哉公於書無所不通卅年清俸悉購圖籍退休之日書篋外別無長物一生著述極富制藝詩賦之外兼究心於古文辭及駢儷諸體早歲梓行者爲願學齋大小題文表聖詩品試帖百首其他未刊之作積成卷軸以遭兵火與藏書千帙俱付焚如識者深惋之也邑之東林書院爲顧高二公講學地公既歸慨念歷久蕭索釐訂規約增設課額延經師主講席培養寒儒每課親臨禮接多士引掖之惟恐勿及其他善舉率皆倡先偶遇偏災則

錫山東里侯氏宗譜　卷五　棠唐公行狀　圭

百計輸助其最膾炙人口者莫如道光中革除見年一役至今
鄉農利賴供奉粟主春秋腏饗以報德於無窮至若慨捐義田
捐建書塾俾婚喪教育之有資此宗族之事在公爲小節不足
錄也公生於乾隆己亥八月二十日酉時卒於咸豐庚申十月
十四日酉時配顧夫人端文公後裔名進士刑部郎梧軒公諱
維鈁之孫女太學景陶公諱希濬之第四女也
誥封一品夫人先公二年卒妾馬氏亦亡子一建烈道光辛卯
順天鄉試挑取謄錄　國史館議敘以通判分發河南補用辦
團請獎加知州銜軍功　賞戴花翎後公五年卒孫三長維甸
議敘府經歷無祿早世次維寶二品廕生引見奉

旨外用以通判分發浙江殉庚申難
郵贈知府世襲雲騎尉三維祺花翎同知銜湖北候補班補用
通判曾孫三光鑅襲雲騎尉保獎鹽大使銜光鑑殤光錫年幼
業儒元孫一詠沂女四長適附貢生知州銜河南候補布經歷
鄒繼善次適廩貢生試用訓導王元標三適廩膳生候選主簿
潘文植四適綦　贈資政大夫丁未會魁同知用知山東肥城
縣事楊廷俊孫女一適安徽太湖廕生花翎布政使銜直隸道
臺李世侃曾孫女二長適常熟國學生藍翎五品銜分發行走
詹事府主簿俞鍾詒次待字元孫女二俱幼卜吉於同治元年
三月二十六戊申日葬於龍山第八白鶴塢扇子塋新阡與顧

夫人合葬焉前年冬公孫維祺以轉餉由楚來都嘗奉公之敘
略請行狀於同龢今年春又寓書於京謂族人修家乘急須刊
入勢不能以再緩竊惟公之碩德懿行久邀
宣付史館何待表揚萬一然維祺既請之再同龢於公爲弟子
行少時與先兄文勤公親炙最久受知最深公之期望於同龢
兄弟者亦最切正愧未有以報公其曷敢以不文辭爰即入直
之暇不揣譾陋參以聞見默窺而歸之同龢之文不足傳公之
德業聞望自可傳之不朽也
賜進士及第
誥授光祿大夫　經筵講官　紫禁城騎馬　毓慶宮行走工

部尚書南沙受業翁同龢頓首拜譔

皇清誥封一品夫人亡室顧夫人行實

亡室顧夫人歸余六十年矣跡其平生食貧不怨居貴不驕垂老不倦兢兢爲持家勤苦定志定力有他人所不可及者請略誌之夫人姓顧氏端文公之後裔爲錫山望族曾祖贈廬公諱仔以翰林學士督學浙江祖梧軒公諱維鈁以名進士官刑部父景陶公諱希灊國學生絶意仕進夫人係第四女也年二十二來歸長余二歲時堂上惟　先祖母　先妣兩人皆苦節夫人至親操井臼手作羹湯仍勤於針黹以所入佐家用深得堂上歡余甫遊庠逾年始得一館館脩甚薄無濟於仰事俯育如是者有年及　先妣　先祖母連年攖病夫人侍疾惟謹迨遭

大故盡孝盡哀余體素弱嘗患怔忡五十晝夜不交睫夫人百計調護虔禱於神誓以身代乃獲瘳三十五歲癸酉登賢書甲戌公車北上卷出　陶文毅公諱澍之房已獲雋而仍被落資盡回南適値大旱災歉子若女號寒啼饑夫人曲意鞠育務女工從力幸錫邑尊韓芸圃先生爲余房師延余課孫在署兩年籍濟涸轍丁丑春又赴禮部試與夫人約曰此去若仍被落必不可歸川費如是之難若歸豈能再去祇可留京候試艱苦亦所願受汝在家無米之炊余不能豫籌一二心固弗忍但迫於無可如何且恝然舍去苟此生尚有轉機成進士始歸來也夫人泣而送之是科仍薦而未售榜後考取　咸安宮教習決意留京旋得館以儆脩寄歸養育庚辰成進士選庶吉士冬月告假旋里夫人一見泣不能言蓋數年之竭蹷持家傷於心而默於口也越日備述艱辛迄無一語憤恨所謂食貧不怨者如此辛巳春杪余仍入京道光壬午散館一等授編修館職清華窘況實甚余授徒如故無力接眷吾師　陶文毅公撫蘇代籌川資遣子送夫人抵京見翰林薪水無資痛自樽節辛卯

恩科余出陝甘試差稍覺沾潤不復負累度日甲午科奉

旨放湖北正考官丙申冬補授奉天府丞兼提督學政夫人率兒媳孫輩隨任奉天苦寒缺又最小余膺此以廣文自居閎文不請先生一切務從簡約夫人持以寒素家風在任四年菜根

同咬庚子八月以太常寺少卿對調回旋轉補通政司副使太常通政皆京秩中極清寒者辛丑冬超擢內閣學士兼禮部侍郎銜夫人謂余曰

主恩至厚何以圖報官高則任重吾聞翰林壓階至斯而極此倚畀之初不可不加愼也癸卯科特授浙江正考官夫人曰奉

恩命歸里

允許給假半月祭掃先塋豈臣子夢寐所敢期此實兩世苦節之報前恨雞黍弗逮存有此番奉

旨省墓可無憾矣差旋升授兵部右侍郎甲辰二月轉補吏部右侍郎充

國史館副總裁月領館費十餘緡較前已形豐贍夫人儉約如
故食不求腆衣不改爲薄於己而厚於人惟以扶危濟急爲念
道光二十五年
先帝奉
皇太后恩旨一二品大員之妻年滿六十者給大緞二匹夫人
恭設香案百拜祇領
覃恩誥封一品夫人軸捧到夫人亦如是三十年又遇
覃恩再誥封一品夫人夫人恭領如初禮不時謹愼謙抑崇實
黜華縫紉浣濯幾無暇晷所謂貴而不驕者如此今
上登極余衰老歸家夫人亦年老矣然經理家務巨細必親米

鹽瑣碎而外鉤稽出入檢察虛盈孜孜弗懈每以曾孫女漸長
憫其父母俱亡出嫁事欲引爲已任方切憂思此垂老不倦之
本懷廼攖沉痾遽溘然逝悲已跡其一生勤苦知大體蓄遠謀
事事可傳家乘其勤苦過甚之處有未可以言語形容者余不
能殫述負夫人多矣卒之後戚黨嗟嘆僕婢哭失聲外嚴肅而
內寬仁持家得其要領公論具在也夫人生於乾隆四十二年
丁酉十一月十一日午時歿於咸豐八年戊午九月十一日未
時享壽八十有二子一建烈道光辛卯科順天鄉試挑取謄錄
國史館議敘以通判分發河南補用辦團請獎
欽加知州銜長孫維禎議敘府經歷無祿早逝次孫維寶二品
廕生引
見奉
旨外用以通判分發浙江三孫維祺年幼業儒議敘布政司經
歷銜曾孫二光鑅光鑑女四長適附貢生分發河南候補布政
司經歷軍功
賞加知州銜鄭繼善次適廩貢生試用訓導王元標三適廩膳
生候選主簿潘文植四適丁未科會魁加同知銜知山東肥城
縣事楊延俊孫女一適安徽太湖縣甲辰科傳臚江甯布政使
李公諱長森之孫刑部尚書太子太保
賜謚莊肅諱振祎之子己丑狀元翰林院修撰諱振鈞之胞姪

廕生現揀發山東以道員用李世侃曾孫女二長字常熟縣優貢
生孝廉方正俞公圳大文之子即現任協辦大學士吏部尚書
翁二銘先生之甥俞鍾燮次幼未字余手僵目眊傷失內助勉
誌其大畧如此

杖期夫桐拔淚書

從弟蘭臺墓誌銘

從弟姓侯氏諱之翰字邦屏號蘭臺生於無錫與予同六世祖資卿公爲明兵科都給事中䘏贈太僕寺少卿少芝公諱先春八世孫其曾祖虹川公諱錦雲乾隆甲子舉人知山西河津縣事有政聲祖舜荃公諱鳳藻以國學生贈修職郎父勤補公諱昉乾隆甲寅舉人官安徽五河縣教諭贈文林郎例晉奉政大夫崇祀五河縣名宦祠五河濱洪澤湖常苦水溢頻年發賑儒學亦有監放之責勤補公親歷村莊按口散給不假手丁胥民咸德之缺甚瘠俸入不敷薪水仍授徒自給故從弟蘭臺居京師藉覓館穀分任家累年二十寄籍宛平補博士弟子員逾年

餼於庠癸酉鄉闈既中式以額溢僅取謄錄癸未充補實錄館乙酉書成議敘縣丞因五薦不售遂赴部分發籤掣廣東丙戌六月到省署部州府經歷時部屬盜賊充斥奉檄緝捕實心實力擒獲巨盜譚大華等奉部調取引見未赴而委理乳源縣事續委翁源縣事旋代理始興下車數月積案一清與權乳源翁源時無少異訪獲正凶聶爛鉢頭等置於法雪被誣之羅仙養等釋其罪由是循聲卓然壬辰春始邑米價騰貴民情洶洶稟請平糶倉穀至秋稔乃止民賴以安邑故多盜積匪久遁在外歲暮故弛捕限密察其暫歸度歲除夕督兵掩捕之自是盜賊相戒不敢入境調署曲江歷著政績去任之日士民遮道其查辦南雄州之船戸也則戢戴某等之奸計其搜捕猺匪之匿蹟也則悉獲周牛仔等八十餘人深識老謀精詳果斷時已咨補合浦縣丞經制府盧敏肅公中丞朱莊恪公保奏以知縣升用旋調署陽春補授東莞引見後以乙未八月蒞任東莞爲沿海劇邑民情獷悍獄訟繁多甲於通省聚衆互鬭之案層見疊出抵任後先事嚴諭禁止有不及解散者必悉獲正兇懲治其風少熄先後擒獲盜匪何景高等百餘人姚華頭等八十餘人悉寘以法閭閻安堵桴鼓不驚上憲嘉之奏擢南澳同知留辦查烟事務至己亥八月始卸篆庚子初夏將入都忽遘疾數日竟不起嗚呼痛哉予幼時見

弟讀書目數行下舉止莊重卯歲如成人後南北睽隔者幾二十年及予應試南宮泊供職詞垣常相聚處親若同胞每見其律己端嚴待人誠信平時儉約而於戚友間拯困扶危靡所不至講學本經史作書必楷則丁外艱繼丁內艱擗踊哀毁喪葬皆如禮迨官粵東矢慎矢勤除暴安良所至多惠政培植寒畯甄拔眞材士心悅服同官有緩急百計助之人多樂與交節省廉俸賙䘏宗族每致予書輒商及義莊義學扶舊創新獎勵後進續修宗譜凡誼篤本根諸大事念念不忘予亦素有此志以京宦清貧絀於力薄得吾弟相助爲理庶幾可成正交相砥礪乃未盡舉行遽接凶耗失予左右手傷如何已甲午冬弟引

觀來都暢叙數月别經五年來書述瘦不成寐漏五下挑燈讀書心竊危之曷以稍節勞勩誰知一别竟成永訣耶弟生於乾隆四十七年九月十四日寅時卒於道光二十年四月初七日申時年五十有九元配尤宜人繼配孫宜人皆先卒繼室曹氏子二守廉守誠女四孫一復晉孫女三守廉以别駕籤發廣東得侍左右性至孝謹慤周詳能繼先業營葬有日郵書乞予誌之嗚呼兄誌弟墓事所僅見然以數十年友愛如一日知之最深哀之最切其曷敢辭謹灑淚以誌梗槩如此

銘曰資稟清涓屏絶雕飾寬仁宅心柔惠且直壯歲服官勑於其職除蠹剔奸民懷厥德惜所用之未竟兮悵光華之遽匿卜後嗣之克昌兮有遺型之足式惟表彰之不文兮長抱慙其何極泐貞珉其永壽兮奠靈魂於兆域

從兄桐頓首拜譔

誥授奉政大夫粵閩南澳同知顯考蘭臺府君行略

府君姓侯氏諱之翰字邦屏一字蘭臺無昆季弱不好弄風度如成人讀書數行俱下塾師咸驚異之先是大父入都應京兆試未售設帳霸州刺史顧公署齋府君時年十二附曾叔祖心齋公公車之伴侍大母華太宜人往依焉事大父母先意承志常得庭闈歡都人士恒稱羨之隨侍數年攻苦力學業益進年二十吾母尤宜人來歸二十一寄籍宛平補博士弟子員逾年食餼丙寅大父大挑二等銓授安徽五河縣教諭府君請隨任奉大父諭以留京讀書努力科名爲勗府君不得已應命吾母尤宜人遂侍大父母行時伯祖筒田公在京課徒府君追隨杖履如事大父無少怠丁卯省大父母於五河戊辰四月不孝守廉生復入都癸酉鄉試拔取謄錄受業宫詹錢金粟先生大司成蔣丹林先生之門稱高足弟子與比部榮及亭先生學士禰禹門先生編修程省齋先生比部那眉峯先生閣學葉唐從伯切磋砥礪爲道義交丁丑復省大父母於五河道光壬午七月大父在署病篤府君在京忽患心病日夕不安心知有異適前閩浙總督孫文靖公巡撫皖江閱邊至泗州境詢大父狀知危甚即手書招府君速行文靖公故府君中表行也書至京府君星夜兼程至署時大父已先數日逝府君以久曠趨庭復不獲躬視含斂痛不欲生擗踊哀號幾至滅性會邑士庶以大父在

任訓廸有方辦賑勞瘁十六年如一日呈請大府崇祀名宦府君因留數月同邑人奉主入祠祠故有前令高叔祖雲峯公主先大父到任時適邀題准邑人稱廉吏家風云明年春扶柩回籍安葬復奉大母攜眷入都癸未八月大母卒於京寓哀毁如禮大父時隨扶柩返里安葬服闋後補充實錄館謄錄乙酉書成議叙縣丞府君夙以堂上望切冀得一第以慰親心至是十試秋闈五薦不售又連遭大故意緒寥落京邸倦遊遂赴部分發掣廣東順道省墓又爲不孝守廉完姻丙戌六月到省丁亥署韶州府經歷委審案牘交辦事件一任以實心期於至當太守鄧公以爲才逾年卸篆即留韶委用

時韶屬盜賊充斥府君奉檄總緝捕事凡夫船薪水皆出己貲觀察楊公太守金公均重府君有守旋以拏獲巨盜譚大華等奉部調取引見未赴復委代理乳源縣事府君撫字催科莫不悉心經畫嘗戒吏役曰吾不能以暫時代理坐令公事廢弛汝曹毋謂五日京兆也違者定按以法不少貸吏役凛凛終不敢犯又委代理翁源縣事翁源事較繁治之一如在乳源日部郡上游南雄州爲入粵首站往來客貨叢集舊有行店爲客雇船每船抽銀三錢爲行費後所費不敷稍增益之操舟者多州屬之始興人咸怨行店庚寅夏刁民戴某等鼓衆歛錢於州城另建公所勒令商人由伊處雇船不事行店經紀爲把持報復計商人觀望不敢前觀察楊公知其情檄州刺史陸公禁止之并毁其公所戴某等誘集船戶數百人船數百艘於郡城之西關欲赴道轅呈控并揚言永不裝運客貨觀察公慮其人衆滋事擬遣散之有謀督兵往捕者時府君已受代在郡觀察急召府君謀府君稟稱船戶初無他意徒以刁民主使與行店爲難耳若輩載貨爲活勢不能久此他圖適值水淺舟膠藉此架詞無能爲役若驟臨以威竊恐鋌而走險觀察以爲然即委府君查辦府君至即嚴諭汝等既不願裝運客貨會當請道府示募別縣船戶來郡領載矣於是船戶始懼皆載貨而行是年八月又署理始興縣

事府君勤於聽斷下車數月積案爲之一清如得正兇聶爛鉢頭等置於法雪被誣之羅仙養等釋其罪二事尤爲巡撫朱莊恪公所稱十月吾母尤宜人卒於官廨府君以廿載京華久虧溫凊吾母代供子職纖悉躬親伉儷情深傷懷倍切不孝多方勸慰始少解壬辰春始邑米價驟貴斗錢四百有奇市肆缺米民情洶洶府君出倉穀平糶吏以稟請開倉得報乃可府君曰急出穀減市價十之二三逐日平糶以濟民食至秋稔乃止即小民且暮死於溝壑若展轉俟命皆餓莩矣知縣在不汝累也以米價買補歸欵不足捐廉益之邑故多盜有積匪捕久不獲值歲暮故弛捕限察其暫歸度歲除夕督兵役親至其家於臥

處掩得之自是盜賊相戒不敢入境是年夏調署曲江縣事去
任之日士民祖送者自署至江口二十里不絕府君久於韶周
知民隱邑之西水𡸖頭等處山深林密民猺雜處時湖南猺匪
趙金隴聚衆跳梁連州八排猺人被惑蠢動總督李公親駐連
州調兵進剿土賊周牛仔鄧添一等勾結西水猺人趙石養盤
得複等四出搶刼鉅案累累府君蒞任後檢視檔案慨然曰盜
賊肆擾閭閻已受其害今復勾同猺匪匿蹟深山且與連州相
近若不急爲撲滅久將釀成大事重煩兵力矣隨密遣人入山
繪取地圖并購山内猺人爲鄉導於是盡得其險要及各匪蹤
蹟府君以兵役人少不足濟事募鄉勇千餘人白道府鋭意入

山搜捕并以山後爲乳源交界慮有竄逸移會乳源嚴兵堵截
請觀察楊公駐崙頭太守汪公駐乳源督視以壯聲勢道府審
府君部署周密悉從府君請府君與乳源令謝公分督兵勇入
山賊依險抗拒當殲斃七十餘人餘犯周牛仔等八十餘人悉
就獲無一漏網府君先已咨補合浦縣丞至是蒙總督盧敏肅
公巡撫朱莊恪公保奏奉
旨不論繁簡以知縣遇缺升用又陸續捕獲另案盜匪何景高
等百餘人自盜匪滋擾西水等處居民咸欲遷避至是居民安
堵桴鼓不驚邑人謀建祠尸祝府君力禁止之癸巳夏調署陽
春縣事陽春積習凡有病故自盡者多架詞興訟株連良善府

君首嚴其禁在任幾一年民莫敢犯歲值大水田多淹沒潦退
又旱米價日長府君嚴禁奸民運米出海民食乃裕時已升補
東莞縣甲午四月卸事九月轉餉入都引
見乙未春出都乞假省墓娶繼母孫宜人適伯祖簡田公卒於
家治喪葬事俱如禮八月蒞任東莞東莞爲沿海劇邑民情獷
悍訟獄之繁甲於通省而聚衆互鬬之案尤多府君事無巨細
悉以身親且多置耳目民有忿爭糾鬬者多先事禁止解散間
有倉卒不及解散者悉獲其正兇主謀懲辦兇徒歛蹟以故狠
鬬之風爲之少熄丙申五月寮步郵水漲冲塌長堤堤係新舊
二墟要道村民尹葉二姓因爭利築堤起釁兩姓聚衆數千人

尅期互鬬府君聞之馳往捐廉雇夫數百名一晝夜堤成召兩
姓嚴責之皆叩首愧謝鄉賴以安七月繼母孫宜人卒於官廨
丁酉十月不孝守誠生時東山村盜匪姚華頭等潛往鄉邑搶
刼黨與既衆蹤蹟無常大府檄惠州太守佘公佛山司馬王公
督文武員弁來莞查辦府君隨同購緝得巨盜八十餘名悉置
以法自是東山數十里閭閻安枕無警戊戌冬奏升南澳同知
己亥八月卸東莞縣事先歲甲午不孝守廉就職通判至是命
不孝摒擋入都分發取道江鄉扶吾母尤宜人孫宜人靈柩安
葬臨行誡不孝曰居官以廉潔爲先處家以儉勤爲本汝祖青
氈畢世裘葛蕭然汝叨餘蔭賴有今日若能矢慎矢勤時虞隕

越雖千里猶一室也不孝謹識之不敢忘叩辭就道九月抵里
諏吉葬尤宜人孫宜人於祖塋十月到部籤掣廣東今春二月
到省叩謁之餘府君喜動顔色方幸長依膝下得所禀循孰意
提命方新而音容永隔痛忍言哉府君六爲縣令治獄仁恕凡
經府君讞定者民咸頌之催科不事操切善言勸諭而民之輸
將倍盆踴躍府君性恬淡尚氣節前總督盧敏肅公巡撫成公
爲大父鄉榜同年府君旅進旅退未嘗干以私平生無所好自
奉儉約敦睦姻族篤於友誼同官有緩急百計助之家舊有義
莊凡族中婚嫁喪葬及應試計借恐有倈助府君捐廉增其數
歲祿所入盡資族用不私一金居京師時慷慨周急人多樂與

交諸公卿耳府君名一見倒屣如相國盧文肅公都統福公侍
郎常公咸重府君品學延課其子課徒因材設教口講指畫津
津不倦及門皆欣然從之遊今侍御德君勤克昭瑆興業令嵩
君霖西隆州同崇君壽皆府君門下士也府君生於乾隆四十
七年九月十四日寅時卒於道光二十年四月初七日申時享
年五十有九

不孝孤哀子守廉等泣血稽顙謹述

尤宜人傳

尤宜人從弟蘭臺之淑配也予宦京師與弟親如同胞數共晨
夕弟亟稱宜人賢定省庭闈婦代子職弟得以留京就試入館
謄錄無內顧憂心竊欽佩之然未之見也道光癸未春宜人奉
從叔母華太宜人入都始親見其事姑之孝自奉藜藿而堂上
必具旨甘事事先意承志深得歡心太宜人歷述宜人始于歸
叔父勤補公景方窘先殯在堂因力艱未克營窀穸宜人亟撤
簪珥典質始得營葬在五河任所十六年孝事舅姑維謹勤補
公疾敬侍湯藥病漸劇焚香默禱願以身代卒不起宜人哭踊
哀毁幾不欲生予聞而益敬之其年秋太宜人攖疾臥床宜人

百計治之夜不就寢食不下咽及太宜人卒宜人哀毁如初禮
歲時祭祀必誠必潔而後知其婦職之克盡也性勤儉布衣椎
髻親操井臼暇則以鍼黹訓女無片刻閒客至則款甚殷具食
必豐腆肫懇之意有令人跼蹐不自安者而宜人慨復歉然其
謙謹不可及矣竊思宜人生長宦家幼隨祖父緝齋公宣化縣
任與少嘗寒苦者不同乃其持家也儉且勤事舅姑也誠且敬
相夫子也肅且和待戚鄙也温且惠所謂善心爲窈婦德兼備
者非歟丙戌偕夫壻之任粵東辛卯十月卒於始興官署時蘭
臺從弟甫權繁劇備歷艱難宜人佐理中饋事宜亦辛苦倍至
卒以積勞成疾殫一生之力而未享一日之安重可惜矣幸生

子守廉能以官世其家有猷有爲其所至正未有艾他日金泥
紫誥異數頻膺封鮓丸熊慈嶽未沫所以食報者豈其微哉茲
因誌蘭臺從弟之墓并追念宜人之賢摘其大畧而爲之傳
論曰古之淑媛如卧牛衣挽鹿車者當時耽苦食貧可謂至矣
而千百載後猶稱其賢不衰今尤宜人懿行既彰享年未永福
不集於生前而賢必傳於身後以此觀之天之報施在彼不在
此

伯氏桐謹譔

誥贈奉直大夫顯考維楨府君行狀

嗚呼府君歿於今二十一年矣不肖既不獲援巍科享高位如
歐公之表瀧岡於事後又不能以重費厚幣乞當世之大人先
生爲必傳之文附以不朽不肖之罪其奚辭惟念府君一生行
誼無愧聖賢其大端直有與聖門一言終身相吻合者思欲追
述一過又以年來衣食奔走卒卒無須臾暇間又自傷淪落故
復伸紙濡墨舉筆輒擱今歲幕遊山左旅妵陰庭以書來言族
中將有纂修宗乘之舉凡有嘉言懿行足爲後嗣法者將以弁
諸於篇嗚呼及今而不追述之是使府君之行誼將終湮沒不
彰也且何以使後之人知府君之所以貽我子孫者如此其深
且厚也不肖不益增罪戾耶爰濡淚和血謹爲狀

府君諱廷楠字維楨行三無錫人系出元季三高士德宗希道
永常公後世居東里邑稱東里侯氏代有隱德七傳而至都諫
少芝公都諫公昆季六人季復市公明庠生早卒都諫公以第
三子子誦公嗣子誦公中明天啓辛酉經魁六世祖彥哲公明
天啓甲子舉人五世祖石臣公明庠生高祖亦朱公曾祖天行
公祖雲濱公本生祖雲衢公父孚遠公生府君昆季五人府君
其三也嗣雲濱公爲孫早失怙事先大母秦以孝聞家貧不能
供讀遂習治生術年十九遘篤疾舅氏某公精岐黃謂無生理
屢易醫亦謂不治遷荏萬數月絶而復甦既愈往謝某公公謂

曰遇難不死必有後福汝福人也然積德厚者獲福深自今以後教汝以種福之道亦願聞之乎府君唯唯則曰學吃虧三字而已遇名利交關時譬如一病不起便無爭競心果能如此獲福當無量也府君謹誌之自此居心行事一以學吃虧爲法雖掾籌入市而市井狙詐之風心焉鄙之自顧生平不矜名不爭利甘心退讓某公之教也是言也府君七十五歲時不肖補博士員有同居李桂山者善士也賀府君幷叩之曰公晚年得少子猶及見其成立公何修得此府君遜謝因詰之府君乃縷述之蓋行之數十年因如一日也惟時不肖適侍側謹誌之弗敢忘年三十五吾母陳太宜人始來歸薄有奩贈惟時府君外家

有滯匱乃無過而問者府君慨然以爲己任謀之太宜人遂拼擋所有爲營葬焉戚黨義之然家日以困有時或不舉火而事先大母甘旨無少缺往往叩給於太宜人之十指而處之淡然及遭先大母喪哀毁骨立惟時世父諸父境稍裕而喪事所需府君不以貧困有所諉也未幾伯父步蟾公卒步蟾公爲伯兄煒嗣父殯殮營葬諸父皆置不問府君一以身任又復典房產質箱籠爲之料理宿逋是時家困甚或不舉炊晏如也善繪事山水人物醉後偶一爲之不爲人作故人亦無知者喜讀性理諸書不肖輩始受讀即課以格言小學尤工鑒賞凡名人字畫及金石一見默識其眞贋而不輕出諸口嘗謂伯兄曰貧人以

贗品求售冀得微利購者旣未嘗就正於我我從旁嘗議之將使貧者不復能售是絶其衣食也言及之而不言與言未及之而言兩者皆失小子誌之府君之存心類如此於破籠中檢得曹全碑讖爲舊拓手裝成帙以畀先伯兄幷指示筆法先伯兄遂工八分課先伯兄最嚴未弱冠卽補博士員旋餼於庠晚習吐納導引之術行履强健春秋祭掃墓雖遠必親展拜閒觀推步圖讖等說手抄成帙咸豐六年邑旱蝗飛蝗成災府君憂之與顧公士美商權刻捕蝗書頗有效常以厄運將至爲憂九年忽呼不肖而謂之曰世運剝復自古而然以後厄運將至余母以七十五歲卒余今年七十五矣天年不爲夭以後陽九百六

余弗堪也汝曹幸以自警苟身無邪行或可免焉府君與同里馬公竹林杜公少京交最善聞二公先後卒爲之神傷是年八月忽遘瘧疾延至十一月初十日未時竟棄不肖等而長逝矣嗚呼痛哉遺命葬必傍先塋十年春以寇氛警日逼權厝於草菴塢至光緒四年四月始購得嶸山曾王父墓旁隙地改葬焉府君之志也府君生於乾隆五十年二月初九日卯時卒於咸豐九年十一月初十日未時享年七十五歲吾母陳太宜人瑞椿公女生子四女三孫九曾孫二孫女四曾孫女三府君生平無疾言無遽色含貞秉懿是又能於某公之教涵養而擴充之粗陳梗概以誌不忘　庚辰長夏不孝男琫森等泣血追述

誥贈奉直大夫太學生維楨侯君家傳

君諱廷楠字維楨無錫侯氏世居東里祖諱雯錦父諱中源君幼孤家貧母秦氏使習賈年十九遘危疾絕而復蘇數月乃瘳舅氏某君謂之曰汝亟死不死福未可量亦欲得種福之道乎君曰固願聞之某君曰學喫虧而已凡利名得失之交輒思一病不起則已無此身何有於他果能事事無競心獲福無涯矣君誌之終身雖操籌入市惟以廉讓爲歸數十年如一日外家有滯櫬九君力任營葬時君初娶拮据百端乃與其配陳宜人謀斥所有衣服簪珥以爲助卒蕆厥事戚鄙義之然家日以困或至不能舉火而事母以孝聞陳宜人助以十指甘旨無少闕

嘗值旱荒飛蝗爲災君與其友刊捕蝗書行之尤工賞鑒金石書畫一見默識其眞僞而不輕出諸口嘗戒其子曰貧人以贋品求售冀得微利購者未嘗問我我從旁訾議之是絕貧者衣食也言及之而不言與言未及而言二者均失小子志之君卒於咸豐十年十一月十日年七十五子四煒煥焴琫森煒舉人候選教諭琫森舉人浙江候補知縣孫九人

薛福成曰余與君之子煒及琫森爲同年友見其操行謹慤知君之貽澤長矣往嘗聞東里多善人余每過之未嘗不睪然起敬夫學喫虧三字卽老氏知止之訓而孔子所謂無爭者也擴而充之爲聖賢爲豪傑舉不出此於戲其又得以善人槩之哉

光緒六年庚辰夏四月

誥授朝議大夫直隸候補知府年愚姪薛福成拜譔

詔旌節孝先孀母孫太孺人事畧

孀母姓孫氏系出石塘灣進貴公女年二十二歸叔父貫槎公以劬學早膺羸疾孀母歸不踰年而貫槎公卒孀母矢志殉節不食者累日以先大父先大母勸慰防閑兼以繼嗣無人而止煊幼時讀書之暇每見孀母依侍先大母起居飲食必恭必謹跬步不離極盡孝道妯娌間相處以和而於姪男女輩則督責甚嚴不少假以詞色後先父與先母三年中相繼病歿遺有弱弟二人一八歲一祇三歲甫斷乳兩妹亦幼小孀母扶挈保抱待如己出當時議嗣雖尙未及早知必可得一以爲後無何二弟遂以痘疹殤先大母於咸豐紀元九十壽終孀母哀毀盡禮

精力日漸衰頹而年已逾六旬矣迨咸豐七年煊以家道不支饑驅赴浙孀母泣而詔之曰若木可以讀書薄田尙足度日乃連遭喪葬繼以水旱嫁妹教弟生育繁多一瞬十年家以中落致出而爲衣食計勉之哉窮達有命趨向靡常吾知若早能理會尤宜善自爲謀出處之機要先審定向前努力聽若好音吾恨不及見若之成也語諄諄若早知不克久延於世者嗚呼孰意竟爲永訣地乎是年煊以十月間赴浙孀母卽於是年冬病歿家書述及孀母病革時猶張目疾呼曰病已及死猶不定嗣豈竟欲絕我三房後耶當時侍疾之人無不怵惕遂以三弟涵初定嗣而歿年六十有九嗚呼守節四十有七年矣其服勤作苦卹事俯育嘉言懿行誠有不可湮沒者其嗣年幼爲猶子者分應急爲表揚乃自庚申亂後遷徙流離南北隔絕反正以來復因衣食奔走不遑他顧悠悠忽忽者又復十年直至同治九年挈眷旋里安置隻身赴浙又越兩年就館象山得遇馮子因廣文任採訪事遂將孀母守節顛末泣述復以節孝應由本省詳請　題奏不入採訪例而復中止次年馮君計偕入都代覓同鄉官印結竟於大部具報奉文查覆始由學移縣詳院咨覆得

旨旌表如例嗚呼孀母苦節湮沒幾二十年設不遇馮君由部代報或至今日其嗣與姪猶以迫於境遇遷延不報特是伊古

以來爲善無不報大節無不彰孀母而非苦節則已孀母旣如是苦節卽使其子與姪遷延如是自能遇馮君代爲表揚也能毋感激馮君而益信孀母之苦節爲不可磨滅耶孰謂天之報施其或爽哉

姪男煊百拜謹述

秦太孺人行述

嗚呼痛哉吾母竟棄不孝等而長逝耶痛自庚申初夏江蘇失陷以來屢經遷徙吾母曾未享一日之安比聞蘇省克復常郡寧謐方冀故里可歸承歡有日孰意太孺人於秋初患痢日夜數十行不孝等心竊憂之然猶幸飲食照常精神未憊方謂夏秋暑濕爲患延醫調治指日可愈詎料日甚一日延至九月廿一日辰刻溘然長逝不孝等搶地呼天百身莫贖已矣而今而後不孝等遂終爲無父無母之人矣嗚呼痛哉回思吾母一生勤苦操持經營事舅姑以孝處妯娌以和誠爲輓近罕覯者倘任其湮沒不彰不孝等負罪滋甚用敢飲血泚墨略陳梗概以俟

當代立言君子採擇焉

太孺人姓秦氏外大公太學錦堂公以碩望推鄉祭酒邃於醫理女四人太孺人爲季女之首蓋孿生而長者也幼穎悟讀書數行俱下嘗師事黃蕙庭廣文以不櫛進士目之而外大父方謂女子無才爲德不令卒業去而從外大母學鍼黹女紅刺繡又能精絶及笄後于歸先府君時大父母皆年逾五旬大母精力已衰體羸多疾薓苓等藥不輟於口而府君方以布商生理遠客淮壖歲一定省至家太孺人婦兼子職內事舅姑外待賓客事事盡禮而於堂上甘旨尤其豐腆大父母德之謂吾母曰新婦事我勞吾無以報新婦願將來孫婦事婦亦如婦之事我吾亦慰矣歲丙戌不孝光爍生前此吾母曾産一兒大父母以得見冢孫爲喜咸鍾愛之後不幸殤於痘及舉光爍吾母體兩大人含飴之愛珍惜倍至家雖殷實至此始雇乳媼焉此太孺人孝舅姑之大端也府君昆季三長茂堂伯父季克讓叔父佁父業儒娶北宅黃繼室顧氏先大父爲府君等析箸時府君盡以田産之肥饒者歸於兄及弟而自取其瘠薄者人怪之曰分財多予管鮑猶然况兄弟耶歲癸巳不孝光煦生丙申不孝光炘生而伯父年齒彌高脩餔益薄太孺人遂與府君謀令不孝等次第從之受業館中功課不甚督責遇有緩急則先事而補助之不令空乏此太孺人睦妯娌之大端也先府君雖以貿遷

起家而素性揮霍與時下守錢虜有別癸卯歲爲先大父母營窀穸先期受弔舉殯之日送者如雲觀者咸嘖嘖稱羨而所費悉太孺人與府君籌措不貽兄弟憂逾年爲不孝等謀婚娶因居室不敷爰依于野堂舊址建屋數楹俾不孝等以次婚嫁聘禮奩貲不豐不儉一酌乎中先世本有遺産半多瘠薄太孺人乃出幼年居積之貲置東郭外膏腴百餘畝不孝等日後旋里可給饘粥半出吾母一燈靜夜十指終朝之賜也豈不痛哉太孺人馭下以慈惟日操持家政躬親紡織爲婢僕先自奉則浣衣一襲脫粟半甌而已親友有急難赴告雖典衣質釵無所吝以太孺人之修德累行在子孫必有興者惟不孝等繼承無狀

有負詒謀是所深痛耳太孺人生於嘉慶辛酉年十月二十一日申時痛於同治二年九月二十一日辰時享年六十有三子三長光燦次光煦議敘縣佐季光炘女二長適虞彥孫維嶽次守貞不字孫男三長福培次恩培皆光燦出次錫曾光炘出孫女三長光燦出後殤次皆光炘出曾孫一曾孫女一不孝等苦塊餘生語無倫次所紀懿行罣一漏萬尚望大人先生哀而賜之銘誄以光泉壤則不孝等世世子孫感且不朽

不孝孤哀子侯光燦等泣血謹述

奚孺人傳

孺人奚氏侯選訓導聲軒公女性情和婉賦質柔嘉年二十一歸余事翁姑惟謹一舉一動維姑是順吾母潘太孺人奉先大父母於寶應學署先意承志於妯娌中最得先大父母歡先大父稱之以順禮曰成婦順易家人之六二曰無攸遂在中饋貞吉象繫六二之吉亦曰順巽婦道一順而已矣孺人順從吾母是則是效於婦德亦復何求先大父學署宴客吾母烹飪素著孺人嫺內則善中饋亦從順中來也其相吾也以勤其持躬也以儉以云內助庶幾無愧至於婦德之不可磨滅者則曰節曰烈咸豐十年四月紅巾寇至余率眷屬避於江陰鄉之湖蕩裏

依姊氏以居二十日賊驟至倉猝莫能相顧孺人恐被擄與姊氏相戒曰吾等有死毋得受辱皆投宅後池中以死余弟導峯遇賊於途亦死之寇退余返始得具棺殯殮余以破巢難期完卵遂復渡江抵寶應因先人有店業在寶遂止焉痛孺人之亡自恨渡江之不早繼而自慰曰孺人之亡命也孺人之以節烈死尤命也假令余早渡江安保必能生渡即能生渡而孺人之節烈千古芳名轉不得傳則孺人之死雖獨非命也歟孺人歸余三十五年好合無間言亦順之一端也卒以節烈死則無愧於無攸遂在中饋者尤無愧於貞吉也孺人生嘉慶乙丑卒咸豐庚申年五十六歲孺人之節烈後或有軾之邑乘者余擕家

乘出凡族中可傳之人將備載之孺人安可以不傳

杖朞夫棠拭淚拜撰

玉如公墓誌銘

兄諱之望字玉如嘉慶四年十二月初一日生先妣孫太孺人歸我廣廷府君生子二人兄其長也兄少好讀書家貧棄學習精其術長以太學謁選得官甲申八月府君卒兄在京師後游荊襄涉嶺南再至京師壬寅五月余奉母嫂北上兄寓居乃到京甫八月母卒兄適以事赴山左嗚呼飾終之禮缺禮法之士皆抱遺恨於無窮而況父母皆不及見也哉丙午秋余援北闈兄以父母皆不及見為悲丁未夏南歸戊申兄補大城縣典史未之官以委勘北河堤工積勞成疾卒北河即古桑乾河也兄嘗言桑乾來自塞外由居庸關徑昌平宛平入大內出海淀會

湖白拒馬滹沲滱易諸水至天津入海其減洩防守之法視南河憶昔南歸時與兄並轡出都門望桑乾曉月惻惻不忍別不意遂成永訣耶痛何可言耶兄性好古精篆刻古銅玉石羅列几案卒後散失無存矣幸所著清芬樓印譜四卷藏於家兄卒以道光二十八年五月初八日年五十妻鄒氏詩人鄒善女也後兄一年卒生男殤以余次子壽頤為後女一適二品蔭生光祿寺署正山陽李宗晟庚戌余北上奉嫂柩自潞河歸越明年與兄柩窆於青山之麓銘曰

豐其墉坎其中君子之宮藝穛於外而道弸於躬敬銘而藏於以昌後嗣於無窮

弟楨拜撰

二棣先生生壙銘

先生古抒秋人也不欲傳其姓氏常築古抒秋館樹二棣於庭見者稱爲二棣先生云先生性澹樸外和而內介與人言訥不出口而下筆千萬言援毫立就反覆辯論人無有難之者後從梅先生遊益得古文義法我　朝論古文者首推桐城方氏望溪傳之海峯海峯傳之姬傳姬傳傳之葛君梅先生梅先生後無傳焉先生之言曰古文非苟焉已也經以培其根史以沃其華絜管荀莊列淮南諸子峻其辭比史漢八家歸方之文因其法窮天文輿地兵河鹽漕官制歷律諸書騁其義如是者學之十年庶其有得乎先生曰未也得其似矣未得其神也於是責

深以取之修業以息之由博而反約先醖而後肆又學之十年而後其辭粹然莫能滓矣其氣沛然莫能禦矣其理凝其髓華矣如是庶可言古文矣夫古文非苟焉而已也先生又好爲古詩貽漢魏武晉宋徑高岑階杜陵其頑艷擷昌谷韓謐緬山谷人或以二谷稱之求其近體詩不逮也先生能古而不能今如此然嘗一蹈京門以古學受知故侍郎通州王先生隸學籍以經學受知前相國壽陽祁先生搓鄉闈三試春官不第先生憮然曰世顧無用我者矣吾不能起而行吾將坐而言耳南歸杜門著書其所論述於經則有禹貢古今注通釋六卷詩經箋雅八卷附鳥獸草木蟲魚譜二卷古本大學章句一卷禮經翼十六卷考定古文孝經集注一卷復性書三卷子史則有漢書地理志今釋二卷忠臣傳畧六十卷　畿輔水利志漕運志各四卷又有古抒秋館文集四卷詩集三卷侯給諫公年譜一卷死事諸賢傳狀碑誌一卷其所校刊則有　國朝四大家文鈔二十四卷花龕三子詩鈔六卷端甫遺稿二卷今皆燬於兵燹無存矣惟禹貢年譜已刊行於世箋疋刻未判有副本在浙詩古文集有副本在嶺南後世當有傳者先生於書無所不讀而又長於地理故所纂禹貢精而確簡而賅於屯田水利河防尤三致意焉後又有志於身心性命之學故其所爲書非實可見諸施行及無與於世道人心者皆屏弗道也庚申古抒秋陷先生

方集鄉兵爲守禦計而寺弁先潰先生自沈於河不死繼避兵涇里復遇賊又自沈不死退隱蠡湖東鄉以終自爲生壙樹梅識其處曰設骨肉不復歸土魂魄猶當戀此也乃爲銘銘曰

先生治經伏鄭賈匡先生述史馬班歐陽先生之文韓王歸方先生之詩陶謝杜黃先生之經術不數屯田之議治河之奏先生之學問恍悟繼道之善致知之良雲起嶽嶽水流湯湯古棣一株有墳其旁千秋萬歲兮曰此二棣先生之藏

侯君子勤公傳

嗚呼子勤歿十有七年矣今春三月其從孫蔭庭丐余爲之傳憶余初交子勤年甫二十餘子勤亦未及三十也顧其所爲詩文已駸駸及於古且見其閱人詩每讀一二語即棄去竊謂余曰某句詞熟某句意熟必若昌谷之鎔鍊而出以山谷之生峭庶幾能避熟乎時余始規模唐宋喜其言之先得我心因以所作詩相質子勤亦以所作相商榷而交以日深相勉亦日切惟子勤潛治樸學余無以究其源本烏足以傳子勤特與子勤交之久知之悉有不敢以不文辭者謹按君姓侯氏諱楨字子勤號二棵系出明贈太僕寺少卿給諫少芝公後曾祖虹川公乾

隆甲子科舉人出宰山西河津五寨等縣有政聲祖舜荃公勤苦勵學早逝父曜遠公授徒自給木生父廣廷公邑庠生君生居次長兄玉如精醫術由太學生謁選得官兵馬司吏目旋改授直隸大城縣典史君少好古學不喜爲時藝小試輒不售道光壬寅奉母孫太孺人北上從上元梅伯言郎中遊盡得古文義法始以古學受知通州王侍郎隸大興學籍丙午科以經學受知壽陽祁相國後三上春官不第遂杜門著書有禹貢古今注通釋六卷詩經箋雅八卷附鳥獸蟲魚考二卷古本大學章句一卷禮經翼十六卷考定古文孝經集註一卷復性書一卷漢書地理志今釋二卷忠臣傳畧六十卷畿輔水利志漕運志各四卷古抒秋館文集四卷詩集三卷給諫公年譜一卷國朝四大家文鈔二十四卷花龕三子詩鈔六卷及咸豐庚申粤寇陷城君方集鄉兵守禦而守弁先潰君沈於河得不死遂偕妾陶並一女同避鄉曲時君長子福謙在浙以典史候補蔭故浙撫王忠愍公營次以勞瘁卒君室張孺人挈二子一女亦避亂杭城城將陷糧絕君次子壽頤祿晉東乾相繼夭逝道阻音梗而君妾陶又病卒君孑然一身乃往依從孫蔭庭於海門嗣聞常熟城復吾邑楊藝芳觀察華笛秋大令擬進勦江陰駐兵於虞山君渡江而往行抵麗家橋遽腹痛疾作遇同鄉周孝廉席珊亟於尼庵謀一席地君遂卒席珊又爲覓庵旁隙地購

棺掩之蔭庭知君歿迨錫城克復始遷君柩而葬焉君所著皆燬於兵燹今僅存死事諸君傳狀碑誌遺稿數十篇及古近體詩數十首乞其同年生秦澹如都轉爲之序梓而行之其禹貢注釋蔭庭近覓得原稿亦並付梓君亦可傳矣君生於嘉慶丙子年正月二十九日歿於同治癸亥五月二十六日得年四十有八配張孺人子四長福謙六品銜浙江候補典史次壽頤出嗣君兄玉如後次祿晉東乾俱先君卒女二長卒於鄉次妾陶出適君甥太學吳鏜

光緒六年庚辰夏四月同里世愚弟張鴻猷頓首拜撰

侯君子勤哀辭

子勤姓侯氏名楨無錫人爲大興縣學生久留京師余三上禮部試至京恒與爲文字交子勤治樸學出梅柏峴先生門下余爲文亦私淑方姚互相閱輒交相喜以是交益深後子勤舉順天鄉試應禮部試方圖進取余選官江西遂不相見咸豐庚申金陵之賊潰圍四出常州邑城相繼不守余時丁憂在家方以團練保鄉里不知子勤避地何所也後子勤流轉無狀聞余蕩口尚無恙乃決意來視余率妻子渡江至常熟梅里喜而語人曰此去蕩口近余當得生矣其夕忽病病即死余不知其如何病而竟死死而如何棺斂也後有人自梅里來述其艱苦流離

狀余始悉之嗟乎子勤既至梅里去蕩口不及百里耳而不得果來天竟不使其有一息生機耶文人之阨至斯極矣命也夫亦可哀矣乃爲之詞曰

是何遇之嗇而才之豐耶文可以追史漢而藜藿之不充耶旣流離以轉徙性命而付飄蓬耶將惠然其肯來擊楫而向東耶乃百里之易達而一水之難通耶胡幽明之異路忽焉其命終耶此天之阨我俾我欲援手而無從耶嗟棺斂之草草妻孥之離散余心悽惻其何窮耶

世愚弟華冀綸頓首拜稿

陶姬葬誌

姬姓陶氏名芝字靄芝其母夢授芝草而生故名世隸商至其父而業微姬貌娟秀性靜逸潔白自守不染塵俗年十九歸余稍讀書能通大義余夜讀姬篝燈侍待聽忘倦最喜余讀歸熙甫文索解輒成誦偶雜他人文姬輒曰不類也其慧解如此姬所作詩古文辭庚申變後皆燬於火而忠臣傳狀碑誌一卷暨二女葬誌家傳節孝傳十數篇詩十數首燹餘所存者半出姬口噫姬死矣余忍復言文乎姬嘗言妾得死君手君爲葬誌妾且不朽詎意言之卒踐乎姬事余十四年處貧約無怨言避兵鄉居困甚姬能慰藉余使余忘其貧姬之母年六十矣彌留

之際猶屬余善事之有女倩雲年僅十二齡耳此皆姬未竟之志宜姬死而余悲之無已時也姬生於道光十一年二月二十七日卒年三十有二同治元年閏八月十九日也蠡漍大河之西侯家巷侯氏之祖墳枕大河新塚翼然者姬之葬處也嗚呼姬生而里黨族姻稱其善姬死而所知之人哭之哀是可銘矣銘曰

大河之濱蠡漍之濱有土一坏陶姬之墳姬病已革猶强笑言古鏡獨照惜其容形春蠶絲盡秋水神冰骨委形化魂儀紫庭死而有知視余斯銘

同治元年歲次壬戌冬十月侯楨譔

皇清例授登仕郎侯選從九太學生顯考竹泉府君述畧

府君姓侯氏諱起岑字竹泉系出明贈諫議大夫太僕寺少卿兵科都給事中少芝公九世孫曾祖虹川公乾隆甲子舉人山西河津縣知縣祖舜咸公乾隆癸卯舉人揚州府寶應縣教諭父啟秀公議敘六品銜母喬安人繼母秦安人府君早失怙恃孝養繼母能得歡心少穎敏讀書成誦過目不忘長老咸奇異之惟力學過甚幼多羸疾且肩家政早奔走衣食遂棄詩書援例入成均納職從九思得升斗微祿爲養親計奈苦於籌貲驗看註省未及終辦噫是區區者而未果何天之厄府君如是其甚耶府君性狷介不苟與人交居恒持己以儉待人以恭尤篤

於戚族雖至貧賤接之無不溫禮貌視儕輩轉加週行路有急亦必極力營救或力所不及輒於心惻然一若有愧者咸豐庚申四月粵匪自金陵蜂擁而下勢如劈竹各城相繼淪陷府君知事不可爲因與先妣楊孺人奉先大母秦安人挈不孝等六人狼狽出城越東亭數里投戚友於鴨城橋時大母年逾六旬精力就衰艱於步履自城而鄉道路崎嶇均府君肩負以行迨安置粗定而城已陷賊正肆行殺掠東亭鎮議起義兵旂幟巾服尚白號謂白頭延府君贊襄其間府君毅然從之白巾荷戈偕眾禦賊幾挫其鋒越一日賊騎紛來眾寡不敵於是潰至鴨城橋府君被執脅之降抗不屈賊怒矛刃交加死焉死後賊以尸投之火是咸豐庚申四月十三日也不數年逆賊殄滅府君蒙

恩優䘏給予雲騎尉襲次三代完時以恩騎尉世襲罔替附入

昭忠祠一體春秋祭典嗚呼

朝廷之褒䘏有加人子之哀思靡已猶憶公於殉難之先諭不孝駿烈曰我去汝奉大母汝母勿過懼賊死生有命是鄉諸路有義兵城固不守鄉應可保設不幸而與賊遇切勿貪生從逆吾家世守清白毋負家聲也不孝敬識之不敢忘府君歿時大母年六十二不孝駿勳甫五齡耳一家六人流離顛沛竟得脫離大難未與賊遇詎非府君默佑何以至此不孝幼遭離亂固

陋寡聞且年幼於府君行事不獲見其詳謹略述梗概以附家乘不能道其萬一也公歿年四十二先妣楊孺人知公死狀駭憤得呆疾後公一年卒

不孝孤哀子侯駿烈駿勳泣血稽顙謹述

侯孝子起岑事畧

楊鍾鈺

先生名起岑，字竹泉，爲明贈太僕寺少卿兵科都給事中先春九世孫。曾祖錦雲，乾隆甲子舉人，山西河津知縣，有德政。祖鳳苞，乾隆癸卯舉人，寶應縣教諭。父肇六，品銜。母喬，繼母秦。孝子蚤失怙恃，孝養繼母，能得歡心。讀書穎敏，因力學過甚，多羸疾，遂棄科舉業，納職從九，思得升斗祿爲養親計，以貲絀未能到省。性狷介，臨財不苟，持躬以儉，待人以恭，尤篤於戚族。遇行路有急，亦必竭力營救。庚申四月，粵匪自金陵長驅東下，各城相繼淪陷。孝子知事不可爲，奉繼母挈妻子狼狽出城，避寇於東亭附近之鴨陣橋。時繼母年逾六旬，精力就衰，艱於步履，孝子背負以行。自城而鄉，道路崎嶇，勉力揞持，竟脱於險，服勞於繼母如此，詎近歟爲眞孝子。迨布置粗定，而城已陷，賊蹂躪各鄉，肆行殺掠。東亭鎮議起義兵，旂幟衣服尙白，號爲白頭，請孝子贊助。毅然從之，白巾荷戈，率衆禦賊，力挫兇鋒。越一日，賊數萬麕至，衆寡不敵，遂潰退至鴨陣橋。孝子被執，脅孝子降，抗不屈。賊怒，予刃交加，遂死焉。死後賊以尸投之火，其義憤激烈如此。時咸豐庚申四月十三日也，年僅四十有二。未幾，蘇常克復，蒙卹贈雲騎尉世職，入祀昭忠祠。孝子殉難之先，諭長子駿烈曰：我儻有不測，汝奉祖母維謹，勿過懼。賊死生有命，各鄉均有義兵，城雖不守，鄉應可保。設不幸與賊遇，萬勿貪生從逆，吾家世守清白，毋玷辱先人也。其臨難從容，孝思不匱如此。時繼母年六十二，次子駿勳纔五齡耳，一家髫稚顚沛流離，竟獲保全，未與賊遇，僉謂純孝義烈之所感也。妻楊氏知孝子死狀，悲憤得疾，後一年卒。駿烈兄弟遵遺命，孝祖母，植品端愨，不替家風。孫元祥，工繪事，多材藝，任公學教員，盡誠訓誨，鄉里偁之。

侯繼蘇公傳

侯君名烈字繼蘇一字小坡錫山之舊族也君性孝友喜讀書甫冠父游嶺南經歲不得達音問家寠甚嘗向戚黨緩急以養其母及兩弱弟親爲督課寒暑不輟益自刻苦攻舉子業年二十四以古學受知胡文恪公補博士弟子員同里顧晴沙觀察薦赴紹興分修郡志平寛夫宮詹爲總纂輒器重之母歿君撫弟泣而言曰欲攜若以省親恐資斧不繼如適遠方而去汝苦儋石之無儲不得已近游吳越橐筆依人節縮修脯以爲其弟負笈之資俾克成立而君時尚未授室因在料理宿逋不暇自爲計也逮父南歸適君館武林亦來湖上欣喜過望父已垂暮

倦遊將謀息影詎料僦居未久遘疾以終君倉卒無措恨生平未嘗有一日之養而又造次旅殯傷心罔極其情更可悲已合葬父母既服闋娶華氏屢躓棘闈鬱鬱不得志年三十六遽卒無子君游浙數載每見攝敝衣履蹀躞顯者之門初不以炎涼介意與人交有終始質直無誑言家雖貧轉復好行其德或止之曰子自顧不暇焉得及人君則曰吾亦發於情之不自已一時無暇計及他耳其處心忠厚類如此善八分書詩亦清雅可誦予悲其敦篤內行而顑頷終身天竟不永之以年也嗚呼惜哉

老友華亭張寶銘譔

翊綸府君述略

府君諱雲煜字翊綸邑廩貢生大父舜璣公遺出曾大母董太孺人年過七旬大母王太孺人婦兼子職承菽水歡府君與伯父啟綸公侍奉左右年十六課徒爲生藉館穀充薪水尤能以力學慰堂上心下筆驚人宗族咸大器之以郡試冠軍補弟子員逾年膳廩餼學使平寬夫陳鍾溪諸先生俱欣賞焉五入鄉闈屢薦不售後因體羸弱膺痼疾竟以明經終年四十二嗟乎人子不得親訓誨瞻召笑郎夢寐想像恍兮惚兮欲追手澤而不孝生已晚零落不能收拾二十年來遺言往行日就湮沒撫心追憶罪戾滋深惟於族黨稱述慈訓提撕僅誌一二府君生

聰穎爲文章不涉平易嘗言學問不本經術譬如剪綵成花雖極絢爛根抵殊不足觀也族祖蓮山公評其文喜曰雖使經畬諸前輩復生何以過此府君爲經師嘗自言貧儒無力濟人惟成就人家子弟亦願力可及處又季昆間有力不能支者舉館金分給之曰吾不忍以艱難凉手足誼也其用心類如此嗚呼士君子立言砥行必非無所藉而傳或以身顯或以後嗣顯且平素交遊文章道德著譽一時而人亦卒憑其文以顯如府君懷才不偶已無所藉以傳世總乎昔往還非無通顯迄今二十年落寞已久誰復闡發幽光爲故人生色不孝又寒陋偃蹇不獲請銘誄於名公巨卿之前則府君之文與行幾不能傳其萬

一不孝由是日惴惴焉壬寅春譜將重輯不孝病初起畧述梗
概謹附譜末無任哀切悚惶之至

不孝男汝璵百拜謹述

錫山東里侯氏八修宗譜卷六

家傳四目錄

錫山東里侯氏八修宗譜卷六

家傳四

先大母華太孺人行述

嗚呼我大父之卒五月而後 學愈 生常以不見大父爲恨而得在我大母之側二十有二年憶同治九年辛未秋八月二十二日先妣棄養時余五歲仲弟才二歲賴大母飲食教誨恩勤撫育得以成立今去大母之卒又二十八年矣歲月如駛忽焉已艾大母之音容笑貌渺不可追每一廻溯不覺淚涔涔下也大母素強健無疾年五十時患目爲庸醫所誤治不如法遂有眚大母性嗜書雖疾猶不廢讀耗其力漸眊久乃盲不見物如是

者幾二十年然大母卽盲日手治酒漿肅賓祭卒卒無須臾間家內外法度斬斬不盲者無以加也光緒十四年戊子六月杪大母患熱疾胸脘燒灼不可一刻忍又下痢日數十次五日而疾革延至七月初四日夜半遂卒年六十有八嗚呼痛哉我家自高祖南濱公以儉約型家繼之者曾祖達夫公宅心仁恕務以濟人利物爲念家業日降起大母年十八來歸我大父覗芬府君時門祚雖鼎盛而曾祖母華太孺人治家嚴整而節嗇寸絲粒粟無虛擲大母事之一以誠敬佐庀家政嬉嬉必親在祖必恪提甕操勞刻無暇晷是以能得華太孺人歡心曾祖有女五人長四俱養親守貞不字性方嚴拘禮法大母輯抑自下百

事咨而後行故其處數十年未嘗有片言相忤叔祖秀升公英年厲學爲曾祖所鍾愛年二十娶劉太孺人未逾年遽以瘵卒曾祖痛傷成疾大母命先君子斬衰持服以慰堂上心繼而請之曾祖曰仲氏無後長房例得兼祧然既無次丁亦難專恃盍置遺襄廣嗣續乎曾祖欣然許之乃納庶祖母顧孺人生季父菊卿公爲叔祖後長四祖姑嘗交相歎曰不圖嫂氏能祛私利明大體若此咸豐甲寅曾祖棄養大母治喪葬悉遵古禮法事華太孺人益虔謹覗芬府君性坦率無城府處孀族間深情厚貌推解衣食無少吝顧不耐繁劇一切出納惟責大母一手綜覈時貲產既饒又經理義莊書塾諸公欵一家食指數十人大

母上奉尊嫜下御臧獲先雞鳴而興後斗轉而息劬瘁萬端如是者三十年居恒自奉極菲而待人接物一出和厚與叔祖母劉太孺人妯娌雍雝從無間言咸豐庚申金陵大營潰粵匪下竄邑城戒嚴家人謀出避時家中財物不計外販中尚存陳粟千餘石大母請之曾祖母曰此纍纍者既不便攜取與其棄之以資賊曷若散之以活人乃大開倉舍招鄰近貧民悉數負載以去一時歡聲雷動四月初五日奉曾祖母及一門細弱移居北鄉蓮蓉村村爲華氏聚族所居卽曾祖母與大母生長舊廬也邑城陷後餘匪四出摽掠風鶴之警一夕數驚大母曰此非樂土不可久居我輩死無足恤誠先君子爲宗支所系亟謀轉

徙冀可瓦全會泰三祖姑家方謀避海門乃以先君子囑俾挈之渡江不數日賊氛漸逼各鄉土匪乘之焚掠之慘靡有孑遺吾家固饒於貲當倉猝出走所攜銀幣金飾外惟列祖神像及單契數篋居鄉久耗已過半賊來搜刮殆盡舉家陷賊中一日賊執視芬府君將加刃大母暨長四兩祖姑爭相抱持不釋賊怒斫傷長祖姑臂大母亦被創後幸得脫大母乃謀避江北時尚有窖金盡發之買舟而渡至通州僦屋以居幸脫凶烽而大母日念先君子遠離無耗憂勞驚悸患傷寒甚劇賴先姑母殫心調護得痊先君子亦自海門問訊來通一門團聚相慶更生先是吾家渡江後蓮蓉村被賊蹂躪幾無完土曾祖母暨大母

親屬數家流離顛沛相挈來通藉謀棲庇大母殷勤欵接同居合爨典質簪珥以供日用癸亥春曾祖母老病日篤大母奉侍湯藥不解帶不交睫者月餘日曾祖母於正月十二日棄養大母勉節哀痛籌措喪費附身附槨惟慎惟備不使身後稍留缺憾而心力於以交瘁矣同治甲子夏金陵克復蘇常亦逐次肅清曾祖母親屬來通者咸動鄉思大母復竭力佽助俾得安穩回南吾家尚流滯不得歸大母日夕焦思乃脫腕上金跳脫易錢買舟扶曾祖母柩渡江而東抵錫後故宅已蕩爲寒煙無可棲止權厝曾祖母靈柩於林賢橋新阡闔家仍僑寓蓮蓉村未幾長祖姑病作旋歿大母情深姑嫂哀痛踰恒斂殯悉從豐厚

大母自更喪亂歷盡艱辛至是又大病幾殆母孫太孺人以急症歿家人相戒容隱恐傷大母心病少間聞之一慟幾絕經四祖姑先姑母委曲勸慰乃節哀成服乙丑春僦居師古河秦章慶堂屋數椽始由鄉移家入城秋先君子就婚雎甯學署冬先姑母適秦三祖姑子寶璣婚費奩資皆大母殫力籌畫者也吾家財產兵燹前實盈鉅萬自遭匪亂現貲既蕩盡家用日絀田蕪不治市典房產多燬於兵語云典屋不典基惟北塘接官亭街基地七間爲絕買之產大母乃商之叔祖母各兌去金飾數事就舊址合力搆造月收租金二十餘緡家用藉貲挹注然出浮於入大母猶日在窘鄉也吾族義莊書塾向爲曾祖擴充創

建視芬府君善承先志力加振刷兵燹後墨林蔭庭意圖接管日來逼脅先君子堅拒未許大母力勸交出謂經理公產最易滋謗招尤吾家薄有祖產何必爭此有傷族誼第先人經營非易今墨林蔭果能言行相副恪守成規不叢弊竇使闔族孤寒得沾實惠足矣此後汝試從冷眼瞻之可耳惟恭祭田畝自資卿公至今爲吾家獨力捐置子孫當世世保守勿替毋若莊塾之旁落他人也謹識勿忘大母之處事明決豫燭先機有若此丁卯秋移居營橋杜宅其冬學愈生大母於喪亂之餘得遂弄孫之樂攜持保抱劬不知疲庚午春仲弟學元生辛未夏大母以僑居他姓終非久計謀草創數椽乃郎恭靜堂舊宅東偏倉

廳基地上闢除草萊搆屋兩進計六楹又竈屋一楹卽今子孫世居聊蔽風雨者也七月竣工八月遷入乃甫奠新居先妣猝以微疾逝世大母慘遭逆境憂傷伊鬱不可爲懷幸先姑母多方取譬得以少解甲戌春爲先君子續娶繼妣許宜人繼妣性温厚又明練識大體彌月後大母卽以家政委之一切米鹽瑣屑悉由繼妣主裁大母驟釋仔肩宜可藉資頤養矣顧積勞習慣又愈兄弟漸長以養以教口縈其慮未嘗一息宴安也余以先妣姙仲弟斷乳早故體羸善病自失恃後日隨大母起居愛憐逾於諸弟已衣猶恐寒已食猶恐饑卽推而至於燕游嬉戲漫不加限制以順適余意迨出就外傅猶禁不使苦讀故余自

入塾夏楚之威未嘗一日相加以師其知大母溺愛不欲有傷老人心也嗚呼樹欲靜而風不寧子欲養而親不待欲報之德昊天罔極愈兄弟侍奉無狀坐視大母以暴疾辭世挽回乏術藥石無靈孽深罪重將何以偷息人間哉己卯四月四祖姑以痼病歿大母命先君子持三年服以答恩意庚辰冬先君子病瘟日增劇羣醫束手大母憂惶萬狀兼旬不寐終夜繞室以行幸繼妣禱天身代病卒瘳詳叔弟所撰事畧中繼妣歿後遺叔季兩弟大母移所以愛余者愛之衣履縫紉復勞心力吾家運逢否厄死喪頻承自曾祖母長祖姑硯芬府君棄養後先妣繼之四祖姑又繼之至是復喪繼妣煢煢五六柩浮厝祖塋大

母以未安窀穸夙夜疚心至辛巳冬一律祔葬達夫公兆穴又添植宰樹改浚月池而林賢橋新阡規模始畧具焉癸未春爲先君子再續娶繼妣錢宜人大母十餘年間疊治婚嫁喪葬大事十數精力漸就衰頹年逾六十得怔忡不寐及瘡癬便血諸症時發時止納食亦銳減體素豐腴至是日就消削先姑母常在家侍養竊爲愈兄弟言及憂之時愈年將冠操筆學爲文負笈從母舅顧吟樵師游師嘗爲大母言是子可造大母喜甚顧愈而笑曰汝叔祖秀升公劬學工文曾祖期望綦切不幸早世今汝能淬厲嚮學書香克繼曾祖有知定欣慰於地下顧爲學當先砥行行以敦本崇實爲尚他日出而涉世愼毋競利名

忽廉恥貽名教羞愈半生硜硜自守不敢妄干非分者實稟大母之教也丁亥秋爲愈授室華氏卽大母胞姪芸初公女先數年爲愈聘定者入門能孝敬事長儉勤操作大母大喜慰謂先君子曰自吾爲汝家婦垂五十年艱辛可云備歷今得見孫輩成立孫媳又賢淑能守家法若再得一曾孫吾死無遺恨矣嗚呼孰料竟虛此願也天乎痛哉大母天性慈惠伉爽於財物無所顧藉見人窘迫悅若痛疾之在躬不憚節縮衣食以賙之有不逮更多方挪移稱貸以應其求戚族中受其軫恤者不可枚舉而於孤寡無倚殘廢無告者尤切矜念如暘若公支有族姊適吳門沈氏亂後無歸復盲雙目大母聞而迎養之廿餘年

如一日大母殁猶常往來如骨肉焉保祥伯祖母有甥張蓉塘幼患癲癇食之終身玉遷堂伯次子簡寶病一足跛而行無恒產餓幾斃大母招之與兄弟同餐死爲棺斂購地營葬間遇有負雜販來家雖不需用必市少許曰此輩奔走風日爲糊口計我若不市渠不幾虚此行乎或僕婢用權衡畸重微利必遭訶叱其仁慈及物類若此御下恩意周浹有過輒爲掩覆不使先君子及家人知如李福陳嫗皆忠勤有至性給事大母三十餘年大母撫之亦如家人骨肉其舊充僕役失業來問者必留宿留食贈貲以去若馬蘭生金牛楊紀元尤寶蔣春薛寶尤殳露覆之

恩至深且久者也大母系出南齊孝子寶世居北鄉蓮蓉村父遇樂公敦行孝弟樂施好善一鄉推祭酒大母生有摯性爲遇樂公所鍾愛授以女誡内則諸書過目即成誦比長遂通經傳尤喜讀韓退之白樂天歐陽永叔蘇子瞻詩文如祭十二郎文長恨歌琵琶行瀧岡阡表前後游赤壁賦等作暇則曼聲諷詠能令聽者忘倦病目後先君子暨先姑母每於晚餐人定後口誦稗官野乘盲詞小說之屬以娛悦其意愈兄弟環侍以聽大母復爲疏解文義或講前代忠孝廉節軼聞軼事以資唱噱當時不知其樂今試一廻溯欲求逑事時已不可復得而歲月悠悠且自此益遠也嗚呼其何以致余悲耶而愈尤有痛者大母早歲爲富家婦日以濟人利物爲樂迨晚年境漸窘贍老惟蓮蓉村爲字瘠田數十畝歲入歉薄有欲不能悲居常鬱鬱不自得愈兄弟又庸駑頑劣不克奮志顯達博升斗祿以逑一日之養而求學求友諸費復從而朘削之嗚呼其何以爲人耶先是兵燹後吾家現貲既絀大母尚存衣飾多件爲戚鄰緩急稱貸去者不下數百金後其人境漸裕大母漸窘乃向索逋不第不肯清償反遭面侮欲與理論而當時既無中保又無券約祇得飲恨吞聲引以自咎今其人猶有存者愈兄弟仰體大母之意不敢指斥以存忠厚嗚呼大母之熱忱待人反以自累於此見人心日險而風俗之日偷也今歲春族人議輯宗譜謬舉愈任編纂之役以大母一生言行卓卓例得乞當代立言君子錫之

銘傳以光泉壤顧愈疏懶性成又際此滄桑鼎革之變偷生一息萬念俱灰達官貴人既無聲勢可就攀援山林遺逸又乏聞望可通來求請祇即幼所聞見者追維一二以爲述略至大母一生淑德懿行遺漏實多欲加蒐訪而當時故老已無存者與其傳疑附會不足徵信曷若簡明質實猶可使後昆讀之知所楷式也不文之譏又何辭焉

丙辰仲冬月下澣一陽節前一日長孫男學愈百拜頓首謹述

先祖妣劉太孺人行述

嗚呼惟我先祖妣歿之二十五年孫士綰懼其節孝懿行日就湮滅會值重修族譜敢謹述平昔見聞所及著諸篇俾後昆有考焉先祖妣劉孺人年二十歸我先祖考秀升府君府君兄弟二人長爲本生祖考硯芬府君而府君居次最爲達夫府君所鍾愛英年志學應府縣試屢列前茅益復下帷攻苦矻矻窮日夜婚逾年竟以勞瘁不起孺人擗踊號泣慟幾絕者數矣達夫府君及姑華太孺人反覆開諭以撫孤延嗣爲勗乃稍節抑哀痛奉事舅姑卒撫吾父成立硯芬府君所自出也吾家故素封達夫府君剛方正肅家法峻整華太孺人莊嚴明飭動協矩

矱大四兩祖姑養親守貞不字闔家聚處食指繁多孺人初來歸卽與本生祖妣華孺人更番主饋遇値恒翶翶戒旦手持烹飪醴漿羹膾脂膏滫瀡必潔必備聽聲伺色先意所向嫠居後孝養翁處達夫府君卽世卒終事華太孺人溫清定省怡悅有容常得華太孺人歡每爲忘喪子之痛也吾父稍長卽爲延聘名宿館家督課飲饌饋遺備極豐腆士綰兄弟幼時已諄諄以從師劬學爲訓咸豐庚申之亂吾家悉燬於兵逃亂靖返里常僦居無定處孺人卒就故居繕治第宅高卑疏密莫不曲中節度蓋踰年而始成今吾子孫賓祭棲止有託者猶孺人之所遺也孺人溫恭慈惠自奉菲薄而厚於賙恤遇內外子姓無少長推愛一如己出析產取其尤少者平居煦煦和藹無疾言遽色與人無絲毫爭校其卒也族姻鄉黨來弔者皆哭之哀孺人清旌節孝後府君四十二年以光緒庚寅三月六日卒年六十有二與秀升公合葬於林賢橋祖塋之穆秀升府君諱之俊係達夫府君諱威之次子子寶麒孫士綰景飛孫女一適唐宗愈

丙辰九月二十一日　孫士綰謹述

厚堂公事畧

先君子諱倬字厚堂清光緒壬午恩貢生自奉儉約取與不苟家世寒素藉硯田自給者三十餘年年七十一而棄養猶憶七十自題一聯曰流水年華古稀今有淨雲富貴樂道安貧觀此而先君子持身處世概可想見廷儁授室後嘗詔廷儁曰余年十二父即見棄汝等已成人猶有父母蔭庇其可得福不知耶蓋先王父三十六歲而歿其時先君子年僅十二終鮮兄弟賴先王母吳太孺人苦志守節撫養成人洪楊之亂先王母已謝世偕先母陶孺人避難鄉間亂離之際長兄僅週歲受驚而殤陶孺人悲苦過甚遂得疾竟不起遺一姊尚在髫齡奉先君子命扶

柩權葬祖塋兵燹後家產蕩然生機日蹙繼母顧孺人引以爲憂先君子乃就館於外喟然曰人貴知足吾寧守清貧不貪濁富要知利己必損人利藪即爲怨府吾得衣食粗給足矣豈肯爲非分之求以遺累子孫耶繼母韙其言持家亦儉暇則輒攻鍼黹得貲以補不足繼母生廷儁等姊弟七人三兄均七八歲而殤一弟十二歲而亡惟一姊與廷儁廷修三人得侍父母終年是則先君子一生境遇艱苦備嘗而於家人子女之間又有不忍言者廷儁等幼稚凡先君子之嘉言懿行不能盡悉負疚實多僅就先君子所時時道及者約畧叙及以誌不忘先君子於族倫齒最高爲吾侯氏族長十數年族中有事來告者不憚

煩勞爲之排解務協至公故事無論大小一經先君子勸導無不釋然者蓋公正存心自足以感化之也先君子工制舉文族兄蔚人令浙江海昌延君教授子姪後調遂安先君子亦同往會鄰縣淳安陶令欲聘品學兼優者爲子弟師族兄即以先君子應壬辰春就淳安西席賓主稱相得時適值縣試即請先君子襄校試卷所定前十名逮督學取士俱入泮僅遺一人陶令大說甚欽佩先君子有衡文藻鑑也時淳安書院山長李靖之常州人因病辭去即請先君子兼攝山長事先君子批閱課卷不辭勞瘁至公至慎一時士論翕然焉先君子七應鄉闈三薦未售退而教授鄉里及門掇甲科登膴仕者甚衆而先君子竟

賫志以歿悲哉

男廷儁 廷修謹述

侯筱舫先生事略

余年十五六偕同里侯君紹先從楊章甫師學爲古文詞余師固東里望族侯氏宅相也有清光緒乙巳之歲滬甯議築鐵路經邑東郭劉巷橋侯氏祖塋已圈入路線購地員暨見石垣綿亘古木蔚然然爲世家塋兆卒繞道以去於是侯氏族人莫不翕然稱頌曰此吾家筱舫先生之力也即邑中與侯氏有關係者亦莫不翕然稱頌曰侯氏之得保祖塋皆筱舫先生之力也余既耳熟之一日請命於余師曰筱舫先生爲何如人也余師曰先生爲余舅氏姓侯氏諱樑原名朝楨字筱舫邑東里人爲明太僕寺少卿給諫少芝公八世孫而霽舫觀察之令嗣也觀

察公於同治初元備兵滇南先生以是秋生稍長隨侍觀察公歷永順永州寶慶等任幼負異稟時出語驚人觀察公奇愛之恣其瀏覽不令習舉子業以是見聞廣博弱冠爲先生聘寶山朱公子梅之息澹卿女士爲室女士雅號能文迭相唱和觀察公顧而樂之己卯觀察公引疾歸里先生始以同知需次浙江旋監海昌鹽秋迎觀察公就養省垣板輿娛老遨侍湖山之麓天倫之樂可知也而澹卿女士以疾卒觀察公亦於次年夏季棄養先生終喪不出時岑襄勤公開府雲南以觀察門下士招先生致幕下以功奏保知府賞花翎四品銜繼娶朱爲澹卿女士女弟隨先生至滇跋涉寒險未幾襄勤公薨仁和王文勤公以撫軍兼署督篆固留先生以貲熟手而先生以太夫人在堂壬辰告養歸奉母不出春秋祭掃偕族子弟謁劉巷橋祖塋見四址界石多失乃理而出之石垣之頹者修築之列樹之缺者補植之又請邑侯派員清丈給示永禁樵牧而於華藏塋地卑嶂月池規復侵佔經營尤力至今劉巷橋祖塋松圍杉抱清蔭鬱然宜乎其圈入滬甯路線而能屹然不動卒收保全之效也又侯氏書塾義莊積久叢弊先生以糧單鈐印其莊單有抵於外一時力未能贖俾子弟之才者遵其指而謀之卒成其志乙未王文勤公移鎮津門復以禮聘先生强起就道至蘇病作歸遂不起年僅三十有四先生生平廣交游嫻技擊善相馬公餘

操琴一曲工繪事花鳥如生兼長篆刻磁器惜天不永年未竟所長余所聞於章甫師者如此因稔先生之家世行誼雅重其爲人繼配朱恭人青年孀守松筠勵操二十年於茲無子撫姪祖受爲嗣鞠躬教誨底於有成雖共姜柏舟之節孟母斷機之訓未遑多讓先生有知應含笑泉原矣今春侯氏續輯宗譜紹先暨兄渭臣手書行實徵傳於余俾刊入宗譜以示後昆余不文何足以傳先生而辭不獲命謹就余師所口述者撮要書之渭臣昆季試質諸同宗以爲何如也丙辰冬月姻世晚生許國鳳拜稿

侯雲崖先生小傳

光緒庚辰春吾友侯子士環寓書京師言侯氏將增輯族譜先君子雲崖先生庸德至行懼無人以傳之也丐廉鍔爲之傳予惟庚申之歲粵匪陷江南廉鍔隨家君間關避地渡江泝淮踰濟足繭手皸凍餒交廹幾瀕於死時先生方任司理假館館之具飯飯之得不死以至今日蓋二十年於茲矣廉鍔德先生者深知先生者亦最詳其敢以不文辭先生姓侯氏諱絢雲崖其字也幼習舉業工繪事顧家貧無養親計遂棄筆遊維揚而東而豫而閩足迹半天下與人交必誠必信故所至之處其士大夫爭與之交先生道光丁酉援例納粟以從九品籤掣山東丁

憂服闋署濟南府司獄濟陽縣典史補十字路巡檢調按察使司獄捻逆擾東境以防禦功保舉知縣加運同銜　賞花翎同治癸酉引疾歸里旋卒年七十有五方咸豐同治間中原多故諸大府治軍事激厲戎行薦擢以千百計其間依草附木朝徼末而夕貴顯所在多有當事有慫恿先生者先生獨笑謝之大府以此益相引重平居事親孝友於兄弟嘗遊閩時兄若弟困於鄉生計無所藉先生函邀至閩俾習申韓或習金穀術後皆佐幕爲上賓庚申之難胞姪四人悉陷於賊先生百計出之撫養周至察其性所近令各業其業焉今四人者或筮仕或遊幕或有聲黌序皆克自樹立毋墜家聲先生教也配秦氏子一士

環孫鴻錫鑑其祖考官閥生卒年月家乘當詳之茲不贅云

賜同進士出身翰林院檢討

國史館協修加三級姻愚姪涂廉鍔頓首拜撰

述先祖雲崖公軼事

鴻鑑

鴻鑑幼年纔三歲先祖雲崖公七十無疾而終於里第除涂研香譜伯一傳外他無所述鴻鑑於十歲左右嘗聞諸先妣陳宜人往往於篝鐙夜讀之餘爲家庭之談話鴻鑑始得聞先祖之遺軼足資吾儕小子作終身之模範者事隔三十餘年小子無知不能道一二既無以對先妣當年訓誨之心又無以標先祖特行之德鴻鑑之咎奚以辭

軼事㈠先祖年十九隻身游閩以繪事著譽於時登寓而求畫者屨滿戶外適有某觀察慕先祖山水畫幅以重金購繪隔數日遣僕來迓遷先祖行李至觀察庽觀察接見甚殷少頃夫人

出見呼先祖爲姪謂之曰吾汝之族姑也汝得毋靜軒公之曾孫乎久欲得靜軒公一脈之裔不虞數千里外得之奇矣於是先祖遂拜見姑丈姑母延之內室坐談家鄉舊事甚悉自後觀察爲先祖揄揚繪事甚忙筆墨酬應無片刻暇年二十四歸娶拜別觀察夫婦而下舟將解維忽一僕躍馬飛馳而來攜小盒頁點傳夫人命謂贈客中充飢者匆匆去先祖既受之而舟行十餘日每晚夜分充饑者即小盒頁點也一夕點食畢盒底燦然金葉十餘頁怪之然私心竊感姑母之德於不置既歸娶得安家資復往閩叩姑母並謝厚貺姑母曰此區區者不足言謝盍告汝故以釋汝疑蓋吾父受靜軒公宗軒公兩代特別生死肉骨之恩而未報也吾父臨終曾再三言之今吾族無人相隔道遠忽得汝在閩故助汝婚費些須耳於是觀察復勸先祖入仕途循例捐資巡檢改省山東不數年而觀察謝世夫人亦年老且病又數年即歿先祖每謂家人言此事感念觀察姑母甚惜道遠而無以訪其居處且不知有後人否先母昔爲鴻鑑言之並以先祖欲報而無從之慨告子孫云以鴻鑑幼小無知雖欲求某觀察公及其夫人之姓名而不可得又安能如觀察夫人之盒金報德耶噫如某觀察公及其夫人可謂善報先德者矣

軼事㈡外祖昆季四人長爲先伯祖雪帆公次爲先祖先叔祖緯堂公行三九能公最幼先祖惟孝友雪帆公游幕閩省通申

韓學能粗聽鼓魯省九能公亦習申韓學就閩省縣幕緯堂公里居授徒先祖母偕諸姑妯娌事蓄辛勞綜家政於緯堂公先祖及雪帆公寄家資緯堂公分配家用肅肅雍雍靄如也庚申紅巾之亂先一年先祖母攜先君及大姑三姑赴先祖山左任所翊年錫城難作先伯叔等五六人數千里避難山左先祖均一一爲之教養授室各有職業時里第久墟有勸先祖購地建新宅者先祖曰吾購新地建屋則吾之諸姪將不能同居不如仍在舊基建屋俾族人之無屋者悉聚居焉於是舊宅新建族人四五支迄今而各居一室猶庇先祖之餘蔭也先祖之友于兄弟教養諸姪周濟族人蓋如此

軼事㈢先祖補莒州十字路巡檢適捻子亂作刼掠遍野土匪蠭起居民不寧一日土匪猝至圍攻巡檢署先祖率僕役數人出見匪衆而勢不可阨既無兵可禦又未可以言語勸乃携印出避險暫止鄰家遣幹僕從間道疾趨省中報告匪狀則匪既入署欲搜括財帛無所得惟先祖素善飲宿釀殊多匪衆傾瓶倒囊痛飲飽餐而去薄晚先祖返署僕從捕一匪至提訊登堂足蹴一人燭之一匪醉臥案桌下鼾聲大作牽之出少頃廚夫又牽一人來亦爛醉臥廚下者再三審訊三匪皆沈酣無一語翌晨先祖乃出佩刀斬於庭梟首示署外下午羣匪又至見署外匪首三郎却退不敢前隔三日府兵來援匪乃散當援兵未

到之時居民被刼者數次先祖獨偕幕友尤先生者相對飲酒於堂僕役數人左右侍匪衆時往來於署外窺見之而不敢再進署門一步因之十字路店肆居民雖與土匪相處數日間尚不致受大損傷云

軼事㈣先祖嗜酒善繪並好金石碑版及古物而尤有嗜古香鑪癖凡磁銅玉石之古爐其藏有四十餘隻之多而以明宣德銅鑪高低大小十餘種爲尤以昂值得之者愛之愈珍日以一二小時用純炭灰熱緩炭火溫之用柔帛摩擦而外使之光潤其有古色斑爛者則又時時對之而焚香獨坐或酌酒或繪畫以娛政餘晩景惜乎先祖逝世後有遺失者有由伯兄贈人及轉鬻者迨鴻鑑有知僅存古銅及古磁者數鑪矣今則僅有三足宣德大鑪周三尺徑一尺深四寸高五寸有欲問價者鴻鑑珍藏之不敢不爲先祖留一紀念云

軼事㈤先祖南歸集家人一堂訓之曰吾自十九歲隻身出外往返道途南北奔走由幕而仕五十年辛苦艱難所得僅恢復先人廬舍二十餘間書畫金石古物等數廚耳囊金三千爲養老計非所以留與子孫者人貴自立切勿置田產以遺害子孫恐子孫有祖父留遺之田產則不肯獨立謀生計矣苟從辛苦得來之錢須善爲用之周急救貧分內事也凡吾子孫當世守勿置田產之計當謹遵有錢善用之言否則不能自立者家必

敗迄今吾家不置田一畝及鴻鑑犧牲私囊以辦學校者遵祖訓也

軼事㈥先祖南歸時曾對鏡自臨一像精神矍鑠形容畢肖既至家三十日周覽新屋返室適潘晝堂先生來午餐因謂之曰吾一像已書好惟未補景世姪盍爲我成之潘先生曰諾潘去後數日先祖午後假寐一榻上少頃無聲及家人輩集則見笑容可掬已無疾終矣親友族人無不謂善人也故善終年七十有一迄今先祖畫像即先祖自臨之像形神活潑望之不似七十餘老人也

軼事㈦先祖將南歸時擬建居宅於緇衣堂舊址客有以舊宅

不祥及西河里有地爲堪輿家所指爲吉地之言進者先祖笑謝之曰風水之說固非吾所信且紹衣堂舊基兵燹今日僅吾一人能建復居吾宅者舊址新居凡吾紹衣公之裔皆可同居也既歸有戚勸先祖購置田畝亦謝之曰子孫貴自立吾不願置田產養子孫之惰也

鴻鑑 今日置身社會兢兢於修己對人立身接物之道數十年來未貽祖父羞者時念先妣之遺言爲深夜自省之警仰懷祖德曷敢遺忘茲以族中修譜採訪遺軼爰徵舊聞以貽後人云爾

孫鴻鑑謹述

象五公墓表

先生諱士環字象五無錫人擅繪事山水得煙客麓臺法又工篆八分善治印章當時播譽公卿間求者不遠千里至至今手跡流傳人咸能道先生名宜興潘嗣曾曰先生吾執友葆三君鴻鑑父近世愷悌仁人也葆三堅苦自樹立有聲於時其毁家興學校毅然以教育拯世溺者乃秉先生志故以聞之葆三者揭諸墓使世之知先生者勿以藝事先行實云先生少讀儒書多超解丁時荒亂改習申韓術歷居山左州縣幕著勤勩嘗一至臺濟襄劉壯肅銘傳治新政壯肅賢其能累畀要職繼爲清賦局長時臺地甫闢披斬荊棘以爲治深入窮阻番獠雜處卒

染瘴厲致疾歸踰年終於里第年五十二爲光緒某年月日葬某原先生於義若夙嗜事苟利人勇蹈忘己反之退却類憒憊然其在山左也考授朝議大夫諱某先以某官留省待補粵寇躪濟南日夜隨軍師督兵城守會僧忠親王馳師至軍師難其供億先生則請於朝議公傾己積俸市羊皮材五百襲佐犒賞死寨驢騾主客大和事集奏保以縣丞儘先補用賞五品藍翎先生不以置意也薄世俗殖產長子孫謂此損志益過之爲常居嗇己豐人人賴其施以濟者眞空無雖稱貸勿恤少羸未嘗辜髮計商餘猶傴傴以未克宏濟爲憾自先生卒無一歲之儲庇葆三詒葆三以艱阨困廹之境必其自立而先生自謂朝議公

當日所以必余者亦若是故畢生兢兢至葆三而卒紹先生之志益光大之凡所爲尤式祖訓焉侯氏世濟厥𡠄罔於是乎在

民國五年仲春月　　後學潘嗣曾拜譔

侯母陳太宜人傳

余聞無錫侯君鴻鑑之名既有年乙卯春始識之於其鄉得見君所經營施設教育慈善公益之事甚備因以知君之爲教壹以眞實勞苦爲主心敬異之是年八月吾津開夏期講習會延君主講席者十日益得備聞君之旨趣與其奔走學界十餘年來忍堅耐苦之境及其起居言動儉約刻勵之狀待人接物誠懇惻怛之意吾又以知惟其有諸已斯能喻諸人愈敬之乃愈異之今年五月君以其母陳太宜人事畧囑余爲家傳事畧君所自撰也其言質直簡要所稱犖犖數大端而賢母一生處已之撝謙居心之公溥勞力之無所靳惜已可概見吾乃知君之

所以有諸已而喻諸人者實自母教來也君之言曰吾母杭人也外王父仕山左與吾王父同官至契申之以婚姻母年十九歸吾父事舅姑愼以敬吾三姑贅於家吾諸伯叔避地來依吾家者王父一一爲之授室吾母周旋於姑嫂娣姒之間和悅無間言待婢媼有恩誼從不加以聲色母生子女九人恩勤鞠育心力瘁矣吾父官臺灣生計轉困婚嫁且重叠吾兄幕粤東嫂病卒遺孤二人母並撫之未幾吾父歿家事益繁吾偕弱妹佐母任米鹽𨨏汲之役母嘗以灌蔬傷臂及足然操作如故披露斬荆血殷手爪飢者枵腹冒雪分饑母子煢煢困阨之情況至今歷歷在目然而吾母怡然也母未五十而髮已蒼白未及見

吾之成立而母已長往矣母之嘉言懿行吾不能備記吾幼侍
母讀母述王父遺訓曰人貴自立終身在艱苦中者福也斥私
財以維公益者樂也勿貪祿勿營私利置私產此先訓也汝識
之慎勿忘鴻鑑終身不敢忘也蓋侯君所爲事畧如此嗚呼放
非所謂眞實勞苦者耶吾國女學之興十有餘年矣而敦樸之
風日遠一日極其流弊舉曩日士人浮靡文飾之習與徜徉游
蕩之風一一傳播於巾幗所謂麻枲絲繭織紝組紃酒漿葅醢
箕帚井臼之事舉不屑以爲學校興而家政替交游廣而婦職
荒風俗之憂非細故也侯君之立競志學校也則力反其所爲
既汲汲以眞實勞苦爲教又於教科之中注重家事規編縫紝

烹飪等書以供講授學校教育壹以家庭訓練之法行之名譽
之美甲於全國四方來觀者終歲不絕於途莫不曰侯君學校
良也夫豈知侯君之學校仍基於侯君之家庭吾固言之侯君
之所以有諸已而喻諸人者實自其母教來也

民國五年秋七月天津嚴修拜撰

皇清誥授奉政大夫升用直隸州知州廣東糧捕通判顯考若
泉府君暨顯妣錢宜人行述

嗚呼府君歿三十年矣府君歿時不孝年幼無知未乞銘於當
代鉅公然府君一生行事有不容泯沒者爰誌梗概以附家乘
府君姓侯氏諱守廉字若泉生於五河署小字榮河高祖虹
川公乾隆甲子舉人知山西河津等縣有政聲曾祖舜荃公以
國學生贈五河縣教諭祖勤補公乾隆甲寅 恩科舉人安徽
五河縣教諭從祀五河名宦並祀惠麓尊賢祠父蘭臺公宛平
廩貢生道光乙酉科挑取謄錄歷知廣東東莞等縣升授閩粵
南澳海防同知崇祀由莞遺愛專祠並本邑尊賢祠母尤宜人

繼母孫宜人府君幼無昆季弁歲如成人曾王父愛如掌珍親
督課之讀書數行俱下後曾王父母相繼捐館王父扶櫬歸葬
留府君在京援例入闈府君誦讀勤苦夜分持香假寐及香炷
手又起而讀丙戌王父服闋籤發廣東順道省墓娶吾母錢宜
人王父蒞粵委攝乳源翁源縣篆旋署始興縣事部屬盜賊充
斥獄訟繁多王父因命府君曰吾無親丁相佐縣事繁重以一
身而兼内外遺漏必多官事我任之内事汝主之府君遂因是
廢學然於公暇時舉業未嘗少輟庚寅十月王母尤宜人卒於
官廨王父以廿載留京久虧定省王母代供子職織悉躬親悼
傷倍切府君内抱哀痛外復强顔勸慰是年十一月不孝復曾

生王父抱孫悼懷稍慰然服役無人遂勸置選室曹孺人壬辰王父調署曲江時湖南猺匪趙金隴聚衆跳梁連州八排猺人被惑蠢動王父蒞任慨然曰盜賊肆擾閭閻已受其害今復勾結猺匪匿跡深山若不急爲撲滅將成大患遂募鄉勇千人自大憲督兵勇入山搜捕自五月至十月擒獲淨盡無一漏網王父帶兵入山時署中公事及籌備糧餉器械等均府君躬任其勞無有缺乏是時王父題補東莞甲午入都引見府君隨侍乙未出都乞假省墓娶繼王母孫宜人八月蒞東莞任東莞爲沿海劇邑民情獷悍獄訟之煩甲於通省王父在任六年除官事外一切仍府君任之丙申七月繼王母孫宜人卒府君事事盡

禮戊戌王父升任南澳同知先是甲午府君援例就職通判東莞未交卸時王父命府君曰吾已升任同知釋去重負汝宜入都分發爲自己出身地府君卽入都引見使道扶王母尤孫宜人柩歸葬九月抵里卜吉葬王母尤孫宜人於姚灣新阡十月引見簽掣廣東王父喜曰而今吾以闔曹課孫俟其得缺吾卽告歸優游林下矣明年二月到粵大吏久知府君才卽委讞局發審府君日日聽斷凡有疑必平心靜氣細加研鞫不敢動輒加刑四月王父晉省會算交代感受風寒數日不起府君擗踊哀泣痛不欲生擬將王父交代算楚卽請咨回籍適值暎夷滋事制軍琦公善撫軍怡公良稔知府君久侍任所習知東莞情形

檄府君至東莞海口督紮木牌帶兵防堵府君力辭不允遂墨絰從戎旋又委辦軍需局支放及文案府君在局年餘辛勤備歷大吏奏留府君堅辭迨夷務議欵兵船撤退府君卽請咨扶柩回籍爲王父入城治葬讀禮家居値米價涌貴居民到處搶掇府君糴米以賑族人復遵王父命捐置莊田創建書塾續修宗譜叔祖玉如公汪叔範姑丈王父均爲援例府君爲之指省分發所費千五百金不以王父歿而中輟凡王父有志未逮者皆一一遵行之壬寅春邑人以曾王父王父居官政蹟卓卓公呈請祀惠麓鄉賢祠府君於二月奉栗主入祠八月服闋赴粵大吏委督修海口大小虎砲臺二座府君督同隨員駐紮虎門

海口事事親歷不假手丁胥後以夷務善後奏保以直隸州升用隨川園公晉省途受海風身熱腹痛急延醫診視藥石罔效竟棄不孝而長逝矣嗚呼痛哉府君性寬平外嚴厲非禮勿蹈性伉爽同官有緩急無不竭盡心力聽斷尤細心研訊務使盡情實言督修砲臺親履勘估務歸核實家居凡族中公事無不身先倡率胡天不弔未獲盡展才猷此皆不孝罪孽深重罹此鞠凶府君生嘉慶戊辰四月二十三日卒道光壬寅十二月二十六日享年三十有五

顯妣姓錢氏系出虞山吳越世家曾祖昭采公祖聚震公均贈中憲大夫父雲颿公恭遇

宣廟臨雝朝考一等授甘肅廸化州吏目吾母張孺人繼母單孺人吾母居長年十一外王母張孺人卒吾母擗踊哀泣痛不欲生撫一弟一妹兼治家政後繼娶王母單孺人事之盡禮繼王母亦待如所生年十九府君贅於甥舘未逾月卽隨王父赴粵王母尤宜人以吾母家饒且幼年失恃恐驕慣難安儉素迨入門屏絕華綺侍奉甘旨外復勤習女工王父母喜曰富家女而能如是眞吾家婦矣庚寅王母尤宜人卒吾母懷 不孝 將生哀毀骨立王母殁匝月 不孝復曾 生吾母以王母望孫綦切未得一見哀痛逾恒王母殁吾母主持家政一如王母時後王父納遷室曹孺人年方十五吾母曲盡敬愛不以其年少而略分

也後長姑入贅奩具一切俱從豐厚壬辰娶繼王母孫宜人吾母克盡婦道繼王母未一年而殁吾母仍主內政凡王父飲食起居無不先意承旨甚得歡心王父將卸東莞先命府君入都一切事宜均吾母一身任勞不敢以府君未返有累王父心庚子四月王父棄養官寓中祇府君一人眷屬俱在東莞吾母適患時症聞訃一慟幾絕先命 不孝 往視含殮三七郎力疾奔喪王父治喪仍復躬親經理不敢以病而稍怠也辛丑府君扶櫬回籍爲王父入城治葬內事均吾母操持之壬寅府君督修砲臺臘月虎門工次歸一病不起吾母痛不欲生顧念 不孝 居長年甫十三諸妹皆數齡且腹有遺孕庶祖母曹孺人庶母陳孺人皆在青年諸姑叔亦皆數齡因遂含淚撫孤扶府君櫬歸葬爲 不孝 延師課讀並爲 不孝 完娶諸姑妹出閣兼理內外家政心力交瘁吾母自奉儉約而親族有緩急無不立應外王母厝棺殯葬舅氏援例納官俱吾母之力爲多凡有善舉無不贊成之居恒綢衣不御金玉不飾布衣縫紉補綴竟同百結待庶祖母必恭必敬撫姑叔如所生待妾媵從寬御臧獲寬嚴得中教子性極嚴厲 不孝 幼近於嬉吾母痛哭訓責不稍寬貸庚申兵燹 不孝 奉吾母避居八土橋適粥賑以費不敷中止就食者嗷嗷吾母視之惻然遂命 不孝 煮賑三日嗣有感而繼者饑民因得存活其後賊燹至奉吾母渡江廬居海門癸亥梓里克復室廬

幸存吾母喜諭 不孝 曰吾家世傳忠厚吾翁居官清正故能上叨餘蔭人口完善室廬無恙汝等宜格外矢愼時存忠厚毋負清白家聲 不孝 謹識之不敢忘吾母久居粵地腿患寒濕時發時止又以避兵鄉里移徙海門地氣卑濕旋里後清理家政督修屋宇一切勤勞遂至精神衰憊髮盡白而腿症亦日劇同治丙寅夏感染時痢延醫診視參苓罔效竟於七月十七日棄 不孝 而長逝矣嗚呼痛哉吾母生嘉慶戊辰五月二十二日卒同治丙寅七月十七日享年五十有九

不孝孤哀子復曾稽顙百拜謹述

心泉公暨過太宜人合傳

鎮自幼至長均由祖父心泉公教育生僅彌月而粵匪陷吾邑祖父即攜眷避難於鄉家燬於賊始遷於八士橋繼遷於堰橋嚴家橋終至江北海門四年之間凡十八遷在道辛苦顛連不能縷述覆巢之下得以完卵者皆祖父一人之力也祖父諱炳麟字心泉爲人和靄可親曾祖雲溪公早卒曾祖母鄭太孺人遺腹所生家無儋石儲曾祖母守節三十餘年勤於紡織以教以養得以成立年十三棄儒習商居停錢培之憐其幼弱愛其聰慧其家有書塾延胡竹溪孝廉培之與我曾祖有通家之誼勸曾祖母無廢先業與其子授初同學焉祖父益自奮激夜以

繼日盛夏聚蚊成雷則置兩足於甕中讀書不輟文思日進年二十九始游泮水逾年補增生屢薦不售課徒爲業誨人不倦熟於四子六經垂老能背誦無遺善能開導諸生講貫之下不憚反覆丁寧足令老嫗多解故門牆鼎盛莫不敬慕而來鎮自識字至於作文垂十一年得一解半知者非祖父提撕教誨不及此晚年尤喜爲人排難解紛兩邑尊知其小心謹慎聘講聖諭廣訓以風世焉惟遺家不造年屆花甲先父膺拔貢似可稍安矣未幾先父外殤陡發非特米鹽之費不得卸肩即醫藥之資亦須籌畫自少至老殆無寧日吁可悲也已祖母過宜人性慈善見鰥寡之無依者嘗解衣推食以拯其饑寒先父以幕金寄歸即存數金擇親戚中之極貧者予之獨不信佛以爲誦經虛無濟人實事與其信於虛無不如求諸實事外甥丁藕舫侯出也其母早卒不容於後母屢遭鞭楚祖母畜之於家稍長爲之營業既長爲之授室亂後丁家爲賊所燬知祖母在鄉嘗霜露衣襤褸攜眷相從祖母代爲借箸以籌始得經營商業不數年間頓成殷實藕舫嘗言曰生我者父母成我者舅母也迄今年湮成遠藕舫既歿其子姪席豐履厚遂忘卵翼之恩蓋氣運使然也在海門時有鄉人負薪爲業僅屬同鄉謁祖母備述艱苦之狀欲借錢一千時我家僅餘千文耳家母欲勿予祖母曰不予必爲溝中之瘠我雖困頓猶勝彼一籌也即以七百錢予

之當知是饑寒困難其慷慨有如此者至今下鄉與父老談及祖母之爲人尚爲之太息不置焉光緒七年祖父與祖母均卒祖父年六十九祖母年六十八鎮時年已二十二矣故能知其大畧爲之詮次云爾

宣統元年穐九月　孫鎮謹志

石琴公行略

伯兄諱煒號景文字石琴幼聰穎四歲先大母教以書一過輒能成誦乂以竹箒蘸水令作擘窠書亦粗有規矩先大母鍾愛之十一歲卽學爲文家貧無以供讀命隨外大父賈不數日棄而歸讀益力往往達旦外大父設肆南門外太夫人每儹甘旨家無僕從必遣伯兄伯兄手攜饌心作文一日誤觸菜担而盌破不覺也遂由城上行一往返腹藁輒成一藝默誦文數十篇其刻苦如此故初試卽列前茅有神童之譽年十七補博士員旋餼於庠爲文磊落有奇氣見賞於同邑鄒壯節公遂受業焉壯節任江西糧察挈之往遂遊京師應京兆試不得志乃遊齊

遊豫是時粤逆已熾以親老遂廢然歸授徒里門養親教弟子是時家四壁立食指百餘饔飧有時不給伯兄艱難補苴卒不使先君子知施氏嫂亦賢淑知大體咸豐九年遭先君子之喪事事盡禮踰年寇警日迫先君子尚未安窀穸倉卒不及卜吉地廼權厝於草庵塢甫蕆事而賊已至先數日吾母以戀故室堅不肯避伯兄廼自鄉間徒步數十里入城泣且請吾母始感動旣出而城卽陷僦居於邑東北陡山之陽是時賊四出擄刼近郊焚殺殆盡伯兄廼與楊君藝芳辛君蘊華輩倡議爲義團勸富民出貲募敢死士數百營於陡山之麓附近村十餘里均置金鼓約賊來乃鳴揭竿爲旗裹白巾爲號軍火不足則請之

於常熟令周公沐潤布置旣定五月二十三日賊竄至逆戰於西暘橋一時金鼓聲應山谷賊大潰殲長髮賊三名自是後城賊出掠不敢過八士長安（兩橋名）而北各鄉鎭知有效亦仿而行之無錫之有白頭實自陡山始陡山之有白頭實自伯兄始嗣後常熟陷後無援乃散其團仍歸農然陡山一隅不蓄髮不改服色民無他徙田無廢時如是者三年同治紀元之二歲江陰賊踰境焚掠伯兄乃奉吾母挈全家渡江轉輾至鹽城寓焉當戎馬倥傯士有懷才不遇者輒投筆入戎幕不踰時名列剡章往往得其所欲得而去鄉令伯兄變其所守何必遜在他人後而伯兄泊然嘗示（森）以勵志詩有豈不願富貴毋乃非所欲請

看雲霄中摩天兩黃鵠之句嗚呼伯兄之志亦可見矣是歲蘇城收復南歸復授徒於省垣今伯相合肥李公撫吳設書院取士拔其尤者十人入署再試伯兄與焉丁卯科偕（森）同舉於鄉試南宮薦而不售遂歸自是之後不復言進取入貲爲教諭家居待選授徒教兩子先後補博士員而伯兄亦頹然衰矣光緒二年十一月十六日卒生於道光元年三月二十四日享年五十有六原配施孺人庠生健齋公女性婉淑事翁姑以順上下無閒言來歸時薄有奩贈伯兄遘痰疾孺人變釵飾資醫藥之費病痊而篋中蕩然不惜也前卒繼配陶孺人文揆公女前卒再續榮孺人晉山公女子四家譽庠生娶李氏剛烈公孫女湖

北補用知州臨湘公女家鳳庠生娶秦氏直隸安肅縣典史小范公女家駒家驥幼讀女四長適王武愍公子忠蔭次俱幼伯兄性伉爽有至性能急人之急咸豐四年邑設籌餉局當事者擒人之肥瘠而魚肉之有友家已落爲怨家報列上戶幾破家伯兄力爲別白幾搆禍卒始終覆翼之嘗曰貪夫徇財烈士徇名有貧不能嫁娶者伯兄爲之多方告貸其事得全其質直好義類如此平居筆耕自給求書者趾恒相續有爲西人求書耶蘇額者饋百金伯兄罵而卻之郡縣有自聞其名輒造廬請謁往往不答拜有請託者拒必力其素性然也工擘窠書尤精漢隸童時先君子授以曹娥碑伯兄晝夜臨摹復購各種墨拓玩

索之遂以八分擅名一時自言遊某氏園見怪石森老古幹縱橫忽悟八分筆法遂自號古梅怪石書禪顏其室曰鐵石梅花館性忭急又號石琴謂石取其堅琴取其和也所著詩古文字隨手散佚所編次成帙者僅棲碧吟館倚聲一卷近體詩一卷避亂時有讓鄉話舊錄二卷皆燬於兵燹惟擣抗新謠樂府一卷庚申燼餘詩草二卷燼餘制藝一卷試帖一卷海上迎潮詞草一卷今存

弟琫森謹述

候選教諭侯君家傳

君諱煒字石琴無錫侯氏祖諱申源父諱廷枋木生父諱廷楠君幼而穎敏讀書過目成誦嘗縛草爲帚學擘窠書家貧父命習賈不數日棄歸益肆其力於舉業篝燈課誦環宵旦不寐試輒冠其曹補博士弟子員旋餼於庠同縣鄒壯節公鳴鶴見其文奇賞之君從之遊遂之河南之江西之京師益得山川奇氣而一發之於時文會粵寇猋起海內騷動君歸而授徒踰六七年寇警日迫蘇常郡縣皆陷於賊君避之縣東北斗山之陽與縣中豪傑議立義團富者出財貧者輸力村置旗鼓爲期會每有警則數十里團丁畢集別募敢死士爲之倡人裹白巾爲標

識連擊出掠之賊馘其渠聲勢大振賊憚之呼曰白頭於是江陰常熟諸鄉皆仿行之白頭之起實自斗山始既而常熟陷後路無援團遂散君亦奉母渡江僑寓鹽城而賊窺前敗斗山一隅得不被蹂躪者數年同治三年余既收江蘇全境開書院課士得君文知爲績學士拔置前列君旋以丁卯舉於鄉入貲爲教諭家居待選貧益甚至賣字爲活光緒三年十一月十六日卒年五十七君性孝友淡於榮利然伉爽徇義能急人之急工擘窠書尤精漢隸自言遊某氏園見怪石森立老梅古幹偃仰忽悟八分筆法書學遂大進子四人家譽家鳳庠生家駒家驥尚幼

論曰國家以制藝取士不過藉覘所蘊非謂實用之學盡於此也自士爭磨礪以求售而制藝之法日益精或耗神竭能佔畢窮年皓首而不遇幸而一遇往往以所習非所用見困於時蓋賢才所由日衰也以侯君之才力向令不限於制藝充其所學豈可量哉乃束於功令而畢生之全力敝焉又不獲稍乘時位以攄所蘊此余所以爲君惜也此余所以爲天下之士困於制藝者慨也

光緒六年庚辰夏四月

誥授光祿大夫

欽差北洋大臣太子太傅文華殿大學士兵部尚書都察院右

都御史直隸總督兼管鹽政一等肅毅伯李鴻章譔

誥授中憲大夫晉封通議大夫浙江補用府新昌縣知縣

顯考緯辰府君行述

府君姓侯氏諱琫森字緯辰號鐵生晚號迂叟世居無錫之東里世祖友泉公隱居不仕爲元代高士六世祖企竹公明嘉靖時任浙江江山新昌等縣知縣有惠政崇祀江山新昌名宦祠本邑鄉賢祠八世祖少芝公明萬曆己卯庚辰聯捷進士吏戶禮兵科給事中贈太僕卿崇祀郡邑鄉賢祠錫山專祠曾祖考雲濱公諱衣錦太學生敕封文林郎妣氏華敕封孺人祖考孚遠公諱中源累贈通議大夫妣氏周氏秦累封太淑人考維楨公諱廷楠累贈通議大夫妣氏陳累封太淑人先王父舉丈夫

子四府君序居季幼穎悟神宇凝然見者知爲偉器童時先王父授以書過目輒成誦稍長從先世父石琴公學七八歲時見同學作詩文竊效其體有風來掃落花句先王父見而許之謂是兒有夙慧由是督課綦嚴十三歲通五經始學爲文有神童之譽然屢困場屋家窶甚教授里中益自刻勵己未府試冠軍補博士弟子員是年族伯祖少宰葉唐公重游泮水族中有入泮者例得隨同謁廟鄉里以爲榮冬十一月先王父棄養府君哀毀骨立喪葬悉準古禮庚申粵匪下竄邑城陷府君偕先世父泰先王母避地斗山途遇賊爲所脅屢瀕於危幸以計脫冒雨走胥口墮於河賴鐵工夏姓拯而活之因自號鐵生并爲胥江走

雨圖以誌府君陷賊中久艱苦備嘗流轉得北莊始得與家人團聚同治癸亥邑城克復府君偕先世父輩奉先王母返里刻苦下帷攻制舉業明年宗師校士屢冠其曹聲譽鵲起時先外王父狄公觀五司鐸邑中奇府君才雅意相攸秋八月先妣狄淑人來歸冬補行辛酉科拔萃府君既得復失丙寅受鮑花潭學使知拔冠一軍丁卯鄉闈前彙考優貢府君與焉入闈期在必得首藝五易稿而後成榜發偕先世父同領薦鄉里以爲榮戊辰春闈報罷應沂州守葉赫崧公聘掌教瑯琊書院兼課其子在沂八年造就甚衆五上春官屢薦不售甲戌春闈後考取覺羅謄錄丁丑教習期滿府君以先王母年高爲祿養計以知縣分發浙江時先世父石琴公暨耀先公相繼謝世府君既痛鴒原又恐先王母因是致疾乃迎養於浙寓晨夕致孺慕焉庚辰受知方伯長白德公先後委查案清訟讞局文案等差壬午充文闈鄉試對讀官繼委俞滙權局府君一以廉勤自矢聲望日起司榷八閱月丁先王母陳太淑人艱回籍營葬閉門讀禮益留心經世之學戊子服闋到省充是科文闈鄉試同考官府君自維以寒畯起家得司文柄不敢草率將事殫心校閱恒徹夜不寐感受寒氣後三陰瘧疾久不瘳實由於此榜發所得皆知名士一時輿論交推焉己丑二月先妣狄淑人逝世府君以少同艱苦悼亡之感逾於恒情誓不更娶納吳孺人權理內政

是夏奉委海昌權局務以裕課郵商爲己任壬辰檄權遂安縣事遂邑與徽歙接壤山深箐密民俗強悍府君下車後思欲化民風先端士習修復台鼎書院延山陰李孝廉鳳威掌教勗諸生以文行親局試觀風拔尤獎勵不數月民俗丕變丕邑苦旱剏修眠牛堰民無旱患至今賴之又捐一文會以育嬰諭各鄉設義塾以興學以瓜代期迫所欲設施者展布十不及一焉回省莞餘杭東關榷局時崧公以蘇撫移節米制議添築海塘素審府君治行檄權嘉興府海鹽縣事府君念海塘爲嘉湖蘇松數郡田廬保障關係甚鉅爰與邑紳安商協辦巡視工程往來於炎風暑日之中事必躬親款必核實是役也減費至數千緡而工料堅實下游至今無水患皆府君力也卸篆日士民依戀有繪甘棠遺愛圖以贈者可見當日在鹽之善政矣乙未題補紹興府新昌縣缺丙申四月抵任府君以先祖曾有惠政於新至今崇祀名宦時以勿克繩武爲懼新俗地瘠民貧健訟善鬬號稱難治府君甫下車即清結積案二百餘起嚴懲痞訟等棍健訟之風頓爲少息邑有鼓山書院年久失修漸就傾圮府君集貲重葺凡十閱月而工竣府君親莅落成扃門校士諸生衣冠來會者五六百人一時稱盛事焉浙東素號盜藪而新邑爲由台入紹門戶匪類易於匿跡向有防營庚子二月忽奉檄調府君以地當孔道不可一日無備通稟請留三四月間果有台

匪乘虛刼掠城鄉各舖之事府君稔是解任回省辛丑八月匪案外結伙回木任先是府君見歲科兩試學師與諸生恒較量於贄儀多寡慨然思有以移易其俗回任後勸募邑紳捐集田千餘畝以補學俸賓興之費寒士至今賴之又以倉穀虛額無以備荒回任後首倡捐廉益以紳富助欵集貲採買足額壬寅水災平糶以倉有貯穀得從容展布不至釀成他變科舉停後議設學堂苦無經費府君勸導紳商樂輸巨欵就振文書院改建校舍諭四鄉多設啟蒙光學堂迄今日漸擴充皆府君爲之基礎也六世祖企竹公專祠在西郊久無沒府君捐廉改建頓復舊觀爲文刊石俾垂久遠府君在新先後十年其他如修復

養濟院以恤孤貧築城垣以工代賑設自強戒煙局禁民添種罌粟皆新政中以實心行實力者也而十年中心力交瘁者尤以搜勦土匪餘黨消弭地方隱患一事爲最著先是癸卯秋甯海王錫彤因仇教起釁煽惑愚民藉謀不軌聲勢甚張新屬地與接壤府君逆計餘黨必竄入境內先事籌防八月匪黨果來撲城闔城戒嚴府君登陴守禦密飭勇弁保衛教堂示民毋得驚惶遥徙匪黨薄城見有備漸遁去府君親率勇丁會營勦捕至蘭洲遇匪接仗斬馘大旂頭目竺才成及餘匪數名生俘又十數名奪獲器械無算是役也非府君先事豫防則邑城岌岌可危非躬擐甲冑合力追勦則無以挫逆匪之氣而杜後來覬覦

之患方事亟時羽書旁午兵差絡繹府君供應酬畫昕夕焦勞而宿疾由是加劇矣乙巳九月自以年邁多病請代就醫去任有日矣忽一夕傳言有外來票匪散放票布煽動奸民約期舉事人民驚擾府君心知莠民造謠希圖剽掠然恐外匪乘釁攔入乃外示鎮靜內飭守備會營督弁易服搜捕果於西鄉地方格獲勾結外匪散放票布陳方招取供後立置典刑民乃安謐惟昔去離任祗兩日府君力疾籌防不存五日京兆之心有若此府君性稟陽剛言論侃侃每聽訟聲聞百步之外退食後恒至喘息不孝輩慮傷氣婉言進諫必斥曰小子何知余畢生不喜作暗暖事稟之於天我行我素不能改也去任日父老惜府君

之去而又不忍以吏事困之也爲製長生祿位奉於鼓山書院暨企竹公西關專祠以誌去思追維府君少遭離亂飽歷飢寒壯歲家貧力學中年衣食四方入仕後又爲案牘勞形自以能耐勞苦勇於任事五旬後精力實已衰替漸得氣逆腕痛耳聾脫肛諸症時發時止解組後安抵里門調治宿恙稍就痊愈每諭不孝等曰余服官二十餘載惟以廉勤自勵幸兹保全令譽得以引年歸里與故鄉舊雨載酒游山清談煮茗未始非晚年樂事惟宦囊羞澀無以贍家爲可焦慮然無愧清白吏子孫矣汝曹勉之丙午夏不孝家儁以鹽經歷需次浙垣因病假歸遽爾逝世府君抱痛西河宿疾增劇今歲元旦爲府君七十壽誕

家人謀所以稱觴者府君以物力艱難諭止之自春徂夏每風日晴煦必攜杖出門與戚友流連情話消遣世慮不孝家度輩奉侍左右仰見府君神宇爽健飲食起居如常竊幸愛日方長耄期不難循致詎意七月晦日啜茗歸中途陡感寒疾徹夜不寐投以疏散之品未能奏功初三日病勢益劇氣喘不止兼之痰塞盜汗諸醫謂高年氣血兩虛慮其內閉外脫勉進順氣滌痰之劑仍不少瘳初五日黎明不納勺飲延至未刻竟棄不孝等而長逝矣嗚呼痛哉嗚呼痛哉府君持躬節儉秉性耿介律已甚嚴待人以恕少昔偕山東候補知縣吳公蕃卿前署杭嘉湖道鄒公渭清講求眞西山袁了凡之學於義利之界辨之至

精平居不屑以私干人人亦無敢干以私者服官二十餘年未嘗夤緣當道希通關節新昌著名累區先後十年不獲一調未始不由於此生平無他嗜好惟耽翰墨尤喜獎擢後進公餘手不釋卷所至輒與諸名士詩文倡和覘地方紳庶如家人父子一飲以和勤於聽斷有神明之譽游宦數卅年布被敝袍不殊寒素而天懷超曠精力絕人援筆千言立就所爲詩古文辭動合古人法度顏曰花隱盦家藏待刊書法追步鍾王有來索者輒書先正格言以應所至循聲四播內行尤肫篤事先王父母終身孺慕與兩伯父友愛無間胞姑母適同邑顧氏早寡年逾八旬無所恃迎養於家數十年如一日每與話舊以爲笑樂撫

諸姪逾於所生婚嫁喪葬皆取給焉戚族有緩急告必量力賚助臨終先一日諭不孝等曰吾一生行事居心可告無罪於先人矣嗚呼痛哉府君生於道光十八年戊戌六月十一日寅時卒於光緒三十三年丁未八月初五日午時享壽七十歲先妣狄淑人先府君卒子五家度家僑狄淑人出家夔家奭家尹吳孺人出家度附貢生花翎五品銜湖北候補縣丞家僑五品銜浙江候補鹽經歷早卒家夔分省鹽大使與家奭均肄業京師工藝學堂家尹幼女四長適常郡候補知縣吳毓琛其次均幼未字孫男三傳綬傳縠傳節孫女五不孝等昏瞀無似於府君一生事績詮次百不逮一伏求當代立言君子錫之銘誄用光泉壤不孝等世世子孫感且不朽

不孝孤哀子家度等泣述

族叔祖緯辰公傳　鴻鑑

公諱琫森字緯辰爲族曾叔祖維楨公第四子少秉穎資器宇凝重學於族伯祖石琴公年十三通經史奇峻不可一世邑父老見之有神童目長試於府冠其軍己未游庠適伯曾祖葉唐公重游泮水時以白髮老叟青衿少年同謁先聖行禮一時藝林中傳爲佳話云庚申之亂公奉陳太淑人避地陡山屢瀕於危黑夜冒雨走胥江隨河有鐵工拯之因號鐵生有胥江走雨圖以誌平生艱苦丁卯偕石琴公同膺鄉薦登賢書甲戌春闈報罷考取覺羅官學教習丁丑以知縣分發浙江壬午戊子歷充文闈鄉試對讀官同考官辛卯權遂安縣事化民除暴校士

興學頌聲徧巖疆未幾調權海鹽縣事督辦海塘工程往來炎風烈日中減費數千緡而工愈堅實下縣無水患士民繪甘棠遺愛圖以進乙未補新昌縣知縣丙申抵任甫下車懲痞捕盜清積案二百餘起號能治焉葺鏡山書院爲校士之場就振文書院改建校舍設四鄉蒙學爲教育基礎修武備擒巨匪轉危爲安尤爲尋常官吏所難能復六世祖企竹公專祠於西郊以彰先德乙巳以年邁多病去任猶因寇至籌防不遺餘力蓋先後十年凡兩任新昌治績有不勝枚舉者歸隱三載丁未八月病沒於里第年七十配狄淑人生子二家度 家僑女一側吳孺人生子三家蕘 家奭 家尹女三族孫鴻鑑日公以儒士出宰百里服官二十餘載政績炳然迄今過浙水談吏治者猶有道公之善政如宏獎名流捐廉興學以及籌防勸匪治河折獄等犖犖數大端均足以膾炙人口而示人以模範在新昌十年繼企竹公之舊治相去三百餘載而後先輝映實足增吾侯氏家乘之光也公於政暇嘗爲詩古文辭涵養心性蓋治眞西山袁了凡之學深故能濟於仕進不妄干祿儒雅之吏也豈獨循良云乎哉吾嘗憶幼時覲公神采軒昂接人無長幼皆靄然可親又嘗見公之隸書與石琴公齊名公之詩文有花隱盦集藏於家公沒後九年始見胥江走雨圖回想公之堅苦卓絕生平所經歷均可作是圖觀也今公雖沒公之孝友鍾於天性公之學行有

古人風公之政績又浸濡於浙人者深鴻鑑不文欲後之人知公之孝友學行政績不容不稱於沒世也不揣譾劣而爲公傳

族再姪鴻鑑頓首拜撰

亡室狄淑人述畧

淑人姓狄氏系出唐梁公後世居溧陽溧陽之稱望族者首推西渚狄氏曾祖江西南康府知府諱尚絅祖廣西道監察御史諱聽爻升句容教諭金匱訓導覲五公諱豫嫡母繆繼母侯生母張韶旌節烈以道光癸卯七月初七日誕於京寓生而婉淑弱不好弄寡言笑覲五公及繆孺人最鍾愛之及覲五公選授金匱訓導挈眷蒞任淑人甫七歲偕弟入學讀倍於弟與之講解敏悟異於常兒覲五公暇則自課之繆孺人卒時淑人甫十餘齡米鹽事卽一以委之張孺人生子二女五覲五公性儉嗇不畜乳媼輒令淑人保抱推乾就濕無異成人迨續娶侯猶以

家政委淑人也覲五公喜度曲衙齋寂寥輒以自娛而令淑人以短笛和之點拍一二過卽領會若有夙悟覲五公既鍾愛相攸嚴不輕許可咸豐己未余補博士弟子員覲五公卽屬意焉既而知余貧遂中止粵逆之亂公轉徙大江南北家貲喪失殆盡事平回任時張孺人遇賊於江陰之華墅罵賊遇害侯孺人亦前卒一家自覲五公下以淑人爲最長補苴日用悉由淑人經理有條不紊內外井井而淑人益謹愼勾稽出入悉令弟記載之寸絲尺縷不以自私其廉潔自好如此同治四年無錫學師錢公青選賞余文亟爲覲五公言之覲五公乃伸前議時大亂甫平余貧甚力不能娶覲五公委曲成全之贅余甥館人知

余貧也怡然甘之一年後來歸侍母婉順待兄弟子姪一以誠御婢僕以寬終日無疾言遽色戚鄰賢之洎予以拔萃科得而復失鬱鬱不自得淑人婉轉譬慰余遭此蹉跌不致憂瘁成疾者淑人之力也丁卯余偕兄同捷鄉闈淑人喜慰固可知然絕無矜張之色蓋幽閒靜淑素性然也同治七年余幕游山左淑人兼盡子職問安視膳能得太淑人懽是時家政太淑人主之余間歲必歸省淑人謂余曰米鹽事老母主之我自十三年後主持家計無一日安靜今歸君家始得此清閒日也及老母謝家政淑人主中饋事姑必以甘旨而自待甚薄有時匱乏則竊竊然挖肉補瘡不使老母知也同治壬申覲五公病背疽淑人

歸侍衣不解帶目不交睫者四十餘日每夜露禱病痊始已明年余母七旬稱慶淑人料量一切殫精竭慮女客至者被服麗都珠翠炫目而淑人荆釵布裙無怍色從容應對落落大方余戲謂之曰此眞可謂梁鴻婦矣是歲太淑人病瘧淑人焚香告天願減算以益母壽母病果痊是年內弟蓋臣卒覲五公抱喪明之痛淑人歸而譬慰之越一年內弟仲良又故覲五公病遂不起時以句容教諭卽任閒居家境窘甚余適自山左歸營奠營葬畢大內嫂攜一子去依母家二內嫂本在母家有兩妹尙髫年淑人挈之歸先後爲擇配遣嫁事事盡禮戚鄰無不盛稱之覲五公有田百畝臨終遺命以江陰之五十畝畀蓋臣妻以

存欵五百元仲昇艮妻各依母家度日以無錫五十畝昇淑人爲代養兩妹并作奩裝之費乃遣嫁旣畢淑人仍以田還之仲艮之妻謂狄氏祗此區區當付孤兒世守也光緒四年余以教習分發浙江時家益窘淑人無米爲炊心力交瘁又遭家多故昕夕不安九年余管榷西塘乃始奉母挈眷至差次是年太淑人棄養淑人摒擋一切飾終之具事事井然扶柩回籍喪事旣畢余傭食江西而家中五角六張迄無寧日蓋淑人遭遇口不能言又不欲以情恕理遣所不得解之事言之於余以傷余心以故鬱鬱於中數年而淑人之病不可爲矣十三年余服闋攜眷回浙十四年充鄉闈同考官殫心校閱卽收發號件等事均

以一身兼之出闈卽病至冬兒女僮僕無一不病新正尤甚淑人以病體支持其間每禱天曰苟有禍殃願以一身當之旣而余病漸減餘亦漸瘳而淑人竟不起矣嗚呼痛哉淑人生平儉約雖生長宦族無驕奢習氣與人言恂恂然一以婉順侍姑孝待妯娌姪婦輩一以和自奉極嗇而待人接物歲時祭享必豐必備每日黎明卽起性好潔雖久病未嘗不櫛沐光潔無玩好之物無鮮衣華服病體畏寒以舊絮襖重疊衣之無當於寒而壓體欲折己丑年爲易一湖綿襖淑人衣之謂余曰一湖棉襖足抵舊絮衣五且不止今而知湖綿之貴也嗚呼淑人操家寧一已忍寒而不肯妄費一錢至於此極此皆之運蹇時乖有以累之也嗚呼傷已伉儷二十餘年從未有一言齟齬値余盛怒時益遜順事後循循然以理反覆言之嗚呼淑人之用心苦矣卒於光緒十五年二月二十四日亥時距生於道光二十三年七月初七日寅時得年四十七歲子二長家度次家僑女一柩權厝於錫山之皇甫墩將以本年冬卜葬於開化鄉之大浮祖塋之旁因詮次其生平伏乞大君子賜以銘誄誌傳以光家乘而慰泉壤殁存均感謹略

杖朞夫侯琫森抆淚謹述

詔旌孝貞女長四祖姑事畧

先曾祖達夫府君育女五次適同邑候選訓導歲貢生顧曾煦三適揀選知縣咸豐戊午科舉人秦臻五適候選縣佐國學生華汝球獨長與四俱守貞不字以養親終老於家光緒五年詔旌孝貞恩准建坊入祀惠麓觀墩貞節祠愈生晚不獲侍長祖姑而四祖姑之歿以光緒四年戊寅愈生已十二年粗知人事其音容笑貌至今猶可髣髴四祖姑性嚴重通書史儉勤和厚撫幼輩慈愛周至愈以多病而弱八歲始入塾每晚輟課歸輒喜從祖姑戲祖姑必令覆誦日間所習熟則喜否則不怡一日覆論語不熟多齟齬祖姑大恚顧愈而喟曰祖業至汝輩已不足

恃汝輩若不勤奮於學恐不克自立而凍餒隨之矣言次聲色俱厲愈悚息汗下自此稍知嚮學逮後冠婚日迫生計漸窘游庠後藉硯田自給者三十年今已逾艾幸無隕越不至有玷先人始服祖姑之老成先見爲不可及也自愈有知識太母華太孺人時時爲述兩祖姑懿行其於四祖姑割股以療叔祖疾至難能矣先是曾祖於諸子女中獨鍾愛叔祖秀升公秀升公英年力學文譽噪一時以操心過度患咯血漸成瘵勢且不起曾祖憂劬萬狀寢食俱廢延醫多方調治迄無少效四祖姑潛於深夜焚香誓天刲臂肉煎湯和藥以進其誓詞曰吾弟病吾爲之割股極知於分爲過然吾父憂弟甚於疾痛之在躬設弟有

不諱吾父亦將身殉則茲者逾分而出此即謂代弟以療父可也願賜憐憫延弟算以拯父暫畢長跽不起暈絕者數四而秀升公病卒不瘳先曾祖西河抱痛老病日篤逾年即棄養先曾祖母華太孺人既痛夫又悼子中懷鬱結於甲寅秋染傷寒羣醫僉云不治長祖姑亦焚香露禱刺指血爲疏願減己算十年以益母而華太孺人疾卒痊至同治癸亥正月十二日棄養適符十年之期其誠孝格天有如此者咸豐庚申粵匪擣逆邑城陷吾家先期出避北鄉一日賊大至先大父硯芬府君挈全家眷黃出避適與賊遻一紅巾騎而持竿者執硯芬府君索金餉以番餅百餘枚意猶未饜告以貲罄怒將加及時長祖姑艱於

步履在後聞耗急馳至自後抱持以身翼蔽顧謂賊曰汝欲多金盍釋之於我取盈賊信乃釋硯芬府君而長祖姑實不持一金賊憤爲所誑舉刀亂擊肩背受創血溢如注痛仆於地賊以爲死乃去逮家人返覓乃舁歸左臂刃入寸許傷及骨髓時亂離中既無良醫又無良藥百日後創猶未平每陰雨隱痛徹夜行動常絡以布終身殘廢嗟乎當其挺身冒刃脫先人父於險祇知有弟不知有身此豪俠烈丈夫之事而顧出之弱女子何其壯也非孝友出於其性曷克臻此先大母常舉此以爲愈兄弟勗大母又曰汝曾祖晚年得痰飲症咳逆至夜分不得甯兩祖姑更番入値時其將起而調護之往往目不交睫達旦以爲

常逑汝曾祖歿事華太孺人亦如之能先意承志視聽於無形聲脔旌典曰孝與貞洵無愧也大母之言若此可謂信而有徵矣大祖姑以同治三年甲子八月二十日卒於北鄉蓮蓉村時亂後故宅全燬僑寓華氏也與四祖姑合葬東郭林賢橋曾祖塋外昭宣統三年愈爲補樹碑碣并於家龕中補立栗主俾子孫世世奉祀於勿替以報德而勸善兹當續修家乘謹以所聞於大母者追維一二以爲事畧使後有考焉其他則年湮代遠莫可得而詳也嗚呼

丙辰冬月長至節前一日　　長姪孫學愈頓首謹述

侯貞孝女家傳

貞孝女侯氏金匱人其先世諱先春者仕明萬歷中爲給諫有直聲以劾稅璫謫官後贈太僕寺少卿自是七傳至諱孝基者乾隆丁卯舉人歷任溧陽江都教諭是爲女曾祖孝基子諱雲汾爲女祖雲汾子諱枚援例爲國子生爲女父父有子女五人而貞孝女爲少性端重寡言笑幼讀書輒知大義稍長字同邑施義疇長子曰仁在未及婚而仁在卒女時年十五聞耗卽矢志守貞蓋平時自以裔居最幼二親年又高恐逑事之日少而抱憾之日多故時時以娛親爲念至此乃志益決也其純孝蓋自性成不僅以守貞爲足稱矣女父喜交游多執友里閈過從

輒相邀劇談中夜不輟比返舍則篝燈熒熒屏息相待者獨女也如是雖大寒暑不少倦十年如一日咸豐九年父病且劇女飲泣祈神晝夜調護惟恐或失而父竟卒臨卒嘆曰有女如此吾生不虛矣女於時哀毀骨立幾致滅性然事母益謹十年春江南郡縣相繼淪陷女隨母北渡江居淮上顛沛之餘家用不給厥兄三人相率業賈遠出獨留女奉母後又捻氛將至迯遭驚悸病不能起女百計求效衣不解帶目不交睫者百日積勞甚嘔血盈許猶不令母知獨手自繕疏夜禱於天祈以身代其文有曰孝經以身體髮膚受之父母不敢毀傷爲孝故不敢封肝割股以父母遺體還醫父母惟求身代母死而已翼日母

乃瘳人不知其孝感所致女亦不自言也閱數月諸兄次第歸
母病復作女猶竊謂天許身代母當無恙轉痛已將不得侍母
耳未幾母復卒女泣血呼天曰吾見古孝子每以至誠動天地
今吾母此疾豈數不可易耶抑天不鑒吾衷而不許相代耶抑
吾實不孝精誠不足動天耶今而後予其如天何一慟已絶繼
復甦曰吾母彌留時曾諭女曰遠鄉千里茫茫無依脫不幸死
異地汝必扶吾柩回葬父塋則吾魂魄安矣言猶在耳何敢輕
生以違母命耶於是始稍節哀然由是致疾至今得心悸目眩
之症蓋事親之事終而女體亦羸矣嗚呼女之行事即方之古
孝子亦何愧焉是豈僅以女貞不字爲足表奇節而勵薄俗耶

余以戊寅秋奉　命賑撫駐河間有附貢生候選縣丞孫君福
疇者從余辦賑最久孫君於貞孝女爲姊之子故能頗道其事
實而丐余爲之傳余維女之孝行他日其鄉先生必有彙其實
以請於
朝邀　旌典之榮者特恐事久就湮而孝女純篤懿淑之操將
莫能道其詳也爰泚筆傳之俾孫君歸之於侯得以時出而訓
習之以勵其子孫抑亦足爲閭里矜式而備　國史之所採焉
余忝任史官不能備位西清爲貞孝女彰不朽之行而徒於軺
車跋涉之餘誌其大略是則余之愧也

賜進士出身
誥授朝議大夫
欽命督辦直隸賑務侍讀學士銜翰林院編修前陝西學政分
巡河北兵備道吳縣吳大澂頓首拜撰

侯貞孝女事實

一女係江蘇常州府金匱縣人監生侯枚次女母秦氏道光二
十年四月初二日生現年四十一歲

一女幼字同邑施義疇長子仁在未婚早卒時年十有五聞之
決欲奔喪父母以其年幼再三諭止女遂立志守貞誓以事
親終其身

一女貞志旣堅孝思彌摯每事先意承志女兼子職父母賴以

歡悅父母偶恙湯藥必親嘗常以行居最幼事親已晚爲恨
父出恒夜分歸女必躬候寒暑無間十餘年如一日也伐母
操作能竭其力母病劇禱天求代母病頓減知者歎爲至孝
所感

一女事諸父一如事親事兄嫂女兄克誠克敬服飾飲食讓美
受惡人無間言

一女自安樸素不御鉛華能處富如貧自遭兵燹家況中落則
又處貧如富舉止動中禮節未嘗疾言遽色至戚無大故不
輕接見尼姑佛婆尤避之若浼

一女素性慷慨寒親貧族周急惟恐不至孤寡尤所加意已資

不足佐以鍼指下逮臧獲無不深知體恤

一女讀孝經內則列女傳諸書能通大義偶假郎談貞孝節義事以勸諸婦女故其德言容工均足爲鄉里矜式

詔旌孝貞女先姑母行畧

先姑母孝貞女先王父文瀾公之次女也生於道光二十年庚子四月初二日幼習閫儀長嫺姆訓字同邑施義疇長子仁在未婚而施亡姑母時年十五聞耗悲不自勝急欲奔喪先王父母以其年幼不忍使去慰諭再三始止誓以守貞不字以孝養我王父母粵匪亂後吾家中落勤鍼黹以佐旨甘逮王父母相繼溘逝哀毀骨立洽喪井井有條戚族以爲難撫諸姪恩威並著時時勗以進德修業待錫爵恩誼尤摯卒於光緒十一年乙酉九月二十四日年四十有六時錫爵負笈於顧子棟師處親視含殮奉遺命服喪承祀嗚呼姑母視余猶子余不得視姑猶

母愧何如矣恨不得以身代耳爵因家貧親老謀升斗之祿游幕於粵東欲使姑母抑潛德於生前發幽光於身後籲懇族長厚堂公嫺長孫樂山先生等禀於大吏請旌於朝得旨嘉奬族叔祖筱舫公爲之購地於五里街旁費錢若干緡崇坊提業與馬貞女墓爲隣勒石永禁山人之樵採者一時親族莫不衣冠蕭拜庶幾與馬氏貞媛並垂不朽贼遺命餘田十畝爲祭掃之費先姑母貞孝成性前次修譜已爲立傳時姑母尚存也僅志其始未載其終丙辰年家譜重修儻不述其生榮死哀無以完其全璧也爲子姪者何以慰逝者於九原爵不文畧爲詮次望後人嗣其徽音而已

姪錫爵謹畧

先府君述

嗚呼愈生五歲而先母見背夜則從先姑母寢晝惟先府君是依憶六歲時患瘧兼痢羸尩日甚穀食入腸胃已不化輒原質洩出人皆謂是兒病若此恐不育先府君攜持保抱殫心調護以嚴父而代慈母之職者先後逾二年逮八歲始就塾入塾從族兄念儀讀每晚府君猶親自督課所以期望至深凡愈之得以獵取微名以文學發聞於世者得之庭訓爲多嗚呼樹欲靜而風不寧子欲養而親不逮欲報之德昊天罔極今而後長爲無父之人矣哀哉府君諱寶廉原名映蓉字芙卿號衣雲東里侯氏系出元高士諱德宗後八傳至明贈太僕寺少卿給諫少

芝公而族始大曾祖鳳藻字南濱祖咸字達夫以儉勤力穡起家重整義莊創建書塾仁聲義聞爲世所稱父之信字硯芬性和厚與物無忤一時推爲盛德長者達夫府君望孫綦切得府君愛憐甚然以身率教不少假詞色逮出就外傅爲延嚴師擇益友期以遠大咸豐庚申粤匪搆亂時達夫府君已棄養曾祖妣華太孺人在堂府君年十七隨侍硯芬府君母華太孺人出避北鄉繼從泰祖姑渡江至海門至通州泰氏中表兄弟寶瑚寶璣並以文學著聞府君從之游交相切劘學業大進寶璣又工書入鍾王之室府君復從臨池所染翰圓潤流利得聖教蘭亭之神間以詩歌相唱和今霜傑齋集中猶存步外弟侯衣雲

韻詩同治甲子粤氛肅清全家返里乙丑三月就婚雎寧學署先妣顧太宜人來歸時吾家亂後貲財蕩盡田蕪不治府君乃佐先祖妣華太孺人治家政以是輟讀丁卯學愈生庚午學元生辛未八月先妣以微疾逝世甲戌繼妣許太宜人來歸丙子學修生庚辰學范生冬府君嬰劇疾幾殆賴繼妣籲天請代得瘳事詳學修所次繼妣事略中癸未再繼妣錢宜人來歸時愈兄弟漸長家庭多故資用益絀府君又不善治生以故逋負日積祖妣常以爲憂府君乃顧愈兄弟解之曰家之興替何常視乎子孫之賢與否若輩他日苟能或士或商各習一藝有以自立何患家之日替乎毋徒戚戚爲也祖妣爲之囅然府君少嗜學

以遭亂不得竟其業常引以爲憾故督愈特嚴冀發名成業爲門戶光愈駑頑無似又羸弱善病祖妣華太孺人禁不使苦讀年十七始操筆學爲文負笈從母舅顧吟樵師游一日值文課府君來館詢師以是子可造否師謬爲獎譽府君則大喜逮愈應小試府君辦治考具出入候望惶惶無一息寧迨三試不利每罷歸必極意慰藉恐愈怠其業而灰其志也甲午省試膺薦主司以額溢見遺愈憤恚露於詞色府君呼而詔之曰學問爲立名資科第本身外物汝讀書二十年猶未喻此乎愈悚息汗下自此不敢存倖得心愈性卞急而戇直於物多齟齬府君謂讀書可變化氣質汝氣質若此讀書雖多奚益也盍於敬恕二字

身體之乎嗚呼遺言在耳音容已渺哀哉府君性曠達雖處窘迫無戚戚容居平慷慨好施與見人匱乏如疾痛之在躬不懼節縮衣食以賙之其於親族中孤寒子弟及比鄰之寡苦無依者尤切軫念解衣推食終身無倦容無吝色東郭劉巷橋世墓石垣傾圮筱舫叔祖倡議修葺府君首先捐貲襄助不足再益之且命仲弟日往監視書塾在偏舊有廁基爲蘇山從叔祖所踞後與理論書立借據及規復書塾改設公學卽命 愈 書券捐入以益公用其疏財赴義類若此府君早歲身處華膴於財物無所顧藉逮晚歲死喪頻承家累日重有欲不克副始有憂色光緒丙申丁酉間仲弟棄賈歸而治家一切田產悉由仲弟處分更不關白府君乃得優游逸豫日攜杖頭貲於市肆間或聽盲詞或觀博奕或與二三執友徜徉泉石煮茗看花消遣歲月歸家則流覽稗官野乘集家人婦孺曲爲演講以爲笑樂居恒手不釋卷尤喜讀曾文正公家書家訓每勗 愈 兄弟曰人能於此書熟復力行入則爲令子出則爲純臣所云早掃考寶書蔬魚猪八字誠事親之極軌治家之格言也汝曹識之能於此中體會一二字卽爲榦我之蠱而無忝名教矣府君生平處世接物一以誠懇謂天下無不可交之人中歲曾與人合貲設染肆後爲其人乾沒殆盡而府君始終未嘗言其過惡人或詢之則曰此我之不善經紀於夫人乎何尤嗚呼此可見府君之推誠相與

矣府君年逾六十以德望爲鄉里所重舉爲鄉飲大賓府君蹴然曰此古巨老五更之盛典余德薄何以堪此謙讓至再而後應甲辰二月仲弟以瘵疾就醫蘇州卒於博習醫院府君痛悼之餘夙疾陡發氣逆痰咳夜不成寐乙巳五月季父翔卿公又病歿府君情傷手足病勢遂革延至丙午五月初二日棄養嗚呼痛哉府君於彌留時神識湛然手書遺訓爲 愈 兄弟析產又以敬事繼母和睦兄弟守分勤慎爲勗平素不信醫藥仙佛及堪輿巫覡之事遺命毋許僧道入門著爲家法子孫永守府君以順直振捐案內得五品封典例授奉直大夫以 愈 敕封修職郎候選訓導生道光二十四年甲辰七月初六日享年六十有三歲配顧太宜人繼配許太宜人再繼配錢太宜人子五長卽 愈 候選訓導附貢生次學元國子生次學修國子生次學洵殤次學范女一孫一洪均葬東郭林賢橋祖塋之次昭 愈 行能無稱學殖荒落於行誼詮次百不逮一謹撮舉所知刊入家乘俾後嗣讀之知所法焉

丙辰嘉平月八日

長男學愈百拜謹述

先府君芙卿公記軼

悲夫先君子棄養已十有一年矣迴憶趨庭能毋泫然抱痛也先君子畢生行誼已由伯兄學愈次兄學述畧不復贅追念抱潔含貞之概恐後世軼而不傳則修之獲戾也滋甚用敢飲泣書之後之碩儒者其亦聞而廉立乎先君子生長華膴屏絶紈綺之習衷懷恬澹放情詩酒花鳥之間翛然物外於塵世無所爭競幼丁洪楊浩劫隨硯芬府君避居通州幾經亂離蹤如萍梗因此不克終學無所自遣則游於藝以寄其豪放之懷同治間吾鄉書家推許孟逵先生先君子執贄門下歷數寒暑深得先生神逸之趣畫家潘晝堂先生本嫺好也先君子從之游繪墨牡丹極蒙相許有精諸葛神數者延之家而學焉盡得其傳先君子素澹名利自甘韜晦故不經意於學學亦不名於時吾族義莊經先曾祖達夫公重整積年盈餘終歲不一過問書塾亦由達夫公暨蘭臺葉唐兩公合力創建向歸余家管理從兄復曾慾望已久先君子即讓而授之亦不過問逮復曾歿後筱舫叔祖倡議延立後裔三年輪管書有議據迨瓜期亦未受代李翁某時買貰短絀有所請貸輒應之不繼假產以濟其急翁歿伊子負義延不償則鬻田自贖終先君子之身與人無錙銖之較任俠輕財毁家以紓人難亦所不吝閒時蒔花植果春秋佳日徜徉籬落之間濁酒一樽藉消塵悶秋深園果結實率不肯輩

採擷盈筐分贈親友喟然曰賞心樂事若此已足攖擾於富貴奚爲者嗟乎今世士大夫日惟利祿是營圾取幾同盜跖以視先君子高尙閒靜之旨趣能毋愧歟能毋愧歟

三男學修謹記

先妣顧太宜人事畧

嗚呼愈生同治六年丁卯十二月逮十年辛未八月雖五歲實不及四週初離乳哺而先妣遽以末疾棄養煢煢失恃饑不知食寒不知衣又體羸善病懵然無所知覺賴先大母暨先姑母多方調護得以成立今已逾艾廻溯去先妣之卒歲月遥遥且四十有六年先妣之音容笑貌恍若夢寐渺不可即世乃有無母之人也天乎痛哉先妣姓顧氏系出隋征西侯野王後先籍崑山遷錫世祖曰勝四元末避張士誠之亂居邑之東郭遂爲無錫人代有明德入國朝十五傳曰保恕諸生敦行孝友一鄉推祭酒有子二長曰湛次曰恩霈道光己酉舉人睢甯縣教諭

文章氣節重一時著有選讀樓叢稿即外王父也先妣同產昆弟八人序次居長幼即婉嫕敏惠爲外王父所鍾愛外家世守寒素無恒產外王父未領鄉薦時游幕歷燕齊秦豫恃硯田爲生計外王母嵇氏性方嚴通書史在家撫諸子女親爲督課先妣日讀倍常兒講解輒領悟五年遂通經傳課餘兼習女紅顧繡精絶有鍼神之譽同治癸亥外王父司鐸睢甯先妣隨侍乙丑三月先君子就婚學署先妣年二十一彌月後先君子挈之返里時匪亂初平吾家故宅全燬僦居師古河秦氏彭慶堂抵家後補行廟見禮先大父母見先妣明慧知書動合禮法大喜慰先大母性仁慈御下篤有恩誼然弛而不張臧獲輩率驕蹇惰

不奉法先妣謂先君子曰昔武侯治蜀以猛濟寬政是以平今吾家累代仁厚優柔舒緩以家喻國未免蹈劉璋之覆轍此後治家當力求整飭信賞必罰庶足以挽頹習而謀久遠先大父母以爲知言然積重久難返也後吾家卒以不善綜覈百事怠廢業以日微逮愈兄弟長力返故轍始有起色乃服先妣之明燭機先爲不可及也先妣事舅姑誠敬出於至性力能諧者無勿盡先大母患目眚久幾不辨物先妣閲方書每黎明以舌津舐之能令瞽者復明乃請之大母如法治之月餘左目漸明後大母憐其過勞禁不使治而止先妣常以爲恨先妣以同治四年來歸踰歲生女不育期而生愈再期而生仲弟元辛未秋

又有姙時大母以僑居非計就恭靜堂舊倉基營造居廬兩進七月畢工方諏涓吉遷入而大母夜夢立庭中見大小兩蛇互鬭小蛇死驚寤晨集家人告語羣莫能解實則大母辛巳先妣乙巳中有刑剋而人不知也八月三日先君子先妣遷入新居七日而先妣病作初患身微熱類痁繼而齒痛甚久不瘳延及咽喉醫者謂肝鬱火旺治以疏散無害也詎二十一日驟加呃噎勺飲不納身熱復熾瘖不能言延至二十二日子刻卒年二十七嗚呼痛哉豈妖夢足踐耶葬東郭林賢橋祖塋之次昭先妣剛斷明決巾幗有鬚眉氣居平儉勤操作縫紉補綴刻無暇晷勞苦若不謀夕夜分猶一燈熒然刀尺聲與更柝聲相答也

先妣貌秀偉方頤豐下相者謂後福無量期頤不難循致而竟不獲中壽相術果足憑耶先妣卒後十六年而愈有婦又四年補學官弟子又十年以優行貢成均入貲爲訓導歸部銓選先妣得封太孺人後以先君子捐賑得五品封典晉太宜人愈今年逾知命猥以文學教授鄉里謬爲時所引重而早衰蒲柳髮白齒落嗣續猶虚又際此滄桑鼎革之變愴懷身世每中夜與其婦念及先妣而泣追維一二彷彿如昨餘則茫然矣嗚呼天降罰於愈獨使無父無母也耶而於先妣何其酷也

歲次丙辰祀竈日　長男學愈百拜謹述

先繼妣許太宜人事畧

嗚呼修生五齡而先母見背弟范才百日耳呱呱者寒不知衣饑不知食懵然無所知覺吾母之音容笑貌僅於想像得之瞻屺銜悲永爲終身之痛哀哉太宜人姓許氏世居同里南郭外跨塘橋外大父榮椿公先世以軍功襲蔭以冶世其業太宜人年二十七來歸我先君子爲繼室彌月後大母悉以家政畀之太宜人統籌出入爲先君子曰吾家田產歲入準之日用差足苟完然設有不虞君將何計措施也雀鼠之微尚有禦冬之備主家而無儲蓄倘有額外之支恐將爲涸轍之鮒矣乃布衣蔬食以節儉爲家人先少能飲數斗不亂至是勺瀝不入口寬以

御下約以持躬日侍先大母華太孺人溫和恭順能得其歡心伯仲兩兄先妣顧太宜人出吾母愛護周至逾於所生鄉里鄉黨無不頌太宜人之賢至今猶嘖嘖不置也歲庚辰冬先君患熱疾日增劇羣醫束手喉中白霧瀰漫僉云不治太宜人盡出所藏明珠研粉和藥以進無少效沉憂飲泣不敢以病情直陳大母之前恐驚大母也俟深夜人靜燃巨燭焚香長跪中庭虔心默禱矢以身代如是者十餘日一日倦極少寐夢中忽抗聲曰既出言胡悔爲斯時侍疾者環宿於旁聞聲羣驚起詰之太宜人曰無他夢囈耳實則夢中有神嚴質以身請代事要無後悔也自是先君子漸瘳而太宜人病矣太宜人自知不起始以

夢中之言告婢嫗并曰得酬吾願足矣醫藥費毋虛擲也及彌留堅握大母之手指修兄弟曰媳他無所戀惟遺此諸雛爲我姑累實惓惓於九泉者耳延至十二月十九日竟棄養嗚呼痛哉當先君子病亟時舉家惶惶莫知所措藉非太宜人精誠所感豈足以上格神祇如是耶嗟乎太宜人生時修不能奉甘旨以盡孝養今雖勉克成立又碌碌庸駑無所建樹於世以顯吾母中懷之慘痛何如也丙辰春伯兄學愈族人舉任續修宗譜纂輯事修亦得參襄校之役謹將太宜人摯行濡淚和墨補書一二以示子孫并以誌無涯之孺慕焉爾

丙辰仲秋之吉

三男學修謹述

先府君菊卿公行述

先府君姓侯氏諱寶麒字菊卿世爲無錫人硯芬府君所出先祖妣撫後秀升府君奉先祖妣教童齔嚮學年十九遘危疾幾篤踰年始瘳後遂輟業壹意佐先祖妣治家周歷田野經紀租入家事益修事先祖妣先意承志蒸蒸致孝先祖妣年近六十猶同室以居終先祖妣世未嘗出遊居里恂恂退讓不可否他人事而耿介自持非義無所取與吾家自析產後衣食才足先府君澹泊自甘不殖貨利終其世氏覆壠植無所增損居家好整以暇起居飲食出入戶庭皆有常度性篤愛子弟不爲譙讓苛責每晚歸爲士綰兄弟講述古今忠孝義烈節事而斥貪邪姦軌突梯脂韋之行令聽者心會神往懍然於善之當法而惡之不可爲也先府君好學而未竟其志士綰兄弟稍長即令研治中外文字學術當世之要務幸得先後負笈歐美以成其業而先府君之卒以光緒乙巳士綰適違侍游學比國罔極之痛此尤夙夜疚心者也今去先府君之卒倏忽又逾十年潛德幽光久闕紀載負慼滋多用敢掇述一二著諸家乘以示後昆

男士綰謹述

復曾公事畧

高高祖考復曾公諱孝述覃恩馳贈修職郎全椒縣教諭六世祖玉如公第二子也稟性端方而直少即有識畧好經商自暎山河亦園中徙居北里黃泥橋經營布業甚爲發達與人交以信義爲重一經然諾無或爽約故淮北貿布者接踵而至性澹泊而輕財利平生不喜與聞公府事視軒冕若浼好施與凡在宗族鄉里間貧而不能婚嫁者助之有爭訟者必竭力爲之排解老幼之不能自存者補助教養之友人有急難相告無不樂爲襄助嘉慶時將祖遺揚職等號田租六十一石六斗九升六合立爲玉如公祭田給春秋祭掃之費託人經紀後爲其人吞

沒與訟理結案時祇存制錢二百三十千文由曾祖舜五公交與曾叔祖文瀾公經管粵匪以後并此欵亦無着後人出貲三百千文爲曾祖母黃太夫人掃墓費卒葬北西漳新阡列字四百十五號平田一畝七分二釐又四百十六號平田一畝八分四釐迄今追思懿行不忍湮沒謹爲詮次刊入家乘以垂永久實千百之一二也

丙辰冬月 日 來孫元鏡頓首補述

先祖妣趙太孺人事略

先祖妣趙太孺人同邑瑞鏞公女也趙氏爲吾邑鉅商營業甚爲發達家貲亦富厚太孺人性敏慧而不驕入塾讀書日課逾常兒一切內則女誡諸書過目即成誦尤能領會年十九來歸先祖考錫圭府君綜理內外斬如秩如孝於翁姑睦於妯娌鄉里戚族無不稱道其賢我家自高高祖復曾公遷徙北里以來世習布業頗獲厚利至吾祖而業大絀又值粵匪搆亂業以中輟貲產亦盡僅存瘠田三百餘畝賴以支持而戶口日息不敷甚鉅先祖又得瘀疾日臥牀席不能經商即家事亦不過問幸賴太孺人經營籌畫每家政之暇督率子婦佐以縫紉針黹等

事教養之資賴以不缺其居恒教子弟甚嚴厲一舉一動稍有不慎即遭呵斥雖在孩提亦不少假詞色稍長即爲擇嚴師教讀每夜輒自篝燈課讀并爲講解處世接物之要以及古今聖賢嘉言懿行使得效法故一家無論少長見之莫不肅然即推而至於童僕亦然婢敢稍懈者皆平日教養之所致也性儉約不喜華飾用財有節而於濟人利物無吝色收租時每誡子孫不許苛待鄉人追租切戒不用差役命子孫輩如有餘力當以補助公益推行善舉爲要至臨歿時猶諄諄以讀書爲善爲勗此次續輯宗譜集貲分任亦所以恪遵太孺人之遺訓也太孺人生於嘉慶甲子三月二十日卒於光緒癸巳十一月初十日

享年九十歲子三長玉堂次錦堂次國均附貢生女一殤孫男
四長元鏡次蓉鏡次人鏡附生皆錦堂出次壽鏡錦堂出孫女
四長守貞不字次適候選鹽大使許元勳錦堂出次殤次適五
品藍翎李錦藩國均出曾孫六玄孫三

丙辰冬月穀旦

長孫男元鏡百拜謹述

閬仙公暨龐太孺人合傳

公姓侯氏諱玉堂字閬仙兄弟三人公居長行方志潔生平喜習字每日早起必書數紙即遇有事亦未嘗間斷是故書法日進而不欲居其名少時承祖遺布業往來淮北有年終不獲利蓋事無鉅細時運不至雖大才亦無所用迨夫紅羊刼起合家遷徙無定家燬於賊不得已設肆淮上爲營生計克復後僅存瘠田百畝而仰事俯畜日形支絀矣公於世事無可無不可經商已倦即爲遠遊計出就幕賓終不得志未及二年卒於杭省大闗嗟乎天之所以困豪傑者往往若此太孺人龐氏太學生仁基公之女性賢明能得翁姑歡來歸時產本不逾中人孺人節其十指所出勤勤懇懇不辭勞苦以顯門楣粵匪之亂瑣尾流離常質其簪珥以佐長子元鏡設肆具迄今恢復先業皆太孺人所苦心而贊成者也雖年登大壽而處事明晰持躬節儉不肯少休性復慷慨好施與戚族有急難告者必解囊與之略無吝色自奉則布衣蔬食而已居恒常戒子孫以力行善舉每收田租遇佃之窮困即不能稱量而予不計也與錙銖必較者有天淵之別閬仙公仲弟德華公未及丁年而歿媍亦相繼溘逝遺子女三人均幼太孺人撫之如已出以教以養至於婚嫁皆盡力爲布置其慈愛有如此者公生於道光戊子四月十八日卒於光緒丁丑七月二十日年五十太孺人生於道光乙丑

十月二十七日卒於宣統己酉十二月初九日年八十有一子三長郎元鏡克恢祖業有名於時次蓉鏡次人鏡邑庠生孫男三長汝濟邑庠生次汝昌通新學皆元鏡出次汝樑人鏡出曾孫三長廷棟現就學於蘇垣工業學校次廷藻幼皆汝濟出次廷鑑汝昌出余與公夙有通家之誼得悉其事畧故采而傳之以見公家累代積善其子孫之昌大正未有艾也

世愚姪陶世鳳拜譔

丙辰九月既望

蓉莊侯先生家傳

先生系出明太僕少芝侯公十世孫自太僕而上爲企竹翁始入邑庠至先生十二傳相承家世先生諱映奎字蓉莊一字川臧考心泉學博妣過太宜人先生生有異禀十歲趨庭卽通四聲韻譜十二六經畢讀操筆學時藝未期月成篇明歲赴縣試甄別並列正額族老紀之先生奇其文曰吾家千里駒也謂心泉學博曰此兒有異禀盍從良師萌其英銳之氣且家庭鍾愛一暴十寒古者所以易子而教也時學博館摸初錢孝廉家孝廉固才士諸其語卽命先生以詩賦駢體就孝廉繩削未幾文藻大進性穎悟記聞過人每見漢魏賦頌及樂府歌謠瑋麗奇

肆之作口誦其句卽心領神會所作別出機杼如木之潤息於雨露華滋欣欣向榮勃發日之所營意之所造駸駸入古而不能自已焉明年府試列冠軍受知於李小湖先生甫科試食餼稟至同治癸酉選拔貢生朝考改直隷州州判及是徧歷齊魯楚越之郊中隔粵匪之亂先時出避於汴梁者數矣至則與其邦賢士大夫遊莫不仰其才華倒屣恐後顧湘塘張朗齋諸公夙耳先生名授館餐令子弟受業於門被其沾溉者先後皆發名成業以去先生困於南北試者七五薦不售而心泉學博年老倚閭遂輟遊歸里歸後厄其足不良於行故自號曰臏生邑士奇其才猶就家請業者不絕有時徒衆環向問詩古題解出

處先生指架上每集每頁檢卷果在吾邑先輩中負記問之學者數浦二田教授先生僥其敏而才華過之晚居西郊負郭距余家溪上半里而近每夕造請無間先生謂余曰作詩古文辭時有其機靈機之來天籟也如游絲野馬恍忽無端著力不可一毫輕重吾神而與之迎即寫何成篇在後觀之其意境迥異古人佳構常遇於此吾始豁然於心終未能應於手也其餘零篇殘楮悉爲徒友攜散恨極不自收拾光緒丁亥七月在牀趺坐而卒年五十有一妻過宜人生三子鎭邑庠生釗早歲能文劬學而殞鉽殤慨自乾嘉閒才人輩出其後故家遺族流風餘韻稍稍衰替與先生並世而出者爲澄江何進士蓮舫其賦詞

姝麗類於先生而彼所遇不同先生抱不羣之才獨遭時不偶至以廢疾終其身惜哉余與鎭爲文字交同院試游庠余故知先生尤悉歲丙辰侯氏續修宗乘鎭襄理校刊與其族叔戢菴囑余爲傳爰爲次其顚末其篇什之佳者尤流衍余胷臆間也

歲丙辰良月　日

世愚姪凌學放謹撰

晉芳公家傳

君侯姓諱鼎型晉芳其字無錫人生秉至性少時方嚴若成人規過不少假隨父幕游淮泗間學益富歲庚午奉母歸居城東覃思苦吟鉛黃不釋手詩成即棄稿故所存十二三然瓌瑋多可喜者君以家貧不足贍二老恒鬱鬱不自熹益奮於學乎視青雲意茂如也甲戌夏學使者按臨吾邵而君已先期病以八月二十一日卒未娶葬東門鄉小粉橋君父芙初二尹集君遺詩若干首徧徵同人辭詠將壽諸梓而命同邑楊模爲之傳云

贊曰

昔歐陽詹父母老舍之游京師不第而卒昌黎哀之曰善養志

如君者儻亦昌黎之所哀歎舒憂娛哀廣心長壽金門玉堂曷遠哉

光緒六年歲次庚辰

同邑楊模拜譔

侯仲匡先生家傳

君諱佐時字仲匡世居無錫映山河之亦園系出明贈太僕寺少卿少芝先生後三傳至霓峯公順治己丑進士歷仕禮刑二部郎中又三傳至學曾公溧陽江都縣教諭又三傳至效南公是爲君考工詞章精岐黄補博士弟子員咸豐庚申江寗兵潰常州無錫相繼淪陷居民蕩析離居效南公避亂鄉間授徒施藥以醫術濟人求治者無勿效吾以是知公必有後也公長子伯威以平粵匪軍功累保河南候補游擊副將銜賞戴花翎不祿早世效南公晚年始生君君幼卽聰慧一目數行自安抱負好治古書不喜制舉業年未三十卽棄儒衣冠欲遨遊天下名

山大川以拓胸襟牽於家累不果光緖二十一年同邑楊京卿藝舫昆仲剏議於東門外開辦業勤紗廠君一意贊助經營其間不數年獲利倍蓰君之志於實業概可知矣君所居亦園兵燹後片瓦無存君念霓峯公祠未建歲時祭祀不足以妥神靈乃慨將祖遺之屋基三間捐出爲擴充霓峯公家祠之用邀集族人書立筆據公同簽押從此祖遺之産子孫可永遠保存以既經捐作家祠他産或可易主此霓峯公祠基萬不能易主也君之不涉私意又善承先志如此暇則究心醫理能決人壽命求延請者日踵於門無論貧富貴賤識與不識概爲診治有饋儀者概勿受尤爲人所難能君之心存利濟可知矣以宣統二年庚戌四月二十八日卒年僅四十有五悲夫余與侯氏世有戚誼往來甚密後余游宦三韓燕趙間稍稍疏濶矣今其子鼎臣函告侯氏續修宗譜乞余爲傳以彰先德余念君之以勤儉起家以忠厚存心又以鼎臣之志不可泯遂爲之傳以垂不朽云

姻愚弟孫福昀謹撰

仲兄仲柳公家傳

仲兄諱學元字仲柳敦行孝友腆悃有至性不幸遭家不造以憂勞致病而殞至今一廻念之淚不覺涔涔下也兄少讀書質不甚敏先君子令習賈非其志也居恒鬱鬱不自得先君子性疏曠於家人生產素不過問簿記悉委之族兄念儀時族兄年巳逾耋疏於記錄殂謝後租務叢雜紊如亂絲先君子不堪其擾乃命兄歸而經紀之以分巳憂吾家世居東里祖遺田產阡陌者多兄日至茶肆與村農野老相勞苦於田疇肥瘠畝號舛錯悉履勘而正之芸芸原隰兄之趾恆往來躑躅其間一年後始漸就理歲入頓增兄一手辦婚娶喪葬以五六補苴完善不

稍露其竭蹷間有所紬不爲家人道恐貽親以憂也先君子以垂暮之年得優游康娛安樂而頤養者非兄之力歟非兄之力歟兄豪於酒每餐必少飲飲微酣輒與家人婦豎雜坐諧語以爲笑樂戚族有以緩急告必多方代爲籌畫解囊無少吝甲辰春遘患療投藥罔效或有以西醫之說進者兄聞之決計就診以期速痊乃於二月望買櫂赴蘇夜泊滸墅關促膝角坎猶言笑歡然不減平日友于之樂抵蘇後入葑門天賜莊博習醫院西醫士猶言疾可治終爲所誤後日加劇以二月二十九日歿於醫院病室年三十五傷哉兄娶施孺人生男期而殤遺女一而孺人卒繼娶許又繼娶楊均無出先君子命修以洪均後之柩歸親知僚友皆哭失聲以光緒三十一年乙巳四月葬東郭石人橋新阡兄生時所營者也施孺人許孺人並祔仲兄歿後百日伯兄作五言詩百韻哭之其於仲兄一生行誼鋪陳詳盡篡入家乘藝文永爲後嗣楷式修復撮舉一二次爲家傳嗟乎世風不古瘠公家肥私橐輕骨肉重錙銖盈天下然也仲兄獨持巳以廉接物以恕其奉父母也孝以順其友昆季也敬以怡此非足以移澆風而型薄俗乎哀哉仲兄今之人歟古之人也

丙辰嘉平月中澣三日　弟學修頓首謹譔

亡兒葆初壙志

去芙蓉山二里許平疇交錯曲水環流有土一坏屹然長峙者非吾仲兒葆初之幽壙耶嗚呼仲兒曷爲而至於此耶月之三日兒到城省予於館形色黯澹意興索然予固疑其有疾而初不料其竟至於此也兒既如此予何意於人世哉顧予之死不足惜而吾兒之死則有大可惜者予何能爲太上之忘情耶爰泚筆而誌其崖略云仲兒名釗字葆初生有異禀秀外慧中嬉戲異常兒五歲入塾讀書目數行下未期月而四子書毛詩俱畢背誦如流先君子鍾愛之謂此子必大吾門予偶以喜雨亭命對兒應聲云凌煙閣旋授以春秋三禮及國語史漢諸書每

與講論別有會心輒能發前人所未發嘗謂大學內聖外王之學明德是聖功新民是王道至善則合聖功王道而造乎其極知止一節是致知工夫物有本末節是格物工夫此先經起義之例故傳者但以誠意爲首無庸爲格致作傳也子曰聽訟節當歸入平天下章內此謂知本係脩身爲本之末另行兩句當在沒世不忘句下爲至善作結非衍文也論語如公山弗擾佛肸召兩章疑是後人僞託弗擾既與陽虎共執桓子同一叛臣孔子既不見陽貨豈於弗擾之召而欲往耶且閔子不屑爲費宰豈孔子而肯臣於叛臣之家若謂其急於行道則名不正言不順將何以號召忠義維繫人心而爲東周乎佛肸以中牟叛

國語謂在趙襄子時孔子已先卒矣何往之有此特爲從逆諸臣護符既不衷之於義理並不按其時代也齊景公待孔子章若季氏二語景公顯有不用孔子之意孔子明知其然故以吾老爲辭猶燭之武之辭鄭伯曰今老矣無能爲也已大聖人見幾明決接淅而行當在此時豈猶待其再辭而始行耶且人君用舍不係乎老少故事君者有時告老而用賢者未嘗告老若謂盡是景公之言恐非的解雖有周親二句係周之親戚言善人則既富矣而周之親戚則未有大賚也故曰不如仁人上下語氣本自聯貫何必屬之於紂讀春秋至鄭伯克段謂段雖爲弟而逆蹟昭著是賊也不可謂親姜雖愛段而助逆無左驗是

親也不可爲賊故鄭莊之待弟不爲過而其待母則太忍以視漢景帝之於竇太后相去遠甚嘗作令尹子文論云顓孫氏盛稱子文以舊令尹之政必告新令尹耳但子玉爲令尹子文實使之當必有以告之矣卒致城濮之敗是子玉才不勝任子文舉非其人其失鈞也夫以楚師伐陳僅取兩邑本非大功何得激賞且功大賞薄古所時有何至遂作不靖郎與以貴仕又何必使爲令尹耶蓋明知子玉剛而無禮若不得位必將爲亂故讓爲令尹以求一時之安靖因詡詡自矜曰吾以靖國也昔人薦賢以自代今則明以不賢自代是誠何心更可異者子玉治兵於蔿鞭七人貫三人耳實兵家之常事乃因此開賀適長其

驕矜之志此子玉所由以軍事爲戲也靖諸內而敗諸外早經蔿賈斷定而其罪當不在子玉下矣諸老宿皆謂其精確又喜讀史至東漢錮黨之獄兒掩卷流涕曰嗟乎賢人君子一網打盡爲善者誰不懼哉予竊異其言始援筆爲時文便知繩尺而思力實有勝人處楷書娟秀試帖莊雅可誦閒習繪事學篆刻具有章法予誡之曰此等藝事當以餘力爲之毋荒本務也兒遂不復作今春始應童子試予家籍本無錫時錫侯裴浩亭先生與余有年家誼人謂吾兒往試必前列兒曰考者考其實也如此則近於夤緣矣雖前何爲乃改就金匱試邑侯倪澍畦先生亟賞其文拔置前列郡試復前列同學皆稱羨之兒顧抑然

自下益自發憤詣日益進嘗自書楹聯懸諸座右云欲快生平志無虛尺寸陰嗚呼孰知其齎志以終耶回憶戊寅秋予患瘍甚劇殭臥在牀痛楚日甚兒惟恐大父母之隱憂成疾也必強懽笑以解慰之而又恐予之即死也籲天中禱願減己算以延予齡自是朝夕侍寢側躬奉湯藥善伺顏色時值隆冬衣不解帶五旬有餘其母諭以少息則曰兒不知倦亦不畏寒願吾父母安寢勿以兒爲念予病體益沉重每思轉側必需數人扶曳偶觸患處則痛不可忍惟兒登牀舉手予身旋轉自如予故依之爲命兒終未嘗頃刻離也逾年春予兼患腹瀉晝夜數十次茵席沾濡兒親爲洗刷淨盡雖溲溺及身臭穢刺鼻勿顧也人

以爲難兒曰吾但求父疾之速愈耳他何知焉迨予疾稍痊可以勉強起坐床隅兒常以身翼之每食予必命之偕兒但食蔬菜稍有甘旨悉置予前從未下箸予強之食則曰兒已飽矣蔬菜亦大有味兒思予病日久生計維艱因在家授徒以資饘粥予方慮其年幼弗能教也兒乃善誘多方悉遵約束即有長於兒者亦皆悅服而去近尤好靜不妄言笑不事游觀性外和而內介壹以誠信待人人故樂與之交咸目爲少年老成云夏四月先君子疾作兒捬摩備至勤苦一如待予疾時迨先君子易簀諭之曰汝大器也須善自保重兒涕泣受命哀痛異常計自戊寅至今三載有餘家難頻仍兒以一童子撑拄其際憂危惕

厲旣未嘗一日舒懷而有志進取兼勤課讀又未嘗一日耽閒自先君子歿而其心力遂不可支矣時予權館楊藝芳觀察家屬有文會寄語兒來作文二篇詩二首信宿而返忽與予言吾家門祚衰薄欲獻久之兒殆有先幾歟卒之前一夕猶展卷長吟夜半方臥晨起忽患痧症誤服猛劑勢病增劇兒自知不起搥床大叫曰吾有一番大事業在乃竟使我去耶且吾欲一見父親面而不可得耶長號而絕聞者無論識與不識皆歎息泣下時光緒七年七月七日也閱八日其弟衡初亦以是疾殤葆初年十六歲衡初年僅十歲嗚呼痛哉予之作孽深且重矣天之降罰亦酷且烈矣始折吾之兩股繼阸吾之雙親終乃奪吾

之二子傷心慘目一至此耶夫以吾之昏庸殘廢久無益於人世而以仲兒之聰明仁孝當有造於吾家孰謂宜死者不死不可死者而竟死耶殆以吾之不肖固不應有此賢子耶抑以仲兒之賢適爲鬼神所忌而必使之夭折耶又或以仲兒嘗有減算之請今果如所願耶然一念之孝不能救其父反自亡其身爲人子者誰復竭力以事親耶且予病三年仲兒未嘗一日離左右今仲兒病一日而死余未能與之永訣吾其何以爲情耶當吾父母在日惟仲兒善事之故死必以仲兒相隨耶乃仲兒既往幼兒無知亦與偕往胡獨不爲宗祧計耶自二子之死吾

生何所倚賴則吾之悲兒者無窮期矣然二子且死吾生亦豈能長久則吾之悲兒者無幾時矣九原之下本是吾家吾不及見兒去兒當待吾歸也今日兒之壙吾爲志之異日吾之壙將誰志耶嗚呼痛哉時

光緒七年七月中澣　　反服生映奎譔

侯君湫六家傳

君與予同受業陶雲初之門顧初未相識也歲辛巳會文於城南北禪寺識君自此始嗣是往來日密一月中必三四見每應歲科鄉試未嘗不相偕歷數生平交誼如君者蓋無幾人嗚呼君之歿忽忽將二十年矣偶一念及輒爲黯然今歲侯氏將修族譜其兄筱仙先生以予知君尤悉囑爲之傳予雖不文其敢辭君諱人鏡字湫六一字兆芙姓侯氏邑諸生其先世爲布業而君獨嗜讀書善楷法得歐陽率更矩矱內行純篤考閬仙公以商業蹉跌改而游幕卒於杭州祖母年高矣兩兄作賈淮上家事一以委君君養志承顏重闈侍奉惟孝惟謹一門之內敬

於長悌於兄藹藹雍雍無一語之齟齬其族叔翔千予妹壻也君從習舉制文最得力自其出遊以至病卒君爲經紀家事一如其家居恒課徒以自給斗室中學徒五六讀書聲相聞而座上賓朋常滿蓋君性情和易與人接溫然如冬日之可愛故時產多樂與之交體素弱自幼即多疾以善自保衛得無恙丙申之春邑人士經營繭業皆發妄想不啻舉國若狂入其彀中者盡遭失敗君亦與焉君故寒士館穀所入勉強撙節僅有微貲一旦罄其所有猶不足繼之以悼亡負逋至二千金君又不欲以是爲公家累改就典業冀藉俸入資彌補乃君越一歲而長逝矣傷哉伯兄筱仙先生聞耗亟自淮上歸爲理身後事撫其遺

孤俾有成立又爲之代償逋金可謂篤於兄弟者君家北城外黃泥橋去其家數十武張君覺齋之居在焉時范君衡伯居竹場巷與君家亦相近三人者蹤跡尤密予每造訪君亦常兼訪二君皆以其子學成釋重負優游杖履享晚景之娛而君則不可復見矣撫今追昔其能無慼於中也乎子汝楳業銀行有聲商界矣仁者必有後斯言殆信

世愚弟秦寶鏞謹譔

丙辰年十一月　日

三弟潄六事畧

潄六諱人鏡一字兆芙咸豐庚申洪楊肇亂時僅七歲避難淮上偕元鏡等從三叔父企唐學歷四載至甲子亂平元鏡仍留淮習布業三弟隨先父回錫朗曙讀書習字師事顧峻夫李助階陶雲緗諸先生益以文行自勉勵繼得旌叔翔千授時藝遂於癸未歲試見賞於黃公潄蘭臨摹歐陽醴泉銘得神似索書者踵接杜門課徒惟與文字爲緣時先祖母壽已九十三弟佐先母侍奉甚謹元鏡得安心在外營業者皆三弟持家之力也前此先父設布行於北塘失利而改游幕卒於杭州時元鏡擕微貲設肆於淮侍先母及二弟亮齋扶櫬回里治喪營葬元鏡賴以稍盡子職以後二弟亦共事淮上獨三弟侍先祖母先母在家僅守脩脯所入儉約日用稍有積儲丙申年合股繭行及喪三弟婦其虧負二千金左右後尙就事典業冀集貲彌補不累公家不意次年遽遭病故元鏡在淮聞耗深痛三弟逝世無人奉母祗得早作歸計以致代償各欵均非三弟素志也三弟天性惠和樂與時彥交雖斗室蟄居而賓朋滿座在當時所尙詩文摺楷不肯讓人故爲同儕所傾向惜天不假年未遂厥志也初三弟應嗣巨叔父因早卒未確定生一子名汝楳業銀行有聲商界嗣三叔父爲孫女一適王臨終時均在髫齡令皆成立且有子女或稍慰三弟於九原乎

兄元鏡譔

蔣孺人傳

孺人氏蔣籍無錫爲蔣丈毅甫別駕三女卽奉天府治中和叔先生孫女也少承家訓性聰穎讀書知禮義孝於親友于兄弟年二十四歸余表弟侯鴻鑑鴻鑑家貧力學孺人脫簪珥以佐之癸巳秋鴻鑑游津沽孺人晨昏代子職一推其孝親之道以事其姑甲午冬鴻鑑丁母艱孺人哭之慟鴻鑑有女弟二幼姪二孺人撫小姑若姪一推其友于之心如鴻鑑之待其女弟若姪者然以故鄉里聞之者莫不多其賢未幾孺人以疾卒屬纊之夕猶以不能終撫其小姑若姪爲憾時乙未十一月某日也得年二十有六鴻鑑悲之甚述孺人之言行於余余以中表之

誼亦嘗聞孺人之賢於戚鄰者敢以不文辭

廉泉曰孺人以淑質慧因茹辛履薄事長撫幼一家肅睦雍如也論其委婉婦德戚里殆無間言余故撮其懿行而爲之傳以塞鴻鑑之悲云

光緒二十二年丙申春二月　廉泉謹撰

錫山東里侯氏八修宗譜卷七

藝文上目錄

錫山東里侯氏八修宗譜卷七

藝文上

祠堂考

先王之制自天子下至適士官師分有差等皆得立廟以祀其先而庶人寢薦以尊祖敬宗報本反始廣仁達孝也紫陽夫子乃裁酌古制定爲家禮祀及四世親盡則祧而五世祖不與焉若曰君子之澤五世而斬故喪服五世袒免此祧之所以斷自五世也今世皆遵行之久矣我祖立家廟亦遵斯禮先江山祀德宗而下北四世先太僕祧德宗先太常又祧希道及余主祀又應祧永常矣余心動惻然曰吾祖也而不祀可乎或曰制也今之士大夫皆遵之矣親盡不祧得無踰乎且天子七廟亦必議祧况其下者乎是不然天子之制祭於廟而藏於寢所謂祧者惟四時不祭歲暮大祫則并舉祧主而祭非祧而焚且瘞之也至若有德之祖有功之宗百世不遷不在議祧之數皇皇孝思愈推愈遠而獨禁人之祭其有功有德之遠祖乎人生莫不本於祖其不可知者亦無奈之何矣業已知其字號詳其世次而忍使其爲若敖氏之鬼乎夫紫陽之意非明禁人曰毋得祀五世祀則踰踰則有辟也亦爲夫齊民以窘廢禮得祀四世猶愈於已者也彼富者恃其贏羡奢侈僭擬何神不祀何鬼不諂而獨不安於祖先之祀皇顧卻足曰踰耶踰耶吾侯之先在上

世者已不可考勝國時德宗我明初希道承常隱德弗仕世稱善人怡晚翁醇德長厚古貌古心以嗣以續開我後人晚竹翁行德益遠創業益廣貽謀燕翼啟佑無疆企竹翁出爲名宦人爲鄉賢清白傳家廉勤體國若吾父文芝翁仁心爲質觸處天理內無疚心外無缺行光明正直修潔光霽和氣醞釀子孫振振非特後胤所賴藉而實有功於列祖者也祭法有勞於民則祀有功德於鄉則祀而況子孫乎噫我祖父雖百世祀可也我太僕公作祠三楹中楹藏四世神主而虛其左右二楹先春即以右楹藏祧主而歲暮併祀之則雖不改五世遞祧之舊而猶得少盡報功報德之心視之侈於祭非其鬼而忍於棄其先者

或有間矣先太僕公立祠之意其少慰乎

八世孫先春撰

世居紀

自開國以來幾三百餘年邑中甲第名廬多矣試徧屈指數之有如吾侯世居者無有哉吾侯之居材非豫章石非洞庭地非日中之市乃倚邑東城臨弓水椽茨墁瓦黎首之業也粉於初祖距今三百餘年奕葉相承歌斯哭斯十世未之有改而邑中所稱甲第名廬不能衍而爲數世其中易主者不知其幾而吾世居巍然獨存豈倖致者哉良由肇基三祖廣施而菲享四世而下及我大父所以爲德於鄉者鄉人能言之先君太常公躬行孝弟時時出厚道以補末世之澆以培往祖之澤故我後人得藉世庥以相安於一椽夫豈倖致者哉門有棹楔題曰表善

坊嘉靖中侍御史方泉趙公按吳素知曾大父晚竹翁澤鄉貽後故勅郡縣樹坊表厥宅里之意也坊之左爲太僕第門內有堂有寢有室有齋俱不事華飾而堅樸完整堂之東修竹一邱蒼翠干雲禽鳥時時棲宿嚶鳴上下晏坐怡神恍然邱壑之間也據竹而爲軒三楹故善書陸竹石君題曰晚竹識曾大父號也事詳邵文莊墓表中先大人復於軒之稍前搆小室題曰碧筠書屋先大常與不肖兄弟咸誦讀其中廳事之東有四老桂東西參立大可三圍西二株更挺然高秀其花甫秋即發比他桂花繁而香遠計其始植蓋二三百餘年矣先大父灌壅珍愛之甚鎖鑰親操不可昇侍子故歲即久而不衰及先大父捐賓

客而保護漸疏會有人欲得密桂姻豪公子登樹而鬭盡力取去自是日就彫落久而濯濯無復生理余每念先世之竹兆大父之瑞者也今雖存而無幾先世之桂祖念所繫者也今竟無一枝之延詩曰維桑與梓必恭敬止詩人之意謂何而吾儕爲子若孫者可漠然不加之意耶培竹樹桂以復疇昔光景斯亦紹祖承先之道也

世壽紀

夫壽亦難言矣洪範敘疇一曰壽繼之曰攸好德夫子亦曰仁者壽蓋人得天地生生之理原自能壽惟自斵其生生之理而壽始不可得矣彼謂人有德而天報之壽者非也謂人有德而

壽自應之者亦非也德壽相因適還其初耳吾遠祖自德宗而上俱不可考希道以下亦不可詳惟邵文莊秦端敏諸公誌表中一則曰在元季有鄉望一則曰在我明盛時隱德弗耀若我二祖其一鄉之善士乎壽至耄耋固其宜矣高祖怡晚翁尚德好修雅志弗仕以孝宗登極推優老恩受仕者服展睹遺像溫溫然恂恂然醇篤長者也壽八十有七曾祖晚竹翁孝養父母惟日不足四更大喪致客累千人友愛其弟恩卹宗黨誠瑩域嫁姪女周貧乏贊橋梁急人之急若拯溺救焚至晚而行義不輟文莊公稱其有勿忘勿助之道壽七十有二我祖企竹翁孝友自其天性矩矱動合先民望之凝然泰山喬嶽就之藹然冬日春風袞影無惰言笑不茍居官則處處稱廉吏居鄉則人人飲醕德出爲名宦入爲鄉賢壽止六十有六人咸謂其年不滿德也若吾父文芝翁仁心爲質觸處天理內無疚心外無缺行遇困不沮處樂不汰在侮不爭不逆人詐不念人過不知世間有權術二字不問家人生產至病革之際必以正寢爲安眞無忝於易簀之遺法焉壽七十有三此皆吾祖宗以德致壽之實歷歷可稽者也若夫壼德內行不能盡述述其大者并傳誌之所未及者曾大母浦太孺人仁逮樛木義篤熊丸生享榮封壽幾百歲此德壽之最高者龔令人懿行詳談星海公誌中而格於典例未被綸封則先大父之所深悲也壽六十七大母吳孺

人孝敬慈惠木於性成貴而甘貧克相廉節布衣蔬食惟勤惟謹卽酒漿細事亦自有不易及者詩所謂無非無儀唯酒食是議大母有焉壽七十以龔令人不獲受封亦不敢受封先春幸叨一第出入禁闥三十餘年而才劣位卑無由徼一命之榮於吾大母先春之罪也夫吾母莘孺人性甘淡薄不事華侈絶溫衣美食之奉養寡母嫁幼妹周卹諸兄弟施及其子衣食殯葬咸取給焉雖處貧窶無吝色且生長吾弟妹九人乳哺鞠育支吾嫁娶垂二十年匪莪伊蒿劬勞太甚壽僅六十有六未及稀齡然吾母同胞兄妹共十五人壽未有望六十者而吾母獨及此未必非天所以壽吾母也若吾高祖以上誌傳莫存然皆有

内助之德齊眉偕老壽考令終撰之箕疇合之夫子之論其弗信矣夫

世墓紀

無錫城之東郭一里而遥爲劉巷橋橋之西百武許爲吾侯氏世墓蓋自勝國時迄今三百年所矣東一塋爲二世祖處士希道府君配高孺人墓昭祔者爲三世祖永常府君與配惠孺人也其穆穴無考稍西更起一塋爲恩壽公怡晚府君與配許孺人合葬在東西二塋之間遥數武而成域者則贈江山晚竹府君與配浦太孺人合葬貳室龔令人祔焉昭穴則太僕企竹府君與配吳孺人合葬穆穴則封太常文芝府君與配華孺人合

葬斯邱也雖無層巒疊嶂遠水洪流而青烏家謂亥龍入首水繞青龍脈發龍山稱爲吉壤年踰二百世及六傳父子祖孫共此一邱歲時祭享恍若相聚於一堂之上者吾祖有知有不怡然而喜者耶獨始祖肇葬斯邱其冢世遠湮沒無考余心惻焉其最西一邱則爲晚竹公之弟庠生諱澄者一傳而絶最東一邱則爲余弟庠生陽春夭而無子因併識之

八世孫先春撰

表善坊記

表善坊乃大父企竹翁所建也曾大父得大父晚以爲祖宗積善所致因名祖德既大父入仕雖微聖恩得贈曾大父而大父猶以未得禄養心嘗歉焉年既暮矣不能釋然於懷乃請於督學趙方泉公樹之棹楔名曰表善蓋以表彰祖宗之善也若趙公移文云仁心懿政久見思於江陽觀風表善可忘情於宅里則專自王父遺愛舊治而表厥宅里以識江氏去後之思其義各有取云趙公助坊銀十六兩而王父所費幾三百金皆貸子銀爲之於是家有積逋矣先業不可隳先志不可泯數年一葺其在後之人乎

曾孫先春撰

晚竹記

胥嗣遲遲者平生著意事也昨過蘇七十翁浦氏出榴子圖請言吾以荒疎文墨辭卯翁所以知其艱於得子而爲圖以識留之之意且冀多子也適脗吾念吾胸中如有生意者乃爲留題焉翁見其子以謝茲過錫山同年吕海萍爲其子倩侯孟清以晚竹卷托予肯引問其故曰侯年逾五旬未有子適初夏庭竹生筍數枝以此寓晚年得子望與吾念又相脗也吾如有萌焉能不一爲援筆耶且竹爲江南草木中第一清品也吾見多矣異種殊名而芳春筍苗概同其時獨名曰筆竹者其筍最晚四月而萌五月而籜秋而成林他筍咀嚼殆盡筆之根幹枝葉挺

然鬱然氣節凜然爲林麓出色豈造化成就之難而故爲遲遲歟豈必待雨露培養之深而盛且久歟不爲雷震而起不爲霜肅而挫君有取於晚竹者意在茲乎予他年林下再道錫山過此君家清風以駐我虛心以延我歲寒以結我是時頭角崢嶸孫枝秀拔羅列庭階者莫非是竹之所蕃衍宜與謝蘭竇桂今古齊芳矣由錫而蘇載覩浦氏之榴亦將纍纍離離與君之竹後先相望於江南展圖披卷更以吾平生著意事相參互驗又皆不託之空言彼此龐眉鶴髮斑斕繞膝當交首大發一笑而更相稱賀焉又何遲晚慮耶是爲記

賜進士出身刑部署員外郎上海談詔書

附傳

元季國初時吾侯氏聚居東里其廬而處者百餘指成宏間族人始有遷徙之四方者然歲時伏臘往來無曠距今百年日延日遠其所自出咸在五世以上求其的然知世系如吾派者無有也今作譜豈能安爲之系哉而高曾與之同里而居祖父與之講兄弟者又不敢缺焉不收於是譜其所知缺其所不知不害其爲睦族之誼也至如開化侯氏以別墅連楹爲睦鄰之好惕齋西疇二君則爲先世道義之交皆非同本者也至有新安侯定者景泰初年之契尚存其孫乃敢謬附吾宗此亂宗之最甚者也胡得不明辨之以詔後人哉大抵爲吾宗者雖貧賤不

得棄絕非吾宗者雖富貴不得攀援此今日立譜之意也

孟澄曾祖晚竹翁嫡弟也天順間推舉曾祖爲庠生曾祖不欲往乃與弟互易其名以田三十畝爲弟資後歸居北門葬高祖隴旁西一坵生子倖好訟無已爲豪家謀死遂絕

孟津晚竹翁從弟也傳聞客於外不歸絕

太晚竹翁族弟世系無可考贅揚名鄉念六都一圖毛埸一保倪氏倪琰任吉安府萬安縣知縣無子太奉其祀遂葬其墓云墓在惠山河滸下太生彥章初居行夏亭後遷茅梓橋彥章生廷柏廷柏生子二長邦更名萬春無子弟之子世爵嗣次年更名元春子六人長即世爵　康邑庠生絕　天慶生子鸞絕

天錫無子以別姓爲子居三墹　天祿　天佑俱無可考　恭
玉　恭性亦無可考余幼時聞贅馬橋者是恭玉之後闕之眞
生子二長錫次欽錫字君言號農隱贅馬橋楊氏遂占籍焉生
子二長應徵字子游初名泮號肖隱子二長萬春子世蘡世蘭
次遇春子世華世榮次應期字子會邑庠生號寅崧嘗讀書於
吾家祝余父及震川潘先生俱在師友之間先祖企竹翁館穀
之如己子焉性不甚敏而勤於讀應試七次子四長濂春次溍
春渠春溫春　欽居東門外治農而貧子應龍絶按邑中侯姓
者多矣開化弔橋有侯氏因與田舍相近先祖每於歲杪飲其
長老四五人然世系原不相涉且自國初以來軍民不同籍也

他如侯西疇惕齋亦俱以賓禮往來原非同族
檢得景泰七年文書一紙云新安鄉十都三圖章升弟章定改
名侯定爲義男因其頗効勤勞撥與新安田八畝屋四間以終
其身曾孫侯堰溪者以媒妁爲業近乃冒稱同宗聞其子且以
世爲行他日將爲亂宗之漸不可不辨

企竹侯君宰新昌序

蓋聞寰壤間父教乎內師嚴乎外以立其身以成其業若其人
有不俟父師提誨訓飭而能卓然有立確然有守始終不渝者
要亦立志不凡動以遠大自期焉耳余岳丈晩竹侯翁早歲得
子弗育恒以嗣續爲憂年逾耳順始生縄武貴若掌珠瑞若郊
麟油油焉煦煦焉惟恐聲氣之加顔色之及而爲之師者亦惟
主人鍾愛所在不復有所異同聲色弗加焉使常兒處此父不
教必荒於內師不嚴必惰於外而縄武自丱角以至成童朗知
事親務學循循而善如良驥出途不煩控御鞭策而緩步徐行
自然合矩度吾已知其志趣不凡矣迨余登第主文選事縄武

自邑庠例貢來京時甫弱冠余見其貌益恭志益謙言語益愼
比入胄監友天下士所養益充所見益廣而志益遠且大矣續
歷既滿需次於家晩竹謝世老母在堂孝敬賁闈門庭弗墜而
俗尙浮靡之態紈綺之習不惟恥爲且不萦之念慮謂非卓立
確守者能之乎嘉靖癸未例得謁選吏部縄武跽而言曰吾父
見背抱恨益切幸吾母年踰八旬早得升斗祿便道迎養吾願
足矣此外崇卑弗計也余竊壯其行而嘉其志是冬部考列名
優等授浙之新昌丞新昌去家無幾縱老母謝弗偕往而水陸
之珍甘旨之奉音問之勤可朝發夕至也縄武孝感所致固如
是哉然刑家之道治邑之理也行將蒞任有民社之寄必廉以

律已敬以事上和以處衆寬以牧民而於催科鞫讞情理稽察凡政令之施惟公惟慎務合人情毋乖士俗使上下皆稱良吏將遠希光寵於君上而近邀榮養於萱堂顧不韙歟此固繩武之素志亦余之深望也繩武爲錫邑著姓名祖德別號企竹蓋不忘其先考云

賜進士出身中政大夫南京太僕寺少卿前通政司右叅議吏部郎中總裁實錄館事眷弟吕元夫頓首拜書

侯公企竹先生遷太僕寺丞去思不朽記

聖天子厲精圖治留心邦本宰相祇承德意選用循良而以深於治理者補州縣之長遂以無錫侯公企竹先生出自新昌知江山縣事維時晤山陽王畿汝中汝中先聞之遂爲得人賀余曰何如汝中作而言曰先生度量絕人而廉能尤著貴邑之福也暨余之歸旣月乃得接先生其容融如也喜怒不形是故知先生之量性明達過目弗忘有張雎陽公風度是故知先生之能爲國爲民終始弗渝不俯仰於時以爲身圖是故知先生之廉歷政期年士民胥慶歌謠圖像四出而不可禁每遇巡撫藩臬諸君勸奬則躍然喜曰我后功德在江山公道在天下超遷

其有待乎及聞銓衡物論之公則又憮然歎然恐恐然懼其留之無日也旣喜且懼不能自定眞若赤子之保慈母則先生之在江山可謂上不負天子中不負宰相下不負厥職矣今春吏部再以物論之公薦之宰相宰相薦之天子聖天子擢居太僕之寺丞報至士民驚曰今眞去矣言之多泣下父老計留之終不可得有毛敎鄭隆等百餘人謀立石以垂不朽推毛景方王志來請余言余乃言曰自古仕宦病難能者一曰廉二曰能三曰量人得其一亦足以被當時而聞後代而先生全之自將銘諸人心列之名宦而書之竹帛則不朽莫大於是奚以言爲抑又聞之古稱不朽者太上立德其次立功其次立言立德者以

德化民民亦以德歸之立功者以功勸民民亦以功歸之雖時不尚言而功德傳諸不朽若末世之功德非言不傳是故傳之莫大於立言立言莫大於立石此故父老今日不朽之意也嗟乎父老將以先生爲古之君子乎抑今之君子乎江山一方之事業也先生古奇才也寺丞古太僕之僚貳也懋乃后德交修不逮豈特爲兵戎設哉先生抱德遠大思問學以宏化理功德將滿天下使人人思慕如江山其不朽更有在矣郎書以爲記

嘉靖甲午季秋望後學林文瓊頓首拜撰并書

企竹公乞歸終養疏

太僕寺寺丞侯祖德謹奏爲陳情懇乞天恩容令終養以圖補報事臣年四十二歲直隸常州府無錫縣人臣父侯孟清年逾五十娶母龔氏生臣嫡母浦氏撫養勝如己出幼時與父延師教臣讀書入學於正德三年遇例入監卒業附選歸省未朞不幸臣父見背是後母訓益專恩罔極焉嘉靖二年臣赴部就選除授浙江紹興府新昌縣縣丞嘉靖七年陞授浙江衢州府江山縣知縣嘉靖十三年陞授今職臣本一介草茅叨逢盛世歷任一十二年勉修職業未能報稱臣母浦氏在籍見年九十五歲止臣一子並無兼次兄弟雖有臣男一人方年十歲未堪侍奉今年力衰微老病日侵桑榆暮景風燭不測日夜思臣一面母子兩地憂憶情不可既臣思竊享祿位心實惶懼不安犬馬微勞未能報効於萬一烏鳥私情實出於不得已仰惟皇上好生之德同乎天地仁孝之心過於堯舜憫臣孤苦之情乞敕吏部照例容臣回籍侍養親終尚圖補報庶臣子之職得以兩盡臣不勝感戴天恩之至爲此具本親齎謹具奏

錫山文芝侯封翁六十壽序

庚辰之春余與無錫少芝侯君同舉進士選又同爲太常博士日相見也各問其家侯君之父文芝翁年五十餘余父七十餘兩人未嘗不歡然相慶也侯君嘗問余以余父壽矣亦有道乎余謝不知然竊有異焉余父爲諸生二十年甚力於學而竟不第佐郡十年甚力於官而竟不調歸有田百數十畝甚力於耕而歲苦飢然而視余父之色不滋戚也已不佞兄弟稍用文章受知當世有俸入以養而視余父之色不滋欣也今雖七十餘充然康然無一日疾且病其天性有足壽者夫吾道安能知也少芝曰噫嘻然乎哉吾父平生抑又甚焉無一經以出其身無

一官以行其志無一祿以贍其家年五十餘猶爲諸生迨予舉進士遭國覃恩賞被一命予視予父亦未嘗有所謂戚欣也視其身充然康然無一日疾且病亦其天性然也予兩人復歡然相慶茲於文芝翁壽六十予乃即兩人所問答次之爲翁序

萬歷癸未冬十月既望年家晚生大名魏允中頓首序

壽封翁侯文芝先生六十序

太常侯子問於顧憲成曰夫壽者何也憲成曰昔竊聞之壽之爲言厚也又佑也其一曰有也今夫大委塊我以生畀我以日曼衍我以年歲而莫之能有也何居夫固有使之者也夫莫頗於情莫險於欲莫紛於事擧善使者也是故有使於前是虛其往也有使於後是虛其來也前與後遞接而不已即百歲奚啻焉夫惟古之至人在約不蹙在樂不驕在醜不爭在劇不震滔熙汾穆夷然與萬物游而我無事夫是故能有之也侯子曰家大人生六十年矣乃何敢驟而附於至人竊述其本末表裏何曰與子之言類也憲成曰善哉先生可謂能有之者也可以壽

矣或告憲成曰先生故斐然名諸生也人以爲旦夕第耳而竟不第厚蓄而薄遣造物者其必償之於法宜壽或曰先生有子其長者業官太常頃先生且拜太常之封矣其少者方有聲諸生間是必達者也先生於是乎神日益怡氣日益暢於法宜壽顧憲成聞之曰此所謂似之而非者也此是先生假彼益此也夫壽之爲言有也有者內無益而外無假故曰所謂似之而非也他日侯子謂憲成曰始者予欲上書闕下請歸而獻觴焉然而家大人不可也已欲採華峯之蓮攬瑤池之桃薦而獻焉然而道遠不可至也今將向當世之鉅公長者而乞言則何如顧憲成曰吾向者固言之夫壽之爲言有也有者內無益而外無

假將焉用文其以覩於俗也子之疑之也試持余言而以質之
先生侯子曰可也於是乎書
賜進士出身吏部文選司主事年家眷晚生顧憲成拜撰

近臣殊遇記

庚辰冬授太常博士歲暮祫祭侍太廟殿班伏睹皇上周旋中規矩天威不違顏咫尺元旦在皇極殿前行慶賀禮正月六日上以孟春享太廟先一日致齋於文華殿初五日四鼓臣吉服捧祝版自長安門入以朱棍二紅紗燈二前導直從御道由東門端門闕門而入至會極門耳房暫憩門內使入報文書房大內臣出相揖云少待而去司禮監遣少年小內官出問何版何簽而去天將明捧祝版由文華中門入燈至此止至文華殿正中安祝版於案上三叩頭而退出文華殿右門外立良久聞傳呼聲而上從恭默室九五齋出矣上至香案前行叩頭禮香案

稍左設御座上至御座立而不坐臣從殿右門入循檻而東對御座三叩頭而起向西侍立文書房內官捧祝版轉遞與司禮太監放御座上展開包袱卽以筆遞上上書御名運筆甚捷字畫細而筆法遒勁寫畢仍將包袱裹摺遞臣手臣跪接卽起俯一躬從殿中門出上立御座目送之待出文華門而後卽坐仍以燈杖前導至太廟安祝版案上行三叩頭禮時初次捧簽手執祝版如不能勝足躡御道惟恐傾跌身歷重門直登殿上皆平日所未經者且以一小臣獨立至尊之前非若導駕之有同班講讀之有各執事也當此之時能不肅然而踧踖者歟蓋捧簽博士職也他人不得代焉凡朝廷之職並未有半夜而入朝

一臣而獨侍且直至御前者惟博士有此固稱榮遇矣夙夜在公敢言勞乎入以子丑惟見星斗之參差出以寅卯始睹晨光之爽朗甲申以前上以郊廟大祭無不躬親無不致齋亦無不親簽者且冊妃誕肩告祭續紛禱雨祈禳靡神不舉親簽祝版常在平臺平臺者宏正門也旁有矮閣上常御焉其儀與文華殿同乙酉以後致齋漸廢親簽漸疏始設祝版案并設御座既則止設祝版案久則并祝版案不設矣始則文書房內臣捧祝入簽仍捧而出久則文書房內臣不出僅令一砂鍋帽小內使捧出矣始則子而入卯而出久則踰巳而出矣臣在奉常六年遇文華殿親簽不可數記以謁陵捧簽於威恩殿者一以旱捧

簽於武英殿者一時武英殿新修上致齋於此遇平臺親簽者數次餘則捧簽於文華殿若內小使捧簽出入僅一見之耳最後勳臣代簽僅擇贊禮郎捧祝而博士不與也爲此職者欲一至文華殿習捧簽之儀睹至尊之容而不可得矣然則時有升降事有勞逸人臣之遭遇亦有幸有不幸歲丙戌選禮科給事中常朝立於螭頭下侍班大朝會則先於建極殿行禮隨導駕自中極殿出至皇極殿侍班經筵則侍班於文華殿自此一二年後上既倦於勤不郊廟不朝講羣臣有入仕數年不得一睹天子穆穆之容者又烏知侍班導駕之儀哉先春於此竊自幸焉

兵科都給事中侯先春識

少芝公遺訓

吾家自太僕以前世朴茂勿習於澆世勤苦勿習於惰世素布勿習於華世藜藿勿習於甘世長厚勿習於薄世寬和勿習於激世清貧勿習於利世和好勿習於競至於學業則世誦讀尤勿習於嬉素傳侯氏多積善後當復有興者吾即不能厚培頗不敢加斲削子孫其共勉之

舊制白糧皆有監收自隆慶年臺臣詹仰庇忤旨革去巡視而糧役之交納有不勝其毒者至萬曆庚寅歲余巡視十庫慷然發憤上疏請復得旨奉行惟謹大抵白糧交納之奸弊其要領只在保室先是革弊者革去保室似矣保室一革則內假監庫

之威外乘糧長之畏表裏爲奸莫可窮詰而勒掯愈甚賠費愈多矣余之革弊不革保室而反責成保室每正糧一石該加耗米若干稍寬一二着令保室完納官立議單不許私勒耗贈初擇保室之最奸頑者繩之以法而保室服及保室以內庫人役爲辭則聽其開出姓名以憑提問參究而人役亦服至璫寺托內閣從臾而終不得而內臣之心亦服矣蠧弊革盡不遺餘力所省百姓賠費無算因著爲額刻成書冊名曰白糧事宜即嗣之者竟爲人所搖惑不能遵守而後來糧解執以爲例猶庶幾數年賴之云

前此閱邊者盛儀衛侈供帳車騎輜重擬於王侯日坐會城置

洒高會藉騎射爲嬉戲廣賞賚以示恩所費金錢何啻千萬而邊事日非矣不佞濫叨閱視日夕兢兢惟負聖明是懼凡勅旨中所稱殫竭忠誠悉心查覈與夫安靜省約正己飭下痛革夙弊者一一遵行而實踐之又矢心天日皎然不欺尤以約己率公爲第一義卽撫按交際飲餞一切謝絶日用二菜一肉單騎巡歷各邊並鴨綠至遼海歷東山雖窮邊深箐足跡無不到民隱無不周利弊無不斷爲由是奏革冒濫世襲百十餘輩條議利弊因革三十餘條而又首劾大將之最奸貪者洗橐入關並不取一貂一參自是遼之將銜之入骨而遼之軍民善類亦感之入骨矣

辛卯臘月驟聞母孺人復病歲暮將禁封遂急上疏請告以除日出都門時太計伊邇有語之者曰君甚清苦遲兩月大計僨儀可千金毋太急也余曰一日養不以三公易奈何以千金遲兩月哉吾恨不能奮飛耳

庚子四月赴命蒞任越一日卽欲赴議朝鮮留兵撤兵事蓋先是諸大僚有力者潛計留兵三千屯田不給糧餉夫三千則弱無餉則飢不死於倭則散而爲盜立敗之道也卒爾入都門毫無聞見請於樞臣遲六日議乃遍訪之卿貳中之淸正不阿者諸卿甚有畏懼意心竊疑之遂往見大僚大僚深知東師冒破而持論游移訖無定見進謁相國復連云不敢擔當余乃於會議時備將屯田之說迂濶難行昌言於衆隨上一疏極陳兵宜盡撤一力擔當毫無顧忌自是留兵屯田之議遂阻復移文督撫朝鮮會議者半年始決儻屯田之議果行無論倭至則三千人立盡於倭而師老於外永無結局之期將不知其所終也人皆謂余曰任事太過如此身利害何曰吾知有國何知有身盡吾職盡吾心焉耳他何計哉

播州楊應龍平獻俘闕下妻孥與黨累累數十百人朱承恩者一柔良土司曾許壻於楊酋而未娶撫臣察其忠順委守河渡逆酋以爲二於己也夜襲其三十寨殺士兵二千而拘繫之後應龍破在事武流將承恩全家併作俘獻余深悉其寃急上疏

盡言開釋奉有俞旨竟從寬典此皆仰體聖明之德意而已在兵言兵余小臣何力之有

遼民因抽兵買馬之苦躲避東山近以礦稅騷擾竄入盜衆金得時等盖造庵院會首經頭相與附合不過借以射利原無叛亂情形當事者以貪功之故必欲行勦余檢閱武弁報呈詞多假捏痛思遼左邇年不爲無事何必開此釁端復驅良民爲亂設法解散斯爲上策將撫臣李植題本抄出酌議令愼圖之後以余言竟免屠戮乃圍困縱焚遂稍其山有逃散者擒而殺之囹圄可謂有人心乎

東山之役慘毒極矣當事又復張皇其功露布上聞蓋州道尤

而效之復以白喇峪地方占據假裝呼老毋害屯民捏詞申報余謂遼民實係無知然前車不遠果閔不畏死而甘蹈金得時之覆轍耶抑地方武弁羨東山之成功貪佛子之易與而思一襲其故智耳單騎一往虛實眞僞立見片言之間風散冰消多於數萬甲兵矣不衛而斬於親詣藉手武流異日有事不得不責備該道也抄出止之該道竟寢其議保全白喇峪生靈不知幾何矣士君子處世不可無此心

讀明史錄少芝公事

六世祖少芝公明萬歷庚辰進士歷兵科都給事中敢直諫彈劾無所避有諫草若干卷藏於家其大者在劾遼帥李成梁及稅監高淮淮之罪狀昭灼而成梁頗著戰功或疑可無劾者謹按明史錄而正之李成梁傳云萬歷十九年閏二月成梁乘給事中侯先春閱視謀邀搗巢功使副將李甯等出鎮夷堡潛襲板升殺二百八十人師還遇敵死者數千人成梁及總督蹇達不以聞巡按胡克儉發之及先春還朝詆尤力解成梁任夫乘公閱視遼左始謀邀功塞責則成梁平日之不職可知成梁之憚公風采又可知矣卒之殺敵不三百而明兵死者數千成梁

與督臣互相隱飾身爲御史奉命閱邊不此之劾而誰劾哉且成梁又人所不能劾不欲劾者也傳又云成梁始銳意封拜師出必捷已而貴極而驕奢侈無度軍貲馬價鹽課市賞歲乾沒不貲全遼商民之利盡籠入己以是灌輸權門結納朝士中外要人無不飽其重賕爲之左右每一奏捷內自閣部外自督撫而下大者進官廕子小亦增俸賚金震耀當世而其戰功率在塞外易緣飾若敵入內地則以堅壁清野爲辭擁兵觀望甚或掩敗爲功殺良民冒級閣部共爲蒙蔽督撫監司少忤意輒排去之不得舉其法夫以全遼之利結納權要公居樞垣又閱遼左慮無不重啖公者而屹不少動毅然以白簡從事觀此可見

公之清操峻節也而是時遼東復有稅監其尤甚者則高淮公之劾之非特楊左擊崔魏之先聲實於一代邊事有力矯其弊者楊鎬傳云遼三面受敵無歲不用兵自稅使高淮朘削十餘年軍民益困致遼事大壞宦官高淮附傳云淮採礦徵稅遼東虐民激變誣繫諸生數十人巡按楊宏科救之不報又惡遼東總兵馬林不爲已下劾罷之給事中侯先春疏救遂戍林而謫先春雜職馬林者遼左大帥經略楊鎬令與劉綎杜松李如柏四路出師者也(語見劉綎傳)又馬芳傳云芳子林爲遼東總兵稅使高淮横恣林力與抗淮劾奏之坐奪職給事中侯先春論救改戍林煙瘴先春亦左遷二官公之救林劾淮豈惟援一名帥除

一橫璫見節氣哉實爲全遼利害起見與前之劾李成梁同一讜言遠識也時方分校春闈撤棘兩日而疏上奉嚴旨謫廣西按察司照磨未之官而卒天啓初原官特召家以卒聞乃贈太僕寺少卿而史或云謫雜職或云左遷二官似歧出非其實又成梁傳云先後巡按陳登雲許守恩廉得其殺降冒功狀擬論奏之爲巡撫李松顧養謙所沮止既而物議沸騰御史朱應轂給事中任應徵僉事李琯交章抨擊事頗有迹卒賴輿援反詰責言者淮傳云神宗寵愛諸稅監自大學士趙志皐沈一貫而下廷臣諫者不下百餘疏悉寢不報而諸稅監有所糾劾朝上夕下輒加重譴以故諸稅監益驕而淮及梁永尤甚嗚呼由此觀之則公之嚴劾二人爲尤難也公之直節於史法宜立專傳不識秉筆者何可遺之然事蹟具載諸人傳中燦然可考謹撮書而件繫之稍加發明而不敢有所改竄庶公立朝大節不至泯滅至家傳誌銘所載及家刻諫草凡正史所未見者槪不列云

六世孫鳳苞謹撰

侯元甫諫草序

奏疏三十六抄參九吾友諫議公少芝之遺文也叔孫豹云魯有先大夫臧文仲身沒其言立是之謂不朽少芝此不朽矣余嘗譬言之道於音噫嘘呼嘯怒號溢擊皆聲聞之著而不得謂之音無他橫發而無端曼衍而不軌於度也比竹而吹之虛其陽實其陰按其下竅其上調節引奏一啟一閉若迫之而後出故其音嘹喨清越干雲薄霄而不可回諧於適而後成故引商刻羽流徵入於人之心而洋溢於人之耳天下之言非迫於不容已而出者必有旁驁橫發之患非適於時與事之會而縷縷指之必將曼衍而不吾信古之人決大疑建大策袪大蠹計畫定於終身而乘機於一旦可以一言成千百世之計而不以千百言逐一時之紛意盡於言言盡於事天下受言之福而已必不居其名少芝方釋褐時自謂當爲郡邑吏朝夕求吏事民瘼欲得一親民自展竭業以奉常選得禮垣有言責乃幡然求之於言猶謂邇多留中寢閣無裨益虛額是弊不若多用抄參調格委宛爲有及此豈欲以空言博矯矯者哉既奉命閱視遼左儲積侵冒險隘修築兵馬器械屯田鹽法修舉買湖馬中否程量軍吏地方材賢不肖與倭寇魚爛朝鮮告匱決策撤兵間執屯衛之口及白糧收納包賠虧折艱累萬狀寫若鄭俠之圖至著爲事宜何其悉也公家故東南於諸情形爲習遼左之役梯

山遊海指掌遐荒言其所知言其所信如泉觱沸固不能已其說在東人之說農與越人之談舟矣然而猶不免坎壈則少芝當其難也漢人之言曰甯靜致遠淡泊明志吾觀少芝闊視通計出入一疏茹蘖飲冰幾與僧戒爭淨不知天地間何者美好人有不爲也而可以有爲不言也而可以有言知少芝者豈在語默出處間乎今天下方推隱碩之彥岩搜谷汲而少芝已乘化而逝少芝於余舉同籍官同各大位未登輒媿先之序諫草不能無仲舉之感云

年通家弟許宏綱拜序

侯都諫諫草序

此吾友侯給舍諫草也夫士操三寸管抒文摛藻援筆可成擊鉢立就此不過工槧帨效炙轂於經世之文無當也矧謀猷入告而可以虚詞借乎自非具卓識習國章析民隱如充國之聚米長桑之洞垣而又懇懇欵欵以一腔赤血灑之穎墨之間始以匡衮闕批逆鱗卽不觸階何難請劒此陸敬輿奏詞所以冠絶千古而與日月爭光可也公筮仕自奉常華選夕郎洊歷四垣一奉先太僕公遺訓正直忠厚矢以立朝凡夫人才臧否民生利病以至塞垣阨塞無不明若觀火故發舒積鬱投中窾卻如倒囊出物過一事少有愆違稍乖程度巽懦之士政在囁嚅

觀望而公已仰首伸眉抗章闕下矣是以直聲震朝廷尋以憂歸鴻冥鵬息中外悁脰時主上以青宫未定黄頭四出厭薄一切言者少有忤旨卽朝劄夕竄不啻振落甚有一署俱逐爲之虚無人者居是官俱不知死所耳庚子特召起公田間而余亦綴班末因相與勉曰主恩難報時事孔艱吾輩竭股肱之力濟之以忠貞人見吾二人之出而不見其入也無何公以劾遼璫斥而不佞亦以建儲流夜郎拍手春明謂我兩人不負初志經十餘年比再辱環賜公一詣留曹竟賫志殁矣至今讀公之遺疏直謂廉頗藺相如千載猶有生氣甯效葉蟬仗馬以無災難至公卿哉先輩謂言官謫籍爲上外轉次之彼蓋有所懲非苟而已也信不以彼易此矣余於公爲後進於時局爲前薪又安得呼公靈爽而商畧世所謂不平也者顧余心熱而翮亦倦無能爲也公之懿行余已别傳公不復贅

臨海王士昌拜撰

諫草自序

先春自幼年侍先太僕太僕廉仁著異政常教先春廉以致身仁以惠民筮仕太常無民社之寄旣乃濫厠掖垣實有言責獻替糾繩日夕凛凛凡夫匡君德利民生者務侃直而進無敢退托雖聽否在上行否在人總期無曠厥職無負初心無忘祖父之訓爾得失利害久已度外置之矣五世並受國恩一字無裨衮職姑於奏疏中摘其稍有關於國計民生者存之蓋自丙戌迄辛丑歷吏戸禮兵四科存稿三十有六云

抄參序

邇年以來科道參本多是留中或批遵前旨將爲虛文無濟實用不若抄參過部部中尙可調停小則竟寢不行大則據參奏止故先春自本參之外多用抄參藉此寢閣不一而足參東山以免屠戮之慘參白喇以杜貪功之謀參楚璫以消江南之害參殺番以固西甯之藩參移鎭以防南海之氛參海變以結東師之局參激竄以落貪殘之膽參陰襲以寒冒濫之端其所裨益者不少矣

少芝侯先春謹

重刋諫草跋

先給諫公於明神廟時首以甲榜登籍歷官清要凡軍國大務知無不言言無不盡迄今讀諫草一編拳拳懇懇侃侃諤諤一片忠君愛國之忱流溢紙上雖弈世而下猶凛然如生也海於聽政之暇輒循環捧誦蓋閱六載未嘗不冰蘖自持夙夜勤惕求無忝流貽淸白第恐久而散佚用是重鐫棗梨凡我後人仰先型之在望幸相敦勉共篤忠貞以庶幾綿先澤於勿替是所厚望焉

丁卯蒲月六世孫海謹識於吳航官舍

重刋諫草跋

原稿奏疏三十六抄參九乃先給諫公立朝大節其謇諤之風百世下聞之猶堪興起凡我子孫宜若何什襲珍藏以期流傳於勿替也乾隆丁卯從伯祖鴻漸公鐫於閩淸官舍板未攜歸後亦殘缺道光壬寅從兄咸以家珍板排印數百部一時爭先快覩家有其書使給諫公之忠肝義膽昭垂千古與日月爭光者從兄咸之有功於先德甚大也庚申之變故家典籍悉付灰燼此書亦同罹刼火承平後竭力搜羅得之戚友家叢殘掇拾僅少奏疏六篇光緒庚辰夏重輯宗譜告成卽將搜得者重付剞劂後有續獲當補綴完善以紹先澤云七世孫晟謹跋

民運事宜議 見顧甯人天下郡國利病書

無錫都給事中侯先春書民運事宜考後曰東南財賦半天下而蘇松常嘉湖五郡又半東南乃民運白糧二十餘萬石又天下所無而五郡所獨也五郡之民太苦矣惟是高皇帝定鼎金陵則此五郡者旁近輦轂故當時屬之民運以爲地近而用力少也豈虞有今日之艱難哉今京師在西北上游道路迂徐三千餘里矣於是沿途有阻滯之患淤淺有盤剝之費暑濕有浥爛之虞風波有喪失之險關津有船料之稅帶𥳑帶瓶之煩船戶有抑勒之害水手有索詐之擾夫裹糧儲粟操餘艎之舟漫瀾於江淮河濟之間邅迴困頓日與死爲鄰而復耗費無算舟

抵丁字沽已脫萬死一生之幸而白河之剝船通州之過壩其狠戾於船夫之手無算自大通橋抵京以至投解內府各監局庫其奸技弊竇益又無算民命幾何而不焦爛於灌輸之役耶夫白糧一石加耗夫船車腳已費米九斗六升銀八錢通正米四石始當一石則此二十餘萬石實爲八十餘萬石矣又每石在途費民間米三石而少在京一石而餘其四石通計前八石始當一石則此二十餘萬石實爲一百六十餘萬石矣五郡之民獨何辜而偏當朘累之極至此也議者謂當破拘攣之格以白糧寄派於運艘則可以免解役之破亡而寬東南百一之費其說果行誠萬世利然而未易言也顧民運之費浮濫不經利不歸於國而害獨叢於民如前所云者獨不可一起而裁省之乎嘗考內府錢糧皆有臺省監收垂二百年而白糧隸巡視十庫之臣投解完銷必嚴關白之令隆慶間當事者以言得罪遂罷去不用而權悉專於中人之手漫無稽制矣故事白糧投解有僉家爲之主辦諸所墊鋪等類非僉家弗效也僉故宿猾而與中人左右胥吏又都市無賴少年豪猾內外膠結爲奸翕張煽禍視飛輓爲奇貨視運民如魚肉竭閭閻之膏脂啗虎狼之饑喙日甚一日歲甚一歲小民吞聲受痛莫可控訴於茲二十年所矣又何怪乎東南民力之不支而胥爲逃亡耶邇年田野汙萊凋敝益甚竊恐財賦之無從而國家之所倚給何以紓大司

農仰屋之籌也萬歷辛巳侍御某公洗刷諸弊運民便之一歲而法遂廢余從丁亥歲上書請復監收不報己丑適叨十庫之役侍御莆田林公相與共事每當運民至日輒與持文而嗟扼腕而悼曾不得一避剝膚椎髓飲恨無控之民頹然傷之林公遂手疏先後事狀忼慨抗論上許可下所司督飭之而余與林公稍得奉揚德意除無名之費禁額外之徵定加增之數革折罰之苛於是夙昔胥吏豪猾及中貴人稍稍勉就約束不敢肆是歲省民間粟五六萬石一時運民歡呼鼓舞誦聖天子之寬仁余惟除弊貴盡變通貴漸御事在法任事在人余狗馬力不足以效馳驅姑於其所積蠹僅僅汰十一二耳若夫蠹蠹僉家

之奸建復監收之例歲漕涛雪漸銷其朘噬之毒庶幾五郡之民可望復甦而東南財賦不終乏絕弗貽後日無窮之慮矣茲以行過事宜編立成冊以俟將來之同志者

又唐鶴徵曰無錫侯給諫先春巡視十庫奉旨嚴飭中外歲省民間米數萬石皆著爲額

歲省民間粟五六萬石著爲額至今日并寄派運艘免民運之苦矣同事莆田林公手疏事狀抗論嘗許可其爲德於東南之民甚大宜兩姓子姪之食其報也公自云積蠹僅汰十一二而以蠹饕僧家之奸建復監收之例望之後人仁者之用心何其肫肫無已也行過事宜編立成冊不知尚存否當訪而抄之

嘉慶十八年癸酉裔孫鳳苞跋於寶應學署之海棠巢時年六十有七

太僕公錫麓荷花莊祠址記

十八世孫 家鳳

荷花莊祠址者康熙時敕建明贈太僕寺少卿兵科都給事中鳳十世祖少芝公祠也倡捐於節母周太孺人重修於高伯祖接三公有廳有堂有庭有階傍山帶河松柏蓊翳雖廣不過三畝而規模燦焉歲庚申燬於兵燹族中建議於東里指住房權設位爲妥侑所物取其省禮從其簡迄今二十年矣荷莊舊址湮沒於荒榛野蔓間鳳嘗從父老披蒙茸涉荆棘徧訪周里躑躅零磚頹瓦中始能得其彷彿嗟乎祠宇之廢興宗祠隆替之所關也宗祀之隆替子孫盛衰之所係也吾族自二高士而後隱居行義代有聞人其間祀鄉賢祠名宦者蓋不可勝記今吾族亦稍衰矣以材藝名者十無五六焉以德行稱者十無二三焉其能掇科第博一官爲宗族光寵者又幾幾乎如碩果之僅存何昔之盛而今之衰歟抑爲子孫者不克培其本根而有以致此也禮將營宮室宗廟爲先吾儕食息起居尚且葺牆屋謹戶牖爲燥濕寒暑計而先靈所憑乃久弗營焉所爲權以致祭屋不過數椽又破碎無戶牖晝則傭工蹲踞其間夜則雞犬雜宿其上每過麥收禾熟則又倚之爲倉粟米縱橫飛塵蔽目神龕隱約雜其間如塒桀然以數十年之名臣垂數百年之餘蔭而子若孫顧委之若此仁人孝子之心得無慟耶先府君在時常謂鳳曰培其草木者植其根本望其子孫者厚其祖宗今祠

宇燉先墳墓傾圮求族之無衰不可得也鳳謹誌之弗敢忘茲值霽舫曾叔祖續修宗譜耀先三叔父恐歲久苟安後之子孫不復知荷花莊舊址而重建祠也爰命鳳爲之記

光緒庚辰長夏十七世孫家鳳力疾謹記

澹泉先生祠堂記

距無錫東郭外三里有地曰鳳凰翅者鬱鬱葱葱侯氏之祖墓也墓西北里許有菴曰菩提菴是則明故戶部主事侯澹泉先生鼎鉉僧服隱居之所也先生之祖曰先春世居無錫城中之駁岸上中萬曆八年進士官給諫有聲世所稱侯太僕者是也侯氏自太僕以上無不葬於鳳凰翅之兆域者太僕卒乃葬太湖之華藏山山有寺曰華藏寺宋紹興間太師張俊勅葬是山寺爲俊建也及太僕埋骨於此先生重鼎新之遂爲侯氏家寺甲申國變後先生僧服不斷髮遁居寺中杜足不入城曰吾得常依先人塋墓足矣子曦順治十五年進士往省覲從容請

曰大人山居阻湖子孫勿獲親顏色乞歸侍先生不許嗚呼自張俊阿秦檜殺岳飛宋以偏安赦葬於此湖山蒙羞久矣得先生者隱貞是山矢志不移庶幾爲振刷之乎曦既勿得請自以爲人子不得遂烏鳥之私泣歸營建菩提菴於鳳凰翅墓傍重往請曰此地不村不郭爲先人兆域無背大人廬墓之志兒輩朝夕便晨昏焉先生鑒其誠而許之買舟繞郭外行抵菴居終不入城其志節堅強有如此者歿仍葬鳳凰翅祖塋年久菴亦燬廢友人侯保三先生九世孫也嘗有志重搆之留先生舊跡後不果地轉易他姓矣乃建先生祠於駁岸上侯氏忠孝堂舊址以誌先生麥秀黍離之感而示世世子孫以毋忘也余謂先生

慨慕故國之思曦善能養親之志以及保三追遠之忱三者皆於是乎在一舉而三者備焉不亦足以厲世風而維人心也哉

後學錢基博謹記

祭先姑侯節母文

嗚呼世固有全而生之全而歸之如太夫人者哉今從入世起見惟福與壽從出世起見惟仙與佛從持世起見惟節與孝斯六者皆人世不可必得之盛名之美報而太夫人獨兼而有之即今飄然仙逝咸於哀痛悲切之中起功行圓滿之想生榮死哀生寄死歸一時備極其至乃吾所致哀於太夫人則更有進於是者憶昔毓質深閨以窈窕之姿而備山河之度其待字也吾叔祖若母護之如掌珍其于歸也都諫翁若姑愛之如比玉百年偕老白首相莊亦豈甚難希有之事曾幾何時而鸞鏡忽分鳳雛在抱彼一時也未免有情誰能遣此間嘗反覆於死易

立孤難之說由後而言人見其雲礽繁衍福祉駢臻以爲報施徵應眞可操券而獲要夫熊丸畫荻世亦競侈爲美談能躬親而實踐之者亦有其幾試思其孤燈獨照隻影自憐念宗祀而欷歔撫遺孤而涕泣朝朝暮暮風雨晦冥夫豈易有今日因個念四十餘年內凡其以婦代夫以母代父以父母代嚴師以孀婦代家督精神有一處不貫綜理有一息不周亦安能以滋至之祥而坐收無名之獲蓋惟身教謹嚴閫儀悲慎而後兩孤之奉之也無論讀書奮起作吏廉能不忘孟陶之訓即當花月之夕每一夕而三四起一瞬而數十廻曰太夫人未就寢未敢即安也則其爾熾爾昌爾耆爾艾皆從集蓼茹苦中烹煉而出故

人見爲科名鵲起之日太夫人視之猶是氷霜備歷之年人見爲鳳毛麟趾繩繩蟄蟄之時太夫人視之猶是雁隻鸞孤戰戰兢兢之日也夫然後知死易立孤難之說信非誣也于節之九五曰甘節吉往有尚上六曰苦節貞凶正惟從苦得甘身居正位之中而後動免道窮之悔由是儀於家旌於朝昌於厥後志壹氣應源遠流長非邀之於冥至之天而必之以自求之理是以難也其他賑貧贍族養老恤幼一切善事形管有不勝書予特誌其遠且大者實能以艱辛之意爲培養之源畧世俗之諛詞起家庭之哀慕其亦鑒吾衷而冁然一笑乎

姪王永積頓首拜撰

澹泉公雜訓

處世最宜韜晦凡事最宜藏斂易曰見羣龍无首吉周官之制有都宗人家宗人其教民親睦則一侯氏之宗是在乎我先儒云宗子無法則朝廷無世臣宗子立則人知重本朝廷之勢尊矣宗子之法不存則家且不能保余所以或定其嗣或寢其爭或周其急或字其孤抗然而爲之宗雖時事艱難亦未肯多讓

世路險巇人情谿谷兒輩未經歷練耳順境當作逆境想甘處須從苦處來方有眞實受用吾性不耐事然到大關鍵處想着一忍字便萬念灰冷家庭間尤宜牢記也

士人進身之始立念要端遇境要淡

讀書發甲分內事也往往有從茲造孽者一人所造幾何狠僕造之親戚朋黨造之怨叢厥身孽歸主者可不戒哉

兒曹生長薦紳之家功名須自努力不得希冀薦剡致碍單寒地步

積福謙謹得意時第一義

貸丐人一鞭卽是禮佛省窮漢一錢過於飯僧

卹米贍貧乃吾母王太安人命吾家單葉相延總無疎屬勿得以豐歉故靳升斗需

奉賀大德範子兢侯老親翁七十壽序

聞之君子贈人以言重於金石珠玉聽人之言樂於鐘鼓琴瑟言之不可苟也如是何也贈言者必有深乎其人而相說以言者亦必有深乎其言也今上御極之十六年子兢親翁春秋方七十叔子有闕文徵余言曰甥非好夫夸詞以悅親也惟大人知甥父子最深願盆勉其不逮而加之以訓辭幸得悉從事焉余曰固也夫人世所豔稱者五福九如之頌莫備於詩矣而弗敢贅也郎如翁之先代有令德給諫公侃侃直節顯庸當世今仕籍賢書繩繩嗣起宜未艾爾父詔其子兄率其弟日鍵關下帷刻意揣摩庶幾一日之遇而修堂上之歡幾若以得失爲榮

悴焉然則舍此無進焉者乎余不佞姑勿徵往勿諛來第言其自然者自然者何也天之所畀乎翁而翁素所優游泮渙於其中者也父子以仁相篤兄弟以順相愛夫婦以睦相序朋友以信相守此豈有聲色臭味也哉噬嗑之受賁也曰物不可以苟合又何也懼其徑情而寡飾也夫致飾之患跡於誣而徑情之病疑於絞二者相權則必有道矣人無法則倀倀然有法而無志則渠渠然依乎法而深其類以求之夫然後油油然爾是故父慈子順兄友弟恭者性也本之誠摯蓄以隱深收斂純一動於一無所爲之天而上下訢合不覺蒸蒸交動易所謂太和也太和者太虛之沖氣害氣所不能干生生不已其固然者矣人有生以後未嘗不滋息其中而不知如是之爲性也誠知如是之爲性不如是之爲拂性而言必歨乎物動必裁乎矩七情之用無使或失其平四體之施要歸不違乎則勿勿乎戰戰乎不勝臨淵集木之思而後有行葦既醉之樂內外融徹一物何有極人世之可願可欲必無以易此者矣郎翁所以壽一身壽一家與夫子若孫所以壽翁者道曷以殊焉雖然余非獨爲翁父子云爾往師事高忠憲先生先生之學性學也先生之樂眞樂也先生之父父子子兄兄弟弟躍魚而戾鳶者動以天而莫之間也誠服膺既久欲從末由蓋有志未逮焉願與翁交勉之矣

賜進士出身奉直大夫兵部職方清吏司協理司事員外郎年家眷弟華允誠頓首拜撰并書

栖碧吟序

去九龍不半里有小墅名碧山平疇野望流水孤村予友子誦別業也子誦豪逸不羈如高霞孤映朗月獨舉又僻愛邱壑自登賢書後每携縑緗萬卷卧讀其中足蹟不入城市或狂客勝流名姬韻士理棹遡洄相與討泉石湎烟雲昏且流連飛觴浮白闔韻分題揮毫落紙輒人人意得去余嘗一再過訪修篁夾路古木連溪叢桂小山便娟幽窈令人作孟城南垞鹿柴竹里間想子誦出栖碧吟相示諷讀未終蕭然神遠泠然意消一何瀟灑遙深遺世而獨立也子誦名家蚤慧文岸健筆白鳳雕章江南壇坫夙推領袖顧猶數奇落落久困公車未獲待詔金馬

門賡柏梁建章之句盧悲屈問千古同嗟然子誦雖老驥伏櫪甯卜築郊坰尋盟松竹盡寄其胸懷於一燈千字詩卷酒杯以破除磈磊而必不能齷齪錢刀折腰官府作局促轅下駒此其簡棲遙集傲骨閒情固已與輞川摩詰把臂入林視笑千古矣集名栖碧聊以寫其心遠地偏之況所謂興來獨往勝事自知耳何必絲與竹山水有清音詩中景景中詩正索解人不得請還從子誦破古錦囊佳句叅之

同邑門年弟陳綬組題

碧山莊石雪菴記

碧山莊者霖六世祖子誦公別業也石雪菴附於莊左同時並建以故居齋名名之莊今已廢而石雪菴巋然尚存以祀子誦公之神而彥哲公石臣公與霖曾祖亦孺公昆仲附焉夫碧山莊爲子誦公讀書談道之區離騷寫憂之地公之品學見於傳載於邑志尚矣而今是莊也僅從栖碧吟一卷想像於荒烟蔓草之餘然則石雪菴之存猶莊之存矣每當承志堂官祭太僕公以後卽致祭於石雪菴嘗憶先君語曰昔年逃隱地今似學逃禪太僕祠之重建則先叔接三承咸吉公之志也是莊之久圮志將誰承耶展謁之餘輒咨嗟太息而返今春竹亭兄率後

輩往祭指視愴然曰此非碧山莊舊基耶當年飛觴浮白闔韻分題放鶴揮絃擕竿蠟屐登碧山之堂眺擕謝之閣一時比諸摩詰西莊香山履道並開林巒之生面惜乎今爲隴畝邱墟矣乃顧謂霖曰是菴也祖宗神靈所託遺蹟猶存恐後日顛末無考弟謹記之霖唯而不敢辭吁盛衰運數也繼述子孫也昔年逃隱地今似學逃禪禪耶隱耶隱耶禪耶吾祖之志得毋有起而繼之者耶夫滄浪亭而爲大雲菴矣大雲菴而爲滄浪亭矣吾烏知石雪菴之不仍爲碧山莊耶謹書其畧以誌不忘

嘉慶十九年歲次甲戌孟夏六世孫霖謹識

茲洽公祠堂記

嘗讀考亭家禮祀及四世親盡則祧先太僕公嘗行之給諫公酌古禮稍變其法禮意兼盡茲祠之建也又參給諫公意變通之所以尊祖敬宗追遠睦族也恭靜堂本支始賁卿公建祠三楹中楹祀賁卿公以次五世神主左右兩楹分昭穆以祀左楹祀簡田公以次右楹祀蘭臺公以次五世一室昭穆咸列序至秋也神主舊藏於廳之東廂地甚隘今謹涓吉於重光赤奮若辜月辛亥朔移入新祠來孫敏來孫整來孫翊來孫咸來孫于鄭于鄴奉主入祠鼻孫棠礽孫建烈礽孫守康雲孫復曾等凡四世咸肅雍從事焉鏘鏘穆穆拜跪惟謹禮至肅也祠之西另

設一龕藏粲辰公後無祀諸神主歲時祭饗不廢誼至隆也昔心齋公集經語顏祠楹曰聽祖考彝訓思貽父母令名後世子孫善體先人之志思建祠之意必能奉宗祏以敬事父兄以孝撫子弟以慈綿後人以德所以尊祖敬宗追遠睦族之道其將對此而油然自生也夫

道光二十一年辛丑十一月朔越九日冬至六世孫楨謹書

允陟公遺訓

憑他黑貂狐腋適體無異棉衣憑他海錯山珍過口即同藜藿余賴先人餘蔭薄有田產而一山羊裘一灰鼠掛三十餘年未嘗一易至飲食供奉以飽爲程從不肯過求珍美惟儉可以檢身惟儉可以保家惟儉可以養心惟儉可以惜福望八老人一生得力於此子孫其共念之

遇不如意事忍得三分自有無窮受用遇沒情理人讓他一步討了許多便宜

余性喜率真發言最直意所不可衝口而談或至惹人嗔責自謂心本無他即有面諛從無腹誹汝輩應事接物表裏必須符

合切不可爲內外兩色之人若口是心非便是人中蜂蠆矣戒之哉

處世莫險於訟傷財壞品廢業耽心種種患害筆不能罄余生平嘗吃人虧嘗受人侮必不肯一字投入公門親友笑余軟弱或有以體面崖岸爲言者不知免受官府拘繫正所以自全體面不結鄉里深仇正所以自立崖岸也即如訟卦六爻惟九五中正而處尊位爲聽訟之主自初至上皆與爭辨之事者也而初與三柔不能訟而甘心息訟故有終吉之占二與四剛而欲訟而勢弗克訟故有既眚及安貞之象至上九則居訟之極總訟之成訟而獲勝鞶帶錫之乃褫不旋踵且褫不一次以此見

訟勝則禍大而速聖人戒訟之意深切著明蔑以加矣汝輩其三復之

吾家累代慈善以忠厚爲鎡基兒曹生長慶門當積德以培之若暴戾刻薄便是忝祖吾家累代科名以詩書爲恒産兒曹沐浴世澤當勤讀以繼之若游蕩荒廢便非順孫

一年之計在春一日之計在寅人能早起不但志意清明亦且精神榮溢余竹杖逍遥年近八旬矣每日待旦而興夜分而寐不自知勞汝輩或經理家政或鋭志讀書或一行作宰自朝至暮各有本業務須黎明即起愛惜分陰儻日高三丈偃息在牀致令百事俱荒神思昏惰以此攻書書必廢以此持家家必傾

以此居官官必曠志吾言以當左券

一行作吏要用人先要識人觀人之法不得不取其才又不可專取其才内而幕友長隨外而書吏衙役若者貪若者狡若者誠實可託若者强幹有能認得的確然後揚其清激其濁馭之以道結之以恩則奔走先後打成一片皆我之耳目手足也不然或糊塗混帳好醜不明或刻薄苛求居心不恕將面面皆成胡越又何來羣策羣力以佐成循吏之治哉

三木之下何求不得非命盗大案毋得輕用嚴刑即命盗重情亦宜留心欽恤

吾侯世居東里余亦生長於斯自癸酉出贅遂卜居廟巷留滯西城者幾六十年飲水思源每飲不忘東里妄想重恢祖業再振家聲而力薄緣慳竟成虚願憶少壯時猶及見東里家門鼎盛甲第連雲今忠孝堂四分五裂日漸傾頽左而忠恕靜遠右而保和師儉仁壽亦存拆者拆賣者賣老眼睹此慘目傷心大厦非一木能支自恨無以見祖宗於地下汝薄宦多年倘能勉力經營得東里之尺地寸土復東里之一瓦半椽便是善繼善述吾死亦瞑目九京矣

八世祖晚竹公積德累仁澤周鄉里大吏建坊以表其門高祖母王太宜人節孝流芳恩榮棹楔二坊世德攸關皆我後人之所當竭力保護者也康熙間吾父曾捐貲葺治今又六十餘年

矣漸就傾頽吾有志補修而未逮汝宜仰承先志踴躍爲之毋委爲異人任也

讀書須具隻眼不可以成敗論人固而不通是書愚也讀書須有悟心不可以記誦了事食而不化是書簏也余性好書而質最魯見有前人議論爽豁心目發所未發者摘而錄之管窺所及間亦竊附已意日積月累集成書史論畧二十四卷取裁未當意見多偏不足供有識之一笑久欲棄爲覆瓿矣既又念平生癖嗜在此寒暑晝夜筆不停抄亦頗瘁竭心力今老病浸尋旦夕就木矣汝遠宦於泰急切不能相見交與泰壻耕蕃轉付與汝歸而弃之篋中留爲余老人之手澤可耳

公祝允翁侯年伯七十壽序

歲辛酉太岳等與梁溪侯君嗣沂同舉京兆座主荷澤劉夫子亟賞君不置謂五策精核有國士風太岳等倖獲與之交咸心折焉繼乃知其尊人允翁年伯先生隱德君子也明年春先生壽屆古稀都下名卿鉅公及有道能文之士旣各爲詩歌稱祝而同人數輩謂宜更有一言以爲序竊稽近世祝嘏之文稱引錫祉摭拾故事非腴則泛皆非所以進於尊者惟侯氏於吳世有令德登上壽其先自宋友泉先生卽居無錫之東里懿行爲鄉黨矜式厥後承事郎孟淸公太僕企竹公給事中少芝公戶部澹泉公清標峻望碩德偉烈彪炳史乘至國朝戊戌進士衣

澹公實爲先生之祖先生少失怙恃繼承家學篤孝友遇外侮不校爲人夙敦古處不自表暴日扃戶讀書數十年不輟著述累千萬言皆自有心得曰吾從性所翫耳名山之藏固非吾事旣以潛德自晦乃日與二三知己探花飲酒以自放於山水之間今觀嗣沂性行粹美循循雅飭而學有根抵則其能不負先生之教可知令子之養益粹則尊人之道益光施彌博則尊人之享彌厚豈非修德必報自古而然而吾儕所以祝先生與先生之所以自致其壽者胥不外乎此區區碧桃青鳥之詞又烏足爲賢者誇哉因謹述之以爲序

年愚姪王太岳拜稿

藍田七民公祭侯母楊太孺人文　張士瀚

嗚呼詩美羔羊鵲巢風被宰也政成母兮德備邑頌循良家傳徽懿酌水尋源其來有自猗歟太君清白吏孫作嬪於侯金粹玉温簪組攸紹詩書克敦仰承先澤俯裕後昆采蘭於陔擷藻於沚中饋修職一堂燕喜外侮旣消内訌亦弭以崇退讓以迓綏祉篤生令子王國之楨雲衢騁轡文占飄纓柳袍染汁花縣敷榮福我三輔旣明且清雋母易慈不反是悦嚴而不苛仁聞洋溢陶母勗廉封鮓是戒厲彼清標皜若水潔文伯退朝其母方績誓厥慆淫官箴永式凡此數事惟孝施政稟乃訓辭光於治行恩流撫循節著騫正僉曰母賢邦人也敬煌煌翟輝膺茲

寵命盈以謙鳴壽惟仁靜魚軒思迓綵服輝映僉曰母福邦人交慶旻天不弔寶婺光沉梁溪月黯轉冰雲陰賢侯鮮彼血淚涔涔邦人載悼慘目摧心永懷懿範咸矢悲吟蕙蒸斯薦椒醑斯斟靈旗暫駐來格來歆嗚呼尚享

永思堂時文序　　黃家舒

余爲侯子朝賓序己卯行牘攻苦醞藉亦旣約畧言之矣當是時侯子年僅二十其尊人農部方鳴琴花縣鉛采激發意謁帝承明廬直俯仰事耳草木數霜滄桑倏忽邯鄲道上栽邦畿前所更歷於晦明風雨炎涼菀枯之變不知凡幾又蓼莪罔極兩痛終天侯子至性絶人五年精血半付之齋蔬梵唄每寒香秋桂良辰勝地撫時觸物栖棬音容之慕僾兮如聞肅兮如見輒嗚咽沾襟不能自止中夜九迴思所以服先疇而稱亢宗者惟此青箱遺訓湖山靜寄蘭若撿關避人焚草揣摩良苦今讀其丙戌新篇韶音秀骨不減當年而按部就班調喉索急方珪

圓璧漸近自然蓋昔如孤峯壁立而今則霧道相縈煙房互出昔如初日芙渠而今則天宮寶樹行行相植莖莖相望枝枝相准葉葉相向花花相順實實相當遂使峭勁者服其安流逸宕者驚其密搆而侯子慘澹經營亦且望雞若木視虱如輪不啻矣旣搓春明貽緘相訊謂農部一生好行其德祇以宦途蹭蹬未究厥施自今伊始願勉奉遙言冀補缺陷然則侯子之版上數行豈伊供青紫先資固桐鄉畏壘之尤劵三千功滿八百行圓之息壤也維侯氏之興代稱長者幽潛末曜栽在邑乘寺丞以卓異循良特膺殊擢僕少農部正直忠厚愷悌廉平所在著聲譽江出岷峨納沅湘吞漢沔今將以侯子爲廣陵八月濤焉夫一命之士存心利物必有所濟而况以曲江高坐順風而呼韋曲家名登高而招乎又况沐浴於紹聞衣德之淵源激發乎孝子仁人之願力砥礪鏃磨於羊腸鳥道之盤錯卧薪嘗膽之智勇乎風之負大翼也水之負大舟也其力在厚今侯子所積則旣厚矣予故不以一第慰侯子而以侯子慰當世請舉四海爲霖萬間廣廈比古者贈人以言之義若夫秀方競爽阿咸踵武佳兒快壻天倫慧業僕未易數豈僅以日前慈恩塔上之題比於千佛名經哉

贈侯子嗣沂之任陝西序

門人侯子嗣沂以乾隆辛酉舉京兆試明年春試禮部是年
天子推恩命舉人試禮部下第者主司覆閱遺卷特設明通榜
授本省教職而侯子復與選侯子寄大興籍授直隸順德府平
鄉縣教諭癸亥將之任道經淮安余時掌淮陰教事侯子過余
余爲酌酒送别欲贈言而未及也越二年乙丑侯子成進士
天子以進士需次淹滯特簡其少年强力堪膺民社者即於榜
下發各省試用而侯子命往陝西於是侯子年三十有五矣余
爲躍然起曰吾今乃可有言於侯子也夫國家設官分職全爲
斯民計而士子平日屈首里巷有其志而未及爲或爲之而年

廹遲暮苦精力不及又或如教職佐貳不得專尺寸之柄親見
斯民疾苦不能越俎代庖貢以諫詞或反逢其怒若是者侯子
必鬱然未快今承
天子命親來爲吏統赤子於宇下朝夕撫視如起瘧瘠親含藥
而飲之如治癰疽親操刀而割之俾民釋然去其所苦底於仁
壽安全之域民之愛樂侯子可知也侯子之心抑亦輾然其有
喜乎侯子追思爲秀才時目擊豪强魚肉閭里與貧弱寃抑莫
伸有司官顛倒是非輒爲裂眦扼腕稍或直之則爲出位言事
即爲教職時旁觀束手僅得參末議怦怦然技癢不得試一旦
身當事任操扁鵲之術活人於旦夕間隨試立效古之所稱醫

國手靡不以縣令爲發端之地毋謂一邑爲小試不足爲也況
陝西爲二南起化之域周家忠厚之澤未遠侯子儒者以經術
緣飾吏事遵甘棠之遺布芣苢之化息雀角鼠牙之訟而又適
當膂力方剛之年於此益嘆
聖天子能盡人才之用而侯子之遇尤爲可賀而可喜也是爲
序以郵寄之侯子以爲何如

顧棟高譔

汧陽縣去思碑記

公姓侯氏諱鈞江南無錫縣人乙丑科進士於乾隆十年冬奉簡蒞我汧陽甫下車即環歷城垌林澤問民疾苦緩急措置昕夕焦勞以故山童溪女即知我公爲慈父母焉乃不及期而忽以調篆有郃將飛舄去都人士借寇未能因羣聚拭涕而語曰汧雖孱邑公道猶存請醵金像公爲祠堂計祝公長生且將祀公十世一父老曰止格於例未可眾乃曰公受事日淺貽德最深其若弗能諼何也公首重民食遵大憲示條兼師朱子社倉遺意首捐穀石爲好義者勸於是多寡聽輸各社景從就近借還豐凶足備吾邑文風淺陋公力爲振興城關舊有義學兩所

公復於黃里鋪草碧鎮分設鄉塾各一捐俸延師孤寒雀躍又捐俸百金重建三賢祠宇嘗曰燕子假郭公欽旦公秀實已入鄉賢崇祀我之興廢舉墜非爲先賢不祀起見實默印前尹夏之時創修斯役提頑振懦之心冀一時俊秀齊民過其宇者咸知觀感興起以奮乎百世之下也其確求燕子後裔請以的派燕振爲祀生矜慎釐正功在先賢令甫名教其矜恤民命也嘗未妥否一人如匪犯馬成等六人圜扉久縶公按其實情罪木輕多方請釋以疏滯獄雖非本轄子民猶加矜恤如此木邑賭風結習未除皆由積匪窩賭公廉其實於每家門首置樣枷一面惕以王法懸告示一通諭以自新近則其風稍息艮家子弟受賜保全至如城東龍泉灣及西關廟內低窪道路雨水盛行幾至病涉亦捐俸設法修平墊高一勞永逸惠過乘輿濟人凡此興養立教維風振俗緩刑釋獄整飭地方煌煌諸大政犁然具舉倘再濡之歲時其爲休養生息者當更何如哉於是羣父老曰斯真點點心頭吾儕弗能諼也第如像公廟食百年後有見貌而不能歌德者矣翔烏鼠荆榛終歸欷亡吾聞古有遺志者鐫石銘功一豎山巔一沈海底俾陵谷滄桑獨有千古今公之惠政非一日事吾儕之戴德亦豈及身已耶曷勿質言之亦勒諸貞珉以昭示我十世子孫可乎僉曰善遂礲石以志之

汧陽闔邑紳耆謹記

送侯嗣沂之任平鄉序

學校興而士之秀良者咸出其中下之示小民之表率上之佐家之教化其有過而失中駁而不純者則責成於司鐸之職董之勸之陶之淑之使之循蹈規矩而莫或踰焉此其爲功最鉅而其任亦良重矣近世出而仕者咸銳意於簿書錢穀一就煩劇輒驩然色喜人亦莫不奔走稱賀以爲可大展其猷畧而學博一官大率目爲閒曹而不屑就夫以簿書錢穀之任能其事者不踰時而畢收效亦近在目前其與造就人才需之歲月爲天下百年樹人計者其輕重緩急之辨亦甚易矣而人顧舍此取彼果何說也侯君嗣沂學問有根柢不類勦襲氣象磊落俊偉迥出凡輩苟出而膺大任其所施設必有可觀辛酉登鄉薦選授平鄉縣教諭固世之所謂閒曹不屑就者侯君獨欣然就道將出其平日之所學與平鄉之士民講明而切究焉斯亦可謂卓然有識者矣余聞平鄉風俗樸茂不尚虛憍得侯君振厲膠庠充之以實行敷之以文采講席從容彬彬郁郁其君子必相慶得師其小人必濳移默奪於春風化雨之中而勉爲善士其成效有可逆料者雖侯君將來當大用輔翊昇平勛猷建樹更大有事在然可於平鄉覘其槪也於其行也多歌詩以贈者侯君欲得余一言弁其首遂不辭而爲之序

乾隆癸亥小春月眷友生張廷璐書

送侯孝廉之任平鄉序

癸亥秋余表弟孝廉侯君士宜以明通榜補授直隸之平鄉縣教諭行有日矣詣余索一言以爲贈余壯不如人老益荒落無一知半解足爲君道者無已請以向所受於吾舅氏泉南先生者爲君告可乎余初赴維揚教授任臨行先生執余手而教以人能重官官不能重人之道謂人材之盛衰係乎學校之重輕其始也置俊秀於學校中講求於身心性命以及經濟文章俾士皆卓然爲醇儒端人以充國家用於是人材盛而學校重逮其後師弟子特名義羈縻幾泛泛不相識師無以爲教弟子無以爲學雖有一二醕儒端人卓然表見者乃非常之人自拔於流俗初非學校教育之使然於是人材衰而學校輕天運循環無往不復聖天子加意作人於師儒之官崇其品階優其典禮比轉輕爲重之一大機也誠得豪傑之士挺然自重取古教士之法設誠而致行之長育成就使理學經濟文章之士林立角出於其間爲國家有用之材庶不負立學設官之意昔胡安定爲蘇湖教授天子詔取其法爲天下式後世仰而誦之與韓范賢相無異晏丞相留守南京請范文正公掌府學訓督諸生皆有方法四方來學者輻輳此人能重官之明驗也是在吾子勉之而已先生之言如此迄再任金陵復徵前語以予謭陋於士習文風毫無嘔起循環先生之言惶悚媿汗不自禁然斯言龜

鑑也古君子立言不爲一時亦不爲一人乎所不能行者君不難一一如前所云則先生之言不得之於余將得之於君用敢述之以贈特是君年少氣壯材具卓卓方大有爲寒氊一席特暫棲耳轉盼禮闈干雲直上吾知沐時雨之化者翹首於天祿石渠間反致憾於吾師教澤之不久沾濡於學校也君其何以慰平鄉之士

乾隆八年癸亥孟秋之望武沂王繩曾書

武功縣節義祠補立木主記

世宗朝詔天下郡縣皆建忠孝節義各一祠祀其士男女之賢者凡忠孝節義載在志傳皆得列主其中以享烝嘗所以微顯闡幽砥風礪俗者不小誠曠典也顧其時吾邑奉檄經始者爲山左項公工甫竣而去祀典缺如厥後惟奉旨建坊旌節之節婦孝子歿則設主祠中届春秋借牲以祭與當日考稽傳誌表彰忠貞之意未符乾隆辛酉黔西楊公尹補正祀典而考稽未詳牲牷亦未備也夫忠孝大節世不恒有惟是閨門之內勿視詩書而至性過人心同金石節凛冰霜或未諧琴瑟而立志全貞或已謀嗣續而從容就義或盡孝無間於存亡婦代夫而作

子或撫孤克至於成立母爲父而兼師此等苦志堅操聽其湮沒誠屬憾事庚午冬江左侯公以名進士再莅武邑駕輕就熟一時百度具舉首以忠孝節義教化攸關目擊祠宇傾頹怵然於心分廉俸葺理之更披閱邑乘檢查祠主見節婦貞女半多缺略自有明以迄本朝覆查有節烈四十餘人即爲設主卜吉二月上浣迎送入祠觀者如堵又捐設牲牷永爲定規俾後之官斯土者倣而行焉余時主講關中謀立石以垂不朽遂炙其事而記之竊以爲微顯闡幽砥風礪俗教化之興實在於是公可謂知所先務矣公諱鈞字嗣沂江南無錫人

乾隆辛未三月榖旦武功孫景烈撰

棲香閣詞序

聞之觴飛瑤水而西母傳音機寢璇宮而皇娥製曲古誠有作渺已無稽若夫泉水寫憂阿邱望遠旨麗以則辭哀不傷垂女史之書名遺彤管盛房中之樂譜自唐山然則入乎風雅進於歌詩律承師曠之調味要易牙之和水欲其濟而江心之品實殊琴取其清則弦外之音斯遠至於閨閣雜詠工巧尤難今吾觀梁谿顧節母文婉氏棲香閣詞而知巾幗亦有英雄脂粉無慙記傳也至若傷懷念遠悼古思今意寄白蘋悲彈紅豆移宮換徵悲鳴於月夕花朝減字偷聲寄恨於東徐南楚出天孫之餘錦彌結深思爲樂府之指迷頻移格調於是低佪惆悵顧盼

沈吟綺語增織孤懷獨覺轉轆轤之韻欲與腸迴弄參差之吹因之氣鬱淚將瓊墜秋共葉飛滿紙淒涼頻問梅花之影一庭沈寂如參薝蔔之禪憂非萱草可忘志豈幽蘭能託大兄芝齡感其獨日深傷二髦死誓危軀示烈絕粒明貞鐵石爲心香澁梅花之賦松柏比節秀挺蘭叢之芳豈可不揚之彤管翼此坤教乎乃取其生平所誌葺而編之新建李孝廉蘭錡先生尤深古典頗辨魚蟲修飾方殷較訂彌切由是棲香閣之詞遂行於江右而妙香室之刻用達於都中以節母之才而遭遇之勝如此必傳於後無疑矣文媛不揣固陋謬薦鄙言標凡爍於珠林識翰墨於金簡慚愧交集悚懼畢臻山陽女史李文媛譔

重刊棲香閣詞序

吾邑閨媛工詩詞者有明以前無可攷顧響泉先生纂梁溪詩鈔所收閨媛多至五六十家亦託始於明嘉靖時而余九世伯祖爾濟公配王太宜人實居其首太宜人少寡守節五十餘年崇禎中旌表建坊所傳誡子遺詩百韻法度謹嚴筆力蒼勁不類閨人之作卽鬚眉中以詞章樹騷壇推祭酒者見之無不斂容頫首以爲不可幾及迄今子孫永永寶守垂爲楷式再傳至漢儀公以康熙己未進士授吏部稽勳司主事文章政績載在簡册實皆本於母夫人之教母顧太安人同邑內閣典籍梁汾先生姊也少承家學覃研聲律閨中自爲倡和梁汾先生效少

陵同谷七歌有云有姊有姊號能文長者曹昭次左芬長卽指太安人著有棲香閣詩詞集一時傳播藝林響泉先生爲太安人族孫以其詩百七首纂入詩鈔詞則僅有鈔本道光癸未山陽李芝齡少司寇督學西江於幕中孫和叔案頭讀太安人詞數闋大加擊賞郵索全稿開雕於南昌節署其女弟文媛爲序而行之固由少司寇嗜才若渴微顯闡幽亦太安人之詞英光灝氣終有不可磨滅者特假手以永其傳也當時歸板於家後遭匪亂燬焉自余有知識卽以表章邑中文獻爲事網羅掇拾已有多種次第付之剞劂尤以先人手澤未盡蒐輯爲愧今春余友秦君特臣歸自申浦握手言歡因及暨陽金淮生鱗尹雅

富收藏曾於嶺南葉蘭臺之秋夢盦鈔得此本亟介杜丈子撝函商借讀手自鈔錄凡二卷都二百餘闋其詞蘊藉深厚才思又復豔絶神味於草窗爲近宜與陳其年婦人集稱無錫顧文婉自號避秦人詩詞極多恒與王仲英女士相倡和吳江郭頻迦靈芬館詞話稱太安人楚黃署中聞磬調寄滿江紅語帶風雲氣含騷雅不類巾幗人吐屬同邑丁杏舲國朝詞綜補選錄棲香五十餘闋當時負盛名已若此宜於彈指纑塘外別樹一幟無庸軒輊其間也我朝康雍乾三朝貞元會合國家全盛吾邑亦篤生賢哲以應昌期如嚴秦杜顧諸老各以餘力兼攻側艷今所傳秋水微雲浣花等集殘膏餘瀋足以沾溉來學太安

人生長名族跌宕文史機雲昆季自相師友讀集中往復酬荅之闋猶想見一門風雅之盛然藉非王太宜人教澤涵濡漸漬於百年之久烏易造此和平中正之極軌也詎不懿歟抑余聞之故老棲香舊址國初時已蕪沒讀太安人棲香閣懷舊之句以意揣之當在表善坊内而余今居廬適當其處則所以詠世德誦清芬者將於是乎在小子何敢讓焉乃謀之族姪保三醵貲重刊俾棲香一集與秋水微雲共分片席未始非詞林中一佳話卽王太宜人之遺澤亦可以遞嬗於勿替也夫

宣統二年歲次庚戌小春月下浣族孫學愈戢盦氏謹序

霓峯公祭文

胡璜

惟康熙十有五年歲次丙辰七月辛巳朔越八日戊子年家姻眷弟胡璜率子禹鈞舜鐡謹以清酌庶羞之儀致祭於皇清奉政大夫刑部山西清吏司郎中霓峯侯老親臺大人之靈曰嗚呼仰天途之渺渺睇今古之茫茫感繁紋之易轍悲急景之先藏嗟人生之聚散儵秋露之晞陽赳徘徊而四顧追沈痛於中腸矧哲人云亡爲邦國之殄瘁喬木忽殞爲蔦蘿之卒荒如我霓老親翁者耶公雖履豐席厚遭世名彰而又未可以死者斯人或未之詳故以公爲富貴福澤中人而尙歎乎喬松之壽爲公惜者此誠世俗之見以公爲慷慨好義憂國憂民未究厥用

而遽殞其身者乃眞使英雄淚下而難忘夫公之門第崔盧王謝公之文章賈董班揚公之功名與宦業駕卓魯而籠趙張蓋不啻足搏萬里之風手扶雲漢之章矣而況摛翰垂紳昏及椿萱之奉紆青曳紫階羅蘭玉之芳聲伎則劉鳳靜婉名園則金谷辟疆酒酣耳熱舞裙歌扇尊空月落舄履交橫公於其間白眼玩世或以爲嗣宗之曠達伯倫之清狂不然亦纑佛之游戲而謫仙之徜徉豈知凡此皆邯鄲之一枕在公亦既熟之黃粱所可爲公悼者公自筮仕以來宜陽百里壤瘠山荒拊循凋瘵夜月晨霜不似裙屐之少隽居然老吏之循良其不可及者一也而且懸魚勵節拔薤鋤强杯水家泉盂粟私囊時泛舟而陰

霓峯公祭文

惟康熙十有五載歲次丙辰秋七月辛巳朔越八日戊子年姻弟薛信辰率子𤦺陳鑑孫廷珪肅以瓣香束帛之儀致祭於皇清奉政大夫比部正郎卽榮贈大台輔霓翁侯老年親臺老先生老大人之靈曰嗚呼我公而竟逝耶余之獲交於我公也自戊子年始家伯氏公執贄書於公之精舍講研席歡而余時得過從爲莫逆是秋公卽歌鹿鳴己丑附驥遂稱同年友自此宦跡所至間與公相接而近且締絲蘿之好矣憶己丑南宮榜放吾邑之獲售者十有一人公齒僅二十有六英姿冠玉前輩多推引以中秘席需之而公雅不欲以簪筆執簡爲自優逸地

慨然躬任民牧就選人得浙之括蒼下邑公又不以牛刀嫌而與民相勞苦如家人歷十五年利必興弊必革恤大災弭大患教育人才廣歲貢額士瘠民貧賦多不登則輸家財以償民逋民胥樂之不長吏公而眞父母公也公亦不民吾民而眞子弟吾民余曾承乏浙藩僅三月許雖席不及暖而廉公治狀最悉居久之公奏最爲天下冠遂以禮曹徵而太夫人之訃忽至匍匐奔赴讀禮郊居痛太夫人之不少待猶幸太翁之足養也太翁抱痺疾公日以板輿奉之園池花竹絲肉觴詠杖屨所至躬自抑搔依依若孺子而太翁曾不知二豎苦也服闋入儀司旋奉簡命榷潯關適余亦奉命理江西郵巘雖卽以憂去未及

濟兒百姓於瘢瘠其不可及者二也至於琴書案牘事不相妨酒人騷客咸躋公堂雖非陶令之居彭澤庶幾安仁之在河陽其不可及者三也乃若十年不調幾悲白首於馮唐一旦登朝甞免黃鳳於郭祚而乃粉署修儀止癒一尊之朋月金門典禮惟携兩袖之天香其不可及者四也至其董榷江關宣勞灃浦惠周行賈不問商女幽怨琵琶信洽同僚豈止庾公愛談風月惟效陶長沙之分陰是惜罔圳蔣公琰之酣醉爲常其不可及者五也當盜起民窮之際以公之公忠體國敭厯中外必能擴冦除凶分憂廊廟而殿定家邦奈何奉使而歸旋罹苦凶讀禮旣畢卽嬰二豎而夆璧之曜遽掩其光豈世不獲承公之佑而

故奪公之算抑天不欲盡公之才而使善刀而藏此予固不克知其所以而欲還問之蒼蒼予與尊翁姻聯世好而公之介弟實予之東牀乃無祿而早世公能敦念手足以施及於未亡俾令予嗣厥後而無兒之伯道顧勝於有女之中郎尤予之所感戢思欲報以無方今且啟漆燈而瘗玉予將素車白馬從丹旐於北邙歎幽明遂永隔惟公御風霆踦箕尾而上游乎白雲之鄉嗚呼生才而不盡其才自古以爲惆悵感德而莫報之德凡人之所摧擗予故以其公爲天下慟以其私爲一人傷噫公誠不可作矣但俯仰今古盱衡時事知其不可無是人也能無沾予襟之淚淚嗚呼哀哉尙饗

數月如兩浙時而公之恤商裕課種種實心任事其勞績又惟余最稔悉也差甫竣便道歸省拜太翁於堂下不以晝錦爲榮而以天倫爲樂一時豔之俯書在躬方擬北發而太翁奄逝公易戚兼至事事無憾而後即安愧余前後兩羈宦轍於兩親見背時俱不獲侍湯藥親含斂抱終天恨雖百身莫贖視德門爲天之所相雖大故而有厚幸非他人能及者相周旋三載至甲寅仲吉而公病矣具疏陳情得邀在籍調理之俞旨寄情山水娛意管絃方謂夙疾弗藥而喜不意延及乙卯孟夏遂不起玉樓之謦既促酒罏之痛奚堪嗚呼傷哉憶公與余宦遊萍跡合離不一惟於公讀禮言旋之日信亦戢影里門得以優遊琴酒

爲最欵洽茲兒復得從兩邸君之後文社詩壇晨夕靡間信有雛孫廷珪因坦腹於次君之愛息舊誼層累申以新姻締好百年方自茲始胡天不憖泰山其頹嗚呼傷哉明德有後達人必昌行見榮邮賻贈之儀正未有艾又何庸信等之私悼爲也一尊拜酹靈風來颯嗚呼哀哉尙饗

甲寅春愈偶經舊書肆見有舊刻霓峯公祭文一冊上下均有脫頁亟以銀五角易之而歸細讀之皆公門生故吏暨戚串之作諸體咸備瑕瑜錯雜想當日開雕於亦園中者今當續修宗譜謹選錄二篇纂入藝文以垂永久

族孫學愈謹跋

皇清誥授奉政大夫霓峯侯公軍障山新阡記

史牒以來公卿望族何代蔑有及考其道德勳名弈葉纘緒愈久而愈光者抑何寥寥乎曠世而希遘耶蓋大造生賢良不易矣乾坤合德千百餘年而後結爲山川之純氣山川合德千百餘年而後萃爲一代之完人其生也天地篤其慶其亡也山川固其形爲之祖若父者譬江漢之有源其來也汨汨而不竭爲之子若孫者譬喬嶽之有壠其往也纍纍而不窮冊誥宮碑百世承祀吾於錫山侯氏奉政霓峯公之新阡而慶之義之歎其得此之不偶然也按侯氏自元以來始祖友泉公卜居東里傳至太常文芝公凡七葉宅墓咸在東里四百餘祀

無所吏遷八葉至兵科都諫贈太僕少芝公始卜葬於華藏山巒爲佳城九葉爲封大理子競公即霓峯公祖也十葉爲誥封奉政大夫乾中公即霓峯公父也三世藏蛻皆萃茲山喬木千章干霄蔽日風雨之所交靈秀之所聚也霓峯公諱杲字仙蓓霓峯其號也年十五補博士弟子員戊子登鄉薦己丑捷南宮在諸進士中最稱年少生平讀書行己事君治民莫不有道家乘之傳詳國史之所誌犂然燦然皆可以爲搢紳法試畧記之孝友任邮居喪哀毀則爲眞德行著書立名知人得士則爲眞學術宣平之政田疇教養興難代逋則爲眞撫字容曹之選典秩修明神

人和洽則爲眞禮樂江楂之行減征寬税商至如歸則爲眞廉潔至於存孤恤死不異麥舟之仁篤友全貞無殊割宅之義功名既著等軒冕於浮雲樂山林於寤寐琴歌迭奏文酒同娛窺其胷次蓋無往而不超然者也及乎將革之期豫遷齋室于塵侍婢耳聽金經怡然就蛻非有得於道而能之乎公於心計之事一切泊如而獨嚴於義方之訓長嗣文燦次嗣文燿皆天性睿敏公晨昏啟迪又爲之延名師禮端士一時遊處者盡博聞敦行特立好古之儒以故二嗣君皆髫年進德弱齡廷擢足以世其家聲他日旂常之業有光前轍可卜也又次子爲文爓文爚文燈文烈莫不才藻翩翩後先競爽諸孫共五八

蘭芬玉潤卓爾不凡荀陳之門德星環映善慶其未有艾也歲丙辰秋七月律中無射嗣君敬遵治命奉公遺蛻以葳於軍障山箬塢之新阡嗣子負土親朋擁翣淚雨盈川奠醴塞路銘功頌德之章載於豐碑者不一而足興祚與公夙稱歡契風月流連今隔山陽松楸悲瀉嗣君進而屬余以記余曷敢辭夫軍障者邑封内名山也鄉稱開化城曰箬塢層岡叠巘若錦幄之重開虎伏龍廻列環衛之體勢太湖千頃蕩其胸華藏峯高表其應華山圖者如鼓長者如旗横者如軸昂者如駒莫不拱峙而羅列焉噫嘻此殆天之所臨神之所護貽於有德使長享之非霓峯公其孰能當此而無憾者乎且也少芝公子兢公乾中公

三世之窀穸相望焉公左顧則見其祖右顧則見其曾祖及父雖陶荆川之牛眠滕成公之馬駐亦罕能萃英靈和精爽而翕歸其萬一乎固知公之魂魄樂遊於此遐千春百世後猶有以利其苗裔而庇其本支矣是爲記若夫生卒之歲月世次之昭穆嫁娶姻婭孫枝長幼自有誌銘之文載之故略不書

康熙丙辰歲夏五月

敕授文林郎知無錫縣事加三級制年眷弟吳興祚稽首拜撰

增義學館師廩餼記 龍山縣志　可儀 雲峯

義學之設所以補庠序學校之不及爲邊民之未知學者興絃誦廣教化也邑自雍正七年置學官乾隆五年復設義學二所一城内一隆頭鎭擇本邑廩貢生員爲之師歲給館師膏火銀十六兩令土苗子弟相率就學所以撫循邊鄙因勢利導者至詳盡已數十年來漸移默化不特鴃音革獉狉易行且次第儁於黌然則義學之設極重而館師之責成彌不可不專第餼廩太廉士之通經術能文章者多掉臂而不屑就而單寒枯寂之儒則又以身家之不贍半分其從容教導之心甚至董其事者視爲具文膺其任者藉爲口實或問歲而無其師或得師而非

其人近且師不登講堂而家居焉天下事之有虛名無實效者蓋往往然矣適辰旗里民爭黑山堡界訟於庭因判其地充官招佃歲納租課銀二十七兩以十六兩加城内義學以八兩加隆頭義學餘存庫業經詳請大府咨部議准是舉也或曰民上而官有之似損下而益上可儀曰否否以息爭也且屬館師專壹教導俾共知讀書之可貴而聞風興起可以由寡而衆由淺而深日遷善而不知而並儲其材爲有用是則可儀區區之意云

亦園避塵處小記

栖仁東里晦蹟西堂古人高致未少遜也今之鶩鶩名利糾纏勞神疲形則塵於紛車轍馬跡則塵於境林泉瀟然莫我適也曷思返計乎　偃蹇年翁於城之東鑿方池以成園依邱壑而搆室梅魂竹韻吐碧攢香何殊席月潤門橫琴雲際余得遊詠其中恍然清凉境上振衣快書顏曰避塵處亦以俗緣塵世未能盡捐借此棲遲風人槃澗云爾

年眷弟三韓吳興祚撰

亦園公名家詞集題辭

侯子蔚巖自歸田後日以詩酒自娛所居亦園中備魚泉石之勝琴書之樂有三徑風焉近復采長短句彙成一集大概情致綺靡楊柳曉風之什藻思香豔新橙纖手之篇設當書籤斜控銀燭初紅遣妙麗雙鬟香檀按拍緩歌一曲以侑酒卮亦令桃花扇底逸思紛飛紅杏枝頭柔情欲斷者乎

愚表弟黃峻起題於玉峯舟次

蔚巖先生梁溪佳公子也年少雋才寄情聲酒自鹽官歸退居亦園深悟世緣鏡影仕宦空華怡情花竹寓意篇章偶將五代宋元人長短句命童子摘錄多至千闋大約如廣平梅花靖節閑情原不掩其高標逸韻鐵石心腸者友人見之請付剞氏更命余任較閱之役余學道人愧不及秀鐵面之訶涪翁乃爲之朱詮墨訂得毋爲明眼人所竊笑雖然游戲三昧不礙眞如彼旣舌作蓮香余亦何吝齒冈梅軟

禾山僧宏倫稽首謹題

重整莊田捐置碑記

贍族義田以私產作公產誠盛舉也一經歸公卽公膳攸關有不足公補之有不周公察之恃司事實心經理庶克濟美以滋大吾族世食舊德男藉研田女資鍼織鰥寡孤獨老幼廢疾幸無多亦不免籲於餬口嘉慶二十三年仁宇公慨捐義田三百畝建義莊一所後嗣西瀍經理延至道光十五年春歷遇荒歉及修造費多積虧至不能支待哺孤貧數十口一旦口糧不繼盛舉幾虞中輟幸吾宗先澤普延繼起有葉唐蘭臺解囊捐助曁乾泰昔存欵彌補漸還舊額卽于是春公舉達夫總攝數年間補完官課代賠糧串莊屋四進後添造廒房及繚垣則皆達夫墊措焉厥後蘭臺續捐田七十畝零平山捐錢一百六十千贖田十六畝足敷支給後有羸餘議還達夫墊欵總之不有仁宇公之創始何以起吾宗積盛之衰不有平山蘭臺曁葉唐之善繼何以全始基陳修之緒後有作者其尙踵是而增其式廓也哉

計開

嘉慶二十三年（十四）世釪捐田三百畝

道光二十一年（十五）世昕捐錢一百六十千

十三年（十六）世桐捐錢三百六十千

二十一年（十六）世之翰（十七）世守廉捐族賑錢三百三十千

二十一年十六世之翰十七世守廉續捐田七十畝零

十四年公業乾泰公項動用錢七百六十千

道光二十二年七月　日立

考邑志載侯氏義莊在城中八箭河嘉慶二十三年侯釪建捐田三百畝族人鳳藻捐田一百四十畝道光中鳳藻子咸及族人昕之翰等續捐田一百八十六畝桐及之翰子守廉捐錢六百九十千照此核計則我族義莊當應有田六百二十六畝但至今檢點單據實共存田四百七十九畝五分一釐四毫五絲其餘諒係兵燹遺失無從臆度茲照邑志補記於後並以志諸公慷慨樂捐之盛意嗣後莊田

應照現存實數核計因恐後來或有爭執特記其原委如此

丙辰冬月祖述謹記

侯氏義塾記

教與養相濟也義莊所以贍族之無告者義塾所以培族之廢學者給以升斗而始得生活之家彼有子嗣倘能有餘力以就傅乎因貧廢學廢學則游惰甚而邪僻滋貧者益貧思所以挽其貧且先使之勤於學上之掇科名膺爵秩次之游庠食餼設帳授徒雖仍不免於貧而成身名教之中得廁衣冠之列寡廉鮮恥之事必不爲讀書習仁之風必不失爲孝子爲悌弟爲正士爲文人守儒素之業興作範閭之脩式穀而非病學之所係豈淺鮮哉吾家自少芝公開族後科甲綿延郎多困於寒儒亦能以硯田自食其力其中有累於貧而幼不克就傅長不克就

試者心甚惜之桐於道光十有一年捐制錢三百緡田十六畝爲義塾權輿久存達夫從叔處因不敷經費未即舉行厥後南濱叔祖遺命捐田三十畝蘭臺從弟又遺命捐制錢千緡若泉姪急公好義悉數交出子母相權以益公費桐又續捐制錢四百緡達夫從叔代置民田五十六畝垂諸悠久遂於道光二十有二年春正月延師創始從此規模既定日漸擴充更望族中繼起之人量力續捐克敷經費與義莊相足相成庶幾教與養之澤正未有艾而學也祿在其中即貧者亦不終於貧也桐謹援筆記之並書規條於左

一酌請先生一人每年以三百日爲度每年支飯米一石五斗

支飯菜烟茶剃頭錢八千四百文
一額定學生六名發蒙及讀四書經傳者每名支修脯錢三千六百文成篇及開筆者酌增
一學生以孤子及極貧者充補每月按名給米一斗每年各支米一石二斗力能就傅者不與
一先生先儘族中採取可以成全脫館之人然必公同商酌擇其學問通暢心地切實者須知此事全爲培養起見如苟且塞責按節公議另行延請
一學生遠近不同其路遠不能就塾者查明的係就近從師每節每名支束修錢六百文米酌給

一學生每名按三節支紙筆錢三百文 一年每人九百文
一學生每年季考三次四月初一七月初一十月初一請族中長輩有功名者三人公同試之讀書者抽背熟書幾本其記誦極熟者每次給花紅錢一百文如三次背書極生及年滿十六資性不佳者退出書熟成篇及開筆者出題作起講入手佳者每次給花紅錢一百二十文如作文不成文理者退出書塾
一每年四季會文四次彌封送閱生首名給花紅四百文二三名各給花紅三百文童首名給花紅二百文二三名各給花紅一百五十文如平時會課文理欠通者應試不給考費

一縣試每名助費三百文招覆在百名內者助費與正場同有力者不與
一府試每名助費七百文招覆與縣試同例
一院試每名助費七百文招覆每名五千文 今增二千文
一歲科試每名助費一千四百文招覆同
一鄉試每名助費三千文 今增一千二百文
一中式每名助費十千文 今增四千文
一會試每名助費十千文 今增十千文
一優拔貢向係有力者應試故定章無今經兵燹如無力者照鄉試中式助費十千文

一優拔貢朝考照會試助費二十千文有力者不與

桐謹記

重建書塾頭造及續捐基地記

吾族書塾自道光年間由達夫蘭臺兩公曁先曾祖少宰公所捐共田二百餘畝塾屋十八間延師授課入泮及鄉會試皆伙助有費貧乏不能殯殮者亦助以費迨咸豐庚申紅巾下竄蘇常相繼被陷克復歸來僅存門造三間爲族人借居聊蔽風雨蹉跎歲月一事未成洎至光緒二十年冬始由錫經手接管勉繼先志請族長厚堂爲塾師課族中幼童幷每月聚闔族生童月課一次藉瞻優劣數年後稍有贏餘奉先嚴命將頭造先爲工作爰於二十六年春鳩工庀材翻造頭進八間靠西起照廳三間備後日中造落成相對之用嗣奉明詔興學先嚴命

錫遵辦改書塾爲公學兼招外姓男女學生分班教育是秋先嚴棄養三十二年春敬遵遺命改設侯氏公學請教習購校具備儀器所費不貲是年子庭婦秦氏將住屋賣出因錫係老師儉堂出身當時未經分析與之交涉旋經族中調停劃出靠東毘連書塾者基地三間芙卿叔祖亦捐出三間共計六間彼此繼承先志續捐塾中擴充校基嗣因出賣房屋與義莊後造糾葛得主陳姓定欲劃入界中遂致族衆公憤公議備價贖回擴充公學涉訟二年經縣堂兩次府堂十一次始達目的計費洋三千七百餘元書塾擔任一千元餘款由族祖紹先另籌此屋由公學收管而紹先心力交瘁矣倘將來有善繼先志續捐巨款添置房舍者則吾族有厚望焉

光緒三十三年歲次丁未冬月光錫記

石琴公論書塾義莊情弊書

紀之三叔祖大人尊前敬稟者月初接奉中秋前一日慈諭盥誦之下感愧莫名恭諗福履康强起居萬福闔署均各平安曷深欣慰再姪株守頻年乏善足述一盤苜蓿營營半生苦不得就幸承二三親友如子泉淵舲兩親翁鼎力玉成外則啓卿藝芳部友則託華鉏招呼得以成此大願仰托慈蔭竟登首選此則念不及此實出望外未知選到尙待幾時但明年賦閒專靠賣字爲活殊可慮耳今年吾族下闈者七人未知得有一二否文運極衰無怪官運之衰發達者少也吾宗法良意美先代具存其人存則其政舉其人亡則其政息於栽培兩字絕不加意

卽如義塾會課久曠五月中長者决科未果曾說到臨塲可將此欵經費湊發以資川用誠恤全寒士解推之一端此舉本寓矜恤於激厲之中仰體我祖宗設立義塾之妙用無如蔭庭但知收管到自己掌握絕不顧關係合族之盛衰但知終日葉戲絕不問塲前課士之不可廢不課又不肯湊發川資說明塲後回來補考補給後又絕不提及何以此局公賬在芙卿處則高談濶論無瑕不攻一似大爲吾宗出力幹事者而今則反不如芙卿之要好也可知介堂之伺隙嘵嘵者久乎春秋兩祭向係將公賬示衆稽查今則與義莊公賬匿不示人已數年矣然而錫城克復已及十年無論大小百家善後事宜事事妥貼吾宗亦號大族水源木本仍未之及祖宗在天之靈能無恫乎侯氏之不振也亦宜表善坊吾宗所自仿實吾家之鴈塔也誰秉國鈞何以數十年來貴顯者尙未題名耶爲淸白吏子孫旣不能仰體先人之志栽培於前又不肯因公出力爲讀書人鼓勵於後豈此區區者義莊義塾均不暇及耶抑貴顯者無足爲宗族交游光寵耶噫文章不値錢無怪侯氏之不振也姪孫不揣冐昧於秋祭時倡議查公賑一說此係立議單姪孫執筆今已數年秘不示人執筆者敢昌言祖宗之前不敢欺在天之靈也時則墨林八叔有心規避蔭庭一味支吾抑無一人相繼而言者又議存著堂基地三間表善坊內三間可以對換家祠起於表善坊

內一則復本一則壯觀忠孝堂陽宅向患前後爲祠堂大王廟陰氣太重任不發今換之三元官家亦患牌樓煞氣太重換住彼此受用現在河道已開通上捐田畝二十文條陳獨力鬧成非癡戀不捐木梢亦不能成事講風水駁岸上似可生色矣明年公車火不動念巨欵實在難籌讓偉人出一頭地也是一般今日已十六毫無消息看來康了伏乞訓示時須幸甚幸甚雲崖大哥到家郎大病癱今稍好未之見此請福安並乞慈鑒再姪孫煒謹稟 九月十六日

吾族義莊書塾均先曾祖逵夫公重整捐立殂謝後爲族人攫去石琴伯此書足見公道昭然先君九原有靈當爲吐氣 學修識

古今原始殘著跋語

闡古今造化之奇原事物創造之始往往立言人人殊者理或有未盡然者歟自兩漢經生箋註疏解宋儒性理處渺奧深遂使後世學者窮經論性如入五里霧中欲精求玄妙愈覺誤入岐趨矣明清之際余十世祖潛泉公研求哲理綜闡儒佛兩教之精義發爲深微見道之言明心養性覺悟於太湖華藏之山遺著散佚迄十二世祖紹衣公承先人之餘緒闡微妙之奧旨廣博厚之論著證圖籍之宏富仰觀於天俯察於地會通夫人推原與物搜山海之奇綜經史之秘旁證曲引兼漢宋之微言由始推終敵古今之秘鑰成古今原始一書書凡四卷鈔藏於

家者百餘年紅羊之刼半付刼灰先祖雲崖公從兵燹亂離中僅得手鈔殘著一卷總其大綱曰天地人曰三皇五帝分其子目一曰曆二曰易三曰分卦四曰本象五曰封禪六曰文辭七曰璿璣玉衡八曰城隍九曰五倫十曰宮室十一曰衣服十二曰飲食十三曰酒十四曰耕稼十五曰醫十六曰市十七曰冠冕十八曰書契十九曰五兵二十曰樂總目二十其餘則遺佚無存矣仰先人著作之殘爲子孫者所宜永遠保存曷敢闕佚兹乘續修宗譜之時敬跋數語附刊於家乘之中至原書一卷仍寶藏於家謹敬鈔寫而不敢遺也裔孫鴻鑑謹跋

太僕公祠堂記

先太僕公姓侯氏諱先春字少芝起家進士歷禮吏科給事中奉敕閱視遼東殫精經畫迭論邊事直聲浩氣震天下尋擢戶科都給事中疏參遼左橫璫忤旨謫官粵西尋遷南京戶部主事調吏部皆不就卒老林泉贈太僕少卿崇祀郡邑鄉賢錫山專祠清康熙中　高高伯祖妣周孺人係翰林學士緘齋公女率子斌如公捐祠屋三進凡二十間庚申燬於兵燹無力重建同治間　先祖紀之公勸輔廷姪媳楊恭人捐建宗祠恭人承夫遺命遵捐駁岸街住宅東寶彝堂房屋三間廳基三間門間一造計東北四圖滿字二十二號侯師仁戶平田一畝三分二

釐一毫爲

先太僕公祠以　少宰公葉唐伯祔祀於是烝嘗有所春秋饗祀子姓咸集肅肅雍雍敬祖睦族於斯著矣楊恭人遺訓旣經捐出卽係公產子孫不得有後言族人口碑歷五十年如一日前以門房三間出租作歲修費謀久遠也廳東屏門中間紗槅取給租息西邊屏門開銷　少宰公公欵長槅十八扇係族兄偉八公捐辦務紀其實不攸掠美也歷年修理由荷祭開支因述其緣起昭示來兹以誌不忘是爲記

丙辰冬月　　九世孫祖述薰沐敬記

子兢侯公家祠記

蓋聞求木之長必固其根欲流之遠必浚其源書稱奉先思孝記傳報本反始三五之盛其撰則同後世縉紳名族家必有祠春秋霜露是養是宜以展孝敬以敘昭穆亦猶行古之道也祖述表弟以八修宗譜謹具節略徵余言曰侯氏自元末江西遷錫奕世清德代有哲人迄乎明季　給諫公鬪兵遼濟迭論邊事直聲浩氣震天下本籍特建專祠厥後　子兢公能守先緒　乾中公著績刑曹　霓峯公起家進士歷中外聲施爛然　逸季公以明經隱居不仕　雲峯公洊膺繁劇崇祀名宦　序廷公餼於庠惟孝友于鄉邦矜式自　子兢公以來均列家

有嚴有翼庚申燬於兵燹光緒丁丑　外祖紀之公鋭意恢復未果而捐館是冬　外祖母蔡太恭人奉遺命經始建築幷馳函告　外叔祖霽舫公時，外叔祖以道員鹽運使銜特授湖南寶慶知府謂建祠爲當務之急劃捐制錢八百千得以竣工嗣又捐五百金續修宗譜大傳云尊祖故敬宗敬宗故收族事固有相因而至者哉祠凡饗堂三間內設神龕三中奉　子兢公　乾中公　霓峯公神主左奉　始遷祖友泉公以次神主而　外祖　外叔祖暨　筱舫舅父祔焉右奉　逸季公　雲峯公　序廷公神主而　外祖以下本支祔焉另廂房一間披屋一間右旁祠基三間辛丑臘月祖述表弟借族人光錫續以石垣又門房基兩進糧係滿字三號侯仲公戸七分二釐謹識其緣起如此凡侯氏同族咸知祖德宗功留貽者遠而益以矢其如在之誠勵其善繼善述之志則增輝先德垂裕後昆將於是乎在此則　外叔祖霽舫公建祠之本旨也是爲記

丙辰秋八月　外裔孫楊鍾鈺敬撰

少芝侯公諫草書後

帝王之制治也不外夫敬天恤民進賢退不肖慎重名器賞罰分明覈軍實則武備修節浮費則國用足上以是勵臣工下以是弼翊治國家何患不治寰宇何患不寧也哉前明當正嘉以後荒淫無度朝政不修權閹竊權綱紀墜落逮至神宗邊患益亟猶日事游嬉委政奸慝時事不可爲矣少芝侯公以名進士於其時洊歷四垣慷慨言事星變陳言慢祭抗疏所以示敬天也建救荒之議陳糧役之苦所以示恤民也蒐異才以備國用不愧於進賢罪惡璫以杜侵越意在於退不肖抑制戚畹明名器不可以假人甄別功罪見賞罰不可以倒置查核冒濫統計

出入何至國帑之虛糜閱視必求實效攻謀必策萬全足證治軍之有道而安邊廿四議及秋防事宜等疏蓋於邊事尤斤斤焉而本多留中空言無補卒用抄參冀少裨益用心亦良苦矣讜言不入國事日非寖至思陵流寇並起卒以滅亡此誠諸葛武侯所謂不能不痛恨於桓靈也迄今讀其遺疏洋洋數萬言忠義之心躍躍紙上有臣若此而其言不用卒至高淮讁籍賫志以終豈不大可惜哉越二百餘年七世孫咸藏其遺草既付剞劂於道光壬寅遭寇亂燬復刊於光緒庚辰今裔孫祖述持稿本屬加題識殷殷若惟恐失墜者忠義之後子孫多賢莊誦再三爲之敬仰不已　丁巳七月常熟後學祁松年書後

重刊霓峯公榮哀錄敘文

翳古藎臣良吏勛德並懋生榮死哀如陳泰邸之喪海內赴弔者三萬人海忠介喪出江上白衣冠送者兩岸無隙地蓋鴻名垂寓宙盛德在人心有不可磨滅者也余外家侯氏爲梁溪世族自明季給諫公閱兵遼瀋迭疏論邊事有諍臣風采數傳至霓峯公以名進士宰宜平憫閭閻彫敝變產代輸逋賦十有三年宜民至今尸祝洊歷京部夙夜匪懈廉直著聲榷稅蕩關剔奸除蠹商民忭慶願出其塗嗚呼仁矣旋請終養歸以親喪哀毀而卒大江南北縉紳黎庶莫不悼慟失聲雞酒生芻不遠千里鴻文鉅製表微闡幽於是有榮哀錄之刊以視陳泰邸海忠

介雖時位不同其爲遺愛一也後二百餘年裔孫紹先表弟暨兄渭臣族伯文筱仙冠清葆三諸君子重修宗譜網羅散佚得是錄於坊肆間斷簡零編亟加讐校選刊宗譜兩篇其餘鳩貲另刊以存完璧而廣流傳記祭統以先祖有善弗知及知而弗傳爲戒昌黎云莫爲之後雖盛弗傳諸君子抱殘守闕數典無忘公之善政流風可以不朽千古矣爰喜而爲之敘歲在丁巳孟冬之月外裔孫楊鍾鈺敬撰於長春寓廬

錫山東里侯氏八修宗譜卷八

藝文中目錄

錫山東里侯氏八修宗譜卷八

藝文中

迴雪詞序

煮石餐霞不啗人間烟火敲金戛玉未聞天上雲璈清濁之間天人判矣然而山澤臞儒自珍藜藿軒裳貴介易溺聲華雖其天性使然亦由習俗所致也若夫身都閥閱每尋蘿薜幽居生長綺紈偏賞芰荷雅製恥縈情於簪紱維託興於縹緗此則乘鸞蕭史偶落朱門跨鶴王喬由來仙府非亭亭而獨立抑矯矯而軼倫者歟伊傳侯子給諫孫枝儀曹弱季數高門畫戟甲第侵雲啟邃閣華筵笙歌沸地爾乃心存高尚志絕囂塵衡門流

水影落青山小巷花陰春遲綠野瑤箋錦字鄴侯之架萬籤緗几芸隱荀令之香三日既緣情而比興尤寓意夫詞章蓋自風騷變體遂多美人香草之遺因而樂府倚聲尤推蘭畹金荃之格傳孟度曲周柳擅其纏綿橫槊高吟蘇辛擅其悲壯若侯子者可謂沿六朝之綺麗萃兩宋之英華矣而況西馳秦雍唱玉關楊柳之詞北抵燕雲和易水寒風之曲於是旗亭歌館流播新聲油壁金羈郵傳絕調此尤山川爲之生色詞苑侈爲美談者也予老歸空觀冶習銷忘向來文字因緣都作前塵影事偶繙斯集見獵心生嚳谷音見祈肉而朶頤迦葉聞撫琴而作舞雖卷帙無多僅吉光之片羽而風情如許已窺管之一斑故助

揄揚聊資嗢噱云爾

姻家弟顧貞觀撰

逸季公三十贈言序

蓋聞禮稱有室典誌徵庸雖非八千歲以爲秋亦既三十年而日世況佳公子翩翩塵外業守一經美丈夫皎皎風前才兼六藝者乎彝門季氏上谷名家力攬搽而弧射容臺肇錫芙蓉之號伊傳內弟生於京邸先外舅適官儀曹故取名日容尋復以蓉更之迨就傅而蒸炊惠麓適鍾蘭蕙之英對客屬文劉晏允堪華國憑軒作頌謝莊端許冠軍慕中秘之書芸添鄴架窺諫垣之草月照雲亭已而譽噪諸生尋且聲蜚學博朱异之金山碧海座獨留香王戎之珠樹瑤林車仍擲果阮何爭平南北依稀大被之姜李並列夫東西睥睨同舟之郭選毫臨晉帖誰云獻不如義按劍講陰符却笑瑜還

生亮滄洲滿壁飲闌時戲點丹青巫峽疎簾夢醒後閒敲黑白綺陌鶯啼春雨歇兩袖攜柑雕梁燕語暮烟收雙鬟蠟屐玦藏烏玉墨莊快聚龍賓琴蓄紫瓊絃柱能調鶴影乃首甲逢丙子居然辰際庚寅蘇學士之磨蝎平分屈大夫之孟陬在邇葭灰初動曾犂占來復於卦爻柳汁未沾袍勉託詠諧於杯酒詩傳稷下和有聞人詞數花間譜從賦手爰壽諸梨棗更榮以縹緗自茲强仕服官遞將主盟騷雅即此嚶鳴求友已足暢敘幽情予也韈綫無長安敢望侯芭之問字然而弁髦弗棄亦庶幾呂虔之贈刀云爾

吕莊頤恂仝拜草

抑若公鳳翅新阡記

出東郭過亭子橋直下不半里有小橋如鳳頸左右平疇各一區斜展如鳳兩翼隔河相對者爲吾侯氏世墓相傳爲鳳凰翅實則劉巷橋也自始祖友泉公至文芝公凡七世宋末歷元明至今五百餘年喬松數百挺望之蔚然深秀土人謂之大松墳其西數十步曰小松墳者則先祖抑若公墓也其地本墓廬抑若公卒時虹川公生甫三月朱太孺人未克葬即權厝廬中不數年廬圮即葬其處時虹川公孤苦未成立不特無力營高敞即堪輿家點穴定向選時日諸術俱未暇及也又數年先母陸繼母繆相繼卒亦葬其西及虹川公宦歸謀改葬而術者頗謂

地佳不可動因加封植立碣表之顧其地狹甚朱太孺人卒啟兆合葬時已與兩母幽宮緊相接無隙地虹川公因自營嶧峒灣新阡議百年後遷兩母合葬又念繆太孺人卒時窘甚止得六金以殮歷年久宜不可遷家庭私議未決也無何虹川公以丙戌八月卒德州伯兄迎柩北上余居家謀葬事而議者蠭起謂嶧峒灣有水斷不可用柩例不入城倉卒無計惟日延地師相視或云馬鞍塢有吉穴不得已定議欲買之矣忽族兄銓以秋掃墓歸聞之見余厲聲責曰馬鞍塢俗多椎埋奈何以先人骨置火坑中祖墓旁倘可用何置不問而妄有他圖余備陳祖墓無隙地狀兄曰四棺合葬固不容侷不分昭穆平頃量度之

去松兩株可矣余聞之躍起隨兄往覆視如言乃立毀新契而浮議亦頓息世墓爲通族發祥地新塋即吾家發祥地嘗葬朱太孺人時既啟墓道余親見抑若公棺紫藤遍絡時隆冬卧空壙中暖如春家人爭宿其中以守虹川公亦戀戀於此特未得昭穆法不得已改營耳戊子五月華太孺人卒即與虹川公合葬抑若公之昭與陸繆兩太孺人東西相並得傍七世先靈依大父母肘下兩母不遷而仍得合葬者非族兄銓一言之力歟况葬後數十年平安多子孫科名不絕又出郊不數十步即至得朔望率子弟省視不特脫馬鞍塢之危險即崋峢濟亦何敢望之爰記之以貽後人毋忘兄銓之惠也銓字建五壬申舉人

錫之弟爲童子師方嚴質慤有教術弟姪皆出其門性喜古玉磬所得館穀購之日夕摩挲雖晦蝕如氏石者入手不數月輒光澤瑩然環玦滿腰帶間別有寄託而不牟利無子以兄子鶴齡爲後今爲一族長年八十餘矣猶能步遊九龍峯也嘉慶丙辰鳳苞撰

書虹川公家書後

辛丑冬仲兄苞出所藏虹川公家書數十幅示芝芝流涕讀之蓋先君令河津終養服闋赴補得原缺留京所寄後卒於客中諸子無一人侍者兄苞痛先君無遺命什襲藏之以示無忘形容已渺欲求臨歿時一言垂訓又不可得獨惓惓於家書之數幅其可悲夫書中言歸志已决爲河津舉人會試者所留不得已爲留一月及得疾歸家不及遂卒於途然則河津人情之厚適足累先君而使其孤不得侍疾爲恨耳然苟非遺澤之結於民者深焉能挽留至此哉芝失先君早於事多不詳畧述梗概繫其後云先君諱錦雲字升岩號虹川生甫三月而先祖抑若

公卒祖母朱太孺人教育有方少英傑讀書十行並下工書法人皆以遠大目之補邑諸生旋北上汪公謹堂折節與交敝衣穿履應對公卿間無沮色援例入成均又於實錄館効力試甲子北闈中式議敘得官歷署五寨臨縣改知河津先君爲人有膽氣凡有關民命者必忘身殉之不以禍福奪爭事於大吏不得請不止而大吏亦愛其才莫其惡也到任歲饑悉發倉穀以貸是時竟無一錢而任倉穀鉅萬之責上官皆危之徒以民命故奮不顧利害幸明年歲豐民踴躍輸穀於倉無後者邑濱大河自禹門外無支河洩水值大雨水溢壞民廬先君於雨中去張蓋督民開兩溝水勢頓減城得不壞有殺人於野而未知指

名者自至尸所驗之未得其端時觀者牆立先君陰察衆中見一人排衆而入視尸乃去已又復入先君卽指曰此殺人者也訊之果服民或以農器傷人肩一宿而死驗之乃臥火鉎者先君謂傷非致命而死蓋中火毒也不擬大辟獄上以無例見駁先君反覆申辨卒如其言咨部而增入則例中時西域未定京兵過山西奉檄令民具驢馬詣省供軍及大軍過而後軍未至候差者人畜以千計皆乏食山西人素悍皆喧呼不可制先君白撫臣請縱之撫臣謂兵至不測多少或悮差務誰當軍法先君以爲聚數千人畜而飢渴之必激變與其死民變孰若死軍法乃悉縱之歡聲如雷其後兵過僅數百人驢馬不待徵發而

足由是人皆服先君能任危事云其在邑饋賂絕蹟有持鑑鯉鯽魚者爲門者所拒其人曰我公不受錢足矣此小鯉魚而不受是鄙吾民也先君聞而受之蓋津民不識鯽以爲小鯉魚云在任四年以太孺人年高遂歸養先君有至性太孺人待之頗嚴厲雖老不廢箠撻先君欣然受之及太孺人卒先君服闋赴補後乞假暫歸病卒於德州之水次年五十有八先君性勤儉恒終歲或不製一衣自奉至薄嘗訓諸子曰吾至貧憶某年除夕厨無一物房族有餉瓜菹一器者啖之不啻珍羞汝輩幸衣食粗足其可忘吾前日之貧況耶先君既以儉持身終身無苟取南歸日行李蕭然而縣民夾道供帳數十里不絕各奉香花跪進巵酒時以爲榮芝少時先君與同起臥雖遇冬雪深數尺而黎明必起芝輒從踏雪階前以爲樂及先君北上芝寢處失安每不成寐得將歸之信甚喜誰知竟長逝哉而芝等生則未及奉養病則未親醫藥死則不與含斂追念膝下之樂如在目前有子五人而臨歿不能見一子此其可以痛恨者矣芝不足稱道先德聊以志痛云爾

男鳳芝謹識

九經鑰自序

昔邊孝先爲五經笥邪律先爲九經庫笥與庫不可無以啟之則鑰之說也學者必先有以自鑰其心而後有以鑰經蓋卽心卽鑰是編其筌蹏耳苟得其鑰則心花結撰觸手生新六經皆我註脚否則榛蕪眥飽有礙性靈又何異捫燭得形者之揣鑰乎哉心齋侯鳳苞書於吳淞寓廬

九經鑰序

易曰言有物信乎言之不可無物也人苟不能吐詞爲經豈非不學無術乎金君保三余執友也一日出其所藏侯舜威先生九經鑰一書謂此書甫成而先生遽歸道山不無遺憾余竊幸

先生此書留貽於兵燹之餘藉金君搜訪廣爲流傳先生有知當亦感深知己先生腹笥便便以經解經不沾沾於章句之學洵有以啟牖心思而究其指歸積數十年蒐討之功融會而貫通之有得於心斯借書於手故其文不拘一律而意到筆隨無不如志精確則天造地設華贍則霞蔚雲蒸其綜核處如畫沙聚米其點染處如輝山媚川其龢諧堅切處如鏘金戛玉鐵壁銅牆而字裡行間又有灝瀚之氣以行之尋繹斯文可謂醕且備也已若非先生之天資明敏汲古功深安能若是其麟麟炳炳滿紙皆經籍光也開卷往復庶昭然若發矇乎謹握管而爲之序同治十二年孟春月後學趙炳蔡謹書

侯君冠芳遺集序　姚瑩

世之善游山水者必窮其境境不同而游者所得亦異大抵得天地之氣最清者爲佳山水而得山水之境最清者爲善游夫山水之最清則未有不幽深峭峻者矣今置身武夷九曲黃山三十六峯之間心與目所遇無非清泉石磵曲洞懸厓白石青松雲霞魚鳥之事而與量絜文繡膏粱鐘鼎之華貴樵夫樵豎皆笑之矣甚矣人惡可以不善取境雖然宇宙大矣境之勝美如武夷黃山者吾不知其凡幾也山水之境無窮而吾人之游有盡則境者天地所以怡人之具而吾人所自怡者安在惟善文章者不然取天下之境之最勝者而悉覽焉於其心身所至

者其境至焉身所未至者其境亦至焉極造化之奇所必不能有其境者而心亦至焉故觀其文而作者之境斯存吾於侯子冠芳益信也以侯子之學之才不得於世之所謂文繡膏粱鐘鼎者而獨得於山水幽深峭峻之境吾不知冠芳之游果盡天下之佳山水否而觀其詩如游佳山水焉吾讀其文又如游佳山水焉是其詩文之境所存者如此所謂清泉古磵曲洞懸厓白石青松雲霞魚鳥之勝一覽卷而使人心目時時遇之吾不能窮冠芳之境又烏能窮冠芳之心哉而世之論者固猶以困於諸生早卒爲冠芳惜是殆人武夷黃山而惜文繡膏粱鐘鼎之不至也是亦不可以已乎冠芳之子笠青孝廉以此集示予

乞爲之序乃言其境如此世有知侯子者必能知余言也然而悲矣

高伯祖冠芳公工詩古文詞著有四雨軒集顧數奇屢困場屋後游幕歿於粤東年止三十七詩文皆散佚愈留心捜訪有年迄不可得歲甲寅授徒陸耀星太史家於館中書篋中見桐城姚石甫所著東溟文集中有侯冠芳遺集序讀之筆力蒼勁其敘述公之好游耽奇尤神采生動姚公文章氣節爲嘉道時一代名臣宜其言可傳世行遠亟手錄纂入家乘藝文俾子孫讀之知公之不朽者有在而文之存不存固不論也　姪元孫學愈頓首謹跋

勤補公勸五河栽柳築堤說

五河澤國也縱橫僅百里而水占其半淮挾七十二山河之水由西南來薄城與沱澮漴潼四河合而出東南爲南湖天井香澗赤龍澗三沖蔡家王家朱家諸湖復棋布其間淮河一漲衆水會合混茫莫辨下流雖盱眙可歸洪澤而浮山鐵嶺又勒住如咽喉故十歲九淹每望洋而坐歎舊有五壩數十年來海口淤沙日積河水日緩河身日高堰壩原蓄清水以刷黄黄高反倒灌以淤清口清口淤湖身亦漸高而水不能下壩基所以沖塌也今雲梯關外既築堤以束勢磨盤埽旁復添堤以分泄五壩南又開仁義禮三新河以洩水況伏秋盛汛水正東趨適壬

癸數年來夏秋交日日東風風與水在海門爭道相擊撞口門淤沙爲之疏開河水復急河身漸深清水暢流清口亦漸疏消庶五河之水亦有所歸而不爲患然不築堤泥濁水發而淮不能疏淹霪宿水大而澮不能容淹黄河啟閘而潼沱不能受淹至雨急漲新風狂浪湧不數刻而沿河無窮之地又淹非壩不爲功第築壩又莫先栽柳何則地平曠無岸風浪大無計阻當土疏散不膠粘樁草少不能堅固況連歲歉民不聊生安望餘力以圖遠惟栽柳可次第行之令冬先勸民備齊柳棍明春各照沿河地普栽六行依弓尺棰內夾野柳三年後即去其濃枝以作有根之樁再將野柳兩面密編中用稭土堅築柳樹內

掘一深溝其土即以築堤工不費且可以洩內水險要處留門作石閘量水之大小以時啟閉至料與費必籌商通每縣季每畝量豐歉出糧草各舉公正董事協同鄉保將所積糧草登册備用俟柳栽成後通核確估籌酌興工如費不足先籌築數尺逐漸加增總以一丈高二丈寬爲準庶可期捍衛總之柳有利息各照地栽堉則不分內外岡灣通力合作庶苦樂均無偏畸之患柳不難栽祇恐窮丐漁船潛行偷拔非設法看守官爲懲治不能保全堉不易築深懼勤惰不齊始終或異非嚴立規條官爲畫一不能奮勇費十年官心積十年民力瘠土不難轉而爲沃土倘繼起者踵行不倦其利可勝言哉今擬條約於左

一看地勢通查縣中沿水地畝內除高岡水淹不到者不用築堤其餘最低次低凡有水可淹者柳樹一律普栽查看時離水遠近酌量地勢插定標幟不得任情挪動亦不得畏難退縮其最低者柳棍尤要肥直高大

一蓄柳棍樹多怕水惟柳不怕水柳棍甚多搆亦不難然一時要百十餘萬恐亦不易必先一年出示令各按地畝多寡預爲備辦粗直者留極窪及中二行用兩邊四行如或短少先儘外二行栽逐年添補三年後即在所栽樹上斫下亦可補插有多無少大約六年後即茂盛可觀亦有利矣

一栽柳各照已地按栽本不甚費力大約以六行爲率多則更好中二行擇高直柳棍竪隔一弓一株一弓中又間野柳五枝橫寬四弓留作堤身空以塡土旁四行參差間種外二行可破浪勢內二行可培堤根俟三年後中二行柳離地高過一丈圍圓大過一尺即用作樁去風枝防其搖動野柳長至丈餘即編織如牆兩面一樣中用稭土堅築水來不虞添刷外二行柳樹外再栽蘆荻以護衛

一看柳先出示曉諭窮民俾知利害再三百弓搭一軟席蓬置一竹梆十蓬置一鑼每蓬留一人照五更傳遞巡查如有偷竊人即打亂梆上下數梆人同趕帑拿縛送架示不則如看青法各雇人交伊看守大約要一年共費諒不甚大沿河業

佃均出如公處亦即令附近居民均攤日後柳樹即歸看樹居民

一籌費栽柳因有利息各照地種築堤必通縣合商內地高岡水來無不受害且岡地之邊盡爲灣地更痛癢相關既闔邑興此大工世世子孫之利有何畛域可分而不通力合作乎況非强人所難能者今擬每保內無論紳耆公舉出二三公正無私勤能可靠之人會同鄉保查明保內各家地畝歲熟除高糧出稭外不拘細雜各糧每季每畝出淨糧一升交董事收貯備用如荒照分數遞減閘座等費先行提出備辦零用均在內開銷總要至公至當倘祖狥私弊即照所私之數

倍罰稟明退去另保充當大約柳樹亦要五六年始能齊全
到彼時彙算通同籌辦
一備料此地瀕土多沙岡土每枯性不膠粘即有野柳編護非
稭料廂築不能堅實稭料亦必通縣均商凡梳每畝但出竿
子二個歲歉量減
一起土即在內二行柳樹內離二丈餘挖一深溝沿河地畝無
墳塋阻當本是棄地即運溝中之土築壩近不費工緊要處
留閘門以時啓閉溝之寬窄淺深即照壩之高卑大小壩以
禦外水之入溝以洩內水之出儻外水小於內水內水大可
做畎澮古制自溝放出內外平亦可蓄水如旱井可用水車

引入以資灌溉
一築壩俟柳栽齊如式後彙算各保現有糧草及籌辦壩土丈
尺逼同公核均勻派辦必須明白工程人會同確估停當然
後酌定規條擇日興工尅期趕築務須一齊動手不可參差
後先致生怠玩
一壩成後每年大雨時行之先各董事務率同保人查看各壩
如有坍塌滲漏處加緊修墊倘水滿遇狂風暴雨時尤要着
力搶護可期永遠無遺悞
伯父勤補公潛心實學自幼時即以天下爲已任兵刑禮樂
而外凡星經地志溝洫河渠靡不必究迨司鐸五河雖未足
竟其用而弊必革利必興政績卓卓可紀其大績尤在栽柳
築堤一說如賈讓治河奏如酈道元水經注河防大勢瞭如
指掌依法行之誠不世利也道光壬寅端月十日胞姪楨謹
跋

五邑地濱洪澤湖十歲九淹居民恒苦離析 先王父秉鐸
是邑力振其弊而栽柳築堤之說行其利甚溥昔子厚貶永
州司馬人文蔚起椒山遷狄道典史政教大行經濟素裕不
以地限之也 王父卅爲名宦入祀尊賢雖設施未竟而民
物壹體之懷可想見矣爰識之以存治績云壬寅春正月孫
守廉謹識

蘭臺公雜訓

綿祖宗德澤讀書爲第一義能一生不離古人言行自然鮮過知之匪艱行之維艱爾等其勉之

讀書必先明理腳踏實地做去有無入不自得之樂爾等當方壯之年當求所以立之之道家爲孝子出爲良臣就現在所居之位爲所當爲自日進於高明毁譽不能誘其心榮辱不能搖其志無論一言一行能合之書理而無悖者心即存之事即行之

學問與做人相表裏有諸內必形諸外不學者無術僞學者欺世但自古僞學之人自以爲欺世其實世何嘗受其欺徒自欺耳

天下無自用之能人亦斷無自是之君子并無自暇自逸克自成立者我時時述爾祖父遺訓終身可法可師爾等平心靜氣細思我之存心行事皆從何處得來擇我之善者而從之不善者而改之我之幸家之幸也

天下事自難而至易者則易自易而至難者則難我非不知爾等事煩而動輒得咎者將造就精神材力玉汝於成也

余性最迂雅不喜韻語前夕靜坐口占一詩云苟能承啟是佳兒祖澤君恩仔細思勤儉箕裘當恪守淵冰臨履莫忘危事求盡力方希悔好欲亂名即涉私暗室行言無愧怍大徙禍福勿

驚疑謙和處已留餘慶眞實施人戒自欺於國於家何所望愛民如子固宗支以自箴亦以自道也爾等當書紳勿諼

居家以勤儉爲本出仕以清愼爲先昔桐城左忠毅公舉於鄉謁木房陳公大綬陳勉以自立却紅柬不受謂曰今日行事儉即異日做官清不就此時立定腳跟後雖措手嗚呼細行不矜終累大德前人之謹小愼微如此世之人知之者鮮矣吾見人家子弟知此而力行之者卽以大器目之三十年來頗不爽

一行作吏稱職爲難亦不過盡心而已部控案件將來必不止曾寧一處是以我趁未卸事之前將舊案了結實防後患之最要者也况在任年久不特處分愈大一旦卸事亦難以對百姓至多再做一二年能不勉力耶

苦人不敢思逸一生所守者此耳我此次小懲大戒雖幸邀寬典當更視爲虎尾春冰勉益加勉或可稍免愆尤敬之敬之天維顯思終身誦之可也怵惕惟厲中夜以興思免厥愆用顧畏於民嵒終身行之可也爾等亦宜力自振刷益加畏懼

蘭臺公訓姪書

諭曾培三兄弟知之汝等在家認眞讀書孝順爾毋余聞之甚喜曾培今年十三歲矣經書想已讀完能明白書理否一部四書一生事業盡在其中非特循誦傳習爲文章門逕也能在四書中字字句句討針線身體而力行之自能入則爲孝子慈孫出則爲忠臣義士蓋聖賢立言毫無空虛假借高遠難行之事心地光明步步着實反躬靠着行將去一生受用不盡四書一通其餘經史子集觸處皆通以之處己則順而詳以之治人則愛而公以之爲天下國家則無所處而不當遇大事不搖遇小事必謹習之悠久自然富貴不能淫貧賤不能移威武不能屈

然此光景惟日日悟書理於胸中作爲嚴師步亦步趨亦趨是道則進非道則退始覺此身於天地之間廓如也讀書立志如此至作文且緩將書讀得透徹先講其義再繹其理引而伸之觸類而長之一旦握筆自是油然涣然超類而拔萃矣何必汲汲乎山東德州盧相國吾師也吾鄉馮佩實侍御父師也均十三歲入泮吾亦不敢以望汝但一生讀書要他何用必思所以用之者借此可以博功名既博功名又思所以發生平學力也若不於此時先立定見倖得功名操尺寸柄亦如無頭之蠅瞎磕終歸於敗不但此也使第於詞藻上求之亦恐蹈筆下雖有千言胸中實無一策之病故讀書首先明理欲明理必就書上所言的實實體貼到身上復就身上所行的細細印證到書上凡正心修身齊家治國一節節勘去亦一線穿去理然後得明書然後有用大學歸本慎獨獨者人所不知也人所不知不敢自欺所以不動而謹不言而信而况見於言動者可欺耶總之爲己之學可以質諸鬼神而無疑者即可對大廷而無愧吾爲此語汝一時未能通達然所讀之書俱在可按何而繹之也吾望汝者奢故言之者切未忍以平時自得之境據爲已有耳事親不竭盡心力不可以爲孝兄弟不能事事敬愛不可以爲友一家之中父慈子孝兄愛弟敬家順矣家順而遇事有不順者乎處己即可待人家修即可廷獻有不忠君愛國者乎其志則

立基於讀書時汝其勉之千言萬語指望汝等讀書明理能讀書家雖寒人莫敢輕不讀書雖富貴無益日見其敗耳况不富不貴乎吾家寒素是其根本即事事啬儉亦係本色人或笑之我守家風耳何害爲我作宦十餘年除外局規模不得不稍爲寬展而自己及裏面親丁共十七人每頓菜蔬不及百文所穿無紬衣所藏無金器囊中無數餘一文錢毫無一點衙門習氣將來回家汝等亦無不可見也所以然者省儉吾家風也吾守家風即爲賢子孫矣汝等勉之我作此語爲汝等一生事業存心行事所關汝等不可作耳邊風若能年年歲歲時將此書味繹即爲侯氏佳子弟若作耳邊風則屬不肖子弟矣將何以對

我又何以答慰祖宗乎汝等勉之戊戌六月初二日伯父蘭臺書

從男雲峯先生六十壽序

昔聞仙令飛到雙鳧亦有名賢攜來一鶴養和平之福澤已溥乎蒼生躋仁壽之休算自綿乎絳叟而況荷陳望重九峯紀毓秀之鄉卓魯名高五河著分符之地歲逢建子慶値生申攬溍縣之晴暉無花不秀擬謝庭之瑞靄有樹皆春維我舅氏雲峯先生上谷家聲夷門族望載揚清白承給諫之芳聲代有循良踵宣平之治譜盛年力學早歲單寒白香山索米長安解吟芳草范希文讀書蕭寺晉斷寒虀夙負才名射策欲騫鵬翮壯登仕版操刀小試鴻猷固已共挹清芬早覘壯志者矣若乃本其學術布爲循聲勤似戴星清逾飲水聽訟則案無留牘歧若燃

犀愛民則戶有陽春温飈挾纊棠偶憩而勿剪蒲未試而先威昔年楚水宣猷已奏烹鮮之技此日皖江報最更覘製錦之能又況地匯河陽官如彭澤訟庭無事唯堪棐几鳴琴公署多閒儘許疎簾看弈放晚衙於青山影裏了公事於流水聲中父老歡呼兒童抃舞而且齊眉鼓瑟室對孺人總角傳經庭邀才子一堂和氣似在唐虞滿屋書聲無非王謝室內猶歌雛鳳階前盡是芳蘭泰鈞忝附諸甥復叨同榜既與賓朋之末敢陳岡阜之詞春回三素雲端喜動萬年枝上梁溪浪暖遙添獻壽之桮泗水波澄借作銜籌之屋望青牛之東度客盡持觴奏黃鶴以南飛予將吹笛矣

甥秦泰鈞頓首拜序

建德記事

縣官須約束家丁余初蒞建德月餘四鼓時有報假命案者五鼓即向稿案周某將原呈取出次日余即查知適有堂事畢即喚周某之三小子至詢悉前情予以掌責隨喚周某至責之曰余非憒憒者衙門中事無鉅細須禀命而行今汝起滅自由將三小子代責姑留汝體面可速去當以此爲戒嗣是衆家人無敢肆行無忌者書役亦斂跡至羈押班房宿州縣惡習然亦斷不能無余則除竊匪外凡有案情不得不暫羈者每於晚間令一家人持燈跟隨親到班房察看如有私上刑具刁難者立將該管家人等斥責至私押之弊斷無有矣

建德本係衢嚴徽州告警兵差之赴徽防堵者例於建德換船灘高水淺縴夫須多船戶畏累往往逃避有願私貼書役十餘千逃避者故封船最難余酌添夫價每一差到即親赴河干發口糧及船價并許就扣待其全行動身始行回署故從未鬧事至發往衢州及回省則易易耳乃蘭谿桐廬上下站往往滋鬧可見照料須留心也

救荒無善政咸豐五年建德大水六年又大旱鄉民赴縣報災者往往百十爲羣動輒滋鬧待各鄉聚集大堂始坐堂曉諭常至閧堂余則預寫准災詳勘批數紙遇有鄉民百十到大堂隨即便服詣大堂收其呈即以准詳勘之批予之諭令且回無不歡欣而去再一鄉至亦如之而前此鄉民已早各散矣故無擁擠鬧衙之事然後擇其災之輕重分爲詳辦上而桐廬左公下而龍游樂公鬧成巨案矣

州縣爲親民之官不宜妄自尊大余命家人如有生監紳耆踵門求見者隨到隨報立即請見往往隨常便服詢問利弊故四鄉民情浹洽如一家云不受請託察獄以情一堂審結無敢干以私者

緝捕爲州縣要務余拏獲涪安劇賊夏午發配湖北逃回恐有本地盜案屢用刑訊堅不承認適伊妻來視余則羈其妻於捕役家令其緝盜自贖又有貴州軍犯楊順林以外委犯遣余留

署教習四年五月拏獲鄰境行船被劫案犯八名解往蘭谿歸案審辦將首惡就地正法伊二人之力居多即將夏午改名夏忠作爲捕役棄邪歸正可見用人當不拘常格云

今古異宜有不可不變通者陋規一切上憲藉以辦公與州縣藉盈餘以辦公無異自當照送不格外饋送豈算逢迎丙辰五月慶運憲查辦金衢嚴團練至嚴司閽所索不遂所在逗遛看勇供應所費不少及回省中丞詢各屬團練以建德爲最云及余署安吉建德官民不協晏中丞欲檄余往時運憲已升藩司稱侯令將安吉辦理甫妥未便遽易生手可見大憲自有公心不在逢迎也

豁項不足軍興更甚催科自爲第一要務憶任建德三年辦奏銷九分以上在安吉九分八九六月新糧破白官淸民樂輸故也至撫字一節所該者廣隨時隨事凡有益於民者當留心講求自以斷獄一節爲大速結毋留當平心靜氣務得其情且獄有宜和而不宜斷者如建德王姓之公控奴欺主命案東鄉李氏控浦江山蠻搶案俱係院案勸令和息兩造安然以後無上控案矣

相驗踏看例宜輕騎減從余下鄉從未帶跟班以省地保供應轎夫服侍有茶房案卷有刑房四班每班二人在屍場必喚左右鄉問供以後票上除名以省到縣傳喚余素不飲茶輿中帶有點心可以竟日供應拖累需索之弊絶矣

安吉記事

丁巳三月望日午後忽奉札委署湖州之安吉時權是邑者爲阮司馬鈍書二月中被鄉民索賑鬧事關閉大堂絶飲食者竟日至次日放還所挐鬧事之李毛狗給與印文約定爲民請賑始行解散即上府請兵拿犯梁太尊不允住府一月始委駐湖帶兵二百之李錦湘司馬往時東鄉有四凶西鄉有五虎係首惡懸賞查挐大憲將阮公撤任因有是委辭之不獲即於四月初四日抵任將兵撤回阮公尚有役欠要追逗留縣署因與阮約待伊動身始行理事廼於十一日夜聞西鄉人約東鄉人又要進城鬧事十二日早輕騎止帶茶房二人往西鄉離城四十里之東嶽廟曉諭途遇鄉民之欲進城者紛紛擾擾俱諭令折回到伊局論話請生監耆民十人時鄉民之聚而觀者不下二千人曉以利害各唯唯聽命咸稱鄉愚無知從未聽得此言老父母若早到一兩月亦不鬧此巨案矣即有兩鄉民前跪懷中各出賞格一紙寫拿獲朱祥雲者賞銀五十兩拿獲李毛狗者賞銀一百兩當諭以看爾二人光景不過一村農不知法網若肯悔過自新當從寬不汝責不肯不教而殺咸叩頭感謝至旁晩時署中役到説東鄉人進城大鬧鳴鑼放炮將金姓房屋拆燒即喚李毛狗諭以東鄉人在城鬧事余不及回署汝能去解散即算悔過第一功唯諾而去比曉回說東鄉人已全散去矣

余回城往勘屬實時城隍廟中到有北鄉鹽蠹百餘人帶有火器鎗械欲爲金姓報讐立往禁止押回十四日往東鄉途中有老貢生趙某某等來謁自稱伊鄉並無一人進城到離城五十里之觀音菴有老生趙某增生趙某某等十餘人迎接曉以利害又往此巨案爾時余往西鄉不在城尙可略寛一線然須聽我曉諭悔過自新當設法從寛各感激悔罪次日又到南鄉曉諭各鄉民素聞余淸廉名爲治寛嚴得中無不悅服然蠹役與奸民互相煽惑謠言要拏人嚴辦趙姓畏懼斂錢鑄造炮械謠言五月初三日進城余卽先期再到東鄉曉諭始各安貼化大爲小大憲聞之以爲辦理得宜城中燒屋之案以挾嫌緝凶報

閩邑安靜雖奉批查飭亦不再詰矣是役也趙某鬧事後卽往餘杭求救於黨惡之胡萬盛盛以案情重大不肯相幫胡萬盛在餘杭六月中滋事杭嘉湖道葉帶兵往拏燒燬村莊無算又竄新城始行正法西鄉民以爲此案幾在安吉幸余化大爲小保全甚大欲爲立長生位供奉因有自阮湖牟荒旱久好官戴得好天來之謠城中燒屋之案例一年零四個月承緝不獲降一級故著至次年七月卸事頌聲載道焚香而送云

四年正月徽州祁門失守　中丞黃　發銀六千兩富陽桐廬各一千建德淳安各二千恐兵差不敷支應乃匝十日退出中丞又發一札卽令解還司庫司房隨卽有信說此項銀兩要費四成不必解伊等自能料理余答以十日之內實未用去多少自宜遵札解還竟以兵差絡繹十日之內已用去五百兩其一千五百兩遵札解還止有建德一縣司友欽佩我之公正以後兵差銷費不敢爭多嫌少矣

七年四月到安吉將鬧賑之案化大爲小了結東西鄉士民悅服然後開征秋間蝗大至僅食山竹不害禾稼尙算有年十二月初一開倉輸將恐後八年春兒有司中攤捐款四千餘兩全

行角淸幕友以解浮於征此是何意余答以帳房之錢非我帶來在建德三年暗中有虧實非我心今以多解補之至七月卸事將交代冊送後任陳槐庭伊錢穀朋友說長解四千餘兩交代毋庸算便宜後任而已三日卽將小結送來九月到省　徐方伯喜交代之速留入內簾余以爲做州縣者俱能如是存心必不致攘奪其君刻剝其民矣

石雪庵記

石雪庵者琫森八世祖明孝廉子誦公別業也公性耽靜精於琴嫌城市囂購秦氏碧山莊遺址築精舍居之因家有書室名石雪齋故卽以名其庵饒花木竹石之勝每與邑中士大夫觴詠其間裘履壺觴殆無虛日公歿公子彥哲公繼之迄明季盜風熾被刼一空乃以西偏奉祀子誦公以下栗主而以東偏招僧住持奉香火語載邑志並家乘中相傳近處有田十數畝仝界庵僧除完官課外責令供朔望香燭并春秋二季素筵箕器等用憶少時每遇春秋祭日隨先輩謁荷花池太僕公祠禮畢卽詣石雪庵行禮粵逆之變太僕祠既鞠爲茂草石雪庵亦僅

存瓦礫後嗣奔走衣食不遑及此光緒十八年兒子家庋自浙回里應童子試道出碧山莊忽見是處建屋三楹門榜石雪庵欵署信士王鼎彝重建異而叩門有中年道姑出詢之則爲王鼎彝之父妾某氏出貲建此爲焚脩養老地詰以基地購自何人有無契券則無以應也乃明告以此地爲侯氏家祠必拆讓乃已案之半年不應不得已控之官官諭董保查覆某氏乃胆懾挽邑紳林太守少筠圖董高明經芝仙居閒求罷訟願遷讓惟造屋貲須給還琫森憐而許之給價洋壹百伍十元由某氏書券以了此案遂過糧並招看管人某居之每年給洋兩圓書看管據存照秋間復令兒子奉栗主於正中俟稍從容當將後進所謂擕謝樓者建復重爲點綴花木竹石俾還舊觀是則琫森之志也久擬撰記以誌顛末政繁事劇迄無須臾之閒光緒二十年正月初四日進省賀年夜雨不得進泊舟時堰埭泚筆記之以示子孫俾有考焉

八世孫琫森撰

映山河記

映山河古岐河也長不過百尺其水清甘澄澈旱不涸潦不溢天氣朗晴九龍山諸峯參差隱映識小錄所載兩岸有芙蓉王耐軒有絶句云荷銷萍斷水逾清兩岸芙蓉綺繡成花映岸頭山映水誰知城市有蓬瀛余高祖霓峯公以順治戊子己丑連捷進士歷禮刑二部正郎督九江關鈔搆園於河之西偏彷彿寄暢園形勝河之西首有龍頭古楊巷底有玉泉淺澈可愛作溝之引之今雖廢古址猶存倉廳親仁堂適居其中西有閣樓與園通下爲往來要路僉稱往北門須從閣樓下走者是以後園半爲他姓所據足見興廢有時艮足慨矣曾祖家中落改倉

廳爲住宅徙居之吾祖吾父及余昆季俱生長於斯吾祖雲峯公歷任湖南安徽邑宰從祠五河名宦父庠廷公及四五兩叔俱籝於庠三叔父補齋公以名進士作宰湖南伯兄平山公亦宰粵之昌化季弟季方以乙榜教習出宰滇南歷署道府特授江西袁州府以道員在任候選改補湖南鳳凰廳卓卓有治績表見余不敏由孝廉司鐸沭陽薦升知縣雖歷署浙之建德安吉縣事戊午分校浙闈今又司鐸山陽略無事功昭著艮川自愧故名之曰散人艮宜然是河之毓秀鍾英三代於兹賢喆挺生有靈氣焉河上之宅自前明已歸侯氏故是河余得而私之兵燹後堂室園林僅存殘垣廢址己巳春季弟季方寄歸清俸以祖基不可廢柬余照親仁堂舊址重爲改造加高宏敞樸質無華河亦挑而浚之俾掩映澄澈依然如昨是散人有功於河也散人名是河謂散人之辱是河也可謂河之生散人卽以自辱也亦無不可

岐河散人自記

蚑河散人㓜學圖記

乙丑春繪此圖趺坐握大學一本背靠書數套時年六十有九不敢自謂耄而好學回憶司鐸潼陽需次浙右承乏建德安吉兩任愧無政績昭著所謂修齊治平者安在祇以手不釋卷聊存生平嚮往之意云爾

蚑河散人自記

知足軒記

同治八年將親仁堂舊基重造廳後止映山草堂三間別無書室癸酉夏乞假言旋將所買嵇姓地相度基址即以齋俸所餘擇吉建造而以知足軒額之葉唐師有知不足文集而余以知足名軒者蓋學問之道宜知不足知不足則學日起而大有功五經子史百家俱在可存足之見哉處境則宜知足知足其陋巷簞瓢自有至樂可以寡欲養心況軒外餘地蔬菓桑蔴生機勃發日坐軒中讀書養性怡然渙然無適而不自得已是爲記

蚑河散人記

曾祖逸季公祠堂記

親仁堂書房公屋先是紫坪二兄有歸併於余作公祭之議有志未逮咸豐七年春除將俸洋貳百肆拾元捐入義莊置田作保墓項外又將洋壹伯陸拾元歸併公屋置田若干作曾祖逸季公公祭八年春藉著旋里又於老祠堂旁空地捐造祠堂三間賴雲麓四哥督工計費貳伯伍拾餘千溯望瞻拜規模煥然老祠堂年久欹側亦於老公項內提出三十千鳩工牮直換樑換柱計又捐添叁拾餘千惟除看祠住屋外絕無空屋以後如有力子孫能再起造二五間方覺堂皇有厚望焉

咸豐九年十月日　曾孫㝡謹記

誥封恭人伯母蔡太恭人八秩壽言　姪倬厚堂

蓋夫天地清淑之氣磅礴扶輿發爲嘉祥鍾爲人瑞者不外陰陽健順而已是故其應乎剛德者在天爲景星爲慶雲爲甘露在人爲魁儒爲名宦此得乎乾健之美者也其應乎柔德者在地爲醴泉爲嘉禾在人爲令妻爲壽母此合乎坤順之美者也

今上御極之二十年爲

聖母舉行六旬慶典薄海內外巷祝衢歌罔不同登壽宇而我三伯母大人適以是冬開八秩觴誠盛舉也猶憶吾三伯父紀之公起家牧令遺愛在民四伯父霽舫公中歲膺方面宦績垂於里乘伯仲之間愉愉怡怡爲家之閉戶共讀徐宗之班白無間古今人安必不相類哉卒皆年登大耋爲鄉鄙豔稱今三伯母又八秩矣伯母安家風於儒素不欲孫輩過事鋪張而內外宗戚咸樂鞠歷上壽且謂伯母以八旬命婦儻如例晉京祝嘏定有異數之頒今既不出此惟茲歲首稱觴又烏容苟焉已乎於是慈幃勉許受祝因念吾伯母生長名門幼嫻姆教年二十有四歸吾伯父紀之公時伯父方以名孝廉館穀於外家計窘甚伯母躬操井臼而志意常充然有少君孟光之風焉其隨伯父之任浙中也以儉德襄內治食屏粱肉之美衣恥文綺之華舉家上下皆化之故伯父所至有清廉稱讀蛟河散人自序知得力於賢內助者非淺鮮矣嘗慫恿伯父以俸餘銀捌建宗

祠以無忘木水本源之重復以其樽節之餘分䘏窮黎寒者衣之饑者食之喪札者棺斂之而茅檐蔀屋間皆額手頌賢母不衰是殆能壽斯民以壽其身者歟兵燹後伯父秉鐸山陽等縣而伯母留家主持壹是時廩入甚微諸從之仰給者以十數措拄經營情誼周匝且力任其婚嫁焉而子庚弟英年績學聲槩黌宮無紈綺氣習人謂伯母克儉之效也未幾伯父與子庚弟相繼捐館時兩孫年甫髫齔以養以教迄於成人其間處妯娌以和訓諸婦以義其御臧獲也寬而有制其接二三姻婭也往來以禮慶弔以時春秋祀事必誠必虔家法之善東里稱最吾族有纖介事必就質焉片言剖解敦睦如初族中公款如義田

錫山東里侯氏宗譜　卷八　蔡太恭人八十壽序　廿七

書塾之類大都名存實廢伯母皆倡議清理以復舊規以垂永遠是不惟推一身之壽以壽子孫且將有以壽吾宗於無窮也以是得之巾幗中爲尤難嗚呼吾侯氏自明季以來世有令德爲梁溪望族洎吾伯父通籍後兢兢以墜先緒爲誡故一切宦箴家訓皆足以昭示來許後生小子方資庇廕焉迺遽歸凋謝猶幸伯母能永肩多難以躋平康且能顧全大局俾族務之煩且劇者靡不從容就理則雖謂伯父至今存可也伯母中歲多病邇來轉形矍鑠鮐背鯢齒耳聰目明從此晉上壽於期頤不難預操左券斯非其純固之德合乎坤順之美者歟倬自幼悉伯母之閫政嚴明又深幸兩姪之仰荷慈諭植品窮經宏一門孝友之風嗣累代詩書之澤必將爲家珍邦彥以濟美前人也際兹大慶用敢道其載壽之福與致壽之理爲家人介眉之一助雖於伯母之嘉言懿行未及十之二三而略觀承先啟後之大端亦足知俾壽而臧之並非無自云

錫山東里侯氏宗譜　卷八　蔡太恭人八十壽序　廿八

侯母蔡太恭人百歲壽序

嘗讀詩至麟趾采蘋羔羊等篇或著子姓之仁厚或侢季女之孝敬或頌大夫之節儉正直而皆歸美於夫人之化內助之賢下至魯敬姜曹大家及歐陽文忠之母程明道之母大都勤儉仁恕以啟後嗣以式州鄉以垂範百世意其身亦必康强壽耇享有多福蓋惟仁者壽理固不爽惜乎書缺有間自古不傳女壽吾無以徵之徵之今日之蔡太恭人太恭人爲前浙江建德等縣知縣侯紀之先生之繼配于歸後家風儒素至質簪珥以濟用之不足節縮衣食以撫羣從子女之孤露者婚嫁以時咸賴成立先生歷任繁劇宅門以內蕭然不知有官之樂所至循聲翕然所去攀轅卧轍得力於內助者爲多洎先生捐館舍諸孫年甫髫齔太恭人黽勉措持喪祭一循家禮訓諸孫以讀書孝友課諸婦以中饋女紅內外秩然門庭雍睦侯氏爲錫山望族太恭人年輩最尊宅心平恕族有纖芥事片言調處其憤立平退無怨者侯氏義莊久叢弊藪命孫及族之賢子弟整頓改良迺有實濟倡辦侯氏公學侯氏女學規畫周詳務垂久遠孫渭臣紹先植品端慤勇於爲義桑梓交推太恭人之教也凡此犖犖數大端皆婦人女子之所難雖風詩所詠史傳所傳何以遠過家道先否後喜今內外孫曾及諸女婦之問安侍膳者白首歸甯者請假來省者含飴繞膝者親丁不下數十百人太恭

人領之而已不能盡識有郭汾陽之風中年多病瀕於九死晚乃愈康終日端坐未嘗偃卧斯非所謂勤儉仁恕享有多福惟仁者壽信而有徵者乎歲太恭人壽屆百齡姻親宦京師者合詞具呈禮部請旨旌表建坊今春其孫輩將佩觴於堂屬予幕僚來乞文予佩是以爲壽且使渭臣兄弟益自勵也

賜進士出身陸軍部侍郎銜兼都察院副都御史會辦鹽政大臣巡撫安徽等處地方兼提督全省軍務侍生朱家寶頓首拜撰

族太叔祖母蔡太恭人百歲徵文啟

蓋聞西池仙母傳白雲黃竹之歌南嶽夫人記綠字赤文之瑞仰徽音於姒幄度表山河備福壽於箕裘景綿日月前身是佛竝世無儔瀛寰艷說期頤史官大書人瑞三萬六千日之壽母自古稀逢四百五十兆之羣生爭先快覩則於我族太叔祖母誥封恭人蔡太恭人見之矣宣統改元上章閹茂之歲爲太恭人百歲大慶之辰一時鳳舞鸞歌雲蒸霞蔚龍章五色迓來天上恩光鳳誥十行頒到日邊湛露百年綽楔峙列戟之高門滿座衣冠拜錦帽之賢母堂上則金牙鐵齒藜杖親扶階前則玉樹琪花萊衣戲舞九天曠典一代休徵豈可使黃絹無辭白華

缺詠乎惟太恭人幼鍾靈淑長號端懿習詩禮而無愆郄綺紈而不御繡工五鳳薛靈芸雅擅鍼神才富千雞蘇若蘭合稱學士具玉珮瓊琚之度林下垂型成明珠仙露之章庭前詠絮閨帷領袖巾幗神仙筆擅雕龍不愧中郎華胄屏開射雀來嬪太僕名門迨歸我族太叔祖紀之先生也鹿車對挽鴻案相莊翟茀以偕珮環而侍凡先生馳驅鞅掌之勳皆太恭人左右勗勤之助平章荒政汲長孺特開義倉協濟鄰封秦穆公遣貸仁粟攘揄小刼拔出萑苻懷磚巨豪散歸畜牧決獄則諸囚頌佛一時之雉幵無冤培材則捐俸延師數郡之菁莪鬱起既著相夫之績還聞鬻子之勤三遷垂訓兒是麟膠八咏成詩人呼犀角

陶母具人倫之鑒歐母昭義方之型於是西京太學盡重劉陶東觀名賢交推郭泰更喜孫枝之競秀早頒鸞誥以推恩同分仙桂以吹香遞捧鶴觴而介壽仲長統娛親房闥好賡樂志之篇潘安仁奉母板輿爰作閒居之賦太恭人則含飴以弄繞膝而嬉郗夫人年踰耄耋神明不衰宣文君坐有生徒講論不輟興一時實學家塾之講席宏開溥九族仁恩義田之規模重整澤流三郤帝求衆母之褒綮被萬家人仰女宗之號茲以三秋令旦將稱百歲華觴學愈誼忝宗支躬逢盛事目擊柔嘉之則耳聞聖善之風敢爇栴檀代揚奇馥願將闇範畧舉梗端伏乞當代之儒林丈人

文貞學士不靳煙墨各贈琳瑯或宣照於五聲或宏鋪於七體借文昌遠耀增寶婺之星光假書帶芬芳寫蟠桃之花色庶幾垂之史策卽南唐女憲之書播入管絃續樂府壽人之曲

宣統二年歲次庚戌孟秋之吉族再姪孫學愈百拜謹啟

恭祝榮祿大夫霽舫侯老親家八秩壽序

蓋聞蒼松擢秀標美蔭於高岑丹穴鍾祥延清聲於老鳳良由得天獨厚全本性於羣卉之先瑞聖能奇騰苞彩於千仞而上自來錯節盤根之會必賴匪躬幹濟之人惟偉兆既協於禎符斯嫩報如操夫左券況夫秉德而處德無隱而不彰載福而行福以綏而胥備如我親家霽舫先生者其鍾積之地靈與宛之天授乎先生幼而岐嶷長益徇齊辨燈盞之四聲識風丁於三歲甫六齡而椿庭遽萎閱十載而萱蔭又擢賡詩廢蓼莪之篇刻主輟栝棬之飲門型室律毀齒而已精嫻書梔經橈焠掌不忘攻苦雨漂高鳳之麥手芸簡而坐忘風欹杜甫之廬坐藜牀

而自若弱冠而後笈來京師依伯兄以從遊入成均而肆業載憑之奪重席說經則雅號無雙子房之中副車獻藝則雄心不再進學以荒嬉爲戒不薄昌黎之一官考績而課業有成遂展王喬之雙舄越二年歲次丙申呈請分發籤掣雲南盍自捧檄之始以暨懸車之時積資四十餘年受任十有八職奏大有爲之效而薦虛聲數不可及之端堪徵實行焉方先生之將往雲南也戚黨咸以滇多瘴癘又去家遼絕欲尼其行先生則謂男里之行自茲始矣一身如寄吾何懼哉攜健僕以長征望故鄉而迢隔異班超之投筆非覓封侯慕宗慤之乘風惟羞懷土迨署景東直隸廳篆廳地夙苦瘟瘴每值春夏官民遷徙他所習

爲故常巷無居人官多廢事至是紳庶請徙先生曰守土之謂何而輕議遠避耶乃以禍福感召之理剴切示禁民於是安堵樂生迄滿任無瘟患跕飛鳶而仰視報無恙以羣居猶鳥猶花播皇仁而咸若蠻煙瘴雨遇至誠而輒消顏含躬事兄子疫不爲災巨伯義守友疾賊因感退此先生燭理之精其不可及者一也當岑彥卿宮保以諸生投効先生適在軍中一見器之力請留辦營務自是凡有所贊助莫不披却導窾推誠布公用能將帥輯和士卒用命滇事賴以大定不數年宮保累功晉任封圻而感先生知遇始終執弟子禮甚謹讓階前之尺地樂與揚眉屬境內之分符歡聯使臂祁奚之舉叔向情非私於一人李

白之薦汾陽功實同於再造彼夫孔北海之推轂正平李西平之牢籠延賞方斯茂加矣此先生知人之明其不可及者二也上遊旣奇其才未郤景東任卽檄署南甯縣時𤞤逆犯馬龍州境又檄兼署州事先生募勇訓練防戰兼施數月克保州城後復留營佐戎務克姚州紅巖等處其在湖南鳳凰廳任又値黔苗蠢動先生籌防籌餉心力交瘁一如宦滇時虞詡之治朝歌識衣縛賊龔遂之理渤海佩犢消氛簡募家兵朱儁則擊平張燕橫飛薊子宋代則晉衛多剛韓滉論禁居牛而江東以靖常袞議移回鶻而渭橋以安此先生禦敵之謀勇不可及者三也其旣投平彝也旋調昆明復升大關廳而思茅廣南連握虎符

大邑新加甫眞除於黃綬劇區坐領荷褒美之丹綸賜絹而上最頻書記屏而帝心簡在迨選授江西袁州府又經大府保奏留營旋奉旨署大理府加道銜賞花翎又奉旨以道員留滇河內之借冦恂攀轅不少華陰之除裴諒假墨惟權於是歷署迤南道糧儲道兼署按察司使時糧庫告匱百務叢棘先生酌劑盈虛衡量出納籌墊欵以彌其缺遏濫支以節其流劉晏之裕常平歲增鉅萬翁歸之嚴牧取威懾豪强此先生服官之勤能其不可及者四也先生宦跡所至率以裕國愛民爲念例外纖屑弗受自奉儉約無異寒儒廉俸所餘悉以捐充軍餉迨同治二年部議照新章開袁州府缺歸道班奉旨依議而例應補足

道員銀兩因無力措繳至呈請仍就同知歸湖南候補遂歷署彬州及永順永州二府事補鳳凰廳復保知府加運使銜最後乃升授寶慶府焉捐廉泉之一勺以餉饑軍守暮夜之四知獨持亮節處脂膏而莫潤孔奮何負於姑臧卜珠產之能還孟氏流芳於合浦屬以斧資不繼未能眞晉於雁銜遂使輿頌仍題不免遲回於驥足風清兩袖應彈清獻之琴裝滿歸舟徒有鬱林之石八生有幸有不幸艱難贏得清名廉吏可爲不可爲淡泊僅以明志此先生持操之廉貞其不可及者五也凡此五端堪賅百行今者歸去來一官如歷林泉之歲月方長清慎勤三字傳家蘭玉之庭階滋茂茲喆嗣筱舫司馬迎養來淛將以仲

冬之吉稱觴會垣想見杖履優游駐喬樁之愛日毓籌交錯祝益算以如雲誠盛美之難名愧揄揚而莫罄者也同龢等宦轍分馳高山仰止懸匏阻跡末由親捧鸚杯投簡臚歡祇合遥宣鴻烈此日春生銀管願增甖鑠於三冬他時瑞輯珠囊更頌期頤於九豒謹序

賜進士及弟經筵講官太子少保頭品頂戴毓慶宮授讀工部尙書兼管戶部三庫事務軍機大臣翰林院修撰加三級年世姻愚弟翁同龢拜撰

賜進士出身賞戴花翎刑部右侍郎翰林院編修加三級年世姻愚姪許庚身拜書

葉唐公顧學齋文稿序

葉堂夫子精舉子業文名譟京師公餘嘗授徒故鼓篋肄業者衆道光甲午奉命典試楚北均爲門下所拔士後均捷禮闈入詞垣親炙最久受知亦最深居閒論文娓娓不倦所作大題文數十首業於早歲梓行已不脛而走矣辛亥冬同門下士復貞夫子所爲小題文將付剞劂夫子謂均曰余作諸生久家貧授徒爲業及門者日操觚括余各隨其才以成就之而每遇小題多苦其枯窘情味索然余或加點竄或自作一篇以爲楷式傳鈔既久訛脫滋多同人因請付梓以公同好辭之不獲而命均一言弁其首竊思我夫子積道德發文章繡括宏深豈管窺蠡

測所能罄然即同門之志以爲志是固我夫子壽世之一徵也至於枯者腴窘者舒實處涵虛神直中有曲體殫思之工運筆之妙足以濬靈明啟閉塞納須彌於芥子化朽腐爲神奇其爲功於後學豈淺鮮哉是在讀者自領之而自得之矣

咸豐元年歲在重光大淵獻赤奮若月攝提格日受業金國均謹序

顧學齋文稿自序

桐 葉唐

丙申冬月余奉命視學陪都越明年二月甄別諸生送入瀋陽書院肄業按月課之閱課文既畢不甚愜心輒檢平日舊作示之聊以開導諸生非敢問世也章鞠人大兄刺史見而稱賞欲付梓以代傳鈔余不勝惶悚顧念鞠人刺史以名進士振興文教創脩瀋左書院督課諸生其嘉惠士子之心至切以余曩日授徒都下鄉會兩試獲雋者頗多因以余爲不迷所向足以引導後生余雖不敢自信而鞠人刺史盛意所存不敢重違其請爰即所錄文五十餘首授之惟望指摘瑕疵俾免紕繆則幸甚矣時丁酉六月上浣錫山侯桐自序於使署之得樹軒

詩品試帖詩序

吾師葉唐先生制藝大經既不揣譾陋而序之矣哲孫介堂復以詩品百首試帖見示而請弁其首或問余曰表聖詩品非爲試帖設也先生是編體從試帖而以詩品命題何也余應之曰試帖之美且盛未有如我朝者也夫唐人詩品固高矣然自唐上推之曷如漢魏自漢魏上推之曷如三百篇而詩品始於鍾嶸三百篇則未始有所謂品也是則詩品云者固非古也表聖品詩之云亦就唐詩之品品之者也唐人以試帖取士而率多闒茸之製昌黎試進士作精衛銜石填海實亦未能完善今先生是編繩墨規矩一皆准乎館閣之製而名句絡繹就其獨到之處雖唐之韋孟杜韓無以復過設表聖生於今吾知其以詩品品先生之試帖無疑也或乃默而退爰書以授介堂即爲先生詩品百首試帖詩序

同治五年歲在柔兆攝提格當湖受業王大經頓首拜序

葉唐公詩品試帖詩跋

先大父少宰公幼孤力學弱冠游庠食餼爲名諸生十餘年從游甚衆嘉慶癸酉登賢書庚辰成進士入詞館晉掌文衡所得知名士如張小浦金可亭金滸臯諸君率掄上第躋清要其他官中外大僚者踵相接性嗜學自少至老手一編寒暑不輟故著述極富其已刊行者顧學齋制藝詩品百首試帖詩風行一時學者奉爲圭臬庚申之變燬於兵火凡已刊未刊之本散軼殆盡克復後先君子即謀續梓而稿本無存旋捐館舍歲丙寅祺於戚友家覓得制藝刊本而詩品試帖猶渺不可得竭力搜羅始得之於壬申秋始謀重梓而力有未迨蹉跎者垂十年近吳門當路君子出大父門下者醵貲相助乃得登之棗梨祺於孫輩中年最幼先大父歸田時甫十齡嘗顧語祺曰汝父頗能文乃屢躓京兆僅得寫官出就外吏非其志也汝當勉之祺十餘年來變故叠遭衣食奔走不克從事制舉業以上承先志追思遺訓罪無可逭第是集之成足以楷式士林庶不負先大父引掖後進教人不倦之意云

光緒紀元歲在乙亥病月之吉孫男維祺謹跋

送侯蘭臺大尹遷任去邑序

梁溪蘭臺侯公於道光癸巳五月來宰春州越年四月以代去行有日矣邑士民聞之皇皇然如嬰兒之甘乳於懷也而一旦奪其母走相告聚相嘆曰此古廉吏也又曰此古能吏也而去也而不克一挽其行也夫士民苟公治而廉公能公洵稔公矣而詎足盡公耶公之蒞春也甫下車即歷詢士習民風銳意振作月集邑俊於書院扃課除折俸獎勸外並撥田以增膏火設薪水以資講肄一時士譽翕然七月大水禾盡淹繼復旱食價翔貴公嚴禁奸民運粟出海更發倉貸給精選能事者董之民乃裕邑城歲久失修樓堞圮損公巡視之次慨然爲民社捍衛

計捐廉庀工尅期繕葺或言於公曰斯舉工費繁重非一力所克任公曰視吾力所能爲者爲之吾爲其倡人獨不爲其和乎吾盡吾心焉耳公作事大率類此蒞事恩威異用人莫測往者奸民以人命居奇株連無已公洞燭其僞痛懲之自是無復敢譸張者至鄉愚偶罹法委曲開諭矜恤不忍治以苛人疑其縱公曰彼愚也非悍也吾豈不能置諸法吾憫其無知俟其悔焉斯已矣人以是服公之所存者厚而持識特遠也嗚呼古稱廉吏尚矣廉不利民財而出其財以勤民者有之乎能吏尚矣能則行其法而行法外之恩以全民者有之乎公善政不勝書惟是惓惓爲民不惜心力之瘁不事文飾之浮而區區以廉能頌者未足擬其概也公行矣姑敘其一二俾苟公之治者咸感公而圖所以不負公斯公之殫心於春者庶幾慰也而春之繫思於公者更何極也

賜進士出身署嚴州府知府嘉興府海防同知治愚弟劉榮玠

頓首拜撰

留印警心記

昔歐陽文忠公追溯父志云遭時竊位幸全大節不辱其先者其來有自信哉斯言翰至愚極陋何敢上擬先賢但木本水源不可一日忘也自束髮受書仰承先大夫庭訓嘗以爲人當做好人出仕當做好官兩言朂之今猶在耳吾族數百年來積厚流光自江山企竹公太僕少芝公迄今仕者無不克守清廉潔已愛民未仕者安貧樂道不失爲鄉里善人曾祖虹川公宰山西河津五寨等邑克儉克勤有爲有守祖舜荃公苦志芸窻壯年謝世雖未仕而大有造於家父勤補公司鐸滄河十六年以極瘠之區訓廸士子外創修黌宫勷理賑務無不竭盡心力歿後邑人公呈當道詳請從祀五河名宦傳載邑志翰幸蒙先蔭得邀徼倖敢不戰戰兢兢聽祖考彝訓貽父母令名乎爰於所歷之任留一印以盟心自警庶幾事無鉅細必求有以慰先志者而於斯印負疚果何如也

道光七年九月初三日　　之翰謹記

禹貢古今注通釋序

說禹貢者古無專書宋毛晃始作禹貢指南程大昌有禹貢論傅寅有禹貢集解其書皆散軼不傳僅錯見永樂大典中自宋以後禹貢注釋不下數十家得失互見當以胡渭禹貢錐指爲最善然若九江專指洞庭已爲徐文靖所駁注書之難類若此吾友侯子勤幼即好胡氏書繼乃求之古注得馬鄭王三家說復參以歷代地志輿圖及近世乾隆府廳州縣志水道提綱等書纂成禹貢注六卷名曰古今注通釋凡方州分合山水原委今昔同異之故皆能爲之討索辨難折衷以定一是而於水利河防尤三致意焉夫古之治河者順其勢而導之不聞逆其性而制之也今河日南徙盡失禹時古道治之者隄防束縛阨其北流時有漫決之患而不知變計者非以國家歲漕東南粟勢不得不假黃以濟運耶而所以盡力漕渠不惜數石致一石者則又出乎西北不開水利而必仰食東南故也書中嘗言冀州白壤地本宜稻自溝洫廢人功不脩冀州遂爲廢土耳嗚呼棄數千里之地而不耕是誰之過歟昔徐貞明著潞水客談有十四利之說而行之永平輒墾水田三萬九千有奇憲廟時曾修畿内水利亦得田七千餘頃其成效可睹也今上初政廷臣有條上畿輔水利營田事宜者旣格不得行其明年河決豐沛運道梗塞遂議改海運於是乎河漕並困矣讀是書爲之慨息且

惜子勤有經世之志而跧伏里閈徒使人目爲經生家言而忽之也子勤喜治古文涪樸得之方望溪氏然心力尤注於禹貢一書殆欲與胡氏相表裏而精密有加焉所謂繼事者易有功者耶吾鄉先輩若王鑑華玉涫於禹貢俱有撰述而不甚著稱是書出吾知前賢當畏後生已乃爲之序而歸之

咸豐元年冬十二月同學年愚弟秦緗業書

重刊禹貢古今注通釋跋

外舅子勤先生先慈侯宜人弟也篤志嗜學著述宏富道光中以名孝廉授徒京邸一時從游甚盛經其指授悉有法度嘗病禹貢一書注家疏謬乃於琴川姚湘波侍御館中薈萃諸說折

衷已意纂成通釋六卷侍御見而善之爲之鐫板一時風行都下治禹貢者奉爲枕中鴻寶庚申之亂板燬於火先生亦遽歸道山光緒丁酉余既以先生所著詩文遺稿壽之貞木而此書湮更世變絶少傳本先生從孫伯文績學砥行於邑中先哲遺著搜采甚力一日手其家藏舊本示余且謀重梓余喜其能綿先人手澤爰醵貲助刊於梓工斷手時謹識數語而歸之伯文所爲還讀草廬詩古文辭已卓然成一家言異日刊行問世當與古杼秋館後先輝映於此見名賢有後而侯氏之世澤長也至先生遺著尙有十餘種伯文能留心搜輯次第付梓以垂久遠是又余所深望者矣甲寅夏四月子婿吳鐘謹跋

古抒秋館遺稿序

本朝二百年來吾邑抱有治古文者先侍郎少卿有志乎此後交桐城姚姬傳先生由方望溪氏歸震川氏上溯歐曾二家遂爲古文正宗詩亦取法王孟韋柳一洗側艷然生平未嘗授徒其時隨園之風方熾邑人靡然從之卽有一二高才生亦以沈博絶麗爲尙無有過而問津者自先人既亡而古文遂絶余小子少孤不及聞過庭訓少長亦知好之然無師承如失燭冥行瞀然莫得其畔岸茫然莫知所底止也道光已亥庚子間薄遊京師識上元梅郎中伯言先生問以所作就正始知古文義法葢先生故姚氏之晚年高弟也姚氏之門尙有陳侍郎石士管

孝廉異之先後辭世而梅先生乃獨得姚氏之傳時若朱侍御伯韓余戶部少坡邵舍人位西陳上舍藝叔曾閣學滌生王戶部少鶴馮刑部魯川皆好爲古文而必以伯言爲歸邦少踰桐城矩矱吾邑則有張君端甫侯君子勤先後著錄稱弟子二君初亦濡染乾嘉時習及從梅先生遊乃盡棄其平日所爲詩若文別有心得焉余亦與相砥礪毅然以斯文自任吾鄉數百年罕見之絶學一時而得吾三人可不謂盛與顧端甫不及中壽侘傺以死篋中僅存文三篇詩數十首則固其所自擇之至精者余及子勤爲刻之子勤旋舉京兆試余亦附榜末兩人者交益深而子勤名日益起未幾吳楚用兵子勤既屢上春官不第

欲從軍淮泗又不果故鄉淪陷家室仳離竟客死於常熟之滸浦其遇之可悲且有甚於端甫者梅先生既先卒伯韓位西同時殉難小坡藝叔諸君亦無一在者惟曾公名位日高勛業日隆卒戡定東南之亂俾吾吳民復安衽席而子勤已不及見矣余求其遺文累年未得一日者余從子臻以子勤古杼秋館遺稿文二卷詩一卷寄予乞序蓋其從孫蔭庭所藏本而與其甥吳錦堂以聚珍板爲之印行者也子勤秉梅先生之教文固宗桐城詩亦在義山山谷之間其去乾嘉時習遠矣雖抉擇之精少遜端甫而表章忠義煌煌鉅製亦爲端甫所無者二君固未易軒輊也惟是二君既中道而殂不及底於大成余雖幸後死

而舊稿胥付兵火患難餘生學殖荒落即偶有撰述大都牽率應酬非由中之言方媿二君之弗若況敢幾古作者耶於是益歎吾道之衰而世之譏評桐城者且乘間而起梅氏之傳幾絶於天下又不獨一邑爲然也其能無讀是集而增今昔之感乎端甫集板片已燬是集僅印二百部終恐流傳未廣且中多訛字他日當重加參訂而與端甫集合刻之是則後死者之責也夫爰先識之如此同治癸酉冬十二月同年生秦緗業序

重刊古杼秋館文稿序

道光中從叔祖子勤先生以名孝廉授徒京邸覃研經術著述甚富於經則有禹貢古今注通釋六卷詩經箋雅八卷附鳥獸蟲魚草木疏二卷古本大學章句一卷禮經翼十六卷考定古文孝經集注一卷復性書三卷於史則有漢書地理志今釋二卷忠臣傳略六十卷畿輔水利志漕運志各四卷給諫公年譜一卷死事諸賢傳狀碑誌一卷古杼秋館文稿二卷詩一卷咸豐庚申粵匪陷邑城先生流離遷徙嬰疾遽殞遺書散軼後族兄蔭庭僅收得詩文遺稿用聚珍排板秦澹如都轉爲序而行之流播未廣且中多訛奪同邑吳丈俊甫先生女夫也耆年碩

德篤於古誼請之其兄景堂學博將遺稿重加校正壽之梨棗而先生所著禹貢注余亦藏有副本同時刊行傳世今秋復於華陶二氏譜中得先生金石文數首亟爲鈔錄以視吳丈哲嗣日永君君爲先生宅相劬學嗜古能尋其墜緒乃續付手民纂爲補遺而先生之文乃大備語云莫爲之後雖盛不傳今先生遺著得吳氏網羅放失足以傳之無窮固由先生在天之靈默爲呵護而吳丈賢喬梓篤於風義爲不可及也日永君近又覓得先生手批孝經全本擬仿寫開雕嘉惠來學其有加無已之盛心尤可欽佩余忝屬近支未能加意蒐輯於是書之成謹書數語以誌余愧云乙卯嘉平月上澣從姪孫學愈戢齋氏謹序

重刊古杼秋館遺詩序

道光中從叔祖子勤先生以詩古文辭擅名於時遺文三卷從兄藤庭偕先生甥吳景堂以聚珍板排印一時不脛而走顧其書倉卒編排校讎未審讀者病之閱二十年景堂季弟俊甫先生校正譌奪壽之貞木固由先生之文英光灝氣不可磨滅而吳氏昆季篤於渭陽之誼爲不可及也甲寅春余得梁溪文鈔於從姪菊潭家既爲重訂付梓一日者復於其家敝簏中蒐得先生手書遺詩三卷雖紙墨黯淡而筆畫端勁手澤如新不覺欣喜過望亟過俊甫先生謀所以永其傳者先生哲嗣日永君劬學嗜古與余有同志力任刊貲用海上石印法鏤板行世余

維吾邑詩家見於梁溪詩鈔者備矣顧其書斷手乾隆之季嘉道而降無傳焉先生生當仁廟於時芙蓉山館辟疆園之風方熾學者羣焉景附競以妃青儷白爲工詩亦以溫李爲宗先生獨從父古文義法於梅郎中曾亮所爲詩胎漢魏晉宋徑高岑階杜陵頑豔擷昌谷璘瑯絙山谷人以二谷稱之一洗世俗浮麗側豔之習不爲風氣轉移品誼概可見矣此本簡端有同時諸家題跋一展卷而古香古色朱墨爛然尤可寶貴至劫餘集與槀中間有覆出之什不敢芟去懼失眞也工既竣書其顚末如此

宣統乙卯仲春月下澣從姪孫學愈頓首謹序

西洽集自序

慨自王粲登樓杲之泛水士之游學者因假幕府以托業焉江山之助萬里之行覽景言情未嘗不快然自得而或逆旅病鄉一鐙如豆悽涼之況又復如斯往往即事詠吟以寄其棖觸無聊之感此作客者所以不廢歌吟也烈自甲寅失恃逾年游杭安硯鹺署時先君方在粵中雲山萬重寸心千里望風懷遠未去邇庭丙辰冬日先君自粵回南僑寓湖上兼得季弟煦追隨看花步韻對月聯吟十餘年來天倫樂聚舞衣方慶嘗藥添愁庚申遽遭大故窮途阮籍永爲天壤窮人屈指幕中倏經七載其間一隨劉信芳學使之衢州一應戊午科鄉試赴金陵大約

蹤蹟不離西湖之日爲多至於得喪悲歡離合之不一境如竹節胸如轆轤方當壯悔之年幾幾乎百憂感其心歐陽子讀罷賦秋聲矣惟杭州爲江鄉名勝之地弔故宮御教之潭訪葛嶺半閑之堂南宋流風秖今未泯況乎屏山鏡水環帶六橋每當物候驚新花朝明媚隄上則香車寶馬裙屐連雲湖邊則畫舫笙歌簪裾成隊則有名卿貴介桂櫂來停詞客騷人錦囊常負其人皆宜於詩恨既有餘興復不淺積有篇什自爲删汰剩有烈又以天涯淪落易濕青衫塵夢浮生最憐紅粉蓋其地其時一卷外如謝蘇場中丞任浙藩時選入同人集中諸作及與張丈花農倡和另有西洽倡和集者俱不與焉所惜者齒長而仍

爲故我遇窮而未見工詩鈔錄之餘又不禁情隨事遷感慨係之矣

嘉慶七年歲在元黓閹茂初夏日侯烈自序

誥封太宜人侯母陳太宜人八十壽序

吾錫侯氏自明給諫元甫先生建言爲名臣數百年來子姓繁衍後先科第相望我　朝至葉唐先生由翰林官少宰望愈高而族愈大然侯氏子弟多恂恂闈門以內雍雍穆穆家範閨範一邑蓋交推焉余爲侯氏甥少與外氏習外弟景文弱冠游庠名譽早起景文年少於余與訂文字交即熟聞其受母教篝燈課讀至夜分心竊賢之同治戊辰余方官京師景文與其弟偉人同來就禮部試相見乃大慰蓋余與景文别幾二十年知景文之才之學必有不負母教而果挈弟同舉於鄉且以知母之教偉人者一如教景文而後歎賢母之食報必不爽也戊寅冬

余告歸在里偉人自山左郵示其尊慈太宜人事略來徵余辭將於明年爲太宜人舉八十之觴其略曰

太宜人姓陳氏漢文範先生後性明敏外大父瑞春公奇愛之有不櫛之歎比歸先君子維楨公也家綦貧先君子棄儒而賈時屢空太宜人以鍼指助之事先大母能盡禮舉某兄弟四人女二人某不幸先君子早捐館舍太宜人以一身搘拄門戶約束兒輩尤嚴或不與炊晏如也然雖困乏嘗拼衣飾助至戚之不能舉殯者止宅旁之鴆占爭訟者御奴婢無疾言遽色蓋其仁厚天性然也嘗有宿疾未瘳倏飛凫自空墮烹食之自是加餐耳目益聰明里黨皆以爲天之賜今者年晉大耋雖仲兄早

世伯兄亦殁逝而琫森宜隨兄熽率孫曾奉觴爲娛竊念太宜人之福壽固有自來况琫森由舉人教習授官得蒙
聖朝錫類之恩
褒榮有典欲求文以張之余惟伊古賢母如陶如歐皆茹荼咀蘖教子以成其名而均享大年豐其祿養太宜人之福壽宜與陶歐比特惜景文之才之學未獲一舒其志然其喆嗣聯翩游庠皆有聲而翔千從余游尤稔其文學之美蓋復承太宜人之教者詩云貽厥孫謀以燕翼子以燕翼而兼貽謀太宜人其有焉異日偉人捷南宫而翔千昆仲亦連鑣而上雍雍乎均列金馬玉堂之選庶幾紹少宰公之位望以綿給諫公之世澤必有

所以上慰太宜人者矧家有飛鳧之祥年躋八袠而神明不衰天之祚太宜人正未有艾蓋太宜人之以德基福以仁致壽有前不讓乎陶母歐母者其食報之不爽請以余言爲券玆屆孟陬之月設帨之辰宜人率孫曾等奉觴上壽衆親朋亦鞠𦙍而前更以明顯爲祝太宜人聞之當忻然爲晉三爵也是爲序

光緒五年歲次己卯春王正月

賜進士出身

誥授中憲大夫都察院監察御史刑部員外郎前翰林院庶吉士愚甥秦賡彤頓首拜撰

侯節母丁孺人七十壽叙

寶鎮

孺人姓丁氏無錫優增貢生國子監典簿侯榕之次室縣丞侯祖述之生母先世爲錫西鄉丁巷名族父度經商滬瀆洪楊之變避冠崇明一家星散孺人年在髫齡布商孫某撫爲義女教以針黹同治戊辰孫某挈眷來錫侯紳紀之見孺人端莊慧敏爲子榕聘爲簉室時年十九明禮義勤操作得堂上歡心生二子祖述祖蔭及二女正室惠孺人逝世旋値紀之公之喪奉君姑蔡太宜人命以子婦禮服斬衰三年上中饋攝內政榕毀瘠過甚顛連牀蓐孺人侍奉湯藥坐起扶持衣不解帶者數月戊寅夏五夫君捐館孺人年二十有九號痛不欲生水漿不入口

諸姑力勸以親老子幼仰事俯育爲重乃强起料理歲在乙酉嫡子祖望暨祖述相繼患病湯藥調理愛護周摯不假手僕人祖望出後長房與祖述先後授室分主家政孺人專以養親承驩爲己任門庭肅穆太和洋溢蔡太宜人壽至百有四齡含笑長逝僉謂孺人率全家孝養所致孺人自喪所天茹蘗飲冰釵荆裙布數十年如一日教子義方謂祿養何如善養故祖述濟濟衆梓先後任縣議員保墓局董事任怨任勞充清理案卷委於仕進熱心公益整理義莊公學以惠宗枝襄辦圩抜平糶以員省邑志徵訪員周諮博訪表微闡幽邑侯禮重鄉邦欽服孺人之教也今孺人年已七十守節四十一年邑紳合詞呈請褒

揚并撮敘行實以維風化并爲介壽徵文之預備云爾

錫山東里侯氏宗譜 卷八 丁孺人七十壽敘 上 奎

緯辰公六十壽序

恭 祝

誥授朝議大夫補用府候補同知新昌縣知縣 緯辰公祖大

人六旬初慶

聖清光緒二十有三年昇平時泰清和候臨月之二十日爲我
公祖六旬稱觴之吉于是丹函受契黃埃應符朵駐華筵禨翔
報集凡夫食德服疇之子操瓠負販之夫莫不涵濡潤澤舞蹈
盛化仿豳谷以歌詩躋公堂而獻酌禮有既自誰不曰宜況在
走也久厠金蘭之簿附驥緣深忝躋玉筍之班攀龍價倍尤宜
揚光肇繡介福屏帷茲際祝筵蒙承授簡願爲頌首共敘綏眉

錫山東里侯氏宗譜 卷八 緯辰公六十壽序 奎

請臚行素於一生用侑祈黃於四座茲惟我
公祖吳郡奇才晉陵雅望纓裾世胄嵩嶽精靈苟顗雅品賞自
童年許顏聰姿咸稱大器果也八厨飲名二爨展步豐城劍氣
志必沖霄隋苑珠輝行看照乘而廼遭天地之黟黷極人事之
卑峯識應魚羊聲驚猿鶴爲言身世最感譏充時則繡嶺亭前
紅餘刦火錫山城外碧是瑩燐虎口寄其餘生猰牙厲而擇食
淒凉風雨奔逐泥塗追騎重來大江前阻惱公唱而無渡莫喚
卬須逐臣悲而自沉請從此逝猶幸水伯有靈波臣無恙翼之
使出蠕焉復蘇洵謂吉人自應天相有誰活我解恤王孫瀨水
窮人偏得餐分一飽中壘校尉從茲名易更生看此後走兩成

圖畫中人儼呼之欲出悵當年淩雲贊志局外者亦聞而生嫉未幾災氛晨銷妖星宵落前番夜月樹繞飛烏此日春風巢還舊燕紬業恸而青氈重理吟壇霸而彩筆都酣不謂士重通才事拘成例惟選舉循資格爲常空欣拔茅之吉而優品須文行兼重終分貢樹之香况復陣掃千軍棘闈登戰競爽二惠桂樹同攀名可先兄宋子京固無慚高擢順則在長劉越石亦詎卑見收洵棣萼之聯輝極科名之佳話遂乃乘欵段赴計偕踏雲梯馳霄路豈期鵬翅欲張鴻羽復鎩維時前中丞崧公方出陽典郡盛府邃才爾乃膺選元僚遂入芙蓉之幕兼開絳帳盛栽桃李之陰復以蘇季上書旋作劉蕡下第才不如命慨也可知

與其采菽中原難娛穆膳何似牽絲外邑得逐崔輿以是奉檄動色於毛生彈冠思慶於貢禹所幸覺羅取教又逢考薄酬功論者謂傳獎本以孝廉計吏宋白仍由文學成名矣抑嘗又有說焉文章華國者士人幼學之資也經濟匡時者丈夫壯行之願也濟物論功桃聽後黍服官言志稻不爲蘧觀其返道南轅之官東浙花封未試棠譽先馳恸歷所周勳庸即著始則文闈供職校字無訛繼而藝苑掄才持衡不爽而且爲府庫謀充羨出入惟嚴於邦國裕度支會稽必謹以至茂灌輸之事業精榷會之經猷剗牘壘敘其勳勞叨階自邀乎縈秩迨夫嗣業奉詔嚴羽得官一命拜新百里寄重請吏以使君德政歷徵諸賤子見聞方其權篆遂陽膺任民社烹鮮小試製錦皆長治未及夫數旬絃即鳴乎千室田敬仲官無留事儁不疑事少衙寬其慮擾民也則官傭國馬減其從其慮害治也則秕政芟民驅其患且也胥苗潤黍脩廢堰以鳩工浚長汾徙劇餐錢於鶴俸宜其心盟白水號著青天及代瓜期彌思棠憩道皆臥轍黎赤歌恩圖繪攀轅丹青生色矣此則典城始任之政績而耳熟堪誦者也厥後上臺契重委署武原惠政旁敷悉如新定惟地近濱海斥鹵厥患久在田廬

公乃自奉檄諏輒勤籌畫載巡堤堰兼屏供張櫃課愉倏風恸露瘁導盛德之在水合眾志以成城重以利籌鹾筴責海裕管

相之才德繼宗芳理縣修傳家之譜迄今盛事流傳頌聲弗替所由廿七最多派目色二千石華簪頭銜原所從來應無或愧此則操刀再割之政猷而口碑常在者也洎至恩承

簡命象受沃洲賀循已歷試二城王述又屆臨小縣地爲舊治

祖派遙傳試到新剡孫枝載茂治平第一誦康樂述德之詩才氣無雙著總持修身之賦伐棘荆於岑治用礬凶頑設草具於梁庭爲懲爭訟錘鑪在握胥吏不能欺其心冰鏡儲胸左右無所假其手以及幸室嚴出入之防有似尹翁歸之登記籍課士分清廉之俸無殊晉范甯之出私銀章章目擊節節身符有吏如斯何思不服此又我邑蒞治之政化而躬親德庇者也然且

慊慊存仁躬躬抱畏足圖豚而卑自牧手援鶺而道爲依又復嚴約傔從如謝領軍督率義訓如韋丞相捬循猶子如任蠻奴之逾情憫恤周親如范文正之施惠滙此衆善集爲百嘉惟其身死有基故能體褫無藝史公復脩道養壽荷令言美意延年洵不誣哉屬者時當首夏宴屬恒春續命逢辰患難記重生之慶長齡周甲歡娛管六秩之觴時等共沐慈懈久依樾蔭情殷獻兕詰健介糜合羨麟兒四珍競秀先看驥子一蹴奔塵戲堂下之瑜衣伯歌季舞洗筵前之玉斝主獻賓酬所願十賚頻加百齡載錫欣此日筵開預慶共陳三福六喜之徵卜他年臺應後隆再進七德九功之頌

揀選知縣丁卯舉人治年愚弟吕錫時拜撰

大洋新阡記

咸豐九年己未十一月初十日未時先大夫棄養是時粤逆踞金陵駿駿有南下勢明年庚申正月寇警益逼時伯嫂施氏前卒兩柩在堂未有葬地合家憂甚伯兄乃謀於地師吳戴山以制錢三千租草庵下王老元隙地一所縱不滿三丈橫不滿一丈開深六尺舉吾父吾嫂之柩而淺瘞焉非得已也權也是年四月初十日吾邑陷吾兄弟奉老母流離轉徙者四年迄癸亥賊平而貧無隔宿糧無暇及遷墓事然魂夢中未嘗一日忘遂丁卯余與伯兄同捷秋闈吳地師遂以斯地爲功而趨聲附影者又從而神其說乃再出貲七千文王老元書賣絶契將以是爲吾父永安地矣惟時余小子心弗然者以左右既無可擴充則吾母勢難同穴前既草率從事若不别謀吉壤是任吾父淺葬於是而爲我輩邀福計安乎否耶嗣後益留心卜吉而求其高燥無風無水者迄不可得光緒元年伯兄卒時余遊幕山左者已六年是年歸益專力尋地遠族叔藍田者自詡精堪輿余每入山邀與俱一日至明陽觀薛家山曾祖雲衢公墓相得墓後有隙地甚寬廣藍田以爲吉余未决也私至草庵父墓前以錢三跪而祝曰如彼地可遷當三擲三字否則不吉禱畢擲之果三次字乃謀所以購是地者詢是地爲寺頭薛姓祖塋餘地乃介薛君誠伯媒合之費英洋五十圓事成私心竊喜以爲從此

可以妥吾父吾兄嫂之靈矣以衣食奔走仍赴山左而葬事則叔兄任之選吉於丁丑之冬屆期余久不得家信卜壬課得返吟駭且怪既而書來云墓穴既開中有石槨三不忍棄置議而前後左右皆有石不得已於西南隅窆焉乃知課得返吟蓋有由也及歸邀視龍身沙手全無是處乃仰天大慟而改葬之心更不敢緩深山窮谷到處物色襪履數穿而竟無吉穴光緒九年癸未十二月十五日吾母陳太恭人棄養於浙江嘉善縣之西塘差次扶柩歸覓地益急先是族姪念儀云大塔仲長公墓山糧八十四畝地基遼濶當有餘地可葬仲長公後裔式微墳糧祭掃無人過問久必遺失若於此可葬則於仲長公墓亦籍

得永遠保護是言也於伯兄故後即言之以過遠故不措意至是乃偕周君子楨往顧順興者大塔圖董也咸豐三年余家避亂曾以爲居停主人故相識既至大塔順道過訪順興極言此地難得屢有地師來相之皆曰吉因爲侯氏塋故不敢問信子楨出羅盤周視之信乃遍告同族自願出洋五十圓爲仲長公墓祭掃費族長紀之齊舫兩叔祖皆曰可以亦皆嘉許遂公議令其嫡裔某等書券合族署押畢卜吉於十二年臘月杪祀神破土土紅潤如蛋黃適得五棺地以外則皆石周君謂此眞結穴惟有德者可以居之余心乃大慰以謂而今而後庶可以妥吾父吾母以及兄嫂之靈矣然亦偶得之始願不及此也因憶俗言福人居福地又曰姻緣地吾父一生忠厚存心今得此以葬或亦天之報施善人者果不爽歟倘謂地師目力吾未之敢信也是時庭芷姪柩自湖北歸翔姪媳柩亦無地可葬分附於左首岡上爰泚筆書之

光緒二十年甲午正月初五日瑈森自武原道中記

大洋新阡後記

光緒二十一年五月由區書顧六官將化字八號山田二畝糧單一紙領回費佛餅一圓即檢齊各單邀化字圖董顧順與并地保兼充糧書之袁子山囑以清理經界六月糧書來言侯府辦糧山地現爲周阿紀李錫華李三元三人分佔向之理論並不歸還不得已具呈控告嗣經邑尊差提周阿紀等情願退還地保圖董前來懇情蓋周阿紀等執有契據實緣昔存今故之墳佃李裕福即朱細阿大於光緒十四年將侯氏辦糧墳山分拆賣與李仕學李錫華等樵采仕學無子歸伊壻周阿紀執業而李三元所樵采之地係祖遺實即侯氏墳佃既查有明證余

謂既係汝等價買祇須寫一承管仍歸各家樵采亦無不可乃該處鄉風以墳佃爲大辱情願退還另行召佃不願承管乃令書寫甘結約定九月廿四日邀齊圖董顧順與地保兼糧書袁子山與周阿紀李錫華李三元三面勘明豎立界石將界內各山一幷指撥李裕福之嗣子李阿閏承管言明每年納還侯氏草租洋十圓茅柴若干擔界內有異姓墳墓數處葬已多年不便深究繪圖貼說於銷案稟內一面存案一面稟請出示曉諭永禁盜買盜葬以及盜斫蔭木在案此山形如鳳凰土名鳳凰山現擇於左翅周姓墳下另闢一穴爲嫡室狄恭人墓惟該處有周安祥李子昌周專林宋阿南四人與周阿紀串同一氣造作匿名揭帖毀謗顧順與以爲得侯姓之賄依勢欺人甚至貼至城中余本擬送官究辦惟念墳墓在彼此輩無知妄作不值一哂後經袁子山賠禮即不與深究本年左翅向大通惟於庭芷墓有礙只得緩至丁酉年營葬自廿一年冬漕歸侯氏自辦起以後銀漕均須自完而阿閏草租言明廿二年完起其鄉風不肯書寫看管王道不外人情業已立案聽之亦無不可覼縷書此俾後人有所稽考焉

光緒二十一年孟冬月嘉興道中作後記琫森

高太恭人七旬壽文

蒼馭倏馳赤熛方熾侯介堂世講將詠鴇杞之詩賦駪征之什緇塵十丈蹀躞乎皇州朱提萬緡轉輸於天府陌頭柳色莫綰離踪儀裹征衣都刻線跡蓋游子遄行之日汀艾方榮而慈幃設帨之辰嶺梅初放九五福鴻疇燕尉純嘏爾長三千里驛路迢遙歸期難定使竟從公是急將毋不遑櫛沐乎雨夕風晨奔走乎雙堤隻堠將臣躬蹇蹇雖組簡書而親舍依依偏遲萊舞非所以宣揚懿爕酬畣恩勤也爰洒誣吉開筵先期捧斝董雙成雲和之瑟促座嗽嘈許飛瓊步虛之詞當筵賡和宜文學贍更符老難之徵巴婦臺高競上懷清之頌情斯當矣禮亦宜之

誥封太恭人侯世嫂高太恭人秀毓蓉湖家鄰惠麓夙鍾慧果具瑤環若玉之姿系出清門謝釵鈴辱金之飾條桑館啟浴絸風前詠絮窗閑嬌梭月下奪靈芸之巧綫痕則五夜猶拈超絡秀之能僎具則千人立致我

誥授朝議大夫翊卿大兄世大人內政求襄賢名素飲偶得泉卭之夢戶外三星迎來桃葉之舟江頭雙楫奉舞帷之勝蟾瑚纚笄博寢室之歡雞朝櫛縱戚鄙騰其美譽臧獲戴其仁恩佩以蘭香似鄭文之燕姞苗將芝草獲徐氏之麟兒其時列戟門高鳴鐘族貴朱輪十乘比西京楊惲之豪紅粟千鐘有北道阮家之目橘稅麥租之籍心苦鈎稽鶴糧魚料之儲躬親瑣屑學太常之禁蛙栄何嫌鮮曳地之衣蛟紋勿襲屑以視安家室省疾瓏閨榻臥秋風輒煒湯而清浴鑪溫宿火亦辨藥而親嘗痌瘝時搔睫末变者永夜煥寒迭問身必侍者頻年斯尤近世難能恒情莫逮者也

翊卿大兄世大人以趨庭之學問奮驥足之才能訪詞賦於鄒枚人來雪苑佐勳名於召杜家出夷門使共壯志果償大猷斯展相隨宦轍共歷郵程燒庭燎而治文書香添雀腦脫釵珥而施粱粟潤及鱗屋亦可分內助之勞播中閫之德已無如圭組浮雲功名傲屣隱豹班於元霧腰版爰辭間燕子之高樓居圖試譜猶憶楚氛方惡海水倒流出走倉皇避兵倥傯艱劬備歷

不歎牛衣操作而前奚辭龜手春糧夙具幾如取諸宮中長物無多猶復推諸鄰右何意歸來家街杞婦城頹固當勘破闍羅祇園金布一龕頂禮時參怖鴿之禪半偈心持妙悟散花之諦神明猶固蓬山之韶景春熙經濟持家好合之聲華日盛介堂世講素膺令譽雅負吏才祖硯是珍父書能讀班生投筆不愧壯夫終軍棄繻果伸大志檢羽箭琱戈之籍手治軍符拜冰銜翠翎之榮身紆章服麗士元名如諸葛程德孺薦自坡公尋詩芳草洲邊官仍儒者吹笛晴川閣上吏亦仙才籌倉粟以濟鴻嗸不羨長儒政美佐甓榷而登虎節依然趙壹囊空郎看大府酬庸登龍價重定卜郎君官貴行馬門施他如鄭氏小同馬家

繼祖聽纊日富便解元經神駿不凡待成偉器凡此德門之昌熾無非慈蔭之滋培也今者祉福闐駢禨祥翕集籙注宜年之字桃餐度索之山 閎等交託紀羣儀欽班孟搜煒管而揚聖善綴粃言以介蕃釐唱渭城朝雨之篇征騑難縶學葛令駐顏之訣康爵頻斟欣逢文母垂裳綸誥頒來天上卻喜婺星耀彩春秋永駐壺中 賜進士出身內閣學士兼禮部侍郎銜安徽學政世侍生龔自閎頓首拜撰

光緒四年歲在著雍攝提格皋月 穀日

高太恭人七豒壽言

夫壽者延年春官創爲法曲富媼成物漢志尊以命名自來洪範屢添彤編有穆降祥必於瑞室樹德斷在福田顧念巴婦築臺懷清以顯休居繪像善教尤昭子得鍾繇遂錫成侯之命人如史克樂賡壽母之詩豈有懿媺明章而無婉華扇教者乎

誥封恭人姻世伯母高太恭人年屆古稀月逢盈數令嗣介堂遍守捧毛義之檄動色親庭簪冠愉之車頁金天府將向秋風祖道北上云遙料夫冬日曝簷東歸未及用先反旆邸里稱觥堂階蒲酒引年逢諏兟徒蘭馨進牘用補笙詩凡飫聞七誡之人敬上三多之祝禮也

太恭人系出其城秀鍾錫谷莊姝習禮純翠修容齔歲授書踐漂麥之故事深閨染翰載頌淑之新編而以境處清貧家傳安素哂彼靚妝刻飾競爲眉憮資之挫鍼治辦勞及手織亦復井曰能操酒漿是議作健可方之男職柔嘉自副乎女宗

誥授奉政大夫姻卿姻世伯闈此坤儀聘來夕室助遂氏之箴漏聽三亭學章家之箋雲迷五色時則君男官居少宰世號勁廉艮八職謝上綱論編樂志蒲應須織無傷文件之仁琴自能調爰待師曹之誨但觀其煩擱春服沛酋冬醪固已祇候克勤陰諸稱美矣若夫詵振有詠苛妒不聞又見釆伴婺婟吉人淑慎米監凌雜力佐持門鱗燧屏擋躬隨問寢夜月紡甎之側吟

亦同聲春風鏡檻之前影無獨笑既而佇疾三年和衣五夜藥水稱量而暇願將身代女君燠寒摩撫之勤更自任爲保姆此尤君姑所樂道戚鄰所交譽者也其間徵蘭得子騎竹及年家有少男愛者勝元昆娟孟人惟阿嬭督之如嚴父尊師占養正於蒙時絜彝重叱勖慎交於弱歲妄語一綀母師式型庭誥聖善然而勞逸之論其賢足比敬姜成敗之機其識更如陵母當吳儂誓冠之歲爲班賦述征之時使之投筆而興著鞭必先男君垂老付兒輩以功名醜虜就殲壯書生於戎馬論者謂琇參軍事訓由慈母憲英摘入仕途薦自外兄周捨鍵櫜合樂琛版宜矜將毋貂得司兇鏊亦衣綵易爲褕翟矣而乃雁聲用集鶴

別遠歌道韞嫠居益整治家之法介推辭祿克成偕隱之心未免倚竹驚寒將荼茹苦而　太恭人色空了澈時繙般若之經皆娍小間便理牟及之布亦且善心爲幻淑問如流雖緼纊無溫而尚多衣被雖積粟不實而弗客壺漿嘉客在門仿陶家之剉薦六姻分贍學鄭母而散貲且令姍姆賴其波餘侮角槳其春及仁者好佛不其然歟今介堂通守驥府雲驤鴻毛風順輿題仲舉之座冉擁鄂君之被侯生未老何惜監門楚地有材攸資格納搨地之錢不入徒洲之產借來而猶封鮓勵清織絁敦本宜乎母以子貴壽居福先璇宮覆以慈雲特書錦軸金闕飲之湛露勝彼丹砂絡秀能賢致此伸其屈節君房右族益將大其前光而况少婦奉盤姑恩載譜慧孫執硯祁武克繩家因和氣而祥館署長生之號手軿賓主宣文君絳縵之前㘞爬班排西王母瑤池之上而若侏儒獲雜仙佛渺茫凡世俗所掞張必達人所笑置也姪　等挹芬子梓聯禱官攤或結周親或敦世好或附同僚之誼或居屬吏之行文伯母賢耳熟閨門之範焉勤親老心睎上殿之榮餘慶所由特書之煒管承歡是助用作爲引喤當兹華誥駢闐壯五蜀三心之色更卜期頤曼羨集丹麟朱鳥之庥

藍翎五品銜選用教諭拔貢生姻世愚姪顧森書拜撰

侯世伯母趙太孺人九十壽序

原夫雙河水秀，蓉湖鍾地脉之靈；九曲峯高，梓里蒸人文之瑞。自昔梁鴻溪上，卜居者代有名媛；至今范蠡湖邊，飲水者偏多上壽。地靈既著，人傑遂生。惟我世伯母趙太孺人，胥系出名門，來歸上谷。讀書識字，不謝續桃詠絮之才；說禮敦詩，惟求刈葛采蘩之義。方其適錫圭世伯大人也，時則萊子不羨朝登韓康，但思市隱。陶靖節閒居栗里，何來車馬之喧；馬長卿病卧茂陵，不事家人生産。乃太孺人方詠齊牢，即爲代賈寒機，午夜自甘虀粥，清貧煬竈，辛盤務盡米鹽瑣屑。獻舅姑之襪履，春日遑偟；縫兒女之衣裳，秋風刀尺。既作鮑宣家婦，不辭提甕汲井之勞；能爲陶侃座賓，何畏截髮剉𧃍之事。熊丸助讀，賢母可作賢師；燕寢問安，冢婦實兼冢子。此固婦德之交修，而亦母儀之足式。已然而材窮迺顯，非烈火誰識焦桐；遇塞始通，不疾風焉知勁草。當衡門之共處，正浩刼之來時。烽火連天，楚有氛而豕蛇至；鼓鼙動地，吴爲沼而麋鹿游。撻楚既無，蘭錡兵避；秦更絶桃源。路昔日鹿車對挽，霧絶南山；此時鸞鏡分飛，風淒北塞。高堂侍服官年近，已傷珠隕於堂中。修文郎弱冠才高，更悼蘭摧於階下。乃太孺人則子以當門，孱爲持户，傳經爲女中師，苦節扶丈夫子。營作菟裘之室，松菊盤桓；置成負郭之田，桑麻鬱勃。主持中饋，聯王謝之新姻；佑啟後人，廓陶朱之舊業。迨刼灰既盡，家道遂昌。珠樹三王，早拔文壇之幟；竹林二院，聯蜚黌序之聲。子生孫而孫抱子，螽斯之慶緜緜；姑方婦而婦已姑，鳳卜之祥疊疊。桓少君年臻耄耋，視聽未衰；郗夫人歲望期頤，神明不爽。積一家之善慶，喜添文子文孫；開九秩之華筵，事屬佳兒佳婦。椒花獻頌，狄公之桃李盈門；柏酒稱觴，謝氏之芝蘭滿室。南北院宗親羅列，幾盈珠履三千；大小宋姻婭偕來，不數金釵十二。閲一紀兒犹再獻，當躋郊酒酌公堂；待十年燕喜重賡，願以詩歌壽母。是爲序。

光緒十九年癸巳春王月

世愚姪陳庚經頓首拜撰

芙初公四十壽序

夫小儒伏處於圭蓽俗吏勞形於簿書幕士之得人其惟記室乎故昭明選體多瑀琳著作之儔唐代雄才有韓杜詞之章冠是皆人誇獨鶴筆擅雕龍援古證今吾斯益信憶自蓬根頻轉焦心半枯仗劍軍門將歸項羽乘槎海上空訪張騫遇所謂侯君芙初者弔大朝之金粉哀賦江南歷十載之烟塵孤棲淮北出處既合性情亦眞每當燈爐更殘酒闌人散相與話故鄉景物訴客路艱辛未嘗不撫膺長太息也蓋君秀鍾錫嶺派出夷門說禮敦書圓規方矩品惠山泉之茗心骨俱清居東林社之間瓣香不歇志希彭澤田園少將無憂客遇方山妻子有自得

邑不隱而隱非仙疑仙曾幾何時固少年事耳乃生時失道不節輿嗟致富之金三千聊焚義券負郭之田五十盡築愁臺典衣而買琴債添閉戶而催租客至四時成歲人情之冷暖何常百卉經霜枝上之榮枯頓異於是携長鋏叩輕舷踰錢塘泛嚴瀨出候潮門以外王覇全消踞垂釣臺之巔江山未改嫁衣壓線生涯祇藉筆耕短褐從征姓氏獲登薦剡可謂利有攸往必得其名詎料漁陽軍來鼓鼙動地驪山戲後烽火連天致使聲明文物之邦變爲戎馬干戈之所斯士非樂盡室以行因擊楫而渡江遂乘桴而浮海過淮蔡則與言枚叔望蓬萊則難見安期秃筆一枝家無長物殘編幾卷裝是書香君之遇窮而君之心苦矣然皆不足爲君惜也儒生以稽古爲榮學士以多文爲富有聲鄉里浸淫典墳出其緒餘用諸當世得人意旨妙潘岳之辭華相率傳鈔寶陳遵之尺牘倒屣而爭迎賓客布衣而長揖公卿其爲時所推尙如此然猶不足爲君重也夫聖門諸科德行先於言語太上不朽立德貴於立言君孝以事親信以接物陳氏則二難並美成弟之名韋家則一經獨遺教子以義瓶常欲守由囊括之無涯泉若名貪卽涓滴而不飲此固人所共知而又瀛所深知者焉他日相歌招飲各賦遂初或躬耕於太湖之濱或結廬於西冷之下殺雞飯黍賓主留連秋月春花俯仰自得雲龍之追逐如故雪鴻之踪跡重尋乘興而來訪戴於山陰

道上論文人細懷李於天末詩中謂非萍水因緣林棲盛事者哉以今年十月之初爲長者四旬之誕朋儕幾輩觴祝爲歡瀛職在隨行叨陪末座獻壽則非禮緘默則非情爰次元相之生平學作徐陵之傳述太史公文兼詩體固不免錯錦之貽譏顧愷之畫益三毫卽此是傳眞之小影

同治七年歲次戊辰初冬　　餘姚阮瀛拜譔

錫山東里侯氏八修宗譜卷九

藝文下目錄

錫山東里侯氏八修宗譜卷九

藝文下

題怡晚侯丈松竹圖照　倪　峻　稚岳

古木幽篁最可人一拳白石又相親夜深月到寒峯上影落平泖認不眞

壽侯晚竹伉儷六十　錢　榮

九龍巒谷盤崎崟蓉湖草樹幽且深侯君浦母足高隱城中託迹林泉心脉頭琴瑟長靜好志在山水誰知音堂容醉客不剪髮里見伏火曾揮金鵲屏收士重甥館鳳勅褒女當朝簪竹前稚子春欲莫晚節不畏風霜侵世間上壽百二十各有一半餘光陰門前有弧堂有帨東風旬日依稀臨鸞笙鼉鼓鸚鵡杓瑞靄滿屋浮檀沉梅花月上魄猶淡雙鶴遞到長生吟西池南極渺何許君家自是蓬萊岑

送侯企竹之任新昌　羅泉 翰蓀
千里之官趁壯遊棟花風急送仙舟交遊似我慚青眼文雅如
君尙黑頭美譽足孚南土望近家眞慰北堂憂庭前晩竹陰初
滿幾度令人憶唱酬
前題　施閒 慧廬
黑頭少尹今鸞鳳美邑休將枳棘看路入鏡湖春色好天連越
邑劍光寒清時欲播循良譽治政須令賦稅寬最喜違無千里
隔北堂時得報平安
前題　錢憲 心齋
小試惜君才茲行亦壯哉潮鳴官櫂下雲定越山來祿養無千

里情深更一杯清時留善政遠大此梯階
前題　顧可學 惠岩
拜領恩光出紫宸烏紗錦綬照青春惠山雲起連東越自此當
年捧檄人
前題　俞泰 正齋
不遠之官十日程錢塘東去片帆輕剡溪綠漾春波暖老姥青
連晩嶠晴已卜穎川能簡靜還期陸倩到眞清松陰哦處應多
暇好寄新詩託楮生
前題　俞信 文川
仙尉當年屬俊髦翩翩文采照江皐逢人都說新除好見面休
言去日勞花萼及時明劍佩荀輿隨處見兒曹坐看最績登天
府爭羨青春沐寵褒
前題　殷佐 龍嵒
千里榮歸慰北堂匆匆捧檄上官航路分吳越一江隔邑引東
南新邑昌身寄牧民施有地心存愛物濟無疆哦松考最遷喬
日枳棘原來起鳳鄉
前題　呂湆夫 半窗
捧檄忻然下紫宸少年丰采動朝紳書香已慰承先志祿養眞
能悅老親縣古槐庭公事簡風回山郭頌聲新最便地僻家鄉
近喜得平安兩字頻

前題　顧可適 松閣
晩竹生佳實應爲鳳食留遙傳捧檄喜得慰倚門愁越嶠瞻雲
近耶溪躍劍浮憐君同訪戴欲泛子猷舟
前題　陸禮
吳越遨遊地鶯花爛熳春景隨行李好詩爲老松新穩便迎親
舫公勤報主身潮平明月夜重憶故鄉人
前題　談一鳳
質美年方壯才雄識老成公餘吟詠富家近夢魂清越國山增
麗錢塘水漾晴何須重回首曲盡世人情
前題　馮夔 龍泉

送行吾適山中臥未盡離筵酒一杯明過越江千里路月華兩地思徘徊

前題　　盛　夔 爵谷

早奮橋門脫凡蹟鳳羽翩翩看翔集翺翔忽入五雲端銜下除書意偏得近便升斗悅慈顏遠效弦歌佐言邑高松閑對應自哦矢心要比冰壺澈但求盡職圖報稱何必崇卑計階級古來顯要多無聞清風何說崔斯立

綵衣篇 并序

寺丞侯君乞請終養且喜浦母太夫人年高九十有五最世所難得者太僕卿劉棟樂爲之賦時嘉靖乙未秋九月吉也

綵衣翩翩新製裁萱堂阿母問何來匆忙解邦侌裯帶六自天上黃金臺金臺風高沙草黃遊子登臺憶故鄉三秋香粳給華饌九月把菊誰稱觴君今帑許省慈幃遠涉江湄逐雁飛芙蓉水際天木末薜荔含霜麥斜暉且看壽域花露濺步搖樂共蟠桃宴人生富貴知萬千壽考百年我幾見我欲承歡未許歸江南有夢先依依何時棹覓溪梁月無錫山前訪釣磯

贈侯太僕奉詔侍養 并序　　張　衮

侯母太孺人年九十有五矣壺儀夙戒壽考維祺江南家慶鮮或過之余因太僕君之歸養重有感焉爰以賦此

郡公寵餞出郊坼羡子寧親願不違愛日恩從明主賜高堂喜切老萊歸百年壽席開蓬島萬里春暉照彩衣我亦有懷歸未得白雲偏向太行飛

江山四門謠　毛尙木

東門之東聽彼漁翁漁歌互答暖日和風收我綸綱由我從容息彼風波安此魚龍忘機息慮鷗鳥服從得其所哉伊誰之功

前題　鄭隆

西門之西聽彼樵夫樵歌互答谷應聲齊伐木丁丁由我怡怡出履康莊歸掩柴扉犬不驚吠雞不驚啼伊誰之功不識不知

前題　王和

南門之南聽彼農談農歌互答由我耽耽采桑有女力田有男無麥不收無桑不蠶稂莠盡拔田鼠戒貪伊誰之功德惠潭潭

前題　毛斅

北門之北聽彼羣牧牧歌互答由我自足野滿青芻優游黃犢短笛晚風月明如燭路不崎嶇狼無慘毒伊誰之功造此民福

江山四野謠　王清

好箇侯青天心頭月團圓何不早來些〻翻盡覆盆寃

前題　鄭曜

好箇侯令長愛民如痛癢何不早來些〻催科不鹵莽

前題　葉春

好箇侯明月獨斷眞轟烈何不早來些〻暮夜杜私謁

前題　何倫

好箇侯安撫農桑課村戸何不早來些〻禁牛作乾脯

前題　徐浦

好箇侯使君筆杪生陽春何不早來些〻大事化浮雲

前題　王賢

好箇侯司牧省刑無罰贖何不早來些〻囹圄夜不哭

前題　蔣伯深

好箇侯相公興學漢文翁何不早來些〻秋風化鵾鵬

前題　鄭儉

好箇侯父母節儉恤民苦何不早來些〻有錢民不賭

前題　邵瓚

好箇侯明府惠愛古卓魯何不早來些〻百姓無逋負

前題　應浦

好箇侯德星弊病照分明何不早來些〻鼯鼠貪不成

前題　毛沃

好箇侯執法法令難轉斡何不早來些〻忤逆多杖殺

前題　祝長隆

好箇侯循吏外柔內風勵何不早來些〻深山狼虎避

前題　柴世清

好箇侯使君肅殺秋無塵何不早來些〻穿窬無小人

前題　蔡允祥

好箇侯古人一視心同仁何不早來些〻百里徭役均

前題　王富

好箇侯鐵版高古尙淸簡何不早來些疑役多平反

前題　鄭鳳

好箇侯江山誰云宰邑難何不早來些與民分憂煩

前題　楊斯淸

好箇縣主侯各項無稱頭何不早來些高陞不久留

琴鐸雙淸謠　江璟

琴鐸和鳴月在中聲聞茅塞盡開通變齊至魯宣和氣易芷爲
蘭奪化工政教共成今日效江山眞得古人風士民雀躍村謠
盛巷舞塗歌百里同

琴鐸雙淸歌　吳瑛

好箇侯好箇翁政教心同道亦同一聲琴一聲鐸士類激昂民
隱樂芣化蕙鵑化鵬同一生成造化功來何遲來何遲疲癃久
病得良醫嚴條約嚴條約鶴夢秋風今始覺潤澤生蘇活枯槁
德星夜夜連蒼吳兩筆同描一樣春雨後江山畫圖好

少芝公折檻賜環圖詩

折檻圖

帝坐宮中　公袍笏跪殿下攀檻折階下兩將軍兩朝官餘
宮殿在雲中

辛丑季夏日寫　吳郡尤道益

賜環圖

一人騎而持節前導　公騎而捧敕從之前引一人後隨二
人兩松夾道

辛丑夏日尤道益

座師大人禀醕孕秀抱質懷文美含琰琬之心卓表瑰
琦之行太常早仕淸無忝於事修瑣闥晨趨忠有同於

王式朝野聲名赫赫昭代賢臣門牆桃李紛紛禮闈多
士因匡時事諫諍犯顏竟得左遷優游去國井也諤棠
甄拔仰荷陶成忽驚遜膚之風波遽違瞻依之山斗傷
離在念送別何心爰賦直道一篇聊表恩私二字云爾

古來直道人無幾不然何表史鰌偉所以如弦漢有謡翻信封
侯曲鉤蹇吾師侯公梁國資讀書不特破萬卷經天緯地才稱
全英睿卓犖賦自天少年獻策當廷對帝曰嘉哉朕所愛官以
淸卿典奉常英英淸秩標淸裁久之天子察賢才徵拜黃門給
事哉給事黃門多諫議頻焚疏草草頻裁亡何讀禮還鄉里三
載居廬瘠且毁終喪猶復永孝思依依墓側踰半紀君王閭治

亟需人特召樞垣作重臣西播東夷方不遑運籌帷幄淨邊塵才兼武備先文事上命春闈叅典試飛兎游龍汗血駒一時臚列登羣驅蹇余駑下亦見收謬開道路說驊騮感恩知己未遑報一片心懷白璧酬無端忽有東方變闖帥俄然遭煅煉吾師感激時事非匡救抗言持直諫直道難容自昔論不辭批鱗犯至尊如山高名去逾重戀闕丹心遠猶存主聖從知許臣直忠良肯使久間適應有賜環恩不淺明良重際懽相得終期柱石立王朝直道於今自孔昭今也縱然愁送別門生何等賦離騷

門生田一井

按田一井字平埜直隸安洲人辛卯舉人辛丑會試二百十

二名殿試二甲四十三名工部觀政乙巳授戸部主事戊申降河東運判壬子補兩浙運判甲寅升戸部浙江司主事管通州倉己未升郎中壬戌升山東副使本年致仕

幾年焚草抱丹誠璧被還將力獨榮瑣闥昔曾勞借箸棘闈今復識諸生雨晴象蹟山邊度水綠鑾雲嶺外行聖主賜環應有日豈容嚴助厭承明

門生耿橘頓首

按耿橘字藍陽一字廷懷順天宛平人甲午舉人會試二百三十九名殿試三甲一百七十三名兵部觀政壬寅授尉氏知縣甲辰調常熟明儒學案第六十卷有論學十一條黃梨洲云耿庭懷先生知常熟時復虞山書院請顧端文主講端文既去身自主之學頗近近溪與東林微有不同又涇皋藏稿卷四有復耿庭懷明府書卷十有虞山書院記端文年譜有虞山商語高忠憲作序見高子遺書　四庫全書提要易類存目有明耿橘撰周易鐵笛子一卷

巘冠起錫山卬履高南國冰蘖紹家聲驊騮光祖德祗承明主知誕受諫臺職雅欲廑論思匪伊事彈劾微除翳屑樓清景棠薄蝕仰慨天步艱下與茸瑠翼蠅媾緹閫戎鷹揚淪蟄纏紘綱漸沸騰壤亂安窮極稍自抱貞誠甯能容瑕慝况擔糾肩猶賦剛忠髓正爾兵垣司豈祿言責寒春闈藉掄材右庠方布棘

藝術雌黃埸英雄桃李植忽聞衮闕縻頓使素衷逼奮筆染霜辭伏墀宣赤臆封章奏晨曦震赫遑日昃法陛詎敢牽睿思何叵測銅龍閉玉扉驄馬廻金勒翹首無壽顏藏珍捲眞惻寅寮共呻吟籲救殫悃愊藎薦淋未抒宸謨堅且愎悠悠九閽沈戀戀六月息爽氣襲深秋明威開寸刻退征象桂叫最遣耆蓿北瑣闥倦垂青煙嵐漫蓊黑都門出欲避餞席留靡得失路且夷猶離歌初黯盡行將詠德輶去乃增華軾仍鍊肯隨柔干尋原自直不因盤錯加何別才賢特夜月逐飛旌曉雲侵邪幅跋胡如有遠几鳥殊固試嶺表獲伊周戢端虛禹稷弁騏結鳴榛黨繡遵舫蔵進退逸芳塵窮通標古則隆施貴以潛重積莫知嗇

巖望尙非螭灘明終曜鶴桂林高甍團松磵峨條疑自可環朝
飧勿煩問家食長郊足綢繆函丈叩埏埴後矩恐迷陽前綏欣
壯邑人知聖意偏誰在子思側薄醑盈壺觴短音矢翰墨何緣
質世符定作幽懷匿鶴怨陌透迤猿鳴山岁崩梧岡不易躋鸞
沼故難陟寄語競榮名卜居裝緘默宦途洵多岐砥柱宜不惑
黄菊繁可憐白駒渺莫卽敢云動九重聊亦風五緎

門生曾六德

按曾六德字心蕊福建浦城人庚子舉人會試四十三名殿
試二甲六十三名兵部觀政改庶吉士乙巳補禮科給事中
戊申管銀庫壬子補禮科癸丑降廣東香山縣典史事見明

史陳伯友及翁獻祥傳

皇帝廿九載春二月初吉南宫請試士制曰如舊式侯師實分
經衡交精鑒識門下二十人小子濫其側榜開三日後幸得拜
顏色辇序之坐隅誨言示法則師謂所舉士筮仕毋變塞余豈
樹桃李薦賢惟爲國若屬體此意一心而營職各各前致詞服
教無終極自顧身許君進者繄誰力曲逆本不背兹敢忘大德
師言爾念師吾亦有師植其人爲程君見在城南減因師以及
師往拜見宜亟小子同施生晨候輟朝食久俟保安刹同門期
不克俄兩偵人來言師有彈劾抗疏批逆鱗聖意未可測聞語
矍然驚急回馬頭勒及至瞻師顏履坦靡惶惑云主自聖明臣

亦匪沽直長子堪帥師中宵安羅織干城易棄置漸恐滋螟蟘
官守當建白如何能默默躍治甞祥金逃雨逝安卽東西南北
命一一惟黜陟江湖雖出處魏闕戀胸臆道苟自徒行何必分
畛域丁甯二三子悅在安社稷天步方艱難小心常翼翼理萬
無詭隨亦戒太孤特世途日巇嶮自甯守節嗇能率貞實心始
疎竟乃得小子承師訓竦聽襟愈飭安得長者言如此攄悃愊
不惜褫鞶帶但虞收荆棘去身寄餘忠聚徒矢靡忒師箴旣昭
如忍自詒伊慼俯瞰易水流仰視白日匿所嗟難爲別中懷徒
鬱抑孰能叩天閽爲師枳車軾會面曾幾時去程轉催逼祖帳
都門外胸結如糾纏別情悽以愴別後更思憶徒憶亦何爲靖

其期自勗兩地力各努萬里猶同闕豈効兒女仁撫膺空太息
矧是中天旭浮雲暫爾蝕開霽會有期行且歌九罭

門生程子鏊頓首拜

按程子鏊字邸輿徽州歙縣人丁酉舉人會試二百六十七
名殿試三甲百十八名通政司觀政投蘭溪知縣戊申行取
戶部主事庚戌改禮部辛亥起儀制司丁巳升員外戊午升
主客司郎中己未升廣西副使辛酉陞江西按察司癸亥京
察

漢虜雲屯西北偏怒驅胡馬飲胡川層城名都日相隳枋戈彫
弓夜不眠雁門健兒投袂起獨向沙場搴羅綺軍前勇氣接丹

烽匣內劍光橫碧水單于宵遁左賢泣幙絕陰山無韛蟲將軍名大不封侯黃金如市長安裏長安裏好侍兒香車寶馬豪輕資平明侍飲昭陽殿永夜追歡太液池太液池昭陽殿朝歌暮舞人不見還驚叱咤有風雲轉盼陰陽足翻纙吁嗟乎唐朝郭令公降心垂首觀軍容豺狼不可躡虺蛇不可從世道翻覆如轉蓬令人直氣空填胷

門生王三善拜書

按王三善字彭伯河南永城人丁卯舉人會試九十八名殿試三甲七十四名戶部觀政授荆州府推官己酉陞吏部主事庚戌調考功文選辛亥升驗封員外乙卯補考功郎中戊午除文選庚申起太常少卿辛酉升右僉都巡撫貴州癸亥升兵部右侍郎甲子陷於夷卒

附錄明史王三善傳

王三善字彭伯永城人萬歷二十九年進士由荆州推官入爲吏部主事齊楚浙三黨抨擊李三才三善自請單騎行勘遂爲其黨所推歷考功文選郎中進太常少卿天啟元年擢右僉都御史代李樗巡撫貴州時奢崇明已陷重慶明年二月安邦彥亦反圍貴陽樗及巡按御史史永安連章告急趣三善馳援三善始駐沅州調集兵食已次鎮遠再次平越去貴陽百八十里方遣知府朱家民乞兵四川兵未至不敢進

疏請便宜從事給空名部牒得隨才委任帝悉報可至十二月朔知貴陽圍益困集衆計曰失城死法進援死敵等死耳盍死敵乎乃分兵爲三副使何天麟等從清水江進爲右部僉事楊世賞等從都匀進爲左部自將二萬人與參議向日陞副總兵劉超參將楊明楷劉志敏孫元謨王建中等由中路當賊鋒冉次新安抵龍頭營超前鋒遇賊衆欲退斬二人乃定賊酋阿成驍勇超率步卒張良俊直前斬其頭賊衆披靡三善等大軍亦至遂奪龍里城諸將議駐師觀變三善不可策馬先邦彥疑三善有衆數十萬乃潛遁餘賊退屯龍洞官軍遂奪七里沖進兵畢節鋪元謨明楷連敗賊其渠安邦俊中礮死生獲邦彥弟阿倫遂抵貴陽城下賊解圍去樗永安請三善入城三善曰賊兵不遠我不可卽安營於南門外明日破賊澤溪賊走渡陸廣河居數日左右二部兵及湖廣廣西四川援兵先後至三善以二萬人破賊十萬有輕敵心欲因糧於敵舉超爲總兵官令渡陸廣趨大方搗安位巢以世賞監之總兵官張彥方渡鴨池搗邦彥巢以天麟監之漢土兵各三萬別將都司線補袞出黃沙渡尅期並進超等至陸廣連戰皆捷彥方部將秦民屏亦破賊五大寨諸將益輕敵邦彥先合崇明效艮兵誘官軍深入三年正月超渡陸廣賊薄之獨山土官蒙詔先遁官軍大敗爭渡河超走免明楷

被執諸將姚旺等二十六人藏焉賊遂攻破鴨池軍部將譚宏化先逃諸營盡潰彥方退保威清惟補衮軍獨全諸苗見王師失利復蠭起土舍何中尉進據龍里而邦彥使李阿二圍青巖斷定番餉道令宋萬化吳楚漢爲左右翼自將趨貴陽遠近大震三善急遣遊擊祁繼祖等取龍里王建中劉志敏救青巖繼祖燔上中下三牌及賊百五十砦建中亦燔賊四十八莊龍里定番路皆通三善又夜遣建中繼祖搗楚漢八姑蕩燔莊砦二百餘薄而攻之賊溺死無算萬化不知楚漢敗詐降三善佯許而令諸將捲甲趨之萬化倉皇出戰被禽邦彥爲奪氣羣苗復効順三善給黃幟令樹營中邦彥望

見不敢出增兵守鴨池陸廣諸要害時崇明父子屢敗邦彥救之爲川師敗走總理魯欽等勦禽中尉彥方亦追賊鴨池而賊復乘間陷普安總督楊述中駐沅州畏賊朝命屢趣治移鎮遣議與三善左三善屢求退不許會崇明爲川師所窘逃貴州龍場依邦彥三善議進討崇明述中暨諸將多持不可三善排羣議以閏十月自將六萬人渡烏江次黑石逼敗賊斬前逃將譚宏化以徇賊乃柵漆山日遣遊騎掠樵採者軍中乏食諸將請退師三善怒曰汝曹欲退不如斬吾首詣賊降諸將乃不敢言三善募壯士過漆山緋衣巍冠肩輿張蓋自督陣詒將士曰戰不捷此卽吾致身處也旁一山頗峻

麾左軍據其巔賊倉皇拔柵爭山將士殊死戰賊大敗邦彥狼狽走三善渡渭河降者相繼師抵大方入居安位第位偕母奢社輝走火灼堡邦彥竄織金先所陷將楊明楷乃得還位窘遣使詣述中請降述中令縛崇明父子自贖三善責并獻邦彥往返之間賊得用計爲備三善以賊方平議郡縣其地諸苗及土司咸惴恐益合於邦彥三善先約四川總兵官李新維滅賊以餉乏辭三善屯大方久食盡述中弗爲援不得已議退師四年正月盡焚大方廬舍而東賊躡之中軍參將王建中副總兵秦民屏戰歿官軍行且戰至內莊後軍爲賊所斷三善還救士卒多奔陳其愚者賊心腹先詐降三善

信之與籌兵事故軍中虛實賊無不知至是遇賊其愚故縱轡衝三善墜馬三善知有變急解印綬付家人拔刀自刎不殊羣賊擁之去罵不絕遂遇害同知梁思泰主事田景猷等四十餘人皆死賊拘監軍副使岳具仰以要撫具仰遣人馳蠟書於外被殺三善倜儻負氣多權略家中州好交四方奇士俠客後輒得其用救貴陽時得邸報不視曰吾方辦賊奚暇及此且朝議戰守紛紛閱之徒亂人意其堅決如此然性卞急不能持重竟敗先以解圍功加兵部右侍郎旣歿巡按御史陸獻明請優卹所司格不行崇禎改元贈兵部尚書世蔭錦衣僉事立祠祭祀九年冬再敘解圍功贈太子少保大

方之役御史貴陽徐卿伯上言邦彦招四方奸宄多狡計撫臣得勝驟進視蠢苗不足平不知澤溪以西渡陸廣河皆鳥道深林叢箐彼誘我深入以木石塞路斷其郵書阻偷道遮撥師則彼不勞一卒不費一矢而我兵已坐困矣後悉如其言

明史藝文志經類易類有王三善周易象注九卷

方今時事可痛哭天人數窮當百六僅聞中使嚴誅求忍睹蒼生皆怨讟遼海年年困重傷不堪調採仍輸將大帥馬林忤璫意單辭朝入夕投荒我師矯矯高青壤目擊宮府事相左披誠瀝血障狂瀾量移削籍豈在我一時身詘道始伸舉朝動色稱

直臣叩閽片言重國體批鱗九死光儒紳嗟嗟斥逐何足計空署跳誰展經濟朝廷不使汲黯留封事空流賈生涕飄然疋馬辭都門但願徵誠動至尊底須特詔罷礦稅補天浴日安乾坤一疏長流萬里天何人慷慨更談邊丹心自剖遼陽策白簡霜飛侍從年千仞鳳鳴臣節見九峯龍卧主恩偏浮雲極目毘陵道愁說當時孤憤篇

琴川門生徐待聘

按徐待聘字紹虹蘇州常熟人辛卯舉人會試百四十二名殿試三甲六十七名工部觀政授樂清知縣甲辰調上虞丁未考察補分宜縣辛卯陞刑部山東司主事丙辰補工部戊子陞員外辛酉升都水司郎中癸亥升湖廣參政甲子升陝西按察司

燕山高兮燕水深風霾四翳白晝湛片言欲展回天力千古常懸貫日心嗟哉百戰高皇土今日縱橫盡豺虎嚙我生靈無臏脂裂我衣冠不勝數寸舌翻開東海瀾移置元戎若弄丸紅爐熠熠天地沸匕首英英星斗寒夫子且鳴又且咽安得操弋斬其槊霜豪夜泣鬼神魂螭頭朝瀝孤臣血願迴綺羅照覆盆願還瑣鑰付北門但使聖朋恢遠略一朝寵辱何足論天威叵測長纓退玉河冷浸長沙淚中外爭高諫議名去去浮雲總無謂先廟神明不可欺忍見餘民靡孑遺雲霓赤地望胡極須臾霖

雨懼還遲君不見遼兵闌入汴水枯白頻白中黼與胄又不見曲江他日思九齡皆陽鐘虡銷其半

門生韓孫愛

按韓孫愛字衷雷浙江慈溪人庚子舉人會試五十五名殿試二甲二十一名禮部觀政壬寅授檢討福王講官乙巳升湖廣參議庚戌升副使

不無沮邑悵離襟枉尺何嫌更直尋萬里躊躇望北鑰四方絡繹貢南金春風芳草臨郊轅曉日青山去國心一飯似懸長在念暫時寧敢負恩深

蠶溪陟盡復蠶山帝闕回看雲漢間敢謂片言持㕥是不辭深

譴屬多艱乾坤春色供衰鬢早晚霜華澹旅顏此去加餐願自
愛旌旄天上召君還

嗚珂出入九重鐵指摘那能測聖威斗酒別時肝膽壯奚囊諷
去吏人稀雁鴻不向秋原度燕雀翻從暮雨飛濟濟幸蹤昭代
頌艮臣見譽直臣歸

古來遼海重將軍更苦頻年戍虜雲直擬朝廷回德意敢緣身
世借聲聞光芒背動螭頭草象緯今留豹尾文長是聖明論左
右賢勞更勉答殷勤

門人劉俊九頓首具

按劉俊字登所河南商城人戊子舉人會試百八十四名殿

試三甲百二十三名戶部觀政授南宮知縣甲辰調江都

秋深薊北天風寒黃塵白晝迷征鞍一朝樸棫濃陰散夾溪桃
李愁相看赫赫宮牆雨露饒傳經問字瞻奇標謁伏青蒲長獻
替掺趨白馬殊班僚孝明晉室清忠節房鬚朱雲漢檻折聖明
不惜舊干城威假貂璫如火烈世事紛紛何足評逐臣千載留
芳名塞翁得失猶未定且將出處待時清

婁東門生姚汝化

按姚汝化字虞橫太倉州人庚子舉人會試百六十五名殿
試三甲二百二十一名禮部觀政癸卯授中書

此去吾師道益尊塞虹耿耿徹微垣一時直節高於斗萬里孤
臣尙賦蓀燕子齊飛烟水渡鶯聲遙傍石城門聖明衮職方須
補信宿懸知趣北轅

朝封一上暮南州欻乃江頭國事憂入夜晶光元照乘冲霄紫
氣自吳鈎中消四海求金急大將投荒冒瘴遊白日浮雲披不
得老徒霜鬢已成秋

門人施重光

按施重光字稚吾應天溧陽人己卯舉人會試二百八十名
殿試二甲三十七名大理寺觀政壬寅授戶部主事管象房
草場癸卯管滸墅鈔關乙巳京察降長蘆運判庚戌升刑部
湖廣司主事壬子關內審決癸丑升郎中丁巳京察

一疏排閶闔千秋續治安風霜高請劍歲月負彈冠捧日心空
赤回天事轉難行行頻北望五色見雲端

春明門外轍誰道是天涯薄譴君恩在長驅客路賒秋風歸里
閈北斗望京華桂陽千嶂外愁說更移家

燊鴻新去國莫遣兩眉開杼柚千家淚干城萬里隤愁時頻凾
闍望遠更登臺無限驚心事時時入夢來

臨岐欲銷魂孤蹤不可論有戈廻日馭無計叩天閽明月刀環
望清時啟事存主恩終渥注努力向乾坤

豫章門人劉是

按劉是字去非改名定國字江餘江西南昌人丁酉舉人會

試六名殿試三甲八十一名都察院觀政壬寅授全椒知縣乙巳調金壇調江都庚戌升職方主事癸丑同考得王應熊等二十三人甲寅升員外乙卯陞郎中癸亥陞尚寶司少卿升太僕少卿己巳升光祿卿庚午升南兵部右侍郎癸酉南工部尚書乙亥致仕南昌縣志有傳所著有奏疏學易劄記鴻雪館集行世

一代鍾靈秀如君實大賢才應歸竹箭學已絶韋編觀國名尤著凌雲賦早傳氤氳瞻瑞集浩蕩荷恩偏耿節人爭避雄圖志益堅治安勞夢寐偉節欲騰騫補袞從雲際批鱗近日邊青蒲甘自辱紈扇遽秋捐瑣闥無留滯天心未易旋風波隨放逐物

態偶迍邅忽覺蓬飄轉俄看事屢遷散才曾寵渥多士賴陶甄濫厠登龍後翻叨市駿先遭時成遇合賦別信留連敦義欣堪託含情實黯然文光高象郡斗氣接龍淵大庾梅初發蒼梧瘴始蠲悲歌行澤畔閔世息塵緣漫擬回春律還期濟巨川他時宣室召席待賈生前

門生王時熙頓首具

按王時熙字止敬江西南昌人庚子舉人會試二百五十四名殿試三甲百二十九名刑部觀政壬寅授靈寶知縣甲辰調崑山戊申行取兵部主事庚戌考選壬子授山西道御史巡視中城癸丑巡視節慎庫升浙江僉事丁巳京察壬戌降河南布政司都事本年升武庫司主事癸亥升尚寶司丞本年升少卿甲子升太僕寺少卿事見明史湯兆京孫振基趙煥孫居相周起元劉策傳中南昌縣志名在東林朋黨錄子猶定自有傳

嘗聞先民訓守道重守官官守良不渝廼以逭素餐惟茲聖明世鴻圖貞如磐惜哉厲階萌乃有城社奸總戎急羽衛庸得聽摧殘君心詎可測臣盧應獨殫藹直豈足慕循默非所安況乃職守係敢不攄忠肝封章朝始奏遠謫夕已看遭時固匪易畢命誠當難行矣風塵色黯淡隨征鞍矧此門下士東帶失所歎攀轅見河橋佇立含悽酸願我聖天子明照燭精丹一旦發德

音枳棘無棲鸞侃侃守法臣咸令趨朝端既補仲山袞亦挽倒海瀾甯忍桂石姿林壑空蹣跚

門人錢　策

按錢策字崎符無爲州人戊子舉人會試八十三名殿試二甲四十四名都察院觀政癸卯授南刑部主事丙午調兵部升員外陞郎中調職方司庚戌建言升貴陽知府庚申陞光祿少卿壬戌陞南太僕少卿癸亥致仕乙丑起南太僕卿丙寅升南光祿少卿十二月升正卿事見明史李三才傳中

襄陽叢菊迎車幰黄塵蔽天白晝晚同門弟子策百蹄去國孤臣隻輪遠蛇蝎豺狼紛滿塗相看世事今何如欷歔共下憂時

涙何用含悲問謫居師因酹洒矢天日君王明聖臣之失無誰
善體拊髀心摘我詎是吹毛徘但願慎簡堪長城便老梧梧無
怨聲且效陸子說秦尉肯學賈生哀屈平紛紜不見中使錦山
箐水怪俱堪悅吾師素具鐵石腸兒女喃喃耳難熱天道人心
自不違賜環指日生光輝青霄原是無纖翳竣率羣龍夾日飛

越虞門生徐如翰

按徐如翰字檀燕浙江上虞人丁酉舉人會試六十九名殿
試三甲七十三名吏部觀政授工部主事己酉升員外庚戌
升屯田司郎中壬子升山西叅議丙辰除大同叅議己未加
升參政甲子降天津僉事乙丑革職戊辰起陝西僉事己巳

升副使辛未升湖廣叅政保留癸酉告病見明史方從哲傳
驥颶盤帝社驃騎落天邊倚國長城罷憂君寸藿懸斷頭朱令
劍流涕賈生幾不顧批鱗逆安知惜瓦全宦濤危似海直道勁
如絃簪筆名應重閒身草更玄佩聲餘玉闕驛路杳寒煙山水
詩中畫驪駒別裏弦賜環看有日補石豈無天漢輦虛車左宣
廷就席前行藏關世運豈賦楚騷篇

楚衡陽門生陳宗契

按陳宗契字景元湖廣衡陽人甲午舉人會試二十二名殿
試三甲六十八名都察院觀政庶吉士乙巳授福建道御史
巡東城丙午巡漕巡西城丁未巡按浙江庚戌補浙江道辛
亥北直提學辛酉升南通參壬戌陞南太常少卿升左通政
甲子升太常卿事見明史楊時喬李廷機傳中
赤山鍾秀誕賢豪青瑣常承雨露膏爲國自栽桃李樹籌兵時
說虎龍韜毛公詩疏千年重侯史清風奕世高深媿散材無所
用漫沾化雨暨吾曹
西掖梧桐玉露清直將忠赤棻擬傾捄書自合歸房琯湘水何
緣放屈平豐部有時能掩晝乾坤無日不分明聖皇準擬收成
命肯使先生嶺外行

門生張篤敬頓首拜書

按張篤敬字參衡河南扶溝人甲午舉人會試二百十六名

殿試三甲一百三十一名大理寺觀政癸卯授中書己酉除
原職庚戌行取考選壬子授南戸科給事中癸丑巡視庫藏
乙卯巡視京營升江西僉事丁巳京察辛酉降陝西按察知
事壬戌升南職方主事甲子升祠祭司郎中事見明史鄭繼
之孫振基劉策傳中
通籍聯金馬直掖侍清垣皇衷隆寵眷忠藎誓披宣抗疏非沽
直憂時意獨專干城易罷棄喜怒任中涓曒日乍云翳明珠空
自懸褆身惟悃愊御物無頗偏論心堪貫日爲國象前賢衡文
推識鑒多士借陶埏貞操爲誠易努力期勉旃師訓成永箴敢
不比韋絃謫居日以遠慼此涙潸然徙爲自鬱結莫叩九閽前

東西惟所命臣子竟何言炎荒勤遠慮彤瘵賴周全握別傷搖
落思存夢寐傳聖恩終渥注指日賜環旋

門人曾用升

按曾用升字九虛廣東海陽人己酉舉人會試百十一名殿
試三甲百七十名戶部觀政壬寅授行人乙巳行取戊申授
雲南道御史己酉河南巡按癸丑升湖廣副使庚申除江西
副使壬戌升尙寶司少卿己巳京察

拜將何當呼小兒銀鐺一夜走邊陲九天震電貔貅泣萬里長
城燕雀窺自分靑蒲爭去就誰將丹檻任安危百年乍見批鱗
疏明日賜環君豈知

門生張士俊

按張士俊字廷柏山西猗氏縣人庚子舉人會試百二十八
名殿試三甲百六十名刑部觀政壬寅授新野知縣庚戌補
東明縣辛亥升戶部四川司知事壬子管通州倉癸丑升員
外甲寅升福州府左長史戊午升陝西參議辛酉陞四川副
使

憶昔靑衿日師資在簡編摛詞探理窟敷藻任天然字字披肝
膈言言契古先珍藏眞錦綺誦法覺高堅旦暮期一遇西南距
二天那知槽櫪品牺售伯樂鞭自分樗櫟材充需匠氏前門牆
厠親炙山斗得周旋朝夕芝蘭近趨蹌禮樂先步趨傳正脉桃
李受眞詮超脫形骸外依稀晝錦邊坐風同茂叔立雪洵伊川
末伸鏤刻願徙懷埃滴涓秉鈞方轉睫鍛翮偶翩躚漫謂乾坤
正如何雨露偏寸雲雖暫蔽尺霧豈終睡激揚聲兼日台衡且
待年茲受牛羊牧佚圖大馬虔去矣天涯隔無計可流連翹仰
菁莪處日擊特恩宣

漢署頻年倚折衝云何默默轉孤蹤天高涸漠堪鵬鳳雲隱州
南有臥龍眼底披鱗扶日月匣中雙劍泣蜩蛩吳門不比南牀
傲環命應來自九重

萬曆辛丑仲秋

門生田一甲頓首拜別

按田一甲字鍾衡四川忠州人庚子舉人會試百六十八名

殿試三甲五十二名都察院觀政授高安知縣己酉升南武
選司主事庚戌考選壬子授河南道御史管京通二倉戊午
巡按宣大庚申升陝西副使戊辰致仕

剃風捲胡沙落日照大荒孤忠一掬淚揮灑別金閶金閶猶
環太乙浮雲慘澹迷白日但將尺笏支乾坤不惜鴻毛甘斧鑕
昔年著書罷晝溪窮探二酉抉金匱口吸丹泉濯肝肺手攀月
窟凌虹霓形庭射策風雲集補袞明光看鵠立王侯斂手避雞
栖卿寺委蛇候長揖金魚蟠組不足驚壯懷落落照丹青精衛
思塡瀛海石杞人無事惜天傾壯髮衝冠雙眥裂請劍要截佞
臣舌郎官筆底九秋霜金馬門前一腔血誰言去國一葉輕貂

瑞掩耳聞雷鳴凷言椎碎魍魎膽中天九廟垂精靈銀青擲向銅龍闕匹馬蕭蕭入南粵洞庭木落波濤生衡岳雲開天地徹揚帆破浪鬥龍腥陽侯擊鼓水母迎已見北風涼爽氣還看南極避文星洪都有鐵埋獄久司空望氣瞻北斗一朝拭作環佩珍星辰歷落蛟龍吼桂海深無極丸疑不可攀何年負笈追千里但將鶴羽遲三山三山遙遙勾漏窟絳雪金丹生石室鈷鉧潭中紫氣翔回雁峯頭綵雲集神膏鍊就羽翼成賜環一日來承明赤松截作含元柱黃髮應須垂典型

門生王　訓

按王訓字海輪江西南昌人戊子舉人會試百九十八名殿試三甲百十六名都察院觀政壬寅卒南昌縣志王訓字懋先知潮陽縣清廉愛民邑人德之歿祀名宦

謹按明萬歷二十九年辛丑　先少芝公分校禮闈得士二十八人撤棘後卽疏劾遼東稅監高淮謫廣西按察司知事門下士繪圖賦詩贈別志一時師友之誼夫明代謫官不久卽復諸門人於折檻之後繼以賜環所望於　公者甚遠不意一謫不復終神宗世未及賜環丁未擢萊州推官己酉擢南京戶部主事庚戌改吏部文選俱力辭不出林下幾二十年遲至天啟癸亥始以原官特召而　公已前卒雖贈太僕寺少卿而已不及有爲也豈繪兹圖之意哉苞　幼卽聞有是圖

而未得見嘉慶甲子族姪鴻始訪得之以見示時方讀明史因詳錄事蹟參以他書成考證一卷而略記仕履如右

謹案諸門人中如王公三善巡撫貴州以二萬人破賊十萬可謂人傑明史本傳及紀事本末平奢安一卷載其事頗詳耿公橘卓然理學名儒見顧高文集及明儒學案此卷略不備載他若曾公六德王公時熙徐公如翰張公篤敬陳公宗契錢公策皆矯矯有風節附見諸人傳餘田一井以下或無所見惟川一甲附楚黨以攻東林排異己爲事則爲門牆之玷矣是科總裁爲少宰馮琦少宗伯曾朝節同考易一房周如砥二房朱之蕃三房鄧士龍四房孫如游五房邵景堯書一房唐文獻二房高承祚三房朱延禧四房胡瓚詩一房郭淐二房趙師聖三房少芝公四房楊應文亦無錫人五房周士英春秋房溫禮仁王士昌禮記房趙用光張士敬一甲張以誠王衡曾可前二甲許獬等五十七名三甲吳亮等二百四十一名備書之以貽後之人使有考焉

嘉慶十六年辛未十月初六日裔孫鳳苞謹跋

少芝公遺扇詩

蕭蕭落葉點征衣送客爲歌行路難騎省才名留詠草滄洲吾道寄漁竿鴻冥南國秋風遠龍卧湖江雪影寒此去應非明主意不妨吟嘯但加餐其一滿眼浮雲不可論批鱗誰復叩天閽疏爲憂國辭偏苦身卽違時道自尊五嶺烟霞迎劍佩九驪詞賦佐琴樽揭來世事唯堪醉卧閣看山亦主恩其二　小作奉别

少翁侯先生之廣右　施三捷

七世祖給諫公於明神宗時疏參遼左横璫謫官廣右同僚詩扇送之流傳幾二百年手澤所存弗敢褻也因以示仲弟鳳苞相與莊誦一過如見我祖立朝風烈俾什襲藏之永垂不朽以毋忘清白云

七世孫錫敬識

明神宗時遼東稅監高淮奏罷大帥一人　先少芝公給事兵垣上言鎮帥重職今用内臣一言罷之將權日輕而邊事日棘究且禍國疏入遂有廣右之貶同官施公詩扇贈行明亡於奄宦至神宗末已肇其端淮之敢劾大帥蓋其由來漸矣　公不變一官而力論之將以逆折其鋒也而乃被貶然公雖貶而諸璫始畏公論然則斯扇之不亡豈惟手澤是存所以昭我　祖之大節於無窮也然論者但知　公之大節在邊事得失之間而不知　公之苦心更在奄禍倚伏之際此卽詩所中謂揭來世事惟堪醉者乎

七世孫鳳芝謹記

客思如流急河聲帶雨渾滔滔今古恨澹澹夕陽痕壯甚呂梁水高於白帝村孤舟去飄忽倚棹寂無言

爲

元甫先生書　王衡

道光庚子冬從弟咸持此箑見示云得之故肆中謹按王公衡字緱山太倉人文肅公哲嗣萬歷辛丑以第二人及第是科　給諫公分校禮闈撤棘後疏劾横璫隨有廣右之謫詳詩意蓋當時贈行什也爰謹手裝附施公贈箑冊後八世孫

整敬識

王太安人遺詩 附黄夫人和詩 跋二則

憶余逹嚴慈十六締家室舉案傚齊眉卅载友琴瑟屈指甫十
春昊天降酷烈摧我連理枝折我雙飛翼號天天無光哭日日
無色聲咽不成啼淚盡繼以血漿粥不染唇寸腸痛碎裂誓死
三尺繩微軀奚足恤跪顧膝下孩難割此雛孽更思腹中兒抱
血不忍擲余母涕交頤勸余姑進食因以偷餘生課兒任厥責
長兒歲八齡腹兒僅濡沫寸壤望裔嗣幾年成立呼兒夜篝
書篝燈事剪尺中夜每悲啼蟲聲答唧唧兒或荒於嬉童心玩
歲月雖愛能勿勞提誨攻姑息操杖薄責之末下余手怯懼負
九原人又憐兒啼泣踟躕涕漣洏擲杖淚流臆翁也憐兒孤以

祖代父職諳諳踰蒙師每自坐師席翁又殞大星悲腸倍百結
雀牙外侮來榛棘世途仄𨑒傀督吾兒焚膏繼祖業乙卯倖邀
天兒名厠賢籍豈不破愁顏歎中帶慘戚父也苦埋頭未展雲
中翮孺子席其餘父又弗能覿撫此泥金書霑淚帨巾濕呼兒
立庭中訓以父遺德父行勵彼霜父襟霽白日雖云給舍兒寒
素乃厥實初余歸爾家規余謝綺飾父惟知讀書余又惟紝織
閉戶寡見聞幾不辨菽麥口不言錢刀言之頰發赤躄躄行道
中塗人罔有識檢身如處娃恂恂慎口舌古朴羞徑趨偃庭無
履跡入室儼大賓燕居屏狎客天性惡繁華布袍數浣濯不獵
豪俠名不蹈貴兒轍不隨世態擅不因家勢熱笑彼齷齪者苟

爲戰蝸國立志奮鵬鵾餘人盡鶩鴨趨步慕聖賢矢心恥苟得
或以阿堵歆髮指怒冲幘或以尺牘干手裂紙飛陌豈詡我性
柔乃以腐鼠嚇我故童子鴻不愧父清白節之則温良犯之仍
巇嶮括囊慎有餘干霄氣莫遏義交恒潛如不爲囁嚅密一二
道誼朋締好比膠漆膠水有徐君筆硯相晨夕其披忠烈書拍
案叫快絶相對評古今逹旦夜不席其性脆於春其腸勁於鐵
立志邁千秋傷哉中道折小子奚有能父慶所流溢勉矣毋忽
忘鏤鉥父遺則兒乃倖速飛薄種小有獲公車踰十年偷蔭耽
遊逸青雲阻半途九原心愈惻兒雖已眉鬚命跪爲兒述兒時
戲以嬉父唯勤以飭兒時近狹邪父絶平康跡兒時被綺羅父

衣唯毛褐兒時饕膿甘父唯啣虀汁兒時娛管絃父不曉笙笛
兒讀荒歲時父讀忘冰雪兒館塵封几父館畫下鑰父耕子乃
畬天眼從古碧兒顧自滿盈竟爾忘先澤匪余覿冠帔責兒如
此急慮兒壯志灰懼兒道中跌黄泉望欲穿待兒貴幽蹟能無
涕滂沱爲兒絮言説丁丑倖春闈仰藉先人烈况出黄師門山
斗幸不逖寄柬馳長安茲售良可悦余愧未同歸已蒙荷旌節
父行多隱潛仰乞如椽筆吾爲一開顏得爲素願畢忽聞除齊
安未免衰遑迫正驚愕時曦孫報蘭芮俯仰四十年悲歡判
今昔然余懼盛盈徽天乃燿赫一子拖綬紳一撐先袍笏雛孫
髮覆眉叨榮復曷奕月滿防其虧日中憂其昃兒曹來吾前婦

媳喚俱集既已勅兒箴亦思勒婦式勿以泥沙侈勿不晏安溺勿以珠玉誇勿以簧舌惑當思富可貧貴亦可賤易夜月理機絲朝暾就盥櫛知余晚向榮不知早茹蘗如何日捋荼遺茲田與宅如何歷嶮巇屆茲脫岑寂哭夫哭次兒順少恒多拂哭翁哭母姑喜一愁恒百榮枯倏忽移衰盛古今驛男行祈令瑜婦職無圭玷長此交相成內外各努力拚學世途假吾自安吾拙蒼天不負人施償理自傀余語不厭多聊以代砭石止此不更言祈早歸同穴聚首可千年少補存亡隔曷顧海籌添曷畏夜臺黑合掌叩蓮臺眞性勞收拾撒手即歸家笑與兒孫別此詩藏篋中留俟他年刻

和王太安人遺詩二十四韻有序

崇禎十年丁丑策士之歲夫子分典校閱共薦士二十一人文章行誼皆冠一時侯先生閥閱經濟伯仲於諸公而忠孝懇篤之意於夫子別有符券及持太孺人書請爲太封君銘固知鳳毛有種盍以熊荻宜其德器有過人者歸以語余晨夕告誡未嘗不以孺人爲規則予雖未奉提誨然私自景仰不啻儀型數載之間滄桑倏變孺人以乙酉歸眞夫子亦以甲申就義揄揚之願未償荼苦之茹並變晦冥以來津隘不通忠魂未返腸日九廻庚寅仲夏乃以長頑子中同友人趙叔寶往鍾陵省視謀所以收扶遺魂者使受教於先生與陸魯瞻先生獲遂全歸時子中負劇病臥先生山房自六月初七至七月十五日共四十日湯藥調治加於骨肉因得備悉太封君與太孺人卓行懿軌於前所聞又更詳焉先生授以太孺人遺詩使一言附太孺人以不朽此搢紳先生之事余何敢任顧夫子有願未酬又是行也子中將魯瞻先生懃懇之意與先生愛慕之情以歸不得不伸一言以慰之以余之今昕太孺人之昔痛若一揆執筆涕下唯有欷歔

滔懿發至性冰潔勵松筠如何遭薄祜中道折良人晝哭哭無晝瑤草沒青春況乃秉端操儉勤素所遵子讀母夜作無忘夕與晨諄諄惟耳誨恐不克負薪事翁復至孝含德振彝倫教兒

繼祖業不敢尚逡巡無愧昔鄒母三遷擇比鄰履仁道所貴服節豈終屯孫既列賢籍子亦負簪纓一門荷榮顯流澤布祿聲猶驚墜前緒兢業保令名慚余負四教得配君子庭豈期遭板蕩王室倏以崩夫志炳日月苦節終以貞萬里歸孤櫬碧血灑鍾陵捐軀事則已豈顧兒女情撫茲四呱孽羅列未成行見無擔石積甯保立與成深負原下人不得俱死生傷感五內裂涕泣淚縱橫慚讀貞烈書彤管播芳馨不愧表旌節婦式照汗青

明忠烈文明伯武英殿大學士黃道周妻誥封一品夫人蔡氏玉卿襝衽拜書

右侯節母王太安人遺詩一百二十韻黃石齋夫人所手錄

也節母之子戶部公爲石齋先生門下士方戶部公初第時節母不以子之得第爲榮而以得出石齋之門爲幸卽馳書京邸命戶部公乞其贈公墓銘石齋許諾會國變不果及節母歿後於遺篋中得此書黃夫人讀而傾心焉遂製序及詩弁其首弁是詩錄之以誌中心欣慕之誠以補石齋未竟之意侯氏子孫勒石家廟以垂不朽而墨蹟則藏於節母之曾孫師華氏家維節母苦節數十年恢拓先業教子孫成名術綸綍之榮邀旌門之典貞操懿行爲志乘光輝顧生平未嘗以文墨自見乃讀其鋪陳終始洋洋千餘言法謹嚴而辭典則雖專門名家亦不是過豈非天地正氣所鍾積之旣厚而

隨觸而發如源泉出地滔滔自運有不求工而自工者賦黃夫人詩文亦雅健無閨閣氣書法蒼古尤絕類石齋先生與節母詩足稱二絕固非獨侯氏之珍而在侯氏則爲天球河圖矣

外元孫泰道然百拜敬題

侯太孺人訓子遺詩及黃夫人贈言始末已具南沙先生跋語中無庸贅矣迄今乾隆建元歲在丙辰值　聖天子褒揚節孝登崇俊艮之時而太孺人曾孫師華氏適登甲榜入詞垣侯氏累代簪纓而西清之選則始於是焉用見太孺人節義之報流衍無窮久而益盛也乃作頌言以附於末

貞臣事君貞婦事夫迹或有異心理不殊生殫其力歿字其孤俾克有成乃報黃墟唯天祐善慶必有餘孺人居嫠年未三十含泪訓孤見其成立一子一孫聯翩奮迹繼繼承承科名勿絕逮玆曾孫蓬瀛載筆於維休哉奕世有光推尋物理柏苦而香千二百言寸寸悲腸與黃夫人叶應清商家憂國恤淚墨淋浪蓄極而流祥鍾麟趾忠孝順慈卷中備矣翰墨流傳巾幗男子爲法爲儀乃圖乃史世世子孫永懷勿替

外元孫鄒升恒拜手謹述

歲庚寅侯戸部週甲避居華藏山房余移語竟日因檢原韻壽以二律

天然壽域向湖開舊有山亭傍玉堆東壁未推南極老西方先詠北山萊身從大樹分龍象客向低林印鹿苔五十九年形影在知君有挾以偕來

也曾雲夢共香甕結隊平安下馬鞍闕世自憐華髮短尋盟爭似水雲寒香醪八鉢多餘味麈尾揮塵已盡歡肉食那堪稱眷屬一篇長偶照霜翰時戸部讀楞嚴經有禁肉食一偈徧送親友

王永積拜稿

茲浛公六十壽詞見梁溪詞選袖拂集　張夏秋紹

紫氣東來常管領蘭亭金谷交到老幾人召子歲寒松竹指腹儒教容百輩揮毫奚啻傾千斛任紛紛輕薄少年場浮雲目也不跨揚州鶴也不問中原鹿但傳經膝下杜門雌伏何氏已推山大小阮家休問居南北倚青藜緩步映山河紅橋曲調寄滿紅紅

侯氏三世苦節詩

侯君祖五世十五幼列庠庠生閲兩載十七一病殞聘妻同歳殷閨耗顔色傷托故輿出門命奔侯氏喪僕夫急歸告父母慰勿將女聞自解帶攀輿代懸梁知女欲赴侯矢志理固當斬鬆竟成服哭奠侯内堂慟絶抱神主自守屋廬旁置板戸堅閉暗色無景光階草不肯青枯槁淒冰霜守貞已十年麻衣竟毀裝子立叔嗣後稍長奄歿忙貞女泣送墓已看陰奪陽忽躍入地室逝則同穴藏當時衆爲救救歸命不長逮君祖母華廿五稱未亡翁病亦已劇割股生不償遺孤卽君父呱泣甫在床家本升斗虚況復遭凶荒紡績敢言逸自昔同敝姜君父已成立行

兒孫枝昌孫年纔八齡棄養呼彼蒼姑慈並婦孝誓復同守孀冬春想旨蓄且暮思糟糠兩代節婦心所恃後克彰典質秉詩禮自幼課葉唐一燈伴夜讀教育恐不遑青衿甫得就先後嗟茫茫此身骨已朽入夜同參商理遺譬則私例合名則揚當官樹棹楔燕事合建坊榮名播里閭懿行式梓桑惠山貞節祠春秋烝與嘗九峯與立石泉水爲流芳三世同苦心萬古旌馨香

劉嗣綰拜撰

霜凌柏益翠火迫蘭彌芳阽危顯奇節天道非難量高行不多覯覯宜彤管彰貞慘矧一門先後遙相望梁溪山水窟鍾靈及帷房捐軀就義烈鞠孤綿烝嘗生死縱異轍要在扶綱常剡窮自求復闔極斯回光苦節天所憫五世承餘慶發名爲詞臣家學傳縹緗撫視話疇昔往往涕泗滂求忠必孝門匪朔郎顯揚白華有遺訓勗哉尙無忘

汪廷珍拜撰

程嬰立孤杵臼死一身肩之貞女子聞喪誓死歸夫家忍死立孤五年耳良人有子姑有孫去作雙飛墓傍雉鳴呼一歌兮歌始哀風淒月黑魂歸來

兒生甫周夫歿早堂上有翁更羸老刲股療翁乳哺兒貧剩此身亦枯槁兒纔長大復我遺一綫再傳惟穉孫鳴呼二歌兮歌聲咽猿啼相續腸寸截

燈前伴夜憐老姑機畔忍淚催兒書兒能成名毋不待魂魄應恨先姑徂運窮兩傴相顧癯頳然後死還須臾鳴呼三歌兮歌難繼幽怨煩冤塞天地

離鸞絃撥風入商絃絃同聲聲斷腸冰霜在庭氣清迴特出琅玕貢玉堂玉堂天上封泥濕祿養不逮心永傷鳴呼四歌兮歌中止柏舟惻我螟蛉子

李宗瀚拜稿

千古人人皆歎美夏侯令女截其耳千古人人皆切齒皇甫規妻鞭撲死可知直道在人心柏舟之誓世所欽殷家有女尙未婚聞訃迫欲歸侯門侯門不納氣尤烈中路捐軀何决絶力救

始避志不移茹苦食蓼甘如飴又聞後嗣繼高風華母堅貞矢志同身撫遺孤長嗚咽無奈瓊枝又早折寡姑寡婦相對泣肝腸寸斷嗟何及終歲勤劬淚在目典盡釵襦啜饘粥幸有蘭蓀慰煢獨兩世孀閨勤課讀中宵軋軋雜咿唔機聲書聲無斷續皇天不負貞操苦一朝甲第興門戶老屋青熒一炷燈化作萬丈光芒吐歎余祖母亦苦節志似冰霜心似鐵余弟早夭婦守貧湘竹斑斕凝碧血吾家雙節已請旌君今三世傳清潔郡邑彤管紀徽音千載氤氳香不滅

吳芳培拜稾

侯氏家梁溪世爲貞孝門采風考邑乘三婦節概存廼有殷氏女未嫁矢守身翁姑婉謝之投繯聲淚吞救之得不絕歸侯志克伸卓哉心力固一絲等千鈞黽勉育嗣子冰雪志劬辛貽後永芬烈再世以節聞先後誓蚤歲華顧兩太君撫孤迨成立事翁盡艱勤翁疾屢割股至孝通明神孤子又殀歿婦姑共閔貞寒宵紡甎畔相對孤燈昏楹書授兒讀兒不媿慰孫翩然鳳鸞質狐翼登金闈報劉歎日短晝荻思慈親巍巍瀧岡表龍山並嶙峋貞孝實庸行聞風薄俗敦續編中壘傳彤管暉千春

董國華拜稿

西風刮牕燈一粟婦伴威姑課孫讀須臾讀止聲復哀慈母攜兒相向哭母曰孤汝來前汝家三世留青氈迄今一門聚寡鵠伶仃弱息嗟誰憐我之曾祖姑未嫁甘同死一聞失所天心如古井水素車白馬入門來道旁觀者生悲哀螟蛉類我慰初志魂魄相從歸夜臺我君姑爾祖母汝祖初婚時鄰里稱嘉耦善易虞翻骨相屯吟詩李賀心肝嘔破鏡分飛影隻單孤幃寂處形枯朽自我入汝家汝父已成人楹書苦讀志不就可憐華髮凋青春玉樹長埋委霜露浴施不死含悲辛三世流傳僅一綫孑身維繫真千鈞黃口雛汝聽取汝不讀書非我子遂養須酬祖母恩補亡莫負詩人旨哲嗣聞言淚暗垂誓將力學報春暉味耽雞蹠甘同嗜膽和丸熊苦不辭學成才大爲世用蓬島文章聲價重擘翅翻飛碧海鯨覽輝遠振丹山鳳轉瞬陽和出雪霜天公施報豈尋常　恩周存歿　絲綸重　寵錫孤單姓字香吁嗟乎柏舟詩荻灰字凜凜綱常留正氣大都風義著千秋况復冰操勵幾世從此哀榮慰苦辛爭光日月扶人倫孤衷豈必邀名譽奇節真能動鬼神我作此詩無溢美備採風謠入國史借作壎篪勸世人積善之家有如此

陳繼昌拜稿

公惭卿兮卿惭長後起雖賢不如往何圖正氣出閨閤一一幽貞能嗣嚮柏舟之詩歸夷門化蜣終逐韓憑魂子有子兮壽俱促婦有婦兮同晨昏丸熊不廢含飴樂蘭茁其芽憐稺弱一旦才名馳郡邑旋痛重闈雙寂寞寂寞惟見巴清臺清比帆源有

自來先姑遺此冰雪操堅持三世心寒灰三世仕宦三世將世
人漫爾相矜尚試望崇祠盛茲芬貞珉鼎峙梁谿上

鄒植行拜稿

輓尊嬸王孺人詩并序

嬸氏王孺人毓秀名門來嬪望族明詩習禮居然道蘊
之風婦則母儀無媿少君之範詎意年逾半百遽爾仙
遊淑女云亡悼傷何已適叔姑吴太孺人以述畧見示
嬸氏一生閫德懿行得藉此以不朽余何能贅一詞惟
是三十年來於妯娌中獨稱知己率賦二章以當哀輓
并呈叔姑教正

蘭蕙清神冰雪容烏衣門第舊詞宗承歡譜盡尊姑意勤儉還
兼教子工散朗不隨時世態幽閑端有古人風相看憐我多愁
病三十年來幾日同

知向瑶臺第幾峯夢魂還覓蘂珠宫鴛鴦機上絲難續蛺蝶裙
拖影已空一枕香銷煙縹緲數聲腸斷月朦朧爲伊千載留碑
記盡在高堂錦字中

未亡人顧氏拜稿

安仁德政詩　　劉鉅麟 瑞齋

第一循良古與儔因知衣德紹前修桂香早向蟾宮折美錦非
從學製優懸鏡丁簾常駐日鳴琴午院幾經秋宜溪自是留鴻
跡生佛歌聲滿縣謳

溫靄光風氣象寬公餘香見意盤桓澄懷似雪眞名士清署如
冰異熱官千古論文宗正始幾年接袂共追歡懸知榮駐湘南
地定有餘輝照未闌

惜軒公畫冊跋

粲辰年道兄筆墨深得元人三昧來遊　京師時相過從近示
畫冊屬余題識余雖不敢辭然實未窺繪事萬一勉綴俚句殊
覺汗顏異日此冊流傳必有請余淺率未合者才分所域固難
超軼絕塵也

長洲弟孫岳頒跋

高人之胸次不同於俗而其用意自別故偶有所作便足千古
是前賢筆墨所傳者其精神也豈形似間而遂可謂之畫耶予
嘗謂畫不難於有筆墨而難於有意思如無意思而浪費筆墨
此處當畫一山便畫一山此處當畫一水便畫一水眞謂之畫
畫人耳其精神安在哉觀此冊粲翁先生高懷深致洵不可及
偶一展視若身在其間目想情移眞機流動竟忘其爲畫也畫
至此斯可謂之畫矣

吳門弟高簡跋

依然書劍在人間手弄煙霞夜不閒粉本還堪懸畫閣墨圖從
此壓荊關圖堂竹影幽難近隔嶺楓林秀莫攀却惹塵心懷舊
隱白雲司裏展青山

曲阜弟孔尙任

羲之遠識湮埋宇杜甫謀猷徒有詩好在侯生愼筆墨莫令傳
作畫圖師

同學弟劉德方

詩畫皆本諸性情故能詩者必知畫蓋其神理相通有固然者粲辰客京師作小景類唐解元而吾郡孫老先生每畫輒題一絕何見之者稱兩絕吾以是知兩人相知所謂相得益彰有出筆墨之外者而其題語謂不知繪事余以爲乃深於知者云

同邑弟嚴繩孫

向見粲老詩詞歎爲絕佳乃以文心格畫理遽能精詣如是蓋信才人無所不可也語云畫中有詩詩中有畫更於諸跋得之

梁汾弟顧貞觀

有客梁溪溪上住筆墨煙雲慣使奚囊貯隨意看山塗絹素夕

陽一片江南樹　眼底分明芳草路怪石飛泉欲引游人去高臥雅耽茅屋趣仙源咫尺尋何處

右調蝶戀花　柘園弟張師孔

十載無由飲惠泉展君圖畫興翛然君身豈是倪瓚後公子何人爲執鞭

斷岸韋偃郭熙山筆底收來尺幅閒却把家山容易別芒鞋何處遠躋攀

灞陵弟梁嘉稷

畫手而今孰擅場尺縑容我一端詳梁溪舊有倪高士似爾難分上下牀

客窗靜掩跡蕭疏供養烟雲自有餘畫裏看詩余解得問君慘淡意何如

一邱一壑意早辦五日十日貌始天披圖應接了不暇疑向山陰道上行

錫山醞藉人相似未類黃山景絕奇雲海茫茫常在眼鄉思筆興兩迷離

黃山弟程岳題

梁溪曾記御帆遲簇簇著頭遞獻奇忽漫披圖猶彷彿九龍山下晚晴時

白雪陽春曲最工一時傳唱洞庭紅誰知摩詰尤工畫山水清

音在此中

冉菴弟汪洋度

千秋逸品倪高士同里齊名王舍人前輩風流衣鉢在今朝拈出又重新

朔秦道然拜草

昔余兄次陵好畫山水每當春秋佳日招集邑中勝流淋漓潑墨惜軒實爲之主盟時余年纔十四五固已知惜軒矣余稍長嗜酷塡詞又與惜軒爲詞友其詞跌宕風流神韻之飛越與畫畧相等然平時雅不以畫名人亦鮮有知者是冊余於丙子春見之京邸今復展觀愈久愈可寶愛獨念余兄謝

世十年俯仰昔遊零落殆盡而惜軒猶以此索題執管茫然可爲三嘆也因賦二絶句

詞客風流亦畫師鉛華洗盡出塵姿青山幾幅都蕭颯想見江湖落拓時

舊社飄零幾廿年家藏粉本絶無傳爲君重拂鵞溪絹一度含毫一愴然　紫綸弟杜韶

詩中有畫畫中詩摩詰風流儼在斯會得毫端濃淡處雲山一幅郎吾師

谷日書名何獨稱腕中却是有師承侯生學古能神化程邈居

然纔一燈

粲辰老世翁先生博極羣書學通内外以繪事自娛兼工漢隸與余同客金臺再值邗上焚香啜茗風雨無間丙申首夏偶過梁溪又出畫册見示漫題短句二首以博一笑劒門弟瞿裔綿時年七十又一

亦園公照題辭 見梁溪詞選沈本集　僧宏倫 敏修

五斗卓然箕踞長林目如望洋喜翩翩濁世神凝秋水蕭蕭物外氣靄春陽學敏龢柴名高問字家世烏衣謝與王奚雛侍有漁童銀鹿劍鞘書囊　雲根坐對芳塘正風皺紅泉碧草香看指揮羣牧獅騰鳳翥心遊萬仞雞塞龍荒賁逍從來重其神駿士雅鞭先讓爾揚溪橋外倩虎頭添我拍手君旁 調寄沁園春

嚴太孺人哭長子詩

仗汝扶衰謝相依昏復晨一夕别我去魂逐汨羅臣雖非古貞亮詩禮夙昔臻逝歲戊戌夏生逢庚午春有子纔六週聰慧亦絶倫玲瓏頗曉事號哭傷旁人幼者最嬌小牽裾日百巡妻能謹素位啜菽矢安貧顧此失所恃嗚咽氣莫伸樓東所藏書縹緗絶纖塵新簽齊次第舊冊如積薪黯然觀此書傷哉見其神寡言素如愚卓犖多清眞規箴絶座側忽焉喪其身損友有薛子係爲中表媚出入兢燕樂相邀戲水濱族姪亦同行揶揄來鬼神逸歸便安卧忍使二命湮見機能自守設心甯匪仁昊天已不惠搆此大禍因丹誠隨水逝傲骨獨嶙峋吁嗟望汝子庶矣成席珍

壽允翁侯先生七十　龔廷璽

晉陵山水殊不俗蜒蜿縈洄作九曲靈盤秀結産英者中有幽人寄高躅我家古蘭陵相去百里許朝帆夕以至臨風念古處傳記雖未成此情詎中止邇聞侯先生隱德飫經史著書七十年不識朱與紫 一解 祖爲司寇父爲儒先生生也少而孤側身哀毁不欲生志苦攻堅抱幽趣以斯慘憺心作爲眞實士撫孤如已兒再世如初志訪之古人中李玭與薛氏偉哉侯先生會當壽青史 二解 我聞披裘公皮相非所語又聞角里居風徽近如許玉棗仙梨有與無吉量赤衣亦僞耳獨此純修無古今魏之羅高宋陳子先生少而力學老彌甜内行之純又如此蒲車東帛應有期況復泥封榮問後多祉惜余方客燕市中欲往從之隔山水 三解

前題　沈德潛

生平友愛篤天倫第二泉邊獨行人前事網羅能作論表衣潔淨不沾塵林間風月耆英會膝下文章觀國賓七十年華正強健湖山管領十分春

前題　沈瀾

九龍之山龍蜿蜒泉飛石罅下注淵靈異結産多高賢先生下築梅里邊摩勵早期霄漢騫四庫森羅手一編夕焚膏油朝槧鉛隸事突過孝標前只今七十儼神仙詩壇酒社相差肩登山

不厭屐齒穿艑舟欸乃衝溪煙哲嗣儒雅各翩翩徵歌采頌介壽筵方諸仙籍從玆篇豈徒蒲輪來九天

前題　張筠

通德高門映少微五雲遙奏鶴南飛身將孝友維風紀天與清閒養道機無限烟霞供嘯咏生平敦樸發光輝丹山雛鳳初舒翼獻壽尊前耀綵衣

前題　史份

半畝溪堂一幅巾逍遥閒作臥雲身著書歲月龍鱗長携杖風光鶴氅新早見清時延國老還聞舊德化州民湖山歲歲梅花節長與先生作好春

前題　張鵬翀

家居遊惠山愛此好巖谷風物郎清佳民氓亦淳樸龐眉多故老衣冠推舊族潛德隱中林家風重敦睦耶君稟庭訓秀彩如鸑鷟一鳴早驚人早晚食天祿我翁正懸車獻壽春酒綠醻此百年觴婆娑多晚福

前題　裘曰修

鶴髮皤然畫裏傳眾中驚識老神仙階前久種三珠樹戶外初飛百歲泉翠柏蒼松欽晚節彩雲紅日慶長筵伏生有待傳經術揄指春秋二十年

前題　齊召南

矯矯意蟠天半鶴昂昂姿見嶺頭松書縹古洞五千卷雲臥同鄰三十重絳縣論年方矍鑠青箱博學儘從容遙知此日飛觴處遶屋梅花香更濃

前題　史貽直

縉雲通籍舊門閭鄭圃何妨賦索居義恤遺民真古道老同袁業富新書階庭已見珠成樹壺嶠仍聞玉作蔬燕蝠春秋誰較量華胥一枕自蘧蘧

前題　華希閔

玉生太璞珠生淵秀靈苞孕非徒然人誇珠玉作異寶不知輝媚從山川君之季子我學友天馬出腹能飛騫才名烜赫動都

下柯亭舊譽凌蒼煙紫泥封濕自天降華堂正值開初筵雅瑟清琴迭相和斑斕舞袖紛翩翩貽德貽經始獲報初日熠耀珊瑚鮮鉅鹿在昔多英俊派衍況復由神仙百歲春秋正未艾蓬瀛佇看歷高遷

送嗣翁老先生之任平鄉　王會汾

蕭寺曾同闗歲寒知君胸次鬱雲蟠應攜仙客青藜杖且對先生苜蓿盤霜曉頹沙經鉅鹿秋風落葉度桑乾中朝籍甚推周燮會向層霄刷羽翰

前題　汪淪原

驪歌恰值早凉天南浦相攜一扣舷我已微官淹歲月君今薄祿走風煙三秋事業毛生檄萬里辛勤祖逖鞭好與臨岐中別語旁人莫笑兩寒氊

未盡綢繆勸一觴何堪判袂竟匆忙殘書滿篋拴驢背古劍摩空躍錦囊驛路斜陽八淞淞江天落月思茫茫家居邂逅如相訊爲報寒齋苜蓿香

前題　周金紳

驪歌此日動秋聲萬里雲霄薊北行脫穎已誇燕國士談經暫對魯諸生毫端五色春光吐匣裏雙鋒夜自鳴苜蓿那堪羈鳳翥杏林花放早承明

送士宜三兄再任秦中　張泰開

驛路梅花趁曉風雙鳬今又到闗中驅分合勞王事得失何須問塞翁已有棠枝傳父老重看竹馬走兒童送君綠酒三巡後欲賦驪駒曲未終

潼關山勢鬱周遭天險遙連華獄高此地弦歌猶溢耳當年盤錯費操刀時和恰喜逋亡少俗樸還看撫字勞鄠杜鶯花何足羨下車甘雨遍東皋

前題　嵇璜

風獵行旌雪點鞍花封重覩舊儒冠懷人何自便千里得路還堪效一官素尙定餘稽古樂深衷應念入難時知君報績無嫌屈枳棘爭看集鳳鸞

前題　秦蕙田

無錫侯與秦當年廬與李而翁秦氏甥吾婦乃君姊戚誼兼師友夙義素相砥君才少倜儻起宗名進士榜下即綰符致身慕前軌利器有盤錯一蹶旋更起軍書旣奏功花封復莅此關中

多巖邑侯望在耕市九重切撫循何以治瘡痏中丞今大賢儒術佐上理承流在邑宰側隱宜自矢莫矜虎渡河願見郊訓雉春雲靄京門春雪擁隴坻握手送君去盞詞焉能已更爲慰高堂西顧應色喜

前題　鄒一桂

霜消春暖柳風晴好送雙鳬出帝城雲路終須騰驥足谷風又喜聽鶯聲蕃繁不乏雄才理蹟埋當思小步行正是園欒佳節夜一杯相送月華明

壽心齋侯老夫子十六　李宗瀚

九龍之峯高崔巍扶輿蜿蜒從天來地靈往往鍾人傑坐見篤生曠代才盛朝俊傑誰獨步文采風流數嚴顧轉瞬韶華過隙頻後來誰是代興人鳳儀羅使殊凡鳥豈竟風流歇絕冷落人間春先生應運再挺出才鋒橫溢雖儔匹早承庭訓紹家傳肇季切磋羅一室養就輪囷大木姿坐成百丈排風質從此雄師文陣雄拂拭當年荷鉅公共推已入龍門裏應見先登虎觀中癸卯秋高呼射雕良工身手絕技饒朝來名字登金榜得人爲盛鵬扶搖其意鵬搏九萬里玉堂金馬堪登矣誰知鶚薦禮闈中未得開筵數聞喜異時名冠中書科國士無雙誰實過復因

成例暫停置莫對當階紅藥舒吟哦功名未免多蹭蹬旁人扼腕猶難罄先生素抱却怡然樂道忘懷彌鎮定絳帳輝時化雨滋公門桃李自紛披其陪講席傳衣鉢人師望重兼經師郎今六袠稱榮慶廣文之館幽齋淨誰送冰桃雪藕來應有仙人控鶴臨三徑更喜階前玉樹枝亭亭秀出千雲姿他年定見成梁棟裕後功名令世知

前題　裘元淦

海內作家不可數誰工雅奏賡韶濩上谷高門賢哲生如椽巨筆垂秋露不矜豪放逞縱橫天馬雍容嫻軌度若使排風上玉堂追燕許遺隆禮過奈何冷落廣文氈毾社湖邊作散仙華齡今歲正六袠盈門珠玉開瓊筵淦也叨居弟子列先生梗概能陳說家世清華甲第高人過東里瞻閥閱挺生少歲即非凡詩禮親承庭訓嚴英年筆力絕恣肆造化可以當鑪劉掃除圭角歸溫雅聲名赫奕傳都下金陵射策奮鵬搏當代宗工呼健者其期平步金門裏扶搖萬里邁丹闕蓮華徹炬光璀璨文章絕代酬殊恩誰知鶚薦仍徘徊未得飛騰偕錦鯉旁人扼腕嗟嘘吁怡然策馬待歸矣搜採遺珠巨海中館傳玉潤字誠工黃綾特榜名第一許吟芍藥當階紅盈廷共慶得人瑞神仙合住蓬萊宮豈意三山忽引去翩然南返安窮通特橫講席西江上桃李咸欣依絳帳樗材良幸沐春風投時學織新花樣職守詞垣

未敢離心隨飛鶴侍禕帷吳雲瑞靄壽筵遠遙進璚漿玳瑁卮

前題　鄒植行 禮耕

龍峯毓秀世無倫華實相兼重席珍才藻徐庾推並駕辦香高顧得傳人著書矻矻身相等道範恂恂德與鄰佳話香山聯舊會江南重看畫圖新

鶴髮飄然證地仙小齋春駐海棠天（先生構一齋日海棠巢）經師德望歸胡瑗冷宦才名稱鄭虔玉筍造成多士秀金籯別付後人賢遙知此日飛觴處賭醉吟分五色箋

前題　徐煥 勛亭

慧水縈城鬮龍峯勢蜿蜒精英鍾哲彥文獻溯家傳綺歲喧神

頴華齡嗜前編雄文驚浩瀚新賦騁瑰姸虎榜題名早蟾宮得
意先共期登玉署穩計步花磚鶚薦鵬將舉風高鷁不前未誇
東野馬欲返孝廉船忽賞雲書妙堪稱綸省賢紫薇將作直紅
藥試吟箋條爾蓬山引難教蓉鏡圓旁人咸婉惜雅度自翛然
駢體尤新俊宗工盡賞延庾徐同綺麗鮑謝意纏綿著述盈千
卷珠璣落九天備茲供奉具掞擁廣文氊桃李栽芳徑奇英伴
講筵從遊槐市客半作玉堂仙立雪欣陪座占星瑞應躔賡詩
遙祝嘏松鶴並高年

心齋公雪藕圖題辭

花向波上開根從池底見欲識君子心冰雪融成片
洽洽風味清憑仗玉纖剖金掌露方滋此堪消渴否

涵齋王千仭

綠陰滿徑清分渭畝之林紅影半池香占濂溪之宅倚亭亭
於初日誰擕謝朓詩來拂嫋嫋於春風如在平泉莊裏時則
西樓雅客開廣厦以迎凉東觀才人乞名園而結夏賞心則
雲水環廬待話而茶瓜餉客方山子別來無恙何妨葛服芒
鞋張山人老去猶閑臏有樵奴漁婢鶯鶯尙在燕燕仍忙未
命烹泉先教雪藕劇玲瓏之玉片片皆香歌窈窕之章花花

欲笑剏粱溪月上明生畫竹山郇梅里風高凉入洗梧庭院
吟邊春草託逸興於蕭騷扇底桃花盡餘情之旖旎都將載
酒豪襟并付添毫韻事長康筆妙君誠顧而樂之包賀詩項
自覺難爲賦矣幸此日披圖景行尙許甄生儻他年看竹過
門毋嗤傖父弁言並列郢削是呈

一境清凉別有天深深佳趣語難傳閒來手把君圖看底事從
人憶輞川

點點紅渠依綠水娟娟修竹媚清漣此中有客科頭坐不是詩
仙定酒仙

蕉衫羽扇日頻過座有紅兒未放歌且試淡妝教雪藕最忘情

處綰情多
塵襟滌盡景誠幽能事還如顧虎頭我欲撫床閒指點隱囊添
得更風流　　錢唐趙學敏拜稿

展卷涼風起宛當年竹深留客芰荷香細舊事重拈風韻絕羨
殺夷門高致不復數浮瓜沉李素手擎來珠露冷碧玲瓏皓腕
還堪擬好領取箇中味　城南韋杜繁華地醉看他翩翩紈袴
但調冰水不負片雲頭上黑合讓浣花詩史淌受得殷勤纖指
剩有情絲雪不盡一星星嚥入心窩裏曾折取藕花未
右調金縷曲　　愚弟秦鳴雷

竹香荷淨晚風前正值相如病渴天不道綠窗能解語隔簾呼
出小嬋娟
鸚鵡傳言蕩槳回玉纖擎出翠盤堆阿誰偷得千年藕可是瑤
池宴上來
一段冰肌寒澈骨滿腔情緒繞成絲倩他分剖光明相白雪心
腸碧玉姿
閒把青荷當酒筒玲瓏萬竅總虛空肯教肺腑容炎熱愛入清
涼世界中　　何方弟王襄草

暑雨新收一曲銀塘調冰乍逢悵文園病渴慵拈繡線侍兒喚
睡笑唾殘絨玉腕徐來游絲輕颺底事偏縈方寸中沉吟久忽
一腔離緒棖觸無從　當筵削出玲瓏更汲水憐卿拂拭功奈
慣牽人意菱絲似帶輕搖畫槳蓮粉飄紅曉露初粘冷香微墮
纖手看擕未有蹤重尋處怕隔簾吹去斷續涼風
右調沁園春　　松崖吳寶書

半靜塘風靜晚天玉節冰房劇可憐韻絕王孫調水罷綠窗分
付小嬋娟
一片冷瓏冰雪姿擕來妙手沁詩脾而今記取同心意蓮子花
時兩繫思
年愚弟韓松草

滿座涼生徐看展卷推稱棕鞋輕搖蕉扇入依修竹三竿心送
閒雲一片瓜應可剖試聽刀聲李亦堪沉非浮水面時則層冰
可蹈皎日方長傍小池而未能退暑看芳草而未許迎涼安得
聰前滿綠階下飄香留客還隨深竹調冰恰對芳塘甘同莽實
寒有蔗漿爲想放船佳處遇雨遊時蟬聲一樹山影半池琴清
入夜枰空落棋爰求妙手爲我圖之則見荷生水際藕出泥中
絺巾拭兮淨沾梅雨并刀切兮響送荷風羨冰姿之皎潔擬玉
腕之玲瓏菱笑折腰之碧杏嗤濕鬢之紅衣還製芰帽不資桐
倩彼佳人雪來似玉借纖纖之手摘異橙黃同裊裊之腰拂嗤
柳絲笑非劈荔休吟一騎之詩雅似採蓮疑聽扁舟之曲魚游

碧水人映清潭林間雲擁草際煙含應共冰桃之獻不殊玉版之參貯豈偕乎茗椀盛奚借夫筠籃不教解語名花偏生章曲從此催詩好雨應過江南攬斯圖也清籟來時好風過後涼疑樹茂早歸晉豈竹修不受鮮映榴裙色侵櫻口此日芙蓉鏡裏已屆冷作秋菰他年太液池頭更喜頫來碧藕

姪昉呈稿

心齋先生海棠巢歌

李保泰　齋生

海棠非花亦非樹如何結構翻新譜上谷先生鑪錘奇形模特溯有巢古瑣窗豁達四縈回百年老屋無棄材方心鑿就殊嗜好枯松一一蓓蕾開牡丹本衍洛陽族芍藥不待廣陵驚夜來風冷鄭公氈晝與日便孝先腹芙蓉湖邊好家山苜蓿齋前刈榛菅有痕未向天上掃一椽寄此亦已慳定惠曾邀玉局賦成都錯與杜陵遇枝頭但卜鵲鴉居木腸那怕蜂蝶妬相逢偶說締造因支頤容膝自欠伸竹床茶几參位置使我大嚼口流津翻思萬里塵沙道羈栖歲月關河老桃李開落幾變遷鵲鳩巧拙誰顛倒梨花左掖得氣雄薇樹高柯映日烘寂歷應憐函丈地小兒造化天無功況今洪湖勢欲鬩倉卒將作檜巢控綢繆牖戶辛勤多風靜水聲攪清夢先生笑謂俱不然蟭螟蚊睫供延緣飛茵繞溷勝心定跏趺豈異座青蓮花光滅現捐包相空中忽趁天女舞霽歷晴牽楊柳煙惺忪臥聽芭蕉雨有菊可餐梅可妻佳名揀取足品題灤峯閣裏徐侌肆年年嘯咏待歸兮

鄭祝侯葉唐岳丈暨岳母顧太夫八旬雙壽

壽宇宏開綠野堂八旬篤祜舉千觴齊眉佳話傳鴻案遙指綸音煥鳳章三祝華封歌象管梨仙奏樂詠霓裳階前擢秀榮蘭桂簪笏同看列滿牀

重游泮水邁耆英幾度論文快鑑衡綸閣恩榮聯後甲杖朝風采耀長庚林泉訓課勤蛾術莘野賡詩轉鹿鳴富貴神仙真罕匹幾生脩得到蓬瀛

自愧庸愚壯志隤觀光上國負栽培乘龍猶憶迎嬌客繡虎深慚乏異材宦海棲身黃卷棄雲霄援手絳帷開願賡難老關山隔晉祝惟憑寄驛梅

當年泰岱倚巍巍衣錦腰纏賦日歸總練氏圍邀手勅安排家計仗心機和親睦族明仁庇子孝孫賢仰德輝惟有期頤歌晉祝再迎鸞鳳九霄飛

子婿鄭繼善頓首百拜呈稿

聞侯葉唐岳丈典試浙江書以誌喜

聰得文星出鳳城軺車又向浙西行如春帝澤求賢切似水臣心賞鑑明玉尺量時慚玉潤冰壺濯處恰冰清陰成桃李誇泰楚十二年來次第評

自揣迂疏仗筆耕久邀慈蔭荷栽成梟飛十載愁無補鶴舞終宵愧不鳴璠佩今聞非昔比珂鄉回首倍傷神最憐當日乘龍客到此仍無赫赫名

子婿鄭繼善頓首拜稿

紀之公幼學圖照題詩

山陰 傅端木 筱耘

積學知不足幼學耄莫易蛟河有散人卓哉高世致賤子初識荆先生勤撫字一别十年久雲樹繫夢寐重逢若更生滄桑說兩地睠我自敘篇並述畫圖意口碑昔已傳况見宦遊記清名繼前徽盛德遺後嗣古今治平術不外修齊事出處原無因韜儒卽循吏聞道賦歸田容膝遂初志生平未了業一卷手不置春秋佳日多朗聲如寄製錦固云倦振鐸盍再試課士與治民報國殊無異

奉題建德安吉紀事卽步原韻　王元錫 仰之

羣藜感激再生年畢雨箕風讓候躔名士從來强項慣好官肯藉折腰傳幼輿卽壑皆天趣彭澤壺觴亦靜緣回首攀轅諸父老越中定有去思篇

奉題自敘并映山河記疊前韻

自明身世自編年藜杖光分太乙躔報　國文章徵史治名山事業紹家傳偶因天上滄桑劫又結人間湖海緣竟與蛟河爭不老一官一集各成篇

前題　山陰 謝恩勤 筱耕

夷門歸隱已多年神父聲名震斗躔蛟水豈容人久散龍山猶盼澤流傳片時瞻仰原須福異日追隨定有緣聞說先生能飲啖肩豚斗酒百詩篇

偶示神明祇幾年浙西深荷福星躔無多著述爭相賞如許勳勞且自傳大吏竟容强項令名山重結舊時緣知公不厭狂生援願待來游獻一篇

前題　丁培 植卿

鴻鈞運轉上元年重見堯天復禹躔劫火已教龍漢度江波雖遣雁書傳桐鄉遺愛眞堪媲萍跡相逢信有緣咫尺楚天湘水路看雲莫賦杜陵篇

潞水歸舟記昔年茫茫鴻雪數前躔廿科鄉舉無同輩一邑人才此獨傳敢把頭銜誇故舊縱持手板笑貪緣蛟河遺澤猶堪溯勝讀平原述祖篇

蕭蕭落葉逼殘年黯黯浮雲掩日躔事去英雄空髀撫時來豎子亦名傳羨君爲政如風偃笑我依人類木緣凋瘵正資霖雨手一編治譜未終篇

前題　顧賡陛 竹軒

遂初賦後自編年到處人欣福曜躔士競贈韓心瓣爇民思借寇口碑傳周尋彭澤琴書樂好結香山花月緣從古地靈人盡傑擬將德政補詩篇

紀之公壽詩

奉祝侯老師臺八秩華誕即步原韻　山陽　何俊卿

年登耄耋福駢臻敷教淮壖樂此身老更虛心偏愛竹安能隨遇詛思純桂蘭森育陰彌茂桃李栽培手自親爪指巍科周甲近鹿鳴重宴集嘉賓

浙水謳思去後真孤寒戴德屈能伸琴堂聲譽壺中玉珊網英畸席上珍化雨及人羣沐澤春風噓物不驚塵盤堆苜蓿杯傾釀娛適何來醉尉瞋

登高能賦韻拈頻徵我無詞笑不倫珠玉在前慚獻醜國書盈座淚言貧芹宮閒話神俱永蘭譜重聯契更親令姪與舍弟癸酉同譜尤喜季方馳鹿轂謝庭嘉惠溥黎民

幾閲滄桑歷苦辛盤根錯節歲寒身心清但覺香聞妙情厚何須酒酌醞静裏悠游開小圃公餘著作剩芳晨奉觴敢上期頤頌願祝嵩齡八百春

蔡太恭人百齡壽詩并序　族元孫鴻鑑敬祝

鴻鑑幼經患難壯陟坎坷嘗謂百歲光陰一瞬間耳然此一瞬中禍福壽夭皆不可知惟有德者福乃大而壽亦昌吾獨於族母蔡太恭人信而有徵蓋太恭人淑性亮德不僅訓養家庭秩然有序孫子蒙其福且惠愛及於親族鄉黨均飫食其德此耆頤之壽所以得享大年也歲庚戌太恭人壽登百齡渭臣紹先叔祖爲太恭人稱觴祝嘏者盈門親故戚黨無遠勿屆焉鴻鑑情關族誼自應祝嘏以稱觴爰賦詩四章以介眉壽

淑性亮德秉家之綱門庭雍睦子孫克昌解一　拯饑恤獄義秉仁漿飫食厥德長發其祥解二　母福既厚母壽無疆戚黨里族介眉稱觴解三　百鳥齊鮮百舌稱揚紫霞青案如日方央解四

侯毋蔡太恭人百歲壽言　姻愚姪鄒仁溥拜題

蘭玉兩行斜（謂文孫渭臣紹先）稱觴未有涯佛身金百鍊　帝命錫三加詞客題詩草孋臣折疏麻（蘇撫專章入奏）通家余亦老馬齒廿年差行隨青鳥使華祝敬同申一鐸山陽雨雙旌建德春（紀之前輩悉署浙江建德安吉等縣歷任沭陽山陽教諭）梅花香作骨萱草壽傳神百歲昭人瑞高門棹楔新

壽侯母蔡太恭人百歲　姻世愚姪裘廷梁

靜裏年華去似梭雙丸三萬六千過故家喬木葱蘢在大地滄桑感慨多四行修明存國粹一門孝友養天和白雲蒼狗何須問滿引霞觴態已酡

岳母太蔡恭人百歲祝詞　子壻屈癸章百拜

孫枝雙劍躍龍津又奉　天章降　紫宸上壽果然登百歲同人爭自祝千春祇園壽佛無遮會大地行仙不壞身好付丹青留畫本幅中花鳥亦精神

宣寫屏風記事詩女宗人瑞聽　月期一丸素月收奩具萬錦紅雲織寶絲除是金仙還作姊若逢綺季合呼兒煩他青鳥傳芳訊池上蟠桃正熟時

滾滾塵紅涉足驚金風鐵雨況爭鳴生成福壽原無障修到神仙總有情白雪按歌三疊曲黃河徐俟幾回清蓉湖春水碧於酒萬斛添籌晉兕觥

侯母蔡太恭人百歲壽　賓鎮（叔英）

孫曾繞膝獻春觥白髮鬅鬙耳尚明直以行仁躋上壽不須采藥覓長生慈心儉德真賢母活族施貧徧頌聲（次孫祖述奉祖母命整理義莊）人瑞崇坊（明弘治中太倉狀元毛澄祖毋歲百有司爲建人瑞坊）今又見有司入奏荷殊榮

、

里黨人人仰郝鍾喆孫豪氣更如龍爲興實學開公學（祖述設公學兼訓女學亦遵祖母命）應向儒宗（恭人係紀之先生之繼室先生以名儒舉於鄉兩任浙江邑宰）溯女宗纛壽大齊春益永蟠桃屢獻味逾濃塵寰今幻神仙境尤喜鸞章錫九重

侯母恭太恭人百歲壽言　姻再姪王世忠拜題

宣統龍飛紀一年躋堂晉酒禮金仙六朝人事滄桑變逃出紅羊刼外天

當華蒐藻接春城絳縣疑年列座驚三萬六千堂上日頭從亥字數難清

曾襄荒政鬻釵鈿曾佐循良治理篇一自荀輿香過後幾人遺老話當年

敬姜紡績夜燈明儒素家風舊有聲鍊得冰霜仙骨格不須丹訣白長生

想見風裁出大家孫枝連理蔚清華綠章上奏陳情表　溫詔九重曰汝嘉

丹鳳銜書下九霄　國恩家慶福超超高年粟帛上尊酒人瑞
熙朝未寂寥
鵲噪南檐酒舉杯老人別自笑眉開玉璋文葆添丁喜不數明
珠上手來
惠麓泉清菽水歡綏山桃熟薦春盤孫曾也有修來福壽佛一
尊供養看
百歲高風有舊坊南倉廳巷箭河旁流傳佳話何人繼又見婺
輝應壽昌
手疊吟箋有所思早衰蒲柳鬢霜知與聞絲竹後堂燕江上冬
郎生未遲

侯母蔡太恭人百年歌　　世再姪朱炳麟拜題

奇峯突兀九龍橫映山河流繞東城上有寶婺燭霄明中閨瑞
應鍾星精碧海紅羊局變更五福疇圖紛前呈我歌百年拜手
賡昭宣淑問聲錚錚建德安吉蒞雙旌印牀花落蒲鞭輕適逢
年穀未順成斂鋤手撤振儀行感召和甘霖祥霙幾莪洽官首
蓿藁䔢燈軋軋機絲鳴布素無華飲水清梁廡偕隱歸躬耕滄
桑小劫盜弄兵縱橫狐兔走踐蹉舊時池館沒榛荆攘剔荒穢
發清英蘋蘩牲酒薦潔誠孫謀奕葉貽令名丹山鳳噦有雙聲
珊瑚玉樹柯交并梅花香雪嬉春晴裝嚴寶相綴珠瓔王母扶
出列仙迎瑤妃按板調金箏麻姑晉酒吹華笙燭龍吐燄玉漏

傾賓客滿堂影冠纓朱絲銀膾五侯鯖紅虬之脯蒼兕觥雍容
犢筆表陳情　丹詔數行捧　玉京宏開壽寓泰階平祝聲永
永慶長生

侯太姻母蔡太恭人百歲壽詩　　姻再姪楊文淵拜稿

華竟中閨享大年歐陶母範兄稱賢同人華藻申三祝異數
恩綸下九天老圃晚香姿鶴健孫枝令譽序蟬聯龍華會上筵
開處添顆掌珍湯餅鮮（令孫紹先舉得一子）
百歲詩篇播樂歌萬重桑海六朝過湖山氣厚鍾閨閣冰雪神
清厭綺羅鄉黨人看同輩少門楣姻附外孫多他年梓里留坊
表傑石巍巍永不磨

歲寒松柏節堅牢堂北春暉萱蔭高却爲熙朝徵上瑞特來福
地列仙曹榮封金紫輝　鸞誥壽相丹青染兔毫我有雙親同
八秩也隨方朔學偷桃
頻年薄宦　帝城游緬睇南雲寸意抽喬木世家門甲第梅花
驛使遞庚郵麻姑下降曾依萊金母大年木姓侯寄語華堂稱
兕客春長似海儘添籌

侯母蔡太恭人百歲壽言　　楊禔源

夫人淑範世無倫百歲壽徵秉性仁瑞藹門庭愉白髮榮膺誥
命拜丹宸西池桃熟稱觥日東閣梅開設帨辰海內競傳誠盛
事還看麟鳳蔚璨彬

雪鬓霜鬟貌似仙從容環珮書堂前丁年挽鹿持勤儉子夜丸熊廢寢眠常示兒孫知稼穡爲周民物質釵鈿凭嚀福備誰如毋青鳥來時自日邊

幾朝人瑞表三吳薄海驅車拜女嬃望族由來聲上谷名門夙自降麻姑花前扶掖孫曾遶堂上蹌稱賓客趨涮水政聲貢內佐長留坤德共涵濡

上壽期頤閭里旌當年陶孟莫能京家風樸素鉛華屏世業縹緗典籍盈芝草近連萱草秀極星高並婺星明湖山行樂魚軒駕謝鳳荷龍杖履迎

東莞德政詩

清節稜稜大雅羣我公端不愛分文宦囊久已甘羞澀投硯沈香凜昔聞

馨竹難書善政編惟清尤在慎勤先周官六計廉爲本循吏由來不要錢

貞操全憑一念持此心原是畏人知清修不在公堂上祇在焚香夜告時

載月披星不顧身終朝辛苦爲斯民勞心撫字常無逸行見春生向化頻

蠹役從來是虎狼萬民騷擾少平康一經約束皆馴服心似春温面似霜

便民糧站最殃民苞任經旬撤去頻鄉曲喜無胥吏擾至今蔀屋盡生春

折獄當先在得情多緣受賄少公平君心如水還如鏡斷決無私極允明

鼠牙雀角逞株連羅織瘡痍實可憐近喜琴堂懸藻鑑妖霾肅淨仰青天

一狀常牽百十名縱然無罪產全傾春風大造同天地筆底能回死裏生

平量玉尺得英才桃李新陰着意栽此道長官三折肱個中甘

苦徧嘗來

觀風喜與士論文月課親評必認眞肯爲焦勞廢風雅知公最愛讀書人

詩酒追陪眼亦青蠅營何苦逐羶腥座中衹許談風月一涉苞苴便不聽

無知犯法最堪憐刑僇隨身百慮牽賜郵不將清俸吝使君原是再生天

鶴俸分頒沛渥恩闡幽端賴表貞魂他時臺繼懷清築一字褒光慰九原貞女袁琛母逼改嫁赴水死公捐廉倡修貞女亭復立扁褒美

頑民好鬬獨何心孤負仁慈愷澤深幸得寇君容我借枝生枯樹盡成林公曾爲錦屢延兒波議

玉曾銘勳乏俊才餓生寧解賦臺萊潁川時雨慊山雪特爲賢侯紀瑞來嶺南素無雪去臘雨雪數寸邑以爲官清民樂之瑞云

輓侯蘭臺司馬

仁和　高鴻　小雲

一代推循吏三生失舊知清風留粤嶠名宦繼龔黄驥足纔看展鴻猷未盡施神明成語讖愷悌繫人思昔策長安馬文探巨壑驪青氈承故業醫序挺英姿日下人爭識庭前客問奇龍門愁燒尾珠海忽揚鰭製錦工嘗學鳴琴志不疑銅符剛手握墨綬正腰垂花種安仁縣棠分召伯枝晶熒民息訟水鏡吏難欺佩犢懲強悍懸魚絶饋遺射潮親保障賑粟起瘡痍廾少胡威絹頻褒郭賀帷書生能縛賊慈母更稱師季路蒲三善漁陽麥兩岐六邪賢令尹數載老曹司裝鮮南中石亭鐫去後碑五條才上考司馬秩新移卸篆雖逾歲操刀定及時　朝廷方擢任蓬島遽歸期清白家貽訓蒼生事付兒夜臺君緲縹幕府我棲遲倏聽騎鯨賦彌增別鶴悲廉明曾報最勤苦已遺基卧轍今侯霸館醪古憲之傳炎傳治譜朱邑有專祠長逝公無憾哀箴世所儀愧無芻一束揮涕寫哀詞

二梅侯君輓詩有序　　周佐堯

侯君名楨字志勤號二梅係葉唐少宰從弟祖父俱以經術教授爲名師志勤幼而頴異稍長益沈酣經史別有心得性喜著述動以古人自期不屑屑爲章句之學中年入洛游燕聲譽日起多識當代鉅公寄籍大興首爲王蒻棠先生識拔丙午舉京兆以通說文受知壽陽祁相國君益自鏃厲三試春官倦游南返庚申後鄉閭蕩析聞君巿自越還未及通問嗣於友人處見杭城再陷詩識爲近日手筆又苦無從造訪癸亥六月余寄居滸浦貧病無聊曉起沿江登眺適君還自滬瀆中途邂逅稍罄闊悰心訝其神色慘沮詢以所苦始知宿疾未瘳近復觸暑戒途困頓冰窗已非一日頃以膠淺候潮同行促迫登岸權擬訪舊鵞湖別圖棲止余勸以少安爲倩居停孔君錫卿借居觀音庵廊廡裁卸裝而疾作邀同鄉黃君濟愼診視知疾不可爲遂一宿而歿時沿江烽火刻刻驚心居人大都遷徙不得已爲覓庵旁隙地購棺掩埋余讓知楊君藝芳昆仲方開局莫城督辦常昭錫金江陰團練事楊君爲侯氏宅相屬朱君紫霞往告藝芳昆仲撥役專艇賫送佛銀二十四枚兒輩擬代置墓田爲歲修祭掃計並樹梅花墓側立碑以誌償君宿願又以瀕江潮汐侵齧堪虞而歸葬無期半月後君之從孫蔭庭過訪稱因同行後期尋蹤至此駭聞此變知已葬埋並索取詩文稿本以俟他日剞劂兒輩喜甚即將原稿并楊君所寄番銀如數檢付蔭庭慨任遷葬蔭庭古道素敦不作謾語惟家鄉雖克復有期道路尙多梗塞葙諸之償未知究在何日耳客窗無事輒爲撮記大畧並綴小詩以當徵信君嘗自譔二梅先生生壙誌云在邑東鄉蠡涵設骨肉不復歸土魂魄猶當戀此語識山前定是耶非耶

落拓才名舊相遭話昔游低徊無數語著述有千秋珍重書三篋荒寒十一邱終當祈載筆碣石替銘幽（傔購石表阡植梅二本爲請當道諸君子）（侯修志時附載流寓一門以防日久湮沒）

海虞留夙契燕市共高歌師弟淵源重親朋結納多（君舊出姚湘波給諫門下故虞山交好特多如翁侍郎祖庚王侍御蓉洲龐閣學寶生楊侍講濱石程太史晏叔翁殿撰叔平皆姻戚世好）

流移紛道路咫尺阻關河（城鄉隔絶已久）絮酒憑擕餂凄然認薜蘿

題侯子勤古杼秋館詩文集　張鴻猷

廿年兄若弟塵海念離羣曠代尙相感同時况有君懷人每風雨落紙竟烟雲古調自堪愛新聲吾罔聞

把臂發狂笑我癡君亦癡一貧縱如洗千古在於斯天下正多事吾儕會有時文章合神契相友亦相師

奉酬侯子勤留別之作卽送其廬州行營　張鴻猷

烟塵殘夢落悲笳辛苦還鄉何處家閲世久甘遭白眼與君閒坐品紅牙醉中狂語皆詩草愁裏登高又菊花貧不可留行亦得軟裘衝雪踏黃沙

示我詩歌喜欲狂詞鋒鍔鍔比干將不堪夜月寒蛩泣會見秋霄健翮揚振策未能隨汗馬彎弓敢謝射天狼黃塵兵甲需才急揮手烽烟莫斷腸

槍馬欃牛上切雲請纓誰繼古終軍能爲長句偏憐我敢薄危城益重君龍劍宜騰太阿氣虎符先靖合淝氛長征單騎從戎筆白也飄然思不羣

旅寓懷侯子勤　張鴻猷

獨精詩律嚴文品心折西江數大家苦抱太元經一卷築墳我亦愧侯芭

題侯子勤古杼秋館詩集　張燮承

偶向鑪頭共酒曹一編乃見次公豪情詞肅括研班藝香豔沈醲息楚騷莫嘆麒麟終桎梏會看鵰鶚破蕭牢皇夷折柳從他靡珍重長江八月濤

題子勤大兄古杼秋館集　錢　勛

九龍山色翠蛾眉晼晚嬋娟蘊淑姿欲薦蘋香酹傾國祇愁蘿屋坐題詩駿鸞夢繞羣仙籙獨繭音沈寡女絲生小鉛華空自誤得逢冰雪愧應遲

偶集選句卽題子勤仁弟古杼秋館稿　何桂瀛

平生少年日 沈約 寄辭翰墨林 張協 十載學無就 鮑照 退耕力不任 陶潛 文章不經國 應璩 俛仰愧古今 陸機 問君何能爾 陶

潛 百籟坐自吟 張協 詩書敦宿好 陶潛 篤顧起浮沈 王僧達 猶復惠來章 謝靈運 曠望極高深 謝朓 飄颻若仙步 何劭 亮節難爲音 陸機 可爲達士模 左思 寄言遺所欽 陸機

躊躇吟示侯子勤　張鴻猷

上天無雲不可乘入地無路不可行遠游無金不可去還鄉無家不可住秋風蕭蕭寒稷稷敝衣無綿釜無穀無綿無穀不可禁且爲君作躊躇吟圖行圖止兩無計君亦同此躊躇心躊躇之吟吟且停此意悽絕難爲聽與君躊躇其奈何梁溪溪水清且深

陳太宜人八十壽詩

西池王母髮婆娑，却在人間八箭河。屈指春秋逢八秩，介眉文字祝三多。車聲轆轆齊山路，帆影匆匆鄴渚波。料得遠歸同上壽，華堂眞不愧天和。　盎然和氣溢高門，憑賴慈雲護後昆。楹有遺書源自遠，家無長物荻猶存。科名已見難兄弟，作述還多賢子孫。他日超居躋八座，會看鳳誥疊承恩。

世姪王元錫拜稿

前題

寶婺星芒燦九天，萊庭春暖倣華筵。桃從度索攜來熟，棗自安期進後鮮。子舍行宣花縣績，孫枝待署玉堂仙。欣看萱草忘憂日，好賦南山介壽篇。　慈竹千竿繞畫闌，綠陰晝靜報平安。百

齡常得春風健，四代同欣愛日寬。省識松筠綿鶴算，好教荻茀答熊丸。奉觴愧乏江郎筆，貞壽堂中詠歲寒。

年愚姪趙起鵬頓首拜稿

前題

巨勝花開閬苑西，好移春色到璇閨。瑤尊瀲灩斟元醞，錦誥聯翩錫紫泥。累葉文章徵鸑鷟，自天福祿降鳧鷖。垂璜坐迓無邊瑞，美意原應上壽躋。　絳幔春濃彩靄停，宣文懿範舊傳經。一篋熊胆和成劑，雙管龍鬚拜有靈。曼衍僊芝涵露紫，平安慈竹拂雲青。北堂先後霞觴舉，幸見弧南聚德星。家祖慈亦系穎川

世再姪錢廣壽頓首拜稿

前題

孟陬歲單關，上壽登高堂。堂中壽母綠髮長，八秩方屆開華觴。綠衣起舞氍毹光，春酒盎盎松花香。壽母顧而笑，此樂未許旁人量。古稀不爲稀，大耋亦尋常。聽我壽母歌，我歌匪侈陵與岡。一爲壽母慶，慶毋壽且康；再爲壽母賀，賀母子孫英且良。壽母之德詒無疆，不羨黃金滿籯笏滿牀。

再甥秦寶璣拜稿

前題

八十老人鶴骨清，寒閨晝荻是平生。松釵籐杖有今日，燈影機聲知此情。事闕五朝爲壽者，笑看諸子以文名。山東尙有歸來客，好傍慈雲多處行。　閨中昔日最嬌小，最得太夫人愛憐。慣侍種魚立池上，親將繡佛教燈前。不才敢作黃

想識我，曾當衣綠年。雙拜碧桃花影裏，鵠袍蟬鬢各爭妍。

甥壻鄧濂頓首拜稿

前題

弧南星彩映金波，高會羣仙擬大羅。絳幔傳經韋氏學，瓊筵侑酒雪兒歌。人間萱草春方永，天上蟠桃實最多。我願師門長集慶，板輿行處聽鳴珂。　八秩筵開樂未央，銀箏小隊奏霓裳。由來東里文人藪，爭進西池阿母觴。檻外紫籐爭媚日，鏡中綠髮不知霜。隔屏笑看登堂客，半是兒曹弟子行。

門下晚學生竇士鏞頓首拜稿

石琴公古梅怪石書禪圖題辭 戊辰新春 自題

怪中帶古古中帶怪不古不怪是何意態周鼎商盤食古而化嚼墨一噴有會心者石兄點頭梅妻笑也號曰書禪透三昧外說偈三千色相無著我儀圖之梅古石怪

前題 啟謨

此事何曾怪其人古與徒一枝椽筆健數點老梅臞頑白百年後丹青見此圖煙波好歸去莫漫悵蓴鱸作婦曾和靖呼兄又米顛高情託梅石大筆埽雲煙好古每仇俗攤書卽悟禪承明何足戀得此已千年

前題 許賡颺

鉅鹿侯芭好奇士問字逕造子雲亭學成書作擘窠大古色怪相紛瓏玲橫斜酷肖玉樓瘦盤虯欲起潛滄溟綠華風韻呼欲出九疑環珮何娉婷頓筆卓立山石豎如墜懸崖如落星不惜入定若僧苦遂能與世殊畦町梅妻遠聘和靖樹石兄下拜元章庭前賢韻事若其纖塵封剔搜莓苔青搨來橐筆入燕市鴻都三體摹石經文字鬱律吐奇氣明當揚對邇形廷邦笑韋誕鬚髮白未除結習徒勞形

前題 施建烈

侯子石琴吾老友好學八分夙所知自言少小始從事一花一石皆師資以此上規邕與斯鋒棱姿媚隨所宜嗟哉吾老友嗚

如竹筒吹 韓句 因貧不與計偕吏好古說怪人交嗤石琴一笑紙帳香風披石交有法喜調琴三弄和且夷蛟螭便餓守墨池羅浮佳人或吁嘻煮金華羊不成糜吾輩嗜書得非癡嗟哉我不善書者但當飲爾以酒一洗胸中鐵石之嶔崎

前題 張鴻猷

梅艷不妖含古意石瘦不頑森怪氣書靜不囂得禪味侯生與我童稚交少時屈筆能蟠蛟卅年顛躓心塞茅 君久困場屋半幾成心疾 老甫踏長安郊掉尾姑爲六月息虎臥龍跳有餘力出入秦碑漢碣間興來傾盡三升墨新營精舍梅石根石懷煖玉香生溫 君於應事後築一室將爲讀書計 梅枝窈窕庇雛鶴石峯羅列環兒孫交柯盡放連理花玉筍滿畦藍田芽破除煩惱得禪喜大書字比恒河沙

前題 秦寶璣

不偶於俗古見稱不躓於俗怪見憎駱駝腫馬世共驚身與梅石爭奇馨老梅着花絕可愛石兮屹立殊嫵媚蘆簾竹閣興不孤有時抱膝歌烏烏古耶怪耶定莫測不禪而禪禪亦得與禪周旋梅與石無異一盃一月一太白只今禪也氣尚豪一揮欲禿千兔毛解衣濡髮意磅礴腕底直追斯邈魄由來筆法難語傳書家妙悟還通禪古梅怪石亦千古漏痕釵腳亦足數

古梅怪石書禪圖歌呈侯丈景文　蔣師軾

九峯蜿蜒青滿湖，白雲常繞梅花廬（公署所居爲鐵不梅花舊草廬）。壽母康彊行不扶，芝蘭玉樹森階除。我公樂事無時無，餘事更及程張書（公書八分及行草）。淵岳渟峙龍象趨，得者一字懷瑾瑜。古意直闢煙毫墟，乃今翻作逃禪圖。書林兀若僧跏趺，石丈怪醜拍手呼。娬媚更有羅浮姝，人言公書規古初，畫意不與墨妙殊。我歌未終碎唾壺，公有深意儻然乎。世學紛紛墮野狐，柔媚悅俗矜唇朱。下筆藻繪諞焉烏，嗟哉六法隨榛蕪。一藝且爲世俗娛，可知百行俱生疏。我公念此三歎吁，郎書說法風迷途。梅骨寒勁石骨癯，悟此乃與參真如。小子年年苦饑驅，薑芽斂手羞鴉塗。華嚴忽覩心神愉，點頭自許爲聽徒。證公禪悅應軒渠，公當勿嗤鸜鵒車。

侯丈景文屬令子問泉過余訂交感呈五言一章　蔣師軾

交道本至性，晚近務令容。於我父執行，見公猶古風。昨歲晉陵役，披雲豁雙瞳。方正寓渾厚，春風吹寒松。庭宇和氣游，菽水情自融。至樂在庸行，蕭然利祿胸。仲子早秀出，香名蜚黌宫。秉禮守家學，氣宇何雍雍。軾也嘆遠游，頻年如轉蓬。稽古意荒落，負米心憂忡。辱公謬獎借，小技慚雕蟲。昨復枉高軒，仲子行相從。囑與飯生游，學業相磨礲。聞言汗浹背，自審才疏慵。矧茲圭璋器，詎藉他山攻。感公意肫摯，願與希前蹤。大人識公久，契闊情愈濃。高誼三十年，那與薄俗同。信友在順親，斯言當折衷。

爲侯蔚人大令題畫梅便面兼呈令兄石琴先生　張鴻猷

萬卉僵苦深雪裏，突有幽香透窗綺。推窗巡眎破屋邊，一樹老梅橫幹起。畸人禿管迴古春，灑然落墨無纖塵。横斜立地出奇致，寒有此花家不貧。君兄夙具煙霞癖，篆印古梅兼怪石。獨抱孤山處士心，天寒有鶴無人跡。君年英壯未易才，豪氣直欲凌鄒枚。來春棠棣競破萼，且向百花頭上開。

留別新昌　琫森 蔚人

書生明竊一官臨沃水來談宓子琴願以清芬揚祖烈（十二世祖企竹公明嘉靖初年任新昌有善政調任去民肖像以祀今栗主尚存名宦祠中）敢因瘠苦玷官箴正身常懍從繩木勵志曾辭暮夜金解脫塵緣賦歸去幸無愧恧疚余心

地界清溪嘯聚多官場容易起風波養癰端在招安始（前有金滿後有包萬勝均以招降故匪膽愈壯）流毒其如接界何虎兕是誰教出柙（時鄰邑不能堅壁清野故致蔓延）貔貅底事竟韜戈（向有防營近調去遂有三月初八日之變）即今闤闠遭蹂躪當事何從脫網羅（匪擄去鋪戶十八家呼贖而去）

無才只合老風塵偏向名場寄此身雀鼠末由消獄訟虎狼何

竟入郊闉團防未奠綢繆業（團防無經費遭匪後始議舉辦已無及）冊費難周寒士貧（呂君倡議捐田集貲以爲寒士入學冊費然實由撥捐廢田十二畝始）寄語四郊諸父老撫綏無術愧因循

衙齋一例告成功（光緒十五年始倡建衙署刻已一律告成）旁及寡貧數畝宮（兩次重修）養濟院堰壩費從公帑助（以工代賑修復堰壩）城垣力借庶民攻鼓山堂構崢嶸起（修鼓山書院）沃水源流屈曲通一事未能籌滿志備荒穀數未全豐

諸什愛我意硜硜笑語常將肝膽傾文字因緣通臭味世途冷暖驗枯榮江干楊柳離人淚潭水桃花送我情我已去官無一事只愁無以慰知音

辛苦艱難已五年呼牛呼馬任人便梅花骨格寒逾潔蘗柱心情老益堅公罪何慚登白簡餘生尚許守青氈而今夢醒黃粱熟有酒何妨且學仙

一從結束上危竿緊促雙蛾未肯寬防失足成千古恨要呈身與萬人看調高不惜歌喉苦舞罷誰憐翠袖寒差幸下場垂手立不曾貽笑到旁觀

旅寓懷侯簪望上舍　　張鴻猷

千金馬骨無人市十丈車塵只自憐我尙擔簦君戴笠一般淪落近中年

旅寓懷侯夢岀上舍　　張鴻猷

屠門有肉堪同嚼客舍無魚漫作歌拓本贋多臨本少斷碑無數要摩挲

悼繼室許宜人　　寶慶　芙卿

一病深沈不自知金錢暗擲卜名醫背人自向蒼天禱代祉幽冥志肯移

其二

天生賢淑善持家裙布釵荆不喜奢膝下有兒遲仗汝保他蘭桂定榮華

其三

回憶當年笑語時常親猶怕惹相思偶然月落歸來晚倦倚寒窗強自持

其四

六載深情一旦消空餘清淚染紅綃他年何處尋卿去泉下相逢慰寂寥

謹按此先君子追悼繼慈許宜人作宜人自同治甲戌歸先君子首尾僅六年憶光緒庚辰冬先君子患時症日劇醫皆束手宜人每夜焚香露禱於天願以身代竟於十二月初九日以暴疾棄養而先君子卒就痊先君子哀悼逾恒命工圖已小像并宜人於尺幅題此詩於上裝池懸之室以寄哀思今去先君子之歿又十有二年一展遺容彌深風木之痛矣

丙辰孟秋上澣　　男學愈學修學范謹跋

贈侯翔千　張乃勲

侯生合是魯侏儒下筆抑塞千雄夫年來草草作韻語我勸師
法參韓蘇作詩自愧牛鳴鐸百篇見示忘其愚古人著述浩如
海雖飲滿腹徒區區相逢精爽見秋隼胡爲跼促轅下駒春陰
十日愁雲鋪風吹新綠萬柳株西神峯頭試茗屐會攜人約從
軒渠

留別侯二翔千　蔣師軾

三年江海識侯生杯酒陽關唱又成秋雨孤帆雲夢澤青山落
日晉陵城高齋苦茗論文地疏柳涼蟬惜別聲暫此分襟莫惆
悵與君珍重歲寒盟

哭母弟仲柳一百韻　學愈　伯文

人生最堪痛死別與生離生離猶有望死別安可期况乎我與
爾同氣本連枝艱辛共閲歷患難互扶持一旦竟永訣能勿摧
肝脾憶昔辛未歲八月喪慈帷時我祇五齡稚穉無所知弟時
甫週晬學語徒咿唲煢煢兩哀子晨夕相依誰幸賞大母憐顧
復樂含飴深悲失恃苦寧辭筋力疲已衣尚恐寒已食尚恐饑
幼爲述祖訓長爲擇嚴師恩勤踰所生形影常追隨忽忽三十
年忍之血淚垂弟性旣溫厚弟貌亦豐頤梨栗解推讓竹馬同
游嬉非魚常作隊似燕不差池芸窗伴勤讀姿鈍每發咨雖劣
畧無怨把卷仍孜孜流光頃荏苒漸臻弱冠時堂上謂質魯讀
書非所宜顧令習會計操術從陶猗臨去增惆悵未語先漣洏
我更不忍別握手愁分歧囑弟善眠食出納愼職司咫尺卽相
見無庸歎數奇弟恐我留戀强容前致辭勉我肆學句祈我光
門楣好承大母歡毋致苦相思此景試迴溯刺心如利錐悠悠
歲云邁堂堂駒隙馳丁亥戊子間先後始結縭爲有家室累遇
事必盡規痛遭大母喪終身獨銜悲門祚歎衰薄家運逢阽危
郭外數頃田高曾世留遺上以供粢盛下以資粥糜全家十餘
口待之畢晨炊荒蕪久不治深懼祖業隳庭命弟棄賈歸來經
紀之俾我無廢學爲山簣勿虧弟歸創條約艱鉅一肩仔銖稽
盡畸零剖析窮毫釐積年清逋負頑梗曷敢欺管鑰謹出入毛

髮無藏私婚嫁酌豐儉祭祀潔牲犧至性篤天倫骨肉泯猜疑奉親羅甘毳已惟饗饘飽先意善承旨色養恒怡怡家人婦孺間并未判尊卑恩誼徧浹洽友愛旁交推戚族告緩急量力助復賚嗟媚古任恤千秋復見茲瘁此十載力早建百世基凡我所稱述均非溢美詞彼蒼本夢夢胡從問報施去秋天亢旱濕熱多侵肌壯盛易感觸矧弟體尪羸初患咳逆耳疾非不可治蕭金兼培土冀或起瘡痍奈爲傖父誤連投溫燥劑病遂入膏肓火盛脉漸痿繼又信浮言異域求良醫云擅回春術肺腑能潛窺沈疴立奏效遐邇傳神奇十日滯吳門旅費既不貲財盡人不返萬悔何由追我來欲省視偏教半日遲傷哉棣華折慘

矣判樹萎援琴靈床坐風流頓灎斯雖得覩含斂飾終缺禮儀苦念弟畢生未嘗稍舒眉襁褓遽萱蔭抱憾在民彝及壯籌家計手胼并足胝兩次賦悼亡奉倩餘涕洟中耶空有女伯道竟無兒九原難瞑目遺恨牵孤嫠弟死長已矣我生復何爲四十猶未屆氣血日益衰頭童齒又豁雙鬢將成絲茫茫後顧憂倩誰延宗支况值世變亟人情多嶮巇大道驂荆棘聖教淪羌夷青天横鬼蜮白日蹲梟鴟潰裂先三綱蕩決到四維愧我處汙濁進退觸樊籬諧俗乏媚骨守正叢詆譏自效唐衢哭人詡君房癡昔聞梁伯鸞孤憤作五噫賃春居廡下好爵不爲縻又聞陶元亮脫去名利羈高卧向北窗談笑傲軒羲誓將希前哲庶網從此辭遣興吟一篇陶情飲一卮堅操磨不磷素質涅不緇放懷泯得失追蹤類與箕爲傷弟夭逝濡墨增嗟咨率爾成百韻自顧忘其蚩欲知鴒原恨相與觀此詩

余同胞五人後殤其一實四人余與仲弟先妣顧太宜人出叔季兩弟繼妣許太宜人出先妣棄養時余五歲弟二歲賴先王母華太孺人暨秦姑母勤劬撫育得以成立弟生有至性與余推梨讓棗數十年友愛無間顧質鈍凡十年讀而未能通一經年十七先君子命習賈弟常憶家每肆歸輒於無人處持余泣余恨無以留亦泣迨後先王母棄養田租家務日益叢雜先君子乃命弟歸經紀之弟艱苦操勞凡八年辦

治婚喪者五而心力日瘁甲辰春患瘵就醫蘇州竟歿於醫院中余往視遲半日未及一訣嗚呼痛哉弟娶於施育子不舉今存女一適孫後又繼娶許氏楊氏歿後先君子命叔弟所出洪均後之弟事親孝承歡養志能視聽於無形聲性謙謹與物無忤余則戇直而褊每拂意悻然見顔面弟侯余怒稍解必委曲譬解以規余過嗚呼弟今死矣即有過誰爲規余者耶余其長爲有過之人矣弟死後百日余和淚濡墨哭以百韻非敢言詩聊以寫哀耳藏之篋笥有年茲當續修宗譜告成附人藝文俾後昆讀之知余之隱痛無已時也

兄學愈戡盦氏跋

錫山東里侯氏八修宗譜卷十

遺著上目錄

錫山東里侯氏八修宗譜卷十

遺著上

郊祀策

先春　少芝

帝王所以制爲郊祀之禮者豈徒以其迹哉以其心也夫禮者迹也先王所以貽諸後而可見者也所以制禮者心也先王所以俟諸後而不可見者也故後之議禮而誠有得於先王之心則於先王所以制禮之迹因可也革可也同可也異可也何也先王之心不在於因革異同之迹也夫迹心之所出而迹豈心也哉知乎此者則可以得我祖宗制禮之心與我皇上繼述之善矣且郊之祀何始乎其禮肇自唐虞而其制備於成周者也

自古帝王皆隆之而分合之指則人人殊焉主合祭者本虞書肆類之文也主分祭者宗周禮司樂之制也蓋天生地成萬物賴之祖功宗德萬世憑之其功同故其報之者亦同雖其間有以始祖配者有以受命之君配者有以天帝各配者有以祖宗並配者其制各殊而其欽天仁地尊祖敬宗之心則均焉爾矣我太祖高皇帝初定天下既建南北兩郊分祀天地後又改而合祀列聖祇循百六十年至世宗肅皇帝又改而分祀當時議禮之臣一以周禮爲準矣自仁廟以後皆奉太祖及文皇帝配天而嘉靖間始獨以太祖配其因革之際已不無可疑者皇上嗣登大寶肇舉郊祀輔臣沿革考據明悉欲復合祀並配之舊

眞可謂善體世宗之心以光太祖之定制者矣而愚又推本於皇上之心蓋先王之所俟諸後者心也而後人之所以考諸前者亦心也有得於心則分祀而非所以爲煩合祀而非所以爲簡並配而非所以爲瀆獨配而非所以爲私其因革異同可無論也苟拘拘於先王之禮而無以善體先王之心則其所繼述者皆迹耳不觀夫籧廬乎可以一宿而不可以久處者也不觀夫芻狗乎可以一陳而不可以再設者也夫禮制者先王之遽廬芻狗也而其制禮之心則有不係於是者矣苟徒取先王之遽廬芻狗而與天下之人游居寢處於其下豈不大戾也哉今聖天子操制作之權於上賢公卿輔制作之權於下草莽愚生

拭目於是舉也久矣而又何贅焉

治曆策

先春　少芝

執事發策而以治曆明時之道下詢生鄙人也上不能窮神知化以通天載之精下之束於制不得窺天官推步占候之法丗乃以臆問而令諸生以臆對乎然竊有以窺問者之志不在天而在人也且造曆者有一定之法乎吾不得而知也造曆者無一定之法乎吾亦不得而知也謂其無一定之法則日月之運行有常星辰之次舍不易謂其無一定之法不可也謂其有一定之法則日月有朓朒盈虧之不同星辰有遲留伏逆之不齊謂其有一定之法不可也惟於無所一定之中而有一定之則

確然其不可易乃所以爲一定之法者也唐虞之時以義和治曆象日月星辰又命其仲分授四季其造曆制閏之法無論矣自漢以來其法屢變而其術愈精其間作者無慮數十百家如唐僧一行如郭守敬則皆其彰彰較著者也我國家大統歷采諸授時行之二百年司候靡爽蓋法制之善卓越百王矣頃者星官失職訛舛易常說者多以之而咎夫歷愚則以爲此人之咎也而豈法之咎也哉車之不前馬不力也不策馬而策人奚益法之不行也人不職也不罪人而罪法奚益是在朝廷一振飭之而已矣然愚聞之明王在上則日月不食又曰君德若修則月常避日必有不正相合不正相對者故推步而考驗者星官之職也修德而格天者君人之道也君能敬則太戊之桑穀高宗之雊雉爲太戊高宗昭德也宋景之熒惑爲宋景昭賢也否則含譽彗矣乎盧鬼月甘露爵錫矣愚故知執事之意不在天而在人也

學術策

先春 少芝

士君子之在天下也寧有二道乎哉其窮也所以養其達之出也其達也所以用其窮之入也達與窮非有二也故有見於窮而無見於達則其窮也潔身亂倫爲固而已矣有見於達而無見於窮則其達也富貴功名爲徇而已矣二者之所爲皆非也不觀諸舜乎舜耕歷山陶河濱人皆曰舜之獨善也吾則曰明四目達四聰尤舜之所以取人而獨善者也陟元后風四方人皆曰舜之兼善也吾則曰聞善言見善行亦舜之所以與人而兼善者也自窮至達惟率是道而已矣嗣是而後孔子得之而爲聖顏子得之而爲賢伊尹得之而爲任伯夷得之而爲清柳下惠得之而爲和皆此獨善兼善之道也但其間得分有多寡會道有偏全有不容於無異者廉頑敦薄夷惠百世師也而講道洄濱羣弟子蓋三千焉謂孔子同於夷惠可乎堯舜君民尹任天下之重也而陋巷簞瓢與禹稷蓋同道焉謂顏子異於伊尹可乎孔顏沒而正學微正學微而異端起爲楊氏者曰吾有得於獨善矣而其流也失於無君非吾儒之所爲獨善也爲墨氏者曰吾有得於兼善矣而其流也至於無父非吾儒之所爲兼善也此孟子所以辭而闢之也所以衛吾儒之道也吾儒之道卷之則退藏於一身而不見其不足放之則彌綸乎六合而不見其爲有餘窮則爲孔子爲顏淵達則爲虞舜爲伊尹可以獨善而人不得指之爲爲我可以兼善而人不得指之爲兼愛此其體用合一之道昭昭乎揭日月而行中天矣豈二氏者可同語哉乃今之時則又異於孟子之時矣窮者以似是爲高達者以脂韋爲習道不足以濟世也而託之乎魯衛之轍環學不足以成身也而託之乎洙泗之講論心存競進而曰伊尹之割烹志存釣名而曰顏氏之陋巷清不如夷而先議其隘和不如

惠而先議其不恭處其身於可左可右之間而藏其機於可非可剌之際是古之爲楊者吾知其爲楊古之爲墨者吾知其爲墨而今之學者吾不知其爲楊而爲墨也嗚呼此贋鼎也魯有饞鼎齊人取之魯人弗與也以贋者與之齊人曰以柳下惠之言爲信魯人以謂柳下惠惠曰何不以眞者與之魯人曰吾所愛也惠曰吾亦愛吾鼎夫士亦有鼎也愼無自失其鼎而爲柳下惠之自愛也哉

人才策　　先春　少芝

執事以良吏良將發策而切切以漢世人才爲問若有抱乏才之憂者心私計之國家一代之用奚必借才於異代哉在古之

時雖郡邑多事而牧民御衆之才未嘗憂其乏也雖邊圉多故而折衝禦侮之才未嘗憂其乏也而執事憂之且憂之而屢矣夫今天下幅員不改其初國家之所以生才者未嘗異也法制不改其初國家之所以用才者未嘗異也其乏也何由以其務名而不務實故也請得以漢事熟悉於前而後及今之時可乎且以漢之良吏言之齊魯北風者文翁之治成都也刀劍易俗者龔遂之治渤海也下詔褒名者卓茂之治密郡也按椽推異者魯恭之治中牟也皆明經吏也而以飭筩虎穴爲能者則傷於猛矣以漢之良將言之矯制稱兵者甘陳之擒郅支也持節傳諭者馮奉世之戮莎車也大樹著號者馮異之破赤眉也北道可主者耿弇之降劇虜也此皆明經將也而拔於亡卒人奴者則非其儔矣我朝設文武科以羅致天下之傑而又恭之以貢選之途騎射之技宜其得人斌斌盛矣而緩急之際猶未甚適於用較之於漢吾不能無少讓焉何哉謂其徒事乎文而猶未求盡乎其實也蓋治吏之實不在於制科而在於黜陟之當治將之實不在於騎射而在於簡練之嚴故治吏而務其實則明經之吏用文翁卓茂之輩滿郡縣矣何患乎無良吏治將而務其實則明經之將用而馮異耿弇之屬滿邊陲矣何患乎無良將雖然案牘盈廷託之乎易俗縱惡不舉託之乎德政如是而用之則闒葺者進而民鮮棠惠矣生事遠夷者託之乎陳湯

聞邊召釁者託之乎奉世如是而用之則立奇者進而邊境不甯矣此又不可不辨也然其本又在乎主上之心焉故上好文則天下相率而趨於文上好實則天下相率而趨於實辟之叩宮而宮應叩角而角應其感應之相須甚不爽也今聖天子躬令德以照臨天下而吏治之才一一以實求之則薄海內外必有以實應者即古甘棠江漢之烈可匹美焉區區漢事奚足道哉

治河策　　先春　少芝

執事以治河之策下問諸生豈以諸生中有賈大夫其人耶愚無似不足以當明問然嘗聞之矣天下之水河爲大海爲尤大

而海無患者水之流其末殺而有所容也惟河發源於崑崙自崑崙抵碣石數千里自碣石而至汴至淮又數千里其勢峻而遠故其害甚大自古明智之君博咨於上忠藎之臣畢力於下然未有建必然之畫定萬世之長策者也其在漢哀成間則議塞如塞酸棗塞宣房是也其在賈讓諸人則議不塞如曰徙民當水衝不與河爭地又曰聽其所之以觀河所欲居是也然河之決無一定之形而塞之於此決之於彼非計也故邱文莊獨稱賈讓者言河之不易塞也徙民當水衝似矣但使河之所居而在荒莽無人之境則聽之可也卽至於穿城郭貫都邑爲國家所係至重者亦將聽之耶故邱文莊謂賈讓諸人皆爲一時

濟變之術非不易之定計也今鳳陽淮汴之間祖宗之陵寢在焉王氣所鍾天下之根本也其東則會通河在焉漕江南數百萬之粟以實京師天下之咽喉也故欲引而南則恐其爲陵寢之患欲障而東則懼其爲會通之患自古治河兩難未有如今日者矣嘗觀禹之治水也闢伊闕鑿龍門自碣石至於大伾厮爲二渠大陸而下播爲九河三江震澤之濱黑水流沙之側禹跡靡不遍焉八年始克有成是所歷之地蓋甚遠而其成功亦非責效於旦夕也所歷之地甚遠則可以殺水以勢而無奔騰衝溢之虞不責效於旦夕則能紓徐以奏其功而不至爲目前苟且之計此禹功之所以萬世永賴也爲今計者當擇一大臣

如禹者以總之而又多擇臣之熟於水勢便其上宜者以輔之或治其東或治其西或治其北或治其南或疏其上流或治其下流凡可以殺其勢者無所不用焉而需之久任以責其成卽禹以八年而吾倍之弗恤也如是則河庶幾其可治乎議者曰信如此言是重國家之費也夫興此大役其用當以百萬計然用天下之財而成天下之功不可謂之費也惟惜財而功不成則可謂之費矣昔秦伐楚問王翦曰用六十萬人問李信曰二十萬夫用二十萬不勝則二十萬皆費也用之而勝卽六十萬不爲費夫治河亦猶是也比年以治河費者不知凡幾矣設今不治其費於無益者吾又不知凡幾也此惜費之說非所以行

於不得已之時也議者又曰費無惜矣如勞民而啟變何夫大役繁興法當用數十萬人不可謂不勞以數十萬人而群聚於千里荒蕪之地不可以忘備不知使方畿千里之內饑者得食貧者得財如趨稼於田趨貨於市則何勞之得怨又使方畿千里之人有所統攝不至渙散如身之使臂臂之使指則何變之能爲此救荒之奇策制變之良圖也惟聖天子賢公卿採而行之則天下幸甚萬世幸甚

人主恭己於上論　先春 少芝

人君所以能享天下之盛治者非以己致之也以其能用人而已非以用人致之也以其能用用人之人而已夫以天下之大

林林總總之眾而君之者以孑然之身託於其上其不可以一人治甚明也然與其爲天下得一可用之人不若爲天下得一用人之人故爲君者在擇一相而已相旣得人則與凡天下可用之人悉羅而致之朝廷之上而百司庶府奔走率職人主不動聲色而天下之治泰山而四維之矣人主恭己於上此先儒有感於用人之爲急也而吾又推其本於擇相者何哉蓋嘗觀之天矣天至尊也天下之萬物莫不待命於天而天不自爲也天運而爲元氣元氣運而爲五行四時日月以暄之雨露以潤之風雪以鼓之霜雪以歛之由是天下之物生者生化者化成者成熙熙於大造之中者皆曰天之功而問天之所以爲天者

則無聲也無臭也故曰於穆而已人君之尊一天也天下之民之待命於君亦若物之待命於天也然天下大矣之天下人亦衆矣吾將以其身治天下則一人之身以勝天下之民之衆其勢必有所不能於是向億兆人之中擇幾人焉而命之曰羣臣又以爲天下大矣天下之賢才亦難知矣吾欲一一而求之一一而用之則其勢甚難而其體亦甚褻也於是又向羣臣之中擇一二人焉而命之曰大臣是羣臣者人主所賴以治天下者也大臣者又人主所用以用天下之人而治天下者也使人主而必欲以己治天下也是暄不以日月而自爲之暄也潤不以雨露而自爲之潤也鼓不以風雷歛不以霜雪而自爲之鼓且歛也固非所以法天抑使人主之用人而必欲於己用之也是日月之暄而天自命之暄也雨露之潤而天自命之潤也風雷之鼓霜雪之歛而天自命之鼓自命之歛也亦何以爲天地之於穆哉如是而欲成恭己之治也難矣古之人主知其然故不以己治天下而以人治天下不以己用天下而以用人之人用天下孰平水土孰教稼穡而平土教稼之事我不與也孰典大樂孰作共工而典樂共工之事我不與也以明五刑以弼五教而明刑弼教之事我不與也我之所欲用者大臣代我用之我之所欲爲者諸臣代我爲之也由是而百工熙庶績凝含生之倫仰上之德蒙主之指各處其宜安其生爲其能復其性三光

明六符正鳥獸咸若巖巘在岡班班在囿雕題漆齒之民交趾貫胸之屬莫不重譯獻琛以趨闕下人主者端委恭己而南面焉澹乎無事穆乎無爲而天下咸理矣古之帝王明明穆穆吁咈都俞而九官十二牧之流爲之奔走効力於其間使其民望之如雲就之如日愛之如父母而赴之若流水此非擇相用人之明驗也哉近世則不然恃其聰才明智足以自用於天下而不思用天下之人以圖天下之功欲以希恭己無爲之治蓋亦難矣故曰得一良馬不若得一伯樂得百良劍不若得一歐冶得百可用之人不若得一用人之人得一伯樂而天下多良馬矣得一歐冶而天下皆良劍矣得一人之用人而天下之賢盡

爲我用矣此人主恭己之道也雖然所爲恭己者豈徒華屋玉食其身而一無所用其心哉端拱穆清而舉天下之事無一不足以厪吾之衷尸居淵默而其心無一日不下徹於閭閻避辟之所故孟氏曰堯舜之治天下豈無所用其心哉堯以不得舜爲己憂舜以不得禹皋陶爲己憂此擇相用人之說也此堯舜之所以恭己而無爲也欲希堯舜恭己之治者當希堯舜憂民之心謹論

擬輔臣恭撰進雝肅殿箴表　　先春 少芝

萬歷七年月日具官臣某伏遇雝肅殿成恭撰箴上進者伏以上聖凝圖煥王后而中宅愚臣納誨著炯戒以前瞻敬陳刀劍

之銘用備韋絃之讐遭逢千載喜溢九閽臣某誠惶誠恐稽首頓首竊惟聖人居不忘規意得名而名得藎臣心存啟廸言本道而道本心自衞室肇啟夫都俞而總章載賡夫歌咏湯惟顧諟日新用警於銘盤武不泄忘風至聿聞乎刻牖齋居無愧遐矣前修屋漏多慚鮮哉後烈未央宮秋風生咏徒侈伯心玉華殿春草賡詞祇宣淫德彼邪曲之洞示僅有類於重門而誠正之脉聞竟何裨於邃閤邑期未際忠悃曷申茲蓋伏遇皇帝陛下仁孝性成聰明天授鳳文生成五彩光騰丹穴之中龍氣上升九天澤自青霄而下穆穆垂衣而恭己獨攬朝綱孜孜側席以求賢常懷巽志武不張而自奮膽寒西北之氊裘財不蓄而自充用裕東南之機杼處九重而計先天下當累洽而慮切日中欲希哲範於成周蘘襲芳規於文德在宮著雍雍之度友琴瑟而不陂入廟端肅肅之儀對神明其無忝載新傑搆用惕靈衷遂擇日以程工不踰時而竣役勢連丹禁稱恭默之宸居度擬紫薇恍清虛之秘府殿名雍肅命效箴規雖文岸誕登莫罄揄揚之志而姬忠靡竟願輸精白之忱見於牆見於羹觸目惟嚴於燕處書之戶書之牖警心不懈於趨承臣等職忝直廬學慚入室幸帡幪之有賴思啟沃以無功蘊古太寶之珍敢云合志斯民進講之獻竊附同心伏願聖無師以古爲師物非鑒以人爲鑒不作好不作惡蕩蕩乎如春斯煦無荒色無荒禽兢兢

乎如淵之臨鐘虡未設而若聞希聲則心和氣和而陶天下以太羹玄酒登降未施而如持重器則無逸乃逸而登宇內於壽域春臺由是穆穆文王不下堂階而直造其域因而平平周道用彌海宇而益顯其光矣臣無任瞻天仰聖激切屏營之至謹以所撰箴隨表上進以聞

官員襲廕判　　先春 少芝

賞延於世唐虞逮下之仁仕者世祿成周建官之典有功者必祿理所宜然有爵者宜傳法非可混今某名忝官聯之列罔知襲廕之規博陸無噍類之遺止因無忌玄齡有乞行之裔只爲陷淫爾既悖乎太宰之常我當加以司寇之法

舶商匿貨判　先春　少芝

送往迎來聖人柔遠之道以無易有先王待商之規故商必賴以相通則貨不當匿於已今某惟知丈夫龍斷之習不思國家貿易之常日有日無不示以直惟貴惟賤盡匿其情子貢貨殖之私不如是也阜陶揆罔之罪汝奚逃焉

御賜衣物判　先春　少芝

車服以庸明王流厚下之恩衣裳在笥聖人謹無將之戒蓋惟賜之於朝自當重之於已今某徒侈身章之榮罔思名器之節文奪天孫之巧徒誇越錦蜀賞珍頒御府之藏空賜隋珠和璧雖有黑貂裘之賜實愧全忠縱有金蓮燭之貽奚如蘇軾是可

爲也能無罪乎

行宮營門判　先春　少芝

宿衛禁御朝廷嚴內外之防擊柝軍門將帥謹守禦之備蓋必公務始能直入若非武事豈得空行今某不知備禦之嚴致犯私行之戒宮深鶴禁敢窺天子之私門鎖虎符藐覷君情之重既非嚴子陵臥榻何由深入豈是漢天子細柳安可徐行欲致戒於將來宜深懲乎既往

許爲制書　先春　少芝

王言如絲傳稱文命之布出納惟允書防矯僞之謀故制書斷自宸衷豈臣下所宜挾詐今某託渙汗之頒惑衆庶之聽徒知汲長孺之矯詔發倉垂情河北不思魏無忘之竊符救趙生事鄰邦爾既悖乎君父之倫我則加以鈇鉞之罰

給諫公向無專集行世所存祇諫草若干卷及家乘中序記等篇外此多就燕沒壬寅春獲見抄本如右後載閒評甚悉蓋已卯壘也時輯譜亟竣深恐異日零逸有欲求　公遺著而牘簡殘篇無復貽者亟編入以當吾宗球刀之寶十世孫守廉謹識

敘功表上　先春　少芝

查得分守道栗在庭拓土開疆六載樹安攘之績籌邊决勝三韓著保障之勳望久重於干城才永宜於節鉞分巡道鮑希顏布威惠以詰戎兵行見貔貅生色嚴法紀以清弊蠹坐令狐鼠潛蹤卓乎攬轡高風允矣提衡偉望海蓋道郭性之未雨而綢牖戶永糒金湯戴星而稅桑田徧戚雲錦直道既超流俗誠心無忝古人甯前道傅霖實心運之實事任怨兼能任勞弛張則雷厲風行一路凋疲起色節操如嚴霜凛雪兩河貪墨寒心薊州道成遜文事武備兼資明作沈潛並運料貪殘之將領而一路風清安跋扈之狡夷而重關煙熄甯前右叅議王邦俊謀猷

繫望東山廉孝垂聲北海將士侈靡爭麗而雅尚清標邊吏揮霍相高而獨持鎮靜副總兵左承訓氣吞玄朔恒見敵而身輕志掃王庭每談兵而眦裂士卒樂爲之用醜虜並憚其名加銜副總兵李平胡逐北氈裘指南軍士功收一矢已蹐玉蝶之榮業儉千金共推冰蘗之操復州叅將佟養正修防審而雉堞增雄惠愛流而虎賁壯氣鴻畧可垂鍾鼎清操堪愧箕裘中右所游擊劉惟藩雄標卓越英氣奮揚久負驍將之名行著擒胡之績前鋒右營柏朝翠臧强胡於寧遠名著干城驅大虜於遼陽功高擘柱中軍王善政桓桓偉貌犖犖才猷恤軍春盎柳營訓士威揚榆塞瀋陽游擊唐伯美儀度修長心思詳恪防邊著捷伐之績甫任多調度之能寬奠叅將張世爵慷慨負請纓之志雍容追緩帶之風賢聲速著於傳宣令譽益騰於新任海州備禦王平精神獨厲膽氣稱雄無事匣中龍虎常鳴遇警帳下貔貅競奮義州備禦李都鷹揚偉畧虎賁雄才營中刁斗時懸塞上屏垣永固慶雲備禦裴邦翰志懷雪恥義激吞胡張弛巧力兼收治卒威恩並布鐵嶺備禦王守官閎深措畧峻偉儀容督邊工百雉雲興練卒乘三軍雷奮鞍陽守備楊大觀戎機明暢世務旁通運籌動有圓機較射常期中的此數臣者才品不同均有勞績相應分別敘賚者也

敘功表下　先春　少芝

又查得管糧郎中王應霖貞恪出爲精密詳慎本之忠誠稽查不爽於錙銖民商衡德料量必時其支給士馬騰歡副使周文卿精明識見練達才猷勤綜核則弊竇析於秋豪嚴出納則部伍溫如春纊巡撫郝杰氣度溫文才謂明練經國事如家事不惜踵頂之糜廩視軍饑猶己饑直若痌瘝之在體裁衙門之冗費以充市本絕腹地之游民以飭戎行德政皆甘雨和風持身凛冰壺秋月誠哉全遼之鉅障居然東鄙之長城原任巡撫顧養謙膽如虓虎氣食全牛剖事機風驅而電行料虜情燭照而數計救恤饑民起億萬人之瘠殘調停市馬峙數千金之子銀兩河倘愛其甘棠三韓猶思其剖竹總督蹇達文經武緯之資

內修外攘之畧馭將吏則釐奸剔蠧法紀肅而四鎮凜凜向風撫士卒則煦育噢咻惠澤洽而兩關欣欣戴日嚴廊重望鎮鑰雄才原任總督張國彥允文允武善斷善謀矢心以贊皇圖而撫防有成算關以西安若泰山抒策以捍全遼而收襲無遺筭河以東幸免塗炭功垂外閫望重中樞此四臣者聲實並懋相應酬其久近優加敘賚者也

叅甯遠伯李成梁表　先春　少芝

查得鎮守遼東總兵官甯遠伯李成梁負國厚恩斂民深怨齒衰力憊久慚專閫之司髮短心長日事營家之計兩年間虜凡四入犯矣端坐海州城就禦門庭之寇三年內師凡三出塞矣

積尸徧荒野誰招口外之魂怯戰殃民全鎮恨深入骨剝君耗國兩河地已無皮惟是財足彌縫巧工結納是以殺掠日亟生聚日疏而報捷之封章日肩摩於闕下功名寖盛爵祿寖崇而生民之命脉寖告蹷於邊疆即三年前過端無庸苛索據三年內罪狀業已昭彰此一臣者留之適釀禍於地方而罷之可瓦全其終始所當亟爲罷斥以警戒邊臣者也

叅遼左諸臣表　先春　少芝

訪得正兵營李甯由厮養薦領府銜忘國恩不思圖報營家則鯨吞蠶噬百相虐而百相凌計全遼之被傾者已逾萬戶遇虜則鼠竄狼奔三出塞而三失律即士卒之被陷者奚止千八佰旗下之威而姦人妻淫人女惡豈忍言彼甘心汙辱者輒爲奪級以冒功不啻行同狗彘挾將家之勢而奪人田占人產怨將誰訴乃米豆賑饑者亦復侵扣而肥己僉云貪比豺狼家貲十餘萬而貪殘如故眞犁小之雄魁美妾二十餘人而淫穢不悛眞窮兇之細事人心共憤王法必誅西路副總兵王維貞恭能謙己智善處人狀貌似魁梧而膽勇則歉貪性類揮霍而防禦則疎甯前係黠虜出沒之衝本官乏勇往直前之氣操持未壞物議已騰守備劉崇正昔以貪饕被革舊惡未湔今復鑽刺當關新庇已積索市馬扣稍銀營伍因而漸耗躭麯蘖忽邊計孜虜遂爾猖狂銜闕受害公法難容薊州備禦王綬發跡武科才

頗優於文襲賦貢柔懦力實歉於戎行厲兵秣馬漫不著意龍豹之略未聞買馬驗軍間有需索羔羊之節又鮮此數臣者在李甯罪惡已極亟應正法在劉崇正見今失事應行提問在王綬力懦怯而守未虧相應降用在王維貞志氣銷沮不宜衛邊應量改調以全器使者也

靜思張公遺稿序

先春 少芝

天地間靈奇瑰杰之氣不可磨滅者上炳日星下鍾河嶽而常勃窣坌發於貞臣烈士之心世之爲諫臣者或動於一時之意氣或自矜一事之名節而非實本於忠君愛國之誠卽慷慨敢辭非憤則懟總之不可對君父卽不可對千古對寸心者也若我靜思張翁者所稱眞諫議非耶翁以進士起家浙之蕭山令以治行第一召爲戶科給事中甫八月會上不親郊廟特疏忤旨廷杖八十梃廾折者三斃而復甦者再嗚呼世廟英斷御下孰敢攖鱗於龍癟之時抗顏於震霆之下者而翁毅然獨往不惜軀靡以殉至今讀其封事凜凜猶生而絶無矜名競氣之意

翁蓋先期可對寸心可對千古而後出以對君父無不可者卽與龍比共遊地下所無憾焉余又聞其令蕭山時有虎渡河堤漲沙諸異政蕭之民今猶尸而祝之其著績當官者尚未暇詳考試觀條議兩事宜侃侃千言無非爲國爲民之實心所曲爲籌畫者也歸田杜門足跡不入公府晚擢通叅終賦考槃間一寄興詩文蕭然自遠而其忠君愛國一念自藹然言外卽貞臣烈士所爲與日星河嶽並不磨者不盡於茲集而茲集亦足以窺見一班云翁於余爲內王父余少時猶獲追隨杖屨見翁一謦欬間必以名教爲先訓廸後進必以忠孝爲本余不敏濫厠掖垣先輩典刑宛然如昨而雙金二字忝負苛時余則重媿我翁矣余則重媿我翁矣

此序係

少芝公遺墨得之梁溪文鈔中時輯譜垂竣亟爲補入以當

吾宗刀球之寶

祁孫晟謹識

柏樹放光記　　鼎鉉 灊泉

記得戊辰歲奉先毋王太孺人命迎一峯和尚大弟子大樹禪師入華藏山門語鼎鉉曰大家出隻手扶起破沙盆越今十六年癸巳傳及嫡嗣致果毅公大殿告成殿前柏樹放光初出一縷飄飄入天王堂既而廻環籠罩繞殿氤氳香聞三里外獲斯奇異致師謂鉉不可無記㝵自破沙盆句客菴傑禪師闢山提唱宏播禪宗迄今四百餘年又得兩禪師放大光明請借破沙盆公案為大衆說法這箇華嚴世界原是完完全全的却被宋張循王做了葬地張俊謀害岳武穆王為千百世罪人便覺大地生穢成了一個破沙盆自從世法起見就是張俊建寺須得

密菴演菴塗毒三禪師先後駐錫也是完完全全的却被元末兵燹燒毀無遺又成了一個破沙盆是從佛法上起見豈知這個破沙盆原是顛撲不破的今日再登蓮華第一峯把天下名山喬嶽百川巨浸琪樹叢林金碧勝刹三千大千法界都虛都作破沙盆觀那山門外有座雲海亭這不是主南望軍嶂山諸山相對拱立這不是賓山自天目發脉由銅官蜿蜒而東因見七十二峯回顧環列這不是賓中主主中賓豈不是破沙盆中備賓主句有時煙清山紫月明湖白萬籟俱寂這便是奪人不奪境有時雨濛風瑟湖迷嶂掩萬象俱沉這便是奪境不奪人有時梵葉唄聲鐘鳴谷應一刹那間鐘梵兩空湖山一碧這便是人境俱奪又道是人境俱不奪豈不是破沙盆中備人境句至末後一句風濤飛湧萬竅怒號却是當前一喝喝石使走喝波使立喝谷使響喝林使振如雷轟如獅吼直將臨濟宗風和盤托出請看這團圓三萬六千頃及一切前後背面諸峯嵐誰是完相誰是破相今日過柏子放大光明且不必遠引只看乃張循王者取生前的富貴功名死後銅棺石槨都看作破沙盆一般那得有坑陷岳武穆王一事千秋萬世後供人唾罵今日道場請與大衆向山尖殿角將張俊數百年臭穢打掃潔淨別顯出一個完完全全華藏莊嚴世界方不負庭前柏樹子放光至意因敢向大樹老和尚下一轉語曰大家伸隻手做個好沙盆

八世祖戶部公係崇禎丁丑進士官至戶部主事崇祀鄉賢祠鼎革後僧服隱居華藏寺茹素誦經不入城市歿於僧舍至今歲時祭享俱用素品臨終時遺命也寺中房屋大半戶部公所構

耐窩小記

鈞 靜軒

汧陽署之東北隅翼然而高者爲升觀樓樓之下石室一窩寬僅容膝向棄外寮數十年來鞠爲茂草亦蒞斯土者之責也辛巳夏案牘稍清爰命工人重加塗墍繚之以垣闢人內署平其陂明其幽補其壞於是豁然開朗恍若別有洞天暇則攜一卷一瓢聊逍遙兮容與蓋從容乎樂也客有誚余者曰今之游宦者大率傳舍其官而亦等官衙於傳舍失時不葺委而去之已耳而何子之耐煩也余應之曰子誠知我哉余通籍幾二十年所至土瘠民窮廉俸所餘僅供饘粥余以節衣縮食者耐之不知其貧也余自入關以來歷茲八任軍需災賑險阻備嘗而一

罹部議兩痛終天迄今髮白齒衰纍綬銅章猶然故我余以循分供職者耐之不知其卑也至於世路荆榛人情溪谷種種可驚可愕之事總以一耐字消之卽如此窩夏之日不箑而涼可以耐暑冬之日不爐而煖可以耐寒耐之時義大矣哉客曰善遂爰筆而記之並取以顏其窩時辛巳季夏靜軒侯鈞

名家詞集序

文燦 亦園

予自甲寅侍先大夫與荆溪萬子紅友日坐亦園始共事詞律適紅友爲吳大司馬留村夫子招往粵中其事中輟後予亦濫竽鹽官簿書厮苦與騷人逸士留連風月按拍徵歌恨不可得而紅友忽於數千里外郵寄一編云昔余兩人所訂詞律今已付梓人矣余每一展卷未嘗不徘徊諷詠三復而不能已也至丙寅予以解組賦歸與於亦園中得構小室藝花芟草之外每遇風晨月夕把茗爇香閒取歷代諸名家詞丹黃甲乙不覺選詞之技復癢昔晏同叔云生平不欲作婦人語予謂委婉之弊入於婦人與豪邁之弊流爲村漢等耳但期銀箏重譜用傳小

伎之喉鐵板雄歌幸免伧人之誚而已嗟乎余豈知詞者昔與紅友同學久因得於審音顧曲稍涉藩籬今余選詞將竣嗜痂之癖依然故我而紅友竟以仲宣登樓賫志以歿不獲如當年與余草堂鎧火斗酒詩篇歌呼相應此又余山陽之痛不能已者幸荆溪倘敘彝素工詞助予卒成之是又一紅友爲足喜也遂爲之序

疑雨集序　文燦 亦園

明萬歷中金沙王次回先生以博學好古名聞於時其爲詩多艷體向嘗於列朝詩集中窺見其一二意殊未竟也歲庚午余選詞於亦園既輟簡客有謂余者曰次回先生詩沉博絕麗無語不香有愁必媚玉臺西崑而後不易多得惜其遺稿未刻也盍付之梓余曰諾因出其所藏疑雨集以示余余讀而愛之爲之弁其首曰凡物之精神嘗萃於是者其光怪陸離必有不可遏抑之處次回先生窮年力學厄困塌屋斷瑤琴折蘭玉其坎坷潦倒實有屈子之哀江淹之恨步兵之失路無聊與杜少陵無家垂老之憂傷憔悴而特付之於兒女丁寧閨門婉戀以寫

其胸中之幽怨不得槩以紅粉青樓裁雲鏤月之句目之也先生既歿其遺孤尚幼詩幾散軼矣而故交殷仲于君藏之巾笥屢欲付之剞劂因循未果蠹蝕塵侵又幾散軼矣而今尚有錄而存之者噫乎物之出也有候其藏也有待先生之去今百有餘年矣而先生之精神有嘗萃於是者余之爲是刻也余非知先生者也夫亦先生之詩所謂光怪陸離久而欲出者自不可遏焉爾

梁溪十八家詞選序　晰 粲辰

龍山春翠好鳥棲雲慧水澄泓文鱗唼荇惟境開乎秀異遂代產夫人文卽數倚聲亦多傑作孤村流水競傳淮海之辭一壑松風爭和雲林之調名流霞蔚吾鄉夙號才區英彥雲興此日復多佳士爾乃賦梅稱旨結軫於彩墀望月思君迴槎於桑梓雖以冠棻鐵膽不斷柔情卽云韓魏冰心偏多別淚至若巖廊俊侶山澤隱君每辨宮商發清音於皓齒偶調絲竹譜瓌思於新腔朱鬣停驂題留雕管紅牙按板巧囀鶯簧筆蘸露以噓塵思滴泉而鏤卉過煙村水驛恒多眺遠之吟覩山榛隰苓大有懷人之曲他如翠鴛堂上朱鳥牕前茗熟裁書徐淑信裙叙學

士粧成弄墨繁欽洵閨閣才人樹娘子之軍黃花比瘦奪詞人之席羅襪行輕在玫瑰橋中魚網填金荃之句若蓮花社裏鼠鬚寫紅豆之聲間有禪玄亦耽唱詠莫不添泉坐石擷藻摛華然而豹見一斑難窺全體狐雖千腋未可成裘惟恐散絕廣陵半付丙丁之烟更思曲高郢水誰爲甲乙之藏爰采諸家彙成一集披兹麗製宛如崇愷之競寶珊瑚覽彼芳吟何異秦虢之爭誇金翠妍思若周柳堪倚侍女玉簫雄唱比辛蘇絕稱將軍鐵板錦堂茆舍儘可兼收紅袖緇袍無妨並見洪纖齊列敢云碧眼胡之識珠驪驥雜陳尚俟九方歅之相馬

康熙歲次壬申三月上浣侯晰粲辰氏識於醉書閣

華梧軒傳

可儀 于逵

自來世家大族身處富厚往往溺於紛華靡麗不能有所建樹以傳於後或創造園亭蒔花卉徜徉自得亦所稱超然塵埃之外矣而於鄉里利病苦樂如隔膜者然獨善其身則有之行善於鄉則未也若梧軒華公所稱行善於鄉者歟公系出南齊孝子後析居興道世以耕讀爲業至公祖號剩梅家道日昌饒貲雄一鄉公少篤學工制藝以府庠歲貢生選儒學不之官一以行善爲務憂人之憂樂人之樂每冬春施綿衣賑糜粥乾隆乙亥歲饑糴米平糶丙子奉憲賚賑全活不可勝數創同善會資貧乏人有急必應通濟橋係錫與澄邑通衢跨河十數丈修造

費數千金公獨任之訓子孫以每有修葺無諉及他人鄉人至今稱感次子汝紳任福建浯州石碼等場鹽大使每訓以潔己奉公無枝節無漁剝竈戶其存心利物有如此公有知人鑑常遊學塾中見某生人品端重文章秀發遽以女許字卽泰禮堂諱鑅仕至天津運司者也公配薛氏子二汝綸汝紳汝綸無子以汝紳次子爲嗣名廷榕予壻也因知公之詳而爲之傳

陶春谷傳

鳳苞 心齋

公諱瀚字昆謀號秋林又號春谷爲方伯未堂公第五子幼穎敏操觚如宿構方伯公宦於晉期君以遠大不攖之仕令受業於顧雙溪先生舉業外肆力詩古文辭每有著述先生輒許可年十九補邑諸生家故寒素方伯公復廉介自持宦成後無餘財君處之晏如也體素弱兼得胃疾飯不能盡一盂而性耽卷帙未嘗暫釋凡七試棘闈輒兼五經而脫稾常先儕輩志在一得仰酬期望至庚辰科已得復失而加病體加劇矣君於齋之東葺屋三楹顏曰蟄存藏修息遊其中與薛璞庵吳挹楓輩爲詩酒會迭相唱和輯史記藺相如以下九人爲一卷名尙友集

各爲序著詩古文一卷名秋林集刻元詩選四卷書學顏平原後喜二王寸縑片楮人輒寶貴待子弟辭色靄如而遇事不輕假借終日論文而未嘗一語及闈墨曰子弟具有性靈烏得以帖墨窒其智識耶讀書有心得輒蠅楷摘錄嘗曰讀書不獨變氣質且能養精神蓄義理收攝故也壬午秋從弟葦渡捷京兆君喜形於色曰此事終不負人因易前所齋顏曰春谷示將啟戶而出也所志未酬竟不起彌留夕猶以顯揚未遂有忝所生爲恨年三十有九家君鍔屢試京兆以四庫館謄錄出除江西靖安丞叔子錕乾隆己酉獲儁於鄉充　覺羅教習嗚呼以君之才鬱鬱以歿而卒取償於後蓋鬱積之久而春霆始發也所

於其身於其子孫者歟

秦沈兩孺人雙節合傳　　　　鈐

華肇泰妻秦氏名家女動有矩矱性嚴正終身不苟言笑事姑嫜盡禮得其歡心育兩子一女俱有恩禮與叔姒肇豐妻沈共矢柏舟三十餘年如一日沈氏幼知書識大體于歸五載夫繼姑亡事翁能敬且和婦兼子職撫孤以長以教母代師勞至其持身禮法方諸鍾郝不是過焉嘉慶六年肇泰子登瀛肇豐子奕庸請於當事題奏奉 旨給帑建坊旌表

華世求傳　　　　鳳苞 心齋

公諱德字世求太學生州同知蒼軒公次子玉貌脩髯儀觀甚偉性孝友好施與骨肉待以舉火者數十家乾隆乙亥丙子歲大祲公多所賙恤有餘米百餘石售之里中貧無賴者伺買舟出村邀眾刼之客將控官諸刼米者拜於庭公切責之皆慴伏旋舉米價若干緡還買人公之才略氣度大率類此精算學於開方勾股之法無不洞曉嘗病測量古法必立重表未可卒辦因以已意創新法如碁局縱橫各畫五十道於一面作兩耳竅其中以通目光角懸一線墜之有所測量卽舉碁局者兩耳向上目光從兩耳中透出與所測量平則按角上所垂之線而校其縱橫之度數用歸除法算之不失銖黍著有測量指掌一卷藏於家年七十卒

華西京傳

鳳芝　冠芳

公諱紹濂字西京無錫青城鄉人余母華孺人之從弟也父王佐公以試北闈客死公時尚幼即知哀慕事母高太夫人謹孝太夫人性嚴厲一日設麵召公於塾公應召少遲太夫人怒即舉器投之麵覆公面淋漓公負痛引謝退而無怨色後卒能以委曲承順太夫人待之益慈數十年未嘗有怒容性英敏問難輒驚其師自經史子集下至稗官野史過目即成誦其爲文筆不停書氣之所到如急雨飛來夜濤忽起非有鍛鍊之功而自然渾古縣試邑令莊公奇賞之有江南才子之目取以冠多士是歲入邑庠旋食餼思以功名自奮然公素恬退豈汲汲於功

名哉徒以王佐公歿於應試臨歿有出師未捷身先死之歎故公日夜思繼父志於放榜時輒憂煎累日人竊訝其熱中而不知實孝思之發露者摯也迨屢試不售而後輩獵取聲名者往往得科第以去益牢落不得志客游數年以離親遠乃歸館於城中月餘一歸家定省然公在館中夢寐時驚呼同臥者聞其囈語皆進衣勸餐之瑣事云太夫人年高益多病乃力辭館而歸侍夜嘗數起進湯藥除污穢不勝其勞又見太夫人病日增遂憂勞成疾以卒卒時大哭以不得奉太夫人之終爲恨而太夫人適後公一日卒噫夫以公如此之才而卒窮老不遇如此之孝而不克奉母之終可謂窮矣然惟其所遇於世乃克盡其

其力於文不克奉母之終乃得以身殉母而相隨於地下其亦何所憾歟芝素以甥受業於公時公館於秦氏數日輒造公講論經藝嘗至日晏夜則相與步月于弦河之上樹影參差踏之無迹抗懷今古兼以詼諧不自知其樂也及公解館歸鄉相見頓稀其後養病入城芝雖隨侍月餘而憔悴寡歡迥非前日之況矣而自此竟爲永訣悲夫有時文稾若干卷詩雜文若干卷皆未刻婺黃孺人有賢行與公共成其孝者也先公一日卒別有傳

錫山文集序

侯桐 葉唐

昔王子摰子任兩先生蒐輯錫山文獻二集以補邑志所未備歷年久遠文集存而獻集業已剝蝕人咸惜之余曰見文如見獻也劉勰文心雕龍列原道徵聖二篇其言曰心生而言立言立而文明聖人之情見乎文辭矣昌黎亦云仁義之人其言藹如蓋和順積中英華發外讀其文如見其人爲慷慨激烈之言則知其人之忠直爲纏綿委曲之言則知其人之溫淸爲論古匡時之言則知其人之長於識爲歌功頌德之言則知其人之優於才爲闡經明道之言則知其人之深於學然則文存卽獻存果得獻集而並存之固足以覘大備卽就文集而獨存之詎

不足以景嚮哲哉柳子厚云文不苟爲炳炳烺烺抑之欲其奧揚之欲其明疏之欲其通廉之欲其節激而發之欲其淸固而存之欲其重今錫山文集二十卷名公鉅手無美不臻有不愧子厚所云者王遊舫姻文既命喆嗣雲齋昆季校而正之又有邑賢華君子屏登諸梨棗皆有深意寓乎其間蓋以前賢之文爲後儒矜式足以振吾邑之文風因文見行景仰前修并足以勵吾邑之士品則獻雖鈌如不鈌也是爲敘

惠山記續編序

桐 葉唐

邑先賢邵文莊公於前明正德五年輯惠山記四卷備載惠山泉石峯嶋池澗寺觀祠廟物望山居古蹟勝覽邱墓土產而以雜攷終焉越數年又輯惠山集載古今詩文若干卷公皆自序而梓之版藏桃花塢聽松庵故邵氏香火院也隆慶間庵燬於火版付焚如萬歷丁酉邑文苑談脩思永輯惠山古今攷所載往事悉本惠山記其書旣成夜夢神人告之尚有鈌典晨起而叩之山僧廼得惠山集詩文并載而卒業焉今距文莊之歿三百四十餘年非特文莊所輯不易覯卽談思永所輯亦不易覯載籍所傳收藏匪易則稽古良難已歲丁巳文莊八世族孫大

令吟泉大兄重刻惠山記附載古今詩文合記與集而一之又作續編補正德以後三百餘年名蹟之代興者詩文之繼起者夫以惠山之秀二泉之淸湛長史李文肅之幽居勝賞陸鴻漸蘇文忠之品定揄揚邵文莊之純忠純孝純儒山居侍養記載成編者梓而復傳續而益備謂非山靈之厚幸歟吟泉博學嗜古湛深易理得文莊之正傳著學易反隅一書刊布行世辭官歸隱修葺文莊祠墓文莊故有尚德二泉兩書院尚德昔在公墓二泉今爲公祠舊有十五景吟泉修其廢復其舊增其新足成二十三景亦山中之佳話也余以戚好知之最深茲惠山記續編成謹爲之敘云

無錫金匱續志序　　桐　葉唐

楚南黃公南坡權守常郡政和民安百廢俱舉公暇見郡志修於康熙甲戌已歷百有餘年慨然曰今郡邑有志猶古列國有史任其文獻脫落訛謬疏闕無以示後來亦守土者之責也上其事於中丞裕公公然之遂檄所屬先各修邑志以備稽採屬邑令李孫兩侯舉邑中文學有宿望者數人具束帛掃館舍供飲饌俾得專心纂輯其無負太守意嗣毓公星甫還郡任亦敦勉不怠凡閱兩寒暑數易稿而後成名曰無錫金匱續志庚子秋將以付梓以書呈今太守月舫祟公幷以志稿郵示於余余讀之其體例一本泰少司冦小峴先生所修嘉慶志其見於前

志者不具載而補綴遺漏參校異同尤極詳愼卽此三十年間習俗之變遷規制之因革人材之消長亦可概見惟自嘉慶甲戌以來邑遇偏災助賑樂施每逾十萬其好義甲於江以南數郡朝廷嘉之給予職銜兹備書其名幷補錄前明正統間恩授冠帶者若而人而以今人附焉識者或譏其冗然善善從長以昭獎勸於世道人心不無裨益當亦史法所許也余舊忝史官今以視學奉天還朝備位卿秩清齋索然隔故鄉數千里不獲與諸君子蒐羅掌故商榷編摹而又重辱不棄屬以弁言得挂名簡端余能無滋愧哉書共十卷補圖一捐貲開雕倡始者無錫李侯彭齡前署金匱孫侯逢堯金匱黃侯用威其奉檄敦勸者前署無錫司鐸胡君景熊蔣君如沂少府陳君嘉桂其纂輯者楊君熙之黃君承祖秦君文楷顧君翊嚴君棊邵君涵初而華君湛恩鄒君導源丁君培薛君湘秦君昌煜亦襄事焉其始終集貲經理者則朱君埼秦君達泉例得具書至作志之難及自元以來作志者之次第得失俱見於前人志序余不贅也

道光二十年庚子太常少卿前國史館纂修翰林院編修侯桐譔

況梅齋詩草序　桐　葉唐

余與桂巖先生交最久先生長於余僅三歲少孤而貧終鮮兄弟承母訓力學不怠與余年相若境相若而無力從師刻苦自勵其志趣又相若也然其爲人眞摯灑落出乎塵埃之外其所著述輒隨興所之獨抒心得而自合古大家之風範殆有天授而非人力者焉惜其文多散佚而詩之高脫絕俗則似乎其文而亦似乎其人旋聘余女爲長嗣延俊室交益親過從又益密也余自嘉慶庚辰通籍後供職詞垣不復歸里先生又秉鐸丹徒蹤跡疏濶問以尺書相問質必論文或兼論詩越數年而先生遽歸道山矣先生抱不世才厄科名未究其用幸延俊成進

士得光前緒今裒其詩稿付諸梓庶幾讀先生之詩如見先生之文並如見先生之人眞摯灑落之概恍然在目卽慨然在心是則予之稍慰也夫

華氏續修宗譜序　桐　葉唐

嘗讀隋書經籍志唐書藝文志京兆東萊二譜而知古者之譜牒載史官藏册府雖經六代之廢興而故家大族門第相高宗法卽於是寓焉後世官不爲修官譜氏族篇九品中正之說蕩焉無存矣至宋歐陽蘇氏出譜其所知闕其所不知分別大宗小宗以統宗而收族而宗法始大明矣嗚呼何其休歟吾邑華氏爲江南右族系出宋戴公考父說食邑於華以華爲氏至南齊孝子寶始居無錫以至行旌於朝後有華榮者仕梁居汴其孫原泉復由汴居錫爲南渡始祖彎纓甲第累世不絕而華氏始大東湖貞固兩先生創宗譜斷自原泉惟其愼也固以惇敘

彝倫昭於後人亦以世之脩譜者多所攀附無狄武襄之識蹈郭崇韜之譏於是辨別宗派其難其愼不敢略亦不敢誣宜江南諸世家以華爲大而創譜以明宗統亦以華爲精嗟乎宗法不立久矣苟無以惇輯之則自吾祖吾父上而高曾自吾子吾孫下而爲雲礽旁而爲昆弟之子若孫其貧賤者推而遠之骨肉同於路人至紊亂宗支或沿別祖或繼遠支或承祧異姓甚至遙附華胄冒認不知誰何之祖其富貴者引而近之路人反同於骨肉二者蓋交失之宗法何有焉華氏之譜自元迄今世世修輯世咸服其精咸豐六年通九支裔蓉溪雲萼諸庠彥因統譜年遠失修恐支派繁衍卒難奏功爰偕諸宗彥採訪逾年

先就支譜原分派別有譜有圖又重纂傳序續集是者仍之誤者正之闕者補之分者合之非其近宗雖名公鉅卿不得與而出所同者雖編氓販卒無或遺佚糾宗合族之道孰有大於此哉余又讀歸太僕龍游翁氏譜序引古傳記所謂古聖人之治天下反古復始不忘其所由生上治祖考下治子孫旁治昆弟合族而食序以昭穆別之以禮義尊尊親親長長男女有別親親故尊祖尊祖故敬宗敬宗故收族收族故宗廟嚴其誼大矣華氏子孫善承此志世世勿諼所以光前裕後者其有既乎譜成丙序於余余與華氏有姻親且舊史氏也於[illegible]宜詳爰述所聞爲華氏勗乃序而歸之

倪氏重脩宗譜序

桐 華唐

余忝列史館每觀古人紀載有傳信亦有傳疑凡所以昭懲勸維風教至詳且愼家之有乘猶國之有史也信者記之疑者闕之勿謂高乾邑之通系渤海郭崇韜之託根汾陽則作譜者之詳愼之意可與作史相表裏又觀古者范氏蘇氏歐陽氏千餘年隱隱隆隆時伏時顯蓋莫不有德意維繫其間後世爲譜者或事攀附莫之禁也乃不數傳而亡也忽焉何者峼嶁無松柏也其不事攀附者蓋其愼也乃不數傳而興也勃焉何者公侯之子孫必復其始也吾錫祇陀里倪氏世譜肇自宋紹興年間以宣撫使諱師道者爲始祖以杭州路總管諱子雲者爲始遷

祖其間以隱逸著者則元之冰祥兄弟也以忠藎著者則明之靜寄祖孫也至若散家貲拒僞詔潔身肥遯遨遊於五湖三泖間爲一代之名賢擅三長之絕藝者則元鎭先生也讀其文深咸昔賢之隱德官方文章勛業譜咸就正於余乞一言以弁首受而覽之四五百年間富貴顯榮者有之讀書隱居者有之訓掌力穡服賈行傭者有之居清閟故址者千餘丁則世德之隆可知遷徙他處者百餘支則族望之盛又可知旁搜博採踵事增華而懲勸寓焉風教係焉一時潛德發幽光運會之移考鏡恒於斯省惕恒於斯彌歎昔人之篤學好修勤儉雍穆於其家有來取法者不能不低徊於梅里平墟數十里間也因不辭衰

老而爲之敘

咸豐七年丁巳清明後一日

楊君桂巖傳

桐 葉唐

楊君桂巖余之女翁也其先世居吾邑之鴻山始祖諱邦乂宋建炎中以建康通判殉金人難者也迨明季始遷於錫曾祖若千公舉乾隆丙辰博學鴻詞科德行文學重海內君少穎悟八歲能作五言詩而考映紳公卽棄世君終日號廢食祖補亭公慰勉之乃進粥半盂家貧無力就外傅母劉恭人故武進相國文恪公曾孫女也博涉經史工詩詞每篝燈夜課憐君弱不忍督責而君殊自刻厲所課恒倍於成人少長受業孫尚書文靖公之門詩文逸宕有奇氣文靖深以制作相期許弱冠受知胡雙湖太守冠郡試補博士弟子員太守前嘗試蘇郡拔吳縣潘

太傅文恭第一雅自負知人之鑒尤重君風格曰不當於今人中擬之將邀就郡署讀書君適病瘵不得往病亟時夢神告曰上帝憫汝孝當令侍母終天年久之病良已旋籲於庠以廪貢作校官攝蘇郡教授迎養母恭人探鬢宮之勝詠唱以博親歡年始壯方嚴若耆宿士林憚之謁大憲長揖不拜曰忝爲多士師不敢自屈以辱多士釋篆歸衙勤奉養朝夕不忍離或勸應京兆試君念一第未可操券而先曠定省辭不赴家法嚴訓族子弟如已子人望而不敢卽及侍母則色怡然恭人壽終里邸畢力治喪葬哀慕三年如一日服闋攝丹徒訓導振學規脩墜典集諸生在學肄業嘗決科首得楊棨卽應選拔再得張培卽

發解時人驚異罷任歸諸生作京江送別圖郊餞者百數歸得疾慮不起口占遺訓數百言命延俊記之大抵皆飭行檢慎交游斥浮華敦實踐舉可爲世法卒年五十一君至性純篤自失怙常自悲每祭必依依侍立獨見跋不稍懈少繼伯考覲儀公後以猶子歸本生而事伯母錢如已母長姊適孫氏早孀撫事終身仲姊適秦氏嫁而夭每遇設帨辰爲文以祭辭哀切待人素剛直人有過或面斥而絕無毀故人無怨者尤精於識鑒余及鄒鍾泉杜少京秦緯辰皆素所推獎而後進如王召樂山李君仲謙皆自幼蒙許可後皆以節義著君例授修職郎以子延俊貴贈奉政大夫晉朝議大夫元配高氏早卒繼配施氏性純

厚能助君周急皆贈恭人子延俊丁未會魁肥城令郎補同知次延隲候選縣佐女一適候選訓導馮質甫子贊清

贊曰余幼交君見其賦性篤摯操履眞醇心實佩之猶以爲士固應爾乃四十年來歷宦途歸故里閱人成世再求如君者而不可得豈余之識見今昔有殊歟猶憶癸酉冬同在賑局燮公若私情猶如昨今者師旅而繼以饑饉同里士大夫議賑議蠲急呼將伯安得起先生於九原俾司其事可慨也夫可慨也夫

陶梅封傳

桐 葉唐

歲丙午及門陶蓉舲妹倩自閩郵書丐爲其尊人梅封先生立傳先生於余爲丈人行年世往還最密余知之詳先生諱步錦字梅封本姓錢氏系出吳越武肅王後八世祖仁別姓陶氏五傳至封參議樸齋公諱天璧子三長贈文林郎素存公諱炳中生四子季卽先生父芥園公諱國果乾隆庚午解元甲戌明通榜母顧太孺人先生幼頴悟讀書過目成誦性純孝時芥園公歷任涇縣全椒如皋上元教諭兄步鑾以方略館敘官鹽場諸兄鈞鋐鋆遊學各外出蓋自更涉兩江芥園公年且老得先生襄理公私稱職遂嫺習簿書識吏事緩急已而皖守孫公震宇

知其能書延爲記室俄丁外艱値孫公調任滇省將挾之而西不可先生故孫姪婿也以顧太孺人春秋高懼不遠適孫公猶戀戀告人曰品學兼優幕中鮮此人也自是幕遊山陽溧陽間覯歲杪一棹歸省以私慰當是時粵西張君寬泉令金匱與先生交莫逆而未嘗干以私張君重先生才謂使得親民有所設施方足展其抱負願分俸納粟以果所期先生笑謝之則余季行役之嗟銜悲於不語者深已洎嘉慶甲子守顧太孺人之喪畢乃歷遊皖豫遠涉嶺南動當道諸詢咸稱不愧末堂公家風焉蓋視皖江別孫方伯時識度更遠矣其生年月葬所具詳譜中不贅

華母侯太孺人殉難節烈記　　晟 紀之

吾姊華太孺人生乾隆甲寅五月某日吾母　貤封太淑人過太淑人第四女也吾兄弟四人先怙時姊年僅十三晟年十歲季弟季方纔四齡依母及伯氏撫養茹苦度日姊幼字華曉園姑丈長子例贈文林郎名祚慶號德苑廿一歲于歸事翁兢兢翼翼恪盡婦道子三長慶成寄籍四川亞元大挑知縣分發浙江候補次邑庠生慶咸於咸豐十年賊匪破城後下鄉被擄吾姊傷之先以三兒夭折已傷其心至是更痛不欲生幸慶成勸慰侍養晟適奉委差過錫在家挈眷避東湖塘距北七房六十里北七房亦號僻壤十一年匪下鄉打先鋒慶成奉母奔避至離家三里許之河邊地方謠言毛至指顧間姊已投河慶成倉卒呼號求救姊老而體胖業已溺斃救援無及草草殯殮月餘而晟始知之不能臨哭一奠可哀也已姊幼年佐吾母炊爨針黹持家中年奉侍舅翁克盡婦道調停翁之兩妾無閒言叔丈蹇遊蕩翁屢欲致之死曲爲救護俾得氏全姊丈年未五十得中風轉側需人將十年含淚操家惟願兒輩成立得揚眉吐氣乃垂老而境益窘慶成雖得一榜而未得祿養自幼年而中年而晚年無一稱心者終又投河殞命傷哉傷哉書至此不禁淚零慶成既將烈節請於　朝得
旌獎如例以慰親心於九原俯天之待吾姊者嗇於其身而大

昌其後歟惟吾母過淑人孝養翁姑五十九歲而卒以季弟歲在滇南道任內請三品封聊慰泉壤而吾姊之幼承母訓孝事舅翁茹苦事夫君而終歸節烈慶成今將以循吏名浙右報最而蒙
國恩升階正未可量將所以報吾姊者亦豈可量乎晟自愧不文老而益甚事隔十餘年而始作此厥罪匪輕約略記實而已是爲記於山陽學署之依庸齋時年七十有七

邮贈知府殉節湖北揀發知縣王君墓表　楨子勤

咸豐五年正月十有七日武昌陷巡撫陶公恩培知府多山公死之同縣王君以揀發知縣父子同殉事尤烈武昌至是凡三陷矣先是撫楚者或逃或守死守者身殉忠矣而惠勿徧於民其逃者移兵民就食長沙越境受顯戮而民至今憐之陶公致君勤民死得其正從死者皆勇烈之士宜王君可以無死而死也君諱恩綬字佩綸一字樂山先世自金壇遷無錫父鼎汾候選縣佐誥贈奉直大夫母趙氏贈太宜人生三子君其季也君性端敏髫年入塾有神童之譽年十七冠童子軍韓侯履寵亟賞之入縣庠旋食餼鄉闈十二試不售林文忠公之撫吴也喜

挐引人材延君節署讀書與吴郡馮中允桂芬顧觀察文彬以文行相砥礪業益進皆文忠所識拔者也己酉恩貢入都中本科順天舉人庚戌考取教習補授宗學左翼教習期滿例出爲知縣當是時武昌再剏於兵選人視爲畏途君慨然請往得旨發湖北委用君促裝就道而沿江多賊壘道阻君徑南昌道長沙聞賊逼武昌至城錮不得入方伯胡公林翼督師阨古夏口與賊确留君不從縋城入時正月十六日也巡撫陶公見之欸爲奇士命出君不可與多山公協守北門時守城者僅五人耳餘驌於賊丐大府請援兵乘間輒逸去翼日賊筏蔽江下師潰黄衣賊手旗登城激如雨陶公曰事亟矣大臣不可辱登黄鶴樓自經死君馳騎哭之而西城已陷賊麕至多山公率死士巷戰傷同遇害子燮僕丁貴吴福壽偕死焉嗟乎效節授命乃烈士之常而君之以忠詔不忠者其功甚大不然慷慨赴難人方謂其過激矣安得視險如夷如君父子間自爲知已乎君廉於財果於任事少讀曲禮臨財毋苟得臨難毋苟免曰吾將終身行之卒如其志亦勇矣哉七月十一日武昌復總督官文公巡撫胡公林翼狀君死事入奏詔予優邮贈知府銜入祀昭忠祠子燮從祀燮特予主簿銜並給雲騎尉世職越明年其子庭楨赴湖北招魂歸將以某月日葬於某阡某原邮贈主簿理齋附理齋燮之字也猥直有父風而多幹畧年少氣盛顧謂功業

可力致而卒以孝死可哀也夫君重遲沈默不事表襮好讀宋五子書及古名臣奏議偶作詩輒棄去精書法習繪事非其好也余少好爲乾嘉人詩君顧言曰吾輩讀書無爲名士余之治樸學自君始君之趨向可知矣妻楊氏恭人子七亶翔主仲兄兵馬司吏目慮昌後原名燮和辛亥科謄錄議敘從九從君殉難者也庭楨乙卯副貢生候選直隸州州判兼襲雲騎尉世職餘皆幼其兄奉直大夫者余師也既命庭楨丐馮中允桂芬爲銘墓之文掩諸幽又屬余爲墓上之文援述君之大節俾鐫諸石以示後之人

重整東林書院膏火記

最 紀之

東林書院遭兵燹後存典膏火蕩然無存總辦錫金釐捐候補道倪稟奉宮保爵閣督部堂今任中堂李批撥捐書院經費每月二成核計膏火每月支用二百五千外所餘不少應飭經管之侯最等及早置造棧房公產以圖經久至山長爲士習人材之所係侯最既爲經董未便復作山長此外有無支行兼優之宿儒不必拘定會榜鄉科也嗣以軍需緊急奉批停止每月止酌提三百千文除膏火二百五千外止餘九十五千不敷置造棧房公議抵借公議定利每月二分五釐生息自五年八月起至九年十二月止利上生利足榖一萬二千串因即稟請停止

又於十年春將書院原存修理項下餘欵起造三公祠四間最年邁無能皆龔仲芬楊鶴秋楊壽芝諸公秉公任事不避勞怨之實蹟也是年四月最有山陽之行更請吳菊青學博趙伯仁廣文公同經理發典生息更臻妥善今最於淮安學宮內見至聖周流列國圖三十八幅倩工揚好捐入書院張掛俾月課生童得以瞻仰因將最在院與諸公經理始末附錄於後時同治十二年仲夏

殉節廣東從化縣知縣李君墓誌銘

植 子勳

粵匪洪楊之亂踰郴嶺戕湖湘浮江而東江南北環肆蹂躪城守者死於賊或死或逃不能落其角距吾邑義死者六人鄒公鳴鶴死江甯嵇君榮培死揚州張君應蘭死臨淸王君恩綬死武昌林君蔚死吉安而李君尹從化守戰死骸骨皆燼尤可悲也君諱福培字心畬一名仲謙世居松江華亭系出唐宗室屬王守禮後至君九世祖堅始自華亭遷無錫今爲無錫人也曾祖某祖某皆弗仕父光灼原名光燦國子監生劬學有文以善書名鄉里君少沈敏端謹如成人道光壬午年十七入縣庠嘗以是年舉於鄉白長故相穆長阿公尤器君君年少又文又得

當世大人絜引其於舉進士可劵取也乃十試春闈不第丙戌考取教習期滿以知縣用今上登極之元年選授廣東從化縣知縣嗚呼君英年著譽工詞賦善書法宜入翰林乃不得直西清備顧問窮塞沈頓垂三十年始補一官庚戌春遇君京師終曰侃侃學者朋從飲酒意氣尙壯而頭且童然白矣悲夫方君之赴廣東也賊起廣西而廣東州縣數陷於賊花縣又爲賊酋出沒地咸豐二年四月君領從化縣事縣界七邑地瘠民頑海淘山嶰君噢咻疾苦濟以猛乃稍戢四年二月遻賊街口圩大破之七月賊攻佛山鎮偪廣州縣去廣州城北百二十里而太平塲又爲增城龍門化縣三邑屏蔽君請大府還兵二千轄其

地阢賊鋒嵩偏道不許而賊乃大逞八月復至街口圩徑綿嵩直薄縣城君帥鄉兵守戰有功越二月賊又大至礮洞城城隤賊踰鐵口入而守弁先潰君偕典史趙君應端巷戰傷退至尊經閣猶投石殪賊賊積薪閣下脅君君大罵賊怒縱火君率從弟性培偕趙君赴火死方城陷時從者逸獨勇士蘇兆英僕周鏞等十數人從不去至是皆死時四年十月十五日也事聞卹蔭如例妻龔恭人子四長奕鴞振衡雲騎尉振華主某後女四季女壻王庭楨副貢生王君恩綬子也五年秋振衡偕弟負燼骨歸葬將以某月日葬於某阡某原郵書王君丐余師姚湘波侍御爲銘墓之文而王君已殉難武昌侍御亦前卒吁可怪

也庭楨既痛其父又傷其舅知余素習君者乞余文何敢辭銘曰於戚有蓄韞不施誰與祝死其如歸投身烈焰心不灰精靈躍冶蒼天不媒絕路阻不可詣沈菀莫達閔奇思陰陽爲炭藏君屍紛吾內美鐠諸碑

清故中憲大夫卹贈道員前廣西巡撫鄒公行狀　楨 子勤

公姓鄒氏諱鳴鶴字鍾泉江蘇無錫縣人以進士起家歷知河南新鄭羅山光山祥符等縣擢蘭儀同知加知府銜累護開歸陳許兵備道著有勞績升補開封以中河漫口革留旋與開復以道員即用投江西督糧道今上登極之元年詔京外大臣舉人材於是侍郎趙光侍郎侯桐漕運總督楊殿邦江西巡撫費開綬咸奏公堪任督撫詔允其請擢順天府府尹旋授廣西巡撫當是粵匪方熾棄永安由荔浦繞山過馬嶺直逼桂林公力保危城以不及援全州落職家居半年會上命兩江總督陸建瀛爲欽差大臣駐九江以遏賊衝公以六品頂戴襄軍務赴江

甯旋因陸建瀛兵潰九江犇江甯賊乘勢南下城破殉節時咸豐三年二月初十日也年六十一公少負經世才嘗學王文成以第一流自待晚更以道自任故自縣令至巡撫始終不變其操而迂事疏節不肯投衆人耳目故雖貴授節鉞朝廷倚以辦賊有功矣而卒不諧於俗以擠死其知新鄭也教民種樹積穀立鄉校辟地畝蓋新鄭民困地瘠穀恒不繼西南多山麓大隗風后諸山起伏環拱而東北多沙溝不可田公荒度土宜引溱洧潩役龍淵白雁諸水溉田咸慶豐碩堤植桑柳山樹棗栗無棄地爲城故有義學曰養正公學又分設鄉塾西曰景歐者在旌賢鄉歐陽文忠公遺墓所在於是教養大備其初政可觀已

如此其同知蘭儀也公素習河防於堤埽洩防守之法動中要最爲河員第一上游咸倚賴之上諭讀書人做河工官事事一歸於實公眞能無負主知矣其知開封也大溜下注城與並圯巡撫牛鑑檄公捍禦公露宿七十晝夜民賴以蘇蓋自河決張灣祥符上汛漫水齧堤而省垣形如釜底堤高于城黃河勢如建瓴又如數十萬甲兵左右馳盪卒得水退城完公於此心力瘁矣方水灌城時有議遷省城於洛陽者詔可公作六不可遷論巡撫據以奏上嘉其識議乃罷居民安土重遷咸頌巡撫德而不知實公爲之也其巡撫廣西也上御養心殿賜克食密授機宜公辭臣不知兵以練勇籌餉恤民爲巡撫責上賜詩褒其

忠蓋異數也二年四月賊起永安攻省城城中兵僅數百壯勇不滿千公集紳民激大義矢城亡與亡之志登陴固守分營甘棠渡阨賊北路以通糧道又於六塘並象鼻山得月樓諸路斬獲無算然賊攻益急而城益危如是者六晝夜城幾陷幸提督向榮由間道統援兵至賊稍卻而總兵秦定三等亦引援兵至軍聲大振然經略大軍隔陽朔諸將皆隸都統制公奏請自統援兵殺賊違令者斬因與提督守城分遣諸將逆賊賊據古牛山擊退之又大戰於獅子崖相持三十三日賊乃遁去經略全軍駐陽朔與桂林相去數十里不援及桂林圍解賊已破全州出廣西公被劾罷官而經略亦以是獲罪其殉難江甯也罷職

閒居思得當以滅賊鬱結成疾會陸建瀛奏公協守江甯公躍然起曰此吾報國補過之日也力疾赴與祥厚籌戰守策未定而建瀛兵潰賊乃渡九江襲安慶沿蕪湖直薄省城公與將軍攖城守禦然城大兵少二月初十日儀鳳門陷公聞馳援遇賊三山街賊識公曰此廣西巡撫殺吾兄弟之鄒鳴鶴也亟擊勿失公亦大聲馳突手及一賊力屈罵賊死賊膊公被害尤慘嗚呼公之死志早決其赴江甯時嘗與人言大丈夫當馬革裹尸豈能齷齪死兒女子手卒成其志其絕命詞曰臣力難圖報復臣心仰答九重三次守城盡節庶幾全始全終又曰太倉半粒粟滄海一微塵人生百年耳忠至仁乃純公於是爲不死矣事聞

郵贈如例公居官居鄉多可紀者如開濬蔡河卑除現年皆興利除弊之一端然在公爲小節不足錄公之大節得力於理學爲多所著有尙忠堂詩古文集寶素堂時文粵西奏稾共若干卷中河漫口紀略修復城垣畧汴梁守城日紀桂林守城日紀各一卷續道南錄四卷道齊正軌八十卷王父母及考妣皆誥贈資政大夫二品太夫人生妣李氏封太恭人晉贈太夫人妻蔡氏夫人子男四覲颺候選州同覲儀國子生覲袞覲顏皆幼女子六所適皆名族四年秋公諸子以公歷官行事屬余爲公撰述余於公爲年家子其何敢辭畧舉所聞謹敘其狀如右

永安雙忠廟碑　　　　楨 子勤

雙忠廟者皇贈提督銜天津總兵長瑞偕弟涼州總兵長壽追賊龍寮嶺賊反攻戰死詔廟永安以褒其忠者也公姓瓜爾佳氏諱長瑞字小泉滿州正白旗人道光初喀爾𠷈事大臣死張格爾之難諱斯哈者傳載國史與弟長壽皆以難廕起家公襲騎都尉賞大門侍衛出爲四川敘馬營都司累官至綏州協副將升授天津總兵公弟賞藍翎侍衛補乾清門侍衛出爲福建提標右營游擊累官至台州協副將再授甘肅涼州總兵皆以功賞戴花翎先是道光三十年粵匪洪秀全反援潯州其僞將楊秀清等分兵四擾上命大學士賽尚阿爲欽差大臣經略廣

西公召自天津爲翼長六月至桂林時永安州未陷匪紫金山公偕綏靖總兵李伏守大樟及大軍破雙髻山攻奪獅子峽賊退守風門坳經畧命提督向榮合北軍進勦北軍者都統烏蘭太所部將也八月攻克風門坳公率湖北軍由中路入徑陡絶壁上槍礮轟擊一晝夜不絶賊仰攻不得上退守新墟而我軍屯平山及賊竄朋化北大軍追之雨潰於平南之官郵而賊陷永安州矣方是時大軍出僊廻嶺駐大峝兵阻不得進參贊大臣巴德清選卒千二百人檄公將直下龍寮嶺公以嶺紆峻中峯高絶仄不容趾且豐草盈谷遇伏恐不得出平樂道徑因取道至永安城北屯軍古排郵而公弟長壽適以候補總兵至守平樂時公方病暑幸弟調護乃瘳而總兵李伏卒於軍經畧卽以公兄弟統湖南綏靖兵戰必偕比有功初公以進兵遷延落職至是乃復二年四月大軍克永安賊東竄龍寮嶺經畧檄公偕諸將追賊教習知縣華翼綸隨營掌文案以地險阻弗往公歎曰余嘗從征西域平川匪出入死地經百戰不知地險不可深入寇窮則反鬬然軍令誰敢違者死耳復何言徒以有老母在欲令希彭無往希彭者公弟也時太夫人在閩希彭泣曰古人不畏義死不容倖生貪生忘國不忠非孝也偕死耳又何言卒偕行乙亥賊追及之雨大勝賊皆陷山谷中丙子賊至大峝掠食將出僊廻嶺時我軍已二日不食方造飯都統烏蘭太責

戰甚急賊反攻雨大敗湧血波問嶺石皆赤中峯益峻希彭墜馬公持矛救之同遇害自癸酉至丁丑連日雨士殊死鬬無生還者公親卒武某隨墜谷中得不死言公兄弟戰死狀甚悉偕華君往收其屍三日得之身被數十槍皆面傷也既殮作雙忠傳卒致其喪於京師嗚呼公剛毅沉塞智勇過人公弟習韜鈐通文翰皆大將才也使賊東竄時大帥移軍桂林檄授公與弟協守全州運謀幾先賊雖死咋不能舍興安而東而天子無南顧憂乃違利地棄險與賊陷公死繼公死者且數百計蔓延十省勇畧之士或僅以一死報國不得盡其才能可哀也已事聞上軫惜詔送公母回旗立雙忠廟永安祠公兄弟以陣亡將

士陰公三子恩祿騎都尉承襲二等侍衛陰𫆀藍翎侍衛公弟子光祿騎都尉候補主事選公女爲成皇帝長孫鐘貝勒福晉恩禮有加焉五年春予在京師長壽公子光祿君介華君以廟碑未立來請乃作銘辭曰

咸豐載始狂寇四猘俶亂天紀洒攻永安兵慘囚羈孤城不完蕞山柳水蠻童跳舞爲魚爲虎相臣將臣撫彼慧是擁劍南征鞣風門坳將卒矜驕嶺阻龍竄鋌鹿走險何幾先見榮生奚戀不戚之閭鴨綠之江蛟螭潛藏廼生異人爲國藎臣世篤忠貞有國無已弟昆繼起殉國難矣

郵贈知府殉節候選知縣張君墓碣銘 子勤 楨

咸豐四年春粵匪決豐口渡河而北連陷金鄉鉅埜莘冠等縣直薄臨清州屠其城知州張積功都司武殿魁死之而金鄉縣知縣楊鄭白鉅埜縣知縣朱穎昌冠縣知縣傅士森典史瞿濬皆先後罵賊死同縣張君隨欽差勝保公大營將軍善祿命偵賊被獲不屈死郵贈知府君諱應蘭原名蘭階字佩之一字南湖江蘇金匱縣人系出元義士止齋先生後明從祀東林紘所先生十世孫也曾祖廷模祖嘉績皆不仕父敬鄉宛平附生君少慧深於情好爲豔體詩及儷偶文字中年盡棄所作治樸學甲辰余遇之京師見君所爲唐宋樂府得王建張籍之遺及與

談時事慷慨激昂每夜分然巨燭讀史拍案叫罵人皆非笑之余心識其爲非常人君中癸卯本省舉人候選知縣某翰林出守河南邀君掌書記氣意不相中作絕交書遺之傳誦京洛君之抗直可知矣三年秋逆匪犯天津君銳志從戎冀挾所能以効於世四年春賊犯山東勝保公專閫辦賊軍將善祿爲前軍君佐之三月庚子朔賊圍臨清先據馬市街君偕未入流魯勉探賊營旬未報命十五日甲寅臨清陷大軍克馬市街見道旁殘屍四君及魯君屍赫然在焉其二屍怒目直視一白鬚撐斷舌割脅狀尤慘蓋與君同罵賊死惜僞里姓名無知者訊所擒賊知君之以訃入賊營爲所覺誘之降不從脅以刃乃大罵拘

晉十餘日終不屈聞大軍至殺之時三月十三日也初賊以晉濮捻匪爲先導連陷金鄉等縣及破臨清賊內亂與捻匪相攻擊越十日棄城遁勝保公統全師擊敗之尾追數百里殲之河始以君死事入奏天子軫惜御筆特贈知府蔭襲賜祭葬如例烏乎賊匪出廣西阱武漢墊江淮屠名城數十城守死者以數百計然皆受專城之寄膺厚祿爲民所屬望其以死報國宜哉君與魯君生不言祿殊榮天子下褒忠之詔人尤惜之若二人者剸腹刀腸同以忠而姓氏湮沒其酷烈爲何如哉然吾人當死豈爲身後之名二人與君皆合於聖賢中庸之道義命自安而非好爲高名者也妻孫氏恭人子國標襲雲騎尉君死時年

五十越明年其子杜濟甯扶柩歸葬偎鑫墩祖塋之旁今年春予遊梁清溪謁君墓見墓碣未立乃爲文俾鐫諸石以識君之大節銘曰

君之蓍閭不施君之名彰而馳毅魂魄兮升啟衢牛何冥冥覺遙遙大塊噫氣還太虛古人與居天爲徒拔劍斫地胡爲乎吁

許孝女傳

楨子勤

孝女名奇姓許氏所居曰觀前父兆麐業巫嗜酒家奇貧孝女少失母食恒不飽年十歲即工鍼指貰酒以供父歡道光二十年女年十二兆麐得狂疾孝女籲天哀祈六月二十四日疾大劇終日娑娑樂舞夜半啟門出孝女追之兆麐自投於河孝女抱其足偕死焉明日尸浮出抱持牢固不可解也

侯楨曰吾里有薛孝子橋相傳與母弟異居築橋以通往來後橋圮而許孝女死亦奇矣哉孝女之生其鄰人聞鼓樂聲自洞虛觀出至其家其沒則又聞焉然則天之生孝女固非偶然也

金氏節孝傳　　植子勤

婺源金氏與無錫林氏世爲婚姻金待聘妻林氏吉安府經歷林蔚女弟其子凝祥又娶於林爲蔚堦凝祥弟文祥娶於祁亦無錫人各有子曰長森長發道光壬寅五月英吉利寇寶山提督陳公陳公戰死遂分道陷上海鎮江復竄入江甯初待聘僑寓江甯時適回婺源林氏聞礮聲震慴計避兵歸里行七日可達命姪徵祥買舟翼日行至采石磯遇盜傾其橐與之乃散去徵祥躍岸呼救而前盜復至斫篷索舟不得行林氏謂二媳曰避兵而遇盜命也事亟矣遲則受辱若等毋惜死遂投於江二子痛母之死也亟從之明霞謂祁氏曰夫與姑皆死留此襁褓

何爲各抱其子沉於江明霞凝祥婦也徵祥反舟人語以死狀遂募習水者求屍弗獲越三日獲明霞尸瘞諸磯上

侯楨曰余昔渡江見沙船堵江口而朽敗不任用心竊慨之沙船乾隆時所設兵船也時寶山新破諸大吏泄泄不以爲意未七日而鎮江失矣後得林君書知金氏闔門死盜距余渡江僅十有三日耳林君與余有姻親乃其妹若甥相率以烈孝死而明霞屍僅存是可悲已余無以塞林君之悲當求能文者傳其事他年道采石爲識其墓云

周烈婦傳　　植子勤

烈婦程孺人者明道夫子三十世孫曲江先生諱濤女余同年生周君汝亶妻也汝亶字季孚爲福建汀漳龍道儥山先生季子與弟汝立以文學知名於時丙午與余同出前相國壽陽祁先生之門三上春官不第杜門歸隱所居曰獨山相傳爲大禹所闢中獨山横亙水中左爲上獨山右爲下獨山今曾祀鹿頂二山也中隔南北二獨山門爲羣水入湖處余嘗探太湖形勢至其地偕季孚登鹿頂山俯黿頭渚品茶一勺泉又繞至山麓尋所謂一貫池者清水一泓澄瑩可愛豈知不數年間天地異色而一貫池遂爲孺人盡節地哉孺人性端慧八歲從父讀自

四子書詩禮兩禮外兼受烈女傳女誡諸傳記能通其義曲江先生故善書孺人得其傳能作蠅頭小楷及擘窠書筆力腕力皆萃於古孺人外和婉而內剛烈善體物情嘗言理方象也情圓象也二者相準用無不通故遇事不設成見而物無遁情季孚不問家人生產內外事皆決之孺人生子官棣一歲而夭後再不育孺人爲畜妾不使季孚知而卒無子孺人恒憂之癸丑粤匪陷江甯寇丹陽遠近震慴孺人歎曰賊所至淫掠生而而辱何如死而安庚中夏賊陷無錫居民相戒避賊而孺人陽陽如平時季孚方爲湖營把總某守獨山門帥兵船礮船各五誓死不去乃賊未至而某先遁季孚方欲避居馬蹟山而賊已

至四月十七日與賊隔水拒翼日復與賊徧頭三中及未殊夜半蘇二十三日賊又至季孚偕孺人走辟山麓至一貲池鏩發顛仆亂草中越宿賊大隊搜山孺人遙望之曰今日勢難兩全君勿懼我自當之賊至厲聲索金孺人曰彼吾兄城中來者烏得金我有白金藏石罅中盍取諸賊從之去迺未數武聞池水洞然有聲而孺人死矣季孚乃得免時咸豐十年四月二十四日也年四十五今年春季孚赴上海謀練兵爲復仇計郵行略丐余傳將上之國史其傭婦丁亦遇賊赴水死例得附書

侯楨曰歸熙甫作陶烈婦傳以三生芝而烈婦死爲大祥吾觀孺人其母夢彩雲四射月華映空而孺人生故字曰雲華其祥

錫山東里侯氏宗譜〈卷十　子勤公周烈婦傳　十三

當在子孫富貴壽考而孺人無一有焉而卒應以死其熙甫之所爲大祥也與嗟乎匹夫匹婦志不可奪其行芳其操潔夫豈一家一邑之祥哉若孺人者旌於朝登於史固有待也其祥孰甚焉以死殉夫則智以死全節則烈謚之曰智烈誰曰不宜

陶蘭皋先生傳

楨　子勤

先生諱浣字佩芬號蘭皋姓陶氏實姓錢氏吳越武肅王裔係其先世有諱仁者幼孤育於外氏因氏焉故居無錫者稱之爲錢陶云曾祖諱炳中國子監生　貤封修職郎全椒縣學教諭祖諱蔚本生祖諱與留國子監生考諱錞候選縣佐　敕授文林郎貴州安化縣知縣母鄒氏生三子先生其季也先生生有異質讀書目數行下長工舉子業喜讀宋五子書故學庸題文尤稱善焉年二十五受知於督學寶齋莫公補邑諸生丁卯舉於鄉同年生招謁達官不赴留京師文名籍甚從學者以百數成進士者數十人先生始以壬午登第以郎用知縣分發貴州

錫山東里侯氏宗譜〈卷十　子勤公陶皋蘭傳　十四

時贈君年七十矣貴州遠且險艱於行乞終養部議准其請越三載贈君歿先生哀毀過情宗黨稱其孝焉服除始赴部仍發往貴州署餘慶縣知縣餘地近邊武健善鬬不習文學先生下車即修葺書院仿白鹿洞規條勤於課士文教爲之一變其聽斷明察歸於平恕有古循吏風戊子分校鄉闈得士稱盛旋補安化縣知縣引疾歸改授安徽池州府教授未至任而卒年六十一先生嚴重抗直居家言動必以禮嘗言漢儒博於物宋儒粹於理物博而理不粹易失之夸理粹而物不博仍不失乎正其卓識有如此著有五柳堂詩文若干卷藏於家先生生於乾隆丁丑正月九日卒於道光辛酉四月二十五日聘楊氏未娶

卒娶王氏胡氏先卒再娶劉氏子三柄早卒國樑湖南候補從九品國柄議從九職銜女六施惠侯慶鴻華樂均曾捷元穎翼基汪牧求其壻也牧求爲工部屯田司員外郎寫阮先生子與余善丐爲傳

論曰陶氏爲吾錫望族　國初有耒堂先生者以進士入詞垣歷臺諫出爲方伯治績爲天下最先生由進士起家未竟其用而卓卓可傳者已如此所謂善繩祖武者與余從兄慶鴻爲先生門下士又爲先生女夫以能文著於時得力於先生者居多上元梅先生余師也於先生爲同年生亦嘗言先生介節非時人所能及故知先生者莫如余余少時嘗以文受知於先生丁

未試禮部報罷歸而先生已歿知己之感實愴於懷傳先生所以志余悲也

畿輔水利志　子勤 楨

禹制九州定賦法冀州白壤賦上上錯其質厚故收穫多於他州自溝洫廢人功不修冀州遂爲廢土後人因壤性本美於玉田豐潤二縣開水田穫稻堅好地力盡人功修也我朝林文忠則徐徐侍郎士芬皆欲因畿輔水利開墾以省南漕嘗考京圻諸水直沽所匯者曰白河桑乾河曰清水河曰滹沱河曰漳河曰衛河盛京諸水西至京東者曰灤河曰薊運河白河源出宣化府赤城縣邊外五郎海山西南流入邊合獨石龍門二水南經密雲與潮河合潮河出古北口邊外西北大山即白河之上源也又南至通州合沙河又南合玉河沙河出昌平州西北居

庸關東南流過朝宗橋至宛平北境入海淀玉河出玉泉山東北經大內出都城注大通河皆合白河又南經通州城東曰潞水又東南經香河武清至天津合桑乾又經府城北至直沽北入海桑乾河今名永定河源出山西朔平府朔州西北洪濤山東南流合灰河灰河出管涔山北麓即桑乾之南源也二水合流經大同渾源入直隸界又經保安州至懷來又邊城行山中經昌平及宛平西境東南出蘆溝橋經良鄉固安永清霸州東安合玉帶河東流過三角淀三角淀即古雍奴水爲七十二清河所滙今日東淀以其對任邱趙北口之泊爲西淀也又經武清至天津合運河所謂丁字沽也又經府城北至直沽北入海

清水河郎會同河今名玉帶河西南自任邱趙北口東北經保定霸州永清東安合桑乾又東南至西沽距馬澱易之委派也距馬河郎涞水源出直隸易州廣昌縣北厓古塔北易水郎白溝河一曰濡水南易水郎長流河一曰雹水皆出易州沙河源出山西繁峙縣東界嚴頭山滋河源出山西五臺縣東界烏牛山皆入唐河唐河郎滱水與滹沱漳河並詳禹貢衛河以地名本百泉及淇泉非禹貢之衛上縣出山西潞安府南山經河南山東曰大小舟河又經直隸合漳入海袁大來應泰尹河內嘗鑿五龍口引丹水灌田國朝師其意設插埝啟閉三日濟運一日灌田此衛河之上源也灤河郎古濡水源出獨石口外東南山中西北流折東南經熱河行宮禁地又東南至喜峯口入邊又經永平遷安至樂亭入海薊運河郎古泃水源出遵化州龍井關南山南流入馬蘭沙淋三河至薊州又合玉田豐潤二水至韓沽西入海以上諸水皆可仿古溝洫法引以溉田不則鑿井仿恒升車法激水自下而上用竹承注逕達田間一井可收十畝之用徐侍郎嘗試行海淀積有成效惜爲當事所阻楨參其意並詳畿輔諸水以備有志者採擇焉

錫山東里侯氏宗譜 卷十 子勤公畿輔水利志 卆七

與門下某論文書

煒 石琴

辱書殷殷以古文爲問知有意於文學甚盛甚盛僕少攻舉業長溺情豪翰此道雖畧究習用志不專造詣未極誠茫然弗知所以爲答也雖然往游金陵得見曾滌生梅柏言諸先生並當世所稱文家也嘗數聞其緒論竊於文字徑涂得窺一二無已其爲足下略一言之夫參互錯綜之爲文觀乎天察乎地雲漢星辰縱横舒卷山岳河海巍峩浩汗其雄偉綺麗之象極天下之奇觀一由於其變幻而已是知變化靈動固爲文第一義而集諸不相屬之字句而爲文欲其免於散漫不串貫則又在乎神氣神氣不可方物大抵委曲挺勁係乎氣雋逸沉至係乎神取前賢名作讀之可得而會意也學文之道取法前賢盡人知之當其始學擇一二家尋其矩矱一意規模務斮其纖悉必肖能肖矣乃廣師博取攬擷古人之眾長貫通融會而不爲古人所域久之從心所欲則施鑪錘不求繩墨而繩墨自合卓爾名家斯庶幾矣昔人論畫不踰規矩謂之能品能脫規矩謂之逸品終忘規矩謂之神品又嘗言畫臻神品實經三境始多牽易中歷艱苦終乃大適復歸於易文章何莫不然能入復能出文之能事幾乎盡矣自古以來文體至緐言其大略均與不均而已均文以屈原離騷爲極則漢代而後自相如子雲以迨陶謝王李杜韓蘇黃精卓之家奚止百數不均之文有論體有記體

錫山東里侯氏宗譜 卷十 石琴公與門下論文書 卆八

記無過遷史論無過莊子遷莊之文非不一體兼長論其尤至遂者分擅唐宋作者韓蘇並稱顧韓特長於記蘇乃長於論論之於韓記之於蘇不無所短求能記論並長在唐惟柳子厚宋惟王荆公荆公之爲人姑不論以僕觀之其文實足與子厚抗衡固並視餘子爲勝者也學者熟讀莊屈馬遷之文而獲其奧窔益之以八代唐宋諸名家復先之以小學明乎經訓與字義自使字叠句之方乃至謀篇佈局縱横變化之道莫不洞悉而精習復何患古人之不可及哉雖然文所以載道也知爲文之義法而無實學以濟之徒襲舊陳腐朽之談敷衍藻飾强爲姿態縱足矜炫一時要難取賞百世於是文之所貴尤有意境一

端在焉意境於文譬魂之於人也魂之於人智愚繫焉意境之於文美惡繫焉積玄邃之理蘊瑰奇之思筆動乎不容自已而休乎不可不止難顯之隱曲折毕達意境斯既勝矣而藻采神氣又足以赴之所謂辭理俱贍文質彬彬可以感人心可以泣鬼神載道之指此爲無背文章至是蓋眞登峯造極寡侶絶儔傳千載而不朽質賢聖而無疑者已夫文之義法求之古人之文而可得也至於意境藉非博通經史百家之書窮理亂得失之故竝歷吏人情俗習多識鳥獸草木星宿羅胸珠璧在握而識足及遠明足燭微情性氣概又超逸不可一世者將何以爭勝於庸衆而謀軼古人乎昔人云求迹象於迹象之外僕亦恒

言求文字於文字之外嘗見當代士人閉門埋首窮研古文閣數十寒暑不倦用力之勤於古罕見然而觀其所作辭意庸腐多拾前人唾餘而彼方侈然自矜以爲搬作人亦從而尊崇之此其人正坐但知於文字中求文字而從而尊崇之者其識與知殆亦與其人相伯仲耳嗟夫文字至今豈直作者絶寡得一知者蓋亦甚不易不亦大可歎耶足下天才英發年力富强既有志斯道使果精進無怠不迷趨向他日必克上躋古作者之林爲吾郡光僕垂垂老矣聞道既晚分無成就所謂有志而未逮今茲所言或足爲足下老馬之導殊未敢謂言必有當惟足下擇而用之而已近今薛叔耘讀書極富爲文深明理法甫壯

歲已多可傳之作吾邑文運陵遲差幸天生此材續墜繼絶外此且視下何如足下時向問教視問僕爲有益也煒白

重脩鼓山書院記　　　琫森（蔚人）

出西郭門不三里有山形如鼓曰鼓山迤南一山形如旗曰旗山形家以旗鼓二山爲邑之門戸而鼓山尤秀特山之麓建書院一所即以山名名之曰鼓山書院蓋嘉慶間邑紳呂公（周綸）妻陳太恭人所獨力捐建者也語詳前令涂公（日燿）所撰碑記中自始建迄今垂百年諸生肄業其中掇巍科膺高爵顯名於時者先後踵相望太恭人之功不其偉哉光緒二十二年余來承乏茲土暇課士於是月必一至至則輒延覽周眺覺林木蓊鬱境地幽曠爲之流連不能去而年久失脩門牕戸闥殘闕者有之牆垣階砌傾圮者有之而梁棟榱題蠹蝕尤甚蓋山嵐鬱

蒸之氣是生白蟻蟻好蝕木往往合抱之木一經蟻蝕不數年而中空而崩折及其崩折而始修復之用力勞而費且益鉅以是心竊憂之謀諸院董則以艱於籌費對荏苒者一年越明年渦敝益甚不得已延太恭人之曾元輩茹藻茹藩茹芬邦鈞四君來署謀所以克紹前徽者四君不待詞之畢即異口一談曰諾余猶慮其艱於費而苟且以應也乃未幾而傳若干瓦若干儲於庭矣又未幾而木植若干灰石若干靡不備矣經始於二十三年八月之吉凡十越月而告成樑柱之腐朽者更之牆垣之傾頽者築之門闥之殘毀階砌之損缺者完者補之剝蝕者丹堊之計縻制錢千餘緡輪焉奐焉美矣備矣蓋非徒苟且以應也夫莫爲之前雖美勿彰莫爲之後雖盛勿傳昔我夫子稱武周爲達孝而推本於善繼人之志善述人之事茲雖區區一書院乎而太恭人獨力捐建於前又得曾元輩慷慨重脩於後倘所謂善繼善述者非耶以是言孝夫何間然是役也茹藻總其事而茹藩茹芬邦鈞始終襄理勞勤惟均至集此鉅欵無吝色無難詞則凡太恭人之曾元輩均足多焉昔書載范逵質陶侃母子曰非此母不生此子余於太恭人之曾元輩亦云非此母不生此孫矣原捐有歲修田二十畝司出納者積歲租所入於道光三十年續置田六畝咸豐六年又添置二畝本年茹藻等又重捐八畝合三十六畝自今以後子若孫洧師其意而踵

行之銖積而寸絫之將自數十畝以至數百畝則歲修不患無資而茲院暨太恭人赫赫之功且與鼓山同垂不朽矣豈不懿歟余既欽太恭人之勇於爲義又嘉其曾元輩之善繼善述也於其落成不辭不文而爲之記

光緒二十有四年戊戌仲夏之月知新昌縣事錫山侯琫森撰

胥江走雨圖自跋　琫森蔚人

胥江走雨者，鐵生遭粵匪之亂出生入死時事也。鐵生無錫人，咸豐庚申四月十日城陷，爲賊所脅至蘇州之楓橋，以計得脱，匿敗屋中，追亡者凡五至，最後一賊提其足，幾不免，忽有隔牆與語者，賊竟去。陰念伏匿非計，不如野竄，遂巡至門，適賊於户外斫人，駭極再伏，更鼓動始狂竄於麥隴中。天雨泥濘，水深没踝，前及大河不得渡，西行有賊，折而東，支河横阻，徘徊間賊磨至，微聲甚逼，躍於河，浮沉久之，若有挈之者，達彼岸，襪履既失，跣而行，亦不知幾許里。天將明，稍過行人，至一處詢之，則曰胥口也，知爲伍大夫沉尸處。其地西濱太湖，東南接穹窿、上方諸山，北光福。是時既辨色，但見四山霧塞，濕雲欲頽，楊柳毿毿作慘碧色，自顧自頂至踵無不泥污，兩足泡腫，腹又餒甚，乃大慟。有老者詢以故，教之乞，因念伍大夫、陶靖節且不免乞，余何人斯，敢以爲恥。趦趄行將入市，臨流一家板扉六扇，積三四高與簷齊，有人倚門早餐，未至數十武，徙倚栅下，思所以啟齒者不可得，乃歎陶靖節叩門拙辭句，非身歷者不能道，更無伍大夫簫，窘更甚。正沉吟，忽一仰視，早餐者已閉門去矣，益大慟，思自沉從伍大夫游，遇鐵工夏姓者活之，後因自號鐵生。久思繪爲圖，并徵題詠，俾失意時偶一繙閱，可以開顔，即得意時亦不致頓忘故我，未始非講學家常惺心之一助，而心緒促剌，迄未

得就。丁亥年過君少華爲繪一紙，今年胡君石樵又補一圖，因亟付裱工裝成册，并求諸名公或詩或畫，爲補墨焉。

光緒十六年秋鐵生自跋

重脩海鹽縣署後樓記

琫森（緯辰）

昔孔子以苟合苟完苟美賛衛荆之居室稱之者曰苟聊且粗畧之意幾疑居室宜苟非苟不足見重於聖門矣余謂此特爲春秋時私室僭侈者而言非爲築室之必當苟也況私室可苟公室不可苟以私財治私室可苟以公財治公室則必不可苟而往往治公室尤易苟者則以官有簿書期會之煩勢不能不以此事委之丁胥而此輩一經藉手便如蚊嘬血蠅附羶刻意侵蝕欲不苟而不得此海鹽官廨所以興築未二十年即頽敗如此甚也光緒十八年秋九月余捧檄署海鹽之任甫蒞任見大堂抱厦已傾宅門內川堂敧側廳事頗宏厰而梁柁材甚弱

東偏已用木支撑益進而觀後樓則前後左右各用支木登樓則立者卧者横者縱者敧者斜者短者長者無非支木數之凡三十餘枝諦視梁棟間有折裂紋闕筍處均錯出海上風勁偶經震撼繂繂有聲其勢岌岌不可終日適吳少尉賦梅在側詢之少尉曰署燬於粵匪之亂同治十一年建復假手胥吏苟且從事凡梁柱皆用松牆不築基椽不用釘某年大堂抱厦傾壓斃更夫一名某年花廳右室傾毀器皿不少去年厨房傾傷膳夫數名余乃駭甚亟召匠人謀所以補苴之者匠人謂歷年補苴支持至此今則萬難措手矣余思知命者不立巖牆之下乃決意拆而脩之先以築基基固然後易柱之不勝任者去其折者裂者自樓而東西廳而書房則稍稍補葺若大堂之抱厦則姑從緩經始於十月中旬落成於臘月初計費一千一百數十緡雖亦苟焉而已而較之向之岌岌可危者已可高枕無憂矣客曰子之尹是邑權也任事之久暫不可知乃糜此無可取償之欵得毋駭甚余曰錢鈔身外物也人命則至重儻及余任而有壓覆之禍即不必自余身自余之幕賓而凡奔走於是者下至僕從厮養皆爲余來也設有不測咎將誰歸或又曰子之爲是舉也得毋慕叔孫婼之所至必葺其館垣而因以爲名乎余曰是何足言名但求吾心之所安而已他何知焉工竣爰書之以驗來者是役也吾友胡君驥族姪壽垚實董其成焉

光緒十有八年壬辰嘉平月　日權海鹽縣事侯琫森記

舅氏過華坡先生暨舅母錢太宜人八秩雙壽序　映奎蓉莊

嘗謂金玉之寶也要以渾璞而自完松柏至茂也惟以堅貞而歷久雖曰得天獨厚亦由物之自全其天爾故人無論男女皆可躋上壽惟篤行之君子澹泊寧靜返璞歸眞而其精神常處於不敝即以裕於身者型於家使一室之中太和翔洽熙熙然協唱隨之樂並登耄耋之年非倖致也廣成子告黃帝之言曰毋勞爾形毋搖爾精俾爾思慮營營是以能長生孔子曰仁者壽其功不外乎靜此千古養生之訣亦斯人得壽之符也觀於舅氏華坡先生暨舅母錢太宜人而益信矣舅氏厚重沉默不妄言語胸無城府絕不知人世有機械事自幼入塾讀經史輒

能明大義顧不喜帖括家言惟好學畫下筆時有生氣吾邑顧明經雲鶴爲畫家巨手一見稱奇遂授以筆法未三年而舅氏之畫大進丰神瀟灑意境清幽超然塵埃之表其名遂與顧明經埒所居室曰洗心處多藏古人書畫眞蹟及圖書鼎彝之屬幽雅絕倫階前蒔花植竹饒有風趣門外植柳數株彷彿陶淵明宅因自署其門曰蕨蕨芙蓉高山仰止依依楊柳大河橫前皆實境也其地與芙蓉山環翠樓相近而舅氏與倪雲林先生後先輝映謂非人傑地靈歟嘗作洗心處坐雨圖命奎爲之記一時諸名宿題詠殆遍庚申之難少華表兄由西華署使人間道迎養舅氏命奎偕行至西華四方求畫者趾錯於道舅氏但擇平時之所與善者或酬以一幅或贈以一扇他若貴游子弟以多金相啖輒峻拒之舅氏素厭官場囂雜適聞家鄉新復遂命駕而歸於是游嵩洛涉江淮凡道上所覩之風景悉寓之於畫而筆意益臻蒼古所作枯木竹石尤奇每日必一至街東與二三老友啜茗清談鬚眉矍鑠步履安舒望而知爲神仙中人平生淡於榮利不治生產怡然自足從無戚容蓋得賢內助之力居多云舅母系出名門夙承姆教性安儉約滌濯必親遂歸我舅氏華坡先生也悉屏鉛華躬親操作並拈習鍼黹以佐甘旨深得堂上歡心又能處妯娌以和待親戚以禮御婢媪以寬平時好施予惟不喜佞佛治家有法從不以米鹽瑣屑紛舅氏

心洎舅氏就養西華舅母憚於舟車之瘁又不忍遠離家室遂不出門是時城鄉難民紛至沓來舅母賣糜以食之其尤苦者給以錢文賙以衣履全活甚衆咸以生佛稱之即髮逆過境相戒勿犯遂凶化吉履險如夷豈非行善之報歟迄今氣體甚健晨起理家務勤紡績未肯稍休數十年如一日識者謂非母舅之賢明無以成舅氏之雅尙也昔董元宰稱米友仁八十而神明勿衰黃子久九十而貌若童顏可知深於畫者以天地爲鑪錘以煙雲爲供養故其德性堅而衷懷瀞定斯克永其天年若我舅氏庶幾相與頡頏乎而欲追梁孟之高風繼劉樊之仙蹤優游林下並享大年則惟我舅氏有焉溯過氏自宋郡馬孟玉

公後數百年來宗支蕃衍代有偉人邇來著道德而能文章掇科第而膺膴仕者接踵而起其族駸駸光大矣若我舅氏舅母皓首相莊同躋大耋親見少華表兄作宰中州循聲卓著頻登剡牘渥荷溫綸以視毛義奉檄承歡潘岳板輿養志何多讓焉復有孫曾繼起四代一堂蘭玉聯輝簪纓駢集非惟德門之盛事抑亦吾邑之嘉祥也小子奎自幼至外家日侍左右偶然學畫舅氏顧而笑曰孺子可教但吾所厚望於汝者正自有在而乃壯不如人漸成衰朽深負期望愧怍何如猶幸舅氏舅母庶境彌甘康强逢吉福正未有艾詩曰俾爾壽而臧俾爾熾而昌記曰天之生物必因其材而篤焉故栽者培之今天以壽而臧

者培其身即以熾而昌者培厥後要非舅氏舅母修德行仁曷克逮此天庥歟茲當正月初吉少華表兄由汴假歸爲二老並稱八十觴囑奎一言爲之壽奎不文誼不敢辭因揭其受祉之原並操夫岡陵之劵爲之先侑一觴云

光緒九年正月之吉　　愚甥侯映奎謹譔

過逸雲司馬六袠初慶序

今夏四月二日爲　　映奎 蓉莊

誥授奉政大夫逸雲表兄司馬大人六十懸弧令且喆嗣子安少君將以是日稱觴其循子采章孝廉請余一言以侑之予維當世壽言必丐自名公鉅卿擅文章之譽者以相增重若予之窮愁落寞不合時宜奚足爲君壽顧念君之生平以天爵爲尊而以人爵爲後當無取於虛辭粉飾夸耀一時之耳目以失其本真予與君相知最深相得最久旣不敢虛孝廉之請又何敢以流俗之見相推測致拂乎君之意哉夫亦適如乎君以壽之而已君系出南宋郡馬公諱孟玉後六世祖義園公諱某好善

樂施嘗捐良田數百畝特建義莊族人至今受惠焉四傳至君考某先生踐履篤實鄉閭矜式　誥贈如君官有子三人君其季也性伉爽直達胷無城府幼讀經史慨然慕古豪士之風內行純篤嘗以贈公早世不及身事爲憾事母朱太宜人唯謹太宜人卒擗踴幾絶盡禮盡哀待兩兄曲盡弟道從無間言逮兩兄相繼物故君代營喪葬撫諸姪如已子以養以教俾各成立平時仗義疏財重然諾好施予戚鄰中有以急難告者必解囊傾助不稍慳尤喜接引寒畯傾誠相待座中賓客常滿一時咸欽其雅量焉庚申赭匪陷邑城四出焚掠君督率民團力扼芙蓉山擒斬悍賊多名並解脅從數百人酌給川資俾各歸田里

而城鄉難民逃至八士橋者千百爲羣君因集貲設局安撫居者施糜病者給藥一時全活無算逮大軍規復蘇常山常熟取道進攻邑城八士橋適當其衝官兵絡繹過境羽檄飛馳君因捌設支報局募勇三百餘名籌備芻糧聯絡聲勢是以民不知兵軍中呼吸相通深資得力大吏知君才由縣丞保奏奉 旨賞加同知銜並戴藍翎君顧欣然曰保衛桑梓是吾分也乃邀非分之榮耶今天下不患無人才特患有才而不用與無才同用之而不盡其才與不用同向令出君所蓄悉施諸當世備禦侮干城之選以宏此違謨其建樹必有大過人者乃既有人知其才卒未聞其大用僅施諸一鄉一邑之間良可慨也雖然用

不用在乎時而其可用者在乎我苟無可用之才卽位極人臣不過伴食而已若夫賢豪之士濟迹邱園而仁聲義聞亦足以維風化而正人心豈必以無位爲患哉孟子曰得志澤加於民不得志脩身見於世吾乃於君見之矣當克復之初地方凋瘵民氣未蘇君籌辦善後事宜悉臻妥洽並條陳利弊請於有司以時興革四境賴之遠近有不平事得君一言皆說服而去其信義之相孚有素也旋在本鎮設立師善堂施薄櫬以收殮遺骸及鄉民之貧不能葬者陰功莫大慨念義莊創自先祖亂後乏人經理懼其日就頹弛無以承先志而篤宗支乃悉心籌畫重整舊規俾族之無告者均有所養凡子弟攻書無力者資助

膏火加給考費故族人咸奮於學所由科名鼎盛文武並興迭爲衣冠右族皆君培養之力也予出於過又娶於過自幼與君爲莫逆洎遭寇難挈眷避居外家垂二十餘年衡宇相望朝夕過從每與君談論各出肺腑相示命釆章子安主後從余游繩趨矩步恪守家風釆章既早列賢書子安亦邃於學術前程均未可量惟是一別三年吾衰已甚而君則精神內蘊丰釆外鮮觀其言動之間自有沖和肅穆之致令人望而知爲鉅人長者蓋君之德與年俱進矣將南山臺萊之什淇泉圭璧之章均可操券而頌之兹特撮其大略而知其集義之學卽爲得壽之徵純嘏爾常茀祿爾康君必有以致之也尤願子安昆仲學問日

新生璋特達務期遠大之業以垂顯揚於無窮則所以壽君者更有在矣請以斯言奉酌君或開顏而進一觴哉是爲序

鵞湖華氏新義莊記

映奎 蓍莊

吾邑素多著姓而論仁義忠信樂善不倦修天爵而人爵從者則以鵞湖華氏爲最華氏之先自明始遷鵝湖迄今子姓蕃衍鉅公碩彥相繼並起居恒悉遵孝友婣睦任卹之訓國初特建義莊所以敬宗收族賑貧乏而培寒畯一切規畫至爲詳備逮芬逵公念生齒日繁後難徧給慨然欲建新莊而未之逮也長君春亭先生謹遵遺命夙夜經營節家用以濟公需不數年而郎世繼以贈公耕樂先生暨墨亭先生當粵匪肆擾之後物力艱難之餘壹意興作併力合謀卒成父兄未竟之志故新義莊之成視舊日爲尤難也語曰莫爲之前雖美勿彰莫爲之後雖

盛勿傳茲新義莊之建耕樂先生蚤剏置於前嗣君子隨內翰與少梅諸君圖成於後務使實惠均沾措施悉當謂非善繼善述歟夫義莊之制昉於范文正公行義者咸取法焉當文正公爲秀才時便以天下爲己任而先憂後樂當不僅爲一族計也然而恩可類推施由親始世未有不能恤其宗族而能功蓋天下澤被寰區者故義莊之設在文正公特爲餘事而其規模宏遠擘畫周詳具見於此由一族以及天下大臣之用心宜爾也惜乎耕樂先生昆仲相繼殂謝不獲施諸當世而內翰君偕弟輩承其休緒拓其遺規一視同仁不使一夫失所吾知其他年功業當不在文正公下矣而猶自視欿然不汲汲於榮利惟是修德行仁嗇於己而豐於人培其根以竢其實其存心立品豈尋常所能窺測歟慨自世風遞降宗義不明往往有履厚席豐自矜豪舉而於族人之無告者視同秦越甚至假義之名圖利之實舉前人之良法美意以自便其身圖斯誠文正公之罪人以視耕樂先生之兄弟父子又何可同年而語耶昔余游鵞湖之濱見其山水清嘉其人士多美秀文章經濟蔚爲國華固知人傑本於地靈要必有二三老成型仁講義以端率從而於宗族之間實心實事相卹相賙有以維持於不敝茲則萃三世之心力克成義舉使一族受惠於無窮倣諸仁粟周儀義門旌里又何愧焉其本固斯其枝茂其源遠斯其流長吾知耕樂先生

輩之德澤正未有艾若內翰君承先裕後其德量惡可及哉映奎謭陋無似幸與內翰君爲文字交嘗展謁贈公耆氣逆人而知其宅心之厚行誼之高爲心儀者久之近得內翰君手書屬爲之記予維新義莊之緣起自有立言大君子次第而表章之奎何人斯敢綴卮言而竊幸其貽謀之盡善流澤之孔長也爰附數語以誌慨慕之思云爾時

光緒十二年孟秋之月　侯映奎謹識

王氏百壽圖畫記 丙戌

映奎 蓉莊

予家藏邵子晉齋所繪百壽圖一幅錯綜變化精妙絕倫想見經營慘澹良工心苦庚申之難燬於兵燹予深爲惋惜今歲館於華莊王君曜奎出是圖見視云此先祖文威公所作當時有一百十字蓋取舜年百有十歲之義後有數字漫漶不可收拾因截去數字以成百數予諦視良久與余家邵畫大致相同設邵畫尙在可稱雙璧而乃一存一亡如豐城寶劍不可復合蓋亦有數存乎其間耶予因有感焉洪範五福先言壽次言富繼以攸好德可知壽亦恃乎富亦貴有德也古來大富貴長壽考身係天下安危者惟郭汾陽一人其他享大年者不可勝數或

身遭坎壈或子孫凋零或一身庸碌沒世無聞甚至如馮道生五季之世自謂長樂老人廉恥道喪千載貽羞曾不如不壽之爲愈也故知壽雖一致緒有百端觀於斯圖可以恍然悟矣

誥子書

家鳳 翔千

付秦孺人逞十年使阿戌讀之吾五歲入塾讀書十三了舉經習舉業十八入泮弱冠食餼嚴親良師督教勤至自經訓文賦以至詩詞歌曲未嘗下俗士制藝尤稱重於人授徒數年及門弟子無慮數十百人黃漱蘭先生體芳王益吾先生先謙先後督學吾省每科歲試輒列前茅嘗謂人云江蘇才士無錫侯某通州張謇二人而已折節下交欵賞備至時吾自待亦不薄意氣忼爽頗以致君堯舜自期許謂獵靑紫眞如拾芥耳故大府聞聲延攬每峻辭以謝不欲假他途登進也迨困頓秋闈十幾年不獲一第乃信命之實窮吾粗知性命之學嘗聞違天不祥

逆命取禍遂決意不求進取四方羅致益不輕赴生平足跡所至鄉邦而外止於浙鄂二省薛叔耘師觀察甯波王子泉太守爲鄂湖北先後一參幕府遍後季父牧浙爲襄庶事胥所以爲溫飽之計略無用世之心不圖天靳吾名并年壽而不吾假去歲搆疾肺目交傷奄至綿惙自古以來旦夜循環無生不死雖遲速有殊然自百歲後觀之同天跖壽果何異哉吾聽命由天安時處順自省一生殆無害理之行內不自疚外不負人雖未四十死無憾耳獨吾家素貧吾歷年所獲僅供衣食居住之需曾無錙銖積累且爾及爾姊妹皆在髫齡不特無所遺留且使爾輩自幼蒙孤露之苦又貽爾母有無窮之累爾輩何辜而遭

斯難此則遠視淵明猶多遺恨者也士子以讀書爲學爲木富貴功名有時與命吾願爾後成人甯爲學者而賤而貧無不學而富而貴要知心存康濟術學正足救世不必有位而後澤施歷觀古來才哲嘗難遭厥原於逆命違時以戀勢位者爲多紬繙史籍隨足鑒戒此吾晚來所晤爾後有學當知非謬術秉質不劣但能力學或且有成顧自昔學者多尙師傅自非生知鮮能獨悟異時取友求師宜與讀書並重語云近朱者赤近墨者黑一生成敗所繫可不念哉至於立身處物聖賢訓誨簡編具在但有一言願爲爾告蓋吾崇聖學素斥異端獨於釋家所倡因果之說不能不嘆爲精妙絕倫以爲此卽聖賢所謂愛人人

愛敬人人敬及禍福自召之義誠非餘子荒渺詭怪之談可比服此無數一生行止庶無大謬語其義理非一時所盡俟爾自求之矣吾少失提王氏姊恃攜撫字以迄長成比罹疾患並荷季父憐顧輿咻無微勿至銜恩長謝耿耿莫釋他日圖報以彌吾闕尤吾所殷殷望爾者也

錫山東里侯氏八修宗譜卷十一

遺著下目錄

錫山東里侯氏八修宗譜卷十一

遺著下

上巳山中喜晴　祖德 企竹

杖履追歡賦遂初酒瓶猶自掛柴車雨晴山鳥能呼客風暖林花亦啟予曲水流觴詩欲就茂林脩禊事非虛只今四海兵戈偃好覔人間種樹書

碧山吟社　祖德 企竹

路入青山社正南幾多詞客舊曾諳峯巒聳處晴猶在花木依然興自涵晉代衣冠期再勝黃初傳派擬重探道人已訂將來約游憩還容借石龕　祖德 企竹

其喜騷壇繼昔賢重求杖履向真詮誼同白首耆英社地近青山文字禪景物變遷元有數人情會晤豈無緣搜奇抉怪詩家事雲石依稀勝概全　祖德 企竹

同志追歡賦遂初共看花外駐柴車雨晴山鳥聲無限風暖林花豔有餘激水傳觴情自在長途塵宦夢應虛於今最喜兵戈偃且覔人間種樹書　祖德 企竹

春仲愜春游蘭橈雲外蕩柳色暗溪頭烟光起疊嶂披鬯入山深尋幽過禪丈樽酒喜忘形浪吟得先唱世鞅從此絕芳辰幸無曠

先太僕府君晚年與華補庵羅弦觴顧洞陽諸公結社碧山吟咏累帙歲久稿佚偶於雜卷中得詩四首聊存之以見一斑孫先春謹識

按碧山吟社在惠山之陽二泉之南明景泰末秦敬修旭闢其地為觴咏之會凡十人沈啟周南為之圖所謂碧山十老是也後六十年旭曾孫瀚修復之風流再嗣非復布衣會者惟郡伯宜入莫僉憲僉吉顧副憲與新徐學諭顯夫華部郎從龍錢大尹國章張司諫舜舉浦宮贊道徵施少尹子羽高大尹文明王侍御汝玉華學士子潛王僉憲仲山尤京兆懋宗馮副郎子占安僉憲子靜及先太僕公凡十八人見顧榮僖復碧山吟社序十世孫楨謹跋

蛤壽　先春

清比胡威道復尊閒居真不慕華軒汀洲芳芷春長綠庭砌芝蘭早自繁能以詩書昌世澤誰如喬木並需恩樽前歲歲歌難老更看孫枝萬里騫

按八世祖少芝公為有明一代諫議名臣生平著述除諫草外絕少流連風景之作讀茲什可見一斑矣　十世孫學愈謹識

重修宜平縣志告成　杲 覔峯

萬山與其區留此煙雲宅土風朴且儉相守老阡陌居官一事無南面樂晨夕因而挈同人邑乘訂訛僻登眺相與俱嘯傲縱攸適羅織邸墅性檢點花鳥格勸農賡村歌課賦禁月隙兼索

緇黄侶內影陳所獲荒址及幽宮屐齒悉同役土人固不拘過者亦忘跡或謂雞犬仙或謂古彭澤志喜不已成楚楚巽疇昔撫之振長笑天地爲逼窄玉竇西宍俯探討恣邀眞於此詹詹言聊用敔驛釋

題署壁畫石　杲 覺峰

貧吏無錢去買山一拳飛動伴清閒煉來五色天能補緣結三生珠可還半壁欲邀仙客渡斗齋疑改落星灣袍衣向此深深拜敢讓生公獨點頑

哭長伯濟泉公　杲

拜別南來未兩期忽頒經紼泣雙垂燈前憶昔分餘訓舊到當年想舊儀貝葉自歸清界去銘旌空設後人知遥遥千里惟心痛猶子哀思敢賦詩

寄憶長兄衣澹久羈京師　杲

祖業重新仗我兄何期受制反山人折腰數載才惟拙羈旅頻年幾爲貧栝水燕山同一夢珠蓮花蕚各分因家園松菊開無恙放櫂追隨去問蓴

送淩定之歸新城　杲

去去孤帆指葛川匏樽官舍覺蕭然千山好句挑雲杖四海空囊載水船石徑雨深勞客夢山城月冷掛飛泉此行莫道人遥隔桃李春風只眼前

梅花　杲 覺峰

萬象屯蒙氣正嚴寒荄吹破朔風尖玉階月樹當詩幔野店霜花颭酒帘不以鉛華娛俗好惟貧清冷養吾廉陽春暗地迴和煦東惠之間道自兼

閒居　曦 衣澹

掃月開三徑鋤煙憩半陂種魚新水足題鳳故情癡裘馬因人熱林泉與我私田間復何樂長穗向風垂

其二

翠竹編籬密黃花擢幹微秋風吹月上舉網得魚肥撥櫂向煙渚掃苔眠石此中無限好揮手弄餘暉

蒙陰宿店題壁　晰 槃辰

策蹇寵蒙道嵐光宿霧迷栜林斜露屋山路半成溪別夢欺殘酒長征怯曉雞吟懷殊不減土壁漫留題

夜宿田家　晰 槃辰

漠漠烟光鴈影稀幾枝衰柳冷巖扉殘燈積雪寒斟酒破屋臨風夜補衣犬吠鄰家雙杵急漁喧渡口一船歸田翁不計滄桑變只羨年來秔稻肥

鄒黎眉表姪夫婦雙壽　晰 槃辰

小築山園位置佳琴樽瀟灑伴煙霞百年妻妾成三友（自註：有妾金氏，諸郎皆其所出）五世朱陳只一家（自註：自祖母至孫媳俱娶於侯，已五世矣）鴻案每同吟柳

絮玉臺相並畫梅花（自訂夫婦俱工畫花鳥山水）試看蘭蕊欣初放滿院香風透碧紗

長安酒家題壁　晰（粲辰）

豪飲狂吟擬謫仙醉來長自就爐眠典衣羞煞黑貂敝寫幅丹青當酒錢

跋扇題畫贈友　晰（粲辰）

幾枝錯落大癡樹一抹淋漓小米山寫意不煩多筆墨可知全在有無間

聊攝道中　晰（粲辰）

薄霧迷離一望賒曉程月黑亂飛鴉稽燈遠岸穿林罅疑是前

村賣酒家

寫浣香圖題贈李芥軒　晰（粲辰）

肥遯雲山寄一椽門臨流水綠楊邊牽蘿補屋剛容膝插棘編籬未及肩位置筆牀横放榻經營茶竈面通泉羨君清福能消受應是前生結靜緣

送邵伯劉愼翁移守皖江　麟勲（漢儀）

何幸調羹社稷臣南來剖竹福斯民庭留冬日暄無告面冷秋霜杜有因多士環橋邀雨化老農鼓腹樂風淳文章太守揮毫處衰起昌黎八代新

一室　文燈（伊傳）

一室澹無事四簷花雨流天清時未暑人老意先秋學古貶機械安貧克怨尤蕭然對殘帙迂懶孰爲儔

遊長泰寺　文燈（伊傳）

紅樹發秋吟乘閑愛遠尋泉聲寒漱石香氣夜歸林古屋青蘿掛殘碑碧蘚侵低徊不能去徒抱住山心

喜海翔至　文晟（暘若）

堂下積苔苔堂上滿塵埃老夫臥慵起日晏門未開忽聞叩門聲不知誰客來顏狀無人識姓字傳童孩嗟余總角友新從萬里回不見四十年思君心已灰白髮兩相持喜極還生哀無暇

敘一言且謀治樽罍

晚憩華藏山房　文晟（暘若）

獨坐逾清曠湖光澹翠微鐘連空谷響鳥共斷霞飛月色自來戶松陰故落衣寥寥蘿徑外曳杖老僧歸

登半塘閣　文晟（暘若）

高閣攀援到上頭吳趨勝概望中收溪橋十里逢山寺煙火千家接郡樓楚岫西來龍虎踞越江西去水天浮夕陽未忍頻回顧麋鹿荒城萬古愁

、拈花尋放處西林鄂公句也爲下轉語率成四章　鈞（靜軒）

拈花尋放處爲問未拈時不住三生夢云何一笑癡秋風入小

囘春色上高枝彈指吹高信悠悠空欲思

其二　鈞 靜軒

拈花尋放處花意復如何風定樹猶籟潭空水不波及時還白省非想忽成魔解識無窮妙香光靜處多

其三　鈞 靜軒

拈花尋放處放處便生春悟入光明藏情花苦惱因實花當下境金粟後來身空外原無際中天一月眞

其四　鈞 靜軒

拈花尋放處珍重爲名花恰好無多地吾生自有涯故因私雨露隨分到淸華寄語花前客妍媸莫漫加

湖亭秋霽　文熺 蘅皋

一亭秋雨過畫出米顛山蒼翠滴林杪潺湲瀉壁間帆隨返照落禽帶暮雲還齋鼓鼕鼕動歸僧夜叩關

題雪浪菴　文熺 蘅皋

徑曲門何處尋聲一磬寒浪翻靑嶂裏雪擁白雲端禪定香初爐春花深未闌名山誰與占斷送破蒲團

壬申九月再宿東溪書樓　文熺 蘅皋

泛得扁舟自在身白蘋紅蓼總相親獨來亭館無生客靜對溪山似故人植藥按方還待用積書充棟未爲貧村南卜得茅齋在同作無懷老逸民

山行即事　文熺 蘅皋

一徑丹楓覆綠苔尋幽層上白雲隈前峯野衲捫蘿出下坂山童餉饁來蒼狗無情常變滅清流作自能潔洄平生恒欠長鯨飲勸客淋漓酒百杯

忍艸庵度夏寄貽京王二　文熺 蘅皋

分將禪舍作書巢補葺何妨自剪茅容病最宜親茯苓家貧只合薦山肴恰逢花盡荷擎葉正苦林疏筍放梢長吏任教徵稅偏傳呼應不到荒郊

輓朱西安同年二律　文熺 蘅皋

文態紛紛不忍論惟君眞率古風存買山幾欲相招隱賣犬何嫌漫締婚兩度關山同逆旅兼旬煙雨伴孤邨平生有淚無揮處留與今朝哭寢門

竹隖花房我獸行架頭書卷尙縱橫但教格調開生面未許功名屬老成三斧終慳邀北望一官虛寄老西淸風流頓盡無須恨百首新詩定有名

冷泉關　文熺 蘅皋

俯從石罅聽潺湲轉盼涼生衣袂間范叔一寒今至此豈宜再過冷泉關

重陽後一日潘又岩回南　文熺 蘅皋

萱堂衰老近如何鼓枻蓉湖乞一過若問重陽新況味滿城風

雨唱驪歌

平望舟曉　　洵思泉

濃睡篷窗穩衛寒鴈一聲霜嚴朝日淡波曉靜煙輕有劍行囊

壯無恙傲骨輕離家竟何適冉冉又東征

舟發盱眙望龜山　　可儀于滂

名山萬古鎮崔巍砥柱中流石欲飛落日荒城啼怪鳥顛風渡

口舞支祈身經久客行囊薄舟託洪濤性命微却憶五湖年少

日白蘋綠柳釣魚磯

澄懷園見逸鶴圖（時余依秦味經司寇於海淀寓園）　　錫東川

鵷侶栖遲地驚看野鶴飛塵樊欣乍脫逸翮見先幾磊落將何

慕飢寒誰解圍入林應不遠振羽自知歸

贈范消古　　錫東川

人生感氣誼相與自有眞邂逅始識君奇才絕無倫沉靜寡言

笑質樸追古人探其胸中奇俗氛甯足陳援据有本末詩才亦

清新贈我萬里歌語意多酸辛讀之不能卒奉倩已傷神交情

澹如水獨喜德爲鄰朝夕時往還臭味入室親相見方恨晚星

駕倏及晨暌隔非雲山後會亦有因緣波與芳草入望波粼粼

游平山堂　　錫東川

平山堂外茵隄畫舫輕橈滿竹西翠荇風前牽錦纜綠楊天

半聽黃鸝揮毫萬字翁非醉一飲千鍾樓自迷最是繁華易銷

歇蕪城賦後更休題

游膠山酌寶乳泉　　錫東川

東山積翠碧雲浮路入春林徑轉幽古寺旁依修竹塢清溪還

向小橋流山僧煑茗延賓話鵓鳩驚人出隴游嶺下昔傳多著

蹟岡前古跡有金牛荒烟莫問蕭梁宅蔓草閒尋膠鬲邸月照

蘋泉穿竇出雲陰萬玉滿庭秋煙霞口夕瞻佳氣風雨清川繫

客舟北海樽盈南阮座高情且爲主人留

初至興化　　錫東川

遙瞻蔥鬱古城堙近識琴堂化理新濱水東流清瀲灔火旗南

峙碧嶙峋心隨漁父亭前月身作梅鋗嶺上人堪笑十年彈鋏

久向依南阮拂征塵

十載　　錫東川

十載不倚馬壯志付流水憶昔游都門攬轡長安市大道連狹

邪謦控提如矢顧盼公與侯不作衣褐恥下榻朱邸間甯復向

許史雅意執經者王孫貴公子雖無豪俠節亦厭板袍上破淚

溟海中登眺泰山峙燕齊楚越間蹤跡可屈指漁陽望遼城入

閩仙霞峙三湘與洞庭輕帆復爰止荏苒歲月遷龍鍾已若此

垂白何所營志豈在青紫爭看上苑花五陵少年耳頓此哀病

侵努力愛芳芷

移竹興化署中　　錫東川

上梅官舍楚江天藏得龍孫籬落邊必待春雷驚臥起蔓迴還守舊青氊

不願移根上苑栽劇憐憔悴傍人來欣看雨露舒新籜拂拂干霄蔭綠苔

除夕　錫東川

弱息誰扶植憐渠歷苦辛椒盤度今夕應說遠遊人

秋日　錫東川

醴去生猶在鱸肥翰未歸秋風千里客彈鋏是耶非

太行道上　錫東川

飢來已覺別離輕憔悴東歸又北行茆屋夢醒燈半滅征鈴聲

動月三更藍輿有路雲心上鳥道無蹊石齒爭回首眾山斜照裏西風忽起故園情

遣懷　錫東川

投筆斑生討出關霜侵兩鬢漸成斑江心浪拍雲中月驢背人看雪後山燕市三年塵滾滾魏風十畝賦閒閒銷磨壯志惟鉛槧門外漁樵日暮還

春郊晚步　光第枕漁

春光日已暮策杖過柴門楊柳隔溪笛桃花何處村古風存父老揖客有兒孫興盡歸途晚蒼然煙水昏

春思　光第枕漁

夢醒鴛鴦帷鶯啼合歡樹不解妾傷春語語留春住

雜詩二首　光第枕漁

千金買明珠襲寒不如襦百金買寶刀力田不如鋤渡河乃舍馬載重斯求車用物苟違材雖貴徒區區

蒲柳無霜姿秋落春復萌蜉蝣無仙骨暮死朝復生深波有時沸崇山有時崩可憐鬢中絲一白何時青

登錫山　光第枕漁

山意正蕭瑟登臨感慨多冷雲高不落秋水淡無波天外孤帆遠遙空獨雁過征南諸將士消息近如何

舟行　光第枕漁

嬌鳥隔花啼輕帆渡小溪岸容頻改樹麥秀不分畦流水心俱靜春山黛與齊風前能睇望人在夕陽西

不寐憶家叔萊舟　光第枕漁

欲睡何曾着淒然憶旅游眞成千里別併作五更愁明月方窺枕清風竟滿樓誰將游子意一夜寄中州

詠河洲　羞自媒也　光第枕漁

東風來浩蕩春思遏高樓樓中有佳人白皙肌膚柔言歸翡翠牀自掛珊瑚鈎含情攬明鏡對影增憂愁亦知春色好蘭蕙當階幽不採蘭易枯欲採妾自羞無言空愛惜獨坐詠河洲

過武安弔長平坑卒　光第枕漁

白日欲沒風颸颸妖狐奔突蒼狼愁馬蹄躑躅不敢進前有萬鬼揶揄啾嘯聲啾啾我聞秦人坑趙卒四十萬命同浮漚髑髏高似太行雪碧血迸作汾水流哀魂怨氣慘不洩黃泉白骨無春秋人言黷武鬼神怒刲殺降卒天人憂新城之坑止一問新鬼故鬼嗟同休嗚呼新鬼故鬼嗟同休止戈乃是金湯謀

銅雀臺懷古　　光第 枕漁

落日漳流滴蒼茫聚劫灰不堪餘瓦礫長此沒蒿萊亂世三分鼎文章一代才春風歌伎散遺令使人哀

社日謁李衛公祠 相傳衛公遇龍母於此因以建祠有旱則往禱焉　　光第 枕漁

韓山巍巍撐青空山頭矗立朝靈宮赫聲濯靈奠兹土神來神

去虛無中貞觀將相媲三代就中衛國尤英雄龍德顯晦不可測勳勒旗鼎光熊熊以勞定國固宜祀胡摭逸事驚頑童傳聞我公少年日得遇龍母施神功手攀蛟螭入雲霧驅策雷斗鞭雷公蚩尤屏翳悉用命驕陽旱魃潛無蹤江湖倒流海水立渾淪一氣包洪濛其說虛誕未可信星辰河岳理則同我來展拜及春社波波汲汲多村翁吹簫伐鼓雜歌舞豶豕肥牸粢盛豐嗟公正氣塞天地入門彷彿精神通血食下土雕無曠嶽又時若惟功庸朝來雲合沛靈雨肅肅帷帳吹英風

客中雜詩　　光第 枕漁

晨興理鞭策窗戶耿微光飛蓬隨天風游子去故鄉去去安所極輪蹄遍四方丈夫不自立俯仰徒悲傷吞聲出門走揮淚摧肝腸

在家有寒暑出外無冬春一身不屬我萬事必求人談笑依餘光趨步躡後塵平原既不作及此迥迷津

大隱隱朝市小隱隱山林此願兩不諧憂勞苦交侵踞跰羈旅間舉首發哀音金紫滿天地詩書阻纓簪浮雲戀故山飛鳥戀故林請君歸去來風塵傷我心

言有二三子迢遥隔兩鄉一南一以北相思苦相望山行馬蹄傷水行無舟梁昔爲芝與蘭今爲參與商

郊行即事　　光第 枕漁

新漲平添沒釣磯菜花開盡麥苗肥溪山好處無人識只有雙

雙蝴蝶飛

楊明府席上口占　　光第 枕漁

兩載飄零入洛身忽逢歌舞一番新多情莫怨青娥老猶有空閨未嫁人

新秋夜坐寄懷表弟吳振炎　　光第 枕漁

佳期渺難得獨坐鼓瑤琴修竹拂殘暑池花開夕陰忽逢北來雁恐有南中音相顧不相接迢迢永夜心

古風呈蓮浦　　光第 枕漁

兔絲附松柏裊裊百尺長蒼蠅逐騏驥一舉走八荒微物得所

託意氣爭低昂嗟我如窮魚𧉧鬣難怒張念昔始讀書童騃不
自量抗懷媲皋稷落筆欺馬揚興酣激長嘯得意謳清商茫茫
八紘大兩目無侯王荏苒二十年此意不得將翻然事遠行結
束游子裝慈母縫我衣未縫淚盈眶意苦語言好平安早還鄉
弱妻起送我未語先咽吭門衰兼祚薄有弟病在牀晨昏爰自
持岵屺君莫忘嬌女未離乳跣足被𧝓𧝞挽衣攔道哭問爺走
何方孰知苦無益清淚交浪浪一年往東魯兩載羈大梁殘桊
與冷酒落莫禁難當以茲情懷惡瞻顧生徬徨長安十二衢朱
門列成行朝謁閽人辭揮斥驅牛羊莽謁主人嗔凌厲聲礌硍
欲前足不進欲語氣不揚短褐難掩骭粗糲纔充腸北風蕩屑

雲白日寒無芒掩面出門走躑躅顛且僵哀歌動衆笑丈人獸
閔傷立談抉肝肺引坐開中堂變我笑語温藹藹如春陽督我
體貌嚴肅肅如秋霜我才本醯雞謂我如鳳凰我質本碔砆謂
我如珪璋古道邁流輩大義扶羸尫感公用心厚愧我意態狂
慷慨抒此詞筆力苦不強明月不暗投乃知是夜光驪巾不用
辱乃能辨驪黃請看樊籠鳥得路雲間翔

送劉五研齋赴粵東幕　光第 枕漁

我已嗟行邁誰教又送行大風嘶匹馬落日戀孤征身老諸侯
客春通百粵城傷心一樽酒同負故園鶯

湖上殘柳詞五首和韻 存二　光第 枕漁

幾行衰颯苦無聊何處蘭橈載碧簫落日一痕鴉數點春風閑
煞小紅橋

折盡長條去馬多更無青眼送橫波漢南司馬眞憔悴老淚西
風喚奈何

錫山舟中作　光第 枕漁

十年蹤跡似飄蓬章貢南來一櫂通萬樹雲歸山色赭半江日
落浪花紅舟從出險輕帆穩人已辭家萬慮空只有思親兩行
淚等閑流向大江東

羊城雜詩四首　光第 枕漁

楊柳堪藏白項烏大江門外試提壺當江一葉瓜皮艇知是青

溪載小姑

夜深簫鼓沸中流碧酒紅鐙處處舟花樣變娘珠樣曲幾人銷
得錦纏頭

海上風來透體涼枕樓今夜試新裝木蘭花後秋蘭早一朵斜
簪茉莉香

丁字珠簾映水濱穠花香草媚殘春自來行樂天涯好休道離
愁着暮人

陽江道中　光第 枕漁

行盡天涯景物非卽看村落已全稀人從斷水橋邊度雲傍秋
山洞口飛獵獵斜風欹短鬢蕭蕭疏雨怯單衣等閑莫說高涼

近烏道重重隔翠微

夕陽小艇邏行客把盞看山獨立時陸林漁句也錢御三爲之補圖索題因吟截句以贈　光第 枕漁

客與春波共釣筒單衣初試立當風最憐捉鼻微吟處好句天然似放翁

船尾斜陽落遠汀船頭魚唼水花腥多君冷眼看山色認取臨江幾點青

誰是如今老畫師寫將風采入新詩同歸茆屋尋興道記取推篷獨立時

得家書後感賦　光第 枕漁

征鴻昨夜破雲回帶得江南信息來母老妻殘嗟自給家貧門戶傍人開子身正似秋風客混跡翻同避債臺何日將歸學烏哺嬰兒容易已成孩

寄奇麗川觀察　光第 枕漁

十載尙書省承恩百粵中海山寒有徼嶺樹暖無風執法臨台象論文見國工壯猷遲建豎卓越幾人同

題惠山文昌宮　鳳芝 冠芳

鑿山開靈宮低墻補山缺下有流泉深濬然靜而潔入山不見山探奇在一室高閣忽登臨檻外峯崒屼叢桂生石間根與石爲一境寂無人聲遙望雲一抹悵然憶先人手痕在石碣 羅漢泉題

係先晉祖所書

山樓　鳳芝 冠芳

樓在危風巔嵯岈互相拄山近不覺青惟見石色古瀑布循階飛微雲半牆吐一瓢欲汲泉且向竹間煮

管社山莊　鳳芝 冠芳

小園傍山麓山勢恍如削游人行屢迷奇石互參錯孤藤歘陰崖崖斷石不落

尙友堂 在管社　鳳芝 冠芳

精舍五湖邊堂前聳絕壁徐步隨澗曲一洞杳然深陰氣森迫人前嵐雪猶積側身穿峽肆嵐重無日色路窮漸有光洞口亂峯塞落葉寂無聲足音響山石登高矚波光何處漁舟笛

澹寧館 在管社　鳳芝 冠芳

高閣何清幽湖光在簷角蕭蕭葉響階俯視千尺竹開雲出湖邊一半抱山足碎石落空樹樹包石爲腹時聞落子聲劃峯作棊局長嘯臨碧空斜陽去何速

太湖遇風　鳳芝 冠芳

水勢何浩浩大風起震澤濤湧欲斷岸湍流碎石色連山東兩旁橫波不能溢萬古蕩其崖土盡見山骨回思發棹初湖面波光碧歸舟未移時濤頭已千尺心自輕江潭身竟苦反側歸來卧匡床猶風是湍激

輓劉壇武　鳳芝　冠芳

人病苦不生君病苦不死清貧士所甘君獨至於此憶昔瘖君時談笑嘻吟詩吟詩猶未畢悲來忽成泣泣已時復吟風月皆淒切回首顧兩兒托友殊依依豈知榻前跪神已忽成癡（君病不肯食于膠山長跪勸之辛不食遂成痴病）載誦輓兒作追隨喜不遲（輓詩內有不久相隨之句）而今應聚首深慰長相思

輓孝子膠山　鳳芝　冠芳

父死愧獨生父餓愧獨食一死猶依父還傍殯宮側（孝子卒後君自縊於殯室柱上）憶君侍疾始長跪泣不起意欲勸父食誰料竟如此枯樹留新枝枝折樹亦悲滅性父所痛情迫誰復思自縊氣竟絕慈

母聲嗚咽明知傷母心不忍與父別此去地下隨奉養永不缺

題華江小照　鳳芝　冠芳

峭壁立江邊嶄絕因水漱波濤入筆底字骨與人瘦（圖中多結書江景）想洪濛初元氣鬱蒼秀兀坐長松下翠色滿襟袖渺然追古人豈在李潮後（華江善篆書）

登城野望　鳳芝　冠芳

天高覺鳥低草枯平野濶日落氣空濛兩山渾爲一開雲渡溪來入近忽已失

黃公澗　鳳芝　冠芳

一水畫兩山澗挾水愈壯亂石遏其流石碎浮作浪下歸小池深千尺雷聲放何時居此山抉土洗青嶂

題石門白鶴道院　鳳芝　冠芳

三面聳奇峯缺處危樓補窗對石門開牆連岫色古澗水流不息洗淨山無土階前一片雲散作四山雨

過天柱灘　鳳芝　冠芳

半日過一山半日過一石石激驚波飛軒窗驟雨滴一灘分數道曲折徑愈窄帆穿細雨中舟行亂峯隙惶恐未覺危茲灘險無敵

寄紉湘弟　鳳芝　冠芳

噉欖神味清初嘗乃苦澀良言亦如之返思始知益君少負奇

才剛正具特識時時箴余過爭論面發赤事過仍怡然胸中了無迹嗟余今遠游誰復施藥石君才如芙蕖曬日彌增色君性似梧桐寸枝自孤直我初本寡言君喜盡胸臆我倦君尚談君語我時數誰知一別後欲言苦無客惟當勤寄書彼此慰岑寂

吳山　鳳芝　冠芳

輕雲遥擁吳山足惟見山頭數峯綠行入傍山無處登且撥重雲上林麓初登尚覺山勢平轉入山背峯縱橫孤亭遠會四山色一水分作百澗聲峭崖陡絕疑無路孤松倒臥作橋度何年大石從空墜雙峯突兀擎石柱高山無臺若作臺西湖若帶江疑杯迴望山腰雲忽齊歸途歷歷嵐無際

花山　鳳芝 冠芳

合抱高松不知數一逕蒼然夾山路行人入山不見山但覺滴翠如煙霧鳥聲如欲喚人來澗水惟聞送客去茲山勢類蓮花含孳開花底留孤龕閒階已見踏蒼蘚淨榻忽欲浮靑嵐禪房初盡聳絕壁一石絕磴五十級上有寒洞深難尋裂開一罅光猶黑

舟上十八灘　鳳芝 冠芳

南贛諸山皆豪族綿延不斷氣相續忽然天上來奔濤界破千山萬山綠兩岸峯多石為底中流浪湧奇石矗前灘遙望路若窮輕舟轉出高山腹長風不盡送孤帆舟行十里幾回曲夜來

風靜灘流平終夜喧聲夢頻覺

萬安南去客心驚兩岸日夜聞灘聲灘聲直下溯流上孤舟欲與亂石爭石潛水底時出沒白浪無邊一點黑有時與石波面盪劃破滄流勢相激濤頭石角了不分磋磨一線舟行疾茲山自古稱惶恐我今一到心胸豁綠樹還添紅樹煙近山恰補遙山隙蘇公已去白雲深惟有佳句流高岑

寄心齋仲兄　鳳芝 冠芳

昔君寄跡章江東歸期每歲垂殘冬新詩見示不知數行墨疑有煙霞烘自媿家居少著述對此不覺愁吳儂揚來游粵溯江水金焦矗立雙芙蓉十八灘頭水聲急筠開嶺上雲千里心空自覺了無物惟有天地清氣留吾胸興酣落筆不自主如水破浪山成峯好鳥當春不成韻名花得雨自露紅無心覓句隨意得但與蒼煙落日相溟濛方知當年詩卷亦如此筆妙未必皆人工江山得助有張說山水奇氣來史公至文是自在天趣得之無迹尋無蹤每愁力薄苦難到導余先路能相從一唱一和音書絕惟有魂夢猶堪通

平遠道中　鳳芝 冠芳

兩山夾一澗木杪鶴飛橋山勢因嵐變林烟得雨銷夢殘猶可續景好轉難描一路肩輿上輕雲處處飄

樟樹鎮作　鳳芝 冠芳

百里皆樟樹濃陰繞一村諸山翠嶂合兩岸白雲昏鷺立沙無際舟行水有痕陽明駐兵地旭日散雞豚

過吉水　鳳芝 冠芳

山近嵐光綠低迷草色濃有時連翠靄不盡復長松惟見人行迹難尋雲去蹤歐公生長地水月夜溶溶

揭陽城秋望　鳳芝 冠芳

遠郭清江外孤城秋氣中路侵衰草白影入晚霞中海色來天地濤聲挾雨風故鄉不可見東望但溟濛

題榕城書院寓　鳳芝 冠芳

亭外盡芙蓉花光帶曙濃潮來池已滿霧重石疑封拂檻多修

竹循牆出古松無人來唱和寂寞是吳儂

登揭陽城　鳳芝冠芳

榕江抱城潤江外萬重山雲霧浮三島烟花麗百蠻寒潮平復
滿飛鳥去仍還天水難分處蒼茫是海關

題秦震宇精舍（春晚過塔映莊）　未録入　鳳芝冠芳

一榻薫千重人眠花氣中梦寒非是雨香遠不禁風山澗拖平
碧深林滿落紅幾聲清磬響惟覺客心空

題大樹園精舍　鳳芝冠芳

净綠浸人心窗前古木深山容含雨氣客語雜禽音偶爾穿巖
際誰知到水潯出門回首望暝色滿空林

山中槑　鳳芝冠芳

梅花香不覺恰在靚中聞夢外餘清影窗前滿白雲

華藏山　鳳芝冠芳

山色半天青人山忽已失惟見水中影蒼潤嵐可悦

雨中游西湖　鳳芝冠芳

湖痕欲入天有山畫其界雲起失諸峯碧落不在外

歸舟　鳳芝冠芳

西風蕭颯覺衣單萬里空江欲渡難帆影自隨歸夢轉山容不
爲客愁寒南朝古寺秋先到北固遙鐘夜未殘獨有秦淮一片
月相從直至五湖干

再得草廬種竹　詩已存　鳳芝冠芳

窗前煙雨聽龍吟好竹新栽翠色侵習静忽驚殘暑過讀書還
護綠陰深蕭疏寒影三更月回薄秋聲萬古心待得南牆千挺
後幽篁更許坐彈琴

聞仲兄已到南昌　鳳芝冠芳

百花洲畔大江濱不盡雲霞寄一身高閣自收三楚雨平湖猶
夢六橋春凄凄芳草懷鄉切渺渺長波弔古頻絳帳從今多樂
事秋風乍起便思蓴

寄懷秦震宇　鳳芝冠芳

心已隨君到廣州那堪二載尚淹留靚中天地來清氣夢外江

山人素秋不盡浮雲看世事無邊明月帶離愁何時一棹沿流
水遙數歸程過嶺頭

步月訪何翰田寓舍　鳳芝冠芳

烟霄清迥欲無河散步誰爲唱踏歌詩興已如微月淡鄉心爭
似亂雲多築沙曲岸疑成石積水空庭未起波今日柴門閒剝
啄推敲二字問如何　鳳芝冠芳

海湖日日到清蕖共逐長流訪客廬形影三人非白也風流七
子湖黄初落花幾徧壺中地映水何殊鏡裡居塵世勳名都是
幻江山風景未爲虛

和徐鏡江夜雨原韵　鳳芝冠芳

榕城偶借一椽居夜雨垂簾賦子虛總擁濕雲迷蔣徑簷飛瀑布擬匡廬筆花恰照燈前夢屋漏還疑醉後書爲問離愁能幾許楚騷無那似三閭

閱先伯兄所寄仲兄手書感而有作　鳳芝 冠芳

手書寄遠意蕭騷家計艱辛莫代勞弱草自依松柏蔭不知霜雪下平皋

一室無人恨別離不堪除夕漏聲遲而今寂寞嗟誰語惟有涼風動素帷

湖上別仲兄心齋 時兄留浙西余歸家　鳳芝 冠芳

兩岸樓臺處處簫離人惆悵欲歸橈別君兼別西湖水夜宿楓

橋夢段橋

游屐同登白蕩盤一朝判袂宿湖干歸舟仍是來時路流水無情月色寒

七星巖　永泰 履吉

何年風雨喧新秋疾雷急電夜不休一聲霹靂起天半七星齊落端江頭天樞璿光耀芒色輪囷屈曲相勾留玲瓏險怪出萬狀神工鬼斧窮雕鏤陰崖萬仞瞰平地猛獸奇鬼攀戈矛森然折摒恣拏攫遠近引控紛傴僂白雲翩翩捧貝闕金容玉殿空際浮峭壁天梯不可躋含珠危磴猿猱愁衡砑石室忽旁出銀隄一道參淸溝蛟螭出沒黿鼉立獅象吼怒奔貔貅穹窿艮覆如懸鐘此身已在黄金甌飛梁蓮臺若煙篆靈奇詎必尋丹邱昔游未徧目已瞑四年魂夢徒綢繆擬將置酒滿萬石潛居絶頂千巖幽玉皇夜半朝列宿使星天厩馳驊騮喚歸魁杓上斗柄嶺南炎徼來尋求連雲拔地出海甸紫微帝座相縈樛我更攀援上霄漢側身且作鈞天游

題周醇賓射獵小照　永泰 履吉

平原草淺煙朦朧銀鬃鷹犬紛撞衝披圖突騎欲飛去淋漓生動何其工中有虯鬚古貌者誰子是耶非耶周醇翁驊騮叱撥花的盧少年什伯隨青驄丰姿盡是世所罕玉光粉膩桃花紅山獸山禽避金鏃駭汗紛飛亂馳逐人馬怒走撇轡韁奔逸驍

騰勢難束一騎當先追大麋麗龜負痛如奔兕一人翻身睨空碧手挾雕弓岸巾幘雁翎疾上透重霄霜禽有翅青天窄日日山中射獵來長揖老子眞快哉丈夫不能異域成功得奇賞博取茅封似反掌又不能挾策干君王九州由我成陶唐百年戚戚徒自苦生平壯志空相阻不如且向陽橋殺巨蛟更入南山射白虎

春日雪後同人上西雲際寺　永泰 履吉

嵐谷皆北鄙山原地尤僻人稀煙樹淡土确桑蔴瘠閒居古所歡尋幽遺朝夕昨支東嶺筇今着西山屐行行出城郭高高指金碧曲徑走盤螺凍溪能裂帛深澗冬氷凝鳥道春霰積危崖

數十仞喬松百餘尺疏散梵王宮結構探巖石扶輿藏秀氣奇
景何年闢南巖崇阿下長林龍藏宅北岫最高頂雲天分一席
買勇陟孤峯攜手挽三益彈丸指城郭棋局看阡陌指點春遊
人蟻貫紛絡繹好風泠然至吹我煩襟釋豪情發長嘯暢慰登
山癖

華藏山寺歲暮偶作　永泰 履吉

岑寂冬殘有所思空山伏櫪且隨時寺分湖月三千頃殿繞松
雲一萬枝雪擁南窗煨芋火酒斟東閣伴眾詩書生何暇林泉
事太息空教壯歲馳

飛來寺　永泰 履吉

水抱山迴樹蔚蒼梵宮金碧映暉光歸猿有洞成佳話書孫恪事起
象爲峯結道場六世祖事古殿飛來雲縹緲殿於梁普通中自舒州上元寺內飛來二
禹仙去笛悠揚黃帝子二禹入此山探阮俞竹爲笛俱仙去內有二禹祠閒情最愛亭邊瀑
萬斛横吹透體涼

過分水關　永泰 履吉

八年衣食走征鞍此日青袍出嶺南西下獨遺珠子國東來三
過鱷魚潭關山有跡憑城取形勝無妨抵掌談且把綠醽澆壯
志一鞭斜日照餘酣

五里塘郎事　永泰 履吉

百尺高樓接水天法王宮殿柳隄邊會摹三島羣仙境一閣秋
聲中樹煙

先君子諱日作 八月八日　昉 勤補

病[illegible][illegible][illegible]孤雁那堪月失怙心已悲况復九秋節痛念父疾
時新[illegible]蘊[illegible]熱庸醫誤攻擊五日神已失含涕欲有言舌卷不
得說母含哭泣聲反勸勿悲切兒女雖幼小一身堪撫惜意欲
解其哀張目益慘慄平生志功名胡不稍自逸人今入關時父
昔蓋棺日悲聲從西來階前應蟋蟀終身抱深恨愁望何時絕
其一

秋盡著寒衣母出父舊服舊服尚依然吾父往不復寒風拂
我襟皎月清我心終宵不成寐茫茫何處尋杜詩父親寫展卷
淚如瀉幼畏訓誨嚴不肯依膝下今縱侍殯宮追隨亦虛假樹

靜風不甯聊以奉粢盛庶幾父來享以鑒慈母誠其二

遲伯兄泉歸過期不至　昉 勤補

塞外雁南來霜降期不忒伯兄悞歸程終日愁默默坐立皆不
甯惟問風南北卜筮凟再三言雜不能識波濤豈云險望切翻
生惑宵聞擊拆聲疑是敲門亟披衣啟竹扉月光射窗直

庚戌春仲齋仲父公車至駭得先慈凶問道遠信遲因貧
病不及奔喪泣血書恨　昉 勤補

客聽妖鳥啼剪燭無端滅晨聞仲父至趨謁容顏慼亟問家平
安平安應聲咽含糊語未吐肝腸盡摧裂去春叩辭時繞膝陳
臆說低頭暗淚揮依違不忍決爲子圖顯揚慈容强歡悅慈容

說豈眞兒心更悲切亦聞遠遊訓轉輾欲中輟屈指五旬餘憂
私喜亦竊況復負米艱菽水時愁絕離家未一載終天恨泣血
烏有反哺誠羊有跪乳哲覥顏天地間貪生愧蠓蠛寄居廊廡
下背人著縗絰向南時叩頭望空佽奠醊念自少孤後護幃月
皜潔課子兼課女教育精力竭傷心鍼與黹勤苦得家訣嚴寒
受宵冷溽暑觸午熱訓誨慈且嚴兒妹皆成列恨起浮雲顛虛
志生涯拙除夕慈諭至但言家清冽誰知怯弱久徵痾朋朽折
朝出心怦怦歸臥床杌杌新歲赴春招諱日猶飲歠（正月十一日）弟
妹年尙幼弱質本薄劣伯兄亦饑驅皖江就餔啜匍匐歸已遲
入門卽傾跌嗟予路更遙貧病如羈紲無翅孽何深腸斷心鬱
結終宵夢不成欲哭成鯁噎把玩臨行衣針痕新補綴

喜廣庭四弟（晉）入泮　昉（勤補）

孤松千尺直盤鬱根乃榮洪河千里長屈曲流乃行吾弟眞摯
有血誠失怙之年纔二齡賦資柔弱行拂亂安坐無爲災難并
三更把卷倚牆讀讀倦起立牆忽傾（宵讀牆倒几硯皆碎）夏雨水漲俯瞰
井翻身落井井水深轆轤幾轉緣繩上性命倏忽如銀缾（雨後窺井泥滑墜下緣繩上至井眉繩斷復入却仍水面浮若有人扶再三救得出）桂開上樹采桂子隨風飄
墜逐葉輕（書齋假山上桂花甚開高數丈聾兒上采弟獨墜下）出門迷路不知返山涯地
角徧招尋（出城失道直至數百里外尋回）髫年處處受磨折寒窗獨苦守短檠
入盌堅強業益精純鉤淬乃利良璞琢始成造物栽培意良厚

隨材大小爲經營兩兄饑驅赴燕楚婉容愉色慰慈心菽水盡
歡定省切視無形處聽無聲慘遭大故泣繼血誓以身殉不欲
生悄出超騰雉堞上空中旋隕離危城（先慈棄養後登城跳下隨風入亂草中不死）二
十年來屢瀕死問誰擁護禍不侵古來純孝半由愚愚極誠至
通神靈想留吾弟待揚名芹香染袖奚足賀乃是萬里之發軔
一程

庚戌冬冠芳叔父自粵病回卒於閩哭賦　昉（勤補）

大父母歿日叔父纔九齡昉年亦八歲朝夕共寢興慈母同撫
育出入離未曾衣履長短一至破認不明曉吟研花露宵讀添
燕燈讀罷饒棋趣就月移秋枰五鼓興未衰殘子雜殘星素性

喜讀史指掌繪地形氣凌雲漢上胸藏百萬兵見人訥不語一
語令人驚雄談囊今古英略致太平下筆追韓柳恥作蠹蚓鳴
綺歲登黌序壯年未策名遨遊赴嶺南昉時亦北行一水南北
流如分渭與涇廿載無刻離一日違兩程形影日漸遙魂夢宵
相迎誰知此永訣明訓不再聽朔風驚發吹漠漠千古情憶昔
西湖上山水共品評蘇堤與白堤千峯拱一城搜巖嘯壑谷上
下同猿輕泛舟斷橋邊風送欸乃聲分箋造奇句片紙萬象呈
新詩日諷誦遺範入窈冥無乃造物忌丰標本瘦生恍惚疑書
誤反覆淚交并嶺雲一片來燕月何淒清

寄家書有感　昉（勤補）

離家十一載日日夢故鄉二泉九峯間想像已渺茫連枝有四人如雁各翱翔兩弟傍笠澤一兒寄瀟湘隻身羈幽燕吳楚引領望千里交相煬析疑同對床問答隔數月鑿枘異圓方心中事無限臨楮語不詳獨坐自沉吟不覺淚沾裳兒値歲將暮怏聽宵柝長

月夜懷兩弟　昉勤補

一片朧峯月年年冀北看先秋憂露冷未曉覺星殘螢火棲簾滅蛩聲入夢寒江南應共憶不寐獨憑欄

丁卯秋將司鐸五河留別中都諸友（時年四十有九）　昉勤補

十九年來託帝畿偏隅宣教當南歸僑居多事嗟珠米丈戰

何心癒棘闈在昔詎生原憲恥從今也識蘧瑗非潞河兩岸千絲柳青眼猶欣運落暉　昉勤補

雲裏頻看五鳳樓徘徊未得到皇州空懷仙侶盈蓬閬差喜星躔應斗牛階下敢思排一鷺淮濱尙許逐羣鷗文章報國誠難說慚愧平生志未酬

道殤孫雙蔭　昉勤補

春樹發萌芽嫩枝遇風折春鳥爭翱翔乳燕遇鷙傷有孫名雙蔭攜赴滄河任眉目秀且清皎月平波浸舟中常抱弄時戲牽衵伶俐識人意無醫病頓甚不食亦不飲三日口俱噤如玉忽碎匣如珠忽沉淵奪彼慈母手棄埋古道邊（葬德州蘆葦屯對面荒地）彭殤孰天壽景慘淚潸然痛念我先祖道病歿此土（虹川公服闋赴選自都病回歿於德州）汝乃五代孫俯爰攜汝去儻得侍祖娛繞膝時笑語

至五河　昉勤補

江北復淮北殘城寄水中操觚終轆軻秉鐸傍沱潼學陋宜福邑民淳尙古風欲求文教振須障百川東

滄河大水　昉勤補

淮漲勢汪洋潼沱兩渺茫船從城上過魚向柳稍藏浪激浮山項濤衝鐵嶺旁憑高望市邑點點水中央

流民歎　昉勤補

甲戌江南北大旱淮北因睢河決口未塞盡淹盧鳳一帶民多流徙余赴皖江因志途中所見云

杲日暵如火老幼提攜走或圖樂土居或恃親戚厚夫荷釜於前妻擔薪於後裂裙裹嬌兒兒啼不絕口歧路訂相招徐行共待叟健步尙如奔足繭喜未久熱極思歇涼前途少枯柳渴極思飲水井涸無水取堯水與湯旱聖世所恒有家無擔石儲窮餓祇自咎倘得雨露施歡呼歸隴畝

茫茫心旌懸夕陽忽西沒隱隱望前村昏黑暫投歇欲借茅簷宿主人出嗔喝生死向前行寧肯蹴爾活不坦足趦趄星光辨凹凸漁燈隔莎堤燐火棲木末空船覆岸旁欲問氣先奪潛呼聊聚藏疲極忘饑渴夜半出觀天四面皆顯豁

平明入山竹峯頂拾松枝尋澗遠覓水懸釜數米炊風來吹煙捲移谷避風吹老弱欣團聚粥糜甘如飴鳥喚若相摧日梭去如馳回思昨宵景心急步愈遲螺旋上層巔不覺路嶔崎曠觀宇宙間我誠無私而我獨顛沛饑驅究何之念彼爲我人多事哭路岐

己卯秋豫河漫口黃水下注五河高地深水五六尺屋舍漂流民多移徙檄放麵穀等物九日舟中作　昉勤補

一片洪波兩渺茫奔流下注勢汪洋田廬邑辨青同白淮澮波分碧與黃莪矣質文知犬豹難哉芻牧受牛羊今朝自是登高日那得高陵免罹殃

茱萸遺風湖葛仙推窗四望水連天哀鴻料理于誰集皓月高寒獨自懸亂草埠中尋部屋遠楊影裏覓炊煙望心饑溺皆由已佇見洪恩即日宣

散放撫邮銀舟中作　昉勤補

遠近災黎處處同奔趨紆折路難通聚來四繞鳥爭合散去三更雁唳空古樹高懸看拂浪破帆斜掛聽呼風水消漸覺荒郵見茅屋重修樂庇幪

水落災黎相率回家喜賦　昉勤補

陡漲同奔各絕蹤今朝旋里快相逢向陽且喜羣迎旭臥雪無愁得禦冬鼙鼓未聞興百堵茅簷新整覆三重夜深寂靜無雞犬碧柳何知照舊濃村落猶然水四圍栖身有地且還歸凋零亞旅悲離散患難親鄰泯是非鞍馬猶排同列陣茅蘢翻幸盡更衣雨風既避終殘臘待到春來瑞藹暉

送三第耀遠南旋　昉勤補

玉女侍投壺天公時一笑東海三爲桑麻姑顏色好忘情郎太上瞳方不知耄汝傷我呼庚我傷汝遠行災黎慘難捨狂瀾勢漸平脫身辭長官哀鴻共飛鳴汝今回江南我暫赴江北策驢依柳欹張帆傍蘆食蔓見澮河民饑寒面深墨大吏奏至尊浩浩即沛恩應諷避惡態偷閒拭淚痕臨歧莫懊惱尋歡人不

老無力救窮黎悲悼增潦倒江南南岸山面面開懷抱

家書至知兒子之翰又赴瀋遼口占

湖雲迷漫隔人寰憶子情深𡨴笑顏十載燕山勞遠夢夢中又出一重關

先大父遺詩屏去雕飾棄絕浮誕紀哀諸作尤字字出以血誠及秉鐸澮河滿目哀鴻更懷傷抱故紀災諸作寫出流離景象不減鄭俠流民圖也右二十三首非倫常政蹟不錄附之家乘使後之人有所觀感云道光壬寅孫守廉謹識

七九自嘲詩四律乙亥季秋　晸紀之

光陰七九耄將臻認作曩時幼小身薄有學租誇強飯略無疏

齒只思蒓一園綠竹（西園有竹二百餘枝）孫枝茂（有孫三人）兩扇黌門子舍親
（庚兒增貫捐數）過得今年年八十聊供剪麵（淮城俗要做九旦肆剪麵未知何據）燕嘉賓（維德三年次十）
散人自敘寫天眞落拓悠悠志未伸五載空官留寫跡（二年）一科分校獲珊珍（戊午分校浙闈）下庠倖列叨恩養小圃棲遲避俗
塵（宅後有園大可二畝植桑麻菽粟）桃李盈門良自愧由他非笑不生嗔
姜生大被約頻頻司鐸慚非太守倫（弟季方守寶慶）瑣瑣倖齋難欲富
朝朝苜蓿未全貧閑參老釋心常泰晚習詩書味轉親臥覺于
于無一事忘言直比葛天民
艱危歷盡並酸辛刼盡偏餘既耄身老去生涯惟藥餌晚年頤
養只芳醕步趨扶杖猶稱健不需披衣每嚮晨耳未全聾目亦

錫山東里侯氏宗譜　卷十一　紀之公遺詩　三五

好登臺歲歲樂長春

八旬有感（丙子立春日）　最（紀之）

鳳紀調元報立春老年心緒便酸辛十齡失怙嗟予季（父中議公篤於）
（孝友）千里從遊作楚八（隨三胞叔任湖南）雁序追隨思伯氏熊丸訓廸仰
慈親（母過淑人通五經）兒孫自有兒孫福飽讀詩書不患貧

八旬晉一口占一律（丁丑良五）　最（紀之）

九九光陰意欲仙偶然風中亦堪憐再生喜玩當頭月酬夢常
吟滿腹篇（夢中常誦五經子史不置）酷暑長齋廿澹薄（每逢六月吃齋一月）炎天清健
愛高眠少年已過忘年老只願明年勝舊年

山陽學署淡然居東有椿樹西有萱花天然壽意　最（紀之）

長成椿樹欲參天計歷春秋須八千當境休談上古事森森亞
蔭快年年
墻根荒草亂如麻內有金萱解語花最愛胭脂眞爛熳摘來充
膳勝餐霞

壬申除夕詠懷用永州刺史清河張渾原韻（香山九老會中列弟六年七十七歲）　最（紀之）

觀能自在自爲歡遯世優遊怡冷官（學署大堂匾其額曰依庸齋有遯世無悶之意焉是
爲記）杖國例宜拖綺履（呂姬女以繡花朱履相貽）垂綸直欲擬溪磻自慚薄技
無三絕猶喜隨行有兩難齒落朶頤如吮乳心清趺坐靜迴瀾
劇憐窮老袍仍緼深恐兒孫袴欲紈明日柏觴應滿酌永州刺

錫山東里侯氏宗譜　卷十一　紀之公遺詩　三六

史壽同看

八日立春閒吟仍用前韻　最（紀之）

香山勝會古爲歡步韻而今有冷官雁序扶笻登惠麓蛟河垂
釣比姜磻拈毫依樣葫蘆易（素不工詩只喜步韻）倚枕遙聽更鼓難（年高少寐）
自笑生平無崖岸所遭無復遇波瀾（未遇逆境）和怡昆季思同被老
邁情懷類棄紈春去春來都歷盡徙添白髮與人看

春後三日三疊前韻答和汪（夢梧魯巖）兩學博贈作　最（紀之）

人生到處可尋歡落拓何妨說校官自歎功名嗟小草空談展
布措安磻曲慚下里揮豪易詞涉吟壇學步難慚我頭顱堪賽
雪愛君舌本若翻瀾（夢翁二次和作愈出愈奇）茶逢陸羽編經譜（魯翁最喜酒茶）書

陳蕃下榻甫勾留雁陣驚寒別素秋詩廢蓼莪忙解綬囊餘薏
苡我歸舟掛冠我苦催科拙製錦君眞學道優轉瞬三年來典
郡昆陵父老沐勳猷兩邑紳爲吳君上學道燮人區額於東林書院

和淮安府學博汪夢梧述懷原韻　晟紀之
颼颼風雨茂林秋匏繫蕭齋心自由老境渾忘宜把酒豪情隨
處當登樓滄桑刼盡留餘燼卡稅重征尙未休莫話人間家國
事一官落拓不知愁
古稀年邁知交少作客情懷兒女多憶弟楚南苗窟伍慚余淮
北首盤羅策資扶老無僮代體恨癡肥奈若何一卷黃庭千日
酒下庠頤養卽嚴阿

寄湘南季方四弟七十壽言　晟紀之
瞬經七秩度春秋極目天涯憶子由觴捧鳳毛看彩舞宴聯花
蕚快登樓南衡苗靖歌來暮東里園蕪望乞休兩筒棋枰一壺
酒壎篪迭唱不知愁
自誇矍鑠如君少上壽華封遙祝多豸服早膺三品貴雁行小
別一年過名韁莫繫眞豪放宦海雖深奈我何記取金山分袂
語二泉攜手樂巖阿

滇南紀事六首　晟季舫
知無初識自髫齡庭訓殷殷誦大經兩試未邀芹泮倖一生空
蘘桂闡馨金針善度師多美余稍長師事孫姚二年伯鐵硯疏功性不靈應
講康成列綺紈兩首新詩並斗酒一杯一讀賞同看曾翁送來詩兩首酒
一壺

雨水前一日咏懷四疊前韻仍寄夢齋兩兄　晟紀之
向平願了最爲歡頤養偏宜落拓官眼愛賞花常在霧心同止
水幸匪礌丹能却老求應易日纔長繩欲繫難袖貯淸風邀皓
月手無巨柄挽狂瀾家僮略具供驅策侍妾休嫌只檄執自有
兒孫自有福衰頹莫作馬牛看

春日咏懷歎五官不靈動五疊前韻呈兩汪老師　晟紀之
衰年諸事不成歡指使堪傷失五官心似死灰消爝火心身如
頑石對溪礌身枕邊闖虎求聞易耳失聰棘刺獮猴欲察難目欠明

華蓋還丹宜數息鼻絳宮有水悟觀瀾口饑思充腹惟甘藿飲食
凍畏春寒纔細紈衣服倚杖齋房同古寺餘生合作老僧看

送四弟赴楚南小金山話別詩　晟紀之
昆季睽違三十春老來相敘倍相親乍逢面目方生訝細認鬚
眉始覺眞教子一經應共羨輸兄二着不生嗔金山話別君須
記衣錦言旋祝壽辰送至黃埠墩一名小金山

題吳春舫公祖蓉湖攬秧圖　晟紀之
蓉湖駐節六春秋兩邑咸欽布政優淸繼隱之家鋤著誨同孑
產惠聲留東林汲引寒儒急　北闕恩濃循吏酬此日攀轅並
臥轍難描輿論口碑流

是正途無分入北行奔走屢披星 丁未奉祀絲北上
異路風雲捧檄榮大恩高厚到滇城 癸巳分發雲南候補 本心不負惟勤
職克已須嚴戒妄行三任分防與論洽 竹園右甸副官 兩權獄務禁囚
清常書上考蒙知遇 蒙上司屢次保薦 砥礪廉隅報聖明
回漢紛紛互鬪場軍需又奏任雲陽 丙午雲州匪氾 運籌帷幄慚才短
布散鹽糧幸計長 由景東調辦糧台 桴鼓頻催兵戰急牙旂屢報犯殲
亡大功三報雖無益 蒙李制軍咨記大功三次 捷奏酬庸姓字香
憲檄頻來莫可辭 丁未先委署里後改右甸 孤城重寄豈能支 右甸民心已變抗官圍城
晟以不勝任辭林官保優諭以府道俱保安撫回漢 妻兒漸遠情難割 因地險危家眷留省 童僕相
親性不離 家人解華等皆盡心出力 凶惡負隅民俗久公私擊附政聲馳 收復

錫山東里侯氏宗譜 卷十一 季勳公遺詩 三十九

范鎭民情始定上憲俱加晟優獎 持危自有平安策轉險爲夷遇更奇
鄰邦匪犯動干戈 保山七哨匪民變 兵練長征累我何 由右甸往 戎馬支持
筋力竭鹽糧供應語言多 征兵每多吵鬧 三軍報捷收矛矢 收哨兵軍器 六
蘇榮旋渡浪河 過浪滄江 奉旨儘先優最渥 得旨儘先補用道 小臣幸得沐
恩波
邊缺三年苦異常 署右甸三年 憲恩調濟幸眉揚 庚戌調署副官 猓夷屢出
巡防急嘓寇潛來緝捕忙 吳秀階家被劫 呰自因公呰拔險參山牽累
及分防 晟賫數百金拏獲犯盜多名解永因審報遲延上憲不知已獲犯是以參出 犯供已解邀開
復 蒙上憲詳請開復 重整衣冠勉自强

大觀樓和秋坪夫子壽詩二則　晟 季勳

纔從壽宇聽陽春 前月爲相國八旬賜壽 萬仞匡廬識面眞譽務辭榮應
獸樂詩書坐擁未全貧重開綠埜尋耆舊 奉新宋楠生觀察名鳴琦題九老圖爲獻
笑題寒罧作主賓難得招邀粉社侶相看俱是白頭人
問年六百有三春杖履追隨任率眞試手龍公矜白戰行沽貂
佩見清貧圖中拔獻攀雲上 摘折桂圖傳奇 座上風迴駕鶴 雲浦先生以事
先去 漫訝逢場戲竿木康衢原許著閒人

題戴些山相國 均元　晟 季勳

三徑言歸閱幾春雲泥鴻爪認來眞門停軒蓋仙咸集鉢有館
醜佛不貧 念亭居鄰五臺庵 龕畔拈花參象諦案頭呵凍試龍賓抽身
却羨元方早淮海猶留一俊人 澳廉山司馬

錫山東里侯氏宗譜 卷十一 季勳公遺詩 四十

畫師省識四時春預借東風爲寫眞 時倩程思泉上舍繪圖 笑向松身看
勁節狂呼石友伴長貧三毫添頰休稱老五簋烹鮮足饜眞
怪持籌居第二常筵還讓杖朝人

題萬念亭司馬 承紹　晟 季勳

亥字書年及好春林泉頤養任天眞中朝司馬聞名熟累代長
安索米貧高會高風仍嘯侶門生門下忝爲賓 余座主金蘭畦尙書乃丈恪公
庚子會試所取士也 麗眉底川扶鳩杖笑與探花作替人 九人序齒先生第三
擘窠腕力尙回春 時爲余書堂額 愛我偏於澹處眞有子克家應濟美
哲嗣小雲時銓以同知用 甘心貧廡不言貧銜杯自得酒中趣入社喜無方
外賓長願江鄉挹風度轍環莫更逐勞人 先生擬起假入都

題曹雲浦侍郎 師曾　　晟 季舫

白駒過隙不留春記向京華別太眞 溫嶠字 吏隱卅年松尙健歸裝萬里客都貧滇池有夢縈遷客秦贅能文作館賓 時朴園太守與壻劉雨香上舍同寓 此日關河方識面與君同是過來人

快雪時晴欲釀春 前一日大雪是日放晴後六日即立春也 山磬消息透原眞未祠子郭 竈神也 難求富暫假平泉稍潤貧泥逕漸融莪訪戴太羹無算爲娛賓商量避債臺新築待覔袪寒送暖人

題大觀樓餞別廸述圜廉訪和秋坪夫子原韻以贈此錄秋坪之詩也　　晟 季舫

德星喜見聚高樓四面山光豁遠眸環列峯巒尊海岱合離風雨想羅浮庾公酬唱吟情壯王粲登臨別緒稠禊事補將三日後永和一樣蕩輕舟

憶昔龍門溯導河而今從政問如何半年僚屬追隨暫廿載師生聚散多開府行邊新節鉞武城愧少古絃歌也存負弩前驅志共下樓船靜海波

和秋坪夫子送行詩二首　　晟 季舫

身隨騶從喜登樓四面山光豁遠眸襟沓煙雲追海岱 夫子卿城人也 合離風雨說羅浮 夫子近由滇調任粵東微垣是日微雨 人如天上珠星聚 在座者爲廸述圜廉訪周子俊醛使蔣濂生太守 春到蠻中翠幄稠禊事補將三日後蘭亭一樣蕩輕舟 上已後三日

棠臆直逾斧畫河金甌世澤厚如何 夫子係相國後裔 由來屏翰流嶽遠詎獨門牆受澤多 晟戊子應京兆試出夫子門下 六詔去思方致詠五羊來暮佇興歌勳名臺鼎高銅柱不數漢家馬伏波

題潘惺齋偕淑配張夫人秋窗夜話前圖　　晟 季舫

一輪秋月影雙雙夜靜無人話北窗此景此情成往事潘郎夜夢到吳江

松風竹月納新涼絮語纏綿立畫廊今日園亭依舊在裝樓祇剩一琴裝

題第二圖 惺齋繼配趙韵卿工詩書女兄弟三人皆善詩詞刻有蘭陵三秀集　　晟 季舫

三生共有夙因緣故待新絃補舊絃對坐宵深無別話推敲佳句續前篇

窗前明月對芳顏共話琴書樂靜閒並展兩圖今視昔幾疑天上與人間

寓言　　楨 子勤

庖犧始一畫翕闢分乾坤圓方各有體河洛根先天天道轉若輪地德澂如淵然祇論其德其體終缺焉論德地則方 論體地亦圓覆蓋天之中亘古常如縣四面瀛海環暗與天關連我欲駕羽輪淩風翔八埏

吳淞行弔陳提軍　　楨 子勤

吳淞江頭夜潮白吳淞江口烟塵赤魚龍出沒陣雲寒吹角烏

烏攝人魄欃雲如牛槍雲馬垣殷天市主吳越天狗墮地聲如雷舟山殘缺寶山裂我　朝嶽嶽忠愍公與賊生死鳴孤忠吞寒裂甲夜不脫青銅閃日光熊熊燭龍騰海海水紅火珠躍起摩寒空瑚弓射天白日落衣周塘上贕腥風風迴大海波濤颶獨戰寒塘氣盤鬱孤掌空鳴髮倒豎猛礮洞胸不遑恤僵立猶持半段槍氣壯河山志報國雲霾月黑掩柴塘鵂鶹夜叫天無光紅旗翻風海氣凉要北天將韜寒芒大星隕空鬼夜哭悲風入海聲浪浪壯哉忠愍以忠死祠謚哀榮下　明旨死能殺賊爲鬼雄汗馬勳名炳青史封牲伐鼓走祠下有功德於民則祀我　朝嶽嶽忠愍公一點丹忱鑒秋水

福中丞師招赴廬州留別里中諸游舊　楨子勤

迢迢秋夜長耿耿明河橫凉風起天末我將有遠行欃雲斂寒影戍笛聞悲聲會當策駑駘從此事長征

直道去鄉國匹馬廬州城長江風浪險夜月關山明羽書正旁午終軍許請纓秋宵不成寐鐙畔寒蛩鳴

十里牌　楨子勤

怪哉三月清明節楊柳樓臺迷積雪秣陵關外慘不春馬嘶芳草愁無人岳軍如山撼難動風掣紅旗雪華擁虎狼萬隊蹋冰行天塹飛渡夜無聲大營宵潰氣皆墨萬里長城壞傾刻南二乙師向賀蘭蘭陵夜宴方騰歡可憐十里牌前水碧血千秋照青史

感懷　楨子勤

閱世滄桑感若何浮沈人海託鷗波家山似畫殘方覺曉夢如雲醒更多北闕烽煙催鐵騎西泠風雨泣銅駝華嚴歷刼銷難盡且向花前一醉歌　楨子勤

年來避地隱花龕醑酒無多睡更酣東岱峯高看斗北西神月上憶江南雲行反手百無語風逆打頭七不堪晚節歲寒松柏勁蒼蒼黛色與天參　楨子勤

烽火連江泛五湖烟寒月冷浸菰蒲箋詩空訂蟲魚譜釋地流觀山海圖茅屋經綸虛稷契草廬事業陋孫吳斡旋氣運吾何

敢風雨瀟瀟識得無　楨子勤

身世飄蓬不繫舟郊原馬角只生愁窮途寄食誰青眼野老吞聲已白頭秋雨空懷茂陵樹春風不到仲宣樓何時得上中興頌抛筆浯溪姓氏留

感事　楨子勤

問道瑯琊大道王　詔移旌節駐危疆同時蘇白傳甌越千古夷齊共首陽眼底浮雲變蒼狗尊前浩刼感紅羊空江閱盡東流水九曲難迴鐵石腸

申甫藩宣嶽降神黍苗膏雨盡懷新人中鸞鳳思開府天上麒麟泣老臣未許雲間翔獨鶴誰從釜底脫游鱗翩翩濁世佳公

子回首秦川悵問津

重經兵燹說杭州血染平蕪草木愁半壁江山空故壘六橋烟柳入深秋入方挾策依劉表我已無家作鄧攸終古錢塘鳴咽水誰携强弩射潮頭

鄂王墳上草青青一路風吹戰血腥葛嶺烽烟凄夜月蘇隄楊柳閃流螢江聞浪湧鼙鼓湖上峯寒失畫屏回憶臨安歌舞地招魂哀怨不堪聽

村居　　槙子勤

世亂違城郭郵居卜有隣到門迎吠犬漸覺意相親妻子半離散飭骸長苦辛繁花開滿眼笑我未全貧

天地慘無色荒江暗薜蘿文章棄榛莽盜賊滿山河辟世蝸廬窄勞生塵夢多瘡痍愁未復消息近如何

聞揚州克復賊竄廬州江中丞宗源殉節詩以哭之　　槙子勤

大江橫槊紀南征日暖龍蛇動曉旌擁劍雲遮廣陵樹彎弓風勁合淝營美人帳下自歌舞此老胸中有甲兵翻爲　聖朝多雨露無端碧血灑孤城

聞官軍元旦收復上海喜賦　　槙子勤

黑雲壓陣黃雲催妖星射落城門開將軍轉戰斫堅陣碧血殷地枯蒿萊蛟龍怒鬭海魚出靈旗閃閃西風吹海濱餘孽兇未靖封狼沸噬天戈揮綠營勁旅貔虎梯雲裂地開轟雷粵西健兒好身手逸賊南竄擒其魁春寒流血漓黃浦陰風舒慘登春臺居民竟復見天日還愁白骨山成堆

寄呈梅伯言師兼懷朱伯韓侍郎馮魯川比部

騷壇樹幟獨榮名星斗光芒遍兩京一代文章韓吏部六朝人物謝宣城流觀異籍標心史高會羣賢屬酒兵我亦蘇門狂弟子秋風慣作不平鳴

題鍾進士歸妹圖　　槙子勤

夜臺隆隆擊銅鼓鬼母嘷空迷神女冶裝七寶九雛釵紫玉鼎烟土華古卸車百兩迎鸞旌蹇修離合揚神靈終南門第喜歸

妹禮李夭桃亦世情

湯將軍畫石歌　　槙子勤

將軍英武天所鍾暮年入道成詩翁法書名畫兩奇絕精靈萬古蟠蒼穹僑寓棲霞琴隱園東山謝傅將毋同壺觴醉客慕北海衣冠柱石宗南宮誰知狂寇破集慶騎鯨歸去何從容將軍耿介有如石匪石可轉憂心冲試看畫石獨神妙尺幅千仞凌華嵩煙霞烘染小東海袖中飛墜青芙蓉胸羅五嶽勢盤鬱白雲穿破山玲瓏神工鬼斧鑿混沌毫端割裂蒿萊峯虎頭遂奇最好古英年妙譽傳江東（是畫將軍同鄉子槙所藏）手圖令我作此歌將軍與石長無窮嗚呼將軍與石長無窮

四十述懷八十韻　　楨　子勤

余生同丙子磨碣老東坡舊圃荒松菊新詩廢蓼莪有懷恩罔極不寐夜如何絳帳青毡擁寒窗凍筆呵蝸廬隱東郭螘穴小南柯秋夢粱鴻訪春船范蠡過烟霞寒庭戶薜荔槊山阿樊豈蠅能止門無雀可羅楹書傳晏子甕臼悟曹娥同學傷貧賤他山慰切磋文章胸有竹培養性如禾數仞宮牆峻遭逢歷坎軻騰身無尺木叩角且高歌遠岫遲雲出晴溪入醉哦岐陽鐫石鼓金谷考銅駝封禪登梁父懷沙弔汨羅青徐連海岱江漢溯汶嶓嵩嶽維神降淇泉佩玉儺白門歎寥落黃土鬱嵯峨祠廟今猶祭川原道不頗江干飲雲子日下識蘋婆冠冕延家澤簪

纓踵世科神鞭逐騏驥快劍斫蛟鼉夢雨空蕭颯香雲一剎那憑虛吽閶闔無地不風波原憲貧非病南宮玷孰磨掃除修竹徑吟詠海棠窠元象參祇樹青牛降曲渦欠壺邀魄濯閬苑得春多銀漢初塡鵲金閨許畫蛾堂深巢燕子經熟教鸚哥窺鏡芙蓉麗眠花芍藥酡青琴佐閨閣紅樹寫坡陀蟋蟀鳴幽砌梟鷺占淺沙探喉歌緩緩垂手舞傞傞問字鍼停刺催租吏不苛才難消齷齪詩恰引愁魔五嶺環烽燹三河困笠蓑火雲衝霹霳潦助滂沱世亂嗟投閣時危學枕戈經綸未霖雨盜賊滿山河義俠嚴城殉將軍醉尉訶伏波甘馬革光弼泣刀韡斗印昔金鑄冰銜紫綬挖老兵偏矍鑠繡鐵重摩挲我愧心從赤誰

憐髩已皤三年名士刺半畝碩人薖諸葛雄韜略桓寬論鐵鹺千峯戳劍閣三峽出銅鑼作賦悲王粲梯榮笑祝鮀逍遙任香國安樂築行窩勝負棋彈墅生涯麴醸醝長纓歌赤驥烏帽拂青螺永日壺中駐高風柳下和業招丹桂隱香喜綠橙搓村小團黃葉煙寒濕翠蘿松喬明秀嶺瀾倒束回渦深淺褰裳涉雍容側弁俄江澄水如練花暈月飾蘿飄緲赤城倚嶮巇白石礎清尊中賢聖皓魄看婆娑仙囊珍三食羔羊凜五紽相神九方馬帖換右軍鵝氣欲吞雲夢衣還襲芰荷好龍容有自畫虎總由他素質施文采蒼生共養痾蟲魚箋鄭譜屋壁化陶梭犀管翔威鳳燕臺策蹇贏風雲扶北極星火證南訛鄉思抽刀割

吟魂倩馬馱諸公原袞袞餘勇白番番根節肯盤錯機謀恥婞娿勤身勵世俗初服贊委佗人物追懷葛圖書篆鳥蝌鳶飛天趣見虹吐寶光蹉眞宰參玄妙兒童任笑嘔麒麐遺束縛鴻鵠謝矰繳登薦八知鸚無邪頌有驊年華正强仕歲月詎蹉跎述祖繩祖武春風待振珂

秦平陽斤二十韻爲王耘軥比部作　　楨　子勤

祖龍滅六國虎視何雄哉二十有六年刻石琅琊臺丞相詔狀綰通侯首王離同書壹文字李斯載筆隨金石爲表經刻畫臣能爲鴻文爲蝌蚪鳥篆鳴雲雷迄今二千年咸陽成刼灰太原有王子卓識追軒羲胸羅博古圖搜奇到偃師吉金寶周爵遺

鼎藏商彝平陽有泰斤舊聞今見之和鈞法度量萬世常昭垂紀年符琅琊丞相詔制詞李斯時爲卿奚云丞相斯小儒每咋舌考古多所識子氏文尙質奧義疇能窺丞相即狀緒句讀初不迷復書斯去疾倂晚作者誰豈若繹山碑烈火焚無遺我爲考其眞觀者愼勿疑

寒夜讀書偶成　楨 子勤

寒燈夜讀漏沉沉得失殊難愜寸心降嶽有神疑柏翳增年自古誤劉歆武成盡信識非聖靜女重箋恰蕩淫漫把鴛鴦翻繡譜儒生何處覓金鍼

疏星澹月映書樓錄著丹鉛費校讐武觀何曾知馭馬黃姑畢竟是牽牛騶牙塞北爭奇獸窨爵淮南紀晚秋不使張華誇博物銀釭寂寞數更籌

木落霜高夜氣清光寒星斗一經橫音參卯柳方言異體別鉛松古義精總易雲翔追玉笈傳書安國僞金城郊天莫問麒麐鼓遠味誰知和太羹

欲掃浮雲廓太虛研經有味在三餘嫭眞獅子怒非虎凩信公羊夢化魚博士歌驪譏狗曲宣尼歎鳳吐麟書鈎天奏樂天疑醉黃卷靑鐙合啟予

行路難　楨 子勤

君不見太行之山橫蒼煙黃河之水來青天出門四顧空流連遍地荊棘長綿綿且斟濁酒休嗟歎爲君一歌行路難

賈生舂落民之望才大寡偶人非常治安數策上明主痛哭流涕空自傷雖云經濟冠一代竟使出傅長沙王君不見美人芳草春寂寞三閭散髮弔瀟湘

淮陰仗劍隨帝子漢王得國項王死一朝被逮下都船行刑不惜無雙士古來將相幾遭烹富貴功名空如此君不見羊裘獨擁富春山子陵垂釣桐江水

行行重行行風沙萬里迷征程山高水深不可測魚龍夜舞行人驚行人到此心應折胡笳終夕悲風烈君不見子陵壯歲使單于頭白牧羊持漢節

平生任俠喜武勇馬上談兵習弓弩朝斬長橋蛟暮射南山虎縱博使財如糞土明珠輕擲買歌舞結客仗義何所補殺人復讐血如雨吁嗟乎黃金白璧一朝盡蓬門寂寞無人問

狂風蕭蕭長夜寒杯盤狼籍更聲殘拔劍斫地爲君舞顧努力兮爲加餐歌詞未竟淚如線古來然諾出寒賤君不見世上人心各如面

雄縣道中　楨 子勤

回首京華壯志消蘆溝月落馬蹄遙蒹葭風雨三千里楊柳烟波十二橋夢冷邯鄲情黯黯天寒易水響蕭蕭燕南趙北多奇士居狗蚗雄漫寂寥

過泰安登日觀峯　植 子勤

蒼崖望五大夫峯海上東游謁岱宗秩祀云亭古壇靜附庸新
甫大山宮烟浮九點神仙窟雲擁千盤玉女峯俯視茫茫通一
氣翺翔日觀碧霞封

癸丑秋懷和唐丈鷺庭原韵

箕足難期要路津淮陰當日倦垂綸黃陵古廟鳴黃竹白下秋
風起白蘋汗馬有才留史冊請纓無計埽邊塵渡河辛苦征南
將枉作春閨夢裏人

宵深鈴柝寢難安長鋏侯門不肯彈斗柄横參秋氣肅槍雲枕
伐夜光寒酒澆離菊衣酬白淚灑西風血染丹濱海烽煙猶未
息閶闔何日復瀾殘

萬點蒼山獵火紅泰淮碧水暮烟籠賦才空自悲王粲經術何
曾薦馬融遠志飄零憐小草壯懷寥落感鳴蛩秣陵秋色渾如
舊極目江天有斷鴻

夢隔邯鄲繞薊燕籌邊萬里策安全武侯魚腹龍蛇陣尙父鷹
揚虎豹篇勸賊衡陽方解甲斷流江左又投鞭秋聲處處驚風
鶴閱世何當學老禪

春曉游惠山寺憇若冰洞　植 子勤

晨起壓塵市散步招提境蒼翠落人衣隔林見山影泉流琴筑
響徑幽花木靜雲深古洞寒石薄危崖洽忘情情自暢觸景景
彌永風過聞鐘梵聲度西嶺

偕石民峇甫逸彩同游管社山觀楊子淵先生遺鞭　植 子勤

秋風蠡湖濱探奇到幽壑澗底踏寒石濕雲抱山脚風高尙友
堂鶯虛翠聲閑樹雜山容暗洞古日色薄遺鞭鬱奇氣留懷何
磊落古人不可期石天期良約

己亥冬日偕益子石民重游管社山疊前韵　植 子勤

峭壁枕溪流名園俯巖壑斷雲擁山骨濕烟扶雨脚湖光晚薄
際石罅補危閣落日澹寒林涼風起長薄短笻倚略約佳釀傾
鑿落舉酒酬山靈重踐雲中約

賀高丹臨運同知入贅甯波 富陽人名鏡　　榕 子庚

淑女偏逢君子求春融冰泮白風流畫眉儘許低聲問攜手頻勞溫語酬績佐調羹今小試才高詠絮結良儔藍田雙璧成佳會一片笙歌壓曉樓

佳期正及海棠天鳳管鸞簫樂綺筵大好湖山南粉黛渾疑篇史會神仙粧臺詠絮添新句寶帳流香繞瑞蓮兩兩瓊枝春意護且教風物爲君妍

仙樂初聞奏碧空館甥地近武林東曉妝楊柳眉添黛春暖桃花頰暈紅鸞鳳聲教呈瑞靄麒麟種許奪天工百年偕老情何限佇證新盟樂意濃

代 嚴親賀顧存之五世同堂之慶 名寶河守備 恩賞三品銜

績佐河工綰守符虎臣端的屬名儒封人敢效三多祝居士應添九老圖繞膝曾元徵福備榮膺綸綍沐 恩殊貽謀繩武光前烈願待來游進酒壺 時寄寓江北

代 季方四叔賀作　　榕 子庚

縱異當年錫九齡分明南極老人星十年添算登中壽五葉呈祥達 大廷桃實福家千歲獻椿高竇氏一枝靈虎頭光大箕裘業矍鑠精神惟德馨

代 嚴親賀淮安嚴母宋孺人七十壽詩　　榕 子庚

彷彿宣文正稱年躬操井臼已殷然親調湯藥韓丧孝光大門閭韋母賢養志非同謀口腹承歡斷不計金錢兒孫繞膝徵仝福爲賦南陔相戒篇

代唐陶甫賀嚴母宋孺人詩　　榕 子庚

歡承菽水閫深閨姆教篇常內則攜孝敬直追崔氏婦賢能不愧鮑宣妻芝蘭今日盈庭秀荊布囊時舉案齊且喜一堂開壽域萊衣舞處色斕兮

早秋泊邵伯鎮即景　　榕 子庚

一到高郵水愈流來朝騎鶴上揚州風生萍末孤帆穩日落湖邊萬樹秋千朵草花依岸側幾家烟火傍河洲舟中無物能消遣聊把棋枰當酒籌 同船汪雅伯無事即下象棋

早秋過大江偶成　　榕 子庚

滾滾長江日夜流古來勝地說揚州經營南北孤舟客指顧金焦一色秋千萬桅檣依荻岸兩三星火認瓜洲天光水勢遙相映即景成詩不費籌

恭祝 四叔父七十之慶　　榕 子庚

宦遊湘水十年過德政應教虎渡河華署稱觴逢七袠封人上壽祝三多去思已有蠻人頌來暮重聽苗寨歌且喜一經先課子箕裘克紹早登科

轉瞬頻驚歲月遷華封遙祝寄紅箋輝聯棣萼登高壽彩舞萊衣尚稚年挈眷宦遊三十載回家團聚百餘天歸來早敘天倫

樂惠麓優遊卽是仙

步　嚴親原韻賀　四叔赴楚南　榕 子庚

富貴歸鄉值仲春性天篤摯在親親卅年遊宦情非倦四月贈依爰倍眞萬里長風曾破浪一團和氣早除嗔驪駒復唱行旌盪水月軒前耀斗辰

盧度駒光廿五春而今德範幸身親素心惟願追隨早青眼相看銘感眞堂構重新應共賀弟兄樂敘盡忘嗔他時榮任湖南日應記金山話別辰

乞巧日閒步草堂廡下見花香馥郁荆樹蘢森丹桂發榮碧桃挺秀雁來紅佳麗欲呈雞冠花娟妍可愛卽景

賦懷成七律寄呈　四叔父　榕 子庚

芬芬丹桂待秋繁攀折須憑隻手拔一樹荆花含曉露半缸荷葉射朝暾雞鳴應許彈冠慶雁至渾忘釋褐頻轉瞬陽和春令布數枝桃李又盈門

寄和周葉封姊丈贈別原韻四首　榕 子庚

春來卽刼杜陵裝把晤方欣願可償屈指秦關時訝逖（相聚百二十天）傾心魏闕仕方強九霄鵬鶚扶搖志一曲驪駒離別腸寄語周郎珍攝好來年榮任過吾鄉

計浣征衣値九春二泉茶敘豈無因蓬飄莫厭常爲客株守方知亦闊人愛我宛然交已舊願君常寄曲惟新南轅底事青衫濕際會來時奔絕塵

拙作無多未敢誇青燈坐對晚來霞雲梯有志高攀桂露布無難學泛槎（彼此有遊幕之意）倉頡本支慚我輩姬宗貴胄羨君家自從話別揚帆去每恨睽違天一涯

文光射處斗牛橫行見經綸名世英燕翼雙飛承過譽（是夏再索得男贈詩因有裕得新看添雛鳳之句）龍睛一點卽成名早膺百里人爭慕來宰三吳我亦榮膺器待時應其記風雲遇合快登瀛

步　嚴親吟懷原懷三首　榕 子庚

椿萱並茂膝前歡未似匏瓜繫一官衙署清閒斟魯酒精神矍鑠勝姜磻過庭詩禮誠非易肯構園林愈覺難數畝有宮聊薇

日四方無事慶安瀾閒情自傳敲詩律細楷黃庭拓扇紈轉瞬杖朝開綺席紫芝雪藕戲同看

絳帳交聯酬酢歡時人莫笑是卑官種花曾謁巖光祠秉鐸欣臨漂母磻鶴算頻添毫耋易雁行競爽兄弟難清談風月偏撝酒壯志風雲欲挽瀾詩律新奇追李杜衷懷淡泊厭羅紈往來更喜揚帆穩老健精神到處看

望雨歌 癸巳 武原作　琫森 緯辰

火繖高張赤龍馭大河水涸不盈咫炎𦦨且逼焉夷宮無數早苗枯欲死有時半空黑雲起子婦走慰老農喜萬卉無聲待雨來須臾風來雨又止吁嗟乎一年農事重三時過三時雨雨已遲低田猶可人力施鄉人袖手徒纍欷去年奇凍雪沒脛今年苦旱又告儆天意由來重民命我民何辜罹災祲卌乃長官失刑政長官有罪罪長官敢竭吾情爲民請其宰上訴天爲開夜半隱隱聞輕雷商羊怒逐旱魃去膏霤如瀑聲喧豗甘霖遍沛四野足高低田稻一齊熟

萬山招隱圖 爲任君伯墉作　琫森 緯辰

男兒不得志動嗟行路難讀破萬卷書少壯心力殫世無九方皋良驥伏櫪歎鍾期不可遇抱琴向誰彈豈無王侯門挾策焉肯干富貴須及時倏忽兩鬢斑所苦世網窄高蹈思入山蒼翠疊萬重猿鶴時往還揮手白雲去蹤迹未許攀俯思人間世塵霧何漫漫東海有彥昇抱負非等閒示我招隱圖寄情在林巒林巒渺何處一鶚橫空盤秋風振健翮直上青雲端含笑謝山靈貢禹正彈冠勿更悲遲暮惻然摧心肝

李蕤垣守臨江時搆慕萊堂乙酉闈中出郭筠仙題額囑題爲作五古一首 蕤垣湖南人字維翰　琫森 緯辰

臨江好山水古有老萊子娛親邦楚聘避地實居此斷碣與殘碑土花蝕蒼紫欲往謝高風代遠無可恃李君秉麾來予役過岵屺家有白髮人不樂離鄉里目極衡山顛親舍白雲裏下車訪遺蹟棖觸殊未已爲築慕萊堂聊寫思親旨豈維孝思篤善俗亦在是世方需異材君治臻上理寵榮日以益分聞日以起持此當斑衣還博雙親喜

題親家華玉亭梧庭玩月圖 沃州郵寄　琫森 緯辰

吾鄉有隱淪傑閣搆清閟梧桐高百尺空翠落棐几華子幽棲處相距不數里耿介絕塵俗高風昔賢企愛月夜舒嘯撫桐日徙倚冰壺一片心寫入生綃裏郵筒達道將索句不嫌俚我無大手筆敢逞雕蟲技但將肝膈語持以報知己世運厄陽九吾

道象占否而我塵網攖役役猶未已何時解組歸共君斟綠蟻散髮桐花陰坐看涼月起

秋日有感　琫森 緯辰

西風一夜冷苺苔落葉無聲滿徑堆燕子帶將殘暑去雁奴銜得早秋來朱顏暗向閒中老白髮新從鏡裏催幸有黃花開晚節且邀鄰叟倒深杯

落葉　琫森 緯辰

霜信無端冷逼秋四山無復綠陰稠要他禿盡林間葉好讓梅花早出頭

壽東林山長丁植卿先生八秩　　映奎 蓉莊

壽域宏開淑景舒寶筵大啟集瓊琚蘇門著述晚逾富潞國精神壯不如勝事重逢游泮水是年重游泮水才名早達列賢書壬辰領鄉薦欣逢洛社耆英會杖履優游賦遂初

先生風骨最高騫商皓衣冠古道存李杜文章傳手筆顧高理學識心源春逢元旦凝和氣人似靈光擅達尊從識圖書能益壽世間丹訣不須論

經術淵深吏治精在山爲愛二泉清眼中曾閱滄桑變胸次還尋泉石盟天爵豈因人爵貴文星恰映壽星明階前戲效斑衣舞玉樹森森競向榮

當時元禮溯逕家門外常停問字車曾向東林趨講席每從北斗望聲華名山早定千秋業老樹還開五色花愧我日來才思盡不堪載酒學侯芭

題祝湘洲司馬遺像手卷

湘洲司馬少有至性嘗代其父服賈遠遊四方用知山川形勢癸丑金陵失守揚州鎮江相繼淪陷君憤甚思從軍自效問大營礮彈用罄君因捐貲購鉛丸五萬斛解赴鎮江營亦旋遵籌餉例報捐同知分江右將之官道出九華山適吳撫吉爾杭阿統軍駐紮山上君往謁之忠勇公深器之目爲奇士因奏留江南幫辦總統張忠武公國樑軍務親帶常波勇五百名轉戰十餘次屢挫賊鋒忠勇公將上其功因殉難不果未幾溧水告急遂帶勇入城誓以死守賊晝夜環攻君多方守禦力竭城陷君猶率眾巷戰殺賊十餘人身被重創而卒僕人某同時遇害時年三十有二迄今展君遺像猶想見其投命時凜凜有生氣焉作歌以祀之　　映奎 蓉莊

生不用封萬戶侯但願死向沙場頭死忠死義死非死一死乃足成千秋偉哉祝君負奇氣幼耽經史裕經濟爲親服賈游四方指畫山川熟形勢東南半壁橫烽煙鶴唳風聲到處傳肉食者鄙無遠略坐失千里金甌堅忠勇桓桓正開府九華山前建旗

鼓紛紛入幕競談兵猛將如雲謀臣雨君方捧檄之西江惓惓長懷桑梓邦中丞一見心獨喜便謂國士真無雙營門日夜傳羽檄徵取鉛丸如火急毀家紓難效於蕘萬斛輸將助攻擊慷慨身隨細柳營自成一隊岳家兵溧水湯湯陣雲黑登陴自守此孤城裂眥但欲吞逆賊巷戰誰與同戮力僕真健者相追隨同時殉主死亦得丈夫報國須致身疾風勁草知忠臣臣盡忠兮僕就義如此乃足全彝倫碧血丹心照泉壤蔓草荒煙空想像何處堪尋馬革尸招魂僅有衣冠葬吾邑死難數鉅公或邀祠謚極哀榮如君大節誠無愧身後遭逢却不同我觀斯圖三歎息泰山鴻毛爭一刻嗚呼泰山鴻毛爭一刻惟君始立人臣極

讀先祖少芝公諫疏敬書卷後　映奎 蓉莊

明季政事何蒼黃君臣分手裂紀綱太阿倒柄歸閹寺堂陛之上踞虎狼羣臣附和稱同氣坐使逆僚加披猖公也一身吐謇諤獨立烏臺面若霜明目張膽敢言事終宵連上數封章封章彈劾忤中旨矯詔欲殺殊非常幸蒙朝廷重詔問臣宽宜雪臣節彰下堦攀折堂前檻欲斬佞臣請上方言訖重犯批鱗怒鬚眉弈弈森開張太子改容不加罪賜環特遣歸故鄉解組未必同疏傅創草何曾學孔光挂冠且向南山臥豹隱相看霧渺茫滄江正有漁竿在從此林泉異廊廟其時東林黨人起顧高道學名俱揚終嫌持論太憤激標榜無端生怨望始終何裨家國事激成

之禍罹其殃惟公早凜履霜戒深思後患爲豫防斯世未必隆吾道跡自遠引身潛藏一時凡鳥聲啾晰威鳳獨立千仞岡未幾新皇起踐阼手誅元惡進忠良丹詔特呼老臣起哲人其萎世惋傷嗟哉公生不與夔龍列公死徒留諫草香循環諷誦肅然起始覺先人手澤長想見當時下筆處縱橫血淚流千行抗疏本無沽直意片言但欲動君王無奈天心不可問大厦將傾力莫當祗今遺藁多焚棄僅留十疏傳青緗疑煩鬼神呵護力忠魂墨氣久流芳願書萬本誦萬遍義與訓誥同參詳留待千秋作龜鑑長與日月爭輝煌

家叔祖少宰葉唐公輓詩　映奎 蓉莊

山斗巍峩齒德尊銓衡迭掌記輶軒三朝雨露沾楓陛十載田園喜菜根（公歷事三朝於崇禎元年致仕歸迄今十載家居淡泊）心向日華縈舊夢身騎箕尾矢精魂時艱賫恨黃泉下此死何非報國恩

會列耆英夙望欽一生知足勵官箴無心勳業林泉樂有道文章日月臨半世常懸孤子淚九原幸諒老臣心何堪大樹飄零後回首靈光感不禁

和子勤叔祖述懷詩 原韵　映奎 蓉莊

頻年兵燹奈愁何脈脈幽衷託素波城闕三更兵氣重雲山萬點淚痕多九秋肅氣盤鷹隼千里戎裝載駱駝浪說平生擅風調側身天地一哀歌

男兒行　映奎 蓉莊

君不見將軍夜起登將臺高牙大纛紛山隈倒捲銀河瀉酒杯飲酣鼻息聲如雷叉不見燕市當年屠狗徒臨風擊筑意氣麤良家子女俱誅鉏立取金印輕斯須嗚呼男兒筆若牛弩張破履瑟縮走且僵何不去學萬人敵托命芙蓉寶劍梨花鎗虎頭豹頷姿非常生擒賊寇啖食充肝腸不爾捐軀赴敵死尸裹馬革橫軀塲生當努力取封侯死當殞命爲國殤

江東行　映奎 蓉莊

江東殺氣城頭黑白晝老魅攫人食陣雲橫立峯崔巍青天烏道斷不開紛紛烏合去復來鵂鶹夜叫聲聲哀霜高斫陣揮長

戟戟指流星落如石儀飧髑髏渴飲血手挽人頭向空擲大礮
隆隆轟亂山飛入晴霄了無迹連屋累棟燒成灰窮巷蕭條絕
行客伏尸塞江江不流却向空江作人立

題周茂溪獨立圖照　　映奎 蓉莊

我聞宋代濂溪翁光風霽月在胸中精研性理得宗旨通書一
卷誰能逈千載而後君繼起家學淵源闢心史少耽翰墨揚天
葩英姿卓犖眞豪士獨立蒼茫思不羣習坎遊還生風雲衣裾
飄灑絕塵俗手持瑤草含奇芬閒中談笑舒經濟仕而隱者非
忘世得時便爲霖雨資賞心自在林泉際憶昔逢君有夙緣兩
情相得各懽然親承蘭臭識君意論交有如金石堅十八年來

如轉轂吾衰已甚同朽木自憐無翼難奮飛舊雨不來嗟離索
披圖彷彿晤君顏鬚眉弈弈骨珊珊寄懷合在羲皇前結契當
如嵇阮問始遷南郭隆堂構粼架曹倉洵美富坐擁書城樂有
餘此身應共名山壽時聞雛鳳鳴鏘鏘九苞絢爛成文章轉瞬
鵬搏九萬里快向雲路高翺翔羲方得自趨庭日共羨王家善
作述瓣香宜接愛蓮人我景行之聊載筆

汪符生同轉于役津門詩以贈別　　映奎 蓉莊

儒生豈必羨高官腹有詩書眼界寬仕宦不隨時輩趣性情常
對古人歡乘風定遂宗邦志此日還憐范叔寒十七年前思往
事談詩講藝樂盤桓予在杭垣與君同硯席者兩載
壯歲欣聞仕學優家傳治譜在杭州尊人茀亭先生歷任慈清海鹽甚有惠政從今
吳越宣殊績且向津沽賦壯游封鮓庭前君自勵騎鯨海上我
言愁茀翁卒於海鹽官舍予作輓聯有騎鯨海上句波濤利涉憑忠信挽粟神倉紀遠
猷君今隱押運浙漕乘輪船駛至天津

讀明史至建文革命有感而作乙酉　　映奎 蓉莊

燕邸由來善用兵南都輔政盡書生建文絕不知軍旅臨敵猶
慚殺叔名
國破還傳駕出奔西南流落不須論貔貅十萬來宮殿那許君
臣出鬼門相傳燕師至京惠帝與程濟等從鬼門關出亟有鐵櫃一函係劉誠意所置啟視則有度牒三張袈裟數件諸語殊屬荒渺

姚廣孝　　映奎 蓉莊

黑衣宰相擅經綸一遇燕王便致身選置高僧成大事高皇有
意屬斯人
和尚難爲相可爲運籌决策自神奇讀書種子全無用第一功
名姚少師

方正學先生　　映奎 蓉莊

痛哭朝端氣激昂便誅十族也何妨諸臣勸進功名重誰似先
生姓字香
草詔當時下筆難老臣但着白衣冠生時宜哭死宜笑留取丹
心後代看

謁方公祠　映奎蓉莊

遜國太倉皇金川事可傷公然學姬旦何處輔成王鐵筆千秋在麻衣十族亡至今階下石碧血尚流芳

讀書真種子報國斷丹忱淚灑江山改身甘斧鉞臨齊黃原先策景鐵有同心執簡如南史千秋節其欽

春日感懷丁亥　映奎蓉莊

寂寂蕭齋悵獨居春風從不到吾廬忽然牕外花枝發照我衰顏愧不如

春光去住總無心茵溷飄零感不禁只有向陽花木好斷無餘暖及牆陰

讀書杜蔑漠良平借箸賢於十萬兵太息信陵君去也夷門誰復識侯生

骨相原無食肉緣那須搔首問青天英雄不遇何妨賤屠狗還將姓氏傳

殘編從此付秦灰（予平生著作病中悉付一炬）早歲埋頭大可哀塵海茫茫難託足人生無命不須才

十年患病更憂貧到處相逢白眼人早識風塵難插足還留半體作全身

乞食難吹吳市簫人問何地可逍遙黃壚才鬼應憐我快向巫陽下見招

半世空將鐵硯磨而今殘墨也無多夜來忽得驚人句信手書來信口哦

題鄭繼善詩　映奎蓉莊

風流曾接鄭公鄉詩學當時久擅場千里征衫辭惠麓廿年講席憶昆陽（先生主講昆陽書院廿有餘載）文通自握生花管長吉相隨古錦囊我願執經陪杖履前賢敢謝舊東牀（先生爲叔祖少宰公長聟）

客路風光滿眼前河聲岱色着吟鞭琴尊齊下陳蕃榻詩畫便參摩詰禪仕宦渾疑蝴蝶夢才名遠續鶺鴒篇閒中談笑都風雅避俗從知吏亦仙

平生意氣挾風騷引興何妨醉濁醪戎馬關山曾論戰（先生屢次隨營督師防勦）元龍湖海尚稱豪燕臺空作黃金想（先生應京兆薦而未售）梁苑爭傳白雪高從識鄭虔三絕妙詩成珠玉在揮毫（唐人句）

隔歲睽違別緒縈（去夏先生分郡留宛李就聘蘭儀）唐州幸復迓行旌（今夏復就聘西淮赴唐邑重聘）西窗風雨欣同語南國烽烟喜漸平（近聞金陵克復）詩律已隨人共老臣心合與水常清三秋鱸膾添鄉思共踐梁溪鷗鷺盟

題曼陀羅館詩鈔　映奎蓉莊

故里悠悠未識荆而今異地訂新盟一編拜石眞源在百里栽花治譜成戎馬關山留戰績元龍湖海負豪情由來詩律如軍律誰似淮陰背水營

中年詞賦動江濱幕府森嚴作上賓好手堪追謫仙步慧心現

出宰官身才名早獻平淮頌氣誼相扶大雅輸兩浙儒修循吏
傳君隨蘇白共三人

身世曾經浩刼來珠編辛未㕘蒿萊論詩從識汪倫意下榻慚
非孺子才樂甚西湖閒放櫂叨陪北海共銜杯知君大有江山
助落筆從無半點埃

一卷爭看冰雪姿長篇短句總相宜閒來談笑招紅友洗淨鉛
華擅色絲青眼每將寒士顧丹心惟有古人知自慚巴曲難爲
聽敢向吟壇贊一辭

杏花吟寄景行弟　　閨秀顧宜人 蓉溪公室

一枝斜掩畫樓西淡粉凝脂笑靨低清露濕衣香正冷朝陽烘

淚燕初迷珮玶響寂無佳句薜荔風閒有舊題寄語莫添春社
思捲簾愁對雨淒淒

酷暑忽涼

驟涼雨洗新詞濕潑墨連山誰畫出長信詩題扇欲捐文園曲
走琴絃澁翡翠簾櫳碧玉鉤管簫聲倚晚裝樓如將大火西流
去繡被濃薰一夕愁

贈馬夫人

秀氣山靈屬女儒共姜才調類班姑瀟寧居處飄仙桂玉鏡臺
前覆碧梧理學養成松菊韵文章教出鳳凰雛停車爲愛秋光
好共寫閒身入畫圖

七月前三日過東皋雜記

翡翠鉤簾面面開一梳月映晚粧臺綠荷擎蓋沾清露紅蓼含
羶襯碧苔烏鵲橋頭憐素影鳳凰釵脚印殘灰玉樓今夜涼如
許我欲乘風歸去來

玳瑁雕梁琥珀屏玉盤香水露華零梧桐院落垂垂葉楊柳池
塘點點萍剪燭侍兒描並蒂穿針嬌女拜雙星分明身在瑤池
上自製金梭錦字銘

嫩涼初報亂離天又向烟波繫畫船萬戶寒砧千點淚一庭綠
雨半窗烟欲將碧玉簫中怨吹到飛瓊鬢影邊桂殿清虛何處
去姮娥猶恨不長圓

浣衣風月澡晴波舊葛輕衫換薄羅畫扇半開兜鳳子曲屏低
語教鸚哥排愁自解回文句乞巧空邀織女梭試問舊時金縷
帶小蠻腰式近如何

悠悠離鳳別經年碧落黃泉兩杳然紅燭淚隨殘夜盡綠荷絲
斷幾時連明眸秀髮今生見小篆金窩再世緣最是夢來還繞
膝綉裙花褓似從前

青粉牆頭掛薜蘿西風殘照又經過愁窺玉鏡雙眉淺病掩紗
窗半月多隨俗可能除筆硯躭幽端合任烟波薰爐夕剩餘香
冷懶覆瀟湘六幅拖

花溪月沼莳蘿居石榻湘紋午夢餘千點荷珠凝作泪三秋雁

字欲成書幽閟不待防言鳥清淡何須吸玉魚且向碧窗聆月色韶華堪恨未堪虛

玳瑁斜梳一握雲晚妝臺閣倚餘曛誰教砧杵驚秋影自數更籌耐夜分破寂漫傾鸚鵡盞留香偏惜鳳凰裙憑教繪作淸涼景半榻琴書半簟紋

遙山遠岫望中過夢斷江花寫水和待挽輕雲翻髻樣先描湘水製裙拖高樓錦瑟誰家月秋浦漁船隔岸歌作計巧炊薪似桂無珠可賣屋牽蘿

睡起頻將鸚鵡呼畫屏花影不勝扶無題自贈香奩句適意閒臨水墨圖懶把湘紋䰍玉軫偶敲方響繫珊瑚重來拾翠樓前

過試問今宵月有無

一抹秋痕迸晚虹大羅遙隔水雲東春波瘦影憐鬟亞夜月淒涼畫舫同剪燭最憐卿說夢看花應憶我書空自從青鳥無消息贏得愁心似玉紅

百疊叢聚倦登臨寂靜幽居木葉深絕粒不難權煮字斷炊何忍便焚琴埋愁未有容愁地好賦曾無買賦金怯自袁安高卧日任教天氣作秋陰

一種枝生兩樣花雲泥原不隔天涯翠圍珠繞羅敷院玉映冰淸道蘊家伴我索居連夜月看他封詰七香車登高醉擁茱萸女笑指青樓日未斜

幽居贏得歡看花坐向行吟對日斜執拂青鬟閒數雁擘箋嬌女學塗鴉寄風細雨芙蓉國冷露凝香桂子家此景近來消受遍不妨淪落度年華

薜荔墻邊御苑枝淒淒不似倚雲時經年塵鎖臺前鏡何日紗籠壁上詩舊夢風前殘燭淚愁腸秋後敗荷絲碧天雲外煙波濶雪落寒汀雁正悲

典飾

鏡裏韶光夢裏憐不堪重問十年前況埋賦雪題花句漫減嗔風恨雨篇業債儘償兒女累皮囊消盡病愁緣此生自許淹裝閣素影餘香伴黯然

新正病中寄呈諸女伴

窮途淚盡剩無聊勝字平安懶剪描綺閣如花人婉約池塘芳草夢迢遙孤眠對雪雖拈韻獨坐濃香懶畫綃肯與愁人相對飲買花沽酒過春朝

聞娃有適富人幽怨以歿者代爲一慟

散朗高情自不儔何須金屋便無愁柔鄉豈爲才人設傾國端成薄命由身後繁華俱是恨生前恩怨未能酬青年忍使埋青塚應脫秦樓赴玉樓

仙蹤只合住煙霞也向裝臺泣歲華鬬草最先輸茜蒨將雛猶自悔蒹葭紅絲不繫生香骨黃土偏埋解語花敲斷寶釵留寶

相莫教來世誤兒家

悲遣

一窩雲懶掩裝臺蛾道瑤池暫謫來天壤未能容薄命人間空白說多才拈詩北面琉璃匣破寂西窗琥珀杯遣悶獨憐書帶草忘憂不必滿庭栽

病中簡故園女伴

慵妝不上小妝樓風動環玎翠影浮賦買茂陵甘愧澀詩題長信扇應羞雲深霧鎖飛瓊病瑟冷琴閒蔡女愁剩有窮途無限淚滌將塵研待伊酬

示景行弟

謝庭風絮互相賡獨自飄零每不平天壤奇才誇有弟閨中贏質媿稱兄難從夢裏尋佳句翻爲貧來負俠名暫借清明作鐙夕一年能得幾回幷

又簡景行

記得風帆映柳枝歸來無那處雙眉梨花庭院孤吟夜芳草池塘憶夢時俠骨未灰還滯病落花鋪錦又成悲故園春色今餘幾尺素何慳慰我思

秋思

怨葉飛黃不自支故園信杳雁來遲聞砧已幸無腸斷化蝶還愁有夢知隔歲裙園寬素質深宵蟲韻織愁思掀簾試與姮娥

道此際清光爲照誰

寄懷表妹張夫人

歡場回首卽愁場歡緒無多愁緒長明月隨身留故國西風吹我夢橫塘殘霞淺水連天恨野草疏花到處傷芳訊動成經歲隔不知鱗羽爲誰將

再歸涇里與弟話舊感賦

落魄無家自可憐舊遊回首思綿綿繁華易去渾疑夢貧病紛來懶問年南國河山存古跡西鄰佳麗說遺鈿平生幾許傷心事立盡斜陽慘淡煙

秋日雜感

征鴻昨夜度衡陽簾捲西風透嫩涼帝子閣中懷故國仲宣樓上憶家鄉銷殘俠骨添華髮典盡春衫剩舊箱回首去年燈下宴雁行酬酒媚高堂

秋暮病中哭仲英

庭際西風颯暮秋殘魂依約滯芳洲素娥夜永黃花泣青女霜寒白雁愁有酒祇堪消逆旅無緣難與葬才邱舊遊回首今何在腸斷秦家明月樓

病况

愁壓春山鎖不開廻文小字錦慵裁衣寬試出腰圍細淚盡還如蠟燭灰簾外一番新雨過樓頭半夜雁聲哀西風吹起孀閨

孃却使青衣問病來
又是花朝釀雨天不堪回首事如煙釵敲翠竹消閒冷屏掩疏
香耐獨眠十載閒愁殘夢後一生雙淚落花前傳言門外春如
錦每到登臨便惘然

白燕用舊韵

夢影梨雲半是非珠宮玉闕記依稀裁成素練乘風去銜得楊
花帶日歸翠羽偶沾蝴蝶粉舞衫初換雪兒衣最憐當世無青
眼錯認尋常一樣飛
水晶簾映見還非巷陌飄零伴侶稀柳絮才華林下韻白頭情
感茂陵歸暈珠綴玉堪爲佩剪雪裁霜試作衣赤鳳莫來窺異

種高情不向漢宮飛
素面朝天事已非六朝裝束記全非冰綃淡雅霜前見羽扇風
流月下歸掠水輕煙欹側玉隔花微雨濕雲衣窗閒一樣嫦娥
影應照關河夢裏飛

憶昔

藥砌花臺一歲過薄妝殘淚悵如何衰楊照水傷孤影落葉題
詩付逝波病到深秋腸易斷銷香獨夜夢偏訛無端窗外淒風
雨桂子飄零落已多
木落當牕小閣幽昔年曾作此妝樓重來伴侶飄零盡去後亭
臺別樣愁夜雨催將庭桂老夕陽淒斷楚天秋相如四壁差堪
擬可許排愁爲典裘
西風吹恨上窗紗露冷空庭桂影斜無可奈何今夜月最堪憐
惜暮秋花飛來險韻聊爲笑檢點空囊怕問家回首舊遊成夢
境可憐飄泊度年華
此地重來又十年斷腸回首事如煙庭臺半屬他人有花木移
栽別苑妍拾翠怕過閒冷處梳蟬猶憶舊妝前小樓依約東風在
露鎖雲迷自黯然

除夕 并序

入城未幾除夕解維束還扁舟風露回望滿城鐙火不能無
窮途之感時余年三十有五

率蘿補屋賣明珠綵勝何心換舊符疏懶未容酬素志古稀將
半媿頭顱鈿蟬金雁看來盡裙布荊釵許剩無誰謂侯門煙火
夜一帆風露泣窮途
啼珠壓袖不堪量一片輕帆載斷腸飄泊行踪如作客淒涼面
日稱居孀療饑難煮詹花格遣病聊裁問影章此夕是誰惆悵
甚梁鴻愁望正徬徨

柳絲

漸舒金線淺籠煙不似黃楊厄閏年愁思漫頭征婦淚風流獨
占釣魚船恰逢鬭草裁爲鮝別有閒情製作箋莫訝隨風無定
所一枝曾領散花天

次蓉濱燕中寄韵

一自殘啼掩碧紗更無音問到天涯牙籤近日俱緘綱嬌女新來學績麻桂玉急徵針線債布荊頻疊子錢家相如壁立原非病懊恨空教老歲華

雪中有懷蓉濱西洽渡口

河山如在畫中看却憶西洽渡口寒柳絮有情羈淚迹梅花無信報平安思家慣說遊還倦痛飲原知興未闌爭似碧紗銀燭夜剪冰裁雪坐更殘

錫山東里侯氏宗譜《卷十二　顧宜人遺詩　卅五

覽古雜詠　閨秀　嚴孺人伊兼公室

留侯循世法功遂冀存韓制欲順其理脫身棲林巒千載仰高風潛迹若龍蟠貢禹俟彈冠交深義自安范雎坐飛語不能全羽翰復仇歸相印庶快後人觀明辨雖有才未能探道源李陵降匈奴一朝催膽肝悽愴懷故鄉憂思集百端蠢蕞纍風雨羶酪供盤餐一背漢廷闕遂使厥族殘那言漢恩薄弔影徒悲歎靜觀此中理方知居易難

哭長子

付汝扶衰謝相依昏復晨一夕別我去魂逐汨羅臣雖非古貞亮詩禮夙昔臻逝歲戊戌夏生逢庚午春有子纔六週聰慧亦

錫山東里侯氏宗譜《卷十一　嚴孺人遺詩　卅六

絕倫玲瓏頗曉事號哭傷旁人幼者最嬌小牽裾日百巡妻能謹素位啜菽矢安貧顧此失所恃嗚咽氣莫伸樓東所藏書縹緗絕纖塵新籤齊次第舊册如積薪黯然觀此書傷哉見其神寡言亦如愚卓犖多清眞規箴絕座右忽焉喪其身損友有薛子係爲中表媚出入躭燕樂相邀戲水濱族姪亦同行挪揄來鬼神逸歸便安卧忍使二命湮見機能自守設心寧匪仁昊天已不惠構此大禍因冉誠隨水逝傲骨猶嶙峋吁嗟望汝子庶矣成席珍

立春

何處看春至庭梅早試裝物驚節序易人逐世風忙鵲噪晴簷

日風傾竹徑霜小樓閒眺望山色已蒼蒼

夏日

炎暑兼長日心空樂靜便詩書爲益友松桂共流年果綻梅風後蛙騰時雨前自憐孱弱質況復百憂煎

季秋絕糧

冷淡呈秋色風林報早涼暗塵浮釜甑飲水陋魚魴行險生心亢平懷用意長虛窗堪坐卧端不讓羲皇

雪窗

積雪明窗外能無思古人謝庭飛絮日天女散花晨漸減層巒翠全鋪世界銀天心純潤物幽谷自生春

歸寧

歸寧緣舊歷故社換滄桑弟在同霜鬢兄亡廢肺腸天心容萬物人意逐興亡瞻睇慈雲下恩從日月長

丙午夏日仲弟避暑觀復堂因憶往年伯兄季弟及堂仲弟同聚於此相樂也今獨仲弟在二人者已長逝矣

堂牓名觀復居人儘九思桐陰涼夏簟窗敞靜圍棊造化文千首權衡酒一卮飄零今日意俯仰每隨時

丙午冬陰雨浹旬冰雪乍至嚴寒倍常有至親貧窶者既愧無周急之力深歎其不及之情

不信由人手能爲返日戈欒漉曾學圃長史舊持柯難補尋常缺偏于天地和綢繆鬱外雨翻作淚痕多

春日登龍光塔

登塔遙天淨穿林近日紅解鞍銀杏雨繫馬綠楊風山翠生欄外湖光照檻中晚來新月上疑是水晶宮

嚴寒閉卧竟日不起

晝寢三竿二心閒喜退藏霜天晨擁被蝶夢午盈牀准作魚龍卧奚從鶴隼翔壺中懸日月醒夢自無妨

六衰八首

徑僻無來客門閒未掃除寒花猶點綴低竹自蕭疏塵滿殘書卷音沉雙鯉魚不因人熱處幽雪遠庖廚

日月昏兼曉浮生酒一盃山光明檻外飛翠入簾來結習從人染宗風古聖開隳懷娛視聽應不羨蓬萊

春日毗游玩迎風坐石闌荆釵清儉易梳裹入時難蟠影深宵望花枝待曉看同羣勞杜翰幽隱近平安

有意分修短無營任屬張大年崇蟪蛄小景足榆枋榮瘁吞游戲窮通莫較量庭梅開數點橫影占幽香

補綻頻添線輕綃老眼揩遷移宜泯跡方位待安排夷險緣偏鄙平懷自偶偕心空能轉物應用亦無涯

閒看嘗凝望飛鴉過女牆窺晴花綴月曉夢蝶盈床對鏡顏非舊拈題意若亡輕雲本無定只是近殘陽

歲暮渾無事相從有舊氈看雲心本性逐物意關天攬筆追新
夢聞鐘驚夜眠鳥啼從旦旦不用惜流年

得失空回首營營六十年金章慚肘後玉樹望風前梅落心仍
潔松凋性不偏敢言能見過庶免後人傳

菊花

潔比藍田玉清如姑射仙蓍慈炎暑月綽約暮秋天金碧明風
靜馨香帶月妍無營貧亦樂日日醉花邊

重陽

重九嬉遊日人情何後先折花傾綠醑落帽得佳篇俯仰成今
古逍遥任歲年三秋山色好行樂勝春天

己未歲暮雜詠四首

莫問窮通理年光最易拋碧天書雁字清旭畫梅梢守訓懸詩
禮矜能鄙斗筲歲徂觀復始采綠遍長郊

生涯奚白慶稀古過昇平落落松高峻嚶嚶鳥獨鳴捲簾山色
靜詩夜畫屏新莫道渾無事書城去問津

故社凋零久情同意愈親昔時俯仰迹今日死生人書斷雙魚
信箋空四海賓滄桑看物化得失向誰陳

小院疏簾下栽箋遞短謌中和知性善廓落奈才何衰晚西崦
暮欷傾白髮多賣珠愁已盡補屋待春羅

兩子之柩擇吉於甲子臘月十八日安葬東門外新阡維
大姪山如終始周旋余老人蓋中心藏之遂攬筆以記兼
作短句告二子之靈睠。

掌珠辭怙恃長別往天涯書卷音容在庭幃暮景斜鶺鴒虛可
惜燕雀實堪嗟彷彿魂歸日迢迢去路

依膝嘗無所臨闈豈有期十年螢雪案三尺墓墳碑衰謝傷頭
白長貧惟椿儀一盃聊設奠滾滾淚相隨

七袠八首　作六

髮短心何有年華已古稀庭烏知反哺梁燕喜雙飛孤立奚趨
競忘形絕是非下愚終守拙大雅莫相譏

花萼驚春早庭梅放最先委情絲雨後寫影月明前寄驛煙迷

渡書傳鶴唳天親疏零落盡不必問當年

咫尺南城路言歸今已墟恩深天罔極薄命我何如書字看鳴
雁藏書任蠹魚趨庭無故跡春草綠于疏

衰晚無餘事焚香閱古書雀喧知雨過月上報更初冰雪明窗
淨煙霞暮景餘寸陰當幼惜老大莫欷噓

寶幅雙雛好庭前戲百回看花邀撲蝶對飲學擎杯朱履明金
綉春衫稱體裁也能知賀節拜舞笑顏開

回首浮生理窮通未預知沉潛孫謹行應對子宜時晝鼓迎燈
早金魚換酒遲新正稱歲首相樂載歌詩

別映山河園中故居內有百尺樓冰谷居夕佳軒等名兼

別花卉

小苑幽棲不計年遠山疑綠映流泉客來泳谷談秋水窗倚清川放釣船簾捲長空樓百尺軒多佳夕月如弦忽言移室頻惆悵行止翻疑在夢邊

庭松徑竹助愁新說與今朝換主人牛怕鶯啼醒舊夢無煩燕語絮晴晨月籠桂影愁行色雪壓梅魂憶去春休仗東皇問花信桃源深處不通津

己酉仲秋寫意二首

人情翻覆莫爭能晚起無嘗似杜陵道說荃言蕉鹿夢學傳宗旨法王鐙心空豈戀頻來鵲目眩何妨談拂蠅自有煙霞憑問

訊休誇游燕洒如澠

小樓秋爽喜晴晨清儉無煩犀辟塵一榻琴書消永日中窗梅雨報殘春步兵沉飲悲寥落陶令行歌樂隱淪試問古今彈指盡忘機偏得性情眞

詞

長相思　晰　桊辰

記來時憶歸時不語凭闌撚柳絲無人春晝遲　寄歎詩和儂詞總是相思兩字兒休教鸚鵡知

金縷曲　送鄒二尉還秦　晰　桊辰

世路浮雲耳再休題家園寥落炎涼如此五載南冠魂欲斷醉酒耽詩而已曾未減晉人風味贏得鄒陽豪氣在寫丹青聊作生涯計驪唱咽寒飆起　一鞭斜日楓林裏弔興亡秦川繡嶺儘供游戲更喜有妻甘共隱不灑尋常別淚好相慰羊腸迢遞何處郵亭堪繫馬積香眉高價長安市君去也名成矣

臨江仙　晰　桊辰

紅藥開殘鶯綠暗闕茶深院清幽呢喃雙燕語風柔蛙酣人困慵自整羣簪　宿醉未消香夢醒倚闌閒看梳頭一簾梅雨似新秋菱花影裏斟酌遠山愁

采桑子　武陵歸夜泊吳江　晰　桊辰

分明又是秋江路短棹煙蓑唱徹吳歌隔浦漁鐙隱芰荷
依稀柳港維舟處生怕風波涼月無多掩映低篷幾點螺

滿庭芳　晰　桊辰

竹粉微消柳綿纔斷低飛乳燕雙雙輕寒乍暖可奈日初長幾陣荷風梅雨闌干角猶帶斜陽湘簾卷未拌憔悴重換藕絲裳

蘭芽魚子綻曉涼時候移向紗窗似惢珠金粟別樣幽香回首桐陰深處纖纖月催卸殘妝欲睡也慵慵情緒清夢繞池塘

南歌子 晰 粲辰

花密金鋪暗香殘玉漏清小庭簷馬夜琮琤喚起箇人階下看雙星

踏莎行 舟過新豐 晰 粲辰

幾點歸鴉一行衰柳西風落日蒲帆驟秋江景物已消魂那堪更值重陽後 岸峭如山潮奔欲吼十千沽得新豐酒篷窗何處撥琵琶教人暗溼青衫袖

卜算子 楚江舟次 晰 粲辰

一帶白沙灘幾箇黃茅店屋角青青矗酒旗漁唱江村晚 小鳥掠晴波低樹迷荒岸爭向篷窗數戍樓忘卻家山遠

少年游 晰 粲辰

短牆青杏箇人家瀹茗試蘭芽半榻圖書幾縷香篆蕉影綠窗紗 戲拈湘管臨文淑點染絕鉛華水墨淋漓粉脂零亂一幅斷腸花

長相思 晰 粲辰

風淒淒雪霏霏風雪間關匹馬嘶教人生別離 花飛飛柳依依花柳縈春燕壘泥此時歸不歸

浣溪紗

碧玉搔頭白苧裳簪來茉莉鬢雲香最宜低髻坐乘涼 愛聽秋聲籠絡緯閒尋春夢語兒郎一襟風露未歸房

又 晰 粲辰

倦怯單衫睡起遲鶯聲忙煞鬬茶時耐他風日助相思 燕翦巧翻紅雨亂柳絲斜拂綠烟低一春幽夢斷橋西

柳梢青 晰 粲辰

所謂伊人非耶是也彷彿眞眞湘月為容幽蘭為氣秋水為神 墨痕香露氤氳剛現得菱花半身如醉如醒含顰含笑疑雨疑雲

行香子 自題畫卷 晰 粲辰

阡陌柔桑夾岸垂楊隨橋轉一箇村莊前臨流水東繞高岡以槿為籬茅為屋紙為窗 妻孥皞皞雞犬攘攘沿溪藝百畝香秔團團竹塢小小魚航更有茶山有蔬圃有菱塘

采桑子 武陵歸夜泊吳江 晰 粲辰

孤衾不耐薰蘭麝辜負秋涼贏得思量絡緯聲聲織漏長 茫茫銀漢橫空碧月上東牆人靜西窗徹夜清輝冷似霜

滿庭芳 集句送春 晰 粲辰

燕子呢喃 宋祁 梨花寂寞 韓玉 玉爐殘麝猶濃 李珣 秋千影裏 歐陽修 低樹漸蔥蘢 元稹 下有游人歸路 王安石 空目斷 柳永

嬌馬華驄趙長卿 懨懨瘦李之儀 留春無計趙彥端 背立怨東風姜夔
愁紅顧瓊 吹鬢影毛滂 漫天飛絮向子諲 密密濛濛張泌 傍池
檻徧歐陽修 幽恨千重黃昇 惆悵曉鶯殘月韋莊 眠未足吳文英 欲
語還慵馮延巳 鴛衾冷柳永 也應相憶張先 昨夜夢魂中李後主

菩薩蠻　晰 粲辰
海棠露潤胭脂膩 曉奩香裊沈煙細 菱影月般明 春山分外青
憶來花下路 欲語鸚鵡何處 赤闌干 雙憑夢裏歡

南鄉子 除後題壁　晰 粲辰
痛飲發狂歌 轉眼韶光似擲梭 肯作尋常兒女態 呵呵 便是風
濤奈我何 蝸角總無多 爭雌雌雄一任他 莫到前途行不得

哥哥 回首江山依舊麼

又 和夏若妍韻贈金閶干校書　晰 粲辰
梅額試粧新 短鬢金貂白練裙 可記疏狂爭擲眼 東門小立樓
頭待看春 一曲最銷魂 妙舞臨風欲化雲 爲問酒闌微雪夜
何人倚醉偷偎半臂溫

誤佳期　晰 粲辰
紅樹黃花蕭索 畫裏板橋村落 孤鴻嘹嚦一聲聲 叫破秋雲薄
隻影有誰憐 霜月穿羅幕 爐香撥盡不成眠 夢也愁擔閣

浪淘沙 潯陽江附信　晰 粲辰
春樹暗潯陽 一抹煙光 檣燈點點水茫茫 何處琵琶初按拍 惱
亂柔腸 若箇是歸航 寄語紅窗 擬從雲夢渡瀟湘 肯負落霞
孤鶩句 領略秋江

蘇幕遮　晰 粲辰
絮花輕 鴛瓦白 冷透疏籬 雀凍梅梢折 颯颯紙窗風欲割 鶯吐
鴟紅 染就胭脂雪 鬱金香 烏玉玦 半盞瓊漿 可療文園渴 爐
燼衾寒仍似鐵 忍聽簷牙冰柱敲殘月

虞美人　晰 粲辰
銷魂舊事還疑昨 似夢驚飄泊 破窗殘月謝娘家 不記重陽閒
徧木樨花 同杯笑飲茱萸酒 刻燭催詩就 吹蘭暗度口脂香
箇是一生愁味悔輕嘗

雙調南歌子　晰 粲辰
轉語銘心鐵 柔腸續意膠 袖香偷擁乍驚拋 約略畫樓雙影燕
雛嬌 少別千年潤 迴看萬里遙 箇中眉眼夢中消 那禁輕魂
一瓣落花敲

閨中好 集唐　晰 粲辰
更漏永馮延巳 無語倚屏風李珣 紅燭消成淚溫庭筠 淚痕衣上重
顧瓊

踏莎美人 舟泊漢口有懷　晰 粲辰
閑鎖晴川 洲連鸚鵡 長空萬頃煙光暮 買帆雲集漢陽城 恰又
天涯芳草遍清明 仙笛乘風 神鴉餞客 黃花低襯遙碧漢口有黃

花地節近清明花開徧野士女嬉游咸集於此焉江南春色夢中情一任斷橋楊柳白
縱橫

鳳頭釵 晰 綮辰

憶勞勞盼迢迢幽期潛訂是今宵水溶溶霧濛濛銅壺幾轉畫鼓三通咚咚咚　影蕭蕭夢飄飄依舊梅魂伴寂寥別匆匆語喁喁波心月冷鏡裏花紅空空空

調笑令 煙雨樓 文燿 夏若

煙雨煙雨曾映朱樓歌舞池邊依舊鷗盟畫角空餘月明明月明月今古幾番圓缺

望江怨 文燿 夏若

歡期誤今夕應將何夕補鴛被涼生露搖紅燭影香還吐向誰訴妾命薄于萍郎蹤輕似霧

錫山東里侯氏宗譜　卷十一　夏若公詞　七

風中柳 鸚鵡善言忽無故而死南宗女師哭之甚哀余因作此慰之 文燿 夏若

綠委紅憔底事今朝回首肯思量解倏人否禪關寥寂歎心經誰授唐明皇命貴妃教經以避禍難琵琶拍又誰猜扣板琵琶蔡確婢名每扣響鸚鵡即呼之不已人世盧舟好把死生參透勸伊行且消清晝想歸西土免牢籠厮守料應傍玉瓶楊柳

月上海棠 六 文燿 夏若

結成石上三生願怯春三淚逐三秋換偷並闌干避猜疑倚來剛半消魂處夢到巫山恰斷　陽關三疊添淒怨一聲聲唱罷還重轉那得金釵展湘屏兩行分遣相思苦十二時中頻判

滿江紅 重九自壽 文燿 夏若

爽氣橫空儘聽徧蛩聲繞屋依然又秋光做也惱他偏速歲歲題糕酬舊句年年對酒尋新菊謝知交漫許遞清商開元曲　慚羣驥頻羈足傷雛燕輕埋玉便傾酒五斗愁還盈斛世態百端帷令媛子褱一日兼謂哭算不如學佛不如仙盟鷗鹿是歲余有喪之

望海潮 渡江 文燿 夏若

雁來燕去曉霜殘雪一年兩渡錢塘脉脉幽懷霏霏煙樹誰同冷暖商量莫便說興亡贖惱人風月錢趙滄桑迅速家潮怒濤奔馬總淒涼　不如歸去家鄉有蓉湖畫舫綠綺紅裝爆竹聲饒屠蘇沈醉相思客夢纔償猶是倚斜陽憶幾年浪迹揚子彭郎歷盡無邊此際其三江

錫山東里侯氏宗譜　卷十一　夏若公詞　六

沁園春 江郎山在江山縣之東傳聞江氏三兄弟仙游化石而去地以人名由來久矣勝國初予高王父太僕公曾令此地歸棹道經賦以誌感 文燿 夏若

水驛餐風山程吸露愁緒如絲怪三峯高峙依然雁序層巒環翠儼若追隨留石人間仙踪飛去贏得今朝泣路岐沈吟久想天涯兄弟一樣相思　官衙榱桷堪悲是舊日甘棠祖澤遺悵衣冠如在徒徵家乘滄桑幾易覓盡殘碑父老無存子孫念舊俎豆於今更屬誰相逢處儘長歌浩歎難寫餘嶽

又 七夕後一日閨思　文燿 夏若

河影猶斜彩雲未散曉倚裝樓見金籠珠網嬌娃鬬巧玉盤花果小婢爭收片晌歡娛百年心事隱約柔情天際浮還堪想想鸞車欲返步步回頭　塵緣肯藉人謀便帝女天孫敢自由怎七襄初罷廿爲惆悵雙星既合未解攀留淚子飄零深閨離恨遮莫仙凡一樣愁而今悔悔從前不合也學風流

又 冬至日游西湖同東雷瞿大賦　文燿 夏若

西子湖頭疏狂謝客舊日曾來儘香爛粉榭初除花絮湘簾翠幕沒點塵埃萬柳藏烟千桃散雪知爲官家近日栽嬉游處愧才非江董題徧蒼苔　怱怱更惜芒鞋奈冬盡羈棲無好懷且

不衫不履閒隨蘭槳傷今弔古狂倒桃杯斷續僧鐘微茫漁火妙手新磨一鑑開空濛句料勾留未許儘我詠諧

又 舜威姊二詠十姊妹花十首見示索和作小詞答之　文燿 夏若

我自狂吟君惠新詩茅塞頓開記海棠殘後輕盈誰似楊妃醉了綽約堪倩不道伊家翩翩舞態恰是昭陽漢殿回憑癡問這芳菲叢裏容我書獃　若能補滿金釵便十斛明珠也買來但翠紅零落相思難判 下缺

金縷曲　文燿 夏若

寂寞潯陽道更風風雨雨幾多離抱忽覩幽香暗惹悵殺空閨人杳想昨夜燈前佳兆階下石榴簪午鬢向晚粧茉莉拖鬢好持此贈拈花笑　天涯猛省身將老最傷心對花無語倍增煩惱已是斷腸腸未斷又值斷腸之草塵世網問誰脫早豈恨玉人兮不見恨玉人不見兮顛倒珍珠號休提了

又 寄懷恂令呂二　文燿 夏若

世事無可否儘幾度傷離忽又幾番聚首坂上籃輿江上楫自笑年年折柳想閉戶著書斗酒對月逢花心似錦算清閒只有君消受堪羨也盛名久　椿庭先我萱堂壽憶年時芝蘭香砌飛觴鼓缶夾袋人才門第盛傳世文章眞有料未肯落他人後我劍塵生今已矣更絲絲兩鬢如何剖壯懷減悲游手

賀新凉 月詞　文燿 夏若

最愛中秋月未經題瓊樓玉宇寒生八月怪底珠多愁歲稜暗祝今宵有月好安寢北堂明月誰譜霜娥傳怨曲待看登天柱峯頭月笑不改庾樓月　古今幾見長庚月不醒而顚推白也醉來乘月收拾雞窗拋雪案苦讀還期隨月儘盼著雲梯懷月回憶客天涯阮嬾嵇狂閱盡千江月早又伴團圞月

天仙子　文燿 夏若

淺淡梳粧疑人畫紅香半露垂楊下更多笑語勝人歌如簧話眞無價悄向小窗占一卦

西溪子　文燿 夏若

知是閒愁無寐欲起翻教成睡思懵騰誰憐惜怎忘得暗把星

眸輕擲春夢未分明幾時醒

又　　文燿 夏若

花月休教沈醉料得更闌歸矣記年時櫻桃瘦金釵扣嬌倚畫橈籠袖售事滿心頭夕陽樓

又　　文燿 夏若

暈窄嗔郎扶醉佯倒郎懷裝睡强郎扶羞郎怯怕郎別索茗喚郎消渴夢醒尙偎郎怎郎當

點絳唇 題扇頭櫻桃　　文燿 夏若

顆顆勻圓赤瑛盤內曾餐壽問誰染就嬌點胭脂口　攀折難禁小鳥枝頭噪拋紅豆多情纔逗誤入春桃手

誤佳期　　文燿 夏若

歲歲韶華已換何必花朝繾綣惜花懊和惜春愁招得東風怨閒煞杏花天妒煞桃花面白花催信恨綿綿咫尺巫山遠

相思兒令 題希逸芊子書　　文燿 夏若

幾幅龍綃點染攤向碧紗窗看到芳魂銷處雙臉暈紅霞　箇箇小鬟堆鴉更描成楚岫雲遮就中天樣恩情春風知落誰家

雨中花 偕家叔槃辰登武林吳山　　文燿 夏若

一面西湖新樹一面錢塘古渡偏我同遊邀君獨眺添了蕭蕭雨　千載英雄成敗處都付騷人題句看好景無邊空濛瀲灩留與君今譜

踏莎行　　文燿 夏若

瘦不勝衣嬌偏勝酒天然玉骨風前柳相逢時作浣紗看知他可記山盟後　繡閣輕拋天涯客久難憑旅夢驚回首歸來正擬訴離情離情莫遣明年久

一翦梅 七夕雨窗　　文燿 夏若

看盡年年駕鵲橋坐也無聊睡也無聊私許牛女淚珠拋會也今宵離也今宵　隱約銀河帶雨飄詩也難描畫也難描人間天上總魂消拙也徒勞巧也徒勞

行香子 秋夜同硯石張姊丈賦　　文燿 夏若

風自蕭蕭雨自飄飄怪秋來暮暮朝朝花飛片片柳膩條條正

大慘慘雲黯黯水滔滔　雁已嘹嘹燕已寥寥笑人生擾擾勞勞黃昏寂寂好夢迢迢向燈悄悄意憧憧影搖搖

滿江紅 溧陽道中寄懷長兄　　文燿 夏若

月滿湖山慨都是舊曾相識也不道逢迎寂靜撫今追昔風滿江湖浮野岸日移帆影趨荒驛數韶華三十六年來長如客　餘子輩鵬添翮如公等馳駒隙盼茫茫千里寸心脈脈搔首一樽歌伏櫪壯懷未肯埋塵跡問何時掞藻試金門天人策

又 偶聽法音有觸賦以示內　　文燿 夏若

自笑疏狂忙碌碌半生擔閣撇不去愁縈心曲塵勞束縛庾信詩成樓獨倚陶潛酒醒杯仍索記挑檠睹著評黃昏年非乍

而今事從前錯牛衣冷腰如削聽金經三昧問誰先覺縱喜長安風月好莫辜于野鶯花約願同鄉一洗舊時腸都丟却

又 乙巳春正二日送歆哲族兄還維揚余適有晉陵之役非次賦別 文燿 夏若

君賦歸歟且先問重逢何日分袂處離懷無限怕翻新歷蜀嶺乍回吳嶺棹廣陵借作毘陵客訴平生眞箇斷人腸空嗚咽　朱門舊汾陽宅黃門第欣同脈慨河山邈矣誰分玉石馬首莫愁風雪滿音書早囑頻傳驛笑天涯不比此情長兄須識

百字令 贈永康亦澥徐大 文燿 夏若

桃溪深處問何人瀟灑鑿開池沼箕踞科頭君入座高士風流同調橘綠柑黃鱸肥鱠美休羨江南好晴空如畫編籬細竹雲

雪雁溪橋行聽世事浮雲長安棋局合向此中老今朝花徑豈繞　暗憶湖海飄零無多管鮑難覓樽前笑更苦忽忽明日別緣知己重掃

又 贈王校書 文燿 夏若

春光纔漏恰人來可意亭亭如玉楚楚丰姿歷碌碌故故道家裝束紅豆拈輕紫簫吹緩腸斷臨風曲江梅信早垂陽幾縷催綠　惆悵賭酒闌珊珠樓雪滿雙袖偎人熟做盡嬌癡還記得月底燈前偷囑莫負鶯花休迷蜂蝶都付愁千斛他時重蹈尋芳應住金屋

菩薩蠻 士驤 春塘

含情悄倚屏山立春宵怕見如眉月眉似月纖纖愁痕連夜添　兩枝紅燭並濃淡人雙影驀地眼波回相看還自猜

浪淘沙 士驤 春塘

盼到柳條青已過清明落花如雨聽無聲不信一春憔悴意單爲啼鶯　斜月滿空庭香霧冥冥簟紋如水夜淒清睡去總然無好夢卻勝愁醒

河傳 塞下曲用柔卿體 士驤 春塘

殘月如玦照平阜登地西風怒號穹廬行炙酌葡萄呼曹天寒北斗高　篳篥聲悲人醉也更三打射虎蘭山下折飛膌沒石稜先登馬蹴雲萬層

蘇幕遮 寄懷楊蘿裳時在蜀中 士驤 春塘

笑裁詩閑賭酒記得相逢剛是櫻桃候小院寒生花影瘦金葉拋殘忘卻春宵久　望巴山遮隴岫脉脉心情夢裏空頻逗開到藥闌紅豆處試問東風莫道人如舊

瑤華 春雪次蓉裳先生韻 士驤 春塘

怕教春見應背春來何事隨春墮紛紛飄灑留難住憑仗冷雲紫鎖園來一掬貼梅萼易融香唾倩東風熏染須勻樹樹綴成冰朵　借他暖玉弓弓諒深掩重門對影痴坐庭心舊角奈向曉已被晴霞烘破苔痕借潤看綠意生姿婀娜恁心情也逐寒消秀何飛來難和

喜遷鶯 春聲　士驤 春塘

夜烏啼了正一霎消凝東風催曉塔院鐘沈瞬綱鐸應喚起舊愁多少記否鸚哥饒舌聲板呼來嬌悄鈴索動聽輕搖簾押抵花低笑　懊惱芳信杳消受今番凄切邊城調穿綠雜鸎棲香小燕共訴剛來寒峭剛是錫簫遞去又恰風箏吹到晴窗裏把羈人歸夢做成草草

南浦 帆影　士驤 春塘

風正挂蒲高認中流片影參差來去半幅淡相隨澄暉裏劃破幾重煙樹廻撾振枕沙濤綠轉痕斜露鷗倚鷺翅渾未醒已過蘆荻浦　輭波帖帖輕移漸微茫遠逐閒雲飛度殘照欲低

時江樓畔應有銷魂人數離情無據一痕搖曳留難住霞斂遙山險翠瞑颸入月陰深處

如夢令 冬夜　閨秀 顧貞立 紫濆 公容

閒撥玉鑪煙篆陣陣北風吹幔浙瀝響難休長共淋鈴凄斷宵短宵短不抵離愁一半

卜算子 夜雨

蛩語雜寒碪欲睡如何睡翠冷芙蓉小帳空慵整餘香被　無賴倚薰籠多少思鄉意滴瀝芭蕉一夜聲盡是愁人淚

菩薩蠻 病中不寐　春

綠楊煙鎖深深院流鶯驚起花翻亂無處不堪憐春二三月天愁來無計却腰瘦渾如削爇盡鵲鑪香難銷此夜長

滿江紅 楚黃署中聞警

我本恨人那禁得悲哉秋氣恰又是將歸送別登山臨水一派角聲煙霭外數行雁字波光裏試凭高覓取舊裝樓知誰倚　鄉夢遠書迢遞又半載無家矣歎吳頭楚尾翛然高寄江上誰憐商女曲閨中漫灑神州淚算縞綦何必讓男兒天應忌

滿江紅 中秋旅泊

爲問嫦娥何事便一生擔閣也曾來百子池邊長生殿角伴我薄衾孤枕冷喜他碧海青天約借回風迢遞寄愁心隨飄泊　五色管今閣御千石酒誰斟酌想天涯羈旅鬢絲零落別夢悤

悤偏易醒遠書草草渾難託判長眠憔悴過三秋人如削

浣溪紗

百囀流鶯喚獨眠起來慵自整花鈿浣衣風日試衣天　幾日不曾樓上望粉紅香白已爭妍柳條金嫩潑春烟

鵲橋仙 又六月七日

輕颸乍拂纖雲幾點淡淡玉鈎初掛佳期屈指是耶非幾度鈿車欲駕　碧翁相惱素娥相戲底事良辰多假從今寄語與人間莫浪說年年今夜

百字令

文窗瀟灑青梅小正是牡丹時節珠箔低垂微雨過臉韻詞成

新閨輕拂烏闌模陳綠綺燕子香泥濕朱櫻初熟熏鑪著椀清絕　消受幾日韶華幾番風雨杜宇聲聲泣門外絮飛花落盡春去誰能留得綠葉成陰荷錢漸長多少閒蹤跡兩眉餘恨至今猶是堆積

望湘人　春雨

怪輕風吹夢細雨黏花夢裏愁縈難薊鬢惜香殘眉驚翠削淡絕不堪勻染乍醒還癡欲眠重起此情誰見畫梁絮語棲香依舊歸來雙燕　指點韶光忒賤又青苔漸長紅英如霰記少日遊蹤楚水吳山曾偏碧玉鄰家青溪小妹幾處歡娛堪戀回首十年舊事便與暮天同遠

南鄉子　東南里華夫人

疏雨滴重簷鏡裏霜花昨夜添一片冷雲扶不起懨懨粘住濃香莫卷簾　半晌嫩寒嚴帶減茱萸一束纖刀尺摧人雙腕弱摻摻愁緒如絲懶去拈

水調歌頭　得梁汾弟信即用其書中語

身世原爲客何必歎離居東西南北何定天地一舟虛夢覺池塘芳草酒醒曉風殘月冷暖倚清娛五六十本菊三四千卷書　渡桃葉尋彭蠡訪小姑漢濱拾翠此際能無佳句乎萬里題橋司馬暇日登樓王粲蓬轉古人如故里莫回首聊且託雙魚

浣溪紗

風雨妨春苦不寬閒簾怕見嫩紅殘錦屏深護早春寒　新孏一身扶不起愁痕萬點鏡慵看空拈斑管寫長歎

掩淚獨坐無聊對簡編閒題恨字滿花箋夕陽西去轉淒然　低徊裝閣畔掀簾私語瘦梅前此時試問阿誰憐

燕子曉日凝妝上翠樓惱人春色偏枝頭湘簾風細蕩銀鉤　未歸寒惻惻侮花初落恨悠悠重門深鎖一天愁

春雨賦以隨風潛入夜潤物細無聲爲韻　鳳苞心齋

春如有約雨本無私輕纔似露細不成絲恰杏花紅處非梅子黃時遲日韜而澤應待解輕雷走而象已占隨時則乍添新綠未落殘紅漲痕尚淺礎色先融天低野外山入畫中積靄失千重遠樹峭寒試一剪輕風初聞淅瀝易得廉纖玉輕拋而濺瓦珠碎捲而侵簾潤如酥兮細浥濃似酒兮平添獨立應吟杜甫從東或從陶潛第見千畦碧浪還濃萬頃綠雲齊濕黑凝豆莢盈阡黃染菜花滿隰潤流黛眉紺轆濕透青蓑綠笠浮麥氣以均沾土含膏而細入若乃欄藥爭翻畹蘭低亞拗拆砌痕蘚侵階罅斜粘薜荔半牆淨洗荼蘼一架欲扶柳起柳眠恰送花開花謝韭乍剪而難齊筍堪挑而未暇肥梅欲訖三春賣杏初聽

一夜更有鷗浪新添鷺沙淺印魚影落以甯浮鳥飛遲而不進鶯不成簧鴉難作陣蝶粉欲融燕泥猶潤又或逸興遄飛閒吟未訖涼侵碁局將殘綫訝琴絲乍拂書帷靜而濕霧初勻石硯蒸而寒雲猶鬱應解催詩寧徒潤物至於積陰一洗霽色疑鋪水平橋而漲灩泉瀉石以縈紆天放新晴似繪林藏餘滴成珠濕翠乍明乍滅晴嵐疑有疑無方今短棹紛來扁舟不繫江浦初喧君山欲霽臨流人在鏡中買酒客來雲際難禁勝地頻臨恰値韶光暗逝響游屐以聲疏灑征衫而點細况乎毫端露滴足下雲生沐恩波而澤普醉時雨而心頃似來湘浦疑入錦城晚知潮急曉失峯橫正是養花之候試聽賣聲之聲

雲無心賦

忽兮雲起太虛之中輕還翳月弱不禁風問何處飛來峯峯縹緲倩何人剪出葉葉玲瓏本無心而觸石乃游戲於晴空意與俱遲習應欲蓋不借吹噓無多色相寧知憶弟相看詎解思親獨望形容自妙任紛車蓋之名裁製何煩不足舞衣之樣乍分遠近不辨淺深似夢寧離野鶴如雛不散幽禽日暮殊未來佳人空憶山深不知處高士難尋靄靄如春渾忘詩態飄飄有氣詎識賦心爾乃本無住着豈爲遮樓到處游雲非關送雨思豈繫乎故山歸何辭乎別浦無端遊客借作梯登多事詩人擬將

絮舞偏許拂殘階樹舒卷何常未妨逐遍溪風去來無主則有靜疑生棟低欲度牆定如人懶翻笑渠忙淡餘河漢冷任衣裳偶然點綴隨意飛揚水邊乍認魚鱗天外還垂鵬翼擕來巫岫不惹閒情飛向敬亭止餘秀色擬抄作飯不邀仙子之餐欲借爲裳寧倩天孫之織風名得意底處看來月解含愁何時銷得第見行無定質出無定姿任喚白衣蒼狗從誇玉葉金枝幽石抱餘定知僻處孤村擁後便是還時養自晴天山應似抹來從深處鳥亦難知嶺上頻看本來隨意山中欲贈只許自怡若乃望堪懷古停還思友洞裏烘桃門前蔭柳歸堪日送譜入無絃之琴起欲坐忘落向盈尊之酒逐知還之鳥倦欲停飛護如流

之泉清常不圻維茲出岫閒雲庶擬歸來逸叟然而青何爲而干呂白何爲而起封似有心於澤物豈無意於從龍識獻瑞於軒廷百官可紀解紛華於舜陛八伯相從豈第呈祥於一室不思慰望於三農也哉

神女不過灌壇賦

治應璣衡祥開景慶雲日增輝雨風協令天有象以既若海無波而識聖教隆乎女識鵲巢之化行德洽乎神避膚揚之風勁昔太公之令灌壇也地不越江沱汝墳之詠政已見蒹葭行葦之詩境與三島十洲而不異瑞自五風十雨之咸宜乃有神女立而望之胡冉冉而不過豈珊珊以來遲乍低霧鬢還駐雲旗

月難逢姊風未邀姨訝玉佩聲留韈凌波而未步望魚軒影靜鞭掣電以難馳渾疑洞鎖天台桃花護處豈是峯迷巫峽雲氣飛時蓋其來挾風馳去同雨戰避尙父之威靈遠姬文之畿甸非行雨之會來豈御風而未善境應難越夢或堪通祈假途於同邑川遄返乎海東聲不驚乎岐山之鳳兆豈應乎渭水之熊若不行兮夷猶何爲水裔子褭兮窈窕遠舉雲中命掌節以前來召帝師而戻止初傳一鶴欲返仙山翻令雙鳧暫離故地開函谷以非遲度陳倉而未易非關竊藥望皎月以難奔有類探珠伺驪龍之偶睡雖有雨風驟驟之威不損雲漢昭回之治第見萍號乍起屏翳初噓鞭豐隆而迴馭喚阿香以推車弄珠無偶拾翠相於使還有鳥賧亦名魚似璚島初歸鸞笙吹徹豈銀河欲渡鵲駕塡餘本因表海之風難逃約束儻過釣溪之石尤覺趑趄是惟德化永孚於岐下威名夙著於渭濱普涵濡於萬里聚呵護於百神想同采茝化醋漢無遊女亦是甛棠恩溥國有正臣德政堪書寧數渡河之蝗虎仁風可扇不驚入囿之睢麟今天子光風普被化日永清塊既無破條還不鳴擢金莖而可飲調玉燭以逾明四海沾恩合風師雨師而效順百靈受職統湘妃洛妃以來迎寧第灌壇布德神女抒誠而已哉

無絃琴賦

桃花源裏柳樹蔭中涼風自北徼雨從東樂元音之自淡問逸

調之誰同時讀我書聊當彈來夜月少無俗韻何須奏出松風盈尊有酒委懷在琴應教拂在白石還宜倚此茂林胡乃撫琴自適解律未深豈欲辨已忘自餘眞趣似不求甚解則有會心留遺響於眾山何須動操寄素懷於流水誰是知音玉軫初殘梅紋已滿徽剩星疏柱同雁斷爪行蟹以無憑目飛鴻而倘嬾朱絲之直何爲太音之希豈但秋月揚輝春風扇和孤雲無侶好鳥相過指促而泛音欲起手調而逸趣偏多伊余寂寞之音如斯足矣視彼連綿之奏於意云何是以鳴琴而往官彭澤而仍辭抱琴而來隱柴桑而亦得豈無冰繭不必纏絲亦有鞠通空教餐墨相交於淡如雲之出以無心或寄於空如菊之佳而

有色武陵人之境疑有疑無葛天氏之風若離若即若乃一籬楊柳三徑蓬蒿石泉欲咽山月空高琴裏若能知賀詩中定合燮陶似焦尾爨餘嫋嫋之遺音已歇豈廣陵絶後空空之妙手徒勞爰有劉驎或來王宏時過不關絲竹之聲饒有煙霞之趣音流徽外寫揮送以俱難聲在指頭學勾挑而已誤空餘長嘯正松間月照之時剩有微吟似江上峯青之句古人往矣遺徽渺然琴兮何在豈僅無絃依稀落雁之聲詩吟歸鳥隱約水仙之操遊記斜川是羲皇上人無噑響寂有松不問意不藉音傳乃爲之詩曰笑傲東軒下逍遥羲皇上欣然方彈琴窮巷寡輪鞅傾耳無希聲虛空絶塵想而無車馬喧但道桑麻長

燕許大手筆賦　癸酉拔貢　映奎　蓉莊

光昭日月氣奮風雲典謨媲美翰墨銘勳相業同垂足繼房謀杜斷雄才無敵匪徒宋豔班熏欣看揮處如椽競寫十行之鳳詔定識才能扛鼎應驚百斛之龍文維有唐景雲之際時多著述競效賡颺雖詞華兮並茂恐習陋兮未忘果孰是名高四傑藝擅三長横掃千軍之陣空騰萬丈之芒妙腕生春挾風霜而待勢靈心獨運倬雲漢以爲章而不見燕公張説之文乎入掌絲綸潛心墳典偕宋璟以齊名證元忠而抗辨手曾挾漢詠東壁之圖書手可扶輪作中朝之冠冕似織天孫之錦有理有條還探記事之珠知微知顯又不見許公蘇頲之文乎巷英騰茂句重語奇賴平章乎國事爲文陣之雄師鳳閣先登看舍人之新樣螭坳儤值覘良相之丰姿當年潤色鴻猷瑞協生花之夢幾度趨承鸞掖勤思視草之時是宜聲華並重結構爭能揮手則煙雲欲化落筆則藻采俱增擲地作金石聲詞皆瑰麗立言得江山助體自端凝倚教倚馬成篇洵大材之可用若謂雕蟲小技宜大雅所羞稱且夫儒者不以文藝爲工人臣當以勳名爲最誠使宏此遠謨副茲嘉會燕則自勵夫精忠許則勉期夫交泰將十漸十思之疏遺範猶存而一心一德之休嘉猷永賴材資燮理妙手則羹可調和學足匡襄隻手則厦堪支大胡乃謀略罕聞才華自負贊襄未格夫君心膾炙徒傳夫人口若曲江

之風度擬不於倫似味道之模棱據非其有雖身登臺閣俱懷造鳳之思而腹鮮經綸詎有披鱗之手也孰若我皇朝化普甄陶教隆撰述珥筆者氣欲凌雲拜手者情殷就日文高典册羣驚蘇海韓潮業富縹緗兼俱春花秋實獨冠三唐著作匪徒爭虎榜之名綜看兩漢文章我最羨龍門之筆

石路　熚石琴

石路巑岏峨巃嵸不易過愁因中酒少夢似亂山多刧運霜加草澄懷水不波荆枝喜同調對榻共吟哦

寄懷顧八侑笙時客滬上　熚石琴

天慘黑風腥哀鴻夜有聲不爲生死地如得笠車盟人事已陵谷天涯尚甲兵夕陽蒼莽裏獨立數歸程

題過子蟾先生東籬賞菊圖　熚石琴

明月一籬詩脫稿秋風三徑客停車扁舟載訪先生柳老圃還留孝子花

朔風　熚石琴

朔風獵獵撼窗鳴似助哀鴻挈怨聲地滑愁看人蹋凍天寒喜見日初晴淒涼鼓角餘殘壘牢落棲臺憶舊城太息元戎走千騎大江南北寇縱橫

擕眷渡江無以餬口不得已到揚州投營於旅邸見陶少尹蓮溪壁間登城懷古因和原韵　熚石琴

十載重來問舊游絲楊城郭認揚州酒闌燈灺三生夢草長鶯飛獨客愁激楚管絃翻曲院淒涼鼓角起譙樓繁華轉瞬都非昔只有寒潮嗚咽流

惆悵闌花寂寞紅赤欄橋畔畫樓東玉鉤還照長城月金粉空餘冷苑風鐵騎平原新壁壘銅駝荒草舊行宮簫聲那及笳聲壯吹落欃槍月正中

題黄子鴻司馬栖雲山館詞稿　熚石琴

杜陵歸去已無家無數愁懷引暮笳紅豆詞人詞鐵撥青衫司馬怨琵琶草成露布潮聲上唱到刀環月影斜淒絶曉風楊柳岸旌旂一片陣雲遮

和陶蓮溪留别原韵　熚石琴

相逢萍水豈無因同是天涯飄泊人烽火連天愁獨客琴書何地置吟身事經閱歷功名澹話到知心肺腑眞共把濁醪消磈礧感君投贈慰酸辛

何事干卿淚不乾客中送客戀江干窮愁似我謀身易慷慨如

君分手難躍馬莫輕三峽險舞雞休畏五更寒從今添得相思夢只把新詩子細看

翁吉卿姑丈從軍邗上　節帥出　館邸送行詩筵命和賦呈以和作見示即原韵呈之　熚石琴

天教霖雨濟蒼生太傅東山夙擅名丹鳳啣書來北闕紫騮仗鉞壯南征淮陰拜將三軍懾諸葛籌邊一片誠天上雲披紀推轂賢王揮翰餞行旌

矍鑠精神偉岸軀虎頭燕頷認前途人間元老周方叔天上將軍漢亞夫望慰雲霓蘇衆怨功成汗馬壯宏模會看飲凱酬庸日詔向雲臺繪像圖

三十述懷　　駿烈 詠之

過眼韶光似水流今年三十度春秋添來馬齒頻增感聽到雞聲轉惹愁伍子數奇曾乞食班超有志竟封侯形容徒被旁人笑只道侯郎易白頭

題墨牡丹　　駿烈 詠之

魏紫姚黃莫漫誇輕拖淡墨也風華何須多買胭脂色寫出人間富貴花

忽從筆底起樓臺莫笑先生無立錐起視人間眞富貴未開時節有誰來

贈畫友李沛堂　　駿烈 詠之

以畫識君二十年羡君健筆走雲煙生涯別有千秋業不取人間造孽錢

一帙瑤編識本眞鉛華洗盡見精神洛陽有紙應須貴畫苑名留又一人

冬夜　　駿烈 詠之

凍樹烏啼怯晚寒江雲潦亂雪花殘前村有客攜樽過醉撥爐灰到夜闌

江樓賞月　　駿烈 詠之

一江涼月水無聲何限憑欄吊古情不覺蕭蕭警寒柝城樓風送第三更

滕王閣看霞　　駿烈 詠之

珠簾畫棟尙依稀一閣臨江倚夕暉莊子已隨蝴蝶去落霞孤鶩自飛飛

倣佛　　元吉 象占

身世茫茫百感增何當汗漫製行滕得躭清景終須福苦逐勞人尙未能雁蕩秋高雲外笠龍湫雨過佛前燈煩君寄語松篁裏願作寒林晏坐僧

題教子圖　　秉鈞 菊潭

八龍三鳳久垂名推本端由爻教成莫謂無知童子日義方一刻可容情

堂名忠孝豈無因諫草流傳手澤新趁此髫齡端蒙養好將詩禮繼前人

縣覆遇雪　　釗 葆初 時年十三

仲春之月天宜煖爰何羊角舞於前縫盡慈母手中線望我此行猛着鞭豈料天時多反覆朔風起兮雨雪兼未帶羊裘寒士苦指膚欲裂不成篇回顧同堂多狐貉依然股慄呵冰堅吁嗟乎不經此番寒澈骨書生那得列凌煙

遊芙蓉山看賽會　　釗 葆初

芙蓉山上苔色青芙蓉山下屋如艇登山遠望平疇潤參差古墓似齒橋環翠一樓高士宅淒涼屋角集流螢紅男綠女多豪

富不知修葺慰神靈龍王殿下龍潭映一水盈盈瀕鶴汀香花欲乞鬼神助何事穿針甘毀形此去歸家事父母莫嫌老朽眼中釘笑他不事詩書輩枉費金錢求歲寧桑麻遍野人爭羨樂土休逢浩刼經古蹟何能比惠麓座中空自說中洽

哭祖父心泉公詩　釗葆初

歷盡艱難無所歸幼爲孤子少人依雞窗空自開茅塞鶺鴒依然困棘闈予含多才叨教育經書有味識精微可憐一世劬勞甚天命難回斬古稀

教子成名郎教孫平生喜聽讀書聲青衫終老愁加急絳帳課徒慎且勤萬事謙恭湖海量一生謹勅鬼神欽年高蔗尾何曾厭雲路扶搖慰太君

錫山東里侯氏八修宗譜卷十二上

雜志上目錄

浙江通志名宦　江南通志宦蹟　婦德
新昌縣志名宦　江山縣志名宦
江山縣學校志學宫　江山縣秩祀志廟祀
常州府志循良　人物　節婦　湖南寶慶府志宦績
龍山縣志宦績　新化義渡記
蘇州府志政績　新纂揚州府志宦績
五河縣志名宦
錫金縣志隱逸　耆碩　孝友　行義　宦業　文苑　藝術　貞烈　祠墓　園墅　學校　善舉　寺觀　雜識　殉難紳民表

錫金識小錄　錫金考乘耆逸
勾吴聞見錄　錫山景物略
西神叢語名臣　議產　教子　才知　賢子　錫金續識
詞苑叢談　四庫全書總目詞曲類
常州詞錄詞論梁溪詞選　隨園詩話
梁溪詩話　梁溪詩鈔小傳
擷芳集小傳　企竹公崇祀鄉賢錄
少芝公崇祀鄉賢錄　王太安人題旌錄
澹泉公崇祀鄉賢錄　衣濟公崇祀尊賢錄
勤補公崇祀名宦錄　勤補公崇祀尊賢錄

錫山東里侯氏八修宗譜卷十二上

雜志上

浙江通志 名宦

侯祖德江蘇無錫人嘉靖七年知江山縣寬和簡易催科不迫詞訟平允士民說服陞太僕寺丞

江南通志 宦蹟

侯先春字元甫萬歷庚辰進士官給事中條列轉漕救荒十五策播州獻四疏請年十六以上者皆免死閱視遼陽劾罷大帥之不職者稅監高淮糾黜鎮帥先春力爭非制謫廣西按察使知事卒贈太僕寺少卿孫鼎鉉進士官戶部主事

江南通志 婦德

監生侯臣憲妻吳氏無錫人事舅姑克孝撫嗣子成立 完節傳

侯宜燕妻蔡氏金匱人夫亡有遺腹子肇基翁姑分爨米三斗茅屋四間嘗至日中不舉火惟以鍼黹自給及輸養營葬不以孀居廢禮

新昌縣志 名宦

侯祖德直隸無錫人由監生嘉靖二年任縣丞雅有志操時兩衙薪馬皆倍價兌納祖德於本外分毫不敢加署縣事廉靜愛民時稱不擾有冤獄力爲雪之侃侃不避也陞江山縣知縣終太僕寺丞肖像西郊與佟公並祀

江山縣志 名宦

侯祖德寬洪簡易催科不迫公以均徭役明以折獄訟在任四門有謠去後德政有碑百姓至今思之

江山縣學校志 學宮

嘉靖九年知縣侯祖德建敬一亭

江山縣秩祀志 廟祀

城隍廟嘉靖間知縣侯祖德重建

常州府志 循良

侯祖德字繩武無錫人父孟清富而好施年五十餘始舉祖德祖德生而愿慤不喜華靡嘉靖初以太學生丞浙之新昌擢尹江山俱以廉幹聞適吏部南海霍公應召至京留意民牧所在咨訪聞祖德之賢甚悉擢太僕丞頃之以母老乞歸門庭簡寂出必徒行蕭然衣布鄉里稱物望焉

常州府志 人物

侯先春字元甫無錫人萬歷進士吏科給事中是時欵貢日久邊吏不戒兵躪洮河先春奉命閱視遼鎮從數騎達遼海咨訪利病罷大帥不職者補兵科都給事中遼稅高淮劾一大帥罷

之先春言本朝鎮帥皆廷推其不職者撫按交奏兵部議覆以俟宸斷蓋甚重也今一橫璫片時出中旨罷斥在廷無得議其可否如是將權日輕而邊事日棘究且禍國帝怒謫廣西按察司主事後贈太僕少卿孫鼎鉉戶學主事

常州府志 節婦

王氏侯世美妻世美卒撫孤鼎鉉八歲守志七十三卒崇禎間旌

吳氏侯長源妻早寡守節卒年八十餘

湖南寶慶府志 政績

侯公諱可儀字象山一字于逵號雲峯乾隆二十九年知新化縣愛民勤政出於至誠晨起即坐聽事讞理獄訟訓縣官一日耽閱待質者即受一日桎梏之累竟其任囹圄幾虛嘗以縣學雖歷經補葺頹多因就簡陋乃首先捐俸鳩工大修其汲汲學校如此公曾任常鄉知縣縣當衝要上官往來無虛日公循例供夫馬迎送亦惟其禮不肯事趨奉或遇要訟再四審讞諜者報上官騶從臨境弗輟也上官多以爲慢而民甚德之蓋宰常鄉一如宰新化縣云

新化義渡記

摘錄新化段赳玲瓏瓜塘新建義渡記末云欣逢縣父母侯公象山以江左名孺出宰兹邑下車未久法正風清廢興敝舉諸事畢張又將所買義田契呈請鈐印垂爲鐵券並勒諸貞珉介後世據碑考核不使强横者得以侵漁則日月不息江山如故此渡與之長存而縣父母之芳名雖千載後亦同尸祝於無窮矣

龍山縣志 政績

侯可儀江蘇常州府金匱縣副榜由新化知縣調龍山不用胥隸言聽政平允清除冐籍士民悅服又將黑山堡稞銀加兩處義學館師廩餼修隆頭學舍皆足振厲斯文歷任三載以養母乞歸

蘇州府志 官績

侯文熺字浴日號蘅皐無錫人康熙甲子舉人授長洲教諭爲人廉正勇於任事四十八年郡饑設厰施粥分曹董其事各厰就食少而米常不給文熺所董就食獨多而米常餘明年大疫民死相枕藉時知府陳鵬年循行四境惟文熺從每戶親問至手調湯藥全活無算辛卯同考浙江鄉試所薦拔皆孤寒知名士竟以勞瘁成疾卒士民至今思之

新纂揚州府志 宦績

侯鳳苞字心齋金匱人舉人嘉慶二年官寶應教諭淹貫羣書工詩古文辭訓迪士子多方甄陶問字者座常滿焉在任十八年至今殘膏賸馥沾溉來學

五河縣志 名宦

侯昉常州金匱人可儀從孫乾隆甲寅舉人嘉慶十二年任五河教諭誠實不欺冲夷退讓從之游自覺觀感而善甫涖任卽監修文廟再閱寒暑晨出暮歸靡間風雨工既畢植桃樹數百株於隙地蔚然成林歲修資藉以取給焉嘉慶癸酉後五邑頻罹水患蠲賑幾無虚歲公勘稽戸口不濫不遺在任十六年道光壬午卒於官士民思之不置籲請爲位祀名宦祠

錫金縣志

隱逸

侯德宗字友泉有懿行尚志不仕隱居城東之八箭河子希道遜其字慕希夷之道因以自名日宴坐一室讀黃老書澹如也孫承常亦以隱德著

耆碩

侯文淵字怡晚尚德好修雅志勿仕溫溫然醇篤長者也文淵自生承樂以迄宏治優游大耋閱歷七朝敦龐朴茂之風表率鄉里時無識與不識皆稱曰侯善人孝宗登極以優老恩授修職郎八品散官階年至八十八子濟見行義傳

侯應昌字希紹邑諸生封太常博士太僕丞祖德子給事中先春父也祖德宦貽清白應昌復不事家人生產家日落常日昃無炊煙妻華至典敝絮作食應昌讀書怡然及先春官給諫奉敕閱視遼左應昌手書誡曰遼左產參貂儻以老人故攜尾貂片參入山海關者非吾子也生平操行修潔而待人以恕襟懷光霽坦率無他有故舊竊鬻其田若干畝人皆驚訝應昌曰此貧也非無行也往還如故晚構數椽中蓄二鶴朝放暮還顏其居曰環溪深隱以壽終

侯晸字紀之道光五年舉人由沭陽教諭擢知縣歷署建德安吉建德以鄰境陷賊戒嚴有黃梅木商等過境武弁誣爲賊諜晸爲之白其冤安吉鄉民索賑滋事晸甫履任往諭之即解散以年老改教再選山陽教諭卒於任年八十一

孝友

侯曦字朝賓鼎鉉子順治十五年進士鼎鉉令黃岡母王未赴留曦侍養曦聞寇警走二千里省父於危城中寇退始歸父歿遺命葬祖塋形家言不利長子曦曰吾遵治命非邀福也父有田三頃命諸子中得第者與之曦不專受分給其弟從弟卿瑩幼孤多難曦爲殫力保持卿瑩歿又撫其子子麟然亦以孝行著聲鄉里

行義

侯濟字孟清富而好施邑有義舉得濟乃辦時人爲之語曰困欲拯乞二清

侯釪字仁宇國子生可儀兄子少失怙一動作必咨於母釪節縮衣食臨歿以千金產設義莊置田三百畝贍族焉兄軒字振西汾陽縣典史亦友愛無間

宦望

侯祖德字繩武國子生除新昌丞攝會稽諸暨二縣事以清節著擢知江山政平訟理案無留牘陞大僕丞乞歸養母遂不出

侯先春字元甫萬曆八年進士除太常博士進吏科給事中上轉漕五策救荒十策江南北饑議遣官給賑先春謂遣官徒擾

民無益不若責成撫按以錢抵賑如其數便轉兵科歷刑科奉
命閱視遼鎮乘傳從數騎馳驅叢菁咨訪利病條上三十餘事
劾罷大帥不職者補兵科都給事中朝鮮倭變大臣經畧彌年
事解議者欲留兵以戍先春疏言軍興之費不貲不宜復疲中
國以奉異域遼稅監高淮劾一大帥罷之先春言本朝鎮帥皆
廷推其不職者撫按交奏兵部議覆以俟宸斷今一槽璫出中
旨罷黜在廷無得議其可否如是將權日輕邊事日棘必至禍
國謫廣東按察使知事後贈太僕少卿孫鼎鉉崇禎十年進士
出漳浦黃道周之門授戶部主事鼎革後僧服隱居湖濱華藏
寺足跡不入城市歿葬華藏山

侯杲字覽峯順治六年進士知宣平縣宣平民貧多逋賦杲輸
家貲補之辦軍興供億未嘗擾民亦不廢事遷禮部主事擢郎
中改刑部督九江關清慎奉公悉罷額外征商旅德之丁外艱
歸遂不出

侯文熺字浴日康熙二十三年舉人授長洲教諭郡中頻歲饑
疫文熺奉大府檄設粥廠手調湯藥饑民全活無算

侯鈞字嗣沂乾隆十年進士歷任陝西知縣屏供億杜包苴嘗
修三賢祠三賢者燕伋郭欽段秀實也其在武功會有念佛聚
眾之獄上官將治以邪教鈞廉得其實曰此愚民求福耳省釋
甚衆

侯錦雲字升巖號虹川乾隆九年順天舉人知河津縣値歲祲
錦雲悉發倉穀以貸民同官皆危之明年歲豐民悉還穀於倉
無後者以母老乞養歸遂不出

侯可儀字于逵乾隆十五年副貢生知新化龍山等縣以奉母
歸母百年九十曲盡孝養服闋知五河縣祀名宦爲政務靜化
不事鞭扑宦槖蕭然子鈐字鍵六進士知安仁衡山等縣廉愛
有父風

侯坊字勤補乾隆五十九年舉人任五河教諭修葺學宮歲祲
勸賑心力交瘁卒於官祀五河名宦族兄雲濤字漢翔舉人任
全椒訓導亦以勸賑爲民所戴在任三十年勤於訓課

侯之翰字蘭臺坊子實錄館議敘縣丞署曲江縣事累以獲盜
功擢知陽春東莞縣南澳同知在陽春興書院治水災修城垣
在東莞士人作詩頌其清德祀曲江東莞名宦

文苑

侯鳳苞字舜威乾隆四十八年舉人官寶應教諭前明鄉賢華
允謀嘗爲是官鳳苞因搆景燕齋以課士以允謀號燕超故也
鳳苞篤學至老不倦從游甚衆著有洗心齋詩文史論汲古綆
等書弟鳳芝鳳蘭族子士穀並有文學

侯楨字子勤道光二十六年舉人博通經史方輿水利諸書無所
不究善爲詩古文辭與張岳駿同師事梅曾亮於京師既歸益

肆力於學著述甚富粵匪之亂再投水不死困頓逾年而卒

藝術

侯文熙字曰若意度瀟灑能詩又精篆刻宗文三橋而蒼勁過之客京師垂四十年名著公卿間

侯煒字石琴同治六年舉人工八分書亦健於文

貞烈

顧氏諸生侯陽春妻守節四十四年而卒明崇禎七年旌

王氏贈戶部主事侯世美妻世美爲給事中先春長子砥行績學範身恭儉氏始歸粧遺頗盛知世美惡紈綺習卽徹簪珥組繡互以寒素勖世美卒遺孤鼎鉉甫八歲教督綦嚴自夫亡迄

鼎鉉成進士爲名吏苦節四十有八年壽七十三而卒明崇禎中旌建坊環秀橋氏持家嚴肅矩度森然方鼎鉉初第時出黄宮詹道周之門氏不以子之得第爲榮而以得出宮詹之門爲幸郎馳書京邸命鼎鉉爲父請銘生平未嘗以文墨自見而遺詩百二十韻述世美潛德以訓子孫法度謹嚴詞華典則世盛傳之

吳氏諸生侯長源妻早寡父桂森爲東林宿儒氏能白首禀承其教以節著於鄉黨卒年八十餘

殷氏諸生臣庚女字侯歷早歲喪母其姑乃其姨也年十八歷病卒女聞訃請歸侯氏執喪欲依其姑以居姑以其年少難之歷慰諭遣還乃哭辭於歷之靈而行至家則自經於輿中矣救之復强活因復歸於侯自是足不踰閾未嘗妄言笑居五年以病卒

侯秉銓妻華秉銓體素羸以力學致疾卒遺孤甫週歲華矢志自勵事舅姑有疾割股者再孤既成立又早卒華與婦顧氏同撫孤孫苦節五十年孫桐嘉慶庚辰進士官至吏部侍郎

侯作梅妻秦嫁時作梅已病革月餘作梅卒秦欲殉勺水不入其姑以米瀋進勸慰之越數月竟卒

侯惟興妻楊年十九惟興卒遺孤在襁褓伯叔利其產欲嫁之楊不從遂鬻其產又賣其紡具守益堅撫子成立

孝貞女侯長姑四姑皆以事親不字父咸老病衣食湯藥悉手治以進父忘所苦母華膺劇疾醫云不治二女刲臂血爲疏禱天請代母壽愈弟病革時四姑嘗刲股療之曰吾亦知於禮爲過然吾親憂吾弟甚於疾痛之在躬萬一弟病得痊猶解吾親之疾也年皆五十餘卒光緒五年旌

祠墓

處士侯德宗墓在東門外劉巷橋代有鄉望爲侯氏世墓子希道孫永常曾元以下修職郎文淵贈江山知縣清太僕丞祖德封太常博士應昌諸生陽春主事鼎鉉祔

給事中贈太僕少卿侯先春墓在華藏山子世美世芬祔

刑部主事侯曦墓在歷村鳳凰翅

侯太僕祠在碧山莊右去錫山里許祀明給事中贈太僕寺少卿先春康熙五十六年曾孫文墉倡建有司春秋致祭乾隆二十八年六世孫晝錦重修並祔祀先春子世芬

謹考　太僕公祠卽象于公別業建在象于公去世十八年後係周孺人命嗣子諱承埰捐出勒石祠壁可考縣志誤子誦公諱世芬祀於碧山莊右石雪庵志謂祔祀　給諫公祠亦誤

園墅

碧山莊在俞公橋之東明嘉靖中邑人高玢所營王侍御某計

取之後屬舉人侯世芬世芬先春子棲息於此琴歌酒座跌宕風流著有棲碧吟既而歸秦封公德藻今仍屬侯止存老屋數椽而已

亦園在映山河上刑部郎侯杲仿寄暢園爲之故以亦名

學校

侯氏書塾在城中第八箭河道光二十六年續咸建初咸父鳳藻捐田三十畝至是咸及族人守廉各捐錢千緡桐捐田十六畝錢七百千

善舉

侯氏義莊在城中第八箭河嘉慶二十三年侯釪建捐田三百畝族人鳳藻捐田一百四十畝道光中鳳藻子咸及族人昕之翰等續捐田一百八十六畝桐及之翰子守廉捐錢六百九十千

寺觀

華藏禪寺在縣西華藏山亦名青山寺宋紹興間太師張俊救葬於此因建寺墓左以奉歲祀賜名華藏明宏武正統萬歷中相繼修復崇禎中侯戸部鼎鉉新之晚年屏居於此遂爲侯氏家山

雜識

呂元夫御史卣子生有異稟風姿玉立卣未第時爲諸生有名

富人朱氏以女字元夫及卣三試不第家益貧朱欲離婚告於邑令令受其屬而難之會諸鄉賦長以朔旦朝令令曰呂君雖貧其才非長貧賤者朱意如此既難强合諸君亦有願與爲婚者乎有侯清者素慷慨好義出曰願贅呂君子令大喜立取一朱綺爲呂子聘元夫於是居侯甥館十年後舉進士授禮部主事改吏部武宗卽位元夫賫詔江南至邑露冕坐車中人皆聚觀朱家大市橋西其女嫁壻不慧常居母家於門隙窺焉一夕恚恨死

明末無錫有前復社十六人國初又有後復社十一人侯具源侯宗源秦德滋華延賓浦廷卿周如亶楊廷楝楊廷材楊之傑

呂陽唐德亮見貴池吳孟堅復社姓氏錄

殉難紳民表（咸豐十年庚申粤匪之難）

侯福謙浙江候補巡檢在杭州守城殉難侯起峒起岷楠棻光達鋆錫保德潤煌文童全家自盡維寶二品蔭生拒賊投河死慶章丹山榮壽起岑職員自盡鳳瑛枚犀照丕承同生起元裳吉士瑜士璋愼餘廷楹桓職員拒賊被害煸元厦元慶寶文道豐道綱臚傳玉麟

錫金識小錄　黃卬輯

明嘉隆時邑謡云若要生乞二清若要殺惹三察二清謂湖頭錢孟清東里侯孟清也今邑志俱載入行義

明嘉靖時東里有七賢謡一時賢父耽著飲自挑泉（李夏實）二時賢一品高官敬老年（陳晉庵晉階一品月捐米布餽里中高年）三時賢大夫途行鞋襪穿（顧錫巖）四時賢江山三考無一錢（侯企竹）五時賢受封十載種租田（尤月川）六時賢編修受毆不回言（王堯衢嘗受毆於叔氏）七時賢貢士毋老不做官（過大溪）

梁溪雜事云明弘正以上品望推邵文莊（寶）勳業推盛冰壑（顒）嘉靖四十五年間邑舉進士者四十九人而黃斗南（正色）楊震

淮（成）周潛齋（子義）鼎立一時人欽爲端人正士隆萬間興復東林顧叔時（憲成）充養完粹學問深純高存之（攀龍）清修絶俗風度凝遠葉參之（茂才）恬澹寡營不立崖岸顧季時（永成）忠實清眞有古人之風劉伯先（元珍）嫉邪癉惡有烈士之概海內仰望風采其餘則上官多畏衆庶鮮譽矣其不與東林者如施懋揚（筆巖）有儀（一鵬）萬仁甫（象春）侯少芝（先春）眞心悃愊溫厚和平闇然自修不博時名一時推爲梁溪碩望

明隆萬間邑中文社最盛其尤著者曰惜陰社共二十四人沈勤甫（學）浦性初（湛如）張與時（明卿）鄒彥威（鳳翔）孫以德（繼皐）尤伯深（鏜）錢惟一（萬善）楊子修（應文）朱永年（萬春）周岐陽（子文）朱

寅甫元仲 朱永祿萬齡 虞虎岐文炳 楊子恒拱翼 侯元甫先春
顧翼卿龍禎 尤洵美銅 顧叔時憲成 陳爾耕穉登 莫純卿仁勸
萬仁甫象春 劉進之陛 秦君揚燝 楊士和復元

播酋楊應龍既平獻俘闕下侯少芝先生在諫垣念諸孤幼弱無辜時邑嚴公雲岑爲少司寇乃謁嚴曰播因叛逆誅罪不容誅但諸弱小非能抗拒王師者老先生盍請於上自十五以下皆赦免以彰好生之德嚴曰君言良是但上盛怒何敢言先生復集諸同官告以指旨曰善既具疏請同官各用圖記俱託故辭公憤乃獨抗疏請意必獲禍及得旨竟從所請方命下時諸孩稚皆將就刑身首已畫押聞赦始爲拭去之其父兄見者皆

含笑就刑得免者數千人後少芝夢滿天日出而長孫鼎鉉生諸孫命名皆帶日字科第至今不絕

按此事侯公遺命無載墓誌故邑志傳不載然後學當念爲之表揚矣先俗諱不載此事恐彰人短而眩已之長今事隔三百餘年懼先人隱德日就湮沒故特補之學愈識

侯漢儀名麟勲幼英敏有神童譽能詩工古文辭弱冠時名播邑中所著作爲名流推許舉康熙己未進士時納例盛行銓政壅滯不及謁選而卒士論惜之

侯公仙蓓名杲命浙之宣平宣平居萬山中深山絕境有千百年人跡不到者先甲申乙酉間薙髮令下有走匿雲巖山者自號雲巖道人巖阻廣溪環溪皆山鳥道盤屈數十里瀑布從最高峯飛墮巖前道人懸竇而居野蜂巢巖隙日探巢得蜜踰許擲溪水咽之巖側有菽雜草中就石罅燒敗葉煮茗啜之始來時攜穀種數升取播旁地澗水淩灌之秋而收得無饑歲久漸聞於外有僧欲奪其處詣縣投牒仙蓓廉其狀曰桃源在吾境而吾失之俗矣叱僧去躬挐舟往訪之道人若預知且熟識者導以入藉草坐取蜂蜜和水以進繼陳香稻烹茗飲之仙蓓餉以鹽豉果粟爲勒禁約於巖乃反或傳道士爲吾邑徐姓子云見青巖集

明成化以後遇水旱勸出粟千石者授七品散官時捐者六人
侯孟清 尤勉 楊文昇 楊旻 朱暄 張善初

按自嘉靖以上捐米助賑給冠帶者邑倘有人但未有類記者故姓名不傳耳

侯戶部鼎鉉母王氏有文才早寡以節著遺詩訓其子孫凡千六百餘言年七十餘而卒鼎鉉時已舉進士出宮詹道周黃公之門道周夫人蔡見王詩而慕之亦援筆賦以二十四韻一時傳爲佳話

顧中翰粱汾嘗效杜少陵同谷七歌云有姊有姊號能文長者曹昭次左芬鍼神弟子盡北面繡成賣作金縷裙粱汾有二姊一爲進士侯麟勲母一爲華子瞻妻並有才藻而侯尤勝嘗以詩詞與王仲英女士相倡和有句云偶剝瓜仁排萬字閒將盞

底印連環一時競傳賞之

呂太僕元夫生有異質風姿玉立父卣爲諸生富人朱氏慕之以女氏元夫及卣三試不第家益貧朱欲離婚告於邑令令爰其囑而難之會諸鄉賦長以溺且謁令令曰呂君雖貧其才足恃非長貧賤者朱意如此既難强合諸君亦有顧與爲婚者乎有侯翁孟清素慷慨好義出曰清未有子獨一弱女耳願贅呂君子令大喜取一朱綺爲呂子聘元夫於是居侯甥館者十年舉弘治九年進士任吏部主事武宗嗣位齋詔江南假歸鄉里露冕車中人皆聚觀歎羨朱家人市橋西女後適某氏以瑁不慧常居母家於窗隙窺焉舠爲前許之夫恚恨慟哭而卒

錫金考乘

著述　周有壬編

諫草存笥　明侯先春撰先春在萬歷間以直諫著此其奏疏也疏凡三十六又抄參九先春自識云邇今以來科道參本概多留中不若抄參過部郎中尚可調停小則竟寢不行大則據參奏止藉此寢閣不一而足其所裨益者多矣

宜平縣志　國朝侯杲撰杲有宜平縣志告成詩見梁溪詩鈔

禹貢古今注通釋八卷　國朝侯楨撰楨取歷代史地理志山經輿圖辨其異同凡郡邑沿革川瀆變遷一覽了然有本有據間有自出新意處亦足豁人心目

詩經箋雅八卷　國朝侯楨撰是書專釋鳥獸草木蟲魚以詩爲經而緯以爾雅考訂詳明足補孔氏正義之缺而於邢氏毛氏所釋諸本亦多有訂正焉

侯給諫年譜一卷　國朝侯楨撰楨九世祖先春明萬歷朝官給事中以直諫聞著諫草若干卷楨以其中所論諸疏并家傳誌銘以及舊聞軼事之見諸紀載者分年編次得書一卷余謂先世著述修史時例許上之史館以備采錄先春諫草所載先後陳奏已十六疏又抄參九件皆當時極大朝政修史不呈後裔之過也明史先春事蹟僅有散見而無專傳是譜出而先春忠言讜論千古昭垂亦足爲史書補缺也

勾吳聞見錄　　月潭尤晉著

孟淸侯公富而好施年五十餘尚未有子擇壻呂君得元夫贅之時方十齡弱冠成進士爲亞卿一日庭竹生筍數枝時値初秋更號晚竹自冀生子當如竹也而行德益急五十三而繩武生名曰祖德十五入太學尋入仕封公江山知縣繩武仕至太僕寺丞致仕歸

吾邑登科第表表於時者不一而足以貲爲郎樹聲當代者亦不乏人宣德中陳公士名成化間吳公益陳公元修俱由太學入仕所至有異政嘉靖初侯繩武名祖德亦以太學生釋褐補新昌丞陞江山知縣新昌之民詣闕請留爲新昌令不可共請

錫山東里侯氏宗譜　卷十三　勾吳聞見錄　三十三

衣冠爲生祠在江山六年仁愛廉勤視官猶家民不稱寃監司累薦於朝欽取至京將擢御史矣會當道嘗過江山者銜其無賕遂擠之拜太僕丞久之告歸新昌江山之人過錫者必謁之繩武忠厚爲心不事表暴事母至孝他日必當大發於後人矣

錫山景物畧　　稺石王永積著

貞節坊在東門青石橋爲先姑侯母建先姑爲先叔祖崑溟公女掌珠也年十六適侯文學世美人文皆第一流靑紫拾芥耳不幸早卒先姑且身殉矣旣念孤鼎鉉止八齡且腹有遺孕遂矢志育孤生二子一女鼎鉉與其壻吳其馴皆成進士孫巖登賢書諸孫滿堂皆以孝友稱壽至七十三考終崇禎辛未稱六十觴撫按具題隨蒙部覆得旨旌表祖制旌與封不得並行往邵文莊三歲稱孤太君累封淑人以不得旌節爲憾今先姑得受旌於前雖遭國變亦可無憾於地下矣又鼎鉉出黃宮詹石齋之門石齋殉節後得手遺詩致黃母蔡太夫人賜以和章華

錫山東里侯氏宗譜　卷十三　錫山景物畧　三十二

衮之錫尤爲幸事

錫山西三十五里有華藏寺在塘濟山之陽古名靑山寺寺山全面皆太湖以太湖爲沿以山爲華華藏之名起焉華蓮花也上下左右望皆蓮花也從上望石如掌蓮心隱隱從下望峯如筍蓮瓣層層從左右望盤盤簇簇半笑半含蓮萼欲敷蓮衣未褪山勝在湖湖勝亦在山翠濤白浪中時有靑蓮一朶搖風映日於其間此世界眞天上非人間矣山前舊建雲海亭郎望湖亭東西南北望皆湖山又不盡皆湖北望兩洞庭東望望夫椒南望望海西望郎望九龍東西南北望望七十二峯峯峯如畫依山建寺宋建炎間名靑山寺今改名華藏寺入門靑松夾

道數百武爲天王殿又數百武爲太雄寶殿山寺香火歲四月初八浴佛日爲傳經會村姬野媪以與會爲幸近數里遠數十里八面奔赴厓谷爲滿殿後舊有講經臺堆玉亭侯戸部鼎鉉鼎新之另建禪堂及精舍數十楹奉僧大樹爲主持愈爲生色寺旁郎南宋張俊助檜賊殺岳忠武千古而下爭欲斬屍揚灰今俊墓已沒於荒烟荆棘中爲野狐毒虺所食無可尋迹矣而宋高宗當時猶稱俊爲翊戴元勳封爲循王其昏瞶爲何如哉武功伯徐有貞有詩刺之云從龍南渡號元勳附佞戕忠事忍聞今日青山雖庇骨禮官惟祀岳王墳今華藏永爲侯氏家山寺僧爲司守墓以鼎鉉爲開山之祖云

西神叢語　孝存黄蛟起著

侯少芝名先春字元甫爲兵科給事時遊稅監高淮恃寵恣横以私憾擅劾大帥罷之侯抗言本朝鎮帥皆廷推設有不職則撫按交章兵部議覆以侯宸斷蓋甚重也今一横璫片詞從中旨黜罷令將權日益削邊事日益非究且禍國遂謫廣西按察司知事 名臣

侯澹泉名鼎鉉丁丑進士戸部主事存贍田三百畝命二子曰爾輩異日有昌大吾門者即以所遺供費長子曦戊戌獲雋計費三分之一及供父母喪葬外尚有餘田若干衣澹以歸其弟蓉濱曰吾尚可自支吾弟婚嫁未了所費浩繁吾何忍私卒以與弟 讓產

侯衣澹名曦字朝賓每戒其子曰作孽錢不可得雖取快一時久後冥冥之中必當銷算 教子

顧氏進士侯麟勲之母孝廉所止之女也自號避秦人詠十月杏花云上林初報小春回粉淚朱匀帶露開燕子若知花事早悔教征雁渡江來 才婦

侯孟清富而好施年五十八尚未有子忽庭生筍數株時值初秋更號晚竹自計生子當如竹也明年子纓武生名曰祖德官至太僕寺丞 晚子

錫金續識　周有壬

旌表節婦以院司府縣學各衙門有費以致貧苦之家力不能請者多道光中秦星槎炳瀛余蓮村治侯志勤楨周季卓汝立其爲采訪年遠未旌及合例現存無力請旌之貞孝節烈各婦女凡得二百四十六人由候補中書王言鑄在部具呈定例六品以上同鄉京官准其出具甲結呈部請旌中書七品未奉部准邑人吏部侍郎侯桐爲呈於禮部行查到縣邑中同志又爲續采一百四十七人前後合共三百九十三人由兩邑舉貢生員等具結呈學通詳三院會題彙旌侯志勤周季卓實主其事後志勤季卓先後其登賢書謂非表幽闡微之報歟

詞苑叢談　徐釚

無錫顧文婉自號避秦人詩詞極多恒與王仲英女士相唱和有浣溪紗云獨無寥對簡編閑題恨字滿花箋夕陽西去轉悽然掩淚低回妝閣畔掀簾私語瘦梅前此時試問阿誰憐又云曉日凝粧上翠樓惱人春色偏枝頭湘簾風細蕩銀鈎燕子未歸寒惻惻梅花初落恨悠悠重門深鎖一天愁句極悽婉

御定四庫全書總目提要　詞曲類

名家詞十卷

國朝侯文燦編輯所選爲南唐二主詞馮延巳陽春集宋則張先子野詞賀鑄東山詞葛剡信齋詞吳儆竹洲詞趙以夫虛齋樂府元則趙孟頫松雪詞薩都剌天錫詞張野古山樂府文燦自序云古詞專集自汲古閣六十家宋詞外見者絕少又稱孫星遠有唐宋以來百家詞鈔本訪之僅存數種合之笥中所藏共得四十餘家茲先集十家付之梓人云云是編子野詞已著錄卽陸安集伏讀提要云此本近時安邑葛鳴陽所輯凡詞六十八首此則一百三十首較爲完善末附東坡題跋其餘所選亦簡擇不苟要不失爲詞選善本也

常州詞錄詞論 江陰繆荃孫撰

梁溪詞選

無錫侯晰棨辰編輯康熙壬辰醉書閣刊本共十八家秦對巖松齡徵雲詞顧梁汾貞觀彈指詞嚴蕅漁繩孫秋水詞杜紫綸詔浣花詞鄒二谿瑹香眉亭詞華鏡幾侗春水詞顧止庵岱濟蜚詞朱贊皇襄織字軒詞華豸五文炳菰月詞湯鞠朸焴栖筠詞張雲企振香葉詞曾敘彝弘論泥絮詞鄒貽仙祥蘭問石詞顧天石彩鶴邊詞蔡漢明燦客興詞侯棨辰自著惜軒詞侯夏若文燿鶴閒詞顧文婉夫人貞立棲香閣詞此書外間絕少傳本

丁氏補詞綜亦未見余於友人家錄得之擬訪其後裔重訂付梓以廣流傳亦詞林中一佳話也

隨園詩話 錢唐袁枚著

奇麗川方伯篤友誼而愛風雅辛亥清明後三日寄札云有惠山侯生名光第字枕漁者常携之同至黔中詩多清妙而身亡後散失無存向其家搜得古今體一卷特專函寄上倘得採錄入詩話中則魂生附以不朽而余亦有以報故人也余讀之頗近中唐風格爲錄其送友之河南云親老難爲別家貧耐遠行東風吹客夢落日已孤征盡此一樽酒相將無限情梁園春正好莫聽鷓鴣聲山塘竹枝詞云當罏十五鬟堆鴉稱體單衫淺碧紗玉琖勸郎拚醉飲更無花好似儂家陂塘春水碧於油樹樹垂楊隱畫樓樓上玉人春睡足一簾紅日正梳頭其他佳句

五言如蟬吟出高樹山色落孤篷隔水犬爭吠斷橋僧獨歸七言如弔李白云千載比肩惟杜甫一生低首祇宣城落花云丁寧落向春波去不許東西兩處流 隨園詩話

侯枕漁長身鶴立吐屬蘊藉畫學黃子久弱冠即賦百花詩百首吳君斧仙序而行之今蘇撫奇公觀察粵西時延教其子閎二年卒於署中奇公經紀其喪以歸 梁溪詩話

節錄梁溪詩鈔小傳　　　　響泉顧光旭著

侯太僕祉德詩一首 語見邑志

附考顧惠岩復碧山吟社記明嘉靖甲寅秦從川顧洞陽華鴻山莫迂泉王仲山諸先生與　先太僕公同復碧山吟社賡和往還其社有紹修堂濯纓軒十老亭流馨室

侯比部曦詩一首　著有爾耳集 餘見邑志孝友傳

侯比部杲詩四首　著有玉巖草亦園詩稿 餘見邑志

侯州佐晰詩六首　字粲辰諸生遊北雍考授州佐以篆隸擅名兼工山水著有惜軒集嘗作詩自笑曰避俗耽閒半似癡醉醒隨意不拘時慣堆米芾袖中石偏和王維畫

裏詩今其書畫爲世所寶

侯吏部麟勳詩一首　字漢儀康熙己未進士官吏部主事奉宮諭松齡有贈侯弟漢儀句云落拓都城恥干謁有文百軸誰當傳呼朋猶飲一石酒囊中那得青銅錢

侯中翰文熺詩九首　字浴日號蘅皋康熙甲子舉人初官長洲縣教諭旣改中翰復出中翰改作揀選賦詩自嘲有一歲何妨三仕兼須知升斗未曾沾之句著有碧筠詩稿

侯拙圃文晟詩三首　字暘若拙圃其號也著有來青閣詩稿

侯贈公文燈詩二首　字伊傳號逸季貢生仙蓓季子也

聖祖仁皇帝南巡獻詩　特命入南書房母老告歸以明經終季子可儀官五河縣知縣　贈如其官著有抱膝吟廻雪詞集中西窓雜詠自註云余承顧梁汾先生引爲忘年交嘗語人曰吾老矣將與伊傳訂三生之約不知能如願否迄今追憶爲之愴然梁汾先生丙戌花朝送伊傳北上詩曰素心晨夕幾相招時復緘詩慰寂寥已惜流光兼惜別送君偏在百花朝朱西安嗇伊傳三十詩曰王掾未知名山簡亦復歎侯生雋才三十宮詞翰晴旭朝如明繁花春欲半羣從皆謝末無乃爲之冠旣苦愛臨池時復解操

縵顧余孱孱者忽忽驚歲換追溯三十時誠不足把玩而君仲容姿會應徹霄漢一樽始爲祝二毛行未判

侯大令可儀詩一首　字于逵號雲峯伊傳子少孤力學乾隆庚午副榜初官龍山令再授五河縣罷官後貧無以自給年六十九卒於家

侯大令釗詩四首　字嗣沂號靜軒乾隆乙丑進士歷官清澗令所至興利除弊謳思載塗大學士桂林陳公每稱於衆曰與顧高二先生同鄉道學中亦當有分詎不足爲良有司耶癸未謝病歸卒所著有頌芬集

侯孝廉錫詩十二首　字範九號東川乾隆壬申　恩科

舉人人耿直固窮守志能屈折人過舉人例以三科截取選知縣東川云我無百里才不敢濫竽竟不赴年七十五卒於家

侯秀才鳳芝詩三十三首　字冠芳諸生少即工詩嘗遊粵著有四兩軒詩草嶺南遊草年三十三卒於閩

侯上舍永泰詩七首　字履吉號硯奴國子生著有潤雲齋稿性磊落不羈幼失怙其母趙授章句及帖括韻偶之學壯遊閩粵間脩脯所積盡以購硯身殁之日囊槖無餘惟遺研兩篋而已

侯孝廉洵詩一首　字思泉乾隆庚午舉人詩有天涯草

侯布衣光第詩三十三首　字枕漁長身鶴立吐屬蘊藉飲不多而得飲趣工畫學黃子久弱冠即賦百花詩百首吳斧仙序而行之顧困於小試襆被遊梁既而入粵今江蘇巡撫奇公觀察粵西時延以教子尋擢貴州臬司隨往越二年卒於黔著有蘭圃詩稿六卷醉紅詞稿二卷文稿二卷

王安人詩一首　語見邑志

顧安人詩一百七首　名文婉諸生侯晉室著有栖香閣集安人庸菴公女景行梁汾姊也庇蔭清華涵濡風雅栖香一集直與匏園繡塘鼎峙藝林云

嚴孺人詩五十七首　侯伊耕之室嚴中允耦漁先生孫女青梧之女也幼工詩善楷法青梧語人曰老夫衣鉢不傳於子而傳於女然平生終不以詩文見及期頤始稍以示子孫耄孫孝廉錫手抄數十首藏於家曰寸心草

簡錄擷芳集小傳　　古歙訒菴汪啓淑著

顧文婉江蘇無錫縣人侯漢儀之母也

陳維崧婦人集無錫顧文婉自號避秦人詩詞極多恒與王仲英相倡和詞見倚聲右集

嚴氏江蘇無錫縣人適侯伊彝著有寸心草

語見梁溪詩鈔小傳

企竹公崇祀鄉賢錄

學宮有鄉賢祠祠宇在宮牆之中享祀從　先聖之後甚盛典也非甚盛德茂能與也吾錫山川靈秀誕毓名賢自唐宋逮我朝以來代有其人猗與盛矣我祖太僕翁儼然矜莊温然樂易三緘是持一介不取涖官廉平居鄉孝義細行必嚴衾影無媿蓋眞聖賢之徒矣士民呈結未能悉紀姑存大畧以著公論云

一公舉呈詞　秉心樸茂績行貞淳極孝極廉素履允超乎流俗美俗美政遺休未泯于當今居官則雪寃獄而民號神明拙催科而稅爭輸納法弗貸於豪右而請託不行惠恒及於饑民而全活無算矢歌來暮勒石去思江山新昌縣志彰彰可考居鄉則抗疏乞歸而壽母安其孝養公庭絶跡而邑宰景其高風與人以和而言笑不苟幽獨必敬而衾影無慚疏水甘貧詩書啓後錫山志歷歷可稽以故去任五十餘年而棠陰蔽芾見遺愛之獨深遺世二十餘載而豐芑貽謀徵積善之食報

一本學師生執結　天性廉潔志行端淳幼學便以履仁蹈義矢心先賢邵文莊爲之亟賞歷官以茹冰嚙柏植節名公霍宗伯爲之首揚貳新昌而獨裁馬薪力洗寃獄舉邑奉召父杜母之祀尹江山而大均徭役全活流離四門同明鏡靑天之歌旋擢僕丞一洗馬政虀草蕩之占不貸奸豪恤飼戶之貧悉蠲贖

賄明主方將爲破格之用碩臣顧不勝將母之思勇退於急流乞歸而終養篤孝有感致藥苦而反甘爲善彌堅使母壽而且樂坐立雖嫌而不忽言動雖纖而不苟當年無衾影之慚筐笥惟存圖書衣服惟用布帛至今傳清素之範蓋考之浙志所載稽之邑乘所書叅之昔日大賓之數舉徵之今日故老之共稱眞卓然九龍名賢偉哉百世師表也輿論實已久定祀典允宜亟崇

一本縣覆勘叅語　大節入孝出廉細行履繩蹈矩歷仕則在在去思詠甘棠者垂五十年而如見循良之化抑何深也居鄉則人人重義守素風者歷三四世而未斬君子之澤不亦遠乎

考之公評稽之邑乘行誼克配諸賢詢之故老質之縉紳德望蓋於一邑輿論愈詢而愈協潛德彌久而彌光覆勘再三允宜崇祀

一本府叅語　忠誠天植樸簡性成言可師而行可則物望攸歸進以禮而退以義官常無忝誠兩浙之循良三吳之碩也彼地俱載名宦已有定評此中宜配鄉賢更諧輿論

一學院批語　看得本宦風聲茂著沒世不忘月旦高評久而益定允宜俎豆用表鄉閭仰准行縣置主入祀

一撫院批語　學術淵源早登君子之路行誼醖懿卓有古人之風德澤久而不磨已崇宦祀德馨遠而彌著宜列賢祠

少芝公崇祀鄉賢錄

常州府無錫縣兩學廪增附生員張纘曾等爲公舉忠孝名賢以光祀典以勵世風事竊照崇祀鄉賢乃熙朝之盛典博採輿論尤天臺之至公人品有眞月旦難泯今爲無錫縣已故鄉宦南京吏部文選司主事侯先春天植忠貞世貽清白早年素端學術已屬意於斯文壯歲奮登科甲遂留心於經濟太常筮仕厥職靖共時權相之勢焰灼天而峻爲故避不通半刺於私門及奸黨之媚禱傾國而抗不署名竟置一官於度外後選入於省按諡自矢於孤忠歷吏戶禮兵四科凡十年未始身家爲念陳軍國民社重事累數十疏無非藥石名言議恤白糧解戶永

著爲令而東南之利澤無窮議散朝鮮戍兵力回朝論而疆埸之隱憂以弭疏止邊臣之妄動全活萬人叅罷進貢之奸璫節省無算閱視遼東者一載誓不攜華參貂尾入關巡行絕塞者千里曾不飭廚傳車旂爲奉歷勘遼帥之罪狀雖賈禍而不辭急彈中使之梟殘遭譴逐而不顧坐是謫廣西按察司知事久之陞山東萊州府推官稍遷至南京戶部調補文選司雖逢公道之大昭實已自安於恬退此其立朝大節既表表可稱乃其植本敦倫尤事事難及在京聞母病而除夕馳歸在家念父老而裹足不出遭親喪痛成死孝祀先祖肅若生存待親故則綏急必周撫諸弟則有無通濟其居家庭暗室屋漏絕不作媟慢

之咨處鄉黨野叟村童咸待以眞誠之意恤孤煢之友若華生史生者指不勝僂揚貞烈之婦如陳氏華氏者名藉之成從來不畜媵婢至非禮之色目未嘗經終身不御鮮華至數浣之衣體未嘗斁著述自娛筆擅三班家法儉泊爲訓世傳萬石門風此一賢者耿耿樸忠危言復多危行朓朓孝弟正已兼能正人眞出處無負生平始終不渝初節者也身没而生氣凛然日久而人思彌切若與宮墻之祀足增俎豆之輝惟天臺手握化樞心旋世運布公道如日月挽時變於江河張纘曾等敢集公評仰希采聽伏乞准批本縣查照鄉賢事例舉行則先賢之德業以彰後學之法程攸繫人心共勸國典有裨爲此連名激切具

呈

本縣儒學訓導等爲公舉忠孝名賢以光祀典以勵世風事承准本縣故牒奉本府帖文蒙欽差帶管常鎮道高憲票該蒙欽差提督學校監察御史王批據常州府無錫縣兩學生員張纘曾等連名具呈所舉已故南京吏部文選司主事原任兵科都給事中侯先春入祀鄉賢呈詞前事蒙批常鎮道查報等因本學卽將取具稟增附生員高世名張象偉錢得剛等結狀從公結勘得已故鄉宦侯先春扶輿正氣昭代貞臣居家而孝慈友愛樹師表於鄉邦立朝而讜論訏謨竭忠誠以報國心崇正學而不侈空談行法古人而恥干浮譽削免醮壇之名遠權門而若熱亟上除奸之疏甘放逐以如飴成人之節孝毅然見義必爲厚待其交游常能以德報怨敦詩說禮一門有顏氏之風疏食布衣累世法柳玭之訓人之云亡而繫思彌切論已久定而尸祝允宜倘祀澤宮實光俎豆緣係公舉鄉賢事理卑職未敢擅便爲此今將前項應祀鄉賢緣由合行具由呈報伏乞轉詳施行

無錫縣叅語　忠孝天成賢貞夙勵辭權相之禱祇杜狂流罷私貢之端力祛國蠹九閽抗疏危言危行於明時三黜守貞不怨不懟於下位桑梓𦼮其棠蔭疆埸賴以乂安鄉邦作乎朝端著采孝弟之言無間允矣完人作忠之語勿諼展也名碩合徇

蓍宗之議用爲俎豆之光

本府叅語　看本宦孝友性成忠貞天植清操貫始終而勿替直率其有道之常卓行歷顯晦以不渝挺持夫中流之砥醮壇謝不署名肯附時而炙手璫闔矢心補衮敢抗疏以批鱗四垣各著勳庸一世其欽風采定國本累牘連章功存社稷犯主怒投荒僻散名重汗青一卧里門益孚月旦貞無絕俗隱不違親義高賑貸睦倫道著維風勵節標格惠山讓峻趣操泉水榆清洵昭代之夔龍允鄉邦之顏閔輿論已定崇祀宜先

督學御史批　已故給諫侯少芝先生抗疏著攖鱗之節焚草避人投閒當標榜之時閉門却掃胥無城府學破藩籬准行縣

涓吉立主送入鄉賢祠

常鎮兵備道黍語　都諫侯公天鍾正氣性植孤標孝友早譽於鄉邦舉邑仰光明正大德望久聞於仕籍滿朝欽直亮忠貞累疏指摘權奸不啻朝陽鳴鳳謝名齋醮祈禱貞如儀世祥麟文章氣節俱高宦跡鄉評共著仰縣官吏涓吉置主送入鄉賢崇祀

王太安人題旌錄

公舉呈詞　爲淑德出自名門苦節未邀曠典公請通詳特題旌表事竊惟乾坤之正氣雜賦流形懿德之秉彝詎分巾幗故波登古井既著美於聲詩臺築懷淸亦垂光於史乘伏見已故生員侯世美妻王氏毓秀名家作嬪望族少而淑慎著雅度於珩璜長益溫恭表令儀於蘋藻方謂琴調瑟協賡好合以終身詎意璧碎珠沉稱未亡於中路氏則摩笄一慟甘爲地下連珠截髮長號羞作人間獨活既而念將衰之君舅方嘲失子之嗟且又憐方幼之孤兒更抱靡依之痛倘捐軀而不顧恐盆深逝者之悲若引決以相從將永墜前人之緒遂躊躇而視息爰慷慨以明心含毫作誄依稀栁下之妻指日爲盟彷彿柏舟之咏堂前視膳拭紅淚以承歡膝下攤書篝青燈而課讀力持門戶肯令巢燕無歸粧却綺紈忍覩鏡鸞獨舞卒之箕裘弗失克紹弈葉之簪纓堂構逾崇不困漂搖之風雨看此日之芹芬桂馥難忘書荻之勤仰當前之柏節松貞彌想茹荼之苦此冰寒霜冽閱千載而常存地老天荒質九原而無愧者也生等幼讀詩書喜談節義嗟人心之日下每聞岐路爭趨怪習俗之波靡莫作中流砥柱嘆舜華之空美鄙桃李之成蹊若氏者蘭遭刈以愈芳玉當炊而更潔永作倫常坊表實徒閨閣儀型苟非邀綸綍以天朝奚以表深閨之苦志儻不達姓名於當宁何由見三

澹泉公崇祀鄉賢錄

常州府無錫縣廩增附學生員某等爲公舉名賢以光祀典事竊照邑有老成時遠而愈深愛戴朝稱碩德事往而更切謳思生無忝於鄉評歿應陪乎社祭今伏見已故南京戶部山西司主事侯鼎鉉天稟眞醕家傳和厚箕裘是續無慚直諒之文孫淸白長留克紹僕臣之遺緒自蜚聲於甲第遂騰譽於齊安郎口江邊時聞傳箭襄陽隄上正事提戈先生則蒞此凋殘而殫力拊循民無怨讟會斯旁午而登陴戍守卒鮮譁呼彌兵釁而惠及商民忤遮檄而不悔拙催科而勤於撫字鐫祿秩而不辭坐是謫江西按察司照磨不久陞浙江湖州府推官甯失出毋

濫入施仁於犴狴之間寧億信毋徇情種德在桁楊之下僚吏凛冰壺秋月德政皆甘雨陽春謝苕溪而六計載登舟泛一湖明月擢計曹而三月引退袖裏兩腋淸風此其澤民致主已溢湖海於寰區乃其植本敦倫尤推斗山於月旦方贈公見背之日七齡弱息已戚若成人迨節母茹苦之年一舉成名猶跪而受杖孩心未鑿斑衣戲綵時御潘母之輿抑志常惺月夕花朝不忘孟陶之訓分田授宅爲兄其忍處於肥讓棗推梨食果則願分其小巷有同功之火三黨雍和檵無常主之衣一門輯睦解紛排難宗族倚爲長城樂善好施鄉國呼之祭酒以故教子而名題雁塔見積善之降祥鼎革而終老梵廬微一生之大節

代之公心恭遇師臺品重眞儒望崇碩德伏乞察鄉邦之定論採庠序之公言卽與通詳特行表則激揚舉而淑慝分教化行而風俗美矣

學院看語　看得節婦王氏匪石盟心淸霜勵志青年別鵠冰弦彈寡女之絲綺歲將雛熊膽佐孤兒之膳調羹洗手奉君舅於桑榆遞志拈毫咏一生之冰蘗雖簪纓繼起已分一枝蟾桂之香而華袞待襃尙遲雙闕烏頭之表旣輿評之胥洽自曠典之宜膺

撫院看語　看得節婦王氏天畀眞純性成孝敬髫年而稱嘉耦方欣璧合珠聯中道而悵分飛遽見蘭摧玉折課孤兒之誦

讀母代師嚴奉君舅之晨昏婦兼子職廉頑立懦列彤史而無慚迯往事居貿黃泉而不愧允宜膺夫旌典庶克慰乎輿情

光緒六年庚辰五月旣望

九世孫禮琮補刊

衣澹公崇祀尊賢錄

公舉呈詞　爲名臣允堪崇祀碩德克配先賢公籲憲批以光
祀典事伏見已故順治戊戌進士特簡推官特簡注選侯衣澹
先生諱曦者詩禮名家簪纓華胄少而卓犖早徵特達之才長
益瑰琦常勵闇脩之志値前明之末造當寇焰之方張吳頭楚
尾戰壘雲連鄂渚江沱戈船星列時先生之父戶部公名邦製
錦巖邑分符郵筒綴急難期官舍安危莫必先生則躑躅豺狼
之窟崎嶇戎馬之間洞庭波濶聽風鶴而驚心衡岳煙深盼賓
鴻而隕涕始慰晨昏之願獲全定省之私至若奉王母於桑榆
克代嚴君子職却遺金於暮夜力全廉吏清操貞士松楸恪遵

治命歸形幽宅不惑堪輿遺產無私見同懷之誼篤藐諸代撫
覘中表之情深於以徵至性之肫肫見大端之卓卓若乃運當
改革勢極艱危村農苦饑寒而無告將爲溝壑游魂里少多桀
驁而不馴行作山林伏莽先生則捐輸首倡安肅肅之哀鴻禁
戢有方化眈眈之乳虎此所以鄉黨薰其善氣尸祝遍畏壘之
民里黨恃爲長城懷德立欒公之社逭乎
興朝定鼎多士彈冠鵬摶六月初分蟾窟之香鳳彩九苞載射
龍樓之策既銓曹之注籍佇劇郡以宣猷而先生則謂彤廷奏
對既已覲國之光綠野徜徉行且從吾所好三徑種淵明之菊
雅調同賡半池栽茂叔之蓮清風自賞此與仁興讓垂型於後

此一賢者素心可盟天日至性堪泣鬼神溢曰敦厚和平四時
俱備孝友睦婣任卹大行無慚拂袖家鄉遺躅久光乎閭史綰
符郡邑善狀勿絕於口碑誠哉勝國貞臣允矣梁溪碩彥伏遇
師臺學原一貫教本蘇湖將欲激濁揚清先於闡幽彰往伏乞
俯察公呈申詳各憲樹觀型於後進以慰輿情錄芳躅於前修
得陪學祀其有關於吏治人心非淺尠矣

本府叅語　看得本官仁慈成性清白傳家遭喪亂而克守巖
疆官常無忝處江湖而不忘故國大節無虧誠吳地之名賢先
朝之碩彥也宜遵祀典永列賢祠

本道叅語　看得本官居官平恕涉世含宏家庭篤潘母之輿

敦孝友而儀型里閈公室絕澹臺之迹樹清節而師表鄉邦舊
德可思流風未泯鄉評既協崇祀宜先

學院批語　看得戶部侯公孝友因心陰功澤物令黃岡而民
稱慈父德政皆甘雨和風理苕水而人號明君持身比冬冰秋
月請蠲議賑閭里共藉其干掫濟乏扶危族黨交資爲莞庫邑
乘與官評久協風聞與月旦交孚宜祀黌宮用光俎豆

撫院批語　看得已故戶部侯濟泉先生出仕廉勤持心長厚
歸田而凭廬終老不投隻字於公庭南渡而魏闕長辭竟置
官於度外斐然述作聲稱蔽霄壤之間邈矣襟期志節轢雲霄
而上行縣置主送入賢祠

起者無窮教孝教忠食報於孫曾者弗替也生等素懷景仰之忱詎曰阿私所好縷陳懿行用彰潛德幽光擬奉眞儒永妥名山俎豆伏乞師臺據呈具詳賜批崇祀非特一家子姓銜結於無窮將合邑紳衿皆觀感而興起矣

本縣正堂魏叅語　看得本宦胄本淸華性成孝友急趨庭於異地竟忘長路之干戈析遺產於同懷直等孩提之梨棗扶危濟困既徧德於親知禁暴戢奸更爲功於鄉國初登雁塔遽憶鷗盟稱先則古永垂範於方來講讓型仁聿觀成於後嗣質與情而允洽膺祀典以無慚

儒學王叅語　看得本宦幼存至性長具通材奉定省於危城

兵戈甯避慰晨昏於王母甘旨親供析產存孤共欽義舉救貧賑乏遍著仁聲驊騮方試夫康莊猿鶴忽堅其盟誓苞苴若浼竿牘不瀾於公庭德行可風矩矱常昭於鄉黨宜奉名山之俎豆永薦明德之馨香

提督學院雷看語　先賢侯衣濟先生砥行淸門飭躬華胄碩德雅望久爲多士所推懿範芳型宜列尊賢之祀仰即擇日置主送祠供奉仍具文報查可也此繳原冊存

勤補公崇祀名宦錄

安徽泗州五河縣具公呈侯遴訓導張秉鎮舉人張佩薌貢生孫維城等爲公請從祀名宦以昭官方事竊維
盛世右文必崇先賢之祀
天家報績並垂没世之名今五邑已故學師侯昉立品端嚴秉心樸茂文章既堪傳世行誼尤足型方於嘉慶十二年秉鐸五邑教誨諸生講學般勤惟期敦倫而植品衡文詳愼務在崇實而黜華月課之餘兼司義學談經之外並及謨猷在任十有五年訓諭常如一日而又古處自敦儉素自樂四知未嘗忘於處一介不以取諸人饔飧之苜蓿自甘生徒之束脩亦卹念學宮

之傾圮修葺則躬任其成憫饑口之顛連頻賑則惠期於實不惟弟子羣沾化雨亦且小民共仰仁風洵江左之經師人師而闔境所是行是訓者也身爲表率無愧庠序之宗工學有本源克佐
熙朝之文教方幸芹宮之振起忽傷梁木之就摧生等親炙既深追思尤切圖報無從惟以馨香俎豆旌揚有典允宜配饗春秋儻上達於
楓宸應蒙褒於竹冊爲此備具公呈各出切結並繕事實伏乞
仁臺大父師電鑒通詳請入名宦祠庶故師增光於百世士民頌德於千秋矣

勤補公崇祀尊賢錄

公舉呈詞　爲宦績已達於
楓宸而配饗未光於梓里叩賜轉詳學憲檄准祔祀尊賢祠事
伏見安徽五河縣學教諭侯勤補先生諱昉者敦孝思於不匱依依椿樹萱枝篤友誼以修身藹藹常華棣蕚庭除譽起梓鄉夙仰館修著述功深皖水搴推宗匠務敦倫而飭紀學有本源更崇實而黜華身爲律度慨學宮之就圮葺治則躬任其勞憫雁戸之流離賑卹則惠期於實多士罔沾化雨齊民亦荷仁風洵江左之人師媿前賢而無愧某等見聞旣眞表彰允切杳惠麓左偏有尊賢祠祀漢唐以來及

本朝諸先賢本宦於道光七年奉
旨入祀五河縣名宦祠第他邦雖薦馨香而故里未蒙配食爲此粘呈事實冊給伏乞師臺俯賜加結具詳俾一體祔祀其有裨於世道人心非淺鮮矣

本縣叅語　看得本宦孝友性成廉隅自飭家修克勤子職振鐸盆勵官方績著滄河築柳堤而障水名傳學校植桃樹以成林郄暮夜之苞苴廉泉讓水樹生徒之矩矱義路禮門宜配烝嘗以光俎豆

本學叅語　看得故宦植品端方秉心樸慤體親心而召養振大雅以扶輪必躬必親新黌宮之廟貌實心實力拯中澤之哀鴻綜出處而無慚宜春秋之配食

提督學院看語　看得故宦侯勤補先生廉隅自厲品學兼優政績久孚五邑旣祠名宦輿情允洽梓鄉合祀尊賢仰即擇吉迎送入祠編入祭冊可也准附卷備案繳

蘭臺公崇祀尊賢錄

公舉呈詞　爲叩賜詳憲循例檄行事伏查錫邑惠山向有尊賢祠祀歷代以迄

本朝邑中諸先賢茲有前任閩粵南澳軍民同知侯之翰學有淵源誼敦孝弟髫齡問字溯六書而識解已通甍筆校書工八法而精勤弗懈蓋學古爲入官之始家修即廷獻之資洎乎書成優敘筮仕粵東楡獷悍之民情曲爲化導患萑蒲之多警示以勸懲仲子由之片言服其忠信魯中牟之三異孃厥循良大憲鑒其實心異政登諸薦牘以言內行自養生而送死哀禮有加迨入仕途計出身以臨民人言無間推家庭之孝友賙戚鄙

之孤寒節俸捐廉本支少流離之子發蒙養正族黨泯佻達之風洵承先之無愧吏啟後之多方職等景仰素深表章尤切爲此繕呈事實叩其切結伏祈師臺詳請學憲大人批飭祔祭則潛德以彰祀典益光矣

本學叅語　至性過人才猷邁俗承歡養志藹然孝友之風筮仕名邦卓爾循良之望推燕翼之貽模親疏同祿培木支於後起教養兼施爲政之厚澤及人居鄉之公評可采仰企前型堪膺祔祀

本縣叅語　看本官內行克醕循聲卓著棠蔭之政績常新澤留士庶梓里之仁風共仰惠及宗親洵無忝於前人宜邀榮於祔祀

提督學院看語　看得故官侯蘭臺先生仁讓居心清廉著績傳登循吏簡策已纂其芳徽祠列尊賢俎豆宜崇乎盛典仰郎涓日送主入祠編入祭冊卷另附

具呈家屬侯升
爲命婦壽登百歲確與呈報相符伏祈轉詳咨部請
旨旌表建坊事竊維臨雍養老肇自虞廷授杖引年詳於周禮
我
朝壽考作人紳民年躋百歲例准
旌表建坊甚盛舉也玆者身主母金匱縣命婦侯蔡氏現存年
登百歲由同鄉京官呈請
旌表　禮部行文　江蘇巡撫轉飭查明在案身伏查侯蔡氏
爲已故同知銜浙江建德安吉等縣知縣大挑舉人侯晟之繼
妻確係生於嘉慶十六年十二月二十五日至宣統二年壽登

百歲與
旌表之例相符身居同里閈誼關主屬素稔該氏秉性慈祥幼
嫻閨訓鍾氏禮郝氏法和氣萃於一門爲賢母爲良妻仁風被
於三黨由否得泰勤儉以啟後人俾壽而康夙夜不忘先業魯
敬姜好勞惡佚克享期頤曹大家德邵年高宜邀
曠典所有查明壽婦現存年歲確與呈報相符緣由謹造具事
實冊結仰懇　大老爺准予轉詳　本府大老爺　藩憲大人
撫憲大人咨復　禮部具題請
旨旌表建坊以彰
熙朝人瑞不勝翹切待命之至謹呈

具切結杜學謙　侯學愈　王世忠　吳仁泰等今於
與切結事實結得五品命婦侯蔡氏
生於嘉慶十六年歲次辛未十二月二十五日現年一百
一歲江蘇金匱縣人太學生蔡鼎臣之女前浙江建德安
吉等縣知縣故員侯晟於道光丙申年聘爲繼室時年二
十六歲嘗謂女箴以柔順爲本婦職以儉約爲宗脩仕宦
衙猶篝燈而勤紡績屏除僕役輟中饋而治酒漿該故員
宦蹟十年清風兩袖中經離亂驚東郭之爲墟重念存亡
抱西河之餘痛其時諸孫祖望祖述一則束髮受書一則
牽衣繞膝撫孤兒之頭角鏤大母之心肝小子勖以成人

滂零誥誡讀書期於有用慷慨指陳該壽婦飲冰耐寒茹
荼忘痛淡泊即養生之具精神皆歷練之餘振門祚之中
衰度前修而大起祖述等因得次第展布整理義田附置
義塚創設侯氏公學侯氏女學以及散賑平糶數大端靡
不規畫周詳克盡義務是以汝南月旦覽說項之人多而
乃堂北春暉懼報劉之日短職等緣由事實據情敬陳所
具切結是實須至切結者
宣統三年三月　　日具切結　上海縣教諭杜學謙　附貢生侯學愈　舉人王世忠　地保吳仁泰

常州府知府長飭金匱縣札

轉飭事本月初一日奉

藩憲陸　札本年正月十六日奉

撫憲程　札宣統二年十二月二十五日准

禮部咨典制司案呈據度支部郎中楊壽枏呈稱係江蘇無錫縣人緣金匱縣姻親壽婦侯蔡氏係已故職員侯晟之繼妻生於嘉慶十六年現年一百歲與

旌表之例相符職闗戚誼爲此取具同鄉京官印結粘呈投遞伏乞恩准行查原籍等情具呈前來相應行文該撫卽飭查明該壽婦侯蔡氏現存年歲如果與該員呈報相符卽

行造具事實冊結咨部以憑核議倘有不符之處亦卽具文咨覆事關

旌表愼勿延玩可也等因到院准此札司轉飭金匱縣遵照查明詳辦等因到司奉此合就轉飭札府卽便轉飭金匱縣遵照查明詳辦毋延等因到府奉此合行轉飭札到該縣卽便遵照查明詳辦毋延此札

宣　統　三　年　二　月　初　七　日　札

宣統三年二月初十日到

稽核收發委員江蘇試用典史程定邦

常府看語撫院批示

常州府知府長　核看得金匱縣壽婦侯蔡氏幼嫻姆教長習壼儀相夫出仕房中傳琴瑟之聲訓子成名膝下擷藻芹之秀孫曾濟美積善餘慶耄耋延齡存心必壽期頤百歲

熙朝之人瑞聿昭

錫賚九重德闕之家聲式煥事實既符

榮施宜逮

江蘇巡撫程　批示已將送到冊結於宣統三年四月二十九日咨達　禮部查照核辦矣仰卽轉飭知照仍候　督院批示繳備案冊結存

江蘇巡撫咨禮部文

爲咨請事據蘇州布政使陸鍾琦提學使樊恭煦會詳稱案奉札准禮部咨典制司案呈據度支部郎中楊壽枏呈稱係江蘇無錫縣人緣金匱縣姻親壽婦侯蔡氏係已故職員侯冣之繼妻生於嘉慶十六年現年一百歲與

旌表之例相符職關戚誼爲此取具同鄉京官印結粘呈投遞伏乞恩准行查原籍等情具呈前來相應行文該撫卽飭查明該壽婦侯蔡氏現存年歲如果與該員呈報相符卽行造具事實冊結咨部以憑核議倘有不符之處亦卽具文咨覆事關

旌表愼勿延玩等因到院札司轉飭金匱縣遵照查明詳辦等

因到司奉經轉飭常州府飭縣查明詳辦嗣據該府詳奉經飭據金匱縣詳飭據該家屬侯升以家主母命婦侯蔡氏爲已故同知銜浙江建德安吉等縣知縣大挑舉人侯冣之繼妻確係生於嘉慶十六年十二月二十五日至宣統二年壽登百歲現年一百一歲與

旌表之例相符身居同里閈誼關主屬素稔該氏秉性慈祥幼嫺閨訓鍾氏禮郝氏法和氣萃於一門爲賢母爲良妻仁風被於三黨由否得泰勤儉以啟後人俾壽而康夙夜不忘先業魯敬姜好勞惡佚竟享期頤曹大家德邵年高宜邀

曠典所有聲明壽婦現存年歲確與呈報相符造具事實清冊宗圖切結呈縣由縣復查無異將呈到宗圖冊結照造清冊加結鈐印詳府核看相符將宗圖冊結轉詳到本藩司當查送到各結內並未由府加具印結同送卽經批飭加具去後茲據該府加具府結申送前來相應將送到宗圖冊結會詳伏候查照部章咨　部核辦等情到本撫院據此相應咨達爲此合咨

貴部請煩查照核辦施行

計咨送宗圖冊結四件

咨　禮　部

江蘇巡撫咨禮部請
旌事實清冊
一侯蔡氏撫前室子朝梓朝植如已出衣服飲食與所生子榕
無異分財產無異有過責罰亦無異故門庭雍睦愉愉怡怡
諸子忘其孰爲所出孰非所出見者亦忘其爲異母昆弟也
一侯蔡氏生長富厚而性不喜奢華于歸後家風儒素至質簪
珥以濟用之不足節縮衣食以撫孳從子女之早孤者分甘
共苦婚嫁以時咸賴成立時以比之程明道之母夫人
一侯蔡氏隨夫歷任浙江建德安吉等縣知縣服恥文綺食屏
珍錯而製衾枕以恤獄囚散錢粟以拯惸獨節靡費以供賓

用不私一錢宅門以內蕭然如寒士焉故侯令所至政聲翕
然所去攀轅臥轍皆氏儉以助廉之效也
一侯蔡氏年六十餘侯令及諸子相繼物故諸孫年在髫齔氏
以銜哀茹痛體羸多病之餘强起料理壹是喪祭一循家禮
延名宿以課諸孫時其問寢也輒告以稼穡艱難並詳述居
家服官之道務以先人之孝友廉惠爲法故諸孫皆敦品力
學克自樹立勇於爲義桑梓交推氏之教也
一侯氏爲邑望族蔡氏年輩最尊宅心平恕房族有纖芥事必
就質焉片言勸解其忿立平退無怨言侯族義莊積久弊叢
氏命孫及族之賢子弟整理改良乃有實濟又創辦侯氏公

學侯氏女學規畫周詳其敬宗睦族如此
一侯蔡氏天性慈祥見人有急難必傾囊解救以是致屢空不
顧也近年邑遭水患漂没人畜斗米千錢氏命孫祖述襄辦
賑務平糶務盡心力又承夫遺命捐置義塚其他施棺施藥
不可枚舉氏中年多病瀕於九死晚乃愈康遂登大耋孫曾
繞膝說者謂惟仁者壽理固不誣也

民政部彙奏各省壽民壽婦懇請旌賞摺

奏爲彙請旌表事准典禮院移交臣部（某省咨某某年若干歲云云）江蘇巡撫咨金匱縣壽婦侯蔡氏現年一百一歲均與旌表定例相符由各該督撫咨請彙案具奏等因前來查例載壽民壽婦年屆百歲及年逾百歲親見七代五世同堂者由該地方官給銀三十兩交本家自行建坊並請旨加賞銀十兩緞一疋至百十歲以上者加倍給與建坊銀兩又在夫家守貞者一體准其旌表等語今壽民（某某）壽婦孟李氏王桂氏張胡氏侯蔡氏許梁氏均係年逾百歲應請行令該督撫轉飭各該地方官給銀三十兩聽本家自行建坊並請旨各賞給銀十兩緞一

疋其恩賞銀緞俟部行內務府支領到日發交該省提塘齎送該督撫轉給各該本家祇領恭候命下臣部遵奉施行謹奏

宣統三年八月二十一日奉

旨依議欽此

少芝公分關

吾侯世居邑之東偏靑石橋凡三百年所矣吾高祖怡晚翁吾曾祖晚竹翁晚竹翁五十三而生吾祖企竹翁企竹翁生吾父文芝翁皆單傳無事議析也吾父生吾弟兄五人生齒漸浸盛矣吾父存日未嘗議析吾父沒吾兄弟亦未議析蓋不忍析也兄弟同居誠是美事顧時移而事改歲久而息繁勢或有不得不析者今始議析以便葺治云爾若同門而出入同堂而居怡怡于于固自在也吾兄第其各念之

一祖居正屋自牌樓而前廳而大廳而川堂后堂大樓此高曾肇造之區祖父棠業之所吾亦生於斯長於斯者也旣爲長子

理宜居之但吾自戊子歸省時以父母在堂不欲僭居於此遂權寓西廳西廳七間西照廳六間前廳七間乃吾曾祖晚竹翁所造向曾典人居住經五六十年更十餘暴主四面磚牆盡行折毀窗槅屋瓦十無一存暫僱樓身風雨不蔽不得已借銀修造壬辰歸又再修迄今未葺完也其最西小屋原典周振臺住者亦自行備價贖回時老父見修理煩難曾言欲貼銀幾百徒付空言吾豈有他腸亦姑言之使諸弟知我心事耳今議西廳即爲長房承分之產正屋讓與諸弟儻后子姓蕃衍或有分移歸併之事仍先儘長房庶不失冢子之意云

一廳西邊屋五層共若干間二弟居住

一廳東邊屋五層共若干間四弟居住
一堂東一帶屋五層共若干間五弟居住
總計三分之屋多少不齊每間以四兩作價多得者出銀少得者補銀多寡相讓增虧相補卽有差池亦不多矣吾兄弟其各相遜讓毋較量錙銖間也
六弟蚤亡遺孳在室吾兄弟豈以存亡二視卽弟婦以五分爲言似亦有理但念吾祖一世淸廉吾父壯年衰落原無美産華居卽祖宅一區所値不過千金今三弟分得之人三百餘金耳弟婦寡居不必另開門面應事只須居室從房以三百餘金爲准補其一半可也

隔河一帶房屋除樓房係二房自置外餘各照門面補還典價分授以便修理可免當門破碎也
開化庄一所破壞已極若不脩理必至坍倒又各房有田在開化不容歸一當五分析之
東門外劉巷橋墳西饗堂一所共屋十八間此爲祭掃歇足之處用雖公其而掌管似宜歸於長房蓋守墓守祠宗子之責禮則然也此亦存羊之意乎其近墳還須設處數十畝以供祭掃之費向曾與諸弟商確有志而未逮耳其墳屋基地前分田時二房姪曾以爲言不知此亦祖產東門田八十三畝之數也二弟有典價在内諸弟兄讓義不分故雖讓出若干畝爲假山屋基之用亦是渾然無迹大家兄弟間一團和氣凝聚於此非日後子姪輩不知前事者所能仰窺萬一也
夫宗子之法不行於世久矣吾雖有長子之實而未嘗操長子之權自幼至長不敢擅費公家一粒粟也不敢擅私公家一分土也一言一事必謀諸弟不敢自以爲長而任意妄行也卽分析之事亦皆詢謀僉同採諸弟之議參衆人之見中有難處務委曲停調之數日以來良用苦心非敢擅一已之胸臆也南山有之式相好矣無相猶矣棠棣有之兄弟旣翕和樂且耽我兄弟其念之哉其念之哉萬歷己亥十二月二十五日兄少芝議

少芝公祭田免徭執照

江南江蘇等處承宣布政使司爲請定盜賣盜買祀產義田之例以厚風俗事案奉 蘇撫部院莊憲行開準刑部議覆條奏祖宗祀產儻有不肖子孫投獻勢要私捏典賣及富室强宗謀吞受買各至五十畝以上者悉依投獻捏賣祖墳山地原例問發充軍田產收回賣價入官不及前數者卽照盜賣官田律治罪其盜賣歷久宗祠者亦計畝數一體辦理若盜賣義田應仍照例罪止杖一百徒三年謀買之人各與同罪仍令立有確據分別勒石報覆存案等因奏

僉旨欽遵咨院行司奉此爲查江省各項祭田先奉 戶部咨

查業經通飭造冊詳咨載入會典并奉 部覆河南省銀米係屬豁除江省各祠祭田是否免課抑仍徵收現在查詳咨覆外今據長元等縣詳據各裔呈稱祭義田畝舊例編立圖後應辦賦稅秋成同學田十月啟徵優免差徭請賜給帖昭垂等情前來覆查祀產之設往哲祠墓攸賴或官爲撥給或後裔自置均應世守以昭崇德報功之典至義田爲贍給同族貧乏則效文正遺規亦宜垂久勿替庶得烝嘗永薦惇睦成風每有不肖之徒恃無稽察盜賣盜買以致祠墓頹蕪歲祀淩替故奉 撫憲摺奏申嚴定例茲據前情除徑呈詳 督撫 二憲批飭遵行在案合準給帖仰該裔遵照帖開緣由勒石永遵循例編立圖後秋成輸賦優免差徭餘粒以供俎豆賙給儻有奸徒揑冒詭寄及不肖子孫私行盜賣富室强宗謀吞受買許卽執帖首告按律懲治如非帖内田產亦不得藉端控爭毋得故違須至帖者

計開

侯太僕公諱 先春明萬歷庚辰進士歷任兵科給事中贈太僕寺少卿洊歷四科耿耿忠肝貂璫劾藩斂迹累疏數十諂諂憂國邊城糧餉遵循

國朝康熙五十六年奉文建祠置設祭田乙十九畝一釐六毫坐落無錫縣

右帖給侯錦雲準此

乾隆二十八年十二月布政使司執照

都圖坵圩斗則細冊備造存司

給猪羊銀執照

無錫縣正堂魏爲遵

旨防護等事本年十月十九日蒙前 歷府正堂胡憲牌開蒙布政司彭憲牌内開本月初三日奉 署督部院莊批本司呈詳無錫縣前任李令均編祭銀案内漏造馬文肅公等祠祭銀先請詳奉 院憲批飭隨經飭行查詳茲據該府詳覆各祠名蹟昭著雖以删除應請仍照原詳在於學租項下動給按則備辦以光祀典等緣由奉批據詳已悉仍侯 撫部院批示繳等

因又奉　蘇撫部院莊批開據詳已悉仍候　督部院批示繳冊存等因各到司奉此合就抄詳轉飭仰府卽便轉行遵照毋違等因到府行縣奉此合行飭知爲此帖給祠裔知悉遵照憲行在於學租項下每祭按期動給銀乙兩九分四釐六毫七絲三忽春秋二祭共給銀二兩一錢八分九釐三毫四絲六忽該祠裔屆期赴學領銀備辦聽候本縣親詣致祭以昭誠敬毋違須至帖者

右帖給侯太僕公祠裔侯錦雲準此

乾隆三十年十二月　前事

專祠捐置文契

立捐屋建祠文契未亡人侯門周氏今捐得坐落西門外荷花橋北屋一所係先夫象于公置買修葺搆造頗費經營原擬閒居習靜虔寫金經爲焚修求嗣之地不幸先夫捐館未亡人屏迹遊觀此數楹者久令鎖閉近聞諸房伯叔擬爲　先給諫公另建專祠謀之旣久苦乏善地爰令嗣兒承埰捐出本莊聽憑更改廳宇敬立　給諫公神位永享蒸嘗以彰芬烈當亦先夫所首肯於九泉之下者也此舉係氏上念祖宗之澤下繼先夫之志旣經捐出卽屬公祠自後子孫不得言稱已產妄生枝節有負余衷布告房族刻石永垂立此爲照

康熙歲次戊戌四月　日立捐祠契周氏

同男承埰

本房見伯文燿

伯文爛

執筆叔文燈

叔文烈

姪承基

華藏墳契附議單呈詞存稿

立永遠絕賣文書王集甫同弟姪伯興裕冲等今將自己坐落
華藏馬腰嶺祖墳右旁空地壹段依高峯大路至下濟取埂直
情愿永遠絕賣與侯處營墳得業憑中議定時值價銀壹伯兩
正成交日一頓收足無欠其地係自己置買産業並無房族諸
礙山糧照今丈小票推收得業人辦納恐後無憑立此永遠絕
賣文書爲照　　銀水議過九六稱兌

計開

四址照圖形執業　地上松樹得業人管執
黄石牆聽還買主折卸修墳

萬歷四十年十二月　日立絕賣文書王集甫押　侯敬芝押
隨契收領前項山價足備是實　弟王裕冲　施日觀
姪王伯興　張居易
男王蓋卿　周冲宇
王素卿　陸心州
見親王謙齋　王四如
顧驤宇　王復初

立永遠絕賣墳地文書王太液同姪蓋卿爾端五卿魯卿姪孫
春融復陽等向於萬歷四十年已將華藏馬腰嶺祖墳高峯大
路下右旁山嘴路西墳地一段賣與侯處營葬執業今侯復欲
營葬界上因地少窄王復讓侯墳左邊地一路賣與侯處憑中
情議價銀壹拾兩正立契日一頓交足其地上至大路下黄石
横牆東傍本家鄒氏墳上右邊牆埂直至下濟售界爲界自此
再買之後王處別無餘地可賣各守界内自地不致侵佔恐後
無憑立此永遠絕賣文書爲照　另有合同圖形壹紙

崇禎十年十二月　日立永遠絕賣文書王太液押　春和押
隨契收領前項山價壹拾兩足　姪蓋卿　啟陽
備是實不必另立收票　爾端　振陽
五卿　叔瑩
魯卿　見親顧幼立

姪孫春融　孔如
爾直　王四如
復陽　公五

議單

此坟地在萬歷九年葬親時獨四房一分增添價銀置缺支獨
力支持每歲祭掃并栽松絹理之費及爲他姓侵傷風水亦
捐己資　之以保風水各房皆已死故非特心力不齊亦無暇
無力及　雖賣此價謙齋弟與復初姪領前銀交付四山一人
還修築之費　賣地之銀已去四十金又存空二十金修葺坟
墓所餘之價除中人十金之外卽照各房兄弟叔姪均分給散

訖謙齋復初四如當下用議單與四山收執再無各房言論儻有他說四山執議單上之直不干買主之事立此爲照

呈詞存稿

爲祖塋盜葬籲懇究遷事 等六世祖前明萬歷庚辰進士歷任兵科都給事中贈太僕寺少卿 本朝建立專祠春秋官祭少芝公諱 先春之墓營葬於華藏山馬腰嶺垂字號其地在前明萬歷崇禎年間兩次向王氏契買共載糧二十八畝一分一釐四址確鑿歷今二百餘年執契辦糧炳據詎有盛陸兩姓在羅城左旁不知何年暗中盜葬三穴 等未經覺察茲於本年十月中上坟祭掃突見陸姓高築圍牆豎立墓門昂然聳峙

等當即查詢墳佃余阿二阿增伊等俱云不知原委 等隨經 同現年地總并新舊糧書 等照契丈量其盛陸兩姓盜葬之地實係在祖塋界內并查得盛姓並未辦糧陸姓於冊尾註糧一畝五分亦不知於何年何人名下除給竊思百年世冢子係保守他姓何得憑空盜葬似此倚恃富豪橫行强佔法紀何在爲此抄粘原契二紙亟叩

迅賜究遷俾先塋得以保全豪强知有所警沾恩無既具

呈

太僕公祠官祭祝文

維

某年歲次 月 朔越 日 無錫縣

知縣 某 謹致祭於

明贈中議大夫資治尹太僕寺少卿少芝侯先生之靈曰仰維

先生天鍾正氣性植孤標謝署名於媚竈累抗疏以批鱗一騎風清宣恩威於塞北四垣直指劾帥璫於遼東持耿介而立朝竭忠誠以報國宜肅明禋之典用增俎豆之光茲屆仲春秋事修祀事來格來歆尚

饗

維

某年歲次 月 朔越 日 裔孫

某等謹致祭於

明贈中議大夫資治尹太僕寺少卿先祖少芝公之靈曰仰維

我

祖孝友性成忠貞天植謝署名於媚竈累抗疏以批鱗一騎風清宣恩威於塞北四垣直指劾帥璫於遼東持耿介而立朝竭忠誠以報國宜肅蒸嘗之禮用伸追遠之忱茲屆仲春秋事修祀事來格來歆尚

饗

太僕公祠家祭禮節

各司其事　主祭孫就位　陪祭孫就位　主祭孫神前上香
跪　初上香　亞上香　三上香　叩首　興　復位　跪
叩首　叩首　三叩首　興　主祭孫神前奠帛爵行初獻
禮　跪　奠帛　初獻爵　讀祝文　衆孫皆跪　叩首　叩
首　三叩首　興　復位　主祭孫神前行亞獻禮　跪　亞
獻爵　三獻爵　叩首　興　復位　跪　叩首　叩首　三
叩首　興　主祭孫神前獻點膳行終獻禮　跪　初獻湯
亞獻點　三獻膳　叩首　興　復位　跪　叩首　叩首
三叩首　興　禮畢　退班

世祖家祭禮節

各司其事　主祭孫就位　陪祭孫就位　主祭孫神前上香
跪　初上香　亞上香　三上香　叩首　興　復位　跪
叩首　叩首　三叩首　興　主祭孫神前奠帛爵　跪
奠帛　初獻爵　亞獻爵　三獻爵　叩首　興　復位　跪
叩首　叩首　三叩首　興　主祭孫神前獻點膳　跪
初獻湯　亞獻點　三獻膳　叩首　興　復位　跪　叩首
叩首　三叩首　興　禮畢　退班

少宰公附祭禮節

各司其事　主祭孫就位　跪　初上香　亞上香　三上香
叩首　叩首　三叩首　興　跪　奠帛　初獻爵　亞獻
爵　三獻爵　叩首　叩首　三叩首　興　跪　初獻湯
亞獻點　三獻膳　叩首　叩首　三叩首　興　禮畢　退
班

爾濟公濬泉公紹衣公家祠祝文

維

中華民國之　年即舊歷　仲春秋月朔越　日裔孫鴻鑑等

致祭於我

祖明增承德郎　爾濟公明授戸部主事濬泉公清授刑部主

事紹衣公之靈曰洪維我

祖世德清芬植基東里代著令聞太僕忠節掃滌邊氛承德繼

武肇啟後昆永蓄道德世績簪纓貞亮清譽照耀汗青湖

山貞隱瓜瓞綿英菩提餘蔭忠孝遺型堂構重建俎豆常

新茲屆仲春秋祠享明禋聿修祠典追遠情殷仰維靈爽來

格來歆尚

饗

鳳凰翅世墓示禁碑文

特授江蘇常州府金匱縣正堂加十級紀錄十次王　爲

給示諭禁事據恩貢生侯倬知府用浙江候補同知侯棵雲騎

尉文生侯駿烈監生侯寶慶監生侯烈職員侯文光職員侯寶

麒文童侯祖望附貢生侯國均四品銜湖北候補通判侯維祺

廩生侯士珏監生侯宗曾附生侯人鏡附生侯鎮稟稱竊治等

先祖世墓自元末始遷本邑東里即營葬於東鄉劉巷橋載在

邑志迄今數百餘年八世祖明贈太僕寺少卿少芝公諱先春

用石工修葺頗費經營時遠年深毫無損壞自遭兵燹以來雖

已倒塌而石料均無遺失近年四面圍牆皆成樵牧小徑塚墩

亦被牛羊踐踏石料偷失甚多樹木爲不肖族人資賣今治等

邀集族人擇吉動工修理加築圍牆砌立墓門俾資關禁冬間

尚須補種樹木惟土棍鄉愚村童牧豎久無忌憚防不勝防稟

叩給示永禁責成地保墳佃如有前項情弊准其扭稟雖童幼

無知亦必嚴究父兄以免樵牧作踐等情到縣據此除批示外

合行給示諭禁爲此示仰該處居民人等知悉爾等須知縱放

牛羊踐踏墳塋及盜竊蔭樹碑石均干例禁自示之後毋得再

放牛羊至侯宦墳上作踐及損壞牆垣竊取木石等料倘敢故

違許該處地保墳佃指名稟

縣以憑提案照例嚴辦地保墳佃容隱察出並究決不寬貸其

各凜遵毋違特示

光緒十九年三月　　二十六　　日示

華藏太僕公塋示禁族人盜葬碑文

江蘇常州府無錫縣正堂加五級紀錄十次甄　爲
叩恩給示保墓事據恩賜粟帛侯鉎恩賜八品頂帶侯士鑲
人侯鳳苞侯雲濤侯昉生員侯鳳蘭侯大鏞侯鈴侯鍊侯叔度
侯文偉監生侯孝逑侯龍淑侯庭實侯濬侯涎侯鴻等具呈前
事內稱治等六世祖太僕寺少卿專祠崇祀少芝公葬於華藏
地方自明迄今從無棻葬現有盛陸兩姓侵佔墳旁隙地治等
公具呈詞蒙批勘訊在案詎有族惡貫之務之兄弟擅將久經
深葬東門外一一圖伊父母及妻三棺遷葬於少芝公塚墩之
上治等合族公斥其非將僭葬三棺遷還原墳安葬現在貫之

兄弟自知僭紊遁匿不面未敢有瀆憲聽家法懲儆第思開此
衅端子姓繁多賢愚不等恐有不肖族人復生覬覦紊亂先塋
爲此公叩伏乞電賜給示勒石永禁俾保先塋等情到縣據此
合行出示嚴禁爲此示仰侯氏合族人等知悉嗣後毋得再在
祖塋盜葬倘有不肖之輩敢蹈前轍立即指名稟
縣以憑拿究各宜凜遵毋違特示

嘉慶元年四月　　日示

華藏太僕公塋示禁譏賣盜佔碑文

署江蘇常州府無錫縣正堂加十級紀錄十次張　爲
出示諭禁事據沭陽縣教諭卓異侯㝡副貢生雲南普洱府恩
茅同知侯晟吏部左侍郎侯桐舉人廣西候補知縣侯度河南
候補通判侯建烈鴻臚寺序班侯元慶山東候補從九濟陽縣
典史侯綸河南候補從九侯燕翼江西候補從九侯詠議敘
六品職員侯翊侯選從九侯起嵋侯起岑職員侯瀛洲侯于鄺
舉人侯楨監生侯咸侯保泰侯樾侯庭榕侯枚侯復曾廩生侯
煒生員侯庭槐侯慶章侯棠侯玉麟侯炳麟侯緝熙廩生侯維
寶文童侯特侯泰鴻侯松侯植侯慎餘抱屬侯陞呈稱治等七

世祖前明萬歷進士兵科都給事中贈太僕寺少卿　本朝建
立專祠春秋官祭少芝公諱先春之墓營葬華藏山馬腰嶺垂
字號共載糧二十八畝一分六釐乾隆年間盛陸兩姓盜葬稟
蒙訊勘折毀嘉慶元年給示永禁在案詎料道光三十年冬驚
悉塋旁餘地突有鄉棍欲行譏賣并疊被鄉民盜佔樵斫墾種
亟宜添立界石籲求給示永禁盜佔等情除批示外合行出示
諭禁爲此示仰居民地保墳佃人等知悉侯宦祖墳添立界石
以杜盜佔不得阻撓倘有不法棍徒盜佔樵斫墾種許指名稟
縣以憑立提究辦決不寬貸各宜凜遵毋違特示

咸豐元年四月二十七日示

華藏少芝公墓禁碑文

欽加同知銜陞用直隸州特授無錫縣正堂加十級紀錄十次
吳　爲
出示曉諭事案據恩貢生侯倬奏調雲南差委知府用浙江候
補同知侯檠雲騎尉改作文生侯駿烈監生侯寶廖監生侯烈
監生侯文光廩生侯士珏職員侯寶麒四品銜湖北候補通判
侯維祺文童侯祖望附貢生侯國均監生侯宗曾附生侯人鏡
抱屬侯福稟稱八世祖明贈太僕寺少卿
國朝勅建專祠少芝公諱先春之墓葬於華藏山馬腰嶺垂字
號地內迄今數百餘年前以族人盜葬合族議遷稟請示禁又

因盛陸兩姓盜葬稟請究遷均蒙前縣分別給示勒石訊勘拆
毀前因墳丁亡故即令華藏寺僧看管茲邀族人並木圖糧書
秦培觀地保邵仁興寺僧岱增及鄰近鄉民到山丈量查見前
次盜葬拆毀盛陸兩墳前後又添四塚右首亦有兩塚當詢糧
保僉推不知抄粘詞示繪圖叩賜嚴究押遷等情到縣據經陳
前縣飭提糧保秦培觀等供出盛培生等盜葬屬實又經前縣
暨本縣籤提盛培生到案訊據供認願將新葬兩塚棺木遷葬
具有限結在卷茲據恩貢生侯倬等以盜葬各裔除查明丁阿
二家一塚已自行遷去盛培生家兩塚業蒙押遷外尚有左首
四塚右首兩塚治等督同糧書秦培觀地保邵仁興訪查現在

軍嶂山子兢公墓禁碑文

特用府卽補清軍府署常州府無錫縣正堂陳　爲
給示諭禁事據恩貢生侯倬知府用浙江候補同知侯樑四品
銜湖北候補通判侯維祺附貢生侯國均附生侯人鏡雲騎尉
文生侯駿烈監生侯烈侯寶廖侯文光侯宗曾職員侯寶麒文
童侯祖望等稟稱治等前以祖塋界石遺失懇請飭傳糧書地
保同往清丈遵照譜中刊圖弓數補立界石荷蒙賞派工丈書
章前往治等邀同族人於本月十九前赴軍嶂山傳集本圖糧
書江熒甫地保張元茂率領墳丁孫阿如及鄉鄰人等同到七
世祖明封登仕郎大理寺司務子兢公諱世英塋地丈量雖無

盜葬情弊而墓門池中爲范姓侵佔墾種當卽囑令挑濬儲水
不得再行侵用墳右上首浮停棺木一具查係墳丁孫阿如妻
柩囑令遷移誠恐因循延宕務求傳諭糧保督令分別辦理此
外墓石遺失不無盜賣樹木凋零未免樵斫既往固難深究而
嗣後修理補種鄉愚無知難防前項弊竇合併仰懇給示永禁
以垂久遠俾先塋得以保全鄉愚咸知恪守等情到縣據此除
批示並諭飭糧保押令孫阿如迅將妻柩遷葬外合行給示諭
禁爲此示仰該處居民墳佃糧保人等知悉爾等須知侯宦祖
塋界址現已丈明補立界石以杜侵佔自示之後如有不法棍
徒再在侯宦墓界以內佔墾樵牧作踐情事許由墳裔指名稟

實無的裔在錫應請暫行銷案俟查出後再行稟究押遷擇日
尚須修理坟垣補種樹木叩乞示禁等情並據該差取具盛培
生遵結各前來除分別批示外合行出示曉諭爲此示仰糧書
地保及華藏寺僧人等知悉自示之後務各妥爲保護不得再
有盜葬侵佔及樵牧情事如敢故違定卽提案嚴辦決不姑寬
各宜凜遵毋違特示

光緒十九年十月　初九　日示

縣以憑提案嚴辦決不寬貸其各凜遵毋違特示

光緒十九年三月　十一　日示

欽加同知銜陞用直隸州特授無錫縣正堂吳　爲

給示諭禁事據恩貢生侯倬知府用浙江候補同知侯樑雲騎尉文生侯駿烈監生侯寶麐監生侯烈職員侯文光職員侯寶麒文童侯祖述附生侯國均四品銜湖北候補通判侯維祺監生侯宗曾附生侯人鏡等禀稱生等前因開化鄉念七一圖軍嶂山才字號七世祖明封登仕郎大理寺司務子兢公諱世英塋地禁碑被糧書江燮甫鑿毀名姓稟蒙提究在案茲據該糧書央懇紳董向生等勸說自愿另賠新碑並以後小心照管伏

思該糧書江燮甫於生等查問之時實係避匿未出伊弟恃蠻强辯以及聚集多人尚無逞兇情事今既畏罪悔悟可否免予提究並求給示諭禁傳諭糧保以後如有損動禁碑字跡并樵牧作踐等事一併嚴懲俾知警懼而垂久遠等情到縣據此除批既據該原呈等代爲稟求姑准從寬免提銷案外合行給示諭禁爲此示仰附近居民人等知悉自示之後務當安分守己各安各業如有不肖匪徒敢再損動禁碑字跡或仍在侯姓墳塋任意樵牧作踐一經該貢生等指名稟

縣定即立提嚴辦該糧保墳佃如不小心照管知情容隱一併究處不貸其各凜遵毋違特示

仲長公大⿱山洋墳山請准立案示禁呈

爲墳山界址理明叩求存案並請出示永禁盜賣盜葬以及盜砍蔭木事竊治等七世祖贈翰林院檢討仲長公墓坐落治下化字廿四六圖土名大⿱山洋計化字七號山田七十畝八號山田二畝一千八百二號塔田二畝五釐六毫二千八百三號高田九分三釐係侯仁宗侯忠恕戶辦糧自明季迄今垂三百年相安無異本年夏初因坟山爲周阿紀李錫華李三元所佔控經前邑侯吳簽差追查在案嗣經該圖地保兼充糧書袁子山暨圖董顧順興實緣有昔存今故之侯氏坟佃李裕福即朱細大擅將侯氏坟山分析與周阿紀等樵採周阿紀等竟將無糧之

山據爲己有茲蒙簽提自知理虧情愿將誤買之契送還侯氏銷燬盜砍之蔭木照舊賠種求免追究等云經董保再三籲懇治等念其鄉愚不忍終訟即邀同董保三面勘明界址釘立界石仍舊指歸舊佃李裕福之嗣子李阿閏承管照納草租以抵國課現在界址分明糧地相符應請俯賜檢卷查銷實爲德便惟山糧七十餘畝除侯氏扦葬外有異姓墳數處葬在界內是否盜賣盜葬代遠年湮無可究詰必令一概遷葬擾及枯骨殊非忠厚存心之道但餘地尚多誠恐奸宄生心藉端侵佔不得不繪圖貼說環叩　公祖大人俯賜立案凡侯氏辦糧界內其異姓之久經營葬者概仍其舊俟查明的裔責令補糧仍懇頒

給告示永禁盜賣盜葬以及盜砍蔭木如違一經發覺從嚴懲
辦仰邀恩准庶足以杜奸狡而妥先靈歿存均感上稟

光緒二十一年十月二十二日

無錫縣正堂傅批浙江准補新昌縣知縣侯琫森等公稟

准立案示禁粘圖附

化字七號　　山田七十畝

八號　　二畝

一千八百二號　　塔田二畝五釐六毫

一千八百三號　　高田九分三釐

侯仁宗侯忠恕戶辦糧七十四畝九分八釐六毫

光緒十九年十月　　初九　　日示

離字義塚禁碑文

欽加五品銜特授常州府金匱縣正堂汪　　爲

給示勒石永禁事據湖北試用從九侯秉三品銜知府用浙江
新昌縣知縣侯琫森監生侯寶麐職員侯文光侯選巡檢侯祖
望監生侯祖述四品銜湖北候補通判侯維祺五品銜浙江遇
缺儘先典史侯壽珪附貢生侯學愈廩生侯鴻鑑稟稱鐵路圈
用地内兩坟應遷之柩一時塚基苦無購處桑名下有自業離
字一千四百二十六號侯親三戶荒田二畝五分三釐九毫東
靠華姓桑田南鄖侯義莊戶田西鄰邵姓墳北隔兩小荒號郎

河改作義塚最宜現由祖望祖述貼給地價一半合力捐作族
中無力無嗣營葬之義塚誠恐村童牧放牛羊作踐叩請給示
勒石永禁飭保傳諭等情到縣據此除批示並飭保傳禁外合
行給示勒石諭禁爲此示仰該處居民人等知悉自示之後不
准村童牧放牛羊在該墳任意作踐倘敢故違許該職等指名
稟候提究不貸其各凜遵毋違切切特示

光緒三十年十二月　　十四　　日示

謹按老二房六房天字兩墳有礙路線遷葬棺木百餘具
合力捐塚畫地兩大段以敬芝天行兩公爲主穴後裔分
次附葬餘地一小段即葬紹賢暨吾族艱於購地者祖述識

祖塋歲修祭掃議單

議者華藏山　祖塋餘地近年又被盜葬至六塚之多從前盛陸兩姓盜葬三穴亦經私將圍牆修復皆緣水道必經太湖陸路又復迂遠每屆春秋祭掃偶遇風雨即不能親詣　墓前疎忽之咎無從推諉今既稟縣拆毀押遷嗣後祭掃亟宜議定章程俾不致再蹈前愆現值東門外劉巷橋　始祖各塋修理工竣邀集合族瞻拜之日公同議定春秋祭掃均定於祭　祠後十數日之內恰是風和日暖白晝較長之際雇用載貨空船取其慣弄波濤庶無阻滯驚險之虞劉巷橋既經修葺軍嶂亦已丈量分別給示泐石必須各房多到幾人隨時留意察看以免

坍壞侵佔嚴諭糧保墳佃小心照管庶不致日久弊生另刻傳單屆時由值年擇日塡註挨次祭掃者列次箋飭人邀請除宦幕他省廿年逾七旬及未過十二歲者不計外雖抱病有故亦必須親註到否緣由以憑衆鑒而杜疎懶邀請不週咎在值年惟到者既多領費必不敷用每屆由樑捐出洋二元分助華藏軍嶂兩處舟資於年前先交管理祭田公賬處收存以便一併領取再劉巷橋　祖塋既已修葺一新間年歲修斷不可忽議定每年由書塾義莊兩處各提洋三元兩年合提洋十二元議舉公正一二人督工修補庶不致日漸坍壞各處祭田實不敷用我輩靑雲得路光景裕如自當添置以期久遠凡我族中同鑒斯言厚堂族長諒勿以僭議責我等也須至議單者

光緒十九年歲次癸巳六月二十一日立議單　筱舫　押

同議　心畬　押

忠佩　押

望曾　押

詠之　押

芙卿　押

季賢　押

蔚堂　押

渭臣　押

念儀　押

企堂　押

介堂　押

裳孫　押

稷華　押

仲匡　押

潄六　押

鏡清　押

泰初　押

執筆　紹先　押

仁宇撥付二兒蘭芬收執

余自五齡失怙家徒壁立恃母針黹度日至十二齡無力讀書即課生理始則帮夥圖生繼乃借貲經理菽水之奉勉强支持乃成婚後予室即將奩田七畝珠飾二種變價百千文作本營生幸數十年來仰叨先人流澤諸事頗爲順利家中得免饑寒然予艱苦備嘗勤儉自守節縮所存皆予筋骨心血之餘膏也今除置義田三百畝以贍貧族外尚有贏餘照股分撥諸子採息糊口義田内每年每股各支白米七石此外不得浮支各宜體貼予心謹守繩尺以圖永久如有不遵予訓輕自揮霍者即以不孝論

計開

一撥付大兒　九三串錢一千千文

一撥付二兒　九三串錢一千千文

一撥付三兒　九三串錢一千千文

一撥付四兒　九三串錢一千千文

一撥付五六兒　九三串錢一千千文

五六兩兒年尚幼稚此項存於妥處每年支利之半其餘仍貯原處不得擅行挪用俟成婚後方可支付倘有移貯須會同親族長三面商妥方可更易爲切

一撥付長孫　九三串錢五百千文

此項每年支利十千文餘利連本俟十年後觀其有成方可支付不得預行挪動

一撥付女兒　九三串錢三百千文

嘉慶二十四年九月　日撥付二兒蘭芬收執

父　仁宇押　命姪映芬執筆押

族弟　鍵六

蓮山

舅　馮春田押

姪　用儀押

漢封押

履和押

姪孫　舜五押

親甥　周曉霞押

廷衡押

甥壻　鄒秉傑押

壻　華鑒亭押

研芬公接管書塾公議筆據

立公議筆據今因吾族書塾及荷祭仲公蒂公項向附義莊管理今公議另交研芬接管議明修金二十四千一切收租入賬租簿銀錢進出俱歸研芬一手經理凡屬族中公事應從書塾及荷祭仲公辦理者一併支值如有虧項塾欵亦惟研芬是問務期日漸擴充以垂永久恐後無憑立此義塾公議據爲照

計開　規條清冊另立　所有賬目出入聽憑合族公同查核如有虧短等情憑公另舉族中方正有力者接手經管

咸豐七年七月　日立主議雲麓 押

紀之

葉唐 押

見議維楨 押　若谷　翊卿 押

心田　心培 押　蔭庭

茂堂 押　在中 押

海巢 押　景劉 押

導江 押　少卿 押

志琴 押　轡望

景六 押　心泉 押

子幹 押　步皋

聽議　研芬 押　命筆　景文 押

芙卿公捐書塾基地文契

立捐屋基文契芙卿今捐得祖遺坐落東北四圖駁岸上家塾西間壁沿河門面基地三間前因蘇三伯父建造住宅意圖擴充將基地上厠房三間自行塞去圈入牆內當時先考硯芬公親與理論蘇三伯父郎親書三百二十千期票一紙作抵延今未償去年十二月子廷弟媳欲將嘉植堂全宅出賣請出子康姪邀仝紹先弟少卿姪冠清再姪眼同清丈自愿將沿河門面基地三間照原界畫還執業以前期票作廢竊思此基地與家塾毗連現值恢復家塾此基似屬合用爰於收回後與老師儉堂基地一同捐入家塾以期他日講舍宏開英才輩出以仰副先祖考達夫公先考硯芬公創建家塾培植子弟之意當亦先靈所首肯於九原者也欲垂久遠立此捐屋基文契爲照

光緒三十二年四月廿八日立捐屋基文契芙卿 押

族長　子涵 押　子康 押

見中　緯辰 押　星喬 押

渭臣 押　子珊 押

紹先 押　冠清 押

少卿 押　蔭軒 押

命男伯文書 押　保三 押

整頓義莊議據

立公議筆據蔚堂等竊因吾族自嘉慶二十三年仁宇公倡捐義田莊屋以恤鰥寡孤獨老幼廢疾并喪葬之費以私產贍族誠盛舉也後嗣西濵經理不善延至道光十五年將莊田抵押在外國課負欠累累盛舉已爲中輟幸繼起有葉唐蘭臺平山諸公解囊慨助撥乾泰公欵彌補公舉達夫公總攝其事達夫公身任不辭墊欵經理不數年而贖莊田完國課添厫房復捐田百畝以濟不足當時經族中公議俟有盈餘卽還所墊之欵迨後莊欵較有贏餘衆議撥還達夫公好義性成歸公不受至咸豐間達夫公謝世由紀之公仍令茂青接管以覩後效今易

數傳頹疲日甚故邀集通族力加整頓免失仁宇公創始之艱葉唐諸公補救之功公議各規凡我侯氏子孫務各懍遵無失以期日後擴充而垂久遠欲後有憑立此公議筆據爲照

計開

一公舉總務一人凡莊內外各項收付須歸定奪 一收租一人管理租務可以自裁以外須請命總務 一稽核二人核逐細清查以便轉交總務 一庶務一人辦理族中一切庶務

以上各員如有不合公議另舉惟租務以三年爲一接管期如不遵公議各規不拘三年隨卽另舉無論接管另衆須立承管筆據以昭鄭重

二每年正七兩月十六日爲公會期邀集合族將收付各賬目察核將盈餘令收租人歸此二期如數交出清賬榜示莊門外

三年歲豐歉不定收付多寡不同如有盈餘提歸公用如有不足由總務籌墊

四向章大口每月二斗小口每月一斗五升殯葬費每名錢四千今改每名四元其餘添支各項須由總務邀集稽核各人公同酌奪不得收租人任意妄付

五凡給月米者須立戶口冊以備年歲稽查由總務於每年正月十六日發給憑單親自向莊按月領取公議可以停付者

新票不給

六仁宇公子孫向章大二三房暨老五房每年每房七石今仍照舊支付不得增添

七收租薪水每年洋六十元白米七石如請友分勞莊內薪水不得另支

八鰥寡孤獨廢疾者查明照給有子寡婦其子年滿二十歲者不給

九道光間重整義莊時經諸公補救始得頓還舊觀志在漸次擴充未敢以此爲完美碑記後故未將田號畝數核實附列考諸邑乘侯氏莊田六百二十六畝光緒十九年經筱舫公

清理莊單檢出蓋戳望會只交出四百七十九畝今計歷年所完銀漕亦不相符恐匯遷之故輙復蹈於今日矣須令少卿將咸豐九年老租簿一本暨糧單一併交出以備清查設有抵賣情事嚴加追償

十我莊至今日腐敗已臻極點故公議力加整頓一洗積習之弊公舉總務各員分握權限以期實心行事如有將賬目勾串朦混等情一經查出照家法從嚴處置

十一管理租務員如不遵公議至期托故推諉將盈餘賬目延遲不交有意破壞規則隨即公議另舉追償議處

十二道光間重整義莊碑記經兵燹遺燬今當遵照原記并新議各規刻石置之

先太僕祠以期永遠勿失

光緒三十四年四月十八日立公議筆據蔚堂

渭臣　亦裴　乙笙　星橋　泰初　明初
紹先　鵠卿　保三　鏡清　伯葵
子康　采南　作霖　季德　達泉
秋華　菊畦　裕艮　惕承　伯文
仲臣　姚臣　嘯松　復初　禹言
叔蘊　叔英　亮齋　雲階　俊千
冠清　稷臣　士美　晉甫　雪農

恒善堂公議十七條

公議整頓侯義莊條規

一議仁宇公每年開支錢十千文作春秋祭掃費

一議田單交出後存縣立案改給印簿存莊收管

一議莊田收租派仁宇公子孫一人同總務所派之人在莊合力公收每於祭祀日春秋兩頭將清單粘曉祠堂以昭大信

一議莊中如有盈虧必須稟明總務開會公同酌議不得擅自撥付以免私議

一議仁宇公後各房開支仍照前付俟終餘年即行截止以省經費

一議仁宇公子孫收租向章三十六千今加足一百千文白米七石

一議讓出莊屋一造爲收租之處不准往外設立如有盈餘前基准其造屋作用

一議光緒十九年蓋戳義莊糧單計田四百七十九畝九分九釐五絲莊基單在外俟少卿交出

一議光緒三十一年至三十三年侯義莊錫金上下忙銀兩尚欠九十餘兩此係批示查繳之件應由少卿首先完繳

一議光緒三十年義莊田圈入鐵路若干所領田價若干尚未收賬應由少卿繳還公處買補原額

一議光緒三十四年收麥若干折租若干收米若干開支餘洋
若干照據悉數交出
一議各房莊田作爲各房之產已後祇可歸併公處不准抵賣
與外姓至歷年過戸抵賣之田籌有的欵應由少卿帮同公
處商確贖回
一議歷年陳欠收支細賬交出稽核
一議先劃還公處第三造莊屋共計廳書房四間一側廂如遇
婚喪大事准其作用
一議歷年添置橙杌斗斛倉用什物交明公處登賬備用
一議本房年米月錢俟賬項交代清楚後再行開議立摺支付

一議總務及收租各員如有營私舞弊等情調查確實即行辭
退另舉所虧照數追償

宣統元年閏二月二十三日立

預議　侯少卿　仲匡
紹先　秋芳
叔詠　伯文
冠清　頌德
筆　秦岐臣

公議後自春迄冬少卿僅遵糧單存縣一條不得已對簿
公庭證供確實又復在外婪收被押保釋案存公署 祖進識

公同勸議規則六條

立公同勸議今因義莊訟事積久不決特邀集同人商勸和平
了結以息爭端兹將所議條列如左
一此次議結悉遵　邑侯斷結原案以期破除私見共襄義舉
一莊事屢議未定皆由彼此帳目爭執相持不下一日不得清
結即一日無從和息今議將以前所有帳目無論爲嬴爲虧
一概不再清算庶可永杜葛藤但同人並非謂帳目不應清
算祇求爲息訟起見凡有以前涉訟理論各事亦不得重行
提議免生枝節以明一了百了之意
一莊屋除已經先出一進外理應一律遷空畫清公私界限刻

因迫於結案暫行通融限一年內陸續遷讓俟擇定遷處時
由莊酌給遷費讓出莊屋後并酌付月租其有家況較稀自
願遷移者不在此例倘屆時彼此相安各無芥蔕應仍准居
住即可無庸議讓以示體恤
一議由族人公同津貼少卿洋二百元分本年六月十二月兩
期交楚計每次一百元即此足爲眞心和好之據同人均宜
共諒
一議少卿有監查之權無收付之權保全以後名譽
一議上年公立議單十七條各宜永遠恪遵不得稍有違背此
次所議係補前議所不及並非另有加增應視同前議十七

係一律遵勿守替
宣統二年五月二十二日立勸議　楊石漁
秦岐臣
寶殿珍
聽議　侯少卿　魁生
仲德　元生
楚卿
裕艮
叔英
蔚堂

渭臣
紹先
伯文
益生
叔藴
秋舫
秋華
鶴清
作霖
冠清

筱舫公捐修劉巷橋世墓收支總數
計收
芙卿　捐洋三十元
望曾　捐洋三十元
季賢　捐洋十元
蔚堂　捐洋十元
渭臣　捐洋十元
紹先　捐洋十元
介堂　捐洋三十元
憩堂　捐洋三十元

鏡清　捐洋三十元
遂瞻　捐洋三十元
念儀　捐洋五元
荷祭仲公　撥洋二十元
統計收洋二百四十五元
計付
付磚瓦石灰　計洋一百六元二角八分五釐
付舊磚　計洋十二元五角三分
付草紙輕煤　計洋七元七角八分八釐
付黃石作　計洋七十四元

付青石作　計洋十九元五角
付水作　計洋二十七元九角
付木作　計洋三元
付木行　計洋二十元六角八分二釐
付漆作　計洋二元六角八分
付鐵器竹器杠繩　計洋八元五角九分五釐
付土工　計洋一百三元九角六分
付縣署請示　計洋二元三角八分
付刻世系記　計洋十三元
付飯米　計洋七元五角五分

付監工伙食　計洋十一元三角
付家丁賞錢　計洋十元
付墳佃賞號柴火　計洋五元
付墳左橋工　墊洋十七元三角六分
付種松柏盤槐冬青等樹計洋五十元
統計付洋五百三元五角一分
附華藏軍嶂祠基清丈費
付華藏清丈立界押遷等計洋十七元
付軍嶂清丈立等界　計洋三十二元四角六分
付祠堂基清丈立界　計洋三元七角八分

付刻新墓記　計洋三十元
付工丈書章　計洋十元
統計付洋九十三元二角四分、
除收兩其墊洋三百五十一元七角五分
筱舫公　捐墊洋三百五十一元七角五分

謹按光緒壬辰歲抄先叔筱舫公歸自滇南癸巳仲春敬
詣
各祖塋祭掃見四址界石大都遺去嘗懇兩邑侯派工丈書清
丈補立界石擇於三月十五日動工修葺劉巷橋
始祖各塋至六月二十一日工竣設祭告成並將收付之項開

明細數以憑合族公同查閱除認捐外其餘不敷之數卽
由筱舫公如數籌墊隨後補種松柏蔚然成林滬甯鐵路
購地時委員李平泉因悉巨族世墓改避路線得以保全
皆公修葺之力也宣統己酉季秋因事赴滬嬸母述先叔
遺命將捐修簿記交述清結照錄敬附數語以誌勿忘
姪祖述謹識

偉人公領銜公稟督撫藩學府憲贖回亦暢居基屋稟

爲謀買未遂在縣押勒又赴轅朦稟興學環求札飭學司派員清查斷結究朦以還祖業而維學界事竊職等世居金匱東北四圖自元迄今六百餘年聚族而居向有書塾培植子弟自奉詔興學即於去春以書塾改辦侯氏公學稟報有案惟課堂膳室均極狹隘正擬設法擴充適族弟子庭故後立嗣未定遺有嘉植堂基屋一所恰在侯氏書塾之西義莊之東此屋東西各有公中餘地借用在內立有借據兵燹時遺失子庭之妻秦氏貧苦難度昔將此基糧單押與唐姓即陳梅軒名導源之戚陳姓有意謀買先將糧單轉贖在手屢將銀洋借與秦氏并勸絕

賣遂於光緒三十一年冬拾塡年月私立草契并將義莊書塾餘地圈賣在內職等覺察悉其祇立草契未交正價即行邀族公議僉謂此屋爲侯氏累氏世基況又界限侵入義莊書塾若聽其淪入異姓於心有所不安現正議添女學不如照議賣之價歸併此屋既可收回祖產又可免糧業爭差之弊衆議允洽先將子庭在日典與孫姓之亦暢居原價贖回擴充學堂隨即稟縣退還陳姓借欵已蒙金邑尊批准立案去年十二月秦氏亦自願了結懇求族弟叔英作中歸併與族中公學稟請立案銷案附呈契據亦蒙批准今年二月初三日遂將學堂遷入以符原案詎知陳梅軒即導源得信後竄將昔屬什物搬入肆意謾罵難以理喻職等不得不於銷案後瀝情稟縣蒙批集訊三月二十九日堂訊邑尊突翻前案一味袒徇不許置辨反將平素公正現放義賑之紳員族弟祖述押辱事後訪聞始知有某紳爲陳姓賄求所致今陳姓自知理屈某紳亦知事干衆怒更變其宗旨施其強硬手段捏將謀買未成之產托爲興學稟求撫督學三憲立案請獎竊思陳導源廣有資財果願捐學則隙地尚多何獨注意於此其爲謀買不遂不休之心路人皆見職等竊係寒素勢難與敵惟念保全祖基擴充學舍在秦氏收回原價既無短折在陳姓亦原璧歸趙並省界址不清諸弊情理兼至並無不合爲此抄批叩求

撫憲大人鑒核恩准飭司派員到縣秉公清查則此基屋昔否有所糾葛陳姓前案曾否有興學之語其中詭計不難洞鑒至於朦求請獎斷難姑寬此風一開僭佔案詐之事冒藉興學之名勢必層見叠出伏希飭司派員到縣秉公斷結飭陳姓領價限令出屋嚴辦朦混而免訟累實爲公德除稟司督府憲外合行迫切上稟

光緒三十三年四月十五日蒙

撫憲批示此項基地果係侯氏世產自應先儘同族價贖陳導源不得藉名興學意圖強買惟其中是何實情有無別項糾葛仰蘇提學司會同蘇藩司飭縣迅速秉公斷結具報

毋稍偏徇一面先行錄案詳覆仍候督部堂批示此批抄
粘並發仍繳
爲朦禀撫批袒徇偏斷環求恩准飭府親提斷結以免訟累而
重學界事竊職族公議歸併嘉植堂亦暢居房屋基地擴充侯
氏公學前蒙趙邑侯批准立案四月十五日又接奉
撫憲批示此項基地果係侯氏世産自應先儘同族價贖陳導
源不得藉名興學意圖强買等因伏讀之下足見賢明洞察燭
照無私竊惟此基屋界乎義莊書塾之間侯氏列祖列宗聚族
於斯已歷六百餘年雖係秦氏祖遺惟一旦棄諸異姓族中均
有不安況與義莊書塾糧業未清均爲中代誤寫在内用是族

中公議由公中出資仍照議賣之價給予秦氏令其如數退還
陳導源所出贖單定洋八百五十元收回六百餘年之世産擴
充公學此在秦氏既未短價即陳姓亦無折耗情理兼至木無
不合乃陳導源聽信訟師唆使不知如何運動趙邑侯忽翻前
案三月二十九晚堂訊既將祖述辱押四月十七日又禀提四
齡女孩侯念帖午後親臨履勘意欲分劃界限逼賣已經歸併
之公産并一味聽信陳姓誣蔑之詞將祖述光錫二人嚴詞恫
嚇職等不勝駭異本月初二時抄粘
撫批禀求趙邑侯補提中代暨侯氏闔族遵批斷結不意趙邑
侯並不批示亦不補提初六日僅傳陳導源侯泰氏一賣一買

飭各具結竊思集訊斷結必須兩造遵依方可完案乃徇情妄
斷一味袒護職等固不敢指爲賄求惟聞陳導源前曾揚言不
惜資財定要使祖述光錫兩人受辱又道路傳言趙邑尊以妄
兄門政錢三爲伥錢三又以房東代書蔡棻初爲走狗狼狽爲
奸贓污狼籍以此案揆之似亦不爲無因職族均係寒素斷斷
與財力有餘之陳導源在暗無天日之處爭是非爲此不揣冒
昧叩求
大公祖大人飭府親提斷結速令陳導源遷讓收回原洋另行
置屋興學以息纏訟而裨學界實爲公德除禀
候督學憲外合行迫切上禀

藩憲批示查前准　提學司咨奉
撫憲批該職等禀謀買未遂在縣押勒又赴轅朦禀興學
環求札飭學司派員清查斷結究朦以還祖業而維學界
等情批示抄錄咨司當經行府秉公確查據實詳復核辦
在案據禀前情仰常州府遵照前札併案秉公確切查明
據實詳復核辦毋稍袒徇切切仍候
撫憲暨　學司批示禀卷並發仍繳
督憲批示據詳已悉仰蘇藩司遵照飭府秉公訊斷具報仍候
撫部院批示繳原禀清摺圖均存
撫憲批示詳及附詳均悉仰蘇提學司會同蘇藩司飭府迅即

親提復訊秉公斷結詳銷毋稍偏徇並飭陳導源將校舍另行擇地設立以免糾葛仍候

督部堂批示繳摺圖存附詳粘發

偉人族兄因祖述金署押辱通禀省憲兩呈均兄主稿蒙

督撫憲批准札司飭府親提陸勉齋太尊親訊兩堂諭令陳導源所出贖單定洋八百五十元又開出立契訟費五百五十元責成吾族歸還陳導源祖述已均遵斷而陳導源探悉後任王太尊接篆在邇延不遵結迨王太尊蒞任又施其專制手段拖累六堂計遞繳洋二千零四十八元結案連秦氏歸併找借洋又贖回兩次當出裝修暨退還孫姓沈姓高姓典屋刪洋及一應訟費統計用洋三千七百元公議詣藝義莊各認千元書藝辿清遵議措交洋一千元義莊祗認洋二百元　霓峯公公項內借洋百元偉人借洋二百元祖述墊洋五百元餘虧洋一千七百元祖述以糧單息借是額支持數年幸有元字侯花園戶基地出售忠孝恭靜兩堂代表伯文葆三合捐洋二千元稍輕負担除祖述墊洋不支利息外公家尙須籌洋二千數百元方能清償此欵贖還糧單 祖述謹識

陸勉齋太尊堂諭

侯秦氏之屋本非公産既經賣與陳氏本不應擅云取贖惟念侯氏亦爲擴充公學起見而陳導源買此屋介乎侯氏公産之中難免時饒口舌不如讓還侯氏擇地另建較爲安適惟侯氏亦不得藉口公學定言抵制應將所捐田産銀數必與陳導源所捐與學數目相埒方足取信着陳導源將所付産價實數開呈以便飭侯氏如數歸還一面由侯祖述將擴充公學田産捐數是否在一萬元以上能否與陳導源所捐不相上下統候初十日復訊核斷 光緒三十三年九月初五日

本府以侯氏既由闔族捐出田産値洋一萬五千餘元之多稟請立案擴充侯氏公學並願備銀退還陳導源等情因斷令侯氏連存金匱縣七百元共湊足洋二千一百元歸還陳導源由陳導源將此産讓還侯氏作爲公學另由金匱縣撥荒地合建造學堂地址之用約二三畝者給陳導源另建校舍以期兩全一面將侯氏所捐出與學産業確切查明的係樂捐並非公同祠産等項方准立案原告侯祖述已均遵斷而陳導源固執不肯將産退還侯氏本府反復開導仍不肯遵着候下堂再訊 九月初十日

元字侯花園即菩提菴基地庚寅老太爺批案念儀寄居伯文家身後其津貼伯文撥有出售又傳貼匾額以彰伯之德

載 伯文葆三合捐洋貳千元紹先因幸有幸字即來路不正之觀指城嚼伯文爭名奪利朦混子孫合急更正而老

大房葆三獨捐千元尙有老大房年長者但在疾行先長謂之不弟美名尚有特誌数言以貸役人 庚申春 謹識

教育總長范源濂呈大總統江蘇省無錫泰氏侯氏各捐
資二萬圓以上設立國民學校請特予獎給匾額文
爲捐資興學遵章請給特獎事竊准江蘇省長咨稱無錫市區
私立秦氏國民學校由闔族捐資設立合計二萬九千五百六
十六元侯氏國民學校由闔族捐資設立合計二萬四千四百
八十四元並將所捐田地契據驗明鈔底列表咨部請予給獎
等因前來查修正捐資興學褒獎條例第五條內載捐資在二
萬元以上應得褒獎由教育總長呈請特獎等語本部前年五
六月間湘紳蔣德鈞蘇紳黄慶瀾均係捐資二萬元以上曾經
呈准分別給予四等嘉禾勲章及進給三等嘉禾勳章在案詳

查此次秦侯二氏闔族捐資均係私人結合團體與私人獨力
捐資微有不同自應比照褒獎條例第三條之規定擬請特予
獎給匾額一方以昭激勸而資觀感是否有當理合呈請鑒核
施行謹呈

無錫縣知事楊夢齡呈江蘇省長請領文彥彬然獎額文
呈爲遵令具領秦氏侯氏等捐貲興學特獎匾額謹祈鑒核給
領事本年九月三日奉
蘇常道尹令轉
鈞署訓令秦氏侯氏等捐貲興學
大總統特獎匾額轉令具領等因除備文轉發親資具領外理
合呈請
鑒核給領實爲公便謹呈
江蘇省長齊
中華民國六年九月　日

偕秦君執中赴省公署親領黄絹獎額謹仿製成訂期上
額慶賀如儀順濟謹誌

虹川公後五房分產合同議單

立合同議單兄鳳蓀弟鳳芑今於乾隆三十三年六月初一日謹在

靈前鬮定田產等項大房分得乾一字號田租玖拾玖石陸斗伍升二房分得元二字號田租玖拾玖石伍斗捌升陸合三房分得亨三字號田租玖拾玖石叁斗伍升四房分得利四字號田租玖拾玖石陸斗壹升壹合五房分得貞五字號田租玖十玖石捌斗玖升亨典摺銀每分各肆佰兩正各有細賬分執其五弟二妹三妹分歸大房撫養魁弟六弟大妹分歸二房撫養所有一切事宜謹酌議款開列於左

一議現在所分田銀細數大二兩房各執一分照賬管業不得在諸弟賬內混雜三房田銀細數歸大房收管四房田銀細數二房收管其五房田銀細數權分兩分歸大二兩房分管每年田租花利各登細賬以備諸弟妹衣食束修供給先生一切嫁娶等項俟年終彙算支銷歷年所存俟諸弟成家時照賬三分均付其三妹六弟婚嫁之事俟三房成家後支值料理在三房亦不得推諉

一議分任諸弟妹一切撫養教誨俱大二兩房支值每年飯米每人議明三石除諸弟附書房供給外菜錢每人七千二百文（每日廿文）零用錢每人一千四百四十文（每日四文）其諸弟書紙筆墨之費諸妹針線紬緞之費在外另存細賬

一議現在所住之屋理難分析但大房現住後樓上下及後披左右兩箱一切修理俱大房支值不得在諸弟名下開銷二房現住前樓上下左箱旁披灶屋浴房一切修理與大房同其餘自書房至牆門後門公衖日後圖內起造一應修理俱在每年所餘數內酌撥提用

一議每年紅白公分及公家零星雜項除大二兩房私親私任各用外俱宜彼此通知另立細賬俟年終算明五房均出

一議將來舉殯及墳上歷年費用議明五分均出各無推諉

一議每年春秋祭掃時節忌辰元旦神前供獻朔望家祠香燭及門上飯米（每年除夕白米四斗）等類俱歸值年項內在姚處房錢內支銷（每年足錢拾柒千）輪年支值

一議將來世德堂屋或賣或分五分均得倘有屋上費用亦五分均出簡臣六伯母所住之屋亦照此例至公用內參藥欠款及躍淵二哥絕價統計七拾餘金一時不能提出商定五分陸續均還各親友借項亦有二百餘金俟歸還時算明本利均收備用

一議諸妹出閣之費理宜五分均出但大二兩房人口繁多費用已多不給而諸弟尚未成家兼以所存摺銀已一分包利毫釐不得輕動其每年田租所入除本身一切費用外諸妹

産費即於此項內開銷
一議析產後所存公田拾畝有零每年輪收以備房屋上小小
修理及墳糧基糧等項出入另存細賬
以上諸議欵各稟先人遺意亦費余兄弟商酌苦心伏屬
至公至當各在
靈前立誓務期始終如一有渝此心　祖宗鑒之此議
乾隆三十年七月日立五房分產合同議單兄鳳蓀仝弟鳳苞
押
此議單係舜巷公主稿心齋公手書上稟　虹川公遺
意商酌盡善至公至當凡屬後裔宜者何仰體祖宗友于

之愛各泯私見永杜爭端此次續修宗譜謹將南濱公達
夫公先後捐置恭靜堂蒸祭田畝號細數載入雜誌以垂
久遠惟咸豐時議據有云　虹川公素有公項不知何
據證此議單其　虹川公有無公項明眼人自能一覽
得之無庸紛紛聚訟（按末條有公田拾畝每年輪值以備房屋小小修理所云或即指此然亦微矣）總之此田既經捐出即不為已有凡我子孫照章支給
永無異言不必斷斷辨論徒起爭端第此產係獨力捐置
世世自有主權萬勿旁落致有恫先靈也恐後人誤會謹
將此單列入家乘附誌數語以示後昆（原議單一紙存學愈處）
己未立夏前十日學愈戩侖氏謹誌

丁孺人請旌公函

敬啟者民國三年二月十一日奉
教令茲制定褒揚條例公布之等因奉此查條例第一條第二
款婦女節烈貞操可以風世者得受本條例之褒揚茲有節母
侯丁氏生於道光三十年庚戌六月十三日遭亂仳離鞠於孫
氏端莊慧敏年十九歸同里優增貢生國子監典簿侯榕爲次
室生二子祖述祖蔭尋奉姑命主中饋攝內政內外井井得堂
上歡心侍夫疾湯藥必親嘗夫卒時氏年二十有九痛不欲生
諸姑勖以孝親撫孤之大義乃含悲茹痛拮持壹是屏華靡勤
織紝善事親闈君姑蔡太恭人壽至百有四齡僉謂氏孝養所

致祖述稟承氏訓敦宗睦族振窮卹貧爲鄉邦矜式其義方之
教如此今年已七十守節四十一年合於褒揚條例第等居處
相同見聞眞確謹爲開具事實清册並註册費銀圓六元公懇
貴董事轉請
縣長詳報
道尹暨
省長咨
部審定呈請
給予匾額褒章以光盛典至紉公誼敬請
無錫市董事公鑒

附事實冊五份註冊費銀圓六元

公民姚霽

竇鎮

蔡樾

許國鳳

孫翰英

龔文㴋

楊鍾鈺

王褏

侯學愈

侯光錫

丁孺人請旌事實

一氏出名族自幼端敏遭亂仳離爲孫氏撫養事義父母以孝不負鞠育之恩

一氏年十九歸於侯荆布操作夙夜匪懈能得堂上歡心門庭雍穆無間言其宜家如此

一氏年二十九侍夫君疾湯藥親調衣不解帶夫君逝世悲痛誓以身殉諸姑爲以事親撫孤之大義乃節哀順變其貞節如此

一事君姑蔡太恭人盡孝盡敬養志承歡蔡太恭人壽躋百有四齡論者謂氏孝養所致

一撫嫡子以恩教己子以義祖遺承命整理義田公學以惠宗枝襄辦圩振平糶以濟桑梓主持保墓局勞怨不辭任省志徵訪表彰潛德氏之教也

一氏痛邑俗奢靡率家人以布衣蔬食婚嫁必循家禮毋許踵事增華子姓遵教樸實耐勞儉以助廉非義不取縉紳傳爲軌範

錫山東里侯氏八修宗譜卷十二下

雜志下目錄

錫山東里侯氏八修宗譜卷十二下

雜志下

重整義莊戶田畝細數

天字十五號　平田一畝八釐三毫
十七號　一畝三分
二十三號　一畝二分六釐七毫
三十七號　一畝五分九釐六毫
四十號　二畝九釐九毫
四十二號　二畝四分七釐八毫
四十九號　七分九釐五毫

七十九號　五分九釐
八十六號　九分七釐五毫
一百二十四號　一畝六分
一百二十七號　三畝七分四釐七毫
一百二十八號　六分三釐九毫
一百三十二號　一畝二分一釐
一百四十九號　二畝四分二釐三毫
二百十二號　四分八毫
二百二十二號　八分二釐二毫
二百二十五號　三畝八分

二百二十六號　四分九釐五毫
二百三十四號　六分四釐
二百三十六號　五畝四分五釐一毫
二百九十九號　七分四釐四毫
三百十四號　一畝一分三釐三毫
三百二十七號　一畝九分一釐
三百五十號　一畝三分三毫
三百五十三號　五分一釐
三百五十五號　一畝七分三釐
三百六十二號　一畝六分二釐九毫

三百六十六號　二畝七分一釐九毫
三百八十三號　一畝二分五釐
三百八十九號　二畝九分七毫
三百九十七號　二畝八分八釐
四百一號　三畝三釐一毫
四百七號　六分一釐四毫
四百二十一號　五分
四百二十一號　九分八釐六毫
四百三十九號　二畝七分三釐六毫
四百四十號　二畝九釐七毫

四百四十一號　一畝一分六釐九毫
四百四十三號　八分六釐九毫
四百四十五號　八分六釐四毫
四百五十三號　七分三釐四毫
四百五十五號　二畝四分八釐
四百五十六號　一畝
四百五十九號　一畝九分六釐二毫
四百六十七號　三分九釐
四百七十三號　二畝九分二釐五毫
四百八十一號　四畝

四百八十二號　一畝七分
四百八十八號　四分九釐五毫
四百八十九號　六分二釐七毫
四百九十號　三畝八分九釐四毫
四百九十二號　四分一釐六毫
四百九十七號　二畝九釐一毫
五百一號　五分五釐
五百十四號　一畝一分四釐七毫
五百二十六號　三畝七分五釐六毫
五百八十號　一畝一分三釐四毫

六百三十三號　七分五釐
六百四十七號　二畝三分一釐八毫
六百五十六號　一畝二分七釐五毫
六百五十八號　一畝九分六釐
六百七十二號　一畝一分
六百八十號　一畝三分四釐六毫
七百二十四號　二畝二分一釐八毫
七百四十號　一畝五分
七百四十六號　四畝四分
七百五十一號　一畝九分五釐三毫

七百六十號　一畝八分四釐二毫
七百六十二號　二畝五分
七百六十六號　一畝六釐三毫
七百七十一號　二畝五分六釐一毫
七百七十六號　二畝七分五釐四毫
七百八十六號　一畝
七百九十三號　一畝八分四釐七毫
八百五十二號　五分
八百五十五號　四分二毫
八百五十五號　四分一毫

八百六十三號　四分七釐一毫
八百七十七號　三畝七分四釐一毫
九百四十五號　四畝一分一釐五毫
九百五十一號　四分
九百六十三號　八分
九百六十七號　一畝六分
九百九十四號　二畝一分五釐四毫
九百九十八號　五分
一千二十三號　五分一釐七毫
一千四十七號　九分六毫

一千五十八號　八分
一千六十一號　六分三釐六毫
一千六十五號　八分八釐五毫
一千七十四號　一畝七分三釐三毫
一千七十七號　四畝一釐四毫
一千九十一號　一畝一分二毫
一千一百六號　四畝一分六釐
一千一百四十三號　一畝一分七釐一毫
一千一百四十六號　七分
一千一百七十四號　六分七釐八毫

一千一百八十號　一畝二分
一千二百二十三號　八分四釐一毫
一千二百二十四號　二分四釐七毫
一千二百二十六號　二畝一分二釐八毫
一千二百三十號　一畝一分一釐八毫
一千二百五十五號　一畝一分八釐六毫
一千二百八十八號　五分三釐五毫
一千二百八十八號　五分三釐五毫
一千三百九十六號　八分四釐五絲
一千四百三號　一畝五分六釐二毫

一千四百十四號　蕩田四分八毫
共計一百七十二畝六分九釐二毫五絲
元字二百十二號　平田四分七釐六毫
二百十三號　一畝五分八釐五毫
三百八十六號　二畝六分五釐六毫
共計四畝七分一釐七毫
荒字一百七十九號　平田一畝七分八釐一毫
共計一畝七分八釐一毫
月字二十七號　平田四分八釐九毫
四十七號　一畝

一千十三號　二畝六分九釐九毫
一千十五號　一畝五分六釐四毫
共計五畝七分五釐二毫
昃字九百五十八號　平田四分二釐六毫
共計四分二釐六毫
辰字三百五十三號　平田三畝一釐三毫
共計三畝一釐三毫
收字九百三十七號　平田一畝一分
一千三十號　一畝六分一釐二毫
一千五百二十六號　一畝八分六釐三毫

共計四畝五分七釐五毫
髮字一百六號　平田一畝七釐八毫
三百十四號　四畝七分七釐一毫
三百十七號　一畝七分一釐五毫
三百二十四號　一畝二分七釐二毫
三百五十七號　一畝九分八釐
三百九十號　一畝九分一釐
三百九十五號　一畝四釐六毫
四百號　四畝五分五釐五毫
五百三十三號　一畝八分四釐八毫

九百四十九號　一畝八分
九百五十二號　一畝二分
九百六十三號　三畝七釐六毫
一千二百三十八號　九分四釐五毫
一千二百七十四號　一畝六分二釐
一千三百四十一號　一畝五分
一千四百五十二號　一畝五分五釐九毫
一千四百五十九號　一畝二分七釐五毫
一千四百三十九號　一畝一分六釐七毫
一千五百十號　一畝四分七釐一毫

一千五百十一號　一畝九分二釐一毫
內拋荒三畝五釐九毫
共計三十七畝七分九毫
毋字三百一號　平田四畝三分八釐二毫
一千六號　一畝一分
一千六十二號　八分八釐八毫
一千一百三十七號　二畝四分七釐四毫
一千一百五十七號　一畝二分
共計十畝四釐三毫
諸字六十八號　平田一畝一分一釐八毫

一百三十五號　一畝六分九釐四毫
一百八十五號　二畝三分
一千一百九十四號　三畝一分九釐
一千二百三十三號　一畝五分五釐
共計九畝八分五釐二毫
姑字一百四十三號　平田一畝二分六釐七毫
一百九十二號　九分五釐
五百四號　二畝三分七釐五毫
五百五十六號　一畝五分
五百六十八號　四分八釐七毫

一千三十三號　一畝二分五釐
共計七畝八分二釐九毫
造字六百四十九號　平田三畝九分四釐五毫
共計三畝九分四釐五毫
次字十一號　平田四畝五釐六毫
十二號　二畝七分一釐
十三號　一畝一分七釐三毫
二百八十六號　四畝七分六釐八毫
四百十號　一畝二分七釐九毫
四百十二號　一畝二分五釐六毫

四百二十八號　四分三釐四毫
八百三十九號　八分七毫
八百四十號　八分五釐二毫
八百六十二號　三畝三分六毫
一千二百九十三號　三分五釐九毫
一千三百十二號　二畝
一千三百三十一號　四畝一分六釐
一千八百二十六號　三畝五分八釐一毫
一千八百二十七號　二畝八分六釐五毫
共計三十三畝六分六毫

弗字二百十二號　平田七分八毫
二百十四號　八分六釐七毫
二百二十六號　三畝四分九釐
二百六十二號　二畝三分六釐
二百九十三號　六分九毫
二百九十四號　一畝一分五釐六毫
四百三十五號　八分八釐九毫
四百四十四號　一畝七分二釐五毫
四百九十三號　四畝七分七釐一毫
九百六十四號　一畝三分二釐三毫

九百七十三號　一畝七分一釐二毫
一千三十二號　八分九釐六毫
一千二百三十一號　一分四釐九毫
一千二百三十二號　二畝一分七釐
一千二百六十號　一畝八分八毫
一千三百四十一號　二畝三分三釐二毫
一千三百四十四號　二畝一分八釐五毫
一千五百七號　一畝四分二毫
一千五百八號　一畝二分一毫
一千五百三十九號　一畝五分二釐六毫

一千六百十七號　一畝一分
一千六百六十七號　三畝六分五釐一毫
一千七百八十四號　一畝八分六釐九毫
一千七百八十四號　蕩田六分一釐四毫
一千八百十八號　平田二畝三分四釐五毫
一千八百二十七號　二畝四分九釐一毫
一千八百二十八號　二畝六釐二毫
一千八百三十二號　三畝九釐四毫
一千八百四十號　四畝八分九釐九毫
一千九百二十七號　八分

內拋荒二畝六釐三毫
共計九十八畝四分六釐九毫
離字三十三號　平田三畝七分二釐四毫
二百十四號　一畝三分一釐三毫
三百二十九號　四畝
六百十四號　一畝九分八釐
七百十一號　三畝一分九釐三毫
八百七十號　三畝八分八釐一毫
九百十九號　五分六毫
九百二十號　二畝八分六釐

九百二十九號　二畝六分五釐六毫
九百三十七號　一畝二分七釐六毫
九百四十號　四分四釐四毫
九百四十一號　六分四釐六毫
一千一百八號　一畝八分三釐六毫
一千一百七十二號　二畝八分一釐
一千二百二十八號　一畝一分七釐八毫
一千二百七十八號　三分五釐四毫
一千四百二十七號　一畝八分五釐五毫
一千四百六十四號　一畝六分二釐

一千九百二十九號　二畝七分九毫
一千九百三十三號　二畝五分三毫
一千九百三十五號　一畝八分四釐一毫
一千九百三十六號　五畝五分一釐八毫
一千九百七十五號　二畝六分三毫
二千二十六號　一畝四分四釐
二千四十八號　四分三釐四毫
二千四十九號　八分七毫
二千五十一號　一畝三分
二千五十三號　一畝一分

二千六十號　二畝五分七釐四毫
二千六十二號　一畝八分五釐
二千六十五號　一畝三分九釐
二千七十一號　二畝一釐三毫
二千八十二號　二畝五分八釐三毫
二千八十三號　二畝六分八釐九毫
二千八十六號　二畝五分三釐一毫
二千八十九號　一畝三分一釐九毫
二千一百五號　二畝三分一釐
二千一百六號　一畝七分四釐一毫

一千四百六十五號　一畝六分八釐
一千六百五號　一畝四分
一千六百四十六號　四畝八釐六毫
共計四十三畝二分九釐八毫
節字七百八十四號　平田五畝一釐四毫
八百四十三號　一畝一分三釐四毫
八百七十八號　三畝九分三釐九毫
一千一百二十一號　三畝二分七釐三毫
共計十三畝三分六釐
義字三百七號　平田一畝九分八釐五毫

三百四十五號　一畝二分八釐八毫
三百五十號　六分三釐七毫
三百五十一號　六分三釐八毫
三百五十五號　四畝六分五釐六毫
四百二十八號　二分
四百五十一號　一畝六分八釐五毫
六百五十一號　一畝六分四釐
共計十二畝七分二釐九毫
廉字一百八十一號　平田九分三釐四毫
一百八十九號　七分七釐

一百九十八號　三畝四釐四毫
二百十一號　一畝四分四釐五毫
共計六畝一分九釐三毫
沛字一百三十八號　平田四畝一分三釐四毫
六百八十九號　六畝八分七釐九毫
共計十一畝一釐三毫
義莊戶連續回共辦糧四百八十一畝三毫五絲
侯義莊戶某糧
滿字三號　平田一畝七分六釐六毫
共計一畝七分六釐六毫

義莊印單現存縣公署第二科二百五十七紙 祖述
處五紙

仁宇公等捐義莊田栗主入祠位次　復脩蔭庭

光緒十三年四月摘抄義莊田總數通共秋租五百十三石五斗六升二合莊田　仁宇公倡捐三百畝　蘭臺公續捐兆字田七十畝　劉氏捐天字田一百畝計共四百七十畝今計數尚有四十餘畝是否　達夫公　少宰公所捐無從查核重整義田記內　少宰公捐錢三百千未有捐田字樣或即此錢連息錢所置亦無人能道其實惟憶書塾告成小廳旁一間奉栗主入祠中　仁宇公左　南濱公右　平山公最左　蘭臺公最右　若泉府君位上俱載捐數惟　平山公祗捐錢一百六十千　南濱公位上似亦有義田字樣今竟不能記憶入祠

適　予勤叔祖丙午北闈中式書塾告成卽在書塾祭魁

此篇注重諸公栗主入祠位次異日規畫祠屋有所依據莊田應照現在實數核計業已於重整莊田捐置碑記聲明無庸爭執　祖述謹誌

書塾田畝細數

天字十七號	平田一畝二分九釐六毫
三十三號	一畝三釐三毫
二百三十八號	五畝三分八釐三毫
二百八十二號	一畝八毫
四百九十三號	一畝八分八釐
五百二十四號	四畝二分四釐三毫
五百五十四號	一畝一釐
七百六十五號	一畝五分七釐
七百六十六號	一畝五分六釐九毫
七百九十二號	一畝四分八釐一毫
八百二十一號	九分九釐八毫
八百三十三號	一畝一分二釐
八百四十三號	一畝二分六釐四毫
八百四十九號	七分
八百六十五號	一畝四分七釐七毫
九百九十一號	二畝五分四釐
九百九十三號	一畝五釐七毫
一千二十五號	一畝四釐八毫
一千八十二號	一畝五釐七毫

七百六十八號　三畝一分六釐三毫
七百八十六號　二畝九分八毫
一千四十五號　三分八釐五毫
一千七十二號　八分二釐
共計三十三畝四分七釐九毫
洪字五十七號　平田一畝二分六釐
一百三十八號　一畝三分九釐六毫
二百九十號　二畝七分六釐七毫五絲
三百十五號　三畝二分五釐九毫
三百十六號　一畝三分五釐

四百二十二號　二畝三分
五百二十八號　一畝九分二釐七毫
六百五十七號　一畝八分一釐五毫
一千三十四號　四畝二分七釐九毫
一千一百三十九號　四分二釐五毫
共計二十畝八分八釐八毫五絲
月字六百八十四號　平田一畝二釐
一千三百三十六號　五分六釐一毫
共計一畝五分八釐一毫
藏字三百八十七號　平田五分

一千一百四十二號　三畝一分一釐五毫
共計三十四畝八分四釐九毫
元字九號　平田一畝九分四釐三毫
八十二號　一畝一分四釐
三百九十二號　一畝六釐
四百四十七號　一畝
八百三十四號　八分二釐九毫
共計五畝九分七釐二毫
宙字二百十七號　平田八分九釐九毫
二百二十號　一畝六分一釐三毫

二百四十二號　一畝八分
二百五十號　三畝八分四釐
二百六十二號　三畝八分九釐二毫
二百六十二號　四畝二分二釐
四百四十三號　一畝四分五釐九毫
五百六十六號　三畝一分八釐七毫
五百七十五號　四分四釐七毫
五百七十八號　九分四釐五毫
七百二十四號　一畝四分四釐七毫
七百三十六號　二畝四分五釐四毫

一千一百五十號　一畝四分九釐
一千五百八十二號　分八釐九毫
一千五百八十三號　六分一釐四毫
共計二畝七分九釐三毫
調字一千四百四十四號　平田六分
一千四百五十號　九分六釐
一千四百六十三號　畝
一千四百六十三號　九分九釐五毫
一千四百七十四號　二畝六分二釐
一千四百九十九號　二畝二分四釐

一千五百十三號　二畝三分五釐
一千五百二十五號　五分
一千五百三十號　一畝四釐一毫
一千六百七十一號　一畝四分八釐五毫
共計十三畝七分九釐一毫
蓋字二百八十四號　平田一畝二分三釐
二百九十八號　七分八釐
三百二十號　畝六分五釐
三百二十八號　畝三分五釐
共計六畝一釐

諸字一千一百三十七號　平田二畝七分九釐四毫
共計二畝七分九釐四毫
造字四百二十五號　平田一畝九分
四百二十七號　一畝四分
四百三十號　一畝
四百三十二號　九分一釐七毫
四百三十七號　二畝一分二釐六毫
四百三十八號　六畝一分四釐四毫
四百四十七號　七分七釐九毫
四百五十八號　一畝二分五釐六毫

四百九十九號　七分
六百四十九號　八分八釐三毫
六百四十九號　四分三釐三毫
共計十七畝五分三釐八毫
次字三百十三號　平田二畝九分八釐一毫
五百二十三號　八分七釐六毫
一千三百七十七號　二畝一釐八毫
一千四百十一號　四分
一千五百三十六號　一畝
一千五百三十九號　一畝七釐

一千五百四十一號　八分二釐八毫
一千五百四十三號　一畝五釐八毫
一千五百四十四號　一畝九分六毫
一千五百五十號　二畝七分五釐六毫
一千五百五十六號　一畝一釐五毫
一千五百六十九號　一畝四分五釐
一千五百七十八號　二畝六釐二毫
一千五百八十號　六分八釐八毫
一千五百八十號　二畝七釐四毫
一千五百八十八號　二畝五分二釐二毫

一千五百九十五號　一畝六分六釐七毫
一千六百四號　一畝三分二釐九毫
一千六百二十號　一畝二分
一千六百二十一號　二畝二分
一千六百二十四號　四分五釐
一千六百二十四號　四分五釐
一千六百二十五號　一畝
一千六百二十五號　二畝二分一釐
一千六百二十七號　一畝
一千六百三十六號　一畝一分五釐六毫

一千六百三十八號　九分六釐
一千六百四十一號　一畝九釐
一千六百四十一號　一畝九釐
一千六百四十四號　一畝
一千六百四十七號　一畝七釐
共計四十二畝五分八釐六毫
弗字七十二號　平田七分二釐四毫
七十四號　一畝二分二釐六毫
五百五十五號　二畝二分一釐八毫
一千八十三號　八分六釐三毫

一千二百八十七號　四畝六分五釐七毫
二千二十六號　一畝六分五釐
共計十一畝三分三釐八毫
離字二百四十七號　平田二畝四分四釐一毫
二百四十九號　三畝三釐
三百二號　一畝四分六釐二毫
四百十二號　一畝八分七釐九毫
四百二十三號　一畝一分二釐一毫
五百八十一號　六分六釐八毫
六百六號　五分八釐三毫

一千三百號　二畝八分一釐八毫
一千四百二十一號　二畝二釐
共計十六畝二釐二毫
退字二百六十三號　平田四分三釐一毫
三百六號　五分
三百六號　九分六釐
六百十一號　三分五釐
六百十二號　一畝
六百二十號　一畝二分六釐五毫
六百三十四號　七分四釐二毫

六百四十三號　八分五釐一毫
九百三十五號　九分一釐
九百三十五號　四分二釐四毫
九百三十六號　九分三釐
共計九畝三分六釐三毫
沛字五號　平田四畝七分五釐三毫
一百五十五號　一畝八分
一千一百八十六號　一畝七分六釐四毫
一千一百八十九號　畝九釐七毫
一千二百二號　一畝八分四釐五毫

共計十一畝二分五釐九毫
虧字一百三十八號　平田一畝
七百六十三號　一畝四釐五毫
共計二畝四釐五毫
靜字六百八十號　平田一畝一分八釐三毫
六百八十八號　二畝七分一釐七毫
七百二十三號　一畝六分二釐五毫
七百五十四號　二畝七分八釐九毫
七百七十五號　二畝五分二釐二毫
一千十五號　一畝五分

一千一百四十七號　八分一釐九毫
一千一百四十八號　七分五釐
共計十三畝九分五毫
書塾公學戶共辦糧二百四十六畝二分一釐三毫
五絲
公學基糧
滿字二號　屋基一畝一分
一號　二分
三號　二畝三分四釐一毫五絲
三號　四釐

侯書義公基

滿字一號　屋基四分八釐

守字一百八十六號　平田一分二釐三毫七絲五忽

一百八十六號　一分一釐

二百十八號　一分五釐

二百三十一號　二分四絲二忽

太僕公祭田

荷祭戶田號畝分

洪字一百三十八號　平田一畝二分

二百九十八號　六分七釐八毫

三百三十三號　二畝四分四釐四毫五絲

七百五十號　七分九釐

七百六十八號　一畝四分三釐八毫

一千五十一號　一畝二分七釐

一千五十八號　一畝八分六釐

共計九畝六分八釐五絲

荒字五十八號　平田九分三釐一毫

二百四十九號　五分六釐九毫

八百二十三號　一畝二分五釐七毫

一千一百十三號　五分七釐

一千一百五十二號　六分一釐八毫

一千二百七十八號　九釐六毫

一千三百二號　一畝二分四釐六毫

共計五畝二分八釐七毫

辰字五百六十號　平田九分八釐

共計九分八釐

宿字九百九十一號　平田一畝五分八釐二毫
共計一畝五分八釐二毫
張字二百四十四號　平田二分九釐四毫
二百七十八號　一畝一分一釐三毫
共計一畝四分七毫
秋字七十四號　平田九分
七十四號　一分三釐一毫
一百八十八號　一畝
一百八十九號　五分
共計二畝五分三釐一毫

閏字四百八十四號　平田四畝一釐六毫
六百八十四號　一畝四分八釐
共計五畝四分九釐六毫
果字一號　平田一畝一釐三毫
二號　九分三釐
三號　一畝七分四釐四毫
三十五號　四分四釐五毫
共計四畝一分三釐二毫
李字一百八十七號　平田二畝四分二釐
一百八十八號　一畝三分五毫

一百八十九號　二畝二釐
二百四十五號　三分三釐三毫
四百四號　一畝八分八釐九毫
六百二號　九分一釐三毫
八百七十八號　一畝九分四釐一毫
八百七十八號　蕩田三分二釐二毫
共計十一畝一分四釐三毫
奈字三百二十三號　平田二畝四分四釐三毫
五百二十七號　五分二釐
共計二畝九分六釐三毫

戎字七十五號　平田二畝五分六釐九毫
九十三號　一畝四分四釐一毫
一百三十號　八分四釐六毫
共計四畝八分五釐六毫
荷祭戸共辦糧五十畝五釐七毫五絲
荷祭戸祠基
邇字九百七十五號　平田二畝三釐五毫
師仁戸祠基
滿字二十二號　平田一畝三分二釐一毫

公議恭儉堂承嗣準據第五條菊潭繼室趙氏累有遺言
認捐田伍拾畝作爲
太僕公公賬歸入書塾收管云云茲將千號畝分開列於後
姑字五十二號　平田二畝二分六釐四毫　二石二斗
一百六號　三畝一分七釐七毫　三石六斗
三百五十二號　一畝九釐八毫　一石一斗
四百八十五號　四畝五分六釐六毫　五石
五百六十三號　一畝一分四釐九毫　一石二斗
五百七十八號　八分二釐三毫　一石
弗字二百七十三號　平田四分六釐三毫　五斗

四百五十四號　二畝六分三釐二毫　三石
七百七十五號　四畝七分二釐　五石
一千一百十八號　九分八毫　一石
一千一百二十一號　一畝四分八釐　一石五斗
一千一百九十九號　一畝一分六釐　一石三斗
一千二百八十七號　二畝三分一釐五毫　二石四斗五升
一千七百二十號　一畝三分三釐二毫　一石三斗
一千七百九十一號　一畝八分五釐　一石一斗
月字一百五號　平田四畝八分六釐六毫　四石六斗二升五合
四百三十七號　二畝一釐　二石四斗五升

五百四十八號　二畝七分七釐　二石七斗
五百六十六號　二畝七分六釐四毫　二石七斗
六百八十五號　二畝二分一釐三毫　二石七斗
八百十一號　一畝五分　一石五斗
八百八十七號　一畝七分八釐八毫　一石五斗
共計經糧肆拾七畝捌分伍釐玖毫
秋租伍拾石肆斗貳升伍合

子兢公祭田

仲公戸田號細數

果字七十三號　平田二畝八分九釐

九十七號　二畝四分五釐一毫

二百七十二號　八分三釐

二百七十二號　三分四釐四毫

三百四十九號　四分六釐七毫

共計六畝九分八釐二毫

李字三百二十三號　平田一畝九分七釐六毫

七百四十八號　二分一釐六毫

一千三十六號　一畝五分一釐四毫

共計三畝七分六毫

柰字三百二十七號　平田二畝六分六釐四毫八絲

共計二畝六分六釐四毫八絲

仲公戸共辦糧十三畝三分五釐二毫八絲

仲公戸祠基

滿字三號　平田七分二釐

共計七分二釐

鳳凰翅世墓暨各支墳侯老墳戸田號細數

天字八十一號　平田一分八釐

一百四十二號　一分六釐

二百五號　一分五釐一毫

八百三十號　一畝一分八釐二毫

八百三十號　九分八釐二毫

八百三十一號　八分三釐八毫

八百三十二號　六分五釐

八百三十八號　一畝七釐三毫

一千二百一號　四分七釐六毫

一千三百四號　二分二釐七毫

一千三百五號　二分二釐二毫

一千三百六號　五釐八毫

一千三百二十六號　一畝五分九釐四毫

一千三百二十九號　五分六釐三毫

一千三百三十號　五分六釐五毫

一千三百三十一號　三畝二分五釐二毫

一千三百三十二號　一畝三分七釐一毫

一千三百三十三號　四分三釐七毫

一千三百六十號　七分

一千二百六十二號　五分二釐四毫
一千二百六十二號　八分二釐五毫
一千四百十七號　一分一釐七毫
共計十五畝九分五釐八毫
天字五十一號　平田二分七釐五毫
五十一號　二分七釐五毫
又計五分五釐
華藏山祖塋侯老墳戶田號細數
垂字二千二百四十八號　基田二分二釐一毫五絲
二千五百七十六號　山田二十八畝一分六釐

共計二十八畝三分八釐一毫五絲
軍嶂山祖塋侯老墳戶田號細數
才字　山田二十三畝四分八釐
共計二十三畝四分八釐
垂字墳單兩紙在祖遞處

心齋公祭田號細數
次字第五號　平田二畝五分七釐
義字四百九十五號　一畝二分三毫
四百三十三號　九分八釐八毫
三百七十二號　九分四釐二毫
一百二十五號　一畝六分五毫
五百七十四號　一畝五分三釐七毫
廉字三百二十號　平田三畝七分五釐五毫
一百四十四號　一畝五分四釐八毫
二百九十六號　一畝六分一釐五毫

侯元祭元恭　共田十五畝一分六釐一毫
齋孫繼皆元祥仝敬錄

少宰公祭田師儉堂公産

因字三十二號　平田一畝六分二釐一毫
四十八號　二畝九釐九毫
五十三號　八分八釐七毫
七十七號　八分九釐一毫
二百五十一號　四分八釐
二百五十三號　一畝四分八釐六毫
二百六十八號　三畝一分七釐四毫
三百二十二號　一畝六分一釐五毫
三百四十四號　九分四毫

三百四十五號　三畝三釐六毫
四百四十一號　七分六釐
四百五十四號　八分三釐九毫
四百九十二號　二畝二分三釐二毫
五百六十號　二畝一分九釐九毫
五百六十一號　一畝一分八釐七毫
五百六十二號　一畝一分五釐三毫
五百七十四號　三分七釐六毫
五百七十五號　二畝一釐七毫
六百十號　二畝四釐八毫

六百十一號　一畝七分三釐四毫
七百三十五號　一畝二分九釐二毫
七百三十六號　二畝四分三釐
七百三十七號　一畝六分九釐六毫
七百五十六號　九分一釐六毫
七百五十九號　一畝一分七釐五毫
七百六十號　一畝五分四釐二毫
八百四十七號　一畝四分三毫
九百四十一號　八分三釐七毫
積字三十二號　平田七分六釐二毫

五十三號　一畝九分七釐六毫
九十一號　二畝二分七釐八毫
一百八十七號　三畝九釐一毫
一百八十八號　一畝一分七釐六毫
二百四十二號　二分九釐九毫
二百八十號　三分五釐
三百九十一號　八分三毫
五百八十二號　九分九釐六毫
五百八十六號　一畝二分七釐四毫
五百八十八號　一畝七分二釐九毫

五百九十一號　一畝八分五釐九毫
六百一號　三畝三分二釐二毫
六百三號　一畝六分二釐一毫
六百五號　一畝四分三釐一毫
六百七號　一畝二分七釐四毫
六百九號　二畝五分九釐二毫
六百十五號　八分四釐六毫
六百二十九號　四分七釐
六百三十七號　一畝
六百八十八號　一畝八分九釐六毫

六百九十八號　一畝二分三釐
九百二十四號　五分八釐九毫
九百三十三號　五分七釐二毫
九百四十一號　八分六釐三毫
九百四十二號　四分八毫
九百四十五號　六分四釐六毫
九百五十一號　一畝三分四釐
九百五十四號　一畝六分五釐五毫
九百六十一號　七分四毫
九百六十三號　一畝四分一釐五毫

九百六十四號　一畝七分一釐三毫
九百六十五號　一畝五分七釐九毫
九百六十六號　九分八釐九毫
九百六十九號　三畝四分二釐五毫
九百八十二號　八分八釐四毫
九百八十三號　一畝八釐
一千八號　一畝九分五釐四毫
一千一百七十四號　九分四釐二毫
一千一百十八號　四分六釐
一千二百二十八號　九分三釐六毫

一千二百十二號　八分二釐三毫
福字一百二十號　平田一畝二分五釐三毫
三百三號　八分九釐三毫
三百八號　九分四釐九毫
三百十四號　一畝二分八釐四毫
三百十九號　一畝六分五釐八毫
三百二十五號　一畝一分五釐三毫
三百二十六號　五分九釐五毫
三百三十一號　九分三釐六毫
三百三十二號　一畝三釐九毫

三百四十七號　一分二釐六毫
三百五十號　九分五釐四毫
三百五十二號　六分
三百九十四號　一畝三分六釐六毫
三百九十六號　一畝一分六釐九毫
四百十號　二分五釐
四百十六號　四畝三分一釐六毫
五百四號　一畝四分五釐九毫
五百九號　一畝一分一毫
五百十一號　一畝一分八釐八毫

五百三十號　二畝六分三釐四毫
七百七十三號　七分八釐九毫
七百七十四號　六分八釐四毫
一千二號　二畝一分五釐
一千四號　六分三毫
一千一百三十三號　一畝四分二釐九毫
一千一百三十四號　八分二釐七毫
一千一百三十九號　二分七釐九毫
一千一百四十六號　一畝九分一釐三毫
師儉公產共辦糧一百三十一畝九分八毫

端衡公墳糧師儉堂公產
天字一百四十二號　平田二畝五分

恭靜堂祭田畝分細數

天字三十號　平田一畝五分四釐
四十九號　一畝五分八釐九毫
八十七號　一畝二毫
一百十五號　二畝二分五釐
一百十八號　八分三釐一毫
一百四十號　一畝三分五釐七毫
一百四十二號　三分
一百六十號　八分一釐六毫
三百十一號　一畝五分三釐二毫

三百廿三號　二畝四分五釐三毫
五百七十六號　一畝八分一釐六毫
五百九十三號　三畝四分六釐七毫
六百十六號　七分四釐
六百十七號　四分三釐五毫
六百五十八號　一畝六分三釐一毫
七百廿八號　三畝六分八釐九毫
八百十四號　一畝九分七釐五毫
九百四十六號　七分四釐二毫
九百五十三號　一畝七釐二毫

一千一百號　八分五釐四毫
一千一百六十二號　一畝三分一釐五毫
天字共田三十一畝四分六毫
離字七十九號　平田三畝九分二釐二毫
一百四十二號　二畝九分五釐八毫
二百十七號　三畝二分五釐二毫
四百五十一號　二畝二分三釐四毫
六百三號　一畝七釐二毫
五百十九號　一畝六分七釐一毫
五百五十八號　二畝六分二釐八毫

六百二號　一畝一分一釐二毫
六百四十號　八分三釐九毫
七百九十五號　二畝二釐一毫
九百六十四號　九畝八分
九百八十四號　九分四釐三毫
一千五十二號　一畝八分四釐九毫
一千一百九十六號　一畝三分
一千二百七十二號　一畝一分四釐四毫
一千六百五號　二畝七分八釐三毫
一千六百六號　四分五釐

離字共田三十一畝九分七釐八毫
弗字廿五號　平田二畝七分六釐三毫
一百八十七號　二畝二分一釐六毫
四百六十二號　八分一釐一毫
一千三百六十號　五畝四分五釐五毫
一千三百九十四號　三畝四分三釐
一千五百七十六號　二畝一分七釐三毫
一千七百四十號　一畝四分七釐五毫
一千六百五十七號　一畝
一千七百十八號　二畝三分三釐九毫

二千二十七號　一畝
二千三十三號　二畝
弗字共田二十四畝七分六釐三毫
退字一百九號　平田五畝一分四釐三毫
八百二十三號　二畝七分五釐二毫
一千二十二號　二畝八分九釐一毫
一千二十四號　二畝六分五釐九毫
退字共田十三畝四分四釐五毫
宇字一百二十一號　平田六畝九分五釐三毫
五百四十一號　二畝一分三釐九毫

八百九十四號　一畝二分
宇字共田十畝二分九釐二毫
宙字三百三十六號　平田三畝五分八釐
三百九十三號　二畝六分一釐三毫
四百二十二號　一畝四釐七毫
四百二十九號　一畝三分七釐九毫
四百三十九號　二畝二分七釐九毫
一千三百三十二號　一畝一分六釐四毫
宙字共田十二畝六釐二毫
洪字一百七十六號　平田五分九釐五毫

一百八十號　一畝九分六釐三毫
一百八十七號　四分七釐
二百四號　五分八釐四毫
五百三十三號　一畝二分四毫
五百六十八號　一畝六分四釐四毫
洪字共田六畝四分六釐
外字一百五十四號　高一畝六分四釐五毫
一百五十五號　一畝八分六釐二毫
一百五十六號　二畝六分二釐五毫
一百五十七號　一畝六分四釐二毫

四百七十三號　一畝七分七釐二毫
四百八十三號　八分五釐
五百十三號　一畝九分八釐七毫
五百二十號　七分八釐三毫
五百六十四號　一畝四分三釐一毫
五百七十一號　一畝八分五釐
八百二十號　五分四釐
八百八十九號　一畝一分八釐五毫
八百九十二號　一畝
一千五百八十四號　七分六釐四毫

一千五百八十八號　一分三釐六毫
二千三百四十三號　七分五釐
二千三百四十四號　七分五釐七毫
爲字共田十七畝四分六釐六毫
傷字七百十九號　平田八分八釐二毫
九百三十九號　二畝二分四毫
傷字共田二畝八釐六毫
資卿公墳糧
莫字四百四十三號　山田五畝
一千六十號　平田一畝一分六釐七毫

一百九十一號　一畝八分四釐三毫
六百八十七號　二畝一分五釐一毫
六百八十八號　九分六釐九毫
七百五號　一畝五分五釐三毫
七百六號　一畝五釐三毫
八百五十八號　一畝七分七釐三毫
九百五十九號　五分五釐
九百七號　一畝二分七釐
一千三十七號　一畝一分
一千八十八號　平田一畝四分八釐九毫

一千九十號　一畝四分八釐二毫
一千一百六十七號　高田一畝六分二釐
一千一百七十一號　八分一釐
外字共田二十五畝四分三釐七毫
爲字二百號　低田七分七釐二毫
二百十六號　二分五釐七毫
二百八十五號　六分四釐七毫
二百九十號　九分三釐五毫
三百二號　五分
四百八十一號　五分五釐

一千六十一號　五分五釐九毫
一千七十三號　六分四釐八毫
莫字共田七畝三分七釐四毫
撰寀辰公墳糧
賴字九百二十四號　平田二畝七分七釐八毫
九百二十二號　四分二釐六毫
九百二十三號　七分三釐五毫
賴字共田三畝九分二釐九毫
浦安人暨丹辰公墳糧
節字三百五號　平田五分一釐三毫三絲

節字共田五分一釐三毫三絲
共田一百八十八畝零
恭靜堂本支始　資卿公（公祠堂記詳見茲不）　先南濱公置立此
田歲時祭供追及　資卿公以次故號曰恭祭作爲恭靜祭
田　先達夫公晚年一切租務委　蘇山伯祖代司其事此
田未經交伊管理今檢出清乾隆　舜荃公　心齋公所書
分產合同議據公同察核　虹川公絕無公項咸豐時議據
名號既殊事實相背故商之本支房長等補錄田後俾後此
無所誤惑　學修謹誌

恭祭公議筆據

立恭祭公議筆據恭靜堂本支素有
虹川公公項嗣經　南濱公捐置田百畝暨　達夫公續置續
捐共田壹百九十畝零作爲
虹川公祭掃之費其修理墳墓公屋及無力子孫婚嫁喪葬酌
給月米俱照舊章除常例外資助貧乏酌量支給如有別項
開銷五房公同酌議務期平允以保公項暨　南濱公　達
夫公捐田美意并　達夫公數十年經理苦心在　南濱公
後裔既經捐出卽爲公項不得稍存私見前經　達夫公交
蘇山管理蘇山故後公議交硯芬經管年終將收付清賬抄
粘祠壁嗣後統歸有力之裔經理以昭允洽而垂久遠欲後

有憑立此恭祭公議筆據爲照
計開
咸豐七年七月　日公議筆據　子勤押
硯芬押
海巢押
企鄒押
道峯押
導江押
竹泉押
棣芬押

厚堂押
南臺押
四寶押
簪佩押
頤百押
簪望押
曾元押
忠佩押
祀鵬押
遜初押
文瀚押
映蓉押
蔭庭押
觀光
公親　華蓉谿押
雲塍押
陸務本押
執筆　子勤押

本房遺存前清咸豐七年所立

附本房公議

虹川公公項筆據一紙茲屆八修家乘一致提議列入宗譜藉以貫澈公項初旨尊重先輩舊章永宜世守範圍以保我　虹川公公項詎料叔詠不明眞相多所誤會而斤斤於　虹川公項標題以及蘇山兄管理兩層妄加變更抑知既無公項何由發生議據何來此項田畝質言之卽近恭儉堂趙氏捐田必歸入　太僕公公賬若爲始祖元高十祭田必提上七代而不曰忠孝祭田者蓋今昔相同之點卽先輩尊奉　虹川公之本旨也溯自咸豐以前各房支給月米及婚嫁喪葬一切開支早經履行議據各項事務據中有開支俱照舊章云云相傳數世毋敢忽忽今乃降而爲恭靜宅基之祭田羗無主名視同虛設是裕等所大惑不解者且查蘇山兄管理此項祭田按蘇山於七年四月身故至七年七月公議移交　茲冷公硯芬兄經理當立公項移交筆據時確鑿無疑至與祠記及乾隆分據等各不相謀毋庸牽拉混雜裕年已望八當立議據時不佞適遊江左故未署名在前與議諸長年齡更高見聞之確非吾曹所可同日而語無奈叔詠譜未終而身已故不及與其生前討論使伊豁然爲憾彼之昆季不忍其議之不傳裕等不忍因傳其議以致拋棄先生之成議故特再識之用以糾正譜將咸豐舊據照刊斷然認爲有效並將田號畝分細數列入俾垂不朽而杜覬覦庶不負先人置立公項之盛意云

裕艮謹識

贊成者　廷儁
達
廷修
觀光
繼曾
元祥
鼐臣
秉衡

南濱公暨達夫公祭田畝分細數

離字六十五號	平田三畝六釐
九十一號	一畝九分一釐五毫
一百五號	一畝
一百六號	三畝
一百七十七號	一畝一分八釐六毫
三百四十二號	四畝二分九釐二毫
三百八十三號	九分
四百十三號	一畝四分八釐五毫
四百四十二號	九分
四百六十五號	四畝七分六釐三毫
四百二十四號	九分七釐五毫
四百七十號	八分二釐
四百九十七號	四畝三分二釐二毫
五百六十四號	一畝一分八釐一毫
五百六十五號	一畝四分九釐三毫
六百二十九號	一畝二分六釐九毫
八百四十六號	一畝二分三釐九毫
八百五十六號	二畝九分一釐
八百九十號	一畝三毫

九百十二號　八分九釐
九百三十六號　九分二釐
九百五十三號　一畝八分二釐一毫
九百七十三號　九分八釐
一千八十號　一畝八分六釐三毫
一千一百三十二號　七分四釐
一千一百三十七號　五分七釐五毫
一千一百五十七號　三畝一釐九毫
一千一百七十九號　二畝六分四釐三毫
一千二百十三號　四畝六釐九毫

一千二百二十七號　一畝七分七釐
一千三百八號　五畝三分八釐五毫
一千三百五十一號　一畝六分一釐九毫
一千四百四號　三畝六分
一千四百六號　一畝五分五釐六毫
一千四百六十九號　二畝四分七釐五毫
一千六百十五號　四畝二分七釐二毫
一千六百十九號　六畝九分六釐三毫
一千六百二十號　一畝五分五釐二毫
一千六百二十四號　五畝四分二釐二毫

一千六百二十五號　一畝七分四釐一毫
一千六百二十六號　二畝一分六釐
一千六百三十八號　二畝
一千六百十七號　一畝八分
一千六百四十號　二畝五分四釐二毫

達夫公墳糧

義字三百九十六號　平田二畝三分四釐
三百九十七號　二畝二分四釐三毫
三百九十八號　二畝三分八釐九毫
三百九十九號　七分三釐二毫

四百號　四分三釐八毫
四百一號　七分三釐六毫
四百二號　三畝四釐一毫
四百七號　五分一釐一毫

共田一百十二畝四分五釐六毫

紀之公置立逸祭畝數

元字一百十九號　平田一畝六分八釐一毫

一百三十五號　一畝一分六釐

一百三十五號　一畝五分

一百四十一號　九分四釐三毫

一百四十二號　三分八釐七毫

三百六十五號　九分

七百九十五號　四分一釐三毫

月字三十二號　九分三釐五毫

四十二號　一畝八分六釐二毫

四十三號　一畝七分九釐二毫

弗字一千三百七十九號　一畝九分二釐四毫

一千七百十二號　一畝六分四釐五毫

侯逸祭戶平田十五畝一分四釐二毫

高高祖妣石太夫人神像嫡出各房不願輪值　先祖紀之公恐歲時祭享有所闕如通籍後即出資置立逸祭田十五畝零再於

子兢公家祠西建屋三楹供奉

逸季公暨　趙石兩太夫人神主　先祖妣蔡太恭人即以此項田畝撥與渭臣家兄經理後世子孫當謹奉　紀之公遺意毋忽毋忘　祖述謹誌

附紀之公祭田朝祭田

戎字三百五十二號　平田一畝八分五釐七毫

六百四十八號　一畝

八百六十六號　九分五釐六毫

羌字八百六十二號　四分一釐七毫

八百七十九號　四分五釐二毫

比字二百七十號　四畝

退字八百三十四號　八分

侯紀祭戶平田九畝四分六釐二毫

退字七百九十三號　平田二畝三分二釐一毫

侯朝祭戶平田二畝三分二釐一毫

紀之公置立保墓畝數

造字一百五十六號　平田二畝六分四釐八毫

一百六十八號　一畝二分八毫

一百八十號　四畝七分四釐六毫

二百一號　九分

二百二號　五分

二百八號　一畝

二百十八號　一畝四釐

二百二十號　八分四釐六毫

三百三十三號　一畝八分四毫

三百八十二號　二畝四分五釐二毫

四百十八號　一畝五釐

五百四十六號　一畝一分四釐

節字九百三十五號　九分七釐四毫

一千九號　一畝七分一釐六毫

義字四百三十一號　七分

四百六十二號　二畝

廉字一百四十五號　一畝九分二釐五毫

侯保墓戸平田二十六畝六分四釐九毫

此項田畝係　先祖紀之公置立本房祭掃以及修理祠墓照逸祭田各半開支　先祖妣蔡太恭人撥歸祖述經理命遵　紀之公置立保墓之遺意世守勿替祖述謹誌

彝舫公置立序廷公祭田

夜字二十一號　九分二釐

九百三十號　一畝一分四釐三毫

一千三百七十一號　一畝二分五釐二毫

一千四百十七號　八畝一分四釐二毫

一千七百三十五號　八分八釐

一千八百三十九號　一畝二分三釐九毫

奉字四千七百三十七號　二畝一分三釐六毫

一千七百三十八號　三畝八毫

侯序祭戶平田十八畝七分二釐

漢封公祭田侯貞節戶

弗字七十二號　平田七分二釐四毫

七十三號　三畝六釐一毫

一百三號　一畝

一百四號　一畝捌分二釐

四百四十九號　二畝八分三釐五毫

五百十一號　二畝二分五釐

侯貞節戶平田十一畝七分九釐

錫山侯氏八修宗譜卷十三

世系祠塋公產圖

統宗世系圖

世系圖

太僕公祠圖

荷花莊太僕公祠基圖

鳳凰翅世墓圖

華藏山少芝公墓圖

軍將山子兢公墓圖

吳塘官山賁卿公墓圖

西嶂黄太宜人墓圖

鳳凰翅抑若公墓圖

舜柯山雲峰公墓圖

孔山玉如公墓圖

舜柯山心齋公墓圖

惠山漢封公墓圖

江陰馬鎮佩蘭公墓圖

林竇橋達夫公墓圖

東山灣紀之公墓圖

惠山紀之公配杜恭人墓圖

惠山霽舫公配劉楚珩夫人墓圖

白鶴塢少宰公墓圖

仙人塢錫圭公墓圖

惠山凌太孺人墓圖

小菱灣高太恭人墓圖

惠山星虬公墓圖

小菱灣閬仙德葬公墓圖

小菱灣澂六星橋公墓圖

舜柯山稜仙壽地圖

太僕公忠孝堂宅基圖

侯氏公學圖

侯氏義莊圖

錫山東里侯氏八修宗譜卷十三

統宗世系圖

一世 二世 三世 四世 五世 六世 七世 八世

德宗—希道—永常—文淵—清—祖德—應昌—先春
同春
迴春（無嗣）
芳春（無嗣）
熙春
湯春

澄（無嗣）

世系圖

文芝公第一支少芝公第一派

八世 九世 十世 十一世 十二世 十三世 十四世 十五世

先春—世美—鼎鉉—曦—麟炳—元衡—錫畿—沅
湖（無嗣）
世英（另圖）
麟煥—元嵋—亦偉—鳳池
鳳洲
錫軺—登瀛
麟然—元岱—錫信—永泰
永潽
永孚（無嗣）
錫詩—浚
錫士—藻
浩
嶧—錫範—淇
錫咸—龍渭
錫五—濡
澪

錫山東里侯氏宗譜 卷十三 世系圖 文茳公第一支少芝公第一派 三

元巘—錫瑞—龍濱
錫履—龍漪
鈞—龍淑
龍深
龍湜
龍滌
垍—乾泰—震
麟烷—元寔—錫圭—學泉 無嗣
晉—麟勲—省棨—肩吾—侚年
麟雯—森起—啟吾—澧
瀼
潮 無嗣
存吾—溎 無嗣
濟 無嗣
漣 無嗣
成吾—治
長源—昕—惪溶—元琳—獄—湆
岸 無嗣

錫山東里侯氏宗譜 卷十三 世系圖 文茳公第一支少芝公第一派 四

元瓚—愚—洵
亦鸞—滸 無嗣
濂
灝 無嗣
蔆 無嗣
溥 無嗣
潮 無嗣
錫朋—將序
煜—典—大酉—郢雪—澂 無嗣
中子—孫霸 無嗣
錞—鴻
浦
三巳 無嗣
六寅—季震—涇
潰 無嗣
恒—臣憲—元瑾—賸—泳
陳齡—黃登—錫周—沂

文芝公第一支少芝公第一派

十五世　十六世　十七世　十八世　十九世　二十世　廿一世　廿二世

沅—錫和—炳日—性培—毓元—鳳嘩
鳳儀
鳳岐
厚培—毓李—聽賓
毓炎
炳星
炳辰
炳宿
鳳池—廷檄—榮褒—培之—鋆—榮度
榮藝
寶琅 無嗣
鳳洲—秉禮 無嗣
登瀛—光第—俠君 無考
作梅 無嗣
永泰—本幹—燦—旬—錫祺
疇

錫山東里侯氏宗譜　卷十三　世系圖　文芝公第一支少芝公第一派　五

永藩—本仁—燦 殤
本立
浚—寶樹—九曜—慶基—師謙
師亮
師敏
藻—本茂—焜生—振基—廷爵—晉康
晉蕃
浩—本中 無嗣
淇—本芭—維煒—星垣 無嗣
維烜 無嗣
龍渭—柏芳—炳謨—瑞松
蔭秀—錫藩
錫福
潘—奎光—耀宗 無嗣
溤—柏馨—煜文—紀堂 無考
樑—宏卿 無嗣
雲卿 無嗣
龍濱—本一—日照 無嗣

錫山東里侯氏宗譜　卷十三　世系圖　文芝公第一支少芝公第一派　六

錫山東里侯氏宗譜 卷十三 世系圖 文芝公第一支少芝公第一派 七

本清—恩照—士璜—保鑑

龍漪—香林 無嗣
　雲林—紀勲
　榮—紀勲 雙祧

龍淑—佑藩—裳吉—伯躍—錦標 無考
　　　　　　　叔夏 無嗣
　　　　　　　同福 無嗣
　杏林
　建藩—□—季賢 無考

龍深—樹屏—大勳—貢珍—福鎬—朝海
　　　　　　　　　　　廣漢
　　　　　　　　　　　導江
　　　　　　　　　　　滙勲

彬—縉—士瓚—寶鏞
　　　　　鴻鈞 雙祧
　爾勲
　士珏—鴻鈞
　士珩

錫山東里侯氏宗譜 卷十三 世系圖 文芝公第一支少芝公第一派 八

絢—士環—鴻錫—毓沂
　　　　　　毓汶—扶桑
　　　　　　　　召棠
　　　鴻鑑—毓灝

緒—士瑜
　士琛—鴻鎮
　　　鴻銘
　　　鴻釗

顯—士瑛

龍湜—寶枝 無嗣

龍溱—林—司勲—士璋

震—曙—勳—汝琦—錫祚 雙祧—福康
　　　斌—廷弼—錫保 無考
　　　雲煜—汝璧 無嗣
　　　　　汝璵 無嗣
　　　焕—汝琛 無考

侚年—暕—元照—禮琮—錫祚—福求—廷楨
　　　　　　　　　　　　廷棟

澧—懋德（無嗣）
—禮璜
瀼—懋績—士棨—堉
　　懋蕃—士佳—堃
　　　　　　　　均—□—福泰—嘉槐
治—懋功—士佳（雙祧）
濱—頤
洵—栻—烈—坦
　　　　煦—起昀（無嗣）

錫山東里侯氏宗譜　卷十三　世系圖　文艺公第一支少艺公第一派　九

濂—薡—炳
　　桂—煥—榮陛
　　　　燦（無嗣）
　　枚—燨—宗培—震鈞
鴻—承志—燕詒—圻—鍾譽
　　　　　　　　堈
　　　　　　　　牲
　　　　　　　　珏

—承杲—燕翼—誠培—繼麟
溥—承鼎
涇—大榕
泳—如棠—成烈—朝珍—鍾祺
　　　　　　　　朝慶—鍾祜—善馨
　　　　　　　　　　　鍾毓
　　　　成勳
　　萼棠—成熙—同生—賡鏞—桂森
沂—兆棠—昇初
　　　　日初
　　　　旭初（無嗣）

錫山東里侯氏宗譜　卷十三　世系圖　文艺公第一支少艺公第一派　十

錫山東里侯氏宗譜 卷十二 世系圖 文芝公第一支少芝公第二派 十二

文芝公第一支少芝公第二派

八世　九世　十世　十一世　十二世　十三世　十四世　十五世

- 先春—世美（另圖）
- 世英—之源—杲—文燦—承基—鏡—永祿
  - 錦—永福（無嗣）
  - 鋼（無嗣）
  - 鋗（無嗣）
- 文燿—承埻—鎗—澍
  - 鏞（無嗣）
- 承坦—鑰（無嗣）
  - 鍼（無嗣）
  - 鏷（無嗣）
  - 鈁（無嗣）
- 兆錫—洋（無嗣）
- 文熼—謙—錫—保鴻
  - 觀—銓
- 文燈—江—金品—滂
  - 曙—金式—洪

錫山東里侯氏宗譜 卷十二 世系圖 文芝公第一支少芝公第二派 十一

- 暀—軒—保治
  - 蔭芬
  - 毓汾（無嗣）
- 信—釪—保滋
  - 保洛
  - 保泰
  - 志漉（無嗣）
- 鵬—金堅—蘭芬
- 可儀—大鏞—昕
  - 晸
  - 晟
- 鈐—景沂
  - 昺
- 鉦—學潮（無嗣）
  - 寶泉（無嗣）
- 鍔—學潞
- 善鈞（無嗣）
- 鋌（無嗣）

錫山東里侯氏宗譜 卷十三 世系圖 文芝公第一支少芝公第二派 十三

文烈—承堉—士達—連福
　　　　　—士逵—連柱
　　—承封—銘 嗣無
　　　　　—鑄—垕潢 嗣無
　　—承堙—若皆—濱
　　　　　　　—濬
　　　　　—孝述—雲鴻
　　　　　—孝基—雲濤
　　　　　　　—雲藻
　　—承璧—朝俊—渫
　　　　　　　—雲汾
　　　　　—朝傑 嗣無

巨源—含—馨—文爚—承垛—鍾陵—湘
　　　　　　　　　　　　　—灡
　　　　　　　　　　　　　—鴻
　　　—文熼—廷壎 嗣無
　　　—文焴 嗣無
　　　—文龍—廷堭 嗣無

錫山東里侯氏宗譜 卷十三 世系圖 文芝公第一支少芝公第二派 十四

愈—文熺—炳高—念祖—漢昭
　　　　　　　　　—漢宗 嗣無
　　　　　　　　　—漢岡 嗣無
　　　　　　—繩祖—漢廣
　　　　—廷增 嗣無
　　　　—廷瑛 嗣無
　　　—亦奇—錕—汪
　　　　　　—鑑—泌
文熾—連城—朝鼎—景溥 嗣無
　　　　　—朝鉽—景濤

會—文熠—廷坊 嗣無
　—文鍠 嗣無
　—文瀾—廷陞—思孝 嗣無
　　　　　　　—思敬 嗣無
翁—文焜—均 嗣無
　　　—坤—成章 嗣無
裘坦—楷—文焯—惟清—金鉉—達泉
　　　　　　　—士璋—金熬—瀛洲

步洲
金聲—宏泰
宏消
柏—文輝—承圻—鋐—泰
楷—文煒—士琦 無嗣
文壽—□—金鑒—乾
宏洲
其源—懋—文晟—璽—秉鈴—汾
海—日升—洙
霖
雲升—士驤 無嗣
士穀
墀—秉越 無嗣
至—秉銳 無嗣
秉鐸—景文 無嗣
梅溪 無嗣
也禹 無嗣
秉鋐—濟

模—文亘—堂—秉鈞—栴壽
在—秉鍠 無嗣
構—文灼—坤元 無嗣
晰—文照—重—銘盤 無嗣
銘常 無嗣
文燛—覲—銘功 無嗣
文熙 無嗣
杜—文煦—錦雲—鳳蓀—昶
昉
鳳苞—敏
暐
普
止敬
敦
整
肇
鳳芝—端
靖

文芝公第一支少芝公第二派（世系圖）

十五世　十六世　十七世　十八世　十九世　二十世　廿一世　廿二世

永祿—朝梧—昶 無嗣

澍—棠—詠嘉

保鴻—景儀—光燦—孝先
　　　　　—光褒—孝全

滂—大椿

洪—爾熾
　—爾慶—志勤—洪源—伯仁—長發
　　　　—克勤—洪福—伯榮
　　　　—勝勤—洪基—伯榮 兼祧
　　　　　　　—洪鈞

保治—伯湉
　—霄壽

蔭芬—則
　—叔受
　—季武
　—淪

—鳳蘭—于酇
　　　—于鄴
—鳳藻—咸
—翊

標—文燗—邦畿—鳳來 無嗣
　—文烝 無嗣
　—文㑣—邦甸 無嗣
　—文炳

檜—文思—珻 無嗣

樞—文恕—珏—金殿 無嗣
　　　　—琢 無嗣

保滋—懋達—彤然—德基
保洛—梳—銘烈—丕基—家樑
槤—銘烈（雙祧）—□—家梓
保泰—廷萘—錫熙—世基
廷標—銘煜—福基—振華
榮華
廷榮—銘勳—懋基—德鈞
翰—錫照—直基
蘭芬—懋恒—煥章—福基（兼祧）—祝華

昕—樾
朝楨—祖基
晸—朝梓—祖望—昱
榕—祖述—宗頤
晟—樑—祖受
昺—棨—祖壽
祖賓
學路—朝樸—祖蔭—宗憲
連福—廷樟

連桂—廷樸
濂—廷楝—煒—厚培
溶—廷樑—炳—巧金
廷楨—灼
廷幹—榮（無考）
廷棐（無嗣）
雲鴻—廷梧—熙載—玉堂—元鏡—汝濟—廷棟
廷藻
錦堂—壽鏡—汝熾

樾—熙績—國均—人鏡—汝樑
汝猷
槐—熙敬—肯堂—蓉鏡—汝昌—廷鐘
廷荃
雲濤—琦—光緒
瑗—光遠—厚坤
璜—光頤—佐顯—濟圻
璋—光煒
瓚—□—佐時—錫圻

雲藻—廷楄—煥—壽基—元慶
琛 無嗣
廷樸—熤
煊—壽基 兼祧
熊

雲汾—廷榕—兆魚—福培—鏡新
兆炳 無嗣

枚—光燦—恩培—鏡清—鴻源
鴻鈞

光煦—□—鏡明—汝鋆
汝驥

光炘—錫爵—秉鐸
秉銓

柎

渫—廷樞—覲光—圻—大鈞
石鈞
廷標—文光—埴
坊

錫山東里侯氏宗譜 卷十三 世系圖 文芝公第一支少芝公第二派 王

廷楣—阜光—端生
堧
墉
毓生
堯光—城
漢光—春生

淮—椿—允焨—端凝—光鈺—棨浩
光銘—棨洛
棠—允煒—端甫—光釗—棨淦—祖燿
棨漳
祖鈺

端舒

淵—棨—燦—坊
增
煜

鴻—標 無嗣
棨 無嗣
棟 無嗣

┌樞 無嗣

渼昭—廷柏 無嗣

漢廣—廷桂 無嗣
　　├廷椿 無嗣
　　└廷梓 無嗣

汪—叔度—寶麟—其禕—鎮—教曾
　　　　└蔭麟

泌—叔倫—玉麟—福奎—鉽—學曾
　　　　└炳麟—映奎—鎮 兼祧—慕曾

錫山東里侯氏宗譜 卷十三 世系圖 文芝公第一支少芝公第二派 十三

┌釗

景濤—維栗 無嗣
　　├維梅 無嗣
　　└維棨 無嗣

逵泉—庭璋
　　├庭瓚—贊勳
　　├庭琪—鼎勳
　　│　　└策勳
　　└庭琦

瀛洲—元慶—文爌—金城
　　│　　└文煜—璧城
　　│　　　　　└西城
　　├元庾—炳—星聯—明賢
　　│　　　　├光廸—明仁
　　│　　　　│　　└明禮
　　│　　　　└光宇—明智
　　└元度—建勳

步洲—元厦—烈—光廷—文鎔

錫山東里侯氏宗譜 卷十三 世系圖 文芝公第一支少芝公第二派 十四

┌文鑫

宏泰—元序 無嗣

宏渭—元庸 無嗣

泰—楢榮 無嗣

宏洲—元廉 無嗣
　　└元庚

汾—桐—建烈—維甸—光鑅—詠沂—樹棠
　　　　　│　　　　　└保漣
　　　　　└維賓

維祺—光錫—繼昌
泳—度—鍾奇—元桂
　　晉（無嗣）
霖—冠卿—口—元柱（雙祧）
士穀—口—鍾奇（雙祧）—元梅
濟—梁—奎耀
榭壽—東（無嗣）
昶—之憲—丕承—續曾—秉衡—燮昌
　　建勲

不基
昉—之翰—守廉—復曾—秉鈞—兆瀛—祖庚
　　　　　　　　　　　　延樂
　　守誠
暐—楨—福謙
普—之學—壽頤
敏—起楷—炳奎
　　　　極—泰尊—鼎昌
　　起嶧—梧

止敬—起岱—福基—咸穀—受昌
敦—起嶠—緝熙—宗曾—錫昌
　　起岷—純熙
整—棠—瑗—恒照
　　　　　蒙莊
　　　璨—晉階
　　　　履中
　　　　泰尊
　　起峒—球—繼高

繼曾
慶鴻—彥瑜—家鰲—遺生
肇—起岑—駿烈—元吉—旦
　　　　駿動—元祥
端—紹曾—口—啟文
靖—景辰—時勉—覲光—熊
翊—保祥—時勉（雙祧）
于鄭—起元—士元

文芝公第二支敬芝公派世系圖

八世 九世 十世 十一世 十二世 十三世 十四世 十五世

同春—世蔫—如游—國棟—方煒—宇垣 無嗣

宇埋—天位 無嗣

國楨—方熒—宇保 無嗣

國樟—方煉—□—大經—朝卿

朝相

朝元

朝宰

方照—宇掄—大綸—朝佐

朝輔

大緯—濟時

灝時

國柱—方焆—宇陞—若金 無嗣

渾金 無嗣

精金 無嗣

如潛 無子

如淵—旭—烝—維垣—錫蕃—漸 無嗣

上元

補元

全元—東華—筱東

達

于鄴—倬—廷艮

廷儁—世植

世杰

廷修—世芬

世芳

咸—之佶—寶犨—學愈

學元—洪均

學修—洪均 無嗣

學蘇

學范

之俊—寶麒—士縉—錒

景飛

世善—延澤—懋恩—方煜—禮政 嗣無

如江 嗣無

昇—纛—繼言 嗣無

杰 嗣無

烈 嗣無

錫泰—洽 嗣無

瀾 嗣無

濾 嗣無

溶 嗣無

學政—玉章—文興 嗣無

文發

文祥

章政 嗣無

世益—如洵—國祚—貽燕—宏基—士銓 嗣無

宜燕—紹基—鉽—淏

廷鑑—原泉

東泉

香泉

備燕 嗣無

廷鐄—洪泉

廷鏕—百泉

文芝公第二支敬芝公派世系圖

十五世 十六世 十七世 十八世 十九世 二十世 廿一世 廿二世

朝鄉—允範—熙和—德鑒—全洪

朝相—允新—熙紱（無嗣）
　　　　　—熙壽（無嗣）
　　　　　—熙凝
　　　　　—熙玉（無嗣）

朝元—允榮—熙載—德英
　　　　　—熙雍—德富—順洪

朝宰—允穀—熙美—德林—全洪（雙祧）

朝佐—允松—□—德振

朝輔—允樸—熙源—珮琛—大釗—達富—禮艮
　　　　　　　　　　　　　　—達貴—禮洪
　　—允秀（無嗣）

濟時—允葉—熙賢—燦興

灝時—□—熙聖（無嗣）

文發—祝林
　　—玉林

文祥—茂林

湨—召相—松林
　　　　—文林
　　　　—潤林
　　　　—發林

原泉—殿颺

東泉—士械

香泉—士榛

洪泉—序周—耀祖—彭齡—鏡福

　　　—萬安—根壽
　　　—萬順

　—念周

百泉—士芳

錫山東里侯氏宗譜 卷十三 世系圖 文芝公第五支承芝公派 三三

文芝公第五支承芝公派世系圖

八世 九世 十世 十一世 十二世 十三世 十四世 十五世

- 熙春
  - 世茂
    - 頴
      - 晟
        - 日烜 無嗣
      - 昂
        - 日焯 無嗣
    - 慧
      - 椅
        - 日焻 無嗣
      - 桐
        - 日炘 無嗣
      - 梓 無嗣
  - 世蕃
    - 汝吉
      - 曜
        - 鳴陽
          - 仁埏 無嗣
          - 仁均
            - 釗 無嗣
  - 世綦
    - 其灝
      - 昶
        - 日烷 無嗣
      - 曾 無嗣
    - 仁育 無嗣
      - 銑 無嗣
      - 銓 無嗣
  - 世邑
    - 鼎台
      - 臻
        - 洪生
          - 克明 無嗣
    - 鼎新
      - 暉
        - 志卑
          - 奕鳳
            - 金門
              - 灝
          - 圻
            - □
              - 湘
        - 志旦
          - 培
            - 金晉 無嗣

錫山東里侯氏宗譜 卷十三 世系圖 文芝公第五支承芝公派 三四

- 志夔
  - 垣
    - 金山 無嗣
- 元龍
  - 奎 無嗣
- 墉
  - 金安
    - 瀛洲 無嗣
    - 翔洲
  - 金臺
- 塾
  - 金印
    - 芳洲
    - 潮洲
    - 湘洲
- 陞 無考
- 志熹
  - 陞 無嗣
  - 圾 無嗣
  - 堦 無嗣
  - 城 無嗣
- 暲
  - 举
    - 正域
      - 劍光 無嗣
- 王載
  - 敦
    - 清泰
    - 鴻漸 無嗣
    - 渭陽
- 裕亜
  - 錦
    - 若源 無考

錫山東里侯氏宗譜 卷十三 世系圖 文楚公第五支承芝公派 丟

執瑞—敬—濟川
敏 嗣無
志謙—宗誠—敉—源長
錦城 嗣無
志韓—成墉—慕仁 嗣無
志疇—如璧—順源 嗣無
如壐 嗣無
如垿 嗣無
如壎—鳳祥
鳳旭
方—志稷—肯堂—錫倚—洲 嗣無
庭堅 嗣無
志尹—丕基—式金—洪川
德玉—棟梁
朝元
朝俊
志亮—希垂—德榮 嗣無
夢龍—昊—耀先 嗣無

錫山東里侯氏宗譜 卷十三 世系圖 文楚公第五支承芝公派 美

九韶—鼎—時 嗣無
晨 嗣無
星 嗣無
昺 嗣無
暠—旦明 嗣無
晉明—墇 嗣無
韓—晴—長庚 嗣無
鼐—暎—啟明 嗣無
鼒 嗣無
鼒—昭—惟一—岩—金柱
靈寶
世彷—度 考無

文芝公第五支承芝公派（世系圖）

十五世 十六世 十七世 十八世 十九世 二十世 廿一世 廿二世

芳洲—萬鎰
　　　萬鋐

湘洲—萬基—心德—福元
　　　　　　　　　福昌
　　　　　　心永

翔洲—晢—煥英
　　　崧—煥澤
　　　　　煥惠

清泰—相—煥文—培吉—道南
　　　　　　　　　　惠南

渭陽—標—耀文—增吉—達南
　　　　　　　　　　述南
　　　　　　　堪吉

濟川—棟—煥庭
　　　　　煥麟
　　　　　煥龍

源長—椿—煥文—丕基—錫麟

棟梁—漢光 無嗣
　　　祥光 無嗣

楨—煥成—錫圭—大鈞
　　　　　錫圻—大鏞

煥章—肇基—錫祥

文芝公第六支復甫公派世系圖

八世　九世　十世　十一世　十二世　十三世　十四世　十五世

陽春—世芬—祥濬—卿瑩—學黙—元岱—天錦—珍池

瑞錦—鼎高

霞錦—養浩

雲錦—千淵

學黯—豫—鑑逵—庭貫

之湄

恩華

美錦—笱

瀹

濤

陽錦—濰

灥

淮

泳 無嗣

漪 無嗣

士錦—潤 無嗣

顧—純錦—滿 無嗣

霖 無嗣

光藻

光濟

明錦—淦

彥錦—湧 無嗣

繪錦—汾

臨—書錦—涎

汲

學熹—均復—衣錦—□

洽

汸

均晉—雯錦—申源

寄錦

均豐—如錦 無嗣

文芝公第六支復甫公派世系圖

十五世 十六世 十七世 十八世 十九世 二十世 廿一世 廿二世

珍池—大椿—麟英—雲山 嗣無
　　　　　　麟玉 嗣無
鼎高—廷楨—成榮 嗣無
　　　　　　恩榮 嗣無
　　　　　　寶榮 嗣無
養浩—松齡 嗣無
于湘—棨—犀照—肇基—士鈞

之湄—棨—鳳煐—肇基 雙祧
庭實—果—日煦—鳴鳳—錫祚
　　　　　　　　　　　錫爵
　　　棠 嗣無
恩華—樾蔭 嗣無
筠—梦 嗣無
　　彩 嗣無
瀚—廷植 嗣無
灊—大榮—元煒 嗣無

濰—文偉—震生—蔭塤 嗣無
　　　　　　　　蔭墉 嗣無
　　　　　　　　蔭陛 嗣無
　　　　　　　　蔭堦 嗣無
　　　　心亨 嗣無
　　廷樑 嗣無—元焜 嗣無
　　　　　　　元烜 嗣無
　　　　　　　元焗 嗣無

蠡—文倬—謙益—槃福 嗣無
　　　　兼山 嗣無
淮—文彪 嗣無
光濟—慶章—日煦 雙祧
　　　　　　有勳 嗣無
　　　　　　庶勳 嗣無
光藻—殿梓 嗣無
　　　樹穀 嗣無
　　　菊枏 嗣無

淦—廷榦—坤元無嗣
汾—廷章無嗣
涎—廷懋—超然無嗣
廷栻無嗣
廷桄無嗣
汲—雲楝—旭煒—錫珪—耀江
雲楣—煌—鼎型—毓江
壽珪—榮江
雲枋—燿—慶圻—啟泰

洽—廷槐—旭燿無嗣
晉康無嗣
廷梅—起鳳無嗣
起鵬無嗣
廷椌—愼餘—端型無嗣
楨—志熙
汸—文楷無嗣
文棋無嗣
文枚無嗣

□—廷楠—煥—家鳳—穀—大星
家鶴—傳心
傳衣
琫森—家虔—傳紱—克忠
作忠
秉忠
傳綬
家僑—傳笥
家夔

申源—廷梓—燓—家奭
家尹
金陞—大鈞—念椿
煌—祖培—大銓—學濂
學洵
學灝
廷榕—熵—家琦
洚
廷柯—焯—雲堦—士鏞
士錦

錫山東里侯氏宗譜 卷十三 世系圖 文芝公第十六支復甫公派

口—延枋—煒
- 雲墀—士鈞
- 雲城—士鎮
- 家鼙—杰—望曾
  - 宗萬
- 家駒—杰（肃 祧）
- 家驥—鐘和—三胜

四十四

侯太僕祠圖

錫山東里侯氏宗譜 卷十三 侯太僕祠圖

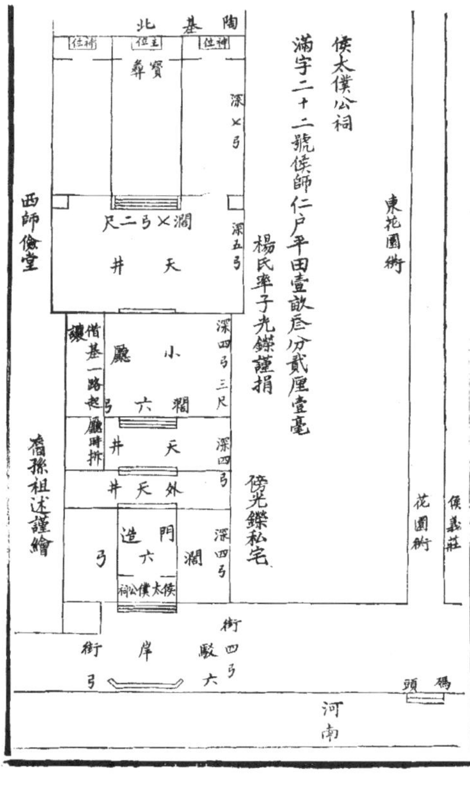

荷花莊太僕祠基圖

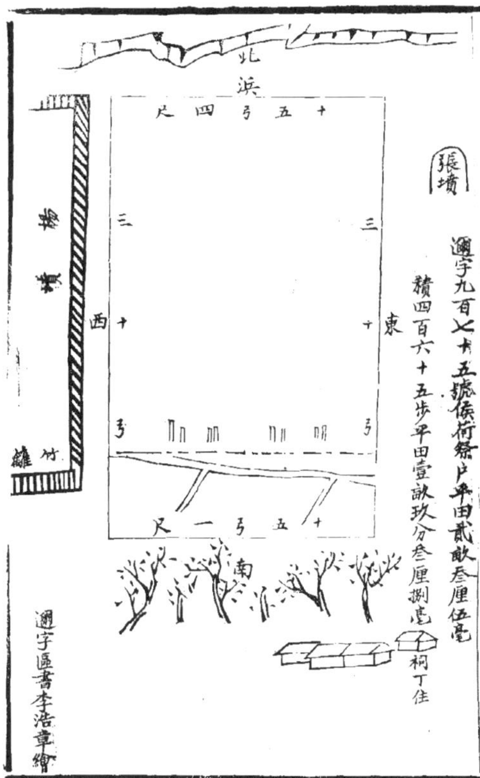

鳳凰翅世墓圖

鳳凰翅世墓位次

東塋 元高士德宗公

元高士希道公配高孺人

明高士永常公配惠孺人

西塋 特授修職郎八品散官隋怡晚公配許孺人

中塋 敕贈文林郎浙江江山縣知縣舉鄉飲賓晚竹公配

浦孺人副龔令人

特授文林郎浙江新昌縣丞攝會稽諸暨縣事升江

山縣知縣崇祀新昌江山兩縣名宦祠本邑鄉賢

祠企竹公配吳孺人

敕封文林郎太常寺博士文芝公配華孺人

西隅 邑庠生孟澄公配 孺人

東隅 例贈文林郎邑庠生復甫公配顧孺人

中塋之右 特授承德郎湖廣黄岡縣知縣升南京戸部山西司

主事崇祀鄉賢祠崇禎丁丑進士澹泉公配華安

人

西南隅 晚竹公四女太姑 字安平知縣談一貫

華藏山少芝公墓圖

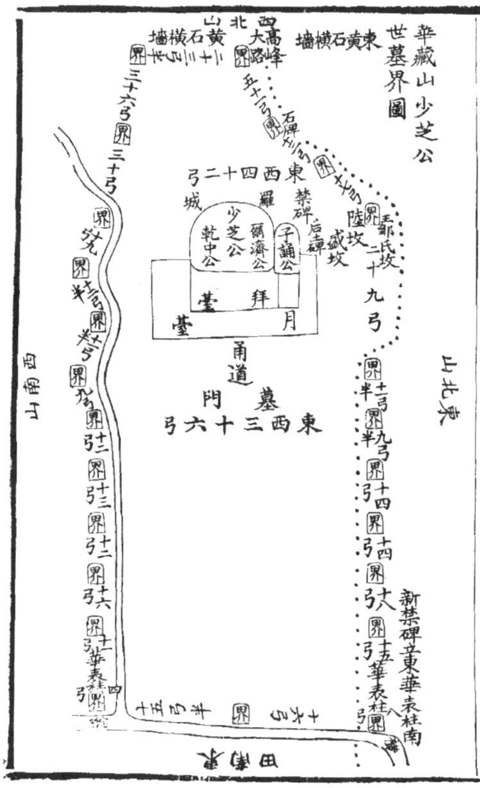

軍將山子競公墓圖

錫山東里侯氏宗譜　卷十三　軍將山子競公墓圖

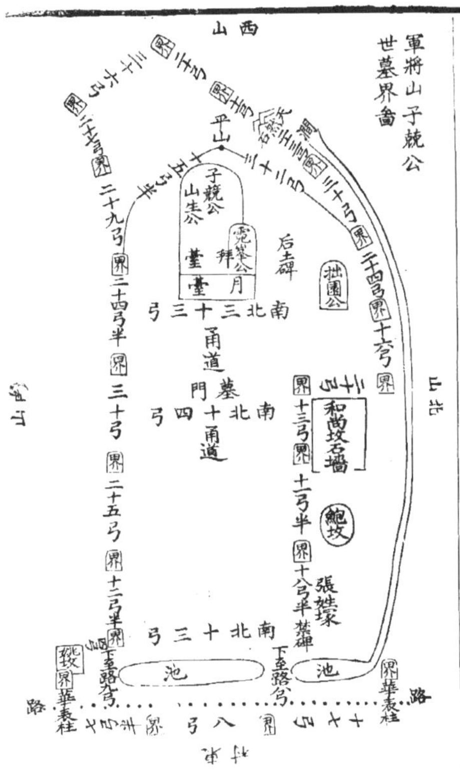

吳塘官山資卿公墓圖

錫山東里侯氏宗譜　卷十三　吳塘官山資卿公墓圖

錫山東里侯氏宗譜　卷十三　吳塘官山黃卿公墓圖

西嶂黃太宜人墓圖

錫山東里侯氏宗譜　卷十三　西嶂黃太宜人墓圖

黃太宜人葬天授鄉北西漳新阡列字四百十五號平田一畝七分二釐四百十六號平田一畝八分四釐墳丁尤成典尤成福耕種墳田二畝六分六釐

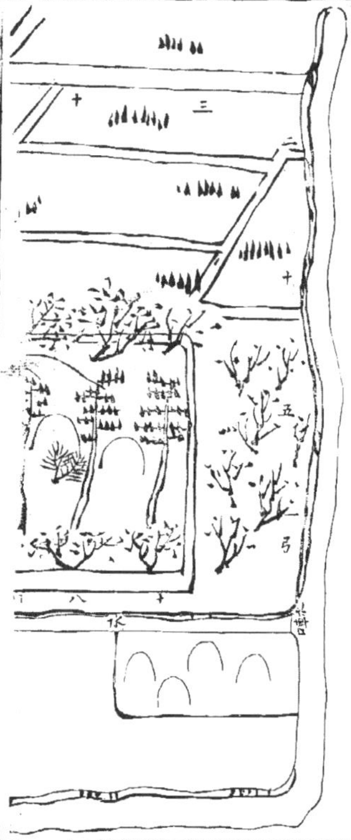

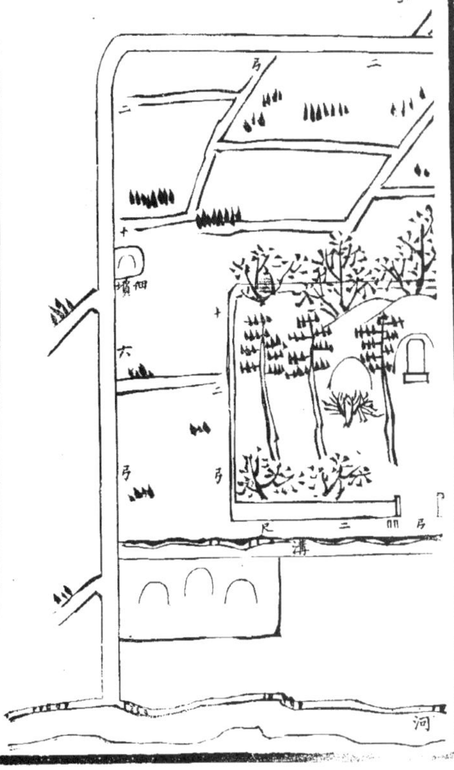

錫山東里侯氏宗譜　卷十三　西嶂黄太宜人墓圖

鳳凰翅抑若公墓圖

錫山東里侯氏宗譜　卷十三　鳳凰翅抑若公墓圖

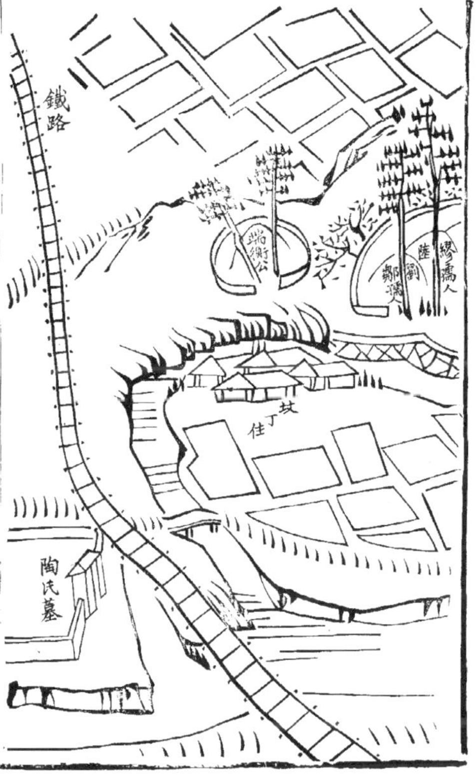

錫山東里侯氏宗譜 卷圭 鳳凰翅抑若公墓圖

中塋　敕贈文林郎山西河津縣知縣抑若公配朱孺人

昭塋　敕授文林郎山西河津縣知縣實錄館纂修乾隆甲子舉人虹川公繼配華孺人

穆塋　敕封孺人虹川公原配陸孺人繼配繆孺人

次昭塋　貤贈文林郎廣東東莞縣知縣南濱公配李孺人

次穆塋　敕贈孺人南濱公繼配劉孺人鄒孺人

舜柯山雲峰公墓圖

錫山東里侯氏宗譜 卷圭 舜柯山雲峰公墓圖

舜柯山西峰喇上山灣土名上壙　原下歸字侯德侯元花戶辦糧

雲峰公暨張太夫人葬主穴序廷公過太夫人昭穴孟堅公陳太宜人次昭

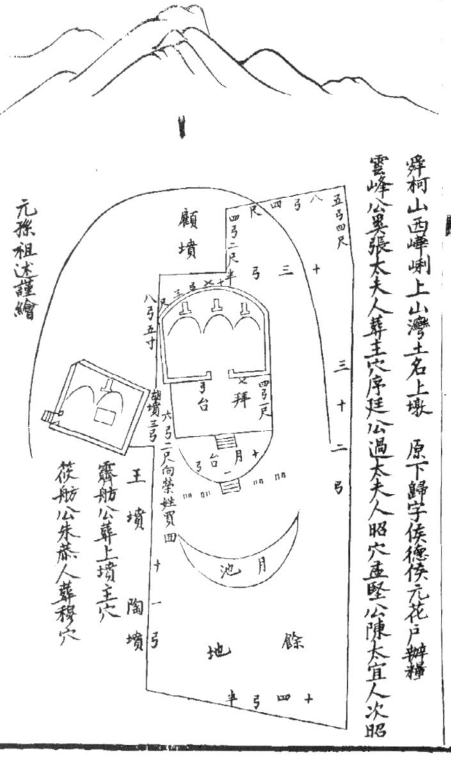

開原鄉鎮山頭玉如公墓圖

錫山東里侯氏宗譜　開原鄉鎮山頭玉如公墓圖

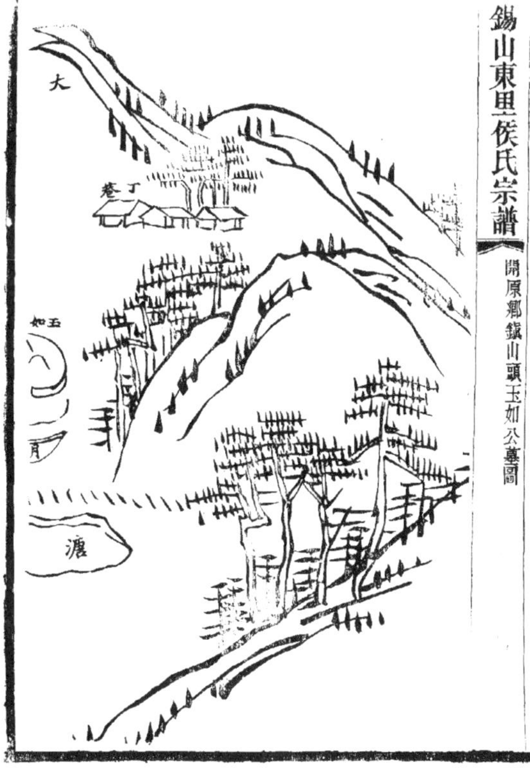

錫山東里侯氏宗譜　卷十三　開原鄉鎮山頭玉如公墓圖

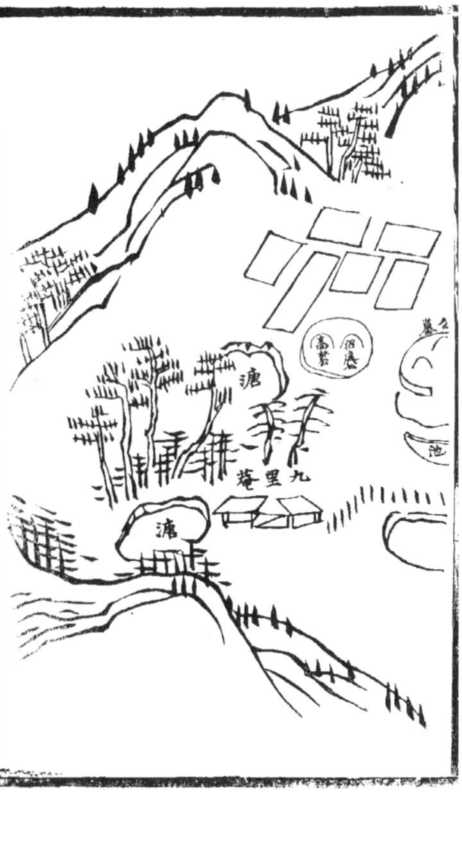

開原鄉孔山灣塋圖　少芝公支五房玉如公墓　右圖主穴葬
皇清貤贈修職郎江都縣教諭玉如公暨配何孺人穆穴葬
皇清貤贈修職郎　恩賜粟帛全椒縣訓導太學生復曾公暨九
孺人次昭葬
皇清敕授修職郎歷任溧陽江都縣教諭乾隆丁卯順天舉人學
曾公暨配史孺人繼配楊孺人用癸丁向兼子午三分坐落
孔山賓字一千九百二十號平田二畝五分三釐五毫
紹庭公暨配奉　旨建坊旌表吳氏葬羅城外次穆
週圍築土羅城外有月池　塋後三十餘步即丁巷墳佃名
丁福根住爲每次掃墓折菜二百文節規不取

舜柯山心齋公墓圖

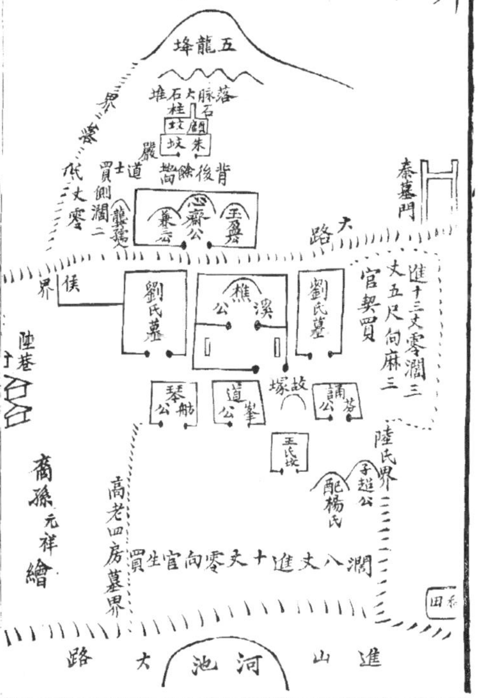

欽加同知銜陞用直隸州特授江蘇常州府無錫縣正堂吳爲
給示嚴禁事據雲騎尉文生侯駿烈監生侯廷塤侯宗晉文
童侯繼高侯元吉禀稱切生等
晉祖乾隆癸卯舉人原任揚州府寶應縣教諭心齋公諱春
鳳筮之塋葬於西鄉舜柯山廿三二圖墳前向有墓道爲
秋祭掃樵牧往來要路邇來忽見墳右路徑用黃石壅塞而
樵牧往來竟由心齋公墳垣踐踰以致坍倒不堪詢之墳丁
言語支吾當即督令清除今復潛行堆砌揣其蓄意未始非
覬覦隙地希圖變賣而設若再因循必致遂其私計生等現
擬修葺動工深恐再行壅塞非但謁墓不便墳垣亦恐其仍
被踐踏爲此叩求給示嚴禁並諭飭糧保就近查察等情到
縣據此除批分別示諭外合行給示嚴禁爲此示仰附近居
民人等知悉自示之後毋許再在侯宦墳塋作踐壅塞倘敢
故違一經指名禀縣定即提案究辦不貸其各凛遵毋違特
示

光緒十九年九月十七日示　仰貼廿三二圖陸巷上

惠山漢封公墓圖

惠山嚴家棚漢封公墓圖

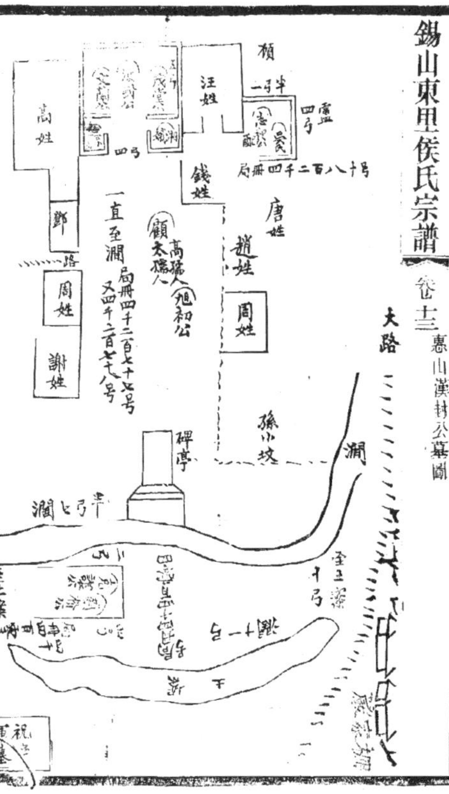

江陰馬鎮佩蘭公墓圖

錫山東里侯氏宗譜 卷十三 江陰馬鎮佩蘭公墓圖

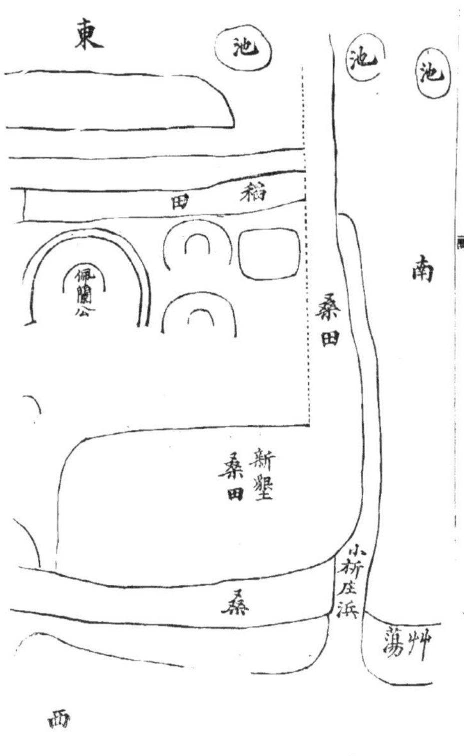

錫山東里侯氏宗譜 卷十三 江陰馬鎮佩蘭公墓圖

伊武公曾孫佩蘭公配黃氏合葬江陰湖蕩馬鎮八保新圩弟仙友公子竹溪竹泉公住馬鎮東塲無考

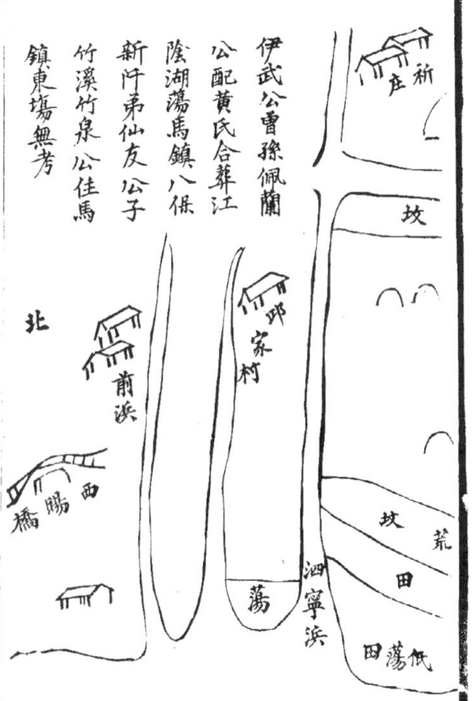

林賢橋達夫公墓圖

錫山東里侯氏宗譜　卷圭　林賢橋達夫公墓圖

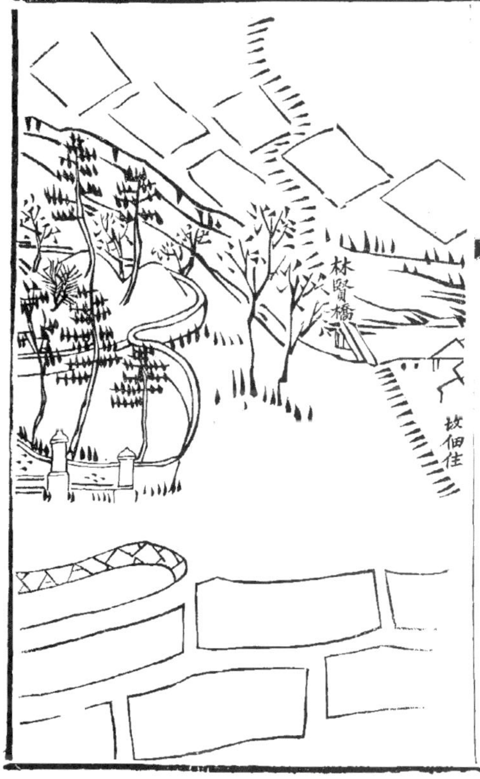

錫山東里侯氏宗譜　卷圭　林賢橋達夫公墓圖

中塋　達夫公配華孺人

昭塋　硯芬公配華孺人庶顧令人

穆塋　秀升公配劉孺人

次昭　芙卿公配顧宜人繼配許宜人

次穆　菊卿公

旁塋左　貞孝女長姑四姑

旁塋右　三姑餘姑

墳糧載入南濱達夫兩公祭田畝數內

東山灣紀之公墓圖

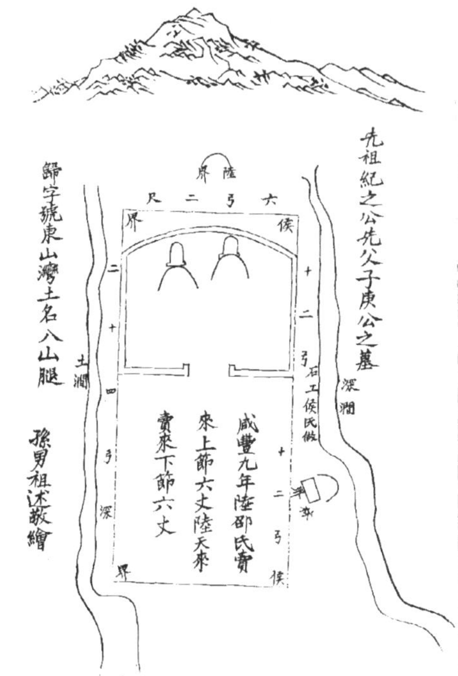

東山灣紀之公墳契

立實賣山地文書陸邵氏同姪士生今將祖遺歸字號東山灣土名大路上上節山地一塊自願央中實賣與　侯處過戶辦糧造墳安葬執業當日憑中三面議得時值地價足錢拾貳千文正契日一併收足自賣之後任憑栽松種柏築牆造墳安葬水爲　侯氏世墓其地的係自己祖遺之產並無房族爭差一切諸礙有則賣主理值不干得業人事自願非逼欲後有憑立此永遠賣山地文書爲照

計開　濶三丈二尺進深六丈懸陸氏祖墳塚一丈俱成衣尺　上址陸墳　下址陸姓餘地　左右俱址柴界　山糧四分任憑過戶另出除票

咸豐九年二月　　日立實賣山地文書陸邵氏押

銀隨契收票不另立併照　同姪　陸士生押

中　許大茂押　陸正裕押　慶年押　鶴雲押　鶴洲押　馬在能押　侯心田押

丁財兩旺　筆

立賣山地文書陸天來今將自己祖遺歸字號坐落東山灣土名大山腿山地一塊自願央中實賣與　侯處過戶辦糧築

墻造墳安葬當日憑中三面議得時值地價漕平文銀肆兩正
當日一併收足自賣之後任憑栽松種柏築墻造墳安葬永爲
侯氏世墓其地的係自己祖遺之產並無房族爭差一切諸
礙有則賣主理值不干得業人事自願非逼欲後有憑立此賣
賣山地文書爲照
計開 長六丈濶本墳至濶威衣尺 上址陸姓業界 下址林界 白賣自支值
咸豐九年八月　　日立賣賣山地文書陸天來 押
銀隨契收票不另立併照　中　陸鶴皋 押
文興 押
長發 押
筆時生 押
許大茂 押
侯心田 押
丁財兩旺

錫山東里侯氏宗譜　卷十三　東山蕙紀之公墳契

惠山紀之公配杜恭人墓圖

錫山東里侯氏宗譜　卷十三　惠山紀之公配杜恭人墓圖

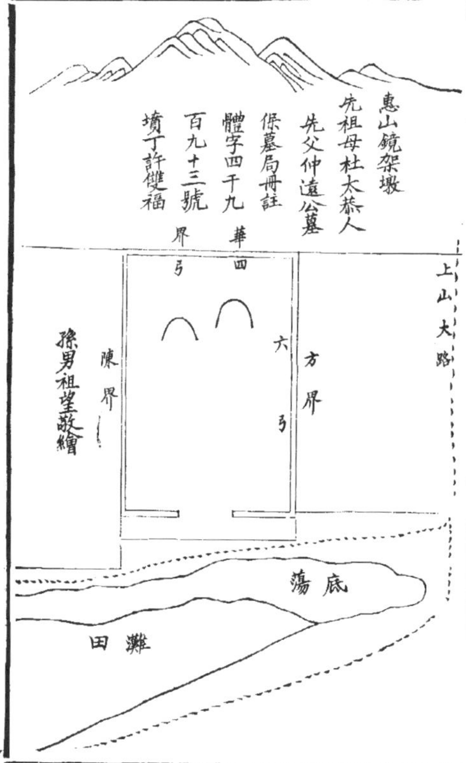

惠山霽舫公配屈楚劉夫人墓圖

錫山東里侯氏宗譜　卷圭　惠山霽舫公配楚屈劉夫人墓圖

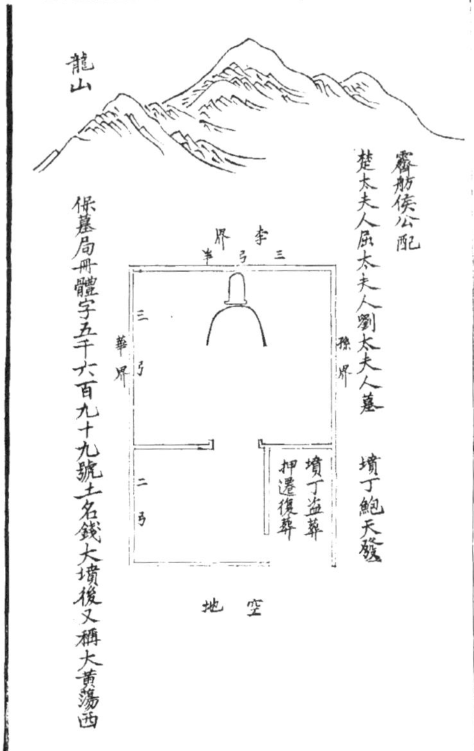

白鶴塢少宰公墓圖

錫山東里侯氏宗譜　卷圭　白鶴塢少宰公墓圖

錫山東里侯氏宗譜　卷十三　白鶴塢少宰公墓圖

右圖主穴葬

皇清誥授光禄大夫賜進士出身紫禁城騎馬吏部左侍郎葉唐公墓

暨配顧太夫人

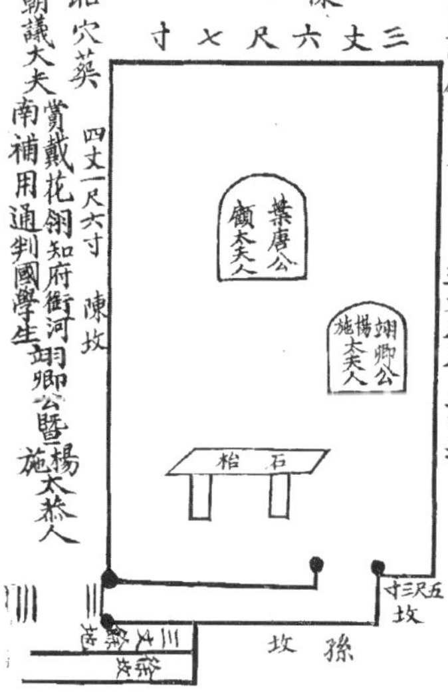

昭穴葬

皇清誥授朝議大夫賞戴花翎知府銜河南補用通判國學生翊卿公暨施楊太恭人

惠山仙人塢錫圭用吉公墓圖

錫山東里侯氏宗譜　卷十三　惠山仙人塢錫圭用吉公墓圖

錫山東里侯氏宗譜　卷十三　惠山仙人塢錫圭用吉公墓圖

右圖係

用吉公暨配尤孺人之墓昭穴葬

舜五公暨配朱孺人繼配張孺人穆穴葬

菊人公暨配須孺人亦昭葬

蘭溪公配淩孺人另葬新阡用坤山艮向兼未丑三分坐落惠山仙人塢前後布尺三丈七尺左右二丈三尺門前石獅頭柱一對周圍黃石牆自左而上相距數十步則爲

錫圭公暨配趙孺人之墓昭穴葬

邑庠生企堂公暨配秦孺人用坤山艮向兼未丑三分前後布尺二丈八尺左右一丈八尺其下十餘步則爲

亮功公暨配王孺人之墓企堂公之女七小姐附葬焉墳佃均住張巷名張阿正

錫山東里侯氏宗譜　卷十三　惠山仙人塢錫圭用吉公墓圖

惠山仙人塢凌太孺人墓圖

右圖主穴葬

凌太孺人（與嗣淡公分金葬）穴用未山丑向兼坤艮三分昭穴葬

佩欽公暨配陸孺人亦昭葬

仞高公暨配許孺人坐落惠山仙人塢進深計布尺一丈八尺濶

一丈五尺周圍土羅城內立石碑（碑上皮字誤刻林字）石祭檯一座墳佃

張阿妹住送子殿春秋祭掃每次給折菜錢一百二十文每

年給節規七十文

小菱灣高太恭人墓圖

錫山東里侯氏宗譜 卷三 小菱灣高太恭人墓圖

右圖主穴葬

皇清誥封恭人高太恭人

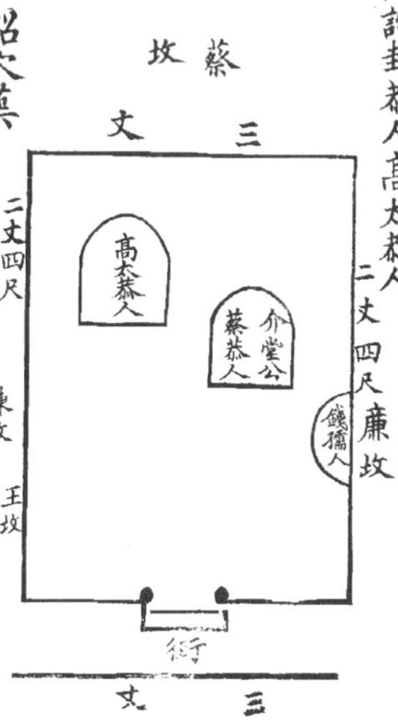

昭穴葬

皇清誥封通議大夫賞戴花翎四品銜湖北候補班前補用通判國學生介堂公暨配蔡恭人

次昭側室錢孺人坿焉

小菱灣通議公墓圖

錫山東里侯氏宗譜 卷三 小菱灣通議公墓圖

惠山星虬公墓圖

奴佃張仁林
壬喜

龍山仙人橋又名祝墩漕星虬公墓圖

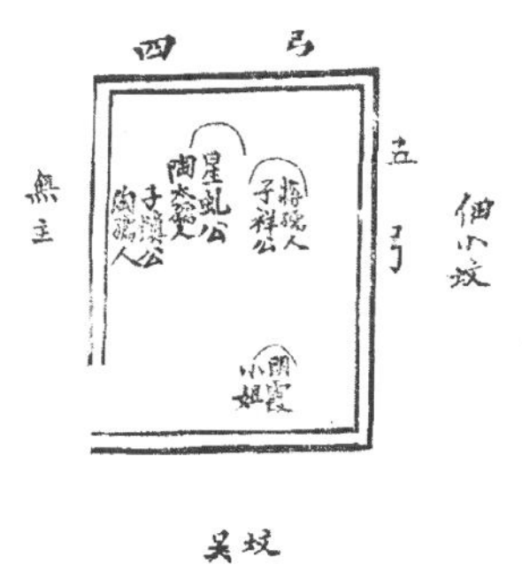

局卌體字六百二十一号

錫山東里侯氏宗譜 卷十三 小菱灣閬仙德華公墓圖

小菱灣閬仙德華公墓圖

錫山東里侯氏宗譜 卷十三 小菱灣閬仙德華公墓圖

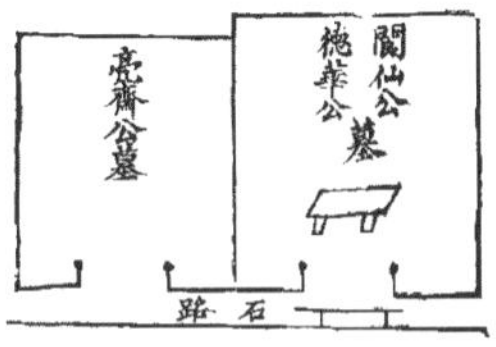

右圖係

清國學生聞仙公暨配龐太孺人之墓右爲清國學生德華公暨配周太孺人之墓穴用卯酉兼乙辛三分坐落錢橋鄉小渮灣伏字號山地出業陳萬士萬全于光緒十年契賣價銀十六兩計足尺長三丈上下濶一丈八尺左址陳墳右址澗邊上址陳墳下址楊墳週圍築土羅城外築石路上立石欄樓一張墓門用石角端一副祭臺一座立有石碑每年端年常例貼補銀漕錢二百四十文祭掃每次折菜錢二百四十文

羅城外係

清國學生亮齋公暨配李孺人之墓山向同週圍築土羅城外亦築石路

小菱灣星橋瀲六公墓圖

錫山東里侯氏宗譜　卷十三　小菱灣星橋漱六公墓圖

右圖係

清國學生星橋公暨原配趙孺人繼配陳孺人之墓穴用甲庚兼寅申三分半落錢橋鄉小菱灣伏字號山地出業陳榮炳于光緒二十二年契賣價銀二十五兩計足尺上濶二丈八尺下濶三丈三尺左深二丈六尺上右深一丈一尺下右深一丈五尺上至陳姓墳墩爲止下址顧墳左址澗邊大路上右址李墳下右址王墳週圍築石墻中豎石碑墓門用石角端一副金門檻全又有祭臺一座左右石櫈二張每年端年常例貼補銀漕錢一百二十文祭掃每次折菜錢一百二十文

又係

清邑庠生漱六公暨配丁孺人之墓山向同週圍築石墻內有橫石碑一方又有祭臺一座墓門對石路及澗邊大路每年端年常例貼補銀漕錢一百二十文祭掃每次折菜錢一百二十文

錫山東里侯氏宗譜　卷十三　小菱灣星橋漱六公墓圖

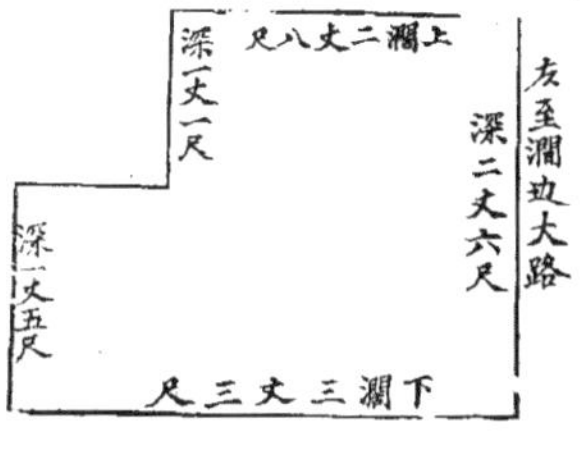

惠山錢橋鄭家灣筱仙壽地

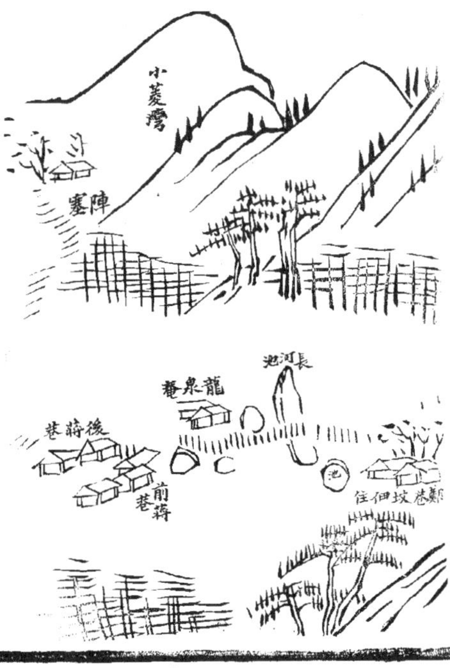

右圖係

淸封奉直大夫候選縣丞國學生 覽配宜人趙太宜人之壽墓穴用乙山辛向兼卯酉三分坐落念貳三圖歸字號土名鄭灣山計進深六丈濶三丈三尺坊係布尺其四址上界鄭界下界鄭界左界張界右界華界坊訂界石出主鄭象賢住鄭巷于光緒二十二年三月契賣價洋壹百拾元當郎過戶稅契每年給補糧錢六十文（自賣自承當）端年兩節每節貼錢壹百文祭掃每次給錢五十文折葷素菜錢一百文

週圍均築黃石牆用蓋牆石墓門兩道第一道用獅頭方柱一對金門檻一條石而係做細塘石上蓋瓦鱗式做細塘前

駁黄石方臺四邊用塘石鑲口周圍有石欄杆用小石柱兩對分左右出入外用黄石駁築半月形臺第二重黄石牆面方石柱一對石檻一條門前兩旁石欄杆兩條后土碑寶藏祭臺并檯全墻外周圍種柏樹方臺上柏樹八棵頭重門內欄杆旁種寶塔松二棵二重門內子孫柏二棵石楠五棵冬青二棵

嗣于民國六年九月又向象賢之子伯華續買門前餘地一塊計洋一百二十元濶三丈三尺深六丈九尺至大路爲止上栽柏樹分左右兩排糧由墳佃辦納

太僕公忠孝堂宅基圖

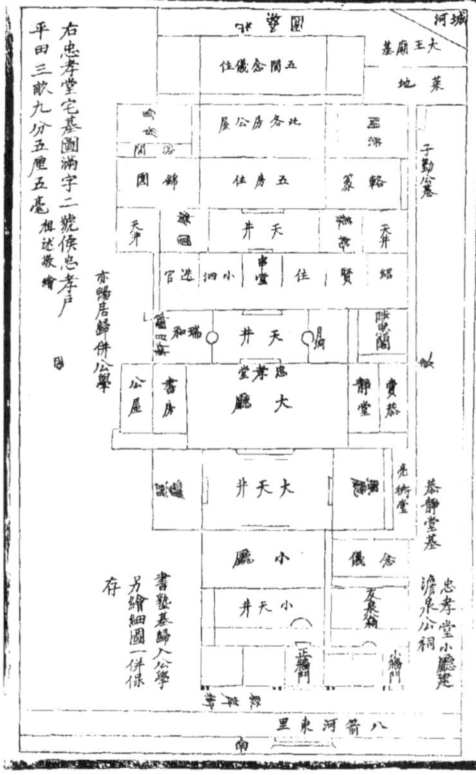

侯氏公學圖

錫山東里侯氏宗譜　卷圭　侯氏公學圖

侯書塾戶滿字二號基糧一畝三分又三號二畝三分八厘一毫五絲

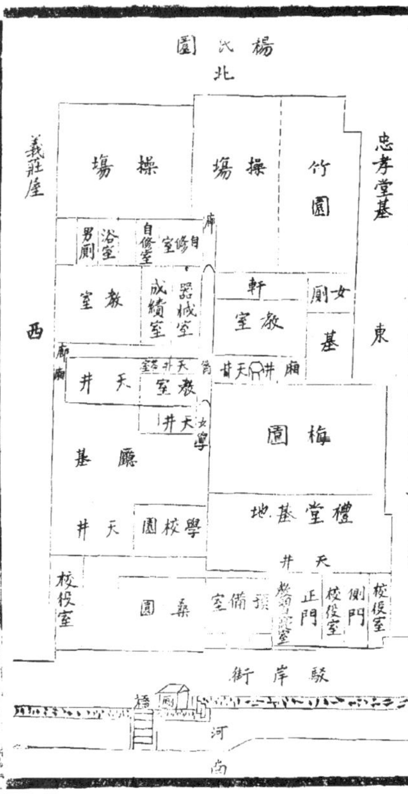

侯氏義莊圖

錫山東里侯氏宗譜　卷圭　侯氏義莊圖

侯義莊屋圖

滿字三號平田一畝七分六厘六毫

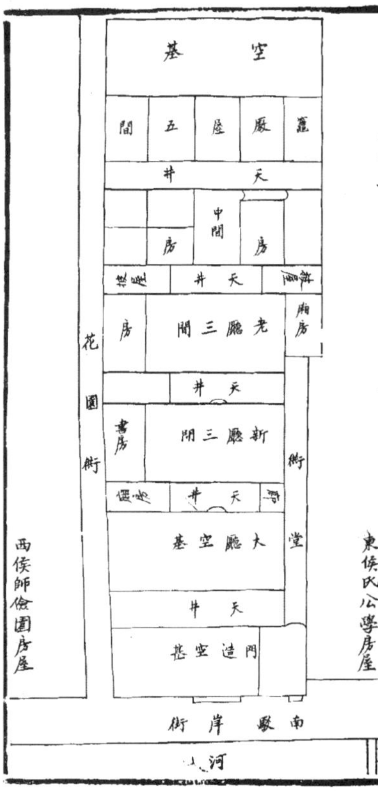

重刊侯霓峰公榮哀錄敘文

純吏莫夥於兩漢。而清康雍之間。朝政修明。循良接迹。查淸升正事畧諸循吏傳。若駱蓮浦楊匡齋劉衎泗儲立鼎夏存齋張士琦諸公治行。皆彰彰在人耳目。行部所至。功德在民。生榮死哀。口碑載道。我外家霓峰侯公。亦當時佼佼者也。侯氏爲錫山望族。明季少芝公。戇詞勁氣。著聲諫院。有汲長孺魏文貞丰采。數傳至霓峰公。操履精勤。意量淵達。其出宰宣平也。貸逋賦。平冠盜。一篋恂之治潁川。開學校。培人材。一文翁之治蜀郡。建津梁。通河渠。一龔遂之治渤海。省刑罰。敦風俗。一劉寬之治南陽。至其陟容臺。督關榷。贊臨雍。陪郊祀。清勤儒雅。歷任有聲。迺天

榮哀錄序　一

不憖遺中道賫志。東南人士。衣冠往吊。擷香清酌。惆悵臨風。巨製鴻篇。一時流布。士民念公不置。爰薈萃當時之誄詞頌語。選刻若干篇。勒之金石。以耀後世。而垂無窮。迄今二百年來。世變滄桑。河山鼎舊。公之流風餘韻。亦稍替矣。裔孫渭臣紹先兩表棣。暨族中伯文筱僊冠清葆三諸君子。重修宗譜。忽得是編。急加校讐。鳩貲另刊。而霓公於以不朽矣。今者武夫專橫。內訌不已。漢七國。晉五胡。唐諸鎮。履霜堅冰。其兆已見。郡縣吏除授括外。更無遠圖。遑言吏治。遑言民生。然則是編之重刊。諸君子豈僅抱殘守闕已乎。亦厲世摩鈍之微意云爾。丁巳中秋。外裔孫楊鍾琳。敬敘於雞林廨署。

重刊侯霓峰公榮哀錄敘文

嚮古藎臣良吏。勛德並懋。生榮死哀。如陳泰邱之喪。海內赴弔者三萬人。海忠介喪出江上。白衣冠送者兩岸無隙地。蓋鴻名垂寓宙。盛德在人心。有不可磨滅者也。余外家侯氏。爲梁溪世族。自明季給諫丞聞兵憲瀞逸。疏論邊事。有諍臣風采。數傳至霓峰公。以名進士宰宣平。惆閭閻彫敝。蠲逋代輸。逋賦十有三年。宣民至今尸祝。洊歷京部。夙夜匪懈。廉直著聲。榷稅滸關。剔奸除蠹。商民忭慶。願出其塗。嗚呼仁矣。旋請終養歸。以親喪哀毀而卒。大江南北縉紳黎庶。莫不悼慟。失聲雞酒生芻。不遠千里。鴻文鉅製。表徵闡幽。於是有榮哀錄之刊。以視陳泰邱海忠

榮哀錄序　二

介。雖時位不同。其爲遺愛一也。後二百餘年。裔孫紹先咸弟暨兄渭臣族伯文筱仙冠清葆三諸君子重修宗譜。網羅散佚。得是錄於坊肆間。斷簡零編。亟加讐校。選刊宗譜兩篇。其餘鳩貲另刊。以存完璧。而廣流傳。記祭統以先祖有善弗知及知而弗傳爲戒。昌黎云。莫爲之後。雖盛弗傳。諸君子抱殘守闕。數典無忘。公之善政流風。可以不朽千古矣。爰喜而爲之敘。歲在丁巳孟冬之月。外裔孫楊鍾鈺敬撰於長春寓廬。

霓峯公瞍葬祭文

皇清大台柱𨚫榮贈奉政大夫司𩓐霓翁侯老年親臺老先生

恭輓

老大人誄并序

歲在旃蒙單閼閏五中澣天地黯黮風雲變滅大星夜殞

櫪馬皆驚維我

西臺霓峯侯公終於家行不歌春不杵遠邇奔唁悲動中外

行將上其狀於

朝賻恤鴻典優寵未艾而其通家老友洎門牆後進執朋友之

喪者就位卒哭酌水陳芻炙雞絮酒呼公之靈而告之曰

嗚呼天不可問人之云亡一時興殄瘁之悲百代有憖遺

之感昔賢仝感爰及我公方公之誕毓華胄世德作求僕

丞肇造於前德昭枌社黃門嗣徽於後功在旂常載興比

部之聲華雋啟我公之駿烈之無初辨早驚神駿之名子

丑聯鑣共拭龍津之器不欲以中秘自逸甘操百里牛刀

法古之久任爲功遂爾十年雞肋澤孚巖邑名列

御屏鳳噦日邊喜徵書之曉集烏啼夜半忽凶問之宵驚萱草

先零𢃇瞻滋痛猶幸板輿之將父腧厠必親若將養志以

終身簪裾如屣廹我嚴命畏此

簡書出就容曹入隨

侍從肅雍典禮方佐春卿弼教明刑特隆雲署旋奉潯陽之

命惠洽江關正逢奏最之期情推子舍郊居讀禮勤腧聿以篤

貽謀選暇營菟借山東而藏經濟雖蒼生繫望旬懷忤堯

之可捐乃雞骨僅支長此纏綿之在疚幸

帝恩之浩蕩許臣志以優游詎意風疾之難瘳竟爾修文之遽

召嗚吁哀哉愴聞訃告行路傷心矧在親知西州墮淚想

生平於髫髩是耶非耶表徽懿於丹青煒矣赫矣爰操彤

管用綴蕪文乃爲之誄曰粵溯上谷肇跡彝門凌烟勒勳

陳公桓桓鎰斯振繩大啟爾昆迄乎有明南京綮前有

僕丞後有兵垣代濟厥美篤生文孫鵷鳩遺烈公奮羽翰

終賈奏策天衢軼奔出宰巖邑棠蔽花翻造士賁興桃李

不言十有五載名動

至尊容臺甫擢霜殯庭萱服闋崇晉秋署高騫司權潯陽江水

同恩報最歸省靈椿忽殘欝欝苦塊病由作焉蒙

恩予告庶曰小安豈期朝露玉樓渺漫吉祥善逝論定蓋棺上

邀

榮䘏寵自九閽泰山梁木吾黨水歎言念生平廻腸裂肝何以

不朽金石琅玕山海可移令德弗刊親炙聞風頑廉濤敦

維此誄辭太常所觀百世傳信我公永存

年通家眷仝學弟呂　律　聶光緯

成　棨　楊芳非
關朝秀　孫熹
沈彥登　厲始揚
秦鋹　華長發
張旭崳　鄒吉生
劉蔗滋　華巖
眷晚生雜士表　高嵩生
葉大椿　董傳
鄭瑞芬　全來復
華銘勳　黃止敬
龔兆蘭　戴禰
陳組　楊錦
俞鏊　盛宗耀
浦世榮　張以孝
陳典　楊廷詔
眷姪馬翀　奉衍義
秦汝纂　陳曾
鄒辰禾
門生殷德元　呂範
愚表弟秦錦　楊泓

榮哀錄祭文　三

楊淵　楊溥仝頓首拜

維

康熙十有四年乙卯於且月戊午朔居鐘呂之芳辰適司寇之訃至仝袍星落半載四聞執紼不違悲聲載道爰潔桼盛咸伸悃愫越五日壬戌年家眷弟徐調元華敫施尚世秦劉果遠鮑鳳儀華廷樾諸保宥鄒象雍胡王賓年家眷晚生施鄒曾周繼高過琪宮暎辰宮暎婁宮聚星宮聚奎倪仁勇愚表兄劉宗熹秦鏞秦世綸賈曾表弟黃灣愚甥吳人秀眷姪華允藻謹以清酌庶羞之儀致祭於

皇清奉政大夫刑部郎中霆翁侯老年親臺老先生大人之靈

曰嗚呼翁之立於天壤間也承祖父之遺休爲國家之柱石名譽著於儒林勳華爛於史册忽焉喪我典型弔之曷勝嗚咽如公者而遂超然遐舉人間豈復有才華翰墨粵稽公之世系代有聞人人多偉德少芝公以給諫著聲乾義以數奇困於闈棘偉儀明經幸膺揩笏大理方耆司刑我

朝再加黼黻分署山西主刑有貴太翁尚志高栖受官而未列職公乃大啟其後洵哉善繼奚述公之初遊藝林也三吳閩越推文章之巨擘慎交之站牛耳是執名聞海內才冠郡邑富貴子弟之中奕奕乎聲華獨出及其髫齔丑也

榮哀錄祭文　四

科第巍巍式紹祖德補前人之不逮昭三代之累積出宰
宣平嶙嶙政績民以不寃訟白簡息分浙闈之司考衷賢
才爲輔弼國家既幸得人十載絃歌兩塞奉
命秉禮朝常郎官益昭典則會秦宜人讀禮言歸山間水間稍
著名蹟旋乃入部司刑再補太翁之所未及出鈔九江動
膚炳烈盈縮不計錙銖商旅咸歌茂德方竣事而執簡入
都遂悼太翁而路衣墨縗既號泣以言歸覩轅車而愴悒
檀弓之暇爰著散帙隱跡山樓言採薇蕨禮闋而仕興已
闌告假以追遥歲月笙歌管絃行雲遏絕流觴曲羽潦倒
柏葉依稀乎畢卓陶潛彷彿乎劉伶太白緬朝露之忽捐
竟舍此而長別嗚呼仙翁仙不可測方列鼎而醍醐胡復
餗而不食景公之休悼公之醜子孫紹美冠裳嗣奕往不
可追來章有赫尚

饗

榮哀錄祭文　五

維
康熙十四年歲次乙卯六月戊午朔越六日癸亥江南常州
府知無錫縣事制年眷弟吳興祚謹以剛鬣柔毛清酌庶
羞之儀致祭於
皇倩奉政大夫原任刑部山西清吏司郎中霓翁侯老年臺老
先生大人之靈曰嗚呼上谷大宗彝門華冑郄秦氣留草
玄學授千秋常分百世猶茂衍派梁溪振繩堂搆鵠鸞次
羽芝蘭疊秀王謝仝尊圭狗並厚海內瞻欽豈曰江右惟
公挺特首出高門於金則鏐於玉則璠孝洽祖禰友協弟
昆雍雍肅肅里黨式尊縹緗積棟圖史堆牀上窺姚姒下
極漢唐龍門作牘虎觀爲裳並茂華實特達圭璋南宮濟
濟多士稱良雁蕩龍湫括蒼秀甲川巖文妮雲霞詩狎鳥
獨仁政東南則法長江萬里溢浦當關官則權酤職乃弭
姦清郎敷德旅逸氐閑典宗清華侍從之最下視五曹俯
遷三衛以秩以序惟
天子媚雲司秋巖公獨春和桁楊煦嗅犴狴揩摩于公之門匪
此伊何五馬八座九棘三槐安行屐也掉臂優哉宦惟簡
在何止廷推高賢樂志達人遂初退則勇決進乃躅踏深
林遂谷于于徐徐東山深竹西園詩書賓朋珠玉羣從簪
裾自茲耄耋何促何舒甯圖二豎膏肓焉居吝此哲人遽
捨居諸市邑嗟惜閭巴欷歔山林晦黯川嶽丘墟柞忝樗
材待罪茲邑交好愈深提命常及於茲十載氣洽心習屬
纊呼臯自臟手執倏焉曠旬殯含重襲玉樹土中能無愴
悒贊夜可通幽明相挹蕪詞絮酒以將悲泣哀哉尚

饗

維

榮哀錄祭文　六

康熙十四年歲次乙卯六月戊午朔越六日癸亥

霓峰老長兄辭世倏逾兩七矣仝門眷弟龔廷歷率男炳賚

辦香明水奠靈几而哭之曰嗚呼家敦氣誼譜篤河門氏

雖殊而誼則均也歷年來胞弟踵殁顧影煢煢所藉仝門

弟昆以破岑寂然而河山邈矣惟霓翁衡宇密邇樽擧時

傾謂可遣素心而數晨夕乃一旦捐我而逝痛哉竊惟造

物之變兄可謂至矣余見多少偉男子抱璞懷璐踵決肘

見者不知凡幾即席處豐盈而以老縫掖死牖下者比比

是也即官高祿厚或宦途終顯或震器猶虛或曰炊入夢

角羸齒細者多矣兄以諫垣冢孫比部冢嫡自墮地以至

冠婚五陵輕肥寗復知世間有半禍不完二餔不給之人

年少遊庠子丑聯捷寗復知世間有泣玉窮巖遺珠滄海

之事出宰山政地僻政簡貧民負稅家貲代輸豈復知世

間有刺促上官譴讁民逋之吏久之內召鳴珂玉階容臺

肺石祥刑上應列宿焉壽鍋旋里經營菟裘園池邊石優

童侑觴勝擬平泉焉而且荀龍薛鳳濟濟斌斌孟案梁肘

雍雍肅肅蓋已極畢厚之福萃於厥躬屈指所需惟海屋

數枝籌耳造物有情即長留爲烟火神仙何不可乃循生

老病死故事而奪之遽或遂以此疑造物之變之不終予

以爲無疑也方易簀時合掌誦彌陀以去造物蓋不欲沒

兄於塵垢囊特啟其聰使之猛省回頭皈依般若實始終

玉成之至意乎至是而始悟富貴如浮雲宦署家園是傳

舍兒孫妻妾是幻緣閙嘆客氣是黑風鬼國即此五十二

年色身亦是薤上露隙中駒耳向也合下付將來享其所

固有而不爲奢今也些子帶不去空其所本無而不必戀

故歷以流俗之見翫兄於人間隨以達人之觀慰兄於天

上靈兮洋洋應亦首肯而謂余言非謬與尚

饗

維

康熙歲次乙卯六月戊午朔越六日癸亥年眷弟諸保宥秦

鉞姚兒龍朱瑛湯樂朱讓鄭滙謹以香帛之儀致祭於

皇清奉政大夫刑部郎中霓翁年兄大人之靈曰昔顧彥先殁

而張季鷹往弔不勝其慟王武子亡而孫子荊哭臨客皆

垂涕古賢士大夫之喪能使人悼之惜之者情至如此以

公之才之德比彥先武子正自不減而宥等之爲公悼爲

公惜者烏忍使情之所鍾獨出季鷹子荊下哉公生而負

孳性事兩大人極其孝謹而篤於族厚於交游故舊與一

切爲德於鄉如賑貧周乏捨衣施櫬等事種種懿嘉非史

僕所能數也若夫天才特擅不啻江令陳王憶子丑之役

奮翮聯飛宥等或並驅南國或方駕長安而公年獨少一

時艷之者咸以爲神仙中人也而歷試諸職輒爛焉可觀
而最難及者莫如初任之宣不一自分符十年不調人無
不爲公扼腕而公處之泊如也凡所以釐吏弊端士風興
恤民疾苦不以久而或怠有費不能入稅者時輦家金以
代償焉雖卓魯復生能如是乎
天子嘉其績特令晉儀曹榷關稅而公所爲又無不恪稱乃職
此司寇一階所由以特擢也衆方謂將大用公而公遽引
疾入林謂雖有蘭臺薇省不以易鶴砦鹿莊然公春秋甫
躋踰艾使辭山再出終竟厥施偉業鴻猷固未易量即不
然而優游觴詠彷樂天之故事追彥博之遺風洛社香山
無難再覯而詎料天奪之速一旦遂跨鶴吹笙翛然遐逝
也且公平日未嘗從事貝葉蓮花易簀前頓於生死去來
消息大有證悟福慧雙修定非一世昔會稽太守孟顗事
佛精謹謝靈運薄之曰得道應須慧業文人轉生天當在
我先成佛必在我後堅乎如公者其先宥等成佛必矣而
其如大雅云亡哲人其萎天上多一得道人即人間少一
慧業人何哉此宥等今日雖營奠無賣雀之錢作誄鮮栽
花之筆而怛焉增慟百倍恒人不能不觴爲之裂肝爲之
摧也雖然有足爲公慰者公即不可復作而鳳毛玉樹濟
濟階庭翔步天衢拱揖可幾天之速奪公者正未必不有

以厚報公也尙
饗
維
康熙歲次乙卯六月戊午朔越六日癸亥年家眷姪季麒光
吳國鑒范廷銓華乘禴施鼐曾繩鼎鍂王允持鮑允階范
瑒謹以香帛庶羞之儀致祭於
皇清奉政大夫霞翁侯老年伯先生大人之靈曰嗚呼生寄死
歸自古誌之矣天下有生而榮如先生者哉人不能生而
榮而先生之寄也可以無憾亦孰有死而哀如先生者哉
人不能死而哀而先生之歸也亦可以無憾世之諛先生
者方且謂獻賦承明之日不獲讀書中秘而出膺民社任
玉巖者一十四載幸奏最爲天下首而擢儀曹遷比部溽
陽報政之後當建大業而展壯猷奈何天嗇之年未副生
平之志而不慊乎願望者之心嗚呼人生非金石豈得長
壽考苟無愧乎生榮死哀而聲施遂足以不朽况彼造物
者又恒留有餘不盡之意者乎先生生長華胄自都諫公
名震宇內至先生年少壯即聯翩翔舉歷仕宦者三十年
其政績彰彰在人耳目計其乘間偃息者僅五六載耳然
此五六載中修日則月好雨和風先生與二三知契或徘
徊於牡丹花砌或嘯傲於芍藥欄杆或憑眺乎池荷亭畔

或登陟乎洛厯峰前飛觴則謫仙之豪放歌舞則顧曲之周郎人世之樂孰加於此今不幸而天不憖遺脩然長逝易簀之日神氣清明訃聞之曰四方人士哀咭者踵相接也至於郡邑之間黃童白叟野女村夫莫不相與欷歔者久之雖曰天斷之以耆頤耄耋之年試觀從古來慧業文人大都不久居塵世如鄴侯爲瑤臺散仙白傳爲海山院主東坡爲五戒禪師山谷爲香巖女子今先生之歸也烏知其不乘鸞駕鶴逍遥於五城十二樓耶烏知其不淩虛御風遨遊於十洲三島間耶又烏知其不追跡乎七芙蓉之城王遮須之國者耶此眞所謂無愧乎生榮死哀而并

無遺憾於寄與歸者也彼世俗之所云又烏足以知先生也哉獨是獻光等幾締交於公之子竊嘗侍於先生而今已矣生死異路從此長辭矣將欲弔先生於筆牀硯匣而哲人其萎典型墜矣將欲弔先生於歌臺舞榭而三徑就荒草腸斷矣將欲弔先生於茶鐺酒樽而栝棬依然物僅存矣將欲弔先生於山巔水涯而屐履長埋碑墮淚矣山川滿目有淚沾衣能不悲哉聊束生芻肅將明水靈其有知庶幾來格來歆曰子之知我豈惟遠過乎世人抑亦勝我之自問而獻光等亦用是可以拭淚矣嗚呼尚

饗

維

康熙歲次乙卯六月戊午朔越六日癸亥江南常州營駐防無錫左軍守備年家眷晚生郭承膺謹以剛鬣柔毛香帛庶羞之儀致祭於

皇清奉政大夫刑部山西清吏司郎中霓峯侯老先生大人之靈曰嗚呼天胡不弔而奪我先生之速耶先生慷爽英偉光偉卓犖爲時名臣膺自承乏備戎來蒞茲土適先生奉

命海關事畢旋里旣遭苦塊復嬰末疾膺纍覲之暇因得與先生周旋見先生襟度灑落心事坦白知其爲一代偉人方將長執鞭弭以隨左右何先生遽舍我而去乎先生自奉

大父以給諫起家簪纓累世先生復少登仕籍始令宜平宦盧萬山中民窮壤瘠先生勞來勸相不遺餘力值歲旱躬行步禱遇寇擾親執干陬至於自奉雖蔬糲飯不以擾民凡竭意拊循者歷十四年如一日宜之民無不戶而家祝也自是而膺殊擢晉容臺董榷關蹟秋憲剔歷中外忠勤清慎勳猷茂焉則先生之爲國宣勞能已見於天下矣當此寇聚于疆民愁于室正先生起而弘濟蒼生分

憂

殿陛之時也而天遽奪先生以去能不[illegible]生疏財仗義濟人乏困又性素豪飲當其按舞徵歌泛艇浮白幽人韻士

無不畢致雖坐月醉花而誥及天下事輒慷慨感勵義形
于色噫爲先生旣與天下仝其樂自當與天下同其憂而
今竟何如也能不悲哉嗚呼先生之於噫旣不以戎行擯
而飲食敎誨之先生之令子蔚雲夏耆輩復不以異姓視
而骨肉喚咻之然則噫之於先生誼最厚德最深又胡能
一日忘耶獨念天遇先生厄其用又靳之齡爲不可測而
曠觀今昔不於其身必於後天之所以豐其報而慰先生
于地下者甯不可操券而償也耶先生且休矣其噉和羹
飲酣醴而燕焉嗚呼哀哉尙
饗

榮哀錄祭文　十三

維
康熙歲次乙卯季夏戊午朔越六日癸亥年家姻弟周公謨
率子弘宣振宣繩謹以香帛牲醴之儀致祭於
皇清奉政大夫刑部山西淸吏司郎中覺峰侯老年親翁老先
生之靈曰嗚呼覺震澤之澎湃兮仰西神之崒嵂鬱山水
之鍾靈兮産世濟之人傑惟翁乃王國康侯之華胄兮綿
世澤於瓜瓞自僕少始發祥兮踵武多象賢之匹翁其爲
作求之胤兮大九傳之繼述生而擅挺拔之姿兮洵蜺龍
自天而錫髫齡角藝於文壇兮猶劍鋩之新發弱冠蜚英
於黌序兮駕聲華於先達繼廼獲儁賢書兮忻余兄與比
列隨赴宴於曲江兮紙貴乎萬言之璽卽仕而錯盤縱於
宜陽兮奚啻牛刀之一割代輸積歲之逋兮億萬靈於焉
仝活羣瞻照耀之福星兮胥遊舒長之化日尋分校於棘
闈兮羅十一部之英哲聲名爰達於
九重兮姓氏已題於奎壁將卓異之特旌兮援儀曹之峻秩時
解龜而報政兮士庶攀轅而臥轍陟典祠之清選兮論明
堂與辟雍抗許集之張皇視草兮媲景宜之容臺是則旋
登白雲之司兮雪疑寃於聽棘勵清節以太于門兮服如
神之讞決
帝命權稅於荆揚兮卽潯陽而駐節播惠澤於津梁兮盻鱗艣

榮哀錄祭文　十四

之雲集方受代而奏績兮念椿萱而懷鬱遂言旋而定省
兮冀承歡於晨夕二豎之忽見侵兮竟痛深於罔極親含
殮而營窀穸兮妥先靈於夜室旣服闋而未即趨
朝兮暫優游於泉石娛東山之絲竹兮聲梁繞而雲遏樽中
不空夫綠醑兮座上常盈夫朱舄予承枉召而奉色笑於
金谷兮愧珠玉之在側服憲度之汪洋兮夫奚獨欽其名
絨年逾半百而不殊強仕兮喜芝蘭之森植矧
朝野方爲倚重兮將爲蒼生而一出胡昊天之不弔兮忽梁
木其摧折乎忝葭莩之好兮想風流而鳴咽望靈旗之飄
搖兮聽佳城之簫管痛玉樹於名山兮撫殘章而太息敢

致醉於椒醑兮復崇肴於雞豕靈其鑒予之悃忱兮庶遐
筵而歆格哀哉尚
饗
維
康熙十四年歲次乙卯六月戊午朔越六日癸亥年家愚表
弟高蓮生眷晚生尤寵會高芸生愚甥壻尤允鉉謹以瓣
香束帛清酌庶羞之儀致祭於
皇清奉政大夫刑部郎中霓翁侯老先生大人之靈曰嗚呼比
有豪傑之士挺爲社稷之楨流行坎止與時偕亨此生而
爲英死而爲靈永叔所以太息於曼卿也然當時石學士

榮哀錄祭文　五

一文人耳未有如我公之備美難名者公之文章天才夙
成交雲司馬問月長庚皆年發穎螢火雞鳴弱冠臚傳看
花聽鶯公之政事小試宣平花村犬寂綠野人耕旋登粉
署先禮後刑視權江關似水斯清公之倫常宅里堪旌恭
承數馬孝致三牲推愛連枝叟有餘情臨塘夢草于野食
苹公之氣誼可托死生交敦故舊釋逮孤嫠恤占星聚同
逞釁兵部入諭義國士請盟信乎追悶丞都諫之前烈而
繼大理比部之作程者矣是宜弘抑經濟晉陟宰衡胡哲
人之遽謝若山木之頹傾而吾儕今日之哭公慨慕無已
者則有五美焉夫士人每嗟不第第矣或仕不顯而公當
景運之初闢連奏捷於春明歎歷中外彈冠振纓一也人子求
祿養親或欲養而親不待而公快二人之具慶得捧檄而
遺羹事居送往克盡哀榮二也世之溺於朝列者往往入
而不出而公沐
予告之閑暇禪臺沼之經營脊烟霞于簪組競絲竹于蘭衞三
也處極盛者必難爲繼而公植十郎之下枇兼諸孫之遠
樆蚤登仕版廣儲鼎鍇四也享生前者多略身後而公效
尚平之畢娶企海岳之遐征預圖喜照先卜佳城五也由
是言之公之神靈固當遊嵩少而歷蓬瀛矣又何有于塵
俗之怦怦者哉惟是典型猶在圭璧增瑩蓮生夙稱中表

榮哀錄祭文　六

如親弟兄今春母壽駕枉紫荊元旦朝服屐拜于閾推公
盛心獎重幽貞而寵會辱在葭莩深荷覆幈然諾爲重縞
紵爲輕芸生獲附壇坫惠邀袞許時親色笑或對棋枰允
鉉則膺長者之繾綣忝一脈之彌甥歲時忻聚餽問交贏
吾儕幸叨雅契共託同聲戶辰作會詩酒勸賡笙歌達曙
劍舄縱橫方看霞舉歲比商彭曷爲露溘神往玉京安得
不泪灑山陽之笛魂招糇嶺之笙醴酒歠詞聊以寫誠嗚
呼尚
饗
維

康熙十四年歲次乙卯六月癸未朔越有八日乙丑鎮守江
南京口左路水師駐劄江陰縣分防江陰靖江如皋通州
沿江沿海等處地方總兵官都督同知愚弟龔爵同弟刑
部江南司郎中仁爵禮部主政加一級顯爵謹以剛鬣柔
毛清酌庶羞之儀致祭於
皇清予告奉政大夫刑部山西清吏司郎中霓翁老長兄大人
之靈曰嗚呼痛哉天下大矣人孰無死惟兄之歿則爲爵
一人之私痛而實天下之公悼也吾族宗支繁衍幾遍寰
宇其在大江以南者傳世數十而惟兄族爲尤著兄生負
異才年弱冠即成名進士聲譽籍甚天下知有江南侯氏

者兄氏之力實居多今兄歿典型失望族人安倚兄居吳
弟處澄左閭山之與梁溪道里濶絕幸天假之緣爵奉
簡書駐節江上去梁溪僅百里蹤跡稍密而兄意氣激揚性情
篤摯與爵益日相親厚兄既歿爵復何望焉能不悲哉凡
此固爵一人之私而深痛於心者也兄筮仕宣平令彈琴
栽花遠邁河陽其邑民多逋賦兄易產以代輸者十有三
年尸祝尸頌名播中外旋內轉歷仕部曹凡所經畫皆卓
然有古名臣風及出榷九江鋤奸剔弊商民交悅其偉績
惠政或見之一方或見之分理至其足以宣王猷布王化
使薄海內外咸戴其德者則尚有待也奈之何竟奄然逝

耶是則可爲天下悼而倍切余一人之痛者矣夫兄一人
之身以繫吾宗之望則不宜死以言手足之誼則不可死
以爲
朝廷之用之者有未盡而天下之仰其澤者猶有待則不當死
顧不宜死而兄已死不可死而兄已死不當死而兄已死
天耶人耶爵烏得而知之乎噫爵知之矣兄性秉純孝丁
艱後中夜呼號涙盡繼之以血前歲來視爵於江署形骸
稍弱神志散失爵心竊憂之今兄竟以是殞命是兄之死
死孝也沒後之名較生前而更彰且諸姪碧映珠輝諸孫
蘭芽玉茁將承先而光大其後甚足以慰兄懷爵似可以

無慟然塤箎迭奏者有年一旦兄騎箕尾而遊使爵徒懷
隔世之感能不痛哉能不悲哉嗚呼尚
饗

維
康熙十四年歲在乙卯孟秋月丁亥朔越十日丙申年眷姪
潘眉謹以剛鬣柔毛清酌庶羞之儀致祭於
皇清誥封奉政大夫西曹尚書郎霓翁侯老年伯大人之靈曰
嗚呼惟公秉靈景宿鍾奇川嶽結綠含光干將挺鍔世濟
名賢家傳禮樂總角能文垂髫耽學故能表晉陵之秀色
潤震澤之清瀾早騰聲於洛下實弁冕於江南是以翽翼

垂天摶風直上暨我先君仝登甲榜維時越閩甫平瘡痍
未已
天子臨軒簡玆循吏爰試公於括蒼載雨膏而東被仝召伯之
南行等廿棠之蔽芾曾校賢書扶衰振徽羅兩浙之人文
作千秋之士氣既而課最天部分曹秩宗光我王度寅清
在公伊太平之黼黻間當代之夔龍惟公愷悌性成明允
丕著復執法於西曹歷秋卿於郎署遡其使星遥映建節
長驅佐司農而權輕重惠商旅而通有無嗚呼公德長懋
公才史優六府允治三事惟修故其在內也助常伯納言
而出政其在外也總民生國計而持籌當時方屬公以卿

尹之班朝野之寄而公已回顧東山有確然之志矣嗚呼
嘉客常滿清尊不空長日方午鳴蟋未終何沴氣之無端
俾修齡之不固瞻尾宿而在天望歲星而已渡嗚呼自今
以往茂林修竹空憶蘭亭朗月清風長懷玄度亂曰明蟾
照夜銀河亘天驂虬謁帝呼龍耕烟懸安車以昭示與賜
書而偕傳羨後昆之蔚起終有譽於前賢涕泗蘭而薦酒
望靈旗之㶑然嗚呼哀哉尚
饗
維
康熙十四年歲次乙卯八月乙酉朔越十八日癸酉愚叔昵
眷謹以瓣香束帛之儀致祭於
皇清奉政大夫刑部郎中霓峰之靈曰粵稽譜系發中州衣
冠南渡閱五百秋雲礽奕葉箴紹弓裘里名通德人擅勝
流盍斯實繁累世耕讀錫水之陽錫出之麓爾祖克敦孝
友睦族節義文章允推上谷我祖卜宅龍江之潯螢窗雪
案肄雅彈琴南宮釋褐正色朝簪初官主政晉秩大參誕
生我伯鬚眉如戟能讀父書溪池奮翮不避權貴封章屢
披諫草猶存除奸頑盡伯兄繼武翊運庾飛納言甫擢孤
城被圍守義不屈視死如歸破巢毀卵子姓式微
興朝定鼎梁溪毓秀握管龍雕摛詞虎綉天路騰身雲衢驤首

一命河陽循良績懋璽書褒美簿領秩宗風生劍珮日映
芙蓉孝思祿養仝食千鍾傷哉椿老寵錫
貤封猶喜慈幃萱妍堂背定省晨昏罔虛陪對鸞爭躍魚聲聞
閶闔佳氣充閭會膺
帝賚流盼庭前玉樹芝蘭才堪跨竈名噪詞壇北堂含飴無傷
鏡鸞二雛四美永以爲歡屈指揆辰遐齡有二吾宗凋瘵
方期厦庇夫何鼎峙二豎作祟陡焉訃聞盈頤涕泪鄰杵
罷舂何況本支素車白馬自分遲遲生芻一束清酒一巵
魂兮來格鑒茲哀辭嗚呼尚
饗

維
康熙十四年歲次乙卯冬十一月乙酉朔越三日丁亥年通
家眷姪鄭樹率男燈謹以清酌庶羞之儀致祭於
皇清奉政大夫刑部山西清吏司郎中霓峰侯老伯老先生大
人之靈曰嗚呼公以磊落伉爽之資抒文拔藻振翼彤庭
垂紳於九龍二泉之間樂天眞而敦氣節不以朱紫累其
心洵朝岡之鳴鳳蒼生之柱石也胡天不假年玉樓之召
太速而謝安不起里不聞舂巷不塗歌也可不痛哉公初
釋褐製錦官平河陽之花績紛道左萊公之竹聆睞窮簷
政治一尚寬和而於鷹鸇之爲民害者法不少縱摘奸抉

榮哀錄祭文　三

懸肯警神明民有力不能完賦者公出俸代之民有冤抑
不能理者公力爲湔滌之分較浙闈矢心得士而針芥之
投罔越於牝牡驪黃之別尋得異考擢司儀部未幾而視
榷滸陽革羨餘除繁耗商賈至今德之及期報代復有西
曹之
命而公以積勞請告不克趨蹌殿陛猶冀以昌陽引年都俞賡
起黼黻太平而孰知遂以此而隕其生也公性仁孝待異
母弟視無秦越逮弟殁而孤寡倚卹倍篤於生時激昂慷
爽娛情詩酒課子一經循循亹亹而嗣君五人皆克承公
志名翻膠庠兩君已待銓州職諸孫翩翩俊雅頭角不比
將來驤首天衢翱翔可屈指而俟也予與公叨三世
通家之好公之待余猶屬忘年今年春予過錫山侯公起
居猶承置酒張樂羯鼓漏催觥酬未已雖陳遵之轄平原
之飲無是過也詎春華方謝夏綠舒陰而公遂作仙遊之
屬耶嚮廻憶往事聆公謦咳而不宿草之唏噓涕泗之滂
沱也耶嗚呼公之靈日在天上日在人間要無往而不卽
也公其鑒之哉尙
饗

維
康熙十五年歲次丙辰夏五月壬午朔越祭日山西平陽府

榮哀錄祭文　三

襄陵縣知縣仍帶加一級受業門人徐之駿謹以瓣香尊
酒之儀致奠於
皇清奉政大夫刑部山西清吏司郎中霓峰侯夫子大人之靈
曰嗚呼念昔辛卯之秋諸弟子得及夫子之門者八人也
而其間受知之深者惟駿一人爲尤甚夫所謂受知爲尤
甚者非以駿蹇劣之資謬叨賞拔於夫子而已也蓋駿之
倖逢乎夫子者師生之分而夫子之寵收乎駿者骨肉之
恩此駿之所以感念不置而切切焉不能一日去諸懷也
猶憶夫子昔在宜陽去駿家二日之程耳乃以重嶺巇阻
不能時遂立雪之緣而夫子之手函招致者歲無虛日其

未赴也恆訝其往之不速其既至也輒恠其留之不繼解
衣推食繾綣踰涯何夫子之欲得駿而提命之者有如是
哉乃駿實不才二十年披裘抱瑟竟難博夫陵陽一遇卒
以雞城下吏俛首折腰問所謂酬知者安在而夫子之國
士相期勗以遠大者慰諭所頒初終不二何夫子之欲得
駿而成全之者有如是哉嗚呼夫子之於駿信非師生之
可語而實骨肉之難名也緬維夫子累葉清華岐嶷天挺
開卷則八行俱下援筆則萬言立就弱冠聯登而飛舄稱
神明之宰含香居寅直之司人之望之以爲旦夕大用庶
幾澤兼四海耳而夫子雅志養高絕情利祿潯陽事竣即

榮哀錄祭文　五十五

拂衣旋里擬借林泉之勝爲斑綵之娛蒼生繫望非所顧
也乃事不如心絲竹之興未酣而蓼莪之傷已迫夫子此
時初心其何似耶駿在山左隻身冷署釜裏魚生不獲時
遣一介以致慇懃此情固夫子夙諒之去歲家鄉遭變矢
志告歸猶奉夫子遠函誠勉殷以勿執偏見且訂北來後
日久之欲歸不得遂復抵都改補稱冀長安道上函丈或
躬承也何意駿未拜擒昌之命而夫子已早赴玉樓之召
耶嗚呼受知惟駿爲尤甚而病也藥餌之弗親殁也號呼
之罔逮駿之罪何如駿之痛何如也今夫子翛然乘羽駕
而返太虛矣才名品望卓絕等倫人之仰夫子者依然也

堂構宏開英英接武人之望夫子者依然也夫子亦何歉
於衷哉惟駿也講席承雕鱣堂莫覩江都弟子瞻韋相之
墳而腸斷魂銷啣悲其何盡也生芻一束聊以致夫泰山
梁木之思嗚呼哀哉尚
饗

維

康熙十有五年歲次丙辰七月辛巳朔越五日乙酉年家姻
弟顧際虞率子峽孫起安謹以剛鬣柔毛之儀致祭於
皇清奉政大夫刑部尚書郎郎加贈覺翁侯老年親臺老先生
大人之靈曰歲當畢閼律中蕤賓覺翁比部驂鸞上昇琴

榮哀錄祭文　五十四

書案冷帷帟風清生芻競薦相杵咸停黃童白叟靡弗涕
零矧在懿末痛其曷勝吁嗟我公嶽降生申龍峰聳秀鴻
渚鍾英遙溯華胄自元歷明代有隱德抱樸含眞單傳七
葉厥初生民東皐丘墓舞鳳之形江山始大黃門挺生封
事夜草直達紫宸作善降祥慶餘子孫五桂高折三槐植
庭自古而然匪今斯今惟上谷氏宜其代興僕少三傳累
播清芬爰及我公祖武克繩遭時隆盛席豐履厚序早
列賢書繼登南宮擢儁時猶妙齡需封尺組河鼓雙星宜
陽彈丸地僻民淳自公多暇琴堂嘯吟維時封翁賢太宜
人勗以清白教以敬勤歷發私帑代輸公廩牛車負擔勿

綮吾民上奉庭訓弗隕厥聲十年奏最名書
御屏徊翔華要曹列寅清山視關政潯陽之濱帆檣飛渡敬乃
弗懈瓜期甫代忽聞訃音雞斯往跣哭奔里門旣憑繐幃
旋卜佳城送車百乘會葬千人黃墟寵賁幽宮勒銘四方
觀者謂孝曰純祚爭旣奏擬赴王程偶示微疾頤養天眞
得奉
俞旨俾安寢興毋以鞅掌勞我藎臣暫解簪紱優游泉林二豎
將遁莞簟方甯溘然厭世乘彼白雲嗚呼哀哉論公倖次
當首藩屏論公清望宜秉銓衡卿寺九列何難遠臻胡捐
館舍遂夢設楹嗚呼哀哉哲胤伯仲俱綰半綸瑤環瑜珥

幼子暨孫蘭馨玉立袍笏將盈胡不少待聿觀厥成嗚呼
哀哉虞可世講更訂姻盟交深孔李歡洽朱陳方邀樾蔭
方藉典型胡然一旦梁木遽傾今歲丙辰卜吉漆燈素旐
飄颻笳鼓咽咽一扃潛闔永韜尊靈几筵載拜蕪詞載申
有牲旣割有酒旣馨因作爲楚騷以招之曰靈兮歸來返
崇堂些高樓邃宇曲檻層軒金鋪屈戌鏤刻方連公返故
居儼設安間靈兮歸來涉方圓些山何崒嵂水何潺湲芙
蕖吐碧山蕉垂丹文魚翡翠游戲淸湍公也樂只神顏其
歡靈兮歸來開瓊筵些家室宴會宗食多方露雞臛蠵粔
籹餦餭挫糟凍飲寶勺瑤漿坐花醉月卜夜飛觴靈兮歸
來奏清歌些齊容鄭舞輿鼓鞞謳蘭膏明燭漏盡更闌合
尊促坐達曙方休乘閒風兮綵馬永樂胥兮忘憂尙
饗

維
康熙歲次丙辰秋七月辛巳朔越六日丙戌年家姻弟徐可
先率男人鳳謹以清酌香帛牲醴庶羞之儀致祭於
皇清奉政大夫刑部山西清吏司郎中霓翁年親臺先生大人
之靈曰嗚呼嵩嶽毓秀而偉人間興星斗陰霾而名賢代
謝如吾霓翁年親臺之溘逝何能不愴傷而涕潟維翁之
緒金張不亞維翁之才曹劉方駕譽著英年望隆方夏奏

賦楓宸雞林騰價出宰百里敷猷民社萑苻不驚肅清川
野予分符括蒼花封壤接予與翁交如金如石予過翁規
翁善予植情摯義殷朱陳好合一十五年宜陽渥澤劉昆
異政近古無匹嘉績用疏
天子動色追夫奏最晉秩儀曹典章禮樂遐淳息澆予兒人鳳
西榜幸標飲食教誨猶子歡招奉權潯關國稅彌饒左宜
右有去者去騶旌旆言旋蠹錦情閒兩世婚媾卜夜追遥
遽焉遘疾二豎爲妖曳杖而歌哲萎梁凋星躔箕尾雲際
遊遨嗚呼霓翁位秩正隆大胡不憖降此鞠凶典型旣喪
慘怛安窮天低日速澤涸川壅大歸有命涕灑東風翁之

胤嗣英英奕奕瑚璉惟姿珪璋惟質行皆登皇路而驤首
仰天衢而奮翼九京有知亘堪慰藉維余故交緬懷疇昔
聯展名山傳觴芳席國計民生紓籌展策今對繐幃色六
寂寂非醻在樽椒醑在列我呼霓翁幽明遽隔能不念情
好而悲傷溯音容而於邑嗚呼哀哉尚
饗
維
康熙歲次丙辰七月辛巳朔越七日丁亥年通家世眷教弟
胡承祚承祀率曾承會暨謹以清酌庶羞之儀致祭於
皇清奉政大夫刑部郎中霓翁侯老世臺先生之靈曰嗚呼白

公之受經於先侍御而曾還復執贄於公也則公與予昆
季固世講也今日所以哭公者豈猶夫一哀而出涕之無
從者耶維公生長富貴而循循謹飭無紈袴習芥拾青紫
而退然不勝無少年科第容且慷慨好施濟人之困如鄭
莊之置驛景純之贈册而無任俠尙氣之名性躭麯蘖如
平原之一飲十日太常之一醉匝月而無幕天席地蜾形
萬物之失前堂列絲竹後房盛羅綺而無沉湎冒色荒躭
惑溺之識園池通宛轉亭臺高睥睨而無平泉花木金谷
細釵之累惟見其令宜陽則禱於淵而龍爲出也祝於山
而虎爲驅也依然中牟之三異也廣菁義勤月旦不異文
翁之化俗建津梁開水利無殊白公之靈渠而日撫字心
勞催科政拙如陽城之書下考則難大家牛車小家負戴
如兒寬之更奏最則難而無如公代償逋賦歲輸家帑數
千緡則更難之難嗚呼是人也而非亘牧乎至其陟容臺
董閣權陪郊祀之上儀襄臨雍之制典主禮闈之大議皆
無忝博物之譽式昭稽古之榮於同事則有恪於奸蠹則
有除於例饋則有卻乂居然寅協之恭拔薤之威與懸魚
之節是人也而非臺郎之儁望轉運之弘才乎況襟懷灑
落放情曠達故能忘十年不調之悲白首郎署之感孰是
人也而不假之年奪之速曾不中壽而遽殞其生乎豈以

公享天地之完福爲天地之全人而紅塵不可久羈非天
上修文一座不足置公乎公休矣倘遇先侍御於五城十
二樓間幸道後人無似而華表歸來豈無感歎歟尚
饗
維
康熙十有五年歲次丙辰七月辛巳朔越祭日戊子分守江
南蘇松常等處地方兼理糧儲水利承宣布政使司參議
加一級方國棟謹以剛鬣柔毛香楮庶羞之儀致祭於
皇清奉政大夫刑部山西清吏司郎中霓翁侯老年臺先生之
靈曰維公山川間氣星嶽鍾英挺生穎異姱修夙成學冠

儒纓道航聖瀆玉樹繁枝秀出鼎族源遠流長芸藜芬郁
經術名家文章華國炳彪藝圃模楷彥倫姿清珪璧宮策
天人聯鑣魏第拔幟登雲玉筍之英金馬之選黃綬榮加
河陽
特簡出宰括蒼百里鳴絃宣平巖邑如烹小鮮撫字心勞惓凋
瘝賦斷雉塗歌飛舄雲路花封奏績溶佐春官含香典禮
侍從崇班秩宗雝肅
廊廟瑚璉鹹遷雲司矜恤平反克明克乂疇咨惟允爰弼五教
亮采寅清乃眷庭幃令伯陳情萊舞歡承慶衍鯉庭綠野
東山吟詠督耕蒼生亟望黼黻朝宁膂力方剛枳非鳳棲

何期偃息遽招仙侶天上玉樓雲中貸尾如公純誼宜享
遐齡豈伊大道乃證無生於公芳躅賓蘊高門蛟騰鳳起
琪樹芳蓀棟忝年家分猷珂里溯自伯氏蘭芬奕世捧席
無期增愴臨風敬陳清奠几筵是恭英爽儼臨鑒茲微衷
尚
饗
維
康熙十五年歲次丙辰七月辛巳朔越祭日知江南蘇州府
事年家愚表弟高晫謹以清酌庶羞之儀致祭於
皇清奉政大夫刑部山西清吏司郎中霓翁侯老表兄之靈曰

惟公家承簪紱世列清華胸藏二酉學富五車其砥於行
誼者温然如金玉而發於文章者煥然如雲霞洛下才名
英聲馳於藝苑汝南月旦令聞重於邦家戲策金馬會宴
曲江春風燕市嘯詠看花通籍王途綰組展采遊刃中平
肯綮新硎試乎鏌鋣及夫含香粉署弼教明刑抒大猷於
螭頭揚駿譽於鵷列清棘木之端寬濯冰壺之澄澈皋陶
淑問刑平民說何登躋之方升忽亭衢而轂折拂衣以辭
塵世遂遊神於紫霄豈玉樓之待賦渺雲路之迢迢慨人
間如夢幻隔今古於一朝總百年之同盡誰向榮而不凋
嗚呼策名而登甲第不爲不遇筮仕而列郎官不爲不顯

乃惜公者謂上壽未臻經國之謨猶未盡抒天何不假之
年俾蒼生盡活雨霖然功名既表見於時鳳毛麟趾復濟
濟而星聚又何必浮生之常駐今斧屋既成靈輀即路晫
竊跡氏社不獲執紼而歌薤露戚誼情般素車莫赴絮酒
遙將楚些表愫尚
饗
維
康熙歲次丙辰七月辛巳朔越七日丁亥愚表弟吳廣培率
子文銘謹以清酌庶羞之儀致祭於
皇清奉政大夫刑部正郎霓峰侯公老表兄尊舅大人之靈曰

嗚呼行乎止乎往乎來乎有知乎無知乎抑藹而爲太空
炳而爲日星乎吾不得而知之也夫公之顯名厚實彪炳
人間名公鉅卿能言之無俟余縷述第述余沐公家三世
敦好之情不禁感慨而欷歔也余向也哭公祖父母繼而
哭公父母今又哭公嗚呼天何奪公之速耶憶太翁子就
公以太母華太安人無出余婦彌月即抱撫之珍若掌珠
恩勤備至岳母鄒太安人中道夭折以痛女故益加顧復
不啻若孫女焉故余婦于歸之後以外家爲母家余嘗間
訊二老人因得定交於公當是時公方總角一見余相得
甚歡每偕侍太翁杖履賞奇析義把酒論文太翁顧而樂
之此余兩人定交之始也代當鼎革太翁騎箕雲表不數
載太母隨赴西遊余夫婦痛失所天而公蒞任宜平千里
貽緘遥相慰藉曰姊勿以祖母去世有疎往來吾兩尊人
可念也嗚呼余與公雲泥相隔乃感念存歿不忘故人者
此惟母舅乾中公妗秦大宜人體兩先人之心以爲心而
公復體兩尊人之心以爲心故分虽中表情同骨肉一至
於此也數年來至戚凋零老成徂謝公益篤念故交愚昧
如余所以啟迪引翼者倍至緩急相恤患難相扶持誼之
篤也眞所謂今人中之古人矣己酉秋銘兒幸賦鹿鳴計
偕北上公方任春官郎適館授餐兒至如歸奉有提調嵐

榮哀錄祭文　卅二

闈之命綜理精詳整號房治供具公車士子至今誦公德
不衰壽陽歸省適母舅壽考令終戚易兼至四方會葬者
千餘人遠邇稱孝焉余蹉跎老大公復不鄙夷之齊大非
耦俯締絲蘿以長君蔚釐次女許字余孫鳳不幸玉質早
摧然而公意深遠矣至於開綠埜之堂效平原之飲余未
嘗不過從投轄留賓飛觴卜夜依然若昨日事也嗚呼孰
知風流雲散遽有今日耶人之云亡邦國殄瘁其公之謂
乎雖然源之遠者其流長膏之沃者其光曄兩郎君弘文
藻麗黼黻天朝幼子文孫芝蘭競秀公之食報後昆殆未
有艾茲蟬脫塵埃方與太翁太母暨兩尊人翱翔於五城
十二樓之間夫復何悲顧念公家三世敦好之情不知涕
泗之何從也今者日月有時將葬矣元醴盈樽括毛在俎
靈其鑒諸嗚呼哀哉尚
饗

維
康熙歲次丙辰七月辛巳朔越八日戊子江南常州府無錫
縣典史馮鐃謹以香帛庶羞之儀致祭於
皇清奉政大夫刑部山西清吏司郎中霓翁侯老先生老大人
之靈曰大人之奄穸固有期矣而朝野士民仰其材猷咨
嗟詠歎而不忘者何可終窮耶蓋大人世德相承爲累代

榮哀錄祭文　卅三

簪纓之裔英特俊邁名譽夙昭方釋褐時不慕清華願膺
民社詎意當叢山僻壤未能大展其才而其設施已有不
可及者矣夫
朝廷之難厥者無如額輸民生之獨切者無如田疇樂育其地
方所寢食爲患者則又有小醜之憑陵與奸宄之竊發當
大人之蒞宣也以蕞爾偏隅向遭兵燹人民凋瘵田畝汙
萊野多頑梗何有於紀綱風化大人纚纚然處之使其願
輸者絲穀雞豚亦計其值而收之貧者勿問正供多餘取
諸家而納焉產中落弗顧也宣四境有山無水旱則禾苗
枯槁潦則人爲魚鼈大人爲建通濟之橋使水既豬則民

奠攸居田滋灌溉矣其不逞之徒乘間窺覦且有奸民表
裏計圖內訌大人躬擐甲胄捍禦有方在外者望風披靡
在內者唾手就擒至於敦詩說禮廢置已久大人撐可教
者延師訓之暇則引而課之更賙其困乏給其衣食宣民
蒸蒸乎有禮樂之風而登賢書蔚然起矣其利無不興弊
無不革難以悉數而宣之風俗人心實爲丕振皆大人之
功也
聖天子嘉乃懋績擢於不次之擢而宣民召杜之戴鏤骨銘心
攀轅涕泣七元非百里之才瞬息十有四載竟以愛大人
者屈大人然而舟楫鹽梅之佐終非片壤可拘由是

恩綸寵錫晉秩春官而大人丁內艱矣居喪之道戚易兼盡所
不待言服闋之後以贈公痺疾故意在終養無志宦途贈
公促之再乃治裝入
都補秩儀曹從事於郊壇日月格廟臨朝翼翼乎寅清之罔懈
追遷秋官正郎郎拜榷稅滸關之
命而漁關積滑弊於大人之秋霜鰓鰓商民甦於大人之春露
臣心如水正與西江相映瓜期倏代便道省親而贈公遂
捐館舍得親含殮大人無終天之憾人以爲天之偏贈公
者出於爲今而不知實大人之純孝所感蓋大人常語人
曰身爲朝廷之身即當心朝廷之心此先大夫之訓也則

知大人凡所奏績皆本贈公遺訓是大人之移孝作忠正
大人之以忠爲孝也天之報施於大人者當不僅如是已
也何憂居三載遽罹二豎乙卯之夏溘焉仙逝能不令人
仰天椎心拊膺增悼耶今春丙辰令嗣長君敘君二先生
卜吉於秋七月之既望肅承治命妥大人之靈於華藏
耆塢之新阡職以匪材謬叨小吏忝親沾笮獲提撕之益
仰大人之駿烈鴻才無愧乎前古後今由敬陳椒奠述其
有關國計民瘼者而哭之若夫設施之未竟天必留不盡
者以待大人之子若孫矣而況乎嗣君之二先生者則已
簪仕有期也哉大人當翺翔仙府而優遊無憾也神必有

知庶鑒微忱尙
饗
維
康熙十有五年歲次丙辰孟秋辛巳朔越八日戊子無錫縣
管糧縣丞黃素先烏橋司巡檢王嘉弼望亭司巡檢朱惠
謹以清酌庶羞之儀致祭於
皇清奉政大夫刑部郎中霓翁侯老先生老大人之靈曰嗚呼
豐於才者而反嗇於秩優於德者而反歉於壽似乎天道
之無憑雖然秩不必宦保也壽不必耄耋也天之所以隆
其遇永其名者至微而至顯也沖齡就傳先成太史之文

弱冠登
朝己重南宮之選括蒼製錦十有餘年轉寥廓而林總其庶可
嘉起荒瘠而豐邛其富堪詞化樸鄙而文明其教倍宣擴
納錢耗羨人服其清修武備巡山野人服其愼疏水脈禱
霖源人服其勤此不過宰宜之大略耳遷擢儀曹諸大宗
伯咸倚賴之凡司祀董關鑄寶諸鉅典無不夙夜惟寅奉
命榷關溽陽節冗費利鹽艘風紀頓清事竣歸省椿庭其恪事
封大夫也園林日涉之趣笙歌竇拂之聲敘天倫於一堂
舞綵袖於三代是爲眞樂夫何風木傷心蓼莪抱痛惟幸
躬親含殮庶竟遺憾天譴將完應趣
部命趣以二豎相尋請告在籍優游湖光山色之中放浪花笑
鳥啼之外尋眞古寺採藥名山聽演維摩覺登道岸嗚呼
其竟付四大於空空返九泉之漠漠乎雖日玉巖併壤儀
制兮曹未盡展其弘略而清風亮節克著中外較之居要
路而寂無聞者爲何如耶嗚呼其死者魂魄歿於一旦其
不死者名實亘於千秋也又何必宦保其秩而耄耋其壽
哉茲者金風乍起玉露初凝鑑湖水碧瞻塢月明靈輀既
和執紼前迎松濤夕吼鶴夢宵驚夜臺知息吉士藏靈素
等備員珂里送歸佳城一卮預奠庶或來歆尙
饗

維
康熙十有五年歲次丙辰七月辛巳朔越祭日戊子年門眷
弟周慶曾謹以清酌庶羞之儀致祭於
皇清奉政大夫刑部郎中霓翁侯老年門兄之靈曰維我年兄
龍山毓秀惠水鍾英攀青霞之奇表發瓊樹之新莛指藝
苑而馳驅入辭圃而縱橫豐神劍之騰光既凌雲而曄煜
猶霜鐘之發韻亦應律而嘈吰一戰而捷南宮再舉而冠
西京握管螭頭時聽朝陽之鳳看花鰲禁旋聞上苑之鸎
宜載筆而游長樂乃分符而守宣平蒲鞭不試化縣常清
邑有神君之號人傳召父之名政成上考秩佐春卿翺翔

乎禮樂之圖容與乎大雅之庭鳳彩特隆於朝右廉能尤
著乎冰衡眺江上之紅霞買客書眠而浪靜對洲邊之明
月舟人夜語而潮生既裕商而足國乃憂成而持盈松菊
興懷似栗里之元亮蓴鱸在念學江東之步兵綠埜重開
裴度章臺再過韓翃探武子之牛心囓其尚儉刻梁家之
兎毛陋其非精合商爵徵介壽稱觥方優游以難老胡遽
返乎蓬瀛賢孫介子致孝致誠丹穴是卜素車載迎奉公
之柩曰妥封塋沉沉兮沙府鬱鬱兮佳城公何逞兮悠悠
予聞訃而怦怦嗟蘭譜之零落吾何求乎友聲痛斯人之
莫贖雖百年其猶輕跪陳辭而薦酒魂彷彿其來歆嗚呼
哀哉尚
饗
維
康熙十五年歲次丙辰七月辛巳朔越八日戊子年家姻弟
高世泰率姪嶅生䲭以瓣香束帛之儀致祭於
皇清大台柱郎晉贈奉政大夫刑部正郎霞翁侯老年親臺老
先生大人之靈曰嗚呼人亦有言世德作求觀於上谷尤
矣不佯元明以來族甲吳州冏承明祚太常衍休爰逮黃
門濟川作舟國藉訏謨家憑碩謀代鍾科第弘拓箕裘惟
公王父經明行修與先儀部向爲耆社之遊維公太丘學

成仕優偕余不佞交若水乳之投公也才雄終賈學博魯
鄒總角知名冠軍拔尤聯螢子丑剖竹越甌禱雨雨應輯
寇寇柔春日行郊撫蘇悉起秋闈分較桃李咸收奏十四
年之勞績冠十一郡之康侯於是
帝簡循良匡贊金甌先以典禮而知貢舉繼由明刑而穉上游
一塵不染四野騰謳洵可謂皋夔拔武伊呂連輈者矣既
而沫膺
予告暫對滄洲習池來往蔣徑淹留謂謝公不終高卧胡長占
赴召玉樓嗚呼斯非天道之悠悠也耶介聞公之事比部
公暨太夫人也居則色養病則致憂及襄大事于植松楸
偏求碑版月旦陽秋送車千乘輝滿行騶人皆謂公克孝
矣公之撫介弟太學君也推親所愛惟南有樛勤加教育
早讓田疇雁行忽斷神貌俱愁名子爲姪嗣戶綢繆人皆
謂公能友矣况生平多行仁義用千里甘霖先施乎宗黨
以萬間廣廈大庇乎儒流人又謂公内行既裕後祉必酬
矣然公年甫逾艾遽卜桑丘營塢一區住氣實蒐達生若
此庶幾乎楊王孫司空圖之儔旁觀者方訝其早計孰料
公固預知時至竟埋玉於是而不待星紀之週乎與德門
夙忝年譜予季子及弱孫又供幸中相攸乃猶子澍生有
女倩[illegible]系公不棄顧以鸞鳳問侶鸞鳩枉車寒舍親訂

好述申祖父之舊契矢金石之遠猷予與小阮雖懇非偶竊託鴻休爰尋花社互進酒籌言歡百歲未能帶礪俄當祖席執紼道周俯仰今昔不啻浮漚嗚呼何壽何殀何明何幽士君子視自立何如耳以公之樹駿流鴻功施朝野以公子公姓之聯翩鵲起品列圖球前而光照史乘後而世錫乾由則是公之形骸雖與衣冠俱化而公之神氣仍與星漢上浮圖畫旗纛仙而遺玉濁骨眞所謂乘車載游而已哉乃予今日不能已於醴酒陳詞務徨隕涕者徒悼夫哲人不再且追念三世以來附喬倚玉之由尙

饗

維

康熙十五年歲次丙辰七月辛巳朔越八日戊子愚兄汸率

姪榮子來宜謹以清醥蘋蘩之儀致祭於

皇清奉政大夫刑部山西清吏司郎中覽峰公之靈曰嗚呼君生甲子余長十齡仝宗鄂韡梁溪隸城累朝閥閱並起齊稱余丁多難君獨蜚聲少年上第越絶郎星栽花製錦日暖風清余時南遊謁君於治塤篪旣翕勸酬伊始時當旱魃火雲千里君叩余法肅齋禱祀償稆穉四廻日具舉仁心格天膏雨滂澍闔境歡騰予實贊此何當一別蹤跡斯睽側聞治行靜簡無爲闕彼國賦蠲我家賨一人齊澤萬戶祝尸從容簾閣命酒圍棊清風道扇化日雍熙宛如康樂風流史誇余也看雲孔懷靡鬁時從叔父敬居來諗僻邑久淹最績彌介委佩容臺彈冠華省余懶遂疏長安書問雲天翹首心爲遠徂入知頁舉出權關租匡山彭澤名勝之區舳艫啣尾商賈歡歙遷朝晉秩鋒車載途方邀綸綍遽蒙蓼莪時余抱痾承訃匍匐唁君於廬涕泪盈掬喪祀克嚴哀動九族崇封厚葬永無悔恧豐碑巍巍高文彙牘余率子姪觀禮歎服無何霜月訪我衡門數年契闊脫略寒暄懸懸慰藉情悃尤敦村醪埜蔌洪夕移晨期我過景華館芳園夢榮池草思追庭訓言五旬稱觴偕至日月不居長林徙倚爰有鶯花不無聲伎假此餘年樂我孫子纔吾小阮歸自君第凡一遠貽申以延歧乞柑一樹命矢一壺操矢持柑將奉君娛會嬰脇疾數起跏躋西望九龍莫致區區尙要白首把握歡呼何圖晏歲乃接訃書駭聞痛亟奔趨力怯茲來執紼送君臨穴我長君少盍先永別昔痛人琴今又恫轍奈何如何輾轉嗚咽戚嗽蕪詞泚筆心結軍障之麓脉遠氣長靈宮斯妥福祿永昌三荊五桂爲國珪璋保世滋大君也不亡天高地迥生死恍康儷乎見君嚮此一觴嗚呼尙

饗

維

康熙歲次丙辰秋七月辛巳朔越八日戊子年家姻弟張元

珩率子允欽謹以香帛芹藻之儀致祭於

皇清大台杜奉政大夫刑部正郎覽老侯親翁老年臺老先生

之靈曰嗚呼當公初逝之日凡我邪人哀號相告幾於巷

不歌市不嚮余父子辱在姻婭肝腸摧裂百倍恆情迄今

一載每不禁其涕泗之交流也公子肩襲韋恪遵治命築

佳城卜吉期將葬公於湖山之間嗚呼余年日老率兒子

躑躅追隨與公永訣亦何以爲情耶公家自少廷先生爲

名給諫其聲動天下厥後箕裘華萼炤爍弈葉而公復以

弱冠擢齡奔侍而取青紫如拾芥一時都人士豔之不啻

若賈生對策終子請纓初謁選得澗之宜平地瘠民貧向

稱難治公自下車以至十年有餘花滿河陽琴鳴單父所

尤不可及者乃撫字而苦催科華家令以足國課㕔古循

吏復生殆無以過已而晉儀曹師吏重任宗㕔關稅則惠

流商舶此皆其治績炳炳照人耳目者也至於內行醇備

孳性過人如事親而色養兼隆居喪而易戚並至與夫賑

荒周急郵老扶孤饑待食寒待衣病待療死待殯種種善

懿難以悉數洵可謂龐才不備周德不臻矣乃甫擢刑曹

引疾入林使獲日晚雀然騁其逸足公所裨於世與世所

賴於公者當不止此即不然而遂初早賦雖有宋璽炳閣

不以易綠野輞川則優游終老彷古文白諸公觴詠香山

洛社正遥遥未有艾也詎料年踰服政遽爾騎箕在公蟬

脫塵埃翛然仙逝自不失慧業生天一席非作賦玉樓如

李長吉故事即供玉皇香案吏若元微之所云公或可以

無憾獨是斗璽山頹典型遽渺人之云亡邦國殄瘁由今

思之不益悲耶嗚呼山雨素旐水導丹旐永念平生忽焉

疇昔追尋笑緒皆成悲端予復何以爲情耶雖然公即不

可復作而繞室盈階盡是荀龍謝鳳不轉瞬翩翩起翔

步天衢或起草明光或追班青瑣定當有遂公未遂之志

竟公未竟之業者公眞可以無恨也已嗚呼尙

饗

維

康熙歲次丙辰秋七月辛巳朔越八日戊子年家姻弟秦德

藻率子松齡松期松喬松如謹以清酌庶羞之儀致祭於

皇清奉政大夫刑部山西清吏司郎中覽翁尊舅年親臺先生

大人之靈曰嗚呼茫茫湖水渺渺山烟素旐擁從丹旐導

前上自京華下極吳會親朋雲集冠蓋風馳聞公告窆之

期皆來會葬呼靈相告將永訣於軍嶂山菁塢之新阡維

余與公婚姻世世公爲彝甥余爲侯婿公之孫子再以姻

締遡公生平余知之稔人雖云亡風儀凜凜爰命齡兒狀
公行實乞言於仁人君子垂之金石故或稱公之治宣也
宣地荒僻介於萬山公則爲之爲之孔艱夜雨桑麻春風
桃李以教以育化頑格奸伏處下僚十有四年
帝日勞止晉職朝班故或述公之供職容臺也位列秩宗寅清
贊行
朝廟郊祀大典聿正監鑄大寶小心翼翼鳳彩紛披龍文輝映
試上南宮奉
詔董事搜飭倍常多士胥慶聿彰厥績用轉西曹棘政需才旋
命星軺故或以視権潯陽爲公頌者一心一德惟賢乃僚

榮哀錄祭文　　墨

啟關霜月放船曉潮爲國持籌臣心如水興利除弊公暇
逍遙時挾良朋襟帶山水匡廬蠡彭鑫蘭橈迨夫及瓜
而代也使臣歸去行李蕭蕭嗚呼計公歷官之年二十餘
載入爲部郎出爲邑宰遠播聲名近瞻豐采夫亦根本之
克敦故多懿行之可採予忝至戚望衡而居常隨太公鼓
棹巾車公之所以事太公者承歡志養垂老歡娛滄江碣
石移置屋隅葹樽時命竹杖頻扶生事死葬孝行永孚嗚
呼已矣孰則如公者歟且余吏有以知公矣簪塢新阡湖
山佳勝子兢先生佳城緜亘密邇乃祖伊惟公姓湖濱回
眺華藏蔚然黃門大理世墓在焉四代相望百萬斯年何
孰非公之不忘祖德而善慰先世於重泉自耶夫公亦可
以自慰矣上事
天子下澤民生生榮死哀無窮令名而又何修何知何幽何明
掬乎流俗人之見而不爲太上之忘情尙
饗
維
康熙歲次丙辰七月辛巳朔越八日戊子年家愚表弟秦寅
秦錦眷弟華假華震元愚表姪秦𡍩之秦汝泌秦汝沆呂
高培秦學源通家眷晚生陳曾守制愚表弟楊泓楊淵等
謹以香帛之儀致祭於

榮哀錄祭文　　墨

皇清奉政大夫刑部山西清吏司郎中霓峰侯公之靈曰惟公
之生也克紹光於世德而公之葬也得密邇於先人亘佳
城於軍障占吉壤於湖濱乃祖乃父藏玉於此纍四世之
相望瞻松柏而愴神睇丹旐以會送挽白紼而逶迤溯公
之生平而典型之不違賓朝野所瞻仰而品行之克敦蓋
深嫉乎道學之僞能弗愧乎上夫之眞出宰宣邑父母斯
民赤溪汨汨而噴激玉巖矗矗而嶙峋十有四載虎去雉
馴桑麻稙而村雨桃李茂而園春
帝嘉乃績用錫如綸知百里非大賢之地迺晉秩爲典禮之臣
寅淸夙夜贊襄乎郊廟諸祀宗祝告虔俎豆𥻆奔再轉刑

曾旋司關鈔飲冰茹蘗持籌算緡攬名績於匡廬之巔採
幽芳於彭蠡之濱清風載道不改官黄耕
王言之重錫以風勵乎簪紳嗚呼名既揚矣以安爾親生事死
葬聿敦厥倫廣雍睦於三黨盡孝友於一門且慷慨以好
義薄高誼於層雲此道如七賴公以存學士大夫羣欽其
儀範名流韻士共仰其人丈度曲飛觴風流欲絶揺牙握
塵名理可餐嗚呼公之爲人如此此豈今日之迂儒俗學
借道學以欺世者所可同日而言哉寅等夙承氣誼舊屬
婚媾或式好如兄弟或申訂於雷陳或修盟於公子或結
契於文孫藉文章以相數接杯酒而殷勤各哭吾私以悲

痛同撫茲土而酸辛雖然公固達人也悟徹空花早滅幻
塵此會弔而會葬已不見而不聞寅等復何言哉繇此辦
香願結來因嗚呼尚
饗
維
康熙歲次丙辰七月辛巳朔越八日戊子姻年家眷弟諸人
玉等子宗遣定遣謹以清酌庶羞之儀致祭於
皇清奉政大夫刑部山西清吏司郎中覺翁侯老年親臺先生
大人之靈曰嗚呼自天地之有晝而必夜兮日月之有升
而必沉由是暑與寒代乘於四序兮衰與旺迭見於五行
物所以榮而不能不落兮人之所以死而不可復生然理
數之常亦何間兮而所宜慽者先時而授以凋年
親翁之忽逝兮慨彼蒼之不弔而不仁當訃音之遽及兮
疑且駭乎予之心邈上谷之世澤實甲於江左兮而丕盛
於錫邑之東城自太僕給諫未償其隱德兮至翁而大振
其家聲固天挺之雄傑兮少卓犖而不羣馳雄師於文苑
兮早甫榜以題名性非娄陋與齷齪兮挾勝氣而負高情
遇事則不以利害爲進退兮敢言則不以流俗之可否爲
權衡有所託而無負兮抑有所撼而弗驚誠鄉邦之倚賴

兮樹當代之宏勳初仕宣邑兮民懷吏畏士號得人及晉

禮曹遷比部兮治煩理劇早夜憂勤方期年臻耄耋兮大
展厥蘊胡天不憖兮倏爾遐升騎箕尾以上陟而乃爲上
帝之修文予因兩世之年誼兮仲兒又締之以新姻仰沐
無垠之眷顧兮胡天不祿使親知悵焉其莫可遡雖然泰
山梁木兮悼翁之逝而愴心鳳毛麟趾兮慶翁之未逝於
後昆羨衣鉢之家實兮歸之諸令嗣之宦譽行見
恩寵馳於蓬顆兮須拭目於壑敦不禁臨風以揮淚兮遣一介
以遥致余之忱尚
饗
維

康熙十五年歲次丙辰七月辛巳朔越八日戊子年家眷弟
張旭輪率子嘉璸宗栻嘉球嘉璩謹以瓣香束帛之儀致
祭於
皇清奉政大夫刑部郎中覺翁侯老襟丈先生大人之靈曰嗚
呼余之得締交於覺翁襟丈也蓋匪朝伊夕不知幾歷晦
明寒暑矣傾蓋如故而白首猶新也其中升沉不一途雲
泥不一轍或作而宦遊四方排金門入紫闥膺民社司禮
樂或蟄伏丘園蓬蒿甕牖甘爲仲蔚子雲文章憎命鬼魅
喜窮而兩心相知形影畢照無歲不走尺蹏附雙鯉魚努
力加餐相思慰藉四十年如一日余自維犬馬之齒差長

榮哀錄祭文 四

於覺翁而目覩翁生平行誼甚悉方其髫齡負壇坫聲風
飛飈舉歸息千里後先承鄒公之鑒辱在太史門楣余思
拙而遲君才大而敏其睥睨顧盼有不可一世之概于丑
兩闈拔幟連登猶掇之也自後剔歷中外爲名宰爲近臣
所至皆有聲譽無愧古人且至性肫篤希蹤曾閔逮事乾
中先生少而祗服厥訓韜武義方長而佩服章紱千里銘
心中之座右其疾痛疴癢猶身之也乾中先生臥疾者幾
歷年所而申飭家人先意承志無幾微困苦君之色養爲
弗可及已母教慈婉舉動必咨存而順志歿而致哀爲孺
子慕爲終身喪戚而兼易蕭彝先生往往宗之保抱幼弟

以兄兼師分荆之嫌不作共被之好素爇灼艾分甘推梨
讓宅幾幾乎祥覽家風君之孝友爲弗可尚已舉丈夫子
英英傑上汗血過都昂霄聳壑嚶鳴不聞熊羆是問絳帳
絲竹青編切磋名儒益友俱望上谷之門如登龍而附鳳
焉偕華宜人白首相莊宜家課子方將望滿牀之笏濟濟
歸朝六宮之花紛紛錫宴而覺翁早悟拈花之諦解擊竹
之因飯命空王證盟乾竺雖春秋甫半百而已預營靑烏
之穴希從赤松之遊矣跡公生平甚酒詩文之外無他嗜
好予故於覺翁周旋最久初則同几共研攻經生之業而
矢久要之盟洎筮仕於浙之宣邑折簡招致盤桓萬似紨

榮哀錄祭文 五

塗百舍相與流連詩賦商確古今一尊相對嗒然忘形音
容猶故而邈隔河山嗟乎生存華屋行即丘墟松柏森蕭
摧蘭埋玉絮酒炙雞長言當哭嗚呼哀哉尙
饗

維
康熙歲次丙辰孟秋丙申朔越八日戊子年通家眷姪鮑鼎
銓仝弟允階景宣謹以清酌庶羞之儀致祭於
皇清奉政大夫刑部郎中覺翁侯老年伯老先生大人之靈曰
嗚呼世固有同在天地間而其生其死舉無足爲重輕者
若夫令望著于平時嘉謨衍於後嗣生榮死哀此誠千百

之中未易一二而覯惟先生爲無憾也夫君家爲梁谿世
族代有顯官贈公篤學力行少與先伯過訪別墅輒爲之
引觴吹笙彈竽連日夜不厭因與追數疇昔話先伯贈紵
遺事曰吾時尚幼今亦將老矣先生之不忘故舊大抵然
哉先生慷慨尚氣節卽如先兄武廬辨復都門先後淹留
幾四載先兄素落落寡合時不爲之救反從而下石焉者
比比也而先生方在禮曹毅然已任佐合肥龔公力持之
得白其事于朝卒還故物嗚呼先兄已死矣曾不得少伸
寸報而先生之視人如已其於爲人厚薄何如耶仕途垂
三十年所至俱擅賢聲迄今天台廬阜之間於先生之殁

也雖販夫野老猶知悲歌思慕而不自止孰非先生之盛
德所感宜先生之子若孫有餘慶矣長君次君行卽蜚聲
輸苑下此而芝蘭森立振振繩繩光大前人自有不可得
而量者則先生雖死猶生豈若電影朝露之所得同日語
耶先生亦當含笑於九泉矣銓素親道範於先生之將窆
也敬醮酒而爲之詞尙
饗
維
康熙十有五年歲次丙辰孟秋辛巳朔越八日戊子守制年
通家姻晩生呂蓮頤同弟懸錫莊頤謹以束帛牲醴之儀
致祭於
皇清奉政大夫刑部山西清吏司郎中覺翁侯老年親臺老先
生老大人之靈曰嗚呼日西走而陸沉兮知彼月之將朏
木秋實而彫落兮曾春華之有幾人與物其同慨兮吾則
悲夫先生之俊偉維先生與先大夫之蘭譜而重以姻親
兮歷有歲年何昊天之不弔兮一時而並赴乎九泉服哀
麻以登堂兮不自覺其涕泗之漣漣嗚呼先生幼蜚名於
藝苑兮四座韋紘壯報績於甌越兮滿縣花鮮從父老之
借冦兮羈使君之選錢誠
甯宁之惠此一方兮歷廿載而後遷迨其奏寅淸兮典禮歌靖

共兮爾位余有弟之不才兮託葑菲之弗棄謬稱陸氏之
郎僭擬謝家之季儼冰淸之在望兮偕筍班而並侍乃寒
暑之幾易兮又南北其異地擁朱旗以如雲兮馳青雀而
如駛倶江水之溶溶兮未溯游以相從指碧油之東下兮
釃斗酒以臨風適一老之不遺兮雖在疚之煢煢乞終喪
而報可兮正
天脊之從容顧大椿之八千歲而經秋兮祝先生之壽者誰不
比於喬松詎意玉樓之仙響兮駕白雲而作賦雖文梁木
於方頹兮難閑桑榆於遲暮維歲在辰孟秋載吉先生歸
藏墓草盈碧執紼者千人歎衣冠之盡白念先大夫夙昔

之好兮伊余小子能無涕淚之橫臆矧余弟之託在牽絲
兮豈尋常半子之所能匹失泰峰而若失其怙恃兮想音
容而難即倘先大夫之追隨於泉下兮或得慰生平而促
膝奠一尊兮纏緯側淚盈把兮心悱惻寫情愫兮苦難悉
庶鑒歆兮魂來格嗚呼哀哉尚
饗
維
康熙十有五載歲次丙辰秋七月辛巳朔越八日戊子年姻
弟薛信辰率子玆陳鑑孫廷珪肅以瓣香束帛之儀致祭
於

榮哀錄祭文　圭

皇清奉政大夫比部正郎郎　榮贈大台輔覽翁侯老年親臺
老先生老大人之靈曰嗚呼我公而竟逝耶余之獲交於
我公也自戊子年始家伯氏公執讀書於公之精舍講研
席歡而余時得過從爲莫逆是秋公即歌鹿鳴已丑附驥
遂稱同年友自此宦跡所至間與公相接而近且締絲蘿
之好矣憶己丑南宮榜放吾邑之獲售者十有一人公齒
僅二十有六英姿冠玉前輩多推引以中秘席需之而公
雅不欲以簪筆執簡爲自優遊地慨然躬任民牧就選人
得浙之括蒼下邑公又不以牛刀嫌而與民相勞苦如家
人嚮十五年利必興弊必革恤大災弭大患教育人才廣
歲貢額土瘠民貧賦多不登則輸家財以償民逋民胥樂
之不長吏公而真父母公也公亦不民吾民而真子弟吾
民余曾承乏浙藩僅三月許雖席不及暖而廉公治狀最
悉居久之公奏最爲天下冠遂以禮曹徵而太夫人之訃
忽至匍匐奔赴讀禮郊居痛太夫人之不少待猶幸太翁
之足養也太翁抱痺疾公山以板輿奉之園池花竹絲肉
觴詠杖屨所至躬自抑搔依依若孺子而太翁曾不知二
豎苦也服既闋入儀司旋奉
簡命榷滸關適余亦奉
命理江西鄱鹺難即以憂去未及數月如兩浙時而公之恤商

榮哀錄祭文　圭

裕課種種實心任事其勞績又惟余最稔悉也差甫竣便
道歸省拜太翁於堂下不以晝錦爲榮而以天倫爲樂一
時艷之
簡書在躬方擬北發而太翁奄逝公易戚兼至事事無憾而後
即安愧余前後兩番宦轍於兩親見背時俱不獲侍湯藥
親含殮抱終天恨雖百身莫贖硯德門爲天之所相雖大
故而有厚幸非他人能及者相周旋三載至甲寅即吉而
公病矣具疏陳情得邀在籍調理之
俞旨寄情山水娛意菅然方謂風疾弗藥而害不意延及乙卯
孟夏遂不起玉樓之召既促薤露之痛奚堪嗚呼傷哉仙

公與余宦遊萍踪合離不一惟於公讀禮言旋之日信亦
戢影里門得以優遊季酒爲最欵洽茲兒復得從爾耶君
之後文社詩壇晨夕靡間信有雛孫延珪因坦腹於爻君
之愛息舊誼將累申以新姻締好百年方自茲始胡天不
憖泰山其頽嗚呼傷哉明德有後達人必昌行見
榮邺賻贈之儀正未有艾又何庸信等之私悼爲也一尊拜酹
靈風來颺嗚呼哀哉尚
饗
維
康熙歲次丙辰七月辛巳朔越八日戊子年家愚表叔張履

吉率子振揖謹以香帛庶羞之儀致祭於
皇清奉政大夫靈峰侯公之靈曰嗚呼維我公而竟乘箕仙逝
耶行且輔輿飄飄幽宮永奠耶憶去年春余欲來京慰余
於園林把臂談心期以暨勞共矢無何別公未歲而遽爲
歿矣余聞訃恨不能憑棺而哭之今窆矣余不能親弔而
奠之何以文爲然余與公固世講也先祖姑嬪於少芝公
自後世好無間而公尤知交最久敢不濺泪而陳詞嗚呼
人生而有一二大節足以名炳天壤其人卽可以不朽矧
如公者懿蹟不可殫述俱彰彰在人耳目者乎以言乎孝
生事則曲成頤指居喪則易戚兼盡也以言乎友撫弟而

休戚與共待族而恩義悉周也飛芻宣平貸逋賦平冠難
田疇教養撫字無不彈也晉秩咨曹崇興禮洽神人夙夜
寅清祀事無不修也旋權灣陽懋積黨惜商民減征寬稅
廉潔無不至也若夫媧睦任邺閭里賴其生全親朋因之
治比其澤被又何可旣哉備德若此正可黼黻太平共襄
王事卽不然亦可優遊泉石娛情於詩筒酒斝以大其年胡爲
昊天不弔未逾中壽遽奪之齡豈亦天道之無知理數之
難名耶嗚呼九原而不及作矣然嗇於身者豐於後紬於
壽者盈於名後之昌者光遠而有耀名之盛者雖死而猶
生然則公更可懽然於地下余亦何事涕泗之墳膺具詞
而灑醮庶來鑒而來歆尚

饗
維
康熙十五年歲次丙辰七月辛巳朔越八日戊子年家姻眷
弟倪承康率子楨謹以清酌庶羞之儀致祭於
皇清大台柱郎晉贈奉政大夫刑部正郎靈翁侯老年親臺老
先生大人之靈曰嗚呼自吾家之多難也公爲曲庇稍得
保全啣德於身愧不能報公於萬一而乃加德無已近幼
子楨復蒙不鄙得締朱陳兼葭玉樹方重有攸賴乃遽棄
之而逝今且告窆有期矣余老懷之悲其孰甲耶公才高

華胄譽邁莘英翁冠拾青紫聯翩取上第自不難出入承
明珥筆侍從優游於花磚日影之中顧以木天之逸不若
州郡之勞漢唐以來任內相者先試刺史親民之職以故
初授郎製錦宜平云夫宜平介萬山之中當兵燹之後無
不延頸賢父母以鞠育之公爲生聚教訓其清科賦也爲
保障不爲繭絲其決刑獄也爲鸞鳳不爲鷹鸇其分較鄉
闈也爲歐陽之扶寔起衰其德化萑苻也爲朝歌之賣刀
買犢臥治十年明則鑑平則衡澤則陽春操則冰清屹立
則山岳奚啻中牟單父哉以是
宸綸優渥績冠御屏首簡秩宗之署繼叨司寇之庭典三禮而

儀曹雍肅掌八法而鳩爽刑清至權關一任人爭豔焉乃
觸鱸千里清風一掬不飲江右勺水謂非有大過人者哉
以公之殊才大猷行見輝煌廊廟左右彤廷或專綉衣之
任或膺開府之尊或披香齒省爲調羹之傅說或瑁笏臺
端爲補袞之山甫故一時廷評輿論僉仰公爲治世山斗
太平碩輔蹟一世於元會佐四海於昇平其休烈正未有
艾也夫何白華誌感烏鳥陳情捧檄歸來而蓼莪弗逮矣
投簪服闋而風樹不寍矣自是松風紫夢邱壑尋盟謝太
傅之絲竹東山孔文舉之尊樽北海蓋有感而託此非戀
戀也方冀蒲輪再起王命遄征乃乞骸甫陳
予告隨允翁竟厭棄五濁遽赴玉樓之召嗚呼以公之生榮死
哀其來也不偶其去也有因其來也垂紳簪笏既作一代
之名臣其去也山河箕尾還依天上之列星而且龍文鳳
毛振起有人慰翁於泉壤大復何恨余獨思公之德而不
見翁之音容也感翁之深而不聞翁之笑語也其能不撫
膺長慟悲不自已耶嗟嗟龍藏而神霄如寄兮鳳去而白
水長冥洵逍遥而羽化兮長留雲霄之大名勒鴻勳於册
府兮圖遺像於丹青情慘淡而莫舒兮撫蕪詞以侑瑶京
嗚呼哀哉尚
饗

維
康熙十有五年歲次丙辰七月辛巳朔越八日戊子年家愚
表弟秦鉞率姪孫緦服愚甥巽權謹以剛鬣柔毛之儀致
祭於
皇清奉政大夫司寇霓翁大表兄老親翁老先生大人之靈曰
嗚呼余幼讀史記至翟公之所爲榜門者而疑其謬也謂
子長特以身甚蠶室交游莫救意有所鬱結託翟公以抒
其憤耳是何可概天下士爲有與人結兮弗能始終久要
而貴賤死生二其心者乎已而歯日長閱歷滄桑者日久
耳目所聞見日益新未免有感於前言之不誣茲四年中

荷司寇霓翁先生敎中表之戚申姻婭之誼凡其所嘉惠
我先兄大音若亡姪若亡姪女者懃懃懇懇可泣鬼神於
是反覆翟公之旨悲從中來覺其冒之慷慨感厲深於痛
哭也先兄所舉惟一子曰潢女子三仲最愛適侯文學石
臣爲司寇再從弟余姪女鞠子而鍾掌中明月珍惜過甯
馨郎以字潢子巽權舊姻新好三世蟬聯宗黨艷爲盛事
彼蒼弗弔辛丑先兄捐賓客丁未石臣早世庚戌姪與姪
女後先殂謝居無何而巽權之婦復溘焉朝露矣天之降
割我大宗者酷烈已甚巽權與其母氏形影相弔旦暮哭
不絕聲而余犬馬之齒已衰諸子碌碌無所短長無能爲

藐諸孤一手援者淍家中落無敢請繼室於諸名族撫心
自哀黃鳥之言歸諸父者謂何即死何以見先兄於地下
乎如天之福司寇忽於邂逅間廉得巽權伉儷狀亟謂余
弟補念觀察曰甚矣行之姪之可哀也弟有中表之孤淑
孝性成弟實女之俾嗣主蘋蘩以成先弟若弟婦之志余
額手呼天而慶是天之不終棄我大宗而錫之嘉耦以啟
大我後人也是天之不終棄不肖錫之司寇俾藉手以報
伯氏也遂諏日納幣筮辰于歸僅僅所將儉不中禮乃司
寇與華宜人飭裝遣嫁不靳心力釐薪婦入室而事姑相
夫與司寇所言若符契今已得甯抱子哀彼嫠婦始覆破

涕弄孫矣嗟乎石臣與司寇雖雁行而司寇早貴敭歷中
外什一里居吹篪鼓塤爲歡日淺方石臣易簀時司寇適
官春曹未嘗執手永訣以牛子相累而日篤不忘鶺鴒寵
畀冀慰厥夫婦於地下昔人有言死者可生生者可以不
愧司寇之光明俊偉如是彼翟公賓客賢不肖豈啻雲泥
哉昨春司寇卜壽藏於單障之右爲予宗岸阜司寇購得
之今玆既鑿往安宅兆焉素車白馬余與巽權將執紼以
從冥冥之中知吾兄亦率其子若壻若女望塵擊顙以謝
其朋翼之賜矣靈幃在望神聽匪遙吾痛吾私無詞醜縷
至於家聲宦績余又何敢贅陳乎嗚呼哀哉尚

饗

維

康熙十有五年歲次丙辰七月辛巳朔越八日戊子年家姻
眷弟胡璜率子禹鈞舜鎡謹以清酌庶羞之儀致祭於
皇清奉政大夫刑部山西清吏司郎中霓峰侯老親臺老先生
大人之靈曰嗚呼仰天途之渺瀰睇今古之茫茫感繁絃
之易輟悲急景之先藏嗟人生之聚散儷秋露之晞陽起
徘徊而四顧迫沉痛於中腸矧哲人云亡爲邦國之殄瘁
喬木忽隕爲蒿藜之卒荒如我霓老親翁者耶公雖履豐
席厚遭世名彰而又未可以死者斯人或未之許故以公

爲富貴福澤中人而尙歎乎松喬之壽爲公惜者此誠世
俗之見以公爲慷慨好義憂國憂民未旣厥用而遽殞其
身者乃眞使英雄淚下而難忘夫公之門第雀盧王謝公
之文章賈董班揚公之功名與宦業焉卓魯而龍趙張蓋
不啻足搏萬里之風手抉雲漢之章矣而況擁笏垂魚曾
及椿萱之奉紆靑曳紫堦羅蘭玉之芳聲伎則翾風靜婉
名園則金谷辟彊酒酣耳熱舞裙歌扇尊空月落舃履交
橫公於其間白眼玩世或以爲嗣宗之曠達伯倫之淸狂
不然亦繡佛之遊戲而謫仙之徜徉豈知凡此皆邯鄲之
一枕在公亦旣熟之黃粱所可爲公悼者公自簉仙以來

宣陽百里壤瘠山荒拊循凋瘵夜月晨霜不似裙屐之少
儁居然老吏之循良其不可及者一也而且懸魚勵節拔
薤鋤强杯水家泉孟粟私囊時泛舟而陰濟免百姓於痍
瘡其不可及者二也至於琴書案牘事不相妨酒人騷客
咸躋公堂雖非陶令之居彭澤庶幾安仁之在河陽其不
可及者三也乃若十年不調幾悲白首於馮唐一旦登朝
甯免黃鸝於郭祚而乃粉署修儀止戀一尊之明月金門
典禮惟攜兩袖之天香其不可及者四也至其董榷江關
宣勞潯浦惠周行賈不聞商女怨琵琶信洽同僚豈止庾
公愛風月惟効陶長沙之分陰是惜罔知蔣公琰之酣醉

爲常其不可及者五也當盜起民窮之際以公之公忠體
國敭歷中外必能攘寇除凶分憂廊廟而殿定家邦奈何
奉使而歸旋罹苦凶讀禮旣畢卽嬰二豎而奎壁之曜遽
掩其芒豈世不獲承公之佑而故奪公之算抑天不欲盡
公之才而使善刀而藏此予固不克知其所以而還欲問
之蒼蒼予與尊太翁姻聯世講公之介弟實余之東床乃
無祿蚤世先公以殁而公能敦念手足以施及未亡俾令
予嗣厥後而無兒之伯道顧勝有女之中郎尤余之所感
戢思欲報以無方今且啟漆燈而瘞玉予將素車白馬從
丹旐於北邙歎幽明於此遂成永隔公惟御風霆跨箕尾

而上遊乎白雲之鄉嗚呼生才而不盡其才自古以爲惆
悵感德而莫報之德凡人之所推攘予故以其公爲天下
慟以其私爲一人傷噫公誠不可作矣但俛仰天地盱衡
今古知其不可無是人也能無沾予襟之浪浪嗚呼哀哉
尙
饗

維
康熙十有五年歲次丙辰秋七月辛巳朔越八日戊子制年
家眷小弟華侗率男文𩇕時孫紹曾繼曾謹以清醴菰芬
之儀致祭於

皇清奉政大夫刑部郎中覺翁尊姊丈之靈曰嗚呼公之捐賓客而永逝也音容歷歷猶在聽覩乃倏焉已踰朞月耶公盛德在人行路悽愴况予惸惸苦由中撫今追昔悲從中來其痛悼又當何如耶客歲二月余遭先恭人之慼公時時過余相慰唁助余舉襄修予壻禮甚備時公已不再飯矣貌戌削而神慮周防未覺其疾之頽也常謂我夢斷春明他日幸疾趣爲吾薨葬者惟華藏一剎竿耳因卽其地植廊濬池區畫井井曾幾何時而玉樓遽召又幾何時而漆燈遂啟耶余與公家講婚媾者四世矣祖父之戚兒女之緣事無纖鉅必以相質公去而我有疑孰析有紛孰解

有倉卒煩劇孰與援引而覆庇耶亡兒文虪以猶子坦公家公愛之同己出丙午孛在長安公亦以謁補北上時兒已患瘵力疾趨餞公撫慰再三且以努力試事相勗不幸未兩月亡兒訃聞公爲一慟血飙數斗及相見潞河握臂哽咽余固舐犢情切公亦哀不自勝謂吾生平於哭母外骨肉之痛無踰於此蓋公至性天植而於亡兒雅所期許故悼之獨深嗚呼今凡十有一稔矣子舍方念齡賦栢舟時孤雛甫在襁褓今且就外傳舞勺矣苦志待
旌可紬指計方期藉公力引例陳請爲寒門光孰意公不及待耶公既愛余子如子亦撫余孫如孫今竟不及見其成立耶公又不棄以幼孫與余孫息締姻嘗笑謂余異日幣聘君家高堂主之余與君兩[illegible]執斧柯焉無煩他友作蹇修也奈何先恭人甫見背而公亦踵逝耶公宦跡所至余嘗過而訪之一至玉巖再至滋江其間與爲燕臺遊最久見其曠懷逸興不役役名利退食之餘必與二三知己就花下酌斗酒相娛樂而負俠好施予橐垂罄而不顧也至今被其德者心銘口述比比而是若余之三十年傾倒於公者能不追溯而泫然耶州門鄰笛回首悽然蕉黃荔丹長與公訣矣夜臺沽酒亡兒其得從婦翁以遊否耶嗚呼尙饗

維
康熙歲次丙辰七月辛巳朔越九日己丑江南常州府無錫縣主簿馬國昌謹以剛鬣柔毛之儀致祭於
皇清奉政大夫刑部山西清吏司郎中覺翁侯老先生老大人之靈曰嗚呼緊維黄門之遺直實鍾靈於後賢西曹之冰心克繼美於奕代夫孰不言祖武是繩而前徽承紹哉侯大夫天亶聰明世傳經濟濫觴花磚日影歡辭中秘風清其出宰玉巖也威懾山寇計稽水源携家鏹以償額逋延名師以鼓力學廣進取如上庠登賢書自茲始賓興得士盡屬名流折獄片言立決平反其晉秩南宮也祀典具舉

大寶告成修復舊章加上尊號備極嚴愼提調禮闈周知貢舉罔不精詳其榷關潯陽也上期裕國下矢通商正額外冗費悉捐積蠹聞重典立置杜使節之往來一淸常如水謝遣鄉之干謁寸牘不通風其省親梓里也聚族盈廷留賓繞座園林涉趣花鳥怡情或顧曲於梨園或聆音於絲綺簫鼓晝聲喧矣花燈夜燦燦然娛者正以榮親承歡即爲盡孝迺儉爲易簀痛悼神傷大夫於此殆不克終事股肱竭勞軍國矣服闋請告在籍養痾築精舍於華藏之濵供老衲於白雲之舍崇理龍池法嗣鼎新東林道擴儒也而禪矣聖也而佛矣逍遥於名山勝水之間嘯傲於秋

榮哀錄祭文

月春風之際霍然而起再輔朝綱鹽梅霖楫之用何可勝量不謂中壽未臻玉樓赴召矣嗚呼哀哉黃扉夜冷玄鶴胥升聽松風之飄颻懷梧月之沉沉痛音容之已失佩德教之猶存卑職國昌棠陰遥庇珂里備員辛色笑之未幾忽靈輀之屆道俯仰崇岡叠巘盤旋曲澗層波湖山勝槩已絕中原松鶴風聲遽從隔世楊白古道衰草長堤一杯告奠情眞物微靈其不昧來格幾希尚

饗

維

康熙歲次丙辰七月己丑日江南常州營分防無錫左軍千總高業泰謹以束帛瓣香之儀致祭於

皇清奉政大夫刑部郎中覔翁侯老先生老大人之靈曰嗚呼天不可必耶翁福已隆翁遇已厚天可必耶翁業未竟翁享未艾而胡遽爲以長終豈嘗測翁之生平顯德懿行不可彈述感傷悲悼之私其何能已於懷耶翁家世簪笏生而穎異弱冠怒飛扶搖天風一出而拾靑紫意氣品度超然不羣嘗筮仕括蒼土瘠民貧勤撫字代輸將冀黃奏最留治僻壤十有餘年減寇救荒脫億萬流離而登之衽席仁風化雨遍於山林草埜間迄今歌召伯之棠嘖嘖不置旣而榮擢晉階由儀曹而祠祭從事鉅典夙夜寅淸後以

榮哀錄祭文

秋臺奉權潯陽除奸剔弊足賦恤商一時遠邇旅民無不歡呼載道翁之淸愼克勤歷仕休聲人皆歎爲莫及至觀其立身行己醇篤本乎天性孝友著於人倫豁達慷慨遇急必周遇難必濟凡貧厄死喪蒙澤而安者指不勝屈翁之好義樂善如此且也課子弟以嚴待戚友以厚御臧獲以恩春花秋月之際時與故舊親朋或飛觴亭下或卜醉樓頭或以絲竹管絃爲悅情或借山光水色爲快意其性度豪邁非尋常世俗者比宜其福報食遐享有遐齡無何昊天不弔羌中道而遐升嗟乎過赤圖而思勝事能不歎歎痛悼於翁之長逝耶所幸令子文孫英聲繼起長君次

君皆弱齡
廷擢足以承翁之德紹翁之業異日驤首天衢
恩綸再錫寵賁幽泉拭目可俟余備員兹土謹以聞於翁者聊
以致蕪詞愴焉奠告靈其鑒諸尚
饗

維
康熙歲次丙辰七月辛巳朔越九日己丑江南常州營分防
無錫左軍把總耿泰謹以瓣香束帛之儀致祭於
皇清奉政大夫刑部山西清吏司郎中寬翁侯老先生老大人
之靈曰嗚呼公厭世紛乘箕而遊於廣莫之鄉也耶越歲

榮哀錄祭文　六六

有奇矣歲月推移迅如星電音容杳邈迥若河山今几青
松白雲明旌素紼導安窀穸非水隔泉原之際也耶向雖
攄瓣香之誠抒蕪詞而哭之矣際兹長別慟廹於中情安
能已已也溯公之維持聖學黼黻
皇朝致君澤民之豐功鉅烈非小子之管可窺而蠡可測顧有
當代立言大君子之鴻章具在而維公梟兩間之正秉九
德之常孝友禔躬謙恭應世出而表率宮常處則楷模後
進其霽月光風太羹元酒之音容雖隔而緬想其如在也
積功累仁樂善好施人之挾纊暖浴春暘黃童白叟孺慕
興悲痛公之瘞玉名山宜里舂之不相巷哭之奔忙耳桼
以瑣末驂陪珂里名園趨侍坐末瞻依槼誨範儀方愜景
行之至願山頹岳陷忽淪仰止之崇階日夙承奬借惠恤
有加能禁其涕泗之交流耶哭西州之門投鞭俯地讀峴
山之誌拂石呼天再拜几筵靈其鑒止尚
饗

維
康熙十有五年歲次丙辰秋七月辛巳朔越九日己丑舊治
年家功服眷晚生朱錫丸率子門人正治肅以瓣香束帛
之儀致祭於
皇清奉政大夫刑部山西清吏司郎中寬翁侯老年父臺老先

榮哀錄祭文　六七

生老大人之靈曰嗚呼自公之初蒞吾浙也在庚寅之秋
而余之獲交於公也在辛卯之夏紬指至今蓋二十有六
年矣公以英富之齡具敏鋭之質視玉巖蕞爾不啻牛刀
顧以余一介鄉氓兼之譾劣不惜下交諮諏而諮度焉每
詣省居停敝廬握手言歡樽酒達旦如布衣昆弟之好余
無似感公氣誼傾肺腑相質公性慷直多否少可人多不
敢盡言余獨不憚逆耳公不特無所齟齬而樂爲聽受如
轉圜余益自勉勵不敢以甘言進借箍情殷歷任十餘載
後得榮擢儀曹晉秋臺旋奉
命司榷潯陽不忘故人慇懃雙鯉余病不能往遣兒子涉江相

訪備極欵曲殊以余之不得把晤爲憾也瓜代歸旹適丁
封大夫之變讀禮郊居鬱鬱不自得時借園林絲竹以送
日余方謂公用世才鹽梅鼎鼐正未可量余雖耄從容侍
杖屨挹言笑非可日計不意天不憗遺喪我哲人年甫逾
艾竟赴玉樓六橋九龍僅一衣帶余不能時時過從傾倒
平生也冥冥之中負此良友能無中夜拊膺而涕泗霑襟
也耶公今且歸藏有日矣余何敢以老病故不一與執紼
之列蓋酬卮酒述往昔以告於公曰公何棄我而去耶公
亦知余之來哭公耶公得無以余之不早來一訣爲恨耶
已矣自此其長辭矣而余之可藉以少慰兼以慰公者公

有令子顯揚無窮竟公未竟之緒方自茲始也湖山灝淼
松楸鬱然公其徜徉於此而湛膺
榮命百出彌昌也耶公必聽余言爲不誣而享此一樽也嗚呼
哀哉尚
饗
維
康熙十有五年歲次丙辰七月辛巳朔越九日己丑年通家
眷弟龔廷歷高世泰劉果遠華廷樾姚見龍買曾鮑鳳例
朱瑛湯欒鄒鍠雍愚表兄劉宗熹秦鑑年家眷晚生施劓
曾周繼高馬翀趙弼年姪張忍孫等謹以柔毛牲醴香帛
之儀致祭於
皇清奉政大夫刑部山西清吏司郎中霓峰老年親臺老先生
大人之靈曰吾邑龍峰聳秀溪水澄瀅喆人代興聯袂接
踵至於琴瑟箕裘之美富貴福澤之鍾或羸此而絀彼或
有初而鮮終每致歎夫角齒翼足之不能全而不無憾乎
缺陷之彼穹伊惟我翁豪華倜儻伉爽宅衷天所界厚祉
孝厥躬讀誦恒潤稿而燦曩俘因獲生全於皇祖嘗歲歉
賑饑而煢煢里黨肉白骨於尊公惟具積德於天者厚故
其食報於翁者豐葩經世業聯捷南宮山城筮仕政簡民
侗而民負夙逋家貲代充既免大吏刺促之苦亦屏萑苻

竊發之蹤十年借寇
帝曰其庸召試容臺以佐秩宗遷之比部肺石情通書錦旋里
甍裘課工石選池榭觴侑優童而且梁眉孟案樛木斯螽
敦詩習禮薛鳳荀龍蓋極人世之茀康而於翁既備且隆
矣而翁也厭五濁之轇轕悟四大之皆空慨駒隙之易過
齊彭殤而視同因以敝屣軒冕解脫樊籠幻緣咸屬淜沸
塵封掉頭撒手返廣漠而遊崆峒焉惟是歷等或切葭莩
之誼或篤蘭譜之悰或綢繆於世講或親炙其磨礱靈輀
將戒素旐搖風鶴歸何日目斷遼東臨歧執紼憂思忡忡
溪毛醇酒聊抒葬胸靈其有知髣髴來從嗚呼尚

饗

維

康熙十五年歲次丙辰七月辛巳朔越十日庚寅常州府儒學教授年眷弟王邁謹以清酌庶羞之儀致祭於

皇清奉政大夫刑部山西清吏司郎中霓翁侯老年親臺老先生老大人之靈曰嗚呼龍山之英惠水之源挺生君子金麗玉温鳳鳴王國鴻舉高軒惟我年翁風雅道存家本世胄系出名門英敏夙成岐嶷望兆規矩先民是則是傚理學文章馬班熹顥子夜燃藜光芒特照遂掟南宫聲譽彌劭金臺走馬紅杏曲江聯翩射策名滿鄉邦石渠天祿共謂無雙筮仕宣平長材驥足麥秀花穠移風易俗百姓嗚絃五雲遥矚鳧舄翩翔蜚聲冠玉爰晉春官典禮秩宗清華妙選進止春容木天一席左右夔龍威儀肅穆蕭蕭雝雝望峻容臺熙載九重顧瞻西曹北斗喉舌稽翁明允平反斯悦執法既堅泣罪允切政事鳩司覆盆乃雪淑問皋陶片言可折景仰郎宿台星如列公郎濟濟咸國之禎國門騰茂崎麗精英蘭芬桂馥才藻横生連城償價梁棟櫨楹皆翁懿教克類克明邇昔叨榜末素懷景仰金沙惠水幸相接壤談文校藝道屬吾黨忝鐸毘陵多士是獎每一過從笑言周則情逾骨

肉殊出意想方欲訂百年之事業胡乃騎箕尾而長往嗚呼哀哉伊昔喆士行義隱求齊彼得喪無怨無尤翁之雅志克與道謀將毋厥紅塵之逕仄而追白雲之豫遊嗚呼哀哉絜酒徐穉素車范卿我瞻丹旐哀且屏營風泉哽咽霜塋悲傾瀝觴齋兮梓酬愀然兮達誠嗚呼哀哉尚

饗

維

康熙歲次丙辰秋七月辛巳朔越十日庚寅年家眷教弟李惟傑皮大夔謹以牲醴庶羞之儀致祭於

皇清奉政大夫刑部郎中霓翁侯老先生老大人之靈曰嗚呼先生今脩然而越舉矣其乘白雲而遨遊帝鄉耶其御黄鵠而臨蓬仙府耶抑爲日星爲風霆而存浩氣於霄壤耶是皆理勢所必然而第思大造之賦予其始也莫不以全畀之人而終也人罕能以全歸之天若天既以全畀而人復以全歸微先生其誰屬與蓋先生錫之望族也世有令德家學淵源穎角時已岐嶷不凡及成人英藻駿邁灑玉揮珠蘿輒中的披香染汁拔幟文壇旋步南宫觀花上苑見聞稱羨咸喜其少年掇巍科而屬此之勳名事業未可以蠡測也發硎括蒼先勞自矢田疇教養禦侮代逋咸惠並昭報績稱最

帝心特簡徽人春曹清擅客臺之望晉司秋典明持肺石之平
督榷而減征寬稅商至如歸在在揚休盍隆德譽世方以
霖梅鹽楫擬之而先生乃功名既遂等軒冕於浮雲郎解
組里居託趣花鳥寄情山水琴歌迭奏文酒自娛嚴義方
以啟後續書香而承前蘭芬桂潔莫不才藻翩翩後先競
爽荀陳之門德星環映他日旂常之業正未有艾也旦存
孤恤寡篤友敦親與之遊者藹然如春風中咸謂其懋德
克馨自誕膺大耋夫何天不慭遺修文孔亟忽焉而憑虛
御風也在先生行成名立世振家聲了徹天根翩然遺世
眞所謂全而受者全而歸已獨惜溘焉朝露視天夢夢木

塋哀錄祭文　圭

拔山摧峴泣靡從能不痛哉惟傑等幸仰芳型忽驚聞訃
玉樓烟杳瑤島雲深揮淚愴心音徽漸遠徒傷歌薤露而
牽牲無計爇龍香而返馭一觴哀奠聊罄微忱惟冀尊靈
來歆來格嗚呼哀哉尚

饗

維

康熙十五年歲次丙辰七月辛巳朔越十日庚寅年家愚表
弟吳珂鳴謹以瓣香束帛牲醴庶羞之儀致祭於
皇清奉政大夫刑部郎中寬齋老表兄大人之靈曰珂於兄戚
爲中表而世好尤篤溯自先曾王父與少芝先生爲同榜

氣誼稱最善先生爲諫官當神廟時凡朝野興革大政悉
多所建白而避人焚草復不欲翹過以立名居鄉端亮醕
厚利濟尤溥故先生之後奕世雲礽簪纓接武而曾王父
由司空郎爲參藩與先生中外同時著績及祖父勉承先
業雖不敢閥閱相抗而清白家聲亦相望云迨吾兄少與
余仝庠每試旗鼓互競兄以戊巳聯翩與余家兄弟叔姪
偕先登而予於戊戌始得同朝賓兄並響曲江維時先君
子猶與尊太翁相對而喜謂吾兩家四世祖孫前後同譜
誠僅事也余初備員史館吾兄方鳴琴於宣平宣固處萬
山之中寇賊初定萬姓瘡痍賦役疲乏吾兄招徠安集撫

塋哀錄祭文　丰

民如子歲終賦額不足則捐俸之外自家鄉轉運歲租以
紓民困東越迄今俎豆其德以故卓魯之政最居異等晉
秩儀曹時余得幸朝夕奉教追隨鵷鷺際
聖天子新政之初興舉典禮酌古準今率由兄所釐定大宗伯
以下拱手而受成焉同朝僉服其才旋歷秋曹平反矜全
法律明敏不閱月而民殲不寃者過於釋之矣廷議以兄
才優肆應
簡命榷稅九江釐奸剔弊通商惠民期年報政課浮於額司農
上其殊勳於時孝思純切自江右回里門省親於家太翁
方期頤强飯晨昏依依情仝孺子余時亦歸膝下梁溪帶

永時相過從互以爲歡既而太翁郎世自喪至葬竭誠盡禮鄉黨欽其純孝而不虞哀思之感形神交耗比年雖課子傳經花晨月夕而同視向時斗酒自豪漸以不支矣乃方踰強仕而遽召玉樓也嗚呼痛哉先君予捐館之期適與兄相先後余踉蹌奔里抱痛於終天者又不獲追知己於重泉也其憂造而哀豈猶恒情兄之令子能世家學蜚聲掞藻金馬玉堂指顧間事其闡兄所未竟之緒而大少芝先生之世閥者殆未可量兄亦可怡然長笑於九京矣椒酒臨風兄其爲予而賁然來思耶嗚呼尚

饗

維

大清康熙十五年歲次丙辰七月辛巳朔越十一日辛卯

賜進士出身中書科中書舍人年家晚眷弟程化龍仝弟時敏

率姪門生儀豐謹以清酌庶羞之儀致祭於

奉政大夫刑部郎中霓峰侯年翁老先生大人之靈曰錫山巍巍錫泉洌澄山高泉潔地英與京公居其昌神秀骨清奇材異表嶷然天成目掣雷電氣協鵾鵬俯就科目鳴入青雯鴻臚高唱序列鴻名于人爲傑于國爲英

帝念遐方寄公民氓千將就試發硎宣平鋤强扶弱人耤以寧

考最入奏聲稱沸騰擢充儀曹爲秩宗卿公於夙夜恪恭惟寅未幾膺

命出爲外臣九江之道實衝要津公坐鎮之不日政清載入廊廟擢以司刑方期枋國宗社倚賴爲周尚父爲商阿衡天復錫類緝甕羹繩長君亥君克厲蜚聲國門授職不日謳膺何期旻天不弔遽奪老成化龍僅獲一第淹滯京城識公未久竟不吾聞騶余從子企公典型昔獲接言似登龍門今聞欲塟尤屬惻懸借茲絮酒佐以江芹敢告左右鑒之以誠嗚呼尚

饗

維

康熙十有五年歲次丙辰七月辛巳朔越十有二日壬辰江南揚州營中軍守備加一級小姪三才率男丕泰謹以剛鬣柔毛清酌庶羞之儀致祭於

皇清奉政大夫刑部郎中霓峰老叔大人之靈曰嗚呼祥基世德慶本源泉繩先躅武峙嶽渟淵吾叔繼美茂少翩翩筍傳圭笏纘述世先鳴珂張里鳳閣王家雖成丹穴種系渥注頭角英露崢嶸洶湧一鳴折桂聯鑣杏花木天虛左吾叔謝辭擊刀遊刃民社試啇玉巖花滿麗水清漪民歌宛在

帝簡來茲容臺敬慎秋署允平贊襄典禮籌策冰衛日勤與旟

更矢實淸商歌民頌異口同聲兩間之正氣自先天心銘
圭璋德佩韋絃罹躬孝友沒齒拳拳哉色載笑孺後嬰前
毋憐弱弟公鴒田荆猶子吾子魚魚過庭賑貧排難囊解
篋傾輕財好施鄉國景名太羹元酒霽月光風名副咨滿
樽酒不空交崇文字不擯雕蟲千里自免著述棟充方期
宣力
聖朝展布紫宸丹陛何以言歸繐帷讀禮拭目蒼生觖望如徯
剖爲乎二豎攖靈棲遲無涘如何中壽遽焉永傷國摧柱
石星隕光芒宜里舂之不相巷哭之奔忙典型遽失難問
彼蒼才以謭劣忝列譜氏承乏廣陵帶水珂里獲締庭蘭

榮哀錄祭文

未聯芝紫耳鈍心儀高山仰止拘於職守願阻登堂未覿
模楷竟摧棟梁西州有泣峴石蒼茫永痛長往惝焉徜徉
克紹徽猷嗣君卓犖鵠起文孫已吐鋒鍔指日對颺龍樓
鳳閣公於縉膏食報其樂名山瘞玉薤露前歌公與遄發
公德孔多明旌素紼誦德不磨悠悠我思替惻何如嗚呼
哀哉伏惟尙
饗
維
康熙十五年歲次丙辰七月辛巳朔越十二日壬辰毘陵制
年家眷晚生唐襄鉅謹以淸酌庶羞之儀致祭於

皇淸奉政大夫刑部山西淸吏司郎中霓翁侯老年臺老先生
老大人之靈曰嗚呼人亦有言可必者人不可必者天吾
於先生而信然先生之家世雕軒而曳組先生之蘊抱雄
壇而學圃先生之才賦華絕倫無忝允文而允武先生之
遇弱冠巍科不羨紆靑而拾紫烹鮮治效績奏宵平治劇
推先譽高兩浙截凳留鞭不盡去思之愛急公捐俸共輿
來暮之歌進階則仰憑日月出地三千曳履而直上星辰
離天尺五法凜嚴霜華秩峻躋乎北斗刑期化日福庭廣
闢於西曹素車歸里彤錯讀禮之年寶藏祈恩孝感慶雲
之席廼扶筇杖亦泛浮槎夕望九峰之皓月秋吟惠水之

榮哀錄祭文

明霞手植奇葩涉名園以成趣時徵妙舞聽家樂而忘憂
壯志未已何妨借麴蘖以沉酣高情罕覯曾不知窮乏之
我得昨歲惠臨傳觴笑語猶憶先生之不醉無歸今年奉
唁雪涕滂沱又痛先君之溘焉朝露鉅也棘人孤處正慟
苫塊之欒欒君家玉樹五枝又覩麻衣之草草何兩家共
罹此不幸而一時觸目傷心也嗚呼哀哉亦惟此可必者
人而不可必者天也敢不於人言而信然嗚呼哀哉尙
饗
維
康熙十五年歲次丙辰七月辛巳朔越十二日壬辰毘陵年

洄家眷晚生唐于辰謹以清酌庶羞之儀致祭於
皇清奉政大夫刑部山西清吏司郎中寬翁侯老年親臺老先
生大人之靈曰嗚呼茂陵多病入秋靡深新蛩鳴院細草
陰陰枕上聞雞亂攪楓林夢中擁鼻有句斟尋空青在側
知翁礦臨破籬閉戶月落清砧魂去魂來東望傷心惟翁
世胄累奕簪纓惟翁夙慧早掇青雲宦平初仕殘破是攖
國賦孔亟家計經營百里久寄
帝簡在廷石渠稱制金虎特膺西曹秩滿解珏言遲臨安石室
久傳流連鶯花歲月冷擱高眠虎溪法侶軟語逃禪蒔荷
種竹東山管絃斗酒自豪痛飲流涎落帽嗚嗚狂舞蹁躚

飲罷出門相顧嗚嗚歲在甲寅十月下浣杠駕茅堂意氣
相感口開綺筵則吾豈敢盤飧粗糲腐儒之欵旦會幾時
日月難縮詎知宴言遂成永別人非金石形銷骨立邈矣
河山睠茲腸裂以翁之真肝膽如銀以翁之量四海弟昆
惠必及物義不揜恩姜薛之閭原嘗之門以此風世鄙寬
薄敦翁雖弗蘇令器騰驤濟濟英多克紹青箱才傾八斗
譽列士璋憫余世誼仝氣相將時一過從文宴壺觴今來
執紼畢日悲涼金風載道吹我衣裳篋中書靈室裏琴亡
天道難明莫問彼蒼遥企佳城前路斜陽嗚呼尚
饗

紳
康熙十五年丙辰之秋七月既望無錫縣儒學署教諭事舉
人年家眷晚生錢肇簡謹以香帛庶羞之儀致祭於
皇清奉政大夫刑部郎中寬峰侯老先生老大人之靈曰嗚呼
佇中區以流覽兮公始爲當代之偉人疇不豐茲而嗇彼
兮公獨有美之畢臻寵世祿而榮世爵兮修天貴而樂天
倫溯璇源之肇基於上谷兮迺一枝挺秀於錫麓鴻表善
而振瑣垣兮輝映後先惟我公之椒福以年少之英姿而
快學兮以年少之掇巍科而作艮牧既右文而備武兮復
摩義而漸仁辭清華而任鞅掌兮慨然乎斯世與斯民卜

四載之心勞撫字兮玉巖父老迄今猶額手夫神明甫得
秩以娛親兮痛慈幃之背椿哀哀悲失恃而又慰癉怙兮
不勝竭蹶夫籬落之荆榛繼且登容臺而佐秩宗兮宣夙
夜之維寅遷西曹而方兢兢於明允兮旋賦皇華於九潯
獨艘例而剔闢蠹兮裕國賦以恤商民正奉
簡書而過桑梓兮暫擬釋帖思而忽當易簀幸躬親夫含歛兮
俾終天之無遺憾奚毁瘠而中殤逆兮懷報
君而心彌刺亟理華藏之牛眠以妥兩玉兮隨相單帳之馬駐
以計安遺蛻誡子若孫惟課讀兮期毋墜家聲與先烈懇
懇乎

聖恩之涓涘未答兮再叩勉兒曹以幹蠱之責嗚呼公之生爲
國家之柱石兮死則爲保身之明哲念公之勳猷已赫赫
兮公之聲名已藹藹生平之言論侃侃其不阿兮襟懷復
坦坦而無局蹐公固今古之豪俊兮豈規規矩矩之可準
繩公固古今之正直兮不知者謂勢焰之憑陵余每歎昕
世之鮮英人兮公亦何避於嫌惜設少留而再登朝右兮
必有以濟時艱而効股肱嚮徒似如脂而如韋兮惟唯諾
之趨承忝余生之不偶兮多抱愧乎親炙叨作冷官於茲
錫兮亦未嘗深卽夫有道長者之席或謂公之長逃於酒
兮亦酒中之太白或謂公之有癖於顚兮亦顚中之米芾
若里黨之放曠悉如公兮又奚病乎醉鄉若彤墀之輔弼
悉如公兮又何慮乎多難之四方以眞德行爲眞學術兮
以眞經濟爲眞文章誰識公之此中無芥蔕兮誰識公之
口內無雌黃誰識公之於花月𢑱歌皆寄境兮亦誰識公
之生全死全歸朝廷留子孫還造化無纖芥之有傷來則
繩忠孝之淵源兮去則皈禪定之空王信終始之無少虧
兮余故曰完人之莫量聊剪苜蓿以爲芻兮兼詞漫瀉公
亦以爲心知而來享嗚呼哀哉尙
饗
維

康熙十五年歲次丙辰九月庚辰朔越六日乙酉雲南等處
提刑按察使司按察使年眷弟許續曾謹以瓣香束帛之
儀致祭於
皇清奉政大夫刑部山西清吏司郎中霓翁侯老年臺之靈曰
嗚呼泰山始封二泉九龍山川之秀甲於江東誕毓申甫
英靈所鍾晉侯之裔公實稱雄惟公之生夙秉英特貫穿
百家經史肆力侯芭壯遊法言是則早擢賢書南宮旋陟
出試專城惠流邦域乃膺
帝眷進秩容臺郎官粉署星映三台儀曹辨洽典禮優該乃登
司寇法曜河魁蘇公敬獄定國重來乃奉
簡書擁傳江右廬岳崔嵬彭湖滙秀鎖鑰江關民熙物阜旋因
讀禮解組還山娛情詩酒十畝之間川原錦綉柳葬花殷
碩人遵谷孤松猗蘭方期壯猷黼黻廊廟霖雨蒼生聲施
炳燿江左夷吾勳名彌劭長駐百年善人食報麟趾鳳毛
雲衢炫燿胡天不慭哲人云亡典型永謝玉京遠翔騎箕
上昇白雲帝鄉令子譽髦名動鄉邦遺風碩德克紹無疆
續曾昔隨驥步仝遊京洛南北分馳離情漠漠九折廻車
潛踪丘壑方藉知音唱酬耕鑿緬想光儀風規猶昨解劍
生悲芳踪寂寞攄衷陳詞絮漿雞肥靈其來思享此三爵
尙

饗

後記

無錫是中國吴文化的發祥地。七千多年悠久歷史與文明，造就了『梁溪明秀之區，衣冠禮樂甲於江左』的城市人文傳統和深厚的歷史文化底藴。數千年來，文脉綿延，永世流芳。邵寶在《錫山遺響》序中曾經這樣描述：『錫之爲邑，在三吴間。山水清麗豐曠，生其地者，多沉雅秀整，以文名家，代不乏人。』文化已經成爲這座城市最本色的氣質。爲傳承吴地文明，建設文化名城，進一步彰顯無錫城市内在精神特質，經過幾年的精心策劃，旨在全面整理地方文化典籍的《無錫文庫》編纂出版工作於二〇一〇年全面啓動，二〇一一年起陸續與讀者見面了。

無錫的城市文化曾經爲中華文化寶庫作出過巨大貢獻。顧愷之、倪瓚、王紱、鄒一桂、賀天健、徐悲鴻、錢松喦、吴冠中，如松秀群嶺，在中國繪畫史上擁有很高的地位；華秋蘋、楊蔭瀏、劉天華、華彦鈞（阿炳），乃韵動天籟，對中國音樂發展發揮了重要作用；李紳、蔣防、尤袤、蔣捷、陳維崧、顧貞觀、嚴繩孫、周濟、劉半農，皆胸懷錦綉，在中國文學史上可謂各領風騷；計六奇、顧祖禹、顧棟高、秦蕙田、嵇璜、錢基博、錢穆、錢鍾書、錢海岳，可稱堂奥廣庭，學造淵源，在中國學術史上卓然大家；顧憲成、高攀龍之東林，唐文治之『國專』，徐霞客之游記，徐壽、華蘅芳之『格致之學』，陳翰笙、錢俊瑞、孫治方、薛暮橋之經濟學，都堪稱中華文化史上的一座座高峰，至今閃耀着炫目的光芒。

深厚的歷史文化底蘊激發了無錫城市的文化自覺。市委、市政府滿懷對鄉土誠摯之情、對文化敬畏之感，以義不容辭的責任擔當，致力於文化强市建設，以科學的理念和方式對歷史文化遺産作全方位的觀照、深層次的發掘、系統性的保護，匯四海之智，舉全市之力，共襄文化建設盛舉。二〇〇六年十二月，無錫市成功申報國家歷史文化名城，標志着新一輪文化意識的覺醒，并迅速轉化爲文化自覺的實踐。近年來，我市全面啓動惠山、清名橋、小婁巷、榮巷、蕩口等五個歷史文化街區和十個古村落保護修復工程，『護其貌，顯其顔，鑄其魂，揚其韵』；鴻山遺址成功保護的經驗被國家文物局譽爲大遺址保護『無錫模式』，并被授予首批國家考古大遺址公園，闔閭城遺址考古發現則確立了歷史上無錫曾作爲吴王闔閭都城的地位；建成開放六十餘座博物館、名人故居和紀念館；對無錫的非物質文化遺産予以重點保護；每年春天舉辦的中國（無錫）吴文化節、中國文化遺産保護論壇成爲文化亮點，享譽海内外。這些舉措遵循規律，探索文化建設體制和機制的創新，形成了寶貴的『無錫經驗』，得到海内外學者、專家的一致肯定。

在注重保護歷史文化遺存的過程中，發掘、整理無錫歷史文獻著作，展示和弘揚無錫城市的思想精神世界，自然而然成爲大家關注的重點。二〇〇六年，市委宣傳部組織無錫文史專家、學者編撰的十七册三百萬字的《無錫文化叢書》正式出版，引起强烈反響，出版後供不應求，在二〇〇八年再版加印。《無錫文化叢書》集中反映了無錫城市文化精華，展示了無錫城市文化特質，彰顯了無錫歷史文化的厚重，同時也告訴人們，文化精神的傳遞是文化繁榮發展的重要内涵，一旦擦去歲月蒙塵，優秀的歷史文化就會轉化成爲取之不盡的精神財富。

爲了進一步彰顯城市歷史文化底蘊，二〇〇七年，市委、市政府將全面系統整理無錫文化典籍擺上工作議事日程，明確提出編纂《無錫文庫》。由于無錫歷史文化底蘊深厚，卷帙浩繁，內容豐富，編纂工作千頭萬緒，要想整理出一部簡明扼要而又內容翔實、主旨鮮明而又文質彬彬的文獻集成，難度遠大於預想。爲此，我們先後成立了《無錫文庫》工作委員會和編輯委員會，加强對編纂出版工作的組織領導與統籌協調，在尊重歷史、尊重規律、尊重科學、尊重專家的基礎上，積極推進文庫編纂工作。編輯委員會經過反復論證，明確原則，綱舉目張，有條不紊地開展工作。充分憑借地方文史專家的優勢，充分發揮高校人文學院、研究機構的作用，充分依靠出版機構的專業經驗，并邀請國內外著名文史專家指導、把關，形成了文庫編纂的工作合力。

在編輯過程中，我們力求使《無錫文庫》成爲經得起歷史考驗的鄉邦文獻集成。

全面規劃又保持開放結構。面對豐富的歷史文化積澱，没有規劃就不可能形成清晰的編纂思路。在前期編纂工作中，編輯委員會經過二十餘次的論證會和專題研討會，形成并確定了《無錫文庫》總書目，明確了收録範圍和內容主體，立足無錫市區，兼顧江陰、宜興，主要體現無錫本土內容，突出人文科學，適當兼顧其他門類。據此，《無錫文庫》收録圖書五百五十餘種，分爲五輯：第一輯『官修舊志』，收編無錫地方志（含江陰、宜興）；第二輯『地方史料專著』，收編反映無錫地方史料的專著與筆記；第三輯『年譜家乘』，收編無錫（含江陰、宜興）地方名人年譜和望族的家譜；第四輯『無錫文存』，收編歷史上無錫作家詩文和專著的精華；第五輯『近現代名家名著存目』，編撰無錫近現代名家名著的書目提要。爲使文庫具有更大的開放度和包容量，《無錫文庫》注重整體設計，在框架分類上既注意兼顧到圖書本身質量和作者特點；在出版方式上既總體規劃、循序推進，又采取較爲靈活的方式，成熟一批出版一批，不編序號，爲今後增補書目預留空間。

尊重歷史又反映時代特色。《無錫文庫》注重歷史性與時代性相結合，以嶄新的學術角度和現代學科理念對城市歷史文化進行整理和弘揚。編纂工作充分體現對歷史傳統的尊重，儘可能減少評述性成分，杜絶截割、改篡、增删圖書内容，對節選本祇采取作者的自選本。與此同時，以現代學術視野來看待傳統史料，增加收録有價值的歷史資料和文獻，如對民國時期的一些稿本、期刊、會刊、紀念册也予以應有的關注，收入了部分重要的民間史料。

保持原貌又便于讀者查閲。《無錫文庫》除第五輯外，全部采用原版影印方式，力争選擇最優版本作底本，保持文獻著作的歷史面目。爲了便於閲讀、查證、使用、研究，每一輯均撰寫編輯説明，每種書撰寫提要，并編撰《文庫》書目索引。通過這樣的方式，使《無錫文庫》兼具工具書檢索的作用，增强文化典籍整理的實用功能。

如期完成又精益求精。《無錫文庫》作爲一項重大文化工程，編纂工作面廣量大，必須集中力量，一鼓作氣。我們明確，從編纂工作全面啓動開始，花三年時間完成《無錫文庫》出版工作。《無錫文庫》總書目形成後，五輯的書目編纂工作同時開展、整體推進。我們要求，《無錫文庫》編纂出版工作要强化精品意識，力求思想精深、内容精彩、選編精當、學風精良、裝幀精美。文庫編纂出版的每個環節都反復論證推敲，確保經得起歷史檢驗。

《無錫文庫》的編纂出版工作，得到了鳳凰出版傳媒集團的大力支持，鳳凰出版社在版本選擇、編輯出版方面做了細緻的工作；由於《無錫文庫》收録的資料有三分之二散落在全國各圖書館中，中國國家圖書館、上海圖書館、南京圖書館等一批國内知名圖書館爲此提供了積極的幫助；應邀擔任《無錫文庫》學術顧問的專家，都是無錫籍的文化名人和國内一流的古籍研究專家，他們有的不顧年事已高，有的不顧自身工作繁忙，爲《無錫文庫》的編纂工作付出辛勤勞動；《無錫文庫》工作委員會和編輯委員會成員以及編務人員在文庫編纂出版過程中做了大量的工作。在此，謹向他們表示崇高的敬意和由衷的謝忱！

由於《無錫文庫》收録内容涉及範圍廣、時間跨度長，部分書目已經散佚，可利用資料受到限制，加之編輯委員會水平有限，《無錫文庫》的編纂工作難免會有一些疏漏和錯誤，不當之處敬請讀者指正。

王立人

二〇一一年一月